体育事业"十二五"规划文件资料汇编

国家体育总局政策法规司 编

人民体育出版社

前　言

"十二五"时期，随着经济社会的不断发展和人民生活水平的日益提高，体育已经成为社会生活中越来越重要的组成部分，成为民生的重要方面，也成为国家政策规划中不可或缺的内容。同时，广大人民群众日益增长的体育需求和社会所能提供的体育资源相对不足的矛盾依然突出，体育发展既面临重大战略机遇，也面临诸多深层次的矛盾和前所未有的新挑战，体育强国建设依然任重而道远。在这样的历史背景下，制定《体育事业发展"十二五"规划》无疑将成为体育工作攻艰克难、创新发展的重要起点。

北京奥运会成功举办后，中国体育的发展迈上了一个新的历史起点。胡锦涛总书记在北京奥运会、残奥会总结表彰大会上对体育事业的作用和地位给与高度肯定，对体育工作提出了殷切希望，提出了推动我国从体育大国向体育强国迈进的奋斗目标，为我国体育事业的发展指明了前进的方向。国家"十二五"期间更加重视社会事业发展、完善公共服务体系的战略部署，为体育事业发展提供了重要机遇和广阔空间。各级政府对体育功能和作用的认识不断深化，体育事业发展所需的各种条件和环境进一步改善。竞技体育蕴含的丰富精神价值发挥着重要而独特的作用，成为全社会的宝贵财富。体育与经济的结合更加密切，体育产业快速发展，已经成为当代经济重要的组成部分。信息化、全球化、网络化的发展使体育对经济、政治、文化、社会产生了更加积极、全面的影响。在实现中华民族伟大复兴的历史进程中，体育必将发挥更加积极的作用。

按照国家发改委的统一部署，在国家体育总局党组领导和体育战线的共同努力下，《体育事业发展"十二五"规划》经过一年多的研究论证、征求意见、反复修改，已经正式印发了。作为"十二五"时期规划体育事业发展的重要文件，《体育事业发展"十二五"规划》认真总结了"十一五"期间体育事业发展的成功经验以及存在的主要矛盾和问题，深刻分析了"十二五"期间体育事业发展面临的新形势和新任务，特别是对照建设体育强国对体育工作提出的新要求，明确了"十二五"期间体育事业发展的指导思想、总体目标、基本原则和各项政策措施，"十二五"体育事业的发展目标进一步明确。我们要坚定信心，加快改革，勇于挑战，扎实工作，促进我国体育事业全面协调可持续发展。

本书收录了《体育事业发展"十二五"规划》，以及11个专项规划、25个地方体育发展规划。此外，还收录了国家体育总局为编制《体育事业发展"十二五"规划》而前期设立的15个研究课题的研究成果。

目 录

科学规划 创新发展 促进建设体育强国
——国家体育总局局长刘鹏就《体育事业发展"十二五"规划》接受《中国体育报》专访......1
奋力开创"十二五"体育工作新局面
——《中国体育报》社论......5

第一卷 文件篇

1. 体育事业发展"十二五"规划......9
2. 全民健身计划（2011—2015年）......25
3. 竞技体育"十二五"规划......32
4. 青少年体育"十二五"规划......39
5. 体育产业"十二五"规划......49
6. 体育法制建设"十二五"规划......55
7. 全国体育人才发展规划（2010—2020年）......60
8. 体育科技、教育和反兴奋剂工作"十二五"规划......68
9. 体育宣传"十二五"规划......74
10. 乒羽项目发展"十二五"规划......78
11. 航空科技体育事业产业"十二五"发展规划......88
12. 体育彩票发展"十二五"规划......98
13. 河北省体育事业"十二五"发展规划......107
14. 山西省体育事业"十二五"发展规划......122
15. 内蒙古自治区体育事业"十二五"规划......130
16. 辽宁省体育事业发展"十二五"规划......141
17. 黑龙江省体育事业"十二五"发展规划......154
18. 江苏省体育发展"十二五"规划......169
19. 安徽省体育事业发展"十二五"规划......186
20. 江西省体育事业"十二五"发展规划......197
21. 河南省体育事业"十二五"规划......210
22. 湖南省体育事业"十二五"规划......222

23. 广东省体育事业发展"十二五"规划	233
24. 广西壮族自治区体育事业发展"十二五"规划	246
25. 海南省"十二五"文化事业发展规划	264
26. 重庆市体育事业发展"十二五"规划	270
27. 四川省体育事业发展"十二五"规划	282
28. 贵州省体育事业第十二个五年规划	292
29. 云南省体育事业发展"十二五"规划	303
30. 西藏自治区"十二五"体育事业发展规划	314
31. 陕西省体育事业"十二五"规划	320
32. 甘肃省体育事业"十二五"规划	331
33. 青海省体育事业"十二五"发展规划	342
34. 宁夏回族自治区体育事业发展"十二五"规划	347
35. 新疆体育事业"十二五"发展规划	356
36. 新疆生产建设兵团体育事业发展"十二五"规划	365
37. 青岛市体育事业发展"十二五"规划	371

第二卷 研究篇

1. "十二五"体育事业发展战略规划研究	383
2. "十二五"体育事业改革与发展规划研究	401
3. "十二五"群众体育发展规划研究	412
4. "十二五"竞技体育发展规划研究	444
5. "十二五"青少年体育发展规划研究	468
6. "十二五"体育产业规划研究	492
7. "十二五"体育法制建设规划研究	521
8. "十二五"体育人才队伍建设规划研究	551
9. "十二五"体育对外交往规划研究	570
10. "十二五"体育科技规划研究	590
11. "十二五"体育教育规划研究	612
12. "十二五"反兴奋剂规划研究	630
13. "十二五"体育宣传规划研究	639
14. "十二五"我国职业体育改革与发展的思路与建议	670
15. "十二五"体育社会科学发展规划研究	695

科学规划 创新发展 促进建设体育强国

——国家体育总局局长刘鹏就《体育事业发展"十二五"规划》接受《中国体育报》专访

在《体育事业发展"十二五"规划》(以下简称《规划》)发布之际,国家体育总局局长刘鹏就《规划》的制定和实施接受了本报记者的专访。

问:请您介绍一下《规划》制定的背景和意义

答:刚刚过去的"十一五"是体育事业发展极不平凡的五年。在党中央、国务院的坚强领导下,在全国各族人民的大力支持下,我们紧紧抓住北京奥运会这一重大历史契机,全面推进各项体育工作,体育事业取得辉煌成就,关系到体育事业长远发展的若干基础性、长远性、战略性工作取得了重大进展,实现了新的历史跨越。体育在经济社会发展和人民群众生活中的地位不断提高,对国民经济和社会发展发挥着越来越重要的作用。但我们也清醒地认识到,广大人民群众日益增长的体育需求和社会体育资源相对不足的矛盾,仍然是我国体育事业发展中的主要矛盾。我国体育发展的水平、质量、结构、模式有待于进一步提高和改进,体育管理体制的改革尚需深化,面对迅速发展变化的体育形势和不断增长的社会需求,体育运行机制、组织模式、职能设置、队伍素质等方面都面临十分严峻的挑战。"十二五"时期,必须迎难而上,高度重视、努力解决阻碍和制约体育事业科学发展的矛盾和问题。

面向"十二五",随着经济社会的不断发展和人民生活水平的日益提高,体育正成为社会生活中越来越重要的组成部分,成为民生的重要方面,也成为国家政策规划中不可或缺的内容。党的十七届五中全会提出了"十二五"期间经济社会发展的战略构想、指导原则和各项部署,强调要以科学发展为主题,以加快转变经济发展方式为主线,深化改革开放,保障和改善民生;将加强社会建设、促进社会事业发展、建立健全基本公共服务体系摆在突出位置,逐步完善符合国情、比较完整、覆盖城乡、可持续的基本公共服务体系,提高政府保障能力,推进基本公共服务均等化。五中全会通过的中共中央《关于制定国民经济和社会发展的第十二个五年规划的建议》提出,要使覆盖城乡的基本公共服务体系逐步完善,全民族健康素质不断提高;大力发展生活性服务业,拓展服务业新领域;大力开展全民健身运动,增强人民体质,提高竞技运动水平，振奋民族精神；积极稳妥推进科技、教育、文化、卫生、体育等事业单位分类改革；扩大服务业对外开放，稳步开放教育、医疗、体育等领域。不久前全国人大通过的《中华人民共和国国民经济和社会发展的第十二个五年规划纲要》提出，要大力发展公共体育事业，加强公共体育设施建设，广泛开展全民健身运动，提升广大群众特别是青少年的体育健身意识和健康水平。继续实施农民体育健身工程。优化竞技体育项目结构，提高竞技体育综合实力。发展健身休闲体育，开发体育竞赛和表演市场，发展体育用品、体育中介和场馆运营等服务，促进体育事业和体育产业协调发展；基层公共体育设施免费开放；广泛开展面向青少年的各类文化体育活动等要求。这些重要精神为我们科学规划体育事业指明了方向，提供了重要理论和政策依据。

中央领导同志对于体育部门贯彻落实五中全会精神、科学制定"十二五"发展规划高度重视。2010年11月30日，刘延东同志指出："体育总局党组把学习贯彻五中全会精神与建设体育强国目标紧密结合，所提工作思路重点突出。希望你们认真制订好'十二五'期间体育事业发展规划，加强体育公共服务体系建设，改革创新体制机制，促进竞技体育与群众体育共同发展，加强队伍建设作风建设，在重点工作方面实现新突破，为提高全民族身体素质和生活质量，建设体育强国而努力"。使我们进一步增强了制定好体育事业发展规划的责任感、使命感。

正是在这样的背景下，在国家发改委的统一部署和指导下，我们着手进行《体育事业发展"十二五"规划》的制定工作，经过一年多的研究论证、征求意见、反复修改，《体育事业发展"十二五"规划》（以下简称《规划》）正式发布了。作为"十二五"期间指导和规划我国体育事业发展的重要文件，《规划》对促进体育事业全面、协调、可持续发展具有重要意义。

问：《规划》体现了怎样的指导思想和原则，有哪些新内容、新举措、新特点

答：《规划》体现的指导思想可以概括为"紧扣主题，强化宗旨，明确目标，突出主线，抓住重点，深化改革，体现特色"，具体来说就是："十二五"时期体育事业发展以邓小平理论和"三个代表"重要思想为指导，以科学发展为主题，以满足人民群众不断增长的体育需求为宗旨，以建设体育强国为目标，以转变体育发展方式为主线，以建立完善符合国情、比较完整、覆盖城乡、可持续的公共体育服务体系为重点，以改革创新为基本动力，坚定不移地走中国特色体育发展道路，全面提高我国体育的综合实力和国际影响力，促进我国体育事业全面协调可持续发展，为全面建设小康社会和构建社会主义和谐社会做出积极贡献。

在这样的指导思想下，《规划》确定的"十二五"时期体育事业发展的总体目标强调，根据国家"十二五"总体部署和建设体育强国的任务要求，进一步夯实中国体育发展的社会基础，深化改革，加快发展，提升中国体育发展的水平和效益，改善发展结构和质量，促进体育事业又好又快发展，为体育强国建设奠定坚实基础，并在此基础上提出了各个领域的分目标。

与此相适应，《规划》提出"十二五"时期体育事业发展的基本原则为"五个坚持，一个加强"，"五个坚持"是：坚持体育工作为党和国家中心任务服务；坚持以人为本，服务民生；坚持解放思想，改革创新；坚持统筹兼顾，协调发展；坚持科教兴体、人才强体、依法治体；"一个加强"是：加强体育文化建设。

通观《规划》全文，本着总结经验、面向未来、科学规划、促进发展的目的，结合"十二五"时期国家经济社会发展的总体背景、体育强国建设的新要求，突出体现了这样一些内容和特点：一是从保障和改善民生出发，重点规划公共体育服务体系的建设，包括强化政府责任，提高公共体育服务的覆盖面和均等化水平，提出了促进全民健身、增进公众健康的具体措施和工作目标；二是从提高质量效益的角度，规划运动项目发展结构和布局，巩固和提高我国竞技体育的整体水平和国际竞争力，包括完善举国体制、优化项目结构、加强运动队伍建设和保障、加强行业作风建设等；三是突出改革创新，丰富发展模式，拓展发展空间，包括创新群众性体育赛会办赛模式，改革完善运动竞赛体系，促进体育产业发展，探索职业体育发展等；四是注重夯实体育的社会基础和加强体育文化建设，提升中国体育的软实力和社会影响力；五是加强基础建设，提高管理水平，包括努力提升体育科技、体育教育、体育法制、人才培养、行业作风、体育外事、体育宣传等工作水平，促进体育管理的科学化、法治化、现代化。

问：怎样贯彻好、执行好《规划》

答：今年是《规划》实施的第一年，要认真落实《规划》各项安排，努力使"十二五"体育事业开好局、起好步。具体来说要从几个方面加强工作：

一是树立和强化规划意识。凡事预则立，不预则废。规划反映的是一项事业发展的科学思考、科学设计，是任何一项工作成功的重要起点。《规划》制定了，就要以此为准则、为依据，扎实推进，逐项落实，而不能束之高阁。规划能否顺利实施、规划的目标能否实现，既是衡量贯彻执行《规划》的工作成效，又是衡量我们工作科学性、计划性的重要标准。当前，国家把制定规划工作作为战略布局来安排，各种资源配置都与工作规划紧密联系，如果脱离规划、忽视规划，脚踩西瓜皮，滑到哪里算哪里，就会陷入焦头烂额、处处被动的境地，在国家经济社会发展的整体格局中迷失定位，贻误事业发展。

二要制定好、实施好各项事业的分规划以及各地方的体育事业发展"十二五"规划。在制定《规划》的过程中，按国务院总体部署，体育总局同时启动了各项分规划的制定工作，截止到目前，国务院已正式印发《全民健身计划（2011-2015）》，体育总局也已经发布了《竞技体育"十二五"规划》，《体育产业"十二五"规划》即将发布，体育科技、教育、反兴奋剂、体育宣传等规划的制定也已经接近尾声。一些运动项目和领域的五年规划也正在进行，有的已经发布。据了解，各地方政府和体育部门的体育事业发展"十二五"规划也进入最后阶段。这些工作也要抓紧进行，确保体育发展规划层层落实，体育工作全方位推进。

三是各级政府和体育部门要高度重视，认真学习、宣传《规划》，领会精神，熟知内容，指导工作；要精心安排，为《规划》的落实创造条件；要完善机制，加强检查监督，确保《规划》顺利实施。

总之，要以《规划》的发布、实施为契机，在新的起点上做好"十二五"体育工作，为建设体育强国奠定坚实的基础。

奋力开创"十二五"体育工作新局面

《中国体育报》社论

早春时节,《体育事业发展"十二五"规划》发布实施。规划是根据国家"十二五"经济社会发展的总体部署,在认真总结过去经验、深入分析当前形势的基础上研究制订的,是未来五年体育事业发展的战略安排,是全国体育系统共同的行动纲领,必将为促进体育事业全面、协调、可持续发展、推动体育强国建设发挥重要的指导作用。

回首"十一五",在党中央、国务院的坚强领导下,在全国各族人民的大力支持下,全国体育战线深入学习实践科学发展观,紧紧抓住北京奥运会这一重大历史契机,体育事业发展取得了辉煌成就,体育强国建设迈出了坚实步伐,为"十二五"奠定了良好基础。

面向"十二五",体育事业发展的前景更加广阔,任务也更加光荣而艰巨。当前,体育在经济社会发展中的作用更加突出,越来越融入广大群众的日常生活,成为民生的重要内容。同时,广大人民群众日益增长的体育需求和社会所能提供的体育资源相对不足的矛盾依然突出,体育发展既面临重大战略机遇,也面临诸多深层次的矛盾和前所未有的新挑战,体育强国建设依然任重而道远。在这样的历史背景下,《规划》的制订实施无疑将成为体育工作攻坚克难、创新发展的重要起点。

规划展现愿景,春天播种希望。"十二五"时期,我们将按照规划要求,努力建立完善体育公共服务体系,提高体育公共服务水平,切实提高全民族健康素质。继续巩固和提高我国竞技体育的总体水平和国际竞争力,增强可持续发展能力。不断深化改革,发展体育产业,拓展体育发展新空间。提升发展水平和效益,改善发展结构和质量,促进中国体育管理的科学化、法治化、现代化。加强体育文化建设,进一步夯实中国体育发展的社会基础,提高中国体育软实力,实现体育事业的新发展、新跨越,为体育强国建设奠定坚实基础。

蓝图已经绘就,目标振奋人心。让我们以邓小平理论和"三个代表"重要思想为指导,以坚持科学发展为主题,以满足人民群众不断增长的体育需求为宗旨,以建立完善面向大众的公共服务体系为主线,以建设体育强国为目标,以改革创新为基本动力,坚定不移地走中国特色的体育发展道路,奋力开创体育工作新局面,为实现国家"十二五"发展的总体目标做出应有的贡献,在全面建设小康社会、构建社会主义和谐社会的历史进程中发挥更大的作用。

第一卷 文件篇

体育事业发展"十二五"规划

"十二五"时期是我国社会实现科学发展、和谐发展的关键五年，也是建设体育强国、推进体育事业实现新发展、新跨越的重要阶段。为了全面落实科学发展观，充分发挥体育在保障改善民生和推动社会进步方面的重要作用，促进我国体育事业全面协调可持续发展，努力实现建设体育强国的目标，根据党中央、国务院的总体部署和"十二五"时期我国体育发展面临的新形势、新任务、新要求，制定本规划。

一、"十二五"时期我国体育事业发展面临的机遇与挑战

（一）"十一五"时期体育事业成就辉煌。"十一五"期间，随着经济发展、社会进步和人民生活水平的不断提高，在党中央、国务院的坚强领导下，在全国各族人民的大力支持下，全国体育战线以科学发展观为统领，团结一心，拼搏进取，以认真筹备和成功举办北京奥运会为契机，推动各项体育工作全面进步，体育事业发展取得了辉煌成就，达到了新的历史高度。大力倡导"全民健身与奥运同行"，人民群众的体育意识进一步增强，经常参加体育锻炼的人数显著增加。体育场地设施不断增加，各类体育场馆已超过100万个，社会体育指导员超过65万人。群众体育科学化、组织化水平不断提高，全民健身活动蓬勃开展。竞技体育综合实力和国际竞争力不断提高，"十一五"期间我国运动员共获世界冠军634个，创、超世界纪录88次。举世瞩目的北京奥运会、残奥会圆满成功，实现了中华民族的百年期盼，成为奥运史上无与伦比的精彩盛会，极大地激发了中华儿女的爱国热情和民族自豪感。中国体育代表团获得金牌51枚、银牌21枚和铜牌28枚，金牌榜名列第一的历史性突破，取得了运动成绩和精神文明双丰收，向党和人民交上了满意的答卷。体育产业快速发展，成为国民经济的新亮点。居民体育消费迅速增长，从业人员不断增加，2008年全国体育产业从业人员317万，实现增加值1555亿元，占当年GDP的0.52%。关系到体育发展的战略性、基础性、保障性工作取得重大进展，体育政策法规体系进一步完善。《中共中央 国务院关于加强青少年体育增强青少年体质的意见》、《全民健身条例》、《关于加快发展体育产业的指导意见》、《关于进一步加强运动员文化教育和运动员保障工作的指导意见》等一系列重要体育政策法规颁布实施，为体育改革与发展提供了重要保障。8月8日被定为"全民健身日"，成为新中国第一个全国性体育节日。北京奥运会遗产社会化、全民化、制度化取得显著成效。体育人才队伍建设的力度不断加大，体

育科技、体育教育、体育宣传等事业取得长足发展，体育对外交往不断扩大和深化，我国在国际体育事务中的影响力日益提升。"十一五"时期体育事业的发展与进步，对国民经济和社会发展做出了应有贡献，为"十二五"时期体育事业的发展奠定了良好基础。

（二）认真分析"十二五"时期我国体育事业发展面临的主要矛盾和问题。"十二五"期间，广大人民群众日益增长的体育需求和社会体育资源相对不足之间的矛盾，仍然是我国体育事业发展中的主要矛盾。特别是在群众体育领域，政府提供的公共体育服务不足，体育场地设施建设、组织体系建立、科学健身指导等诸多方面与广大人民群众的需求存在较大差距，已经成为我国在建设体育强国过程中的基础性薄弱环节。在竞技体育领域，以奥运会为最高层次的竞技体育项目发展还很不均衡，田径、游泳等基础大项和足球、篮球、排球等集体球类项目与世界先进水平还有较大差距，竞技体育后备人才培养体系面临新的困难和挑战，一些项目的发展基础比较薄弱。以全运会为龙头的国内竞赛体系需要进一步改革和完善，赛风赛纪和反兴奋剂工作还需进一步加强。体育产业仍然处于发展初期，面临着产业结构不合理、政策制度不完善、市场管理不规范、市场规模不大等诸多问题，市场机制配置体育资源的作用尚未充分有效地发挥。体育发展的观念需要进一步转变，体育管理体制的改革有待深化，体育管理的科学化、法制化水平有待提高，体育理论建设、政策研究、队伍素质等方面都面临新形势下体育发展与改革的严峻挑战。地区之间、城乡之间体育发展不平衡的问题仍较突出。国际体育交流的深度和广度有待加强。"十二五"时期，必须迎难而上，高度重视、努力解决阻碍和制约体育事业发展的矛盾和问题。

（三）"十二五"时期是建设体育强国的重要时期。北京奥运会成功举办后，中国体育的发展站在了一个新的历史起点上。胡锦涛总书记在北京奥运会、残奥会总结表彰大会上提出了推动我国从体育大国向体育强国迈进的奋斗目标，为我国体育事业的发展指明了前进的方向。国家"十二五"期间更加重视社会事业发展、完善公共服务体系的战略部署，为体育事业发展提供了重要机遇和广阔空间。人民群众生活水平不断提高，居民消费结构进一步升级，为体育事业的发展创造了良好的社会条件。广大人民群众对体育的需求更加强烈，体育已经成为广大人民群众日常生活的重要组成部分。各级政府对体育功能和作用的认识不断深化，体育事业发展所需的各种条件和环境进一步改善。竞技体育巨大的社会功能和综合效应受到世界各国的高度重视，奥运会等国际大型体育赛事成为国家间交流、竞争、合作的重要平台，成为展现国家形象和综合实力的重要窗口，竞技体育蕴含的丰富精神价值发挥着重要而独特的作用，成为全社会的宝贵财富。体育与经济的结合更加密切，体育市场不断扩大，体育产业快速发展，已经成为当代经济重要的组成部分。信息化、全球化、网络化的发展使体育对经济、政治、文化、社会产生了更加积极、全面的影响。在实现中华民族伟大复兴的历史进程中，体育必将发挥更加积极的作用。"十二五"期间，要进一步明确体育事业的发展目标，坚定信心，加快改革，勇于挑战，统筹规划，扎实推进各项体育工作，促进我国体育事业全面协调可持续发展。

二、"十二五"时期体育事业发展的指导思想、总体目标和基本原则

（四）"十二五"时期体育事业发展的指导思想是：以邓小平理论和"三个代表"重要思想为指导，以科学发展为主题，以满足人民群众不断增长的体育需求为宗旨，以建设体育强国为目标，以转变体育发展方式为主线，以建立完善符合国情、比较完整、覆盖城乡、可持续的公共体育服务体系为重点，以改革创新为基本动力，坚定不移地走中国特色体育发展道路，全面提高我国体育的综合实力和国际影响力，促进我国体育事业全面协调可持续发展，为全面建设小康社会和构建社会主义和谐社会做出积极贡献。

（五）"十二五"时期体育事业发展的总体目标是：根据国家"十二五"总体部署和建设体育强国的任务要求，进一步夯实体育发展的社会基础，深化改革，加快发展，提升中国体育发展的水平和效益，改善发展结构和质量，促进体育事业又好又快发展，为体育强国建设奠定坚实基础。加快完善公共体育服务体系，提高公共体育服务水平，切实提高全民族的身体素质和健康水平，促进我国群众体育发展迈上新台阶。继续保持在奥运会等国际大赛中排名前列，改善项目发展结构和布局，巩固和提高我国竞技体育的整体水平和国际竞争力，推进竞赛体制改革，完善后备人才培养体系，增强竞技体育可持续发展能力。扩大规模，优化结构，提高质量和效益，增强体育产业创新能力，推动建立和完善具有中国特色的体育产业体系，促进体育产业快速发展。不断深化改革，完善运行机制，努力提升体育科技、体育教育、体育法制、人才培养、行业作风、体育外事、体育宣传等工作水平，促进中国体育管理的科学化、法治化、现代化。

（六）"十二五"时期体育事业发展突出以下基本原则：

——坚持体育工作为党和国家中心任务服务。立足体育，奉献社会。坚持促进体育与经济社会发展的密切结合，充分发挥体育在促进经济建设、政治建设、文化建设、社会建设、生态文明建设以及对外交往中的综合功能和独特作用，在社会主义现代化建设大局中准确把握体育定位，把体育发展融入国家发展战略中，推动中华民族的伟大复兴。

——坚持以人为本，服务民生。要以科学发展观为统领，把增强人民体质、提高全民族身体素质和生活质量、促进人的全面发展作为出发点和落脚点，满足人民群众不断增长的体育需求，切实实现好、维护好、发展好最广大人民的利益，做到体育发展为了人民，体育发展依靠人民，体育发展成果由人民共享。

——坚持解放思想，改革创新。处理好继承与创新的关系，不断探索各项体育工作与社会主义市场经济相适应的特点与规律，努力实现理论创新、科技创新、制度

创新、管理创新。进一步转变发展观念，创新发展模式，提高发展质量，加快体育发展由粗放型向集约型转变，体育管理由经验型向科学型转变。

——坚持统筹兼顾，协调发展。促进群众体育与竞技体育协调发展，促进体育事业与体育产业协调发展，促进不同地区、不同领域体育协调发展，促进奥运项目与非奥运项目、夏季项目与冬季项目、现代新兴体育项目与民族传统体育项目协调发展。处理好当前与长远、重点与一般、规模与效益的关系，全面推进体育发展。

——坚持科教兴体、人才强体、依法治体。牢固树立人才资源是第一资源、科学技术是第一生产力的观念，重视和发挥科技、教育、人才在体育事业发展中的关键作用，坚持体育事业发展要依靠科学技术进步，科学技术必须发挥先导作用，坚持体育科学研究与体育运动实践相结合，依靠科技和教育发展，提高人才队伍素质，发挥各类人才作用。增强体育法治观念，加强体育法制建设，促进依法行政、依法治体，将体育工作纳入法治化轨道。

——加强体育文化建设。深入挖掘体育的文化内涵，夯实体育发展的社会基础和文化根基，提升中国体育的软实力。通过体育促进建立健康、科学、文明的生活方式，塑造积极、健康的社会价值观和大众人生观。充分发挥体育在建设社会主义先进文化中的作用和功能，让体育成为社会主义先进文化的传播者和创造者，成为时代精神的倡导者和先行者。

三、努力提高群众体育发展水平，为改善民生服务

（七）"十二五"时期群众体育的发展目标是：全面贯彻《全民健身条例》，实施《全民健身计划（2011-2015年）》，强化公共体育服务职能，建立完善以全民健身设施建设、组织建设、活动开展、健身指导、科学评估等为主要内容的全民健身公共服务体系，切实保障广大人民群众参加体育活动的权利。城乡居民体育健身意识进一步增强，身体素质明显提高，全民健身活动内容更加丰富。全民健身设施、全民健身组织、全民健身指导队伍和志愿服务队伍等方面的数量与质量显著提高，全民健身服务业发展壮大。到2015年，全国各类体育场地达到120万个以上，人均体育场地面积达到1.5平方米以上，经常参加体育锻炼的人数比例达到32%以上，比2007年提高3.8个百分点，达到《国民体质测定标准》合格以上的人数比例明显增加。城乡、区域群众体育发展差距进一步缩小，群众体育事业发展迈上新台阶。

（八）加强公共体育设施规划制定与实施管理。推动制定公共体育设施建设规划，促进建设以区县为中心、街道乡镇为基础、方便社区居民日常体育锻炼的公共体育设施网络。将公共体育设施建设纳入城市建设规划和土地利用规划，落实国家对公共体育设施规划、建设用地指标的有关规定。保证设施建设经费，加大对农村以及欠发达地区的资金扶持力度。鼓励社会力量兴建公共体育设施。研究制定相应标准和规范，加强指导监督，提高公共体育设施建设的质量和效益。

（九）加强全民健身设施建设。继续实施"农民体育健身工程"、"雪炭工程"、"全民健身路径工程"，支持建设"全民健身活动中心"、"全民健身户外活动基地"和社区多功能全民健身设施。市（地）、县（区）、街道（乡镇）、社区（行政村）普遍建有全民健身设施。50%以上的市（地）、县（区）建有"全民健身活动中心"。50%以上的街道（乡镇）、社区（行政村）建有便捷、实用的全民健身设施。有条件的公园、绿地、广场建有全民健身设施。积极推进城乡新建居住区建设全民健身设施。

（十）进一步推动体育场馆向公众开放。总结经验，拓宽思路，继续推动公共体育场馆和学校体育场馆向公众开放，并向社会公示开放时间和服务内容。完善和落实各级政府及相关部门促进体育场馆开放的政策，逐步建立相应的开放条件和标准、财政补助、保险、收费标准、安全管理规范、责任追究等制度和机制，定期进行检查评估，努力扩大体育场馆开放范围，盘活体育场馆资源。会同教育等部门，努力提高具备条件的学校体育场馆向公众的开放率。

（十一）健全全民健身组织网络。积极发展城乡基层体育组织，市（地）、县（区）普遍建有体育总会、行业体育协会、单项体育协会和人群体育协会等体育社团，社区体育俱乐部有较大发展。地方体育主管部门要对不同类型的基层体育健身组织给予支持和扶持，切实推进城乡基层体育健身组织的规范化建设。"十二五"时期，80%以上的城市街道、60%以上的农村乡镇建有体育组织，城市社区普遍建有体育健身站（点），50%以上的农村社区建有体育健身站（点），形成遍布城乡、规范有序、富有活力的社会化全民健身组织网络。

（十二）加强社会体育指导员队伍建设，积极开展全民健身志愿服务。建立健全中国社会体育指导员协会各分支机构，各省区市成立社会体育指导员协会。加强社会体育指导员培训工作，完善培训基地设施配备及师资队伍建设；不断完善社会体育指导员技术等级制度和登记注册制度，规范社会体育指导员管理；完善表彰激励机制和经费投入机制，为社会体育指导员工作创造必要的条件；加强宣传，为社会体育指导员工作营造良好的舆论氛围。十二五时期，获得社会体育指导员技术等级证书的人数达到100万人以上，获得社会体育指导员国家职业资格证书的人数达到10万人以上，以此为基础形成组织落实、结构合理、覆盖城乡、服务到位的全民健身志愿服务队伍，广泛组织优秀运动员、教练员、体育科技工作者、体育教师和社会热心人士从事义务健身辅导，普遍开展全民健身志愿服务活动。

（十三）广泛开展群众体育健身活动与竞赛。修订推行《国家体育锻炼标准》，广泛开展达标活动，动员吸引城乡居民坚持参加体育健身活动。各级地方政府要提供必要的保障条件，支持群众经常就近参加体育健身活动。不断创新群众体育活动的形式和内容，广泛开展不同层次、不同类型的全民健身竞赛活动。办好第五届全国体育大会等全国和地方综合性全民健身竞赛活动，坚持淡化锦标、重在参与、重在交流、重在健身、重在快乐，总结经验，拓展改革成果，创新符合群众性体育赛会宗旨的办赛模式，充分发挥赛事的多元功能和综合影响。

（十四）实施"青少年体育活动促进计划"，提高青少年健康素质。以各级各类学校、体校、公共体育设施及社会各类性质体育设施为载体，加强青少年体育组织网络建设，使国家级青少年体育俱乐部的数量达到5000个以上，国家级体育传统项目学校达到500所以上,保持青少年户外体育营地数量稳步增长。探索创建"青少年校外体育活动中心"和国家示范性青少年体育俱乐部。联合教育等部门和社会力量,关注青少年的体育需求,广泛开展青少年健身活动、竞赛交流、科学健身指导和体质监测等服务,努力营造全社会关心青少年体育的氛围,促进更多的青少年参与体育活动,全面提高青少年健康素质。

(十五)加强对老年人、残疾人等人群体育活动开展的组织与领导。充分发挥老年人体育协会的作用,加强老年人体育活动队伍建设和宣传工作,积极引导老年人参加体育活动。加强对残疾人体育活动的指导服务,广开残疾人体育事业经费筹集渠道,培养适应残疾人需要的体育健身指导人员。关注下岗失业人群、城镇贫困人口和城市农民工等弱势群体的身体健康,从政府、社会及个人三个层面构建相应的体育活动参与保障机制。加强特殊人群体育的科学研究,研制与推广适合特殊人群的体育健身新项目、新方法。

(十六)加强全民健身调查监测和科技服务。加强各级体质测定与运动健身指导站建设,开展城乡居民日常体质测定和科学健身指导,宣讲科学健身知识,传授科学健身方法,不断加强对群众体育发展状况、国民体质状况的研究监测和统计工作,进一步完善国民体质监测、体育锻炼标准、全民健身活动状况调查等相关信息的发布制度。组织开展好第四次全国国民体质监测和全民健身活动状况调查。建设科学健身的知识普及、咨询、科研成果转化为一体的群众体育科学健身服务平台,积极创建科学健身示范区,进一步促进科学健身成果的转化。

四、进一步增强我国竞技体育综合实力,为国争光

(十七)"十二五"时期竞技体育的发展目标是:继续实施奥运战略,夏季项目保持在亚洲领先,在奥运会上金牌数和奖牌数排名前列,巩固和扩大优势项目,强化潜优势项目,提高基础大项和集体球类项目整体水平,落后项目力争有所突破,冬季项目水平稳中有升。加大后备人才培养的力度,不断提高人才培养的质量和效益。以推动训练和管理创新为重点,进一步深化对竞技体育发展规律、后备人才培养规律、运动项目制胜规律、体育竞赛的备战参赛规律、运动队管理和训练规律的认识,建立符合世界竞技体育发展规律和趋势、适应中国国情的竞技体育管理体制与运行机制,进一步提升我国竞技体育的综合实力和国际竞争力。

(十八)不断优化项目结构,促进竞技体育均衡发展。突出重点,保持巩固优势项目。重视开发潜优势项目,使之成为新的金牌增长点。通过改革训练管理体制、强化竞争机制、加强训练创新等手段,提升落后项目水平。加大对田径、游泳等基础大项、集体球类项目和冬季项目的政策研究与投入,力争运动水平有所提高。支持和鼓励各地方、各行业重点发展符合自身条件和特点的运动项目,优化布局,提高效益,形成地方优势和行业特色。

(十九)改革和完善运动竞赛体系。对全运会的赛制、设项等进行合理调整,完善政策,充分发挥全运会在推进赛制改革、促进竞技体育发展等方面的引领作用。加

大政策引导，促进体育竞赛社会化，调动地方体育部门和社会力量办赛的积极性。建立符合青少年成材规律的分层次、分等级的青少年竞赛体系和制度。逐步建成具有中国特色的、适应社会主义市场经济要求的竞赛管理体系。

（二十）坚持和完善竞技体育举国体制。继续坚持和不断完善举国体制，充分发挥举国体制优势。以为国争光、服务大众为目标，协调好中央与地方、政府与社会、体育系统与非体育系统等关系，在资源配置、项目布局、利益分配等各个方面统筹兼顾，集中优势，不断创新，赋予举国体制在市场经济条件下的新内涵、新内容、新机制，更好地凝聚国家目标、社会需求、大众意志和体育资源，促进竞技体育实现新跨越，带动体育事业全面发展。

（二十一）做好奥运会的备战和参赛工作。全面贯彻实施《奥运争光计划纲要（2011-2020）》，加强对备战工作的组织领导，完成好2012年伦敦奥运会和2014年索契冬奥会的备战参赛任务。加强对备战工作的综合协调与组织，使备战工作科学化、系统化；建立层次分明、职责清晰、任务明确、计划周密、措施完善、保障有力、奖惩严明、运转有效的奥运备战组织管理体系和工作制度，确保奥运会备战工作有序进行，争取运动成绩和精神文明双丰收。

（二十二）完成好"十二五"时期举办和参加其他重大赛事的任务。认真筹备、精心组织2011年第7届全国城运会、2012年第12届全国冬运会、2013年第12届全运会和2012年海阳第3届亚沙会、2013年天津第6届东亚运动会、2013年南京第2届亚青会、2014年南京第2届青奥会等综合性运动会；承办好2011年上海世界游泳锦标赛、2015年北京世界田径锦标赛等重要国际单项赛事，为国内外运动员搭建良好的竞技平台。充分发挥体育赛事的多元社会功能，丰富人民群众精神文化生活，促进社会和谐发展。

（二十三）加强国家队建设与管理。进一步完善国家队竞争和激励机制，形成竞争有序、科学合理的国家队管理体制。建立符合本项目实际的复合型国家队管理训练团队。发挥主（总）教练训练管理的主导作用，创造有利于理论创新和技术创新的环境和条件。不断完善训、科、医紧密结合的国家队科学训练运行机制。加强国家队训练基地建设，提高服务保障水平。加强训练监控，创新身体功能训练的理念和方法，建立和完善国家队训练评估办法，提高国家队训练和管理的科学化水平。引导和鼓励有能力的地方和单位承担国家队训练任务。

（二十四）实施"竞技体育后备人才培养工程"，夯实竞技体育可持续发展基础。制定奥运项目竞技体育后备人才培养中长期发展规划，进行重点项目后备人才培养布局，完善业余训练评估奖励政策。开展新奥运周期国家高水平体育后备人才基地认定工作，修订奥运项目青少年教学训练大纲。落实运动员文化教育相关政策，加强对青少年体育竞赛和注册工作的管理，加强相关人员的培训。建成符合体育人才成长规律和教育规律，以培养具有较高运动技术水平、全面发展的后备人才为主要任务，以政府主导下的体教结合为资源整合机制，以基础教育阶段为重点，以国家高水平体育后备人才基地和公办体育运动学校为骨干，以少年儿童体校、青少年体育俱乐部、体育传统项目学校、体育特色学校和社会力量兴办的后备人才培养机构为基础，规模、布局、结构合理的后备人才培养体系，加强和巩固业余训练基础。

（二十五）加强教练员、裁判员队伍建设。完善教练员岗位培训制度，加强教练员培养工作，完善教练员注册管理，全面提升教练员业务能力和综合素质。办好国家体育总局教练员学院。加强国家队教练员队伍建设，推行精英教练"双百"培养计划。改革和完善裁判员管理体制，发挥单项运动协会作用，加大裁判员培养力度，加强裁判员管理监督，提高裁判员专业水平，建立一支思想品德好，业务水平高，人员相对稳定的高素质裁判员队伍，培养一批能够在各类国际大赛中担任裁判工作的优秀国际裁判员。

（二十六）加强运动员文化教育。以深化改革为动力，以创新体制机制为切入点，推动《关于进一步加强运动员文化教育和运动员保障工作的指导意见》的贯彻落实。各级各类体育运动学校义务教育阶段文化教育工作普遍纳入国民义务教育序列，形成较为完备的青少年运动员文化教育保障体系，采取切实措施，提高运动员的基础文化教育水平和质量，加强运动员在役期间的文化教育工作，根据运动员训练比赛任务重、流动性大等特点，创新教育模式，发挥国家队运动员文化教育的示范和引导作用。拓宽体育运动学校运动员培养输送渠道，积极协调教育部门，争取高等院校运动训练专业和民族传统体育专业单独招生向体育运动学校倾斜。继续落实和完善退役优秀运动员免试进入高等院校学习的各项政策，为运动员就学、就业创造条件。

（二十七）完善运动员保障体系。完善并落实各项激励和保障政策，切实维护运动员切身利益。确保运动员享受相应的社会保险待遇，完善运动员多层次医疗保障体系。进一步做好退役运动员就业安置工作。引导和支持运动员提高综合素质和就业能力。完善运动员自主择业经济补偿标准的动态调整机制，对退役运动员自主创业按规定给予政策性支持。构建和完善运动员职业转换社会扶持体系，帮助运动员顺利实现职业转换。

（二十八）加强运动队思想政治工作和道德作风建设。以运动员为主体，以国家利益为最高目标，以爱国主义为核心，深入持久地开展理想信念教育和职业道德教育，培养运动员无私奉献的精神、坚忍不拔的意志、顽强拼搏的作风，把提高运动技术水平与培养有理想、有道德、有文化、有纪律的人才相结合，使运动队成为政治合格、作风顽强、技术过硬的优秀群体。要大力弘扬奥林匹克精神和中华体育精神，继承和发扬民族优良传统，牢固树立社会主义荣辱观，增强运动员民族自尊心和自豪感。

（二十九）狠抓反腐倡廉和行业作风建设，加强赛风赛纪和反兴奋剂工作。认真落实党风廉政建设责任制，扎实推进体育系统惩治和预防腐败体系建设，切实做到廉洁从政、廉洁从业。健全完善并认真贯彻实施净化赛场风气、促进公平竞争的规章制度。加大对弄虚作假、徇私舞弊、执裁不公、扰乱赛场秩序等违规违纪行为的处罚力度，营造公平、公开、公正的竞赛环境。认真贯彻落实《反兴奋剂条例》，加大各单位反兴奋剂工作力度，保持国际先进水平，做好备战国际综合性运动会反兴奋剂工作，加强反兴奋剂对外交流与合作。继续完善赛风赛纪和反兴奋剂宣传教育、监督检查、依法治理工作体系建设，提高工作质量。

（三十）努力提高足球运动水平。认真总结中国足球发展改革的经验教训，借鉴各国足球发展和管理的经验，努力探索符合当代足球发展规律和中国国情的足球发展道路和管理模式。着眼于提高中国足球运动水平，解放思想，凝聚共识，系统规划足球发展。在广大群众特别是青少年中广泛普及足球运动，不断壮大足球发展的社会基础；加强足球后备人才培养和队伍梯队建设；建立健全政策法规制度，引导职业足球俱乐部规范发展，建立良好的足球联赛秩序，提高足球联赛水平；加强国家队及各类队伍建设和管理，提高训练水平，努力在重大足球赛事中创造好成绩。加强足球行业管理机构的组织建设，理顺管理关系，促进管办分离，加强行业自律，提高管理水平。

五、加快发展体育产业，增强体育产业竞争力

（三十一）"十二五"时期体育产业的发展目标是：贯彻落实国务院办公厅《关于加快发展体育产业的指导意见》，进一步丰富和完善体育产业扶持政策，逐步推动建立与我国经济社会发展水平相适应的、具有中国特色的体育产业体系，以满足广大人民群众日益增长的多层次、多元化、多样性的体育消费需求；体育服务业在体育产业中的比重明显提高，促进建立并完善多种所有制并存，各种经济成份竞相参与、共同兴办体育产业的格局；培育一批有竞争力的体育骨干企业，形成一批有中国特色和国际影响力的体育产品品牌，增强我国体育产业的整体实力和国际竞争力；体育产业增加值在国内生产总值中所占比重明显提高。

（三十二）引导和扩大体育消费需求。适应人民群众生活水平提高、消费结构变化的新形势，加强宣传和引导，更新群众体育消费观念，积极扩大群众体育消费。不断增强体育产品和服务的供给能力，提升体育产品与服务的质量，以优质的服务促进体育消费，保护消费者的合法权益。合理引导高、中、低收入群体的体育消费行为，积极扩大中低收入群体体育消费需求，满足消费者的多元需要。

（三十三）进一步优化体育产业结构。适应城镇化发展和居民消费结构升级的新形势，重点发展体育健身休闲、体育竞赛表演、体育中介等体育服务业，规范提升体育用品业；降低门槛，拓宽渠道，培育体育市场主体，会同和推动有关部门加强政策引导，鼓励和引导有条件的体育企业面向资本市场融资，积极扶持中小体育企业发展，鼓励和引导非公有制经济发展体育产业，壮大体育产业发展力量，积极推进体育产业与相关产业的互动发展，促进体育旅游、体育传媒、体育会展等相关业态发展，全面提高体育产业发展水平。

（三十四）促进发展具有区域特色的体育产业。坚持重大体育产业项目带动战略，合理规划各类体育产业基地的建设布局，与地方政府配合，创建一批充满活力的体育产业基地，充分发挥基地的示范和引导作用。结合国家区域发展规划，加快区域主导体育产业的培育和发展，鼓励各地区突出特色、错位发展，打造品牌、延伸链条，促进资源优势向产业优势、产业优势向经济优势、经济优势向品牌优势转变。在发展东部地区优势体育产业的同时，不断加快中、西部地区特色体育产业发展，形成东、中、西部体育产业良性互动发展格局。鼓励各地方设立体育产业发展扶持资金。

（三十五）加强体育市场规范管理。会同市场管理等部门建立健全相关法规，完善监督管理机制，规范体育市场主体行为，维护市场秩序，促进体育市场规范发展。加强体育经营活动的安全监管，对于高危险性体育项目的经营活动，建立严格、规范、公开、透明的市场准入制度，加强技术指导和安全保护，依法加强日常监督检查及产品质量检测，确保消费者人身安全。完善体育服务标准，推行体育服务质量认证制度，提高体育服务水平。开展体育行业特有工种职业技能鉴定工作，提高体育服务从业人员的服务意识和专业水平。

（三十六）扩大、盘活体育设施资源。会同有关部门加强政策引导，鼓励民间和境外资本投资体育，兴建体育设施。认真研究、总结推广各地体育场馆管理运营的经验，不断改革和创新模式，盘活现有资源，提高体育设施综合利用率和运营能力，充分发挥体育设施提供公共体育服务、满足群众健身需求的作用。在不影响公共体育场馆的公益性质和主体功能的前提下，鼓励社会力量参与体育场馆的经营管理活动，多业并举，综合开发。

（三十七）引导和规范职业体育发展。充分认识、高度重视发展职业体育对于促进经济发展、创新和丰富体育发展模式、推动体育运动普及与提高方面的作用，积极探索社会主义市场经济条件下的职业体育发展道路。按照职业体育发展规律，从中国国情和项目特点出发，借鉴国外发展经验，加强制度设计和规范管理，严格职业体育俱乐部的联赛准入标准，保护职业体育参与主体的合法权益，维护职业体育联赛秩序，提高职业体育发展水平，促进职业体育健康发展。加强政府依法监管、协会行业自律和俱乐部自主运作，逐步建立中国特色职业体育管理体制和运行机制。

（三十八）加强体育无形资产开发和保护。加大各类体育组织、体育赛事和活动无形资产的开发力度，提高整体开发水平和效益。探索体育赛事运作的新模式，推进体育赛事的市场开发。积极推进和规范管理全运会等全国综合性运动会、中国奥委会和全国单项体育协会等的市场开发工作。进一步探索和推动体育赛事电视转播权市场开发工作。加强对运动员、运动队从事商业活动的引导和规范管理，切实维护运动员合法权益和运动队管理秩序。加强对体育无形资产的法律保护。

（三十九）加快实施体育产品品牌战略。加强对体育企业品牌建设的指导，有效推动体育企业开展自主品牌建设。引导体育用品生产企业增加科技投入，加强自主知识产权的开发，打造体育用品世界品牌。鼓励体育用品流通企业与生产企业合作，实现服务品牌与用品品牌的良性互动发展。积极探索体育赛事运作的新模式，大力培育具有中国特色的体育赛事品牌。鼓励知名体育健身企业通过连锁、加盟、收购、兼并等多种途径做大做强。大力推动对外体育服务贸易，树立我国体育服务贸易品牌。

（四十）做好体育彩票工作。贯彻《彩票管理条例》，进一步完善体育彩票发行制度和市场管理制度，健全发行销售监督机制。丰富体育特色彩票品种，加强发行渠道建设，提高管理、服务和营销水平，稳步扩大市场。强化发行销售风险防控体系，确保体育彩票安全、健康、持续发展。加强体育彩票公益金使用管理和公益宣传，提高使用效益，提升体育彩票的公益形象。

六、推动体育管理职能转变，促进依法行政，依法治体

（四十一）加强宏观管理，提高依法行政、依法治体的意识和能力。体育行政部门切实转变职能，把工作重心放在制定发展规划、加强宏观调控、完善规章制度、提供公共服务、维护行业秩序上来。促进政事分开，管办分离。树立社会主义法治理念，强化依法治体意识，增强依法行政的自觉性，提高运用法律手段解决体育实际问题的能力。完善科学、民主和依法决策机制，加大决策环节的制度化建设，推进体育政务公开，促进行政决策与管理的科学化和民主化。

（四十二）加强和改进体育制度建设。科学论证，做好《中华人民共和国体育法》、《反兴奋剂条例》的修订工作。突出重点，着力解决依法治体的关键问题，抓紧制定促进公共体育服务、引导规范职业体育发展、推动体育社会组织建设、规范体育市场、体育行业作风建设等方面的法规、规章和规范性文件。加强全国单项体育协会管理制度建设，提高行业自律、依法治理水平。坚持立、改、废并重，严格遵守立法权限和程序，提高制度建设质量。

（四十三）提高体育行政执法水平。推动各级体育行政部门完善行政执法制度，根据法律法规立、改、废的情况，及时梳理行政执法依据，界定执法权限，明确执法机构、岗位、人员和责任，细化执法流程，规范执法行为。改进和创新执法方式，探索综合执法，坚持管理与服务并重、处置与疏导结合，实现法律效果与社会效果的统一。组织开展体育法律法规和规章实施的监督检查，依法惩治违规行为。严格落实行政执法责任制。

（四十四）依法化解体育领域的矛盾和纠纷。建立健全体育纠纷内部处理机制，规范纠纷处理程序。积极推动建立体育仲裁制度。充分发挥行政复议在解决矛盾和纠纷中的作用，健全行政复议机构。积极配合人民法院，做好行政应诉工作。推动、配合司法解决体育领域的违法犯罪行为。促进建立多元化的体育纠纷处理和权利救济体系。

（四十五）深入开展体育法制宣传教育。根据中宣部、司法部、全国普法办部署，实施体育系统法制宣传教育第六个五年规划，大力弘扬社会主义法治精神，着重针对重点群体，在体育系统形成尊重法治、厉行法治的良好氛围。创新方式方法，在继续发挥传统法制宣传教育阵地作用的同时，积极推进网络等新兴媒体法制宣传教育阵地建设，不断增强体育法制宣传教育的吸引力、感染力和渗透力。组织和鼓励体育法学研究与交流，扩大研究队伍，繁荣学术研究，提高研究质量，推动研究成果向体育法治实践转化。

七、加大科教兴体力度，坚持人才优先发展，加强人才队伍建设

（四十六）继续深化体育科技管理体制改革。创新机制，提升体育科技成果转化水平。加强政策引导、工作推动和制度保障，以体育运动实践需求为导向，以体育科研院所和重点实验室为科研骨干,调动全社会科技力量,建立体育科技资源布局合理、配置优化,适应我国体育事业发展需要的体育科技管理体制和运行机制,全面提升体育科技创新能力和科学研究水平。进一步探索体育科技示范园的建园模式,发挥科技示范园产学研一体化的科技服务平台功能,促进自主创新,推进体育科技成果的产业化。

(四十七)进一步完善竞技体育训、科、医一体化的科技服务保障体系。继续加强国家队训练基地科研条件建设,优化科技服务功能,促进国家体育总局科教单位与重点实验室、省市科教单位及重点实验室与运动训练基地的协同运行,建立覆盖国家队运动训练的科技保障平台;加强运动创伤防治与康复、医务监督和运动营养工作。

(四十八)加强对体育科技重点领域的研究。坚持"自主创新、重点跨越、支撑发展、引领未来"的体育科技工作指导方针,坚持体育科技重点研究领域与优先发展为主体,重视前沿研究,扶持基础研究,加强体育科技基础条件建设,做好全民健身的科学研究和国家队的科技支撑。在竞技体育方面,加强奥运会科技支持和保障,加强对科学选材、基础训练的研究,着力解决重点运动项目关键技术难题;在全民健身方面,着力开展全民健身重点领域和关键技术的研究;在体育产业方面,着力推动具有自主知识产权产品的研发和成果转化。

(四十九)加强体育哲学社会科学研究。坚持体育哲学社会科学研究和体育改革与发展实践紧密结合,构建具有中国特色的体育哲学社会科学理论体系,形成一批高水平的研究成果,为我国体育发展和重大决策提供咨询服务,加强体育哲学社会科学研究队伍建设,培养一批高水平的理论骨干和学术带头人,加强体育哲学社会科学队伍的学风建设,严格学术规范,加强体育哲学社会科学的国际交流,进一步繁荣体育哲学社会科学研究。

(五十)促进体育专业教育发展。促进体制机制的转换,加强体育系统运动员基础教育阶段条件的改善,切实提高运动员文化素质,推进体育高等教育和体育职业教育的改革发展,培养体育事业发展需要的各类人才。不断改革和完善教练员岗位培训制度,提高教练员素质和科学训练水平。充分发挥高等体育院校的优势,促进北京体育大学和五所共建院校教学、训练和科研水平的不断提高,为国家体育事业发展提供科技和人才支持。

(五十一)深入实施人才强体战略。坚持"服务发展、人才优先、以用为本、创新机制、高端引领、整体开发"的人才发展指导方针,建立完善体育人才培养开发、评价发现、选拔任用、流动配置、激励保障等机制,加大体育党政人才队伍、全民健身服务和管理人才队伍、竞技体育人才队伍、体育经济人才队伍、体育专业技术人才队伍、体育外事人才队伍等体育重点领域人才的培养力度。抓住领导班子后备干部、优秀社会体育指导人才、群众体育组织管理人才、精英体育教练员人才、体育产业经营管理人才和中青年体育专业技术人才等重点体育人才群体,实施"体育人才培养专项计划"。建立有利于各类人才脱颖而出的环境,完善有利于各类人才成长的激励政策,促进形成数量充足、素质优良、门类齐全、结构合理的体育人才队伍。

八、加强体育文化建设、新闻宣传与对外交往工作

（五十二）全面推进体育文化建设。努力挖掘和发挥体育在建设社会主义先进文化，振奋民族精神，增强民族凝聚力，引领积极健康的社会价值观和大众人生观，建立科学文明的生活方式，提升生活质量过程中的作用。弘扬以爱国主义为核心的中华体育精神，积极倡导奥林匹克精神，全面推进体育文化建设。重视中华民族传统体育文化遗产的挖掘、整理、保护和利用，努力扩大中华体育文化的影响力。加强运动项目文化建设，推动有中国特色的体育项目走向世界。加强体育文物征集、保护和中国体育博物馆建设工作。做好将优秀民族民间传统体育项目纳入"非物质文化遗产"名录的工作。

（五十三）加大体育宣传力度，充分发挥舆论导向作用。进一步加强提升体育社会形象的宣传与推广，完善体育宣传的工作体制和机制，加强全民健身、竞技体育、体育产业以及重要法规、政策和条例的宣传，为体育改革和发展营造良好的舆论氛围和社会环境。重视和加强体育宣传队伍和新闻发布制度建设，加大对全国体育系统体育宣传工作的协调和指导。借助中国体育新闻工作者协会的作用，加强与媒体的沟通和合作，有效发挥体育媒体的积极作用。积极开展体育对外宣传工作，加强与国际体育记者组织的合作与交流。推动国家体育总局系统媒体的转制和改革，进一步加强政府网站的建设，掌握体育宣传主动权。

（五十四）扩大对外体育交流与合作。体育外事工作应坚持统筹国内国际两个大局，服从服务于国家外交大局和建设体育强国的需要。科学谋划和继续扩大国际体育交流与合作。深化与亚洲各国尤其是周边国家的体育交流与合作，务实推进与欧美发达国家的互利合作，巩固和发展与非洲和拉美国家的友好关系，为发展中国家提供力所能及的体育援助。继续巩固和加强与国际奥委会、亚奥理事会、国际单项体育组织等国际体育组织的友好合作关系，积极参与国际体育事务，增强我国在国际体育组织中的影响力和话语权，形成全方位、多渠道、宽领域的体育对外交往新格局。

（五十五）加强与香港、澳门体育交流与合作。按照"一国两制"方针和香港、澳门特别行政区基本法有关规定，积极稳妥地开展内地与港澳体育交流与合作，支持港澳体育事业发展，增强港澳同胞的国家认同感，维护港澳社会的繁荣稳定。邀请港澳参加和观摩全运会、全国城运会和全国体育大会等全国综合性运动会。支持港澳申请和举办国际综合性体育赛事。推动与两地在群众体育、竞技体育、体育产业等各个领域的交流与合作。

（五十六）继续推进两岸体育交流与合作。根据中央对台工作的总体部署，积极开展两岸体育交流与合作。继续办好两岸体育交流座谈会，增进两岸体育界的互信和共识。强化两岸奥委会之间、两岸单项体育协会之间、两岸基层体育组织之间的对口交流机制，开展内容丰富、形式多样的交流活动。坚持在"奥运模式"框架内，妥善处理国际体育活动中的涉台问题，维护国家核心利益，为祖国和平统一大业服务。

九、加强领导，开拓创新，重视保障，促进落实

（五十七）加强组织领导，强化政府公共体育服务职能。强化与各级政府和相关部门的协商互动机制，促进各级人民政府按照《中华人民共和国体育法》和《全民健身条例》的要求，把体育事业经费、体育基本建设资金以及公共体育设施建设纳入本级国民经济和社会发展规划，把体育事业经费列入本级财政预算，确保体育事业各项投入与社会经济发展同步。认真研究基本公共体育服务内容和范围，明确政府及体育主管部门的责任，扩大公共体育服务的覆盖面，提升公共体育服务质量，推进城乡公共体育服务均等化。进一步完善支持体育事业发展的财政、金融、税收、土地、能源等方面的政策。充分发挥各级工会、共青团、妇联、各行业和社会各界办体育的积极性，推动建立健全体育工作领导协调机制，统筹协调体育事业发展。

（五十八）创新体育体制，增强体育发展的生机与活力。在强化政府公共体育服务职能的基础上，促进建立和完善政府统筹、社会协同、市场支持和群众广泛参与的体育发展格局。进一步发挥各级体育总会、中国奥委会的作用，进一步完善全国性单项体育协会的组织机构和工作机制，健全单项协会的自律机制，发挥行业管理职能。加强对体育社会团体的指导，理顺体育行政部门与社会团体的关系，建立符合中国国情的体育社团管理体制。积极稳妥地推进体育事业单位分类改革，鼓励社会组织参与体育社会管理和服务，实现公共体育服务提供主体和提供方式多元化，推进非基本公共体育服务市场化。

（五十九）促进区域体育协调发展，加强体育援助工作。加大对西部地区、农村地区、边疆地区、民族地区、革命老区体育事业的支持力度，推动东部、中部、西部地区的协调发展。根据实际情况，在政策、资金、人才、项目等方面对以上地区予以支持。推动建立促进区域体育协调发展的援助机制。落实国家体育总局《关于支持促进西藏体育事业发展的指导意见》、《关于支持促进新疆体育事业发展的指导意见》和相应的实施方案，支持、促进西藏、新疆体育事业的发展，努力推动以上地区公共体育服务水平逐步提高，体育基础设施建设逐步改善，进一步缩小与全国体育发展平均水平的差距。

（六十）做好体育统计和体育标准化工作。进一步完善体育事业统计制度，构建精简高效、运转协调、动态开放的体育事业统计体系。加强体育产业统计，初步建立体育产业统计制度和信息发布制度。加强对体育统计成果的开发利用，推动体育统计信息化建设。加强体育标准化工作，初步构建服务体育事业科学发展的标准体系、制度体系、体育标准化制度组织体系。抓紧制定体育发展急需的国家标准和行业标准。

（六十一）推进体育信息化建设。充分认识信息化建设对体育发展的作用，进一步整合体育信息资源，拓宽采集渠道，加强信息服务，推进体育信息化建设。搭建体育资源网络信息平台，实现体育信息资源共享，推进体育行政管理和体育项目管理的信息化，加强体育赛事信息管理系统开发和体育场馆信息化建设。

（六十二）加强对规划实施的监督和管理。各地区、各单位要认真制定实施各自

的"十二五"发展规划,地方政府及各级体育部门要健全规划实施的监管机制,要采取切实有效的措施,对本地区、本领域体育事业规划实施情况进行严格监督,确保落实,保障和推进体育事业发展"十二五"规划的顺利实施。

附:名词解释

名 词 解 释

1. 全民健身路径工程:指各级体育行政部门利用体育彩票公益金,在社区、村、公园、绿地等地建设由室外健身器材组成、占地不多、经济实用、可免费使用的体育健身设施的工程。

2. 雪炭工程:指国家体育总局利用本级体育彩票公益金,在老、少、边、穷等地区实施援建经济实用的公共体育场地设施的工程。

3. 农民体育健身工程:指通过在农村兴建经济、实用的公共体育场地设施,推动包括体育组织、体育活动在内的农村体育事业全面发展的工程。农民体育健身工程列入了《国民经济和社会发展第十一个五年规划纲要》,从 2006 年开始正式实施,目前已经建成 23 万多个。

4. 全民健身活动中心:指国家体育总局利用本级体育彩票公益金引导建设,以服务大众体育健身为主要任务,综合性、多功能、室内室外体育设施相结合、以室内体育设施为主的公共体育设施。

5. 全民健身户外活动基地:指由国家体育总局命名和资助建设,与公园、绿地、广场和山水等自然条件相结合,具有特色、规模较大、体育设施种类多样的户外运动场地,包括具有特色的户外体育营地、大型体育公园、文体广场等。

6. 体质测定与运动健身指导站:指具备符合国家体质监测标准的成套仪器,配备有专业资质的研究人员,按照《国民体质测定标准》对公民个体进行体质测量与评价,并根据结果进行运动健身科学指导的综合性工作站。

7. 青少年户外体育营地:指由政府倡导,由体育彩票公益金资助,依托江河湖海、山地森林、公园景区等自然资源,按照一定标准建设与管理,具有相应服务设施,以户外体育项目活动为主要内容,培养青少年热爱大自然、热爱体育活动良好品质的青少年户外体育活动场所。

8. 青少年体育活动促进计划:指由体育彩票公益金资助,围绕"增强青少年体质"的核心任务,以建设青少年体育活动场所、培育青少年体育服务组织、提高青少年体育指导者素质为基础,开展丰富多样的体育活动,培训青少年体育技能,普及体育文化知识,培养青少年体育锻炼习惯,形成终身体育的意识和能力,不断增进青少年体质健康水平,促进青少年全面健康发展的中长期发展规划。

9. 青少年校外体育活动中心:指由各级政府资助建设,以满足城乡青少年便捷、安全参加体育健身需要为目的,以开展青少年喜闻乐见的体育活动为主要内容,按设计标准建设与管理,具有相应配套的服务设施并经过有关部门认定的公益性综合体育健身活动场所。

10. 竞技体育后备人才培养工程：指以培养高水平后备人才、为国争光为目标,以奥运会举办为周期,由国家体育总局进行战略管理的专项人才培养支持工程,包括提供保障条件、制定管理制度、明确培养规模、提升培养质量和效益等,形成系统的综合效应和整体功能,推动我国竞技体育后备人才的培养。

11. 体育人才培养专项计划：指根据《全国体育人才发展规划（2010-2020 年）》,针对党政领导班子后备干部、优秀社会体育指导人才、精英体育教练人才、体育产业经营管理人才和中青年体育专业技术人才等重点体育人才群体,通过特殊措施、重点培养、使用和激励保障,以重点扶持、高端引领带动体育人才队伍整体开发的一项专门培养计划。

12. 精英教练"双百"培养计划：指围绕更好地实施奥运争光战略,面向全国体育系统,选拔 100 名各类体校教练员和 100 名各级优秀运动队教练员加以重点培养,提高他们的执教水平和综合素质,培养高质量的体育教练员人才的一项专门培养计划。

13. 体育产业基地：指由国家体育总局命名,在体育产业发展方面具备相当基础、规模和特色的地区,或者在体育产业领域具有重要影响力和较强竞争力的机构。国家体育产业基地包括两种类型：一是以地区（县、市、区）为单位,命名为"（地区名称）国家体育产业基地"；二是以体育产业某领域中知名企业或机构为单位,命名为"国家体育产业示范基地"。

14. 体育服务质量认证制度：指由认证机构证明体育场所、体育活动的组织与推广等服务符合相关标准和技术规范要求的评定活动。体育服务质量认证包括服务流程管理文件、行为规范、设施和设备、健康和卫生、安全保障和环境保护、服务承诺等内容的现场审查,以及获证后的监督审查。

15. 高危险性体育项目：指专业性强、技术要求高、直接关系人身安全、危险性大的体育项目。《全民健身条例》规定,经营高危险性体育项目,应当符合相关体育设施国家标准、具有达到规定数量的取得国家职业资格证书的社会体育指导人员和救助人员、具有相应的安全保障制度和措施等条件。

16. 体育行业特有工种职业技能鉴定：指根据国家法律、法规,按照国家职业标准,通过政府授权的考核鉴定机构,对从业者的专业知识和技能水平进行客观公正、科学规范地评价与认证的活动。

17. 体育科技示范园：指以促进科技自主创新和成果转化为目标,以科技开发、示范、转化和推广为主要内容,聚集体育产业相关高新技术企业,实现体育科技成果产业化,孵化体育高新技术企业的示范功能的产学研一体化的体育科技单位或区域。

18. 科学健身示范区：指以提高全民健身科学化水平为目标,围绕人民群众科学健身的各种需求,促进人民群众的科学健身意识和科学健身水平的提高,依托社区、乡镇、大型企事业单位,集科学健身咨询、知识普及、成果转化为一体的多元化科学健身示范区。

全民健身计划（2011—2015年）

全民健身关系人民群众身体健康和生活幸福，是综合国力和社会文明进步的重要标志，是社会主义精神文明建设的重要内容，是全面建设小康社会的重要组成部分。为进一步发展全民健身事业，广泛开展全民健身运动，加快体育强国建设进程，制定本计划。

一、指导思想

深入贯彻落实科学发展观，坚持体育事业公益性，逐步完善符合国情、比较完整、覆盖城乡、可持续的全民健身公共服务体系，保障公民参加体育健身活动的合法权益，促进全民健身与竞技体育协调发展，扩大竞技体育群众基础，丰富人民群众精神文化生活，形成健康文明的生活方式，提高全民族身体素质、健康水平和生活质量，促进人的全面发展，促进社会和谐和文明进步，努力奠定建设体育强国的坚实基础。

二、目标任务

到2015年，城乡居民体育健身意识进一步增强，参加体育锻炼的人数显著增加，身体素质明显提高，形成覆盖城乡比较健全的全民健身公共服务体系。

（一）经常参加体育锻炼人数进一步增加。城乡居民体育健身意识和科学健身素养普遍增强，体育健身成为更多人的基本生活方式。每周参加体育锻炼活动不少于3次、每次不少于30分钟、锻炼强度中等以上的人数比例达到32%以上，比2007年提高3.8个百分点；其中16岁以上（不含在校学生）的城市居民达到18%以上，农村居民达到7%以上，分别比2007年提高4.9和2.9个百分点。学生在校期间每天至少参加1小时的体育锻炼活动。提高老年人、残疾人参加体育锻炼人数比例。

（二）城乡居民身体素质进一步提高。城乡居民达到《国民体质测定标准》合格以上的人数比例明显增加。在校学生普遍达到《国家学生体质健康标准》基本要求，其中达到优秀标准的人数比例超过20%，耐力、力量、速度等体能素质明显提高。

（三）体育健身设施有较大发展。全国各类体育场地达到120万个以上，人均体育场地面积达到1.5平方米以上。市（地）、县（区）、街道（乡镇）、社区（行政村）普遍建有体育场地，配有体育健身设施。50%以上的市（地）、县（区）建有"全民健身活动中心"。50%以上的街道（乡镇）、社区（行政村）建有便捷、实用的体育健身设施。有条件的公园、绿地、广场建有体育健身设施。改善各类公共体育设施的无障碍条件，各类体育设施的开放率和利用率有较大提高。形成各级各类体育设施布局合理、互为补充、覆盖面广、普惠性强的网络化格局。

（四）全民健身活动内容更加丰富。大力开展田径、游泳、乒乓球、羽毛球、足球、篮球、排球、网球等竞技性强、普及面广的体育运动项目，广泛组织健身操（舞）、传统武术、健身气功、太极拳（剑）、骑车、登山、跳绳、踢毽、门球等群众喜闻乐见、简便易行的健身活动。

（五）全民健身组织网络更加健全。市（地）、县（区）普遍建有体育总会、单项体育协会、行业体育协会及老年人、残疾人、少数民族、农民、学生等体育协会。社区体育俱乐部、青少年体育俱乐部、妇女健身站（点）有较大发展。80%以上的城市街道、60%以上的农村乡镇建有体育组织。城市社区普遍建有体育健身站（点），50%以上的农村社区建有体育健身站（点）。形成遍布城乡、规范有序、富有活力的社会化全民健身组织网络。

（六）全民健身指导和志愿服务队伍进一步发展。获得社会体育指导员技术等级证书的人数达到100万人以上，获得社会体育指导员国家职业资格证书的人数达到10万人以上。社会体育指导员综合素质和服务水平显著提高。广泛组织优秀运动员、教练员、学校体育教师开展义务健身辅导，培育全民健身骨干，形成组织落实、结构合理、覆盖城乡、服务到位的全民健身志愿服务队伍。

（七）科学健身指导服务不断完善。大力宣传推广科学健身方法，积极开展体质测定、运动能力评估。通过对公民进行日常体质测试，依据个人体质状况提供有针对性的科学健身指导服务，增强全民健身的吸引力，提高全民健身质量和水平。

（八）全民健身服务业发展壮大。形成规范有序的体育健身休闲市场，城乡居民体育健身消费意愿明显增强，体育健身服务从业人员较大增加，培育和形成一批实力雄厚、技术力量强的体育健身服务企业和品牌。研发推广适宜青少年、老年人、残疾人健身的便于进入家庭的健身设备器材。

三、工作措施

（一）深入开展全民健身宣传教育。充分利用广播电视、平面媒体及互联网等新兴媒体，开办专栏，举办讲座，播发公益广告、宣传片、宣传画，出版科普图书、音像制品，普及知识，提高公民科学健身素养。借助"全民健身日"、重大体育赛事及各种体育活动加强宣传，倡导健康生活方式，开展"终身体育"教育，在全社会形成崇尚和参加体育健身的社会风气。中央电视台、中央人民广播电台要安排专门时段播放广播体操、健身操（舞）、传统武术、太极拳（剑）等普及健身活动的节目。

（二）大力发展城市社区体育。地方各级人民政府将城市社区体育工作作为社区建设的基本内容，统筹规划，加大投入，以城市街道和居住社区公共体育设施建设为重点，不断改善社区居民体育健身环境和条件，提供基本公共服务。街道办事处要发挥组织协调作用，建立体育健身指导站、体育俱乐部等体育组织，培育发展基层体育社团、民办非企业单位等社区体育类社会组织；推进社区体育健身站（点）规范化建设，扶持社区居民委员会提高体育服务能力，组织开展形式多样、广泛经常的社区体育健身活动。整合街道辖区单位、学校的体育设施、体育人才资源，做到优势互补、资源共享，推动社区体育与单位职工体育、学校体育共同发展。

（三）加快发展农村体育。地方各级人民政府将发展农村体育纳入当地全面建设小康社会和社会主义新农村建设规划，统筹城乡全民健身事业发展，促进城乡体育资源和公共体育服务均衡配置，逐步建成城乡一体化的全民健身公共服务体系，增强农村基层体育公共服务能力。充分发挥包括乡镇综合文化站在内的社区综合服务设施作用，利用好农村学校、企事业单位的体育设施和体育人才资源，在传统节日和农闲季节广泛组织农民体育活动，开展"体育下乡活动"，办好基层农民运动会。

（四）积极发展少数民族体育。建立健全基层少数民族体育协会。重视培养少数民族体育教师、社会体育指导员和高水平体育人才。在少数民族地区开展以民族优秀体育项目为主要内容的体育竞赛和活动，在学校体育课和课外活动中设置与优秀民族体育项目相关的教学内容。建立少数民族传统体育项目培训基地，发展"少数民族传统体育项目之乡"。办好少数民族传统体育运动会。

（五）切实加强青少年体育。坚持健康第一指导思想，把增强学生体质作为学校教育的基本目标和重要评价内容。健全学校体育工作机制和督导制度，提高体育教育、教学质量。全面实施《国家学生体质健康标准》，广泛深入开展"全国亿万学生阳光体育运动"，保证学生在校期间每天至少参加 1 小时的体育锻炼活动。积极开展课余体育训练，倡导科学、健康的体育健身和生活理念。办好各级各类体育学校、体育传统项目学校。加强青少年体育俱乐部、青少年校外体育活动中心和营地建设。建立和完善学校、社区、家庭相结合的青少年体育网络和联动机制。

（六）重视发展老年人体育。建立健全老年人体育协会、体育健身俱乐部、体育健身团队。广泛开展经常性的老年人体育健身活动，办好老年人体育健身大会。不断创新适合老年人特点的体育健身项目和方法。公共体育设施对老年人参加体育活动提供便利和优惠。老年人教育机构开设体育课程，老年人活动中心设置适合老年人体育活动的设施，社区服务兼顾老年人体育健身服务。鼓励、支持社会组织和个人兴办老年人体育服务机构和体育健身设施。

（七）大力推进残疾人体育。建立健全残疾人体育组织，培养为残疾人服务的体育教师和社会体育指导员，组织开展残疾人体育健身活动。实施"助残健身工程"，为残疾人建设就近方便的体育健身设施。公共体育设施进行必要的无障碍改造，为残疾人参加体育活动提供便利。研究开发适合残疾人身心特点的体育健身康复手段。特殊教育机构和普通学校要重视做好残疾学生体育工作，提供适合残疾学生特点的体育健身与体育康复项目。办好残疾人运动会和健身展示活动。

（八）着力推动职工体育。充分发挥行业体育协会、机关企事业单位工会、职工体育协会作用，广泛建立职工体育俱乐部和体育健身团队，开展符合单位特点和职工喜闻乐见的体育健身和竞赛活动。鼓励企业制订针对职工的体育健身指导方案，为职工参与体育健身提供必要的时间保障。坚持工间（前）操制度，开展国家体育锻炼标准达标测验和体质测试活动。有条件的单位可每年举办全民健身运动会。积极开展进城务工人员体育活动。创新职工体育发展模式和基层职工体育组织形式和活动方式，完善社区体育与职工体育互补机制。

（九）继续推行体育锻炼标准和体质测定标准。修订完善《国家体育锻炼标准》，采取多种形式广泛开展达标活动。研制国家残疾人体质测定标准，深入实施《国民体质测定标准》。积极推行各体育项目《业余运动员技术等级标准》。建立证书证章激励制度，引导和鼓励城乡居民经常、持久地参加体育健身活动，不断提高体质健康水平和体育技能水平。

（十）传承发展民族民间传统体育。重视民族民间传统体育项目的发掘整理和传播推广工作，弘扬民族传统体育文化。将优秀民族民间传统体育项目纳入"非物质文化遗产"名录，加以传承和保护。广泛开展民族传统体育教育活动，举办民族民间传统体育项目展示和竞赛活动，促进各民族、地区间交流，扩大民族民间传统体育的国际影响力。

（十一）广泛开展全民健身活动。遵循"因地制宜、业余自愿、小型多样、就近就便"的原则，组织开展以传统武术运动、冰雪运动、户外运动、群众登山、江河横渡、元旦登高、春节长跑、健身大拜年、妇女健身展示等具有品牌特色、形式多样、丰富多彩的全民健身活动，不断创新活动形式和内容，提高活动普遍化、经常化、科学化、社会化水平。

（十二）组织举办全民健身运动会。以深化体育大会改革为突破口，创新办赛模式，提倡勤俭办赛，减少重复建设，简化大型活动，坚持淡化锦标，重在参与、重在交流、重在健身、重在快乐；定期组织举办大中学生运动会、农民运动会、少数民族传统体育运动会等，充分调动和保护全民参与体育竞赛的积极性。

四、保障措施

（一）加大各级财政全民健身事业投入。县级以上地方人民政府要按照《全民健身条例》规定，将全民健身事业纳入本级国民经济和社会发展规划，将全民健身工作所需经费列入本级财政预算。留归各级体育主管部门使用的彩票公益金，应当根据国家有关规定主要用于全民健身事业，并加强监督管理。加强基础建设和重大全民健身活动的经费投入，对公益性全民健身事业单位和服务机构给予必要的经费保障。中央财政通过加大转移支付，支持农村、贫困地区和民族地区发展全民健身事业。有条件的地区可建立个人缴费和政府资助相结合的筹资机制，加大对全民健身事业的投入。

（二）鼓励社会兴办全民健身事业。充分调动全社会兴办全民健身事业的积极性，扩大社会资源进入全民健身事业的途径，多渠道增加全民健身投入。完善财政、税收、金融和土地等优惠政策，鼓励和引导社会力量捐资、出资兴办全民健身事业。体育行政部门要会同有关方面加强对经营性体育健身场所的监管。对社会力量兴办体育类民办非企业单位，要在注册登记、工作指导等方面提供支持和保障。社会力量通过公益性社会团体或县级以上人民政府及其部门用于全民健身事业的公益性捐赠，符合税法有关规定的部分，可在计算企业所得税和个人所得税时从其应纳税额中扣除。

（三）有计划地建设公共体育设施。国务院有关部门制定实施公共体育设施建设规划，引导和支持基层公共体育设施建设。县级以上地方人民政府要加强农村地区和城市社区等基层公共体育设施建设，特别要大力加强农村基础体育设施建设。按照国家有关公共体育设施用地定额指标规定，城乡规划和土地利用总体规划应保证城乡公共体育设施建设的用地需求。新建居住区要按照国家有关居住区规划设计规范标准，设计建设公共体育设施。设计和建设公共体育设施要严格执行国家有关无障碍设计建设规范标准。基层政府要监督落实。加大"全民健身活动中心"建设力度，拓展服务功能，规范管理建设"全民健身路径"，继续实施"农民体育健身工程"、"雪炭工程"。充分利用公园、绿地、广场等公共场所和山水等自然条件，建设公共体育设施以及健身步道、登山道等户外运动设施。

（四）提高体育设施利用率。公共体育设施应当根据其功能、特点向公众开放，并在一定时间和范围内，对学生、老年人和残疾人优惠或者免费开放。学校在课余时间和节假日要向学生开放体育设施，并在保证校园安全的前提下，积极创造条件向公众开放体育设施。县级以上各级人民政府对向公众开放体育设施的学校给予经费补贴，为学校办理有关责任保险。新建和改建学校体育设施，要便于向公众开放。维修改造各类体校体育设施，使其成为全民健身活动场所。公园每天安排固定时段免费向公众体育健身开放。要积极创造条件将机关、企事业单位的体育设施向社会开放。对露天体育场，要创造条件免费开放；已经开放的，不得改为收费经营。公共体育设施管理单位要建立岗位责任制和工作目标管理责任制，加强对体育设施的维护更新，完善综合服务功能，提高使用效率。防止公共体育设施闲置浪费或被挤占、挪用。

（五）加强社会体育指导员队伍建设。建立健全社会体育指导员组织体系。充分发挥各级社会体育指导员协会的作用，做好对社会体育指导员培训、管理和服务工作。完善社会体育指导员技术等级制度，建立投入和激励机制，不断发展壮大社会体育指导员队伍，优化结构、增强活力。各级体育行政部门要提供培训经费，完善培训体系，创新培训方式，提高培训质量，为社会体育指导员开展工作提供必要条件和便利。积极发展职业社会体育指导员，完善社会体育指导员国家职业技能标准，严格按照有关规定开展职业技能培训和鉴定工作。以对高危险性体育项目进行健身指导为职业的社会体育指导人员，必须获得社会体育指导员职业资格证书并持证上岗。鼓励和支持退役运动员通过职业技能培训和鉴定，拓宽就业渠道，为全民健身服务。

（六）广泛开展全民健身志愿服务活动。动员社会力量积极开展全民健身志愿服务活动。形成以社会体育指导员为主体，优秀运动员、教练员、体育科技工作者、体育教师、体育专业学生和社会热心人士广泛参与的全民健身志愿服务队伍，丰富全民健身的内容，扩大竞技体育的群众基础。建立全民健身志愿服务工作体系和组织体系，健全注册管理和培训制度，普及相关知识，提高全民健身志愿服务队伍的专业化水平和服务质量。立足基层，示范推广活动与日常健身指导服务活动有效结合，推广实施多元化服务项目，形成全民健身志愿服务长效化机制，树立崇尚互助、强健体魄的良好社会风尚。

（七）不断加大科学健身指导的力度。健全体质测定服务机构，开展城乡居民日常体质测定和科学技术健身指导。依托全民健身活动中心和各类综合性体育中心，建立国家、省、市三级"体质测定与运动健身指导站"网络，为群众进行体质测定、运动能力评定，提供运动健身指导。宣讲科学健身知识，赠送运动健身书籍，教授运动健身方法，普及运动健身科学知识，并对群众体质水平和运动健身状况进行跟踪调查和科学研究。

（八）做好信息、科研和法制建设工作。加快全民健身公共信息服务网络建设，提高全民健身公共信息服务能力。建立全民健身基础数据统计体系，继续开展国民体质监测和全民健身活动状况调查。充分发挥体育科研机构和院校的作用，加强全民健身科研工作，组织对重大理论和实践问题的科研攻关，研制推广体育健身新项目、新方法，提高全民健身科学化水平。加快制定《全民健身条例》配套实施方案和政策措施，完善全民健身法规体系，加强执法监督检查。

五、组织实施

（一）加强组织领导。本计划在国务院领导下，由体育总局会同有关部门、群众组织和社会团体共同推行，县级以上地方人民政府要依照本计划，结合当地实际制定本行政区域的《全民健身实施计划》，并责成体育主管部门会同有关部门和组织共同组织实施。

各级体育主管部门要切实提高认识，认真履行职责，积极探索全民健身工作的新思路、新办法，加强组织领导，落实政策保障、人员配备、资金投入、监督奖励等措施，并建立目标责任制，签订责任书，实行目标考核。

（二）加强成效评估。县级以上体育主管部门要会同有关部门不定期对《全民健身计划（2011-2015年）》和《全民健身实施计划》实施情况进行检查指导，并在2014

年对实施成效进行全面评估,将评估报告报本级人民政府。地方各级人民政府要把全民健身工作列入重要议事日程,定期听取汇报,及时研究解决工作中的困难和问题。对为全民健身事业作出突出贡献的单位和个人进行表彰奖励。

中国人民解放军和中国人民武装警察部队可根据本计划,结合部队实际参照执行。

竞技体育"十二五"规划

"十二五"时期,我国经济和社会发展对竞技体育发展提出了更高要求,面对2008年北京奥运会后建设体育强国和竞技体育自身改革的艰巨任务,为保证我国竞技体育全面、协调和可持续发展,根据"十二五"体育事业发展总体部署,制定本规划。

一、"十二五"竞技体育发展面临的形势

（一）"十一五"期间竞技体育发展回顾

"十一五"期间我国竞技体育成绩显著,总体实力全面提升,圆满完成了奥运争光任务。5年间共获得世界冠军634个,创造世界纪录88次。中国体育代表团在第29届北京奥运会上获得51金21银28铜,共100枚奖牌,位列奥运会金牌榜第一位;在第二十届都灵冬奥会稳中有升;在第二十一届温哥华冬奥会上获5金2银4铜,实现了历史性突破;在第十五届多哈亚运会、第十六届广州亚运会分别获得165枚、199枚金牌,第七次、第八次蝉联金牌榜第一位。同时,成功举办了第六届全国城市运动会和第十一届全国运动会等国内综合性赛事。竞技体育体制改革与制度创新取得重要进展,创建了较完备的国际大赛备战与参赛组织体系;以全运会为龙头的竞赛体制改革取得了一定成效,竞赛活动丰富多样,职业体育和商业赛事不断发展;科教兴体和人才强体的推动作用明显,体教结合不断完善;竞技体育与群众体育,奥运会项目与非奥运会项目进一步协调发展。

但是,竞技体育发展过程中还面临的一些突出矛盾和问题。竞技体育综合实力和国际竞争力有待提升,在项目结构上,争金夺银的优势项目有限,基础项目及集体球类项目整体水平较低,运动训练和管理科学化水平有待进一步提高。竞技体育国内区域间发展不平衡问题突出,人才培养体制和培养模式仍须进一步改革和完善。法制建设需要加强,赛风赛纪需要进一步净化。职业体育发展仍处在较低水平。新形势下,竞技体育举国体制建设需要不断完善等等,这些问题都严重影响和制约我国竞技体育的全面、协调和可持续发展。

（二）"十二五"时期面临的机遇与挑战

"十二五"时期,我国竞技体育发展面临着难得的重要历史机遇。全面建设小康社会和构建社会主义和谐社会成为两大历史任务,赋予了我国竞技体育发展新的时代要求。未来5年我国经济和社会持续快速发展,仍将为竞技体育改革和发展提供强大动力。同时,建国60年和改革开放30年竞技体育发展的辉煌成就,为我国竞技体育进一步发展奠定了坚实基础和积累了宝贵经验。尤其是 2008 年北京奥运会后，全面实施建设体育强国的战略将为竞技体育发展提供难得历史机遇和提出更高要求。

此外，我国竞技体育也面临严峻挑战。世界竞技体育多极化竞争日趋激烈，我国竞技体育薄弱环节明显，影响和制约我国竞技体育发展的矛盾和问题突出等等，对新时期我国竞技体育管理体制、运行机制改革和整体实力的提升都提出了新的要求和挑战，需要我们及时抓住历史发展机遇、积极应对各种困难与挑战，不断创新，努力开拓我国竞技体育发展新局面。

二、指导思想、发展目标和主要任务

（一）指导思想

——以邓小平理论和"三个代表"重要思想为指导，以科学发展观为统领，围绕建设体育强国目标，坚持和实施奥运战略；

——不断完善举国体制，坚持制度创新、体制创新、机制创新、管理创新、方法创新，探索北京奥运会后我国竞技体育发展模式和改革路径；

——统筹兼顾、突出重点、全面规划、科学布局，优化项目结构，合理配置资源，实现我国竞技体育的均衡发展；

——坚持竞技体育与群众体育、奥运会项目与非奥运会项目协调发展，加强竞技体育人才队伍建设，提高竞技运动科学训练水平，促进竞技体育全面、协调、可持续发展。

（二）发展目标

1. 总体目标：竞技体育优化项目结构，巩固和扩大优势项目，挖掘潜优势项目金牌增长点，不断提高基础大项和集体球类项目整体水平，落后项目力争有所突破，冬季项目稳中有升；初步形成与世界竞技体育发展趋势相一致，适应我国经济和社会发展需要，符合竞技体育发展规律的管理体制与运行机制，进一步增强我国竞技体育的综合实力和国际竞争力。

2. 运动成绩目标：全面参与奥运会竞争，夏季项目保持亚洲领先和奥运会上金牌数和奖牌数排名前列地位。2012 年夏季奥运会力争有 22～26 个大项 160 个左右小项具有进入前 8 名的实力，14～16 个大项 100 个左右小项具有争夺奖牌的实力。2014 年冬季奥运会在保持上届水平的基础上，实现稳中有升；亚运会上继续保持亚洲领先地位，其他国际综合性运动会和单项比赛，在保持水平的基础上有所提升。

（三）主要任务

1. 重大国际比赛争取运动成绩和精神文明双丰收，为国争光。2012 年夏季奥运会，力争保持金牌数和奖牌数排名前列地位，巩固传统优势项目，拓展潜优势项目金牌增长点，基础大项和集体球类项目有所进步；2014 年冬季奥运会，保持水平，努力实现奖牌数有所增加和奖牌榜有所提升。在 2014 年第十七届亚运会等区域性运动会和世界锦标赛上，保持和巩固大部分项目的亚洲领先地位。

2. 成功举办各类国际国内大赛。认真筹备、精心组织 2011 年第七届全国城运会、

2012 年第十二届全国冬运会、2012 年海阳第三届亚沙会、2013 年第十二届全运会、2013 年天津第六届东亚运动会、2013 年南京第二届亚青会、2014 年南京第二届青奥会等综合性运动会和 2011 年上海世界游泳锦标赛、2015 年北京世界田径锦标赛等重要单项赛事，继承和发扬我国举办 2008 年北京奥运会的成功经验，为国内外运动员搭建良好的竞技平台。充分发挥体育赛事的多元社会功能与作用，丰富人民群众精神文化生活，促进社会和谐发展。

3. 实现竞技体育统筹兼顾、突出重点，均衡协调的发展。对项目进行合理布局与结构调整，提高效益；统筹国内区域间竞技体育的协调发展、夏季奥运会项目与冬季奥运会项目的协调发展、奥运会项目与非奥运会项目的协调发展、优势、潜优势项目和基础、集体球类等薄弱项目的协调发展，一线优秀运动队建设与职业体育的协调发展，实现竞技体育内部各组成部分的均衡协调发展。

4. 推进竞技体育体制改革。进一步转变政府职能，充分调动社会各方面积极性，逐步形成国家办与社会办相结合的多元化竞技体育管理体制和投入评估体系；不断深化竞赛体制改革，建立科学、规范的国内竞赛管理制度；进一步加强统筹规划、组织协调、提供服务和检查监督，提高综合管理的效能。

5. 探索中国特色的职业体育发展道路。积极研究社会主义市场经济条件下职业体育的发展方式，稳步推进竞技体育职业化改革；建设和不断完善具有中国特色的职业体育联赛制度，研究探索符合中国国情的职业体育运作机制和发展模式，初步形成政府主导、规划科学、管理规范、产权清晰、运转高效的中国特色的职业体育管理体制和运行机制。

6. 加强竞技体育人才队伍建设，加强优秀运动队文化教育与保障。不断提高优秀运动队伍的文化素质和职业道德，全面提升竞技体育队伍的人才综合素质；建立和完善高水平运动员、教练员、裁判员等各类竞技体育优秀人材的选拔、培训、培养制度，充分发挥运动员、教练员、管理人员、科研人员、医务人员等的积极性和创造性，为国家多做贡献。

三、政策措施

（一）立足于建设体育强国奋斗目标，坚持和完善举国体制，继续实施奥运战略

以建设体育强国为奋斗目标，统筹各方力量，巩固我国竞技体育优势，努力完成世界大赛各项任务，为国争光；全面贯彻实施《2011-2020 年奥运争光计划纲要》，坚持以奥运会为最高层次的竞技体育发展战略，理顺奥运战略、全运战略和省运战略之间的关系，统筹兼顾、突出重点、均衡发展、全面提高。坚持和完善举国体制，调整和完善奥运会奖励政策、全运会竞赛政策、运动员和教练员人才交流管理政策、国际大赛的参赛运动员的选拔政策、训练基地建设管理政策、支持西部少数民族地区培养高水平运动员的政策、运动员就学就业和医疗保障体系等相关政策和法规，整合全国的竞技体育资源，发挥各地方在人才、科研、资金、政策、保障和管理经验方面的优势，调动全国备战奥运会积极性。

（二）继承北京奥运会备战工作成功经验，全面做好奥运会参赛工作

总结北京奥运会备战参赛工作成功经验，全面加强对备战工作的组织领导，继续实施奥运会备战领导小组与奥运备战办公室的常态化备战体制与机制。加强对备战工作的综合协调与组织管理；建立层次分明、职责清晰、任务明确、计划周密、措施完善、保障有力、奖惩严明、运转有效的奥运备战组织管理体制和工作制度，确保备战奥运会工作的有序进行。组织各项目成立奥运会备战领导小组，着力推动备战工作的训练、组织、管理机制创新，建设好复合型国家队训练管理团队，加强对训练、科研、体能、信息等现有资源的整合，制定并实施《奥运会备战工作组织与管理办法》，加强对各项目奥运会备战工作的督促与检查。

（三）突出重点，拓展优势项目，优化结构，实现基础项目和集体球类项目新突破

优化项目结构，合理配置资源。突出重点，保持和巩固优势项目地位，提高项目竞争力，加强优势项目理论研究，做好技战术创新、训练理念、训练方法、组织管理、人才培养模式等方面经验总结，为其他项目提供借鉴；重视挖掘潜优势项目，使之成为新的金牌增长点，成立专家团队，加强对训练竞赛规律的研究，促进潜优势项目向优势项目转化。

着力抓好田径、游泳等竞技体育基础项目的建设，组织攻关小组，加强专门研究，力争突破；加大对社会关注度高的足球、篮球、排球等集体球类项目支持与保障力度，力争竞技水平有所提高。学习和借鉴国外先进经验，加大"走出去，请进来"的力度，努力提高教练员执教水平，促进各项目竞技水平不断提升。在政策、科技、人才、经费、场地、器材、信息、宣传和思想政治工作等方面对国家队备战训练重点保障。支持和鼓励各地方、行业重点发展符合自身条件和特点的运动项目，优化布局，提高效益，形成多种优势和地方特色。

（四）加强国家队建设，创新国家队管理体制与机制

进一步完善国家队竞争和激励机制，完善教练员选聘、运动员选拔、外籍教练员聘任等国家队的组建、选拔、训练、管理等管理制度和办法，形成科学合理的国家队管理体制。建立符合本项目实际的复合型国家队训练管理团队，充分发挥主（总）教练在训练和管理上的主导作用，组织训练、管理、竞赛专题研讨会，深入开展对各项目训练参赛规律的研究，抓好训练理念和方法手段的突破创新，提高国家队科学管理水平。

坚持和完善以国家队为重点、集中与分散相结合的训练体制，对运动项目科学合理布局。充分调动国家、地方和社会多个层面的积极性，理顺国家与地方的利益关系，鼓励和支持多渠道、多层次、多形式办高水平优秀运动队，引导和鼓励有能力的地方和单位承担国家队的训练和参赛任务。

（五）深入把握竞技体育特点和规律，提高训练质量和效益

进一步深化对竞技体育的发展规律、运动项目的训练规律、体育竞赛的参赛规律、运动队的管理规律认识。以人为本，坚持从难、从严、从实战出发，注重效益和质量的科学训练原则，不断深化与提高训练竞赛理念和认识，认真抓好运动训练方法和技、

战术创新研究,加强训练监控,完善科学评估办法,强化训练过程中的科学计划与选材、科学营养与恢复、科学管理与监测;注重对世界竞技体育发展动向和趋势的信息收集分析,整合与建立国家队训练备战信息平台,加强对项目竞赛规则规程的研究;重视对国内、国际先进训练经验的总结和借鉴,加强对外交流合作,整合筹建国家队身体功能训练中心。试点与完善《国家队训练质量管理评估办法》,提高训练质量和效益。进一步加强体育训练基地的建设,积极协调筹建国家级阶梯式高原综合训练基地,加强重点训练基地的扶持力度。

(六)继续完善以全运会为龙头的各项竞赛制度,充分发挥竞赛杠杆作用

充分发挥以全运会为龙头的各项竞赛的杠杆作用,进一步完善全运会项目设置和规模、注册和参赛办法、监管和计分办法等,调整完善竞赛政策,引导地方优化项目结构,合理布局,进一步统筹协调好奥运战略与全运战略的关系,真正发挥全运会在推进赛制改革、促进竞技体育发展等方面的引领作用。全国城市运动会坚持以培养运动项目后备人才为主的宗旨,继续调动城市发现培养竞技体育后备人才的积极性。全国单项比赛以检验和提高竞技水平为目标,充分调动各地区培养高水平人才的积极性。通过举办联赛、系列赛、大奖赛、分站赛等形式多样的比赛,增加运动员参赛机会和实战检验,逐步建立起适应社会主义市场经济、符合现代竞技体育运动规律、与国际接轨的现代竞赛制度。规范全运会、城运会等大型赛事的申办程序,充分调动体育部门和社会力量办赛积极性,大力倡导节俭、廉洁办赛,进一步提高竞赛管理水平,发挥竞赛的多元化功能,积极推进体育竞赛的社会化、制度化和多样化,逐步建成具有中国特色的、适应社会主义市场经济要求的政府主导、社会参与、灵活多样的体育竞赛管理体制。

(七)探索建设有中国特色的职业体育道路,积极推进职业体育发展

按照管理有序、发展可控、服务奥运的原则,处理好运动项目职业化与提高竞技水平为国争光的关系,处理好联赛与国家队备战的关系,积极为奥运战略服务。制定相关的法律、法规,优化和规范我国职业体育发展环境,依法明确和理顺职业体育发展中各利益主体间关系,切实维护各方合法权益,促进我国职业体育良性发展。根据不同项目不同特点,学习和借鉴国外经验,结合中国国情,依据锻炼队伍、提高水平、推动项目发展、服务社会的宗旨,各运动项目要大力开发竞赛市场,设计和推出精品赛事,培育和扩大具有品牌优势的中国职业体育赛事、职业体育联盟、职业体育俱乐部,将国内比赛、世界大赛与市场开拓紧密结合起来,重视职业体育赛事的品牌运营,不断改革和完善我国现有职业体育发展现状,探索和建立有中国特色的职业体育发展模式。

(八)狠抓赛风赛纪,加强反兴奋剂工作

净化赛场风气,加强以赛风赛纪和反兴奋剂为核心的体育行业作风建设,开展专项治理并使其常态化,不断完善体育竞赛制度,促进公平竞争。以全国综合性运动会为重点,对运动员注册和参赛年龄进行严格审查。建立健全体育竞赛仲裁制度,不断完善赛风赛纪和反兴奋剂工作教育监督检查机制和惩罚机制,加大对弄虚作假、徇私

舞弊、执裁不公、扰乱赛场秩序等违规违纪行为的处罚力度。认真贯彻落实《反兴奋剂条例》，坚决执行"严令禁止、严格检查、严肃处理"的方针，通过与有关责任部门签订《反兴奋剂工作责任书》，建立反兴奋剂问责制度和准入制度，强化运动员、教练员和工作人员反兴奋剂意识和能力。加强我国部门间的协作，完善国家反兴奋剂综合治理协调机制，加大兴奋剂的检查力度，加强反兴奋剂的国际合作，提高反兴奋剂工作水平。

（九）坚持依法治体，加强竞技体育法规制度建设

坚持依法治体，加强竞技体育政策研究和法规建设，不断制度创新，多渠道、多层次、多形式发展竞技体育，促进竞技体育增长方式转变，形成以政府为主导，充分发挥社会各方面积极性，充满活力的竞技体育管理体制。坚持依法行政，进一步转变职能，管办分离，强化服务。加快完善运动项目协会管理方式，科学规范，逐步建立与国际接轨、适应社会主义市场经济要求的运动项目管理体制。完善竞技体育的综合评价、奖励机制，逐步建立起专家评价、社会评价和自我评价等多方结合的综合评价监督机制，加强预警监测，综合运用经济、法律、行政等多种手段强化管理。围绕实施"奥运战略"，加强政策研究，利用政策杠杆调整区域间竞技体育发展格局，使大城市、东部发达地区和中、西部及少数民族地区在管理、科研、保障、人才、区位等方面的特色和优势有机结合，提高竞技体育资源配置的整体效益，促进全国竞技体育的协调发展。

（十）加强竞技体育人才队伍建设，不断提高各类人才素质

不断采取措施，加强对竞技体育的运动员、教练员、裁判员、竞赛管理人员等各类人才队伍建设。形式多样，加强学习和培训，不断提高运动员文化素质和职业道德素质，修订和完善运动员注册交流管理法规，促进高水平运动员合理流动，加强运动员文化学习和退役安置保障。加强国家队教练员队伍建设，推行"双百"精英教练计划，建立和完善教练员任职资格、注册、交流、选拔、任用、述职、考核、奖罚制度；发挥国家教练员学院作用，加大优秀中青年教练员培养力度，完善教练员继续教育和培训制度，全面提升教练员素质。加强对外教的科学化管理，规范外教的选用，促进中外教练员的交流与合作，充分发挥外教技术优势，有效发挥思想政治工作优势。加强裁判员管理，提高裁判员专业水平，完善裁判员注册管理、培训、考核、选派、奖惩等制度，建立一支思想品德好，业务水平高，人员相对稳定的高水平裁判员队伍。加强竞赛管理人员的培训与培养。总结北京奥运会竞赛组织工作的成功经验，打造一支具有国际水平的竞赛组织专业人才队伍，促进我国竞技体育管理水平的全面提高。

（十一）调动社会力量，拓宽竞技体育投入渠道

在国家保持对竞技体育的投入主渠道的同时，充分调动社会办体育积极性，不断拓宽经费投入渠道。进一步改善训练、竞赛、科研、人才、基地等基础设施条件，保障各项目训练、科研、外事、器材、聘用外教和训练基地建设经费的需求；争取国家加大对奥运会项目国家队训练、科研等方面的投入，重点保障争夺金牌、奖牌项目的经费投入；多渠道、多形式调动社会各方面力量共同投资发展竞技体育事业，充分开

发竞技体育的有形和无形资产，调动社会各方面力量，共同投资发展竞技体育事业，积极参与和开发竞技体育产业和市场，使社会资金在竞技体育事业中发挥更大作用，形成政府推动、市场驱动、社会互动的多元竞技体育投入方式。建立竞技体育资金使用效益评估体系，提高资金使用效益。

（十二）加强励志教育，充分发挥运动队思想政治工作优势

认真研究新形势下运动队思想政治工作的新特点和新方法，在思想政治教育的形式、内容和工作机制等方面积极探索，不断创新，切实增强思想政治工作的主动性、针对性、实效性。以运动员为主体，以国家利益为最高目标，以爱国主义为核心，加强励志教育，把提高运动技术水平与培养有理想、有道德、有文化、有纪律的人才相结合，使优秀运动队成为政治合格、作风顽强、技术过硬的优秀群体。加强备战奥运会思想发动，对运动员进行爱国主义、集体主义和革命英雄主义教育，大力弘扬奥林匹克精神和"为国争光、无私奉献、科学求实、遵纪守法、团结协作、顽强拼搏"的中华体育精神，深入持久地开展国家队理想信念教育，继承和发扬民族优良传统，牢固树立社会主义荣辱观，增强运动员民族自尊心和自豪感，在奥运会上创造辉煌的使命感和荣誉感。注重养成教育，将运动员精神、意志、心理和作风的锤炼融入日常的训练和生活中，培养运动员无私奉献的精神、坚忍不拔的意志、顽强拼搏的作风，最大限度地调动运动员的积极性和创造性，勇攀竞技体育的高峰。继续开展奥运冠军、世界冠军志愿服务活动，进一步增强运动员祖国培养意识，以实际行动为国争光，回报社会。

青少年体育"十二五"规划

青少年是祖国的未来,民族的希望,是全面建设小康社会和实现中华民族伟大复兴的重要力量。青少年体育是体育事业的重要组成部分,为促进青少年体育工作更好地为全面建设小康社会和建设体育强国服务,依据《体育事业发展"十二五"规划》和相关法规及文件精神,特制定本规划。

一、面临的形势

（一）主要进展与存在问题

"十一五"期间,青少年体育保持良好发展态势。2007年5月,中共中央、国务院做出了加强青少年体育、增强青少年体质的战略决策,把青少年体育工作在现代化建设全局中的重要战略位置提升到一个新的高度,加强青少年体育工作成为全面建设小康社会和构建社会主义和谐社会这一历史性进程的有机组成部分,进而推动青少年体育工作进入一个新的发展阶段。

1. 广泛开展青少年体育活动,加大青少年体育公共服务力度。在党中央、国务院的领导下,在体育、教育等部门的共同努力下,各地、各部门和各级各类学校推动学校体育工作呈现出新的面貌,每天锻炼一小时正在成为青少年学生的自觉行动,健康素质成为评价学生全面发展的重要指标,青少年体育健身活动蓬勃开展。通过开展"亿万青少年阳光体育运动"等丰富多彩的活动,每年吸引数亿人次青少年参加科学、文明、健康的体育健身活动;青少年体育组织进一步巩固壮大,截止到2010年,创建各级青少年体育俱乐部5166个,其中国家级3429个,各级传统体育项目学校15477所,其中国家级300所,各级青少年户外体育活动营地95个,其中国家命名资助59个;学校体育场馆向公众开放不断推进。

2. 竞技体育后备人才培养成效显著,业余训练工作取得新进展,为实施"奥运争光计划"和"全民健身计划"提供了人才支持。5年来各级各类体校平均每年向优秀运动队输送近4000人,占新增人数92%左右,2008年北京奥运会中国代表团获100枚奖牌和2010年温哥华冬奥会中国代表团获11枚奖牌的运动员全部来自各级体校;5年来各级各类体校每年向高等院校输送3000-5000名体育特长生,为社会培养近万名中等体育专业人才和4万余名体育骨干,成为全民健身活动的宣传员、指导者和组织者;以国家高水平体育后备人才基地为龙头的业余训练工作扎实推进,进一步促进了竞技体育人才梯队在年龄和水平上的衔接,形成了各项目的人才群和人才链,进一步促进了训练质量和水平的提高，北京奥运会周期认定国家高水平体育后备人才基地313个；体教结合工作进一步深化，各地积极探索新时期体教结合多元化实现形式，在解决学训矛盾，整合体育、教育资源，创新完善竞技体育后备人才培养模式与机制，促进文化教育工作等方面取得了重要进展，积累了宝贵经验；青少年运动员文化教育工作受到各部门的高度关注和重视，运动员文化教育得到进一步加强；多元化后备人才培养格局开始形成。青少年体育改革进一步深化，通过体制机制创新，青少年体育呈现出快速发展、开拓创新的良好局面，在提高青少年健康素质、促进青少年全面发展，培养后备人才，促进竞技体育可持续发展中，青少年体育发挥日益重要的作用。

"十一五"期间，青少年体育工作虽然取得了显著成绩，但与我国经济社会发展要求和建设体育强国的目标仍然存在较大差距。青少年体育依然整体薄弱，青少年体育工作在建设体育强国中的基础性战略地位有待进一步加强；中共中央、国务院《关于加强青少年体育增强青少年体质的意见》的各项措施有待进一步落实；青少年体质下降的趋势没有得到根本扭转，全社会关心、支持青少年体育的氛围尚未形成，对青少年全面发展缺乏足够的重视。青少年体育政策法规制度有待完善，青少年体育公共服务体系尚未建立，广大青少年的健身需求与场地设施不足，特别是公共场地设施不足的矛盾依然很突出。业余训练体系受到较大冲击，县级业余训练基础弱化，各级体校数量减少、招生难，中专体校学生毕业出路难，体校办学举步维艰，业余训练经费普遍不足；国务院办公厅转发的《关于进一步加强运动员文化教育和运动员保障工作的指导意见》有待进一步落实，体教结合的体制性障碍仍然存在；业余教练员整体业务素质不高，训练方式粗放，训练成才率低，青少年体育竞赛活动有待进一步规范与完善。

（二）面临的机遇与挑战

今后5年，青少年体育面临新的机遇与挑战。一方面，我国现代化建设仍处于重要的战略机遇期，科学发展观赋予社会发展新的定位，经济社会的发展成果为青少年体育发展奠定了坚实的物质基础。全面建设小康社会和建设体育强国更加需要全面发展的人力资源支撑，青少年体育工作的地位必将得到进一步提高。2008年奥运会的辉煌成绩为体育事业赢得了良好的发展环境，体育强国的战略目标指明了新时期中国体育的前进方向，赋予了广大青少年受到良好的体育教育、体质普遍增强以及全面提升竞技体育综合竞争力的发展任务，新一轮"全民健身计划"和"奥运争光计划"实施，青少年体育的基础性战略地位更加突出。各级政府专门的青少年体育管理机构正在逐步建立，在青少年体育的管理和投入方面不断得到加强，青少年体育正处在一个新的历史起点，面临难得的历史发展机遇。另一方面，我国将长期处在社会主义初级阶段，普遍增强青少年体质，全面改善青少年体育发展环境和条件，缩小城乡、区域之间发展差距，构建青少年体育公共服务体系，推进青少年体育均等化，加强后备人才培养等任务繁重艰巨。片面追求升学率、应试教育等多种问题带来的影响是青少年体育工作面临的一项长期性挑战。青少年多元化体育需求和价值取向给青少年体育公共服务提出了新的要求。构建政府主导、多方参与、多方管理的青少年体育管理运行机制并形成合力是青少年体育工作所面临的一项难题。随着社会主义市场经济体制进一步完善和政府职能转变，对青少年体育的改革与发展将产生深刻影响，青少年体育管理及运行方式将发生一系列深刻变化，走可持续发展道路，进一步完善我国长期以来行之有效地后备人才培养模式，实现体制机制创新等还面临诸多挑战与困难。

二、指导思想、基本原则

（一）指导思想

高举中国特色社会主义伟大旗帜，以邓小平理论和"三个代表"重要思想为指导，以科学发展观统领青少年体育工作，以增强青少年体质为根本宗旨，按照建设体育强国的战略部署，以广泛开展青少年体育活动和加强竞技体育后备人才培养为主要任务，深化体制机制改革，促进发展方式创新，完善政策法规制度，努力营造全社会关心、支持青少年体育发展的氛围和环境，不断提高青少年体育公共服务水平，显著提高发展的全面性、协调性和可持续性，为全面建设小康社会和构建社会主义和谐社会做出应有贡献。

（二）基本原则

1. 坚持全面发展原则。坚持以人为本、全面协调可持续的科学发展观，遵循青少年成长和教育规律，正确认识和处理学习文化课知识与参加体育锻炼的关系，正确认识和处理文化教育与训练竞赛的关系，培养全面发展的体育人才。

2. 坚持政府主导原则。强化青少年体育公益事业属性，坚持政府在青少年体育发展中的主导地位和作用，增强青少年体育事务的公共责任，把青少年体育纳入公共服务体系和公共财政职责，增加投入，改善发展条件。

3. 坚持质量效益原则。坚持保持发展速度和提高质量效益相统一，把握青少年体育发展规律和特点，正确处理规模与结构、质量、效益的关系，建立健全有利于发展方式创新的体制机制，实现又好又快发展。

4. 坚持依法治理原则。大力推进青少年体育法制化建设进程，全面完善青少年体育各项政策法规制度，建立健全青少年体育政策法规制度体系。

三、目标任务

（一）总体目标

到"十二五"末期的总体目标是：青少年体育各项基础性建设工作取得重要进展，改革创新在青少年体育各个领域稳步推进；青少年体育活动更加普及，组织化水平明显提高，场地设施条件进一步改善，初步建成青少年体育公共服务体系；竞技体育后备人才培养方式创新取得重要进展，可持续发展能力进一步增强，构建适应社会发展、充满活力的竞技体育后备人才培养体系。

（二）具体目标

1. 实施"青少年体育活动促进计划"，初步建成青少年体育公共服务体系

青少年体育活动更加广泛、普及，活动内容、形式更加丰富多彩；公共体育场馆

向学生免费或优惠开放和学校体育场馆向公众开放取得重要进展,具备开放条件的学校体育场馆向公众开放率总体达到50%以上;青少年体育组织网络建设成效显著,探索创建"青少年校外体育活动中心",国家级青少年体育俱乐部数量达到5000个以上,创建600个国家示范性青少年体育俱乐部,国家级体育传统项目学校数量达到500所以上,青少年户外体育活动营地数量稳步增长。初步建成符合国情、较为完善、受益面广、服务均等,社会、学校、家庭相结合,以各级各类学校、体校、公共体育场地设施及社会各类性质场地设施为载体,以青少年校外体育活动中心、青少年体育俱乐部、体育传统项目学校、青少年户外体育活动营地和社会其他服务机构为组织形式,以体育教师、教练员、家长、社会体育指导员和体育志愿者为组织指导人员,以健身活动、竞赛交流、技能培训、健身咨询、体质监测等为主要服务的青少年体育公共服务体系。

2. 实施"竞技体育后备人才培养工程",构建适应社会发展、充满活力的竞技体育后备人才培养体系

竞技体育后备人才培养工作更加适应经济社会发展要求,各项基础建设取得新进展。加强和巩固业余训练基础地位,制定奥运项目竞技体育后备人才培养中长期发展规划,进行重点项目后备人才培养布局,统筹布局、完善政策,在训青少年规模保持平稳增长;县级业余训练基础地位进一步稳固;各级各类体校办学条件明显改善,普遍达到规定的办学标准;建立以公共财政为主渠道的青少年体育投入保障机制,保障能力明显增强;《关于进一步加强运动员文化教育和运动员保障工作的指导意见》中提到的有关各级体校的文化教育工作要求得到全面落实,文化教育水平普遍提高,形成较为完备的青少年运动员文化教育保障体系;科技保障能力和科学训练水平明显提高;教练员培训工作成效显著,整体素质有较大提高;建立健全青少年体育竞赛体系,青少年体育竞赛更加活跃、规范。努力构建符合体育人才成长规律和教育规律,以培养具有较高运动技术水平、全面发展的体育人才为主要任务,以政府主导下的体教结合为资源整合机制,以基础教育阶段为重点,以国家高水平体育后备人才基地和公办体育运动学校为骨干,以少年儿童体校、青少年体育俱乐部、体育传统项目学校、体育特色学校和社会力量兴办的后备人才培养机构为基础,规模、布局、结构合理,适应社会发展、充满活力的竞技体育后备人才培养体系。

3. 青少年体育政策法规制度更加完善,各项改革取得新进展

建立健全青少年体育政策法规制度体系;健全以绩效管理为核心的青少年体育工作评价体系和评价机制;建立健全青少年体育服务标准及准入制度;推动落实以公共财政为主渠道的青少年体育投入保障体制;体教结合工作取得新进展,形成以体育行政部门为主,体育、教育行政部门各负其责的竞技体育后备人才管理体制和运行机制;青少年体育工作队伍建设成效明显,从业人员整体素质有较大提高;青少年体育科学化水平明显提高,依托高等院校创办3~5个科研与培训基地,为青少年体育提供科技支持和服务;各级各类体校办学体制机制改革和发展方式创新取得新进展,可持续

发展能力明显增强；鼓励和支持社会力量兴办青少年体育的政策措施更加完善，青少年体育多元发展格局基本形成；青少年体育信息化水平明显提高。

（三）主要任务

1. 广泛开展青少年体育活动

动员全社会力量组织开展青少年体育活动，扩大参与范围、规模，不断丰富活动内容、形式，建立长效化活动机制，不断提高活动科学化、组织化水平，积极组织开发、引进更多适合青少年身心特点的健身活动项目和形式，培养青少年体育兴趣、爱好和体育锻炼习惯，增强体育意识；继续大力推动"全国亿万青少年阳光体育运动"系列活动，积极创新推进方式、途径和措施，增强针对性和实效性，实施"阳光体育运动"器材支持项目；组织好青少年体育俱乐部竞赛展示、体育传统项目学校单项竞赛、青少年户外体育活动营地运动会和青少年体育夏（冬）令营等活动；积极协助教育部门开展在校学生每天一小时体育健身活动；实施《国家学生体质健康标准》，推行测试报告书制度和公告制度。加强青少年体育国际交流与合作，继续举办和参加中日韩、中俄青少年运动会、澳大利亚青年节和中日、中韩青少年体育交流活动，积极开拓新的交流领域和国家，加强与港澳台地区的青少年体育交流、合作。

2. 改善场地设施条件，促进体育场馆开放

重视和加强青少年体育场地设施改善工作，充分考虑城乡社区新建、改建、扩建公共体育场地设施要满足青少年体育活动的需要，把青少年校外体育活动场地建设与全民健身工程相结合，城乡社区应普遍配置符合青少年特点和锻炼习惯的健身场地和器械设施；农村中小学体育设施建设与"农民体育健身工程"结合起来，改善农村学校体育条件；组织研发适合不同年龄段青少年体育活动的器材，并着手制定技术和安全方面的标准。完善公共体育场馆设施免费或优惠向周边学校和学生开放的政策措施。积极推进学校体育场馆向公众开放工作，学校体育场馆开放工作纳入地方政府公共服务体系，建立地方政府主导下多部门共同参与、协同配合、各负其责的工作机制，统筹解决开放中的安全、资金、保险、人员等问题；完善相关政策措施，制定实施《关于加强学校体育场馆向公众开放的指导意见》；建立学校体育场馆开放监督检查和表彰奖励制度；建立国家和地方政府财政资金专项资助制度；建立地方政府购买第三方责任险制度；建立校园意外伤害事故和安全问题应急管理机制。

3. 巩固、扩大青少年体育组织

大力加强和促进青少年体育组织建设，增加数量，扩大覆盖面，形成网络化布局；强化各级各类青少年体育组织管理工作，完善属地登记管理机关和业务主管单位监管、社会监督和自律相结合的管理模式；成立全国青少年体育俱乐部联合会，鼓励和支持地方各级成立青少年体育俱乐部联合会；支持各级单项运动协会和项目管理中心成立青少年体育活动组织指导机构；开展"青少年校外体育活动中心"创建命名活动；完善《体育传统项目学校管理办法》，继续开展国家和地方两级传统体育项目学校创建命名工作，国家级体育项目传统学校坚持质量效益优先、择优命名和资助的原则，保持适度规模，鼓励和支持地方开展省级体育传统项目学校命名工作，省级体育传统项

目学校坚持质量和数量并重，达标命名和资助的原则，扩大规模和覆盖面，建立以特色和效益为核心的绩效评估制度，使创建工作更加规范和高效；深化青少年体育俱乐部创建工作，增加数量，扩大规模，制定实施《青少年体育俱乐部服务标准》，开展国家示范性青少年体育俱乐部创建命名活动，鼓励和支持地方开展省级青少年体育俱乐部创建工作，制定实施《青少年体育俱乐部资助管理办法》，建立以绩效为依据的资助机制，实行分级、分类管理和资助；做好现有青少年户外体育活动营地建设工作，按照合理布局的原则保持适度增幅；建设高素质、专业化的管理及指导人员骨干队伍，发展青少年社会体育指导员和志愿者队伍。

4. 加强竞技体育后备人才培养工作基础建设，促进发展方式创新

进一步强化竞技体育后备人才培养在建设体育强国中的基础性地位，促进发展方式创新，积极探索将各级各类体校场馆和人员资源纳入公共体育服务体系的有效实现形式，拓展更多社会服务功能；深化体教结合工作，建立职责清晰、利益共享、责任共担的体教结合机制，建立政府主导下的部门联席会议制度和工作协商机制，形成以体育行政部门为主，体育、教育行政部门各负其责的后备人才管理体制和运行机制；强化县级体育部门培养竞技体育后备人才的责任，促进县级业余训练实现形式和途径多元化；鼓励和支持社会力量参与青少年体育发展，完善政策措施，规范准入标准和条件资质，积极探索多元化竞技体育后备人才培养、交流、输送机制；建立健全各级各类体校办学标准，制定《中等体育运动学校管理办法》，修订《中等体育运动学校设置标准》和《少年儿童体育学校管理办法》，促进规范化、标准化建设，开展标准化检查评估工作；加大基础建设投入，全面改善办学条件特别是县（区）域业余体校的办学条件，增强办学能力，提高办学水平，建立办学质量效益和水平评估制度；继续开展新一轮奥运周期国家高水平体育后备人才基地认定工作，完善国家高水平体育后备人才基地命名标准和办法，制定《国家高水平体育后备人才基地管理办法》，完善《国家高水平体育后备人才基地认定办法条件细则》，规范准入标准和认定办法，建立督导检查制度；建立健全绩效评估制度，建立专项资金资助制度，建立激励机制，制定奖励政策办法。

5. 不断提高业余训练质量水平

更新观念、转变思路，加强各项目后备人才培养经验和成才规律的总结与研究，积极学习和引进国外先进青少年训练理论及方法，坚持继承与创新，不断完善新的历史条件下业余训练工作的指导思想、主要任务、基本原则，制定实施《关于加强我国竞技体育后备人才培养的指导意见》，促进培养方式创新，不断提高训练质量水平；加强并改善各级各类体校训练场地设施等基础建设，增强保障能力；组织力量全面修订《全国青少年奥运项目教学训练大纲》，为各级各类体校提供科学指导；加强科学选材工作，建立健全各项目选材标准及办法，科学训练、系统培养；建立健全长效化训练工作检查督导制度，建立健全业余训练绩效评估标准和办法，强化业余训练教练员资质和水平要求，研制业余教练员准入制度，严格执教资质认证和行业准入，全面提高任职能力和执教水平；建立健全教练员培训制度，修订教练员培训大纲，制定中

长期培训工作计划,完善培训办法和考核标准,开展岗前和在岗培训;建立健全奖励政策办法和制度,完善现有输送、成材、竞赛成绩和贡献等奖项的标准及办法,增设综合素质、成才创业、训练工作等奖项,加大对文化教育的奖励力度,鼓励培养全面发展的优秀体育人才;促进青少年体育科学化,建立科技服务系统,增加科技投入,增强科技保障能力,配置仪器设备、人员,把科研投入、仪器设备及使用情况纳入业余训练质量水平评估指标体系;建立青少年运动员训练档案制度,开展定期测试,加强跟踪分析,为科学训练提供依据。

6. 大力加强运动员文化教育工作

全面贯彻落实《关于进一步加强运动员文化教育和运动员保障工作的指导意见》各项措施要求,义务教育阶段文化教育工作普遍纳入国民义务教育序列,形成较为完备的青少年运动员文化教育保障体系;中等体育运动学校文化教育经费纳入同级财政预算,加大投入,改善办学条件;建立联席会议制度和督导制度,联合开展文化教育检查督导,促进文化教育工作;积极探索文化教育模式,根据不同项目和不同年龄阶段文化教育和训练规律,合理把握青少年从事专业化训练的年龄,切实保证文化学习时间,国家高水平体育后备人才基地必须严格贯彻落实《关于进一步加强运动员文化教育和运动员保障工作的指导意见》规定的文化教育要求;加强对各级运动项目管理中心青少年年度竞赛计划审核工作,严格控制占用学习时间;研究制订和组织编写符合青少年运动员文化教育特点的基础教育阶段课程方案、课程标准、质量评价体系和教材等,把文化教育纳入地方各级各类体校办学水平考核中。加强公办体育运动学校职业教育工作,积极发展高等体育职业技术教育,建立人员分流及多元培养机制,开展职业转岗和职业培训工作,完善政策办法,把职业教育纳入文化教育必修课程,培养应用型、技能型人才,加大投入,改善职业教育办学条件,加强"双师型"教师队伍和实训基地建设,建立体育职业技能鉴定机构。扩宽体育运动学校运动员培养输送渠道,积极协调教育部门,争取高等院校运动训练专业和民族传统体育专业单独招生向体育运动学校倾斜。继续落实和完善退役优秀运动员免试进入高等院校学习的各项政策,为运动员就学、就业创造条件。

7. 完善青少年竞赛制度

加强全国性青少年体育竞赛管理,建立健全符合青少年运动员成长规律和教育要求的体育竞赛制度,探索符合青少年各个年龄阶段专门竞赛方法和奖励办法,保证训练工作系统性,着力解决"训练、比赛成人化"问题;建立体育、教育部门青少年体育竞赛协商机制,协调年度竞赛计划和竞赛规程,合理安排竞赛周期,尽量将青少年赛事安排在假期进行;建立体育、教育部门联办青少年体育竞赛机制,共同协商制定青少年竞赛管理办法,探索利用学校资源承办青少年体育竞赛的方式,扩大赛事规模,降低办赛成本;支持、配合教育部门及学校举办学生体育运动会;探索多元化比赛形式,资助和引导开展各项目青少年集训赛和夏令营活动,健全体育传统项目学校年度单项赛事制度,建立全国性及区域性青少年体育俱乐部单项竞赛制度;开展全国青少年比赛中增加专项基本技术、身体素质和文化水平测试试点工作,全面提高青少年运动员综合素质；加强青少年业余训练运动员注册和交流管理工作，建立全国青少年运动员业余训练注册系统，建立青少年运动员信息数据库，制定注册管理办法，规范注册工作，促进青少年运动员有序流动，强化青少年运动员资格审查，加强身份管理，杜绝青少年体育竞赛中的身份及年龄等弄虚作假行为。

8. 缩小青少年体育区域差距，促进均衡发展

进一步加大对西部地区发展青少年体育的扶持力度，国家体育总局本级资助项目继续向西部地区倾斜，保证政策的连续性，继续执行对西部地区创建青少年体育俱乐部实行全额资助的政策，继续做好已实施的援疆、援藏青少年户外体育活动营地项目和青少年体育俱乐部项目工作；完善西部地区青少年体育扶持政策，拟定新一轮援疆、援藏项目，重点扶持包括创建公益性青少年体育组织，改善公益性场地设施，开展公益性青少年体育活动和改善西部地区青少年业余训练基本条件；鼓励和支持东部地区开展多种形式的青少年体育定点、对口扶持。加快缩小区域间青少年体育发展差距，努力促进青少年体育公共服务均等化。

四、政策保障

（一）完善政策法规制度，推进法治化进程

1. 完善青少年体育政策法规体系。"十二五"期间将进一步加强青少年体育法制化建设工作。为促进青少年体育全面、协调、可持续发展，拟制定《青少年体育中长期发展规划》，修订完善包括《国家高水平体育后备人才基地认定办法条件细则》、《少年儿童体育学校管理办法》、《中等体育运动学校设置标准》、《体育传统项目学校管理办法》、《青少年体育俱乐部管理办法》、《青少年户外体育活动营地管理办法》等办法；启动制定包括《加强青少年业余训练工作的指导意见》、《国家高水平体育后备人才基地管理办法》、《中等体育运动学校管理办法》、《青少年体育俱乐部资助办法》、《青少年体育俱乐部服务标准》、《青少年业余训练教练员准入制度》、《关于加强学校体育场馆向公众开放指导意见》等，进一步推进体教结合、青少年运动员文化教育、场地开放等政策办法的研制工作。协调和会同教育部、财政部、人力资源和社会保障部联合制定青少年体育政策法规。积极推动地方制定必要的配套性青少年体育政策法规。

2. 全面推进依法行政。各级体育行政部门要按照建设法治政府的要求，依法履行青少年体育职责，不断提高依法行政能力，切实维护青少年的体育合法权益。完善在政府领导下、分级管理、地方为主、部门统筹、社会参与的青少年体育管理体制，强化各级体育行政部门青少年体育管理和服务职责，增强统筹发展能力，切实做好统筹规划、政策引导、监督管理和提供服务的职责。

3. 建立青少年体育发展基本标准、统计制度和绩效评估制度，加强青少年体育督导工作。建立青少年体育发展水平评价标准、统计体系和绩效评价机制，健全训练质量监控体系和评估制度，科学评价发展水平；完善监督机制，建立健全对地方各级体育、教育部门履行青少年体育职责的督导评价体系，建立和完善对各级各类学校、组织及单位的督导评估体系，逐步建立青少年体育实施状况的统计监测体系。建立青少

年体育督导工作机制，建立督导检查的限期整改制度、督导检查结果的公报制度、重大问题的监测报告制度。加强运动员文化教育、学校体育场馆开放、国家高水平体育后备人才基地、青少年体育俱乐部、国家级体育传统项目学校等工作的专项督导。

（二）完善保障机制，加大发展投入

1. 建立健全以政府投入为主、多渠道筹集青少年体育经费的投入保障制度。按照《全民健身条例》等相关法规明确的政府青少年体育公共服务职责和建立公共财政体制要求，将青少年体育列入地方公共财政支出范畴，保障经费稳定增长。

2. 各级体育行政部门应将青少年体育投入纳入年度财政预算予以保障，并随着体育事业的发展逐步增长；拓宽资金投入渠道，积极引导社会力量参与青少年体育，多渠道筹集青少年体育发展资金。

3. 建立健全各级各类体校投入保障机制。按照《关于进一步加强运动员文化教育和运动员保障工作的指导意见》规定，将体校文化教育纳入普通教育序列由地方财政按同类学校标准配建和保障办学经费；根据国家办学条件和教育教学基本规定修订各级各类体校人均经费基本标准和人均财政拨款标准；各级体育行政部门应加强对竞技体育后备人才培养工作的投入。

4. 建立专项资助和服务购买制度。为保障青少年体育重点领域和重点工作的资金投入，体育主管部门建立专项资助项目，重点资助青少年体育俱乐部、青少年体育传统项目学校、青少年户外体育活动营地、国家高水平体育后备人才基地等，设立"阳光体育运动"器材支持项目；探索建立政府购买青少年体育服务制度。

（三）努力营造全社会关心、支持青少年体育的氛围

1. 各级体育行政部门应当坚持以科学发展观统领青少年体育工作，积极协调配合教育部门探索和努力解决影响和制约青少年体育发展的矛盾和问题，特别是采取措施着力解决活动开展、文化教育、场馆开放等社会关心的问题，发展人民满意的青少年体育，以卓有成效的工作和服务赢得社会的关心和支持。

2. 加强与各相关部门的工作交流与合作，有效整合行政资源，促进青少年体育发展。强化与各部门特别是教育部门的协同配合，形成贯彻落实《中共中央国务院关于加强青少年体育增强青少年体质的意见》的强大合力，全面落实该文件提出的各项政策措施；加强与民政、税务、物价等部门的工作交流，共同探讨解决青少年组织登记、服务收费及税率等问题，支持青少年体育工作发展。

3. 加强青少年体育宣传工作，提升宣传水平，扩大社会影响，为青少年体育创造良好的社会舆论环境。各级体育行政部门应重视发挥舆论的宣传导向作用，加强与各类新闻媒体的工作联系，建立重要工作和活动的通报制度，广泛宣传国家青少年体育工作方针政策，宣传促进青少年体育发展的重要举措，介绍典型经验、做法和工作成效；将原《少年体育训练》改版为《青少年体育》，增加栏目，扩展内容，将其办成宣传青少年体育的重要刊物。

（四）加强高素质、专业化青少年体育骨干队伍建设

1. "十二五"时期将加大青少年体育骨干队伍建设力度，扩大数量规模，提高能

力水平。各级体育行政部门应重视和加强青少年体育骨干队伍建设工作的组织领导，统筹协调、宏观指导，加强督促检查。建设一支求真务实、奋发有为、善于推动青少年体育科学发展的高素质管理人员骨干队伍，打造一支适应青少年体育发展需要的高素质青少年体育专业人员骨干队伍。加强行业准入和任职资质认证工作，建立健全各类青少年体育从业人员能力素质标准和准入标准，建立健全岗位职责规范及其能力素质评价标准，建立以岗位绩效考核为基础的考核评价制度，逐步完善职业技能鉴定、人才评价、资格认证和专项职业能力考核办法，加强业绩考核，健全使用和激励措施。

2. 建立健全青少年体育从业人员培训制度。构建培训体系，完善培训制度，制定培训工作计划，安排培训专项经费，分类制定培训内容、授课办法和考核方式，组织修订和编写各类人员培训教材大纲；建立培训工作绩效评估和工作督查机制，确保取得预期培训成效；建立国家和省两级培训制度；聘请高水平教师和相关领域专家培训授课，确保授课质量；加强培训工作基础建设，支持硬件条件好、师资水平高和有研究基础的体育院校创建青少年体育研究和培训中心。

3. 组织开展青少年体育从业人员培训工作，促进专业化，提高从业水平。定期举办青少年体育管理人员、指导人员、教练员、体育教师及青少年体育科研人员培训班。重点加强基层一线人员的培训工作，重视传授基本理论的同时，增强培训内容的针对性、实际操作性，提高解决实际问题的能力和水平；根据青少年体育工作的实际需要，继续办好体育传统项目学校体育教师、青少年体育俱乐部管理人员等培训班，支持和鼓励地方组织同类性质培训班；拟组织开展青少年社会体育指导员、青少年体育组织法人代表、青少年体育科研人员等专业人员的培训工作。

（五）加强青少年体育信息化建设

"十二五"期间，体育总局将根据已有基础及实际需要和可行性，加快青少年体育信息化进程。完善青少年体育官方网站网页内容和栏目，设立青少年体育公共信息和专项信息栏目，发布政策法规、活动竞赛、运动员注册等方面信息；设立青少年体育各项工作专门网页，形成各项工作全国性的网上发布、交流中心，实现青少年体育信息互连互通；增强青少年体育管理资源整合能力，搭建全国青少年体育信息管理公共服务平台，为科学决策提供依据，为提高管理效率提供支持，为社会公众、广大青少年及青少年体育工作者提供青少年体育公共信息；建立青少年体育基础信息库，积累基础资料，掌握总体状况，加强动态监测；开发管理信息系统，实现网上多向交流和基础数据共享；建立后备人才信息库，开发青少年运动员网上注册系统，建立青少年体育从业人员信息库和需求信息发布平台，推进人才工作信息化建设；强化信息技术应用。提高青少年体育各类人员应用信息技术水平，增强运用信息技术分析解决问题的能力，更新教学、训练观念，改进教学、训练方法，提高教学、训练效果。

体育产业"十二五"规划

前言

"十二五"时期是我国全面建设小康社会的关键时期,是深化改革开放、加快转变经济发展方式的攻坚时期,也是推动体育强国建设、促进体育产业快速成长的重要阶段。为深入贯彻《国务院办公厅关于加快发展体育产业的指导意见》(以下简称《指导意见》),统筹"十二五"期间体育产业的各项工作,创造性地发挥体育产业在促进经济发展、社会和谐、文化繁荣等方面的独特作用,提升体育产业的整体发展水平,制定本规划。

一、"十二五"体育产业发展面临的形势

"十一五"期间,在国家经济社会以及体育事业快速发展的大背景下,我国体育产业乘势而上,规模不断扩大,呈现出较快的发展态势。2008年全国体育产业从业人员达到317万人,实现增加值1555亿元,较2007年增长16%,明显快于国内生产总值的增长速度。体育市场体系逐步完善,产业结构进一步优化,体育市场主体日趋成熟,呈现投资主体多元化的发展趋势。《指导意见》的出台标志着体育产业由各方面自行发展,向国家主导、各部门和全社会联合推动发展转变。各级政府认真贯彻落实《指导意见》取得积极进展,部分省市通过设立体育产业发展引导资金等政策,有效推动了地方体育产业的发展。体育产业统计等基础性工作取得重大进展,完成了第一次全国体育及相关产业专项调查,摸清了体育产业基本情况。创办体育旅游博览会,以展会为平台,进一步带动了体育与旅游业的融合发展。先后建立了深圳、成都温江、福建晋江、北京龙潭湖、浙江富阳和山东乐陵等6个国家体育产业基地,有效地调动了地方发展体育产业的积极性,也进一步发挥了体育产业服务社会经济发展、服务产业结构调整的作用。以北京奥运会为代表的重大体育赛事极大地带动了文化、娱乐、旅游、建筑、通信等相关行业的发展,充分体现了体育产业的辐射效应。以高危险性体育项目为重点的体育市场监管体系初步建立,保证了体育市场的规范发展。体育彩票销量持续增长,"十一五"期间共实现销售额2428亿元,提取公益金728亿元。

虽然我国体育产业在"十一五"期间取得了较好的发展,但从总体上看,体育产业规模还比较小,在国民经济中所占的比重还比较低,尚未充分发挥出新兴产业的潜力和优势;体育产业结构不尽合理,体育服务业在体育产业中的比重较低,区域发展

不够平衡；体育产业发展面临的体制机制性矛盾仍然较为突出，市场机制在体育资源配置中的基础性作用尚未得到充分发挥；体育市场尚不成熟，产品有效供给不足，消费观念有待引导，市场监管有待加强；体育产业各项基础工作还比较薄弱，体育产业政策体系亟待完善，高素质的体育产业人才匮乏。

"十二五"时期是我国实现经济发展方式转变、经济结构战略性调整、消费结构不断升级、现代服务业快速发展的重大机遇期，体育日益成为人民群众的重要生活方式，为体育产业发展提供了广阔的空间。作为国民经济和社会发展中不可或缺的有机组成，体育产业已进入快速成长阶段，将迎来前所未有的发展机遇。因此，要以科学发展观为指导，把握体育产业的发展规律，抓住历史机遇、创新发展理念、转变发展方式、破解发展难题，促进体育产业又好又快地发展。

二、指导思想与发展目标

（一）指导思想

以邓小平理论和"三个代表"重要思想为指导，深入贯彻落实科学发展观，紧密围绕国家转变发展方式，调整经济结构的重大战略部署，坚持体育产业与体育事业协调发展，将发展体育产业作为建设体育强国的重要内容和途径。深化改革，开拓创新，不断满足人民群众日益增长的多元化、多层次的体育需求，为全面建设小康社会和构建和谐社会作出积极贡献。

（二）发展目标

"十二五"期间，全面落实《国务院办公厅关于加快发展体育产业的指导意见》确定的各项目标和任务，进一步完善体育产业扶持政策，建立体育产业发展政策体系；继续保持体育产业快速发展，增加值以平均每年15%以上的速度增长，到"十二五"末期，体育产业增加值超过4000亿，占国内生产总值的比重超过0.7%，从业人员超过400万，体育产业成为国民经济的重要增长点之一；创建一批充满活力的体育产业基地，培育一批有竞争力的体育骨干企业，打造一批有中国特色和国际影响力的体育产品品牌；不断完善多种所有制并存，各种经济成份竞相参与、共同兴办体育产业的格局；优化体育产业结构，提高体育服务业的比重，加快区域体育产业协调发展；基本建成规范有序、繁荣发展的体育市场，促进体育相关产业发展，壮大体育产业整体规模，增强我国体育产业的整体实力，建立具有中国特色的体育产业体系。

三、主要任务

（一）促进体育产业各门类统筹发展。以体育健身休闲业、体育竞赛表演业为先导，带动体育用品业、体育中介业等业态的联动发展，加大扶持力度，完善产业政策体系，实现可持续发展。广泛开展群众喜闻乐见的体育健身休闲项目，积极稳妥开展新兴的户外运动等项目，加强对民族民间传统体育项目的市场开发；引导体育竞赛表演业健康有序发展，积极引进国际知名的体育赛事，努力打造有影响、有特色的赛事品牌；做大做强体育用品业，制定与完善国家标准和行业标准，加强体育用品质量认证，进一步提升我国在世界体育用品业中的地位；鼓励发展体育中介业，大力开展体育技术、信息咨询、体育保险等中介服务。

（二）优化体育产业结构。适应城镇化发展和居民消费结构升级的新形势，重点发展体育服务业，大力培育体育市场主体；鼓励和引导非公有制经济发展体育产业，积极扶持中小体育企业发展，充分发挥其在自主创业、吸纳就业等方面的优势；进一步提高体育产业素质，提升体育产业技术水平和科技创新能力，促进体育产业良性发展。

（三）壮大体育消费市场。紧密围绕国家转变发展方式，调整经济结构的战略，大力引导体育消费需求，积极培育和健全体育消费市场，不断增强体育消费产品的供给能力，以优质的服务促进体育消费。促进农村体育消费与城镇体育消费、传统体育消费与现代体育消费的协调发展。合理引导高收入群体的体育消费行为，积极扩大中低收入群体的体育消费需求。

（四）加快区域体育产业协调发展。坚持重大产业项目带动战略，结合国家区域发展规划，因地制宜，加快特色体育产业的培育和发展。积极推动以环渤海、长三角、珠三角为代表的沿海发达地区将体育产业培育成为地区支柱性产业；大力扶持中西部地区围绕新兴城市圈、经济区、产业带建设，充分利用江河湖海、山地、沙漠、草原、冰雪等独特的自然资源优势，与体育项目相结合，突出特色、延伸链条、打造品牌，促进资源优势向产业优势、品牌优势转变，形成东、中、西部体育产业良性互动发展格局。积极扶持边疆少数民族地区发展体育产业。

（五）推动体育产业基地建设。合理规划体育产业基地的建设布局，协调不同类型、不同区域、不同领域的产业基地发展，鼓励和指导各地做好各级各类体育产业基地的创建工作。根据《国家体育产业基地管理办法》，明确国家体育产业基地的创建标准、认定条件和程序，加强对产业基地的扶持、管理和考核。"十二五"期间，在全国建立20个国家体育产业基地、30个国家体育产业示范基地。推动和引导各类产业基地依据资源禀赋，进行合理的定位，发挥辐射、引导和带动作用，促进区域可持续发展，推动区域经济转型和社会进步，以此全面带动体育产业的可持续发展。

（六）促进体育产业与相关产业的互动发展。发挥体育产业的综合效应和拉动作用，以体育旅游、体育会展为重点，推动体育产业与相关产业的复合经营，传统体育产业与新兴体育产业的互动结合，拓展体育产业领域，促进体育旅游、体育会展、体育文化、体育出版、体育传媒、体育创意等相关业态的发展。充分利用体育运动休闲项目、体育赛事活动、大型体育场馆等体育资源，大力发展体育旅游业，创建一批体育旅游示范区，鼓励各地建设体育旅游精品项目。统筹发展体育会展业，将中国国际体育用品博览会、中国体育旅游博览会办成精品展会，鼓励不同项目、不同地区创办特色类体育会展。

（七）培育骨干体育企业。在体育产业各个门类中着力培育一批骨干企业，增强我国体育产业的整体实力和国际竞争力。坚持政府引导、市场运作、科学规划、合理布局，选择一批成长性好、竞争力强的体育企业或企业集团，加大政策扶持力度，推动跨地区、跨行业联合或重组,尽快壮大企业规模,提高集约化经营水平,促进体育领域资源整合和结构调整。鼓励和引导有条件的体育企业进入资本市场融资,培育一批体育领域战略投资者,为进一步做大做强各类体育企业提供资金支持。

(八)推动体育服务贸易发展。以体育劳务、赛事组织、场馆建设、信息咨询、技术培训等为重点,积极开拓海外市场,提升我国体育服务业在国际上的竞争力。加强体育行政部门与项目协会、体育企业对外服务贸易的沟通及协作,积极搭建对外体育服务贸易平台,鼓励各类运动项目、特别是我国的优势项目和民族特色项目走出去,积极参与国际竞争。探索建立体育服务贸易协调管理机制,逐步拓展和完善体育服务贸易统计体系,尝试制定体育出口指导目录,扩大体育出口。

(九)推进体育产业基础工作。进一步完善体育产业统计工作机制,探索建立体育产业信息发布制度。创建和完善体育产业信息、投融资及体育产权交易等服务平台。加强体育产业理论和实践研究,实施体育产业智库工程,"十二五"期间,设立10个国家体育产业研究基地。积极推进体育产业法律法规和政策的研制。

(十)盘活体育场馆资源。进一步提高体育公共服务水平,不断丰富体育公共服务实现方式,面向社会、服务群众,合理规划和布局体育场馆设施,加强建设和管理,提高体育场馆设施的综合利用率和运营能力。多渠道投资兴建体育设施,加强中小型体育场馆和体育服务设施建设,满足群众体育消费需求。结合体育赛事、健身休闲、体育旅游等业态的发展,进一步拓展和完善体育场馆资源的开发模式。加强体育场馆协会组织建设,发挥行业协会功能。

(十一)做好体育彩票管理工作。深入贯彻《彩票管理条例》,进一步完善体育彩票发行制度和市场管理制度,健全发行销售监督机制,确保体育彩票市场的安全和信誉,加快转变发展方式,丰富体育特色彩票品种;进一步加强体育彩票各项基础建设,提高管理、服务和营销水平,稳步扩大市场,为实现跨越式发展打下基础。

四、主要措施

(一)进一步转变政府职能,加快培育体育市场主体。各级体育行政部门要切实履行政策调节、市场监管、公共服务和社会管理等职能,加快从"办体育"向"管体育"转变。按照国家总体部署,推动国有经营性体育事业单位改制,完善法人治理结构。建立产权清晰、权责明确、政企分开、管理科学的现代企业制度。按照管办分离的原则,积极调动社会力量参与市场化运作,积极探索建立以企业为主体的重大体育赛事和体育活动的市场化运作机制。鼓励各地建立健全体育产业行业协会,加强行业自律。

(二)加快体育市场法制化、规范化建设。建立、健全相关法规,完善监督管理机制,建立体育市场监管队伍,明确管理职能,规范市场主体行为,维护市场秩序,促进体育市场规范发展。建立健全高危险性体育项目经营活动行政许可制度,依法确定严格、规范、公开、透明的准入和开放条件、技术要求和服务规程,加强技术指导和安全保护。加强体育经营活动的安全监管,按照国家和行业标准实施监督检查及产品质量检测,确保设施设备、服务条件、管理制度符合要求,确保消费者权益。加快制定各类体育标准,建立体育标准体系。推行体育服务质量认证制度,建立和完善体育服务规范,提高体育服务水平。开展体育行业特有工种职业技能鉴定工作,提高体育服务从业人员的服务意识和专业水平。

(三)加大体育产业投融资支持力度。拓宽体育产业发展资金来源渠道。加大财政对体育产业的支持力度,鼓励各地通过设立体育产业发展引导资金或争取其他专项资金,采用贷款贴息、项目补贴、后期赎买和后期奖励等方式,对符合政府重点支持方向的体育产品、项目和企业给予扶持。鼓励民营资本和外商资本投资体育产业,支持有条件的体育企业进入资本市场筹措发展资金。鼓励金融机构适应体育产业发展需要,开发新产品,开拓新业务。积极探索创建体育产业发展基金和体育企业融资担保体系。

(四)落实相关税费优惠政策。积极争取在体育赞助、体育捐赠等方面的税收优惠政策,推动体育产业企业的水、电、气、热等基本费用收费标准的调整。体育赞助企业发生的符合条件的广告费支出,可以按照税法规定扣除。自然人、法人或其他组织向公益性体育组织捐赠财产,依照有关规定,在年度应纳税所得额中扣除。鼓励社会力量捐资设立体育类基金会,鼓励境内外组织与个人向基金会提供捐赠和资助。

(五)创新体育场馆运营机制。积极完善政策,健全机制,探索运营管理的新模式。坚持因地制宜,讲求实效的原则,在规划建设阶段要考虑综合利用、多功能使用的要求,为场馆的日后运营、维护和管理创造条件。通过建立体育场馆商业圈,延伸产业链,实现产业互补,增强持续发展能力。推进所有权和经营权分离,扶持体育场馆运营专业机构,提高体育场馆经营管理水平。积极探索体育场馆冠名等无形资产开发形式,拓展场馆收入来源。

(六)支持和规范职业体育发展。充分认识、高度重视发展职业体育对于促进经济发展、创新和丰富体育发展模式、推动体育运动普及与提高方面的作用,按照职业体育发展规律,积极探索社会主义市场经济条件下职业体育的发展方式。从中国的国情和项目特点出发,借鉴国外发展经验,加强项目协会和职业俱乐部的基础建设和规范建设,严格职业体育俱乐部的准入标准,健全职业体育赛事,促进职业体育规范健康发展。积极推动建立政府依法监管、协会管办分离、俱乐部自主运作的中国特色职业体育管理体制和运行机制。积极探索研究推动职业体育发展的扶持政策。

(七)加快实施品牌战略。大力支持体育企业创建自主品牌,有计划、有重点地实施品牌战略。引导体育用品生产企业增加科技投入,加大自主研发和科技成果转化,开发科技含量高、拥有自主知识产权的产品,打造体育用品世界品牌。鼓励体育服务企业与生产企业合作,实现服务品牌带动产品品牌推广、产品品牌带动服务品牌提升的良性互动。积极鼓励和扶持知名体育健身企业做大做强,形成具有核心竞争力的体育健身品牌。积极推进体育赛事营销和管理的创新,大力培育具有中国特色的体育赛事品牌。

(八)加强体育无形资产开发和保护。加强对体育组织、体育赛事和活动的名称、标志、版权等无形资产的开发，依法保护知识产权。完善中国奥委会、中华全国体育总会、全国性单项体育协会等体育社团的市场开发模式，理顺和明确各相关主体在市场开发活动中的权利义务。强化知识产权对体育产业发展的导向作用，提升知识产权创造、运用、保护和管理水平，积极探索体育无形资产开发模式。

（九）抓好体育产业人才培养工作。加大体育产业人才培养力度，结合《全国体育人才发展规划（2010—2020年）》，重点培养管理、经营、中介、科研等高层次体育产业人才。鼓励多方投入，开展各类体育产业培训，多渠道培养复合型体育产业人才。鼓励有条件的高等院校，开展体育产业人才的培养、培训工作，为体育产业可持续发展提供人才和智力储备。加强现有体育产业从业人员的岗位职业培训，建立体育产业专业人员资质认证制度，提高体育产业从业人员素质。加强体育产业人才培养的国际交流与合作。

（十）加强对体育产业工作的领导。建立多部门合作的体育产业发展协调机制，切实将体育产业纳入各地区域经济社会发展规划。各级体育部门要坚持体育事业与体育产业协调发展的原则，采取有效的措施，加强体育产业管理队伍组织机构建设，要把体育产业工作作为衡量体育工作绩效的重要内容。各级体育部门要结合本地区实际，进一步明确"十二五"期间本地区体育产业发展的基本任务、工作目标和保障措施，准确把握工作重点，明确职责分工，做好各项政策措施的贯彻落实和各项工作的组织实施。各级体育部门要提高服务水平，动员和引导社会的广泛参与。进一步加大体育产业宣传力度，营造良好的政策环境、法制环境和社会氛围，加快体育产业发展步伐。

体育法制建设"十二五"规划

为了推进"十二五"时期我国体育法制的发展,适应建设体育强国对体育法制建设的需要,根据国家经济社会发展和体育事业发展的总体部署,结合我国体育法制建设的实际,制定本规划。

一、"十二五"体育法制发展的基础与需求

(一)"十一五"体育法制发展的主要成就

"十一五"期间,我国经济社会和民主法制建设快速发展,北京奥运会的成功举办,极大地强化了法治奥运的理念,有力促进了我国体育的现代化和国际化发展,加快了我国体育法制建设的进程。

体育立法在多个方面取得新的进展,《北京奥运会及其筹备期间外国记者在华采访规定》、《关于进一步加强残疾人体育工作的意见》、《关于加强青少年体育增强青少年体质的意见》、《彩票管理条例》、《全民健身条例》、《关于加快发展体育产业的指导意见》、《关于进一步加强运动员文化教育和运动员保障工作的指导意见》等多部体育相关的行政法规和法规性文件相继颁布,40多部体育规章和规范性文件、100多部地方性体育法规、规章和规范性文件陆续出台,为依法治体提供了更为充分的法律依据。

体育法律法规的实施进一步加强,围绕推进全民健身、开展学校阳光体育运动、保护奥林匹克知识产权、保障运动员权益、建设体育设施、监管体育市场等,各级人大、政府和体育及相关部门广泛开展执法检查,对维护赛风赛纪、反兴奋剂、惩治足坛违法犯罪等方面的依法治理也取得了新的成效。

体育法制宣传教育更加深入扎实,影响进一步扩大,"五五"体育普法规划有计划地实施,特别是通过奥运与法治同行、依法推进青少年体育、贯彻落实《全民健身条例》等集中开展的宣传教育活动,营造了良好的体育法治氛围,体育工作者和社会公众的法律意识不断提高。

体育法理论研究取得快速发展,中国法学会体育法学研究会等社团、机构举办的国内外体育法学术活动持续开展,体育法学的研究组织和学术队伍不断扩大,体育法研究成果的数量和质量都有了较大提高并发挥了积极作用。

"十一五"期间体育法制建设取得的进展和成就,为"十二五"体育法制建设奠定了坚实的基础。

(二)目前体育法制建设存在的突出问题

与体育事业改革发展、建设体育强国的需求相比,我国体育法制建设仍显滞后,不能完全满足体育工作实践的要求。体育法制在体育工作中的地位还不够高,一些体育行政部门特别是领导干部依法行政的意识和能力还不够强,忽视体育法制建设、不严格依法办事的问题还比较突出;有些领域仍然存在着立法空白,体育立法和配套立法的任务仍然繁重,部分现行体育法规亟待修改;体育行政执法的体系和机制尚未完全建立,体育行政部门的执法能力普遍薄弱;体育社团的内部管理尚不规范,有效惩治体育违法、解决体育纠纷的法律渠道仍不够通畅;体育法制的社会环境和保障条件需要进一步优化,体育法制宣传教育的方式和手段有待改进完善,体育法学研究应更加紧密地适应体育事业发展需要。

(三)社会和体育发展对体育法制建设的迫切需求

我国进入建设体育强国的新阶段,体育法制建设面临着来自经济社会和体育发展一系列新的迫切需求:

1. 随着和谐社会建设和公共事业发展,公民体育权利诉求更加突显。党和国家正在全面推进小康社会与和谐社会建设,重视发展社会事业和改善民生,有计划地加强人权保障,为增强人民体质、提高生活质量提供了更加充分的社会条件,进一步提升了广大群众的体育文化需求和体育权利诉求,对加强体育法制建设形成了更高的期待。

2. 推进法治政府建设对体育管理、依法行政提出了新的要求。深化行政管理体制改革,推进依法行政,建设法治政府,是我国政治文明建设的重要任务。应当根据建设法治政府的要求,依法行政,深化体育改革,完善公共体育服务,加强社会管理。

3. 建设体育强国需要不断提升体育法制的内涵。面对体育全球化的激烈竞争,在新的起点上建设体育强国,需要不断深化体育体制、机制和模式的改革与创新。体育法制建设既是体育强国建设的重要内容,又是体育强国建设的重要保障,必须进一步将体育事业发展纳入法治轨道。

二、"十二五"体育法制建设的发展目标与指导原则

(一)"十二五"体育法制建设的发展目标

到 2015 年我国体育法制建设的发展目标是:全面推进依法治国基本方略的贯彻实施,紧密适应建设体育强国对依法治体的现实需要,将体育工作全面纳入法治轨道,建成以《中华人民共和国体育法》为核心,涵盖体育工作基本方面,层次分明、衔接配套的中国特色体育法规体系,逐步提高体育立法和制度建设的质量,积极推进体育发展方式和管理模式的改革创新,体育行政部门依法行政的能力和水平显著提高,体育执法与检查监督的体系和机制基本建立,体育社会组织的运行管理更加规范有序,多元化维护体育权益和解决体育纠纷的法律途径更加完善,体育工作者的法律素养和全社会的体育法治氛围普遍提升,进一步形成推动和保障体育事业又好又快发展的良好局面。

(二)"十二五"体育法制建设的指导原则

1. 转变体育发展方式，切实推进依法治体。继续从改革创新中寻求前进的动力，转变在计划经济条件和传统体育体制下形成的体育发展方式，实现向提供公共体育服务、强化社会管理、优化市场和社会资源配置、坚持依法治体的方向变革。要转变体育管理理念和工作模式，提高依法行政的自觉性，营造良好的体育法治环境，切实推进体育法治化进程。

2. 保障公民体育权利，促进体育改革发展。适应全面建设小康社会与和谐社会发展新需要，以维护和实现公民体育权利为根本宗旨，为促进人的全面发展、提高公民身体素质和生活质量、满足人民群众日益增长的体育需求服务。

3. 坚持国家法制统一，突出体育行业特色。以建设法治国家的要求和部署统领体育法制的发展方向，立足体育法制的发展基础和特点，针对建设体育强国和体育改革发展的特殊需要和规律，有效解决体育改革发展中的实际问题。

4. 统筹协调各种资源，全面加强体育法治。不断提升体育法制工作的系统性，在发挥体育行政部门作用的同时，与各级党委、人大、政府以及社会力量紧密配合，形成全国与地方、体育与相关方面在体育法制建设方面协同发展的良好格局。

三、"十二五"体育法制建设的主要任务和措施

（一）提高体育行政部门特别是领导干部依法行政的意识和能力

1. 增强体育行政部门特别是领导干部依法行政的自觉性。各级体育行政部门特别是领导干部要切实树立社会主义法治理念，强化依法行政、依法治体意识，增强依法执政、从严治政的自觉性，深入贯彻《全面推进依法行政实施纲要》，按照合法行政、合理行政、程序正当、高效便民、诚实守信、权责统一的要求，进一步规范各种体育行政行为，提高运用法律手段解决体育实际问题的能力。

2. 完善重大体育事项的依法决策、民主决策、科学决策机制。依法调整和规范各级体育行政部门的决策行为，确立重大体育决策调查研究、专家论证、听取公众意见、进行风险评估、集体讨论决定、进行合法性审查的制度，严格执行决策规则和决策程序。强化对决策制定和实施过程的监督，推进体育政务公开。

3. 重视体育行政机关依法行政意识和能力的培养。各级体育行政部门要建立依法行政知识学习培训制度，落实领导干部定期和专题的法律学习，在体育行政机关中开展依法行政知识培训，组织体育行政执法人员进行专业法律知识和执法业务轮训，落实考核考察措施，全面增强体育行政机关人员依法行政的法治素养。

（二）推进和完善体育立法及其制度建设

1. 完成《体育法》的修订工作。组织有关力量认真研究，广泛听取社会意见，主动配合国务院、全国人大常委会等有关机构，做好调研论证和草案拟定等基础工作，争取早日列入全国人大常委会的立法工作安排。力争在"十二五"期间，基本完成《体育法》的修订工作。

2. 抓紧急需体育法规、规章与规范性文件的出台。抓紧做好体育法和行政法规配套立法工作，特别是为贯彻落实《全民健身条例》《反兴奋剂条例》《彩票管理条

例》、《加快发展体育产业的指导意见》、《加强运动员文化教育与保障工作的指导意见》等规定，尽快出台相关部门规章和规范性文件。突出重点，根据体育改革与发展的急需，加快促进公共体育服务、引导规范职业体育发展、推动体育社会组织建设、规制各类体育市场、完善体育标准化、治理体育赛风赛纪、建立多元体育纠纷解决机制等方面的法规、规章和规范性文件的制定，严格遵守立法权限和程序，努力提高立法质量，不断完善体育法规体系。

3. 完善体育法规、规章和规范性文件的制定与管理程序，加强体育立法监督。建立体育立法项目公开征集和评估论证机制，做好体育法规、规章和规范性文件起草、征求意见、备案审查等工作，加强体育立法监督。体育行政部门制定涉及公民、法人和其他组织权利义务的规章和规范性文件，要广泛听取社会意见，增强立法的科学性、适用性，提高立法质量。

4. 做好现行体育法规、规章和规范性文件的修改和清理。根据社会和体育事业发展需要，推动《学校体育工作条例》、《国家体育锻炼标准施行办法》、《反兴奋剂条例》等行政法规的修订。落实国务院要求，建立规章每隔 5 年、规范性文件每隔 2 年进行一次清理的制度，及时做好国家体育总局部门规章和规范性文件的修改和废止工作。

（三）提高体育行政执法能力，保证严格、公正执法

1. 建立和完善各级体育行政部门的行政执法制度。明确体育行政执法的范围和事项，及时梳理行政执法依据，界定执法权限，细化执法流程，规范执法行为，规范体育行政执法的主体、权限、程序和责任，依法实施体育行政许可、体育行政处罚。改进和创新执法方式，探索综合执法，坚持管理与服务并重、处置与疏导结合，实现法律效果与社会效果的统一。

2. 加强体育行政执法队伍及其执法能力的建设。积极争取相关政策支持，根据依法管理工作的需要，加强地方体育行政执法队伍建设，实行体育行政执法主体资格制度和执法人员持证上岗制度。加强体育行政执法人员的培训，统一组织法律知识考试，取得行政执法证件。建立体育行政执法人员档案，对体育行政执法人员的执法证件实行动态管理。

3. 组织开展体育法律法规和规章实施的监督检查。各级体育行政部门每年都要安排一定数量和范围的体育执法情况检查和调研，要争取与人大、政府等多方面力量共同开展体育法律法规实施的专项检查，加大对体育法律法规实施的监督检查力度，克服体育领域有法不依、执法不严、违法不纠的现象，提高体育法律法规和规章的实施效果。

4. 推进体育行政执法责任制，强化依法履职的积极作为。县级以上体育行政部门要建立健全体育行政执法责任制，明确、落实并向社会公布体育行政执法职权和责任，强化依法履行体育行政职责的积极作为。加强对体育行政执法效果的检查，对体育执法人员要进行评议考核。对消极不作为和不正确履行法定职责或放弃、推诿法定职责的，要实施执法责任追究。

(四)促进体育行业组织内部的规范治理

1. 强化对体育行业组织的依法治理和审查监管。体育行政部门要按照社会团体登记管理的有关规定,履行对体育社会团体的行业主管职责,完善体育总会、单项体育协会和行业体育协会等体育组织在本行业活动的管理规定和活动规范,指导、管理其有关活动,维护其合法权益,并通过行政合同、行政指导等方式,建立新型的管理与合作关系。

2. 完善体育行业组织的管理制度和秩序。体育行业组织要依法加强行业治理,建立健全符合现代法治原则的制度规范,明晰组织成员之间平等自主的权利义务关系,完善民主选举、民主决策程序和权力制衡机制,建立和完善内部纠纷解决和权利救济渠道,维护体育行业组织运行的正常秩序与合法权益。

(五)扩大体育法律服务和纠纷救济途径

1. 发挥各类法律服务机构的体育法律服务作用。适应体育事业发展中法律事务增加的需要,积极扩大体育法律服务的社会资源,加强体育行政部门、体育社会团体与法律服务机构的联系合作,支持各类社会机构结合体育工作实际开展多样化的法律指导与服务活动。鼓励和支持建立以从事体育业务为主的专门化法律服务机构。

2. 建立多元化的体育纠纷处理和权利救济服务体系。针对体育纠纷增多和维权救济的需要,发挥各种纠纷处理方式的积极作用和互补功能,依法化解体育领域的矛盾和纠纷。建立健全国家体育总局运动项目管理中心、全国性单项体育协会的内部纠纷处理机构和制度措施,探索建立体育仲裁制度。完善和落实体育行政部门的行政复议制度。推动、配合司法机构依法处理体育领域发生的各类案件。

(六)深入体育法制宣传教育和理论研究

1. 继续开展体育系统普法教育活动。制定和实施全国体育系统法制宣传教育的第六个五年规划,体育系统各单位要建立体育法律法规学习与培训制度,根据体育队伍特点开展灵活多样、扎实有效的体育法制教育活动,努力在体育系统形成尊重法治、厉行法治的良好氛围,增强体育法制宣传教育的吸引力、感染力和渗透力,不断提高体育队伍的法律素质。体育院校要做好体育法的教育教学工作。

2. 加强对体育法制的媒体宣传和信息传播。加大体育法制的社会宣传力度,建设和培育体育法制文化,广泛利用各种新闻媒体、出版物、影视节目、大型体育活动与竞赛等形式,积极发挥网络等新兴媒体的作用,传播体育法律知识,做好体育法制建设形势、体育法规、体育法制工作先进经验、典型体育案例等方面的宣传报道。

3. 组织和鼓励开展体育法学的研究与交流。充分发挥中国法学会体育法学研究会、国家体育总局体育社会科学研究基地和其他学术团体、研究机构的作用,扩大体育法学研究队伍,加强体育法学的国内外交流,繁荣体育法学术活动。进一步提高研究质量和学术水平,推动体育法学研究成果向体育法制决策和实践的转化。

全国体育人才发展规划（2010—2020年）

根据全国人才工作会议精神和《国家中长期人才发展规划纲要（2010-2020年）》，结合体育事业发展需要和体育人才发展实际，制定本规划。

一、形势与任务

体育人才资源是推动我国体育事业科学发展的第一资源。体育总局党组和全国各级体育部门历来高度重视人才工作，特别是以举办和参加2008年北京奥运会为重大契机，大力实施人才强体战略，体育人才发展取得显著成效。体育人才队伍不断壮大，结构趋于合理；体育人才发展的政策体系和工作机制进一步完善，人才效能明显提高；体育人才工作投入不断加大，大规模干部教育培训工作效果显著，体育人才整体素质与能力有较大提高。同时必须清醒地看到，当前我国体育人才发展水平同体育事业的发展需求仍有差距，还不能满足体育强国建设的需求。主要表现在：体育人才总量相对不足，各类体育人才发展不均衡，高层次创新型人才短缺；服务和推动体育人才发展的体制和机制仍需不断调整和创新；体育人才资源开发投入相对不足等。

未来十年，是我国体育事业发展的重要战略机遇期。面对体育强国建设的新形势、新任务，必须进一步增强责任感、使命感和危机感，牢固确立人才优先发展的战略布局，科学规划，深化改革，重点突破，整体推进，努力开创人才辈出、人尽其才的新局面，全面提升我国体育人才发展水平。

二、指导思想和总体目标

（一）指导思想

以邓小平理论和"三个代表"重要思想为指导，深入贯彻落实科学发展观，坚持党管人才原则，坚持"服务发展、人才优先、以用为本、创新机制、高端引领、整体开发"的人才发展指导方针，紧密围绕体育强国建设的实际需求，遵循体育事业发展规律和体育人才成长规律，进一步加强制度建设，创新体育人才工作体制机制，以高层次、骨干体育人才为重点，推进体育人才培养专项计划，更好地实施人才强体战略，努力建设一支与体育强国建设相适应的高素质的体育人才队伍，为体育强国建设提供更加坚实的人才保证和广泛的智力支持。

（二）总体目标

进一步深化改革，不断强化人才强国、人才强体观念，体育人才在体育事业发展、体育强国建设中的基础性、战略性、决定性作用得到充分发挥。

培养和造就一支数量充足、结构合理、门类齐全、素质优良的体育人才队伍。体育人才资源总量稳步增长，体育人才队伍规模不断壮大。体育人才素质显著提高，体育人才的结构更加优化。体育人才发展机制体制创新取得突破性进展。体育人才发展投入稳步增加，体育人才教育培训体系进一步完善。体育人才管理工作格局不断优化。

坚持统筹兼顾，分步实施。2015年以前，以完善体育人才工作协调机制和实施体育人才培养专项计划为主要抓手，推进体育人才服务体系创新；到2020年，全面落实各项任务，推动体育人才队伍协调发展。

三、加大体育重点领域专门人才的培养力度，优化体育人才队伍结构

（一）党政人才队伍

总体目标：以高层次体育党政人才为重点，继续加强党政领导干部队伍建设，建设一支政治坚定、勇于创新、勤政廉政、求真务实、奋发有为、熟悉体育事务、善于推动体育事业科学发展的高素质党政人才队伍。抓好领导班子后备人才和优秀中青年后备人才的培养，形成结构合理、素质优良的党政后备人才体系；加大领导干部交流轮岗力度，体育总局系统领导干部交流轮岗比例每年达到10%左右。

主要措施：坚持党管干部原则，坚持德才兼备、以德为先的干部标准，努力把党政人才选准用好。进一步加强党政人才队伍的思想建设和作风建设，加强教育培训、交流轮岗和实践锻炼，不断提高党政人才队伍的素质和能力。进一步加强领导班子建设，严格标准和任职条件，选好配强"一把手"。优化领导班子年龄结构，形成老中青梯次配备，改善领导班子的知识、专业和工作经历结构。注重从基层选拔领导干部，合理配备女干部、少数民族干部和党外干部。深入贯彻民主集中制，健全领导班子决策程序和工作运行机制。制定后备干部相关制度，建立梯次合理、素质优良、数量充足的后备干部队伍。注重扩大后备干部选拔工作中的民主，在更大视野更宽领域广纳群贤，促使优秀后备干部脱颖而出。严格要求、导向鲜明、动态管理、监督有效，保证后备干部健康成长。重视将各方面比较成熟的后备干部选拔到领导岗位上去。适应体育事业发展要求，统筹抓好群众体育、竞技体育、体育产业等各类体育管理人才的培养工作。

（二）全民健身服务和管理人才队伍

总体目标：适应构建全民健身服务体系需要，满足人民群众体育健身需求，加大群众体育人才队伍建设力度。不断壮大社会体育指导人员规模，到2015年，获得社会体育指导员技术等级证书的人数达到100万以上，获得社会体育指导员国家职业资格证书的人数达到10万以上；到2020年，获得社会体育指导员技术等级证书的人数达到150万以上，获得社会体育指导员国家职业资格证书的人数达到15万以上。形成以社会体育指导员为主体，优秀运动员、教练员、体育科技工作者、体育教师、体育专业学生和社会热心人士参与的全民健身志愿服务队伍。发展壮大各级、各类群众体育组织管理人员队伍，提高理论素养和业务水平，真正发挥各级、各类群众体育组

织在开展全民健身活动中的桥梁和纽带作用，推动群众体育工作的科学化、社会化、生活化、经常化。

主要措施：进一步完善社会体育指导员技术等级制度，吸引、组织从事社会体育指导人员加入社会体育指导员队伍。建立健全社会体育指导员组织体系，充分发挥社会体育指导员协会的作用，做好社会体育指导员培训和各项管理服务工作，为社会体育指导员开展工作提供便利和支持。积极发展职业社会体育指导员，完善社会体育指导员职业标准，严格开展职业技能培训和职业技能鉴定工作，逐步做到营利性体育健身场所和指导高危项目的体育健身指导人员持社会体育指导员职业资格证书上岗工作。建立全民健身志愿服务工作体系，健全注册管理和培训制度，普及志愿服务相关知识，提高全民健身志愿服务队伍的专业化水平和服务质量，形成全民健身志愿服务长效化机制。加强对体育志愿者组织的指导、管理，建立完善体育志愿者激励机制。加快体育健身休闲专业人才培养。制定实施群众体育组织管理人员培养专项计划。

（三）竞技体育人才队伍

总体目标：围绕进一步增强我国竞技体育的综合实力和国际竞争力，不断提高竞技体育人才队伍的文化素质和职业道德素质，全面提升竞技体育人才队伍的综合素质和业务能力。利用政策杠杆，完善各类竞技体育人才的选拔、培养、使用、激励和保障制度，充分发挥各类竞技体育人才的积极性和创造性。

主要措施：坚持竞技体育举国体制，完善奥运会奖励、全运会竞赛、运动员和教练员人才交流、国际大赛参赛运动员的选拔、训练基地建设管理、支持西部少数民族地区培养高水平运动员、运动员文化教育和运动员保障等政策法规，整合全国竞技体育人才资源。加强各级各类体校、体育传统项目学校、青少年户外体育活动营地、青少年体育俱乐部教练员、科研人员、管理人员的培训、培养，提高青少年业余训练的科学化水平，夯实竞技体育后备人才基础。加强学习和培训，不断提高运动员文化素质和职业道德素质，促进运动技术水平的提高；修订和完善各级运动员注册交流管理制度，促进高水平运动员合理流动；加强运动员学历教育和专业技能培训，提高运动员退役后再就业能力。加强教练员注册管理，促进教练人才有序交流，规范优秀教练员选拔任用、述职考核，加速优秀教练员培养步伐；充分发挥总局教练员学院的作用和功能，加快我国教练员继续教育和培训工作的制度化、规范化和常态化，进一步加强教练员岗位培训工作，中青年教练员每年要保证 30 个学时的学习培训，高级教练员和国家级教练员要保证 40 个学时的学习培训，每五年要对全国教练员轮训一遍；加快优秀中青年教练员培养力度，推行精英教练员"双百"培养计划；加快引进国外教练员人才资源，规范管理，提高外籍教练员人才使用效益；到 2020 年，培养出结构合理、素质全面、能力突出的教练员人才队伍。完善裁判员注册管理、培训、考核、选派、奖惩制度，努力建设一支思想品德过硬、业务水平高、人员相对稳定的高水平裁判队伍。完善加强竞赛管理人员的培训与培养的措施，打造一支具有国际领先水平的竞赛组织人才队伍。发挥竞技体育人才的系统效应，创新高水平运动队组织结构体系，推进复合型国家队团队建设，提高训练科学化和国家队科学管理水平。

（四）体育经济人才队伍

总体目标：以提高体育经济管理水平为目标，以高层次体育财务、体育产业人才为重点，打造一支熟悉体育经济工作规律，了解体育业务，具备财务管理、市场运作、经营开发和产业管理能力，适应体育发展需求的体育经济人才队伍。

主要措施：健全政府、社会、用人单位和个人多元投入的体育经济人才培养投入机制。适应公共体育服务的发展需要，加大公共体育服务供给保障领域专门人才开发力度。大力开展针对体育经济人才的培养和培训工作，发挥各级各类体育院校在体育经济人才培养中的作用，丰富专题培训、高级研修、业务交流、高层次学历教育、有计划地选派人员出国培训及单位间交流等培养培训方式。通过采取定期培训等多种培养方式和措施，建设一支熟悉财务、了解体育、精通管理的体育财务管理人才队伍。鼓励多方投入，积极开展各类体育产业培训，多渠道培养复合型体育产业人才；探索建立体育产业研究基地、体育产业人才培训基地；探索建立体育产业专业人员资质认证制度；加强体育产业人才培养的国际交流与合作。依托全国体育标准化技术委员会，建立体育标准化人才培训体系。探索建立体育场地工程师执业资格制度。加强对职业体育管理人才和职业体育经纪人的培养，推行体育经纪人职业资格认证制度，加强体育经纪人规范管理。建立健全高技能体育人才培养培训体系，完善职业技能鉴定组织运行机制。加大体育场地工程、体育建筑工艺、体育设施运营、体育统计等专门人才的培养力度。

（五）体育专业技术人才队伍

总体目标：以提高专业水平和创新能力为核心，以高层次人才和紧缺人才为重点，打造一支适应和促进群众体育、竞技体育、体育产业及其他各项体育事业科学发展，事业心强、治学严谨，具有国际视野，具有良好职业道德和较高业务能力的各学科和领域的优秀体育专业技术人才队伍。

主要措施：进一步扩大体育专业技术人才队伍培养规模，提高体育专业技术人才业务水平和创新能力。构建分层次、分类别的体育专业技术人才继续教育体系，加快专业技术人才知识更新。依托重大科研攻关、重大课题研究、重大赛事备战的组织与实施，发现、吸引、凝聚和培养优秀人才。加强学科带头人、团队核心人才的培养和创新团队建设，组织实施中青年体育专业技术人才培养计划，探索建立总局联系专家制度。加强对专业技术人才的日常跟踪、管理和服务，完善专业技术人才考核、评价体系，强化考核、评价结果与岗位聘任联动机制。进一步加强专业技术职务评聘管理，继续规范专业技术人员岗位聘用程序，强化专业技术职务竞争激励机制。改善专业技术人才待遇和科研环境，完善专业技术人才收入分配等激励办法。

（六）体育外事人才队伍

总体目标：以提高体育对外交往能力和增强在国际体育事务中的影响力和话语权为目标，进一步加大体育外事人才的培养力度，努力造就一批政治素质高、业务能力强、组织纪律严、经得起风浪考验的体育外事人才队伍，全面加强体育外事人才队伍建设。

主要措施：进一步探索体育外事人才成长的机制和培养途径，不断完善培养形式，加强外语培训、体育业务知识培训、外事政策纪律培训和国际交往能力培训，组织业务交流和观摩，为体育外事人才的成长和脱颖而出创造条件。积极选派、推荐和支持我符合条件的人员进入国际体育组织参与国际体育事务，扩大我国在国际体育组织任职人员规模，争取更多具有履职能力、能发挥作用的人员进入国际体育组织核心层。

四、完善政策体系，促进体育人才工作体制机制创新，为体育人才发展提供良好的环境

（一）完善体育人才管理体制，改进体育人才管理方式

坚持党管人才原则，创新党管人才方式方法，进一步完善党委（党组）统一领导，人事部门牵头抓总，有关部门各司其职、密切配合，社会力量广泛参与的体育人才工作格局。健全各级体育人才工作领导机构，建立科学的决策、协调和督促落实机制，形成体育人才管理统分结合、上下联动、协调高效、整体推进的人才工作运行机制。

完善政府宏观管理、市场有效配置、单位自主用人、人才自主择业的人才管理工作方式。发挥用人单位在人才培养、吸引和使用中的主体作用。推进体育事业单位人事制度改革，建立权责清晰、分类科学、机制灵活、监管有力，符合体育事业单位特点的人事管理制度，实现事业单位由固定用人向合同用人转变，由身份管理向岗位管理转变。

（二）完善体育人才培养开发机制

充分发挥教育培训在体育人才培养中的基础性作用，构建和完善体现体育特色的教育培训工作体系。继续加强以总局干部培训中心、总局教练员学院和总局人力资源开发中心为龙头的人才培养基地建设，充分发挥各类体育院校和体育训练基地的作用，有效吸引社会力量参与体育人才培养开发，不断拓宽体育人才培养开发渠道。根据不同类别体育人才的特点和工作需要，制定体育人才教育培训指导大纲，完善以政治理论、政策法规、体育业务知识、技能训练为主的体育系统教育培训内容框架。以选调干部参加各级各类干部学院、行政学院培训为主进行党政人才政治理论、政策法规培训；开发和完善全民健身、运动训练、体育科研、运动项目管理、运动队管理、赛事管理、场馆管理、产业管理等体育类专门人才专题培训项目；实施体育专业技术人才知识更新工程。

（三）完善体育人才评价发现机制

建立以群众公认、注重实绩为重点的党政人才评价体系，进一步完善民主推荐、民主测评、民主评议制度，完善定期考核和日常考核制度。研究完善以社会和业内认可为主要标准的专业技术人才评价体系，鼓励和引导专业技术人才面向体育实践、为体育事业一线服务。落实用人单位在专业技术职务（岗位）聘任中的自主权，逐步实现专业技术职务的聘任和岗位聘用的统一。以岗位职责和聘用合同为依据，建立适合不同专业技术工作特点和岗位特点的考核指标体系。加大体育行业职业技能鉴定工作力度，加快培养高技能体育人才。建立以岗位绩效考核为基础的事业单位人员考核评

价制度。

（四）创新体育人才选拔任用机制

完善党政领导干部公开选拔、竞争上岗制度，探索公推公选等竞争性选拔干部方式。规范干部选拔任用提名制度。坚持和完善党政领导干部职务任期制。健全事业单位领导人员委任、聘任、选任等任用方式。全面推行事业单位公开招聘、竞聘上岗和合同管理制度。完善和加强专业技术职务聘任制度，建立按需设岗、按岗聘任、竞争择优的聘任机制，完善专业技术人才评审聘任、竞争上岗、考核管理等制度。

（五）优化体育人才流动配置机制

发挥市场体系在人才资源配置中的基础性作用，逐步建立和完善体育人才市场体系，提高对体育人才市场的宏观调控水平。完善体育人才交流制度，促进体育人才的合理、有序流动。加强地区间体育人才的合理流动。完善鼓励体育人才赴欠发达地区工作的政策，加大西部和欠发达地区体育人才资源的培养开发，鼓励东部发达地区与西部和欠发达地区体育人才的交流，促进体育人才区域分布的均衡。对新疆、西藏、西部省份藏区及革命老区体育人才培养给予政策倾斜。推行和逐步健全人事代理制度，发挥体育人才中介机构在体育人才交流中的作用。

（六）创新体育人才激励保障机制

深化收入分配制度改革，探索完善进一步调动体育人才积极性、创造性的收入分配体系。研究制定引导体育事业单位收入分配向重点岗位和关键岗位倾斜的政策。进一步完善以业绩为导向的奖励制度体系，改革和完善以奥运会为最高层次的各类比赛奖励政策和措施，奖励为体育事业做出突出贡献的优秀人才，制定各类体育人才表彰奖励办法。鼓励各级体育行政部门设立优秀人才专项奖励经费，探索建立优秀拔尖体育人才津贴制度，指导科研、教学单位积极开展面向高水平专家的服务保障工作。围绕贯彻落实《关于进一步加强运动员文化教育和运动员保障工作的指导意见》，高度重视运动员人才资源的深层次开发，引导各地完善并落实针对运动员的各项激励和保障政策，继续加强运动员职业辅导、技能培训、就业指导、创业扶持等工作，提高运动员的综合素质、职业技能水平和社会竞争能力。

五、实施"体育人才培养专项计划"，以重点扶持、高端引领带动体育人才队伍的整体开发

紧紧抓住领导班子后备干部、优秀社会体育指导人才、群众体育组织管理人才、精英体育教练员人才、体育产业经营管理人才和中青年体育专业技术人才等重点体育人才群体，实施"体育人才培养专项计划"，积极采取特殊措施，加大重点培养、使用和激励保障力度。

（一）领导班子后备干部培养计划

认真贯彻执行《2009-2013年全国党政领导班子后备干部队伍建设规划》，加强后备干部工作制度建设，努力建设一支符合体育事业发展需要的高素质后备干部队伍。坚持定期集中补充和平时动态调整相结合，坚持选拔标准和条件，按照领导班子职数，选拔确定后备干部名单。加大年轻干部的选拔培养力度，优化后备干部队伍结构。制定科学的培养锻炼计划，加大后备干部培养锻炼力度。坚持优先选调后备干部参加各类政治理论、党性锻炼为主题的培训班，不断提高后备干部的思想政治素质。坚持把岗位锻炼、交流任职、挂职锻炼等作为主要方式，加强实践锻炼，不断提高后备干部的实际工作能力。加强后备干部的业务培训，不断提高后备干部的业务素质及其战略思维、辩证思维、创新思维能力。

（二）优秀社会体育指导员培养计划

围绕深入贯彻落实《全民健身条例》，大力发展公共体育事业，通过建立并完善社会体育指导员培训、激励、保障机制，进一步扩大社会体育指导员规模、提高素质和技能、提升服务意识，为全民健身事业提供强有力的组织和队伍保障，努力加强社会体育指导员骨干队伍建设，发挥引领、带动作用，积极为社会体育指导员开展体育健身指导服务创造条件，促进全民健身志愿服务活动普遍开展，更好地满足广大人民群众日益增长的体育健身需求。

（三）群众体育组织管理人才培养计划

贯彻落实《关于进一步加强职工体育工作的意见》和《关于发挥乡镇综合文化站的功能进一步加强农村体育工作的意见》，通过建立示范引导和表彰奖励机制，不断发展壮大以各类人群、项目体育协会、社区体育健身俱乐部、乡镇综合文化站、群众体育健身站点、机关、企、事业单位职工体育组织为主要形式的各级、各类群众体育组织管理人才队伍；通过多种形式加大对群众体育组织管理人才的培训力度，不断提高理论素养和业务水平，逐步建设一支规模大、素质高、范围广，具有一定体育运动技能和专业知识的群众体育组织管理工作骨干队伍。

（四）精英教练"双百"培养计划

围绕更好的实施奥运争光战略，面向全国体育系统，分别选拔100名各类体校教练员和100名各级优秀运动队教练员，纳入精英教练"双百"培养计划加以重点培养。鼓励和指导地方体育部门实施形式多样的教练员培养专项计划，通过不断探索和完善进一步加强教练员队伍建设的措施和办法，提高教练员的执教水平和综合素质，培养高质量的体育教练员人才。

（五）体育产业经营管理人才能力提升计划

着眼于提高我国体育产业发展水平，培养一批具有世界眼光、战略思维、创新精神和经营管理能力的体育产业经营管理人才。通过举办战略研修、研讨交流等活动，加强对产业经营管理人员的培养。组织战略规划、资本运作、企业经营管理、人力资源管理、财务管理、法律等专题培训项目，不断提升体育产业经营管理人才的整体素质。

（六）中青年体育专业技术人才培养计划

按照重特色、高水平的原则，在体育总局系统遴选100名左右45岁以下、在本学科领域有一定成就、有发展潜力的中青年专业技术骨干加以重点培养。对进入培养计划的人员进行动态管理，并实行经费资助、重点培训、岗位锻炼、重大课题研究等扶持政策。引导和鼓励地方体育部门结合本地区特点和需要，选拔各类别中青年专业技术骨干进行重点培养。

六、组织实施

（一）加强领导协调，强化监督落实

加强各级体育部门对体育人才工作的领导。体育总局将加大总局系统体育人才工作力度，积极支持地方体育人才队伍建设。各级体育部门要结合实际，制定本级体育人才发展规划和计划，对体育人才工作的目标任务进行分解和落实。体育人才所在单位要健全各项工作制度和政策措施，做好体育人才的培养、吸引和使用工作。

（二）加大宣传力度，营造良好氛围

大力宣传党和国家人才工作的重大战略思想和重大部署，宣传实施体育人才发展规划的重要意义、指导思想、目标任务和政策措施，积极推广体育人才工作中的典型经验和做法，努力营造尊重知识、尊重劳动、尊重人才、尊重创造的良好氛围。

（三）确保经费投入，提供资金保障

继续加大对人才开发工作的投入。坚持使用和管理好"优秀体育人才培养"、"体育干部教育培训"、"运动员保障"等专项经费，为开展各类体育人才工作提供必要的资金保障。支持各级体育部门和各单位设立人才工作专项经费，拓宽经费来源，加大经费投入。鼓励社会力量积极参与体育人才的培养工作。

（四）加强理论研究，增强工作前瞻性

加强体育人才研究队伍建设，开展体育人才理论研究，积极探索体育人才资源开发规律，创新体育人才工作方式和手段。推进体育人才工作信息化建设，完善全国体育人才信息网络和数据库。

（五）加强体育人才工作队伍建设

各级体育部门要高度重视体育人才工作队伍建设，关心体育人才工作队伍的全面发展，以能力建设为核心，加大教育培训力度，提高体育人才工作队伍的政治素质和业务水平，为体育人才工作提供组织保障。

体育科技、教育和反兴奋剂工作"十二五"规划

为充分发挥体育科技、教育在建设体育强国中的作用,进一步做好体育科技、教育和反兴奋剂工作,根据"十二五"我国体育事业发展总体部署,结合国家科学技术和教育事业发展规划,制定本规划。

一、面临的形势

"十一五"时期,我国体育科技、教育和反兴奋剂工作为体育事业健康和可持续发展作出了积极贡献。体育科技工作围绕备战 2008 年北京奥运会,体育科技资源得到进一步整合,体育科技基础条件不断改善,科研攻关与科技服务保障能力和水平显著提高;我国运动员文化教育体系和制度建设得到加强,北京体育大学和 5 所共建体育院校办学规模不断扩大,办学水平逐步提高;教练员岗位培训形式更加丰富,教练员科学训练水平逐步提高;我国反兴奋剂工作取得显著成效,构建了国家层面的兴奋剂问题综合治理协调机制,成立了反兴奋剂中心,各级体育部门反兴奋剂责任意识得到进一步加强,建立和不断完善反兴奋剂教育准入和督导等制度,兴奋剂阳性率得到有效控制,圆满完成 2008 年北京奥运会等重大赛事反兴奋剂工作任务,保证了我国运动员干干净净参赛,实现了运动成绩和精神文明双丰收,我国的反兴奋剂国际形象和环境得到较大改善。

未来 5 年,围绕建设体育强国的目标和任务,体育科技、教育和反兴奋剂工作仍然面临着严峻的挑战:在体育科技工作方面,体育科学研究领域及学科发展不均衡,具有国际影响力的高水平研究成果较少;科研攻关和创新能力有待增强,体育科技成果转化水平有待提高;科技服务和保障工作水平不能完全满足体育事业发展的需要。在体育教育工作方面,运动员文化教育体制和机制需要进一步理顺,运动员文化教育问题解决办法不多、措施不力;教练员岗位培训内容和组织形式还需要不断充实和调整;高等体育院校在我国体育事业发展中的作用需进一步加强。在反兴奋剂工作方面,兴奋剂违规事件时有发生,反兴奋剂法律法规不能满足反兴奋剂工作的实际需要,反兴奋剂宣传教育针对性不强、效果不明显,运动员食品和治疗用药安全仍然存在隐患;兴奋剂检查质量和检测技术水平有待进一步提升。

二、指导思想和总体目标

指导思想：坚持以邓小平理论和"三个代表"重要思想为指导，深入贯彻落实科学发展观，坚持以人为本，改革创新，面向体育运动实践，为实施《全民健身计划（2011-2015年）》和《奥运争光计划纲要（2011-2020年）》，充分发挥科学技术的引领、支撑和教育的基础保障作用，不断提高运动员、教练员素质，深入贯彻反兴奋剂"三严"方针，为体育事业的全面协调可持续发展和建设体育强国做出积极贡献。

总体目标：进一步完善体育科技、教育和反兴奋剂工作的体制机制，提高体育科技创新能力，突破制约群众体育、竞技体育、体育产业发展的关键技术，继续加强科研攻关、科技服务和医疗保障工作，提升体育科技在体育事业发展中的贡献率。贯彻落实《关于进一步加强运动员文化教育和运动员保障工作的指导意见》，积极推动运动员文化教育工作，促进体育高等教育发展，大力推进体育职业教育。构建层次清晰、职责明确、客观公正、更为健全的中国反兴奋剂法律体系，加大宣传教育力度，不断提高反兴奋剂工作的质量和水平，推动反兴奋剂工作从偏重事后检查惩处向注重事前教育预防相结合转化，营造更加公平公正的竞赛环境。加快培养高水平体育科技、医疗、教育和反兴奋剂专业人才，推动体育科技、教育和反兴奋剂事业全面发展。

三、任务和措施

为了实现体育科技、教育和反兴奋剂工作目标，今后5年将重点做好如下工作：

（一）体育科技工作

1. 确定重点研究领域与优先主题，加强科研攻关和科技创新。

围绕体育事业发展中的重大问题开展科研攻关，加强自主创新，突破一批关键技术，充分发挥科技在群众体育、竞技体育、体育产业发展中的引领和支撑作用。做好国家队备战奥运会的难点和关键问题的攻关研究，重点进行高原训练、训练监控、体能康复、伤病防治、心理训练、营养恢复等关键技术的攻关研究，进一步提高运动训练科学化水平；开展全民健身关键技术及方法创新研究、增强青少年体质的关键技术研究以及全民健身科研成果推广与应用研究，为全民健身提供科学指导；开展全民健身、运动训练器材研发，加强科技成果转化，为体育产业的发展提供科技支持；加强反兴奋剂社会科学、检测新技术的研究，提高我国反兴奋剂工作质量和兴奋剂检测技术水平。

2. 进一步完善科技和医疗保障体系建设，提高科技服务水平。

发挥举国体制优势，通过组织实施奥运科研攻关课题、聘请科研教练等方式，吸纳各方面科研人员进入国家队科研团队，建立具有专项特色、结构合理、学科齐全、服务优良的科研团队，提高科技服务的能力和水平；建设一支专业突出、经验丰富、满足运动训练需求、受运动队欢迎的专家队伍。

加强国家队医疗服务工作，进一步加强队医队伍建设，规范运动员伤病汇报和重大伤病报告制度，落实医疗专家下队巡诊会诊制度，继续加强国家队运动员医务监督、体检工作，建立优秀运动员健康档案和伤病数据库，加强伤病防护与康复工作，不断提高医疗服务的质量和水平。逐步建立运动营养品功效评估机制，规范运动营养品采购工作。

3. 加强体育科技条件建设，打牢可持续发展的基础。

继续开展重点实验室建设，建立起一套科学完整的实验室评估机制，实行分级、分类、分层次指导与支持，坚持"有进有出、动态平衡"的原则，促进实验室科学管理和高效运行。加强对西部省区市重点实验室建设和支持力度。根据群众体育研究需求，依托地方体育科研单位，在全国布局建立群众体育研究重点实验室。

以国家体育总局训练局为试点，加强科研测试、医疗康复、文化教育的投入和支持，进一步提升国家队科技、医疗工作水平，改善文化教育基础条件，探索建立"科、训、医、教"一体化的训练基地的模式。

加强国家队训练基地科研条件建设，优化科技服务功能，促进总局科教单位与重点实验室、省市科教单位，以及重点实验室与运动训练基地的协同运行。在西部地区建立集运动训练、科学研究、人才队伍于一体的高原训练实验站点。继续开展国家队科学训练信息化平台建设，在 17 支国家队的建设基础上，向所有国家队及部分省市运动队推广，提高运动训练的信息化、科学化水平。

4. 创新体育科技管理制度，不断完善体育科技管理体制和机制。

加强对科研课题的组织管理，建立"国家科技支撑计划—重点研究领域—奥运备战科研攻关—奥运备战科技服务"四类课题分类管理模式；积极完善国家重大课题专家督导制度，逐步建立与运动实践紧密结合的科技成果评价体系，完善科技奖励制度；规范科研经费管理和使用，建立体育科技管理信息服务系统，提高科研管理工作效率和质量。

拓展体育科技服务领域，通过政策引导和支持、制定技术规范和标准，积极引导各类职业体育俱乐部科技服务保障工作的开展。加强科研仪器设备管理，进一步完善管理制度，建立体育系统科研机构和院校科研仪器设备基本信息数据库，促进科研仪器设备的资源共享。

5. 加强体育科技成果转化，为体育产业的发展增添动力。

依托国家体育总局体育科技示范园（上海体育学院），开展体育科技综合服务平台建设，逐步建立以政府为依托，以市场为导向，集行业监管、科技研发、成果转化、企业孵育为一体的体育科技成果转化与产业化综合服务平台，推进体育科技成果产业化。

以科研项目为牵引，鼓励科研单位与企业联合开展科学研究，引导企业技术创新投入，培育具有较强自主研发能力的体育用品制造企业，提高体育健身设施、健身器材、运动训练装备的科技含量和产品质量。支持泰山体育产业集团开展国家体育用品制造工程技术研究中心建设，提高我国体育用品企业的创新能力和竞争力，推动体育产业的发展。

6. 加强体育科技、医疗人才培养。

通过有计划、分步骤的实施重大科研项目，加强学科人才梯队建设，培养国内外知名的领军人才，打造一支结构合理、充满活力的体育科技、医疗队伍；设立青年科研课题和博士科研课题专项，鼓励青年体育科技人员自主开展体育科技研究工作；拓展国际体育科技交流与合作，鼓励体育科研人员参加国际学术交流活动，在重点研究领域和重大项目上，根据项目具体情况适当引进国外高水平专家进行联合攻关。

（二）体育教育工作

1. 大力加强运动员文化教育工作，不断提高运动员文化素质。

贯彻落实《关于进一步加强运动员文化教育和运动员保障工作的指导意见》，提高运动员文化教育的质量和水平，全面提高运动员的科学文化素质和思想道德素质。充分发挥国家队运动员文化教育中心的示范和引导作用，抓好国家队运动员文化教育工作；开展运动员网络远程教育系统的建设，为运动员提供随时随地上网学习的平台；研究制定并推行适合运动员特点的基础教育阶段课程方案、课程标准、教材和质量评价体系；进一步做好优秀运动员免试入学工作。

2. 加强教练员岗位培训工作，提高教练员执教能力和水平。

加强教练员岗位培训制度建设，不断丰富教练员岗位培训的内容和培训方式，积极探讨"通用知识培训"和"专项知识技能培训"分步实施的教练员岗位培训模式。进一步完善教练员岗位培训体系，逐步形成体育总局统筹管理，教练员学院组织实施，以各运动项目管理中心(或单项运动协会)为主干，各省、自治区、直辖市体育局为基础，有关院校(或基地)为依托的教练员岗位培训管理体系；加强教练员岗位培训大纲、教材建设，加强师资队伍建设，建立教练员岗位培训的讲师培训制度，开展岗位培训示范基地建设；加强教练员岗位培训信息化建设，建立教练员岗位培训网站，办好《中国体育教练员杂志》；加强教练员岗位培训工作的国际交流，学习国际先进经验，不断提高教练员岗位培训的实际效果。

3. 推进高等体育教育发展。

高等体育教育承担着培养高等体育专门人才，发展体育科学技术，促进体育事业发展的重大任务。大力促进高等体育教育的发展，为建设体育强国发挥更大的作用。进一步加强重点学科特色专业和教材建设，深化改革，加大创新力度，不断提高高等体育教育质量和水平。

以教育、训练、科研三结合基地建设为目标，利用北京体育大学国家高等教育"211工程"建设的机遇和优势，将北京体育大学建设成为世界一流体育大学。充分发挥 5 所共建体育学院的作用，在运动员文化教育、教练员培训、学科建设等领域，加强资源规划和布局，加强对附属竞技体校的管理和指导，为我国社会发展和体育强国建设培养更多的高质量、高层次体育专门人才。

紧密结合体育事业和社会发展需求，大力发展高等体育职业教育，为运动员的文化教育和退役安置作出应有的贡献。

4. 完善招生考试办法，促进运动训练和民族传统体育专业招生工作规范化、科学化。

改进和完善招生考试办法，积极推进运动训练专业和民族体育专业招生改革，促进招生工作的规范化、科学化，为竞技体育后备人才进入高等院校学习创造条件。

5. 加强对西部地区的支持，促进西部地区体育教育事业的发展。

加强对西部地区，特别是加大对新疆和西藏地区体育教育事业的支持力度，重点对西部地区体育专业招生和教练员培训方面予以支持，促进西部地区体育教育事业的发展，培养更多的高水平体育专业人才。

（三）反兴奋剂工作

1. 构建更加完善的反兴奋剂法律体系。

根据我国反兴奋剂工作的实际情况，修订和完善相关法律法规，不断完善《中华人民共和国体育法》、国务院《反兴奋剂条例》、国家体育总局反兴奋剂规章和相关管理规定，逐步构建多部门、多层次的反兴奋剂法律体系。

2. 进一步强化各级体育管理部门反兴奋剂工作职责。

进一步理顺国家体育总局职能部门、反兴奋剂中心、总局项目中心、各省（区、市）体育局反兴奋剂工作职责，继续落实反兴奋剂工作责任制，明确各级体育部门和运动员管理单位的反兴奋剂责任和义务，形成多部门齐抓共管、各司其职、各负其责的反兴奋剂管理体系。

3. 全面推进反兴奋剂教育准入制度。

在加强国家队、省级运动队运动员反兴奋剂教育准入制度的基础上，加强对青少年运动员和非奥运项目运动员的反兴奋剂宣传教育，编制各级运动员及辅助人员的系列教材，开展内容丰富、形式多样的反兴奋剂宣传教育工作；推动各类运动会、各级训练单位、运动队实施反兴奋剂入队和参赛资格准入制度；推动反兴奋剂教育进校园工作，协调教育部将反兴奋剂知识纳入普通中学以上体育课程，帮助青少年树立正确的价值观和道德观，提高青少年学生自觉抵制兴奋剂的意识和能力。

4. 加强反兴奋剂工作规律和兴奋剂检测技术的研究，不断提升我国反兴奋剂工作质量和兴奋剂检测水平。

重视和加强反兴奋剂社会科学的研究，为制定反兴奋剂工作相关政策提供理论支持和政策依据；加大对反兴奋剂检查工作的研究，提高检查的科学性、有效性；加快实施运动员"生物护照"项目和反兴奋剂信息管理系统（ADAMS），出台与国际标准文件相配套的规范性文件；加大兴奋剂检测技术科研投入，加强与国内外科研单位合作交流，力争在检测技术和手段上有所创新和突破，拥有"世界领先、产权自主"的兴奋剂检测技术。

5. 做好大型综合性运动会反兴奋剂工作。

做好备战伦敦奥运会、索契冬奥会、仁川亚运会等各类国际综合性赛事中国体育代表团以及国内大型综合性运动会的反兴奋剂工作，制定工作方案，明确要求、落实责任，确保运动员"干干净净"参赛，维护公平、公正的体育道德。

6. 建立运动员用药和食品安全保障体系。

研究分析运动员用药和食品安全存在的隐患，加强与相关部门的沟通、协调，进一步巩固国务院兴奋剂问题综合治理协调机制,加强对兴奋剂类药品和食品安全的管理,重点加强对总局各训练基地的督促、检查,从国家队食品安全工作入手,开展运动员食品安全保障工作试点,采取定点采购与实验室检测确认相结合的方式,保证供运动员食品安全工作落到实处。

7. 加强反兴奋剂对外交流与合作。

主动宣传我国反兴奋剂工作取得的积极成就,提高中国反兴奋剂工作的透明度,赢得国际社会的理解和支持;积极支持和参与国际组织的反兴奋剂工作,积极参与制定国际反兴奋剂规则,积极承担反兴奋剂的国际责任和义务。

体育宣传"十二五"规划

"十二五"时期是我国全面建设小康社会的关键时期，是深化改革开放、加快转变经济发展方式的攻坚时期，也是推动体育强国建设的关键时期。为做好"十二五"时期的体育宣传工作，根据国家和体育事业"十二五"规划，特编制本规划。

一、"十一五"期间我国体育宣传工作的回顾

"十一五"期间，以举办和参加2008年奥运会为契机，体育宣传工作取得了显著成效。体育宣传把握了正确的舆论导向，宣传基调积极、健康、向上，体育宣传舆论引导水平不断提高，为我国体育事业全面、协调、可持续发展营造了良好的舆论环境与氛围。体育宣传意识不断加强，进一步理顺了体育宣传工作机制，体育宣传队伍的业务素质、工作水平得到了提升。体育宣传内容丰富，形式多样，信息发布及时，信息量逐年增大。各类媒体对体育的报道量逐年增大，全民健身宣传长效机制已基本建立，竞技体育、体育产业、运动员文化教育和保障、体育外事、法规建设、人才培养等各项体育工作的报道质量都有进一步提高。体育宣传阵地进一步扩大，体育新闻出版事业进一步繁荣。体育对外宣传工作取得较大成绩，扩大了中国体育在国际上的影响力。体育文化活动丰富多彩，促进了体育精神和奥林匹克精神在大众的传播和普及。体育宣传工作较好地满足了人民群众日益增长的精神文化需求，推动了体育事业和体育新闻文化事业的共同发展。

但是，体育宣传工作中还面临着一些矛盾和问题。如体育部门宣传意识有待进一步加强，宣传策划和媒体服务水平有待进一步提高；体育宣传工作和干部队伍建设发展不均衡，一些省区市体育宣传队伍力量薄弱，干部素质和能力有待进一步提高；体育宣传部门与媒体的沟通能力有待进一步加强；体育宣传报道内容不平衡，过分关注竞技体育，缺乏对体育工作全面、深入的报道；一些体育媒体从业人员的职业道德水平、政策水平和业务水平有待提高；体育宣传手段和方法相对单一，体育宣传领域有待进一步拓展和深化；体育新闻理论、体育新闻学术研究较为薄弱，这些问题都不同程度地影响和制约了体育宣传工作的开展。

二、"十二五"时期我国体育宣传工作面临的形势

"十二五"时期，体育宣传工作面临着难得的重要历史机遇。新中国成立60年和改革开放30年体育宣传工作取得的成果，为我国体育宣传工作进一步发展奠定了

坚实基础和积累了宝贵经验。尤其是 2008 年北京奥运会后，全面实施建设体育强国的战略目标将为体育宣传工作提供难得的历史机遇。

（一）"十二五"时期建设体育强国的目标赋予体育宣传工作新的历史使命

体育宣传工作在建设体育强国的过程中发挥着重要作用。体育宣传工作不仅为建设体育强国提供强有力的舆论保障，而且在挖掘体育的文化特性，服务于构建社会主义核心价值体系，全面推进体育文化，增强中华体育文化的影响力等方面发挥着积极作用。建设体育强国的目标赋予体育宣传工作新的历史使命，也为体育宣传工作提出了更高的要求。

（二）文化体制改革的深入推进和文化产业的发展，使体育宣传工作面临新的机遇和挑战

文化体制改革和文化产业发展，一方面大大提升媒体的核心竞争力，为体育文化的建设和发展注入新的活力和生机。同时，大量媒体转为企业，建立以市场为导向的体制和机制，将对传统的舆论引导模式带来新的挑战，需要体育宣传部门认真研究和对待。

（三）政务公开对体育宣传工作提出了更高的要求

在体育事业发展和体育事务管理中，政务公开的推进和落实需要机制的建立和完善，体育宣传在其中承担着重要的职责。体育宣传工作直接面向媒体和公众，面对日益复杂的舆论环境，如何有效发挥媒体作用，积极推进政务公开，是体育宣传工作面临的新考验。

（四）大众传媒尤其新媒体的迅速发展为体育宣传工作带来新的传播手段，同时也带来新挑战

随着新闻媒体尤其是网络、微博等新媒体的迅猛发展，不仅给传统媒体提出了新的挑战，也对我们加强和完善互联网运用和管理提出了新的要求。当前我们对互联网的新闻宣传和管理还不够有效，推进还不够有力，要求我们体育宣传工作者加强对现代信息技术发展特点、趋势的学习和了解，把握先机，掌握信息技术飞速发展条件下体育宣传工作的主导权。

三、"十二五"时期我国体育宣传工作的指导思想和发展目标

（一）"十二五"时期体育宣传工作的指导思想

全面贯彻党的十七大和十七届五中全会精神，以邓小平理论和"三个代表"重要思想为指导，以科学发展观为统领，紧紧围绕建设体育强国的目标任务，正确把握舆论导向，加强组织领导，提高工作水平，服务中心工作。在宣传体育精神、传播体育文化、凝聚民族精神上开创新局面，在提高舆论引导能力和传播能力上迈出新步伐，在树立和维护中国体育正面形象上取得新进展，为"十二五"期间我国体育事业的健康、协调、可持续发展营造良好的舆论环境。

（二）"十二五"时期我国体育宣传工作的主要目标

进一步发挥体育在构建社会主义核心价值体系中的重要作用；树立中国体育在国

际上的良好形象；建立健全全民健身宣传的长效机制；为中国体育代表团参加伦敦奥运会、索契冬奥会等国内外大赛营造良好的舆论氛围；为体育产业发展做好各项宣传工作；积极推动体育文化建设；加强与新闻媒体的合作；探索新形势下体育宣传的规律与方法；发展壮大体育宣传队伍；进一步完善体育宣传机制。

四、"十二五"时期体育宣传工作的主要任务

（一）继承和发扬北京奥运会遗产，为建设体育强国提供强大动力和舆论保障

"十二五"时期是建设体育强国的关键时期。体育宣传工作要认真总结和发扬北京奥运会宣传工作的宝贵经验，提高对体育宣传规律的认识，通过有效组织体育宣传工作，为建设体育强国提供强大动力和舆论保障。

（二）建立、健全全民健身宣传的长效机制

要加强对《全民健身条例》和《全民健身计划（2011-2015年）》的宣传，发动社会各界和新闻媒体，运用多种形式与手段，普及科学健身知识，鼓励群众广泛参与，使全民健身的理念更加深入人心，营造科学健身的社会氛围。要充分发挥全民健身新闻委员会的作用，加大对群体报道的研究，提升群众体育报道的水平。

（三）做好国内外重大赛事的舆论引导与媒体服务工作

要做好第七届城市运动会、第十二届冬运会、第三十届伦敦奥运会、第十二届全国运动会、第六届东亚运动会、第三届亚洲沙滩运动会、第二届青奥会和第二十二届冬奥会等国内外重大体育赛事的舆论引导和媒体服务工作，确保舆论导向正确，积极向上，为赛事的成功举办营造良好的舆论氛围。

（四）进一步加强体育对外宣传工作，提升中国体育的国际传播力和影响力

要积极探索与研究在新形势下体育外宣工作的特点和规律，充分利用在国内举行的重大国际赛事和出席国际会议的有利时机，积极主动开展对外宣传工作，主动引导境外媒体客观、正面报道我体育工作。有计划地制作多种外宣品，办好对外英文网站，提高信息服务质量。

（五）推动体育文化建设，弘扬中华体育精神

加大体育文化建设力度，努力挖掘和发挥体育在建设社会主义先进文化、振奋民族精神、增强民族凝聚力、引领积极健康的社会价值观和人生，以及建立文明的生活方式、提升生活质量过程中的作用。开展丰富多彩的文化宣传活动，举办体育成就展览，鼓励并开展优秀体育文学、电影、美术、音乐、摄影作品创作和评选优秀图书音像出版物等。大力宣传中华体育文化，弘扬以爱国主义为核心的中华体育精神，积极倡导和弘扬奥林匹克精神，全面推进体育文化建设。

（六）重视和加强体育宣传队伍建设，完善体育宣传工作机制

要高度重视体育宣传队伍建设。要加强对新闻发言人和体育宣传干部的培训，建立一支创新能力强、勇担重任、能应对复杂舆论环境、善于与媒体打交道、从容应对各种突发事件的体育宣传队伍。要逐步建立起体育宣传自下而上的管理规范体系，不断提高体育宣传工作的水平。

（七）进一步加强官方网站建设，构筑网络媒体舆论阵地和宣传平台

要高度重视网络宣传的作用，将各级体育部门和各协会的官方网站建设作为一项重要的战略性、基础性工作任务来抓，要加大投入，下大力气把网站建设好。要高度重视网上的舆论引导，充分发挥官方网站在信息发布、舆论引导的权威性、主动性和时效性的作用，扩大网站舆论引导能力。

（八）积极发挥中国体育新闻工作者协会的桥梁和纽带作用

要重视中国体育新闻工作者协会的作用，要开展丰富多彩的活动，举办体育好新闻评选和体育摄影作品评选等活动，丰富体育记者的业余文化生活，逐步完善中国体育新闻工作者协会的体制机制，提高协会的影响力、凝聚力和战斗力。

（九）加强体育宣传的理论研究，积极探讨和研究新形势下体育宣传的规律与特点

在新闻传媒发展迅速，尤其是网络媒体高度发展的背景下，体育宣传部门要大力加强与学术界、理论界的合作，加强体育宣传和体育新闻传播的理论研究，探讨和把握新形势下体育宣传工作的规律与特点，提高体育宣传策划、推广等方面的水平，研究与媒体的合作机制与办法，掌握新闻宣传、媒体服务、危机公关、舆情研判等工作的规律与方法，研究体育宣传实践中亟待解决的理论与实践问题。

五、保障措施

（一）加强组织领导，确保《体育宣传"十二五"规划》贯彻落实

体育部门要充分认识体育宣传工作在建设体育强国过程中的重要作用，要加强对体育宣传工作的组织领导，建立、完善体育宣传的领导管理机制，各单位要有领导分管体育宣传工作，全国各省级体育部门应设立专门的体育宣传部门和机构，配备具有相应学历、高素质的专职体育宣传干部和工作人员。总局各直属单位要配备专职的体育宣传干部，确保"十二五"体育宣传工作落到实处。

（二）完善工作机制，为体育宣传工作提供制度保障

要完善体育宣传工作机制，建立年初有计划，年底有总结，定期研究体育宣传工作的工作制度。重视体育宣传和媒体服务的规范化建设和管理，完善大型综合性赛事的媒体服务，建立突发事件和危机处理预案等规章制度，努力实现体育宣传的科学化管理。加强对体育宣传干部的培训工作，对全国体育系统的宣传干部进行各类培训。

（三）加大宣传经费投入，确保"十二五"体育宣传规划的顺利实施

体育部门要加大对体育宣传工作财力的投入，在经费上予以保障。综合运用经济、行政等手段，将"十二五"体育宣传规划落实到体育部门的年度计划和财政预算中，确保规划目标的实现和体育宣传工作的顺利开展。

乒羽项目发展"十二五"规划

"十二五"是我国全面建设小康社会、深化改革开放、转变经济发展方式的关键时期，也是在体育领域进一步解放思想、与时俱进，继续完善体制机制，推动我国由体育大国向体育强国迈进的重要阶段。为全面落实科学发展观，充分发挥体育在保障和改善民生方面的重要作用，促进乒乓球、羽毛球项目事业全面发展，实现建设体育强国的目标，根据国家体育总局总体部署和"十二五"时期乒、羽项目发展面临的新形势、新任务，制定本规划。

一、"十二五"时期我国乒、羽项目发展面临的机遇与挑战

（一）"十一五"期间工作回顾

"十一五"期间，在党中央、国务院的关怀下，在国家体育总局的领导下，在全国各族各界人民的支持下，我国乒、羽项目在基础建设、竞技体育、全民健身、体育产业、对外交流等方面都取得了巨大成就。

——中国乒乓球队在过去的五年间，顺利完成备战奥运会、亚运会和各项世界大赛任务，在国际赛场上共夺取了 47 枚金牌；中国羽毛球队则夺得"十一五"期间世界级大赛 38 枚金牌中的 30 枚，战绩优异。两支队伍均圆满实现了奥运争光计划。

——完成了第 49 届世乒赛和第十六届亚运会及全国锦标赛等一系列比赛的竞赛组织工作，共举办了 14 项国际羽毛球重要赛事。举办国际比赛的频度明显增高，办赛数量实现了跳跃式增长，高端竞赛市场逐渐走向成熟，积累了备战与组织国际大赛相互促进的经验，中国成为世界上重要的办赛力量。

——以乒乓球、羽毛球作为日常健身形式的人数比"十五"期间增加了五成以上，各项全民健身赛事蓬勃开展。中心加大了对全民健身运动的投入，通过体彩公益金、企业合作等途径，组织开展了一系列业余赛事，项目普及程度越来越高，全民健身热潮已经从一线城市快速向二、三线城市推进。

——中心在"十一五"期间进行的体育产业开发成果显著，两支国家队与长虹、联通、李宁、联邦快递、大众、红牛公司、金一黄金公司、美津浓等一大批形象健康、信誉良好的企业达成了赞助协议，五年间产业开发总额达 6.5 亿元人民币，中心下属的中乒公司与中羽兴公司市场开发工作亦平稳进行，为乒羽各项事业的发展奠定了良好经济基础。

——乒超联赛通过"十一五"期间的摸索与发展，在制度化建设、竞赛管理、俱

乐部管理、商务管理等各项工作都有了长足进步；羽超联赛去年得以重启，尽管面临重重困难，但在锻炼队伍、培养人才、扩大羽毛球项目社会影响力、探索体育产业发展模式方面发挥了一定的作用。

——通过集训、培训、竞赛等活动加强了后备力量的培养工作，形成了一条层次分明，相互衔接的人才生产线；制定了全国教练员岗位培训管理制度和实施细则，初步建立起了中央与地方的互动管理体制；裁判员队伍建设得到进一步加强，圆满完成了奥运会和亚运会等任务。

——体教结合取得阶段性成果，中国乒乓球通州学校已经开始招生，上海体育学院中国乒乓球学院签约筹建，中国羽毛球学校也顺利完成了评估工作，呈良好发展态势。

——以备战2008年奥运会为核心工作的科技团队荣获国家体育总局颁发的科技奥运先进集体，中心撰写的部分文献获得国家科技进步奖。

——国际推广计划得到有效实施，请进来、走出去的力度不断加大。

（二）"十二五"时期乒、羽项目事业发展所面临的形势和任务目标

所面临的形势：

"十二五"时期是我国乒乓球、羽毛球运动发展的重要时期。北京成功举办奥运会后，中国体育的发展迈上了一个新的历史起点。胡锦涛总书记在北京奥运会残奥会总结表彰大会上提出了推动我国从体育大国向体育强国迈进的奋斗目标，为我国体育事业的发展指明了前进的方向。当前，我国社会稳定，经济发展，国家更加重视社会事业发展、完善公共服务体系的战略部署，为体育事业的发展创造了良好的社会条件。广大人民群众对体育的需求更加强烈，体育已经成为广大人民群众日常生活的重要组成部分。乒、羽运动的发展同样面临难得的机遇。

"十二五"时期，举国体制将得到进一步的完善和巩固，为完成新一轮的"奥运争光"计划提供了条件。乒乓球、羽毛球项目作为我国体育界的旗帜，得到党和政府的高度重视和人民群众的喜爱，全民健身事业将继续稳定开展，积极发挥改善民生的作用。社会体育消费需求不断增加，乒、羽项目将以此为契机，以俱乐部联赛为龙头，建立与我国经济社会发展水平相适应的、具有中国特色的产业发展链。

"十二五"期间，中国体育事业发展方向面临着新一轮的调整、充实和提高。乒、羽运动作为中国体育事业的重要组成部分，也同样面临着新的矛盾。体制上的改革阻力重重、运动员文化素质普遍较低、训练的科学化水平还有待提高、后备力量的培养还较为粗放、复合型教练员团队的建设还有待时日、体教结合的探索还任重道远、国际推广还有待进一步深入、体育产业结构还需要调整等，这些都是新时期需要重点解决的问题。

任务目标：

不断提高运动技术实力，继续保持乒、羽项目竞技水平世界领先地位，完成备战2012年奥运会任务；继续积极稳妥地进行无形资产开发，为各项事业的发展提供经济保障；进一步完善后备人才培养体系，教练员、裁判员队伍建设得到加强，规模和质

量有明显提高,为备战 2016 年奥运会打好基础;基本形成体教结合的创新模式,运动员人才结构有明显改善;进一步提高重大比赛组织能力,国际推广取得显著效果,我在国际组织影响力进一步加强;依法行政、依法治体的水平有明显提高;大力发展俱乐部联赛,使之与社会主义市场经济更加融合,发展乒、羽事业的渠道更加多样,社会力量参与的程度更高;增强群众健身意识,以乒乓球、羽毛球作为日常健身形式的人数明显增加,完善全民健身管理机制,初步形成覆盖全国的全民健身服务体系。

(三)"十二五"时期乒、羽事业发展的指导思想和基本原则

指导思想:

以邓小平理论和"三个代表"重要思想为指导,全面贯彻落实科学发展观,以为建设体育强国做贡献为任务,以不断满足人民群众的体育需求为宗旨,深化项目改革,摸索新的发展方式,保持我国在国际乒坛、羽坛的领先地位,全面提高在国际组织的影响力,促进我国乒、羽运动全面协调可持续发展,为全面建设小康社会和构建社会主义和谐社会做出贡献。

基本原则:

坚持围绕党和国家的中心任务,发挥乒、羽项目在提升国家形象、保障和改善民生、探索第三产业良性发展道路等方面的作用。促进经济建设、政治建设、社会建设、文化建设、生态文明建设等,推动中国社会实现跨越式发展。

坚持以人为本,服务群众。把发展全民健身事业、增强国民体质作为"十二五"的重点任务来完成,把满足人民群众不断增长的体育需求作为工作的出发点和落脚点,积极组织乒、羽业余赛事,制定面向大众的相关政策,保障人民群众的身体健康与生活质量。

坚持解放思想、改革创新。继承经多年探索得到的好的认识和做法,改革不再适应新形势的制度与政策,不断探索项目发展与市场经济相适应的规律,努力实现理论创新、科技创新、制度创新,加快产业发展由粗放型向集约型转变。

坚持全面、协调、可持续发展。统筹乒、羽项目在国内各区域的协调发展,建立扎实的人才培养机制,进一步推进体教结合,着力将精品赛事、超级联赛打造成为过硬的体育品牌。

坚持夯实基础、稳步前进。尽快完善乒、羽项目在竞赛、注册、组织、产业、教育等方面的制度建设,保证事业沿着正规、健康的道路发展,不浮躁、不冒进,每一步都走得扎实、安稳,实现和谐发展。

二、以人为本,全面发展全民健身事业

——加大对乒乓球、羽毛球全民健身事业的投入。中国乒协、羽协和省级体育行政管理部门应从政策、经费、机构、器材和人员等方面加大对全民健身事业的投入,并建立奖励激励机制,促进全民健身活动的开展。加大产业开发力度,鼓励对全民健身事业提供捐赠和赞助。

——做好乒乓球、羽毛球全民健身信息、法制建设。加快全民健身信息服务网络

建设，打造全国性全民健身管理平台，充分利用现有杂志报刊，提高全民健身公共信息服务能力。出台全民健身的配套制度和政策，加强依法管理。

——广泛开展全民健身宣传教育。充分利用广播电视、报刊杂志和互联网站等媒体，乒、羽俱乐部和全民健身活动等多种形式，加强有关运动规则、器材等基础知识的宣传和基本技能的培训，促进乒乓球、羽毛球爱好者动作的规范和技术的提高，营造科学文明时尚的运动氛围，在全社会掀起健身热潮。

——打造品牌赛事，办好全国性全民健身竞赛活动。改革办赛模式，淡化锦标，突出重在健康、参与、交流，勤俭办赛，推动乒乓球、羽毛球运动的普及。打造全民健身的品牌赛事，为区域性赛事做样本。同时，把赛事和推进中国乒协、中国羽协的组织建设和会员制建设紧密结合起来。

——继续推行业余运动员技术等级标准。修订和完善相关规定，简化申请审批程序，改革技术等级制度，通过赛事积分更科学地区分业余技术等级，引导爱好者根据积分水平和技术等级进行分级比赛。

——大力扶植地方协会组织建设。构成多层次组织网络，给予开展全民健身活动和进行"会员制"建设组织保障。发挥地方协会的作用，促进其完善组织机构，建立建全长效管理机制，推动全民健身活动和"会员制"建设持续有序进行。

三、巩固和发展乒乓球、羽毛球项目在国际赛场的优势地位，做好竞技体育相关工作

——进一步加强制度建设，完善国家队队委会的管理体制，用科学有效的队风队纪管理队伍；继续加强党建工作，定期召开党支部会议，加强党性教育，组织丰富多彩的民主生活会，深入学习实践科学发展观活动，开展有针对性的思想教育活动和健康有益的文化活动和社会公益活动，充分发挥党支部的核心战斗堡垒作用和共产党员的模范带头作用。

——坚持和完善国家队教练员的竞聘制度，公开、公正、公平选拔承担完成奥运争光计划任务的突击群体；逐步提高教练员的待遇和地位，吸引更多的优秀教练员投身到为国家培养后备人才的队伍中来。

——深化对竞技体育的认识与了解，进一步探寻乒、羽项目的制胜规律，加强对世界乒坛、羽坛发展动向和趋势的情报收集工作。

——坚持技术创新和技术进步，坚持实施科学训练，深入研究和把握项目制胜规律，以创新的精神，推进技战术的不断发展，形成并不断完善先进的训练理念。强化科技保障的作用，适当延长运动员的寿命，做好医务监督工作。

——建立符合本项目实际的复合型国家队管理体制和管理团队，加强训练监控，创立与完善国家队训练评估体系，努力提高国家队的训练和管理科学化水平，不断完善训、科、医紧密结合的国家队管理体制和运行机制。

——坚持竞争机制，增加运动员忧患意识，进一步完善国家队激励机制，形成科学合理的国家队竞争氛围。贯彻"三从一大"训练原则，突出训练的针对性、实战性

和模拟性，重视体能训练对提高运动技术水平的作用。

——坚持以德治队的方针，以运动员为主体，以国家利益为最高目标，以爱国主义为核心，加强励志教育，建设一支政治思想强，战斗作风硬，工作氛围和谐统一的团队。使运动员牢固树立社会主义荣辱观，增强民族自尊心和自豪感。培养运动员无私奉献的精神、坚忍不拔的意志、顽强拼搏的作风。

——加强后备梯队建设。吸引更多的人才参与到国家后备梯队教练员的竞聘当中来，为国家队的发展做贡献。在条件可能的情况下，为梯队运动员创造更多参加国际比赛的锻炼机会。

——打造精品化国际赛事。成功举办一系列高水平国际大赛，是巩固我国体育强国地位的要求，有利于乒乓球、羽毛球运动在境内外的推广和发展。"十二五"期间，乒乓球方面有苏州中国乒乓球公开赛、欧亚对抗赛、中国世界挑战赛等国际比赛，羽毛球方面有亚洲锦标赛、苏迪曼杯世界羽毛球混合团体锦标赛、中国羽毛球大师赛、中国羽毛球公开赛等赛事在中国举办。充分利用主场办赛的天时地利人和，为我们的队员高水平发挥，赢取奥运积分做好竞赛保障。

——继续有计划地申办国际赛事。在对我国家队备战有利，地方有承办积极性，办赛集资有保障的前提下，根据奥运争光计划的需要，有步骤、有计划地继续申办国际赛事。但在地方申办重大国际比赛时，要有战略布局，政策引导，有所为有所不为，避免一哄而上，无序竞争。

——把全国锦标赛打造成国内精品赛事。按照国际化标准，借鉴以往举办国际赛事的经验，注重比赛办法、赛场包装、赛事管理，全面与国际接轨，打造国内比赛的精品赛事。科学设计比赛方法和比赛日程，使比赛的选手水平更加接近，争夺激烈，使得年轻选手有更多的锻炼机会。规范比赛场地管理，比赛的运转高效，赛场美观，流动有序。完善计时计分系统，增加竞赛展示，注重赛场包装，营造节日氛围，做细环境设计，加强市场开发工作。

——全国城市运动会坚持以培养后备人才为重点。以青少年参赛为主要对象，引导参赛城市更快地发展乒乓球、羽毛球运动，充分调动和鼓励全国重点布局单位培养高水平体育人才的积极性。

——通过举办大赛，逐步形成中心城市布局，带动辐射周边地区体育发展。在"十一五"的基础上，通过有计划地举办大型乒乓球、羽毛球赛事，逐步形成项目发展中心城市，并通过这些中心城市的带动，更有力地辐射周边区域，带动这些区域全民健身运动的快速发展。

——创新办赛理念，培养懂得适应时代发展的新的赛事运行模式的竞赛管理人员队伍，提高办赛水平。加强对现有不同层级的竞赛管理人员进行培训，建立竞赛团队和竞赛展示团队，逐步建成具有中国特色的、适应市场要求的政府主导、社会自治、形式多样的竞赛管理体制。

——积极参与世界乒联、世界羽联赛事政策和竞赛规程的制定。在新的形势下，不应仅满足于办赛数量的增长，而是应该积极地、全方位地介入国际竞赛管理事务。

这是中国在世界乒坛、羽坛变革中争取主动，引导世界乒、羽运动发展潮流的根本利益需求，也是落实奥运争光计划这一核心任务的组织保障措施之一。

四、积极稳妥发展体育产业，逐步建立有中国特色的俱乐部联赛体系

——转变办赛理念。联赛作为市场化比赛，要更多地依靠商业性和市场化的办赛理念指导联赛建设。

——转变办赛内容。改变单一的对竞赛工作的管理，挖掘和扩充对联赛商业开发内容、宣传推广内容、俱乐部建设内容等方面的管理工作。

——转变办赛方式和手段。改变单一的行政手段，充分利用市场化元素和商业元素，依靠经济手段办赛。

——转变办赛目的。除体现运动员价值，还在于协调和发展联赛主办方、参赛俱乐部、赞助商、新闻媒体等各方参与者之间的关系和利益，提升联赛的整体品牌价值，把联赛打造成优秀的国内外品牌职业赛事，以联赛促进中国体育产业开发，促进中国乒乓球、羽毛球运动的发展和在国内外的影响力。

——建立相对独立的联赛经营团队。侧重对联赛和俱乐部的管理，注重提高联赛的品牌影响力。中心主要进行全局性的战略发展研究、策划和监督工作，在联赛的赞助商管理、宣传推广、赛场运作及联赛财务管理等具体方面，寻求与社会力量的合作，成立专业机构，分工合作进行。

——继续做好竞赛管理工作。建立科学的赛制、赛程和比赛办法。赛制上建立科学规范的升降级机制；赛程上明确阶段性和目的性，做到层次清晰，主次分明；比赛办法做到更加灵活，兼顾锻炼运动员和提高观赏性的目的，在符合赛事规则基础上，适当为比赛增加亮点。

——积极探索规范、高效的商务管理模式。建立和完善联赛品牌标识和产品，完善知识产权系统；充分利用冠名、战略合作伙伴、供应商等多种合作形式，依托联赛整体品牌，整合资源，深化招商合作程度。

——监督并指导俱乐部建设与管理工作。制定规范的俱乐部建设标准、俱乐部准入制度，并出台相应的评估体系；制定新的运动员注册、交流实施办法，理顺俱乐部与运动员的劳资关系；促进俱乐部可持续发展，明确发展的方向；科学控制运动员薪酬，保证联赛良性和健康运营。

——进一步重视联赛裁判员管理工作。结合联赛需求，制定合理的裁判选派标准，加强对裁判员思想教育、业务水平的培训，根据联赛发展情况，相应提高联赛裁判的执裁薪酬，逐步建立一支服务于联赛的的优秀裁判队伍。

——把防止假赌黑侵蚀联赛作为常抓不懈的重要工作。从思想和制度两个方面入手，继续强调反腐倡廉和赛风赛纪建设重要性，同时与相关职能部门联手，研究措施，健全制度，加强监管，设立防止假赌黑的高压线。

——高度重视联赛的宣传推广工作。培养多层次的电视转播新闻报道系统，探讨出一套适合联赛发展的、合理完善的电视转播运作方法；丰富宣传方式和宣传手段，

增强娱乐化和互动性；建立统一标准的体育展示系统，提升赛场包装水平和比赛流程的精彩性，简化操作步骤，节省人力资源，提高联赛工作效率。

五、加大科教兴体力度，加强人才队伍建设，严抓赛风赛纪

（一）加强教练员队伍建设工作

——加强教练队伍的政治思想教育和管理，坚持祖国利益高于一切的信念教育，发扬爱国主义、集体主义和无私奉献的精神，去除拜金主义对教练员队伍的不良影响，不断提高教练员队伍的思想素质和理论素质。

——充分发挥教练委员会的作用。在聘用国家队教练员时，坚持经过由教练委员会审核、推荐的民主程序，确定国家队教练员的人选。

——分层次、分级别对全国各级别的教练员进行培训。重视教练员培训工作，全面提升各级教练员的业务水平，搭建地方队和国家队业务交流的平台。继续采取派遣优秀中青年教练员出国进修，给他们创造接触国外现代科学技术和训练理论的机会。

——加大教练员学历教育的力度。对在职教练员进行学历教育为主，选拔具有较高学历和运动经历的运动训练专业人员充实到教练员队伍，切实疏通优秀的高学历知识人才进入运动队的渠道，加快"经验型"向"知识型"教练员过渡的进程。

——加强科研与训练结合的能力。加强对现职教练员科学文化知识的传授，掌握常用的科学训练的评价方法。最大限度地与科研人员进行配合，不断引进新的科学知识。加大科研教练培养的力度，提高科学化训练水平。

——坚持教练员考核制度。从思想作风、职业道德、敬业精神、业务水平、管理能力等方面，对教练员进行全方位考核。

——提倡教练员人才流动。制定教练员注册和流动的政策法规，建立注册教练员在国内外有序流动的制度。

（二）加强裁判员队伍管理工作

——定期组织裁判员培训班，各类赛事前对当值裁判进行临场培训，切实提高裁判员思想政治水平、业务能力水平。

——在各类比赛期间，重视对裁判的评定和选派工作，制定严格的裁判员纪律规定，继续实行"零错误上岗"制度。

——严格把关裁判员考试与注册工作，确保裁判员队伍较高的业务水平与执裁能力。

——不断提高裁判队伍语言能力和执法水平，创造条件，更多地参与国际赛事的执法，与世界进行更多的沟通交流，了解国际最新的规则变化动向，逐步培养出一支业务强、语言过关的国际化裁判队伍，在中国乒、羽运动所走的国际化道路上发挥更大的作用。

（三）加强打击虚假年龄及反兴奋剂工作

——加大力度打击青少年比赛中运动员在年龄上弄虚作假的不正之风。进行力度更大的骨龄检测，完善骨龄检测的办法以及处罚办法，净化竞赛环境，根除弄虚作假的不良风气，培养名符其实的竞技后备人才。

——继续贯彻执行国际乒联、国际羽联和国家体育总局反兴奋剂工作的部署和要求，明确运动员、教练员、领队、队医等在反兴奋工作中的责任，并经层层部署将责任落实到人。有计划、有组织安排运动员学习、考试和宣誓，确保中国运动员不发生兴奋剂问题。

六、做好学校、基地工作，完善后备人才培养体系

（一）学校、基地建设工作

——做好中国乒乓球学校、中国乒乓球学院、中国羽毛球学校等的运营工作。充分发挥项目资源优势和当地的优质教育资源，在培养学生从事乒乓球、羽毛球训练的同时，完成应该完成的义务教育。

——调动社会从事体教结合的积极性，鼓励企业办乒乓球、羽毛球学校。通过竞赛杠杆的作用，促进运动员的文化学习。协调相关部门，形成多渠道、多元化体教结合的局面。

——做好基地的协议签署、挂牌审核以及布局指导工作，定期进行评估检查，不合格的基地及时予以摘牌。

（二）后备人才培养工作

——多渠道开发运动人才的培养模式，拓宽人才培养空间，避免训练的高淘汰、文化教育的低水平、运动员的窄出路给乒乓球、羽毛球的发展带来的制约，在更高层次上发展竞技运动，真正走上科学发展之路。

——充分发挥竞赛杠杆的作用，充分调动各地方、各有关方面的积极性。继续整合以培养竞技运动后备人才为目的的竞赛工作，通过不同年龄段层层分级比赛，形成人才的生产线链。

——充分发挥运动员技术等级评定政策杠杆的作用，根据目前实际操作中遇到的问题，结合其它项目的评定标准，与总局密切协调，从实际出发，调整现有的运动员技术等级评定标准，使其更适合新形势、新发展的需要，调动青少年的积极性。

——贯彻落实《关于进一步加强运动员文化教育和运动员保障工作的指导意见》的有关各项政策。提高运动员的基础文化教育水平和质量，加强运动员在役期间的文化教育工作，加大青少年比赛中文化测试的范围和难度，提高运动员文化素质，为完成体教结合的战略任务创造条件。

七、全面加强外事工作，提高乒羽项目在国际体育组织中的影响力和话语权

（一）国际组织任职任工作

——中国乒协需继续保持和提高自身在国际组织的地位。在未来5年，应保证协会继续在国际乒联和亚乒联盟核心领导机构中任职。目前在国际乒联小组委员会工作的中青年干部也应通过努力，在国际组织中进一步提高职位，争取在5年后能担任技术等重要委员会的主席职务。应利用中国乒协主席蔡振华先生目前担任亚乒联盟主席

的有利条件，积极参与亚乒联盟事务，广交朋友，在国际乒乓界赢取与我有利的局面。

——中国羽协需加强对羽协外事干部的培养，以增强我在羽毛球国际组织中的力量。在未来5年里，应继续培养人才进入世界羽联工作，争取有人提升到执委级别。现有在亚羽联任职4人，应更积极地参与亚羽联事务，提高影响力，为今后争取更多国际组织任职储备人才打下基础。

（二）国际推广工作

——充分发挥乒乓球基地、培训中心和各省市乒乓球训练的资源优势，树立中国形象。为国际青少年提供培训进修和学习的机会。分层次、分水平、有计划地组织国际青少年乒乓球训练营，争取国际乒联的经费支持，进行青少年间的国际交流。

——利用国家政策资金和自主投入，从物质上支援第三世界国家，做好器材援助工作。

——派遣更多的教练员开展援外活动，提高援外教练员的待遇，调动国内教练员从事授外工作的积极性。

——有计划、有目的地派遣运动员出国打球，传播中国文化，互相促进，共同提高。吸引世界更多的优秀运动员前来参赛和训练，形成中国乒乓球、羽毛球运动的国际化市场，使中国品牌更有价值，中国运动员得到更高水平的锻炼机会。

——在更多领域与国际乒联、国际羽联、欧乒联盟、亚洲羽联等国际、洲际组织展开合作，进行乒、羽运动世界范围内的市场运作、产业开发、训练培训等。通过在国际组织任职，更多地参与国际事务，增加在国际事务中的话语权，在引领世界乒乓球、羽毛球运动潮流上发挥更大作用。

八、加强领导，完善基础保障工作，落实"十二五"期间各项任务完成

——进一步做好制度建设。补充和完善中心各项规章制度，使其更加科学、合理、规范。在"十二五"期间，重新编印乒羽中心工作手册。

——进一步加强法制建设。进一步规范中心依法行政的意识和能力，加强对"依法行政、依法治体"的宣传和教育，树立社会主义法制理念，强化依法治体意识，增强依法行政的自觉性，提高运用法律手段解决体育实际问题的能力；进一步加强中心合同的管理工作，做好中心法律顾问的聘任工作。

——进一步深化人事制度改革和政审工作。做好"十二五"期间中心招聘工作，中心的机构岗位第二次设置、实施及入岗工作。进一步规范对中心各类福利待遇、津贴、补贴的发放和管理工作，做好每年的年终考核及述评工作。积极配合总局职能部门，做好"十二五"期间总局系统的政审检查工作。进一步梳理和理顺中心政审工作流程，制定规范的办理程序，加强对中心中层干部因私证件的管理工作。

——进一步增强财务工作的责任感和紧迫感。积极探索提升经费保障水平的新措施新机制。抢抓体育朝阳产业发展机遇，破除消极意识，解放思想，开拓思路，使现有资金能够最大限度的保值增值。做好中心各项经费保障工作，满足乒乓球、羽毛球事业发展需求；开展资金监督检查，保障经费安全运行；抓好制度建设，增强财务工

作的有序发展。

——进一步重视新闻宣传工作，继续发挥新闻宣传领导小组的作用，加大对宣传工作经费上的投入，提高工作人员业务水平，坚持并规范国家队的媒体开放日、公开训练课，健全新闻发布会及新闻发言人制度，完善突发事件和危机处理方案。继续加强与两个新闻委员会的合作，充分发挥组织的影响带动作用，将两个杂志做好、做精。完善官方网站建设，重视新媒体的利用，构筑网络媒体舆论阵地和宣传平台。

——对中心工作人员的学习、培训工作常抓不懈。完善学习制度、制定学习计划，以创建学习型基层党组织为目标，注重加强思想政治学习和业务培训工作，全面提高全体干部职工理论水平和业务技能；结合多种方式引导全体人员，特别是年轻干部树立正确的世界观、人生观及工作理念；做好中层干部的党校轮训工作，以人才培养为核心，进一步提高中心人员的综合素质，积极吸收政治素养高、工作表现好的青年干部加入党组织，增加中心党支部建设厚度。

——加大乒、羽项目文化体系建设力度，增强乒、羽项目的软实力。通过总结、归纳项目发展过程中出现的"口号"、"警句"、"格言"，与正定基地合作筹建乒乓博物馆，编撰乒乓史，制作乒乓动漫等形式，形成时代特色鲜明、能突出反映项目发展特点的"文化"内涵和精神。

——推进中心信息化建设进程。充分认识信息化建设对体育发展的作用，进一步整合中心信息资源，拓宽采集渠道，加强信息服务，推进中心信息的建设，完善中心网络信息平台，实现中心信息资源共享；按照总局要求，逐步推进中心政务公开信息化建设；加强对体育赛事信息管理系统开发和利用，加强对中心对外门户网站的监管力度。

——统筹安排好中心政府采购、档案管理、工青妇团、老干部工作等，将中心各项工作科学纳入"十二五"规划日程，保证工作运行有条不紊、合理有序，为乒、羽运动的全面、协调、可持续发展提供充分的后方保障。

——对本规划的实施进行监督和管理。各部门要认真执行各自的"十二五"规划，健全规划实施的监管机制，采取切实有效的措施，确保落实、保障和推进乒羽中心"十二五"规划的顺利实施。

航空科技体育事业产业"十二五"发展规划

"十二五"时期是我国社会实现科学发展、和谐发展、包容发展的关键5年，也是建设体育强国，推进航空、科技体育事业、产业实现新发展、新跨越的重要阶段。为了全面落实科学发展观，促进航空、科技体育事业、产业全面协调可持续发展，做好"十二五"期间的各项工作，更好地为建设体育强国服务，特制定本规划。

一、"十一五"时期航空、科技体育发展的主要成绩和存在的问题

（一）"十一五"时期航空、科技体育事业成就辉煌

在国家各项体育和航空方针、政策的指导下，在国家体育总局的正确领导下，航电模中心完善行业管理规定，树立行业管理权威，改善行业发展环境，保护资源，开拓创新，进一步做大、做强、做活、做精项目，逐步将项目推上了科学发展的轨道。抓住2008年北京奥运会的重大历史契机，加强各项基础设施建设，推动项目普及与提高，使航空、科技体育的发展站在一个新的历史起点。

经过不断探索和实践，社会化和大众化成为航空、科技体育发展的主流，民间俱乐部方兴未艾。目前，全国航空运动学校和各类航空体育俱乐部共拥有运五飞机和直升机、滑翔机及其他轻小型飞机200余架，热气球400多具，动力悬挂近300架，滑翔伞、动力伞几千具，航空模型飞机上万架，参与人数近百万。航空体育成为我国通用航空领域不可或缺的重要组成部分。定向越野、无线电测向、航空模型、航天模型、航海模型、车辆模型、建筑模型、模拟运动等项目，受到广大群众、尤其是青少年的喜爱，有些项目已列入学校的教学课程。

我国航空、科技体育健儿在一系列重大国际比赛中取得优异成绩，为国争光。传统优势项目飞机跳伞、航空模型、航海模型继续保持国际领先水平，非传统优势项目取得重大突破。2008年，我国热气球飞行员在日本佐贺第24届太平洋杯赛中荣获亚军，创造了历史最好成绩；2009年，我国选手张淑鹏获得第五届滑翔伞定点世界锦标赛个人定点世界冠军，实现了滑翔伞世界冠军零的突破。

航空、科技体育市场不断拓展，无形资产价值得到提升。特别是2009年，中国航空运动协会成功举办了我国历史上规模最大、规格最高、项目最全的航空体育盛会——中国国际航空体育节暨第二届全国航空运动会。航空体育同社会结合，国内外资源互补，探索出一条航空体育无形资产与地方有形资产成功对接的道路。在短短几个月内山东莱芜建成了世界级的航空体育飞行基地，受到了社会各界的广泛关注，

赢得国内外业内人士的广泛好评。

在国家空管委的正确领导下，我国低空空域管理改革取得突破性进展。国务院、中央军委关于低空空域管理改革的指导意见，确定了我国低空空域的分类和具体实施步骤。为了配合低空空域管理改革，维护空中秩序，保证飞行安全，在空管委大力支持下，我们进行了低空轻小型航空器飞行动态监视设备试验飞行。经过性能对比，筛选出适合低空监视管理系统的几类产品，已经列入国家"十二五"体育空管建设项目。

（二）存在的主要矛盾和问题

尽管"十一五"期间我国航空、科技体育事业、产业都取得了巨大成就，但仍然面临着一些亟待解决的突出矛盾和问题：

1. 基础设施落后在某种程度上制约了航空、科技体育事业的普及和提高

航空、科技体育项目涉及多个知识领域，专业性很强，项目运动水平的提高，依赖于专业器材、设备、场地等基础设施的不断完备，而目前基础建设尚处于滞后状态；各地航校均面临着飞机超期服役、机场被城市规划占用、航空燃料供应紧张、经费短缺等诸多问题，航校发展困难重重。

2. 高水平运动队伍后继乏人

自航空、科技体育项目被调整出全运会设项后，很多省市撤消了飞机跳伞、无线电测向、航空模型、航海模型等非奥运项目专业队，专业技术人员流失严重，后备力量严重不足。

3. 管理理念、机制体制、政策法规相对滞后

在新形势下，现有的管理理念、机制体制、政策法规不能及时准确地做出反应和调整，各级管理体制及多数项目的准入标准等尚未建立和健全，难以实现对项目的分类指导、逐级管理；行业管理力度不够，管理威信不高；协会管理体制不够健全；专业化、整体化、创新型的宣传模式尚未完全形成，项目社会认知度不高；人才培养选拔体系及激励机制也有待进一步完善，严重缺乏既懂专业又懂经营的复合型人才。

4. 航空体育管理职能交叉和政策缺位，使项目发展受到严重制约。因为航空体育既是体育的一部分，也是通用航空的重要组成部分，所以必须同时接受国家体育主管部门和航空主管部门的双重行业指导。但由于民用航空主管部门关于通用航空运营单位资质、飞行员执照、飞行场地标准，航空器适航管理要求过严，不适应航空体育的特点和发展需求，成为影响广大民众参与航空体育的主要政策性障碍。

5. 主要面向青少年开展的航空模型、航海模型、车辆模型、建筑模型、业余无线电、定向等科技体育项目，虽然形成了传统，但普及工作基础较差。辅导教师、教材、教具、教授方式等均未形成专业化、制度化的组织和标准化的推广，使普及工作的效率不高，难以满足广大学校、学生对科技体育项目的需求，制约着科技体育项目发展的规模和速度；未建立起科学完备的社会网络体系和单位之间的联动机制。

二、形势分析

未来 5 至 10 年，我国仍将处在经济社会发展的重要战略机遇期，社会主义现代

化和建设体育强国步伐加快，航空事业、产业将呈现快速增长和多元化发展趋势，航空、科技体育事业、产业发展面临千载难逢的机遇。

（一）政府重视，为体育事业、产业的发展提供了强大的精神支持

胡锦涛总书记在北京奥运会、残奥会总结表彰大会上充分肯定了体育在提高全社会文明素质、激发全民族文化创造力、提高国家文化软实力、丰富社会文化生活、改善人民群众精神风貌方面的重要作用，提出了进一步推动我国由体育大国向体育强国迈进的奋斗目标，这为今后体育工作的发展指明了方向。

北京奥运会的成功举办，增强了人们的体育意识和参与热情，使中国体育事业的全面发展站在了一个新的历史起点上，奥运项目与非奥运项目协调发展，营造了浓郁的社会体育氛围，进一步夯实了中国体育发展的社会基础。中共中央、国务院《关于加强青少年体育增强青少年体质的意见》和国务院《全民健身条例》的出台、"全国亿万青少年学生阳光体育运动"的启动、"全民健身日"的设立等，都为航空、科技体育事业、产业全面、协调、可持续发展提供了良好的历史性机遇。

（二）国家发展战略为航空、科技体育事业、产业创造了新的发展条件

国务院、中央军委批准了低空空域管理改革方案，积极推进低空空域开放的步伐；国家加紧制定《中华人民共和国航空法》，鼓励单位和个人购买航空器开展航空体育运动；中国民航局制定加快通用航空发展的政策等，将为航空体育事业、产业发展创造更加宽松的有利条件。

国家航空工业的发展、科技的进步是航空、科技体育发展的重要保障。在增强自主创新能力成为国家重要发展战略、提高青少年综合素质被摆上国家教育工作重要议事日程的今天，集科普、健身、创新、竞技、娱乐为一体的航空、科技体育将受到各级政府和社会的进一步重视。

（三）国家经济发展、人民生活水平不断提高，为航空体育事业、产业的发展创造了良好的市场条件

当今中国经济发展、社会和谐、人民群众生活水平不断提高，参与体育、投入体育、享受体育成为人们提高生活质量的内在需求，为航空、科技体育事业、产业发展提供了前所未有的物质基础和良好的社会环境。消费结构升级和休闲时代的到来，为我国航空、科技体育事业、产业发展开辟广阔空间。

（四）财政供应体制由经济建设型向公共财政型转变，为发展航空、科技体育事业、产业提供了强大的物质保证

我国综合国力明显提高，财政投入高速增长，国家对社会公共服务事业发展的支持力度不断加大，将为体育机场、设备、空管等设施建设提供强有力的支持，同时也为发展航空、科技体育事业、产业提供物质保障。

三、指导思想和基本原则

（一）"十二五"期间，航空、科技体育事业、产业发展的指导思想

以邓小平理论和"三个代表"重要思想为指导，以科学发展观统领航空、科技体

育事业、产业发展全局,贯彻《中共中央国务院关于进一步加强和改进新时期体育工作的意见》和《全民健身条例》精神,以满足群众日益增长的航空、科技体育文化需求为出发点,解放思想、转变观念、求真务实、锐意创新,以贴近大众、贴近政府、贴近企业、贴近媒体为宗旨,进一步拓展项目发展优势,努力实现新跨越,积极开创航空、科技体育事业、产业发展新局面,为建设有中国特色社会主义体育强国做贡献。

(二)"十二五"期间,航空、科技体育事业、产业发展应坚持的基本原则

1. 坚持安全第一,预防为主原则。安全是航空、科技体育事业、产业发展的生命线。要继续深化安全责任意识,强化安全主体责任制、监管责任制、岗位责任制和领导责任制;要开展航空法规教育,完善监管设施,维护国家安全和社会公众安全。

2. 坚持科学发展原则。从实际出发,认真遵循航空、科技体育发展规律,大力发展传统优势项目,精心培育新兴项目,促进航空、科技体育事业、产业在法制化、规范化的轨道上全面、协调、可持续发展。

3. 坚持航空、科技体育资源利用最大化原则。充分发挥全国现有资源的作用,挖掘项目的自身潜力,努力实现资源增值,促进航空、科技体育事业、产业蓬勃发展。

4. 坚持社会效益与经济效益并重,社会效益优先的原则。以满足大众需求、改善服务为重点,大力发展公益性航空、科技体育事业;以面向市场、增强活力为重点,大力发展经营性航空、科技体育产业。坚持一手抓公益,一手抓经营,两手并重,力争两个效益双赢,为项目发展提供必要的生长空间和物质积累。

(三)"十二五"期间,航空、科技体育事业、产业发展应统筹处理好的关系

1. 发展与规范的关系。坚持以发展为纲,坚定不移地坚持"发展是硬道理"的战略思想,坚持走科学发展的道路,努力做到又好又快的发展。要进一步建立规范、健全的管理体制,尽快建立和完善行业标准,使航空、科技体育的发展有章可循,保证航空、科技体育事业、产业健康、有序发展。

2. 当前与长远的关系。立足当前,放眼长远。科学制定有利于项目长远发展的战略规划,树立可持续发展的观念,避免"竭泽而渔"、急功近利的做法。着眼当前,就是根据现有的人力、物力和技术水平,在现有政策的支持下,根据行业规范和准则,积极开展各项航空、科技体育项目。把远期目标和短期目标相结合,以远期发展战略为导向,开展好当前的各项航空、科技体育工作,为长远发展奠定基础。把航空、科技体育事业、产业作为一项系统工程,统一部署,循序渐进。

3. 稳定与改革的关系。稳定是事业发展的基础,改革是事业发展的动力。自觉树立符合体育事业发展规律的思想,学习符合时代要求的工作理念、模式和方法,用创造性的思维去解决发展中出现的新问题。发展离不开稳定,要以稳定为先,在稳定中谋发展,在积累中求创新,积极稳妥地解决改革过程中所反映出的矛盾,保障事业稳步向前推进。

4. 全局与局部的关系。航空体育必须从实际出发,因地制宜,因需制宜,按照国家的方针政策考虑不同地区经济、社会、文化发展水平的不平衡性,做好区域航空、科技体育工作。同时要注重发挥各地区之间的协同作用,使各地区相互促进、相互补

充,提高资源利用效率,推动整个航空、科技体育事业、产业的协调发展。

5. 普及与提高的关系。统筹规划,协调发展,共同提高。运动项目的发展建立在广泛参与的基础上,层层选拔、推陈出新,促进竞技水平的提高;以优异的运动成绩扩大项目影响力,吸引广大人民群众,特别是青少年参与。

四、总体目标和主要任务

(一)"十二五"期间,航空、科技体育事业、产业发展的总体目标

根据科学发展观和建设体育强国的要求,走全面、协调、可持续发展道路,把航空、科技体育事业、产业推上一个新的发展水平。

(二)"十二五"期间,航空、科技体育的主要任务

1. 以人为本,普及航空、科技体育

努力实现航空、科技体育的社会化、大众化。将科技体育作为加强素质教育,培养创新型、实践型人才的重要手段,促进科技体育项目与体育课、科技课、劳技课(通用技术课)、学校运动会等的全面结合。在全国布局 10~15 个航空、科技体育训练基地或主题公园。在经济较发达地区的小学、部分中学、大学内广泛开展航空科技体育,力争参与学校数占该地区学校总数的 1/5,参与学生人数达到参与学校学生总人数的 20% 以上。要本着亲民、利民、便民的原则,让更多的群众参与航空、科技体育,锻炼身体,获得新知,享受快乐。

2. 努力提高竞技水平,为国争光

努力提高竞技水平和综合竞争力,在国际比赛中取得优异成绩。跳伞、滑翔伞、航空模型、航海模型等项目要继续保持世界领先地位,再创佳绩;定向、热气球、动力伞要继续保持亚洲领先地位,力争在世界大赛中有所突破;直升机、轻型飞机、超轻型飞机、滑翔机要办好国内比赛,在规则、规程上要同国际接轨,缩短参加国际大赛的进程。

3. 优化赛事升级,着力培育一批具有国际影响力的体育品牌赛事。进一步加强自主品牌赛事的培育,多渠道扩大赛事资源,把"一节两会"(国际航空体育节、全国航空运动会、全国科技体育传统校运动会)打造成全国乃至世界知名品牌。

4. 按照国家空管委《全国空管系统"十二五"建设规划》,配合全国低空空域管理改革配套工程,认真完成"体育航空低空飞行管理工程"。要统一规划,认真布局飞行监视管理网络,建好飞行地面监视站和车载机动式低空飞行监视管理平台。进一步认真研究低空飞行监视新技术,借鉴国外低空空域管理的先进模式,组织力量进行相关课题研究,制定相应规章和标准。

5. 发展航空、科技体育产业,以产业促进航空、科技体育事业

整合现有 18 个航校资源,规范经营管理,建设以航空体育为主,辐射工业、农业、林业、电力、救灾抢险、旅游、航拍等行业的综合服务体系,形成全国航空体育产业链,争取成为民航局 5~7 家具有集约规模的通用航空骨干企业之一,着力解决好航校的生存和发展问题。

6. 完善法规标准化建设，树立管理权威

加强法规建设，恢复和构建全国管理网络，基本形成政府监管、行业指导、市场化运作、全国一体的运行管理和服务保障体系。推动制定和完善支持航空、科技体育事业、产业发展的政策，重视保障，夯实基础，确保航空、科技体育事业、产业安全、健康、有序发展。

7. 建设一支高水平的人才队伍，为发展提供智力支持

提高领导水平和执政能力；培养一批高水平的教练员、运动员、裁判员、机务人员；培养一批懂业务、有责任心、有思想、勤谋事、具有国际视野的管理精英，为航空、科技体育事业、产业发展提供坚实的人才保证和智力支持。

8. 加强舆论宣传，提升国际影响力

加强对外、对内的交流与合作，增强中国航空运动协会在国际组织中的话语权，坚持正确的舆论导向，深入挖掘航空、科技体育的文化内涵，扩大项目的公众认知度和影响力。

五、发展措施

"十二五"规划是促进我国航空、科技体育跨越式发展的重要规划，必须加大扶持力度，突出宏观统筹，健全实施措施，完善管理制度，确保目标和任务的完成。

（一）加强指导，推进创新，推动航空、科技体育运动普及和提高

加强对航空、科技体育运动的组织和指导，推动航空、科技体育项目普及。建立和发展爱好者网络，增进爱好者间的交流，提高爱好者欣赏和参与水平，使其充分感受航空、科技体育的魅力；以航校、俱乐部、学校、青少年宫、科技馆（站）、社区为依托，开展航空、科技体育知识普及教育，通过全方位宣传，吸引更多潜在人群参与，进一步增强航空、科技体育项目的感染力和社会影响力。

支持、引导、规范航校和各类航空体育俱乐部健康有序发展，推动航空体育项目普及。充分利用航校、航空俱乐部资源，通过组织培训、表演、竞赛、交流等提高项目普及程度，发展爱好者群体；通过尝试在校园开展模拟飞行项目，使青少年在高仿真环境中进行飞机驾驶技能训练，为以后真实飞行奠定基础，为国家储备航空人才。

积极推进项目的改革和创新，推动科技体育项目普及。抓住全面贯彻《全民健身条例》的契机，开拓思路，大胆创新，针对不同地区、不同人群特点，策划项目普及推广方案，力争把项目纳入地方政府的全民健身实施计划。紧密结合《国家中长期教育改革和发展规划纲要》，以提高青少年素质教育、协助高校自主招生、促进学生就业为出口，加快青少年科技体育俱乐部和户外营地的建设工作。配合教育部、团中央开展全国"亿万青少年阳光体育运动"，大力推进"科技体育进校园"活动，将定向越野、无线电测向、航空模型等项目大力推进学校体育课堂，将航海模型、建筑模型、车辆模型、模拟运动等运动项目全面纳入校外活动范围。以增强学生体质为主体，融知识性、创新性、趣味性为一体，组织编写有关项目的科普读物。结合学生特点、师资水平、场地条件，研发易掌握、促动脑、趣味强、成本低、质量好的科技体育器材。

努力构建学校、家庭和社区三位一体的青少年科技体育竞赛活动网络。

（二）不断提高竞技体育水平，加强后备人才的培养

改革、完善航空、科技体育国家队的选拔和训练体制，积极探索新形势下非奥运项目高水平运动队的建设。充分调动地方、解放军和高校办高水平运动队的积极性，鼓励有条件的航校和俱乐部承担国家队的训练任务。探索和建立非奥运项目的新型管理和训练模式，密切关注和分析世界航空、科技体育项目竞技技术发展的动向和趋势。重视对国内、国际先进训练经验的总结、整理和借鉴。重视后备人才培养的工作，努力改善后备人才的训练设施和师资等方面的条件，鼓励社会力量培养后备人才，拓宽培养渠道。

（三）重组项目资源，着力培育一批具有国际影响力的体育品牌赛事

改变航空、科技体育项目竞赛"小而散"的状况，整合现有赛事，着力打造具有影响力、感召力、轰动效应的"品牌"赛事，扩大影响，制造声势，强化、提高大众对航空、科技体育的认知度。专业策划、包装、推介"一节二会"，即打造国际航空体育节、全国航空运动会、全国科技体育传统校运动会，逐步建立单项赛事与综合赛事相互促进、良性发展的品牌赛事结构，实现无形资产价值有效提升，增强市场生存与竞争能力。大力发展中介组织和长期战略合作伙伴，培养一支高素质的航空、科技体育经纪人队伍。

1. 举办中国国际航空体育节，通过航空表演、展销、互动、体验、竞赛、论坛六位一体的形式，以精彩、轰动的震撼力，传播航空体育文化，彰显航空体育魅力。中国国际航空体育节采用固定一个城市举办的方式，有利于与政府共同打造航空体育特色城市，促进地方政府承办综合赛事的积极性，推进赛事品牌与城市品牌共同发展。

2. 把全国航空运动会打造成航空体育行业的高水平赛事。把全国科技体育传统校运动会打造成集设计、制作、竞赛三位一体的全方位综合型赛事，使之成为广大青少年增长知识、交流技艺、增进友谊的嘉年华。这两大赛事采用地方申办的模式，有计划、有目的地推动各地航空、科技体育的发展，促进当地社会、经济建设。

3. 进一步加强自主品牌赛事的培育，多渠道挖掘赛事资源，策划、包装、推介为社会、经济建设服务和适合不同年龄结构人群的新型赛事和活动。进一步搞好"我爱祖国海疆"、"飞向北京"、"驾驭未来"、校园阳光定向、校园阳光测向等特色赛事活动，搭建科技体育传统校竞赛活动平台，促进全民健身活动和青少年素质的全面发展。

（四）发展航空、科技体育产业，培育和拓展航空、科技体育市场

1. 努力构建通用航空产业链

通用航空是指使用民用航空器从事公共航空运输以外的民用航空活动，包括从事工业、农业、林业、渔业、矿业和建筑业的作业飞行以及医疗卫生、抢险救灾、气象监测、科学实验、教育培训、文化体育等方面的飞行活动。

根据民航局有关加快通用航空改革发展的指导意见，进一步加强中国航协在全国的业务指导和管理职能，增强行业服务功能。整合现有 18 家航校资源，构建通用航空运营基地，筹建集约型通用航空公司，吸收外部资源，规范经营体系，丰富经营项

目,扩大经营规模,提升综合实力。发挥航空体育开展几十年来所形成的庞大的物质、人才和无形资产资源优势,开展通用航空飞行员培训业务。构建产业链,形成以航空体育产业训练基地为主,辐射农业、林业、电力、抢险救灾、旅游、航拍等综合服务体系,在2020年前实现体育系统的通用航空企业集约化,力争成为民航5-7家具有集约规模的通用航空骨干企业之一,为航空体育的全面、协调、可持续发展开拓广阔的空间,奠定坚实的物质基础。

2. 在全国选择经济发达、气候、地形等适合航空、科技体育项目发展的城市,与地方政府合作建设航空体育训练基地和科技体育主题公园,使航空、科技体育融入当地的经济、旅游、教育、文化,为当地经济建设、精神文明及和谐社会建设服务,真正实现"体育不仅仅是一种身体运动,更成为一种教育手段、一种精神载体、一种产业和一项事业"。

3. 打造航空、科技体育器材博览会平台,形成集航空器的生产、展示、销售、维修、停放、训练、保障等配套服务为一体的新型产业链。把握航空科技体育项目资源、占领航空科技体育市场,交流航空科技体育技术、传播航空科技体育文化、发掘航空科技体育商机,不断拓宽航空科技体育项目的生存和发展空间。

4. 整合现有场地、设施资源,尝试采取政府或企业投入资源、体育系统提供机场、场地、空域等条件的共建模式,促进航空、科技体育项目发展。吸引通用航空公司、航空俱乐部、航空爱好者参与航空体育运动,协助有能力的企业或个人引进国外先进飞行器。组织好相关教材、培训大纲、训练方法、相关标准、安全措施的制定或编译工作,促进航空体育的开展。

(五)不断深化体制改革,加强规章制度建设

1. 逐步实现管理规范化、标准化、制度化,提高行业管理水平。理顺资源,合理整合,规范管理,优化目标绩效考核机制;着力构建富有成效、充满活力、更加开放、有利于航空科技体育事业科学发展的长效机制。

2. 加速制定、细化各运动项目、协会、俱乐部、指导站等管理制度和行业标准。包括:统一协会、项目形象标识,制定从业人员准入制度、器材装备、场地、技术等级、安全标准等,赛事流程标准化,合作、赞助洽谈、签订合同规范化等。通过建立标准化管理体系,加强中心对行业管理的权威性和控制力,更好地为行业发展服务,促进行业良性发展。

3. 加强与适航、飞行标准及空域管理部门的交流与合作,为航空体育立法积极创造条件。完善体育适航委任代表组管理程序,建设体育类飞行员、飞行单位管理体系。参与国家空管建设和低空空域管理改革,促进航空体育转场和越野飞行服务系统建设。

(六)完善用人机制,加强人才培养和组织队伍建设

1. 坚持正确的用人导向,不拘一格选拔、培养、使用人才。努力建设政治坚定、业务精通、作风过硬、纪律严明、执行力强的高素质干部队伍。大胆启用品德好、懂业务、善管理、有思想、勤谋事,踏实肯干、锐意进取的人才;完善业绩考核制度,

推行"目标管理为主、效益管理为辅"的管理模式。

2. 支持和鼓励对航空、科技体育项目的创新及产业化的研究；充分发挥现有专业人才优势，择优选拔系统内部职工和运动员进行相关专业和市场经营管理培训，积极培养既懂航空、科技体育专业知识、又懂经营管理的优秀航空、科技体育管理人才。

3. 注重裁判员、教练员、运动员等骨干人员队伍建设，构建专业人才的全面、长期、稳定、良性发展模式，为项目普及和运动技术水平的提高提供有力的人力保障。

4. 以筹备和成立中国社会体育指导员协会为契机，全面推进航空、科技体育社会指导员队伍建设，建立社会体育指导员培训、注册管理制度，突破行业局限，构建发散型人才网络。

5. 建立、健全各级组织网络体系，推动项目的层次发展，实现分类指导，逐级管理。在全国范围内评比"航空、科技体育传统校"、表彰基层优秀航空科技体育辅导员、优秀航空科技体育工作者，激发基层组织的参与热情，鼓励其为航空、科技体育的发展献策献力。

6. 发挥协会作用，构建各项目协会组织结构，加强协会行业管理力度和服务职能，提升协会的权威性，发挥协会在组织开展普及活动中的资源优势和作用，鼓励、支持协会组织开展各项目普及推广活动。

7. 有效利用社会资源，在新闻媒体、政府、企业、教育、科技系统等相关行业中建立更广泛的合作者队伍，为推动项目可持续发展注入新的活力。

8. 加强行业作风建设思想和政治教育工作，树立正确的价值导向。目前，航空体育面临千载难逢的发展机遇，市场化运作成为必然，经济利诱逐渐增多。唯有规范组织领导、加强监督指导才能净化行业风气，确保航空科技体育事业、产业健康有序发展。

（七）加强交流合作与新闻宣传工作

1. 加强国际间的交流与合作。拓宽国际交流领域，发展对外友好关系。参与国际航空体育事务，学习、借鉴其他国家和地区发展体育的先进经验，为项目发展营造良好的国际环境。

2. 密切与空管、民航、信产、教育、科协、共青团、妇联、勘测、旅游等相关政府部门、业务主管部门的交流与合作关系，为航空科技体育事业发展拓宽更为有利的发展空间。

3. 加强体育新闻宣传工作。注意舆论的及时、正确引导，加强新闻宣传工作的计划性管理，突出重点、深度宣传、立体包装；重视项目与宣传的规律研究，完善与媒体沟通、协调机制，建立长期合作、良性互动的宣传模式，营造和谐宣传环境。

4. 系统构建宣传网络信息平台。加强官方网站及各协会网站建设，充分发挥宣传主渠道作用。加强与各级组织网络体系的政策、信息沟通，进一步促进项目的普及推广。

附：名词解释

航空、科技体育事业、产业"十二五"发展规划名词解释和含义介绍

1. 航空体育运动

是指人们驾驶或操控航空器或航空运动器材，在空间、模拟空间范围内开展航空知识普及与教育、航空运动技能培训、竞赛、表演、健身与休闲娱乐等飞行活动的总称。

2. 航空体育运动项目

目前我国正式开展的有：热气球（含热气球、热气飞艇、氦气球、混合式气球、氦气飞艇）、运动飞机（含轻型飞机、超轻型飞机、特技飞机、旋翼类、模拟飞行）、飞机跳伞（含特技定点、造型、踩伞、低空伞、牵引伞、花样跳伞）、滑翔（含滑翔机、悬挂滑翔、滑翔伞、动力滑翔伞）、航空模型（含自由飞、线操纵、无线电遥控、仿真、电动、航天模型）等五大类共26个项目。

3. 科技体育运动

是指人们无需通过身体直接对抗，而运用特定的知识、技能和科技含量较高的器材(仪器)，体现成果和技术水平的体育活动。

4. 科技体育运动项目

目前开展的主要包括：航空模型、航天模型、车辆模型、航海模型、建筑模型、定向、业余无线电、无线电测向、无线电通信、电子制作、模拟运动等。

5. 科技体育项目的基本特征

科技体育项目除了具备一般体育项目的基本特征外，还具有下列基本特征

（1）知识性：参与科技体育项目活动须以掌握更多的科学技术知识为前提。

（2）智体性：参与科技体育项目活动在增强参与者体质的同时，能有效地促进参与者的智力发展。强体健脑、全面发展是科技体育项目的特有优势。

（3）创造性：参与者能获得亲自设计、制作、改装运动器材的创造空间。

（4）融合性：科技体育项目涉及面广、时空跨度大，可以提升参与者的综合素质。

体育彩票发展"十二五"规划

体育彩票事业经过十六年的发展，伴随着《彩票管理条例》的颁布实施，已经进入了法制化、规范化发展的新阶段。"十二五"是我国体育彩票实现大发展、取得新突破的重要时期。为了全面贯彻落实科学发展观，紧紧抓住国家"十二五"时期的有利契机，统筹规划 2011-2015 年体育彩票各项工作，促进体育彩票事业实现更好更快地发展，充分发挥体育彩票在国家公益事业和体育事业发展方面的保障作用，根据体育彩票发展面临的新形势、新任务，特制定本规划。

一、"十二五"时期体育彩票面临的机遇和挑战

（一）体育彩票"十一五"时期主要成果

——"十一五"时期和《三年纲要》实施期间，体育彩票坚持差异化创新战略，遵循市场发展规律，实现了高效安全运行和平稳健康发展，各项工作取得了显著成效。

——"十一五"时期，体育彩票共发行销售 2428 亿元，占 16 年发行销售总量的 66%，比"十五"期间的总销量翻了一番，销售规模从 2005 年的 302 亿元增加至 2010 年的 694 亿元，累计筹集公益金 728 亿元，占 16 年筹集公益金总量的 64%。中央集中的彩票公益金广泛用于补充社保基金等社会公益事业，其中，即开票共筹集 38.5 亿元公益金用于汶川地震灾后重建工作，体育彩票"来之于民、用之于民"的宗旨日益凸显。

——"十一五"时期，体育事业的发展达到了一个新的历史高度。在这个过程中，体育彩票公益金提供了强有力的支持，全力资助了北京奥运会、广州亚运会、第十一届全运会等大型国际国内体育赛事的举办，广泛用于城乡健身路径、农村体育健身工程、雪炭工程等，为体育事业的发展发挥出了"生命线"的积极作用。

——"十一五"时期，体育彩票"统一管理、分级负责"的管理运营机制更加完善。各级体育行政部门加大对体育彩票工作的支持力度，建立健全了基层销售管理体系，各级体育行政部门、体育彩票机构的职责进一步明确，同时，梳理完善了各项规章制度和工作流程，规范了体育彩票的对外合作模式，体育彩票整体管理运营的质量效益大幅提高。

——"十一五"时期，体育彩票的基础工作不断夯实。游戏体系更加完善，形成了乐透型、竞猜型、即开型三大类产品，构建了种类相对齐全、布局较为合理、全国和区域兼顾、大中小盘互补的产品体系。渠道结构更趋合理，在线电脑彩票销售网点从 2006

年的 6.5 万个增加至 2010 年的 11.7 万个，各类即开型彩票销售网点达到 13.3 万个，"竞彩"店超过 1.1 万家，其中，"竞彩"专营店的建设极大地提升了体育彩票专业化、标准化水平。技术体系更加完善，建成了全国性的全热线销售系统、竞猜游戏子系统和即开票销售管理系统，建立了统一的技术运维体系，提升了技术服务能力。队伍建设成效显著，全国各级体彩机构管理人员由 2006 年的 2600 多人增加至 2010 年的 3888 人，组建了 2440 人的专管员队伍和 2.14 万人的销售代表队伍，初步构建了覆盖全国、层次合理的培训体系，同时，"全国抱成团、创新求发展"的体彩文化得到确立和发展。

——体育彩票的社会形象进一步提升，社会基础不断充实。"十一五"时期，体育彩票继续秉持"公开、公平、公正"和"来之于民、用之于民"的原则，各级体彩机构开展了一系列品牌推广活动和公益宣传活动，突出"公益、健康、快乐"的主题，公益品牌形象更加深入人心。

（二）"十二五"时期，体育彩票事业面临着难得的发展机遇

——"十二五"时期，我国将以科学发展为主题，调整增长结构、转变发展方式，努力实现包容性增长，加快工业化、城镇化进程和居民收入增长步伐，同时，培育和发展战略性新兴产业，实现"三网融合"，推进信息化、网络化进程。群众消费需求的增加和消费结构的变化，以及高新技术的进步必将对体育彩票市场带来积极的影响，为体育彩票提供难得的发展机遇。

——"十二五"时期，我国将加快由体育大国向体育强国的迈进步伐，《全民健身条例》的颁布实施和一系列重大国际国内体育赛事的举办，为包括体育彩票在内的各项体育工作创造了有利的条件。作为体育事业的"生命线"，体育彩票树立的良好公益形象，为做好体育彩票发行销售工作打下了坚实的基础。

——2009 年《彩票管理条例》的颁布实施，进一步规范了各级财政部门、体育行政部门、体彩机构的工作，明确了体育彩票作为国家公益彩票的法律地位，为打击非法彩票提供了法律依据，同时，提高了人们对体育彩票公益性的认识；2010 年 3 月，国务院办公厅下发了《关于加快体育产业发展的指导意见》，这些为体育彩票事业的发展提供了法制保障，创造了有利条件。

（三）"十二五"时期，人民群众对公益事业和体育事业的需求与体育彩票发展水平的矛盾，仍然是我国体育彩票事业发展中的主要矛盾。体育彩票仍存在着一些需要进一步解决的问题，主要有以下几个方面：产品潜力仍有待于深入挖掘；技术体系建设仍有待于大力推进；渠道建设仍有待于继续完善；体彩队伍的数量和质量仍有待提高；彩票管理体制和运行机制仍有待于完善；产品品牌形象仍需要不断提高；发行销售安全管理仍有待于进一步深化，伴随着体育彩票事业的快速发展和经济社会环境的变化而出现的一些安全隐患和社会问题需要加以解决。"十二五"时期，必须高度重视，不断解决这些矛盾和问题。

二、指导思想和总体目标

（一）"十二五"时期体育彩票发展的指导思想是：

以邓小平理论和"三个代表"重要思想为指导，全面落实科学发展观，深入贯彻《彩票管理条例》，服务于建设体育强国的宏伟目标，坚持《三年纲要》实施以来的基本经验，以不断满足国家公益事业和体育事业需求为宗旨，充分发挥体育彩票在和谐社会、民生发展和社会主义精神文明建设方面的重要作用，巩固发展基础，转变发展方式，拓展发展空间，全面提升体育彩票的综合实力和社会影响力，推进体育彩票事业安全、稳定、可持续发展。

（二）"十二五"时期体育彩票发展的总体目标是：

遵循彩票市场发展规律，加快创新步伐，走精细化发展的道路，各项工作向纵深推进，力争经过5年的发展，使体育彩票的公信力不断提升，作为国家公益彩票的地位更加显著，承担社会责任的基础更加坚实，体育彩票市场更加和谐，努力促进体育彩票事业迈上新台阶。

——以《彩票管理条例》为契机，进一步完善责权明确、协调配合、管理到位的发行销售管理体系，建立健全体育彩票的市场调控机制、激励约束机制和监督管理机制，不断强化基层体育彩票队伍的内生发展动力，提高体育彩票的资源配置效率。

——加强体彩文化建设和理论研究，弘扬公益体彩文化，引导健康购彩理念，提升体育彩票工作科学化水平。

——坚持高端品牌引领，实现机构品牌和产品品牌相互补充、相互贡献、共同发展的体育彩票品牌体系，扩大中高收入购彩人群，增强体育彩票的公信力。

——构建实体与非实体协同发展的销售渠道体系，全面实现销售网点的标准化经营和专业化管理，稳妥推进非实体销售渠道建设，逐步提高非实体销售渠道的市场贡献。

——不断扩大体育彩票市场规模，力争"十二五"期间累计销量比"十一五"期间翻一番，实现年平均增长率超过12%，形成乐透型、竞猜型、即开型比例均衡、互为支撑的产品结构。

——全面提升信息技术的应用系统、数据架构、基础设施、信息安全、信息技术管控工作，实现统一规划、统一标准、统一监管、统一安全管理、统一运维管理、统一客户管理的技术体系。

——充分发挥人才在体育彩票事业发展中的基础性、战略性和决定性作用，努力培养造就一支数量充足、结构合理、门类齐全、清正廉洁、素质优良的人才队伍，持续提升体育彩票人才队伍竞争优势。

三、主要任务

（一）明确职责分工，健全运营机制，加强制度建设，进一步完善体育彩票发行销售管理机制

依据《彩票管理条例》，进一步细化各级体育行政部门、总局中心以及省中心的职责分工，提高法制化、规范化管理水平。各级体育行政部门要继续坚持实施"一把手"工程，加强对体育彩票机构的监督管理，建立健全体育彩票销售组织体系，规范体育

彩票品种审核工作，强化体育彩票公益金使用管理。总局中心要进一步完善全国体育彩票发行销售管理制度、工作规范和技术标准，组织管理全国体育彩票的销售系统数据、资金结算数据、销售渠道和场所规划、彩票代销、营销宣传、人才队伍建设等。省中心要强化执行力建设，健全本行政区域体育彩票销售管理办法和工作规范，实施本行政区域体育彩票销售系统数据管理、资金归集结算、销售渠道和场所规划、彩票代销、营销宣传和人才队伍建设等，全面提升体育彩票的内部管理能力、市场反映能力、科学决策能力和实际执行能力。

建立健全体育彩票的监督管理机制、激励约束机制和市场调控机制。各级体育行政部门要加强对体育彩票机构在对外合作、彩票代销、发行销售等方面的监督管理，总局中心重点加强对省中心在制度执行、网点建设、市场推广等方面的监督检查，确保彩票市场安全、规范。各级体育行政部门要充分利用自身行政资源和管理优势，针对体育彩票机构制定与绩效相挂钩的激励机制，总局中心和省中心要运用指标评价等手段研究建立层次分明、科学全面的考核激励办法，制定结构合理、导向明确的薪酬福利体系和奖罚制度，不断强化基层体育彩票机构的内生发展动力，实现保障下移，夯实基层基础建设，挖掘基层彩票市场潜力。同时，各级体彩机构要完善市场调控机制，综合运用各类经济手段和管理手段加大对体育彩票市场的宏观掌控和微观调节力度，实现体育彩票市场的均衡、有序发展。

深化发行销售制度体系，加强法制建设。始终把安全作为体育彩票的生命线，规范发行机构和销售机构的业务流程，强化监督落实，突出效益评估和执行效果检查，切实保障高效平稳运行。构建"面向市场、反应及时、协调配合"的风险防控体系，消除各类隐患，确保资金、开奖、数据、计奖等关键环节的安全，增强自我保护能力，全面防范发行销售风险。

（二）打造完整的品牌体系，建立危机公关应急机制，进一步提升体育彩票的公信力

打造体育彩票完整的品牌体系。以"公益、健康、快乐"的机构品牌推广为核心任务，充分发挥机构品牌的影响力，全面带动产品品牌的推广工作，同时依靠推广特色产品品牌带动机构品牌的不断提升，相互保护，相互贡献，相互支撑。建立以总局中心为核心、省中心统一时点、统一节奏、统一话语、覆盖广泛的品牌推广机制。总局中心组织实施覆盖全国、线上线下结合的推广活动，开展全国性产品品牌的推广协调，制定整体性、全局范围的广告投放计划，建立媒体合作制度规范，构建全国体彩信息交流平台。省中心以产品品牌的推广为主，重点拓宽宣传渠道、突出销售网点在品牌宣传过程中的重要作用，确保产品广告的有效到达，深入打造超级大乐透、顶呱刮、高频游戏、竞彩等产品品牌。总局中心与省中心构建"轮形"互动模式，并进行定期、系统的广告投放效果评估。

建立危机公关应急机制。强化对体育彩票系统内部员工的持续培训，树立全员危机意识，提高各级体彩机构应对危机事件的专业技能和危机管理水平；定期与新闻媒体单位及社会各界沟通交流，准确、及时把握舆论走向，实现危机事件监测工作的制

度化;建立各级体彩机构之间上下联动的危机传播预警机制和新闻通报制度,切实保证信息传递通畅;建立应急预案响应机制,统一对外宣传口径,提高危机处理速度与能力;建立健全新闻发言人制度,组建业务熟练、能力过硬的新闻发言人队伍,用专业的传播手段维护体育彩票的形象。

进一步提升体育彩票的公信力。建立发行销售与公益金使用的良性互动机制,把体育彩票发行销售与实施《全民健身条例》、服务奥运争光计划、开展青少年体育运动等有机联系起来。充分利用重大体育优势资源,结合体育彩票公益金在社会保障基金、残疾人事业等方面的突出贡献,强化国家彩票的公益属性。加大对彩民服务的力度,培育理性的购彩文化,继续完善彩民服务热线、问题彩民救助机制等,实现全国联网游戏摇奖节目现场直播,将开奖节目打造为彩民交流沟通和服务的平台,严格开奖信息公布管理,不断提升体育彩票的公信力。

(三)大力推进渠道的合理化布局,提高标准化经营和专业化管理水平,建立实体与非实体协调发展的销售网络体系

继续加强实体销售渠道建设。总局中心统筹规划各类实体销售渠道的发展规模,省中心具体布局和组织建设,形成市、县、乡、村全面覆盖的实体销售网络,力争到2015年达到销售竞猜型产品的网点15万个、销售乐透型产品的网点15万个,销售即开型产品的网点16万个。积极探索发展销售大厅、自助终端等新型实体销售渠道,开拓实体销售渠道的市场领域。

大力推进销售网点的标准化经营和专业化管理。在五年内,强化对销售网点的过程控制和细节控制,建立培训帮扶机制,完成销售网点的分类、分级管理工作,全面实现销售网点的统一形象和统一标准,到2015年50%以上的网点达到三星级(含)以上标准,15%的网点达到五星级标准,使销售网点成为体育彩票品牌宣传的一线阵地。完善销售渠道准入与退出、销售终端核查等制度,加强销售渠道评估管理,强化制度执行落实;充分发挥专管员队伍、销售代表队伍的服务职能,确保每个专管员管辖网点数量不超过40个。通过持续的业务培训,提高网点经营管理能力和风险防范水平,增强销售渠道的执行力和竞争力。

积极稳妥推进电话、互联网等非实体销售渠道。根据统筹规划、分步实施的原则,在确保投注账户、资金账户、交易数据、对外合作、技术系统等安全可靠、职责明确的前提下,实现电话、互联网等非实体销售方式。在不同的非实体销售渠道下,研究推出新游戏,大力拓展在线游戏市场空间,满足中高收入人群购买体育彩票的需求,逐步使电话、互联网成为体育彩票销售的重要渠道。

(四)加快游戏产品创新,打造产品核心竞争力,不断扩大体育彩票市场规模

继续优化彩票品种结构。今后五年,体育彩票要建立健全职责清晰、协调一致、灵活高效的产品培育机制,总局中心组织全国性游戏的产品管理和市场培育,实施针对地方游戏的安全监控和后台管理,省中心实施本区域内游戏的市场培育工作,积极响应、全力配合总局中心开展的产品培育活动,形成产品培育的整体合力,共同促进乐透型、竞猜型、即开型三大类产品协调发展。

持续优化乐透型产品结构，巩固扩大市场发展基础。整合构建以超级大乐透为主体、高频游戏为增长点、区域和地方游戏为补充的乐透型产品体系。夯实超级大乐透的市场支柱性地位，开展派送促销、创新营销宣传，努力提升超级大乐透的社会认知度和市场占有率。深入挖掘高频游戏潜力，调整完善游戏规则，扩大终端销售规模，研究储备具有体育特色、娱乐性强的高频游戏，加强游戏生命周期管理，确保高频游戏市场的稳定发展。深入研究以排列3为主的小盘乐透型游戏发展方向，完善游戏管理模式，力争重新启动市场。稳步推进宾果游戏的试点和推广。加强现有联网及地方游戏的优化、整合及退市管理，鼓励各省研发有地域特色的地方游戏，谋求新的增长点，稳步促进销售水平的增长。

大力发展竞猜型体育彩票，打造体育彩票品种的核心优势。加大竞猜型产品的创新力度，推出更多有利于平衡市场和风险的产品系列，完善投注方式，实现单场固定奖金、即场投注，提高产品的市场竞争力。稳步推进对成熟赛事竞猜产品的研发工作，不断扩大竞猜对象资源，逐步将竞猜对象由足球、篮球拓展至其他重大体育赛事。增强体育彩票机构运营管理能力、推进渠道标准化经营，提高"竞彩"店质量，赋予"竞彩"店更多的服务功能，探索"竞彩"店多元化经营方式。

保持即开型产品的市场领先地位，提高整体运营质量。实施差异化市场投放策略，大力开发与"顶呱刮"品牌相适应的游戏产品，持续优化有纸即开型产品结构。在非实体销售渠道上推出无纸化即开型新游戏。推进即开型体育彩票管理系统化建设，搭建游戏产品数据分析平台，逐步掌控核心技术，提高自主创新能力。统筹规划即开型彩票生产、物流配送体系，建立全国即开票快速物流模式，提高供应链管理水平。建立基于即开票运营整体战略的调研及市场分析体系，完善管理运营模式，全面增强运营能力。以电脑彩票销售网点为主要渠道，以行业渠道为重点拓展方向，继续扩大销售网络，提高对各类销售网点的管控力。不断创新营销宣传方式，继续推行"上下联动"的营销机制，采用"品牌零售"策略，进一步提升"顶呱刮"的品牌认知度和美誉度，促进即开型产品平稳较快的发展。

（五）实现统一规划、统一标准、统一监管、统一安全管理、统一运维管理、统一客户管理的技术体系，为体育彩票的业务发展提供技术驱动力

整合应用系统，加强系统灵活性。从业务生产、渠道服务、业务支撑、基础设施、信息化管控等方面进行应用系统的建设。采用模块化设计进行应用系统在销售、数据、管理等方面的整合，加强系统灵活和可扩充性。建设下一代的核心技术平台，包括建设开放的、标准化的游戏管理平台，开发具有自主知识产权的下一代热线系统、竞猜类游戏系统、进行即开类游戏系统二期建设；完善和规范彩票销售终端机的软硬件系统；建设统一、安全的账户系统，实现多种接入方式；建设互联网、电话等非实体销售技术平台，支持业务的快速发展；建立统一的监管平台，实现对游戏、数据、资金的监督管理；健全体育彩票决策分析系统，充分实现各类数据的业务价值。

提升数据的整合和使用价值。建立统一的公共数据标准，为应用集成奠定基础，实现体彩数据的统一、可交换和可共享。通过对数据的采集和分析，实现业务数据的

整合和共享，充分挖掘体彩数据的价值，全面提高数据管理能力。

建立"两地三中心"的数据中心架构。建设体彩国家主数据中心、核心应用级备份的国家第二数据中心、数据级备份的异地国家灾备数据中心。围绕三个数据中心建设高速骨干网络，确保基础架构适应体育彩票业务的长远发展。各省中心也要增强技术支撑能力，满足体育彩票业务发展的需求。

建设全面、完整、有效的信息安全保障体系。建立信息安全专业服务团队，健全信息安全管理组织，完善信息安全管理制度和标准，使信息安全管理工作标准化、流程化；提升基础设施的安全性，建立信息安全服务技术平台，确保信息安全工作可持续改进，不断优化。

建立完整的信息化管理与服务体系。健全信息化管理机构，明确职能分工；完善信息化项目管理、运维管理等工作的规范和流程，建立统一的技术标准，保证体彩信息化的统一建设、规范管理，提升信息技术管控水平。

（六）加大人力资源管理力度，完善培训体系，打造职业化、高素质的体育彩票发行销售队伍

加大人力资源管理力度，整体优化队伍结构。规范各级体彩中心的组织机构设置，建设科学高效、执行有力的组织体系。制定人员引进和评价的标准化管理制度，加强岗位技能评价工作，提高从业人员岗位技能。加强管理队伍建设，建立精简高效的职能部门，突出内控职能，全面发挥协调、监管和保障作用，提升高层领导者的经营管理水平和职能管理人员的综合素质。加强营销队伍从业规范化管理，积极研究推进专管员、销售代表、销售员的职业资格认定，实施销售员定级管理，保障营销队伍的高质量和稳定性。通过各级体彩机构、关联企业、项目合作等组织形式，凝聚优秀技术人才，提升研发创新能力和运营维护能力，打造适应体育彩票事业科学发展的专业技术队伍。推进行业标杆示范管理，大力推广优秀管理经验和有效管理办法，持续提升全行业团队绩效和组织绩效，为体育彩票的发展提供坚实保障。

完善培训体系建设，全面提高队伍素质。充分发挥各级体彩机构的优势，整合师资队伍，规范培训管理，总局中心重点组织各级体彩机构高层岗位培训项目，省中心重点组织本区域体彩机构中基层岗位培训项目，地市级体彩机构重点组织专管员、销售代表、代销者以及销售员等一线岗位培训项目，达到年人均受训6次或12天以上。总局中心和省中心要加强对培训效果的科学化监测与考评，不断完善培训管理制度，明确培训责任人，制定业务标准、建立课程体系，实现培训组织专业化和培训课程体系化，推进培训工作的制度化、规范化，切实提高体彩从业人员的个人工作能力、学习创新能力、团队合作能力和组织运营能力。

（七）加强体育彩票文化建设和理论研究，提升体彩软实力

弘扬公益体彩文化，拓展文化传播渠道，引领健康购彩理念。基本健全体育彩票理论体系，在关系体育彩票发展的重大理论问题上有突破、有创新，提高体育彩票重大决策的科学水平。开展丰富多彩的文化活动，用体彩文化凝聚队伍、鼓舞士气。加强体育彩票行业的思想道德建设，强调体彩行业的使命感和责任感，持续开展党风廉

政教育，树立公益奉献精神。

四、保障措施

（一）进一步落实和完善体育行政部门主要领导亲自抓体育彩票工作的领导机制

各级体育行政部门要贯彻落实科学发展观，从体育事业"生命线"的战略高度，亲自抓、亲自管体育彩票工作，把体育彩票工作纳入省、市、县三级体育行政部门的考评机制之中，切实抓好本规划的组织实施。加强与有关部门的协调配合，结合本地彩票市场实际情况，积极研究制定促进体育彩票发展的相关措施，在机构设置、人员编制、干部配备等方面更加重视体育彩票工作。

（二）加大体育彩票的政策支持力度

1. 努力争取财政部门的政策支持。各级体育行政部门、体育彩票机构要加强与财政部门的沟通交流，定期与财政部门商讨彩票市场的发展状况，积极向财政部门争取在产品派送促销、游戏规则调整、预算审批等方面的政策支持，解决发展过程中遇到的各种问题与困难，营造体育彩票发展的有利空间。

2. 加大与公安、工商行政管理部门的政策协调力度。各级体育行政部门、体育彩票机构要加强与公安、工商行政主管部门的沟通、配合，争取构建打击非法彩票的多部门联合行动机制，定期与不定期开展市场检查，加大针对非法彩票的打击力度，共同规范彩票市场秩序，促进国家公益彩票事业的发展。

3. 制定科学合理的公益金分配办法，充分调动省级以下体育行政部门对体育彩票工作的支持力度；不断完善公益金使用管理办法，建立公益金使用的有效监控机制和体育彩票公益宣传的良性互动机制，加强公益金使用部门与体育彩票机构的协调沟通，各级群众体育、竞技体育部门要自觉加强对体育彩票工作的支持，切实履行各自的公益宣传职责。

（三）建立健全体育彩票基础工作的投入机制

1. 进一步完善省中心加强基础建设的经费保障制度。省中心作为体育彩票基础建设的主体，要统筹、集中使用省级提留业务费，依据不同市、县体育彩票基础工作的发展状况，有针对性、灵活性的加大投入力度，确保在增机扩点、队伍培训、营销宣传、办公基础设施等方面的经费保障，不断夯实体育彩票事业发展的基础。

2. 加强对体育彩票基层基础建设的帮扶。总局中心统筹协调全国体育彩票市场，通过设立帮扶资金等方式加强对基础工作薄弱省份、薄弱环节的帮扶力度，重点针对基层体彩机构在销售网点形象改造、营销宣传方式创新等方面进行支持。省中心要健全基础工作帮扶制度，加大对有发展潜力销售网点的扶持力度。

3. 发挥发行费分配比例的调控作用。各级体彩机构要综合运用发行费分配比例的调节手段，通过调节业务费与销售费分配比例，调动代销者在网点经营、形象改造等方面的积极性，针对不同产品业务费分配比例的调整，充分发挥省、市体彩机构在产品培育、市场推广、促销活动等基础性建设方面的主体作用。

4. 加强对业务费使用的监督管理。各级体彩机构必须建立健全资金管理和监督制度，主动配合财政部门、审计部门、体育行政部门的财务审计，确保资金使用合法合规。各级体彩机构必须强化业务费预算使用管理，不断提高资金的使用效益。

（四）完善体育彩票市场评估机制

建立健全各级体彩机构事业发展的指标评估体系，完善体育彩票在品牌推广、队伍发展、渠道建设、政策实施等方面的评估测评系统，及时、详尽地了解体育彩票的发展情况，通过专业的评估和监测，不断改善工作质量和绩效。研究针对不同地域、不同经济社会发展状况的体育彩票工作实行分类指导的相关政策，完善省、市之间体育彩票工作的经验交流制度，全面推进体育彩票事业的发展。

（五）加强体育彩票法制建设和领导班子建设

1. 加强体育彩票法制建设。各级体育行政部门、体彩机构要加快依法治彩进程，依据《彩票管理条例》建立和完善各项规章制度，做好体育彩票法律法规和其他法律法规的协调工作，强化对不同层级体彩队伍的教育培训，提高体彩从业者的法制观念和守法意识。适时分析各项法规和制度的执行情况，评价法规制度实施的效果和效益，分析法规制度执行过程中存在的问题，不断予以完善，促进体彩全行业提高依法治彩的水平。

2. 加强各级体彩机构领导班子建设。持续优化各级体彩机构领导班子的年龄、学历、知识和专业结构，大力推进思想、组织、作风和制度建设，建立体彩机构领导干部绩效考核评价机制，健全政务公开制度。深入推进廉政建设，建立教育、制度和监督并重的惩治和预防腐败体系，坚持民主集中制原则和党的各项规章制度，不断提高领导班子党性觉悟和执行力。

经过 16 年的发展，体育彩票事业已站在新的历史起点，展望未来，任务艰巨而繁重，"十二五"时期，体育彩票将继续探索与社会主义市场经济相适应的特点和规律，沿着国家公益彩票的发展主线，深入贯彻落实科学发展观，坚持《彩票管理条例》，持续改革创新，努力实现发展方式由粗放型向集约型的转变，管理方式由经验型向科学型的转变，圆满完成各项工作目标，为国家公益事业和体育事业的发展作出更加巨大的贡献。

河北省体育事业"十二五"发展规划

"十二五"期间,是我省深化改革开放、加快转变经济发展方式和推进富民强省建设的关键时期,也是我省建设沿海体育强省的攻坚时期。为了促进我省体育事业全面协调可持续发展,更好地发挥体育在我省经济社会发展方面的重要作用,根据省委、省政府的总体部署和国家体育总局《体育事业发展"十二五"规划》,结合我省体育事业发展实际,制定本规划。

一、"十二五"时期体育事业发展基础和面临的机遇与挑战

(一)"十一五"时期体育事业发展成就显著。五年来,全省体育系统在省委、省政府的正确领导下,坚持以邓小平理论和"三个代表"重要思想为指导,深入贯彻落实科学发展观,牢牢抓住发展这个第一要务,把体育事业置于经济社会发展的大环境、大背景下谋求发展,适时提出了建设沿海体育强省的战略目标和打造"环京津体育健身休闲圈"的重大举措,抓住机遇、应对挑战、迎难而上、开拓进取,使全省体育事业取得了令人鼓舞的科学发展新成就。

群众体育活力显著增强。在全国率先开展构建全民健身服务体系工作,体育健身场地设施网络、体育健身组织网络和体育健身指导网络基本形成。实施"百县千乡万村"农民体育健身工程,新建农民体育健身工程15468个,加上原来的一万个村,全省农民体育健身工程总数突破2.5万个行政村,占现有村数的50%以上。新建"环京津体育健身休闲圈"全民健身户外活动基地18个。实施"雪炭工程",建设县级健身馆13个。县级以上城区公园、广场全部安装了健身器材,城市社区健身设施网络覆盖率达60%。基层体育健身组织和体育健身指导组织不断健全,全省新建健身指导站和文体工作站3800个,设立晨晚练点15000个,社会体育指导员已达37773名,其中公益性社会体育指导员36700名,职业性社会体育指导员1073名;群众体育健身竞赛活动卓有成效,2008年北京残奥会,我省18名残疾人运动员参赛,获得了12枚金牌、11枚银牌、2枚铜牌的历史最好成绩。组团参加第三届、第四届全国体育大会、第六届全国农民运动会、第八届全国少数民族传统体育运动会、第七届全国残疾人运动会、第一届全国智力运动会,成功举办河北省第一届体育大会,充分展示了我省开展全民健身活动成果;实施品牌带动,培育了邯郸的太极拳,沧州的武术,承德的山庄体育和民族体育,张家口的滑雪,石家庄的长跑、自行车赛和社区运动会,秦皇岛的轮滑和休闲体育,保定的铁球和空竹,廊坊的门球和高尔夫等特色活动品牌,促进

了全民健身活动蓬勃开展。成功组织了北京奥运会火炬在我省传递活动和举办了以"全民健身与奥运同行"为主题的系列群体活动，为北京奥运会营造了浓郁的全民健身氛围。

竞技体育实力明显提升。我省运动员在国内外重大比赛中，共获世界冠军22个。2008年北京奥运会，18名运动员和11名教练员入选中国代表团，取得3枚金牌、1个第4、2个第5和2个第8名的好成绩，实现了我省奥运会参赛人数、参赛项目和比赛成绩三个历史性突破；第十五届亚运会取得9枚金牌、6枚银牌、3枚铜牌，第十六届亚运会取得12枚金牌、10枚银牌、5枚铜牌的好成绩；第十一届全国运动会，共获得13枚金牌、13枚银牌、19.5枚铜牌，总分1305分，实现了奖牌总数和总分超上届的奋斗目标；成功举办了河北省第十二、十三届运动会，承办了奥运会分赛场及多项国际、国内高水平的赛事。有14个业余训练单位被评为国家级高水平体育后备人才基地，国家级青少年体育俱乐部新建14个，全省已达125个。建立省级高水平体育后备人才基地12个，业余训练及后备人才培养工作得到加强；竞技体育体制和机制改革取得新成效，建立了较为完善的备战参赛、赛风赛纪和反兴奋剂制度体系和长效机制，为我省竞技体育事业发展奠定了基础。

体育产业发展初具规模。"环京津体育健身休闲圈"体育产业发展模式已经形成，体育产业项目日益增多，知名度不断提高，品牌效应日益凸显。各市立足自身优势、实施分类指导，在政府政策引导、加大投入的同时，鼓励社会力量投资兴建体育产业项目，使全省体育产业呈现出蓬勃发展之势。一批大型滑雪场、高尔夫球场、网球场、赛马场、体育健身休闲公园等大型项目相继建成，环绕京津地区的各类体育产业园区、示范区、体育产业基地正在加快规划建设。实施品牌带动促发展，中国崇礼国际滑雪节、中国沧州国际武术节、中国邯郸国际太极拳运动大会、廊坊（国际）名鸽展览交易会、廊坊碧海国际渔具展、全国登山健身大会狼牙山登山节、中国保定空竹艺术节、中国保定篮球文化节、北戴河"运动之春"五一轮滑节、"体育彩票杯"北戴河铁人三项大赛等竞赛表演和节庆会展活动的规模和水平逐步提升，为当地的经济社会发展注入新的生机与活力。体育相关产业发展迅速，全省体育彩票销售网点达到5200余个，为社会提供就业岗位12000余个，彩票品种更加丰富，销售网络日臻完善，"十一五"期间共销售体育彩票82.5亿元，筹集公益金26.2亿元，中奖者缴纳个人偶然所得税2亿多元。全省体育用品制造法人企业达300余家，总产出达到12亿元。全省各类体育法人组织达到800个，体育产业从业人员近10万人，体育服务水平和服务能力快速提升。

体育设施建设取得重大进展。省体育局崇礼高原训练基地和滑雪场、训练服务中心一期工程竣工并投入使用。廊坊市体育场、秦皇岛国家游泳跳水基地、沧州体育馆、沧州体育主题公园国际标准田径场和体育综合楼、邯郸市体育馆、邯郸市体育场以及张家口、秦皇岛、邢台、邯郸全民健身活动中心等大型体育场馆落成，全省体育基础设施建设投入不断加大，体育比赛训练条件得到较大改善。

体育法制建设取得新成效。体育立法及建章立制扎实推进，制定出台省政府规章

2部，省级地方体育法规、规章达到7部，制定规范性文件及规章制度70余件，逐步完善配套。体育法制宣传教育和法制工作成效显著，保持全国体育系统先进。依法行政和依法治理深入开展，体育行政执法机制基本建立，行为规范、运转协调、公正透明、廉洁高效的体育行政管理体制基本形成，科学化、民主化、规范化的体育行政决策机制和制度逐步完善，各级领导干部的依法行政能力明显增强。

体育科研水平有了新提升。建设了"河北省神经肌肉功能与力量训练重点实验室"和国家体育总局"优秀运动员训练负荷诊断与调控实验室"，重点科研课题和专题研究1项获得国家科技进步三等奖、4项省部级二等奖，体育科技已成为我省体育发展的强大动力和重要支撑；全省体育教育水平不断提高，河北体育学院建设取得较大发展，整体实力有了新提升。体育人才选招、培养和管理工作得到新的加强，全省形成了一支具有一定规模、职能分工较完备的体育人才队伍，建立起较为成熟的人才工作体系；体育新闻宣传工作有了新发展，建立了省体育局门户网站，加强了体育生活报社建设，注重了与各大媒体沟通，体育宣传作用和效果明显；体育对外交往的领域有了新拓展，各项体育事业的发展对我省国民经济和社会发展做出了新贡献，为"十二五"期间体育事业的发展奠定了良好基础。

（二）体育事业发展面临的重大机遇。当前和今后一个时期，我省体育事业的发展仍处于可以大有作为的重要战略机遇期，面临着难得的发展机遇。党和国家十分重视体育工作，为体育事业发展指明了方向，并提供了坚强的法律保障。党中央国务院要求体育工作要坚持以增强人民体质、提高全民族身体素质和生活质量为目标，进一步推动我国由体育大国向体育强国迈进，确立了体育工作总体目标和发展方向。继《体育法》、《公共文化体育设施条例》之后，国家相继颁布了《全民健身条例》、《彩票管理条例》、《反兴奋剂条例》及《关于加快发展体育产业的指导意见》等一系列法律法规和规范性文件，使各项体育工作有法可依、有章可循，日益法制化、规范化；我省环绕首都，北京奥运会的成功举办我省首先得益。奥运会和奥林匹克精神为我省注入蓬勃生机和激情活力，激发的人民群众的体育热、健身热和激发蕴藏在群众中的巨大体育消费需求，对于我省体育具有强大的辐射拉动作用，成为我省体育事业发展的难得历史机遇；全省经济持续稳定发展，人民群众生活水平显著提高，对生活质量有了新的更高追求，参与体育、享受体育已成为人们的内在需求，体育消费进入快速增长阶段，人民群众日益增长的体育需求为体育事业发展提供了强劲动力；我省"三年上水平、推进城镇化"的大力实施，为各地高起点规划建设体育设施、体育健身场所提供了条件，对于进一步开展全民健身活动、普及体育运动提出更高要求，为体育事业创造了更加有利的发展环境和机遇；我省"十二五"期间实施构筑环首都经济圈、壮大沿海经济隆起带、打造冀中南经济区、加快培育一批千亿元级工业聚集区和大型企业集团的"四个一"发展战略，进一步拓展了体育发展新空间，成为加快发展体育事业和体育产业的新契机。

（三）体育事业发展面临主要矛盾与挑战。我省体育事业在面临发展机遇的同时，也面对诸多的矛盾与挑战。人民群众日益增长的体育需求与社会所能提供体育资源不足的矛盾,仍将是体育事业发展过程中的主要矛盾。我省的大型综合体育场地少,人均体育场地较低,体育场馆开放利用率较低,体育场地设施资源总量不足与现有体育资源利用率不高的现象并存,仍制约着人民群众的体育健身需求。扩大体育资源、构建全民健身体系、扩大经常参加体育锻炼人口、提高人民群众身体素质的任务十分艰巨;竞技体育整体实力与体育强省目标还有较大差距,优势项目尚未形成集团优势,落后项目尚待下大力气改观。在国内外体育竞争日益激烈的形势下,我省竞技体育人才队伍建设亟待加强,资金投入、激励政策、竞赛制度和管理制度尚需进一步完善和规范,赛风赛纪和反兴奋剂形势严峻,不容忽视;全省体育产业总体处于发展初期,体育产业重大项目和园区、聚集区建设大多处在规划建设阶段。已经形成的体育经营项目市场规模较小,产值较低,对国民经济的贡献率还不够大。体育产品、体育用品的技术含量低,还没有形成品牌效应和规模优势。加快发展体育产业的工作机制和政策措施有待加强;体育法制建设相对滞后,体育科技、体育教育在体育事业发展中的基础性作用需要进一步提高,国际体育交流的深度和广度有待加强。"十二五"时期,必须高度重视、努力解决阻碍和制约体育事业发展中的这些问题和矛盾。

做好"十二五"期间的体育工作,是关系到人民群众的身体健康、生活幸福和人的全面发展的重要工作。对于促进经济社会发展、振奋民族精神、增强民族凝聚力具有不可替代的作用。是富民强省不可缺少的重要支撑。要从战略高度充分认识体育事业发展的重要意义,在改革创新中拓展体育事业发展的新路子,在新的更高起点上创造体育事业的新辉煌。

二、"十二五"体育事业发展的指导思想、总体目标和基本原则

(四)指导思想:坚持以邓小平理论和"三个代表"重要思想为指导,以科学发展观为统领,以不断满足人民群众的体育需求为宗旨,紧紧围绕建设沿海体育强省目标,继续大力实施"科教兴体"、"人才强体"、"依法治体"、"品牌带动"战略,加快完善全民健身服务体系,加快健全竞技体育后备人才培养体系,加快构建独具河北特色的现代体育产业体系,着力提升群众体育活力,着力增强竞技体育实力,着力打造体育产业竞争力,推进河北体育事业全面协调可持续发展,推进各项工作再上新台阶,为向沿海体育强省迈进打下具有决定性意义的基础。

(五)总体目标:紧紧围绕建设沿海体育强省奋斗目标,认真贯彻落实《全民健身条例》,加强城乡体育健身设施网络建设、体育健身组织网络建设和体育健身指导网络建设,加快完善全民健身服务体系,真正形成形成政府引导、社会化运作、全民参与的群众体育新格局,着力提升群众体育活力,不断满足广大人民群众日益增长的体育健身需求;着力增强竞技体育实力,优化运动项目结构,优势项目真正形成项目优势,潜优势项目向优势转化,落后项目实现突破。坚持科学指导下的"三从一大"训练原则,把"训科医"一体化工作真正落到实处,努力在国内外大赛中取得优异成绩,加快健全竞技体育后备人才培养体系;打造"环京津体育健身休闲圈",加快发展体育产业,扩大体育产业规模,着力打造体育产业竞争力。逐步建成与大众消费水平相适应，以体育服务业为重点，多业并举、门类齐全、结构合理、规范发展的体育产业体系，形成多种所有制并存、全社会共同参与、共同兴办的新格局。全省体育产业增长速度明显快于国民经济发展速度；适应新形势，抢抓新机遇，树立新理念，运用新方法，整体推进我省体育科技、体育教育、体育法制、体育外事、体育宣传等各项工作再上新台阶，促进我省体育事业全面协调可持续发展。

（六）基本原则

——坚持体育工作为党和政府中心任务服务。立足体育，奉献社会、服务社会主义现代化。坚持促进体育与经济社会发展的密切结合，充分发挥体育在促进经济建设、政治建设、社会建设、文化建设、生态文明建设以及对外交往中的综合功能和独特作用，推动我省经济发展和社会文明进步。

——坚持以人为本，服务民生。坚持以增强人民体质、提高人民身体素质和生活质量、促进人的全面发展为目标，切实把实现好、维护好、发展好最广大人民的利益，满足人民群众不断增长的体育需求作为体育工作的出发点和落脚点，做到体育发展为人民，体育发展靠人民，体育发展成果由人民共享。

——坚持解放思想，改革创新。处理好继承与创新的关系，不断探索"十二五"时期各项体育工作与市场经济相适应的特点与规律，努力实现理论创新、科技创新、制度创新。进一步转变观念，创新发展模式，提高发展质量，加快体育发展由粗放型向集约型转变，体育管理由经验型向科学型转变。

——坚持统筹兼顾，协调发展。坚持普及与提高相结合，实现体育事业与体育产业的协调发展。加大对农村、贫困地区、少数民族地区的支持力度。促进奥运项目与非奥运项目、夏季项目与冬季项目、新兴体育项目与民族传统体育项目的协调发展，满足群众多样化的体育文化需求。

——坚持科教兴体、人才强体、依法治体。牢固树立科学技术是第一生产力的观念，重视和发挥科技、教育、人才队伍在体育事业发展中的关键作用，坚持体育事业发展要依靠科学技术进步，科学技术必须发挥先导作用，坚持体育科学研究与体育运动实践相结合，依靠科技队伍和教育发展，提高人才队伍素质。加强体育法制建设、提高法律意识，促进依法行政、依法治体，将体育工作纳入法制化轨道。

——加强体育文化建设，提升我省体育的软实力。深入挖掘体育的文化内涵，夯实体育发展的社会基础和文化基础。通过体育塑造积极、健康的社会价值观和大众人生观，充分发挥体育在建设社会主义先进文化中的作用和功能。让体育成为社会主义先进文化的传播者和创造者，成为时代精神的倡导者和先行者。

三、提升群众体育活力，推动全民健身活动上水平

（七）"十二五"群众体育的发展目标是：全面贯彻落实《全民健身条例》，制定并施行《河北省全民健身实施计划》，进一步完善具有河北特色的全民健身服务体系，使体育健身设施网络、体育健身组织网络、体育健身指导网络遍布城乡。以活动有组织、健身有场所、服务有指导、健康有标准为抓手，引导、团结、组织全社会各单位、

各部门、各阶层、各人群共同支持、共同参与全民健身,形成政府引导、社会化运作、全民参与的群众体育工作新格局,不断满足广大人民群众日益增长的体育健身需求,经常参加体育锻炼的人数比例提高到34.2%,《国民体质测定标准》合格标准的人数比例达到90%以上,全省人民的健康素质明显改善。

(八)加强全民健身设施网络建设。将全民健身设施网络建设纳入当地经济社会发展规划,在资金、用地等方面为全民健身设施网络建设提供保障。继续实施"雪炭工程"、"农民体育健身工程"、"全民健身路径工程",支持各地新农村、新民居建设和城镇化建设。设区市均要建成一个高标准的全民健身活动中心、一个大型体育健身休闲公园。加强建设小型、多样,群众就近、就便的体育健身设施,县(市、区)普遍建有综合性公共体育健身设施,100%城市街道和70%社区、100%的乡镇和60%行政村建有公共体育健身设施。全省建设"环京津体育健身休闲圈"全民健身户外活动基地50个,城区公园、广场等公共场所普遍建有全民健身设施,加快贫困县"雪炭工程"建设。

(九)完善全民健身组织网络建设。调动和发挥社会各方面积极性,加强全民健身组织网络建设。各级体育、教育、工会、共青团、妇联、残联、民宗及各行业体协、单项体育协会等组织,要形成合力,积极主动承担全民健身活动的组织指导工作。全省各县(市、区)全部建立全民健身指导、协调组织机构,全部县(市、区)成立体育总会,80%以上的城市街道、60%以上的乡镇要建有体育组织,城市社区普遍建成社区体育健身俱乐部,60%的行政村建有体育健身站点,形成遍布城乡、规范有序、富有活力的社会化全民健身组织网络。

(十)加快全民健身指导网络建设。不断创新群众体育活动新形式、新内容和体育健身新方法、新手段,加强对全民健身的科学指导。各级体育门户网站、报纸、期刊设立专栏、专题,多种形式推介科学健身知识和方法。积极引进国内外科学先进的体育健身方法手段,促进优秀民族民间传统体育活动的开展。加强社会体育指导员培训工作,建立市级社会体育指导员培训基地,全省每年培养各级社会体育指导员5000人以上。全省城镇居民每1000人、全省农村每2000人中至少有1名社会体育指导员。90%以上的健身活动站点配有社会体育指导员,经营性健身场所从业的社会体育指导员要达到国家职业资格认证标准。到2015年,全省社会体育指导员总数突破6万人,全部设区市、50%县(市、区)成立社会体育指导员协会。普遍开展全民健身志愿服务活动,形成以社会体育指导员为主体、各类体育骨干参加的全民健身志愿服务队伍。

(十一)扎实推进全民健身"六进行动计划"。积极营造崇尚体育健身的社会氛围,大力组织开展"体育进社区"、"体育进农村"、"体育进机关"、"体育进学校"、"体育进企业""体育进家庭"活动,各机关单位和行业协会要制定规划,在场地设施、组织建设、社会指导上提出要求,制定措施。动员和吸引全民坚持参加体育健身活动,让体育真正走进群众生活,让热爱运动、积极锻炼成为科学文明的生活方式,成为阳光健康的社会时尚,成为追求幸福和谐的有效途径。

(十二)打造群众体育特色项目品牌。继续打造"环京津体育健身休闲圈",进一步整合我省环京津周边地区的体育特色项目、场地设施和文化旅游资源,吸引社会各方面投资,培育具有河北特色的全民健身服务大品牌。充分利用我省各地的山、水、林、坝、草、冰雪等自然资源,打造具有当地文化底蕴和民俗基础的群众体育特色项目,继续做大做强邯郸的太极拳,沧州的武术,承德的山庄体育和民族体育,张家口的滑雪,保定的空竹、铁球和登山,秦皇岛的轮滑、休闲体育和铁人三项,石家庄的长跑和自行车等品牌项目。进一步培育更多富有浓郁的本土文化气息,集区域性、民族性、传统性于一体,植根于百姓、易于开展和推广的特色健身项目,带动全省群体活动的蓬勃开展。

(十三)进一步推进体育场馆向公众开放。认真总结推广体育场馆向公众开放的经验,继续探索多种形式的开放管理模式,完善和落实各级政府及相关部门促进各类体育场馆向公众开放的政策,逐步建立相应的开放条件和标准、财政补助、保险、收费标准、安全管理规范、责任追究等制度和机制,定期进行检查评估,努力扩大体育场馆开放范围,盘活体育场馆资源。具备开放条件的公共体育场馆开放率要达到100%,根据当地发展夜经济需要适当延长夜间开放时间。积极引导、鼓励学校体育场馆向公众开放。

(十四)广泛开展群众体育健身活动与竞赛。积极推行《普通人群体育锻炼标准》,动员吸引城乡居民坚持参加体育健身活动。组织参加全国和全省体育大会、少数民族传统体育运动会、残疾人运动会、职工运动会、农民运动会、大中学生运动会等群体赛事活动,要组织好队伍,搞好训练,力争取得好成绩,并以此为契机推动群体活动和群体竞赛的扎实开展。机关、企事业单位、社会团体和各类全民健身组织,要利用8月8日"全民健身日"、法定节假日、民族传统节日以及农闲季节,定期举办不同层次、不同类型的全民健身体育活动与竞赛。

(十五)实施"青少年体育活动促进计划",初步建成青少年公共体育服务体系。加强青少年体育组织网络建设,探索创建"青少年校外体育活动中心",到2015年全省创建国家级青少年体育俱乐部150个、国家级体育传统项目学校15~20所、国家级青少年户外营地2个、省级体育传统项目学校160~180所。初步建成符合省情、较为完善、受益面广、服务均等,社会、学校、家庭相结合,以各级各类学校、体校、公共体育场地设施及社会各类性质场地设施为载体,以青少年校外体育活动中心、青少年体育俱乐部、体育传统项目学校、青少年户外体育营地和社会其他服务机构为组织形式,以体育教师、教练员、家长、社会体育指导员和体育志愿者为组织指导人员,以健身活动、竞赛交流、技能培训、健身咨询、体质监测等为主要服务的青少年公共体育服务体系。

(十六)加强对特殊人群体育活动开展的组织与领导。充分发挥老年人体育协会的作用,加强老年人体育活动队伍建设和宣传工作,积极引导老年人参加体育活动。构建残疾人体育活动服务体系,拓展残疾人体育事业资金筹集渠道,培养残疾人健身体育指导员。关注下岗失业人群、城镇贫困人口和城市农民工等弱势群体的身体健康,从政府、社会及个人三个层面构建相应的体育活动参与保障体系。加强特殊人群体育的科学研究，研制与推广适合特殊人群的体育健身新项目、新方法。

（十七）完善全民健身的科学标准和规范体系。建立健全县级国民体质测试机构，开展城乡居民日常体质测定和科学健身指导，不断加强对群众体育发展状况、群众健康状况的研究监测和统计工作，进一步完善国民体质监测、体育锻炼标准、群众体育现状调查等各项制度以及相关信息的发布制度。组织开展好第四次全国国民体质监测和全民健身活动状况调查。全面建立适应小康社会对群众体育要求的"小康体育"指标体系。

四、增强竞技体育实力，体育竞赛创造优异成绩

（十八）"十二五"竞技体育发展的目标是：坚持竞技体育举省体制，实施"金牌战略"与"可持续发展战略"，着力增强竞技体育实力。优化项目结构，优势项目真正形成项目优势，潜优势项目向优势转化，落后项目实现突破。到2012年我省力争有4～5个大项、8～10个小项具备进入世界前三名的实力，5～7个大项、15个左右小项具备进入世界前八名的实力，在伦敦奥运会上争取获得1～3枚金牌；到2013年力争有10～14个大项、40个小项进入全国前三名，19～22个大项、100个小项进入全国前八名，第十二届全国运动会参赛成绩金牌或奖牌数超上届、团体总分进前十名。贯彻落实《河北省体育后备人才培养规定》，加快健全竞技体育后备人才培养体系。

（十九）进一步完善竞技体育长效机制。坚持和完善竞技体育举国体制和举省体制。继续完善优秀运动员、教练员选拔机制、以"三金一保"为主的社会保障机制、运动员安置机制、出人才出成绩的激励机制、运动项目管理中心管理机制、"训科医"一体化科技服务机制、科学原则指导下的"三从一大"训练机制等，不断探索竞技体育工作规律，提高谋划工作的能力，建立健全完备的竞技体育工作长效机制，提高工作效率，促进各项工作制度化、规范化，为竞技体育全面协调可持续发展提供科学有效的服务保障。

（二十）做好奥运会、亚运会、全运会的备战和参赛工作。全面贯彻实施《2011-2020年奥运争光计划》，完成好2012年伦敦奥运会、2013年全国运动会以及2014年第十七届亚洲运动会的备战、参赛任务。加强对备战工作的组织领导，完善备战机制，优化项目布局，加大保障力度，增强科研实力，提高科学训练水平，争取运动成绩和精神文明双丰收。

（二十一）完成好举办和参加重大赛事的任务。精心组织好2014年第十四届省运会，把各项工作做实、做细，确保精彩、圆满，万无一失。每年承办国际、全国体育竞赛10次以上，充分发挥体育赛事的多元社会功能，丰富人民群众精神文化生活，促进社会发展。完善体育竞赛的各项制度，加强体育竞赛管理，提高竞赛组织管理水平。

（二十二）不断优化项目结构，促进竞技体育均衡发展。优势项目要自加压力、巩固提升，努力使优势项目形成集团优势。潜优势项目要加快发展，使之逐步形成真正优势，成为新的金牌增长点。落后项目要争先创优，敢于突破，力争进入全国前八名。加大对集体球类项目的投入，力争运动水平有所提高。支持和鼓励各地、各行业重点发展符合自身条件和特点的运动项目，加大投入，优化布局，提高效益，形成地方优势和地方特色，努力使关键项目和群众喜爱的集体项目有一个崭新的提升。

（二十三）改革和完善运动竞赛体系。充分发挥全运会、省运会等国内赛事的杠杆作用，对运动会的赛制、设项等进行合理布局调整，完善政策，充分发挥全运会、省运会在推进赛制改革、促进竞技体育发展等方面的引领作用。加大政策引导，促进体育竞赛社会化，调动各市体育部门和社会力量积极性。建立符合青少年成材规律的分层次、分等级的青少年竞赛体系和制度。逐步建成具有河北特色的、适应社会主义市场经济要求的竞赛管理体系。

（二十四）加强教练员、裁判员队伍建设。加强教练员队伍建设，不断提高业务能力，深入进行思想教育和职业道德教育，全面提升教练员的综合素质，省优秀运动队专职教练员人数达到160人，其中优秀中青年高级教练员占到25%~30%。加强裁判员培训和管理，提高裁判员专业水平，建立一支思想品德好，业务水平高，人员相对稳定的高水平裁判员队伍。

（二十五）加强竞技体育后备人才队伍建设。贯彻落实《河北省体育后备人才培养规定》，紧紧依托各市和各运动项目管理中心，以国家高水平体育后备人才基地和体育运动学校为骨干，以少年儿童体校、青少年体育俱乐部、体育传统项目学校、体育特色学校和社会力量兴办的后备人才培养机构为基础，建设规模、布局、结构合理，适应社会发展、充满活力的竞技体育后备人才培养体系。创建国家级、省级高水平体育后备人才基地20~30个，国家级、省级高水平单项体育后备人才基地40~50个。全省业训总人数保持在2.5万人左右，青少年运动员注册人数力争达到2万名，每年为省优秀运动队输送高水平体育后备人才160~180名。逐步完善后备人才培养条件和环境，建立配套的后备人才培养管理机制、输送奖励机制、评比表彰机制等，充分调动基层业训积极性，使全省体育后备人才培养工作步入良性循环轨道。

（二十六）加强运动员文化教育。制定我省《关于进一步加强运动员文化教育和运动员保障工作的实施意见》，落实有关各项政策措施，大力推进"体教结合"，逐步建立起较为完备的青少年运动员一条龙的文化教育体系。采取切实措施，保证优秀运动员能够接受完整、良好的普九教育、中等教育和高等教育，全面提高运动员的科学文化素质，促进运动员的全面发展，为社会培养高素质的人才。

（二十七）加强运动队道德作风建设。加强运动员思想政治工作，树立正确的世界观、人生观、价值观和为国争光、为省争荣誉的信念，切实把思想政治工作做实、做细，收到实效。加强励志教育，把提高运动技术水平与培养有理想、有道德、有文化、有纪律的人才相结合，使优秀运动队成为政治合格、作风顽强、技术过硬的优秀群体。对运动员进行爱国主义、集体主义教育，大力弘扬奥林匹克精神和中华体育精神，深入持久地开展理想信念教育，继承和发扬民族优良传统，牢固树立社会主义荣辱观，增强运动员民族自尊心和自豪感。培养运动员无私奉献的精神、坚忍不拔的意志、顽强拼搏的作风。

（二十八）狠抓赛风赛纪，维护赛场秩序。不断完善体育竞赛制度建设，净化赛场风气，促进公平竞争。要在运动员注册、裁判员培训和选派、竞赛规程上加大管理力度，充分运用现代科技手段，发挥专业部门的权威作用，创造一个公平、公正、有序的竞赛环境。加大对弄虚作假、徇私舞弊、执裁不公、扰乱赛场秩序等违规违纪行为的预防教育和处罚力度。

（二十九）加强反兴奋剂工作。认真贯彻落实《反兴奋剂条例》，不断完善反兴奋剂管理体系建设，强化各单位反兴奋剂工作职能。继续加强反兴奋剂宣传教育、科研工作以及队伍建设，提高工作质量和水平，做好备战综合性运动会反兴奋剂工作，加强反兴奋剂对外交流和合作，努力维护体育竞赛的健康、公平、公正。

五、加快发展体育产业，打造体育产业竞争力

（三十）"十二五"体育产业的发展目标是：制定和落实《河北省关于加快发展体育产业的实施意见》，大力推进"环京津体育健身休闲圈"体育产业发展，培育一批具有竞争力的体育产业园区、示范区、体育骨干企业和体育品牌，基本建成以体育健身休闲业、体育竞赛表演业、体育用品制造销售业、体彩业为重点，多业并举、门类齐全、结构合理、规范发展的具有河北特色的现代体育产业体系，形成全社会参与兴办、多种所有制共同发展的体育产业新格局，逐步满足群众日益增长的多层次、多元化、多样性的体育消费需求。全省体育产业增长速度明显快于国民经济发展速度，城乡居民体育消费显著增长，扩大就业能力明显增强，体育产业的竞争力有较大提升。

（三十一）大力培育体育产业聚集区。加快建设一批适应不同消费人群的集运动休闲、体育旅游、体育培训、健身娱乐为一体的现代化、综合性体育产业项目，实施项目带动，打造各具特色的体育产业聚集区。积极培育环首都体育市场，重点发展以崇礼滑雪为龙头的张家口、承德地区的冰雪项目聚集区，以体育教学培训为主导的保定体育产业园区，以廊坊、涿州为代表的首都周边高尔夫项目聚集区和承德体育健身休闲产业聚集区。快速发展以省航空体育运动学校、省航空体育俱乐部、省航管中心为依托的保定江城航空体育项目，对接国家航校资源整合，推动航空体育园区建设，构建通用航空运营基地。推动冀中南和沿海体育产业发展，加快建设秦皇岛体育休闲服务业聚集区、唐山南湖生态城国家体育休闲示范区、省会体育健身休闲聚集区、沧州武术产业基地、永年广府太极拳运动基地、邢台太行山攀岩拓展训练基地以及盐山、安次、大厂、三河、定州的体育器材制造基地。强化与京津两市的体育产业合作，推进京津冀体育产业一体化进程，培育国家级京津冀体育产业示范区。

（三十二）下大力培育体育产业品牌。完善政府扶持、行业监管、企业主导、市场运作的体育赛事开发模式，建立体育赛事合作开发平台，鼓励企业举办商业性体育比赛，积极引进国际知名的体育赛事，努力打造省会全国田径赛、体育彩票北戴河铁人三项大赛等有影响、有特色的赛事品牌。各地、各项目中心、各单项协会紧密配合、协调互动，依托各地资源条件，培育具有一定优势和特色的节庆品牌，做大做强中国崇礼国际滑雪节、中国沧州国际武术节、北戴河"运动之春"五一轮滑节、全国登山健身大会狼牙山登山节、中国保定空竹艺术节和中国保定篮球文化节。注重体育企业和体育产品的创意、策划和包装，下力气培育体育会展品牌，进一步提升中国邯郸国际太极拳运动大会，廊坊（国际）名鸽展览交易会、廊坊碧海国际渔具展的知名度和影响力。

（三十三）积极培育体育中介市场。鼓励发展体育中介组织，建立体育经纪人管理规范，实行体育经纪人国家资格认证制度，加强行业自律，培养高素质的体育经纪人队伍。加强与国际职业体育组织、国家项目管理中心和国内单项体育协会的合作，大力开展中介、经纪服务，充分发挥体育经纪人在体育技术培训、信息咨询、体育保险、赛事推广、体育交流、人才流动、体育市场拓展等方面的作用。

（三十四）做大做强体育用品业。鼓励和引导体育用品企业开展技术创新、产品创新和营销手段创新，打造著名体育用品生产和销售基地。加强体育用品的质量监管和产品认证工作，提高市场竞争能力，打造具有自主知识产权的产品品牌。推动沧州、廊坊、保定等地的体育用品生产和批发销售企业提档升级，加快体育用品业向园区聚集、规模发展的步伐。探索举省组团参加中国和国际体育用品博览会，努力创办具有一定影响力的河北体育用品博览会。

（三十五）大力促进体育服务贸易。以体育劳务、赛事组织、场馆建设、信息咨询、技术培训等为重点，逐步培育和扩大体育服务规模。大力发展沧州、保定、廊坊、秦皇岛等地的体育专业技术培训，积极开拓海外市场，提升体育服务行业在国际上的竞争力。鼓励各类运动项目，特别是我省的优势项目和民族特色项目走出去，积极参与国际竞争，培育和形成一批实力雄厚、专业性强的体育服务贸易企业，树立我省体育服务贸易品牌。

（三十六）协调推进体育产业与相关产业互动发展。发挥体育产业的综合效应和拉动作用，推动体育产业与文化、旅游、电子信息等相关产业的复合经营、融合发展，促进体育旅游、体育出版、体育媒介、体育广告、体育会展、体育影视等相关产业的发展。本着互利互惠、优势互补的原则，着眼于形成体制、政策、服务和综合环境梯度差，推动与京津地区体育产业规划衔接和产业对接，建立体育产业信息咨询共享网络平台和体育服务从业人员国家职业资格互认制度，促进人才的合理流动，创造京津冀体育产业一体化格局，发展壮大我省体育产业。

（三十七）加快体育市场法制化、规范化建设。建立、健全相关法规，完善监督管理机制，明确监管主体及其管理职能和各类市场主体的权利义务，规范体育市场主体行为，维护市场秩序，促进体育市场规范发展。加强体育经营活动的安全监管，对于高危险性体育项目的经营活动，加强技术指导和安全保护，加强日常监督检查及产品质量检测，确保设施设备和管理服务符合要求，确保消费者人身安全。推行体育服务质量认证制度，建立和完善体育服务规范，提高体育服务水平。开展体育行业特有职业技能鉴定工作，提高体育服务从业人员的服务意识和专业水平。

（三十八）鼓励引导民办非企业和职业体育发展。积极探索社会主义市场经济条件下体育类民办非企业的发展方式,鼓励和引导利用民间资金投资开办民非企业,总结经验,加强监管。从国情、省情和项目特点出发,借鉴国内外发展经验,加强项目协会和职业俱乐部的基础建设和规范建设,开展职业体育赛事活动,逐步建立政府依法监管、协会管办分离、俱乐部自主运作的职业体育管理体制和运行机制,促进职业体育规范健康发展。

(三十九)进一步培育体育彩票市场。认真贯彻落实《彩票管理条例》,完善体育彩票市场管理制度,规范发行销售监管机制,强化体育彩票公益品牌形象,细化管理服务,加大市场营销和宣传力度,丰富玩法和品种,拓宽销售渠道,力争在"十二五"期间全省销量达到135亿~150亿元。

六、加强公共体育设施建设,不断推进体育设施现代化

(四十)体育基础设施建设实现新突破。统筹兼顾,优化配置,合理布局,加大公共体育设施投入力度,进一步完善省、市、县(市、区)、乡(镇、街道)、村(居民小区)五级体育场馆设施网络。省级完成自行车中心迁建项目、射击中心迁建项目、训服中心二、三期工程和室内田径馆项目的规划建设。石家庄市要建成省会体育中心及其配套设施,为承办国际单项赛事和全国综合性运动会奠定基础。沧州市要完成沧州体育场及有关场馆建设项目,具备承担省运会能力。邯郸、唐山、保定、承德、邢台、衡水、张家口等市都要建成市体育中心。各县(市、区)基本建有标准体育场(田径场)、体育馆和全民健身中心。60%以上行政村建有公共体育设施。到2015年全省人均体育场地面积达到1.5平方米以上。

七、推动体育管理职能转变,加强体育法制建设

(四十一)加强宏观管理,促进政事分开。体育行政部门切实转变职能,把工作重心放在制定发展规划、加强宏观调控、完善规章制度、提供公共服务、维护行业秩序上来,促进政事分开,管办分离。进一步发挥各级体育协会的作用,完善单项体育协会的组织机构、工作机制和自律机制,发挥行业管理职能。加强对体育社会团体的指导,理顺体育行政部门与社会团体的关系,建立符合国情、省情的体育社团管理体制。

(四十二)提高依法行政、依法治体的意识和能力。树立社会主义法治理念,强化依法治体意识,增强依法行政的自觉性,善于运用法律手段管理体育事务,能够依法妥善处理各种社会矛盾和解决实际问题。完善科学、民主和依法决策机制,加大决策环节的制度化建设,推进体育政务公开,促进行政决策与管理的科学化和民主化。

(四十三)加快体育立法步伐。加快进行体育改革与发展过程中亟待规范的重点领域的体育立法。配合国家体育总局做好《中华人民共和国体育法》、《反兴奋剂条例》的修改工作,加强地方体育配套立法,逐步健全体育法规体系。做好现行体育法规、规章和规范性文件的清理、修改和评估,进一步完善体育立法程序,加强规章制度建设。

（四十四）提高体育行政执法水平。建立和完善各级体育行政部门的行政执法制度，加强体育行政执法机构、执法机制和执法队伍建设，完善体育行政执法人员的资质管理，严格规范体育行政执法行为。推行体育行政执法责任制，强化依法履行体育行政职责，组织开展对体育法律法规和政府规章实施情况的监督检查，加大对体育领域违法犯罪行为的惩治力度。建立权责明确、行为规范、监督有效、保障有力的体育行政执法体系。

（四十五）广泛开展体育法制的宣传教育。实施体育系统法制宣传教育第六个五年规划，扎实有效地开展体育法制教育活动。编印、购置适应体育系统特点和实际需要的法制宣传教育教材，根据体育系统的特点开展灵活多样、扎实有效的法制宣传教育活动，全面提高体育队伍的法律意识和法律素质。

八、发展体育科技、教育，加强体育人才队伍建设

（四十六）提高体育科技创新能力和综合水平。坚持"自主创新、重点跨越、支撑发展、引领未来"的体育科技工作指导方针，加强政策引导、工作推动和制度保障，以运动训练实践需求为导向，以省体育科学研究所和高等院校为科研骨干，调动社会科技力量，建立体育科技资源布局合理、配置优化、有效共享的适应我省体育事业发展需要的体育科技管理体制和运行机制，全面提升体育科技创新能力和科学研究水平。省体育科学研究所要加强国家体育总局重点实验室和省重点实验室的建设，在每个奥运会和全运会备战周期中，力争达到承担国家体育总局科研课题2项，主持省部级科研课题5项以上，重点围绕运动员机能监控、专项力量训练、运动康复训练、运动项目技战术分析、科学选材等方向进行科研攻关，并以此为依托，每年有针对性地解决制约我省竞技体育重点项目发展的关键技术问题1~2项。每名科研人员每年发表学术论文1~2篇，力争在SCI收录文章数量有所突破。

（四十七）完善竞技体育训、科、医一体化的科技服务保障体系。逐步建成由指挥系统、综合协调系统、各项目科技服务团队三部分组成的科技保障体系，实施"训科医一体化"的全方位科技保障服务。省体育科研所要新建运动康复与专项力量训练实验室，运动技术分析实验室，改建和扩建机能诊断与调控实验室，科学选材实验室，兴奋剂检测实验室，运动营养与恢复实验室，体质监测实验室，建设特色体育专科医院，建立竞技体育管理信息系统，将科研、医疗真正介入到训练中，将"训科医一体化"工作切实做实做好。

（四十八）大力发展体育教育事业。推动体育基础教育、高等教育、职业教育的发展和改革，培养体育事业发展需要的各类人才。河北体育学院要建成具有一定规模、结构合理、特色鲜明、环境优美、设施完备、国内具有一定影响的河北省体育科学、文化、教育中心。到2015年，普通在校生规模达到5000人左右，专任教师达到380人，占教职工总数的70%以上，具有博士学位的教师达到10以上，具有硕士及以上学位的教师达到70%以上，中青年教师硕士及以上学位达到100%。力争建设1个国家级重点学科、3个省级重点学科和重点发展学科，培养在国内有一定影响的学科带头人和学术骨干4~6人,建设省级以上教学团队、科研创新团队4~6个。探索"校企联合、学训结合、按需施教、特色培养"的办学模式和办学思路,到2015年,建成5个省部级校外人才培养基地,2个国家级校外人才培养基地,新建紧密型校外实践教学基地10~20个,建立教练员培训基地,承担我省教练员轮训任务,促进教学、训练和科研水平的不断提高,为我省体育事业发展提供科技和人才支持。

（四十九）加强体育人才队伍建设。实施"人才强体"战略,加强体育人才队伍建设,努力打造一支素质好、作风硬、管理理念新、创新意识及责任意识强的管理干部队伍,一支与我省竞技体育发展目标相适应、事业心强、业务素质高、具有一定科研能力、结构合理的教练员队伍,一支在国内外体坛具有一定影响力、可持续发展的运动员队伍,一支具备国内较高水平、具有解决运动实践中关键问题能力、能够为我省竞技体育和群众体育发展提供强有力科技支撑的科研医疗保障队伍,一支扎根基层、无私奉献、结构合理、技能和服务水平较高的社会体育指导员队伍,一支既懂体育又熟悉现代经营管理、职业素质高、市场开拓能力强的体育经营管理队伍。不断创新体育人才工作机制,建立健全以能力和业绩为导向的人才评价机制、完善体育人才选拔和使用机制、改革分配激励机制、完善体育人才保障体系和人才咨询决策机制,促进体育人才队伍建设。

（五十）积极开展体育人才的教育培训。建立体育人才培训基地,完善体育人才培训制度,加大体育人才培训经费投入,制定并实施体育人才培养专项计划,采取脱产培训与在职自学相结合、中长期进修与短期专题培训相结合、外派培训与自办培训相结合等多种形式,积极组织开展各类体育人才培训,促进理论与实践的交互发展,着力提高各类体育人才的理论水平、业务能力和创新能力。

九、加强体育对外交往，做好新闻宣传工作

（五十一）积极开展对外体育交流与合作。贯彻对外开放与国内发展相统筹的原则,以体育大赛为契机,进一步拓宽国际体育交流的领域,发展对外友好关系。积极学习、借鉴国内外发展体育的经验,促进我省体育事业更好地与国际接轨,为我省体育事业发展创造良好社会环境。

（五十二）加强体育新闻宣传工作。进一步加强提升体育社会形象的宣传与推广,完善体育宣传的工作机制,加强全民健身、竞技体育、体育产业以及重要政策法规的宣传,为体育改革和发展营造良好的社会舆论氛围。重视和加强体育宣传队伍建设,完善新闻发布制度。加强同各新闻媒体的协调沟通与合作,有效发挥宣传媒体的积极作用,掌握体育宣传主动权。

（五十三）加强体育文化建设。倡导健康、科学、文明的生活方式,弘扬以爱国主义为核心的中华体育精神,积极倡导奥林匹克精神,全面推进体育文化建设。深入挖掘体育的文化内涵,重视传统体育文化遗产的挖掘、整理、保护和利用,开展丰富多彩的体育文化活动,塑造积极、健康的社会价值观和人生观,充分发挥体育在建设

社会主义先进文化中的作用和功能。

十、加强组织领导，保障规划的落实

（五十四）加强对体育事业的组织领导。各级人民政府要高度重视本地区的体育事业发展，按照《中华人民共和国体育法》和《全民健身条例》的要求，把体育事业经费、体育基本建设资金以及公共体育设施建设纳入本级国民经济和社会发展规划，确保体育事业各项投入与经济社会发展同步。要进一步完善支持体育事业发展的财政、金融、税收、土地、能源等方面的政策。要充分发挥各级工会、共青团、妇联、各行业和社会各界办体育的积极性，建立健全体育工作领导协调机制，统筹协调体育事业发展。

（五十五）改革创新体育体制机制。各级人民政府及其体育行政部门，要进一步加强公共体育设施的规划和建设，引导体育社团的改革与发展，完善体育公共服务体系建设。进一步改革和完善政府统筹、社会协同、市场支持和人民群众广泛参与的体育管理体制和运行机制，不断创新群众体育、竞技体育、体育产业发展机制，增强体育发展的生机与活力。

（五十六）做好体育统计和体育标准化工作。进一步组织和完善体育事业统计工作，推进体育事业统计信息化进程。加强体育产业统计，建立体育产业统计制度和信息发布制度。进一步加强对体育有关标准的研究制定、认证和培训，强化各项体育标准的实施，促进体育标准化工作。

（五十七）推进体育信息化建设。充分认识信息化建设对体育发展的作用，进一步整合体育信息资源，拓宽采集渠道，完善信息制度，加强信息服务，推进体育信息化建设。进一步拓展体育系统门户网站功能作用，提高信息服务水平。建设我省体育产业网络平台，逐步实现京津冀体育产业信息资源共享，为体育企业和社会群众提供及时、便捷的信息服务。推进体育行政管理和体育项目管理的信息化，加强体育赛事信息管理系统开发和体育场馆信息化建设。

（五十八）加强体育工作者队伍建设和作风建设。要进一步加强体育工作者队伍建设，增强体育队伍的敬业意识、责任意识、纪律意识和奉献意识，提高业务工作水平，打造一支"作风过硬、纪律严明、执行力强"的体育工作者队伍。各级体育部门要继续深化队伍作风建设，深入推进"创先争优"活动，切实抓好党风廉政建设，建立健全监督管理长效机制。

（五十九）加强对规划实施的监督和管理。各级政府要健全规划实施的监管机制，要采取切实有效的措施，对本行政区域内体育事业规划实施情况进行严格监督。要充实监督检查力量，强化体育事业主管部门的监督检查职能，保障和推进体育事业"十二五"发展规划的顺利实施。

山西省体育事业"十二五"发展规划

"十二五"时期是全省实现转型发展、跨越发展的关键时期,也是推动"健康山西"建设的重要时期。为了统筹"十二五"时期山西体育改革与发展,努力实现山西体育又好又快发展,为建设体育强国做出积极贡献,制定本规划。

一、机遇与挑战

(一)"十一五"时期山西体育事业取得新成就

"十一五"时期,在省委、省政府的正确领导下,全省体育战线坚持党的体育方针、政策,全面贯彻落实科学发展观,抢抓全面建设小康社会的战略机遇、北京奥运会的历史机遇、中部崛起的发展机遇,圆满完成"十一五"规划提出的任务,各项工作取得显著成绩,为"十二五"时期的发展奠定了坚实的基础。

群众体育蓬勃发展。以构建全民健身服务体系为全面建设小康社会的重要内容,以实施农民体育健身工程为突破口,统筹建设城乡群众身边的体育设施。到2010年底,全省农民健身工程累计完成22845个,覆盖全省80%的行政村。人均体育场地面积达到1.4平方米,超额完成"十一五"末实现人均1平方米的奋斗目标。城乡体育健身活动站点达7000多个,社会体育指导员达2.6万人。人民群众体育健身意识日益增强,经常参加体育锻炼活动的人数约达全省总人口的30%。国民体质监测机制不断完善,开通"山西全民健身网",初步建立了推广科学健身的公共服务平台。

竞技体育实现突破。调整优化运动项目布局,运动项目管理体制进一步理顺。创建了一批国家、省级高水平体育后备人才基地,体育后备人才培养机制进一步完善。实施了"缩短战线、突出重点、全运争金、奥运争光"的竞技体育发展战略,在2008年第二十九届北京奥运会、2009年第十一届全运会、2010年第十六届广州亚运会和首届青奥会等一系列国内外重大体育比赛中,取得优异成绩。成功举办了第十二届、十三届省运会。赛风赛纪和反兴奋剂工作成效明显。

体育产业成果显著。积极应对金融危机的挑战,紧紧抓住产业结构调整带来的机遇,体育产业持续发展。体育竞赛表演业、健身娱乐业、体育用品业、经纪中介业等得到较快发展。体育产业体系逐步形成,体育市场监管不断加强。体育产业统计指标体系初步建立。体育彩票实现销售35亿元,超额16.6%完成任务。体育航空服务为经济社会发展做出积极贡献。全省各级体育场馆建设全面推进,新建山西体育中心和训练基地主体完工,太原航校迁建工程开工建设,各市、县体育场馆建设向前推进。体育产业和文化产业、旅游产业的融合进一步得到加强，复合经营呈现出强劲势头。

体育法制等各项工作扎实推进。体育法规体系进一步完善，依法行政、依法治体取得明显成效。体育科技、教育、宣传、财务、文史、人才培养、党的建设、纪检监察、后勤保障等工作力度不断加大，有效地保证了"十一五"时期山西体育事业的发展与进步。

（二）山西体育在改革与发展中面临的形势

"十二五"时期是我省体育事业发展的关键时期，既面临难得的历史机遇，也存在各种严峻挑战，机遇与挑战并存。

我国体育已步入建设体育强国的伟大进程。推动我国由体育大国向体育强国迈进是新时期中国体育的前进方向和发展目标。建设体育强国既是新时期我国体育工作的奋斗目标，又是我国体育发展艰巨而长期的过程。体育强国具有丰富的内涵和鲜明的特征，涉及到体育事业的方方面面，既是全方位的要求，也是综合体系，更是一个全面发展的目标。这一目标为发展我省体育事业提供了难得的历史机遇，我们必须结合山西省情，进一步增强发展信心，创新发展思路，转变发展方式，提高发展质量。

我省已进入建设"健康山西"的关键时期。省委做出建设"健康山西"的重大决策，提出顺应群众想健身、盼健康的要求，广泛宣传健康生活理念，发展健身健康产业，帮助群众提高健康素质和生活质量。这一决策在为我省体育事业服从服务于"强国战略"找准了方向、定位的同时，也提供了良好的发展机遇，必须认真贯彻科学发展观，坚持以人为本，进一步统筹协调城乡之间、区域之间的体育发展，统筹协调体育事业、体育产业的发展，统筹协调体育各项工作的发展，积极推动"健康山西"建设。

我省体育事业发展现状与经济社会发展需求存在较大差距。在"十二五"期间，人民群众日益增长的体育需求与社会体育资源相对不足的矛盾，仍是体育事业发展中的主要矛盾。在群众体育领域，政府提供体育公共服务的职能尚未得到充分发挥，社区体育场地设施欠账多，县（市、区）体育场馆和全民健身场地严重不足，离体育基本公共服务均等化的目标差距较大，构建面向大众的全民健身服务体系任务艰巨。在竞技体育领域，我省的综合竞争力与体育强国要求相比还有明显的差距，项目结构和运动成绩还不均衡，田径、游泳等大项基础薄弱，群众喜爱、社会影响广泛的足、篮、排三大球专业队尚未设立，业余训练的政策体系、激励机制不够完善，运动员文化教育、退役运动员就业安置和伤残保障等长远性、根本性问题未能得到系统、全面的解决。我省体育产业增加值占全省地区生产总值与国家的平均水平相比还有较大的差距，缺少规模大、效益好、科技含量高的龙头企业，体育产业政策不完善，体育市场监管还有待进一步加强，体育彩票的销售在全国仍处于落后位置。体育科技创新能力和服务水平有待提高，体育教育对服务体育事业发展的作用有待增强。对社会主义市场经济条件下体育发展中的新情况、新问题、新矛盾，在相当程度上还研究不透彻、认识不明确、措施不到位。

面对新的形势,我们必须抢抓发展机遇,积极应对各种挑战,进一步推动"十二五"时期全省体育事业又好又快发展。

二、指导思想、基本原则和总体目标

(一)指导思想

全面贯彻落实科学发展观,坚持以人为本,以建设体育强国和我省转型发展、跨越发展、建设"健康山西"为契机,以服务全面建设小康社会和构建社会主义和谐社会为方向,以提高全省人民的身体素质和生活质量为立足点,大力发展公共体育事业和体育产业,强化政府体育公共服务职能,深化体制改革,创新发展方式,增强发展活力,提升山西体育的综合竞争力和影响力,为建设"健康山西"做出积极贡献。

(二)基本原则

坚持围绕中心,服务大局。坚持体育工作为全省的中心任务服务,立足体育,奉献社会,自觉把体育发展融入山西转型发展、跨越发展的历史进程当中,服务我省建设"健康山西"的宏伟目标。

坚持以人为本,服务群众。坚持把以人为本作为体育发展的核心理念,以"健康山西"战略目标统领山西体育,以人的健康为核心,以政府为主导的健康投入为保证,以健康的生活行为方式为基础,以提高人民群众身体素质、生活质量和促进人的全面发展为目标。

坚持统筹兼顾,协调发展。坚持健康生活理念与健康生活行为方式的相互适应、相互推动,坚持体育发展与经济社会发展的相互协调、相互促进,坚持区域、城乡体育的整体协调发展,坚持体育事业和体育产业的均衡协调发展,坚持群众体育、竞技体育、体育产业及其内部各门类、各项目的全面协调发展。

坚持转变观念,改革创新。坚持不断探索新时期群众体育、竞技体育、体育产业等各项工作的特点和规律,进一步转变发展观念,创新发展模式,提高发展质量,推动群众体育由补偿型向持续型转变,竞技体育由全运战略向奥、亚、全战略转变,体育产业由粗放型向集约型转变,体育管理由经验型向科学型转变。积极推进理论创新、制度创新、体制机制创新和科技创新。

坚持依法治体,科教兴体,人才强体。牢固树立依法治体是保障体育发展的基本观念,大力加强体育法制建设。牢固树立科学技术是第一生产力的观念,依靠体育科技进步和教育发展,促进体育事业不断壮大。牢固树立人才资源是第一资源的观念,充分发挥人才在促进体育发展中的关键作用。

(三)总体目标

大力发展公共体育事业,提高公共体育服务水平。加强公共体育设施规划和建设,推进市、县两级体育设施"五个一"工程。积极开展形式多样的全民健身活动和群众性体育比赛,培养城乡居民崇尚健身、参与健身、科学健身意识。建立完善的国民体质监测服务系统;以备战2012年第三十届伦敦奥运会、2013年第十二届全运会和2014年第十七届仁川亚运会为重点,努力提高竞技体育总体实力,加强赛风赛纪和反兴奋剂工作。扎实抓好青少年体育工作,改进青少年后备人才培养机制,推动竞技体育步入高水平可持续发展轨道;抓住转变经济发展方式的机遇,完善体育产业发展的体制机制，建立符合市场经济规律的现代体育产业体系，建立和完善规范有序、繁荣稳健的体育市场和体育市场监管体系。加大体育资源开发，加大投融资力度，保障供给，增强市场活力，发展壮大产业规模；不断深化改革，完善运行机制，努力提升体育法制、科技、教育、人才培养、宣传、行业作风、安全生产等工作水平，保障和促进体育全面、协调、可持续发展。到"十二五"末，力争使我省体育的总体水平迈入中西部地区先进行列。

三、任务与措施

（一）全面推动群众体育发展，促进"健康山西"建设

"十二五"时期群众体育发展任务是：全面实施《全民健身计划（2011-2015年）》，强化公共体育服务职能，建立较为完善的全民健身公共服务体系，提高群众身体素质和生活质量，促进"健康山西"建设。积极推进市、县两级体育设施建设"五个一"工程，到2015年，全省全民健身场地设施有较大增长、健身组织体系更加完善、社会体育指导员和全民健身志愿者服务队伍明显增加，全民健身活动广泛开展。城乡居民体育健身意识进一步增强，经常参加体育锻炼的人数显著增加。

加强公共体育设施规划和建设。认真贯彻执行《公共文化体育设施条例》、《山西省体育设施条例》等相关法律、法规，将公共体育设施建设纳入国民经济和社会发展计划，加大建设投入力度。到2015年，80%以上的设区城市建成一个综合体育场、一个综合体育馆、一个大型健身中心、一个游泳馆和一个体育公园。60%以上的县、市、区建成一个田径场、一个体育馆、一个中型健身中心、一个游泳馆（池）和一个体育公园。乡镇（街道）实现全民健身活动广场全覆盖，全省行政村实现农民体育健身工程全覆盖，实现全省人均体育场地面积达到1.5平方米以上的目标。

加强体育组织和队伍建设。加强各级体育总会、单项体育协会、人群体育协会、行业体育协会及体育俱乐部建设。到2015年，各市和60%的县（市、区）建有体育总会。各市单项体育协会达到30个以上。80%的县（市、区）单项体育协会达到20个以上。50%的市和30%的县（市、区）建有社会体育指导员协会。80%以上的城市社区、60%以上的农村乡镇建有体育组织。城市社区普遍建有体育健身站（点），50%以上的农村建有体育健身站（点），90%的乡镇（街道）有专职体育工作者，形成省、市、县和乡镇（街道）、村的层级组织网络。建立以社会体育指导员为主体，优秀运动员、教练员、体育教师、体育科研人员、体育院校学生和社会热心人士广泛参与的全民健身志愿服务队伍。形成以社会体育指导员为主体，组织落实、结构合理、服务到位的全民健身志愿者服务队伍。

广泛开展全民健身活动。继续深入开展"五个百万人群"、"两个关爱人群"的全民健身活动。以"全民健身日"为契机，延伸和扩大全民健身活动的周期和效益。遵循"因地制宜、业余自愿、小型多样、就近就便"的原则，组织开展丰富多彩、贴近百姓的全民健身活动。注重山西传统体育、特色体育的保护和发展，积极推进"健身文化乡土化"，打造"山西跤王争霸赛"、"长治国际攀岩节"、"中国CBO业余篮球公

开赛"等群众体育品牌活动，塑造"健康山西"的体育精品。全民健身日活动覆盖率100%，我省经常参加体育锻炼人数达到32%以上，城乡居民达到《国民体质测定标准》合格以上的人数比例明显增加。

推进体育场馆向公众开放。完善和落实各级政府及相关部门促进体育场馆开放的政策，建立责、权、利明晰的体育场馆开放制度，重点推进公共体育设施、学校体育设施的开放，力争实现具备开放条件的学校体育场馆向公众开放率总体达到50%以上。

完善国民体质监测服务系统。建立健全国民体质数据库，协同卫生等部门，以乡镇、社区全民健身站点和局域网站为"平台"，建立联合健康指导服务模式，加强科学健身指导，为建设"健康山西"提供科学依据。省、市"健康在线管理体系"实现网络化，50%以上的县（市、区）、100%的体育传统项目学校建有"国民体质监测站（点）"，形成比较完善的国民体质监测系统。

实施青少年体育活动促进计划，初步建成青少年公共体育服务体系。大力促进"体教结合"，提高在校生《国家学生体质健康标准》达标率。广泛、深入、持久开展"学生阳光体育运动"，探索创建"青少年校外体育活动中心"，切实保障青少年学生的体育健身权益，培养体育兴趣，提高健康水平。加强青少年体育组织网络建设，构建社会、学校、家庭相结合的青少年活动网络，初步建成青少年公共体育服务体系。到2015年，创建国家级体育传统项目学校10~15所、省级体育传统项目学校120所，国家级青少年体育俱乐部120个、国家级青少年户外营地2个。

（二）努力提高竞技体育水平，为建设体育强国服务

"十二五"时期竞技体育发展任务是：围绕我国建设体育强国的总体目标，推动我省竞技体育由单一的全运战略向奥运、亚运、全运并重的战略转变。实施精品战略和可持续发展战略，运动成绩实现新突破，业余训练再上新台阶，体育竞赛打造新品牌，积极探索职业体育发展之路，完善后备人才培养体系，扎实抓好后备人才培养。

努力提高运动成绩。不断优化项目发展布局，巩固扩大优势项目，大力发展潜优势项目，着力提升落后项目，进一步提升我省竞技体育的综合实力和竞争力。努力在2012年第30届奥运会上实现我省单项金牌零的突破，在2013年第十二届全运会上和2014年第17届亚运会上取得优异成绩。

大力实施精品战略。结合山西实际，突出竞技体育发展的重点和特色，提高竞技体育发展质量和效益，走出一条具有山西特色的发展之路。全力打造2~3个具有世界领先水平的运动小项，培养30~50个在全运会上具备争金夺牌实力的重点运动员。

切实加强竞技体育后备人才队伍建设。完善竞技体育后备人才培养体系，积极创建高水平体育后备人才基地，改善各级各类体校办学条件，合理布局体育传统项目学校，大力发展青少年体育俱乐部，鼓励社会力量兴办后备人才培养机构。重点发展以田径、游泳为代表的基础项目和以足球、篮球、排球、乒乓球、羽毛球、网球、毽球为代表的学生喜爱的球类项目，形成山西地方优势和特点。到2015年，创建4~6个国家级高水平后备人才基地，25~30所省级高水平后备人才基地，50所左右的三线苗子选拔基地，全省二线运动员人数力求保持在3000人左右，三线训练人数达到

8000~10000人。

积极举办品牌赛事。充分利用新建山西体育中心的硬件优势，承办1~2项具有国际影响力的比赛。以备战奥运会、全运会、亚运会为目标，每年为我省优势项目举办2~3个全国比赛。以服务经济社会发展为宗旨，以扩大社会影响力为目标，打造3~5个具有山西地方特色的品牌赛事。

努力探索职业体育发展之路。追寻世界体育发展潮流，重视职业体育发展，支持社会办体育，鼓励各市、高等院校承办高水平运动队，力争在群众喜闻乐见的球类项目上依托社会创建3~5个体育俱乐部，在条件较为成熟的高等院校、相关市承办3~5支高水平运动队。

（三）加快体育产业发展，服务我省转型跨越发展

"十二五"时期体育产业发展任务是：贯彻落实国务院办公厅《关于加快发展体育产业的指导意见》，完善体育产业扶持政策，制定我省《关于加快发展体育产业的实施意见》。壮大我省体育产业规模，积极组建山西体育产业集团。培育建设太原、长治两个体育产业基地。大力推进全省各级体育基础设施建设，重点完成新建山西体育中心、改建山西省全民健身中心和迁建太原航校机场工程。培育和发展体育市场，促进职业体育俱乐部发展，扶持壮大航空体育产业。积极推进体育产业和旅游产业、文化产业的互动与融合。到2015年，体育产业增加值占全省GDP的0.54%以上，体育产业从业人数达到10万人以上。大力拓展体育彩票市场，体育彩票"十二五"时期，实现销售55亿元的奋斗目标。

加强体育产业政策支持力度。积极争取各级政府把体育产业及其重大项目纳入财政资金扶持的重点领域，设立体育产业发展引导资金、体育产业创新扶持基金和体育产业奖励基金，并逐步扩大引导资金规模，扶持企业特别是中小企业投资体育产业。在省级体育彩票公益金中提取一定比例设立体育产业补助资金。鼓励金融机构对体育产业给予信贷支持，积极推进银行和体育企业的合作，贷款政策和利率在国家允许的范围内给予优惠，探索开发适应体育消费需求的金融产品。

拓宽体育产业发展资金来源渠道。鼓励民间资本和其他各类资本投资体育产业领域，建设各类体育场馆设施和健身设施，投资体育用品生产、体育健身、组织竞赛表演、体育商贸等经营性活动。坚持"谁投资、谁受益"的原则，在融资服务、财税政策、土地使用、对外贸易和经济技术合作等方面享受国有资本投资同等待遇。鼓励中小体育企业发展，降低准入门槛，在工商登记等方面简化办事程序。

打造体育产业龙头项目。山西体育中心建成投入使用后，积极举办国际或全国综合性体育赛事。山西省全民健身中心改建后，使其成为太原体育产业基地的"领头羊"。大力推进省体育馆规划开发。招商引资建设五龙休闲体育基地。努力做好体育彩票销售工作，进一步理顺体制和机制，使我省体育彩票在"十二五"期间得到快速增长，为体育事业发展筹集更多的资金。

（四）加强和改进体育制度建设，扎实推进依法行政，依法治体工作

全面贯彻依法治体的基本方针，逐步建立起与社会主义市场经济体制相适应，符

合体育改革与发展要求，以《体育法》为核心，结构合理、衔接配套的体育法规体系。重点制定与国家有关体育法律、法规相配套的地方性法规和规范性文件，提升体育工作法制化水平。认真组织实施普法教育工作，进一步创造良好的体育法制环境，推进依法行政、依法治体。

加强体育市场执法监督管理。建立体育市场准入制度，规范体育市场主体行为，促进体育市场规范发展。按照国家标准推行体育服务质量认证制度，建立和完善体育服务规范，提高体育服务水平。深入开展普法宣传教育工作，进一步增强各级体育行政部门依法行政、依法治体的理念，提高公共服务能力和执法水平。

（五）积极推进人才强体战略，实施体育人才培养专项计划

加强对体育人才工作的组织领导，全面实施人才强体战略。健全体育人才工作协调机制，做好体育人才调研、政策论证和统筹工作。制定人才培养、使用和管理的科学评价标准，逐步建立比较完善的体育人才评估、激励、选拔、竞争和约束机制。突出专业技术人才队伍建设，研究制定吸引人才和人才发展的激励政策，加强培养和引进高水平教练员、裁判员、科研、赛事组织和体育经营、管理、教学等方面的紧缺人才。加大对运动员职业辅导、技能培训、就业指导、创业培训等工作力度。切实将运动员培养成为具有一流的运动水平、较高的综合素质、较好的社会适应能力、较强的社会竞争力、全面发展的复合型人才。实现运动员保障工作的重心从物质激励、福利保障等基础层面向人力资源的深层次开发转变，向提高运动员的综合素质、职业技能水平、社会竞争能力转变。

（六）全面实施科教兴体战略，提升科学发展水平

积极开展运动训练理论和方法研究，组织实施科研攻关与科技服务，加强全省体育科研机构的建设，深入开展运动员科学选材、机能评定、体能恢复、营养补充等方面的研究和实践，完成对重点实验室的改造，创办 1~2 个省部级重点实验室。申请和完成的科研课题及获奖课题力争比"十一五"期间增加10%。进一步推进运动训练科学化，建立和完善科学训练监控体系，促进训练、科研一体化。落实《全民健身条例》，积极开展群众体育的理论和方法研究，面向大众，依托社会，积极开展国民监测与科学健身指导工作，不断完善我省国民体质健康数字化管理体系，为群众提供经常化的服务，为实施全民健身计划提供科学依据。

认真贯彻落实国家《关于进一步加强运动员文化教育和运动员保障工作的实施意见》的有关各项政策，努力促进全省体育专业教育发展，将山西体育职业学院、各级体校和优秀运动员文化教育纳入全省教育发展规划，所需经费纳入同级财政预算，实现与教育事业经费同步增长。建立体教结合的管理体制和运行机制，不断完善体育中小学、中专、大专、本科"一条龙"体育教育体系。加强职业教育和职业培训，将其纳入山西体育职业学院、全省体校和运动员文化教育的必修课程。拓宽办学模式，改革教学内容和方式，努力培养"一专多能"、全面发展、适合社会发展需求的体育人才。鼓励和支持重点院校办优秀运动队，积极输送优秀运动员和高水平运动人才进高等院校学习和深造，不断提升运动员的文化素质和综合素质。

（七）加强体育宣传力度，充分发挥舆论导向作用

坚持正确的政治方向和舆论导向，进一步加强体育宣传力度，强化体育宣传意识。加强全民健身、竞技体育、体育产业以及重要法规、政策、条例和"健康山西"的宣传，为体育改革和发展营造良好的舆论氛围和社会环境。注重全民健身公共服务体系网络建设和应用，加强与媒体的沟通与合作，有效发挥媒体的积极作用，开展面向全社会的多渠道、多层次、多形式宣传。挖掘、推广和宣传报道体育工作取得的成功经验和先进事例，弘扬主旋律，为推动全省体育事业发展提供强大的舆论支持。

四、实施与评估

（一）加强领导

加强与各级政府和相关部门的协商互动，促进各级人民政府充分认识体育在建设"健康山西"和构建和谐社会中的重要作用，进一步加强对体育工作的领导，努力做到"七个纳入"：即把体育工作纳入各级政府经济社会发展规划；纳入各级政府城镇化规划；纳入各级政府年度向人大的工作报告；纳入各级政府年度预算；纳入各级政府目标责任制考核；纳入各级政府为民办实事范围；纳入各级政府文明建设评价体系。

（二）实施

本规划由省体育局负责组织实施，有关部门配合落实。

本规划是我省体育事业"十二五"期间发展的宏观指导性文件，并依据本规划分别详细规划山西群众体育、竞技体育、体育产业、体育法制、体育科教和宣传、体育人才培养等六项五年工作规划。各级体育行政部门在编制本级体育发展规划时原则上应符合本规划要求，提出本级对策意见，明确职责，严格执行，确保规划目标的实现。

（三）评估

各级体育行政部门要会同有关部门制定规划评估办法，每年对本级及以下各级执行规划情况进行监测评估，提出相应对策，并将评估结果及对策意见上报上级体育行政主管部门。省级体育行政部门每年对全省执行情况进行一次通报。2015年对全省各级体育行政部门进行全面评估，形成终期评估报告。

省级体育行政部门可根据年度监测评估结果对规划目标任务做出适当调整修订。

内蒙古自治区体育事业"十二五"规划

前言

"十二五"时期是全面建设小康社会、深化改革、加快转变经济发展方式的关键与攻坚时期,是推进我区体育事业实现新发展、新跨越的重要阶段。为全面落实科学发展观,充分发挥体育在保障和改善民生方面的重要作用,促进我区体育事业的全面、协调和可持续发展,根据国家和自治区的"十二五"规划建议与发展战略部署,本着顺应时代、符合民意、把握规律和筹划未来的原则,结合体育事业发展面临的新形势、新任务和新情况,制定本规划。

一、"十二五"时期我区体育事业面临的机遇与挑战

(一)"十一五"时期我区体育事业成就令人瞩目。"十一五"期间,在自治区党委、政府和国家体育总局的领导下,在有关部门的配合和全区体育工作者的共同努力下,我区的体育事业得到了长足发展,取得了令人瞩目的成就:

群众体育态势喜人。体育意识进一步增强,设施建设明显加快,组织网络不断完善,健身活动蓬勃开展。体育锻炼人口比例有所增加,健身指导队伍规模逐步扩大,多元化体育服务体系的框架基本形成,体育公共服务水平有了明显提高。

竞技体育成绩优异。优秀运动队伍的建设得到明显加强,后备人才的培养数量和质量得到明显提高,训练体制和项目管理体制的改革取得明显成效,运动员的文化教育和保障工作迈出新的步伐,完成了战略转移与重点突破两大阶段性任务。训练工作的经济性和实效性及科学化程度有了显著增强。在实现奥运会金牌"零"的突破、再创全运会辉煌、提高整体竞争能力和参加国际与洲际大赛等方面取得了骄人成绩。

体育产业步伐加快。伴随我区经济的持续、快速增长和城乡居民收入的不断提高,体育产业日新月异,体育消费迅速增长,从业人员不断增加。全区体育产业收入已达到26.98亿元,占全区国内生产总值的0.07%,占第三产业增加值的0.19%。高速增长的体育彩票销售突破12亿大关,占全部体育产业收入的46.8%,吸纳7300多人就业,取得了明显的社会和经济效益。体育产业发展中的用品销售和健身休闲市场相对活跃,竞赛表演市场初具规模,体育培训和中介市场初步形成,体育产业已成为促进我区经济发展新的消费热点。

体育法制日趋完备。配套立法工作得到加强,执法机制建设进一步完善,执法监督作用得到有效发挥,《内蒙古自治区全民健身条例》、《内蒙古自治区优秀运动队自

主择业退役运动员经济补偿办法》等一系列法规、规章的颁布实施为体育事业的改革与发展提供了重要保障,体育法制建设工作走进了全国先进行列。

体育目标化管理成效显著,人才培养、队伍建设、体育科技、体育教育和体育宣传等工作取得长足发展。通过各级政府的体育工作目标化管理和综合考核评价机制的建立,使全区的体育工作在加强组织领导、形成工作规范、敦促职责履行、推进基础建设等方面发挥了重要作用。责任目标管理的推行,保障了体育工作的应有地位;综合评价机制的建立,促进了体育事业的全面发展;考核结果的综合排序,加快了依法治体的工作进程。"十一五"时期,体育人才队伍的建设力度不断加大,体育科技支撑力量不断加强,体育教育的规范化程度不断提高,体育宣传的广度与深度和对外交往与国际交流不断扩大。目前,体育事业已成为一项领导关心、群众关爱、社会关注的亲民、便民与惠民事业;已成为一种与社会各个方面和广大群众紧密联系的社会文化现象;已成为彰显时代特征和民族地区特点的活动载体,融入了自治区的经济社会发展和城乡居民生活。体育事业的发展与进步,为自治区的"三个文明"建设做出了应有贡献,为"十二五"时期体育事业的发展奠定了良好基础。

(二)"十二五"时期我区体育事业发展面临的主要矛盾和问题。"十二五"期间,广大人民群众日益增长的多样化体育需求与薄弱的公共体育物质基础和紧缺的公共体育资源之间的矛盾,仍然是影响我区体育事业发展的主要矛盾。特别是在群众体育领域,不仅存有体育公共服务资源严重不足、体育经费短缺、健身设施匮乏和健身指导不足等基础性建设问题,而且存有公共体育设施的管理使用效率低下、非公共体育设施的开放率不高和社会体育指导员的作用发挥不明显等服务性环节问题。同时,存在体育公共服务的不均等现象。主要表现在城乡、区域、行业的群众体育工作开展不均衡,不同地区、单位和人群享有的体育权益不公平,形成了体育公共服务与体育权益保障的公平性问题。在竞技体育领域,存有优势项目不明显、潜优势项目规模偏小、训练理念有待创新突破和项目之间发展不均衡等结构性问题。同时存在优秀体育后备人才培养体系尚待健全、以自治区全运会为龙头的竞赛体系尚待完善、赛风赛纪还需进一步加强等建设性问题。体育产业正处发展时期,市场培育的引导作用尚不明显,推动产业发展的体制尚未理顺,协调机制尚待形成。突出存在产业结构不合理、市场规模不大、政策制度不完善、从业人员素质不高、市场管理不规范、民族传统和地域性体育项目产业开发力度不够和产业链尚待形成等诸多问题。体育法律法规的贯彻落实工作相对滞后,有法必依、有章必循的格局尚待形成。对外交流和国际交往的广度与深度有待进一步加强,体育科技、体育教育在体育事业发展中的基础性作用有待进一步提高。"十二五"时期,对上述阻碍、制约体育事业发展的矛盾和问题应高度重视、努力解决。

(三)"十二五"时期我区体育事业发展面临着重大机遇"十二五"期间,党和国家已把保障和改善民生作为加快转变经济发展方式的出发点和落脚点,我区的经济社会将会更加注重协调、均衡和可持续发展,社会事业将会得到进一步强化,而作为社会事业组成部分的体育事业必将承担更为重要的历史使命和责任。北京奥运会后,我国体育的发展迈上了一个新的历史起点，由体育大国向体育强国迈进的奋斗目标，为我区体育事业的发展指明了前进向。目前，我区社会稳定，经济发展，城镇化建设进程加快，居民消费结构进一步升级，对体育的需求更加旺盛，体育生活化的步伐明显加快，为体育事业发展创造了良好的社会条件。竞技体育的社会功能将得到进一步的关注，将成为展现地区形象和综合实力的重要标志，体育与经济的结合将更加紧密，体育需求的市场规模将不断扩大，体育对经济、社会、政治和文化的影响将更加积极、全面。同时，各级政府对体育功能作用的认识将不断深化，体育事业发展所需要的法律法规、制度、政策和基础物质条件将进一步改善，体育的功能作用将会得到更加充分发挥，体育事业发展将会面临前所未有的重大机遇。

二、"十二五"时期我区体育事业发展的指导思想、总体目标和基本原则

（四）指导思想。

全面贯彻落实科学发展观，坚持以人为本，以富民强区、推进经济社会发展方式转型为契机，以不断满足人民群众的体育需求为宗旨，充分发挥体育在保障和改善民生方面的作用，大力发展公共体育事业和体育产业，强化政府体育公共服务职能，增强体育发展活力，提升内蒙古体育的综合竞争力和影响力，为全面建设小康社会和构建社会主义和谐社会做出积极贡献。

（五）总体目标。

以不断满足人民群众日益增长的体育需求为目标，全面贯彻落实体育法律法规的有关规定，完善体育公共服务体系建设，提高体育公共服务水平，逐步推进体育基本公共服务均等化。全面提升我区的竞技体育总体水平和竞争能力，进一步加强青少年后备人才培养体系和基地建设，力争在奥运会、全运会和亚运会上取得优异成绩。进一步扩大体育产业规模，不断完善产业门类，提高发展质量和综合效益，增强创新能力，培育体育消费热点，逐步建立与我区经济发展相适应的体育产业体系。不断深化改革，完善运行机制，努力使体育科技、体育教育、体育法制、体育宣传、体育外事等工作迈上新台阶，实现体育事业的新发展、新跨越和新突破。到"十二五"时期末，力争使我区的体育事业发展总体水平进入全国少数民族自治区之首和西部地区先进行列。

（六）基本原则。

坚持围绕中心、服务大局。坚持体育工作为自治区的中心任务服务，立足体育，奉献社会。将体育发展融入内蒙古转型发展、跨越发展的历史进程之中。

坚持以人为本、服务民生。以科学发展观为统领，将以人为本作为发展体育事业的核心理念，以人的健康为核心，以政府主导为保证，以健康生活方式为基础，以提高人民群众身体素质、生活质量和促进人的全面发展为目标。

坚持解放思想、改革创新。妥善处理继承与创新关系，不断探索各项体育工作与市场经济相适应的特点、规律，努力实现理论创新、制度创新、体制机制创新和科技创新。进一步转变观念，创新发展模式，提高发展质量。加快体育发展由粗放型向集约型转变，体育管理由经验型向科学型转变。

坚持统筹兼顾、协调发展。坚持体育发展与经济社会发展的相互协调、促进；坚持健康生活理念与健康生活方式的相互适应、推动；坚持区域、城乡和人群体育的协调发展；坚持群众体育、竞技体育、体育产业及其内部各门类、各项目的协调发展。

坚持依法治体，科教兴体。加强体育法制的体系建设，努力营造"有法必依，有章必循"的体育法制环境，推进体育工作的法制化进程，充分发挥依法治体对体育事业健康发展的保障作用。牢固树立科学技术是第一生产力的观念，坚持体育科学研究与运动实践和全民健身相结合，依靠科技进步和教育发展提高人才队伍素质，促进体育事业不断发展、壮大。

三、进一步提高群众体育发展水平

（七）"十二五"时期群众体育的发展目标是：全面贯彻落实国家和自治区《全民健身条例》的有关规定，强化体育公共服务职能，完善全民健身服务体系，逐步实现全民健身基本公共服务均等化。城乡、区域群众体育发展不平衡现象得到明显改善，城乡居民经常参加体育锻炼的人口比例达到32%，全民健身日活动的覆盖率达到100%，城乡基本公共体育健身设施、健身组织、健身指导队伍的数量和质量明显提高，功能作用得到有效发挥，基本形成公共体育设施网络服务体系和健身指导服务体系。整合资源，发挥综合效应，每年举办2～3次有一定规模的自治区级群体系列活动或单项比赛，形成崇尚健身、参与健身和科学健身的社会氛围，城乡居民的身体素质得到明显提高。

（八）完善全民健身服务体系。各级人民政府依法颁布实施《全民健身实施计划》，强化全民健身服务体系建设意识，将全民健身服务体系建设纳入当地经济社会发展规划，努力形成在资金、场地、机构、人员等方面支持有方和保障有力的格局。研究制定公民享有基本公共体育服务的内容和标准、公共体育服务体系的构成和体育主管部门与其他有关部门的责任范围。营造政府主导、部门配合、社会参与的局面。强化政府的体育公共服务基本职能，加强公共体育设施的规划和建设，引导体育社团的改革与发展，创新体育公共服务的运行和管理机制，不断增加和提高体育公共服务的数量和质量，推进体育公共服务均等化进程。

（九）加强健身设施网络体系建设。贯彻落实国家《"十二五"基本公共体育服务设施建设规划》，鼓励国有、非国有资本参股或独资新建《规划》范围内的基本公共体育服务设施。到2015年末，70%盟市的公共体育设施达到国家用地定额指标的规定，人均体育场地面积达到1.5平方米。实施旗县区全民健身中心、城市社区和嘎查村公共体育设施建设工程，80%的旗县区建有全民健身中心，80%的办事处、苏木乡镇建有健身活动中心，50%的社区和嘎查村建有功能相对齐全的公共体育设施，基本形成公共体育设施网络服务体系。

（十）加强健身组织网络体系建设。积极推进体育总会、行业体育协会、单项运动协会、社会体育指导员协会和人群体育协会等社团组织的建设进程，大力发展体育俱乐部等基层体育健身组织，加强对健身站（点）、文体活动站（点）的建设与指导，体育主管部门对不同类型的体育健身组织要给予支持和扶持，不断推进基层健身组织的规范化和实体化建设。力争"十二五"时期末，各盟市均建有体育总会和社会体育指导员协会，体育单项协会达到30个以上；60%的旗县（区）建有体育总会和社会体育指导员协会，单项体育协会达到20个以上；社区普遍建有文体活动委员会，60%的苏木乡镇和有条件的嘎查村建有文体活动站（点）或体育俱乐部，形成遍布城乡、规范有序和富有活力的社会化全民健身组织网络。

（十一）加强健身指导服务体系建设。加强公益和职业社会体育指导员队伍建设，充分发挥社会体育指导员在构建群众性多元化体育服务体系中的作用。鼓励和支持单项体育协会、体育院校参与和协助体育主管部门对公益社会体育指导员的培训、考核工作，加强培训基地的设施配备和师资队伍建设，建立并完善对社会体育指导员的登记注册、规范管理、表彰奖励和经费投入机制，创建社会体育指导员品牌活动。到2015年末，获得社会体育指导员技术等级证书的人数达到2.5万人，形成组织落实、结构合理、覆盖城乡、服务到位的全民健身志愿服务队伍。

（十二）广泛开展群众性体育健身活动。大力推行《普通人群体育锻炼标准》和达标测试等竞赛活动，积极营造崇尚体育健身的社会氛围。以"全民健身日"为契机，以法定节假日、民族传统节日、农闲季节等为时间节点，结合当地特点、生活习惯，针对不同人群特性，广泛开展内容形式多样、群众喜闻乐见、不同人群积极参与的体育健身活动。不断创新群众体育活动的形式、内容和方法、手段，注重民族民间传统体育项目的挖掘、整理和传承、发展。机关、企事业单位和社会团体，定期举办不同层次、不同类型的全民健身竞赛活动，打造健身活动品牌，塑造健身活动精品。

（十三）初步建立青少年公共体育服务体系。实施"青少年体育活动促进计划"，加强青少年体育组织网络建设，创建"青少年体育活动中心"，逐步增加青少年体育俱乐部、传统项目学校和青少年户外营地的建设数量。到"十二五"时期末，初步建成以公共和非公共体育设施为载体，以各类青少年体育组织为形式，以体育教师、教练、家长和社会体育指导员为指导，以健身活动、竞赛交流、技能培训、健康咨询和体制监测为内容的青少年公共体育服务体系。

（十四）完善全民健身工作的标准与规范体系建设。进一步完善国民体质监测的网络化体系建设，建立旗县区级国民体质监测机构。积极开展国民体质监测、体育锻炼标准达标监测、全民健身活动状况调查和体育人口统计的调查研究和统计及相关信息的发布工作。以第四次全国公民体质监测和全民健身活动状况调查为契机，审慎做好符合区情、适应小康社会要求的"小康体育"指标体系的研究工作，力争达到《国家体质测定标准》合格标准人数比例达到90%以上。

四、进一步提高竞技体育的综合实力

（十五）"十二五"时期竞技体育发展的目标是：继续实施以奥运会为最高目标、全运会为主要任务、人才为本、强化基础、发挥优势、重点突破、规模适度的竞技体育发展战略。努力打造2~3个具有世界领先水平的运动小项，培养20~30名具备争金夺牌实力的重点运动员。鼓励盟市和旗县区办高水平运动队，力争在群众喜闻乐见的球类项目上依托社会创建2~3个体育俱乐部，形成国家办与社会办相结合的竞技体育发展格局。力争在伦敦奥运会上再创辉煌，在第十二届全运会上力求金牌数、奖牌数、总分数有一项超过上届全运会，提升我区竞技体育的综合实力和竞争能力。

（十六）做好奥运会、全运会的备战和参赛工作。全面贯彻实施《2011-2020年奥运争光计划》，加强对备战工作组织领导和综合协调，建立层次分明、职责清晰、任务明确、计划周密、措施完善、保障有力、奖惩严明、运转有效的备战工作组织管理体系和工作制度，确保各项工作有序进行，争取运动成绩和精神文明双丰收。

（十七）积极打造优势项目的品牌赛事。充分利用我区体育场馆快速发展的硬件优势，积极打造1~2项具有国际影响力的品牌赛事。以备战奥运会和全运会为目标，每年为我区优势项目承接2~3项国家级比赛。以服务经济社会发展为宗旨，以扩大社会影响为目标，全力打造3~5项具有地域特征和民族特点的品牌赛事。

（十八）科学把握竞技体育的特点和规律。进一步深化对竞技体育发展规律、运动项目制胜规律、竞赛的备战和参赛规律、运动队管理和训练规律的认识与把握，加强对训练方法和技战术的创新研究，注重对项目发展动向和趋势的情报与信息收集，重点加强训练过程的计划与选材、营养与恢复、管理与检测、伤病预防与治疗等领域的研究，充分发挥体育科技的先导和支撑作用。

（十九）改革和完善运动竞赛体系。充分发挥我区综合性运动会的杠杆作用，对赛制、设项等进行合理调整，完善政策。充分发挥综合性大赛在推进赛制改革、促进发展等方面的引领作用，建立健全符合青少年成才规律的竞赛体系和制度，逐步形成有利于人才选拔和群众体育发展的竞赛管理体系。

（二十）加强竞技体育后备人才培养体系建设。实施"竞技体育后备人才培养工程"，巩固和加强各级业余训练的基础地位，改善办学条件，争取后备人才基地的建设规模在现有基础上达到80个。建立政府主导下的体教结合资源整合机制，努力形成以优秀运动队人才需求为龙头，以九年义务教育阶段的训练层次为重点，以各级少儿体校、传统项目学校、体育特色学校、青少年体育俱乐部和民办训练组织为基础的竞技体育后备人才培养体系。建立"定点选拔、定向培养和定时输送"机制。

（二十一）完善运动员的文化教育和保障体系。贯彻落实《关于进一步加强运动员文化教育和运动员保障工作的指导意见》的有关规定，提高运动员的基础文化教育水平和质量，加强运动员在役期间的文化教育工作，注重体能开发的同时注重智能开发，促进运动员的文化知识和技能水平的全面提高。依法贯彻落实优秀退役运动员免试进入高等院校学习的规定，为运动员就学、就业创造条件。注重对运动员劳动、医疗等方面的权益保障，加强对退役运动员就业的支持和指导，建立并完善运动员职业转换社会扶持体系，建立自主择业退役运动员经济补偿动态调整机制。

（二十二）加强运动队道德作风建设。以运动员为主体，以国家利益为最高目标,以爱国主义为核心,将提高运动技术水平与培养"四有人才"相结合,努力建设政治合格、作风顽强、技术过硬的优秀群体。深入开展爱国主义、集体主义和理想、信念教育,大力弘扬奥林匹克和中华体育精神,继承、发扬民族优秀传统,牢固树立社会主义荣辱观,增强自尊心和自豪感,努力培养无私奉献精神、坚韧不拔意志和顽强拼搏作风。

(二十三)加强反兴奋剂工作。贯彻落实《反兴奋剂条例》的规定,加强和完善反兴奋剂工作的管理体系建设,强化反兴奋剂工作的单位职能。加强反兴奋剂工作的宣传教育、科研工作、队伍建设和对外交流合作,努力维护健康、公平、公正的体育竞赛环境。

五、加快体育产业与体育事业的协调发展

(二十四)"十二五"时期体育产业发展的目标是:贯彻落实国务院《关于加快发展体育产业的指导意见》,逐步建立与我区经济社会发展水平相适应、区位优势明显、地域特点突出的体育产业体系,不断满足广大人民群众日益增长的多样化体育消费需求,培育体育消费热点。逐步形成多种所有制并存、各种经济成份竞相参与、共同兴办体育产业的格局。积极组建内蒙古体育产业集团,培育建设2~3个体育产业基地或聚集区,推进职业体育俱乐部发展,进一步拓展体育彩票市场,加强体育产业与文化和旅游的互动与融合。到2015年末,力争体育产业的增加值达到自治区GDP的0.1%以上,体育产业的从业人数达到1~1.5万人,体育彩票销售总量达到65亿元。

(二十五)进一步优化体育产业结构和扩大体育消费。积极适应城市化和居民消费结构升级的形势需求,大力培育健身休闲、竞赛表演、体育中介和体育培训等市场主体,提高体育服务业在体育产业中的比重,扶持赛马、汽车等民族传统体育项目和地域优势项目的产业开发,推动体育产业与相关产业的发展。打造品牌赛事,形成品牌区域,营造品牌优势,形成"一地一品,一品一特"的格局。培育体育消费市场,增强体育消费产品和服务的供给能力,以产品和服务引导体育消费,促进传统体育消费与现代体育消费的协调发展。

(二十六)实施呼包鄂核心区域带动战略。以呼包鄂国家重点开发为契机,打造体育产业发展聚集区,加快各类体育产业聚集中心的规划建设。依托呼包鄂的场馆优势、人口聚能效应和城市承载力,重点培育竞赛表演和健身休闲市场,大力发展体育商务、体育用品会展销售、体育无形资产开发、体育中介与培训、体育文化创意策划等相关产业,形成体育产业发展聚集区。

(二十七)实施东西两部优势发展战略。充分利用东部区位优势,围绕森林、草原、河湖、冰雪等自然资源,重点打造以赛马、滑雪、漂流、森林探险、登山步道、户外运动休闲等为主要特色的体育赛事和体育旅游休闲产业;利用西部区位优势,围绕沙漠、戈壁、湖泊等资源优势,重点打造汽车越野、沙漠穿越、戈壁探险、自驾游集结、赛驼、赛马、马术表演等体育赛事和体育旅游、表演项目,形成在国内外具有一定影响力的特色体育产业发展区域。

（二十八）进一步做好体育彩票市场的扩大和销售工作。进一步加强体育彩票销售工作的基础与队伍建设，完善体育彩票发行和市场管理制度，丰富游戏玩法和彩票品种，健全发行销售监督机制，提高管理、服务和营销水平，维护彩民权益，稳步扩大市场。

（二十九）加强体育市场的法制化、规范化建设。修订《内蒙古自治区体育市场管理条例》，完善体育市场的监督管理机制，进一步规范体育市场主体行为，维护市场秩序，促进体育市场的规范发展。加强对体育经营活动的安全监管，对高危性体育项目经营活动，依法确定严格、规范、公开透明的准入标准、开放条件、技术要求和服务规程，加强技术指导和安全保护，加强日常监督检查和产品质量检测，确保消费者安全。

（三十）加强体育产业发展扶持引导和税收优惠支持。力争自治区政府颁布《贯彻国务院关于加快发展体育产业指导意见的实施办法》，争取各级政府对体育产业及其重大项目纳入资金扶持重点领域，设立体育产业发展引导资金、体育产业创新扶持资金和体育产业奖励基金，逐步扩大引导资金规模，扶持民营资本从事体育经营，在体育彩票公益金中提取一定比例设立体育产业补助资金；完善体育产业发展的税收优惠政策，企业发生的投资赞助体育的冠名、广告等费用支出，可按广告费支出享受税前扣除政策。经营体育项目和活动按照"文化体育事业"享受3%的营业税。利用公共体育设施的附属设备从事的体育性经营，经税务部门核准后免征房产税；公共体育设施开放使用当中的水、电、气等物耗费用，依法按照公益性场所的标准收取。

六、扎实推进管理职能转变与依法行政、依法治体

（三十一）加强宏观管理与政事分开。积极推进体育行政部门的职能转变，将工作重心移至加强宏观管理、完善规章制度、提供公共服务轨道，促进政事分开、管办分离。进一步发挥和完善体育总会的作用与建设，完善单项体育协会的组织机构和自律工作机制的建设，发挥行业管理职能。加强对体育社团工作的指导，理顺体育行政部门与体育社团的关系，将竞赛举办、活动开展、人员培训、技能鉴定、资格注册等事务性工作交由体育社团和事业单位办理。

（三十二）提高依法行政、依法治体的意识和能力。将依法行政作为行政机关运作的基本方式和贯穿于各项工作的基础准则，将依法治体作为体育事业改革与发展的根本保障。牢固树立体育法制理念，强化依法治体意识，努力增强依法行政的自觉性，不断提高运用法律手段解决体育实际问题的能力。完善科学、民主和依法决策机制，加大决策环节的法制化建设，推进体育政务公开，促进行政决策与管理的科学化和民主化。

（三十三）加强体育法制体系建设。进一步加强与现行法律法规配套的规章制度建设，努力形成"有法可依，有章可循"局面。通过规章制度的研究制定，全面贯彻落实现行体育法律法规的有关规定，促进体育事业的健康发展。建立和完善以体育法律和行政法规为"龙头"，以地方性法规和政府规章为骨干，以部门规范性文件为基

础的体育法制体系。

（三十四）完善配套立法。围绕体育法制体系的完善与建设，科学论证，做好《内蒙古自治区体育竞赛管理办法》的颁布施行、《内蒙古自治区体育市场管理条例》和《内蒙古自治区实施〈中华人民共和国体育法〉办法》的修订工作，抓紧研究和制定加强体育组织建设、治理赛风赛纪、规范体育伤害和纠纷等急需的体育法规、规章和规范性文件，完善配套立法。做好对现行体育规章和规范性文件的清理、修改和评估工作。

（三十五）提高行政执法和监督水平。建立和完善各级体育行政部门的行政执法队伍和制度建设，严格规范行政执法行为和执法人员的资质。积极组织开展上、下级政府和上、下级体育行政部门之间的行政执法监督检查。进一步完善行政执法责任制，强化政府和相关责任部门的法定职责履行，保障体育法律、法规的尊严和效率。

（三十六）深入开展体育法制宣传教育。制定并组织实施体育系统法制宣传教育第六个五年计划，扎实有效地开展体育法制宣传教育活动，加强体育法制的媒体宣传和信息传播，培育体育法治文化。加强体育社会科学领域的体育法治学术的研究与交流，注重研究成果向体育法治决策和实践的转化。

七、加强体育科教、人才培养、体育宣传与对外交流工作

（三十七）深化体育科技管理体制改革。根据群众体育和竞技体育的发展需求，深化改革，创新科教管理体制和运行机制。围绕"奥运争光、全运争金"和全民健身的战略部署，积极开展运动训练和群众体育理论与方法的研究，组织实施科技攻关与科技服务，积极开展科学选材、技能评定、体能恢复、营养补充、健身方法、体育康复、体质监测、运动处方等方面的研究和实践，为《2011-2020年奥运争光计划》和《全民健身实施计划》提供科学依据。

（三十八）深化体育教育管理体制改革。加强自治区体育职业学院和盟市级体校的建设，建立与完善体教结合的管理体制和运行机制，将内蒙古体育职业学院、盟市级体育运动学校和优秀运动队的文化教育纳入自治区教育发展规划，所需经费纳入同级财政预算，实现与教育经费的同步增长。加强职业教育和职业培训工作，将盟市级体校中专部、体育职业学院竞技体校和"队校一体化"的文化课教育纳入统一必修课程。拓宽办学模式，改革教学内容和方式，努力培养"一专多能"、全面发展、适应竞体、群体和产业发展需求的体育人才。

（三十九）加强体育人才队伍建设。坚持以人为本，加强对体育人才工作的组织领导。完善体育人才工作的协调机制，做好对体育人才的调研、政策论证和统筹规划工作。制定人才培养、使用和管理的科学评价标准，逐步建立比较完善的人才评估、激励、选拔、竞争和约束机制。加强培养和引进高水平教练员、裁判员、体育科研与教学、体育赛事组织策划、体育经营管理等紧缺人才，着重加强领军人才的建设，研究制定吸引人才和鼓励人才发展的激励政策。

（四十）实施体育人才培养专项计划。实施"人才强体战略"，创新体育人才工作

机制,抓好各类人才的专项培养。以群众体育、竞技体育、体育产业等重点人才群体为对象,制定并组织实施人才培养专项计划。加强对高端体育人才的培养,带动体育人才队伍的整体开发,加强科、教、训一体化基地的建设与培养,加强科研、教学、训练单位的特色建设和资源整合。加大对退役运动员职业辅导、技能培训、就业指导、创业培训等工作力度,逐步实现运动员保障工作的重心由物质激励、福利保障向人力资源的深层次开发转变,向提高综合素质、职业技能水平和社会竞争力转变。

（四十一）加强重点领域和体育哲学社会科学的研究。坚持"自主创新、重点跨越、支撑发展、引领未来"的科技工作指导方针,着力加强对竞技体育、群众体育、体育产业重点领域的研究。在竞技体育方面,以重点领域和实用性研究为主题,加强对竞技体育的科技支持和保障,着力解决重大项目关键技术和难点的研究与突破;在群众体育方面,着力解决全民健身重点领域节点问题的研究与突破;在体育产业方面,着力解决民营资本介入、民族传统体育项目产业开发、功能聚集区和产业带发展、无形资产开发利用等节点问题的研究与突破。加强体育社会科学研究工作的体系建设,加大体育社科研究基地的培养和建设力度,构建自治区体育社会科学理论体系,形成一批高水平的研究成果,为体育事业发展提供理论支撑和前沿保证。

（四十二）加强体育统计和标准化工作及队伍作风建设。加强公共与非公共体育设施的人均占有面积、体育产业状况、体育锻炼人口、锻炼标准达标人数、国民体质状况等事业统计工作;加强对民族传统项目体育服务标准的研制工作,完善对有关体育标准的认证、培训制度;深化体育工作队伍的作风建设,增强体育队伍的敬业、责任、纪律和风险意识,提高业务水平,打造一支"作风过硬、纪律严明、执行有力"的体育工作者队伍。

（四十三）充分发挥宣传工作的舆论导向作用。进一步加强提升体育社会形象的宣传与推广工作,健全宣传工作的体制与机制,重点突出全民健身、竞技体育、体育产业、体育法规、部门规章和重大政策的宣传,加大倡导健康、科学、文明生活方式的宣传力度,开展面向社会的多渠道、多层次和多形式宣传,挖掘、推广和宣传报道体育工作的成功经验和先进事例,为推动体育改革和发展创造良好的舆论氛围和社会环境。加强体育宣传队伍和新闻发布的制度建设,加大对全区体育系统宣传工作的协调和指导,加强与媒体的沟通和合作,积极发挥媒体作用,把握体育宣传主动权。

（四十四）进一步扩大体育对外交流与合作。科学谋划和继续扩大与相关省份和周边国家的交流与合作,在办好中、蒙、俄青少年体育比赛基础上,不断扩大交流范围和互利合作项目。积极参与国内、国际体育事务,增强我区在国内外有关体育组织的影响力和话语权,形成多方位、多渠道和宽领域的体育交流合作新格局。

八、规划的实施与评估

（四十五）加强对规划实施的领导。各级人民政府要高度重视体育事业的发展,进一步加强对体育工作的领导,努力做到"八个纳入":即将发展体育事业纳入当地经济社会发展规划;把体育事业经费、体育基本建设资金、全民健身专项资金纳入本级财政预算;把体育事业发展工作纳入政府年度向人大的工作报告;把公共体育设施建设纳入当地城镇建设规划;把体育工作状况纳入各级政府的目标责任制考核;把基本体育权益保障纳入各级政府为民办实事范围;把体育设施建设和体育活动开展纳入各级政府精神文明建设评价体系;把全民健身实施情况依法纳入本级人民政府届满时的工作评估范畴。

（四十六）加强与总体规划配套实施的单项规划制定工作。本规划是我区体育事业"十二五"时期发展的宏观指导性文件，依据本规划分别制定我区的群众体育、竞技体育、体育产业、体育法制、体育科教与人才培养、体育宣传与对外交流六项五年规划。单项体育发展规划的制定和盟市体育行政部门本级体育发展规划的编制，原则上应符合本规划的要求，提出相应的对策措施和实施意见，确保规划总体目标的实现。

（四十七）建立健全规划实施评估机制。各级体育行政部门要会同有关部门制定规划实施评估办法，每年对本级和下一级的规划实施情况进行监测评估，提出相应对策，并将评估结果和对策意见上报上一级体育行政主管部门，自治区体育行政部门建立规划实施年度通报制度，2015年对全区各级体育行政部门进行全面评估，形成终期评估报告。

（四十八）加强对规划实施的监督管理。各级政府要建立健全对规划实施的监督管理机制，采取有效措施，对本行政区域体育事业规划实施情况进行严格监督。依法强化体育主管部门的监督检查职能，保障和推进体育事业"十二五"规划的顺利实施。

辽宁省体育事业发展"十二五"规划

"十二五"时期（2011-2015），是全面振兴辽宁老工业基地、建设辽宁沿海经济带、加速沈阳经济区建设的重要时期，也是加速辽宁体育事业发展的机遇期。这期间，第十二届全运会将于2013年在我省举行，对我省经济社会发展将起到重要推动作用，为辽宁体育事业发展提供了重大机遇和新的动力。为统筹规划"十二五"期间全省体育改革与发展的各项任务，促进体育事业全面、协调、可持续发展，特制定辽宁体育事业发展"十二五"规划。

一、"十一五"期间辽宁体育事业发展取得巨大成就

"十一五"期间，辽宁体育工作认真贯彻落实《中华人民共和国体育法》、《全民健身计划纲要》、《全民健身条例》和《奥运争光计划纲要》，结合省情，抓住机遇，加快发展。群众体育蓬勃开展，竞技体育创造辉煌，体育产业发展初具规模，场馆设施建设取得历史性进展，其他各项体育工作也都取得了长足进步，为辽宁经济和社会发展做出了积极的贡献，也为"十二五"时期我省体育事业发展奠定了良好基础。

群众体育蓬勃发展。以构建和完善全民健身服务体系、增强人民体质为宗旨，坚持"活动与建设并举，竞赛与健身齐抓"，坚持以"全民健身与奥运同行"为主线，积极开展全民健身系列活动，加强了特色体育城市建设，不断满足人民群众日益增长的健身需求，全省经常参加体育锻炼人口由"十五"期间的40%增加到"十一五"期间的44.8%，人民群众身体素质得到提高。

竞技体育成绩辉煌。2008年北京奥运会上，我省体育健儿取得了8枚金牌、25枚奖牌，创造了参赛人数、金牌数、奖牌数三项全国第一的优异成绩，获党中央和国务院"第29届北京奥运会重大贡献奖"表彰，获辽宁省委、省政府"第29届北京奥运会重大贡献奖"表彰。在2009年的第十一届全运会上，我省体育健儿又获得了48枚金牌、127枚奖牌，金牌数、奖牌数均列全国第三位，参赛人数、项数、获金牌数、奖牌数全面超过上届，超额完成了省委、省政府赋予的金牌、奖牌、总分有一项进入前三的光荣任务，获省委、省政府"第十一届全运会重大贡献奖"表彰。在第十六届广州亚运会上，我省运动员共获得43枚金牌、65枚奖牌，金牌数、奖牌数均名列全国第三位，创造了亚运历史最好成绩。

体育产业稳步发展。以体育彩票为龙头的体育产业获得了较快发展，五年来全省累计销售体育彩票99.5亿元，是"十五"期间的2.5倍，体育彩票公益金为社会公益事业和我省体育事业发展做出了应有的贡献。

体育场馆建设获得突破。"十一五"时期，是我省体育场馆设施发生历史性重大

变化时期,在省委、省政府的关心和支持下,省体育局通过土地置换建设了沈阳浑南训练基地、柏叶射击射箭训练基地和大连水上训练基地,省本级新建体育场馆占地面积1530亩,是原有面积623亩的2.46倍,建筑面积43.5万平方米,是原有建筑面积16.9万平方米的2.57倍,彻底改变了省本级体育场馆设施陈旧落后的面貌。各市还借我省承办十二届全运会的契机,加强了体育场馆设施建设,为今后我省体育事业发展奠定了基础。

申办十二届全运会圆满成功。成功申办第十二届全运会,实现了全省人民多年的梦想。十二届全运会在我省举办,对促进经济增长、提高社会文明程度和城乡现代化建设水平、推动我省体育事业快速发展将具有十分重要的意义,这也是辽宁体育人在"十一五"期间为辽宁经济社会发展做出的积极贡献。

体育法规建设进一步加强。2009年10月,《辽宁省竞技体育人才培养办法》以政府令的形式发布实施,这是全国首部竞技体育人才培养办法;省体育局还制定出台了《辽宁省引进体育人才办法》、《辽宁省运动员聘用暂行办法》、《辽宁省退役运动员自主择业经济补偿办法》;为退役运动员争取到了退役自主择业经济补偿金;为运动员、教练员落实了"三金一保"等项政策,为解决我省运动员的后顾之忧、遏制人才不合理流动、完善三级训练网建设起到了重要作用。

队伍建设有了明显进步。"十一五"期间,辽宁省体育局被党中央、国务院授予北京奥运会、残奥会先进集体荣誉称号;被国家体育总局授予2008年北京奥运会重大贡献奖;被省委省政府授予北京奥运会重大贡献奖、十一届全运会重大贡献奖;连续五年被国家体育总局授予突出贡献单位;被省文明办评为文明机关;连续三年被评为省直目标责任制先进单位。

"十一五"时期,辽宁体育工作亮点颇多,成绩显著,创造了一个又一个历史性辉煌,为辽宁体育事业的可持续发展奠定了坚实的基础。辽宁省体育局上下和谐稳定、开拓进取、呈现出了积极向上的整体风貌。

"十一五"与"十五"时期主要指标对比表

指标	"十五"完成						"十一五"完成					
	04年雅典奥运会						08年北京奥运会					
	金牌		银牌	铜牌	奖牌		金牌		银牌	铜牌	奖牌	
奥运会成绩	数量	全国排名	数量	数量	数量	全国排名	数量	全国排名	数量	数量	数量	全国排名
	6	2	1	4	11	1	8	1	12	5	25	1
	05年十届江苏全运会						09年十一届山东全运会					
	金牌		银牌	铜牌	奖牌		金牌		银牌	铜牌	奖牌	
全运会成绩	数量	全国排名	数量	数量	数量	全国排名	数量	全国排名	数量	数量	数量	全国排名
	31	5	35	33	99	4	48	3	45	34	127	3

	06年十五届多哈亚运会								10年十六届广州亚运会							
亚运会成绩	金牌		银牌		铜牌		奖牌		金牌		银牌		铜牌		奖牌	
	数量	全国排名	数量		数量		数量	全国排名	数量	全国排名	数量		数量		数量	全国排名
	27	5	15		14		56	3	43	3	13		9		65	3
业训人数	5500								16000							
经常参加体育锻炼人口比例	40%								44.8%							
社会体育指导员	10300人								22286人							
体育彩票发行量	39.76亿元								99.5亿元							
省本级新建体育场馆	占地面积				建筑面积				占地面积				建筑面积			
	无				无				1530亩				43.5万㎡			
获表彰情况	国家	无							2008年被党中央、国务院授予北京奥运会、残奥会先进集体荣誉称号							
	总局	连续五年获总局突出贡献奖							连续五年获总局突出贡献奖							
	省里	九运会、雅典奥运会获省委省政府突出贡献奖表彰							北京奥运会获得省委省政府重大贡献奖表彰；十一届全运会获省委省政府重大贡献奖表彰							
	省直	无							2008、2009、2010连续三年获省目标绩效考核先进单位							

二、"十二五"时期面临的形势及挑战

在全面振兴辽宁老工业基地、辽宁沿海经济带上升为国家发展战略、沈阳经济区获得国家批准的大好形势下，第十二届全运会又将于2013年在我省举办，辽宁体育事业迎来了千载难逢的发展机遇和挑战。在新的历史条件下，全面建设小康社会、构建社会主义和谐社会和建设体育强国的奋斗目标，对我省发展体育事业提出了新的更高的要求；人民群众日益增长的体育需求与社会提供的体育资源相对不足的矛盾仍然突出；政府向人民群众提供体育公共服务的职能尚未充分发挥；我省竞技体育成绩的提高与人民群众期望值还存在差距，优势项目发展空间有限，重竞技项目水平下滑，球类等集体项目水平有待提高；全民健身基础设施仍然落后于经济发展水平；体育产业基础薄弱；运动员文化教育、退役安置和伤残保障等长远性、根本性问题尚未得到系统、全面地解决；体育法制建设相对滞后。这些在我省体育事业发展和进步过程中所产生的矛盾和问题，为"十二五"期间我省体育事业的全面、协调、可持续发展提出了新的更高的要求。

三、"十二五"期间全省体育事业发展的指导思想、总体目标和基本原则

"十二五"时期我省体育事业的指导思想：以科学发展观为统领，以巩固体育强省地位为目标，进一步解放思想，坚持改革创新，全面规划，科学布局，高起点发展；以发展体育运动，提高全省各族人民的身体素质为根本宗旨，坚持普及与提高相结合，广泛开展群众性体育活动；以承办第十二届全运会并取得优异成绩为契机，推动全省群众体育、竞技体育、体育产业、体育设施建设和其他事业全面发展，为辽宁经济、政治、文化和社会发展，为全面振兴辽宁老工业基地做出新贡献。

"十二五"时期我省体育事业的总体目标：积极发展体育事业，继续巩固体育强省地位。坚持群众体育、竞技体育、体育产业协调发展。认真贯彻落实《全民健身条例》，深入开展全民健身活动，不断满足人民群众日益增长的体育需求。认真实施奥运争光计划，努力把我省建设成国家北方训练基地和国家后备人才基地。继续保持在奥运会、全运会上我省运动成绩处于全国领先地位。以体育彩票为龙头，积极发展体育产业。不断加强体育教育、体育科技、体育法制、体育对外交流和体育后备人才培养工作。进一步加大对体育事业经费的投入，保证体育事业经费随着全省国民经济的增长而增长，加强各市"一场三馆一中心"建设，努力完善省、市、区三级训练网建设，确保我省体育事业可持续发展。举全省之力，调动各方面的积极性，认真做好第十二届全国运动会的承办工作，努力把第十二届全运会办成一届有特色、高水平、彰显辽宁风貌的体育盛会。

"十二五"期间我省体育事业发展突出以下基本原则：

——努力发挥体育工作在全面振兴辽宁老工业基地中的重要作用。立足体育，奉献社会，服务辽宁经济建设，坚持促进体育与经济社会发展的密切合作，紧紧围绕省委和省政府中心工作，主动融入经济社会改革发展大局，认真实施全民健身计划和奥运争光战略，不断提升体育的地位和社会影响力。

——坚持以人为本，服务民生。坚持以科学发展观为统领，以增强人民体质、提高生活质量和促进人的全面发展为目标，切实把实现好、维护好、发展好最广大人民的利益，满足人民群众不断增长的体育需求作为体育工作的出发点和落脚点，做到体育发展为人民，体育发展靠人民，体育发展成果由人民共享。

——坚持解放思想，改革创新。处理好继承和创新的关系，不断探索"十二五"时期各项体育工作与市场经济相适应的特点与规律，努力实现理论创新、科技创新、制度创新。进一步转变观念，创新发展模式，提高发展质量，加快体育发展由粗放型向集约型转变，体育管理由经验型向科学型转变，努力破解我省体育事业发展过程中的各种困难和障碍。

——坚持竞技体育、群众体育和体育产业协调发展，相互促进。群众体育事业以强化政府提供基本体育公共服务的职能，培育群众健身意识，重视和做好青少年体育工作，让群众充分享受体育带来的健康和快乐为目标；竞技体育以站在高起点、抢占制高点，达到高水平，增强综合实力，巩固竞技体育强省地位为目标；体育产业以建立和完善体育产业体系，壮大体育产业的整体实力，满足群众的体育消费需求为目标，不断促进我省群众体育、竞技体育、体育产业健康、协调发展。

——坚持依法治体、科教兴体、人才强体。加强体育法制建设、提高法律意识，将体育工作纳入法制化轨道；坚持科教兴体、人才强体，紧紧依靠科技进步，全面加强体育科教工作和体育人才队伍建设，为体育事业科学发展提供有力保障。

——抢抓机遇、借势发展。以举办第十二届全运会为契机，坚持"借题发挥、借会发展、借势而为"的原则，把第十二届全运会办成一届有特色、高水平、彰显辽宁风貌的体育盛会，推动我省体育事业实现新的跨越。

——坚持可持续发展。加强我省体育发展战略研究,坚持和完善举国体制,不断加强运动员保障、文化教育工作和思想作风建设,坚持做好打基础、增后劲、利长远的各项工作,推动我省体育事业可持续发展。

四、"十二五"期间全省各项体育事业主要目标、任务及措施

（一）群众体育工作

目标和任务：深入贯彻落实《全民健身条例》和《全民健身计划》，积极推动全省各级政府认真履行体育公共服务职能,完善全民健身服务体系,切实保障广大人民群众参加体育活动的权利,逐步实现全民健身基本公共服务均等化。以第十二届全国运动会在我省举办为契机,坚持城乡体育统筹发展,全民健身共享全运的原则,大力开展有规模、有影响和示范性群众体育活动。进一步加大对全民健身场地设施的投入,推动全民健身工程建设,努力推进我省全民健身场地设施"十个一工程"、绿茵工程和小篮板工程建设。继续抓好体育特色城市建设。进一步提高社会体育指导员的素质和服务水平,不断加强科学健身指导,努力提高全省人民的身体素质。

专栏1　"十二五"期间群众体育发展规划主要指标

力争使全省40%以上的成年人掌握至少一项健身技能。广泛开展全民健身活动,不断满足广大群众的健身需求,到2015年,全省经常参加体育活动的人数占全省总人口的比例达到48%,其中城镇达到50%以上;社会体育指导员数量达到8万人,其中国家级社会体育指导员数量位居全国前列。

主要措施：

（1）积极推动全省各级政府认真履行体育公共服务职能。加大对贯彻落实《全民健身条例》和《全民健身计划》的检查督导,重点监督各级政府落实"三个纳入"情况（将全民健身事业纳入当地经济和社会发展的总体规划,纳入政府工作报告,并将全民健身工作经费纳入本级财政预算,简称"三个纳入"）。调整充实各级全民健身工作委员会,形成在各级人民政府领导下,体育行政部门组织实施,社会各方支持和参与的工作格局。各级体育行政部门要高度重视群众体育工作,在加强管理和提供服务上下功夫,建立办事高效、运转协调、行为规范的群众体育管理体制,逐步改变发展群众体育的传统模式和方法,把调动社会力量发展全民健身事业,推动政府履行体育公共服务职能的工作落到实处。

（2）加强全民健身组织体系建设。健全以政府为主导,以事业性体育机构为骨干,以社团性体育组织为助手,以群众性体育健身组织为基础的全民健身组织体系。组织建立省、市、县(区)三级社会体育指导员协会;建立健全机关、企事业单位体育组织,充分调动各级工会、共青团、妇联,以及各行业和社会各界办体育的积极性;

进一步建立健全乡镇、街道的体育工作机构和体育组织，配备专兼职体育干部，推进基层体育健身组织规范化建设；建立健全覆盖农村、社区体育站点的工作队伍和遍布城乡的全民健身指导站、文体活动站、晨晚练点和青少年俱乐部，以及服务基层体育工作的社会体育指导员队伍。

（3）加强城乡公共体育设施建设。加快全民健身场地设施建设，重点加强辽宁沿海经济带体育健身服务圈和浑河全民健身长廊的场地设施建设，进一步加强公园专项体育设施和社区、村屯健身活动场地设施建设。认真实施我省全民健身体系"十个一工程"，积极配合国家体育总局在我省配套实施的雪炭工程、全民健身路径工程、农民体育健身工程等各项工程建设，重点支持社区多功能公共体育场地设施建设，逐步完成全民健身工程由单一的"健身路径"向集娱乐、休闲、健身于一体的功能多元化转变，努力实现行政村"农民体育健身工程"80%覆盖的目标。

专栏2　全民健身"十个一工程"

建设辽宁省全民健身中心；各市建有"一场三馆一中心"；各县（市、区）建有一个青少年校外体育活动中心或市民健身中心（内含一个国民体质监测中心）；每个乡镇建有一个3000平方米以上的健身广场；每个街道建有一个1500平方米以上的健身广场或累计600平方米以上的室内体育活动场所；在每个行政村实施一个"农民体育健身工程"。

（4）深入开展群众体育活动。以综合性群众体育运动会、大型群体活动为引导，以精品活动为品牌，以开展群众身边的活动为主体，借助筹备、举办十二届全运会的影响力，举办有规模、有影响、示范性的大型群众体育活动，形成人人参与体育健身活动的局面。通过举办辽宁省首届体育大会、"五点一线"环海自行车接力赛、大连万人徒步大会、鞍山千山登山大会、丹东马拉松比赛等传统特色体育活动，努力打造我省群众体育活动精品；以贴近群众身边体育活动为重点，倾力打造"公园体育"和"广场体育"活动品牌。坚持以重点带全面，以典型带一般，以精品推普及，推进全省群众健身活动向更高层次发展。

（5）深入开展体育名城创建活动。制定并实施《辽宁省创建体育强市、强县评价标准和办法》，对各级政府实行绩效考评。制定并落实《辽宁省开展体育名城创建活动实施方案》，引导各市、县（区、市）结合本地传统体育项目和民族民间文化体育活动，大力开展特色体育名城创建活动。

（6）加强对社会体育指导员工作的领导。全省各级体育行政部门要将社会体育指导员培训和管理纳入工作规划，加强对社会体育指导员工作的领导，在人员、机构、资金上给予支持，每年安排一定的经费用于社会体育指导员队伍的培训、业务交流、表彰奖励和必要的工作补贴，为社会体育指导员开展体育技术指导创造必要工作条件。

建立各级社会体育指导员协会,加强社会体育指导员公益岗位制度建设,逐步增加公益性岗位群众体育健身指导员的比例,积极发展职业社会体育指导员,完善社会体育指导员职业标准,加强监管,逐步做到营利性体育健身场所和从事高危体育项目的社会体育指导员持职业资格证书上岗工作。努力推进社会体育指导员社会化管理,逐步形成省、市、县社会体育指导员社会化管理网络。

（7）建立全民健身志愿服务长效机制。大力开展全民健身志愿服务,提升公民文明素质和社会文明程度,在全省建立全民健身志愿服务组织,健全全民健身志愿服务制度,形成全民健身志愿服务长效机制。定期组织优秀运动员深入城乡基层进行体育表演和体育辅导。组织教练员、体育教师、体育科研人员、体育院校学生发挥专业特长,志愿为群众讲解体育知识、传授健身方法、辅导体育技能。组织社区全民健身志愿者管理、维护社区公共体育场地设施,参与基层体育组织日常管理和体育服务。

（8）完善国民体质监测网络。建设并形成比较完善的省、市、区三级国民体质监测网络。"十二五"期间,我们要建立辽宁省国民体质监测网,定期开展国民体质监测,将监测数据纳入社会统计系列,建立数据库,加强监测数据的科学开发与利用。

（9）加强全民健身法规建设。认真贯彻落实《全民健身条例》,研究制定《辽宁省全民健身条例》,加强对实施《全民健身条例》的检查监督,保证其各项规定的全面执行;认真落实国家《全民健身计划》,研究制定《辽宁省全民健身实施计划》;与教育部门联合制定《学校体育场地设施开放办法与细则》,切实解决学校体育场地设施向社会开放问题,充分发挥其社会效益;围绕建设体育强省的目标任务,研究制定全民健身政策法规和工作制度,依法对全民健身工作进行管理和监督,研究制定全民健身目标与评价体系,提升指导和评价水平。

（二）竞技体育工作

目标和任务：做好伦敦奥运会、十二届全运会的备战和参赛工作,全面贯彻实施我省备战奥运会、全运会"3012工程计划",加强对备战工作的组织领导,坚决完成好第30届奥运会、第22届冬奥会和第十二届全运会的备战参赛任务。加强对备战工作的综合协调与组织,建立层次分明、职责清晰、任务明确、计划周密、措施完善、保障有力、奖罚分明、运转有效的奥运会、全运会备战组织管理体系和工作制度,确保奥运会、全运会备战工作的有序进行。在奥运会、冬奥会、亚运会等重大国际比赛中取得优异成绩,为国争光;在2013年全运会上,我省运动员获金牌数力争进入全国前三名,实现运动成绩和精神文明双丰收。认真抓好2014年第十二届省运会及年度青少年竞赛工作;继续巩固和扩大优势项目,不断提高基础大项和集体球类项目整体水平,努力提高我省竞技体育的综合实力。

专栏3 "十二五"时期竞技体育任务指标

2012年伦敦奥运会上,我省运动员获金牌数在全国排名位置保三争一。在2013年十二届全运会上,获金牌数力争进入全国前三名,并获得体育道德风尚奖。

主要措施:

(1) 深化改革,完善竞赛体系。充分发挥省运会杠杆作用,进一步完善省运会竞赛制度、竞赛办法,结合奥运会和全运会的规律、特点,在省运会规模、项目设置、竞赛编排、计分办法、管理手段、监督措施等方面进行适当调整,从制度上堵塞可能出现的赛风赛纪问题漏洞,建立科学、合理、规范的省内竞赛管理制度,促进全省体育竞赛健康发展。

(2) 发挥优势,调整项目布局。不断巩固和发展我省的优势体育项目,深入探索和把握项目规律,引进国内、国际先进的训练理念和方法,改革管理模式,加强科学训练手段,努力提高训练水平,实现突破性进展。进一步加强基础大项和集体球类项目的竞技实力,逐步建立起以省为主、各市为辅、特色体育俱乐部为补充的项目布局体系。充分调动省、市、高校和体育俱乐部的积极性,支持有条件的市、高等院校以及社会俱乐部办高水平运动队,承担全运会任务,填补我省空缺项目,举全省之力,打造辽宁竞技体育优势项目集群。

(3) 突出重点,加强竞技体育人才基地建设。大力实施辽宁省竞技体育后备人才培养工程,全省常年坚持业余训练的总人数达到并保持在2万人左右,每年向省优秀运动队输送200名左右的优秀体育后备人才。充分发挥我省新建体育场馆设施优势和竞技体育人才资源优势,积极与国家体育总局项目管理中心合作,争取国家体育总局在我省更多的设立体育人才培养基地,充分发挥各级体育行政部门和职业体育俱乐部的作用,大力培养后备体育人才,为我省竞技体育的可持续发展提供保障。

专栏4 竞技体育训练、后备人才培养基地发展规划

在我省建设国家训练基地10~15个(重点包括:羽毛球、乒乓球、举重、柔道、摔跤、击剑、自行车、射击),国家高水平体育后备人才基地30个(重点包括:足球、举重、柔道、摔跤、击剑、乒乓球、羽毛球、赛艇、皮划艇、射击、自行车、艺术体操、游泳、田径、曲棍球等);高校建设高水平培训基地5所;建设省高水平体育后备人才单项训练基地70~80个;在县(市、区)建设省体育优势项目和优秀后备人才基地30个;建设国家级体育传统项目学校10~20个;省级体育传统项目学校80~100个;省级青少年体育俱乐部100个以上。

---

(4) 夯实基础,加强竞技体育人才队伍建设。认真贯彻执行《辽宁省竞技体育人才培养办法》,对省级优秀运动队进行合理布局、优化结构、统筹兼顾、突出重点、提高效益,促进优秀运动队与业余训练均衡发展。建立和完善高水平运动员、教练员、裁判员等各类竞技体育优秀人才的选拔、培训、培养制度,充分发挥其积极性和创造性。加强体育后备人才培养工作,开展县级业余训练考核评估,加强和推动各市、县(市、区)体校和俱乐部的建设,完善业余训练网络体系。采取积极有效措施,加大对县级业余训练工作的扶持力度,大力推进体教结合,制定更加合理的运动员输送奖

励办法，充分调动各方面的积极性。

（5）抓住机遇，积极承办国内外重大比赛。坚持政府扶持、体育行政主管部门参与策划、市场运作等手段，激活我省体育竞赛市场。"十二五"期间，我们要借助第十二届全运会在我省举办的有利契机，全省各市及县区都要以新建体育场馆为依托，积极申办各类体育赛事，拉动我省体育竞赛市场，充分发挥体育竞赛的多元社会功能和作用，丰富群众文化生活，促进社会发展。

专栏5　举办大型体育赛事

力争全省举办世界级体育赛事1~2次，承办具有一定影响力、较大规模的洲际或国际赛事3~5次，承办全国性体育赛事30次以上。

（6）加强领导，认真做好第十二届全运会的承办工作。2013年，第十二届全运会在我省举行，我们要在第十二届全运会组委会和省委、省政府的正确领导下，认真搭建好组织机构，全面抓好第十二届全运会的各项筹备工作。认真落实好第十二届全运会的比赛项目布局，加强赛事体育场馆设施建设，认真做好市场开发和宣传工作。举全省之力，调动各方面的积极性，认真做好第十二届全运会的赛事组织和参赛工作，力争在全运会上取得优异成绩。

（三）体育产业

目标和任务：认真贯彻落实国务院办公厅《关于加快发展体育产业的指导意见》精神，紧紧抓住2013年我省承办第十二届全国运动会有利机遇，全面开创性地振兴辽宁体育产业。逐步建立起以现代体育服务为重点，门类齐全、结构合理，特色鲜明、制度先进、管理规范的体育产业发展体系和运行机制，不断增加体育市场供给，努力向人民群众提供健康丰富的体育产品，充分发挥体育产业在拉动我省体育消费、优化产业结构、扩大就业中的作用，极大地满足辽沈乃至东北地区人们日益增长的体育产业需求，力争使我省人均体育消费进一步增加，体育产业整体实力逐步增强，为培养和实现辽宁新的经济增长点做贡献。

主要措施：

（1）建立和完善体育产业组织。全省各级体育行政主管部门切实加强对体育产业工作的领导，要设专门机构，安排专人负责体育产业工作，研究制定体育产业发展规划，加强对体育产业工作的监督、检查和指导。加强体育产业管理机构和队伍的建设，鼓励和支持体育产业经营管理人才面向社会公开招聘，加强队伍培训，不断提高业务水平。加强体育产业统计管理，与相关部门积极合作，建立我省规范的体育产业统计指标体系和统计制度，健全我省体育产业标准化内容体系，为社会投资提供咨询服务。成立辽宁省体育产业研究会，各市成立分会，加强对体育产业的研究和指导。

（2）建设辽宁省体育产业发展体系。在未来五年乃至更长时间，打造辽宁体育产业成为"东北地区体育产业总部经济区和东北亚体育产业发展聚集区战略"。建立以沈阳为中心的东北内陆型体育产业总部经济区、以大连为中心的东北亚沿海型体育产业发展带,打造沈阳、大连两市成为东北乃至东北亚地区体育产业名城或体育产业聚集中心区。建设以职业体育竞赛、体育场馆开发、体育资产融资、体育彩票发行、滨海体育、高校体教结合等政府主导、本体产业为核心的辽宁体育产业支柱性发展体系;建设以体育健身娱乐、体育无形资产开发、体育中介、体育媒体、冬季体育产业、体育用品装备制造、体育康复医疗等市场为主导、相关产业为辅助的体育产业市场性发展体系;建设以盘活体育资产为目标、政府与市场相结合、体办产业为补充的体育产业增量性发展体系。

(3)组建辽宁体育产业集团。充分发挥我省公共体育设施功能,完善场馆管理体制,转换运营机制,盘活存量资产,完善配套服务,开展多种经营,在适当的条件下,实现"管办分离"运营与管理模式,改变体育场馆低水平开发利用运营模式,通过合并重组,借壳上市,实现更高层次的资本运营,全力打造现代化的辽宁体育产业发展集团,为做强辽宁体育产业强省战略奠定基础。

(4)完善体育产业政策。研究制定有利于我省体育产业发展的经济政策,放宽体育产业的市场准入;鼓励体育组织、体育产业集团在我省投资;鼓励、支持企事业单位和个人依照有关法律、法规兴办面向大众的体育服务经营实体;鼓励社会各界对体育事业、公益性体育机构和公共体育设施的赞助和支持,保障和维护其正当权益;设立辽宁省体育产业引导资金,扶持体育产业健康发展。

(5)做大做强体育彩票市场。充分调动省、市两级体育彩票发行部门的积极性,加强体育彩票投注站建设与管理,改善体育彩票品牌结构,拓宽销售渠道。巩固和发展我省足球彩票优势,研究和开发新的足球彩票玩法。大力推广网上投注、电话投注等新型投注方式,推行在线即开、视频彩票等运行方式。进一步优化全省体育彩票发行管理队伍的人员结构、知识结构、能力结构。推进体育彩票投注站向专业化、专营化方向发展。努力实现体育彩票发行量国内排名与我省经济、社会发展水平相适应的目标。

专栏6　全省体育彩票销售目标

扩大体育彩票发行量,年销售增长率在12%以上。"十二五"期间,全省体育彩票销售总额力争突破166亿元。

---

(6)开发体育人才市场。充分发挥我省体育人力资源优势,努力打造辽宁省国家级体育人才基地,加强人才储备;根据竞技体育人才的训练年限、培养成本、运动水平等研究制定体育人才交流收费标准,推动竞技体育人才和其他领域人才合理、有序、有偿交流。

(7)加强体育服务业市场开发,协调推进相关体育产业互动发展。积极承办常规性国家级体育赛事和联赛;加强体育旅游产业资源开发,与旅游部门合作开发我省集旅游、观光、休闲健身于一体的精品旅游线路，推进区域性经济增长；积极培育体育中介市场，加强体育经纪人队伍建设；努力促进体育劳务、信息咨询、技术培训、体育出版、体育媒介、体育广告、体育会展、体育影视等相关业态的发展。

（8）加强十二届全运会体育产业市场开发和运作。制定并实施好十二届全运会体育产业相关开发政策，调动全社会力量办全运会的积极性，提倡和鼓励企事业单位和社会力量赞助全运会，力争十二届全运会市场开发资金达到8亿元，为办好全运会提供保障。

（四）体育教育、体育科研、运动员保障和思想政治工作

1. 建立和完善体育教育体系。认真落实国务院《关于进一步加强运动员文化教育和运动员保障工作的指导意见》的精神，加大对运动员文化教育的经费投入，深入研究和探索我省体育教育发展的新模式，整合全省体育教育资源，建立与省内外高等院校广泛合作的体育本科、高等职业专科、中等职业专科的体育和教育部门联合办学的体育教育体系。进一步加强教练员培训工作，与高等院校联合成立辽宁省教练员管理学院（体育干部培训中心）。不断深化体育教育改革，努力创建特色专业和品牌专业，切实提高教学质量、训练水平和培养能力。

专栏7　文化素质提高工程

"十二五"期间，努力实现教练员、管理人员研究生学历达到20%以上，运动员本科学历达到40%以上，后备体育人才队伍（中等职业学生）大专学历达到60%以上。

---

2. 加强科研，建立具有我省特色的体育科研体系。以承办十二运会为契机，把我省体育科研所打造成国家重点科研基地，争取重大课题在我省立项。建立辽宁省体育康复医院。建设以加强体育科研服务为先导，以辽宁省体育康复医院、各训练单位、各运动队为基础，各层次教练员、科研人员、医务人员参与的，训、科、医一体化的科研医疗体系，为我省竞技体育可持续发展提供源源不断的动力。

3. 加强运动员保障工作。拓宽体育运动学校学生培养输送渠道，继续落实和完善退役优秀运动员免试进入高等院校学习的各项政策，为运动员就学、就业创造条件。强化对运动员的有效激励，逐步探索建立与岗位责任、风险和工作业绩相挂钩的激励机制，结合事业单位收入分配制度改革和规范特殊津贴工作，完善运动员津贴奖金和运动员参加国际、国内重大比赛的奖励政策。监督运动员所在单位要按时足额为运动员缴纳各项社会保险费，保证运动员按照有关规定参加社会保险，享受相应的社会保险待遇。配合省人力资源社会保障部门，进一步做好退役运动员就业安置工作，对退役运动员自主创业按规定给予政策性支持，鼓励、引导其通过市场自主择业，加强运动员转型培训，帮助运动员实现职业转换，不断完善运动员保障体系。

4. 加强运动队道德作风建设。以运动员为主体，以国家利益为最高目标，以爱国主义为核心，加强激励教育，把提高运动技术水平与培养有理想、有道德、有文化、有纪律的人才相结合，使我省优秀运动队成为政治合格、作风顽强、技术过硬的优秀群体。对运动员进行爱国主义教育、集体主义教育，大力弘扬奥林匹克精神、中华体育精神和辽宁体育精神，深入持久地开展理想信念教育，继承和发扬民族优良传统，牢固树立社会主义荣辱观，增强运动员民族自尊心和自豪感。培养运动员无私奉献的精神、坚韧不拔的意志和顽强拼搏的作风。

5. 狠抓赛风赛纪和反兴奋剂工作。加强体育行业作风建设，净化赛场风气，不断完善竞赛规则和规程，建立健全体育赛事的仲裁制度和赛风赛纪的监督、检查、认定和处置机制，促进公平竞争。加大对弄虚作假、徇私舞弊、执裁不公、扰乱赛场秩序等违规违纪行为的处罚力度。加强反兴奋剂工作，认真贯彻落实《反兴奋剂条例》，建立反兴奋剂工作责任制，坚持兴奋剂零容忍的原则，加大反兴奋剂的管理、教育、宣传和处罚力度，努力维护健康、公平、公正的体育竞赛环境和氛围。

（五）体育法制、体育宣传和体育对外交流工作

1. 加强体育法制建设。贯彻执行国务院《全面推进依法行政实施纲要》，加强执法监督，建立权责明确、行为规范、监督有效、保障有力的体育行政执法体系。进一步明确体育行政部门的执法地位和执法权限，推行体育行政执法责任制。加快适应我省体育事业发展实际需要的体育立法步伐，重点贯彻和执行好《中华人民共和国体育法》、《辽宁省竞技体育人才培养办法》等体育法律、法规，制定《辽宁省体育竞赛管理办法》、《辽宁省全民健身条例》、《辽宁省全民健身实施计划》、《辽宁省体育市场管理办法》，出台《关于加快辽宁省体育事业发展的实施意见》、《关于进一步加强运动员文化教育和运动员保障工作的指导意见》、《关于加快辽宁体育产业发展的指导意见》等规范性文件，规范各项规章制度，逐步建立起我省体育法制体系。

2. 充分发挥媒体在体育事业发展中的积极作用。建立和完善体育宣传工作机制，加强体育宣传队伍建设，丰富体育宣传形式，拓展体育宣传内容，搭建有效平台，加强与媒体的沟通、协调和合作。认真做好第十二届全运会体育宣传组织工作，坚持正面宣传，加强舆论引导，为促进辽宁体育事业发展营造良好的舆论环境。

3. 积极开展对外体育交流与合作。学习借鉴先进国家和地区发展体育工作的经验和做法，加强对我省重点项目运动员、教练员的国际间交流与培训；适当增加干部出国培训机会，密切友好关系；认真做好出访、来访团组的外事工作，加强东北亚青少年体育交流工作。

（六）机关管理、干部队伍建设和人才培养工作

1. 加强机关管理和干部队伍建设。建立目标管理指标体系和体育工作评价体系，在全局体育系统认真实施目标责任绩效管理考核制度。加强效能机关建设，强化部门的宏观指导职能，建立办事高效、运转协调、行为规范的机关管理体系。加强干部队伍建设，增强服务意识，坚持忠于职守、廉洁奉公、依法高效地履行工作职能和岗位职责。

2. 建立和完善干部培训和选拔机制。进一步完善选人用人机制，实施干部岗位交流，改善干部队伍结构，加强干部培训，提高干部队伍素质。

专栏 8　干部培训和干部交流

到 2015 年，全局参加国家和省级培训的干部要达到 50%，参加局本级培训的干部要达到 100%。实施管理干部岗位交流制度，局级机关每年安排 10%的干部到基层挂职锻炼。

（3）认真实施体育人才培养战略。坚持"服务发展、人才优先、以用为本、创新机制、高端引领、整体开发"的原则，深入推进"人才强体"战略。"十二五"期间，努力建设高水平一流的教练员领军人才梯队；建立实力雄厚的高水平运动员梯队；培养适应体育事业发展、创新、实干的干部队伍；形成善于科技攻关的专兼职科技队伍；提供充足的裁判员和社会体育指导员保障队伍；创新体教结合模式，全面提升人才培养质量。认真做好支援西藏体育工作，在干部交流，协助培养运动技术人才上做出贡献。

"十二五"是我省体育事业发展的重要机遇期。全省体育系统要以科学发展观为指导，充分发扬"艰苦奋斗、顽强拼搏、敢打硬仗、勇攀高峰"的辽宁体育精神，进一步解放思想，开拓进取，真抓实干，努力开创全省体育工作新局面。

黑龙江省体育事业"十二五"发展规划

"十二五"时期是我省加速龙江振兴、全面建设小康社会的关键时期,也是建设体育大省、实现体育事业发展新跨跃的重要时期。为深入实践科学发展观,全面贯彻落实党的十七大精神,将体育事业的发展与经济社会发展紧密结合,与构建和谐社会紧密结合,与新时期我国体育事业发展的总体目标紧密结合,制定本规划。

一、我省体育事业发展的现实基础及面临的形势

(一)"十一五"期间我省体育事业发展成绩显著。"十一五"期间,全省体育战线坚持体育服务于经济和社会发展大局,服务于广大人民群众,顺利实现了体育管理职能由内部管理为主向以社会管理为主、体育管理方式由以行政命令为主向以依法行政为主的两个基本转变。体育基础设施建设力度明显加大。投入体育彩票公益金3.1亿元,在社区、农村新建49个全民健身苑工程、2577个全民健身路径工程、12个雪炭工程、1180个农民健身工程,以及3000多个农村篮球场地、小型健身路径等健身场地和设施,全民健身基础设施数量大幅度增长;新建、改造大中型体育场馆和训练设施30多个,竞赛、训练条件不断改善。公共体育服务得到加强。为全省13个市(地)和铁路系统、农垦系统、67个县区、61个社区点配备了国民体质测试器材,对103万人进行了国民体质测试,提取了大量的科学监测数据;新培养辐射全省社区、农村的各级社会体育指导员17126人,公益性社会体育健身辅导站、点数量和规模不断扩大。全民健身活动持续发展。体育健身意识进一步增强,不同人群经常参加体育锻炼的人数明显增加;每年有组织、具有一定规模的群众比赛和健身活动达到2000多项次、2200多万人次,呈现出覆盖面持续扩大的良好态势。竞技体育发展取得新突破。在世界最高水平比赛中共获得51枚金牌。参加北京奥运会,获得1枚金牌、1枚银牌,打破一项世界纪录;在2010年温哥华冬奥会上夺得4枚金牌、2枚银牌、4枚铜牌,为我国冬季运动项目的历史性突破做出了重大贡献;参加第十一届全运会,以23.5枚金牌的优异成绩列全国第7位,创造了改革开放以来我省参加全运会的最好成绩。成功举办了第24届世界大学生冬季运动会。省级体育项目后备人才基地和县品工程后备人才基地得到加强,构建了黑龙江省竞技体育可持续发展的基本框架。体育产业发展进一步加快,共销售体育彩票64.44亿元,取得了显著的经济效益和社会效益,竞赛表演市场、健身娱乐市场发展迅速;体育行业专业人员准入制度和国家职业资格证书制度得到积极的实施,已有2000多人获得不同等级的国家职业资格证书,标志着健身娱乐市场已由一般性的场地服务向注重服务质量、提供科学健身指导转变。以体育制度建设、行政执法、市场监管、安全监察为重点的体育依法行政服务体系基本形

成。

（二）体育事业发展中需要研究和解决的主要矛盾和问题。尽管体育事业发展取得显著成绩，但仍然存在许多亟待解决的矛盾和问题。我省的体育基础还很薄弱，地区之间、城乡之间体育事业发展不平衡的问题依然突出；政府向人民群众提供公共体育服务的职能尚未充分发挥，各级财政对全民健身事业投入不足，公共体育设施和健身场地总量的增加与广大群众日益增长的健身需求存在明显反差；群众科学健身锻炼的意识和提供体育服务的科学指导能力均有待提高。竞技体育的冬季项目发展较快，夏季项目整体实力相对薄弱，优势项目少、项目覆盖面小、高水平运动员少的局面还没有根本改观。体育产业结构单一，缺乏支柱性产业和市场开发与培育的有力措施。面向群众体育、竞技体育、体育产业开发的体育科学研究和科技服务有待加强。这些都需要我们在"十二五"期间认真的研究和解决。

（三）"十二五"期间体育发展面临的形势。第十二个五年规划是我省体育事业发展面临的重要战略机遇期，认真分析形势，抓住机遇，迎接挑战，才能更好地发挥体育在经济和社会发展中的促进作用。

——北京奥运会后，胡锦涛同志在对体育工作发表的重要讲话中指出："我们要坚持以增强人民体质、提高全民族身体素质和生活质量为目标，高度重视并充分发挥体育在促进人的全面发展、促进经济社会发展中的重要作用，实现竞技体育和群众体育协调发展，进一步推动我国由体育大国向体育强国迈进"，从人民群众和社会发展需要的角度，提出了转变体育发展方式这一重大课题。

——党的十七大和十七届五中全会明确提出了关心民生解决民生问题的若干重大措施，国务院颁布了《全民健身条例》，从国家行政法规层面强调了各级政府和政府各有关部门在发展全民健身事业中的责任，提供体育公共服务，让改革开放和体育事业发展的成果惠及广大人民群众，成为政府的重要职责，为体育事业发展提供了可靠的法律保障和国家支持。

——经济和社会的迅速发展，人民生活水平不断提高，给人们的生活方式和对体育的需求带来了一系列深刻的变化。广大人民群众的体育健身意识更加强烈，对体育产品及服务产品的多元化和供给量需求增加，居民体育消费结构进一步升级，体育与人们的经济生活、社会生活和文化生活结合的更加紧密，为我省体育事业发展提供了广阔的空间和新机遇。

——我省各级政府对体育功能和作用的认识不断深化，经费投入不断增加，政策措施不断完善，为我省体育事业持续发展提供了重要保障；体育基础设施建设力度加大，全民健身服务体系框架初步形成，竞技体育冬季项目优势的建立和夏季项目调整初见成效，与旅游和健身锻炼紧密结合的健身娱乐市场的不断扩大、体育产业发展潜力日益显现，体育各种条件和环境进一步改善，为我省体育事业全面发展奠定了重要基础。

——竞技体育竞争日益激烈，运动训练水平和成绩的科技含量大幅度提高，广大群众对科学健身的需求，实施全民健身计划对不同人群身体状况数据的掌握，社会对体育用品和体育服务产品质量的关注,社会对各类体育人才的大量需求等,带来了体育科技进步、体育教育和人才需求的挑战。

——随着体育事业发展、管理领域和向社会提供体育公共服务任务的不断增加,体育社会管理职能和行政执法、执法监督职能进一步拓展和强化,在体育行政部门面临机构改革、人员编制减少的情况下,更面临解决好充分发挥体育的社会管理职能,适应体育发展方式转变的新挑战。

为此,"十二五"期间,我们要抓住机遇,坚定信心,勇于挑战,积极适应广大人民群众对体育的需求,适应经济和社会发展的需要,深化改革,加快转变体育发展方式,促进我省体育事业的全面、协调和可持续发展。

二、"十二五"体育事业发展的指导思想、目标和原则

(四)体育事业发展的指导思想。以邓小平理论和"三个代表"重要思想为指导,以科学发展为主题,以转变体育发展方式为主线,以改革创新为动力,大力发展全民健身事业,积极构建公共体育服务和保障体系,立足全运会、面向奥运会,推动竞技体育可持续发展,培育市场、优化结构,努力提升体育产业对国民经济发展的贡献率,加快体育科技发展和体育人才培养步伐,为体育事业全面发展提供有力支撑,将转变体育发展方式与转变体育行政管理职能紧密结合,全面推进依法行政,优化体育发展环境,向建设体育大省目标迈进,实现我省体育事业的又好又快发展。

(五)今后五年体育事业发展的主要目标。群众体育、竞技体育、体育产业同步协调发展取得突破,体育公共服务和保障体系的基本框架构建完成,区域和城乡之间体育事业发展差距明显缩小,公共体育健身场地设施有较大发展,参加体育锻炼的人数显著增加,竞技体育项目结构和布局进一步优化,在国内的整体竞争能力得到增强,若干项目接近或达到世界水平,体育产业规模平衡发展,结构调整取得成效,市场监管机制得到加强,全面推进体育依法行政达到预期目标,转变体育发展方式和强化体育公共管理和服务职能取得实质性进展,体育综合实力、可持续发展能力明显提高,人民群众所享有的公共体育服务条件显著改善,由冰雪体育强省向全面建成体育大省目标迈进的基础得到巩固。主要标志是:

群众体育——建立完善以全民健身组织网络、城乡健身设施网络、体育健身指导网络、国民体质监测网络、活动开展与竞赛体系相结合为主要内容的全民健身公共服务体系。全省公共体育服务供给量明显增加,以群众身边健身场地为重点的公共体育设施数量增长25%以上,国民体质纳入国家资源管理,健身活动更加普及,适应不同人群的大型体育健身竞赛活动形成制度,城乡居民体育健身意识进一步增强,经常参加体育锻炼人数显著增加,身体素质明显提高。

竞技体育——立足全运会、面向奥运会,冬夏两线协调发展能力增加,项目结构和布局进一步优化,冰雪体育强省地位进一步巩固,5~6个项目接近或达到世界先进水平,夏季项目整体实力明显改观,基础大项和集体球类项目有所突破,形成若干在全国比赛中比较稳定的优势项目,冬季项目力争2012年全国冬季运动会上保持金牌和团体总分两项第一，2014年冬奥会在保持上届水平的基础上，力争运动成绩稳中有升，项目有新突破，夏季项目在 2013 年第十二届全运会上金牌和奖牌数超上届，并争取在2012年伦敦奥运会上个别项目取得优异成绩。

体育产业——以扩大体育健身休闲市场规模、开发体育竞赛表演市场为重点，推动体育服务业的发展，加强体育用品研发和生产企业培育，加快建立与我省经济社会发展水平相适应的体育产业体系步伐；体育产业统计指标体系和制度基本确立，产业结构调整、市场培育效果明显，居民人均体育消费显著增加，体育服务业在体育产业中比重进一步扩大，体育产业占国内生产总值的比重逐年提高，培育体育骨干企业和具有黑龙江特色及国内影响力的体育产品品牌取得成效，初步形成多种所有制并存、各种经济成份竞相参与、共同兴办体育产业的格局。

体育科技——着眼体育事业全方位发展的体育科研和服务体系结构调整基本完成，以省体育科研所为龙头、省体育科学学会为纽带，整合全省体育科技资源取得显著成效，完成国民体质数据库建设，全民健身重点研究基地初步形成，全民健身应用研究和科技服务得到推广，以提高科学训练水平和运动成绩为重点，创新体制和机制，科研攻关和科技服务成绩显著，重点科研仪器设备提档升级，重点领域应用研究取得重要成果。

体育教育与人才培养——成立省体育职业教育学院和冰雪体育学校，深化体育教育制度改革，加强体教结合，以满足社会需要的各类体育人才培养教育体系初步形成，培养机制进一步建立完善，全省体育人才资源纳入规范化管理，竞技体育高水平人才培养取得突破，后备人才基地建设得到巩固和发展，社会体育人才数量和质量有较大幅度提高，体育人才结构和布局明显改观，有利于培养人才、留住人才、吸引人才的环境不断改善。

体育依法行政——以提供体育公共服务为核心、行政执法监督为保障的体育依法行政服务体系进一步健全，规范权力运行制度和监督机制保障有力，地方体育法规制度建设取得新进展，围绕体育事业发展的政策研究力度加大，以高危险性体育经营活动场所和提高体育服务质量为重点的市场监管体制不断完善，安全监察、行政执法得到加强，全省体育依法行政数据信息框架体系和信息平台建设完成。

（六）"十二五"体育事业发展的基本原则。"十二五"期间，我省体育事业的发展要从经济社会发展的大局出发，以满足广大群众日益增长的体育需求为宗旨，突出以下基本原则：

——坚持科学发展，服务社会。要以科学发展观为统领，跳出体育看体育，立足体育抓发展，把体育事业与我省经济社会发展紧密结合，与国家体育发展战略紧密结合，充分发挥体育在促进经济建设、政治建设、文化建设和社会发展中的功能和独特作用，为振兴龙江做出积极的贡献。

——坚持以人为本，心系民生。把保障民生和改善民生作为转变体育发展方式的根本出发点和落脚点，扩大政府向社会提供公共体育服务的供给量，保证对全民健身事业和公共体育健身设施的必要投入，满足广大人民群众不断增长的体育需要，强化对国民体质状况的监测和管理,促进人民体质和生活质量的提高,让体育发展成果惠及广大人民群众。

——坚持统筹兼顾,协调发展。要把统筹兼顾作为加快转变发展方式的根本方法,在切实抓好群众体育与竞技体育协调发展,竞技体育冬季项目与夏季项目协调发展的同时,更加注重促进体育事业与体育产业的协调发展、地区之间和城乡之间体育的协调发展,提高综合实力,实现体育在不同领域、不同地区的相互促进、共同进步和全面发展。

——坚持科教兴体,人才强体。要把体育科技进步和人才培养作为转变体育发展方式的重要支撑,进行体制创新、机制创新,促进体育资源与社会资源的紧密结合,使体育科学研究和科技服务面向全民健身事业、面向运动训练第一线,深化体育教育改革,积极应对社会发展带来的对体育人才结构和数量需求的变化,建立适应社会和体育事业发展需求的各类体育人才教育培养体系。

——坚持体育的公益性与产业化相结合。加强政府对全民健身设施投入和公共体育服务的同时,支持和引导社会对全民健身事业的捐赠、赞助和投入;引入市场机制,鼓励社会民间资本参与体育市场的开发,丰富体育服务产品,打造具有我省特色体育用品生产骨干企业,加快体育产业化步伐,以满足广大群众对体育健身服务、体育用品的多元化消费需求。

——坚持战略转型,创新发展。把体育发展结构的战略性调整作为转变体育发展方式的重大举措,构建、完善全民健身公共服务和保障体系,优化资源配置、创新竞技体育可持续发展模式,培育市场、加快体育产业体系建设;适应发展结构调整的需要,努力实现制度创新、管理创新,将依法行政和强化社会公共体育管理职能,作为转变体育发展方式和战略转型的体制保障,全面推进和完善体育依法行政服务体系,促进体育事业健康、有序发展。

三、服务民生,大力发展全民健身事业

(七)积极探索和健全全民健身组织网络。充分发挥政府部门、基层组织和社会力量的作用,创新完善与当地实际相结合的基层全民健身组织形式,形成遍布城乡、组织有序、开展活跃的社会全民健身组织网络。全省各县(市)、区全部成立体育总会,并建有相应的行业体协、单项体育协会和人群体育协会等体育社团。居民委、社区和行政村普遍建有全民健身活动站点。

(八)加快以全民健身设施为重点的城乡公共体育设施网络建设。认真落实全国《"十二五"基本公共体育服务设施建设规划》,全省人均体育场地面积达到 1.5 平方米以上。全民健身场地设施基本覆盖全省城乡,所有街道办事处和乡镇均建有公共体育健身设施;45%的居委会、社区和50%以上行政村建有全民健身设施,有条件的公园、绿地、广场增加全民健身设施,并在全省建成一批功能完善、能承接高水平竞赛和大型群众体育活动的公共体育场馆和设施。进一步开放体育系统的体育设施,推动社会公共体育场馆向社会开放,实现体育资源社会共享。扩大学校体育场馆开放范围,

各级政府和相关部门逐步完善和落实相关配套政策和措施。

（九）城乡居民经常参加体育健身活动人数明显增加。加强科学引导，体育健身成为广大群众的基本生活方式。经常参加体育锻炼人数明显增加。到 2015 年，每周参加体育锻炼活动不少于 3 次、每次不少于 30 分钟、锻炼强度中等以上的人数比例达到 32%以上，其中，16 岁以上（不含在校学生）城市居民达到 18%以上，农村居民达到 7%以上。积极实施"青少年体育活动计划"，学生在校期间每天至少参加一小时以上体育锻炼活动。提高老年人、残疾人等参加体育锻炼人数比例。

（十）培养和壮大全民健身指导与志愿服务队伍。形成一支覆盖城乡、规模合理、结构科学、服务优良的全民健身志愿者服务队伍，提高向社会提供科学健身指导服务能力。成立省级社会体育指导员协会和省级体育行业特有职业国家资质从业人员协会，推动各级社会体育指导员协会和社会体育指导员培训基地规范化建设，实现社会体育指导员协会的规范化管理和培训工作的制度化。新培养各级社会体育指导员 10000 人以上，加大职业社会体育指导员培训和鉴定力度，获得体育特有职业国家职业资格人员达到 6000 人以上。

（十一）建立健全全省国民体质监测体系和测试服务网络。把国民体质监测和测试服务，作为制定和实施全民健身计划的重要科学依据，作为向社会提供科学健身指导的重要服务内容。各市（地）、省农垦总局、省森工总局、哈铁体协全部建有国民体质测试中心，每年定期开展体质测试工作。县、市（区）要建立健全体质测试站（点），进行日常体质测定，加强科学健身指导和服务。建立完善国民体质监测和信息定期发布等相关制度，形成国民体质监测工作的常态化机制，为科学开展全民健身活动和广大人民群众健身咨询提供服务。

（十二）广泛开展全民健身活动，建立完善群众竞赛体系。加强体育行政部门对有关部门、各类社会团体、行业体协、单项体育协会和基层体育组织开展全民健身活动的指导，扩大职工体育、学校体育、社区和农村体育、老年人体育、少数民族体育、伤残人体育等不同人群日常体育健身活动覆盖面；积极拓展具有龙江特色的"百万青少年上冰雪"、"冰雪体育长廊"等有影响力、品牌性群众体育活动，并形成广泛性、多样性的长效机制；创新适合不同人群参加的区域性、行业性等大型群众体育竞赛体系，建立和完善每 4 年举行一次的省全民健身运动会、省民运会、省农运会、省残运会等竞赛制度，发挥其推动群众体育活动开展的引领作用。

四、开拓创新，全面提升竞技体育整体实力

（十三）切实做好奥运会和全运会备战及参赛工作，确保任务和目标的完成。坚持全运会和奥运会"两运并举"，围绕第 12 届全国冬运会、全运会和伦敦奥运会、索契冬奥会，全面加强对备战工作的组织领导，保证备战和参赛任务的完成。加强情报和信息化建设，密切关注和分析世界及发达省份体育发展的动向和趋势；借鉴和认真总结国内、国际先进训练经验和成果，加深对竞技体育规律、项目规律、训练竞赛规律和运动队管理规律的认识和把握；强化对备战工作统一组织、统一协调的管理体制和运行机制；建立层次分明、职责清晰、任务明确、计划周密、措施保障有力、运转有效的大赛备战组织管理体系和工作制度，确保运动成绩的新突破。

（十四）完善和落实"五位一体"的竞技体育运行模式。加强省优秀运动队建设，强化训练、科研、保障、管理、思想政治工作"五位一体"的竞技体育运行模式。建立完善教练员选聘、运动员选拔等科学、合理的省队竞争和激励机制。形成符合本项目实际，管理专家与专业领军人物紧密结合，以主（总）教练为主导，科技、医学、体能等专业人才参与的复合型省队管理训练团队和体制，不断创新和完善省队队委会运行机制。加强训练监控，完善评估指标和训练评估体系。处理好省队和国家队的关系，提高省队训练积极性和向国家队输送率。

（十五）优化项目结构，合理布局，促进竞技体育协调发展。合理配置全省竞技体育资源，坚持统筹兼顾，以巩固冰雪优势项目、发展潜优势项目，强化夏季基础项目和球类项目为重点，进一步加强对项目发展布局和结构的优化调整。充分发挥省、市两级优秀运动队的积极性和自身项目优势及人才特点，促进全省各市地与行业体协的竞技体育、冬季项目与夏季项目、奥运项目与非奥项目、优势项目与基础和球类等薄弱项目的协调发展，扩大优势项目在全省的覆盖面，提高我省竞技体育发展的整体竞争力。

（十六）增强田径、游泳基础大项和篮球、排球等球类集体项目的实力。组织攻关小组，加强对田径、游泳等基础大项的专门研究，增加田径项目的小项，扩大规模，提升项群实力，力争突破。根据我省实际，重视和加大对篮球、排球等集体项目的投入，以女篮和青少年女排等为突破口，适当增加省优秀运动队球类项目，巩固并扩大篮球项目规模。加强对改变落后项目状况的研究，加大"请进来、走出去"的力度，学习和借鉴国内外先进经验，加强教练员培养，提高执教水平，增强项目突破能力。

（十七）推动冰壶运动普及，提高冰壶运动水平，形成我省特色精品项目。在青少年、中老年和学校中开展普及冰壶运动，推动冰壶运动向大众化和社会化普及，在省运会中适当增加冰壶成年组和行业组的比赛，使冰壶运动成为我省特色精品项目。加强冰壶优秀运动队伍建设，大力提高冰壶运动竞技水平，在国际大赛中再创佳绩。

（十八）发挥"举省体制"优势，强化竞技体育的发展合力。

充分发挥集中力量办大事的举省体制优势，以全运会、奥运会"两运并举"为核心，突出重点、统筹兼顾，全面提高竞技体育的综合实力和竞争力。鼓励和支持多渠道、多种形式办高水平优秀运动队，加大对体教结合创建运动队的政策支持力度。充分调动市（地）和高校创办高水平运动队的积极性，鼓励有条件的市（地）和单位在一些项目上承担省队任务。冬季项目以巩固完善省队为龙头，市（地）为基础的两级建队体制和项目布局；各市（地）要把优秀运动队建设作为"十二五"竞技体育改革的重要内容，努力打造自己的优势项目。夏季项目优秀运动队以省队为主，扶持有条件的市（地）和高校组建或联办优秀运动队，并为其参加全国比赛创造条件。对承担省队训练任务和全运会比赛任务的市（地）、单位，省里予以扶持资助，对取得优异成绩的给予奖励性补贴。调整和完善奖励、竞赛、运动员交流和注册、教练员支教、全运会参赛运动员选拔、裁判员培训等相关政策和机制,建立运动员信息化管理平台,发挥各市(地)和行业体协在人才、资金、保障等方面的优势,联合攻关,形成合力。

(十九)狠抓赛风赛纪和反兴奋剂工作,促进公平竞争。加强以赛风赛纪为核心的体育行业作风建设,加大对弄虚作假、徇私舞弊、执裁不公等违规违纪行为的处罚力度,促进公平竞争。建立健全体育竞赛仲裁制度。认真贯彻落实《反兴奋剂条例》,建立反兴奋剂责任和管理体系,完善我省反兴奋剂综合治理协调机制,加大兴奋剂的检查力度,提高反兴奋剂工作水平。

(二十)加强思想政治工作,抓好运动队道德作风建设。充分发挥运动队思想政治工作优势,以运动员为主体,坚持把提高运动技术水平与思想政治工作和道德作风建设有机结合,加强爱国主义、集体主义、职业道德教育,以国家利益为最高目标,树立祖国培养意识和社会主义荣辱观,进一步完善运动队思想政治工作管理体制,加强运动员励志教育,使优秀运动队成为政治合格、作风顽强、技术过硬的优秀群体。注重培养运动员无私奉献的精神、坚韧不拔的意志、顽强拼搏的作风,全面提高运动队的整体素质,使其成为体育战线精神文明建设的窗口。

五、优化产业结构,完善管理体制,加快体育产业发展步伐

(二十一)加快体育产业向国民经济支柱产业过渡的步伐。加强对体育产业发展的研究,适应社会对体育用品及服务产品的需求,积极打造具有龙江特色的体育产业体系。筹建黑龙江省体育产业集团,发挥其在体育产业发展中的引领作用。搞好产业结构调整,重点发展体育健身休闲、竞赛表演等体育服务业,加快体育用品业培育;提高体育用品及服务产品质量,正确引导体育消费,不断增加体育市场供给能力;进一步规范体育市场秩序,切实维护消费者和经营者的合法权益,为体育产业成熟发展和向国民经济支柱产业过渡奠定坚实的基础。

(二十二)发展体育健身休闲市场,扩大市场规模。拓展城市社区体育健身服务规模和内容,培育农村体育健身市场,做大做强具有我省特色的滑雪、漂流等健身品牌市场,推动群众喜爱的户外运动等新兴经营项目的发展。引导鼓励企业、社会组织和个人投资兴办体育健身娱乐业,加快体育健身娱乐设施建设和各种体育健身娱乐项目的开发,满足广大人民群众和各类消费群体对体育健身娱乐活动、场地设施、技术辅导等多层次服务需要。

(二十三)大力开发体育竞赛和体育表演市场。适应广大群众参与和观赏体育竞赛和表演的需要,加大对体育竞赛、表演市场开发的力度,引导和规范各类体育竞赛的市场化运作。鼓励企业举办商业性体育比赛,培育和做强具有我省特色的冰雪汽车拉力赛等赛事品牌,积极引进国内外知名和高水平体育赛事。探索和推进以职业体育俱乐部为体育竞赛表演市场发展主体的尝试,逐步建立政府依法监管、社会参与、市场运作的赛事管理体制和运行机制。

(二十四)积极探索,加快体育用品业的培育和发展。利用我省的资源、地缘与产业特点,引导建立一批符合我省实际的体育用品生产试点企业,加大体育用品自主研发和科技转化力度,打造我省体育用品和生产企业品牌,促进我省体育用品业的发展。成立省体育用品联合会,指导和规划体育用品业健康、有序发展。制定省体育用品标准,加强行业规范管理,推进标准化工作,加大体育用品强制性标准质量监管,积极推进体育用品、产品的认证工作,逐步增强我省体育用品在市场上的竞争力。

(二十五)挖掘体育资源,拓宽体育产业发展领域。要充分开发体育资源,挖掘和提升其潜在的经济价值和市场价值。积极探索和推动体育中介机构的发展,建立和完善体育经纪人制度,加强行业自律,着力培养高素质体育经纪人队伍。大力开展体育中介服务,充分发挥中介组织在技术指导、信息咨询、赛事筹划推广、人才流动等方面的作用。加强体育组织、体育赛事和活动名称、标志等体育无形资产的开发,鼓励各类体育组织、体育赛事主办者面向市场,依法开发,不断提高整体开发水平和市场价值。以赛事组织、场馆建设、信息咨询、技术培训等为重点,积极开拓省内外市场,提升我省体育服务行业的竞争力,搭建对外体育服务贸易平台。

(二十六)推动体育产业与相关产业的共同发展。创新体制和运行机制,形成体育产业与旅游、会展、传媒等相关产业相互结合、相互促进、共同发展的新格局。大力发展和培育体育休闲旅游、体育会展、体育文化创意等新业态,充分利用冰雪旅游资源,打造具有龙江特色的冰雪体育旅游精品项目;进一步做强会展业,利用现有的体育场馆资源,积极创办和引进与体育相关的展览、展示、演出等商业活动,发挥会展资源的优势;协调和媒体的合作,探索和推动媒体的体育赛事、体育文化、体育信息的传播开发工作。

(二十七)加强规范管理,巩固发展体育彩票市场。全面贯彻落实《彩票管理条例》,建立体育彩票的高效管理模式,加强营销手段和彩票种类的推陈出新,加强品牌建设,扩大销售网络,确保体育彩票市场的安全诚信和稳步发展。加强对体育彩票公益金的使用和监管,严格按照国家有关规定使用和管理体育彩票公益金,充分发挥其作用,为体育事业提供更多的资金保障。

六、坚持科教兴体,面向发展实践,为体育事业发展提供有力的科技和人才支撑

(二十八)面向体育事业发展,创新体育科研和服务体系。深化体育科技体制和运行机制的改革和探索,由体育科研和科技服务以竞技体育为主,转向竞技体育与全民健身并重。整合全省体育科技资源,搞好结构调整,以省体育科研所为龙头,以省体育科学学会为纽带,充分利用我省高等院校资源优势和社会科研力量,构建体育科技研究联合攻关和科技服务平台,并促进市(地)体育科研能力和服务水平的提高,形成着眼体育事业全面发展的科研和科技服务体系。

(二十九)大力推进全民健身的科技进步,提高全民健身科学化水平。建立省国民体质监测中心和省国民体质数据库,加强对全省国民体质监测网络体系的技术监督、业务指导和管理,积极开展国民体质和体育人口状况研究工作,定期进行信息发布。建立全民健身重点研究基地和运动健身科学诊断与指导系统。加速培养群众体育学术带头人,增强群众体育科研和科技服务能力。积极引导社会各方面力量开展全民健身科技服务，推进全民健身科技服务的社会化、产业化。

（三十）全面推进运动训练科学化，充分发挥科技对竞技体育的先导、支持和保障作用。围绕我省竞技体育发展重点项目、优势项目，加大多学科综合研究攻关力度，以关键技术突破为重点，积极开展高科技引入训练领域的应用研究。不断完善科学训练监控系统，提高科学选材、技战术诊断、体能训练与恢复、医务监督、运动营养补充、运动心理调控和训练器材与比赛装备开发等工作的科学化程度。建立和完善以科研专家、科研组和科研教练为主体的新型科技攻关和科技服务保障体系，强化高新技术在运动训练中的应用，并取得一批有影响力的成果。建立并实施反兴奋剂教育培训系统、工作质量控制系统，切实做好反兴奋剂工作。构建以省体育科研所为核心的全省体育科技工作网络，提高市（地）体育科技人才水平，建立基本实验室。

（三十一）推进重点科研设施设备的改造升级，完善科技服务基础设备器材的配套。加大资金投入力度，改造设在我省的国家体育总局和省级冬季项目重点实验室，强化基础性、前沿性技术和共性技术研究平台建设；改造提升黑龙江体育科技信息网等信息化平台功能；改善省本级高水平训练基地科技条件，搞好科技服务基础设备器材的更新和配套，为强化体育科研和科技服务能力提供可靠的物质基础保障。

（三十二）提高体育科技工作信息化水平。在体育科技工作中广泛应用数字技术，加大数字化冰场建设中的高科技含量，推进数字技术在运动训练与竞赛、体育科研、体育信息与管理中的广泛应用和作用的提升。整合资源，成立省体育信息中心，承担全省体育系统信息化的规划、建设和管理工作；承担国内外体育信息的收集、研究、咨询和服务保障；承担大型体育比赛电子工程的组织管理和技术保障工作。搞好省国民体质监测、全民健身科学指导、优秀运动员、体育科研成果、课题管理等重点信息数据库建设，为科学决策提供科技支撑。

（三十三）加快体育教育的改革和发展。巩固和提高体育基础教育，积极发展体育高等教育，大力发展体育职业教育和民办教育，创新体育教育体制。充分发挥我省体育院校（系）在体育教育、学科专业和人才培养中的作用，优化资源配置，改革教学内容，适应社会需要；将黑龙江省体育运动技术学院创办成黑龙江省体育职业学院，强化新型体育人才职业教育。贯彻落实好国家《关于加强运动员文化教育和保障的意见》，加强对体教结合的领导，全面推进运动队与高校联办模式和机制，深化基层业余体校文化教育体制改革，努力形成较完备的运动员文化教育保障体系。

（三十四）实施人才兴体战略，进行体制机制创新。加强对全省体育人才资源统筹规划和管理，建立完善管理体制和体育人才教育培训体系，抓好学术带头人、体育科研专家、优秀教练员等重点人才工程；大力推进党政干部、竞技体育、群众体育、体育产业、科研教育等各类体育人才队伍的培训和再教育工作，优化体育人才结构和配置；加大对裁判员队伍建设的管理、培训力度，建立一支与体育运动发展相适应的裁判员队伍。创新人才选拔任用、竞争机制，改革完善人才激励机制和奖励政策，为人才脱颖而出创造宽松的环境。

七、加强后备人才培养，优化资源配置，提高竞技体育可持续发展能力

（三十五）搞好结构调整，优化后备人才培养体系。以提高教学水平和训练质量为核心，充分发挥省体育运动学校的龙头作用，进一步改善训练教学条件，加强省级体育后备人才和县品工程基地建设，强化培养优秀体育后备人才的能力，提高成材率和输送率；积极改革各县（区）业余体校办学模式，增加活力，扩大体育后备人才培养基础；鼓励和支持社会力量开展各种形式的青少年业余训练和后备人才培养工作，加强指导，形成具有我省特色的后备人才培养体系。积极做好黑龙江冰雪学校组建工作，以选拔、培养、输送高水平冰雪后备人才为重点，打造成中国规模最大、水平最高的冰雪运动学校。

（三十六）优化资源配置，搞好后备人才培养的梯次衔接。根据不同地区的体育资源、人才特点、项目优势，进一步调整青少年体育训练项目布局，坚持有所为有所不为的原则、突出地方青少年体育训练特色，打造精品项目基地，实行后备人才省内合理流动和交流；切实抓好我省优势项目和重点项目的青少年体育训练与优秀运动队的有序衔接，逐步完善青少年体育训练省、市、县三级管理体制，充分发挥省直各运动项目管理中心的管理职能，加强对全省青少年体育训练工作的指导和管理工作。

（三十七）大力推进青少年体育训练的科学化和规范化。全面贯彻《关于加强黑龙江省青少年体育训练工作的指导意见》，建立青少年体育训练评估体系。切实抓好教练员整体素质的提高、场地设施训练条件的改善、管理和训练的系统化、规范化、优势项目群体构建等重点工作。加强青少年体育训练教练员队伍建设，建立定期培训制度，强化教练员科学训练意识，努力提高综合素质和执教能力。积极改善基层教练员待遇，提升文化课师资水平。制定青少年训练大纲，加大科学选材力度，积极将新的科学训练方法和手段引入青少年体育训练，加强青少年体育业余训练的反兴奋剂工作。

（三十八）充分发挥竞赛杠杆作用，改革和完善青少年体育竞赛制度。优化竞赛结构和体制，改革省运会竞赛办法，突出重点、优势项目、潜优势项目，通过省运会锻炼队伍，发掘和培养人才。搞好年度赛制改革，增加重点、优势项目的比赛次数，建立全省体育后备人才档案库，统一注册，省内有序交流。拓展青少年体育竞赛资金来源。

（三十九）完善青少年训练激励机制，增强发展活力。制定和完善青少年训练、比赛和后备人才输送补贴、奖励政策和机制。实行动态管理，强化对体育后备人才基地、青少年体育俱乐部和体育传统校的检查评估，对优势项目和重点项目的青少年体育训练工作，实行政策上的倾斜和扶持，在经费和器材的投入上推行优项优投。保障后备人才输送渠道畅通、有序，完善青少年运动员升学等方面的政策措施。

八、完善体育依法行政服务体系，为体育事业发展创造良好的环境

（四十）深化体育管理体制改革，为转变体育发展方式提供组织保障。积极适应体育事业发展的需要,各级体育行政部门要把工作重心转向制订发展规划、强化宏观调控、完善政策法规制度、提供公共服务、规范行业秩序上来,切实转变职能,促进政事分开、管办分离。进一步发挥各级体育总会作用,建立完善各级单项体育协会的组织机构和工作机制、自律机制。加强体育行政部门对体育社团的指导和对体育行业的管理监督,探索建立符合国情、省情的体育社团和体育行业管理体制。

(四十一)加强公共体育服务,完善依法行政服务体系。以强化公共体育服务职能为着力点,进行体育行政部门内部机构、人员和职能的调整。加强体育行政部门法制机构建设,充分发挥体育法制机构在行政决策把关、法律制度建设、规范权力运行、行政执法监督、市场监管、行政复议、法律咨询和全面推进体育依法行政中的作用。建设全省体育依法行政信息平台,完善政务公开制度,简化审批程序,提高行政效率。畅通体育法律咨询、违法行为举报渠道,建立体育听证和仲裁制度,维护社会组织、公民的合法权益。发挥社会各类法律服务机构的体育法律服务作用,扩大体育法律服务的社会资源。

(四十二)加快体育法律制度建设步伐,完善体育法律法规保障体系。制定和颁布《黑龙江省体育服务质量监督条例》《黑龙江省体育竞赛表演管理条例》,做好《黑龙江省体育经营活动管理条例》等的修订工作。抓紧调研和制定全民健身设施管理、加强社会体育组织建设、规范体育健身娱乐市场等急需的体育法规、规章、技术标准和规范性文件,完善地方体育法规和技术法规体系。加强对体育法律法规和规章贯彻落实情况的监督检查,依法治体,促进体育事业健康发展。

(四十三)规范体育市场监管,促进体育服务质量提高。建立健全相关法规制度,完善体育市场监督管理机制,明确监管主体及其管理职能和各类市场主体的权利义务,适应体育市场规范发展的需要。加强对高危险性体育项目经营场所和活动安全监管,依法健全完善相关的准入和开放条件、技术要求和服务规范及管理档案,强化日常监督检查,成立省体育服务质量检测机构,建立产品质量检测制度,确保设施设备和管理服务符合要求,消除安全隐患。全面推行国家职业资格证书制度,加强体育行业特有工种职业技能培训基地建设和职业技能鉴定工作,提高体育服务从业人员的专业素质、科学指导能力和服务质量。

(四十四)加强体育行政执法,为体育事业发展创造良好的环境。维护体育事业发展秩序,完善全省体育行政执法体系,加大省体育行政部门执法督察力度,加强以市(地)为重点的体育执法队伍建设,探索建立县(区)体育行政执法机制。强化体育行政执法人员有关法律法规、体育行业标准等专业培训,提高法律素质和专业执法能力。组织开展贯彻落实体育法律法规和规章情况的监督检查,打击和惩治体育领域违法犯罪行为。

(四十五)建立完善依法行政监督机制,提高依法行政能力。进一步健全体育依法行政考核监督体系,以规范体育部门行政权力、行业权力和依法履行体育行政职责为重点,强化体育行政机关内部监督和上级体育行政部门对下级体育行政部门的层级监督。完善行政审批案卷、行政处罚案卷检评制度和行政权力责任追究制度。加强上级体育行政部门对下级体育行政部门依法履行行政行为情况的经常性监督和对依法行政重点工作的专门监督，积极开展专项检查，促进依法行政能力和水平的提高。推行体育社会监督员制度，探索和拓宽社会监督渠道。

（四十六）积极开展体育法制宣传教育，增强法律意识。制定实施体育系统法制宣传教育第六个五年规划，加大体育法律法规的宣传力度，针对宣传教育对象的不同，开展灵活多样、扎实有效的法制教育活动。健全各级体育行政部门领导干部和行政机关人员学法制度，将法制教育与体育依法行政紧密结合；强化对行政执法、执法监督和行政复议人员的培训考核制度，依法行政知识培训和考试，并纳入人事档案管理。加强媒体宣传和信息传播，积极开展对社会、公民的体育法制宣传教育，增强全社会的体育法律观念和意识，逐步形成与依法治体相适应的良好社会氛围。

九、加强体育文化建设和新闻宣传及体育交流工作

（四十七）大力推进体育文化建设，提升体育软实力。加快我省体育文化建设，大力挖掘体育文化内涵，将弘扬以爱国主义为核心的中华体育精神与我省的北大荒精神、大庆精神、铁人精神等紧密结合，发挥体育在建设社会主义先进文化，振兴龙江，促进建立健康、科学、文明的生活方式，塑造积极健康的社会价值观和大众人生观中的作用和功能。积极收集反映我省体育事业发展的文物，筹建体育博物馆。

（四十八）加强体育宣传，扩大体育的社会影响力。进一步加大体育社会宣传的力度，坚持体育新闻宣传的舆论导向，以全民健身、竞技体育、体育产业和有关重要体育法律法规、政策为重点，着力宣传体育在构建和谐社会、改善民生、促进经济社会发展中的作用，普及科学健身知识，规范体育事业发展秩序，转变体育发展观念，为体育改革和发展营造良好的舆论氛围和社会环境。健全体育宣传和新闻工作机制，加强体育新闻发布制度建设和对全省体育宣传工作的协调指导，完善省体育局官方网站，搭建有效快捷的信息平台，疏通体育各部门与新闻媒体之间交流的渠道，加强体育新闻宣传人员的专业化培训，提高新闻宣传的驾驭能力，扩大体育的社会影响力。

（四十九）扩大与国内外的体育交流与合作。着眼于体育发展方式转变，扩大与体育发达省份和国家的体育交流与合作，分享体育科技进步带来的成果，提高发展质量。继续实行"请进来、派出去"等方式，以公共体育服务、竞技体育、体育产业、体育科技和人才交流与合作为重点，积极学习、借鉴和掌握国内外发展体育事业的成功经验、公共体育服务和体育产业的管理理念，引进先进技术、人才，加快我省体育事业全面发展的步伐。充分利用地缘优势，深化与周边国家的体育交流与合作。积极申办高水平世界体育比赛，进一步拓宽国际体育交流领域，积极参与国际体育事务，加强与各类国际体育组织的沟通、联系与合作，使体育事业发展与国际接轨。

十、加强领导，强化措施，促进体育事业的又好又快发展

（五十）加强组织领导，促进体育事业与经济社会同步发展。各级人民政府要把体育事业作为一项重要的民生工程，纳入国民经济和社会发展总体规划，高度重视本

地区体育事业的发展。按照《中华人民共和国体育法》和《全民健身条例》等法律法规的要求，将体育事业经费、全民健身事业经费、基本建设资金纳入本级财政预算和基本建设投资计划，确保各项投入与经济社会发展同步。协调有关部门完善支持体育事业发展的财政、税收、土地、能源、科技、教育等方面的政策。建立健全各级政府体育工作领导协调机制，充分调动各级工会、共青团、妇联、各行业和社会各界办体育的积极性。体育行政部门要发挥职能作用，依法落实本届政府任期届满的全民健身计划实施情况评估报告制度，为政府发展体育事业当好参谋、助手。

（五十一）强化政府公共体育服务基本职能，创新体育体制机制。各级政府要积极推进公共体育服务体系建设，进一步加强以全民健身设施为重点的公共体育设施的规划和建设，支持社会体育指导员队伍的发展和开展全民健身志愿服务活动，建立公共体育服务督导检查制度，创新公共体育服务的运行和管理机制。深化改革，完善政府统筹、社会协同、市场支持和人民群众广泛参与的体育管理体制，把公共体育服务体系的建立和健全，作为将体育发展成果惠及广大人民群众的重要措施。探索和创新适应经济社会和体育事业发展的体育产业发展机制，进行体育改革试验区、示范区建设，增强体育事业的发展活力。

（五十二）加强政策扶持，促进区域体育事业协调发展。加大对落后贫困地区、农村地区、边疆和民族地区体育事业发展的支持力度，并根据实际情况在资金、人力、项目等方面给予支持。加强对以上地区体育事业发展的调查研究和政策研究，建立促进区域体育协调发展的扶持机制，采取有力措施，推动公共体育服务水平和体育基础设施建设的逐步改善，进一步缩小与全省体育平均水平的差距。

（五十三）支持体育科技和教育发展，提升体育事业发展质量。加大体育科技和教育发展力度，增加各级政府对重点体育科技和教育项目的资金投入和政策扶持。设立省体育科研基金，继续加强省优秀运动队训练基地科研条件建设，促进市（地）体育科研的发展，大力推进体育科技创新研发、体育科技成果转化和公共服务三类平台建设，拓展国内、国际体育科技合作。

（五十四）完善运动员保障体系，解决好运动员的后顾之忧。积极拓宽体育运动学校培养输送渠道，完善和落实优秀运动员免试进入高等院校学习的各项政策。全面抓好运动员医疗保险、工伤保险、失业保险、住房公积金和住房补贴等政策的落实。不断完善运动员多层次医疗保障体系，整合医疗资源，提高整体医疗水平，为运动员提供更好的医疗服务。加强退役运动员就业的支持和指导，建立运动员职业转换社会保障体系和自主择业经济补偿标准的动态调整机制，落实退役运动员自主创业的政策性支持，鼓励和引导其通过市场自主择业。

（五十五）加大体育产业扶持力度，促进经济社会发展。高度重视体育产业在国民经济发展中的潜力和地位，将体育产业发展纳入各级政府经济和社会发展总体规划，并结合本地区的实际抓好组织实施。加强市场培育，搞好项目开发，将发展体育产业经费列入财政预算，使政府的资金在促进体育产业的发展中起到引导和带动作用。努力将贷款贴息、融资担保、引导基金等相关的投融资政策扩大到体育产业领域，撬动社会资本投资。运用积极的财税政策手段，吸引社会资本参与体育产业发展，做大体育产业市场，形成财政资金带动，社会资金跟进，多元投入并举的体育产业投资格局。建立科学的体育产业统计制度，完善体育产业统计调查方法和指标体系。

（五十六）强化体育队伍和作风建设，适应事业发展需要。着眼体育事业的全面发展，进一步加强各级体育机构和队伍的建设，拓宽眼界，适应体育发展方式的转变，把握体育事业的发展形势和大局，增强广大体育工作者的全局意识、责任意识、创新意识，提高业务工作水平。各级体育行政部门的领导要适应社会变革给体育事业发展带来的变化，强化科学决策、驾驭全局和解决各种复杂矛盾的能力。继续深化体育队伍作风建设，增强执政为民的服务意识，打造一支作风过硬、纪律严明、爱岗敬业、服务群众的体育工作者队伍。

（五十七）加强监督管理，保障规划有效实施。各级政府要根据规划所明确的目标、任务、措施，结合本地区实际抓好规划的实施，要健全监管机制，对本行政区域内体育事业规划实施情况进行严格监督。各级体育行政部门要在政府的领导下，加强与有关部门协商和沟通，强化年度工作计划安排，明确推进步骤、落实工作责任。要加强体育主管的监督检查职能，完善督办检查机制，保障体育"十二五"规划的顺利实施。

江苏省体育发展"十二五"规划

为统筹规划"十二五"时期体育改革与发展，根据江苏省国民经济和社会发展"十二五"规划纲要和全国体育事业发展"十二五"规划，结合江苏体育实际，制定本规划。

一、转变发展方式，开创江苏体育发展新局面

（一）江苏体育"十一五"发展成就。"十一五"期间，全省体育系统紧紧围绕建设体育强省的战略目标，深入贯彻落实科学发展观，解放思想、开拓进取，各项工作取得了新的进步和成就。全民健身服务体系逐步完善，基本实现"村村有体育场地"的目标，每个乡镇建有体育健身中心，建成 5 万个健身点（小篮板），万人拥有社会体育指导员数量达 14 名，每个县（市、区）建有国民体质监测中心，市县体育总会实现全覆盖，省属体育社团达 52 个。体育设施建设大步前进，8 个省辖市基本建成功能齐全的体育中心和 5000 平方米以上的全民健身中心，57 个县（市、区）建成"新四个一"工程，万人拥有公共体育设施面积达 16547 平方米。竞技体育实力不断增强，参加北京奥运会 8 人 10 次获 8 枚金牌，18 人 20 次获 14 枚奖牌，对国家的贡献列金牌榜第一、奖牌榜第二；参加十一届全运会获 48.5 枚金牌、121.5 枚奖牌和 2679 分，位列金牌榜第二、奖牌榜第四、总分榜第三；"十一五"期间，共有 41 人获 84 人次世界冠军，每年获得国家突出贡献奖。业余训练水平有了新的提升，创建了 40 个国家高水平体育后备人才基地（总数居全国第一）、50 个省高水平体育后备人才基地、42 个国家单项基地、6 个四星级体校、51 个三星级体校，常年坚持业余训练的总人数在 2 万人左右。体育产业加快发展，积极争取省政府出台了《关于加快发展体育产业的实施意见》，体育产业的政策体系不断完善，体育产业增加值占全省地区生产总值的比重达 0.9%，全省发行体育彩票 285.26 亿元，实现年销量全国"五连冠"。体育竞赛日趋活跃，支持南京市成功申办第二届夏季青年奥运会，成功举办第十六届、十七届省运会；承办全国以上竞赛 784 项次，其中国际比赛 193 项次，并逐步形成 5 项有较大影响的传统品牌赛事，全国以上体育竞赛数量和优秀赛区数量位居全国前列。体育科技实力处于全国先进水平，2 项科研成果获国家科技进步二等奖，1 个博士后工作站获准成立；竞技体育攻关和服务能力明显增强。基层体育呈现新的活力，5 个市、39 个县（市、区）先后建成体育强市、强县（市、区）。南京体育学院办学规模、质量和效益有较大提升，顺利通过教育部本科教学评估并获得优秀。运动员保障体系基本建立，运动员文化教育和保障工作处于全国先进水平。体育人才队伍年龄和知识结构趋于合理,体育宣传、法制等工作取得长足发展。但是也要清醒地看到,与建设体育强省、基本实现体育现代化的要求还有差距,主要表现在重数量轻质量、重规模轻效益的现象不同程度存在,城乡、区域体育发展不够平衡,竞技体育与群众体育、体育事业与体育产业协调发展有待加强,竞技体育项目发展水平不均衡,具有江苏特色的体育品牌赛事不多,体育产业发展水平还不高、活力还不强、动力还不足,体育服务提供方式仍然较为单一。总的来看,广大人民群众日益增长的体育需求和供给相对不足,仍然是我省体育发展的主要矛盾。

(二)江苏体育"十二五"发展阶段的形势与要求

准确把握江苏体育面临的形势机遇。"十二五"时期,是江苏全面建成小康社会并向率先基本实现现代化迈进的关键时期,也是推进我国由体育大国向体育强国迈进的重要阶段。随着江苏"两个率先"的深入推进,城乡一体化发展进程的加快,居民收入的增长和消费结构的变化,人民群众多样化、多层次体育需求将更加旺盛,迫切需要更多更优的公共体育服务。贯彻胡锦涛总书记对江苏"六个注重"的新要求,体育要在促进经济转型、自主创新、新农村建设、文化繁荣、社会建设和社会管理中争取更大作为。近几年来,国家和江苏推进经济发展方式转变,相继出台了加快发展体育产业的意见,将进一步丰富体育服务和产品提供方式,开创体育事业与体育产业双轮驱动的有利局面。我省在北京奥运会、十一届全运会和国际单项比赛上创造的优异成绩,以及一系列重大体育赛事在江苏的成功举办,使体育的社会氛围进一步浓厚,国际国内更加关注江苏体育。第二届夏季青年奥运会将于 2014 年在南京举办,对全省体育发展将产生积极深远的影响。江苏体育发展既面临着大有可为的重要战略机遇,也面临着转变发展方式、全面协调可持续发展的新挑战、新要求。

加快转变体育发展方式。树立大体育、大健康的理念和现代化、国际化的视野,把科学发展的要求体现到体育强省建设的目标任务、发展重点、体制机制、绩效考核等各个方面,注重强化内涵建设,提升发展的质量、水平和效益。以不断满足人民群众日益增长的体育需求为根本任务,以提高公共体育服务能力为核心,改变体育服务供给方式,实现提供主体、提供方式多元化,加大公共财政对基本公共体育服务的投入;鼓励支持社会参与体育投资,推动非基本公共体育服务市场化改革,发挥市场对体育资源配置的作用,努力形成基本公共体育服务均等化、非基本公共体育服务多样化的新局面。推动体育管理体制和运行机制改革,着力破除制约体育事业发展的体制机制性障碍,增强体育发展活力。把握全面协调可持续的发展导向,进一步提高统筹发展水平,推动城乡体育、区域体育以及各项工作内部均衡发展。

大力建设体育强省。"十二五"时期是加快建设体育强省的攻坚阶段。我们将要建设的体育强省是:以增强全省人民体质、形成文明健康的生活方式为根本目标,实现体育的生活化、社会化,群众体育与竞技体育、体育事业与体育产业以及城乡、区域体育协调发展,体育的综合实力和影响力位居全国前列,体育发展与全省"两个率先"相适应,在建设美好江苏的大局中具有重要地位并作出积极贡献。体育强省是体育全面协调可持续并达到一定水平的发展状态,主要衡量标准包括四个方面:一是群众体育强。以全民健身设施、组织、活动以及科学健身指导为主要内容的基本公共体育服务体系实现城乡社区全覆盖，经常参加体育锻炼的人数比例达到中等发达国家水平，国民体质各类人群测试合格率位居全国前列。二是竞技体育强。奥运会、亚运会对国家贡献和全运会金牌、奖牌数量保持全国前列，集体球类项目和田径、游泳基础大项等各门类基本实现均衡发展，反映竞技体育可持续发展能力的后备人才培养、科医服务及各项保障水平显著增强，参加职业化程度较高项目全国比赛的竞技水平和成绩明显提升，承办国内国际综合性运动会和世界高水平单项赛事的能力居全国前列。三是体育产业强。符合现代体育发展规律、门类较齐全、结构较合理，具有一定竞争力和影响力的体育产业体系基本建成，规范有序、繁荣发展的体育消费市场基本形成，体育彩票发行量保持全国前列，体育产业增加值占全省GDP和服务业增加值的比重逐年提升，体育产业成为国民经济新的增长点。四是体育综合实力强。体现在体育事业与体育产业发展所拥有的实力和影响力不断提升，既包括群众体育、竞技体育、体育产业、体育科教和人才的硬实力的增强，又包括体育体制、机制、资源、文化、精神、理念、法制、信息等软实力的提升，体育发展的各要素有机关联、相互作用、协调发展、持续增强。

（三）江苏体育"十二五"发展思路

江苏体育"十二五"发展的指导思想是：高举中国特色社会主义伟大旗帜，坚持以邓小平理论和"三个代表"重要思想为指导，深入贯彻落实科学发展观，牢牢把握"发展更科学、社会更和谐、文化更繁荣、生态更文明、人民更幸福"的"两个率先"新内涵新标准，按照省委省政府重点实施"八项工程"的要求，以"推动科学发展、建设体育强省"为主题，以转变体育发展方式为主线，以满足人民群众日益增长的体育需求为根本任务，以高素质人才队伍为支撑，以体制机制创新和科技创新为动力，推动群众体育和竞技体育、体育事业和体育产业协调发展，全面提升江苏体育的综合实力和影响力，为建设美好江苏、实现"两个率先"，促进我国由体育大国向体育强国迈进作出积极贡献。

江苏体育"十二五"发展的总体目标：到2015年，建成体育强省，苏南有条件的地区率先基本实现体育现代化，为2020年全省基本实现体育现代化打下坚实基础；80%以上的省辖市达到体育强市标准，90%以上的县（市、区）达到体育强县标准，公共体育服务水平明显提升，竞技体育总体实力位居国内第一集团，体育产业取得突破性发展，体育综合实力位居全国前列，群众体育和竞技体育、体育事业与体育产业更加协调发展，人民群众多方面、多层次体育需求得到更好满足，体育自身科学发展和服务"两个率先"的能力进一步增强。

江苏体育"十二五"发展的具体指标：

——群众体育。经常参加体育锻炼的人数比例达到35%以上；城乡健身设施实现全覆盖；每万人拥有晨晚练健身（站）点5个以上；符合《国民体质测定标准》合格标准的城乡居民（不含在校学生）人数比例达到92%以上，在校学生普遍达到《国家学生体质健康标准》基本要求，学生的耐力、力量、速度等体能素质明显提高；每万人拥有社会体育指导员 20 人以上，城乡社区社会体育指导员覆盖率达 100%。

——竞技体育。参加第三十届奥运会力争参赛项目、参赛人数、参赛成绩、对国家贡献位居全国前列；参加第十二届全运会参赛成绩确保稳定在全国第一集团；力争获 50 人次世界冠军；年度对国家突出贡献奖总体稳定在全国前 6 位水平。

——业余训练。业余体校教体结合覆盖率达 90%以上；国家级后备人才基地数位居全国前三；新建 1 所五星级业余体校，6~8 所四星级业余体校，5~8 所三星级业余体校；业余运动员成材率达到 22%。

——体育产业。培育 2~3 个国家级体育产业示范基地，组建省级体育产业集团；体育产业增加值占全省 GDP 的比重达 1.2%；全省销售体育彩票 550 亿元以上，体育彩票年销量保持全国前列；体育产业从业人数达 60 万人。

——体育竞赛。每年承办全国、国际体育竞赛数分别在 100 项次和 30 项次以上，承办全国以上赛事数量、年度获得全国最佳赛区和优秀赛区数量位居全国前列；支持南京市办好第二届夏季青奥会；县级以上定期举办综合性运动会的覆盖率达 100%。

——体育科教。以省体科所、南京体育学院为主阵地的体育科技综合实力保持全国先进行列，在竞技体育和全民健身方面出一批在国内有影响的科研成果。将南京体育学院建设成为一所与江苏建设高教强省、体育强省，与自身历史承载相适应的国内一流体育大学。建成江苏优秀运动员文化教育体系，运动员文化教育处于全国前列。

——体育设施。省辖市综合体育中心覆盖率达 90%以上，县级体育场地设施"新四个一"工程全覆盖，人均体育场地设施面积拥有量达 2.0 平方米以上，有条件地区的体育设施进一步提档升级；基层公共体育设施免费开放。

——体育人才。局系统具有本科及以上学历层次的人员占干部职工总数的比例达 60%，在全民健身、运动训练、体育竞赛、体育产业、体育教育等领域，培养和引进具有国内领先水平、有一定国际影响的专家。

二、强化体育惠民，扩大公共体育服务覆盖面

（四）构建公共体育服务体系

颁布并实施《全民健身实施计划》。省和各地根据实际，制定本行政区域的全民健身实施计划，提出本地全民健身事业发展的目标任务和具体措施，不断提高公民基本体育需求的保障水平。各级体育部门会同有关部门制定工作方案，明确职责分工，共同做好全民健身活动和保障等各项工作，基本建成覆盖城乡、全民共享、功能完善的公共体育服务体系。继续完善国民体质测试服务机构，定期进行全省国民体质监测工作并发布全省国民体质监测公报。建立健全全省群众体育现状调查制度，建立全民健身基础数据统计体系。建立实施效果评估机制，县级以上体育部门在本届政府任期届满时，会同有关部门评估全民健身计划实施情况，并将评估结果报告本级人民政府。

形成城乡体育一体化发展格局。加大对农村体育的投入，争取将农村体育纳入当地全面建设小康社会和社会主义新农村建设规划，将农村居民点体育设施建设纳入城乡一体化和居民点建设规划，逐步实现基本体育公共服务均等化。继续实施"农民体

育健身工程"提档升级。推动各类体育组织向农村延伸，各乡镇建立老年人体育协会和其他单项运动协会。每个行政村至少有1个体育健身组织、2名社会体育指导员。乡镇综合文化站至少有1名一级社会体育指导员作为专职或兼职体育工作人员。利用全民健身日、传统节假日、农闲季节，开展业余、自愿、小型、多样的全民健身活动。以全民健身设施建设为重点、以社会体育指导员为骨干、以小型多样全民健身活动为载体，加快城市社区"10分钟体育健身圈"建设。

（五）改善群众健身场地条件

推进城乡体育设施建设。各地要将公共体育设施纳入本地国民经济和社会发展总体规划以及城乡建设规划和土地利用总体规划。省辖市按照"两个中心"建设要求，进一步完善场馆设施。在全面完成县级体育设施"新四个一"工程的基础上，引导、鼓励各地探索体育场馆设施综合利用。按照"两室一场一路径（乒乓室、棋牌室或文体活动室、篮球场或其他球场、一条健身路径）"标准，推动行政村"农民体育健身工程"提档升级；完善社区居委会公共体育设施建设，在乡镇街道建设"三室一场一路径（乒乓室、棋牌室、健身室或体质测定与运动健身指导站、篮球场或其他球场、一条健身路径）"，提高乡镇街道体育设施建设水平。打造一批体育公园、体育广场、体育长廊、社区多功能运动场，建设全民健身户外营地、青少年户外体育活动营地、健身步道、登山道等户外运动设施。推行体育健身设施巡修员制度，做好健身设施维护管理，确保使用安全。

推动学校体育设施向社会开放。加强与教育部门合作，推动各类学校在课余时间和节假日向学生开放体育设施，并在确保安全的前提下，积极向公众开放。逐步制定相应的开放条件、财政补助、保险、收费标准、安全管理等制度。到"十二五"末，学校体育设施总体开放率达50%以上。

（六）建设覆盖城乡的群众体育组织网络

发展体育协会和健身俱乐部。积极发展城乡基层体育健身组织，加强体育总会、体育协会及青少年体育俱乐部、社区体育俱乐部建设，提高有组织参加体育锻炼人群比例。各级体育主管部门要在注册登记、工作指导、办公用房等方面给予支持，加强城乡基层体育健身组织建设。到2015年，全省单项运动协会和人群体育协会等覆盖延伸到乡镇街道，全省县级以上体育社团总数达1600个以上，注册会员达100万人以上，90%以上的单项体育协会拥有体育俱乐部。

加强社会体育指导员队伍建设。完善信息管理系统，加大培训力度，建立健全社会体育指导员注册、年审和考核制度。加强南京体育学院国家级社会体育指导员基地建设。到2015年，国家级、一级社会体育指导员分别达到1000人、10000人。

建立全民健身志愿服务机制。倡导全民健身志愿服务理念，形成以社会体育指导员为主体，包括优秀运动员、教练员、体育科技工作者、体育教师、体育专业学生和社会热心人士参加的江苏省全民健身志愿服务队伍。健全全民健身志愿服务工作体系，在组织建设、注册管理、业务培训、工作经费、活动开展等方面给予支持。开展全民健身志愿服务进社区、进农村、进校园等活动。

（七）广泛开展全民健身活动

开展丰富多彩的全民健身活动。充分发挥8月8日全民健身日的引导和示范作用，举办丰富多彩、形式多样的全民健身活动。深入开展青少年阳光体育运动，增强青少年体质。坚持工间（前）操制度，大力开展职工体育活动。办好老年人体育节，积极引导老年人参加体育活动。广泛开展妇女、残疾人体育活动。继续创编全民健身新优项目。

加强青少年体育工作。深入开展"送体育进校园活动"，积极配合教育部门开展"亿万学生阳光体育运动"，办好每年一次的江苏省青少年阳光体育运动联赛。进一步创新和丰富课余体育活动内容和形式，充分培养学生专项体育兴趣和技能，积极推广校园足球、"冬季三项"等体育项目，坚持每天锻炼一小时，养成终身锻炼的良好习惯。配合教育部门进一步贯彻落实《江苏省学生体质健康促进条例》，加快建立学生体质健康管理体系和预警机制，实施学生体质健康促进行动计划。

办好群众性体育竞赛活动。办好全省全民健身运动会，创新办赛机制，扩大覆盖人群，提升社会影响力。充分发挥单协运动协会作用，继续组织全省业余篮球、羽毛球、乒乓球等运动项目联赛。与省教育厅、总工会共同办好十八届省运会高校部、职工部比赛。积极配合有关部门办好全省农民运动会、残疾人运动会。利用法定节假日、民族传统节日以及农闲季节，定期举办不同层次、不同类型的全民健身竞赛活动。积极参加全国体育大会、农运会、残运会、少数民族运动会、中学生运动会、大学生运动会，推动非奥运动项目和各类人群体育发展。

打造全民健身品牌基地和活动。加强环太湖体育圈建设，坚持规划引领、项目带动、活动推动，促进体育与旅游相结合，打造具有江苏特色、有影响的群众体育示范基地、全民健身休闲基地。进一步整合沿江地区体育资源，鼓励沿江各地建设规模较大、功能多样、特色鲜明的全民健身中心和体育主题公园，建设一批全民健身精品工程和品牌活动。

三、坚持夺标育人，不断提高竞技体育综合实力

（八）优化竞技体育项目布局

调整发展战略。坚持集约发展、精兵之路的指导思想，以科学发展观为指导，优化结构，突出重点，统筹发展，提高绩效，保持适度规模，突出重点项目，打造品牌高地，把竞技体育做精做强。坚持"有所为有所不为"，继续做优重点优势项目，积极提高潜优势和基础大项，力争优势项目继续保持，潜优势项目成为新的增长点，基础大项和落后项目有新突破，实现竞技体育内部各门类的统筹发展，巩固和保持全国竞技体育大省的地位，与江苏经济社会发展水平相适应。

推动项目发展。着力加强尖子人才和金牌教练员的培养，完善运动员培养体系，优化教练员队伍结构，进一步夯实优势项目基础；扩大优势项目运动员编制，提高人员和器材经费标准，加大经费投入；研究制定适应基础项目发展的倾斜政策，全面增强田径、游泳、水上基础项目实力；加强集体球类项目一、二、三线梯队衔接，正确

处理好项目发展、队伍建设与职业化、市场化的关系；力争奥运争光重点项目有新发展，集体球类项目上新台阶，游泳和水上基础大项有新突破。积极申办国际国内单项高水平赛事，促进项目发展。

（九）提升竞技体育综合绩效

改革训练管理体制。更加注重竞技体育发展的质量，推动外延扩展、规模增长向内涵建设和质量提升转变。建立以项目群为主线的管理体制，推行运动项目中心管理制度，与国家体育总局各运动项目管理中心全面接轨。坚持队委会领导下的主教练负责制，实行项目责任人制度，围绕任务目标建立动态选拔机制。完善竞聘上岗、年度考核的竞争机制，实行目标管理责任制。按照管办分离、政事分开的要求，树立大体育观，进一步完善运动项目省市、省校、省企共建机制和模式，充分利用政府、学校、协会、企业等的积极因素和有利条件，在乒乓球、游泳、举重、水上、篮球、排球、垒球、马术、高尔夫等项目上引入联办和竞争机制，鼓励有条件的省辖市建设省市联办优秀运动队训练点。进一步规范联办运动队或训练点的考核、评估和管理办法，研究出台有关风险激励的配套政策。强化绩效评估，推进目标管理和绩效考核，对各运动项目、训练基地投入产出效益进行分析评估，对产出不高的项目和基地进行必要调整。开发运动项目无形资源，加大市场运作力度，探索竞技体育产业化发展的新路子。

推进训科医管一体化。加大体育科研的投入，加强体育科研队伍的建设，着力培养复合型科研人才，创建国内领先、国际一流的体育科研实验室。重视医疗队伍的建设，加强队医的培训，提高队医水平。以满足参赛备战的需要为核心，引进培养高水平医疗康复专家，进一步完善医疗服务设施，提高伤病防治能力和医务监督保障水平。成立反兴奋剂中心，加大对反兴奋剂教育、检查和处罚力度，坚决抵制和打击兴奋剂问题。

提升基地建设和管理水平。集中力量重点建好南京体育学院、局训练中心两个高水平的综合性训练基地；新建南京体院艺术体操馆，扩建体能训练中心和羽毛球馆，改造运动员公寓、综合训练馆、游泳馆、跳水花游馆；完善局训练中心田径馆、武术散打馆的配套设施。加强省方山训练基地、省江宁足球训练基地、省水上运动管理中心等配套设施的建设和改造。省、市共同加强南京市重竞技学校、苏州市专业队管理中心、常州市手球曲棍球等训练基地建设。在我国南方和北方择地建设室外项目转训基地。注重提高训练基地的软件水平，提高管理能力和服务水平。

（十）构建运动员文化教育和保障体系

加强运动员文化教育。树立"夺标育人"理念，确保所有运动员完成九年义务教育，逐步提高运动员学历教育层次。加强运动员职业教育和技能培训。改革教学内容，创新教学方法和手段，积极开展远程网络教育，保证运动员文化学习时间，处理好"学训矛盾"。到2015年，适龄优秀运动员接受义务教育比例达100%，接受高等教育比例达90%以上。

强化运动队思想政治工作。探索新形势下优秀运动队思想政治工作的新方法新途径，深入持久地开展理想信念和职业道德教育，把思想政治工作全面融化渗透到训练、比赛、日常生活的各个环节，逐步养成良好的职业习惯和行为方式，使运动队成为政治合格、作风顽强、技术过硬的优秀群体。

做好运动员退役安置工作。积极探索适应市场经济体制要求的退役运动员就业安置办法，拓宽就业安置渠道。积极协调人力资源和社会保障、编制、教育、公安、财政等部门，加大退役运动员安置工作的力度。完善运动员职业转换过渡期制度，建立培训基地，设立培训基金，健全培训制度，通过文化素质教育、职业辅导培训、职业技能鉴定、创业培训等，提高运动员的综合素质、就业能力和社会竞争力。到2015年，优秀运动员退役组织安置和自主择业就业率达90%以上。

完善优秀运动员各项保障制度。抓紧出台运动员伤残评定、劳动能力鉴定、相关待遇及安置等政策。建立以社会保障为基础、事业保障为激励、自我保障和商业保险为补充，资金来源多渠道、保障方式多层次、权利义务相对应、管理和服务社会化的较为完善的运动员保障体系。改善运动员训练生活条件，提高运动员待遇。发挥江苏发展体育基金会作用，加大"勿忘我"行动计划实施力度，扩大"雪炭关怀"、"育人培训"和"创业扶持"计划覆盖面。到2015年，优秀运动员社会保障率达90%以上。

（十一）加强体育后备人才培养

加强后备人才基地建设。继续推进高水平体育后备人才基地创建工程，出台全省各级基地管理和考核办法，切实提高人才培养效益。"十二五"期间，建设30个左右的国家高水平体育后备人才基地，50个省高水平体育后备人才单项训练基地。加强体育传统学校、青少年体育俱乐部和青少年户外体育营地建设，到2015年，省级以上青少年体育俱乐部达到400个，国家级体育传统项目学校和省级体育传统项目学校分别达到15个、200个，其中国家级传统学校数和国家级青少年体育俱乐部数均位居全国前四位。

加强业余体校建设。继续推进星级体校创优工程，加大经费投入，切实加大业余体校和青少年体育俱乐部的建设力度，逐步建立起符合体育人才培养规律和教育规律的育才体系。进一步加强业余运动员文化教育，将业余运动员文化学习和完成九年制义务教育情况作为选招运动员入队必备考核指标。进一步创新体教结合工作机制，促进业余体校与当地学校的资源整合，鼓励有条件的业余体校与普通学校合并或联办。继续推进千名教练员培训工程，每年对全省业余教练员轮训一次。完善业余教练员考核体系。

加强业余训练竞赛工作。充分发挥省运会和省级竞赛的杠杆作用，根据我省竞技体育项目布局，完善十八届省运会竞赛办法。各地围绕省运会参赛备战工作，科学设置业余训练项目，加强与省优秀运动队的衔接。配合省教育厅办好全省中学生运动会。全力支持南京市举办第二届夏季青奥会，配合做好场馆和竞赛组织工作。狠抓以省运会为主体的省级竞赛赛风赛纪，进一步规范全国比赛的参赛选拔制度。

推进人才输送"222"工程。制定各项目业余运动员选材标准，做好优秀后备人才库建设，开展年度"奥运之星"评选，完善输送运动员奖励政策。"十二五"期间，每年重点跟踪培养2000名优秀体育苗子，每年向省优秀运动队输送200名高水平后备人才，每年参加业余训练的人数保持在2万人左右。积极向省优秀运动队（含解放军队）、省体校及高校高水平运动队输送运动员，提高业余运动员成材率。

创新后备人才培养保障机制。推动落实以公共财政为主渠道的青少年体育投入保障机制，将体校文化教育纳入普通教育序列，由地方财政按同类学校标准配建和保障办学经费，并根据国家办学条件和教育教学基本规定提高各级各类体校人均经费基本标准和人均财政拨款标准。各地要建立部门联席会议制度和工作协商机制，形成以体育部门为主，体育、教育行政部门各负其责的后备人才培养管理体制和运行机制。

四、培育体育市场，提升体育产业发展水平

（十二）培育体育市场体系

优化体育产业布局。统筹规划、合理布局全省体育产业发展，提高体育产业在低碳绿色经济中的贡献率。推动沿江、沿海、沿大运河、环太湖、环洪泽湖体育产业带（圈）建设。积极培育体育健身休闲、赛事开发、场馆服务、用品制造等优势产业群。依托江苏城市化发展快、水平高的优势，打造体育休闲城市、体育科技城市、体育生态城市、体育旅游城市等错位发展、特色鲜明的体育产业城市群。按照适度集中、形成规模、彰显特色的原则，依托现有资源，规划建设布局合理、功能完善、主业突出、产业配套、管理规范的体育产业园区，形成空间集聚效应。

拓展体育彩票市场。进一步完善体育彩票发行管理体制，大力推进体育彩票的品牌建设、系统建设、组织建设和队伍建设。着力拓宽销售渠道，加强策划工作，加大宣传力度，丰富营销手段，扩大销售规模。加强体育彩票管理和销售队伍建设，不断提高管理水平和服务质量。开展新一轮的发行渠道基础打造工程，对全省所有的体彩站点进行提档升级，统一网点形象标准，强化销售员业务培训和考核奖励。加强体彩发行工作监管，高度重视运营安全，确保体育彩票持续健康发展。

发展体育竞赛市场。大力开发体育竞赛表演市场，重点打造2~3个国际一流的体育赛事和一批传统品牌赛事，探索完善综合性运动会、单项体育赛事的市场开发和运作模式。推进体育竞赛规范化管理，以政策激励为抓手，不断提升体育竞赛的经济效益、社会效益。加强体育竞赛规律研究，完善体育赛事价值评估体系。围绕"三个梯次"目标任务，建立赛事引导资金，重点打造品牌赛事，扶持苏北、苏中赛事协调发展。

（十三）扩大体育消费需求

发展体育健身休闲和体育培训业。推进非基本公共服务市场化改革，积极引导大众体育消费，努力繁荣城乡体育市场。重点发展体育健身休闲市场，创建一批健身服务品牌，不断满足人民群众日益增长的体育需求。着力拓展体育用品市场，重点打造2~3个拥有自主知识产权的体育用品品牌。努力拓展体育培训市场，建设网球学院等一批具有国际影响的体育培训品牌。积极培育体育中介市场，发展中介组织，不断拓展体育技术、信息咨询、体育保险等中介服务。

加强体育场馆经营。深化场馆管理体制改革，鼓励引导社会力量参与体育场馆运营管理，提高设施综合利用率和运营能力。积极打造以体育场馆为核心的体育产业集聚区，充分发挥场馆的集聚、辐射、引导、布局作用，增强持续发展能力。引导、鼓励各地探索体育场馆综合利用，为群众提供多样化的公共体育服务。

培育新兴体育产业。加强与旅游、卫生、广电等部门合作，共同整合相关资源，延伸发展体育旅游、体育康复、体育建筑、体育会展、体育影视、体育传媒及体育电子竞技等相关业态市场，鼓励和扶持发展连锁经营、体育摩（SPORTS MALL）等新型商业形态。鼓励企事业单位、社会团体成立职业体育俱乐部。充分发挥职业体育俱乐部、职业体育比赛对城市功能完善和设施建设的作用，加强项目协会和职业体育俱乐部的基础建设和规范建设，形成政府依法监管、协会管办分离、俱乐部自主运作的职业体育管理体制和运行机制。

（十四）激发体育市场活力

落实产业政策。各地按照省政府《关于加快发展体育产业的实施意见》要求，落实财政、金融、税费、用地等方面的扶持政策，享受国家和省有关扶持服务业发展各项政策。鼓励各类资本投资体育产业，形成多种所有制共同发展的体育产业格局。拓宽体育产业投融资渠道，积极推进投融资体制改革，通过产权转让、入股、拍卖，使用权出让，经营权转让，经营特许权拍卖、合作、合资等多种方式，推动体育产业资源与资本市场结合，通过资本运作，盘活存量，扩大增量。会同省财政厅安排并用好省级体育产业发展引导资金。

建立市场规范。科学规划和编制体育产业目录，通过体育产业发展引导资金的杠杆作用，着力培育一批体育资源密集、主导产业突出、彼此错位竞争的重点体育产业项目。加强对体育组织、体育赛事、体育场馆等无形资产的开发，建立江苏重点体育知识产权保护目录，全面提升创新能力和知识产权保护能力。修订《江苏省体育经营活动管理办法》，建立公开、透明的市场准入制度和监督管理制度。推行体育标准化工作和体育服务质量认证制度，贯彻体育国家标准和行业标准，建立和完善体育服务规范。加强高危险性体育项目管理。推进体育职业技能鉴定制度。加强体育产业统计工作，建立健全科学规范的体育产业指标体系和统计制度。

培育体育产业基地。继续推进省级体育产业基地和国家级体育产业基地的评定和申报工作，高起点、高标准、高质量地培育体育产业基地群，充分发挥体育产业基地的集聚效应和辐射效应。积极推进并完成省级体育产业集团组建工作。加强与中体产业集团等国内外大企业合作，开展跨地区、跨行业、跨所有制经营，提高体育产业规模化水平。

五、优化人才环境，构建体育人才高地

（十五）调整人才队伍结构

突出培养高层次领军人才和团队。制定高层次领军人才、团队培养和引进政策。支持南京体院推荐申报省级学科带头人和骨干教师，培养国家级、省级优秀中青年教师，培育1-2个国内一流水平的学术科研团队。大力推动竞赛、产业工作队伍专业化建设，着力培养熟悉国际体育赛事的体育竞赛人才和懂经营、会管理、善策划的体育经营管理人才。

统筹推进各类人才队伍建设。采取"引进来"和"送出去"等办法，培养造就一支事业心强、业务精通、团结协作的竞技体育管理队伍和科研医疗队伍。实施专业技术人才知识更新工程和青年人才工程，局系统专业技术人才达 1000 名，高级专业技术人才占比达到或超过 40%。坚持数量和质量并重，进一步完善全省裁判员晋级、考核、推荐制度，至 2015 年，一级以上裁判员达 9000 人，其中国家级 650 人，国际级 100 人以上，一级以上裁判员覆盖江苏所有开展的体育项目，江苏的优势、重点项目争取都有国家级以上裁判员。加大体育行业实施国家职业资格工作力度，探索实施体育院校技能型人才培养机制与模式，到 2015 年，持国家职业资格证书技能人员达 9000 人。加大各级体育管理干部队伍建设，本科以上学历超过 80%，其中，研究生学历达 25%以上。

（十六）创新人才选拔培养机制

完善人才选拔制度。改革人才选拔任用方式，充分发挥各个年龄段干部的优势和作用，大胆选用优秀年轻干部。大力推行竞争上岗制度，处级干部以及主任助理以竞争性选拔为主。完善军转干部任职办法，有计划地安排军转干部赴局训练单位和省优秀运动队挂职。加大对专业型人才选拔任用力度，形成有利于各类人才脱颖而出、充分施展才能的选人用人机制。

完善人才培养制度。制定体育人才教育培训指导大纲，以提高履职和创新能力为重点，按照全员培训、分级分类、需求导向、突出重点的原则，实施规模化培训。拓展人才培养渠道，增加挂职锻炼安排，促进国内培养和国际交流合作相衔接，开发体育业务知识专题培训项目，建立开放培养机制。加大优秀青年的培养和使用力度。

完善人才引进制度。实施高层次人才引进和特聘计划，紧缺领域和重点突破领域急需的人才引进不少于 10 名。实施金牌教练培养工程，有重点地引进基础大项、落后项目的优秀教练员，有计划地聘请国外高水平教练员到我省执教。以博士和高级专业技术人员为基础，以掌握重点技术、拥有自主创新成果的人才为关键，注重引进领军人才、拔尖人才和创新团队相结合，提高引进人才的质量和水平。

加强人才交流管理。根据工作需要，每年在局系统内选择若干岗位开展竞争上岗；对拟培养使用的干部，有计划地安排到基层挂职锻炼。采取上派下挂、出国培训等多种形式，增加年轻干部到上级机关、基层一线和国外的学习机会。

（十七）提高人才工作水平

健全人才评价机制。完善机关和事业单位"交叉互评"办法，综合评定考核等次。逐步建立起以岗位职责为基础、以能力素质为核心、以业绩和贡献为导向的科学化、社会化评价机制，形成鲜明的考核导向，作为干部提拔任用的依据。

健全人才激励机制。深化收入分配制度改革，实施事业单位岗位绩效工资制度，探索建立有利于调动体育人才积极性、创造性的收入分配体系，建立健全与工作业绩紧密联系、有利于激发人才活力的激励机制。坚持以业绩为导向、精神激励和物质奖励相结合,完善表彰奖励政策办法。制定教练员贡献率和运动员成材率指标,健全全运会周期奖励激励政策体系,提高运动队伍周期津贴标准,修订完善教练员周期薪金制。

健全人才保障机制。加大基本保障工作投入,落实社会基本养老保险、基本医疗保险、工伤保险、失业保险、生育保险等保障制度,形成国家、单位、个人相结合的保障体系。加大高层次人才保障力度,制定重点人才补充保险办法,探索建立人才社会保障机制。健全运动员职业转换制度、职业辅导、创业扶持体系。

(十八)实施科教兴体战略

提升南京体育学院发展质量。明确南京体院办学定位与发展目标,围绕"省内领先、国内一流、国际知名",发挥其在体育人才培养、竞技运动、战略研究、文化创新等方面的积极作用,努力走在全国同类高校前列。加大经费筹措和投入力度,努力实现财政投入逐年增长,满足学院建设和发展的基本需要。加强南京体育学院和省体育局训练中心资源整合,促进优势互补,形成教育、训练资源共享机制。完善省教育厅和省体育局共建南京体院的机制,适度扩大办学规模,争取全日制在校生3500人,其中本专科生3000人、研究生500人,非学历培训学员年平均在1200人次以上,开拓国际培训合作项目1~2项。大力发展品牌与特色专业,新增特色专业2~3个,使本科专业总数达到12个左右,学科门类达4个,再建省级品牌、特色专业2~3个、国家级特色专业1~2个,形成结构合理、布局科学的专业结构体系。加强重点学科建设,力争将体育学一级学科硕士点建成省级重点学科,积极申报公共管理学、艺术学一级学科硕士点。加强与北京体育大学等兄弟院校的合作,开展合作培养博士生工作,创造独立或合作申请博士学位授权的条件。筹建中国网球学院和健康学院,建立多元化、开放式的办学体制机制。实施《南京体育学院"3012"工程计划》,切实加强竞技体育规律研究,不断增强训练的科学性,进一步做好运动员梯队建设和后备人才选拔、培养工作,畅通人才培养机制与输送渠道。"十二五"期间,国内年度最高水平比赛成绩稳定在全国同类项目前三名;2012年伦敦奥运会,力争夺取3枚以上金牌;2013年十二届全运会,夺取14枚金牌,总分列全国同类项目前三名。

强化体育科学研究与运用。坚持"自主创新、重点跨越、支撑发展、引领未来"的体育科技工作指导方针,重视战略研究,扶持基础研究。以体育强省和体育基本现代化为重点,加强体育发展战略和政策研究,为体育改革发展和重大决策提供咨询服务。以竞技体育科学训练为重点,着力解决重大运动项目关键技术研究和突破。以满足群众多元化健身需求为重点,开展大众健身重点领域和科学健身方法研究。加强体育产业自主知识产权产品研发和科技成果转化。增加局管课题研究经费,设立重点专项经费和国家重点专项配套经费。加强体科所以及体能与康复等重点实验室建设,研发并转化一批科研成果。建立体育科研人才培养与新技术推广中心,开展新技术、新理论培训,提高省级体育科研人员培训经费,搭建市级科研人员培训进修平台。加强博士后工作站建设。加强与国内外科研机构合作,共同打造体育科技创新平台,拓展我省体育科技发展空间,提升江苏体育科研工作水平。"十二五"期间,国家级、省部级课题立项数比"十一五"有所增长；争取获国家级科研成果奖，每年获省部级科技进步奖 2 项左右。

增强体育运动学校办学活力。深化体育运动学校管理体制和办学体制改革，逐步形成体育和教育部门共管、以体育部门为主的管理模式。体育运动学校的日常管理、运动员训练比赛、教练员配备和培训等以体育行政部门为主，教学管理、教师配备、教师培训等以教育行政部门为主。体育运动学校办学重点以职业教育为主。在省内选取就业形势相对较好的省属高职院校对体育运动学校职教类毕业生实行单招。鼓励体育运动学校毕业生进入高等学校学习，南京体育学院等体育院校运动员单独招生以体育运动学校毕业生为主。有条件的市利用与高等学校联办体育学院（系）等方式，进一步拓宽业余运动员就学渠道。

六、深化体育改革，增强体制机制活力

（十九）推进体育管理体制改革

转变政府职能。按照"精简、统一、效能"的原则，进一步明确体育行政部门管理职能，实行政事分开、政企分开、政社分开，强化体育行政部门在制度保障、市场监管、公共服务等方面的职能。进一步理顺体育行政部门与社会团体的关系，深入推进体育社团改革发展，逐步完善单项运动项会的组织机构和工作机制。切实加强行业组织、志愿团体等社会体育组织能力建设，充分发挥事业单位、体育协会、中介机构等组织的作用，使其主动承接政府的职能转移，协助政府部门开展行业管理和社会服务。加强体育协会管理制度建设，提高行业自律、依法治理水平。

健全科学决策机制。健全科学民主决策和监督机制，完善重大项目集体决策、专家咨询、社会公示和听证制度，增强政策制定透明度和公众参与度。充分发挥人民群众和社会舆论对行政行为的监督和制约，完善问责制，提高行政效率，降低行政成本。

改革公共产品供应方式。各地要加大免费和低收费的基本公共体育服务投入，不断增加和提高基本公共体育服务的数量和质量。改革基本公共服务提供方式，由体育部门直接提供的基本公共体育服务事项，可通过政府采购，引入竞争机制，确定有资质的社会体育组织或中介机构实施，实现提供主体和提供方式多元化。

（二十）推进人事管理制度改革

推动事业单位改革。按照分类指导、循序渐进的指导方针，对公益性体育事业单位和经营性体育事业单位分阶段、有区别地实施改革。对公益性体育事业单位，按照增加投入、转换机制、增强活力、改善服务的思路，加大公共财政投入，深化劳动人事制度、收入分配制度等改革，切实提高服务群众的能力和水平。对经营性体育事业单位，坚持创新体制、转换机制、面向市场、壮大实力的思路，建立现代企业制度，完善法人治理结构，逐步向自主经营、自我发展、自我创新、依法运营的体育产品生产者转变。

推行人事代理制度。全面推行非公务员序列人员人事代理制度。实行"老人老办法，新人新办法"，新增人员全面实行人事代理制度，逐步向全员人事代理过渡。用

人单位按照国家和省市的有关规定，与人事代理人员签（续）订聘用（劳动）合同书，为人事代理人员办理养老、失业、医疗、工伤等社会保险和住房补贴，并承担相应费用。

推行岗位设置管理。坚持按需设岗、竞聘上岗、按岗聘用、合同管理，建立健全以岗位为中心的合同用人机制、公平竞争机制、绩效评价机制、分配激励机制、人员退出机制和监督管理机制。全面推行人员聘用制度，着力推进用人机制转换。继续实行公开招聘制度，提高招聘工作和选人用人的公信度。

七、实施重点工程，提升体育工作整体效应

围绕转变发展方式、改善民生、加强基础保障等方面，组织实施一批事关全局和长远发展的基础设施和公共服务工程。

（二十一）体育惠民工程。进一步完善省、市、县（市、区）、乡（镇、街道）、村（居民小区）五级体育场馆设施网络，提升乡镇街道体育健身活动中心服务功能，推动学校体育场地设施向社会开放。广泛开展适合各类人群的全民健身活动和竞赛，大力发展各类体育协会组织，定期开展国民体质监测活动，打造城市社区"10分钟体育健身圈"。

（二十二）竞技体育3012工程。围绕第30届奥运会和第12届全运会参赛目标任务，调整竞技体育发展战略，改革训练管理体制机制，优化项目布局，强力推进训科医管一体化，实施后备人才培养工程，构建运动员文化教育和保障体系，不断提升我省竞技体育综合实力，确保参加奥运会和全运会的成绩和对国家贡献居全国前列。

（二十三）体育产业促进工程。着眼于服务经济发展方式转型，满足群众多样化、多层次体育需求，认真贯彻国家和省关于加快体育产业发展的指导意见和实施意见，落实财政、金融、土地、税费等扶持政策，发挥体育产业引导资金作用，打造体育产业快速发展环境，优化体育产业布局，培育体育市场，到2015年，初步建立符合现代体育发展规律、门类齐全、结构合理、运作规范的体育产业体系。

（二十四）体育赛事品牌工程。按照体育竞赛"三个梯次"发展目标，继续办好品牌赛事，力争提档升级。按照"错位竞争、特色发展"的要求，各市和县（市、区）要找准定位，积极申办国际国内高水平体育赛事，到2015年，在全省发展6项次以上有较大国际影响的品牌赛事，力争各市和有条件的县（市、区）做到一市一品、一县一品。

（二十五）运动员文化教育和保障工程。加强优秀运动员和业余运动员的文化教育，拓宽业余运动员输送和分流渠道，加大落实运动员激励保障政策的工作力度，深化"职业规划从运动生涯开始"工作，完善退役运动员职业转换社会扶持体系，切实维护运动员切身利益，努力促进运动员的全面发展，帮助退役运动员顺利实现职业转换。"十二五"期间，确保所有适龄运动员都能接受基础教育，力争90%以上接受高等教育，为退役运动员再就业打牢基础。

（二十六）体育基础设施建设工程。继续推进市级体育设施"两个中心"和县级

体育设施"新四个一工程"建设；加快推进省体育局训练中心二期工程、省水上训练基地工程等省本级训练基地建设工程；做好南京体育学院总体发展规划，加强体院二期工程及网球学院等重点工程建设；力争省和市县体育场馆设施建设和管理水平全国领先。

八、强化组织保障，形成规划实施强大合力

（二十七）加强政策调节

加强对体育工作的组织领导。各地要高度重视本地区体育事业发展，把体育工作纳入经济社会发展总体规划、基本现代化目标内涵和科学发展考核评价体系；把体育经费、体育基本建设资金列入财政预算；把体育工作写入人代会政府工作报告和年度重点工作安排。充分发挥各级工会、共青团、妇联、各行业和社会各界办体育的积极性，建立健全体育工作领导协调机制，统筹体育事业发展。充分发挥体育教育联席会议制度优势，推动体教结合取得新的成效。

落实有关政策措施。各地要落实省政府规定的体育产业优惠政策，同等享受服务业的相关政策。认真落实国家和省的关于加强运动员文化教育和保障工作意见，把业余体校纳入普教序列，落实相关经费和人员待遇。继续实施和完善重点体育设施建设专项资金扶持制度，加大市县尤其是欠发达地区设施建设的扶持力度。积极协调建设、土地等有关部门在体育设施建设项目立项、土地征用、规费减免等方面给予支持与优惠。鼓励国有、非国有资本参股或独资兴建公共体育设施。

加大对经济薄弱地区的扶持力度。加大对经济薄弱地区和农村体育的扶持力度，在资金、项目上给予倾斜。加大对苏北的支持和指导力度，促进苏北加快发展，推动苏南、苏中、苏北体育事业协调发展。继续推进南北挂钩发展政策，加强基层设施建设，进一步缩小区域、城乡体育发展差距。做好对新疆、拉萨体育事业的对口援建工作。

（二十八）完善考核评价体系

修订体育强省指标体系。进一步修订《江苏省建设体育强省主要指标体系》，定期对体育强省建设推进情况进行评估，及时进行动态调整，完善各项工作措施。继续推进体育基本现代化试点工作，建设不同类型的体育基本现代化示范点。制定体育基本现代化指标体系，推动发达地区率先基本实现体育现代化。

推进基层体育创强。各地要关心重视基层创建工作，把强市强县强镇创建工作从部门工作上升为政府行为，着力解决创建工作中的重点难点问题。已经创建成为体育强市强县的地方，全面提升体育发展水平，为广大群众提供更加优质便捷的公共体育服务。

加强县级体育考核。根据县级体育工作发展情况，每年动态完善县级体育工作考核指标体系，积极发挥指标的导向和考核的杠杆作用，推动县级体育各项工作均衡发展。充分考虑我省南北地域差别实际，对县级体育工作进行分类指导、分区域表彰。

（二十九）营造良好环境

坚持依法行政。按照建设法治江苏的总体部署，进一步加强体育法制建设，修订《江苏省体育经营活动管理办法》，制订江苏省公共体育服务管理办法等法规，争取人大体育立法或政府体育规章达3部以上。建立健全体育行政执法责任制，严格规范体育行政执法行为。组织开展体育法律法规和规章实施的监督检查，加大对体育领域违法行为的查处力度。坚持管理与服务并重、处置与疏导结合，改进和创新执法方式，探索综合执法。进一步规范体育行政许可、行政处罚、行政复议程序，细化执法流程，规范法律文书。积极发挥体育仲裁制度作用，依法化解体育领域的矛盾和纠纷。加强对基层体育行政执法的协调与指导。全面实行行政权力网上公开透明运行，增加工作透明度。实施体育系统法制宣传教育第六个五年规划，全面提高体育队伍的法律素质。

强化体育宣传工作。进一步加强体育社会形象的宣传与推广，完善体育宣传工作机制和新闻发言人制度，坚持正确的舆论导向，加强全民健身、竞技体育、体育产业以及重要法规、政策宣传。加大对全省体育系统体育宣传工作的协调和指导。发挥体育记者协会的作用，加强与媒体的沟通和合作，为体育事业发展营造良好的舆论氛围。开展年度体育好新闻评选活动，充分调动广大新闻工作者宣传体育的积极性。

推进体育信息化。实施基础电子政务提升工程，制定《江苏省体育信息化建设标准及规范》，完善省市县体育信息网络，建立信息工作培训制度。办好江苏体育网，鼓励省辖市和有条件的县（市、区）建立体育门户网站，建立健全内容保障、信息公开及考核测评机制。加强政府信息公开工作，建立信息公开保密审查、发布协调、监督检查和年度报告制度，依法保障群众知情权和监督权。进一步完善体育事业统计制度和信息发布制度，实现体育信息资源共享，推进体育行政管理和体育项目管理的信息化。启动建设江苏省体育数据中心，建立数据结构及存储规范，建设晨晚练点、社会体育指导员、国民体质监测、体育场馆、后备人才、运动员、竞赛信息7大数据库。加强体育赛事信息管理系统开发和体育场馆信息化建设。推进省体育局办公自动化。

推动体育文化建设和对外交流。深入挖掘体育内涵，加强体育文化建设，发挥体育在传播社会主义先进文化和塑造核心价值观中的积极作用和社会功能。建设江苏体育博物馆，普及体育博览、报刊、书籍、影视作品，弘扬中华体育精神、江苏体育精神，提升江苏体育文化软实力。扩大国际友好城市的体育交流，加强与港澳台地区的体育合作与交流，多方位开展体育人才交流与合作，大力拓展民间体育交流领域，探索体育文化和体育对外宣传交流新途径，形成全方位、多渠道、宽领域的体育对外交流合作新格局。

加强自身建设。严格落实党风廉政建设责任制，不断推进体育系统惩治和预防腐败体系建设，坚决与各种不正之风和腐败行为作斗争。进一步加强机关作风和体育行风建设，完善赛风赛纪和反兴奋剂宣传教育、监督检查、依法治理工作体系。扎实开展体育系统赛风赛纪和反兴奋剂治理工作，加大对弄虚作假、徇私舞弊、操控比赛、执裁不公、扰乱赛场秩序等违规违纪行为的处罚力度，增强体育队伍的敬业精神、责任观念和奉献意识，努力维护体育的公正性和纯洁性。发挥党团组织的战斗堡垒作用，提高队伍的向心力和凝聚力。加强节约型部门建设，倡导勤俭节约，防止铺张浪费。

（三十）完善规划实施机制

强化分类实施。认真履行政府职责，调动社会各界的积极性，推动规划分类实施。对规划提出的基本性公共体育服务，各地要加大投入，加强保障，整合公共资源和社会力量完成。对非基本性公共体育服务，主要运用市场机制解决，体育行政部门的工作重点是提供保障制度。针对苏南、苏中、苏北三大区域不同经济社会发展水平，确定差别化的目标任务、考核体系和政策措施，激发创新发展的内在动力和活力，推动区域体育协调发展。

强化责任落实。各级体育部门在制定本地体育事业发展规划时，要加强与省级规划衔接，确保条线之间、层级之间目标一致。省体育局各部门、各直属单位要按照本规划的总体目标和具体要求，进一步制定专项事业发展子规划，对相关约束性指标进行分解，明确进度、要求和责任，确保各项工作有序推进。对于重要工程项目要建立目标责任制，落实责任人、责任部门、完成时限，保质、保量、按时完成。

强化监督评估。加强对规划实施的管理和监督，结合年度体育工作，逐年逐项分解目标，特别要加强对重点工作、重点工程的督促检查。2012年伦敦奥运会后，省体育局将对规划实施情况进行中期评估，检查规划落实情况，必要时对规划目标进行适当调整。

安徽省体育事业发展"十二五"规划

为加快体育事业发展，推动体育强省建设，促进全面建设小康社会和构建社会主义和谐社会，根据《中共安徽省委关于制定国民经济和社会发展第十二个五年规划的建议》和国家、省有关法律法规、文件精神，制定本规划。

一、面临的形势

（一）"十一五"期间，我省体育工作在省委、省政府坚强领导下，以科学发展观为指导，实施"奥运夺金，全运突破"战略，积极推进"626"计划，群众体育蓬勃发展，竞技体育实力增强，体育产业初具规模，体育场地设施不断增加，体育彩票再上新台阶，取得了历史上最好成绩。目前共创建国家级全民健身中心9个、社区体育俱乐部7个、乡镇农民体育健身工程17个、全国亿万农民健身活动先进乡镇383个。省级农民体育健身工程4000个、乡镇全民健身广场200个、县区全民健身活动广场100个、"雪炭工程"9个、全民健身路径2123条、社区体育俱乐部62个。各级社会体育指导员29373名，省辖市国民体质监测中心11个。创建国家级高水平体育后备人才基地8个，国家级高水平体育后备人才单项基地6个，国家级体育传统学校9所，国家级青少年体育俱乐部132所，国家级青少年体育户外活动营地2个，省级高水平体育后备人才基地5个，省级高水平体育后备人才单项基地26个，省级体育专项特色学校25所，省级体育传统学校115所，省级青少年体育俱乐部40所。"十一五"期间，新建体育社团294个，全省县级以上体育社团983个，普遍建有体育总会。合肥市出色承办了第四届全国体育大会，我省作为东道主参赛共获47个一等奖、83个二等奖、75个三等奖，取得一等奖总数位居全国第三优异成绩。"十一五"期间，我省运动员在国际国内重大比赛中共获得奖牌795枚，其中金牌285.5枚、银牌239.5枚、铜牌270枚，相比"十五"期间奖牌数和金牌数分别增长57.7%和81.2%。邓琳琳取得北京奥运会女子体操团体冠军，第十一届全运会上我省运动员共夺得13枚金牌、12.5枚银牌、9枚铜牌，共计34.5枚奖牌，总积分736.5分，在全国列奖牌榜第13位，金牌榜第14位，在中部六省中位列奖牌榜第一名、金牌榜第二名，圆满完成了竞技体育"奥运夺金，全运突破"的目标任务，实现了省委、省政府"瞄准中部前列、力求争先进位"的安徽经济社会发展的总体要求。"十一五"期间，我省体育产业按照为国争光、为民服务和为国增利的总体要求，坚持"依托场馆、紧扣本体、服务社会、全面发展"的16字方针，充分发挥我省的人文资源、自然资源和区位优势，稳步推进各项工作，据统计：2007年我省体育产业增加值为18.98亿，占GDP比重为0.18，吸纳就业5.22万人。全省"十一五"期间体育彩票销售总额达60.8亿元，比"十五"期间23.8亿元增长了2.55倍。体育教育、科研和法制建设得到加强，全省体育类本科教育专业由"十五"期间7所高校增长为10所高校，体育类本科社会体育专业由"十五"期间3所高校增长为5所高校；创建了我省第1所国家级体育运动训练与监控重点试验室；2008年8月22日省人大颁布实施了《安徽省全民健身条例》。体育对外交流不断扩大，共有89批次、1310人次与49个国家和地区开展体育交流。

（二）我省作为中部奋力崛起的省份，其体育现状距离建成体育强省的目标还有很大差距。体育工作在地区间、城乡间差距仍然很大，发展不平衡的问题短期内难以解决；群众体育方面，政府提供的体育公共服务与群众日益增长的体育需求矛盾仍然十分突出，经常参加体育健身人数比例增长缓慢，人均体育设施数量、面积和质量、体育健身消费、体育指导服务仍处于较低水平；竞技体育方面，强项不多，尖子不多，后备人才缺乏，省运会竞赛体制尚待完善，赛风赛纪还需加强；体育产业发展刚刚起步，规模不大，政策不完善，管理不规范，发展的体制机制尚未理顺；体育体制改革有待深化，体育管理科学化、法治化水平有待提高。这些，既是制约体育事业发展的主要矛盾和突出问题，也是必须实现跨越式发展的客观要求。

（三）"十二五"期间是体育事业大有可为的黄金发展期。随着工业化城镇化加速推进，皖江城市带承接产业转移示范区、合芜蚌自主创新综合试验区和国家技术创新工程试点省建设不断发展，泛长三角区域合作不断深化，我省经济社会发展迈上更高水平，为体育事业发展创造更加有利的条件。随着人民群众日益增长的体育需求不断增强，社会对体育地位和作用的认识不断深化，省委省政府建设体育强省的提出，更加有力支持体育事业快速发展。我们必须增强机遇意识，科学把握发展规律，主动适应环境变化，充分利用各种有利条件，着力解决突出的矛盾和问题，努力实现体育事业又好又快发展。

二、指导思想、总体目标和工作原则

（四）指导思想：高举中国特色社会主义伟大旗帜，以邓小平理论和"三个代表"重要思想为指导，深入贯彻落实科学发展观，按照加快建设体育强省的总体要求，群众体育力求更广覆盖，实施"全民健身、健康安徽"发展战略；竞技体育追求更高目标，实施"全运争先、奥运争光"发展战略；体育产业谋求更大发展，实施"品牌引领、融合发展"发展战略，为实现科学发展、全面转型、加速崛起、兴皖富民做出积极贡献。

（五）到2015年发展的总体目标：根据国家体育事业"十二五"发展规划总体部署和省委、省政府建设体育强省的要求，加快发展，改革创新，提升发展的水平和效益，改善发展的结构和质量，体育公共服务水平得到提高，全民健身体系更加完善，竞技体育总体实力得到提升，后备人才培养体系进一步完善，初步建成与安徽经济和社会发展水平相适应的体育服务体系，我省体育整体水平保持"中部领先,全国进位"，为建设体育强省打下坚实的基础。

（六）工作原则

——坚持人为本，服务民生，把广大人民群众日益增长的体育文化需求作为工作的出发点和落脚点；

——坚持群众体育与竞技体育协调发展，体育事业与体育产业相互促进；

——坚持统筹兼顾、分类指导、重在基层，推进城乡、地区间体育均衡发展，努力提高体育公共服务水平；

——坚持科教兴体、人才强体，依靠体育科技进步，依靠体育教育发展，营造崇尚科学、尊重知识、尊重人才的氛围，壮大和发展体育体育事业。

——坚持依法行政、依法治体，把体育工作纳入法制轨道，努力构建政通人和的体育法治环境。

——坚持改革创新，建立适应新形势的体育发展体制，拓宽体育发展渠道，增强体育发展活力，夯实体育的发展基础。

三、提高群众体育发展水平，发挥体育在改善民生和提升人民生活质量、幸福指数的重要作用

（七）群众体育发展目标：以贯彻《全民健身条例》、《安徽省全民健身条例》和实施《全民健身计划（2011-2015年）》、《安徽省全民健身实施计划》为主线，强化体育公共服务职能，城乡居民体育健身意识进一步增强，参加体育锻炼人数显著增加，身体素质明显提高，体育健身组织、体育健身指导队伍不断壮大，全省各类体育场地达到4万个以上，人均体育场地面积达到1.5平方米以上，体育各类组织向乡镇、社区、学校、企业、机关延伸，多层次、多样化的群众性体育活动丰富多彩，形成覆盖城乡、具有安徽特色的的全民健身公共服务体系。

（八）进一步强化各级政府对全民健身事业的社会管理和公共服务职能，完善全民健身服务体系建设。发挥各级全民健身工作委员会作用，实施《安徽省全民健身实施计划》，强化全民健身服务体系建设意识，将全民健身服务体系建设纳入当地经济建设和社会发展的规划，将全民健身工作写入政府工作报告，将全民健身经费列入地方财政预算，在资金、场地等方面为全民健身服务体系建设提供保障。各级政府要为公众参加体育活动创造必要条件，采取直接提供、委托提供或购买服务等多种形式，向公众提供体育公共服务，重点扶持贫困地区和农村基层发展全民健身事业。

（九）推进公共体育设施规划和建设，积极推进制定实施公共体育设施建设规划，强化城乡公共体育设施建设。将公共体育设施建设纳入城乡建设规划和土地利用规划，加强农村地区和城市社区等基层公共体育设施建设。按照国家有关公共体育设施用地指标规定，落实城乡公共体育设施的用地需求。鼓励和支持社会力量投资兴建公共体育设施。加强指导和监督，促进建设具有特色，大众喜爱的多功能公共体育设施。

（十）加强城乡全民健身工程建设。加强城乡基层体育，尤其是农民体育健身工程和城市社区体育健身工程建设。各级政府应将发展基层全民健身工作纳入当地全面建设小康社会和社会主义新农村建设规划，协调城乡全民健身事业发展，统筹城乡公共体育资源和公共体育服务的均衡配置，逐步建成城乡一体化的全民健身公共体育服务体系，增强农村基层体育公共服务能力。

继续实施"雪炭工程"、农民体育健身工程，推进实施《安徽省万千百农村体育行动计划》，基本建成较为完善的农村体育服务体系，促进农民体育健身活动广泛开展。充分发挥乡镇综合文化站作用，利用好农村学校、企事业单位的体育设施和体育人才资源，在传统节日和农闲季节广泛组织农民体育活动，开展"体育下乡活动"，办好各级农民运动会。

以街道和居住社区公共体育健身设施建设为重点，不断完善社区体育健身环境和条件，为社区居民提供基本体育健身公共服务。实施《安徽省511城市体育行动计划》，基本建成较为完善的城市社区体育服务体系。

（十一）积极推进学校体育场馆向公众开放工作，学校体育场馆向公众开放工作纳入政府公共服务体系，建立政府主导下多部门共同参与、协调配合、各负其责的工作机制，统筹解决开放中的安全、资金、保险、人员等问题。制定相关政策措施，完善学校体育场馆开放监督检查和表彰奖励机制，建立起场馆开放长效机制，努力使学校体育场馆发挥多元功能和最大效益。争取具备开放条件的学校体育场馆向公众开放率达到50%以上，部分地市达到70%以上。

（十二）全民健身组织网络更加健全。形成遍布城乡、规范有序、富有活力的社会化全民健身组织网络。县（区）全部建有体育总会、行业体育协会、单项运动协会、社会体育指导员协会和人群体育协会等体育社团，积极发展各类人群体育协会等体育社团，并积极组织开展全民健身活动。城市80%的街道和农村60%的乡镇要建设体育组织和体育健身站点，50%的农村社区建有体育健身站（点）。

（十三）社会体育指导员队伍进一步发展。获得社会体育指导员技术等级证书的达到5.6万人以上（按全省总人口万分之八比例计），获得社会体育指导员国家职业资格证书人数达到4000人以上。社会体育指导员素质和技能有较大提高。全民健身志愿服务活动普遍开展，形成组织落实、结构合理、覆盖城乡、服务到位的全民健身志愿服务队伍。

（十四）广泛深入开展全民健身活动。各市人民政府和省直各部门应当定期举办群众体育竞赛活动，有条件的单位可每年举办全民健身运动会。各级体育部门组织开展群众性体育活动和体育比赛，进一步加强宣传，扩大交流，形成一批地方特色的体育项目和基层体育健身团队并形成传统。继续挖掘、整理我国传统体育养生、医疗、保健、康复等方面的宝贵遗产，不断推出优秀的中华传统体育项目，进一步推动我省群众性体育活动的普及与提高，激发群众参与体育健身的热情

（十五）办好第三届全省体育大会等全民健身体育赛事。办好全省体育大会（全民健身大会）及各类人群全省综合性运动会和单项竞赛活动。借鉴全国第四届体育大会改革经验，拓展我省全民健身竞赛改革成果，创新符合体育大会宗旨的办赛模式，注重发挥赛事的多元功能和综合影响，探索大型群众性体育赛事活动的社会化措施。

（十六）实施"青少年体质强健工程"，初步形成青少年公共体育服务体系。以学校为阵地，开展"五三三青少年体育行动计划"，配合教育部门实施"全国亿万青少年阳光体育活动"，组织好全省青少年体育竞赛、传统项目学校单项竞赛、青少年体育俱乐部和青少年户外体育活动营地竞赛展示等活动，继续开展"校园足球"活动，努力推动我省学校体育活动的开展，丰富学校体育活动内容，提高青少年的参与率。建设青少年体育活动场地，建立青少年体育活动组织。初步形成以各级各类学校为主体，以体育传统项目学校、体育专项特色学校、青少年体育俱乐部、青少年户外体育活动营地为重点，以学校体育场馆、公共体育场地设施为载体，以开展青少年体育活动、完善青少年体育竞赛平台、加强学生体质健康监测手段的青少年公共体育服务体系。力争创建国家级体育传统项目学校15所以上、国家级青少年体育俱乐部160所以上、全国青少年体育户外活动营地3个以上，鼓励创建"青少年校外体育活动中心"。在保证质量的基础上，努力建成体育传统项目学校150所以上、省体育专项特色学校40所以上、青少年体育俱乐部190所以上。

（十七）加强以各类人群运动会或展示大会的组织与领导。要继续与相关部门协同配合，推动全社会开展全民健身活动。积极发挥各类人群体育协会的作用，积极引导、加强各类人群体育活动队伍建设和宣传工作。关注下岗失业人群、城镇贫困人口和城市农民工等弱势群体的身体健康，从政府、社会、个人三个层面构建相应的体育活动参与保障体系。同时积极举办国际和全国品牌的群众体育赛事，打造宣传安徽的体育品牌。重视开发安徽体育旅游的资源，举办体育健身活动，满足群众日益增长的体育健身旅游的需求。

（十八）完善全民健身的科学标准和规范体系。进一步完善全省国民体质监测中心和网络平台建设，积极建设县级国民体质监测站，开展城乡居民日常体质测定和科学健身指导，定期开展各类人群的国民体质测试工作。加快社会体育指导员培训基地建设，加大社会体育指导员的培训力度，提高一级和国家级社会体育指导员的比重，提高社会体育指导员体育指导专项水平。到2015年，城乡居民体育健身意识和科学健身素养普遍增强，经常参加体育活动人数比例达到全国平均水平。在校学生每天至少参加一小时体育健身活动。提高残疾人参加体育锻炼人数比例。全省达到《国民体质监测标准》合格级以上标准的城乡居民（除在校学生）人数比例增加到90%以上，达到优秀标准的人数比例增加到16%以上。

县级以上人民政府要加快制定《全民健身实施计划（2011-2015年）》，加大对全民健身科学研究投入，开展体育健身方法手段、体育健身机理效果、体质发展变化等方面的科学研究，注意研究成果向实践的转化。加强群众体育科普、法制宣传和普法工作，出版高质量全民健身科普著作，不断提高公民体育科学素质和全民健身科学化水平。

四、增强竞技体育综合实力，发挥体育在振奋民族精神和凝聚人心方面的社会功能

（十九）竞技体育发展的目标是：以建设体育强省为奋斗目标，实施"巩固、提升、跨越"新三步走发展战略，全面提升我省竞技体育整体实力。围绕第十二届全运会周期"奥运争光,全运争先"的总体目标,2012年伦敦奥运会力争参赛成绩取得新突破;2013年第十二届全运会所获成绩较上届稳中有升,并在中部地区保持领先地位;2014年第十七届亚运会取得优异成绩。

(二十)充分发挥"举省体制"的优势,保持竞技体育健康快速和可持续发展,形成与社会主义市场经济相适应的竞技体育管理体制和运行机制,积极探索运动项目管理中心"学院化"建设,优化运动项目结构,实行分类管理,创新优秀运动队的建设和发展模式,推进"科教训"一体化进程,形成以省优秀运动队为主体、市办高水平运动队、高校办高水平运动队等相呼应的格局,推进运动项目职业化、社会化的改革试点工作。进一步完善竞赛制度改革,建立与竞技体育发展相适应的效益投资体系和保障体系,增强竞技体育综合实力和竞争力。

(二十一)做好奥运会和全运会的备战和参赛工作。实施《安徽省体育局备战第十二届全运会周期工作方案》,加强对备战奥运会和全运会工作的组织领导,完成好第三十届奥运会和第十二届全运会的备战参赛任务。加强对备战工作的综合协调与组织,建立运转高效的备战组织管理体系和工作制度,确保各项备战工作有序进行。

(二十二)完成好其它重大赛事任务。协调有关市和各中心组织参加2011年第七届全国城市运动会,力争取得好成绩。争取承办2013年的全运会部分项目预赛,认真筹备、精心组织2014年第十三届省运会。

(二十三)突出安徽特色,优化项目结构调整。实施《安徽省体育局运动项目结构调整方案》,实现"优化结构,适度发展,突出重点,提高效益"的目标,集中力量把现有的奥运优势项目和潜优势项目做强,形成一批具有明显优势的项目群。增加和保障重点发展类项目和巩固强化类项目运动员编制和专项经费,加大对其科、医、训保障力度;加快促进我省基础大项的发展。增设女子7人制橄榄球、女子水球、女子拳击、女子花剑、高尔夫、马术等项目。加快足球、篮球、网球、乒乓球等项目的社会化步伐。

(二十四)加强优秀运动队伍建设与管理。进一步完善省优秀运动队的竞争和激励机制,建立和完善省优秀运动队运动员和教练员选拔办法和标准。争取运动员队伍编制数达到1000人,扩大运动队伍规模;强化项目运动管理中心目标责任制,完善队委会运行机制,不断提高训练和管理的科学化水平。

(二十五)深化对竞技体育规律的认识,加大体育科技工作力度。坚持"三从一大"科学训练原则和"两严"方针,以金牌课题组为纽带,打造科医训集体攻关的复合型团队,深入研究探讨运动项目制胜规律,丰富和改进训练理论和方法手段,实现运动员体能、技战术和心理意志品质的新突破。

(二十六)改革和完善竞赛制度。充分发挥竞赛的杠杆作用,加大省运会和全省常规竞赛的改革力度,调整完善省运会竞赛规程总则,增设比赛项目、组别,广泛吸纳高校及社会行业参赛,扩大规模和影响,引导基层体育训练向提高身体素质、全面打好基础的方向发展。加强裁判员的管理和思想建设,完善裁判员注册管理、培训、考核、选派、奖惩等制度,提高裁判员的业务素质和职业道德水平,倡导体育职业道德和敬业精神。

（二十七）加强竞技体育人才队伍建设。坚持"以人为本"和"人才强体"的方针，建立以运动成绩为核心的竞技体育人才评价体系和选人用人机制，全面提高竞技体育队伍的综合素质。加强竞技体育管理干部队伍建设，强化敬业精神和奉献精神教育，提高对竞技体育规律的认识水平和把握能力。实施《安徽省2009-2012年教练员培训工作计划》、《2010-2013年安徽省优秀运动队教练员培训工作方案》和"金牌教练员工程"，提高教练员科学训练的能力和水平。加大高水平教练员引进力度。

（二十八）实施"青少年体育塔基工程"，构建青少年体育后备人才培养体系。以贯彻落实国办发〔2010〕23号文件为契机，以各级各类体校为主阵地，不断改善体校办学条件，不断提高办学质量和输送效益，形成良好的梯队建设，不断为我省优秀运动队输送新鲜血液。构建和完善以省、市体育运动学校和国家高水平体育后备人才基地、省级高水平体育后备人才基地为骨干，以少年儿童体育学校和单项体育后备人才基地为重点，以县办体校、体育专项特色学校、体育传统项目学校为基础，以青少年体育俱乐部和社会力量兴办的后备人才培养机构为补充的青少年体育后备人才培养体系。争创国家高水平体育后备人才基地8个以上、国家级单项体育后备人才基地10个以上，创建省级高水平体育后备人才基地8个以上、单项体育后备人才基地35个以上。强力推进"奥星工程"，培养100~150名优秀后备人才。

（二十九）加强公办体校建设，打好运动员文化教育基础。公办体育运动学校是我国竞技体育后备人才培养的重要基础阵地。要以贯彻落实国务院《关于进一步加强运动员文化教育和保障工作的指导意见》文件为契机，积极促进地方政府加强公办体校建设，力争在17个省辖市均能建立和完善一所纳入九年义务教育的公办体校，在有条件的县（区）创建少年儿童体校。

（三十）加强运动员文化教育和保障工作。尽快出台我省《关于进一步加强运动员文化教育和保障工作的实施意见》，切实加强优秀运动队文化教育，全面提高运动员的综合素质，为优秀运动员参加学历教育、退役安置创造有利条件。加强运动员保障工作，进一步落实和完善各项激励和保障政策，切实维护运动员切身利益；构建和逐步完善运动员职业转换社会扶持体系，加强运动员职业指导工作，帮助运动员顺利实现职业转换。

（三十一）加强优秀运动队思想作风建设。以爱国主义为核心，切实加强优秀运动队的思想政治工作和运动员的职业道德教育，培养运动员无私奉献的精神、坚韧不拔的意志和顽强拼搏的作风，使优秀运动队成为政治合格、作风顽强、技术过硬的优秀群体。

（三十二）狠抓赛风赛纪工作，加强竞技体育行风建设。完善全省运动员注册管理制度和人才交流政策，加大运动员的资格审查力度；建立健全竞赛仲裁制度和赛风赛纪的监督、检查和处置机制；加强对裁判员的培训和管理，努力维护体育竞赛的公平、公正。

（三十三）坚决贯彻落实《反兴奋剂条例》，坚持"严令禁止、严格检查、严肃处理"的"三严"方针，抓好"教育、自律、制度、监督、惩处"五个环节工作，建立层层负责的有效责任约束体系，在加强宣传教育的基础上，加大对使用违禁药物的处罚力度。

五、加快体育产业的发展，不断彰显体育在促进经济发展中的作用

（三十四）体育产业发展目标：初步建成与安徽经济与社会发展水平相适应的、具有安徽特色的体育产业体系，初步形成规范有序、繁荣发展的体育市场。培育和壮大以省会经济圈为中心的皖中体育健身竞赛产业集聚区、以黄山、九华山为中心的皖南体育旅游休闲产业集聚区、以皖江城市带为中心的皖江体育器材装备制造业集聚区、以皖北地区为中心的民间民俗体育健身产业集聚区等四大功能集聚区，大力发展体育本体产业，推动体育产业与文化、旅游等相关产业的融合和互动发展，力争我省体育产业从业人员占全社会就业人数比例明显提高，居民人均体育消费水平明显提高，体育及其相关产业增加值占全省GDP的比重明显提高。

全省体育彩票"十二五"期间销售年增幅不低于15%，总额达到120亿元以上，实现总量翻番，全国进位，中部领先。

（三十五）贯彻落实国务院《关于加快发展体育产业的指导意见》和安徽省人民政府《关于促进体育产业发展的实施意见》等文件精神，制定并组织实施体育产业发展规划，完善体育产业政策，合理规划产业布局，加强体育健康休闲产业园等体育产业重大项目规划与建设，加快国家级体育产业基地和体育产业研究基地建设，创建和完善公共体育设施开发运营机制，落实体育产业相关税费优惠政策，积极鼓励社会力量兴办体育产业，支持体育企业进入资本市场融资。

（三十六）优化体育产业结构，适应城市化和居民消费结构升级的趋势，重点发展体育服务业，以体育健身休闲业、体育竞赛表演业为先导，带动体育旅游业、体育中介企业、体育用品业等业态的互动发展，推动对外体育贸易服务。培育品牌赛事与品牌体育用品，增加体育产品供给，扩大体育消费。加快国有体育企业的资源整合和规范化公司制度改造工作，加快形成具有示范带动作用的体育集团企业。在体育产业各门类中着力培育骨干企业，加大政策扶持力度，推动体育企业的资源及经营重组，做大做强体育企业。

（三十七）加强体育市场规范管理。建立、健全相关法规，完善监督管理机制，明确监督主体及管理职能，明确各类体育市场主体的权利义务。加快体育经营场所名录库的建设与完善工作，加强体育经营活动的安全监督，对于高危险性体育项目的经营活动，依法确定严格、规范、公开、透明的准入和开放条件、技术要求和服务规范，加强技术指导和安全保护，确保设施设备和管理服务符合要求，确保消费者人身安全。加强体育服务标准化建设工作，推行体育服务质量认证制度，建立和完善体育服务规范，推行体育行业特有的职业技能鉴定制度，提高体育产业从业人员的服务意识和服务水平。

（三十八）加快体育彩票销售健康持续发展。深入落实《彩票管理条例》及实施细则，进一步改革完善体育彩票销售管理体制，创新工作机制和运营模式；加快差异化产品推广步伐，打造产品核心竞争力；着力提升销售渠道质量，加快非实体渠道建设，构建规范化、立体化的体育彩票销售网络；坚持体育彩票品牌战略，丰富宣传渠道，提升营销水平；加强人力资源管理与培训，建设一支专业化、职业化的体育彩票销售队伍；保障体育彩票运营的安全，确保体育彩票公益金使用安全。

（三十九）引导和规范职业体育发展。按照职业体育发展和运行客观规律，从国情、省情、项目特点出发，积极探索我省职—体育的发展方式，加强项目协会和职业俱乐部的基础性建设和规范化建设，严格准入标准，规范职业体育赛事，初步形成政府体育部门依法监管、协会管办分离、俱乐部自主运作的中国特色职业体育管理体制和运行机制。

六、推进依法行政、依法治体，加快体育管理职能转变

（四十）加强体育法治建设。建立行为规范、运转协调、公正透明、廉洁高效的体育行政管理体制和运行机制，加快体育主管部门职能转变，切实履行政策调节、市场监管、社会管理、公共服务等基本职能，提高效能和服务水平，促进政事分开，管办分离。

（四十一）加强体育社团工作。进一步发挥各级体育总会的作用，完善省、市、县单项体育协会的组织机构和工作机制，健全体育社团法人治理机制，发挥行业管理职能。理顺体育行政部门与社团的关系，积极支持有条件的体育协会承办国际、国内体育比赛和备战全国第五届体育大会，推动运动项目协会实体化。

（四十二）提高依法行政、依法治体的意识和能力，积极运用法律手段和必要的经济手段、行政手段解决体育实际问题。按照国家有关法律法规的要求，推进和完善依法行政工作。调研和制定与现行体育法律法规相配套的规范性文件，组织开展体育法律法规和规章实施情况的监督检查，完善体育行政执法人员资质管理，强化依法履行体育行政职责的积极作用，加强体育法律服务和体育纠纷处理，深入开展体育法制宣传教育，建立市、县体育工作评估体系和完善考核、奖励办法。

七、加大科教兴体、人才强体的力度，不断完善政策措施

（四十三）继续改革与创新体育科技体制和运行机制，整合资源，建立起有利于调动科医人员积极性的激励机制，加强培训和学术交流，不断提高科医人员的业务水平。进一步加大对体育科技工作的投入力度，建设运动员体能训练中心和运动康复门诊，建设若干个重点实验室，并争取纳入总局"十二五"重点实验室建设计划，努力建设成为高水平的体育科技重点实验室和科研基地。扶持市级体育科研机构开展科学选材和训练研究工作，资助县（市）建国民体质监测站和开展体质测试工作，加强科学健身知识的普及。

（四十四）加强体育哲学社会科学研究。规范省级体育社会科学研究项目申报和评审工作，建立体育专家人才库，开展体育发展战略研究工作，健全专家决策咨询机

制,繁荣体育人文科学。建成 1~2 所国家级体育人文科学研究基地,5 所省级体育人文科学研究基地,有 5~8 项体育科研课题入选国家科研项目。

(四十五)巩固和提高体育基础教育,发展体育高等教育、职业教育和民间教育,不断满足社会对各类体育人才的需求。坚持教学、科研、训练三结合方针,扶持高校办高水平运动队。加大对安徽体育运动职业技术学院体育基础设施建设和高水平教学、训练人才引进工作力度,积极推进教学改革,创建特色专业和重点专业,切实提高办学质量和水平。

(四十六)深入实施"科教兴体、人才强体"战略,以群众体育、竞技体育、体育产业等重点体育人才群体为对象,实施"领导干部素质能力提升计划"、"优秀社会体育指导员培养计划"、"金牌教练员培养计划"、"体育产业经营管理人才能力提升计划"、"中青年体育专业技能人才培养计划",统筹推进各类人才队伍建设;创新体育人才工作体制机制,提高体育人才培养的质量和数量。

(四十七)深化干部人事制度改革。加大竞争性选拔干部和干部交流轮岗力度,完善年轻干部、后备干部培养选拔制度,加强干部培训工作,提高干部考核评价科学化水平,加强干部选拔任用的科学化、民主化、制度化,为优秀人才脱颖而出、健康成长、施展才干创造良好环境。

八、加强体育宣传和对外交流,推动体育文化建设

(四十八)加强体育宣传力度,进一步提升体育社会形象的宣传与推广,完善体育宣传的体制和机制,为体育改革和发展营造良好的舆论氛围和社会环境。加强体育宣传队伍和新闻发布制度建设,重视发挥省体育记者协会作用,加强与媒体的合作,积极开展对外宣传。进一步完善官方网站建设,掌握体育宣传主动权。

(四十九)继续扩大体育对外交流与合作。巩固和发展与周边国家的体育交流,推进与欧美发达国家的互利合作,加强与香港、澳门体育交流与合作。积极参加港澳相关体育赛事,邀请港澳参加我省举办的国内、国际赛事。继续推进对台体育交流,切实执行好安徽体育总会与台湾省体育会体育交流合作协议,开展内容丰富、形式多样的交流活动,加深皖台之间的了解和互惠合作。开创多渠道、宽领域的体育对外交往新局面,为进一步促进我省群众体育、竞技体育、体育产业的发展服务。

(五十)推进体育文化建设工程。弘扬以爱国主义为核心的中华体育精神,积极倡导奥林匹克精神,重视传统体育文化遗产挖掘、整理、保护和利用,做好我省优秀民族民间传统体育项目纳入"非物质文化遗产"名录的工作。

(五十一)推进体育信息化建设。进一步整合体育信息资源,拓宽采集渠道,搭建体育资源网络信息平台,推进体育行政管理和体育项目管理的信息化,加强体育赛事信息管理系统开发和体育场馆信息化建设。

做好体育统计和体育标准化工作。进一步组织和完善体育事业统计工作,建立体育产业统计制度和信息发布制度。进一步加强对体育有关标准认证和培训制度建设,推进体育标准化工作。

九、加强对规划实施的领导

（五十二）大力推进思想解放，更新发展观念，提升发展眼界，创新发展思路，增强发展动力，切实把解决实际问题作为解放思想的落脚点。扎实推进效能建设，大力弘扬沈浩精神，深入开展创先争优活动。

（五十三）加强体育队伍的作风建设。进一步增强体育工作者敬业意识、责任意识、纪律意识和奉献意识，提高业务水平，打造一支"作风过硬、纪律严明、执行力强"的体育团队，建立健全体育政风建设、行风建设的长效机制。

（五十四）严格执行党风廉政建设责任制，加快推进惩治和预防腐败体系建设。严明党的纪律，提高行政效能，建立健全对重大决策部署执行情况的纪律保障机制，确保政令畅通。

（五十五）加强对规划实施的管理和监督。以深入实施安徽体育重点项目库建设为抓手，进一步做好规划分年度、分步骤、分层次实施的细化工作。要主动与有关部门进行协商和沟通，做好各年度工作安排和总结。对规划落实情况特别是重点工作、重点工程的落实情况，要建立督查和考评机制，保障我省"十二五"体育事业发展规划顺利实施。

江西省体育事业"十二五"发展规划

2011-2015年（以下简称"十二五"时期）是我国快速发展，从体育大国向体育强国迈进的重要时期。以科学发展观为指导，加快体育事业发展，是促进全省经济和社会协调发展，促进人的全面发展，提高人民群众生活质量和构建和谐社会的重要内容。制定和实施好我省体育事业"十二五"发展规划，明确"十二五"时期体育事业发展的指导思想、基本原则、发展思路和基本任务，将为我省体育事业持续发展奠定一个坚实的基础。

一、"十一五"时期全省体育事业发展的基本情况

"十一五"时期，我省体育事业坚持群众体育、竞技体育和体育产业协调发展，统筹全面、突出重点的工作方针，认真贯彻实施《全民健身计划纲要》、《全民健身条例》和《奥运争光计划》，各项体育事业得到较快发展，呈现出良好发展局面。

（一）全民健身活动蓬勃开展

1. 通过广泛深入的宣传和各项全民健身活动的示范效应，广大群众的健身意识有了明显提高，生活奔小康、身体要健康的理念深入人心。健身活动成为广大群众生活的一项重要内容，参加健身活动的人越来越多，经常参加体育锻炼的人数达到全省总人口的28%，广大群众的体质显著增强，人均寿命明显提高。

2. 各项健身活动蓬勃开展，群众自发性的晨晚练活动十分普及，有特色的群众体育品牌赛事受到社会的广泛关注和欢迎。在全国有首创意义、参与面非常广泛的全民健身运动会已连办三届；规格高、规模越做越大的全省机关运动会，颇具社会影响的"全民健身日"活动和农村"百乡千村"趣味运动会，全省"龙腾狮跃闹元宵"活动，自主创新的宜春农耕大赛等，带动了更多的群众参与健身活动。

3. 体育、教育部门紧密配合，积极推进学校体育活动的开展。国家和省彩票公益金共投入548万元，创建了36所国家级青少年体育俱乐部、1个国家级青少年户外体育活动营地，为青少年参加体育活动拓宽了空间。

4. 覆盖城乡的全民健身公共服务体系初本形成。一是群众体育组织发展迅速，多层次、多行业、多人群的体育社团，健身俱乐部，健身站点相结合的社会体育组织网络遍布全省城乡。国家和省彩票公益金共投入280万元，创建7所国家级社区体育健身俱乐部。各级老年体协目前已达2.4万个，农民体协达到1400余个，基层体育协会成为组织开展全民健身活动的中坚力量。

二是社会体育骨干队伍不断壮大。全省社会体育指导员已达到19890人，其中国家级71人，一级1033人，二级7563人，三级11223人。各级社会体育指导员成为指导群众文明锻炼、科学健身的骨干。

三是国民体质监测网络建立。各设区市、三分之一的县（市、区）配置了测试器材，组建了测试队伍，全省有10.8万人接受了国民体质测试，通过发布国民体质报告，对群众的健身活动进行了科学的、针对性的指导，提高了群众的科学健身意识。

5. 群众体育水平不断提高。参加北京残疾人奥运会夺得2枚金牌、1枚铜牌；参加第三届全国体育大会取得6枚金牌，总分150分的成绩，金牌和总分列全国第10位；参加第四届全国体育大会，取得了14个一等奖，列全国第11位；参加第六届全国农运会取得13枚金牌、10枚银牌、19枚铜牌的优异成绩，列全国第7位；参加全国大学生运动会取得6枚金牌、2枚银牌、3枚铜牌，列全国第7位。

（二）竞技体育实现新的突破

1. 省级训练单位对运动队实行奥运会和全运会目标管理，制定了合理的奖罚措施。各运动队狠抓科学训练，运动水平不断提高。截至2010年底，江西省体育健儿在国际国内重大比赛中获金牌111枚、银牌70枚、铜牌44枚。在世人瞩目的北京奥运会上，我省运动员夺得3枚金牌，1枚银牌，1枚铜牌，创造了江西参加奥运会历史最好成绩，分别获得中共中央、国务院、国家体育总局、省政府的嘉奖。在第十一届全国运动会上，我省获得10.5枚金牌、7.5枚银牌、7枚铜牌，金牌数继续保持在两位数以上。全省共培养一级以上运动员495人，其中国际运动健将11人、运动健将91人，一级运动员393人。各市、县向省优秀运动队输送优秀运动员547人。省优秀运动队在训运动员583人，其中集试训运动员220人，总体实力进一步提高。

2. 体育后备人才培养呈现良好发展趋势。少儿训练认真实施"111213"工程，"体教结合"得到实质性的进展。经过努力，全省现有体育运动学校3所、市级体校12所、县区级少儿体校82所。按照"突出重点，强化优势，效益优先"的竞技体育发展原则，我省重点优势项目更加突出，"十一五"时期创建和完善了7个国家级高水平后备人才基地、15个省级单项运动训练基地、9个国家级体育传统项目学校、153所省级体育传统项目学校、58所培养体育后备人才示范中学，与5所高校联办了高水平运动队，全省注册在训人数达12846人，体育传统项目学校参加运动训练达到25412人。体育传统项目学校、高水平人才试点中学、青少年体育俱乐部和各级少儿体校相互结合、优势互补、资源共享的体育人才培养体系逐步形成。

（三）体育产业快速发展

"十一五"时期，各级体育部门积极培育体育市场，调整产业结构，优化资源配置，体育产业门类增多，大型体育场馆经营、体育竞赛表演、体育健身休闲、体育技术培训、体育服装器材销售、体育无形资产开发等产业发展较快，参与体育消费的人群不断增加，产业收入不断增长。各级体育部门认真贯彻《彩票管理条例》，截止2010年，全省体育彩票销售59.4亿元，用于体育事业的公益金达到17.8亿元。体育系统其它产业收入8.28亿元。体育产业为体育事业持续发展和繁荣市场、增加就业起到了积极作用。

（四）体育竞赛更加活跃

"十一五"时期共承办全国体育竞赛84次，培养一级以上裁判员1019人，其中国家级裁判员222人、一级裁判员797人。成功举办了江西省第十二届、第十三届运动会。第十二届省运会共有12人破6项省纪录，33人破17项省青少年纪录。第十三届省运会充分调动社会参与的积极性，精心搭建全民体育大舞台。在以青少年比赛为主的基础上，成立了高校部、机关部、社会部（企业组、协会组），将高校的体育赛事、省直机关运动会、首届企业运动会和各协会的年度比赛全部整合在一起，组成了221个代表团（青少部11个、高校部52个、机关部122个、企业部36个）。省运会比赛贯穿全年，涉及社会各界，有力促进了群众体育和竞技体育协调发展。本届省运会打破全省成年纪录3项、青少年纪录4项、高校纪录31项。通过竞赛，促进了全民健身和竞技体育的发展，发现、选拔了一批优秀体育后备人才。

（五）体育科技工作不断进步

广大体育工作者对"科技兴体"的认识不断提高，科技工作意识进一步增强。为提高我省全民健身科学水平，体育科技部门积极开展全民健身科研活动，引进和推广适合大众开展的健身项目和方法，各级体育科学协会共举办健身咨询活动30余次，科研人员撰写全民健身论文500余篇。"十一五"时期，我省体育科技实力和水平明显提高，科研硬件条件明显改善，省优秀运动队科训结合工作明显增强。广大体育科技工作者深入运动训练一线，开展科技服务和运动训练监测，针对运动训练的重点和难点问题开展科技攻关，有效提高了科学训练水平。体育生理生化、运动营养补剂、体育科学选材、软科学等研究水平不断提高，完成省部级课题5项，其中1项省级重点课题，省体育局课题72项，吸引了全省40多位体育系统外专家参与体育科研，科技攻关和科技服务体系进一步完善。反兴奋剂工作成效明显，初步建立和健全了一支兴奋剂检查队伍，自觉抵制兴奋剂的意识和行为落实到了运动训练的各个方面。

（六）体育场地设施初具规模

各级政府积极贯彻《公共文化体育设施条例》，加大投入力度，省、市、县三级体育场所建设取得可喜成果。省奥林匹克体育中心一期工程和高安水上训练基地基本完工。瑶湖国际水上运动中心、南昌（湾里）射击中心、吉安航空运动（通用）机场开工建设。设区市综合性体育中心除5个正在建设外，其他的都已经建成投入使用。县级公共体育场馆建设已做到全覆盖，消除了体育设施空白县。完成国家体育总局援建我省贫困县体育设施建设的"雪炭工程"10个，总投入1.28亿元，其中国家投入1350万元，省级投入150万元，省以下政府1.13亿元。2008年省政府将基层群众体育健身场所纳入"民生工程"项目以来，共有59个县（市、区）建设了田径场、健身运动场、综合健身馆，省级共投入1.24亿元，拉动基层政府投入2.78亿元。全省各级政府共投入2323万元，建设以健身路径为主要内容的全民健身工程1100个；投入7410万元，建成2470个农民体育健身工程，在一定程度上解决了群众健身场所紧张的问题。

（七）"十一五"期间体育事业发展存在的问题

第一、全民健身发展仍不平衡，健身活动主要是在城镇，并且主要是在青少年和老年人中开展，大部分农村和成年人则是体育健身的薄弱环节。第二、竞技体育管理体制改革与运行机制有待进一步深化与转换，激励机制需不断完善和健全。优秀运动队项目结构不尽合理，高水平教练员和尖子运动员匮乏，运动员进出和培养渠道不畅，科学训练水平有待于进一步提高。第三、体育后备人才培养投入严重不足，各项训练设施相对滞后，各级体校发展面临极大困难。第四、体育产业结构不够合理。体育产业未进入省统计系统。设区市以下体育系统中产业门类较少，产业收入中，体育彩票收入占90%以上，产业极不合理。第五、体育科技发展投入不足，科研人员偏少，科研水平不高，设备陈旧，不能满足体育事业发展需要。第六、体育公共服务水平有待于提高，全民健身条件需进一步改善，群众开展体育活动的基本设施十分缺乏，学校和其他单位体育设施基本未向社会开放，难以满足广大群众日益增长的健身需求。

二、"十二五"时期江西体育事业发展的指导思想、基本原则和总体目标

（一）指导思想

"十二五"时期体育事业发展的指导思想是：高举中国特色社会主义伟大旗帜，以邓小平理论、"三个代表"重要思想和科学发展观为指导，以满足人民群众日益增长的体育需求为出发点，以建设和谐社会为总目标，坚持体育事业与经济和社会各项事业协调发展，坚持群众体育、竞技体育、体育产业协调发展，进一步深化体育改革，理顺关系，搞活机制，促进体育事业快速、稳步和可持续发展。

（二）基本原则

1. 坚持国家办与社会办相结合，政府调控与市场调节相结合。明确政府在发展体育事业中的基本责任，强化政府政策引导和公共服务职能，充分调动社会各界兴办体育的积极性，坚持谁投资，谁受益，尊重并保护不同投资主体的利益，进一步发挥市场在体育资源配置中的作用。

2. 坚持统筹兼顾、协调发展、普及与提高相结合。处理好群众体育、竞技体育、体育产业之间的关系。加大对农村体育的工作力度，协调城市与农村的体育发展。协调奥运项目和非奥运项目、现代体育项目和民间传统体育项目的发展。处理好眼前与长远、整体与局部、重点与一般、规模与效益等关系，实现体育事业良性循环和可持续发展。

3. 坚持发展速度和发展效益相结合。积极探索新时期体育工作的特点和规律，努力进行理论创新、科技创新、制度创新。进一步转变观念，创新发展模式，在加快体育事业发展的同时，提高发展质量，实现由粗放型向集约型转变，体育管理由经验型向科学型转变。

4. 坚持科教兴体、人才强体。牢固树立科学技术是第一生产力、人才资源是第一资源的观念，重视和发挥科技、教育、人才队伍建设在体育发展中的重要作用。营造崇尚科学、尊重知识、尊重人才的氛围，依靠体育科技进步，依靠体育教育发展，依

靠体育人才队伍素质不断提高，发展和壮大体育事业。

（三）总体目标

"十二五"期间，江西体育事业发展的总体目标是：进一步改善全民健身条件，完善覆盖城乡的全民健身服务体系，参加健身的人数显著增加，身体素质明显增强；进一步优化训练布局，建立更加科学合理的竞技体育人才梯队，竞技运动水平持续提高；进一步完善体育产业政策，加强市场管理，优化资源配置，促进体育产业快速发展；加快体育设施建设，形成布局合理，覆盖城乡的体育设施网络；全力打造环鄱阳湖国际自行车赛等体育赛事品牌。力争群众体育、竞技体育、体育产业全面进入全国前十五位，为建设体育强国做出积极贡献。

三、"十二五"时期江西体育事业发展的主要任务

（一）开展全民健身活动，提高人民群众健康水平

1. 充分利用新闻媒体、借助"全民健身日"活动、重大体育赛事、节假日体育活动等形式，加强对全民健身的宣传，普及科学健身知识，倡导健康文明的生活方式，在全社会形成参与健身、崇尚健康的风气。城乡居民体育健身意识和科学健身素养普遍增强，全民健身活动进一步普及，体育人口不断增加，经常参加体育锻炼人数比例由全省总人口的28%提高到32%，达到1400万人左右；城乡居民达到《国民体质测定标准》的合格人数显著提高。

2. 切实抓好学校体育工作。按照全面推进素质教育的要求，认真贯彻实施《全民健身条例》和《学校体育工作条例》，各级各类学校按照国家标准和要求建设体育设施，配齐配强体育教师，在提高体育课教学质量的基础上，积极组织学生参加阳光体育活动，使他们掌握两门以上体育运动基本技能，养成终身锻炼习惯。学生体质得到明显增强，普遍达到《国家体质健康标准》的基本要求，优秀比例达到20%以上。

3. 行业、机关、企事业单位结合部门和单位特点，组织开展丰富多彩、形式多样的健身活动，全面推行广播体操和工间操，定期举办行业、机关和企事业单位运动会，提高广大干部职工的健康水平。发展社区体育组织，充分利用社区公共体育设施和辖区内单位体育设施，建设体育俱乐部和健身辅导站，组织社区居民开展科学健康的健身活动。

4. 按照建设社会主义新农村的要求，继续实施"农民体育健身工程"，加快建设农村体育设施。充分发挥各级农民体协的作用，因地制宜，组织开展广大农民喜闻乐见和具有传统特色的体育活动，逐步将农民运动会形成制度。继续开展送体育下乡活动，丰富农村文化生活，促进农村文明建设。

5. 重视老年人体育事业。不断研究和推广适合老年人身体特点的健身项目和方法，在老年人教育机构开设老年人体育辅导课程，在老年人活动中心配置健身器材，进一步发挥老年人体育协会的作用，组织更多的老年人参加体育锻炼，促进老年人的健康长寿。

6. 加快普及残疾人体育活动。加大培养服务残疾人的体育教育人员和社会体育指

导员。在残疾人中普遍开展体育康复活动，提高残疾人体育运动水平。

7. 不断完善覆盖城乡的全民健身公共服务体系

——积极推进群众体育组织建设，形成遍布城乡、规范有序、富有活力的全民健身组织网络。所有县（市、区）建有体育总会、行业体育协会、单项体育协会、人群体育协会，80%以上城市街道、60%以上农村乡镇建有体育组织，城市社区普遍建有健身站（点），50%的农村行政村建有健身站（点）。

——积极推进社会体育指导制度，加快社会体育指导员培养。"十二五"期间经培训考核获得各级社会体育指导员证书的人数达到3万人以上，获得职业资格证书的社会体育指导员达到3000人。建立社会体育指导员协会和社会体育指导员信息库。采取积极措施和有效奖励政策，充分发挥社会体育指导员的作用，鼓励他们深入健身站点，对群众的健身活动进行科学指导，提高健身水平。

——积极开展国民体质测试，建立科学合理，覆盖全省的国民体质测试网络。"十二五"时期对12万公众进行国民体质测试，定期公布国民体质状况报告，推广科学的健身方法，纠正健身误区，指导群众开展科学健身活动。

——积极组织各项大型群众体育竞赛和活动。组织好全省全民健身运动会、全民健身日活动，配合有关部门组织好职工运动会、农民运动会、妇女健身大赛、大学生运动会、老年人运动会、残疾人运动会等大型体育赛事和活动，以此为杠杆，提高全民健身运动水平，参加全国非奥运项目比赛和行业运动会取得好成绩，推动全省全民健身活动的普及和深入。

（二）实施奥运全运战略，提升竞技体育整体实力

1. 坚持以奥运争光为最高目标，积极实施竞技体育发展战略。突出重点，强化优势，调整项目结构，完善训练布局，不断优化我省竞技体育资源配置。"十二五"时期，竞技体育训练体制改革不断深化，省项目运动管理中心及单项协会得到充分发展，"体教结合"的体育人才培养机制进一步完善，竞技体育人才培养社会化程度提高，鼓励高等院校和设区市承办或联办高水平运动队。

2. 我省重点优势项目总体实力进一步增强，争金夺牌的尖子运动员人数增加，形成合理的人才梯队。省优秀运动队在训运动员达到1000人，分别为在编运动员600人，试集训运动员400人。在资源配置上进一步向重点项目倾斜，实行重点投入，效益优先，确保重点项目中的重点小项和重点运动员得到发展和提高。力争在第30届奥运会上夺得1枚以上的金牌，在第十二届全运会上夺得8枚以上金牌，在第七届全国城市运动会上夺得10枚以上金牌，在第八届全国城市运动会夺得10枚以上金牌，在其他重大国际国内赛事上夺取80枚以上的金牌。

3. 狠抓体育后备人才培养，加强各级体校建设。大力推进"体教结合"，竞技体育人才培养与教育部门全方位结合，各级各类少儿体校均纳入国民教育序列。加强省体校建设，保证二线队伍合理发展，重点发展市级体校和省级单项后备人才基地，争创9个国家高水平体育后备人才基地，20个以上的省级单项后备人才基地。到2015年，全省100%的县区建立有牌子、有编制、经费到位，实行多种形式"体教结合"

的少儿体校；建成40所重点县级少儿体校；创建12所国家级体育传统项目学校、180所省级体育传统项目学校；国家级体育俱乐部达到150所以上，国家示范性体育俱乐部达到10所以上。支持个人、企业、社会各界建设青少年体育训练组织。力争第八届全国城市运动会我省有两个以上城市组团参赛。

4. 加强运动员文化教育，认真贯彻《国务院办公厅转发体育总局等部门关于进一步加强运动员文化教育和运动员保障工作指导意见的通知》精神，改革现行运动员文化教育体制，争取将省市两级体校文化教育工作纳入教育部门管理序列，体育部门集中精力抓好运动训练。积极创建江西体育学院，走竞技体育人才培养院校化道路，建立体育人才培养的良性运行机制。

5. 加快单项运动协会发展，促进单项运动协会的实体化、运动项目发展社会化，逐步实施以运动协会为主的竞技体育行业管理。进一步完善裁判员、教练员等级审批制度、竞技体育后备人才达标评估制度和体育竞赛审批制度，努力发挥体育行政部门指导、管理、调控、服务作用。

6. 进一步加强体育竞赛管理，加大反兴奋剂力度，建立公开、公平、公正的竞赛秩序。完善教练员、裁判员培训机制，加速培养训练竞赛管理干部。以大型赛事为契机，培养进入国家和国际大赛的裁判员，到2015年，全省培养一级以上的裁判员达到1280人，其中国家级裁判员280人，一级裁判员1000人，建成我省裁判员信息数据库。全省竞技体育教练员、裁判员和管理干部队伍综合素质明显提高，竞技体育管理信息化建设有较大发展，行业管理进一步规范有序。与南昌市政府一道成功举办第七届全国城市运动会。

7. 加强教练员培训，建立学历教育、岗位培训和短期业务培训相结合的教练员培训体系，全面提高教练员的业务水平。努力提高科学训练水平，逐步形成一支科、训、医一体化的省级优秀运动队教练队伍。竞技体育人才培养和科学选材水平不断提高，中、初级体育后备人才培养成才率明显提高。

（三）积极培育体育市场，促进体育产业快速发展

1. 进一步加强对体育产业工作的组织领导，在认真调研的基础上，制定江西体育产业中长期发展规划，将体育产业规划纳入各级政府经济发展规划，统筹考虑，合理安排，分步实施。全省体育产业产值增长15%，体育产业经营户数量、从业人数、占国民生产总值和人均消费比重有明显增长，城镇居民人均体育消费水平明显提高，形成一个门类齐全、结构合理、多业并举、规范发展和多种所有制并存、全社会共同参与的体育产业格局。

2. 按照现代统计制度要求，制定科学、合理、统一的统计指标，以体育系统现有统计体系为基础，建立全省体育产业统计网络和统计体系，并将该体系逐步纳入社会统计体系，定期向社会发布体育产业状况，为政府决策提供参考。在全面了解全省体育产业经营情况的基础上，加强宏观管理和政策指导，引导资源配置，搞好产业布局，优化产业结构，逐步建立起以产业政策为主要调控手段的体育产业宏观管理体制。

3. 重点发展体育彩票这个支柱产业。认真贯彻《彩票管理条例》，加强对体育彩

票的规范和科学管理。遵循彩票市场发展规律，积极转变发展方式，提高发展质量，健全发展机制。采取有效措施，努力推动体育彩票的品牌和技术创新，拓展销售渠道，提高工作效率，加强队伍建设，实现安全基础上的健康发展。"十二五"时期，体育彩票销量实现70亿元，较"十一五"时期增长16.6%，为国家公益事业和我省体育事业发展做出更大贡献。

4. 大力发展健身休闲、竞赛表演、技术培训、无形资产开发等主体产业。要抓住当前广大群众积极参与健身活动的良好机遇，积极挖掘健身服务的商业价值，引导广大群众的健身消费，鼓励社会各界兴办面向大众的体育服务经营实体，形成与全民健身服务体系相配套的经营性健身服务网络，满足广大群众日益增长的体育健身消费需求。重视体育无形资产的开发，各公共体育场馆、运动队、体育竞赛、运动会都要积极出售冠名权，积极探索体育竞赛电视转播权的出售形式，努力开发体育徽标、专有名称、吉祥物、奖杯奖牌、门票的商业价值。"十二五"时期，全省体育系统产业收入达到10亿元，较"十一五"时期增长17%，县级小型体育赛事基本实现社会赞助全覆盖。

5. 对公共体育设施进行分类管理。除小型公共体育设施向社会免费开放外，那些政府投入大，功能齐全，维护成本高的大型公共体育设施，要按照国际惯例和其他省、市做法，采取招标、委托或自主经营的方式，进行企业化管理，市场化运营。通过举办赛事、承接展览、举行大型文化演出，开展健身娱乐活动等，在以场养场、以馆养馆的基础上，努力实现赢利，实现国有资产的保值增值。

6. 积极探索职业体育发展路子。稳步推进竞技体育职业化改革。将有商业价值和市场需求的运动项目和竞赛逐步推向市场，进行规范的职业化和商业化运作。以足球、篮球、乒乓球、羽毛球等项目为基础，争取企业支持，建立运动项目俱乐部，开展市场化运营，在提高经济效益的同时，进一步提高运动技术水平。

7. 加快发展体育旅游、体育经纪、体育广告、体育服装用品等相关产业。要制定相关政策，出台有力措施，促进户外、越野、登山、定向、自行车拉力、国内外大型体育赛事观摩等体育旅游项目的快速发展，使体育旅游成为我省旅游产业和体育产业新的增长点。制定体育经纪人培养规划，开设体育经纪人培训，建立一支体育经纪人队伍，逐步实行运动员转会、大型体育活动策划、大型体育竞赛赞助的经纪代理制度。通过政策杠杆，引导体育广告、体育服装器材用品行业合理布局、有序竞争、快速发展、创建体育生产经营品牌。

8. 加强对体育市场的监管，根据《全民健身条例》的规定，对体育行政执法人员进行系统培训，对高危险性体育经营项目实行许可和动态监管，保证高危险性体育经营项目规范、安全运营，促进体育经营活动的健康发展。

（四）加强和改进科技工作，促进科技与体育实践的紧密结合

1. 建立一个以体育专业科研机构为主，社会科研机构和高等院校参与的体育大科研格局。完善体育科技服务体系，加强对全民健身的科学指导，组织全民健身科普讲座，积极开展健身科技咨询，深入研究国民体质测试数据，挖掘和整理民间传统体育

项目，引进和推广科学的健身方法，指导群众开展科学的健身活动。

2. 探索科、训、医一体化的优秀运动队模式，加大科训结合力度，加强运动训练的科学监控，提高教练员和科技人员的科学训练水平。省优秀运动队教练员掌握基本的测试手段，重点优势项目建立包括科研人员、医疗人员在内的教练组。科研人员深入运动训练一线，跟队进行科技服务，针对影响我省竞技体育水平提高的若干重大问题组织科技攻关，完成一批科研课题，解决一批运动训练中的重点和难点问题。

3. 进一步加大对体育科技的投入，建设体育科技大楼，切实改善科研条件，争取建立一个国家体育总局重点实验室。加强体育科技队伍建设和科技人才培养，建立一支具有较高水平的专职体育科研队伍。设立省体育局科研课题专项经费，通过课题形式，吸引社会体育科技人员参与体育科研，将关系体育事业发展的重大问题列入各级科技管理部门的科技计划，将体育事业发展真正建立在依靠科技进步的基础上。

（五）加快体育设施建设，改善体育事业发展的基础条件

1. 将公共体育设施建设列入城乡规划和土地利用总体规划，制定全省公共体育设施发展规划，合理布局，统一安排。公共体育设施的建设用地由各级政府划拨，建设资金列入各级政府"十二五"规划重大建设项目投资计划。

2. 积极推进公共体育设施建设。启动省奥林匹克体育中心二期建设工程，建成网球馆（0.2万人）、田径训练馆二个场馆，建设运动员公寓等相关配套设施。南昌、吉安、景德镇、萍乡、上饶建成体育中心，实现各设区市全部能举办综合性运动会的体育中心全覆盖。支持县（市、区）建设125个全民健身场地设施，包括田径场（400米8条环形塑胶跑道），健身运动场（5000平方米可容纳6个以上健身项目进行活动），综合健身馆（含球类健身房，场地面积达1200平方米，可满足4个以上健身项目进行活动）。在5983个行政村建设公共体育设施，进一步改善农村体育健身条件，使全省具有基本体育设施的行政村达到50%。在688~1100个乡镇建设公共体育设施，使全省50%~80%的乡镇具有公共体育设施。在城市社区继续建设以健身路径为主要内容的全民健身工程。根据国家公共体育用地定额标准，加强居民住宅小区体育设施和商品住宅小区体育设施配套建设。按照国家标准，各级学校建设和完善体育设施。鼓励有条件的政府机关、企事业单位建设体育设施，制定优惠政策，鼓励社会各界投资公共体育设施建设。"十二五"时期，全省人均体育设施达到1.5平方米。

3. 努力提高全省体育设施的利用率。城市社区、公园、绿地的小型公共体育设施，农村乡镇和行政村的公共体育设施要全部免费向全民开放。公办学校的体育设施在课余时间和节假日要免费或低费向社会开放，开放率争取达到50%。支持和鼓励机关、企事业单位和私立学校的体育设施向社会开放。

4. 加强对体育设施的保护，对规划中公共体育设施建设预留用地，实行控制性保护。根据城市规划需要改变公共体育设施用途的，要严格执行法定程序，完善专家论证和听证制度，完善补偿机制。对于新建体育设施未立项、未落实用地、资金，未正式开工建设的，一律不批准拆除现有体育设施。对侵占、破坏体育设施和擅自拆除公共体育设施的，依法严肃处理。

（六）加强体育社团建设，推进体育社会化进程

1. 采取更加积极的扶持政策，加强体育社团建设，充分发挥其联系政府和体育爱好者纽带、沟通政府和体育爱好者桥梁的作用，使之成为承接政府部分职能，实施行业管理的重要力量。"十二五"时期，所有县（市、区）建立体育总会，省级单项体育协会达到60个，设区市单项体育协会达到370个，行业体育协会、人群体育协会进一步发展。加快体育俱乐部建设，加快乡镇和村级体育社团建设，基本做到全省体育社团组织全覆盖。

2. 加强体育社团自身建设。各级体育社团要在体育行政部门指导下，以换届选举为契机，健全组织机构，完善各项制度，吸纳更多体育工作者和体育爱好者加入到体育社团组织中来，按照章程开展各项活动，实现民主自律、自我约束、自我完善的健康发展。各级体育社团要积极面向社会，推进实体化进程，在组织健身活动和项目开发上，不断拓宽服务渠道，提升服务水平，逐步实行良性运行、独立核算、自我发展。

3. 充分发挥体育社团作用。一是做好全民健身普及工作。主动承接体育行政部门体制改革转移的部分职能，积极引进和推广科学健身项目和方法，组织广大体育爱好者开展健身活动，开展体育竞赛，承担非奥运体育项目训练和参加全国大赛工作。对于自收自支的体育社团，承担公益性职能，政府给予必要的经费支持。二是做好全民健身的宣传工作。通过健身活动、辅导、咨询等，进一步宣传全民健身对构建和谐社会、增强身体素质、提高生活品质的重要意义，提高广大群众的健身意识，吸引更多的群众参加健身活动。三是做好行业管理工作。进一步改革运动项目管理体制，实施以单项体育协会为主的行业管理，抓好竞技体育和社会体育协调发展。加强教练员、裁判员培训，协助体育行政部门做好教练员、裁判员管理工作。将群众喜爱、社会欢迎的体育项目积极推向市场，探索体育社会化路子，推动体育社会化进程。

（七）加强文化建设，提升体育行业的文化实力

1. 大力弘扬"为国争光、无私奉献、科学求实、遵纪守法、团结协作、顽强拼搏"的中华体育精神，在全省体育系统加强体育道德教育，树立为广大群众服务的意识，提高服务质量，提升服务水平；设立省体育局荣誉室，在运动训练部门开展爱国主义、集体主义教育，树立胜不骄败不馁、尊重观众、服从裁判的意识，把提高运动技术水平和培养有理想、有道德、有文化、守纪律的运动队伍结合起来，全面提高运动队伍素质。

2. 提高体育志书编撰质量，提升志书编撰水平，在编撰好体育年鉴的基础上，完成新一轮体育志编撰工作。

3. 继续推行领导干部撰写论文，鼓励领导干部深入基层和一线，调查研究，破解难题，探索新时期体育事业发展的规律，创新体育发展机制。

4. 鼓励体育文化创作，利用各项大型活动、赛事和综合性运动会，举办体育摄影、美术、书法、集邮、收藏展览，参加第八届全国体育美术作品展览，举办第四届全省体育美术作品展览。

四、保障措施

（一）按照社会主义市场经济的要求，进一步深化体育改革

1. 以发展体育产业为龙头，改革体育投资体系，不断加大社会投入在体育支出中的比例，逐步完善与社会主义市场经济相适应，政府投入和社会投入相结合的多元化的体育投资体系，建立充满生机和活力的体育发展机制。

2. 完善政府管和社会办相结合的群众体育管理体制，各级政府重点负责群众体育的规划、支持建设公益性体育设施。除大型竞赛和活动外，政府原则上不直接组织群众体育活动，群众体育活动主要由群众自发参加和群众体育组织依托社会来组织和兴办。

3. 实行政府管理竞技体育职能的转变，加快单项运动协会建设，在体育行政部门政策指导和宏观管理下，逐步实行体育运动协会的行业自主管理，形成政府主导、社会力量广泛参与的新格局。

（二）加大对体育事业的投入

1. 按照科学发展观的要求，将体育事业纳入社会发展总体规划，将体育事业发展与经济和社会其他事业发展统筹考虑，协调发展。按照《体育法》、《全民健身条例》和中共中央、国务院（中发〔2002〕8号）文件、省委、省政府（赣发〔2003〕16号）文件要求，体育事业经费全部纳入财政预算，各级政府对体育事业的投入随着经济发展不断增加。

2. 加大对全民健身事业的投入，加快全民健身设施建设，不断改善全民健身条件。由体育主管部门安排使用的彩票公益金，应当按国家规定主要用于全民健身事业。加强基础建设和重大全民健身活动的经费投入，对公益性全民健身事业单位和服务机构给予必要的经费保障，不断扩大公共体育服务覆盖范围，提高服务水平。

3. 对竞技体育重点项目和重点运动员实行政策倾斜、加大投入，进一步突出重点，形成若干项目群体优势。加大对体育后备人才培养的政策和资金扶持力度，优化体育后备人才培养的资源配置和合理布局。

（三）加强运动员文化教育和保障工作

1. 将省优秀运动队运动员全部纳入社会统筹保险和工伤保险；在运动员参加基本医疗保险的基础上，创造条件为运动员建立补充医疗保险。

2. 完善退役运动员安置制度。在按现行办法认真做好退役运动员安置工作的同时，鼓励退役运动员自谋职业和进入高校学习。做好优秀运动员免试进入高校学习的工作。对自谋职业的退役运动员，按照其工龄、运动成绩给予必要经济补偿，并随着经济发展，不断调整和增加运动员安置经费，逐步完善与社会主义市场经济相适应的运动员退役安置制度。

3. 认真落实国务院办公厅转发的体育总局等部门《关于进一步加强运动员文化教育和运动员保障工作的指导意见》，积极推进体教结合，在深入调研和广泛征求意见的基础上，与有关部门出台相应措施，将体育运动学校的文化教育纳入教育部门管理，

将设区市少儿体校纳入九年义务教育序列。

4. 根据江西体育事业发展需要，创建江西省体育学院，提升体育人才队伍素质，培养社会所需体育专业人才，完善体育后备人才培养梯队结构，改善江西体育后备人才培养环境，促进江西体育事业可持续发展。"十二五"初期，首先确定选址，启动体育学院筹备工作。

（四）落实体育产业优惠政策

认真贯彻国务院办公厅《关于加快发展体育产业的指导意见》，落实发展体育产业的各项优惠政策。符合条件的体育非营利组织的收入，按税法有关规定，享受企业所得税优惠政策。对于企业在体育赛事和活动中符合条件的广告费支出，按税法规定扣除。鼓励社会各界承办体育竞赛或赞助体育竞赛，对赞助公益性体育竞赛和体育活动的企业或个人，可按国家税法有关规定，给予所得税扣除。

（五）做好宣传工作，营造有利于体育事业发展的舆论环境

1. 把握正确的舆论导向，引导新闻媒体客观、公正、全面宣传体育发展和体育改革。积极做好媒体服务工作，定期与新闻媒体沟通，了解他们的需求，为媒体采访提供条件和便利，形成体育部门与新闻媒体的良性互动。

2. 加强体育系统宣传联络员队伍建设，健全省体育局直属单位和设区市体育局组成的宣传网络，开展宣传干部业务培训，培养一批宣传骨干和新闻发言人，完善新闻发布会制度。

3. 利用体育活动、赛事、网站、宣传橱窗、电子屏幕等平台，全面宣传体育事业发展成就，宣传体育事业在构建和谐社会和建设小康社会中的作用，引导广大群众和社会各界关注体育、支持体育、参与体育，使体育事业深入人心，融入生活。

（六）加强依法行政，提升管理水平

1. 按照国务院《全面推进依法行政实施纲要》的要求，转变观念，理顺关系，政事分开，积极推进体制改革和制度创新，建立行政管理与行政执法相结合的管理体制。

2. 各级体育行政机关要建立学法制度，举办经常性的法制讲座，选送体育法制工作人员到有关机构和院校学习，分层级举办相关法律培训，重点抓好高危险性体育项目经营活动体育行政执法人员的法制培训，提高全省体育行政工作人员的法律水平。

3. 推进科学民主决策，实行政务公开。凡涉及体育事业发展和关系广大群众切身利益的决策，应当在充分调研和广泛征求意见的基础上，由集体研究决定。一些重大事项，除依法需要保密的外，其过程和结果都应当向社会公开，接受广大群众的监督，保护和实现人民群众的知情权。

4. 实行行政执法责任制。将行政执法责任落实到每一个岗位和人员，一级抓一级，层层抓落实。定期对全省体育系统行政执法进行检查，配合省人大对全省体育法律法规执行情况进行执法检查，确保各项体育法律法规得到正确、全面的贯彻落实。

（七）加强对"十二五"规划实施的管理和监督

加强工作的计划性、连续性，制定相关政策，促进规划的落实。要将本单位年度工作计划与"十二五"规划紧密结合，各级体育行政部门、省体育局各职能处室和直

属单位要将"十二五"规划分解为年度计划,合理安排规划的实施。建立规划实施的报告和督查制度,省体育局职能部门应对规划实施情况进行调查和督导,及时向省体育局领导报告规划实施情况,提出意见和建议,并采取相应措施,确保"十二五"规划的全面落实。

河南省体育事业"十二五"规划

"十二五"时期是我省全面推进中原经济区建设、加快中原崛起和河南振兴,实施富民强省战略的关键5年,也是体育事业实现新发展、新跨越,推进文化强省建设,促进社会事业与经济协调发展的重要阶段。为了全面贯彻落实科学发展观,充分发挥体育在保障和改善民生方面的重要作用,满足全省人民不断增长的体育健身和文化娱乐需求,积极为加快中原崛起、河南振兴和建设体育强国做积极贡献,按照省委、省政府的总体部署和要求,结合"十二五"时期体育发展面临的新形势、新任务和新情况,制定本规划。

一、"十二五"时期河南体育事业发展面临的机遇和挑战

(一)"十一五"时期我省体育取得显著成绩。"十一五"期间,在国家体育总局的政策指导和省委、省政府的坚强领导下,在社会各界的大力支持和全省人民的积极参与下,全省体育战线认真贯彻落实科学发展观,团结拼搏,锐意进取,以北京举办奥运会和《全民健身条例》颁布实施为契机,大力唱响"全民健身与奥运同行"的体育发展主题,各项体育工作全面进步,取得了显著成绩。

群众体育蓬勃开展,群众健身意识进一步增强,经常参加体育锻炼人数逐年增加,占全省总人口的38%,各级各类体育健身站点已达13000多个,全省社会体育指导员人数5万多人,体育场地设施和活动面积不断增加,五年来利用体彩公益金和社会各项资金已建成16个雪炭工程,126个乡镇农民体育健身工程,1500多个全民健身路径工程,1.6万多个农民体育健身工程,新增体育场地活动面积1500多万平方米,兴建了一大批综合性体育场馆、体育活动中心和健身场所。

竞技体育水平不断提高,认真调整项目布局和优化项目结构,切实加强后备人才梯队建设,积极参加北京奥运会、广州亚运会、全国十一运会和第三、第四届全国体育大会等国内外大型赛事,取得良好成绩。成功举办第十八届亚洲跆拳道锦标赛和省第十、第十一届运动会。"十一五"期间,我省运动员在国内外大赛上共获得27个世界冠军、67个亚洲冠军、428个全国冠军,为国为省争光添彩。

体育产业发展步伐加快,居民体育消费增长迅速,从业人员不断增加,产业规模和产业链条逐步扩大,河南体育品牌赛事享誉国内外,中原武术文化进一步走向世界。五年来,全省共销售体育彩票111.7亿元,为国家和省发展体育事业提供了有力支持。体育政策法规和制度建设不断完善,《河南省体育发展条例》和《中共河南省委、省人民政府关于加强青少年体育增强青少年体质的意见》等重要法规和政策颁布实施,依法行政、依法治体能力明显增强。体育科技、教育、宣传、人才队伍建设等各项工作取得长足发展。"十一五"时期我省体育事业所取得的发展和进步为河南国民经济和社会发展做出了应有贡献，为"十二五"体育事业的持续健康发展奠定了良好基础。

（二）"十二五"时期是我省体育发展的重要时期。我省体育面临难得的发展机遇。随着经济的发展、社会的进步和人民生活水平的不断提高，特别是北京奥运会、广州亚运会的成功举办，极大地激发了全省人民的体育健身热情。广大人民群众对体育的需求更加强烈，体育已经成为广大人民群众日常生活的重要组成部分。胡锦涛总书记在北京奥运会残奥会总结表彰大会上发出了推动我国从体育大国向体育强国迈进的号召，为体育事业发展指明了奋斗方向。国家"十二五"期间更加重视社会事业发展，提出了完善公共服务体系的战略部署，为体育事业提供了更多发展空间。国家体育事业"十二五"规划提出了建设体育强国的目标，制定了加大向农村和欠发达地区的资金扶持政策和措施，我省作为中西部省份从中可以获得多项优惠发展政策。在新的历史条件下，河南省委省政府提出了建设中原经济区、加快中原崛起和河南振兴的总体战略，要求各项事业以富民强省为中心任务，紧紧抓住"十二五"这一关键发展机遇期，努力走在中部地区前列，为我省体育事业发展提出了更高要求。当前之时，体育已经成为融经济、政治、文化为一体，提高国家和地区软实力的重要体现，不仅上升为国家战略，更将成为加强和改善民生之所需。

机遇与挑战同在。当前我省广大人民群众日益增长的体育需求与社会提供的体育资源相对不足的矛盾依然突出，政府向人民群众提供体育公共服务的职能尚未得到充分发挥；群众体育活动普及率不高，全省经常参加体育锻炼人数比重和人均体育场地活动面积与全国先进省市相比有较大差距；竞技体育综合实力和竞争力有待进一步提升，运动项目布局和结构不够合理，体育科研、训练、医疗资源亟待整合，专业运动队伍厚度不厚、尖子不尖问题突出，适应市场经济发展的体育后备人才培养体系亟待构建和完善；体育产业基础薄弱，产业规模小、链条短，亟待加快有效的产业政策引导和市场规范，实施产业品牌战略；体育科技、文化教育、人才队伍和法制建设等相对滞后。体育管理体制和运行机制需要进一步理顺和完善。

面对机遇和挑战，要求我省体育必须进一步明确发展目标，坚定信心，勇于挑战，统筹规划，扎实推进各项工作，正视和解决阻碍事业发展的问题和矛盾，实现体育事业又好又快发展。

二、"十二五"时期河南体育事业发展的指导思想、总体目标和工作原则

（三）"十二五"时期我省体育事业发展的指导思想是：以邓小平理论和"三个代表"重要思想为指导，深入贯彻落实科学发展观，着眼于体育强国的奋斗方向，围绕全省富民强省的中心任务，以增强全省人民体质、提高人民群众身体素质和生活质量为目标，加快转变体育发展方式，突出重在为民、重在提升、重在发展、重在持续的实践要领，积极构建全民健身服务体系，着力提升竞技体育水平，优化体育产业发展环境，深化体育体制机制改革，统筹体育事业与体育产业，群众体育、竞技体育与体育各项工作协调发展，全面提高体育综合实力和核心竞争力，建设体育强省，为我

国向体育强国迈进，我省中原经济区建设和全面建设小康社会做出积极贡献。

（四）"十二五"时期我省体育事业发展的总体目标是：根据国家和省"十二五"总体部署，以及对体育工作的任务要求，深刻认识和把握体育发展规律，转变体育发展观念，提高体育发展水平和效益，改善体育发展结构和质量，创设体育发展良好社会环境。经过五年发展，努力使全省的体育公共服务水平明显提高，体育事业和各项工作得到持续、健康、快速发展，体育综合实力和核心竞争力进一步增强，为实现河南体育走在中西部地区前列、建设体育强省奠定坚实基础。

——群众体育科学化、组织化水平不断提高，以贯彻落实《全民健身条例》和《河南省体育发展条例》为契机，积极构建具有中原特点、河南特色的全民健身服务体系，参加体育锻炼人口达到40%以上，经常参加体育锻炼人数比例达到35%以上，全民健康素质明显提高，城乡居民人数达到《国民体质测定标准》合格标准的比例明显增加。继续保持社会体育全国领先水平，参加全国体育大会等国内外非奥运项目大赛成绩位居全国前列。

——竞技体育综合实力和发展水平不断提升，项目结构进一步优化，重点项目水平在全国优势明显，积极与国家优势项目相接轨，田径、游泳基础大项和集体球类项目水平不断提高，训练、科研、医疗一体化建设持续加强，竞技人才培养体系逐步完善，后备人才队伍基础实力明显增强，我省参加全运会、奥运会等国内外大赛运动成绩大幅回升，继续保持全国中上游水平。

——体育产业规模和产业链条不断扩大，体育市场秩序逐步规范，体育服务业发展迅速，居民人均体育消费显著增加，体育产业从业人数在全社会就业人数中比例明显增加，体育产业在全省GDP中所占比重达到全国平均水平。

——体育场地设施建设规模进一步扩大，人均体育场地设施面积达到1.5平方米以上，基本形成以市、区（县）为中心、街道（乡镇）为基础，覆盖城乡社区（行政村），方便群众日常锻炼的公共体育健身场地设施网络。建成省体育中心二期工程和河南省网球中心。

——承接和举办重大体育赛事能力不断增强，郑州国际少林武术节、焦作国际太极拳交流大赛、郑开国际马拉松赛、安阳国际滑翔赛等品牌体育赛事影响力进一步扩大，培育和发展更多地方精品赛事。办好第七届全国农民运动会和第十二届省运会。

——体育改革不断深化，运行体制和工作机制不断理顺和完善，体育科技、教育、法制、外事、宣传、人才队伍、行业作风、精神文明等工作迈上新台阶，体育管理的科学化、法制化水平不断提高。

（五）"十二五"时期发展体育事业必须坚持的基本原则：

——坚持体育工作为国家和省中心工作任务服务。立足体育，奉献社会，服务全局。促进体育与经济社会发展的密切结合，充分发挥体育在促进经济建设、政治建设、社会建设、文化建设、生态文明建设以及对外交往中的综合功能和独特作用，把体育发展融入全省经济社会发展战略，为中原经济区建设做积极贡献。

——坚持以人为本，服务民生。坚持以科学发展观为统领，以增强人民体质、提高全省人民身体素质和生活质量、促进人的全面发展为目标，切实把实现好、维护好、发展好最广大人民的利益，满足人民群众不断增长的体育需求作为体育工作的出发点和落脚点，做到体育发展为人民，体育发展靠人民，体育发展成果由人民共享。

——坚持解放思想，改革创新。处理好继承与创新的关系，不断探索"十二五"时期各项体育工作与市场经济相适应的特点与规律，努力实现理论创新、科技创新、制度创新。立足省情，创新地方体育特色品牌。进一步转变体育发展观念，拓展体育发展空间，创新体育发展模式，提高体育发展质量，加快体育发展由粗放型向集约型转变，体育管理由经验型向科学型转变。

——坚持统筹兼顾，协调发展。坚持普及与提高相结合，实现群众体育与竞技体育、体育事业与体育产业的协调发展。重视和加大对体育基础薄弱地区的扶持力度，推动中原城市群和地域性中心城市的体育率先发展。促进奥运项目与非奥运项目、新兴体育项目与民族传统体育项目的协调发展，满足群众多样化的体育文化需求，开创全省体育发展新局面。

——坚持科教兴体、人才强体、依法治体。重视和发挥科技、教育、人才队伍在体育事业发展中的关键作用，坚持体育科学研究与体育运动实践相结合，依靠科技进步发展体育，加大体教结合力度，提高体育人才队伍素质，促进体育事业健康发展。加强体育法制建设，增强法制观念，提高依法行政、依法治体水平，将体育工作纳入法制化轨道。

三、强化体育公共服务职能，建立和完善全民健身服务体系，突出重在为民

（六）强化政府发展体育的公共服务职能。认真贯彻落实《全民健身条例》，进一步强化政府对全民健身事业的社会管理和公共服务职能，积极构建全民健身公共服务体系，促使各级政府为公众参加体育活动创造必要条件，将全民健身工作纳入县级以上国民经济和社会发展规划，纳入各级政府年度工作报告，用于群众体育事业发展的经费和基本建设资金，列入县级以上本级体育主管部门预算。进一步明确政府在发展规划、政策保障、宏观调控和公共产品供给等体育方面的责任，发挥社会力量在发展群众体育中的组织发动、投资融资、开发推广、培训指导等方面的作用，积极创建以政府为主导，体育主管部门协调，社会力量积极参与的群众体育发展新机制。

（七）建立和完善全民健身服务体系。按照国家《全民健身计划》的部署和要求，制定并实施《河南省全民健身实施计划（2011-2015年）》，强化全民健身服务体系建设意识，以"五个千万人群"为重点，以全民健身日、河南省全民健身月和国家法定节假日，以及农闲季节为契机，抓好全民健身活动、组织网络、场地设施三个重要环节，不断提高群众体育的科学化、组织化水平，积极构建和完善具有中原特点、河南特色的全民健身服务体系，在资金、场地、机构、人员，以及信息、技术指导等方面为全民健身服务体系建设提供保障。

（八）积极谋划全民健身新格局。立足省情，注重地域特色，遵循群众体育普及规律，努力探索我省群众发展新模式，对接中原经济区主体功能区建设格局，积极谋

划、建设以中原城市群和地域性中心城市为重点、辐射带动周边城乡的全民健身示范区，结合全省规划的"四区两带"生态功能区（桐柏大别山生态区、伏牛山地生态区、太行山生态区、平原生态涵养区、横跨东西的黄河滩区生态涵养带和纵贯南北的南水北调中线生态走廊），大力建设融合体育、文化、旅游、生态四位一体的全民健身生态走廊，努力形成"一群四区两带"全省全民健身新格局。

（九）大力开展科学文明的体育健身活动和竞赛。认真组织河南省春节系列群体比赛等全省性大型群体活动，积极倡导和推广公园体育、广场体育、街头体育、家庭体育和节假日体育等活动形式，广泛开展不同层次、不同类型全民健身活动和竞赛。切实加强青少年体育，认真落实国家"青少年活动促进计划"，保证在校学生每天一小时体育锻炼时间，广泛开展"阳光体育活动"，打好"终身体育"基础。加快发展农村体育，充分发挥乡镇综合文化站作用，利用传统节日和农闲季节组织开展农民喜闻乐见的体育活动。大力发展城市社区体育，创新社区体育发展新模式。探索市场经济条件下职工体育组织形式和活动方式，开创职工体育发展新路子。加强老年人、妇女、儿童以及残疾人和进城务工人员等弱势群体体育健身活动的组织和领导，重视少数民族体育和民间传统体育项目活动的开展。积极组织参加全国体育大会、农民运动会、少数民族运动会、残疾人运动会以及各类全国性全民健身展示活动。

（十）建立健全全民健身组织网络。积极发展城乡基层体育健身组织，切实发挥体育与文化、教育等部门合作共建的城市社区（农村乡镇）文化体育指导站（中心）的作用，大力发展、规范管理晨晚练点，充分利用文化站（馆）、学校体育设施等共建文化体育活动站（中心）、青少年体育俱乐部；会同民政、林业部门，依托有条件的体育设施及广场、公园等，积极扶持、引导和建立不同类型的体育组织。进一步加强体育总会、单项运动协会、人群体育协会、行业体育协会及青少年体育俱乐部、社区体育俱乐部建设。体育行政部门要加强对体育社团工作的领导，在人员、办公条件、活动经费等方面加大扶持力度，充分发挥其在全民健身中的组织协调作用。力争"十二五"时期新创建100个青少年体育俱乐部、200个城市社区体育健身俱乐部、80%以上的城市街道、60%以上的城市乡镇建有体育组织，城市社区普遍建有体育健身站（点），50%的农村社区建有体育健身站（点），形成遍布城乡、规范有序、富有活力的社会化全民健身组织网络。

（十一）进一步加强社会体育指导员队伍建设。积极做好社会体育指导员培训和各项管理服务工作，建立健全社会体育指导员组织体系，全省每年发展各级社会体育指导员不低于4000人。建立社会体育指导员表彰激励机制和经费投入机制，为社会体育指导员工作创造必要的条件。体育行政主管部门设立社会体育指导员专项费用，用于培训、业务交流、表彰奖励和必要的工作补贴。广泛开展全民健身志愿服务活动，经常性地组织优秀运动员、教练员、体育教师、体育科研人员、体育院校学生深入城乡基层开展全民健身志愿服务。力争"十二五"时期，获得社会体育指导员技术等级证书的社会体育指导员达到7万人，获得社会体育指导员国家职业资格人数达到3000人以上。

（十二）加强城乡公共体育设施建设规划和指导。落实国家对城市全民健身设施用地定额指标的规定，将城乡公共体育健身设施建设纳入"十二五"城乡建设规划和土地利用规划。积极推进城乡新建居住区建设公共体育健身设施，充分利用公园、绿地和广场等公共场所和自然条件，建设室外体育健身设施和户外运动设施。加大向农村和体育基础薄弱地区的资金扶持力度，保证城乡基层全民健身设施建设经费。发挥省体育场馆协会在全省大型体育场馆设施建设和运营开发方面的积极作用。力争到2015年，所有省辖市和50%的县（区）建有"全民健身活动中心"，60%以上的街道（乡镇）、社区（行政村）建有便捷、实用的体育健身设施。

（十三）继续加强各类全民健身设施工程建设，积极推进学校体育场馆对外开放。充分利用国家对中西部地区的体育优惠政策，完善省、市、县各级配套政策，继续建设各级各类全民健身设施工程。努力提高各类体育场地设施的利用率，组织引导机关、企事业单位体育设施向社会开放，认真总结学校场馆向公众开放的经验，继续扩大学校场馆开放范围。力争"十二五"时期，全省新创建10个全民健身户外活动基地，新建20个雪炭工程、1000条全面健身路径工程、10000个农民体育健身工程，具备开放条件的学校体育场馆向公众开放率总体达到50%以上。

（十四）大力加强社会体育和非奥项目发展。坚持社会体育社会办、社会效益与经济效益相结合原则，进一步理顺社会体育管理体制，建立良性互动发展机制，积极创建"中心宏观指导、协会积极开展、俱乐部（单位）和会员热心参与"的社会体育工作体系。加大省运会非奥项目设置比例，以举办省级体育赛事和积极参加、承办国际国内体育赛事为载体，以深化非奥运项目改革为动力，建立非奥运项目初、中、高训练网络，完善社会体育活动组织网络，努力培养非奥项目优秀后备人才，力争在全国体育大会以及国际、国内比赛中取得优异成绩，为国为省争光。

（十五）加强全民健身的科学指导，积极营造崇尚体育健身的社会氛围。建立健全县级国民体质测试机构，开展城乡居民日常体质测定和科学健身指导。充分发挥体育院校和体育科研机构在全民健身中科学研究和技术服务等方面的作用，积极开展全民健身应用研究和技术开发。积极引进国内外先进科学的体育健身方法手段，促进我省民族民间传统体育活动的开展。创新群众体育活动新形式、新内容和体育健身新方法、新手段，动员吸引城乡居民坚持参加体育健身活动。加强全民健身宣传，倡导健康文明生活方式，开展"终身体育"教育，普及科学健康知识，在全社会形成崇尚体育健身、积极参加体育健身的社会风气。

四、加强项目结构调整和后备人才队伍建设，切实增强竞技体育综合实力，突出重在提升

（十六）明晰定位和目标，制定发展战略，着力提升竞技体育发展水平。面对竞技体育发展的新情况、新特点，认真研究影响我省竞技体育发展的问题和制约因素，理清思路，明确发展定位和阶段性发展目标，按照《河南省竞技体育中长期发展战略》的部署和要求，继续深入贯彻"改革、调整、创新、提高"八字工作方针，以深化改革和科技进步为动力,优化竞技体育资源配置,加快项目布局和项目结构调整,拓宽竞技体育发展渠道,提高发展的针对性和科学性。坚持和完善举省体制,强化奥运成绩带动全运发展战略,统筹做好竞赛、训练、管理、科研医疗保障等方面工作,努力完成"十二五"阶段性目标,不断提高竞技体育综合实力和发展水平。

（十七）做好全运会、亚运会、奥运会等重大赛事的备战和参赛工作。认真贯彻落实新周期我省备战工作指导思想,按照既定工作目标和政策举措,加强对备战工作的组织领导,搞好备战工作的综合协调与组织,使备战工作常态化。学习借鉴国家队备战奥运会的先进经验和做法,建立层次分明、职责清晰、任务明确,计划周密、措施完善、保障有力、奖惩分明,运转有效的备战组织管理体系和工作制度,确保备战工作有序进行,争取运动成绩和精神文明双丰收。力争我省运动员参加 2012 年伦敦奥运会有金牌,2013 年全国十二运会进入全国中上游水平,为下一周期可持续发展奠定良好基础。

（十八）突出重点、优化项目结构,合理调整项目发展布局。坚持突出重点、统筹兼顾、加大投入、分类保障的原则,将我省现有项目划分为三类,从政策、资金等方面分类保障,分类发展。巩固优势项目发展优势,重点保障。重视开发潜优势项目,加速向优势项目转化,使之成为新的金牌增长点。落后项目压缩编制,减少投入。加大对田径、游泳基础大项和球类集体项目的投入力度,以培养尖子选手为重点,带动项目发展。合理调整全省项目布局,提高效益,发挥各地优势,形成地方特色。鼓励和支持各地根据自身条件和特点,重点发展符合本地实际的运动项目。力争通过努力,使重竞技、自行车现代五项、武术等项目全国优势明显,水上、射击、网球成绩有明显回升,田径、游泳基础大项和球类集体项目有良好表现,乒乓球和体操等项目有新的突破。

（十九）加强省专业运动队建设和管理。进一步理顺运动项目管理体制,建立符合各项目实际的复合型运动队管理体制和管理团队,不断创新和完善队委会工作机制。发挥主（总）教练的主导作用,创造有利于训练技术创新的环境和条件。明确各项目管理中心新周期参赛任务,加快制定科学合理的教练员选聘、奖励,运动员培养选拔、训练管理、竞赛奖励,基地建设等一系列管理办法和制度。贯彻"两严"方针,加强训练监控,注重管理效益,不断提高省专业队训练和管理科学化水平。加强教练员和裁判员队伍的管理,提高教练员政治思想觉悟和执教水平,发展壮大我省裁判员队伍。引导和鼓励有能力的地方和单位承担省专业运动队训练任务,继续探索省队市办、省队高校办、省队社会办的多渠道发展竞技体育新模式。

（二十）深化竞技体育规律认识,加强训练、科研、医疗一体化建设。进一步深化对竞技体育发展规律、运动项目的制胜规律、体育竞赛的备战参赛规律、运动队管理和训练规律的认识,加强运动训练方法和技战术创新研究,强化训练过程中的科学计划与选材、科学营养与恢复、科学管理与监测、运动伤病预防与治疗,充分发挥体育科技的先导性和支撑作用。整合利用全省科技、医疗资源,积极推进训练、科研、医疗一体化建设。加强各项目运动管理中心与高校及科研院所的合作,不断提高科学选材和运动训练的科技含量。提高省专业队的科研医疗服务管理水平，加大科研医疗保障力度。重视国内外竞技体育情报信息收集，充分利用竞技体育网络信息化平台，提高训练工作的针对性。

（二十一）发挥举省体制优势，改革和完善运动竞赛制度。继续坚持和不断完善举省体制，按照市场经济发展需求，赋予举省体制新内涵、新内容，创新新机制。结合全运、奥运目标，发挥举省体制优势，合理利用全省竞技体育资源。完善激励政策，充分发挥省运会和年度比赛的竞赛杠杆作用。提高竞赛组织管理水平，建立健全符合青少年成材规律的分层次、分等级的青少年竞赛制度。加强对省运会赛制、设项、举办形式等方面改革，扩大省运会的综合效应和社会影响力。加大政策引导，促进体育竞赛社会化，调动地方政府和社会力量办赛的积极性。

（二十二）加强体教结合力度，做好运动员文化教育和保障工作。认真贯彻落实国家《关于进一步加强运动员文化教育和运动员保障工作的指导意见》，采取有效措施，提高运动员的基础文化教育水平和质量。切实将青少年运动员文化教育工作纳入普通教育序列。发挥省专业队运动员文化教育的示范和引导作用，加强运动员在役期间的文化教育工作。拓宽体育运动学校运动员培养输送渠道，继续落实和完善退役优秀运动员免试进入高等院校学习的各项政策，为运动员就学、就业创造条件。重视、加强对运动员劳动、医疗等方面权益的保障工作，建立运动员伤残保险和医疗保险制度。加强对退役运动员就业的支持和指导，做好运动员职业转换的培训和社会扶持工作，制定运动员自主择业经济补偿标准，对退役运动员自主创业按规定给予政策性支持，鼓励、引导其通过市场自主择业。

（二十三）进一步巩固青少年训练基础地位，积极构建竞技体育后备人才培养体系。加强各级各类体校的指导和管理，努力改善办学条件，充分发挥省、市体育运动学校在全省青少年训练中的龙头和骨干作用，坚持读训并重，积极探索以竞技体育为主体的多元化发展路子。实施竞技体育后备人才培养工程，按照"选好苗子、着眼未来、打好基础、系统训练"方针，积极构建以基础教育阶段为重点，以国家、省高水平后备人才基地和公办体育运动学校为骨干，以少年儿童体校、青少年体育俱乐部、体育传统项目学校、体育特色学校和社会力量兴办的后备人才培养机构为基础，规模、布局、结构合理，适应竞技体育发展需求的后备人才培养体系，努力保持在训青少年规模平稳增长。以全运、奥运人才培养目标为周期，建立和完善体育后备人才基地综合评估标准，对后备人才基地进行分类评定和分级管理。

（二十四）加强运动队道德作风建设，狠抓赛风赛纪和反兴奋剂工作。继续加强运动队思想政治教育，积极开展以爱国主义、集体主义、"热爱河南，增辉中原"等为主题的教育活动。把提高运动技术水平与培养四有人才目标相结合，加强运动员理想信念和励志教育，培养运动员无私奉献的精神、坚忍不拔的意志、顽强拼搏的作风，使优秀运动队成为政治合格、作风顽强、技术过硬的优秀群体。坚决纠正体育行业不正之风，切实维护赛场秩序，净化赛场风气，促进公平竞争。加大对弄虚作假、徇私舞弊、执裁不公、扰乱赛场秩序等违规违纪行为的处罚力度。继续加强反兴奋剂宣传教育工作，建立健全反兴奋剂管理制度，加强兴奋剂监测、检查和惩处力度，提高反兴奋剂工作水平。

五、大力培育和规范体育市场，创建体育产业特色品牌，突出重在发展

（二十五）积极构建我省体育产业发展体系。认真贯彻国家《关于加快发展体育产业的指导意见》，落实我省《关于加快发展体育产业发展的意见》，制定和实施《河南体育产业"十二五"规划》。抓住我省经济结构调整和产业升级机遇，优化体育产业发展环境，加强体育产业组织领导，明确体育产业发展任务，积极构建以健身休闲、竞赛表演、体育培训和体育彩票为重点，以体育企业、体育产业基地和产业园区为抓手，省市县大型体育场馆建设和运营开发为基础，体育与文化、旅游、电子信息等相关产业互动发展，规模、结构、布局合理的河南体育产业体系。突出重在发展，满足群众日益增长的多层次、多元化体育消费需求，力争使体育产业增长速度明显快于国民经济发展速度，形成多种所有制成分并存，各种经济成分竞相参与、共同兴办体育的新格局。

（二十六）优化体育产业结构，创建河南体育产业品牌。大力发展体育健身休闲服务业，着力发展体育竞赛表演业，积极开发体育培训业，做大做强体育用品业，稳步发展体育彩票业，协调发展体育及相关产业。不断扩大健身休闲服务规模，提高体育中介、体育信息咨询服务质量和水平。大力开展多元化体育培训业务。积极引进和举办国内外高水平体育赛事，提升体育赛事市场开发和运作水平。继续办好郑州国际少林武术节、焦作国际太极拳交流大赛、郑开国际马拉松比赛、安阳国际滑翔伞公开赛等精品赛事，努力打造更多河南特色赛事品牌。发挥我省区位优势和劳动力资源优势，承接国际和东部产业转移，重点扶持和发展一批体育用品制造、销售品牌企业，打造河南体育用品知名品牌。加强体育产业与文化、旅游、电子信息等相关产业的复合经营，促进体育旅游、体育传媒、体育会展等相关业态发展。

（二十七）加快体育产业基地建设和体育无形资产开发。结合各地城市资源、产业优势和体育传统，形成集约型体育产业发展模式，充分发挥产业基地的集聚效应和示范效应，逐步培育和建设以地方特色优势体育项目为载体的体育产业基地。重点建设登封少林武术产业基地，积极推动和建设焦作太极武术产业、安阳通用航空运动等体育产业基地。鼓励各市、县根据自身条件，因地制宜，发挥特色优势，建立特色体育产业项目基地。鼓励各类体育组织、体育赛事主办者面向市场，加大市场推广力度，依法开发、使用其专有名称、标识等无形资产，不断提高品牌效应，提升市场价值。积极规范各类运动队、运动员商业开发行为，引入合同机制，加强引导和管理。

（二十八）建立和完善体育产业发展政策。促使从事体育经营活动企业享有国家、省关于文化产业、服务业、旅游业、中小企业、自主创新、高新技术产业等方面优惠政策。完善税费支持政策，加大财政支持力度，支持体育产业重点项目的发展。积极争取政府在安排文化产业发展、服务业发展、企业自主创新等专项资金时，对符合扶持条件的体育企业给予倾斜。积极鼓励和引导社会投资，鼓励非公有资本和各类社会资本以独资、合资、合作、联营、项目融资等国家允许的方式投资体育产业。鼓励境外体育企业来我省从事体育产品的生产和服务，支持省内体育企业通过引入外资优化结构，提高管理水平和效益。

（二十九）积极培育和规范体育市场。大力培育我省体育产业市场，建立健全体育产业法规制度，加强对体育市场的规范和监管，明确体育市场监管主体和职能，维护市场秩序，促进体育市场规范发展。加强体育经营活动的安全监管，加强高危险性体育项目经营活动的技术指导和安全保护，加大日常监督检查及产品质量检测力度，确保设施设备和管理服务符合要求，确保消费者人身安全。推行体育服务质量认证制度，建立和完善体育行业服务规范，提高体育服务水平。开展体育行业特有职业技能鉴定工作，提高体育服务从业人员的服务意识和专业水平。

（三十）稳步发展体育彩票，做好产业统计等工作。坚持并完善体育彩票"省市共建，以省为主"的管理体制和上下联动的运行模式，构建乐透型、即开型、竞猜型均衡发展的体育彩票产品结构，拓展实体与非实体协同发展、立体多元的体育彩票销售渠道，扩大规模、合理布局、打造精品网点，争取网点数量与质量双赢。加大信息技术系统的安全性和管控性，强化品牌营销和公益宣传。充分利用群众体育、竞技体育等赛事平台，强化对体育彩票的对外宣传工作，巩固提高体育彩票公益形象和社会公信力，全面推动体育彩票稳定、健康、持续发展。加强体育产业统计工作，建立体育产业信息发布制度。鼓励有条件院校开设体育产业专业课程，培养体育产业经营人才。加快职业体育发展，抓好篮、排、足三大球等赛事，推进各运动项目职业化进程，规范职业体育俱乐部发展。

六、加快体育改革步伐，重视和加强体育科技、教育、法制、人才队伍建设等工作，突出重在持续

（三十一）转变体育发展观念，加快体育改革步伐。积极转变体育发展观念，坚持政府调控和市场调节相结合。公益性体育事业发展以政府为主导，以社会效益为导向，以维护全省人民体育基本权益为准则。效益性体育产业发展以市场为主导，通过产业政策和有序的市场化运作，形成以市场为基础的体育资源配置机制。转变体育行政部门管理职能，突出加强宏观调控、制订发展规划、完善规章制度、提供公共服务、维护行业秩序职能，促进政事分开、管办分离。建立和完善各级体育总会、行业协会和单项体育协会组织机构，引导体育社会团体发挥积极作用。按照市场经济和体育发展需求，积极稳妥分类推进事业单位改革。深化干部人事制度改革和收入分配制度改革，加强干部选拔、任用的公开化、规范化和程序化。认真贯彻国家、省岗位设置实施意见，科学合理定编、定岗、定责，坚持评聘分离制度，实行绩效工资制度，建立和完善激励和监督机制，提高干部职工的工作积极性。

（三十二）加大科教兴体力度，提高体育科技含量和教育质量。加大体育科技投入，完善体育科技服务管理制度。大力引进优秀科研人才，壮大体育科技工作者队伍。重视运动训练检测和实验室建设。加强与科研院所的合作，开展重点项目和关键技术的研究。切实发挥省体育科学学会作用，统筹发展全省体育科学研究，重视和加强训练科研和攻关，设置体育科技进步奖，推动课题研究质量提高。积极开展体育哲学和社会科学研究，注重科研成果的转化、推广和应用。积极探索和创新我省体教结合新模式。重视全省体育院校和高校体育系（部、室）的发展，加快推进教学、训练、科研三结合，鼓励支持组建高水平运动队。提高我省体育院校办学质量，优化专业结构，扩大本科教育规模，积极发展研究生教育，努力把郑州大学体育学院办成省内一流、全国知名的高水平体育院校。全面深入开展与北京体育大学、郑州大学、武汉体院等院校合作，为培养我省各类体育人才服务。

（三十三）实施人才强体战略，加强体育人才队伍建设。牢固树立人才第一的观念，制定和实施《河南省体育人才"十二五"规划》，切实加强各类体育人才队伍建设。以高层次体育人才和紧缺人才为重点，抓住培养、吸引和使用三个重要环节，提高体育人才培养的质量和数量，满足群众体育、竞技体育、体育产业经营，以及体育科技、教育、管理等方面人才需求。采取多种形式，有计划、分步骤地开展各类体育人才培养和培训工作，分类、多层次地加强对全省体育管理人员、教练员、裁判员、社会体育指导员和体育经纪人员的培养和培训。制定以能力和业绩为导向的体育人才评价标准，建立我省体育人才数据库。通过走出去和请进来，大力引进和聘用高水平教练员、高级管理人员、优秀教师和各类专业技术人才。公开选拔和任用政治素质高、业务能力强的干部到重要岗位，加强年轻干部和后备力量的培养和锻炼。建立和完善人才激励机制，努力为各类人才健康成长、优秀人才脱颖而出创设良好发展环境。

（三十四）加强体育法制建设，提高依法行政、依法治体水平。推进体育立法工作，完善我省地方体育法规体系，抓紧全民健身、体育场地设施规划建设、体育产业经营等方面的政策法规调研，制定出台《河南省竞技人才培养和退役安置办法》。制定并组织实施全省体育系统普法依法治理第六个五年规划，扎实有效开展体育法制宣传教育活动。组织引导各类法律服务机构开展体育法律咨询和服务。开展体育法制培训，建立省级体育行政执法队伍和机构，提高行政执法水平。深入推进行政执法责任制，完善依法行政责任制度，加强责任目标考核。推进政务公开，加大重大决策环节的制度化建设。加强对市县贯彻体育政策法规的监督检查，促进各市成立政策法规机构，推动市县体育执法工作。加大各地侵占破坏、挪用体育场地设施等违法乱纪行为的处罚。

（三十五）开展体育对外交流，加强新闻宣传工作。继续加强我省体育对外开放，增强在科技、教育、人才培养、产业经营等方面的对外交流与合作意识。充分发挥少林和太极拳两大拳种发源地的资源优势，加强我省与国内外武术文化团体的交流与合作，组织和打造更多武术文化演出团体参与对外文化交流活动，展示河南体育良好形象，实现共赢与发展。加大体育宣传力度，健全新闻报道机制，增强媒体服务意识。重视和加强体育宣传队伍和新闻发布制度建设，发挥省体育记者协会作用，加强与媒体的沟通和合作，把握正确导向，弘扬体育精神，大力宣传全民健身、竞技体育、体育产业等方面的政策、法规和条例，为体育事业的改革和发展营造良好的舆论氛围。

七、加强领导，重视保障，认真组织实施，突出重在落实

（三十六）加强对体育事业的组织领导。各级人民政府要高度重视本地区的体育事业发展，增强体育公共服务供给能力，满足群众多样化体育需求，把体育事业经费、体育基本建设资金以及公共体育设施建设纳入本级国民经济和社会发展规划，按照《体育法》和《河南省体育发展条例》的规定，确保体育事业各项投入与经济社会发展同步增长。进一步完善支持体育事业发展的财政、金融、税收、土地等方面政策。培育、扶持和依法管理各级各类体育社会团体和组织，支持、引导其参与社会管理和服务。充分发挥各级工会、共青团、妇联、各行业和社会各界兴办体育的积极性，建立健全体育工作领导协调机制，统筹协调体育事业发展。

（三十七）加强体育系统队伍和作风建设，认真做好体育相关工作。各级体育行政部门要进一步加强干部队伍和作风建设，增强学习意识、责任意识、发展意识和遵纪守法意识，深入开展党风廉政和政风行风评议工作，切实转变工作作风，提高工作质量和效率，努力打造一支"作风过硬、纪律严明、执行力强"的体育工作者队伍。争创文明单位，持续开展节能减排和各类专项治理工作。重视体育竞赛活动和体育生产安全，建立突发事件应急处置机制。进一步组织和完善体育事业统计工作。重视信息网络作用，推进体育行政管理、体育项目管理、竞赛管理和体育场馆开发等方面的信息化建设。重视体育非物质文化遗产的保护，搞好我省民族民间体育项目的挖掘和整理工作。加强体育文化建设，丰富体育精神和文化内涵，为实现中原崛起、河南振兴提供精神动力支持。

（三十八）加强对规划的编制、实施和监督。各地、各部门要按照本规划提出的指导思想、工作目标和原则，结合本地、本部门实际，认真做好体育相关规划的编制和衔接工作。各级政府和体育部门要采取切实有效措施，提高规划的执行力，加强和监督规划的贯彻和落实，保障和推进我省体育事业"十二五"规划顺利实施。

湖南省体育事业"十二五"规划

根据国家体育总局《体育事业"十二五"规划》和省委、省政府的总体部署以及"十二五"时期我省体育发展面临的新形势、新任务、新情况，制定本规划。

一、"十二五"时期我省体育事业发展面临的机遇与挑战

（一）"十一五"时期体育事业成就辉煌。"十一五"期间，在省委、省政府的领导下，全省体育战线以科学发展观为统领，团结一心，拼搏进取，以认真备战北京奥运会、山东全运会、广州亚运会和成功举办第十一届省运会为契机，推动各项体育工作全面进步，体育事业发展取得了辉煌成就，达到了一个新的历史高度。全省上下深入贯彻落实《全民健身条例》，以全民健身日为契机，掀起全民健身新高潮。人民群众体育意识进一步增强，经常参加体育锻炼的人数占全省总人口的28.6%，居全国上游。群众体育科学化、组织化水平不断提高，全民健身组织网络体系不断完善，全省各类社会体育指导员超过36500余人。全民健身工程建设力度不断加大，人民群众健身设施条件大为改观，一大批"路径工程"、"雪炭工程"、"农民体育健身工程"、"广场工程"、"户外基地工程"等被群众誉为"民心工程"、"德政工程"。以"全民健身与奥运同行"为主题的"迎奥五环潇湘行"、"家庭趣味乐拼拼"、"奥运向前冲"等系列品牌活动、特色活动、广场和公园活动、民族民间传统体育活动蓬勃开展。竞技体育实现新突破。2008年北京奥运会，湖南运动员勇夺3枚金牌，取得了我省运动员参加奥运会历史第二好成绩。2009年，我省竞技体育以第十一届全运会再进全国十强为标志，圆满完成本周期的各项任务指标，取得了18枚金牌、10.5枚银牌、6枚铜牌的可喜成绩，金牌榜位居全国第十，并荣获体育道德风尚奖，实现了综合金牌榜排名、金牌数、奖牌数、总分全面超上届的成绩，取得了运动成绩和精神文明双丰收。2010年，我省运动员在第十六届广州亚运会上共获得12枚金牌、5枚银牌、3枚铜牌的佳绩，实现了参赛人数、金牌、奖牌全面超上届的目标任务。我省竞技体育发展势头良好，项目总量保持平稳，夺金项目有所增加，综合实力不断提高。"十一五"期间，我省运动员共获世界冠军37个（其中奥运冠军3个），亚洲冠军73个，全国冠军193个。业余训练和青少年体育工作根据"突出重点，发挥优势、优化结构，提高效益"的原则，从粗放型向集约型发展，并以中级体校和后备人才基地建设为重点，健全了青少年训练体系。体育产业坚持以体坛周报、体育彩票、体育基金会和体育产业开发中心为重点，以实现"科学发展、强基增效"为目标，各项工作做大做强，再创新高。

体坛周报坚持市场化、专业化、产业化定位，实行跨媒体经营发展，从单靠发行赢利，到实现广告和发行双赢过渡。目前拥有一报八刊，五年创收 13 亿元，上缴国家税收 8663 万元，获利润 9928 万元。体育彩票不断创新体制，瞄准市场，更新玩法，五年完成销售 53.79 亿元，获公益金 16.47 亿元。体育无形资产和实体开发成效明显。2007 年底成立的湖南省体育发展基金会，已向社会募得资金 4770 多万元。体育科研认真推行"训、科、医"一体化，把为运动队的科技攻关服务工作作为重中之重，做出了比较突出的贡献。体育教育以体育职业学院成为全国首批人才培养工作水平评估优秀的高职院校为标志，开创了体育职业教育新局面。体育法制工作进一步加强，体育立法、执法卓有成效。《湖南省体育后备人才培养条例》、《湖南省公共游泳场所管理办法》相继出台，会同省文化厅起草了《湖南省公共文化体育设施办法》，已经多次修改，准备提请省政府常务会议审议。"十一五"时期体育事业的发展与进步，为"十二五"时期体育事业的发展奠定了良好基础。

（二）认真分析"十二五"时期我省体育事业发展面临的主要矛盾和问题。"十二五"期间，广大人民群众日益增长的体育需求和社会体育资源相对不足之间的矛盾，仍然是我省体育事业发展中的主要矛盾。特别是在群众体育领域，政府提供的体育公共服务不足，体育场地设施、组织体系、指导服务等诸多方面都有较大差距，已经成为制约我省体育事业发展的基础性薄弱环节。在竞技体育领域，以奥运会为最高层次的竞技体育项目发展还很不均衡，竞技体育后备人才培养体系还不健全，一些项目的发展基础比较薄弱。以省运会为龙头的省内竞赛体系尚待完善，竞技体育的赛风赛纪还需进一步加强。体育产业处于发展初期，推动体育产业发展的体制机制尚未理顺，仍然面临着市场规模不大、政策制度不完善、从业人员素质不高、市场管理不规范等诸多问题，市场配置体育资源的作用尚未充分有效的发挥。体育管理体制的改革有待深化，体育发展模式尚没有根本转变，体育管理的科学化、法制化水平有待提高。城乡之间体育发展不平衡的问题仍较突出。"十二五"时期，必须迎难而上，高度重视，努力解决阻碍和制约体育事业发展中的这些问题和矛盾。

（三）"十二五"时期是湖南体育事业发展的重要时期。"十二五"期间，省委、省政府将更加重视社会事业发展、完善公共服务体系的战略部署，尤其是以长株潭"两型社会"示范区名义申办第十三届全国运动会，为体育事业发展提供了重要机遇和广阔空间。人民群众生活水平不断提高，居民消费结构进一步升级，为体育事业的发展创造了良好的社会条件。广大人民群众对体育的需求更加强烈，体育已经成为广大人民群众日常生活的重要组成部分。各级政府对体育功能和作用的认识不断深化，体育事业发展所需的各种条件和环境进一步改善。竞技体育巨大的社会功能和综合效应受到全社会的高度重视，奥运会、亚运会、全运会等国际国内大型体育赛事成为交流、竞争的重要平台，成为展现一个国家、一个地区、一个城市形象和综合实力的重要窗口，竞技体育蕴含的丰富精神价值发挥着重要而独特的作用，成为全社会的宝贵财富。体育与经济的结合更加密切，体育产业快速发展，体育市场不断扩大，已经成为当代经济重要的组成部分。信息化、全球化、网络化的发展使体育对社会、政治、经济和文化产生了更加积极、全面的影响。"十二五"期间，要进一步明确体育事业的发展目标，坚定信心，勇于挑战，统筹规划，扎实推进各项体育工作，促进我省体育事业全面协调可持续发展。

二、"十二五"时期体育事业发展的指导思想、发展战略和总体目标

（四）"十二五"时期体育事业发展的指导思想：深入贯彻落实科学发展观，以建设与富民强省相适应的体育强省为目标，牢固树立大体育观念，突出重点，优势带动，即以活动带动群众体育工作的开展，以金牌带动竞技体育的发展，以项目带动体育产业的腾飞，促进湖南体育事业再上新台阶，为湖南经济社会发展做出新的贡献。

（五）"十二五"时期体育事业的发展战略：就是要大力实施"一大三带动"战略。所谓"一大"，即树立大体育意识，以促进体育事业发展为核心，跳出体育看体育，跳出体育办体育，使体育事业及体育工作有大气象、大作为、大手笔、大影响。所谓"三带动"，即群众体育要以活动来带动全民健身运动的开展、场地设施的建设，促进全民健身服务体系的形成与完善；竞技体育要突出金牌战略，以金牌带动竞技体育项目的发展；体育产业要以优质项目带动本体产业上规模、出效益。

（六）"十二五"时期体育事业发展的总体目标：以贯彻落实《全民健身条例》、实施《全民健身计划》为契机，促进我省群众体育发展迈上新台阶。加快完善体育公共服务体系，提高体育公共服务水平和广大人民群众的身体素质。全面提升我省竞技体育的总体水平，保持在奥运会、全运会等国际国内大赛中排名靠前，完善我省竞技体育青少年后备人才培养体系。扩大规模，提高质量和效益，增强体育产业创新能力，建立与我省经济发展水平相适应的体育产业体系。不断深化改革，完善运行机制，努力使体育科技、体育教育、体育法制、人才培养、行业作风、体育宣传等工作迈上新台阶，不断提高湖南体育管理的科学化、法制化水平。

（七）"十二五"时期体育事业发展的基本原则：

——坚持体育工作为推进我省"四化两型"进程服务。立足体育，奉献社会，服务我省新型工业化、新型城镇化、农业现代化、信息化和资源节约型、环境友好型建设任务。坚持促进体育与经济社会发展的密切结合，充分发挥体育在促进经济建设、政治建设、社会建设、文化建设、生态文明建设以及对外交往中的综合功能和独特作用，把体育发展融入湖南富民强省的发展战略中。

——坚持以人为本，服务民生。我省体育发展的根本方针和基本宗旨是以人为本，面向大众。要以科学发展观为统领，坚持以增强人民体质、提高全民族身体素质和生活质量、促进人的全面发展为目标，切实把实现好、维护好、发展好最广大人民群众的利益，满足人民群众不断增长的体育需求作为体育工作的出发点和落脚点，做到体育发展为人民，体育发展成果由人民共享。

——坚持解放思想，改革创新。处理好继承与创新的关系，不断探索"十二五"时期各项体育工作与市场经济相适应的特点与规律，努力实现理论创新、科技创新、制度创新。进一步转变观念，创新发展模式，提高发展质量，加快体育发展由粗放型

向集约型转变，体育管理由经验型向科学型转变。

——坚持统筹兼顾，协调发展。坚持普及与提高相结合，实现体育事业与体育产业的协调发展。加大对农村的支持力度。促进奥运项目与非奥运项目的协调发展，满足群众多样化的体育文化需求，创造百花齐放的发展局面。

——坚持科教兴体、人才强体、依法治体。牢固树立科学技术是第一生产力的观念，重视和发挥科技、教育、人才队伍在体育事业发展中的关键作用，坚持体育事业发展要依靠科学技术进步，科学技术必须发挥先导作用，坚持体育科学研究与体育运动实践相结合，依靠科技队伍和教育发展，提高人才队伍素质。加强体育法制建设，提高法律意识，促进依法行政、依法治体，将体育工作纳入法制化轨道。

——加强体育文化建设，提升湖南体育的软实力。深入挖掘体育的文化内涵，夯实体育发展的社会基础和文化根基。通过体育塑造积极、健康的社会价值观和大众人生观，充分发挥体育在建设社会主义先进文化中的作用和功能。让体育成为社会主义先进文化的传播者和创造者，成为时代精神的倡导者和先行者。

三、努力提高群众体育发展水平，为改善民生服务

（八）"十二五"群众体育的发展目标：全面贯彻落实《全民健身条例》，明确"三个纳入"，即各级政府将全民健身事业纳入国民经济和社会发展规划；工作经费纳入各级政府财政预算；全民健身工作纳入各级政府工作报告。强化体育公共服务职能，完善全民健身服务体系，切实保障广大人民群众参加体育活动的权利。城乡居民经常参加体育锻炼人数明显增加，城乡基层公共体育健身设施、体育健身组织、体育健身指导队伍等方面的数量与质量显著提高，作用得到进一步发挥，城乡群众体育发展差距进一步缩小，群众体育事业发展迈上新台阶。

（九）完善全民健身服务体系建设。强化全民健身服务体系建设意识，将全民健身服务体系建设纳入当地经济建设和社会发展规划，在资金、场地、机构、人员等方面为全民健身服务体系建设提供保障。

（十）加强城乡社区公共体育设施规划。落实全国《"十二五"基本公共体育服务设施建设规划》，使我省人均使用体育场地面积达到1平方米。建设以县（市、区）为中心、街道（乡镇）为基础、方便社区居民日常体育锻炼所用基本公共体育服务设施。将全民健身设施建设纳入城市建设规划和土地利用规划，落实对城市全民健身设施用地定额指标的规定。保证城乡基层全民健身设施建设经费，加大对城市社区和农村乡镇的资金扶持力度。

（十一）加强全民健身设施工程建设。实施"农民体育健身工程"、"全民健身路径工程"。市（州）、县（市、区）、街道（乡镇）、社区（行政村）四级均建成体育健身场地设施；到2015年，全省各县（市、区）建1个全民健身中心，建10处以上健身路径；各市（州）城区建1个5000平方米以上的全民健身中心（广场），建100处以上健身路径。积极推进城乡新建居住区建设公共体育健身设施，公园、绿地、广场等公共场所普遍建有全民健身设施。

（十二）进一步推进学校体育场馆向公众开放。探索多种形式的开放管理模式，完善和落实各级政府及相关部门促进学校体育场馆开放的政策，逐步建立相应的开放条件和标准、财政补助、保险、收费标准、安全管理规范、责任追究等制度和机制，定期进行检查评估，努力扩大学校体育场馆开放范围，盘活学校体育场馆资源。争取具备开放条件的学校体育场馆向公众开放。

（十三）健全全民健身组织网络。积极发展城乡基层体育组织，县（市、区）普遍建有体育总会、行业体育协会、单项运动协会等体育社团，社区体育俱乐部有较大发展。体育主管部门要对不同类型的基层体育健身组织给予支持和扶持，切实推进城乡基层体育健身组织的规范化、实体化建设。依托业余体校、公共体育设施建立县级全民健身指导服务组织，街道、乡镇综合文化站建立健全体育组织。力争"十二五"时期城市街道、农村乡镇都建有体育组织，城乡社区建有体育健身站（点），形成遍布城乡、规范有序、富有活力的社会化全民健身组织网络。

（十四）加强社会体育指导员队伍建设，积极开展全民健身志愿服务。成立社会体育指导员协会，加强社会体育指导员培训工作，完善培训基地设施配备及师资队伍建设；提高社会体育指导员素质和技能，获得社会体育指导员技术等级证书和国家职业资格证书的人数大幅增长，以此为基础形成组织落实、结构合理、覆盖城乡、服务到位的全民健身志愿服务队伍；完善社会体育指导员登记注册制度，规范社会体育指导员管理；完善表彰激励机制和经费投入机制，为社会体育指导员工作创造必要的条件，加强宣传，为社会体育指导员工作营造良好的舆论氛围；普遍开展全民健身志愿服务活动，创建社会体育指导员品牌活动。

（十五）广泛开展群众体育健身活动与竞赛。积极推行《普通人群体育锻炼标准》，积极营造崇尚体育健身的社会氛围，动员、吸引城乡居民坚持参加体育健身活动。各级政府要提供必要的保障条件，支持、扶助公众经常就近、就便参加体育健身活动。不断创新群众体育活动形式、内容和体育健身方法。积极引进国内外科学先进的体育健身方法和手段，促进优秀民族民间传统体育活动的开展。各类机关、企事业单位要利用法定节假日、民族传统节日以及农闲季节，定期举办不同规模、不同类型的全民健身竞赛活动；各行业体协、单项运动协会等社团组织要充分发挥协会在全民健身活动中的组织指导作用，推进全民健身活动创新发展。

（十六）倾力打造群众体育品牌活动。精心组织好四年一届的大众体育运动会及每年举办的"全民健身日"系列活动，倾力打造"假日体育"、"公园体育"、"广场体育"、"休闲体育"等城乡健身景观。此外，打造"江"、"湖"、"山"三个具有湖南特色的全民健身活动新品牌。"江"指湘江，即构建湘江健身走廊，以湘江为纽带，以各地健身设施为依托，以各具特色的健身活动为内容，连贯起来形成一条设施完备、活动不断、规模大、影响远的湘江健身走廊。"湖"指洞庭湖，即建成环洞庭湖生态健身圈。充分利用常德、益阳、岳阳三市环洞庭湖生态旅游资源，布设系列健身项目，如自行车、轮滑、龙舟、划船等，把生态旅游和环湖健身有机结合起来，吸引更多的人参与，在大自然中运动起来。"山"是指名山，包括张家界、邵阳崀山、南岳衡山、湘西凤凰南长城等，组织开展一系列以登山、攀岩为主题的省内、国内乃至世界性的登山活动，形成品牌。促进体育和教育、体育和文化、体育和旅游的结合，促进全民健身活动融入城市优美景观，吸引更多的群众参与到全民健身活动中来。

（十七）实施"青少年体育活动促进计划"，初步建成青少年公共体育服务体系。加强青少年体育组织网络建设，探索创建"青少年校外体育活动中心"，青少年体育俱乐部数量达到 200 个以上，创建 20 个湖南示范性青少年体育俱乐部，省级体育传统项目学校数量达到 150 所以上，青少年户外体育营地数量稳步增长。初步建成符合省情、较为完善、受益面广、服务均等，社会、学校、家庭相结合，以各级各类学校、体校、公共体育场地设施及社会各类性质场地设施为载体，以青少年校外体育活动中心、青少年体育俱乐部、体育传统项目学校、青少年户外体育营地和社会其他服务机构为组织形式，以体育教师、教练员、家长、社会体育指导员和体育志愿者为组织指导人员，以健身活动、竞赛交流、技能培训、健身咨询、体质监测等为主要服务的青少年公共体育服务体系。

（十八）加强对特殊人群体育活动开展的组织与领导。充分发挥老年人体育协会的作用，加强老年人体育活动队伍建设和宣传工作，积极引导老年人参加体育活动。构建残疾人体育活动服务体系，广开残疾人体育事业筹集渠道，培养残疾人健身体育指导员。

（十九）完善全民健身的科学标准和规范体系。建立健全县级体质测试机构，开展城乡居民日常体质测定和科学健身指导，不断加强对群众体育发展状况、群众健康状况的研究监测和统计工作，进一步完善国民体质监测、体育锻炼标准、群众体育现状调查等各项制度以及相关信息的发布制度。组织开展好第四次国民体质监测和全民健身活动状况调查。不断增加参加体育健身活动人数，到 2015 年，经常参加体育锻炼的人数比例达到 30%以上，其中城市达到 35%以上；达到《国民体质测定标准》合格标准的人数比例达到 90%以上；达到《学生体质健康标准》及格标准占学生总数的96%以上，青少年体质达到全国中上水平。

四、进一步增强我省竞技体育综合实力，为国为省争光

（二十）"十二五"竞技体育发展的指导思想是：坚持"以金牌带动，促项目发展"战略，通过实施"强基拓优"工程，积极引进人才，强化科技强体，内涵挖潜，外延扩张，努力培育潜优势项目，巩固发展优势项目，加快后备人才培养，建设好竞技体育的人才梯队，不断提升竞技体育整体竞争力。

（二十一）坚持"以金牌带动，促项目发展"战略不动摇。我省竞技体育的成功经验证明，从湖南实际出发，选择适合湖南人开展的、有一定基础的重点项目，突出尖子队员的培养，在大型运动会上突出金牌的做法仍然是我省竞技体育的发展模式。重点是九个训练中心开展的重点项目。

（二十二）抓住机遇拓宽竞争面。抓住机遇，强基拓优，挖掘潜能，发展潜优势项目。在已经有的大项中发展小项，或者发展同类项，包括田径中长跑、游泳男子项目、女子水球、拳击、赛艇女子项目、皮划艇划艇项目等。新增加的项目原则上应以非打点计分项目为主,实现新增 3 个大项、40 个小项的目标任务。

(二十三)坚持筑巢引凤引进人才。目前我省教练员队伍结构不合理,年龄老化,能力不突出情况比较普遍,各项目之间也不平衡,有的项目没有业务带头人。要在优秀教练员严重短缺的项目大力引进优秀人才,增强事业发展后劲。

(二十四)坚持科技兴体增强能力。根据我省运动队的实际扩大体育科研服务的领域,重点解决科研设备严重短缺和科研人员不足的问题。

(二十五)切实抓好后备人才培养。要适应新形势下业余训练的新特点,依托各级各类体校和体育后备人才基地,结合我省重点开展的运动项目,推进湖南业余训练正规化、规模化、集约化和科学化建设进程,使全省业余训练在训人数保持在 1 万至 1.5 万人的适度规模,成才率逐年提高。扎实推进体育后备人才"强县、强校、强项、强人"的"四强工程",加大体育后备人才培养力度,增强我省竞技体育的发展后劲。要在体教结合方面取得实质性突破,切实解决运动员进出口渠道的畅通。省体校要担负起作为我省竞技体育的后备人才库的重任。

(二十六)完成好"十二五"时期举办和参加其他重大赛事的任务。2012 年伦敦奥运会要力争夺取 2~3 枚金牌;2013 年第十二届全运会要力争夺取 15~18 枚赛会金牌,确保金牌十强地位。认真筹备、精心组织 2014 年第十二届省运会。适应职业体育发展趋势,发挥政府和社会的积极作用,建设好湖南自己的足球、篮球、羽毛球、乒乓球等球类项目俱乐部,全面参与国内职业体育竞赛。充分发挥体育赛事的多元社会功能,丰富人民群众精神文化生活,促进经济社会发展。

(二十七)加强省优秀运动队建设与管理。建立省优秀运动队竞争和激励机制,形成进出有序、科学合理的省优秀运动队管理体系。不断创新和完善省优秀运动队党支部领导下主教练负责的运行机制。发挥主教练的主导作用,创造有利于理论创新和技术创新的环境和条件。不断完善训、科、医紧密结合的省优秀运动队训练机制。

(二十八)深化对竞技体育规律的认识。深化对竞技体育发展规律、运动项目的制胜规律、综合性运动会的备战参赛规律、运动队管理和训练规律的认识,加强运动训练方法和技战术创新研究,强化训练过程中的计划与选材、营养与恢复、管理与监测、运动伤病预防与康复,充分发挥体育科技的先导性和支撑作用。注重对世界和中国竞技体育发展动向和趋势的情报信息收集。

(二十九)改革和完善运动竞赛体系。充分发挥省运会等赛事的杠杆作用,对省运会的赛制、设项等合理调整布局,完善政策,充分发挥省运会在推进赛制改革、促进后备人才培养等方面的引领作用,第十二届省运会增加大学生组,成年组改为社会组。加大政策引导,促进体育竞赛社会化,调动各级政府体育部门和社会力量办赛的积极性。

(三十)加强教练员、裁判员队伍建设。加强省优秀运动队教练员队伍建设,加强裁判员管理,不断提高教练员、裁判员专业水平,建立一支思想品德好、业务水平高、人员相对稳定的高水平教练员、裁判员队伍。

（三十一）加强运动员文化教育。贯彻落实《关于进一步加强运动员文化教育和运动员保障工作的指导意见》、《湖南省体育后备人才培养条例》等政策法规。青少年运动员文化教育工作普遍被纳入普通教育序列，文化教育水平普遍提高，形成较为完备的青少年运动员文化教育保障体系；采取切实措施，提高运动员的基础文化教育水平和质量，加强运动员在役期间的文化教育工作，发挥省优秀运动队运动员文化教育的示范和引导作用，全面提高运动员的科学文化素质，促进运动员的全面发展。

（三十二）完善运动员保障体系。拓宽体育运动学校运动员培养输送渠道，为运动员就学、就业创造条件。对获得全运会冠军、世界锦标赛冠军和奥运会前三名的运动员实行政策性安置。实施工伤保险和运动员奖学金、助学金制度。重视、加强对运动员劳动、医疗等方面权益的保障工作，切实维护运动员切身利益。完善运动员多层次医疗保障体系。加强对退役运动员就业的支持和指导，构建和完善运动员职业转换社会扶持体系。

（三十三）加强运动队道德作风建设。以运动员为主体，以爱国主义为核心，围绕社会主义核心价值体系，加强励志教育，把提高运动技术水平与培养有理想、有道德、有文化、有纪律的人才相结合，使省优秀运动队成为政治合格、作风顽强、技术过硬的优秀群体。对运动员进行爱国主义、集体主义教育，大力弘扬奥林匹克精神和中华体育精神，深入持久地开展理想信念教育，继承和发扬民族优良传统，牢固树立社会主义荣辱观，增强运动员民族自尊心和自豪感。培养运动员无私奉献的精神、坚忍不拔的意志和顽强拼搏的作风。

（三十四）狠抓赛风赛纪，维护赛场秩序。净化赛场风气，促进公平竞争。加大对弄虚作假、徇私舞弊、执裁不公、扰乱赛场秩序等违规违纪行为的处罚力度，清除竞技体育行业中的"假、赌、黑"等不良现象。

（三十五）加强反兴奋剂工作。认真贯彻落实《反兴奋剂条例》，不断完善反兴奋剂管理体系建设。加强反兴奋剂宣传教育工作，强化对反兴奋剂工作的指导。

五、加快体育产业发展，增强体育产业竞争力

（三十六）"十二五"时期体育产业发展的指导思想是：借助申办第十三届全运会和兴建湖南奥林匹克体育园的契机，坚持走"优势项目带动战略"，加强体育市场培养，合理配置体育资源，充分发挥体育基金会的作用，大力开发无形资产，组建以体坛周报为龙头的体育产业集团，以体坛周报的上市和体育彩票的销量增长以及体育基地的建设，带动体育竞赛表演、体育健身休闲、体育用品生产销售、体育旅游等体育产业的全面发展，提升我省体育产业的综合竞争力。

（三十七）建好湖南奥林匹克体育园。规划建设国家羽毛球、举重、摔跤、柔道、体操等国家级和省级训练基地，解决我省长期以来体育训练场馆设施严重落后的局面，承担国家体育总局交由我省组织的全国集训，接待国外体育训练团队；规划建设以湖南体育产业集团、体坛周报总部大楼为主体的体育产业基地，带动我省体育产业的更快发展；规划建设能为大众提供多元化体育服务的全民健身基地，解决我省全民健身设施起点不高、配套不齐，人民群众缺少健身娱乐休闲场所的问题；实现湖南体育职业学院的整体搬迁，改善办学条件，为学院长远发展奠定基础。

（三十八）做大做强湖南体育产业集团。省政府已同意组建湖南体育产业集团，为省属大型文化企业。必须尽快完成湖南体育产业集团有限公司的组建工作，实现体坛周报社的改制和整体上市，做大做强湖南体育骨干龙头企业，增强体育事业发展后劲。

（三十九）扩大体育彩票的发行。"十二五"期间体育彩票发行要突破120亿元。要千方百计提高体育彩票的销量，又要确保体育彩票的安全和在彩民中的口碑。加强体育彩票各项基础建设，丰富各类具有体育特色的游戏玩法和彩票品种，提高管理、服务和营销水平，稳步扩大市场。

（四十）充分发挥体育基金会和单项体育协会的作用，大力开发无形资产。体育基金会在筹资方式上要更加灵活多样，增强活力。单项体育协会逐步实现实体化。

（四十一）内引外联创办实业。体育竞赛表演、体育健身休闲、体育用品生产销售、体育旅游等都可以创办实业，参与市场竞争。

（四十二）有效介入社会体育产业，增加话语权。与省发改委、省统计局共同做好湖南体育及相关体育产业专项调查工作，完善体育产业统计体系，初步建立体育产业统计制度和信息发布制度，为我省体育产业宏观调控提供有利的信息支持。

（四十三）积极争取体育事业发展扶持政策。借省发改委将体育产业作为新兴产业列入省"十二五"服务业发展规划之机，促进省政府明确体育产业享受国家和省有关扶持服务业发展各项政策，争取设立省级体育产业发展引导资金和体育产业创业投资基金等扶持奖励基金，吸纳社会资本投资体育产业。

六、推动体育管理职能转变，促进依法行政，依法治体

（四十四）加强宏观管理，促进政事分开。体育行政部门切实转变职能，把工作重心放在制订发展规划、加强宏观调控、完善规章制度、提供公共服务、维护行业秩序上来，促进政事分开，管办分离。进一步发挥各级体育总会的作用，健全单项协会的自律机制，发挥行业管理职能。加强对体育社会团体的指导，理顺体育行政部门与社会团体的关系。

（四十五）提高依法行政、依法治体的意识和能力。树立社会主义法治理念，强化依法治体意识，增强依法行政的自觉性，提高运用法律手段解决体育实际问题的能力。推进体育政务公开，促进行政决策与管理的科学化和民主化。

（四十六）推进和完善体育立法。科学论证，做好《湖南省全民健身条例》的修订出台工作。抓紧调研和制定规范体育市场、治理赛风赛纪等体育规章和规范性文件，完善体育法规体系。做好现行体育规章和规范性文件的清理、修改和评估工作。

（四十七）提高体育行政执法水平。建立和完善各级体育行政部门的行政执法制度，加强市、县级体育行政执法机构和机制的建设，严格规范体育行政执法行为。建立体育行政执法队伍。组织开展体育法律法规和规章实施的监督检查。推进体育行政

执法责任制,强化依法履行体育行政职责的积极作为。

(四十八)深入开展体育法制宣传教育。实施体育系统法制宣传教育第六个五年规划,扎实有效地开展体育法制教育活动。加强对体育法制的媒体宣传和信息传播。

七、加大科教兴体力度,加强人才队伍建设

(四十九)加强对体育科技的研究。坚持体育科技重点研究领域与优先发展为主题,重视应用研究,扶持前沿研究,加强体育科技基础条件建设,做好全民健身的科学研究和省优秀运动队的科技支撑。在竞技体育方面加强奥运会、全运会科技支持和保障,着力解决重大运动项目关键技术研究和突破;在大众健身方面,着力开展大众健身重点领域和关键技术的研究。

(五十)促进体育教育事业发展。促进体育基础教育、职业教育的发展和改革,培养体育事业发展需要的各类人才,充分发挥体育职业学院的优势,调整发展思路,科学定位,紧紧依托体育行业,突出行业办学优势和特色,在保持体育教育稳步发展的基础上,用体育教育的成果来服务社会、服务行业、服务竞技体育,正确处理规模、质量、效益的关系,坚持做精做强的发展目标。积极创建省级骨干特色高职院校,深化内涵建设,提高教学水平和人才培养质量。

(五十一)深化人事制度改革。加强干部选拔任用的公开化、规范化、程序化,提高干部选拔任用工作的民主化、科学化、制度化建设。

八、加强体育新闻宣传工作,营造良好发展环境

(五十二)加大体育新闻宣传力度,充分发挥舆论导向作用。进一步加强提升体育社会形象的宣传与推广,完善体育宣传的工作体制和机制,加强全民健身、竞技体育、体育产业以及重要法规、政策和条例的宣传,为体育改革和发展营造良好的舆论氛围与社会环境。

九、加强领导,开拓创新,重视保障,促进落实

(五十三)加强对体育事业的组织领导。各级人民政府要高度重视本地区的体育事业发展,按照《中华人民共和国体育法》和《全民健身条例》的要求,把体育事业经费、体育基本建设资金以及公共体育设施建设纳入本级国民经济和社会发展规划,确保体育事业各项投入与社会经济发展同步。

(五十四)改革创新体育体制机制,增强体育发展的生机与活力。改革和完善政府统筹、社会协同、市场支持和人民群众广泛参与的体育管理体制和运行机制,建立健全群众体育公共服务体系、坚持和完善竞技体育"举省体制"、创新体育产业发展机制,增强体育发展的生机与活力。

(五十五)强化政府体育公共服务基本职能。各级人民政府要进一步加强公共体育设施的规划和建设,引导体育社团的改革与发展,完善体育公共服务体系建设。要创新体育公共服务的运行和管理机制,不断增加和提高体育公共服务的数量和质量。

（五十六）积极申办第十三届全运会。要借我省以长株潭两型社会建设示范区名义申办 2017 年第十三届全国运动会的契机，整合长株潭城市群的体育资源，促进长株潭体育产业新发展，为成功申办第十三届全运会打下坚实基础，实现我省体育事业跨越发展的奋斗目标，为推进湖南"四化两型"建设进程和富民强省做出积极贡献。

（五十七）做好体育事业统计工作。认真组织体育事业统计工作，扎实推进体育事业统计信息化进程。

（五十八）推进体育信息化建设进程。充分认识信息化建设对体育发展的作用，进一步整合体育信息资源，拓宽采集渠道，加强信息服务，推进体育信息化建设。

（五十九）加强体育工作者队伍和作风建设。加强党风廉政建设，完善各项规章制度，坚决纠正行业不正之风，增强体育队伍的敬业意识、责任意识、纪律意识和奉献意识，提高业务工作水平，打造一支"作风过硬、纪律严明、执行力强"的体育工作者队伍。

（六十）加强对规划实施的监督和管理。各级各部门要认真制订和实施本地区、本单位的"十二五"规划；各级人民政府及体育部门要健全规划实施的监管机制，采取切实有效的措施，对本地区、本单位体育事业规划实施情况进行严格监督，确保落实，保障和推进体育事业"十二五"规划的顺利实施。

广东省体育事业发展"十二五"规划

"十二五"时期,是我省体育系统落实科学发展观、推动体育事业又好又快发展的关键时期,也是我省加快建设体育强省、建设幸福广东的重要时期。为统筹规划"十二五"时期各项体育发展任务,根据《中共广东省委关于制定国民经济和社会发展第十二个五年规划的建议》《广东省国民经济和社会发展"十二五"规划纲要》和国家体育总局《体育事业发展"十二五"规划》,结合我省体育工作实际,特制定本规划。

一、"十二五"时期广东体育事业发展面临的机遇与挑战

(一)"十一五"时期广东体育事业发展成效显著

"十一五"时期,我省坚持以邓小平理论和"三个代表"重要思想为指导,深入落实科学发展观,认真贯彻党中央、国务院和省委、省政府的各项工作部署,解放思想、改革创新,锐意进取、奋力拼搏,各项工作取得显著成绩,两次获得党中央、国务院授予的"北京奥运会、残奥会先进集体"荣誉称号和省政府授予的"集体二等功"以及国家体育总局颁发的"2008年奥运会重大贡献奖"、"第十六届亚运会贡献奖",连续五年获国家"体育突出贡献奖",圆满完成了省委、省政府提出的既定目标。

一是群众体育开创新局面。全民健身活动日益丰富,以"迎接亚运会,创造新生活"的主题,成功举办了广东省第二届体育大会和"体育节"等系列活动。体育场地设施不断增多,"十一五"期间,省本级体彩公益金资助各地新建和维修改造的场地设施264项,农民体育健身工程顺利完成。全民健身体育组织基本覆盖全省城乡,初步形成了省、市、县(区)、镇(街道)、村(社区)五级的体育组织架构。社会体育指导员队伍不断扩大,体育人口不断增加,国民体质不断提高。群众体育参赛水平有新提高,我省参加第三届、第四届全国体育大会,均获得金牌、奖牌和总分三个第一;参加全国各项群众比赛均取得优异成绩。

二是竞技体育取得新突破。"十一五"期间,我省共有184人次获得世界冠军,39人次打破世界纪录,位居全国前列。在北京奥运会上,我省共获得6个项目7人次7枚金牌,4个项目6人次6枚银牌,3个项目4人次4枚铜牌,取得历史性新突破。在第十一届全运会上,我省共获得45枚金牌、45.5枚银牌、39.5枚铜牌,总分和奖牌总数位居各省区市代表团第二。在第16届亚运会上,我省共有93人次获41枚金牌、182人次获79枚奖牌,金牌数、奖牌数全面超越往届,位居全国第一。

三是体育产业迈上新台阶。体育休闲服务业、体育竞赛表演业加快发展,体育用

品业层次和市场份额逐步提升，体育彩票总销量年年有新突破，五年共销售 222.96 亿元，居位全国前列。成功举办五届"粤港澳暨中国（广东）国际体育用品博览会"。以健身服务业、竞赛表演业、体育用品、体育彩票业为主体的体育产业格局初步形成。体育产业增加值占全省 GDP 的比重逐步扩大，成为国民经济新亮点。

四是体育人才队伍建设呈现新气象。全省拥有各级业余体校 174 所、传统校 1426 所，在训总人数达 8 万人。我省有 28 所各级各类体育运动学校被认定为国家高水平体育后备人才基地，居全国前列。

五是体育盛会筹办工作取得新成效。成功举办 2008 年奥科会，受到了党中央、国务院的隆重表彰。圆满完成北京奥运会火炬传递（广东站）活动。成功举办 2010 年亚运会、亚残会。成功举办了广东省第十三届运动会。2011 年世界大学生运动会整体筹备工作转入为赛时运行阶段。五年共承办国内外大赛 242 项次。

与此同时，体育发展体制机制日益完善，党建、宣传、人事、外事、信息、基建和科教等各项工作全面进步，体育强省建设取得阶段性成果。

（二）"十二五"时期广东体育事业发展面临的机遇与挑战

1. 发展的机遇。一是国家提出建设体育强国和我省提出建设幸福广东、当好推动科学发展、促进社会和谐排头兵的战略目标，为我省体育事业发展指明了前进的方向。二是我省转变经济发展方式，经济社会保持平稳健康发展，人民群众生活水平不断提高，为我省体育事业发展奠定了坚实的物质基础。三是随着《全民健身条例》的深入实施和各级政府对体育功能的认识不断深化，以及人民群众对体育的强烈需求，体育事业发展所需的各种条件和环境进一步改善。四是成功举办广州亚运会、亚残运会和即将举办的深圳世界大学生运动会，将更多地吸引社会对体育的关注，有助于提升国民体育意识，激发体育消费热情，拓展体育事业发展空间。五是党中央、国务院以及省委、省政府高度重视，社会各界高度关注，我省体育健儿在国际、国内赛场上争金夺银，屡建奇功，为体育事业发展营造了良好的环境和社会氛围。

2. 面临的挑战。一是体育资源供给不足、公共服务水平较低，公益性体育健身场所缺乏，与人民群众日益增长的体育健身需求差距较大。二是竞技体育核心竞争力不强、发展后劲不足，"尖子不尖、大项不强、新秀不多"等现象仍未得到有效解决。三是体育产业发展规模不大、潜力挖掘不够，新兴产业的优势尚未得到很好的发挥。四是青少年体育后备人才培养体系不全、效益不高，业余体校场地设施陈旧缺乏、经费不足、发展粗放等问题仍较为突出。五是城乡区域体育发展不平衡、不协调，县、镇、村及粤东西北地区体育经费严重不足、体育场地设施严重滞后、体育干部队伍有待进一步加强等。

二、"十二五"时期广东体育事业发展的指导思想、发展目标和基本原则

（一）指导思想

高举中国特色社会主义伟大旗帜，以邓小平理论和"三个代表"重要思想为指导，深入贯彻落实科学发展观，以科学发展为主题，以加快转变发展方式为主线，以满足

人民群众体育需求为宗旨，以建设体育强省为目标，紧紧围绕"加快转型升级、建设幸福广东"这个核心，解放思想、改革创新，进一步加强群众体育、科学调整竞技体育、大力促进体育产业，扎实推动三大业务协调发展，争当全国排头兵；着力促进城乡区域体育协调发展，逐步实现公共体育服务均等化，为建设幸福广东，真正当好推动科学发展、促进社会和谐排头兵，促进我国由体育大国向体育强国迈进作出积极贡献。

（二）发展目标

在体育强省的指引下，到2015年，珠三角地区在全面实现小康社会体育的基础上，向现代化社会的体育迈进；粤东西北地区全面进入体育发展的快车道，初步搭建全面小康社会体育的框架，努力把广东建设成为在全国具有重要影响力的体育大省、建设体育强国的主力省、推动体育科学发展的排头兵、打造小康社会体育的示范区以及探索现代化社会体育的试验区。

——全民健身服务水平显著提高。全民健身场地设施、活动、组织、服务四大网络逐步健全，全民健身服务体系逐步完善，全民健身长效机制逐步健全，人民群众健身需求进一步满足，人民群众的体质、生活质量和幸福指数显著提高。群众体育各项指标位居全国前列，接近发达国家水平。

——竞技体育水平显著提高。优势强项国际竞争力显著增强，传统优势项目继续保持全国领先，潜优势项目有新突破，基础大项和集体球类项目有新提升；积极探索职业体育发展模式，打造职业体育品牌项目，塑造体育明星，全面提升竞技体育核心竞争力，夺取"三大战役"新成绩。

——体育产业规模和产值显著提高。体育产业政策法规体系逐步健全，体育产业发展格局基本成形，体育市场进一步成熟规范，体育产业的发展规模、层次和水平明显提高，总体实力和核心竞争力显著增强，力争到2015年，体育产业增加值占国民经济的比例达到1.5%，本体产业占整个体育产业总量的比例达到40%，体育彩票年度销量占全国销售总量达到10%以上，逐步缩小与发达国家的差距，努力把体育产业培育成为全省重要的战略性新兴产业和经济增长点。

——青少年体育发展水平显著提高。青少年公共体育服务体系日益完善，青少年体能素质显著增强；青少年体育后备人才培育体系逐步健全，青少年竞赛体制日趋完善，青少年体育后备人才文化教育程度普遍提高，人才培养质量和效益稳步提高。

——城乡区域体育发展协调性显著提高。粤东西北地区体育发展增速持续高于全省平均水平，珠三角体育一体化和粤东西北地区体育跨越发展格局基本形成；城乡体育发展差距明显缩小，公共体育场地设施逐步完善，基本建成广东特色惠及全民的体育服务网络，初步实现城乡公共体育服务均等化。

——体育盛会举办水平显著提高。2011年世界大学生运动会以及第14届省运会、第3届省体育大会等重大赛事精彩、圆满、成功；各地办大赛的能力水平稳步提高，承办国内外大赛次数位居全国前列；大型赛事的多元化社会功能和综合效应得到进一步提升。

（三）基本原则

1. 坚持体育事业为"建设幸福广东"服务。要紧紧围绕"建设幸福广东"，使体育发展的成果转化成人民群众的福祉。加快公共体育设施建设，深入开展全民健身运动，提升公共体育服务水平，不断提高人民群众身体素质和健康水平；大力发展竞技体育，增强核心竞争力，为国争光、为省添誉，激发起人民群众的自豪感，为建设幸福广东注入新动力；加快发展体育产业，为群众提供更为优质丰富的体育产品，满足群众体育需求的多样性。

2. 坚持体育科学发展。要围绕科学发展观的内涵和实质解决体育事业的发展问题。坚持以发展为第一要务，加快发展，率先发展。坚持以人为本，以增强人民体质为目标，以满足人民群众日益增长的体育需求作为工作的根本。坚持体育工作的全面发展，加强统筹城乡区域以及各项体育工作的协调发展。立足当前，着眼长远，科学规划，促进体育事业可持续发展。

3. 坚持加快转变体育发展方式。进一步转变发展观念，着力在体育服务人民、服务幸福广东建设上下功夫，努力实现加强群众体育有新举措、调整竞技体育有新成效、促进体育产业有新突破；进一步创新发展模式，坚持适度发展规模、努力提高质量，坚持"好"字当头、"快"在其中，坚持单位投入的最大产出，努力实现速度、质量和效益的有机结合，促进体育发展由高投入低产出的粗放型向主要依靠科技进步、劳动者素质提高、体制创新的集约型转变。

4. 坚持以体育强省的目标指导各项工作。以体育强省两个阶段两个层次目标和标准为指引，珠三角地区和东西北地区根据相应的体育工作目标和标准，做好"十二五"时期的体育的各项工作，加快全省实现小康社会、珠三角地区率先基本实现现代化的体育建设步伐，推动幸福广东建设。

三、"十二五"时期广东体育事业发展的主要任务

（一）着力加快全民健身网络建设，提升公共体育服务水平

1. 加快全民健身设施网络建设。一是加强体育场地设施规划建设。编制并实施广东省《"十二五"基本公共体育场地设施建设规划》，稳步推进公共体育场地设施建设，确保全省人均拥有体育场地面积达到2平方米以上。省主要体育场馆建成多功能的体育中心。地级以上市建有体育馆、体育场、游泳池和占地2万平方米以上的全民健身广场（公园）。80%以上的县（市）建有体育馆、体育场、游泳池和占地1万平方米以上的全民健身广场（公园）；70%以上的区建有体育馆（或使用面积3000平方米以上室内全民健身中心）、游泳池、体育场（或占地1万平方米以上的全民健身广场）。100%的乡镇建有3000平方米以上的全民健身广场；60%以上的街道建有占地1500平方米以上的健身小广场。行政村在已建农民体育健身工程的基础上，建设一个文体活动室。社区和有条件的自然村建有便捷、实用的体育健身设施。新建居住区、公园、绿地、广场等公共场所普遍建有全民健身设施。鼓励机关、企事业单位和工业园区结合实际建设体育设施。加大进城务工人员聚居地、城乡结合地、公共场所体育健身设施建设。

引导社会力量捐助建设或自建面向公众开放的、非营利性公共体育设施。二是扎实推进学校、机关、企事业单位体育设施向社会开放。在确保安全的前提下，积极争取具备开放条件的学校体育场馆向公众开放率总体达到50%以上。机关、企事业单位在不影响正常工作的情况下，要创造条件向社会开放。

2. 加快全民健身活动网络建设。一是拓展全民健身内容。大力开展公园体育、绿道体育、广场体育、社区体育、校园体育、乡村体育、家庭体育等休闲体育活动，不断推出适合不同人群、地域、季节的体育健身新内容和新方法。关注弱势群体的身体健康，积极协调各有关部门为下岗失业、城镇贫困人口、农民工等人群及老年人、妇女儿童、残疾人开展体育活动提供方便，创造条件丰富其体育生活。二是建立健全全民健身活动体系。围绕"迎接运动会、创造新生活"的主题，结合体育节活动，组织各级各类内容丰富、各具特色的大型主题活动，形成相对固定的活动体系。三是建立健全群众体育竞赛制度。省每四年举办一届体育大会以及各类人群综合性运动会，每年举办"体育节"活动和省级单项群众体育比赛；市、县（市、区）、镇（街道）要积极组织开展相对应的综合性运动会和有关单项群众体育竞赛活动；行政村、社区、自然村要根据各自的特点，经常性地组织开展各具特色、民族传统、小型多样的群众体育竞赛活动；各类机关、企事业单位和社会团体组织，要定期举办不同层次、不同类型的全民健身竞赛活动。力争到2015年，全省经常参加体育锻炼的人数比例达到45%以上。

3. 加快全民健身组织网络建设。一是加强体育工作机构和体育组织建设。在强化省、市、县（市、区）体育机构和体育组织建设的基础上，着力建立健全乡镇（街道）体育工作机构，配备专兼职体育干部具体负责日常体育管理工作，并逐步将体育管理工作延伸到农村（社区）。建立健全乡镇（街道）相关人群、项目体育协会；支持村（居）委会和机关、企事业单位建立群众性体育组织；有条件的学校、社区、体育场馆要建立体育俱乐部。二是健全基层体育站点。建立健全覆盖农村、社区体育站（点）、全民健身指导站、文体活动站以及晨晚练点。力争到2015年，90%以上的街道、乡镇建有体育组织，80%以上行政村、社区普遍建有体育健身站（点），有条件的自然村建有体育健身站（点）。

4. 加快全民健身服务网络建设。一是加强社会体育指导员队伍建设。建立健全社会体育指导员培训基地，逐步完善社会体育指导员培训体系，进一步加大社会体育指导员的培训力度，力争到2015年，建立起一支拥有15万人以上的社会体育指导员队伍，达到每万人拥有15名以上社会体育指导员。建立健全社会体育指导员协会，省、市两级要成立社会体育指导员协会，80%以上的县（市、区）成立社会体育指导员协会。二是加强体质监测站点建设。完善省、市国民体质监测中心建设，建立健全县级体质测试机构，完善测试制度，扩大测定范围，确保全省常年测定工作覆盖至乡镇（街道），定点至行政村（社区）。建立健全国民体质监测网络和测定系统，完善信息发布制度，定期公布国民体质测定结果,并争取将测定结果纳入社会统计指标体系。三是加强全民健身宣传指导。充分利用广播、电视、报刊、互联网络等大众传媒，进一步加强对全民健身活动的宣传，普及科学、文明、健康的全民健身知识。借助高等院校和科研机构的力量，大力开展全民健身科学研究，推广科学的全民健身方法。大力推行《普通人群体育锻炼标准》，广泛开展全民健身志愿服务活动，不断提高群众身体素质。力争到2015年，我省城乡居民达到《国民体质测定标准》合格以上人数达90%以上，其中，良好以上水平的人数占45%以上。

5. 打造群众体育精品。一是构建环珠江体育圈。贯彻落实《珠江三角洲文明城市群建设实施纲要》，以珠江两岸为依托，进一步整合珠江沿线地区体育资源，加大珠江两岸体育场地设施建设力度，建设一批全民健身精品工程，形成沿珠江两岸体育功能齐全、满足运动休闲需求的全民健身示范区域。二是构建绿色体育带。以省立绿道网为依托，有效整合全省体育资源，着力构建集体育、休闲、旅游于一体，"点、线、面"相结合的绿色体育带。不断完善体育带配套建设，合理设立生态体育活动站点，积极开发一批生态型的休闲体育活动项目，努力把绿色体育带打造成为具有广东特色、国内领先的群众体育示范基地、全民健身休闲基地。三是打造特色体育点。继续加大对民族传统体育的扶持力度，挖掘、整理和发展民族传统体育项目，努力打造一批具有广东特色的民族传统体育"精品"项目，形成一批民族传统体育特色体育之乡。依托高等院校建立非奥项目发展培训基地，全面推动我省非奥项目的均衡发展，继续保持我省非奥项目的竞争优势。

（二）着力增强竞技体育核心竞争力，提升竞技体育水平

1. 优化项目布局与结构。一是继续巩固优势强项。加大经费投入、设施配套和编制配备，优先配齐配强队伍班子、科医人员，确保优项需要，着力培养一批项目领军人物。二是全力打造拳头大项。着力在队伍建设、资源保障等方面下功夫，扩大大项的规模和厚度，切实加大资源的整合力度，集中优势资源打造一批具有国内领先水平的拳头大项。三是积极提升潜优项目。进一步加强潜优势项目人才梯队建设，扩大优势小项的数量，努力在一些小项上形成人才集团优势，力争使更多的潜优势项目转化成优势项目。四是调整弱势项目。对一些长期弱势的项目进行调整，并对投入大、见效慢的项目转变发展方式，寻求创新突破。五是进一步优化项目结构。优势项目应全面对接国家队，健全"国家、省一、二、三线"梯队，适当扩大规模和厚度；基础大项应增项扩人，加厚一线，配齐二、三线；潜优项目应加强一线，增配二线。

2. 着力实现四项重点突破。一是采取超常措施努力实现单项突尖。分类圈定各级尖子，积极推行以强度为核心的系统训练；完善尖子运动员"一点一组"的科医服务模式，着力解决尖子运动员训练提高的重点和难点问题；优先安排尖子运动员外训、外赛，大力营造尖子运动员夺金环境，重点打造领军式的运动员。二是突破集体球类项目弱势。研究制定适合集体球类项目发展的倾斜政策和有力措施，加强复合型训练团队的建设，强化集体球类项目梯队衔接，创新训练思想和方法，全面突破集体球类项目。三是突破女子项目。加强对女子项目特点与规律的研究和探索，大力实施女子项目男性化训练，促使女子项目在体能、负荷、作风和运动成绩上有明显突破。四是加强对粤籍国家队人员的管理工作。加大备战奥运工作力度，切实加强对他们的领导

和管理；积极配合国家队做好我省重点运动员的训练提高、资格选拔和参赛夺金的工作，进一步提高他们的政治和生活待遇，调动其备战积极性。

3. 构建强劲支持体系。一是建立健全培育尖子体系。建立健全以系统训练为核心、教练员为主导、运动员为主体、科医为支撑、行政后勤为保障的尖子培育体系，集中力量培育一批传统优势项目和顶尖选手，形成广东竞技体育的核心优势。二是提高科医服务水平。以满足系统训练和备战参赛的需要为核心，加强科医软硬件建设，着力培养和引进一批复合型科医人才，转变科医服务模式，创新科医服务方式，全面提升突尖和攻关的科医服务水平。三是提高后勤保障效益。努力加大备战经费总量，创新资源配置方法，以两次分配，实行"优队优投"。在充分保证铸金、夺金的基础上，着力完善现代化配套的场馆设施。四是发挥思想政治教育效能。创新思想政治教育的内容与方法，着力培育运动员拼搏精神、顽强作风、夺金霸气，铸造广东"军魂"。提高管理干部思想作风建设水平，争取在拼搏精神、真抓实干、增强执行力等方面有明显的提升。五是建立健全考核激励机制。改革周期成绩评价办法，完善年度动态评估机制。改革激励办法，完善奖励制度，进一步加大运动员、教练员和科医下队人员的激励力度，努力提高一线人员总体收入。

4. 打造职业体育品牌。一是积极发展职业体育。在巩固和提升省优秀运动队的基础上，以"管理有序、发展可控、服务提高核心竞争力"为原则，正确处理好政府与社会、省与地方、职业与专业的关系，充分挖掘、调动社会的资源和力量，积极探索建立社会办竞技体育的发展模式。二是加大职业体育扶持力度。研究制定相关的政策措施，对足球、篮球、排球等社会关注度高、观赏性强、群众基础好以及网球、高尔夫球、桌球、飞碟等投入大的项目逐步向社会化发展，并在政策上支持，创造条件促进职业体育发展，力争到2015年，打造3~5个具有广东特色、品牌优势的职业体育赛事和职业体育俱乐部。三是塑造体育明星。创造条件为体育职业俱乐部吸纳和引进顶尖人才提供帮助；积极引导体育职业俱乐部建立专业团队塑造和挖掘体育明星，树立个人品牌；定期举办体育明星评选活动，加大体育明星的宣传力度。

5. 落实保障政策，解决运动员后顾之忧。一是加强优秀运动员文化教育。贯彻落实《关于进一步加强运动员文化教育和运动员保障工作指导意见》，加强优秀运动员的文化教育，提高优秀运动员的基础文化教育水平和质量，逐步提升优秀运动员学历教育层次。二是落实优秀运动员保障措施。继续落实和完善优秀运动员免试进入高等院校学习的各项政策及奖学金、助学金制度。出台优秀运动员伤残评定、劳动能力鉴定相关政策，完善优秀运动员工伤保险。建立健全优秀运动员多层次医疗保障体系，不断完善运动员的养老保险、失业保险及住房公积金、住房补贴等保障，争取使运动员退役后的各项社会保险政策能顺利与社会保险政策相衔接。三是做好退役运动员就业安置工作。贯彻落实《广东省退役运动员就业安置办法》，对获得奥运会、亚运会、全运会金牌的退役运动员由政府人事部门安置，对自主择业的退役运动员实施经济补偿。完善退役运动员职业转换期的培训、教育，建立职业转换社会扶持体系，充分利用社会人才网络资源为退役运动员的安置"搭桥铺路"。

（三）着力构建现代体育产业体系，提升体育产业竞争优势

1. 加强体育产业扶持引导，营造良好的发展环境。一是落实产业政策。全面落实《关于加快发展体育产业的意见》和国家、省有关扶持服务业和民营企业发展的各项政策，积极争取各级政府加大对体育产业发展的政策、资金扶持力度，进一步加强体育市场融资、政府贴息、体育公共设施建设等；积极协调各有关部门建立协调联动机制，联合各有关部门共同做好各项体育产业扶持政策的贯彻落实。二是加强宏观指导。建立健全体育产业统计指标体系，进一步完善体育产业统计制度，积极配合有关部门制定出台促进体育产业发展的扶持政策和体育市场管理规范，逐步建立起以产业政策和经济法规为主要调控手段的体育产业宏观管理机制，创造有利于体育产业发展的投资环境，积极引导各类资金进入体育产业。

2. 优化体育产业布局与结构，构建现代体育产业体系。一是优化体育产业布局。发挥广州、深圳中心城市的作用，做大做强城市体育经济，大力培育一批具有国际竞争力的骨干企业或企业集团，形成全省体育产业发展龙头；大力发展珠三角其它地区普及面广、多层次的健身服务业和各类体育制造及体育商贸业，形成若干具有规模优势的产业集群，成为全省体育产业发展基地；大力培育粤东西北地区区域特色主导产业，积极扶持中小体育企业发展，不断壮大体育产业发展规模。二是优化体育产业结构。大力发展健身服务、竞赛表演和体育彩票等本体产业，加快发展体育培训、体育咨询、体育中介等体育服务业，大力扶持体育用品、体育会展业，延伸发展体育旅游、体育康复、体育建筑、体育影视、体育传媒及体育电子竞技等新兴产业，逐步形成符合现代体育运动发展规律，门类齐全、结构合理的现代体育产业体系。

3. 加强体育市场培育，提升体育产业总量。一是加快发展健身服务市场。加强对体育健身业的指导和政策支持，不断丰富全民健身活动经营服务项目，支持社会力量投资全民健身服务业，鼓励优势体育健身企业实施连锁、加盟、并购和重组等多种途径打造品牌。二是提升发展竞赛表演市场。鼓励和支持不同所有制的企业与个人投资体育赛事和职业体育俱乐部，积极引进国际精英赛事，努力培育 2~3 个具有国际一流水平的体育赛事品牌。三是积极发展体育用品市场。大力支持体育用品企业开展自主品牌建设，引导体育用品制造企业通过技术改造和科技创新，打造具有自主知识产权的体育知名品牌。积极协助企业开拓国内外市场。办好体育用品博览会。四是大力繁荣体育彩票市场。依靠提高人的素质、依靠科技创新、依靠营造良好的发展环境，切实转变体育彩票发展方式，增强市场竞争力，推动体育彩票大发展。在强化常规工作基础上，通过深化改革省、市、县三级管理体制，优化公益金和发行费的配置；扩大队伍、提高水平，改革用人制度；增机扩点、扩大规模、优化网点格局、提高网点质量，在大力发展城市市场的同时，加大县级体育彩票工作力度，提高体育彩票的销售总量。五是积极开拓新兴体育市场。积极推动体育与卫生、建筑、旅游、会展、广告、广播电视和新闻出版等相关产业的融合发展，逐步壮大体育康复、体育建筑、体育旅游、体育会展、体育影视和体育传媒等新兴体育市场。

4. 加强体育市场管理，引导体育消费。一是规范体育市场行为。加快建立公开、

透明的管理规范和市场准入制度，规范市场竞争行为。加强对高危险性体育项目经营活动的安全监管，依法确定严格、规范、公开、透明的准入条件。推行体育服务质量认证制度，建立和完善体育服务规范。加强体育行业特有职业技能鉴定工作，提高从业人员的专业水平。二是积极引导体育消费。搞好大型赛事的综合开发，激发体育消费热情，壮大体育消费市场。繁荣城乡体育市场，着力促进农村体育消费与城镇体育消费、传统体育消费与现代体育消费的协调发展。大力推进公共体育场馆综合开发利用，扩大体育消费需求；着力把奥体中心打造成为国际竞赛中心、国家南方训练基地、省级全民健身基地（中心）和区域高端的体育休闲、旅游、商务活动中心。

（四）着力发展青少年体育，提升后备人才水平

1. 建立健全青少年体育活动体系。一是建立健全学校体育活动体系。深入贯彻落实中央和我省关于加强青少年体育、增强青少年体质的工作部署，以学校体育为重点，进一步深化体教结合，完善学校体育工作体系，大力开展课间操和夏令营、冬令营、校园足球等各项课外体育活动，广泛深入开展"阳光体育运动"，切实把青少年学生"每天锻炼一小时"的要求落到实处，全面提高青少年体能素质。二是建立健全青少年体育组织体系。大力实施"青少年体育活动促进计划"，进一步加强青少年体育活动组织建设，大力支持各级各类体校创建青少年体育俱乐部，力争到 2015 年，体育特色校达到 400 所，青少年校外体育活动中心达到 21 个，青少年体育俱乐部国家级达到 300 个、省级 200 个，国家青少年户外体育营地达到 10 个。三是建立健全青少年体育服务体系。着力构建以各级各类学校、体校、体育场馆为载体，以青少年校外体育活动中心、青少年体育俱乐部、青少年户外体育营地、体育特色学校和社会其他服务机构为组织形式，以体育教师、教练员、家长、社会体育指导员和体育志愿者为组织指导人员，以健身活动、竞赛交流、技能培训、健身咨询、体质监测等为主要服务内容的青少年公共体育服务体系。

2. 建立健全青少年体育训练网络体系。一是完善青少年体育训练网络。继续加强以省体育职业技术学院附属竞技体校、广州市体育职业技术学院、深圳市体育运动学校、深圳市体工队等综合型体育后备人才培养示范基地及其他单项示范基地为龙头，地级市、县区重点单项基地为骨干，传统校、网点校、青少年体育俱乐部为基础，社会办校为补充的青少年体育训练网络建设，逐步形成以项目发展为主线，以点带面的青少年体育训练格局。二是加强各级各类体校建设。省附属竞技体校要逐步扩大规模，力争达到 1000 人左右。要加快附属竞技体校的建设，充分发挥龙头作用，进一步提高训练、科研、教学和管理水平，努力打造成为具有广东特色、华南一流、全国知名的体育学校和国家高水平后备人才示范基地；广州、深圳要继续巩固在全省的核心地位，全力办好体育运动学校（市业余体校），集中资源打造具有全国先进水平，集"训练、科研、教育"一体的高水平后备人才基地；加强体育运动学校（市级业余体校）建设，加大经费投入，改善办学条件，强化内部管理，积极争创国家、省高水平后备人才基地；各县（市、区）要创新办学模式，采取独立办学、依附体育场馆和依托重点中学等形式，办好 1 所以上青少年业余体校。三是建立各级各类体校评价机制。严

格按照各级各类体校管理办法及设置标准，建立各级各类体校评估办法，以评估促进体校建设。

3. 建立健全青少年体育训练工作体系。一是建立健全青少年体育训练工作链。着力建立从培养学生体育兴趣、选材、基础训练、输送到成才、就业的青少年后备人才输送链，并制定和完善各环节的工作要求和制度。二是理顺层级、条块关系。进一步强化省、市、县（市、区）青少年体育训练管理职责，充分发挥各级青少年体育训练管理部门的作用，努力实现层级职能与管理的对接。进一步加强省专业队对各级各类体校的训练指导，充分发挥省专业队的业务指导作用，努力实现省专业队与各级体校训练业务的对接。三是创新"体教结合"工作机制。要按照《关于进一步加强运动员文化教育和社会保障的指导意见》的相关要求，加大体教两家资源的整合力度，充分发挥教育部门的管理作用，形成体育部门主管运动训练、教育部门负责运动员文化教育，两部门分工合作，紧密配合的青少年体育后备人才管理体制和运行机制。

4. 建立健全青少年体育训练竞赛体系。充分发挥省运会等重要赛事的杠杆作用，以培养传统优势项目和基础大项后备人才为主要目的，坚持"立足本地，适当引进"的方针，进一步调整省运会的赛制、项目、年龄和奖项设置，调动各地输送优秀后备人才的积极性。着力构建符合体育人才成长规律和教育规律的青少年竞赛体系，有效提高青少年的运动水平和后备人才的质量。

（五）着力统筹协调，提升城乡区域体育协调发展水平

1. 优化区域体育布局。一是打造全国一流体育强市。广州、深圳要充分发挥中心城市的辐射带动和示范导向作用，进一步提升公共体育服务均等化水平，全面提高竞技体育国际竞争力，大力发展高端体育产业，建设具有国际一流水平的标志性体育设施和体育服务平台，努力打造成为全国一流、国际瞩目的体育强市。二是打造全国体育示范区。珠三角其它地区要结合加快城市化、现代化进程，促进珠三角体育资源共建共享，着力建设国内一流水平的公共体育服务体系，打造一批具有核心竞争力的竞技体育优势项目，培育一批具有国内知名度的体育产业品牌，努力打造成为带动全省、影响全国的体育示范区。三是打造特色体育发展区。粤东西北地区要逐步建立健全全民健身四大网络和青少年体育后备人才培养体系，打造各具特色的体育精品，大力培育具有区域特色的体育产业，努力打造成为与经济社会同步发展，与珠三角地区优势互补、跨越发展的特色体育发展区。

2. 统筹城乡体育发展。一是建立健全城乡体育统筹机制。全方位推进"以城带乡、以镇（街道）帮村（社区）"的协调互动机制建设，建立健全城乡体育发展规划、资源和三大业务统筹机制，全面推进乡镇农民体育健身工程建设，大力促进乡镇、农村体育发展，逐步实现城乡体育一体化。二是推进城乡公共体育服务均等化。强化城乡公共体育服务职能，扩大城乡公共体育服务覆盖面，确保乡镇、农村群众与城市居民享受均等的公共体育服务。建立健全城乡体育工作机构，完善城乡体育组织网络。加大城乡体育经费投入，逐步健全以区县为中心、街道乡镇为基础、方便社区居民日常体育锻炼所用的基本公共体育服务设施网络。力争到 2015 年，全省城市建成"十分

钟文化体育圈"、农村建成"十里文化体育圈"。广泛开展符合乡镇、农村特点的体育活动与竞赛，进一步加强对城乡居民体育健身活动的指导，不断满足城乡居民体育需求。

3. 创新帮扶机制。一是建立健全联系点制度。强化省体育局宏观管理职能，进一步加大对各地体育工作的指导力度，建立健全省局领导联系点制度，帮助联系点解决困难、指导发展。二是建立健全对口帮扶制度。创新珠三角与东西北地区之间的对口帮扶机制，建立健全各项对口帮扶激励政策，努力提高对口帮扶的力度；建立健全对口帮扶监督制约机制，努力提高对口帮扶的效益，逐步形成两类地区优势互补、资源互相整合，实现互相支持、共同发展的新局面。三是加大县级体育扶持力度。积极促进省政府出台《关于进一步加强县级体育工作的意见》，进一步完善各项扶持政策，继续加大对县级体育的扶持力度，并在资金、项目、人才培训等方面给予重点扶持。大力实施《关于进一步加强县级体育彩票工作的意见》，全面落实体育彩票公益金二三次分配的扶持政策，继续加大省市体育彩票公益金向基层扶持的分量。

（六）着力申办重大赛事，提升举办大型赛事水平

1. 举全省之力办好2011年世界大学生运动会。认真学习借鉴北京奥运会、广州亚运会和世界各国举办国际体育盛会的成功经验，紧紧围绕"更精彩、更成功、更具影响力"的办会目标，以"改革开放、青春时尚、创意无限、充满激情"的办会理念和"政府主办、市场运作、市民参与、集约办会"的办会方针，以世界眼光、国际标准，举全省之力扎实推进各项组织筹办工作，努力把2011年世界大学生运动会办成具有"中国特色、广东风格、深圳风采"，"团结、祥和、文明、精彩"的体育文化盛会。

2. 精心办好省运会和体育大会等重大赛事。以"一流的场馆设施、一流的组织服务、一流的竞赛成绩、一流的城市形象"的办会标准，高标准、高质量、高效益的做好各项筹办工作，切实把第14届省运会和第3届省体育大会办成隆重、圆满、精彩、富有"岭南特色、地方风采"的体育文化盛会。全力配合办好省少数民族传统体育运动会、职工运动会、残疾人运动员、老年人运动会、大学生运动会和中学生运动会，推动非奥运动项目和各类人群体育发展。

3. 继续申办大型赛事，为促进经济社会发展作贡献。积极申办和举办高水平、高层次的体育大赛，不断提高办赛的能力水平。省及广州、深圳等中心城市要提高承办国内外综合运动会或国际顶级赛事的能力；各地级市要提高承办国家和省级综合运动会或大型赛事的能力；县（市、区）要提高承办国家和省的单项赛事的能力。

四、"十二五"期间广东体育事业发展保障措施

（一）创新体制机制，完善政策法规

1. 创新体制机制。一是转变政府职能。扎实推进学习型、创新型、服务型机关建设，强化体育行政部门在政策调节、社会管理、公共服务等方面的职能，充分发挥事业单位、体育协会在协助政府部门开展行业管理、社会服务的作用。通过分级管理，

条块结合,建立起各级党政领导重视、体育部门主导、相关部门支持、社会各界广泛参与的运行机制。二是深化体育事业单位改革。创新体育事业单位管理体制和运行机制,落实体育事业单位在用人、财务、业务运营等方面的自主权;继续深化内部人事、分配和社会保障制度改革,健全考核评价机制,激发内在活力。三是完善体育投入机制。完善政府投入为主、社会支持为辅、体彩公益金为补充的多元化投入机制。各级财政对体育事业经费投入要随着当地经济社会发展和财政增长逐步增加;要重点安排专项资金支持公共体育设施和公共体育服务体系建设。省市两级设立乡镇农民体育健身工程专项资金,确保"十二五"期间,全省100%的乡镇建有乡镇农民体育健身工程。四是全面加强体育开放合作。积极参与国际体育事务,加快建立全方位的对外开放体系。继续推进落实《粤港澳体育交流与合作协议书》。积极做好对新疆哈什、西藏林芝体育事业的对口援建工作。五是加大体育宣传推广工作。完善体育宣传工作机制和新闻发言人制度,加大体育宣传力度,营造良好的舆论氛围。建立健全省市县体育信息网络和信息工作培训制度,推进体育信息化建设进程。

2. 完善政策法规。一是加强体育政策研究。紧紧围绕"科学发展"的主题和建设体育强省两个层次目标,加强体育发展战略研究。在确保政策连贯性的同时,逐步完善群众体育、竞技体育、体育产业、青少年体育、运动员文化教育和保障工作等相关配套政策。二是加强体育法制建设。贯彻落实《法治广东建设五年规划(2011-2015年)》,制定并实施体育系统法制宣传教育第六个五年规划。加快修订《广东省高危险性体育项目经营活动管理规定》,加快制定《广东省全民健身条例》等若干法规规章。积极推进体育政务公开,增加阳光操作透明度。加强制度建设、制度创新和制度执行工作,以制度保障各项体育事业的发展。

(二)加强人才培育,创建学习型队伍

1. 加强人才培养。一是加强培训。研究制定并实施体育人才培训专项计划,完善培训制度,定期开展岗位培训,进一步加强对各类体育人才的培训力度,全面提高综合素质和业务能力。二是大力发展体育职业教育。适度扩大广东体育职业技术学院办学规模,逐步增至全日制在校生3000人,成人高等教育学历教育在籍学生稳定在400人,非学历培训学员达到1500人次以上;新增专业2~3个,学科门类突破到8个,建设省级品牌、特色专业2~3个,努力打造成为全国知名的体育专业人才培养基地。大力支持广州体育职业技术学院建设,逐步提升办学层次和水平。鼓励和支持有条件的市体育运动学校升格办高职教育。三是加强人才引进。制定出台《引进体育领域高层次人才办法》,大力实施高层次人才引进和特聘计划,落实配套政策,面向国内外重点引进和聘请高水平教练员、科医人员和体育领军人物。四是改善人才成长环境。完善人才选拔制度,改革人才选拔任用方式,形成有利于各类人才脱颖而出的选人用人机制。建立健全科学的人才激励机制,逐步健全收入分配体系、绩效激励机制和全运会周期奖励激励体系。

2. 创建学习型队伍。一是加强学习。以提高体育队伍政治理论水平和业务能力为基本目标,引导广大干部职工树立乐于学习、终身学习的理念,大力营造重视学习、崇尚学习的浓厚氛围，积极开展各类培训和教育，不断增强体育干部队伍的创造力、凝聚力和战斗力。二是转变观念。坚持科学发展，围绕科学发展观的内涵和实质，更加注重以人为本，统筹兼顾，全面协调可持续发展。加快转发发展方式，围绕"建设幸福广东"，更加注重又好又快、增添福祉的发展。三是转变作风。加强机关作风建设，转变工作作风，深入基层，真抓实干，在苦干中抓落实，在拼搏中促发展。加强党风廉政教育，严格落实党风廉政建设责任制，促进廉洁从政。加强体育作风建设，扎实开展体育系统赛风赛纪和反兴奋剂治理工作，增强体育队伍的敬业精神、责任观念和奉献意识，努力维护体育的公正性和纯洁性。

（三）加强组织领导，细化规划实施

1. 加强组织领导。各级政府要高度重视本地区的体育事业发展，切实把体育工作列入经济社会发展总体规划，纳入幸福广东建设和落实科学发展观评价考核体系，将体育事业经费、体育基本建设资金列入财政预算，确保体育事业各项投入与经济社会发展同步。进一步完善支持体育事业发展的财政、金融、土地、规划等方面的政策。充分发挥各级人大、政协的作用，加强对体育工作的督促检查。充分发挥各级工会、共青团、妇联、各行业和社会各界办体育的积极性，建立健全体育工作领导协调机制，统筹协调体育事业发展。

2. 细化规划实施。省体育局各部门、各直属单位要按照本规划的总体目标和具体要求，制定各自的"十二五"规划，分解目标、明确进度、明确要求、明确责任，确保各项工作有序推进。各级体育部门要制定本地体育事业发展规划，切实加强与省规划的有效衔接，确保条线之间、层级之间目标一致。各级政府及体育部门要建立落实机制，进一步加强对规划实施的监督和管理，尤其对重点工作、重点工程要建立目标责任制，落实责任人、责任部门、完成时限，确保按时、保质、保量完成。

广西壮族自治区体育事业发展"十二五"规划

"十二五"时期,是我区贯彻科学发展观,促进体育事业全面、协调、可持续发展,重振广西体育雄风的历史机遇期。按照自治区党委、自治区人民政府有关重振广西体育雄风建设西部体育强省(区)的决定的总体部署和重振广西体育雄风建设西部体育强省(区)三年攻坚总体方案的工作要求,依据自治区国民经济与社会发展第十二个五年发展规划纲要的精神,结合我区体育工作实际情况,以努力实现建设西部体育强省(区)为目标,以满足广大人民群众日益增长的体育文化需求为宗旨,大力推进我区富民强桂新跨越,特制定本规划。

第一章 "十一五"时期工作回顾

第一节 "十一五"时期体育事业成绩显著

"十一五"期间,在自治区党委、自治区人民政府的坚强领导下,在全区各族人民的大力支持下,在全区体育战线的共同努力下,深入贯彻落实《全民健身计划纲要》和《全民健身条例》,使我区体育事业发展取得了巨大成就。成功打造了广西万村农民篮球赛、广西城乡万人气排球赛、广西体育节、广西"红水河杯"绣排球赛等群众性品牌赛事活动。全区经常参加体育健身活动的人数占到总人口数的31%,达到《国民体质测定标准》合格标准的城乡居民人数比例为91.8%,达到优秀标准的人数比例为19%。组织实施了农民体育健身工程、国家级乡镇农民体育健身工程及中国(广西)红水河流域民族体育工程、中越边境(广西)全民健身工程等健身工程,全区城乡公共体育设施大幅度增加,群众体育健身的环境与设施条件不断改善。群众性体育组织日益健全,社会体育指导员队伍不断扩大。青少年体育、残疾人体育、妇儿体育、少数民族体育等方面工作取得新的发展。群众体育法制建设进一步加强,群众体育管理逐步进入法制化轨道。全民健身服务业正在兴起,群众体育消费水平不断提高。全民健身宣传工作逐步加强,科研成果不断涌现,群众体育事业充满发展生机和活力。竞技体育综合实力和竞争力不断提高,"十一五"期间,我区运动员共获世界冠军33个。其中,2006年多哈亚运会,获金牌4枚、银牌3枚、铜牌2枚;2008年第29届北京奥运会，获金牌 1 枚、铜牌 1 枚；2009 年第 11 届全运会，获金牌 7.5 枚、奖牌 15 枚、总分 413.75 分，金牌数、总分数分列全国排位第 21 位和第 22 位，西部地区分别排名第 3 位和第 4 位，并荣获了体育道德风尚代表团称号；2010 年第十六届亚运会，获金牌 6 枚、银牌 2 枚、铜牌 1 枚；在 2005-2008 年周期中获得国家级高水平后备人才基地 5 个，2009-2012 年周期增加到 9 个。"十一五"期间，全区体育固定资产投资共 47 亿元，兴建了一批城乡体育基础设施，总投资相当于广西前十个五年计划投入的总和，新建了广西体育中心、南宁李宁体育园、北海市北部湾体育中心、钦州市体育中心、玉林市体育中心等一批市县体育场馆。体育产业取得长足进步，我区从实际出发，不断推进体育产业化进程，体育产业政策与环境得到逐步改善，体育彩票销量与"十五"期间相比增长了 162%，2009 年体育彩票销售总量达 2.8 亿元，2010 年突破 5 亿元。体育法制建设不断完善，国家《全民健身条例》等一系列法律法规的颁布与实施为我区体育改革与发展提供了重要保障。体育人才队伍建设力度不断增大，研究生以上学历人才由 2005 年的 76 人增加到 141 人，其中博士学历增加 2 人；高级以上职称的由 104 人增加到 149 人，年均增幅为 9%。体育科技、体育教育、体育法制、体育宣传等事业取得长足发展，体育对外交往不断扩大，特别与东盟体育交流日益频繁，从事体育交流的年均达到 200 人次以上。"十一五"时期体育事业的发展与进步，对我区经济建设和社会发展做出了应有的贡献，为"十二五"时期体育事业的发展奠定了良好基础。

第二节 体育事业发展面临的主要矛盾和问题

第一，体育资源短缺严重制约了我区体育事业发展。长期以来，我区的体育事业经费和体育基建投资在全国排名中均落后于大多数省区。2008 年，全区体育事业支出 8.61 亿元，在全国排名第 24 位；人均体育支出 17.05 元，在全国排名第 26 位。我区人均体育支出占人均 GDP 的比例过低，使人民日益增长的体育需求与短缺的体育资源之间矛盾突出，严重制约了我区体育事业的健康发展。

第二，竞技体育整体实力与先进省市区差距明显。近年来，我区竞技体育后备人才培养体系不够完善，科学化训练水平不高，优秀运动队训练场馆设施器材与先进省份相比相对落后。优秀运动队还存在着新人尖子不多、重点项目优势不再、争金夺牌点不广、总体竞争实力不强等问题。

第三，体育产业发展规模与效益不高。我区体育产业规模小，投入少，实力弱，人才缺，效益低，仍处于起步发展的初始阶段。特别是产业意识薄弱、体育用品制造业几乎空白、体育竞赛表演市场有待开发、体育产业的区域及城乡发展不平衡、体育产业结构不合理、缺乏政策的有效扶持、体育产业的供给与市场需求脱节等问题十分突出。我区体育产业的整体发展水平明显落后于全国的平均水平。

第四，公共体育设施供给需求矛盾突出。主要表现在：全区体育场地设施总量严重不足，人均体育场地面积为 0.75 平方米，落后于 1.03 平方米的全国平均水平；发展结构失衡，区域之间、城乡之间的基本公共体育设施发展结构不均衡；场地类型发展不平衡，新建大型体育场馆少，全民健身活动中心不足，布局不够合理；体育基本建设资金投入不足，投资渠道单一；场地利用率不高，各类学校、企事业单位现有体育设施未能向社会开放；缺乏公共体育设施可持续发展的运行管理机制。

第五，各类体育人才短缺。我区高水平体育管理干部偏少，国家级教练员人才、高级体育产业管理人才紧缺，竞技体育后备人才严重不足，体育科技人才和群众体育组织管理人才数量和质量不足、整体水平不高。

第六，体育科技对我区体育事业发展的贡献率有待提高。我区体育科研经费短缺、科技保障与服务机制不够健全、科研设施设备落后、高水平科技成果较少，使得体育科学技术没有在促进我区体育事业发展过程中发挥应有的作用。

第三节 基本经验

第一，以政府为主导，完善市场机制，促进体育事业的社会化、市场化和科学化。自治区政府发挥了政府主导作用，不断完善体育社会化、市场化机制，建立健全体育公共服务体系，加快发展公益性体育事业，扶持经营性体育产业，营造良好的政策环境，为体育科学、快速发展奠定坚实基础。

第二，发挥本地区优势，走广西特色的体育事业发展道路。广西体育事业充分利用地区的自然地理条件并根据体育发展的实际情况，在群众体育方面发挥本地区优势，走广西特色的群众体育道路，积极开展少数民族传统活动，共举办了十二届少数民族传统体育运动会；注重少数民族地区体育项目的挖掘整理，全面提高竞赛项目的规范性和科学性；以民族运动会的举办和民族体育项目竞赛为杠杆，注重少数民族地区体育人才的培养；深入挖掘整理少数民族体育竞赛项目，积极创民族体育品牌。在发展竞技体育方面提出了坚持和完善竞技体育"灵、小、短、水"优势发展战略，调整项目布局、优化项目结构，制定和实施以培养优秀运动员为主要目标的"尖子工程"，加强体育后备人才的基地建设，我区竞技体育发展取得长足进步。

第三，扩大开放，加强交流，不断创新合作平台。通过整合中国—东盟体育资源，以体育为载体，全面推进了体育的交流与合作，挖掘和整理富有区域特色的体育活动品牌，采取政府和民间相结合、双边合作与多边合作等形式，加强分类指导，积极引导开展丰富多彩的具有区域特色和优势的体育活动，打造体育交流合作品牌。

第四，群众体育、竞技体育与体育产业的协调发展。坚持普及与提高相结合，处理好群众体育、竞技体育、体育产业等各项体育工作之间的关系。协调城市与农村以及不同区域之间体育发展，加大对农村地区体育的支持力度，不断缩小城乡之间、区域之间体育事业发展的差距，积极扶持边区、落后和少数民族地区发展体育事业，充分发挥社会力量办体育的积极性；积极发展体育产业，通过创新体育产业发展机制，优化体育产业布局，确定体育产业优先发展项目，加大体育产业发展政策扶持力度，建立体育产业联动机制等手段，促进广西体育产业的发展，使之与群众体育、竞技体育协调发展。

第二章 发展优势与机遇

第一节 发展优势

第一，区位优势 广西是我国唯一与东盟国家既有陆路通道又有海上通道的省区，是中国—东盟合作的重要门户和平台，是西南地区最便捷的出海大通道，在促进区域体育协调发展、深化中国与东盟体育开放合作具有明显的区位优势。

第二，经济发展优势 在我国《国民经济和社会发展第十二个五年计划纲要》以及国家发改委公布的《西部开发重点专项规划》中，新一轮西部大开发战略的实施，广西经济持续快速发展，特别是最近几年年增长率都超过10%。综合经济实力的提高为体育事业的发展提供了坚实的基础，有利于拉动群众的体育消费，推动民族体育的繁荣发展。

第三，得天独厚的自然条件 广西体育旅游资源丰富，具有种类多，分布广、等级和品位高等特点，有助于我区合理利用资源开展将旅游与体育相结合的一系列特色体育项目。

第四，民族传统体育资源优势 广西拥有丰富的民族传统体育资源。少数民族传统体育约有三百多个项目，拥有内容丰富、形式多样、风格独特，具有很高的健身、娱乐价值和极高的历史、文化、观赏价值。

第二节 发展机遇

第一，体育强国建设机遇 2008年奥运会结束后，胡锦涛总书记提出了建设"体育强国"的伟大战略构想。这是党中央对我国体育事业发展提出的新的要求和奋斗目标，也是提升体育事业整体水平和综合实力，丰富人民群众物质文化生活需求，建设和谐社会的重大任务。建设体育强国战略的实施，为我区体育事业发展提供了千载难逢的历史机遇。

第二，重振体育雄风机遇 自治区党委和政府高度重视我区体育事业发展，提出了有关重振广西体育雄风建设西部体育强省(区)的决定的总体部署和重振广西体育雄风建设西部体育强省（区）三年攻坚总体方案的工作要求,为我区体育事业发展提供了难得的政策保障。

第三，西部大开发机遇 国家实施西部大开发新一轮战略，国家出台了《国务院关于进一步促进广西经济社会发展的若干意见》(国发〔2009〕42号)，从战略的高度对广西经济社会发展进行全面系统的指导。新一轮西部大开发战略的实施，为我区体育事业发展提供了重要的环境机遇。

第四，中国—东盟合作机遇 按照党中央、国务院要把广西建设成为"国际区域经济合作的新高地"的要求，2010年中国—东盟自由贸易区正式建成。在中国—东盟合作交流的框架内,已经建立了政府、经济、安全三个合作平台,正在建立第四个文化合作平台包括文化、体育、旅游、教育、媒体等。这为进一步推进我区与东盟各国体育事业的交流与合作提供了重要的条件。

第五,经济发展机遇 按照党中央、国务院把广西建设成为"我国沿海经济发展新的增长极",及高起点、高水平、高标准加快实施广西北部湾经济区发展规划的要求,我区已经进入经济发展的快车道。随着泛北部湾经济合作和泛珠三角区域合作区的建成,我区在区域经济发展中正在发挥越来越重要的作用。我区国民经济的迅猛发展为我区体育事业发展奠定了扎实的经济基础。

"十二五"期间,要进一步明确体育事业的发展目标,统筹规划,认真做好"十二五"期间的各项体育工作,促进我区体育事业全面协调可持续发展,努力为建设体育强国而奋斗。

第三章 指导思想、发展目标与基本原则

第一节 指导思想

高举中国特色社会主义伟大旗帜,以邓小平理论和"三个代表"重要思想为指导,深入贯彻落实科学发展观,适应国内外形势新变化,顺应各族人民过上更好生活的新期待,以科学发展为主题,以固本强基、转变发展方式为主线,以改革创新为动力,突出重点,深化体育管理体制改革,建立健全公共体育服务体系,促进群众体育、竞技体育、体育产业科学发展,为实现富民强桂新跨越发挥重要作用。努力实现群众体育有新发展、竞技体育有新突破、体育产业有新跨越、民族体育保护传承有新进展、体育对外交流有新成效、体育基础设施建设有新改善、体育人才有新涌现、体育改革有新机制、体育政策有新完善。

第二节 发展目标

总体目标"十二五"期间,重点推进把广西建设成为西部体育强省(区)、国家少数民族传统体育保护传承示范区、区域性国际体育对外交流合作中心三项重点工作。继续突出抓好组织实施《全民健身计划》和《广西壮族自治区全民健身实施计划》,使我区基本公共体育设施和服务均等化水平明显提高。确保全区人均体育场地面积达到 1.5 平方米的全国平均水平,经常参加体育锻炼人数比例达到 35% 以上。竞技体育后备人才培养基本形成梯队,优秀运动队与二线队伍的在训运动员达到国家要求的 1:3 的结构比例,参加 2012 年奥运会取得好成绩,力争参加 2013 年十二届全运会获得 8~10 枚金牌并荣获"体育道德风尚奖",竞技体育总体实力保持西部地区前列。体育产业发展环境进一步优化,体育彩票年销售额有较大增长。重振广西体育雄风取得实质性突破。

群众体育 广泛开展全民健身运动，改变城乡公共体育设施落后和不足的局面，提高城乡公共体育服务能力。建立健全群众体育组织网络，形成具有广西特色的全民健身服务体系。到2015年，全区经常参加体育锻炼人数比例达到35%以上。在校学生每天至少参加一小时体育锻炼。全区达到《国民体质测定标准》合格标准的城乡居民人数比例增加到95%以上，达到优秀标准的人数比例增加到22%以上。在校学生普遍达到《国家学生体质健康标准》的基本要求，体能素质明显提高，达到优秀标准的人数比例达到25%以上。抓好残疾人体育工作，提高残疾人参加体育锻炼人数比例。

竞技体育 坚持和创新竞技体育"灵、小、短、水"优势发展战略，调整运动项目布局，优化结构，提高效益。加强竞技体育后备人才梯队建设，加大竞技体育训练与比赛基础设施建设，重点建设广西奥林匹克训练基地和国家南方滨海水上训练基地。加快"科、训、医、教"一体化进程，力争在2012年夏季奥运会上取得优异成绩，力争在2013年第12届全运会上取得金牌8~10枚，金牌数与总分位次稳中有升。

体育产业 扩大体育产业对国民经济发展的贡献率，到2015年缩小我区体育产业的综合指标与全国平均水平的差距。开发传统体育与民族体育市场，打造一批国内知名的民族体育品牌，培育若干个具有国际影响力的广西体育品牌。加快建设广西体育产业城、体育公园、各类健身场所等体育场地设施，初步架构起广西基本公共体育设施地市、区（县）、街道（乡镇）和社区（行政村）四级体系及与之相适应的管理机制。积极开展面向东盟和亚太地区的跨国体育培训、体育交流。加强体育彩票工作，力争我区体育彩票年销售额年均增长超过20%。

公共体育设施 初步架构起广西基本公共体育设施四级体系及与之相适应的管理机制。提高公共体育均等化服务水平，全区体育系统场地100%对外开放，50%的各类学校、企事业单位体育设施对外开放。

民族传统体育 注重保护少数民族传统体育文化的原生态、现时性、完整性，优先抢救和保护具有重大历史、科学、教育、健身价值且处于濒危状态的品种、项目和传人，基本建成有组织、有设施、保护运行机制完善的可持续发展的少数民族传统体育文化保护制度与保护体系，基本实现国家级少数民族传统体育文化保护示范区建设目标，初步实现广西少数民族传统体育文化保护工作的科学化、规范化、网络化、法制化。

对外交流合作 利用中国—东盟交流合作机制平台，构建多渠道、多形式的体育交流合作格局，使东盟不同国家、不同地区的优秀体育文化和各种类型的体育文化产品找到展示与交流的空间，使广西真正成为在国内外极具体育交流合作竞争力、汇聚效应和辐射能力的区域性国际体育交流合作中心。

体育人才培养 进一步完善"三级"训练网络，按照1：3：9原则，保证一线优秀运动队运动员和二线在校训练的竞技体育后备训练人才在原有规模基础上有所增长，发展三线长期参加体育训练的少年儿童初学者近万人。各级各类竞技体育后备训练人才培养基地平均每年向优秀运动队输送约50名具备发展潜力的优秀人才。与有关部门合作培养一批高水平教练人才、高级体育产业管理人才、体育科技人才及群众体育组织管理人才。

第三节 基本原则

——坚持以人为本，科学发展。坚持把以人为本作为发展体育事业的核心理念，就是要以科学发展观为统领，坚持以增强人民体质、提高全民族身体素质和生活质量、促进人的全面发展为目标。

——坚持政府主导，社会参与。坚持发展体育事业的政府职能，进一步认真履行政府在发展体育事业中的基本职责。明确各级政府必须加大对基本公共体育设施和优秀运动队、各级各类体育运动学校的投入，引导和鼓励社会资源参与发展体育事业。

——坚持突出重点，固本强基。要不断巩固和发展我区的优势项目，进一步深化对项目规律的再认识，调整竞技体育"灵、小、短、水"的项目布局，重点解决高水平教练员等优秀人才和后备体育人才短缺的问题，着重解决优秀运动队的训练场馆设施落后问题，为重振广西体育雄风夯实基础。

——坚持统筹兼顾，协调发展。就是要坚持体育发展与经济社会发展的相互协调、相互促进，着力解决公共体育均等化服务水平问题和人民群众日益增长的体育需求与政府提供的体育活动场地不足的矛盾问题。着力解决体育产业基础薄弱，政策法规相对滞后的问题。促使群众体育、竞技体育、体育产业协调发展。

——坚持改革创新，激发活力。以观念创新为先导，全面推进体育事业发展的理念创新、内容形式创新、体制机制创新和传播手段创新，全面提高我区体育事业发展的自主创新能力，积极探索我区体育创新体系建设。

第四章 主要任务

第一节 群众体育

第一，积极开展全民健身活动，努力提高经常参加体育活动人口数量。按照《全民健身条例》及《全民健身计划（2011-2015年）》的要求，有效开展青少年、农民、职工、妇女、老年人等健身活动；积极号召乡镇、社区、各级党政机关、企事业单位开展各类小型多样、科学文明的群众性体育活动。同时要通过多种途径开展全民健身活动的宣传，普及科学、文明、健康的健身知识。继续做好"全民健身活动日"及广西体育节、万村农民篮球赛、城乡万人气排球赛等具有地方特色的全民健身"精品"赛事。

第二，健全城乡基层全民健身组织网络。大力开展青少年体育俱乐部和社区体育俱乐部的创建工作。到2015年，力争全部县（区）建有体育总会，80%以上的城市街道和60%以上的农村乡镇建有体育组织，40%以上的街道和20%以上的乡镇建有1所依托学校或公共体育设施的青少年体育俱乐部；50%以上的市、县（区）建有"全民健身活动中心";50%以上的街道(乡镇)、社区(行政村)建有便捷、实用的全民健身设施;居委会、社区和行政村普遍建有全民健身活动站点;基层体育组织自主开展经常性和制度化的体育健身活动。广泛建立城乡基层的,分行业、项目和人群的体育社会团体,全力推进基层体育组织实体化。

第三,发展壮大社会体育指导员队伍,提高群众体育骨干队伍素质。到2015年,获得社会体育指导员技术等级证书的社会体育指导员达到3.6万人以上,获得社会体育指导员国家职业资格证书的人数达到3000人以上。社会体育指导员素质和技能有较大提高。县级以上地方普遍建立社会体育指导员协会和社会体育指导员培训基地,实现社会体育指导员协会的规范化管理和培训工作制度化。普遍开展全民健身志愿服务活动,大幅度提高以社会体育指导员为主体的全民健身志愿服务者的指导比例,形成较为完善的全民健身志愿服务工作机制。

第四,加强民族传统体育保护传承工作。编制并组织实施《广西壮族自治区少数民族传统体育文化保护规划》,研究民族传统体育文化保护政策,进行民族传统体育文化遗产保护试点推广。打造一批民族体育品牌赛事与节庆,申报一批国家级和自治区级民族传统体育非物质文化遗产名录,抢救保护一批具有历史、艺术、科学价值的民族传统体育文物,出版一批民族体育著作与音像作品,建立一支完备的民族体育保护队伍,评选与命名一批民族体育特色之乡、示范学校、传承馆(人)。构建少数民族传统体育文化保护体系。通过政府主导与社会参与方式,建立自治区-市-县(市、区)-乡镇(街道)-村(社区)五级保护工作机制,构建以广西民族大学为龙头,校际保护传承联盟工作机制。在我区创建国家少数民族传统体育保护传承示范区。

第五,加强群众体育宣传和科研工作。进一步发挥宣传和科技保障作用,营造全民健身良好氛围,提高群众科学健身水平。借助全民健身日、广西体育节等重大节庆活动,加大对群众体育的宣传力度,提高广大群众体育健身意识和科学健身知识水平。进一步加强对群众体育的科学研究、项目推广和科普工作,不断创新群众体育的活动形式和内容,普及新的体育健身知识。

第六,加强青少年体育工作。认真落实"健康第一"的指导思想,把增强学生体质作为学校教育的基本目标之一,纳入学校教育考核主要指标。健全学校体育工作机制和督导制度,提高体育教学质量,全面实施《国家学生体质健康标准》,广泛开展"阳光体育运动",积极开展课余体育训练,倡导科学、健康的青少年健身和运动理念。办好各级各类业余体育运动学校、体育传统项目学校,加强青少年体育俱乐部和青少年户外体育活动营地建设,建立和完善学校、社区、家庭相结合的青少年体育网络和联动机制。

第二节 竞技体育

第一,实施竞技体育金牌工程,全力备战奥运会、全运会等重大赛事。建立符合广西社会经济发展实际情况的竞技体育发展模式,建设一支全方位的人才队伍,确立重点优势项目在全国的一流地位。坚持"优势项目，优先发展，优先投入"原则，继续巩固游泳（跳水、水球）、射箭、田径、羽毛球、体操（艺术体操、蹦床）、举重、国际式摔跤等优势项目，对优势项目的资源配置、梯队设置、训练网络、场地器材等方面集中财力、物力、人力给予倾斜投入。坚持"潜优势项目，重点发展，重点投入"原则，加强射击、手球、帆板、乒乓球、跆拳道等潜优势项目。对篮球、拳击、柔道、网球等弱势项目坚持"侧重发展，效益投入"原则，尽快提升竞争力。继续保留武术（套路、散打）、技巧、蹼泳等成绩突出的非奥运会项目。积极筹备开展女子拳击、高尔夫球等奥运会新设置的运动项目，在游泳、田径等基础大项上拓展长距离项目，加强跳水、体操、射击等金牌大户项目，增加拳击、柔道、跆拳道、武术散打等分级别对抗性项目的运动员编制数，努力拓宽训练项目的竞争力、竞争面，确保金牌目标的实现和突破。完善有利于优秀运动队成长和发展的分配激励约束机制，创新有利于竞技体育后备人才成长的全区竞赛机制，改善优秀运动队训练场馆设施制约发展的不足因素，调动优秀运动队后勤保障工作积极主动性，打造积极进取的争金夺银队伍，向管理要质量、要效益、要成绩、要金牌。

第二，建立完善的"训、科、医、教"一体化管理模式。提高我区竞技体育的实力，建立以运动项目为中心，以重大比赛为导向的"训、科、医、教"一体化管理模式。要系统整合我区训练基地、体育科研所、体育医院、高等学校等部门的资源，打造包括科研攻关、医疗康复、运动员职业规划与教育一体化和系统化的竞技体育服务和管理平台，为我区竞技体育发展提供多系统的、高水平的、整体化的保障体系，全面提升我区竞技体育竞争力和可持续发展能力。尤其应探索建立"科、训、医、教"四位一体化的训练基地模式，加强对训练基地科研测试、医疗康复、文化教育条件的投入。

密切关注和分析国内外竞技体育发展的动向和趋势，深入研究竞技体育的发展规律、运动项目的制胜规律、体育竞赛的备战参赛规律、运动队伍的管理和训练规律等，重视对国内、国际先进训练理念、经验、方法手段的总结和整理，运用多学科知识研究影响项目发展的重大技术环节和薄弱环节，为运动训练提供理论依据和实践借鉴。坚持严格要求、严格管理和"从难、从严、从实战出发，科学的大运动量训练"的训练原则。制定实施系统完善的备战计划，做到重点管理、重点保障，全面提高训练质量和夺金概率。

第三，实施竞技体育后备人才培养基地建设工程，完善后备人才培养体系。建立和完善运动项目发展中心与各级各类业余体校相结合，优秀运动队与后备人才培养基地相结合，各级各类业余体校相互衔接的竞技体育后备人才培养体系。后备人才培养基地建设工程要遵循"质量优先、扶优扶强"的资助原则，遵循"目标考核，强化输送"的资助原则，遵循"市级高水平，质量和数量并重"的资助原则，全区重点扶持14个场地设施比较完善的综合性竞技体育后备人才基地。县级业余训练是后备人才培养的重点环节，遵循"县级高质量，打造拳头项目"的资助原则，重点开展游泳（跳水、水球）、射箭、田径、羽毛球、体操（艺术体操、蹦床）、举重、国际式摔跤等优势项目的50所后备人才培养基地创建活动。

抓好后备人才的培养、注册、选拔、输送、招录等关键环节的工作，完善后备人才培养的评估体系、监督体系、激励体系、竞赛体系、服务体系和保障体系，重视后备人才的文化教育工作，规范竞赛活动，理顺训练与竞赛的关系，发挥竞赛的杠杆作用，把后备人才培养基地的选材、业余训练和文化学习引导到科学化的轨道上来。

遵循各级各类体校分类指导原则，鼓励多种办学模式，明确交流政策，在后备人才培养、流动和输送机制方面，建立有偿流动和输送机制，建立多形式、多渠道、多层次的有效联结机制，根据"谁培养、谁受益"，完善后备人才交流办法，规范管理，提升培养的积极性。

依靠全社会各方力量，建设以体育行政部门投入的各级各类青少年体育运动学校、公办业余体校为龙头，以传统项目学校、青少年体育俱乐部、体育特色学校以及社会力量培养为辅的竞技体育后备人才培养体系，形成政府主导，全社会广泛参与的后备人才发展新格局。

第四，加快广西奥林匹克训练基地、国家南方滨海水上训练基地建设。广西奥林匹克训练基地，是我区体育专业运动队训练、科研和教学基地，基本满足我区运动员的训练需求。并具备年接待500人次东盟国家教练员、运动员交流学习和长期训练的能力，形成"训、科、医、教"一体化模式。国家南方滨海水上训练基地，是利用广西沿海独特的自然及气候优势，打造一个能承担国家冬季综合训练、国内、国际单项赛事的国家体育训练示范基地，服务全国冬训。同时，加快广西体育运动学校新校区建设工作。

第五，实施运动员"好苗子"工程和教练员"强将"工程。关心青少年学生运动员的成长和教育，加快优秀运动队管理的信息化进程。建立青少年后备人才数据库，建立优秀运动队运动员数据库，建立监督评估、决策支持和公共服务的信息化应用管理系统。

加强各级各类教练员的培训工作，把培训作为上岗准入的基本条件，加大培训力度，建立培训制度，制定培训计划，筹措培训资金，重视培训实效。进一步重视基层教练员政治待遇、经济待遇和培训再提高。推动教练员绩效考核和上岗执教资格认证制度建设，加强绩效评估工作，实行教练员考核和评聘制度，实行任期目标责任制。加强优秀运动队与后备人才队伍教练员之间的"纵向交流"，鼓励优秀运动队富余教练员、职业转换过渡期内的优秀运动员到基层任教和蹲点，充分发挥退休教练员技术骨干积极作用。

第六，完善竞技体育配套政策。努力提高优秀运动员、教练员、基地和项目中心工作人员、后勤保障人员和科研医务人员的待遇，调整全运会成绩奖金的分配办法；根据运动项目训练规律和运动员成材特点，积极探索运动员四年一周期的成材率考核，完善教练员四年一周期的聘用上岗制度；根据各市年度锦标赛成绩、输送高水平后备人才情况、是否被评为国家或自治区高水平后备人才基地等指标，改革和完善青少年锦标赛公费名额的分配办法。

第七，积极推动"教体融合"新模式建设。推进"教体结合"向"教体融合"的转变，积极构建常态化制度化的教育、体育协商机制和工作促进机制，构建长效化"优势互补、资源共享、义务共尽、成果共享"的体育、教育优质资源整合机制。积极推动各级各类、多层次多形式的学生竞技体育比赛和运动会，通过办赛选拔人才，通过办赛扩大后备训练人才队伍。统筹协调体育与教育，体育与社会各方的关系，建立较为完善的以体育行政管理部门为主导，体育、教育及相关部门各负其责的后备训练人才的管理体制和运行机制。推动自治区教育厅、自治区体育局签订广西"教体融合"合作框架，指导全区的"教体融合"工作。积极探索将职业教育和职业培训内容纳入体校运动员文化教育必修课程，积极探索推进各级各类业余体校向中等职业教育学校转变的工作。

第八，加强运动员文化学习和保障工作。深入贯彻国办发《关于进一步加强运动员文化教育和运动员保障工作指导意见》，重视和做好优秀运动队运动员和竞技体育后备训练人才的文化教育工作。依据《教育法》加强义务教育阶段的青少年学生运动员的文化教育工作，确保达到国家规定的基本质量要求，保证运动员完成九年义务教育和高中阶段教育，并逐步扩大接受专科和本科学历教育的比例。建立教育、体育行政管理部门组成的联席会议制度和督导制度，形成体育行政管理部门为主，教育、体育各负其责的教育保障制度和机制。体育、教育、财政、人力资源社会保障等部门要密切配合，分工负责，充分利用国家相关职能部门的行政和政策资源，认真解决运动员文化教育和保障政策落实中的突出问题，完善保障体系。后备训练人才培养基地要处理好比赛与训练、训练与文化教育、出成绩与出人才的关系，以人为本，促进青少年学生运动员德智体美全面发展。加强运动员保障工作，实施工伤保险和运动员奖学金、助学金制度。加强运动员的职业转换过渡期培训和职业技能鉴定工作，提高退役运动员的再就业能力；健全运动员自主择业经济补偿标准动态调整机制，对退役运动员自主创业按规定给予政策性支持；进一步拓宽运动员安置渠道，对在国内外重大比赛中取得优异成绩做出突出贡献的优秀退役运动员，在组织安置上给予适当的鼓励。继续落实和完善现役和退役优秀运动员免试进入高等院校学习的各项政策，为退役及现役运动员接受高等教育创造条件。

第九，完善体育竞赛制度。建立以体育系统为主导，社会各界广泛参与的多元化、立体化的全区竞赛新体系。整合和调动社会资源，鼓励和引导各行业以及社会力量举办各级各类体育竞赛。以全区竞赛为抓手，改革区运会的计分办法，对一些重点优势项目或者潜优势项目实行双计分的办法，增设输送奖励等引导各地市增加投入，夯实项目的后备人才基础。适当精简我区体育系统比赛中项目的设置，对某些非奥运项目、长期落后项目交由社会或其他系统组织承办。积极承办国际、国内的重大赛事，特别是广西与东盟的体育赛事活动。建立大型国际、国内比赛活动的资助制度。坚持和完善竞赛招标制度和年度比赛赛制，加强比赛管理，树立全区性的竞赛品牌。

第十，加强竞技体育领域的国内外交流与合作。建立跨区域、跨部门共同培养高水平体育人才的激励和保障机制，加强同先进省市区的合作。加强同国内著名高校合作，合作培养优势和潜优势项目的优秀后备人才。加强同国内外在竞技体育科研攻关、专家咨询、教练员培养、运动员集训等方面的合作。

第三节 体育产业

第一，努力构建广西体育产业"一轴两带"的战略格局。"十二五"期间，充分利用广西体育资源优势，着力实施"一轴两带"体育产业发展布局，构建以桂林—柳州—来宾—南宁—北钦防沿海城市（北海、钦州、防城港）为主轴，以桂东、桂西为两带（桂东包括梧州、贵港、玉林、贺州四市，桂西包括百色、河池、崇左三市）的我区体育产业发展大格局，重点培育广西体育城，柳州水上娱乐运动中心，来宾红水河民族文化体育产业园，桂林体育旅游，北海、钦州、防城港滨海体育休闲和冬训基地，梧州、贵港、玉林、贺州体育用品制造，百色山地体育运动，河池、来宾民族体育、休闲养生，崇左中国—东盟体育园等一批重点项目。

第二，加强体育产业基地建设及重大产业项目开发。我区应加强建设及开发全区各地体育产业基地的建设及重大体育产业项目的开发，争取在国家体育总局和自治区人民政府的支持下创建 1~2 个国家级体育产业示范园区，建设一批自治区级体育产业示范基地，在全区树立体育产业发展的标杆。

加快推进广西体育城等一系列重大体育工程项目的建设，重点建设南宁李宁体育公园、南宁华蓝弈苑、柳州水上娱乐运动中心、来宾红水河民族文化体育产业园、桂林智力运动园、平果体育产业园、广西南方滨海训练基地、崇左"中国—东盟快乐缘"体育主题园和大新明仕田园体育休闲基地等一批体育产业示范工程。

第三，大力实施体育竞赛表演和俱乐部的品牌建设。加强与国际国内体育组织和运动单项协会的合作，引进一批国内外知名体育赛事落户广西，办好 F1 摩托艇世界锦标赛（中国柳州）大奖赛、世界杯滑水赛（中国柳州）大奖赛、世界水上摩托锦标赛等具有国际影响力的大型体育赛事。发挥自身优势，继续培育中国—东盟国际汽车拉力赛、南宁国际半程马拉松比赛和百色国际山地户外运动挑战赛以及平果 CBO 篮球邀请赛等一批有影响力的国际赛事。

打造职业体育品牌俱乐部。扶持华蓝围棋俱乐部、柳州水上摩托艇俱乐部等一批职业俱乐部建设，鼓励大型企业办高尔夫、篮球等项目的职业俱乐部，鼓励地方政府、企业、高校与自治区体育局合办优秀运动队。

第四，发展体育旅游休闲产业。努力挖掘、整理、传承和开发利用我区民族民间传统体育资源。立足资源，面向市场，联合旅游、文化等产业，分期分批对我区特有的竞技、游戏、舞蹈、表演、节会、养生等六大类民族体育资源进行市场开发，打造我区体育产业的特色产品和特色品牌。

利用我区得天独厚的"山"、"河"、"湖"、"海"以及亚热带气候资源条件，发展体育休闲旅游项目，组织开展户外山地运动、探险体验、赛艇、海钓等经营活动，创建一批获国家认可的体育旅游精品项目。

第五，培育体育传媒产业发展。发挥我区的区位优势，筹建中国—东盟体育媒体合作网络，建立中国—东盟体育媒体合作交流的常设机构和服务平台。积极拓宽传播渠道，整合跨媒体的体育传播；发展以弘扬体育文化为主题的整合销售，以拓宽体育传媒的产业空间。鼓励有实力的传媒机构介入体育咨询服务、体育公关服务、体育经纪服务等市场，打造具有竞争力的体育传媒品牌，开发一批有特色的体育专栏、体育频道、体育作品、体育互动项目，提升休闲体育的国际化、娱乐性、社会化内涵。

建立多元化的体育媒体经营模式，建立多元投资的体育传媒集团，并且以合资、合作、资源共享、战略合作伙伴、项目委托、版权代理等方式，开展与东盟国家的体育媒体合作。要加强体育资讯方面的信息服务，充分发挥各类媒体在宣传体育彩票方面的作用，全方位指导彩民投注、增强体育彩票娱乐性。

第六，做大体育彩票产业。

1. 科学规划，确立战略目标。将扩大体育彩票的销售、提高产业效益作为体育彩票产业的核心环节，在2011-2015年五年内实现全区体育彩票销量和网点规模平均年递增20%以上。

2. 扩大规模，夯实基础。一是围绕完成年度销售任务的核心奋斗目标，根据"稳步推进竞猜型规模，努力提高乐透型销量，全面扩大即开型市场"的思路，开展以市场为导向、营销为中心、服务为手段、产品为重点的市场开拓和营销工作。二是实施增机扩点，填补农村空白点，扩大网点规模；加强网点基础形象改造，构建规范的基层网点服务平台，提高单机销量和销售效益。三是建立规范化的多元化、立体化的销售渠道网络体系，完善销售管理体系和技术管理体系；四是强化分类管理，推进统筹经营，将全区14个城市根据经济实力、城市规模、市场份额等划分为三类，实施差异化管理，提供具有针对性的帮扶措施，提高资源利用率。

3. 加强管理，依法治彩。一是深入贯彻《彩票管理条例》，坚持依法治彩。二是加强资源整合，强化营销宣传，配合公益金的使用和宣传，充分整合和挖掘利用宣传体育彩票的有效渠道和平台，树立公益形象，提高公信力。三是加强队伍建设，扩充人才储备，优化队伍结构，严格执行绩效考核管理制度。加强行业培训，对销售网点实施精细化管理，提高全体从业人员的业务水平和服务质量。四是完善各项规章制度，优化工作流程，加强对人事、财务、资产、技术等关键环节的监督检查，全面贯彻落实安全运营的理念。

第四节 公共体育设施

第一，扩大城乡体育基本公共服务设施的覆盖面，努力推动公共服务均等化。初步构建与广西经济社会发展水平相适应的地市、区（县）、街道（乡镇）和社区（行政村）四级基本公共体育设施体系。到2015年，基本实现：

1. 地市级：全区14个地级市基本实现"五个一"，即一个大型全民健身活动中心、一个体育场、一个体育馆、一个游泳馆和一个体育公园的建设。

2. 区（县）级：全区 34 个城区基本实现"两个一"，即一个中型全民健身活动中心、一个体育公园的建设；75 个县 50%完成"四个一"，即一个中型全民健身活动中心、一个体育馆、一个田径场和一个体育公园的建设。

3. 街道（乡镇）级：全区 105 个街道办事处 50%完成"两个一"，即一个小型全民健身广场、一片笼式多功能球场的建设；1126 个乡镇 50%完成"两个一"，即一个带看台的灯光篮球场、一个小型全民健身广场的建设。

4. 社区（行政村）级：全区 1701 个社区基本实现"两个一"，即一片多功能运动场地、一条健身路径的建设；14353 个行政村 50%完成"两个一"，即一个室外篮球场、一个室外乒乓球场的建设。

5. 各类学校和企事业单位：广西体育高等专科学校、广西体育运动学校和全区 92 所市县级业余体校，通过安全开放条件的改造，100%实现对外开放；全区其它 17696 所各类学校，通过安全开放条件的改造，50%实现对外开放。全区有条件的企事业单位的体育设施，50%实现对外开放。

第二，加强业余体校建设。新建完善 14 个地级市 14 个业余体校的体育设施，各包含 1 座综合训练馆等；新建扩建规模在 100 人左右的 109 个县区级业余体校，相应配套简易田径场、综合训练馆、教学楼、宿舍楼等。

第三，加快大专院校体育馆建设。计划"十二五"期间，选取全区 20 所大专院校建设一个体育馆。

以上项目均涵盖了中国（广西）红水河流域民族体育工程、中越边境（广西）全民健身工程的建设内容。

第四，建设体育公共服务体系的长效机制。要建立基本公共体育设施建设和管理两手抓、两手硬，可持续发展的长效管理运营模式。

各级政府应当在财政预算中统筹安排相关经费。县以上人民政府行使对基本公共体育设施收费、收费标准的审批权。县以上人民政府体育行政主管部门要建立基本公共体育设施备案管理制度；按年度向公众公布基本公共体育设施名录；对街道乡镇和社区基本公共体育设施建设和运营进行指导管理。财政投资建设的党政机关和学校体育设施，要首先向社会进行开放。

组织开展基本公共体育设施"公建民营"试点工作。通过委托经营等形式，吸引管理运营能力强的企业对基本公共体育设施进行运营，提高公共体育设施使用率和经济社会效益。引导和鼓励社会力量参与公共体育设施的管理运营维护工作。

第五节 体育科技与教育

第一，加强竞技体育科研团队建设。围绕广西竞技体育优势项目，努力培养体育科研带头人，形成不同项目的科研攻关团队。结合国内竞技体育发展的趋势及我区竞技体育发展的需求，我区竞技体育科研团队应主要围绕运动训练监控与恢复、高原训练、心理调控、伤病预防与治疗等四个领域进行建设。竞技体育科研团队包括优势项目的教练员，体育科研团队的管理建立岗位责任制及合同制，围绕全运会及奥运会周期体育局与各科研团队签订协议，科研团队的收入及相关奖励与其服务的运动队或运动项目所取得的成绩挂钩。体育局在课题立项、科研经费及科研条件等方面向优秀科研团队倾斜，逐步形成具有较强科技攻关能力、理论与实践紧密结合、知识基础扎实、思维敏捷的科研团队群及科研带头人队伍。

第二，明确重点科研领域，集中资源实施重点突破。我区集中有限的资金和科研骨干，集中突破关乎我区体育事业发展成败的重点项目。积极开展运动员选材、心理、伤病预防康复、训练比赛个性化设计、竞技状态诊断调控等方面的研究工作。

第三，加强体育科技基础条件建设。

1. 加强国家体育总局重点实验室建设。积极争取国家体育总局重点实验室建设落户广西，该项目成为我区"十二五"期间体育科技工作的重点。我区重点实验室建设应当与我区建设"训、科、医、教"一体化训练基地紧密结合起来，使实验室真正能够为高水平运动训练提高重要的科技支撑和服务。

2. 加强高水平运动队科学训练信息化平台建设。高水平运动队科学训练信息化平台的建设对规范我区高水平运动员训练管理、加强后备人才培养及运动员选材跟踪都具有极为重要的意义。我区高水平运动队科学训练信息化平台的建设要加强技术开发，建立标准平台数据库版本，实现信息的方便快捷录入和查询，完善补充现有数据库信息数据，增强信息化平台的实用性和可操作性。

3. "科、训、医、教"四位一体训练基地建设。以自治区体育局训练基地为核心，加强对训练基地科研测试、医疗康复、文化教育条件的投入，探索建立"科、训、医、教"四位一体化的训练基地的模式。

第四、进一步加强广西体育高等教育。加强体育高等教育工作，发挥体育高等教育在我区体育事业中的作用。加强广西体育高等教育院校建设、学科建设和人才队伍建设，鼓励、支持体育院校开展群众体育、竞技体育、民族体育等方面的研究，兴办高水平运动队，推进广西体育高等学校新校区建设，推进广西东南亚体育学院申办和建设。

第六节 体育对外交流

第一，拓宽交流沟通渠道。争取国家体育总局的支持，尽快成立"中国—东盟体育交流合作"领导小组，加快实施《中国—东盟体育交流合作总体规划》，建立健全规划实施办法，并逐渐形成定期的工作会议制度，设立"中国—东盟体育交流合作重点项目目录"推介机制；强化政策支持，拓宽筹资渠道，争取优惠政策，通过社会筹资等渠道弥补资金不足；确立中国—东盟体育交流合作工作目标责任制，建立计划实施监督和评估制度；建立中国—东盟体育交流合作数据库，建立规范化的中期评估、动态监测机制。

第二，开展内容丰富、形式多样的体育对外交流合作。

1. 举办中国—东盟系列体育赛事。继续办好中国—东盟国际汽车拉力赛、中国—东盟篮球邀请赛、南宁国际龙舟赛、南宁半程马拉松赛、环北部湾公路自行车赛以及中越边境的传统体育赛事等。举办中国—东盟系列国际体育赛事，培育国际赛事品牌。

2. 培养东盟高级体育管理人才，扩大中国体育文化影响力。"十二五"期间，我区应积极整合国内体育专家资源，创办中国—东盟中青年体育领导人训练营，加强中国—东盟体育人才培训基地指导、支持工作，发挥其应有作用。为东盟国家培养中青年高级体育领导人、高水平体育教练、高级体育经营管理人才，推动东盟体育事业发展，扩大中国及广西体育文化影响力。

3. 创建中国—东盟体育人力资源培训中心。以中国—东盟体育信息中心为起点，进一步加强体操、武术、网球、篮球等运动项目的人力资源交流。

4. 加强中国—东盟体育学术交流。通过举办中国—体育发展论坛、中国边境地区全民健身论坛等活动增进国际体育学术交流；建立中国—东盟体育研究中心，指导、支持中国—东盟体育信息中心工作，进一步加强中国—东盟体育的学术研究与交流。

5. 配合中国与东盟国家重大外交活动。配合中国—东盟国家重点外交活动，开展有广西特色和较大影响力的体育对外交流活动。

第三，拓展中国—东盟交流合作领域和范围。开展中国—东盟体育交流合作，要力争在广西首府南宁构建一个综合性的中国—东盟体育交流合作服务中心，并以此为核心，在广西形成桂林、柳州、北海、钦州、防城港、百色、玉林等区内辐射地带，在国内形成"泛珠三角"、"泛长三角"等经济活跃区域和相邻的西南省区积极参与的局面，在国际上形成东盟国家和地区广泛参与的局面。

第七节　人才队伍建设

树立人才资源是第一资源的理念，遵循人才发展规律，把促进我区体育事业发展和人才全面协调发展作为根本出发点，以能力建设为核心，以高层次人才、重点领域人才培养为重点，进一步完善人才评价、使用和激励机制，营造良好人才环境，充分发挥人才作用，统筹推进各类人才队伍建设，培养造就高素质的体育人才队伍，为我区体育事业的可持续发展提供充足的人才和智力储备。

第一，体育管理人才。培养和造就具有较高政治理论水平、较强宏观管理和科学决策能力、驾驭全局和战略思维能力、有较高综合素质和工作水平、精通各项体育业务、能把握体育工作规律的"复合型"高素质体育管理人才。以自治区和地市体育部门处以上领导干部、领导班子和自治区体育部门事业单位领导班子为重点，努力建设一支政治坚定、能力突出、勤政廉政、勇于创新，能够带领广西体育事业实现跨越式发展的高素质体育管理人才队伍。到2015年，体育管理人才队伍中具有大学本科以上学历占70%，专业化水平明显提高，结构更加合理。

第二，体育教练人才。培养和造就掌握现代体育训练竞赛规律、业务水平高、实践经验丰富，把握当代竞技体育发展趋势，能培训运动员获奥运会、全运会等国内外重大比赛冠军的高水平体育教练人才。以优秀运动队教练员为重点，依托我区"灵、小、短、水"传统优势项目，到 2015 年，力争每个重点布局和优势项目有 1 名国家级教练员。

第三，体育产业人才。培养和造就谙熟广西群众体育、竞技体育、体育市场开发和体育产业经营规律，把握国内外体育产业发展趋势，具有良好的经济专业知识背景、市场运作能力的高层次体育产业人才。到 2015 年，体育产业人才大学本科以上学历达到70%，一批体育产业领军人才脱颖而出。

第四，统筹推进其它各类人才队伍建设。（1）体育学术技术人才。建设一支事业心强、治学严谨，具有较深学术造诣和较强创新能力，学术技术水平处于区内领先地位的体育学术技术人才。以培养中青年学术技术带头人为重点，培养1至2名在国内具有一定影响的体育科研专家。到 2015 年，体育科学技术人才队伍中研究生以上学历达45%，高级职称达到25%以上。（2）体育教学人才。建设一支事业心强，熟悉体育教学理论和课堂教学步骤、技巧，具有良好的语言素质，掌握一定的科研方法，教学水平处于区内领先地位的体育教学人才。（3）优秀运动员人才。建设一支作风顽强、技术精湛、勇于攀登、掌握制胜规律、具有较高文化素质和良好体育道德的优秀运动员队伍。（4）体育外事人才。建设一支熟悉外事特别是广西—东盟的体育交流外事业务、熟悉民族体育、外语水平高、具有较强的体育对外交流组织协调和沟通能力的体育外事人才队伍。（5）社会体育指导员。建设一支系统掌握体育锻炼和比赛的理论与方法，能在群众体育活动的技能传授和锻炼指导中取得一定成效，能够承担自治区社会体育活动组织工作的优秀体育指导员队伍。（6）体育裁判员。建设一支能够及时掌握各单项技术规则的最新标准和变化，有能力承担大型综合运动会和国内各级比赛任务的高水平裁判队伍，重点抓好全运动会项目的裁判队伍建设。

第五，加强对体育从业人员的教育培训。鼓励和支持机关、事业单位工作人员通过多种方式在职接受更高学历的教育，研究制定人才学习培训奖励制度，建立干部网络培训制度，推动各类体育人才积极参加培训学习，重点抓好处科级管理人员、中级以上专业技术人员和重点项目带头人的定期培训。通过公开报名、择优选拔的方式，每年选送一批特别优秀的管理人员、教练员、体育产业管理人员到国内著名高校、国内外培训机构进行培训或进修，全面提高体育人才综合素质。

第五章　保障措施

第一，组织保障。各市县要充分认识到广西体育事业"十二五"发展规划的重要意义和主要任务，切实加强组织领导，并落实各级政府和相关管理部门的改革责任。各市县体育局要按照本意见的要求，结合各地区体育发展实际情况，制定具体实施方案和有效措施，精心组织，有效推进，确保规划任务有效实施。

第二，完善体育法制。制定并完善相关政策文件。依据《中华人民共和国体育法》

和广西的地方性体育法规管理体育工作，依法保护现有体育场馆设施不受侵占，坚持把体育工作纳入法制化轨道，坚持依法行政，依法治体，坚决纠正体育行业不正之风，促进体育事业健康发展；各地市县体育局要按照自治区体育事业"十二五"发展规划确定的指导原则和基本目标，抓紧制定相关配套政策文件，进一步深化、细化和实化体育各项具体任务，并做好相关制度、政策的衔接，协调推进各项改革。

第三，增加经费投入。各级人民政府应当将体育事业经费体育基本建设资金列入本级财政预算和基本建设投资计划，并随着国民经济的发展逐步增加对体育事业的投入。将城市公共体育设施建设纳入城市建设规划和土地利用总体规划，合理布局，统一安排。各级财政部门每年要安排必要的经费用于公共体育设施维护。

第四，培养引进各类体育人才。全面实施人才强体战略，制定人才培养、使用和管理的科学评价标准，逐步建立比较完善的体育人才选拔、评价、激励和竞争机制；建立"能进能出、能上能下"的人才管理模式；敢于突破资历、地域和薪酬等限制，破格提拔和大胆吸纳各方有真才实学、能开拓创新的优秀拔尖人才；加速培养和引进优秀教练员、科研人员和体育经营管理等紧缺人才，研究制定吸引国际、国内人才和人才发展的优惠政策措施。

第五，制定配套政策。各级政府和相关管理单位要加强沟通协商，密切配合，尽快制定完善各项配套政策措施和办法，保障改革的有效实施。尽快制定加大体育经费投入政策、鼓励社会民间资本投资体育事业政策、体育发展激励政策、体育产业税费优惠政策等，保障和促进我区体育事业"十二五"发展规划的顺利实施。

海南省"十二五"文化事业发展规划

为推进"十二五"时期全省文化事业的科学发展,推动文化的大发展大繁荣,提升国际旅游岛的文化软实力,促进海南国际旅游岛建设的更好、更快发展,根据《国家"十二五"时期文化体制改革和发展规划纲要》、《海南省国民经济和社会发展第十二个五年规划纲要》、省委省政府《关于加快推进文化改革发展的决定》,编制本《规划》。

一、"十一五"时期的发展成就

(略)

体育事业产业发展形势喜人。体育事业不断发展。我省5名运动员代表国家参加北京奥运会,实现了历史性突破。成功举办北京奥运火炬境内首传活动。成功组织第三届全省运动会。我省运动员多次在残奥会、国际比赛、全国比赛中获得金、银、铜牌。环海南岛国际公路自行车赛成功举办五届,已晋级为亚洲顶级赛事并在国际上产生了广泛影响。环岛大帆船赛、钓鱼比赛、"金椰子"海南高尔夫公开赛、体育冬训等一批特色体育项目已成为全国知名体育品牌。体育产业发展成绩斐然。一批国家级体育训练基地、大型高尔夫球场项目等落户海南,体育赛事、体育会展、体育旅游休闲等产业方兴未艾,体育对关联产业的牵引拉动作用不断凸现。

二、"十二五"时期面临的形势

过去的五年是我省文化改革发展最快、最好时期,也是海南文化地位作用大幅提升的时期,但是与推动文化大发展大繁荣和海南国际旅游岛建设对文化改革发展提出的要求相比,还存在很大差距,所面临的问题和困难有不少:文化建设起步晚、基础薄弱,文化事业投入不足、文化设施欠账多;公共文化产品服务仍显不足,难以满足人民群众日益增长的文化需求;文化产业总量少、规模小,产业发展相对滞后,与经济结构调整、发展方式转变的需要不相适应;文化产品的影响力和辐射力不强;文化人才队伍不强等状况仍然没有从根本上得到改变等。

"十二五"期间,是实现海南国际旅游岛建设中期目标、为全面建设小康社会奠定决定性基础的关键时期,也是加快海南文化事业发展的重要战略机遇期,文化事业发展面临诸多有利条件也面临严峻的挑战。海南国际旅游岛建设为文化建设发展提供了巨大的发展机遇,也对加快文化建设发展提出了新的更高的要求;随着经济社会持续快速发展,全面建设小康社会进程的加快,提供更多更好的文化产品和服务,满足人民群众日益增长的精神文化需求的任务十分紧迫;文化在促进经济社会发展中的重要作用越来越突出,推动文化建设和经济建设、政治建设、社会建设协调发展,已成为实现科学发展的必然要求。面对这些新形势新任务新要求,我们要牢牢抓住发展的重要战略机遇期,顺应海南国际旅游岛建设发展要求,把握文化发展规律,加快文化改革创新,更加自觉更加主动地推动新时期文化的大发展大繁荣。

三、指导思想和主要目标

（一）指导思想

以邓小平理论和"三个代表"重要思想为指导,深入贯彻落实科学发展观,适应国际旅游岛建设的新形势新要求,顺应人民群众对精神文化和健康生活的新需求新期待,以科学发展为主题,以改革创新为动力,以满足人民群众文化需求为出发点和落脚点,着力推动文化建设向与经济、政治和社会建设协调发展转变,文化事业向公益性、基本性、均等性和便利性转变,文化产业向规模化、集聚化、专业化转变,文化体制改革向重点领域关键环节转变,加快构建覆盖城乡的公共文化服务体系,加快发展独具海南特色的文化产业,加强对文化产品创作生产的引导,提高全民文明素质,增强国际旅游岛的文化软实力和国际化水平,推动文化的大发展大繁荣。

（二）主要目标

"十二五"期间,覆盖城乡的公共文化服务体系基本完善,省-市县-乡镇（街道）-行政村（社区）文化体育基础设施建设达到或超过国家建设标准,公共文体设施网络日趋完善,服务运行机制逐步健全,服务能力显著提高,人民群众能公平、就近、便捷享受公共文化服务,基本文化权益得到更好保障,文化生活更加丰富,质量进一步提高。围绕国际旅游岛建设提出的总体要求,建设"国际化水平高、本土文化魅力独特、创新创意性强"的现代文化产业体系。初步构建起"一区三带九重点",南北互动、东西相融、差异化发展的产业格局。即以国际旅游岛先行试验区为突破口,大力发展文化旅游、文化创意、出版发行、影视制作、演艺娱乐、文化会展、动漫游戏、体育健身、休闲疗养等重点产业,形成东线以滨海旅游文化为主体,中线以民族风情、特色旅游文化为主体,西线以高科技、环保、民间文化为主体的文化产业带。文化产业增加值占全省GDP的4%,文化产业成为转变经济发展方式、优化经济结构的重要推动力,成为国际经济合作和文化交流的重要平台,成为新的支柱产业和经济增长极,实现文化产业在重点领域的跨越式发展,提升海南国际旅游岛软实力。现代文化产品创作生产体系不断完善,体育综合实力增强,城乡、区域群众体育发展差距进一步缩小,群众体育事业发展迈上新台阶。文化创新能力进一步提升,文化精品创作生产逐渐丰富,形成一批具有国内国际影响力和竞争力的文化旅游品牌景区、品牌活动、品牌赛事、品牌剧目、品牌频道频率、品牌产品,文化引导社会、教育人民、推动发展的功能充分发挥。文化体制改革重点任务全面完成,形成科学有效的宏观文化管理体制,文化资源配置更加优化,布局更加合理,效益更加明显,文化体制机制充满活力、富有效率、更加开放，有力促进文化科学发展。

四、工作目标和任务

（一）（二）（三）略

（四）体育

1. 建立完善体育公共服务体系

——加快重点体育设施建设。海南省体育中心，争取 2015 年基本完成全部项目建设，弥补我省没有大型专业体育场馆的空白，为我省举办大型体育赛事和大型演出活动，开展全民健身活动提供场馆，成为海南省标志性体育设施；海口江东国家体育训练基地，主要建设包括综合训练馆、游泳馆、球类馆和田径场以及科研康复中心等配套设施，除用以专业队伍驻训、运动员赛前集训、赛后调整，还用于开展全民健身等活动。

——各市县按标准完成"一场一池一馆"（田径场、游泳池和体育训练馆）体育基础设施建设；海口、三亚、儋州等市县率先建成与其城市规模相适应的体育中心；50%以上的市县（区）建有"全民健身活动中心"；50%以上的街道（乡镇）、社区（行政村）建有便捷、实用的全民健身设施。

——继续实施"农民体育健身工程"、"雪炭工程"、"全民健身路径工程"。积极争取利用国家体育彩票公益金分配的"全民健身工程"的数量，到2015年，全省65%的行政村完成"农民体育健身工程"，各市县按标准完成"雪炭工程"建设。

——有条件的公园、绿地、广场建有全民健身设施。积极推进城乡新建居住区建设全民健身设施。推动公共体育场馆和学校体育场馆向公众开放。

——支持和扶持基层体育健身组织，切实推进城乡基层体育健身组织的规范化建设。市县（区）、80%以上的城市街道、60%以上的农村乡镇建有体育组织，城市社区普遍建有体育健身站（点），50%以上的农村社区建有体育健身站（点）。鼓励建立全民健身晨晚练辅导站，在海口、三亚、儋州、琼海、陵水、保亭等地试点创建一批社区群众体育俱乐部，并纳入社会管理范围。形成遍布城乡、规范有序、富有活力的社会化全民健身组织网络。

——加强社会体育指导员和全民健身志愿服务队伍建设。成立社会体育指导员协会，加强社会体育指导员培训工作，规范社会体育指导员管理，重点培养指导型、技能传授型社会体育指导员。到2015年，全省各级社会体育指导员达到4500人，全省健身中心、晨晚练点都配备社会体育指导员。积极开展全民健身志愿服务，广泛组织优秀运动员、教练员、体育科技工作者、体育教师和社会热心人士从事义务健身辅导，普遍开展全民健身志愿服务活动。

2. 全民健身人数与质量显著提高。到 2015 年，经常参加体育锻炼的人数比例达到40%，成年人达到《国民体质测定标准》合格人数比例达60%，全省各级各类学校推行《国家学生体质健康标准》，青少年体质明显增强。

3. 丰富群众性体育活动

——丰富"全民健身日"活动内容，突出有海南特色的民族民间传统体育展示和表演活动，使之成为全省有影响的大型活动之一。

——办好"力加杯"九人排球联赛、"力神杯"健美锦标赛等传统群众体育活动；办好体育舞蹈锦标赛、老年人运动会、残疾人运动会、农民运动会、少数民族运动会等综合性体育运动会。

——开发、推广民族民间体育项目，举办各类体育联谊活动和趣味运动会，将参与性强、趣味性浓、观赏价值高的体育项目引入社区、乡镇、街道。

4. 加强体育运动学校和优秀运动队建设

——省高级体育运动技术学校扩大办学规模，增加优秀运动队编制至180人；加大体育科研投入；加强基础设施建设，进一步改善运动训练、体育教学条件，完善运动员保障体系，提升学校整体实力，努力完成第三十届奥运会和第十二届全运会参赛和争牌夺金的任务。

——以少年儿童体校、体育传统项目学校等为基础，海口等12个市县改善现有业余体校训练、生活设施；其余市县建立业余体校。确保学校文化教育、人员、经费、器材、场地五到位。加强体育传统项目学校建设，由省与地方财政共同支持保障。

——各级各类体育运动学校义务教育阶段文化教育工作纳入国民义务教育序列，形成较为完备的青少年运动员文化教育保障体系，切实提高运动员的基础文化教育水平和质量，加强运动员在役期间的文化教育工作。

5. 办好省运会和品牌体育赛事

——举办第四届全省体育运动会。

——自行车赛事。将环海南岛国际公路自行车赛办成世界知名的公路自行车赛，策划举办山地自行车、极限自行车等赛事。

——水上运动赛事。办好环海南岛国际大帆船拉力赛，策划举办帆板、垂钓、滑水等赛事。

——高尔夫赛事。将海南"金椰子"高尔夫球公开赛打造成国内有影响的高尔夫赛事，策划引进国内外大型高尔夫职业赛、业余赛。

——沙滩运动赛事。引进举办国内和亚洲顶级的沙滩排球赛事。

——智力运动赛事。策划举办棋牌类、航模类等赛事。

6. 发展体育健身业

重点发展体育旅游休闲产业，继续办好中国体育旅游博览会。支持文昌木兰头国际体育休闲园、三亚奥林匹克湾、儋州西部体育娱乐城等一批重大项目建设。大力发展潜水、帆船、帆板、冲浪、垂钓、沙滩排球、沙滩足球等滨海运动项目和自行车、登山、漂流、野外拓展等户外运动。试办一些国际通行的旅游体育娱乐项目，将海南建成国际知名的体育旅游休闲目的地。

7. 加快体育综合训练基地建设。以海口、三亚为重点，沿文昌、万宁、琼海、陵水、保亭等东海岸线设置，打造海口至三亚东海岸线冬训基地群，并适当向中线五指山、保亭，西线澄迈、儋州延伸，形成足球、帆船帆板、沙排、举重、射击等多项目、覆盖全省东西南北中的冬训基地布局。

8. 规范有序地建设高尔夫项目。在符合国家土地利用、林地保护和城乡规划，不占用耕地农田，保护生态环境，维护农民合法权益的前提下，科学规划、总量控制、合理布局，依法建设高尔夫项目。重点规划北部、东部、南部地区，适当兼顾西部地区高尔夫项目建设，增加公众高尔夫球场，普及高尔夫运动。

9. 提高体育彩票营销水平

加快竞猜型体育彩票和大型国际赛事即开彩票实施步伐，积极试行国际通行、具有海南特色的彩票游戏产品。建立规范有序、高效安全的全省体育彩票三级管理体系。加强发行网点建设，提高管理、服务和营销水平，扩大市场，提升销售总量，全省体育彩票销售量年递增30%，到2015年达到3个亿。

五、保障措施

（一）落实文化经济政策，加大文化事业投入

落实国家文化经济政策，加大公共财政对公益性文体事业的投入，建立以政府为主导，以公共财政为支撑的稳定增长的文化事业建设财政投入机制，完善文化投入专项资金制度，确保地方财政每年对文化建设的投入增幅不低于同级财政经常性收入的增幅。建立公共文化服务体系经费保障制度，建立健全各类文化发展专项资金和基金，加大对公益性文化事业的扶持力度，支持少数民族公益性文化事业发展。

推动完善和落实有关鼓励社会组织、机构和个人捐赠、赞助和兴办公共文化事业的税收优惠等政策，以及通过政府采购、招标、以奖代补等方式，吸引和鼓励社会力量投资兴办公共文化实体，建设公共文化设施，提供公共文化产品和服务，运作重点艺术项目等。形成以政府投入为主、社会力量积极参与的稳定的公共文化服务投入机制。

落实国家西部大开发政策中支持文化发展的若干政策，争取国家对文化艺术、广播影视、新闻出版、体育和农村基层公共文化服务网络和文化设施建设，以及民族民间文化保护工作的支持。

（二）培养引进人才，加强队伍建设

以人才资源能力建设为核心，抓住培养、引进、使用三个环节，增加人才总量，优化人才结构，提高人才素质。

贯彻落实国家和我省人才工作部署，建立健全业务培训、任职培训、岗位培训和继续教育制度，针对不同领域、不同岗位，分期分批培训全省文化广电出版体育业务骨干。进一步完善人才工作机制，形成人才脱颖而出的良好局面。

建全基础公共文化服务队伍，逐步实施基层文化单位从业人员资格制度、各级基础公共文化单位持证上岗制度。建立健全基础文化经营管理人才选拔制度，造就一批懂文化、会管理、善经营的优秀文化经营人才。

重点培养和引进高层文化领导人才、文化产业人才、对外文化传播人才、新媒体人才、高水平体育人才。制定高层次文化人才的引进聘用计划，着重引进一批国际会

展、高端演艺、网络数字、创意产业、游艇产业、国际赛事等国际旅游岛建设急需的高端文化产业人才。对引进高层次人才,在户口、住房、科研经费、家属随迁、子女入学等方面实行更加灵活更加优惠的政策。研究出台允许以资本、技术、管理和知识产权等要素参与项目投资和利润分配的政策。创新人才使用模式,采取项目合作、项目聘任、客座邀请、定期服务等方式,面向国内外重点引进高端人才、领军人才。

(三)深化体制改革,增强发展活力

按照中央关于深化文化体制改革的战略部署,加大力度、加快进度,推动文化体制改革向纵深发展。着力推进经营性文化单位转企改制,培育合格的市场主体,2011年完成中央确定的各项改革任务;加快国有文化资源的整合与重组,推动组建文化传媒集团,培育文化市场的主导力量。

坚持文化事业和文化产业协调发展。公益性事业单位以政府为主导,增加投入、转换机制、增强活力、改善服务,实现和保障广大人民群众的基本文化权益。经营性文化单位创新体制、转换机制、面向市场、壮大实力,满足人民群众多方面、多层次、多样性的精神文化需求。

落实完善改革发展配套政策。按照《国务院办公厅关于印发文化体制改革经营性文化事业单位转制为企业和支持文化企业发展两个规定的通知》要求,制订完善我省经营性文化事业单位转企改制,以及加快我省文化产业发展的相关政策,从土地、财政、税收、投融资、市场准入等方面支持文化单位转企改制和文化产业发展。

(四)强化服务监管,营造良好环境

强化政府管理职能,加强宏观调控,逐步形成党委领导、政府管理、行业自律、企事业单位依法运营的文化管理体制和运营机制。加强和改善政府对文化市场的依法监督,完善属地管理,强化市县依法监管能力,形成权限明确、行为规范、监督有效、保障有力的文化市场综合执法体制。进一步落实行政执法责任制,做到执法权限法定化、执法内容标准化、执法程序合法化、执法制度规范化、执法监督经常化、执法管理制度化。

(五)加强组织领导,确保规划实施

各级党委政府要把文化建设摆在"四位一体"全局工作中更加突出的位置,纳入社会经济发展总体规划,纳入科学发展考核体系,实施"一把手"负责制。要健全党委统一领导、政府大力支持、党委宣传部门协调指导、行政主管部门具体实施、有关部门密切配合的工作机制,形成推动文化发展的合力,推进规划的贯彻落实。

注:鉴于海南省的特殊情况,我们只保留了与体育有关的内容及"十二五"时期面临的形势、指导思想等内容。

重庆市体育事业发展"十二五"规划

"十二五"是推进我市体育事业在西部"加快"和"率先"发展，切实改善体育民生，全面实现"健康重庆"建设目标的关键时期。为此，根据《重庆市国民经济和社会发展第十二个五年规划刚要》制定本规划。

一、"十一五"我市体育事业取得长足发展

"十一五"是我市体育事业取得长足发展的五年。在市委、市政府的坚强领导下，我们坚持统筹城乡体育事业发展，坚持群众体育、竞技体育、体育产业和基础设施建设协调发展，坚持共建共享，全面实现了"十一五"的各项目标任务，使全市体育事业发展站在了一个新的历史起点上。

（一）群众体育走在了全国前列。五年来，特别是市委三届三次全委会以来，我们以建设"健康重庆"为主线，以改善体育民生为目标，以贯彻落实《全民健身条例》为抓手，以打造群体品牌赛事活动为平台，全面推进了群众体育的广泛深入开展，使群众体育走在了全国的前列。经常性参加体育锻炼的人口达到了40%，比"十五"末增长两个百分点；国民体质抽样合格率达到了87.6%，比"十五"末增长0.9%；社会体育指导员达到了25067名，比"十五"末增长221%。资助命名了全民健身登山步道86条，新建了塑胶跑道运动场827片，创建了国家级全民健身活动中心3个和全民健身户外营地1个，创建了国家级青少年体育俱乐部101个，培养了球类教练员500名。规模以上及各级各类群体赛事活动年增长达到20%以上，圆满完成了北京奥运火炬在重庆的传递，成功举办了"健康重庆"全民健身运动会，将武隆国际户外运动公开赛打造成了世界户外运动三大赛事之一，实现了一年一度的全国南北登山大联动主会场落户我市，使南滨路马拉松赛、长寿湖铁人三项赛、卫星湖公开水域游泳比赛成为了享誉西部乃至全国的品牌赛事，将万盛区羽毛球节打造成为了全国羽毛球运动的重要活动。建立健全了43个市级体育单项协会，加强了市、区县（自治县）、行业的体育社团组，实现了国民体质监测的全覆盖。在国际国内群体比赛上夺得了45金73银71铜的好成绩。成功申办了2014年第五届全国体育大会。

（二）竞技体育有了新提高。张亚雯在北京奥运会上获得羽毛球女子双打铜牌，实现了我市运动员在奥运会上奖牌零的突破。在广州亚运会上我市运动员代表国家夺得了2金3银，创历史最好成绩。在"十一运"上获得了2金5铜252.5分和体育道德风尚奖，成功实现了我市竞技体育的"五个转变"，使"以我为主"的竞技体育发

展方式得到了全面的确立。按全口径统计,"十一五"期间我市共获得58个国际比赛冠军、16个亚洲比赛冠军、111个全国比赛冠军。先后举办和承办了91项国际国内竞技赛事。引进和聘请了18名高水平教练员和顾问,新培养了1498名裁判员。建立和恢复了41所区县业余体校,其中命名了15所重点区县体校,体校在训运动员人数到达了3500人。创建了4个国家级高水平体育后备人才基地。

(三)体育产业有了新突破。体育彩票销量年均增幅达到了28.9%,2010年销售额突破了10亿元大关,是"十五"时期年均销量的3倍。体育市场初具规模,竞赛表演业、健身休闲业、技术培训业、中介咨询业等正在走向规范化。全市建立了10个市级体育职业技能培训基地,累计培训体育职业人员800名。办理体育经营备案165个,审批体育经营许可23家,批准成立体育类民办非企业24家。

(四)体育场馆设施建设全面提速。全市体育场馆设施建设全面提速,全市人均体育场地面积大幅增长。截至2010年底,人均体育场地面积达到了0.9平方米,比"十五"末增长0.39平方米,增幅为76.4%。市级体育设施"四中心一基地一体校"(市竞训中心、市奥体中心综合馆、大田湾全民健身中心、市射击射箭中心、武隆仙女山国家级青少年户外营地、市运动校)的建设全面推进。区县"一场一馆一池"开工建设57个,是"十五"时期的2.6倍。乡镇、街道、社区和行政村体育设施得到进一步改善,新建农民体育健身工程4600个、社区健身路径工程778个、乡镇农民体育健身广场103个。2010年"健康重庆"建设体育投入达到了28.74亿元,比"十五"末增长15倍。

总结"十一五"的五年,是我市体育事业大发展的五年,是我市体育体制机制改革取得重要突破的五年,是我市体育战线自加压力、奋起直追的五年,是我市体育立足西部、走向全国、放眼世界的五年。

二、"十二五"我市体育事业发展面临的形势和任务

(五)"十二五"是我市体育事业实现"加快"和"率先"发展的关键时期。北京奥运会的成功举办,标志着我国由体育大国迈上了体育强国的征程。胡锦涛总书记在北京奥运会残奥会总结表彰大会上的讲话,描画了我国由体育大国向体育强国迈进的宏伟蓝图。市委、市政府"健康重庆"建设的决定,为我市体育事业的发展确立了新的坐标。《重庆市国民经济和社会发展第十二个五年规划纲要》把广泛开展群众健身、加强学校体育、发展竞技体育,构建以社区体育健身设施和农村体育健身设施建设为重点的全民健身公共服务体系纳入了全市经济社会发展的重要内容。这一切,充分说明了"十二五"是我市体育事业"加快"和"率先"发展的关键时期。

(六)"十二五"我市体育事业发展面临的主要矛盾和问题。我们应该清醒地看到,当前我市体育事业发展还面临诸多新的矛盾和挑战。公益性体育基础设施相对不足,大型体育场馆布局不尽合理,设施设备不配套;全民健身服务体系建设滞后,每万人拥有社会体育指导员人数不到7.8人,低于全国平均水平;社会化服务网络和国民体质监测系统尚未健全,使全民健身缺乏有效的指导和科学的监测。竞技体育总体

水平与直辖市的地位不符，运动项目少、运动员规模小，训练条件相对落后，后备人才缺乏，制约了竞技体育的发展。体育产业起步晚、规模小，市场竞争力弱，占全市GDP的比重极其有限。这些矛盾和问题是需要我们在"十二五"期间着力改善的。

三、"十二五"我市体育事业发展的指导思想、总体目标和基本原则

（七）"十二五"我市体育事业发展的指导思想。坚持科学发展观，切实贯彻落实"314"总体部署，以"健康重庆"建设为目标，统筹城乡体育均衡发展，不断提高公共体育服务水平，深化体育体制机制改革，创新体育发展方式，提升我市体育事业发展水平和质量，促进我市体育事业全面协调可持续发展，使重庆体育事业在西部实现"加快"和"率先"发展，满足广大群众日益增长的体育需求，切实改善体育民生，为全市在西部"率先"全面建成小康社会做出贡献。

（八）"十二五"我市体育事业发展的总体目标。根据市委、市政府"十二五"总体部署和"健康重庆"建设的任务要求，"十二五"期间我市体育事业发展的目标是：经常性参加体育锻炼的人口比例达到50%以上，国民体质监测合格率达到90%，每万人拥有社会体育指导员城市达到20名、农村达到9名。完善后备人才培养体系，推进竞技体育及赛事体制改革，提高竞技体育的整体水平和竞争力，在2013年的第十二届全运会上成绩排名进入西部中上位次。增强体育产业创新能力，体育服务业品种门类较为齐全，满足人民群众多层次、多方面的体育消费需求，体育产业增加值对全市GDP的贡献率有所增长。加快体育场馆设施建设力度，人均体育场地面积达1.5平方米。办好2014年第五届全国体育大会。

（九）"十二五"我市体育事业发展的基本原则

——坚持体育工作服务中心、服务大局的原则。立足体育，奉献社会、服务社会主义现代化。坚持促进体育与经济社会发展的密切结合，充分发挥体育在促进经济建设、政治建设、社会建设、文化建设、生态文明建设以及对外交流中的综合功能和独特作用，把体育发展融入到全市经济社会发展战略中，推动全市经济社会又好又快发展。

——坚持以人为本，服务民生。坚持以增强人民体质、提高市民身体素质和生活质量、促进人的全面发展为目标，要切实把满足人民群众不断增长的体育需求作为体育工作的出发点和落脚点，做到体育发展为人民，体育发展靠人民，体育发展成果由人民共享。

——坚持解放思想，改革创新。处理好继承与创新的关系，不断探索"十二五"时期各项体育工作与社会主义市场经济相适应的特点与规律，努力实现理论创新、科技创新、制度创新。进一步转变发展观念，创新发展模式，提高发展质量。体育管理由经验型向科学型转变。

——坚持统筹兼顾，城乡协调发展。促进群众体育与竞技体育和体育产业的协调发展，促进"一圈两翼"、城乡协调发展，促进奥运项目和非奥运项目，重点项目与一般项目，新兴体育项目与民族传统体育项目的协调发展。处理好当前与长远、规模

与效益的关系,提高发展质量和效益。

——坚持科教兴体、人才强体、依法治体。牢固树立人才资源是第一资源,重视和发挥科技、教育、人才队伍在体育事业发展中的关键作用,坚持体育事业发展要依靠科学技术进步,坚持体育科学研究与体育运动实践相结合,提高人才队伍素质,发挥各类人才作用。增强体育法制观念,加强体育法制建设,促进依法行政、依法治体,将体育工作纳入法制化轨道。

——加强体育文化建设。深入挖掘体育的文化内涵,夯实体育发展的社会基础和文化根基,提升体育的软实力。通过体育促进建立健康、科学、文明的生活方式,塑造积极、健康的社会价值观和大众人生观。充分发挥体育在建设社会主义先进文化中的作用和功能,让体育成为社会主义先进文化的传播者和创造者,成为时代精神的倡导者和践行者。

——坚持政府主导,人人参与。坚持体育事业的公益性质,发挥政府主导作用,以提供体育基本公共服务为主要任务,发挥多部门联动作用,动员人民群众广泛参与,营造良好的政策环境和浓厚的社会氛围。

四、切实提高群众体育发展水平

(十)着力强化体育公共服务能力。全面贯彻《全民健身条例》,强化体育公共服务职能,以全民健身设施建设、组织建设、活动开展、科学指导、科学评估等为主要内容的全民健身公共服务体系基本建成。城乡居民体育健身意识进一步增强,经常参加体育锻炼人数进一步增加,身体素质明显提高。城乡基层公共体育健身设施、体育健身组织、体育健身指导队伍和志愿服务队伍数量和质量显著提高,城乡、地区群众体育发展差距进一步缩小。

(十一)着力构建全民健身服务体系。强化全民健身服务体系建设意识,将全民健身服务体系建设纳入当地经济建设和社会发展规划,在资金、场地、机构和人员等方面为全民健身服务体系建设提供保障。加强市、区县(自治县)各体育单项协会的建设,强化对各类体育社团工作的指导和服务,积极帮助有条件的乡镇建立体育单项协会,充分发挥体育协会、社团在群体活动中的纽带和桥梁作用。完善全民健身的科学标准和规范体系,建立健全各区县(自治县)体质测试机构,推进有条件的社区和乡镇建立国民体质监测站,开展城乡居民日常体质测定和科学健身指导,进一步完善国民体质监测、体育锻炼标准、群众体育现状调查等各项制度的落实,将国民体质监测纳入常年体育指标统计,积极作好第四次全国公民体质监测和全民健身活动状况调查工作。积极创建"文体中心户"。

(十二)着力推进全民健身设施建设。新建和改扩建100条全民健身登山步道工程,新建150个乡镇农民体育健身工程(乡镇健身广场)、500个社区健身路径工程,继续完善行政村的农体工程。创建10个国家级"全民健身活动中心"、2个国家级"全民健身户外活动基地"。继续实施"雪炭工程"和新农村农体工程。建设以区县为中心、街道乡镇为基础、方便社区居民日常体育锻炼所用基本公共体育服务设施网络。

将全民健身设施建设纳入各级政府"民心工程",纳入城市建设规划和土地利用规划,合理规划建设群众健身场所。保证城乡基层全民健身设施建设经费,加大向农村、社区和库区、少数民族地区的资金扶持力度。鼓励和支持企事业单位、社会团体和个人投资兴建体育健身场所。

(十三)着力加强社会体育指导员队伍建设,积极开展全民健身志愿服务。充分发挥西南大学国家级社会体育指导员培训基地的作用,加强社会体育指导员培训工作,完善培训基地设施配备、师资建设和培训体系。成立市社会体育指导员协会。完善社会体育指导员登记注册制度,规范社会体育指导员管理,建立社会体育指导员网络信息平台。完善社会体育指导员激励机制和经费投入机制,政府以购买服务的形式,聘用社会体育指导员承担群众体育指导服务工作,为社会体育指导员工作开展创造必要条件,积极开展社会体育指导员争先创优活动。广泛开展全民健身志愿服务活动。

(十四)着力开展群众体育健身竞赛活动。积极推行《普通人群众体育锻炼标准》,着力营造崇尚体育健身的氛围,吸引城乡居民坚持参加体育健身活动。各级政府要将《全民健身计划》纳入社会整体发展规划和目标管理体系。各体育行政部门要利用全民健身日、节假日、民族传统节日等组织开展各种群众体育活动,引导广大市民自觉参与全民健身。大力推行"一区一县一品牌"赛事计划,以"武隆国际户外山地运动公开赛"国际品牌为引领,积极打造"元旦南北群众登高健身活动"、"长寿湖业余铁人三项赛"、"南滨路马拉松赛"等群体活动品牌赛事。每两年举办一届市运动会。每四年举办一届市农民运动会、市残疾人运动会、市少数民族运动会和市老年人运动会。

(十五)着力抓好学校体育工作。各级各类学校要认真落实"健康重庆"建设体育课时规定,每周上好4节体育课,并逐步规范达标;积极开展"阳光体育运动",保证学生每天参加体育锻炼的时间不少于1小时,每年至少举办一次全校运动会;使学生至少在高中毕业前掌握1~2项体育技能,并养成经常性锻炼的习惯。加强体育教师队伍建设,根据体育课时总量配齐配足体育教师。加强学校体育设施的建设和体育器材的配置,每个区县(自治县)至少有2所以上学校建成400米标准的塑胶运动场。进一步推进学校体育场馆向社会开放。认真总结推广学校体育场馆向社会开放的经验,对照国家有关规定,逐步建立相应的开放条件和标准、财政补助、保险、收费标准、安全管理规范、责任追究等制度,加大具备开放条件的学校体育场馆向公众开放的力度。

(十六)着力加强群众体育法制建设。进一步建立健全政府领导,体育部门负责,有关部门共同推进,社会力量积极兴办,人民群众广泛参与的群众体育管理体制。加快群众体育法治化进程,积极制定《重庆市全民健身计划》,逐步建立完善的群众体育法规体系。完善全民健身的科学标准和规范体系,探索建立适应小康社会对群众体育要求的"小康体育"指标体系。加强对特殊人群体育的科学研究,研制与推广适合特殊人群的体育健身新项目、新方法及新标准。

(十七)着力办好第五届全国体育大会。2014年第五届全国体育大会是我市第一次承办全国综合性运动会,坚持"遵循惯例,科学管理,灵活机制,开放创新,求实节俭"的办会原则。实现"特色突出、令人难忘、精彩圆满、效益良好"和充分展示我市"四个文明"建设、悠久的历史文化、灿烂的自然风光、多彩的民族风情和"五个重庆"建设成就的办会目标。按照体育大会项目设置，确定项目承办地点，按照竞赛要求科学合理地新建、改扩建体育场馆。积极营造浓厚的全民健身社会氛围，把比赛与展览、比赛与论坛、比赛与旅游结合起来，办成一届影响深远、精彩绝伦的体育盛会。同时按照"五体会"所设比赛项目，充分发挥区县体育部门和各单项体育协会的作用，认真分析项目优劣势，确定我市参赛项目，并按照一流的参赛队伍水平，组建我市参赛队伍，力争取得优异成绩。

五、切实增强竞技体育综合实力

（十八）逐步做大做强竞技体育规模。根据奥运、亚运和全运会备战的需要，并与直辖市地位相称，逐步将竞技体育的项目增加到 23 个，优秀运动队规模达到 800 人以上，培育在全运会上的夺牌点 40 个以上。引聘 20 名以上的国内外一流专家教练员来我市执教，培养 120 名高、中级教练员和 70 名国家级裁判员。办好市级体校以及每个区县的业余体校，市级体校在训运动员达到 2000 人，区县在训后备人才规模达到 20000 人以上。建立 150 个市级体育后备人才单项训练基地。初步建成适应全市经济和社会发展需要，符合竞技体育发展规律的管理体制和运行体制，全面提升竞技体育综合实力和竞争力。

（十九）着力打造一批优势项目。按照"突出重点、优化结构、打造精品"的原则，重点发展基础较好、优势突出、潜力较大的项目。以重点突破带动整体发展，逐步实现整体提升。根据重庆人"小、巧、灵、快"的身体特点和力量、耐力、爆发力较好的基础，着重打造田径、举重、武术、羽毛球、拳击、游泳、摔跤、射击等 8 个重点项目。同时，坚持重点项目和其他项目共同发展的原则，对群众基础好，社会化程度高的乒乓球、足球、篮球、排球、台球、棋类等项目，努力创造条件，积极引进社会投入，通过俱乐部等发展模式，促进其快速发展。

（二十）着力建设高水平优秀运动队。围绕重点运动项目抓好优秀运动队建设，以优势项目的重点突破带动优秀运动队伍水平提升。进一步完善优秀运动队竞争和激励机制，形成进出有序、科学合理的优秀运动队管理体系。建立符合项目实际的、科学先进的复合型运动队管理体制和管理团队，不断创新和完善队委会运行机制。发挥教练的主导作用，创造有利于理论创新与技术创新的环境和条件。加强训练监控，创立与完善优秀运动队训练评估体系，努力提高训练和管理科学化水平。不断完善训、科、医紧密结合的管理体制和运行机制。

（二十一）着力建设高水平教练员和裁判员队伍。加强教练员培养，鼓励和支持教练员学习进修，用新的理念和科技手段提高训练水平。建立教练员按运动成绩确定收入的分配制度，逐步推行年薪制。制定特殊优惠政策引进国内外一流教练员。增强教练员的事业心和责任心，健全教练员竞争上岗机制、激励机制。对于承担我市重点发展项目的优秀教练员在工作条件、资源配置、待遇等方面予以重点保障。加强裁判员管理，提高裁判员专业水平，建立一支思想素质过硬、业务水平高、人员相对稳定的高水平裁判员队伍。

（二十二）着力加强运动员文化教育和后勤保障工作。加强运动员文化教育和励志教育，提高运动员文化水平和综合素质。贯彻落实《关于进一步加强运动员文化教育和运动员保障工作的指导意见》，青少年运动员文化教育工作普遍被纳入普通教育序列，鼓励大专院校与体育部门联合培养高水平运动员。积极争取教育部门扩大市内大专院校招收现役优秀运动员的比例和范围，并根据所承担项目的特点和规律，制定个性化的学习计划和训练计划，实行弹性学制。完善运动员保障体系建设，实施工伤保险和运动员奖学金、助学金制度。重视和加强对运动员劳动、医疗等方面权益的保障工作，切实维护运动员切身利益。加强对退役运动员就业的支持和指导，构建和完善运动员职业转换社会扶持体系，建立运动员自主择业经济补偿标准的动态调整机制，对退役运动员自主创业给予政策性支持、鼓励和引导。

（二十三）着力健全后备人才培养体系。按照政府举办，体育部门和教育部门共同管理，以体育部门为主的原则，建立以市级体校为塔尖，区县体校为塔身，体育后备人才试点学校、体育传统项目学校和青少年体育俱乐部为塔基的"金字塔"式的后备人才培养体系。加强市、区县两级体校建设和管理，办好重庆市体育运动学校、重庆市第二体育运动学校、重庆市第四体育运动学校、重庆市射击运动学校、重庆市棋艺学校和41所区县体校。建立健全市级体校、区县体校、体育传统项目学校和青少年体育俱乐部的评估体系，形成两级业余体校与普通中小学有机衔接，使后备人才在受训同时能顺利完成国民教育的运行机制。加强业余运动员的管理，建立健全业余运动员注册管理制度。鼓励社会力量以各种形式培养、输送竞技体育后备人才。

（二十四）着力完善竞赛管理制度。引进高水平的国际国内赛事，着力打造区域内赛事，积极举办单项运动赛事，为培养人才搭建平台。着力建立赛事"管办分离"机制，培育赛事举办主体，以政策支持、奖励扶持、技术指导等方式，鼓励社会力量，如俱乐部、群团组织、企事业单位等举办各类比赛。除市运会等大型、综合性运动会由政府直接主办外，其他的赛事尽量创造条件由政府外的主体举办。建立大型、高等级赛事资格选拔制度，鼓励体育系统外的有条件的社会主体推荐队员参加选拔，代表重庆参加高层次比赛，形成多渠道人才选拔机制。建立市、区县学校层层衔接的青少年竞赛体系。

（二十五）着力抓好第十二届全国运动会的备战。按照签订的全运会目标任务，加强对备战工作的组织领导，全力完成好第十二届全国运动会的备战参赛任务。加强对备战工作的综合协调与组织，使备战工作常态化。建立层次分明、职责清晰、任务明确、措施完善、保障有力、奖惩严明、运转有效的全运会备战管理体系和工作制度，确保会运会备战工作有序进行，争取运动成绩和精神文明双丰收。

六、积极推进体育产业发展

（二十六）积极拓展体育产业市场。基本建成以健身娱乐业、场馆服务业、体育彩票业为优势产业，体育培训业、体育用品业、竞赛表演业、体育中介业等相应发展的产业体系，满足广大人民群众日益增长的多层次、多元化、多样化的体育消费需求。促进建立并完善多种所有制并存，各种经济成份竞相参与、共同兴办体育产业的格局。强化体育彩票销售，每年销售增长幅度不低于5%。

（二十七）着力培育体育服务产业。加强对体育产业发展的规划和指导，重点培育体育健身娱乐市场、体育竞赛表演市场、体育技术服务市场、体育旅游市场、体育用品市场和体育中介服务。积极创造条件，主动承接体育器材生产项目落户重庆。着力开发市奥体中心体育用品业、体育服务业商圈。积极推动体育产业与相关产业的发展，加强体育与旅游、文化、教育、新闻等部门的合作，推动体育消费市场需求的扩大和升级。合理引导高收入群体的体育消费行为，积极扩大中等收入群体的体育消费需求，努力提高低收入群体的体育消费。每年举办1~2次体育产业博览会。

（二十八）加强体育市场规范管理。建立健全相关法规，完善监督检查管理机制，明确监管主体及其管理职能和各类市场主体的权利义务，规范体育市场主体行为，维护市场秩序，促进体育市场规范发展。加强体育经营活动的安全监管，对于高危性体育项目的经营活动，依法确定严格、规范、公开、透明的准入和开放条件、技术要求和服务规程，加强技术指导和安全保护，加强日常监督检查及产品质量检测，确保设施设备和管理服务符合要求，确保消费者人身安全。

（二十九）扩大、盘活社会体育资源。会同有关部门加强政策引导，鼓励民间资本投资体育，兴建体育设施。探索创新体育设施的管理运营模式，在不影响公共体育场馆的公益性质和主体功能的前提下，鼓励社会力量参与体育场馆的经营管理活动、多业并举、综合开发。不断改革和创新模式，破解公共体育场馆运营管理的难题，盘活现有资源，提高体育设施综合利用率和运营能力，发挥体育设施提供社会体育服务、满足群众健身需求方面的作用。加快建设场馆设施网站平台，促进信息发布，方便市民健身需要。

（三十）积极培育赛事品牌。充分利用重庆山水地理、历史文化和汽车摩托车工业等方面的优势，加强与国际国内职业体育组织的合作，争取每年承办6~8次国际国内大型体育竞赛表演活动，逐步引入一批国际精品赛事。继续办好一批传统特色项目，着力打造知名度高、国际竞争力强的品牌赛事。

（三十一）做好体育彩票发行和管理。体育彩票公益金是体育事业发展的重要经费来源。高度重视体育彩票发行工作，进一步完善体育彩票发行制度和管理，健全发行监督机制，确保体育彩票市场的安全和信誉。进一步完善体育彩票发行销售政策，积极争取国家对体育彩票销售的创新方式在我市优先试点。规范体育彩票公益金的管理和使用。

（三十二）加快体育经营管理人才的培养。人才是体育产业发展的关键，体育经营人才的缺乏已制约了我市体育产业的发展。推行体育服务质量认证制度，建立和完善体育服务规范，提高体育服务水平。开展体育行业特有职业技能鉴定工作，培养体育从业人员2500人，提高体育服务从业人员的服务意识和专业水平。创造良好从业环境,强化人才培养措施,创新人才机制,多层次、多渠道地发现和培养体育产业人才,努力提高体育产业经营管理水平。

七、加快体育基础设施建设步伐

(三十三)着力推进市级体育设施建设与区县体育设施建设的协调发展。人均体育场地面积达到1.5平方米以上。全面建成市级大型基础设施"四中心两基地一体校",即:市竞技体育训练中心、大田湾全民健身中心、市奥体中心综合馆、市射击射箭中心、仙女山国家级青少年户外活动基地、长寿湖水上训练基地和市体育运动学校。所有区县(自治县)建成标准的体育场、体育馆、游泳池等公共体育基础设施;所有乡镇、街道、社区和多数行政村建有群众参加经常性体育锻炼的公共健身场所。建成能承办2014年第五届全国体育大会的场馆设施,满足大会需要。

(三十四)加快市级体育基础设施建设。总投资29.1亿元,其中市竞训中心二期工程投资5亿元,建成占地1000余亩,含教学、生活服务、体育科研、医疗康复、办公综合楼、职工宿舍等设施,形成集训练、教学、产业功能为一体的市竞技体育训练中心。投资8亿元建成12000座的市奥体中心综合馆。投资10亿元建成大田湾全民健身中心,改扩建市体育馆用附属设施、大田湾体育场及周边设施,新建市民健身广场及体育用品商场2万平方米,构建"亲民、便民、利民"的多元化体育服务体系。投资1.5亿元建成市射击射箭运动中心,使其成为西部一流和国家转训基地的运动中心。投资1.6亿元建成占地110亩,集训练、教学、办公等配套齐全、西部一流的市体育运动学校。投资2亿元建成武隆仙女山国家级青少年户外营地(国家级亚高原训练基地),使其成为能够承接优秀运动队训练、青少年户外拓展训练和体育培训于一体的国家级青少年户外营地。投资1亿元建成长寿湖水上训练基地。按照五体育会设项要求,在充分利用现有场馆设施的基础上,规划建好满足五体会赛事需要的体育场馆设施。

(三十五)加快区县"一场一馆一池"建设。在万州、涪陵、黔江、永川、江津、合川等区域性中心城市,分别建成1个固定观众座位2~3万座的400米标准塑胶跑道体育场、4000座位的体育馆和固定观众座位1000座以上的室内标准恒温游泳馆,使其成为重庆市国际国内赛事的拓展区域。在其他区县分别建成1个固定观众座位1.5~2万座的400米标准塑胶跑道体育场、3000座位的体育馆和带有观众看台的标准游泳池。同时着力推进万盛区国家级羽毛球赛训基地、武隆仙女山国家级亚高原训练基地建设。

(三十六)加快乡镇、社区和行政村的体育设施建设。50%以上的乡镇(含乡镇自建)要建成面积不少于2280平方米的乡镇健身广场,其中包括以带看台的塑胶灯光篮球场和其他健身场地。社区要建成以服务人口15000~20000人,服务半径1000米到1500米为控制规模的健身场所,80%的社区配备一套健身路径。有条件的行政村建成一个篮球场和两张乒乓球台。

八、大力实施依法治体、科技兴体、人才强体战略

（三十七）推动体育管理职能转变，加强依法治体。切实转变职能，把工作重心放在制订发展规划、加强宏观调控、完善规章制度、提供公共服务、维护行业秩序上来，促进政事分开，管办分离。树立社会主义法治理念，强化依法治体意识，增强依法行政的自觉性，提高运用法律手段解决体育实际问题的能力。完善科学、民主和依法决策机制，加大决策环节的制度化建设，推进体育政务公开，促进行政决策与管理的科学化和民主化。做好现行体育规章和规范性文件的清理、修改评估，进一步完善体育立法程序。深入开展体育法制宣传教育。

（三十八）加大科技兴体力度，提高体育科技水平。进一步完善竞技体育训、科、医一体化的科技服务保障体系。充分发挥体育科学协会的作用。强化体育科技与训练的紧密结合，结合我市竞技运动重点发展项目，组织开展体育科研项目攻关，积极组织体育科研课题研究，不断提升体育运动训练的科学化水平。结合后备人才选拔实际，探索建立以培养、选拔后备人才为重点的科研机构。积极引进、培育高素质体育科研人才，办好体育科研所。加大体育科研经费投入，加强科研硬件配备，提升重点实验室的科研实力。加强对大众健身领域的研究，重点研发健身项目和关键技术；加强对体育产业的研究，着力自主知识产权产品的研发和科技成果的转化。认真贯彻落实《反兴奋剂条例》，不断完善反兴奋剂管理体系建设，强化各部门和单位反兴奋剂的职能。

（三十九）实施人才强体战略，深化人事制度改革。创新体育人才工作体制机制，抓好各类人才队伍建设，提高体育人才培养的质量和数量，以群众体育、竞技体育、体育产业等重点体育人才群体为对象，实施体育人才培养专项计划，完善教练员培训管理制度，加强对体育高级人才的再培训和教育，带动体育人才的整体开发。创造条件建设体育运动职业学院，培养有较高素质的体育教育、体育技术服务和体育经营管理等专业人才。加强干部选拔任用的公开化、规范化、程序化，提高干部选拔任用工作的民主化、科学化、制度化建设。

九、实现"十二五"目标任务的保障措施

（四十）提高认识，统一思想。"发展体育运动，增强人民体质"是体育工作的根本方针，是体育事业发展的根本目的。各级党委和政府要进一步提高认识，统一思想，以强烈的社会责任感和紧迫感，抓住机遇，以更高、更快、更强的奥林匹克精神，在科学发展观的指引下，以建设"健康重庆"、增强人民体质为目标，以完善城市功能、提升城市形象为出发点，坚持政府主导，突出体育事业的公益性质，坚持竞技优先，带动和促进体育事业发展，坚持改革创新，为体育事业发展创造良好环境，推动全市体育事业跨越式发展。

（四十一）加强组织领导。顺利完成"十二五"体育事业发展目标，关键在加强领导。各级党委和政府要把体育工作列入重要议事日程，主要领导亲自抓，分管领导具体抓，定期召开专题会议研究解决体育工作中的问题，明确目标任务，落实政策措

施。要进一步完善支持体育事业发展的财政、金融、税收、土地等方面的政策。要充分发挥各级工会、共青团、妇联、各行业和社会各界办体育的积极性，建立健全体育工作领导协调机制，统筹协调体育事业发展。

（四十二）改革创新体制机制。遵循体育发展规律，积极推进体育行政管理体制机制改革。各级体育行政部门要加强对全社会体育工作的指导、监督、协调和服务，编制竞技体育、群众体育、体育产业、体育基础设施等发展规划。改革体育行政部门和事业单位机构设置，优化结构，提高效能。各区县（自治县）要加快建立和完善体育行政机构，主城各区和区域性中心城市应单设体育行政部门，并配备与职能职责相适应的人员编制；其他各区县（自治县）根据经济社会发展水平和体育事业发展需要进行设置。完善乡镇（街道）文化活动中心的体育指导工作职能，做到乡镇（街道）、城乡社区体育工作有机构、有工作人员、有经费、有场所、有活动。加快竞技体育体制改革步伐，按照差异发展的原则，对竞技体育的优势项目、潜优势项目和一般项目实行动态管理，实行项目负责制。更加突出优势项目培育，以重点突破带动整体发展，逐步实现整体提升。体育部门与教育部门要建立长效合作机制，深入推进"体教结合"模式，培养高素质的体育后备人才。

（四十三）加大体育投入。各级人民政府要高度重视本地区的体育事业发展，按照《中华人民共和国体育法》和《全民健身条例》的要求，把体育事业经费、社会基本建设资金用于公共体育设施建设纳入本级国民经济和社会发展规划，确保体育事业各项投入与社会经济发展同步。对竞技体育的投入，应结合我市全运会和奥运会目标任务，科学制定资金投入计划，明确投入方向和投入重点，对优势项目和潜优势项目给予重点保障。各级体育部门要对惠及面广的群众体育基础设施和优势及潜优势竞技体育项目给予重点保障。要拓宽融资渠道，吸纳外资、私企、个人等社会资金，增加对体育事业投入。鼓励社会力量对体育事业进行赞助、捐赠。积极争取国家体育总局的项目及资金扶持。

（四十四）加强体育设施的规划、建设和管理。各级政府要将公共体育基础设施建设纳入城乡总体规划，并将总体规划中确定的公共体育基础设施落实到控制性详细规划中，同时纳入经济社会发展规划的年度计划，做到同时规划、同时建设、同时投入使用。新建城镇居民小区要按规定和规划建设体育设施；已建成的城镇居民小区公共体育设施未达到建设标准的，要根据情况逐步完善。体育场地不得随意改变用途，因特殊情况确需占用，或因城市规划调整而调整的，必须征求上级体育行政主管部门意见。加强公共体育设施的管理和维护，并创造条件逐步向社会单位和市民开放，提高利用率。

（四十五）加强体育宣传。进一步加强提升体育社会形象的宣传与推广，完善体育宣传的工作体制机制，加强全民健身、竞技体育、体育产业以及重要法规、政策和条例的宣传，特别是"健康重庆"建设的政策宣传，为体育改革和发展营造成良好的舆论氛围和社会环境。大力宣传优秀运动员、教练员、体育工作者和一切与发展体育、建设"健康重庆"有关的先进事迹，激发全社会热爱体育、参与体育、支持体育事业发展的热情。借助体育新闻工作者协会的积极作用，加强与媒体的沟通和合作，有效发挥体育媒体的积极作用，掌握体育宣传的主动权。做好体育外事工作，加强与国际和港澳台的体育交流与合作，营造全方位、多领域、宽渠道的体育对外交往新格局。

（四十六）加强体育工作者队伍和作风建设。要进一步加强体育工作者队伍建设，增强体育队伍的敬业精神、责任意识、纪律意识和奉献意识，提高业务工作水平，打造一支"作风过硬、纪律严明、执行力强"的体育工作队伍。各级体育部门要继续深化队伍作风建设，建立健全切实可行的监督和管理的长效机制。

四川省体育事业发展"十二五"规划

2011-2015年,是我国全面建设小康社会的关键时期,也是我省深入实施西部大开发战略、继续推进"两个加快"、全面建设小康社会的关键时期。期间,我们将深入实施"全民健身计划"和"奥运争光计划",全面建设体育强省,促进我国由体育大国向体育强国迈进,为经济发展、社会进步作出贡献。依据《四川省国民经济和社会发展"十二五"规划》,从我省体育事业发展现状出发,编制本规划。

一、现有基础和发展机遇

"十一五"期间,我省体育事业围绕建设体育强省目标,认真实施"全民战略、金牌战略、品牌战略",取得了显著成绩。

全民健身蓬勃开展。我省坚持实施群众体育全民战略,不断扩大体育人口数量。推动《四川省全民健身条例》颁布实施,全民健身有法可依。唱响"全民健身与奥运同行"主题,成功举办四川省第一届全民健身运动会,圆满承办第一届全国智力运动会,组团参加第四届全国体育大会,取得了参赛成绩和精神文明双丰收;全民健身活动年年有主题、月月有活动、个个有特色;各地纷纷打造具有地方特色的全民健身活动品牌,我省群众体育呈现出百花争艳的可喜局面。

竞技水平不断提升。我省竞技体育坚持实施总分基础上的金牌战略,形成了以体操、花样游泳、帆板、跳水、网球等在全国具有竞争力的优势项目,涌现出了邹凯、殷剑、郑洁、晏紫、冯喆、蒋婷婷、蒋文文等一批优秀运动员。在北京奥运会上,我省获得了4金、3银、5铜的优异成绩。在第十一届全运会上,我省总分、金牌、奖牌均位居西部第一。"十一五"期间,我省体育健儿在国际国内比赛中共夺得43个世界冠军、96个亚洲冠军、289个全国冠军。

业余训练初具规模。我省坚持走"体教结合"之路,实施业余训练"七个一工程",探索出了培养优秀体育后备人才的新模式。全省拥有市、县级业余体校190所,体育传统学校284所,青少年体育俱乐部190所,高水平后备人才基地33所,全省参训人数达3万余人。建立了体育彩票助学金制度,资助了9826名体育专业贫困学生和业余训练贫困学生,率先在全国建立22所"幼儿体育基地"。成功举办四川省第十、十一届运动会,推动了全省体育后备人才的培养工作。

产业发展成效明显。我省体育产业坚持实施"品牌战略",实现了"彩票做强、本体做大、基地做实、政策做活"的目标任务。"十一五"期间,全省体彩销量达到

100.98 亿元，筹集公益金 31.18 亿，有力地支持了体育事业和其他公益事业发展。成功承办了系列国际国内重大赛事，连续 26 年获得"全国最佳赛区"殊荣。两次承办"中国国际体育用品博览会"，拓展了体育用品市场。"成都国家体育产业基地"正式落户温江。研究制定了《四川省体育产业发展规划》和促进体育产业发展的若干政策。

场地建设步伐加快。"十一五"期间，全省共计投入 17 亿元，新建标准体育场地 2986 个，全省人均体育场地面积达 1.01 平方米。"5·12"汶川特大地震发生后，灾区各地体育场馆的综合功能充分显现，为抗震救灾作出了巨大贡献。灾后体育恢复重建进展顺利，39 个重灾极重灾县 90% 的体育重建项目已开工建设。

我省体育法制建设、体育科研、体育文化、宣传教育等也取得了新的成绩。

"十一五"期间取得的这些成绩，为全省体育事业再发展奠定了良好的基础。

专栏一　"十一五"规划主要指标完成情况

指　　标	"十一五"规划指标	完成情况
体育人口比例	每年递增一个百分点，规划期末达到全省人口 40%	到 2010 年底全省体育人口达 40%
社会体育指导员	规划期末全省达到 30000 人	社会体育指导员已达 6 万名
农民健身工程	六分之一行政村实施	已建成"农民体育健身工程"8202 个，全面完成任务
全民健身赛事活动	开展好"全民健身日"活动	已完成，并召开四川省首届全民健身运动会
向国家队输送优秀运动员	2008 年奥运会向国家队输送参赛运动员占国家队 6% 以上	2008 年奥运会向国家队输送参赛运动员 35 人，占国家队 5.48%
北京奥运会金牌	在北京奥运会上四川运动员获 2-3 枚金牌	在北京奥运会上四川运动员获 4 枚金牌
十一届全运会成绩	金牌超十运，总分获优胜，西部夺第一，争创风尚奖	全面完成任务
运动员安置	实行安置办法改革，采用货币补偿和计划安置相结合方法安置退役运动员	妥善安置了 602 名退役运动员
教练员队伍建设	高级教练员比例达 22%	高级教练员比例达 26%
裁判员队伍建设	各级裁判员队伍增长 9%，总数 4 万。其中国际级、国家级裁判 500 人，一级裁判 3500 人	各级裁判员队伍增长 9%，总数达 41620 万，其中国际级、国家级裁判 513 人，一级裁判 3650 人
体育传统项目示范学校	争创国家级体育传统项目示范学校 4 所，省级 80 所	国家级体育传统项目示范学校 4 所，省级 97 所
后备人才基地	10 个省级后备人才基地达到国家级后备人才基地水平要求	15 个省级后备人才基地达到国家级后备人才基地水平要求
青少年体育俱乐部	办好国家级青少年体育俱乐部，每年吸引 2000 万人次参与青少年俱乐部活动	建成青少年体育俱乐部 79 所，每年吸引 2600 万人次参与青少年俱乐部活动
体育彩票销售	销售总额达 40 亿元	销售总额达 100.98 亿元
发展赛会经济	每年在我省举办 1～2 次有影响的国际级赛事	全面完成

指　　标	"十一五"规划指标	完成情况
体育基础设施建设	省本级重点抓好四大工程：四川国际网球运动中心；新津水上运动中心扩建工程；犀浦室内田径馆；迁建射击、射箭运动训练基地	已完成四川国际网球运动中心、犀浦室内田径馆建设
	各市（州）基本具备举办省级综合性运动会的能力	基本完成
	各县（市、区）有一个体育场、一个游泳池、一个训练馆（贫困地区和民族地区的县至少有一个田径场）	部分完成，建设"雪炭工程"21个、"少数民族健康工程"2个
	社区和乡镇建设一批便民健身设施	建设全民健身路径工程925条

我省体育发展现状，与全省人民的期望、与全面建设体育强省的要求之间仍然存在相当的差距，在相当长的一段时期内，人民群众日益增长的体育需求与社会所能提供的体育资源相对不足的矛盾，仍是四川体育发展过程中的主要矛盾。在群众体育领域，构建面向大众的全民健身服务体系任务十分艰巨。在竞技体育领域，顶级选手不多，强项尚未形成群体优势，游泳和"三大球"项目状态低迷。体育产业总体上仍处于发展初期，体育行业作风建设还有待进一步加强。这些矛盾和问题，一方面对"十二五"期间我省体育事业发展带来了新的挑战，提出了更高的要求，另一方面也为"十二五"时期体育事业诸方面发展提供了广阔的空间。

"十二五"时期是我国经济社会全面发展承前启后的重要时期。国家进一步深入实施西部大开发战略，实现全面建设小康社会的宏伟目标，给四川经济社会发展尤其是体育事业发展带来了极其难得的历史机遇。为展示四川灾后发展振兴新成就，展示四川人民自强不息、重建家园的新形象，为建设体育强国作出应有的贡献，省委、省政府决定申请承办2017年第十三届全国运动会。申（筹）办全运会过程是"十二五"期间推进我省体育事业全面、协调、可持续发展的重要机遇。

二、指导思想和发展目标

（一）指导思想

以邓小平理论和"三个代表"重要思想为指导，以科学发展观为统领，以全面建设体育强省为目标，不断满足人民群众的体育需求，坚持走符合四川省情的体育发展之路，促进全省体育事业全面协调可持续发展，为加快建设西部经济发展高地、全面建设小康社会、推动我国由体育大国向体育强国迈进作出应有的贡献。

（二）基本原则

坚持体育为人民服务，将满足人民群众不断增长的体育需求作为体育工作的根本出发点和落脚点；坚持体育事业的公益性，把社会效益放在首位，强化政府的体育公共服务职能，推进我省全民健身活动健康发展；坚持统筹兼顾、协调发展，促进群众体育、竞技体育协调发展，促进体育事业和体育产业协调发展；坚持政府主导与市场机制相结合，形成兴办体育的多元化格局；坚持解放思想，不断改革创新，全面提升我省体育管理水平;坚持依法治体、科教兴体、人才强体,保障体育事业持续、健康、科学发展。

(三)"十二五"体育事业发展主要目标

体育人口明显增加。"十二五"期间,全省体育人口每年新增40万人,共计新增200万人。

体育设施明显增多。建设社区全民健身广场300个,乡镇全民健身中心200个,30%的行政村有公共体育设施,21个市州分别建设一个青少年体育活动中心,85%市(州)具备承办省级综合运动会的能力。

竞技实力明显增强。我省争取在2012年伦敦奥运会上夺取1~2枚金牌;在2013年全运会上实现"西部第一、全国争先、风尚获奖,运动成绩和精神文明双丰收"的目标;群众喜爱的篮球、足球、排球三大球进步明显;运动员培养体系基本建成,优秀体育后备人才超过1万人。

体育产业明显增效。体育彩票销售总额完成100亿元;每年承办高水平国际赛事2~3次;体育场馆开发取得突破性进展;体育产业增加值达到全省GDP的0.5%。

专栏二　"十二五"体育事业发展主要目标

指　标	"十二五"规划指标	属性
体育人口	全省体育人口每年新增40万人,共计新增200万人	约束性
社会体育指导员	新增社会体育指导员2万名,期末全省达8万名	约束性
社区体育设施建设	建设社区全民健身广场300个	预期性
乡镇公共体育设施建设	建设乡镇全民健身中心200个	预期性
村级体育设施建设	建设2500个农民体育健身工程	约束性
青少年体育活动中心建设	21个市州分别建设一个青少年体育活动中心	约束性
市州体育场馆建设	建设和完善8个市州比赛场馆,使之达到承办省综合运动会能力	预期性
奥运会川籍运动员成绩	在2012年伦敦奥运会上夺取1~2枚金牌	约束性
十二届全运会四川代表团成绩	西部第一、全国争先、风尚获奖,运动成绩和精神文明双丰收	约束性
业余训练	新命名50所省级体育传统项目学校,争创4所国家级体育传统项目学校。力争命名15所省级高水平体育后备人才基地,力争有10所省级后备人才基地达到国家高水平体育后备人才基地的要求;业训人数常年达到3万余人	约束性
体育彩票销售	100亿元	预期性
大型赛事	每年承办高水平国际赛事2~3次	约束性
体育产业增加值	体育产业增加值达到全省生产总值的0.5%	预期性

三、主要任务和发展措施

（一）社会体育

强化政府体育公共服务职能。各地应结合实际，通过加强领导、健全机构、预算经费、制定计划、强化督查等措施，强化体育公共服务职能，切实将群众体育事业纳入国民经济和社会发展规划，将全民健身工作纳入年度政府工作报告和目标考核体系，将群众体育发展经费和基本建设资金纳入本级财政预算，将体育惠民行动纳入政府民生工程，努力在健身组织、健身设施、健身指导、志愿服务、健身活动、体质监测、宣传推广等方面构建面向大众的全民健身服务体系。建立和完善社会体育指导员培训、管理、使用制度，充分发挥社会体育指导员的作用，新增社会体育指导员2万名，力争"十二五"末全省社会体育指导员总数达8万名。做好国民体质监测工作和健身咨询服务，定期公布全省国民体质状况。

加快群众体育健身设施建设。大力推进全民健身公共体育设施进入城市社区（街道），继续抓好乡镇"农民体育健身工程"，努力实现30%的行政村有公共体育设施，抓好全民健身路径设施建设与推广，实现20%乡镇拥有全民健身公共活动场所。充分发挥公共体育资源的公共服务效能，尤其要加大对藏区、彝区等少数民族地区、革命老区、地震灾区、贫困山区的扶持力度。继续实施省、市、县公共体育设施免费对公众开放，鼓励具备条件的各类学校体育设施对社会开放，逐步增加对各类开放体育设施的经费补贴。

促进群众体育组织建设。完善全民健身组织体系和队伍建设。健全以政府为主导，以事业性体育机构为骨干，以各级体育总会等社会体育团体为助手，以群众性、社会性体育健身组织为基础的全民健身组织体系。

着力打造特色群体活动品牌。各地要充分利用节假日和农闲时节，广泛组织开展群众基础好、参与度高、覆盖面广的各类群众性体育比赛和健身活动。办好四川省第二届全民健身运动会，继续办好"四川省全民健身篮球公开赛"等群体竞赛活动，大力开展具有地方特色、群众喜闻乐见、适合不同人群、方便群众参与的广场体育、假日体育等具有四川传统的全民健身活动。通过"编"、"创"、"推"等措施，积极挖掘、整理、传承我省少数民族体育活动项目和传统体育养生、保健项目；着力打造、培育地方群众体育品牌赛事。积极组团参加全国体育大会、残运会、少数民族传统体育运动会、老年人运动会、农民运动会、智力运动会、亿万妇女健身展示大赛，力争取得运动成绩和精神文明双丰收。提升我省非奥运项目竞技实力，积极培养、选拔、输送更多优秀的非奥项目运动员，力争在世界夏季特奥会和伦敦残奥会上为国争光、为川添彩。

专栏三　　社会体育主要目标

项　　目	"十二五"规划目标	属性
乡镇农民健身工程	选择200个有条件的乡镇，建设全民健身公共体育设施	约束性
村级农民健身工程	抓好行政村公共体育设施建设，建设2500个村级农民体育健身工程	约束性
体育进社区工程	建设社区全民健身广场300个	预期性
公共体育设施便民工程	省市县每个公共体育设施每年对公众开放时间不少于40天	约束性
雪炭工程	建设雪炭工程30个	约束性
藏区、彝区民康工程	建设民康工程10个	约束性
社会体育指导员	新增社会体育指导员2万名，期末全省达8万名	约束性

（二）竞技体育

战略目标定位。继续贯彻实施奥运争光计划，坚持实施总分基础上的"金牌战略"，全面提升我省竞技体育总体实力与水平，为建设体育强省作出更大的贡献。第三十届奥运会争取获得1～2枚金牌，第十二届全运会取得优异成绩，完成"西部第一、全国争先、风尚获奖，运动成绩和精神文明双丰收"的目标任务。

完善项目布局。按照"提升强项、加强弱项、补齐缺项"原则，认真解决好我省基础大项不强，金牌大项不精的"瓶颈"问题，争取在项目布局均衡发展上有较大突破。大力发展以体操、花样游泳、帆板、跳水、网球等在全国具有竞争力的优势项目，以田径、射击、柔道、皮划艇、赛艇、激流回旋、艺术体操、曲棍球、乒乓球、羽毛球等具有发展潜力的重点项目。制定并实施游泳和"三大球"振兴发展计划。

加强运动队伍建设。在编运动员保持在1100人以上，其中，优势项目（重点项目）运动员占66%。完善二、三线队伍建设，确保一、二、三线运动员比例控制在1:2:15之间。妥善安置退役运动员，积极培养、选拔、输送更多优秀的运动员力争参加伦敦奥运会。实行教练员目标管理机制，采用"走出去、请进来"的方式，加大教练员队伍培训力度，全面提升教练员水平，确保"十二五"期间我省教练员数量适当增长，高级教练员比例达25%。加强裁判员职业道德教育和业务培训，全省各级体育裁判人员在2010年基础上增加9%，总数达4.5万人以上，其中，国际级、国家级600人，一级裁判员5000人。

加强训练基地建设。确保完成红格亚高原冬训基地、双流国家羽毛球队训练中心项目建设，推进新津游泳和自行车中心工程、凤凰山射击射箭中心搬迁、华西坝校区置换迁建等工程项目。

加大科研服务保障工作。建立完备的科研体系，充分发挥体育科技的先导性和基础性作用。对重点运动项目设置专门科研小组，科学选材、科学训练、科学培养、科学恢复，为不断提高训练水平提供支撑服务。继续贯彻反兴防兴工作"严令禁止、严格检查、严肃处理"的方针，坚决杜绝依靠非法手段提高运动成绩，坚决打击赛事中的舞弊行为。深化运动队后勤保障改革，逐步推行后勤保障与训练队伍管理分离，促进后勤服务专业化。

专栏四　　竞技体育主要目标

项目	"十二五"规划目标	属性
向国家队输送优秀运动员	2012年奥运会向国家队输送参赛运动员占国家队4%以上	约束性
伦敦奥运会金牌	在伦敦奥运会上四川运动员获1～2枚金牌	约束性
十二届全运会成绩	西部第一、全国争先、风尚获奖，运动成绩和精神文明双丰收	约束性
教练员队伍建设	高级教练员比例达29%	约束性
裁判员队伍建设	各级裁判员队伍增长9%，总数4.5万。其中国际级、国家级裁判600人，一级裁判5000人	约束性

（三）业余训练

狠抓后备人才培养，继续实施"七个一工程"，坚持体教结合，狠抓阵地建设、队伍建设和制度建设。在全省21个市州分别建设一个青少年体育活动中心。坚持走体教结合的办训道路，支持市州实行体教、体校共办业余训练，支持重点项目与有条件的市州共建二、三线运动队，提高人才培养质量，新命名50所省级体育传统项目学校，争创4所国家级体育传统项目学校。办好国家级青少年体育俱乐部，每年吸引2000万人次到青少年俱乐部锻炼。创建一批高水平体育后备人才基地，力争命名15所省级高水平体育后备人才基地。力争有10所省级人才基地达到国家高水平体育后备人才基地的要求。形成以传统项目学校和青少年体育俱乐部为基础、以市级和重点县区业余体校为主干、以高水平后备人才基地为重点的业余训练格局。确保常年业训人数达到3万余人。开展业余训练教练员培训工作，提高业训教练员业务水平。加快训练机制改革，建立适应社会主义市场经济体制的后备力量培养体系。大力提倡社会力量承办具有市场基础的体育项目，形成体、教、社会三方办，省、市、县三级抓的后备人才培养格局，全力办好四川省第十二届运动会。

专栏五　　业余训练主要目标

项目	"十二五"规划目标	属性
体育传统项目学校	新命名50所省级体育传统项目学校，争创4所国家级体育传统项目学校	约束性
青少年俱乐部	新创建国家级青少年体育俱乐部50所，每年吸引2000万人次到青少年俱乐部锻炼	约束性
体育后备人才基地	创建一批高水平体育后备人才基地，力争命名15所省级高水平体育后备人才基地。力争有10所省级后备人才基地达到国家高水平体育后备人才基地的要求	约束性
省运会	办好四川省第十二届运动会	约束性
青少年体育活动中心	21个市州分别建设一个青少年体育活动中心	约束性
参训人数	确保常年业训人数达到3万余人	约束性

（四）体育产业

全力发展体育健身休闲产业。大力培育体育健身市场，增强群众体育健身意识，引导大众体育消费，繁荣健身娱乐市场，不断满足群众多元化的需求，加快形成门类众多、发展有序、紧密协作的体育健身服务产业群。依托体育场馆、健身俱乐部，重点发展群众喜闻乐见、乐于参与的体育健身项目。依托全省各地的自然山水和住宿、餐饮、旅游等资源，充分发挥节庆活动的集聚效应和载体作用，坚持以富有特色的体育健身服务项目为基础，加快建设运动休闲基地，提升体育运动休闲产业的知名度、影响力和经济效益。

着力发展体育赛会经济。积极培育体育竞赛和表演市场，探索和完善大型体育赛事的市场开发和运作模式，坚持以赛事为龙头，建立健全以"赛"育"市"和以"市"促"赛"的产业发展机制，实现良好的社会效益和经济效益。盘活现有体育资产，在体育场馆开发方面取得突破性进展，发挥成都体育竞赛表演市场开发示范引领作用，促进全省体育赛会经济发展。打造、引进品牌赛事，搞活赛会经济，全省每年承办2～3次高水平国际赛事，保持和维护全国最佳赛区的形象。

大力扶持体育用品制造业。坚持以市场为导向，加大政策扶持力度，着力培育品牌知名、管理科学、创新力强的体育企业，加快建设具有地方特色的体育产业基地和园区，提升我省体育用品制造和流通业的规模水平和市场竞争力。抓好"成都国家体育产业基地"建设，鼓励企业自主品牌创新，推动四川制造向四川创造的转化。加大体育用品销售业的发展，支持四川本土销售龙头企业做强做大。

努力发展体育中介服务业。鼓励发展体育中介组织，大力开展技术指导、信息咨询、体育保险等中介服务。积极培育体育中介服务市场，充分发挥体育中介组织的纽带作用，促进体育无形资产与市场结合、与企业联姻。培养高素质的体育经纪人队伍，充分发挥体育经纪人在赛事推广和人才流动等方面的作用。重视和加强对体育组织、体育赛事、体育活动等体育无形资产的保护和开发，推行体育冠名、广告、电视转播权和社会赞助等商业运作。

发展壮大体育彩票业。以电脑型、即开型体育彩票为支撑点、竞猜型体育彩票为增长点，加大彩票销售渠道建设力度，促进"赛马彩票"等新玩法上市，开发互联网和手机投注等投注新渠道，提升体育彩票市场占有率。保持彩票市场安全、稳定运行。体育彩票销售总额完成100亿元。

形成"一极两带三区多园"发展格局。根据我省不同地区的比较优势和经济社会发展实际，按照"整体规划、突出优势、整合资源、产业集聚"的思路，着力把成都市打造成我省体育产业的龙头发展极。打造乐山、眉山、成都、德阳、绵阳一线以特色体育、体育培训、体育赛事为主的产业带，甘孜、阿坝、雅安、凉山、攀枝花一线以户外体育运动为主的产业带。打造川南、川东、川北体育产业潜力增长区。打造成都乐山国家体育用品制造与流通产业园；甘孜阿坝登山基地产业园；峨眉（眉山）彭山、青城武术健身养生产业园；攀西阳光体育产业园等，推动我省体育产业跨越发展。

专栏六　体育产业主要目标

项　　目	"十二五"规划目标	属性
体育彩票销售	体育彩票销售总额完成100亿元	预期性
发展赛会经济	每年承办高水平国际赛事2～3次	约束性
体育产业增加值	体育产业增加值达到全省生产总值的0.5%	预期性

（五）其他方面

推进依法治体进程。强化依法行政、依法治体的意识，提高运用法律手段解决体育实际问题的能力。推动各级体育行政部门完善体育行政执法制度，提高体育行政执法水平。深入开展体育法制宣传教育，为依法治体营造良好的法制环境。

加强体育文化建设。征集、收藏体育文物，在有条件的市州建设体育文化陈列展示示范室，筹建四川省体育博物馆。编撰体育文史资料、编辑体育文化画刊、举办体育文化论坛，繁荣体育文化，增强体育文化软实力。

提高体育队伍人文素质。加强竞技体育后备人才培养阶段的文化教育工作，抓好运动队的文化学习，打好运动员文化教育基础，为运动员就学、就业创造条件。引导体育工作者树立正确的世界观、人生观、价值观，特别要在运动队中加强思想政治工作，深入开展爱国主义、集体主义、革命英雄主义教育，反对极端个人主义、享乐主义、拜金主义和各种歪风邪气，增强为国争光的使命感、责任感、光荣感。

加强体育领域反腐倡廉建设。严格执行党风廉政建设责任制，强化体育干部队伍管理，加强体育队伍作风建设，切实纠正不正之风，清除腐败行为。

加强体育宣传工作。宣传体育改革发展中好的经验和做法，宣传群众体育的先进典型，宣传优秀运动员顽强拼搏、为国争光的先进事迹，宣传体育产业发展的创业精神，为加快建设体育强省，促进我国由体育大国向体育强国迈进营造良好的舆论环境。

四、申（筹）办第十三届全运会

为展现四川灾后发展振兴新形象，展示西部大开发新成果，为建设体育强国做出新贡献，四川省申办2017年第十三届全国运动会。申（筹）办第十三届全运会是推进我省体育事业全面、协调、可持续发展的重要机遇。

（一）抓好比赛场馆建设

充分利用现有公共场馆能力，大力挖掘社会设施潜力，整合我省承办全国大运会、全国体育大会、全国农运会原有场馆设施资源，以成都市公共体育设施、大学体育场馆为主，以汶川地震灾后重建体育设施和其他体育设施为辅，通过新建、改造、维修等方式，完善比赛场馆建设，为第十三届全运会提供科技、低碳、环保、高标准的比赛环境。

主赛场成都市按总体规划，分步实施，建设第十三届全运会奥林匹克体育中心、游泳中心、棒垒曲中心，并维修改造全市现有比赛场馆。

省上建设省自行车中心（新津），省射击、射箭中心（华阳）。改造高校体育场馆、省体育馆、新津水上运动中心，米易皮划艇激流回旋基地。完善绵阳、德阳、广元、雅安、汶川等地灾后重建场馆和其他体育设施比赛功能，确保第十三届全运会训练、比赛场馆达到一流水平。

做好成都主赛区和各分赛区交通、食宿、宣传、通讯等硬件设施改造与建设，确保全运会期间，出行便捷、食宿方便、通讯畅通。

（二）做好赛会软件建设

着力做好第十三届全运会各项服务保障建设规划工作。明确工作任务，制定工作细则，实施人才培养。依托大专院校，培训全运会经营管理人才、市场开拓人才；依靠国家体育总局和体育院校，培养全运会竞赛管理人才；依托旅游院校，培养服务管理及一线服务人员；联合新闻媒体，培训宣传报道人才，为第十三届全运会提供高效优质的服务保障，提供一个优良的竞赛软环境。

（三）加强我省运动队伍建设

"立足十二届，着眼十三届"，坚持"提升强项、加强弱项、补齐缺项、全面提高竞技实力"的组队方针完善项目布局。通过前期选材组队，引进交流，共建合作，已初步组建报齐全运会设置项目的基本阵容（全运会共设 33 个大项，43 个分项，372 个小项），而且拥有具备国内一流水平的体操、跳水、花游、射击、皮划艇、赛艇、曲棍球、柔道、田径等项目的优秀运动员，不但有望入选奥运会，更是我省参加全运会的中坚力量，力争通过两个全运会周期的打造提升，使四川在第十三届全运会上金牌、奖牌、总分跻身全国第一集团。目前，我省尚缺马术、现代五项、击剑等 6 个大项，帆船、蹦床、水球等 3 个分项，80 多个小项运动员；跆拳道、小轮车、激流回旋、高尔夫、橄榄球等新增项目尚无运动员、教练员编制；三大球已由 6 支队伍调整为 12 支队伍参赛。如果申办第十三届全运会成功，我省需新增优秀运动队运动员编制 300 名，新增教练员和管理人员编制 100 名。

贵州省体育事业第十二个五年规划

"十二五"时期是贵州省加速发展、加快转型、推动跨越的关键时期，也是推动贵州体育事业发展的重要时期。为统筹"十二五"时期贵州体育事业发展的各项任务，努力实现贵州体育事业又好又快、更好更快发展，特制定本规划。

第一节 "十一五"时期贵州省体育事业的基本评价

一、取得的成就

"十一五"时期，我省体育事业坚持以邓小平理论和"三个代表"重要思想为指导，以科学发展观总揽体育工作，按照"围绕目标抓体系、立足省情抓特色、服务大局抓创新、面对机遇抓改革、保障发展抓党建"的思路，紧紧抓住党中央实施西部大开发、建设社会主义新农村、构建社会主义和谐社会等一系列重大战略部署和北京举办第29届奥运会的历史机遇，立足"欠发达、欠开发"的基本省情，逐步探索适合贵州省情的体育事业科学发展路子，以"突出重点、打造亮点、狠抓创新点"为工作目标，完成了"十一五"规划提出的任务，各项工作取得显著成绩，为"十二五"时期的发展奠定了坚实的基础。

（一）群众体育广泛开展，全面进步

我省群众体育工作大力唱响"全民健身与奥运同行"的主旋律，紧紧围绕"建群众身边体育场地、抓群众身边体育组织、开展群众身边体育活动"这三个环节，积极开展丰富多彩的群众体育活动，扎实构建全民健身服务体系。

公共体育场地设施建设力度不断加大。全省实施"农民体育健身工程"2883个、乡镇体育健身工程27个、"全民健身路径工程"684条、"民康工程"3个、"雪炭工程"16个，建成贵阳盘龙山山体健身步道。

体育社会组织逐步完善。群众体育社会组织网络覆盖城乡，全省建立单项体育社团组织1022个，老年人体育组织5976个；体育传统项目学校220所，青少年体育俱乐部70个，少数民族体育基地34个，残疾人体育训练基地4个；社会体育指导员发展到16361人。

全民健身活动广泛开展，以"多彩贵州"龙舟系列赛为抓手，每年举办数十次国际、国内龙舟活动，并逐渐成为传统品牌赛事，影响广泛。每年8月8日的"全民健身日"活动不断掀起全民健身运动的高潮，群众参与普及程度明显提高。全省每年组织千人以上的大型群众性体育活动500余次，各种体育比赛、表演活动6000多次；

直接参加活动的各族群众年均超过 500 万人次，经常参加体育锻炼的人数达 1000 万，占全省总人口的 26%；达到《国民体质测定标准》合格标准率的人数比例达到 65%。参加全国体育大会、民运会、农运会、残运会、大运会、老年人健身大会、妇女健身活动展示大会等取得好成绩，在第八届全国民运会上获得 14 枚金牌，金牌总数列全国第一，创造了我省参加民运会历史的最好成绩。全省共有 400 多个集体和 200 多个人受到国家表彰。

（二）竞技体育重点突破，成绩喜人

我省竞技体育工作坚持"适度发展、突出重点、强化优势、提高效益"的发展方针，实施"29-1"奥运争光工程，重点发展"精、小、巧"具有贵州特色的运动项目，形成了拳击、射击、体操、激流回旋等重点项目，涌现出了邹市明、岑南琴等一批尖子选手。邹市明在第 29 届北京奥运会上夺得 48 公斤级金牌，实现了中国拳击项目和贵州奥运金牌的历史性突破；岑南琴获得 2010 年世界激流回旋锦标赛冠军。我省运动员在广州亚运会获得 1 枚金牌 1 枚银牌；在第十一届全运会获得 4 枚金牌、7 枚银牌、4 枚铜牌，取得了改革开放以来的最好成绩。"十一五"期间我省运动员参加国际国内比赛共获金牌 113 枚、银牌 100 枚、铜牌 113 枚。

在不断提高竞技体育水平的同时，完善清镇体育训练基地、红枫湖水上运动训练基地两个亚高原基地建设，建成下司皮划艇激流回旋基地，3 个基地分别被国家体育总局射击、拳击、田径、体操、水上项目等运动管理中心授予训练基地称号。清镇、红枫湖两个基地还入选了北京奥组委推荐的赛前训练场馆。加强体育科研工作，建立了国家体育总局亚高原重点实验室。

（三）体育产业立足省情，发挥优势

我省体育产业工作贯彻落实"五位一体"的指示精神，加强体育与宣传、旅游、文化、农业的结合，围绕建设旅游大省的总体目标，结合贵州丰富的山水资源、民族文化资源和气候优势，大力开展山地户外运动，形成了各具特色的品牌赛事：清镇全国越野跑锦标赛、晴隆"24 道拐"汽车爬坡赛、紫云格凸河攀岩挑战赛、毕节百里杜鹃山地自行车越野挑战赛、遵义市娄山关·海龙囤越野挑战赛、下司激流回旋国际公开赛、全国山地运动会、"多彩贵州"贵州民族体育旅游节（黔东南）等，遵义山地户外公开赛、兴义万峰林景区和下司激流回旋基地入选首批中国体育旅游精品推荐项目。山地户外运动的开展促进了当地经济社会的发展和农民的增收。

我省积极拓宽体育彩票发行市场，彩票发行逐年稳步增长，"十一五"期间共发行体育彩票 34.7 亿元，募集省级体彩公益金 10.6 亿元，为贯彻落实全民健身计划和奥运争光计划提供了有力资金保证。体育社会化进程进一步加快，智诚足球队、咳速停车队、百灵围棋俱乐部、兴甫武术学校、中天倍力健身俱乐部、各类武术馆等社会体育机构为我省的体育社会化做出了贡献。

二、存在的问题

"十一五"时期贵州省体育工作虽然取得了历史最好成绩，但还存在体育事业投入不足，体育设施严重缺乏，体育人才匮乏等问题，影响和制约我省体育事业健康快速发展。

第二节 "十二五"时期贵州体育事业面临的机遇和挑战

2011—2015年是我省经济社会发展实现历史性跨越的关键阶段，也是体育事业深化改革、加快发展的重要时期。无论从外部环境还是从体育事业发展规律来看，今后的五年将给我省体育事业的发展带来前所未有的机遇与挑战。从总体看，我省体育事业发展面临的机遇大于挑战。

一、机遇

我省体育事业的发展面临着良好的经济、社会发展环境和难得的历史机遇。一是经济的加速发展将会促进体育消费需求的提高。2010年我省人均GDP基本达到1700美元，居民可支配收入显著提高，群众不断增长的体育运动需求空前增强，人们越来越关注自身健康状况和生活质量，参与体育、享受体育、增强体质和促进健康成为人们的内在需求，体育将在群众生活中扮演越来越重要的角色,这些都将为体育事业的发展创造良好的条件；二是"十二五"时期我省对民生的关注程度进一步增强，政府将为人民群众提供更多更好的公共服务，体育事业和体育基础设施将得到更大的发展；三是我省正在实施的工业强省、城镇化带动战略，为体育事业和体育产业的发展提供了较大的发展空间。第九届全国少数民族传统体育运动会的举办，必将对我省体育事业发展、体育人才的储备产生巨大的推动作用；四是广大群众的体育健身意识增强，体育人口的总体比例的提高，为体育事业的发展打下了坚实的群众基础；五是竞技体育对提高民族自期信心、增强民族凝聚力、激发民族自豪感的作用更加受到重视，体育赛场已成为团结、交流、竞争、合作的舞台，呈现出巨大的综合效应和特殊魅力。体育对经济、政治、文化、社会发展产生着深刻影响，越来越体现出多元的价值。

二、挑战

未来五年，我省体育事业也面临着一些困难和挑战，主要表现在：体育发展的内在压力依然存在，而外在压力越来越大。兄弟省（区、市）体育实力不断增强，对我省竞技体育水平提高构成新的挑战；体育后备人材尖子不尖、教练员梯队建设滞后、体育产业总体规模不大等问题尚未完全解决，对我省体育事业的发展都会带来一定影响；体育发展资金匮乏，社会投资体育规模偏小，体育边缘化现象依然存在。这些都是制约贵州省体育事业发展而又必须解决的问题。

第三节 "十二五"时期贵州体育事业发展的指导思想、基本原则及战略定位

一、指导思想

全面贯彻落实科学发展观,认真贯彻《中共中央国务院关于进一步加强和改进新时期体育工作的意见》、《全民健身计划(2011–2015年)》、《贵州省委、省人民政府关于进一步加强和改进体育工作的意见》和全省体育发展大会精神,以增强人民体质、提高人们整体素质为出发点,以体制机制创新为动力,优化体育事业发展环境,全面提高我省体育工作水平和综合实力,积极开创体育事业发展的新局面,为我省的工业强省战略、城镇化带动战略服务,为全面建设小康社会和构建"和谐贵州"服务。

二、基本原则

——政府主导,人人参与原则。坚持体育事业的公益性质,发挥政府的主导作用,以提供体育基本公共服务为主要任务,发挥多部门联动作用,调动社会力量积极支持,动员人民群众广泛参与,营造良好的政策环境和浓郁的社会氛围。

——统筹兼顾,协调发展原则。坚持体育事业发展与经济社会发展相适应,立足体育,服务全局。坚持普及与提高相结合,处理好群众体育、竞技体育、体育产业等各项体育工作之间的关系,协调城市与农村以及不同区域之间的体育发展。

——与时俱进,开拓创新原则。不断深化体育管理体制改革和运行机制创新,积极探索新时期群众体育、竞技体育、体育产业等各项体育工作的特点和规律,进一步转变观念,加快体育发展由粗放型向集约型转变,体育管理由经验型向科学型转变。

——依法治体,人才强体原则。进一步加强体育法制建设,提高运用法律手段管理体育事务的能力和水平,把体育工作纳入法制轨道。重视和发挥科技、教育、人才队伍在体育事业发展中的关键作用,依靠体育科技的进步和体育人才队伍素质的提高,发展和壮大体育事业。

三、战略定位

(一)战略

贵州省体育事业发展要实现又好又快、更好更快的目标,为我省的工业强省战略、城镇化带动战略服务,必须围绕群众需求和我省的体育资源,加快我省体育公共服务体系建设,实施重点项目带动战略。

以建设公共体育场地设施为重点,推进《全民健身条例》特别是各级政府履行"三纳入"职能的落实;以开展"多彩贵州"龙舟系列赛为重点,推进全省少数民族传统体育活动的开展;以抓好"足球进校园活动"为重点,推动青少年体育活动的开展;以抓好"精、小、巧"优势项目为重点,推进竞技体育水平的提高;以开展山地户外

运动、建设生态型多梯度体育训练基地群为重点，推进体育产业为主的现代服务业发展；以抓好后备人才为重点，推进各类人才的迅速成长，促进我省体育事业上台阶。

（二）定位

"十二五"期间，充分利用丰富的自然资源，大力发展体育旅游产业，培育山地户外运动品牌赛事，将我省建设成为户外运动大省。努力建成国家（贵州）生态型多梯度高原运动训练基地、构建我国先进的现代运动训练方法与支撑体系。

1. 户外运动大省：紧紧围绕我省的城镇化带动战略，加强宣传、旅游、文化、体育、农业"五位一体"的结合。根据我省山地资源丰富的特点，大力发展体育旅游，开展山地户外活动，培育品牌赛事，开发具有民族特色的体育商品，将我省建设成为山地户外运动大省，为进一步推动全民健身，为我省的经济社会又好又快、更好更快发展服务。

2. 国家（贵州）生态型多梯度高原运动训练基地：整合全国、省内优势力量，多学科合作，开展现代运动训练的理论研究和实践探索，充分利用贵州省独特的地理环境和气候条件，综合利用高原、亚高原、平原不同海拔的条件，以"生态型多梯度高原训练法"对运动员的训练和调整进行统筹安排，从而为提高运动员人体机能、运动技能服务，提高训练质量和竞赛水平。

第四节 "十二五"时期贵州省体育事业的总体目标和主要任务

一、总体目标

认真贯彻落实《全民健身计划（2011—2015年）》，初步建成亲民、便民、利民的全民健身公共服务体系，满足群众日益增长的体育文化需求，使城乡居民体育健身意识进一步增强，参加体育锻炼人数显著增加，身体素质明显提高；实施奥运争光计划，健全以省运会为核心的竞赛体系，有重点地发展竞技体育，提升贵州竞技体育水平；加快培育体育服务业，积极推进体育产业的发展；加快建设完善群众身边的健身场地设施，建成一批功能完善、能承接高水平竞赛和大型群众体育活动的公共体育场馆和设施。不断深化体育改革，进一步提高体育管理的科学化、法制化水平，努力实现体育事业全面、协调、可持续发展。

群众体育：全省经常参加体育锻炼的人数达到总人口的30%以上，达到《国民体质测定标准》合格标准的人数比例80%以上。

竞技体育：为国家输送高水平运动员、教练员、科研及保障工作人员125人次，25人次参加奥运会、世锦赛、世界杯赛、亚运会、全运会并获取好成绩。恢复全省运动会，打造1~2个国际知名品牌赛事；培养或引进3名国家级教练员和10名高级教练员。

体育产业：各市（州、地）打造一项以上山地户外运动品牌赛事，体育彩票发行超过50亿元。

体育场地设施：各市（州、地）所在地建成一场一馆一中心，每个县（市、区）拥有1件以上实用公共体育设施，建设乡镇"农民体育健身工程"230个，农民健身工程5000个，力争2015年人均体育场地面积达1.0平方米。

二、主要任务

（一）以建设公共体育场地设施为重点，推进《全民健身条例》的落实

推进《全民健身条例》的落实。督促各级政府履行体育公共服务职能，将全民健身事业纳入当地国民经济与社会发展规划、纳入当地政府工作计划，将全民健身工作经费纳入本级财政预算；着力推动全民健身公共服务体系建设，积极协调并督促相关部门将公共体育基础设施建设纳入城乡总体规划，做到同时规划、同时建设、同时投入使用；新建城镇居民小区要按规定规划和建设体育设施，已建成的居民小区公共体育设施未达到建筑规范的，要逐步完善。

加强体育基础设施建设，基层公共体育设施条件明显改善。每年在以村、乡镇为主体的农村基层建设400个"农民体育健身工程"，40个"乡镇体育健身工程"；继续实施"全民健身路径工程"建设，每年安装建设200套"全民健身路径工程"；同时充分利用城市广场、公园等公共场所和适宜的自然区域建设健身步道等全民健身活动设施，使城市社区和农村乡镇的公共体育设施条件有明显改善。

调动各方面建设体育场地设施的积极性。按照"谁投资谁受益"的原则，提倡和鼓励社会和个人投资建设体育场地设施，积极探索体育场馆建设和综合利用的新模式，加强与教育部门和有关部门的协调，积极探索学校及单位体育设施向公众开放，政府给予适当补贴的模式，缓解城乡居民体育健身设施不足的压力。改善各类公共体育设施的无障碍条件，各类体育设施的开放率和利用率有较大提高。形成各级各类体育设施布局合理、互为补充、覆盖面广、普惠性强的网络化格局。

（二）以"多彩贵州"龙舟系列赛为重点，推进群众性体育活动的开展

完善社会化群众体育组织网络体系建设。开展群众性体育俱乐部的创建工作，加强城市街道、农村乡镇体育活动站（体育活动中心）建设，市民体育健身辅导站达到1000个；加强对社会体育指导员的培训和交流，全省社会体育指导员人数达到3万人；在经营性体育健身场所逐步推行社会体育指导员国家职业标准；加强对单项协会的指导和服务，发挥单项体育协会的职能作用。逐步形成遍布城乡、规范有序、富有活力的社会化全民健身组织网络。

开展丰富多彩的群众性体育活动。大力开展田径、游泳、乒乓球、羽毛球、足球、篮球、排球、网球等竞技性强、普及面广的体育运动项目，广泛组织健身操（舞）、传统武术、健身气功、太极拳（剑）、骑车、登山、跳绳、踢毽、门球等群众喜闻乐见、简便易行的健身活动。

抓住第九届全国少数民族传统体育运动会的机遇，以开展"多彩贵州"龙舟系列赛的少数民族传统体育项目为重点，掀起群众体育活动的高潮，积极营造浓厚的体育氛围，因人、因地、因时制宜地组织开展各类业余、自愿、小型、多样、科学文明的

群众性体育活动。积极倡导和推广公园体育、广场体育、街头体育、家庭体育等活动形式；积极配合有关部门，办好全省民族运动会、农民运动会、残疾人运动会、职工运动会、大学生运动会等，促进各行业、系统和各类人群体育活动的开展。加强对老年人体育活动的指导，举办适合老年人特点的健身展示和交流活动。关注下岗失业人群、城镇贫困人口等弱势群体的身体健康，创造必要条件，开展适合不同人群特点的健身活动，丰富体育文化生活，提高生活质量。

完善体育制度建设，制定全民健身的科学标准和规范体系。加强对群众体育发展状况、群众健康状况的研究、监测和统计工作，完善国民体质监测、体育保健咨询、体育锻炼标准、群众体育现状调查等各项制度以及相关信息的发布制度。做好第四次全国群众体育现状调查和第四次国民体质监测工作，研究、探索符合贵州实际的全民健身服务指标体系。

（三）以抓好"足球进校园活动"为重点，推动青少年体育活动的开展

坚持"健康第一"指导思想，把增强学生体质作为学校教育的基本目标和重要评价内容。健全学校体育工作机制和督导制度，提高体育教育、教学质量。全面实施《国家学生体质健康标准》，广泛深入开展"全国亿万学生阳光体育运动"，充分保证学校体育课和学生体育活动，保证其每天锻炼不少于一小时和"两操一课一活动"；在校学生普遍达到《国家学生体质健康标准》基本要求，其中达到优秀标准的人数比例超过20%，耐力、力量、速度等体能素质明显提高；加强青少年公共体育服务体系建设。建立健全学校体育工作共抓机制。配合、支持教育部门开展青少年体育竞赛和活动，加强学校体育设施和师资队伍建设，全面完善学校、社区、家庭相结合的青少年体育网络。开展青少年校外体育活动中心、青少年体育俱乐部、体育传统项目学校、青少年户外体育营地的创建工作，积极发挥其聚集效应和示范效应。建立和完善学校、社区、家庭相结合的青少年体育网络和联动机制。

搞好"青少年足球进校园活动"。以推动体教结合发展青少年足球文化为目的，以班级间、校际和市内的联赛为主导，以培训各类人才为依托，推动青少年足球活动的开展；抓好青少年足球运动的普及，扩展青少年参与足球运动的规模，孕育、发现、培养高水平足球后备人才，推动青少年足球运动全面、稳定、健康发展。培养青少年良好的体育锻炼习惯和健康的生活方式，形成青少年热爱体育、崇尚运动、健康向上的良好风气和珍视健康、重视体育的浓厚氛围。

（四）以抓好"精、小、巧"优势项目为重点，提高我省竞技体育水平

优化竞技项目布局结构。坚持"突出特色、联强做优、精选优育，提高效益"的指导思想，按照"巩固和深化发展传统优势项目，努力实现潜优势项目的快速转化，促进落后项目实现突破"的发展方针，发展"精、小、巧"优势特色的运动项目，采取"走出去、请进来、送上去"和重点项目组建专业化复合型教练、保障、管理团队的方式，重点支持拳击、体操、射击、水上等项目发展成为我省竞技体育的支撑项目，并力争在亚洲和全国保持优势；重点夯实田径、游泳、跆拳道、举重等优势项目基础，加大投入，实现重点突破；鼓励和引导各地根据自身条件和特点，重点发展符合本地

实际的足球、武术、围棋等运动项目，优化布局，提高效益，发挥地方优势，形成具有地方特色的拳头项目。

加快国家（贵州）生态型多梯度运动训练基地建设。加快推进国家（贵州）生态型多梯度运动训练基地建设，形成"生态型高原—亚高原—平原多梯度训练体系"，打造具有国际领先水平的多梯度训练研究中心和培训基地，服务国家水上、田径、跆拳道、拳击、游泳、举重、体操、射击等运动项目，向更多的体能类、体能与技巧结合类运动项目训练提供先进的服务条件，提升我国竞技体育训练水平，更好地满足国家竞技体育科研和训练的需求。

提升体育科学化训练水平。大力推进体育科技与运动训练紧密结合，加强对重点运动项目的研究和科技攻关；建立健全体育、科研、教育三位一体的运动训练体系；加强体育、教学、科研机构特色建设与力量整合，发挥国家级亚高原重点科研实验室和北京体育大学研究生工作站的功能，促进理论与实践的交互发展，提升我省体育科学化训练水平，力争在国际国内赛事取得良好成绩。

改革和完善体育竞赛制度。建立以奥运战略为目标，青少年业余训练、竞赛为手段，推动训练体制改革和人才培养工程建设为重点的竞赛体系；恢复全省运动会，充分发挥其杠杆和导向作用；加强与教育部门的合作，建立联合举办青少年体育竞赛制度。健全完善赛事组织管理工作，打造一个能承担国际国内赛事和全国性综合运动会的竞赛组织和裁判工作团队，全面提升我省竞赛组织工作水平；着力打造中国拳击公开赛，将该赛事办成亚洲唯一的三星级比赛；将皮划艇激流回旋、越野跑、马拉松等赛事办成国内知名品牌赛事。

加强竞技体育后备人才培养。继续贯彻"选好苗子、着眼未来、打好基础、系统训练、积极提高"的方针，加强各级各类体育运动学校、体育中学、少年儿童体育学校、体育传统项目学校的建设、指导和管理，恢复青少年业余训练网络体系，建立和完善体育后备人才培训体系；鼓励社会各界采取各种形式培养竞技体育后备人才，探索省队地方办、省队学校办、省队社会办等发展竞技体育的模式。

（五）以开展山地户外运动为重点，推进体育产业健康发展

做大做强户外运动品牌赛事，打造户外运动大省。依托我省丰富的自然山地资源、风采各异的少数民族风情优势，进一步整合资源，认真规划、合理布局户外运动项目，重点发展以山地户外活动和自驾车与自行车自助旅游为主的体育产业，大力开发漂流、徒步、登山、拓展、露营、攀岩、定向越野、汽车自驾游、山地自行车运动、滑翔伞运动、洞穴探险等户外运动赛事，支持各市（州、地）至少打造一项户外运动知名赛事。培养、打造唯一性、独特性、高规格、高层次、高水平、影响力大的户外运动品牌赛事，使我省成为名符其实的户外运动大省，把体育旅游产业培育成为我省国民经济新的增长点和体育产业的支柱产业。

积极培育体育市场。坚持以市场为导向，以满足群众的体育需求为目标，积极引导群众进行健康文明的体育消费。大力发展体育健身休闲市场，为群众提供多元化、多层次的体育健身服务；积极开发体育竞赛表演市场，努力打造具有影响力的品牌赛

事，积极探索完善各类体育竞赛表演活动的市场化运作；积极推进体育场馆投资主体多元化，实现场馆所有权与经营权分离，整合贵州场馆的优势和条件，拓展服务空间，面向国内外提供比赛和适应性训练等服务；鼓励倡导各系统、各行业、各种社会组织及个人兴办体育俱乐部，建设一批有资质、有信誉、有影响的体育培训机构，积极开展多种形式的有偿训练和培训，依托体育职业技能鉴定站开展各种职业培训和资格考核，实行教练员、辅导员、裁判员资格认证和岗位培训制度。

加大体育彩票发行和管理。加大体育彩票发行，丰富营销手段，提高营销水平；进一步开拓市场，力争5年间体育彩票发行超过50亿；加强对体育彩票公益金使用的监督管理，使之健康有序地发展。

建立和完善体育产业政策。积极研究、制定有利于体育产业发展的政策措施，鼓励社会资本投入体育服务业。研究、建立规范的体育产业统计指标体系和统计制度，为规范体育产业管理、加强对体育产业的指导奠定基础。

（六）以抓好后备人才为重点，促进我省体育事业上台阶

加大体育基础教育、高等教育、职业教育的发展与改革，促进体育专业教育健康发展；推进贵州省体育高等职业教育社会化进程，吸引社会资金建设贵州体育职业学院；提高体育教学、训练和科研水平，为我省体育事业发展提供科技和人才支持。

实施"人才强体"战略。创新体育人才工作体制机制，抓好各类体育人才队伍建设，提高人才培养的数量和质量，以群众体育、竞技体育、体育产业、体育管理等重点体育人才群体为对象，实施体育人才培养专项计划。加强基层教练员培训、培养；加强高端人才的引进和培养，力争引进和培养2~3名博士研究生。

完善运动员保障体系。拓宽运动员培养渠道，确保运动员接受文化教育和技能培训的权利，提高运动员的文化水平和技能水平，促进运动员的全面发展。重视、加强对运动员劳动、医疗、保险等方面权益的保障工作，维护运动员的切身利益，加强对退役运动员就业的支持和指导，构建运动员职业转换社会扶持体系。

营造各类体育人才健康成长的良好环境。建立和完善以能力和业绩为导向的体育人才评价标准，营造各类体育人才健康成长、优秀人才脱颖而出的良好环境；进一步完善人才的选拔、任用机制，深化干部人事制度改革。积极稳妥地推进体育事业单位的人事制度改革，推进体育事业单位的评聘分开和全员聘用工作。建立有利于调动体育人才积极性、创造性的激励机制。紧紧围绕竞技体育的发展目标，改革和完善各类比赛的奖励政策和办法。

第五节 完成规划的保障措施

要完成贵州省体育事业"十二五"规划，实现我省体育事业，又好又快、更好更快的发展，为全面建设小康社会和构建社会主义和谐社会、为我省的工业强省战略和城镇化带动战略作贡献，必须贯彻落实科学发展观，解放思想，与时俱进抓好以下工作。

一、强化政府体育公共服务职能,确保体育事业健康发展

加强政府对体育工作的组织领导。进一步强化政府对全民健身事业的社会管理和公共服务职能,各级政府要高度重视本地区的体育事业发展,将体育事业纳入本级国民经济和社会发展规划,将全民健身工作所需经费列入本级财政预算,确保体育事业各项投入与经济社会发展同步增长;加强基础建设和重大全民健身活动的经费投入,对公益性全民健身事业单位和服务机构给予必要的经费保障。建立健全体育工作领导协调机制,统筹协调体育事业发展。

二、鼓励多渠道兴办体育事业,促进体育社会化进程

充分调动全社会兴办体育事业的积极性,扩大社会资源进入体育行业的途径,多渠道增加体育事业的投入。完善财政、税收、金融和土地等优惠政策,鼓励和引导社会力量捐资、出资兴办全民健身事业。体育行政部门要会同有关方面加强对经营性体育健身场所的监管。对社会力量兴办体育类民办非企业单位,要在注册登记、工作指导等方面提供支持和保障。社会力量通过公益性社会团体或县级以上人民政府及其部门用于全民健身事业的公益性捐赠,符合税法有关规定的部分,可在计算企业所得税和个人所得税时从其应纳税额中扣除。

三、不断深化体育改革,加强体育法制建设

坚持深化体育改革,建立健全与社会主义市场经济体制相适应,更加开放,更具活力的体育体制和体育运行机制,促进政事分开,管办分离,逐步建立办事高效、运转协调、行为规范的体育行政管理体制。强化体育行政部门职能制订发展规划、加强宏观调控、完善规章制度、维护行业秩序的职能,充分发挥各行业协会和单项体育协会作用,使其在体育事务的组织、沟通、协调方面发挥更大作用。

坚持依法治体,加强体育法制建设,进一步健全符合体育改革和发展要求的体育法规体系。加强体育执法监督,严格按照法定程序履行体育行政许可、行政检查监督、行政处罚等各项职能,建立和完善体育行政复议,体育行政诉讼制度;继续开展体育法制的宣传教育,重视体育政策研究工作。

四、加强体育新闻宣传工作,积极开展对外交流合作

加强体育新闻宣传,唱响主旋律,努力创造体育事业发展的良好舆论氛围和社会环境。搭建体育信息平台,坚持正面宣传为主,正确引导舆论,反对制造和传播假新闻的行为。重视体育对外宣传工作,发挥体育在宣传"多彩贵州"、扩大贵州的对外形象、提高贵州的知名度、推动贵州的政治、经济、文化、社会发展等方面的作用。

积极开展对外体育交流与合作。以举办第九届全国少数民族运动会为契机,积极配合省政府招商引资工作,营造体育搭台、经贸唱戏的浓厚氛围。积极发展与港澳台和其他省(市、区)体育交流和合作学习、借鉴其发展体育的。

五、加强体育工作者队伍和作风建设，提高管理工作水平

进一步加强体育组织机构建设和体育工作者队伍建设，增强体育队伍的责任感、使命感、紧迫感和做好各项体育工作的主动性和自觉性。各级体育部门要创新管理方式，更新工作手段，加强调查研究，改进工作作风，增强服务意识，提高工作效率，提高管理工作水平。

六、建立督促检查机制，加强对规划实施的督促检查

各地方和各单位要认真实施各自的"十二五"规划，加强工作的计划性，做好规划的落实。对规划落实情况特别是重点工作、重点工程的落实情况，要建立督促检查机制，保障和推进"十二五"时期体育事业的顺利进行。

云南省体育事业发展"十二五"规划

根据《云南省经济社会发展第十二个五年规划》和国家《体育事业发展"十二五"规划》，结合云南省实际，制定云南省体育事业发展"十二五"规划。

一、"十二五"云南体育事业发展面临的形势

（一）"十一五"时期云南体育事业取得长足进步。抓住 2008 年北京奥运会、新一轮西部大开发和建设中国面向西南开放桥头堡的重大机遇，扎实推进体育工作，为云南经济和社会发展做出了积极贡献，为"十二五"时期体育事业又好又快发展奠定了良好基础。

——群众体育注重基层、构建组织，突出特色、开展活动，典型引路、普及推广。全省各级各类社会体育指导员 2 万多名，体育社会组织 1028 个，晨、晚练点 8000 多个，参加体育锻炼的人数逐年增长。创编推广 10 套少数民族健身操成效初显。北京奥运会火炬云南传递活动圆满成功。成功举办第七届全国残疾人运动会和第九届省民运会、第七届省农运会。组队参加全国体育大会等群体赛事取得优异成绩。

——竞技体育优化布局、夯实基础，强化责任、规范管理，科技支撑、团队攻坚。加强对省级业余训练点的扶持和指导，业余训练输送率有所提高。第十一届全运会获 3 金 4.5 银 4 铜，实现男子竞走"五连冠"和游泳等基础大项的突破，自行车和男子长跑保持全国领先水平。首届世界智力运动会获得 2 枚银牌，首届世界青奥会获得 3 枚铜牌，第十六届广州亚运会获得 2 金 2 银 2 铜的好成绩。成功举办第十二、十三届省运会和第六届省城市运动会。

——体育产业研究政策、培育市场，高原训练、完善服务，项目带动、打造品牌，新兴体育产业加快发展，社会力量办体育呈良好态势。据估算，"十一五"时期，全省体育产业总产值 124.14 亿元，增加值 57.65 亿元，从业人员约 19 万人。高原训练基地接待国内外运动队 500 多支 20 余万人次。体育彩票销售 106.63 亿元，筹集公益金 30.16 亿元。

——体育设施开拓渠道、增加投入，科学规划、分步实施，全省体育基础设施条件得到改善。"十一五"期间完成"雪炭工程"16 个、"民康工程"8 个、"健康促小康"项目 23 个、"小康体育特色县"12 个、"体育扶贫"项目 140 个、全民健身路径 500 个、"农民健身工程"1958 个。完善昆明高原训练基地功能，为备战 2008 年奥运会做出贡献。

——体育法制、科研、教育、对外交流和文化建设取得成果。体育政策法规工作获得国家体育总局表彰。云南体育科学研究所挂牌"国家体育总局昆明高原训练重点实验室"及"国家体育总局昆明高原训练科研监测工作站"。云南体育运动职业技术学院通过高等职业院校人才培养工作评估。"云南体育职业教育集团"正式成立。国际奥林匹克委员会主席雅克·罗格、马来西亚、非洲厄立特里亚部长级体育官员和台湾高级教练员培训团来访,体育对外交流进一步拓展。完成《云南省志·体育志》初撰,启动编撰《云南大百科全书·体育篇》,体育宣传不断深入。

(二)"十二五"是云南体育事业发展的重要机遇期。随着我国社会生产力快速发展、综合国力大幅提升和人民生活明显改善,与政治、经济、文化和社会发展水平相适应,北京奥运会之后,党和国家确立了建设体育强国的战略目标,对体育事业发展提出了更高的要求,为我省体育科学发展指明了方向。"十二五"时期,国家更加重视保障和改善民生,把建立健全基本公共服务体系和推进基本公共服务均等化摆在突出位置,新一轮西部大开发战略的实施,国家加大力度扶持边疆、民族地区加快发展,为云南体育事业更好更快发展提供了良好的环境,创造了有利条件。我省经济发展、社会进步,综合实力不断增强,省委、省政府把体育事业纳入云南绿色经济强省、民族文化强省及我国面向西南开放重要桥头堡战略的重要内容,要求"建设面向西南开放的重要旅游目的地、高原体育基地和特色体育赛事中心","提高体育发展质量和水平,大力发展公共体育事业,努力增加群众体育锻炼设施,广泛开展全民健身运动,提高人民群众身体素质。健全完善竞技体育管理机制,提高竞技体育水平。加快发展体育产业,着力培育高原体育品牌。"全省各族人民对体育健身提高生活质量、满足精神文化需求的强烈愿望,对体育发展适应信息化、全球化、网络化时代新形势的迫切期待,为我省体育转变发展方式、加快发展提供了强大动力,"十二五"时期,云南体育发展进入了新的战略机遇期。

(三)云南体育事业发展面临的困难和问题。当前,广大人民群众日益增长的体育需求和社会体育资源相对不足的矛盾是我省体育事业发展的主要矛盾,体育发展不充分、不平衡、不协调、不可持续的问题突出:城乡体育基础薄弱。经费投入不足,融资渠道单一,全省58.9%的县(区、市)没有体育场(馆),84.1%的乡(镇)、54.6%的行政村、92%的边境县30户以上自然村没有体育设施,公共体育服务处于较低水平。竞技体育总体实力不强。运动队管理、训练和科研水平不高,全国运动会参赛成绩下滑。运动员保障和文化教育体系不完善,业余训练、竞赛体制不健全。体育产业发展迟缓。与文化、旅游产业衔接不够,资源开发利用、整合统筹不够,缺乏规划引领、政策支撑和项目储备,独具云南特色的体育产业品牌打造还有大量工作要做。体育队伍建设亟待加强。干部队伍老化,文化知识水平偏低,专业结构不合理,工作效率、公共服务能力和依法行政能力有待进一步提高。教练员、运动员、裁判员及复合型体育人才队伍建设亟需加强。

"十二五"时期,要把建设体育强国的长远目标和云南体育事业发展的阶段性任务有机地结合起来,抓住机遇,充分利用各种有利条件,采取有力措施,着力解决制约我省体育发展的突出矛盾和问题,扎实推进各项体育工作,为云南特色体育强省建设打下坚实的基础。

二、"十二五"时期云南体育事业发展的指导思想、总体目标和基本原则

(四)"十二五"时期云南体育事业发展的指导思想是:以邓小平理论和"三个代表"重要思想为指导,深入贯彻落实科学发展观,围绕"两强一堡"战略,以建设体育强省为目标,以满足群众日益增长的体育文化需求为出发点和落脚点,围绕中心、服务大局,求真务实、改革创新,突出云南特色,广泛开展全民健身运动,提升竞技体育水平,促进体育产业发展,进一步发挥体育在全面建设小康社会和构建社会主义和谐社会中的积极作用,为云南经济社会发展服务,为体育强国建设做贡献。

(五)"十二五"时期云南体育事业发展的总体目标是:群众体育突出云南特色做亮,竞技体育抓住重点项目做强,体育产业融入发展大局做特,队伍建设完善制度机制做实。推动以贯彻《全民健身条例》和落实《全民健身计划(2011–2015年)》为主要内容的公共体育服务覆盖城乡,促进以国际国内重要比赛成绩为衡量标准的竞技体育提升实力,加快以转变发展方式和调整结构为核心的体育产业提质增效,激发各类体育人才为重点的体育队伍更具创新活力,统筹以体育科技、体育教育、体育外事、体育宣传等为基础的各项体育工作协调发展,为建设云南特色体育强省奠定基础。

(六)"十二五"时期云南体育事业发展的基本原则是:

——转变方式,统筹发展。提高对建设体育强国科学内涵和深远意义的认识,发挥体育在促进经济建设、政治建设、社会建设、文化建设和生态建设中的独特作用,推动各级政府加快建设覆盖城乡的体育公共服务体系。

——围绕大局,协调发展。融入云南经济社会发展大局,加强与文化、旅游、教育、科技的结合,调整全省群众体育、竞技体育和体育产业布局,促进群众体育、竞技体育、体育产业协调发展。

——以人为本,和谐发展。把以人为本,服务民生作为发展体育事业的核心理念,适应全省各族人民对体育发展的需求,依靠群众,服务群众,让体育发展更多地惠及群众,办人民满意的体育。

——结合省情,特色发展。结合云南实际,发挥民族文化、地缘特色、自然条件等优势,提倡多样化、品牌化,走出一条云南特色的体育强省建设之路,为体育强国建设做出应有贡献。

——改革创新,加快发展。进一步解放思想,深化改革,开拓创新。实施人才强体战略,提高创新能力,强化制度机制建设,为体育事业又好又快发展提供保障。

三、实施"七彩云南全民健身工程",提高公共体育服务水平

大力实施"七彩云南全民健身工程",抓住场地、组织、活动三个重点环节,分项落实"全民健身基础设施工程"、"全民健身组织建设工程"和"全民健身活动示范工程",为群众康体健身提供优质服务。

（七）"十二五"时期群众体育的发展目标是：全民健身公共服务体系更加完善，各级社会体育指导员总数达到3万人以上，基本完成州市、县体育场馆建设，完成600个乡镇（街道）、6000个村（社区）、6000个25个边境县30户以上自然村的基本体育设施建设。为了支援藏区建设，全民健身基础设施建设政策向迪庆藏族自治州倾斜。群众健身意识和体育科学素养进一步增强，经常参加体育锻炼的人数比例达到32%以上，经常参加体育锻炼老年人和在校学生人数逐步增加。各民族身体素质显著提高，城乡居民《国民体质测定标准》合格以上的达到抽样人数90%以上，实现全民"健身有指导、锻炼有方法、活动有场地、体质有提高"。

（八）贯彻落实《全民健身条例》，强化政府公共服务职能。

——加大《全民健身条例》宣传贯彻和执法力度，确保"全民健身事业纳入各级国民经济和社会发展规划、全民健身工作经费纳入本级财政预算、全民健身工作部署纳入政府工作报告"。县级以上政府按照每年人均不低于0.5元的标准将全民健身工作经费列入财政预算，并随国民经济发展逐步增长。

——编制《云南省全民健身实施计划2011-2015》，重点扶持少数民族地区、边境地区、农村和社区，采取政府购买、民办公助、优惠政策等方式，扩大基本公共体育服务覆盖面。县级以上人民政府结合实际制定本地区全民健身实施计划，加大公共体育设施建设投入，发展全民健身组织，开展全民健身活动，普及体育科学健身知识。

——建设各级体质测定与运动健身指导站，开展公民体质监（检）测、全民健身活动状况调查和科学健身指导服务，建立云南国民体质检测数据库。建设全民健身公共信息服务网络，推广普及有地方特色的体育健身方法，提高全民健身科学化水平。

（九）推进体育基础设施建设和管理，夯实体育发展基础。

——发挥政府主导作用，推动公共体育设施的规划和建设，做到公共体育设施建设与当地经济社会发展水平相一致，与群众健身需求相适应。加大力度修建综合体育设施和基本公共体育服务设施；鼓励社会力量兴建体育设施；协调公园、绿地、广场、住宅小区逐步增加公共体育健身场地设施。

——配合国家"雪炭工程"、"农民体育健身工程"、"全民健身路径工程"，省级每年投资1亿元，支持不少于10个县（区、市）建设体育场馆、100个乡镇建设灯光球场、1000个行政村（社区）、1000个25个边境县自然村建设篮球场和乒乓球台。

——提高体育设施管理使用效益。明确各级各类公共体育设施的管理责任，完善规章制度，做好安全管理和运行维护。鼓励体育系统及国有单位的体育设施向公众开放；引导公共体育场馆和运动设施免费或优惠向周边学校和学生开放；以费用补贴等方式推动各级各类学校体育设施课余和节假日向社会开放；体育系统场地开放率达80%以上。

（十）健全组织体系，加强全民健身指导服务。推动建立健全政府体育部门、事业体育机构、体育社团和群众健身组织相互协调、遍布城乡的全民健身组织网络。

——政府主导，协调推动全民健身工作。建立省、州市、县各级全民健身领导小组。推动街道和乡镇综合文化站履行体育工作职责，服务全民健身事业。

——理顺体育总会与体育社会团体的关系,扶持基层体育社团发展。实现全省各县(区)拥有地方体育总会或行业体育协会、单项运动协会、各类人群体育协会等社会体育组织;所有乡镇、65%村委会和居委会建有老年体育组织,促进老年体育组织延伸到自然村。鼓励体育社团依法运营,为群众提供科学、专业的健身服务。

——推进基层体育服务规范化、实体化。大力发展城乡基层体育健身俱乐部、体育健身指导站、体育健身站(点)和体育健身团队,成立体育健身项目协会,开设少数民族传统体育项目和群众体育项目基地,实现30%的社区建有社区体育俱乐部或者体育健身教学点,城市居委会社区和农村行政村普遍建有体育健身站、晨晚练点。争创全国城市体育先进社区和国家级社区俱乐部。

——建立健全社会体育指导员、体质监测人员和其他群众体育技术骨干培训、管理和公益服务激励机制。建立省、州(市)、县(市、区)各级社会体育指导员协会,打造社会体育骨干和全民健身志愿服务队伍。依托基层业余体校和公共体育设施建立全民健身指导机构,开展健身技术指导和服务,逐步实现群众体育活动组织、管理、辅导社会化。

(十一)突出特色,实施"全民健身活动示范工程"。分类指导,鼓励各级各地、各行各业从实际出发,开展富有民族特点和地区、行业特色的全民健身活动,提倡一地一特色,树立一批全民健身活动示范典型,打造云南特色全民健身示范品牌。

——利用每年"全民健身日",组织开展群众性体育展示和全民健身体育竞赛活动。采取区域联动、片区联动等形式,组织开展节假日体育休闲活动。举办各类人群和项目的群众体育竞赛,突出健身性、参与性、趣味性,创立各地全民健身活动品牌。

——做好民族民间传统体育项目抢救、保护、发掘、整理、推广工作。创编、推广少数民族健身操(舞),打造云南特色群众体育活动品牌。

——大力开展各类人群健身活动。支持国家机关、企事业单位开展做广播体操、工间(前)操和业余健身活动,组织体育锻炼测验和体质测定。联合工会、共青团、妇联、残联等群团组织和体育总会、农民体育协会、老年人体育协会等社会体育组织,开展青少年、老年人、残疾人、妇女、农民等人群体育活动。为城镇贫困人口和农民工等弱势群体体育健身活动创造条件。

(十二)加强体教结合,促进青少年体育健身。

——建立健全青少年体育工作机制。建立完善学校体育工作规章制度,保证学校体育课和学生体育活动时间。联合教育和社会力量,实施"青少年体育活动促进计划",培养青少年体育锻炼的兴趣和习惯,使每个学生掌握两项以上体育运动技能。

——加强青少年体育组织建设。建设青少年校外体育活动中心,以青少年体育俱乐部、青少年传统学校和青少年户外营地等形式,打造多样化的青少年健身锻炼平台,推进青少年公共体育服务体系的建设和完善。

——广泛开展青少年体育活动和竞赛。定期组织综合或专项学生体育运动会。推行"全国亿万学生阳光体育运动",做到人人有体育项目、班班有体育活动、校校有体育特色。

四、抓好重点项目攻坚，提高竞技体育水平

完善云南竞技体育管理体制和运行机制，提高运动训练和管理水平，强化后备人才基础建设，实现云南竞技体育新突破。

（十三）"十二五"时期云南竞技体育的发展目标是：瞄准全运会、亚运会和奥运会，提升竞技体育的综合实力。参加全国锦标赛、冠军赛每年获得超过12枚金牌、25枚奖牌；第十二届全运会金牌、奖牌、总分比上届有所突破，排名力争进入西部前三名；力争伦敦奥运会向国家输送3名以上运动员，在亚运会等国际重要赛事中取得优异成绩。以青少年体育为基础的业余训练质量不断提升，每个全运会周期向省级运动队输送后备人才250人以上。省级综合运动会效益明显提高，云南特色竞技体育管理体制与运行机制更加完善，形成职责明确、保障有力、管理到位、奖惩分明的竞技体育工作格局。

（十四）健全管理机制，合力推动竞技体育发展。建立与竞技体育发展规律和国家"奥运争光计划"相适应的云南竞技体育发展模式。加强训练单位和运动队管理制度机制建设；调整健全省级各类运动会规则，完善体育竞赛体系，发挥竞赛的杠杆作用，促进业余训练和专业训练的有机衔接，构建云南竞技体育可持续发展的格局。

（十五）优化运动项目结构，实行分类管理。坚持"强重点、抓精品，有所为、有所不为"的原则，对省级运动项目实行分类管理、重点保障。合理配置资源，实行训练管理、经费保障、奖励惩处差别化政策，以全运会成绩为标准优胜劣汰，逐步形成重点突出、特色鲜明、优势明显、竞争力强的动态化竞技体育项目结构。田径、游泳、自行车、体操为优势项目，力争一流，保持优势；射击、摔跤、柔道、拳击、自行车、田径、武术、排球、游泳为潜优势项目，提升水平，争创佳绩；其他为一般项目，强化训练，优存劣汰；高尔夫球、足球、橄榄球为社会化项目，创新探索，争取突破。

（十六）加强运动队管理，提高竞赛实力。

——实行目标责任制管理。细化、量化目标任务，建立运动员对教练负责、教练对项目负责、项目对训练单位负责、训练单位对局党组负责、目标明确、职责清晰、考核到位、奖罚分明的优秀运动队层次化管理机制，推行运动项目定期考核和责任追究制度。

——加强教练队伍建设。制定符合云南实际的教练员培养、选聘、管理、考核、奖惩和岗位培训等制度。建设重点项目"训科医管一体化复合型教练员工作团队"，为提高训练质量提供全方位的科学指导。

——提升运动员管理水平。建立完善由聘用管理、政治思想教育、文化教育、社会保险、激励机制、医疗照顾、退役转岗及经济补偿等构成的运动员保障体系。落实运动员文化教育的各项要求，切实提高运动员基础文化教育的水平和质量；创新教育模式，加强运动员在役期间的文化教育，拓宽体育运动学校运动员培养输送渠道，争取高等院校运动训练专业和民族传统体育专业单独招生向体育运动学校倾斜。进一步

落实和完善退役优秀运动员免试进入高等院校学习的各项政策,为运动员就学、就业创造条件。政策支持,建立运动员退役转岗就业的长效机制。

——深入开展运动队思想政治工作,加强体育行业作风建设。根据新形势下运动队思想观念的新特点,增强思想政治工作的主动性、针对性、实效性。加强运动队党、团组织建设,发挥共产党员、共青团员的模范带头作用,深入持久开展理想信念教育,弘扬中华体育精神,培养有理想、有道德、有文化、有纪律的运动竞技人才。

——狠抓赛风赛纪和反兴奋剂工作。落实党风廉政建设责任制,建立体育系统内容科学、程序严密、配套完备、有效管用的反腐倡廉制度体系和长效机制。加大对弄虚作假、徇私舞弊、执裁不公、扰乱赛场秩序等违规违纪行为的处罚力度,严厉查处体育行业的不正之风。加强反兴奋剂的宣传教育、监督检查、依法治理工作。

(十七)围绕奥运会、亚运会、全运会和各项重大比赛,扎实做好备战和参赛工作。建立任务明确、职责清晰、计划周密、措施完善、保障有力、奖罚严明的备战组织管理机制。建立定期分析、协调推进制度,强化对重点备战项目的管理和监督,确保备战和参赛工作有序进行,争取运动成绩和精神文明双丰收。

(十八)继续实施"三星"工程,筑牢后备人才基础。制定"三星"工程计划,调整重点项目基地布局,完善评估奖励政策,巩固业余训练基础。

——以青少年体育为着力点,大力推进"体教结合"。按照"资源共享、优势互补、责任共担、荣誉共沾"的原则,理顺关系、整合资源,调动各级各类学校参与培养后备人才的积极性,逐步形成教育和体育联办合作机制,促进体育后备人才文化学习和体育训练协调发展。在全省中小学大力普及课余训练网点,形成以体育传统项目学校、青少年体育俱乐部为基础,业余体校为主干,省级业余训练点为重点的业余训练格局。

——完善全省"三级"训练网络建设,进一步拓宽后备人才的培养、选拔、输送渠道。加强指导和考核,加大对"三星"工程省级训练点以奖代补力度,提高后备人才输送率;加强业余训练教练员队伍建设,提高业余训练质量。改革高水平后备人才选材、训练、输送方式,形成州(市)高水平后备人才与和省级运动队的无缝对接。采取有力措施,做大一、二类项目的业训规模,省级业余训练网点增加至100个,全省各州市运动学校、体育中学、体育训练中心、少体校在训人数达到12000人。

——改革竞赛体系。调整完善省运会、省城运会和年度比赛的赛制、设项和规程,办好第十四届省运会和第七届省城运会,提高办赛效益,为竞技体育源源不断输送高水平后备人才。

五、引导体育消费需求,促进体育产业发展

以开发利用云南得天独厚的自然及地理资源优势为基础,以中国云南高原体育基地建设为重点,促进体育产业与旅游、文化产业融合,支持体育龙头企业加快发展,统筹规划、合理布局,整合资源、政策引导,项目带动、打造品牌,增强云南体育产业市场竞争力。

（十九）"十二五"时期体育产业的发展目标是：满足各族群众日益增长的多层次、多元化、多样性体育消费需求，建立与经济社会发展水平相适应的云南特色体育产业体系。体育市场日益繁荣，培育一批龙头企业和体育产品，初步形成云南特色的体育服务品牌。中国云南高原体育基地和特色体育赛事中心建设有序推进。体育产业从业人数增加，体育产业增加值及在 GDP 所占比重明显提高。

（二十）建立健全体育产业发展的规划政策体系。

——制定《云南省体育产业发展"十二五"规划》和《中国云南高原体育基地战略研究规划》，推进体育产业进入省级文化、旅游产业"五个一批"项目规划，不断增加体育市场供给，实现体育产业有序、健康发展。

——落实国家和省加快体育产业发展政策，形成多元投资体育产业的体制和全民广泛参与的体育消费机制。加强资本运作和投资服务，用好体育产业发展专项资金，对符合重点支持方向的体育产品、服务、项目和企业，采取贷款贴息、项目补贴、政府重点采购、后期赎买和后期奖励等方式给予扶持。细化、落实体育产业税费优惠政策，鼓励、引导民间和境外资本投资体育产业。支持有条件的体育企业通过发行债券、股票，以及项目融资、资产重组、股权置换等方式筹措发展资金。协调推进体育产业与旅游、文化等相关产业互促融合发展。

——建立体育产业服务体系。完善体育产业统计体系，形成统计年报制度，建立体育产业信息发布机制，为社会提供产业信息服务。成立云南体育产业协会，健全自律机制，规划行业发展，制定行业标准，规范资质认证，组织行业交流。组建云南体育产业专家委员会，开展重大决策和重大项目的咨询、论证、评估，提供系统化、科学化、民主化的专家咨询服务，促进体育产业健康发展。

（二十一）结合实际，强化优势，突出特色，重点支持以下产业领域。

——体育健身服务业。加强体育基础设施和群众体育俱乐部建设，培育体育健身市场，引导大众体育健身消费。鼓励社会多渠道建设康体健身设施，开发不同档次、不同类型的体育健身项目；支持各地因地制宜开发和培育具有地方特色的体育健身项目；扶持优秀民族传统体育健身项目的市场开发、推广。辐射、带动体育用品生产销售，培育龙头企业，创立云南体育知名品牌，建设面向西南开放的体育对外贸易服务和体育用品销售集散地。

——高原体育服务业。以昆明为中心，多点布局，形成兼具各种海拔高度，一年四季均可利用的云南体育基地群。打造集"高原体育训练基地、全民健身康体休闲运动基地、高原体育科研基地、体育产业发展基地、国际体育文化交流基地"为一体，硬件一流、功能完善、特色鲜明、布局合理、科研先进、管理现代、产业发达的体育基地。加大高原体育基地对外宣传和营销力度，不断提升知名度，扩大影响力，打造国际水平高原体育服务品牌。

——体育旅游业。依托云南旅游大省平台，配合旅游产业转型升级，创新体育、旅游融合发展机制。培育和扶持体育旅游经营主体，规划一批体育旅游线路，推动城市、乡村、景区、山地、水体等特色体育旅游项目开发，重点推出各种户外健身旅游、赛事专线旅游、民族民间体育旅游等服务，打造云南特色体育旅游品牌。

——体育彩票业。研究探索体育彩票市场发展规律，健全销售管理监督机制。合理销售终端布局，优化产品结构，提升网点质量；完善监管措施；推进体彩精品文化建设，保持体育彩票年销量稳定在 25 亿元以上。加强对彩票公益金使用的监管，提高使用效益，提升体育彩票的公益形象，促进我省体育彩票业健康、可持续发展。

（二十二）推进中国云南高原体育基地建设。规划先行，分步实施，加快昆明体育训练基地、呈贡体育训练基地、水上运动项目训练基地建设改造项目的实施步伐；与文山州和丽江市政府合作建设丽江基地和富宁基地，支持规划覆盖的相关州（市）加快推进各地项目建设。

（二十三）建设特色体育赛事中心。培育竞赛中介市场,带动传媒、广告、赞助等相关行业发展，引导和规范各类体育竞赛的市场化运作。鼓励、支持各地政府主导，市场运作，提升已有事规模和水平，培育和开发一批有影响、有特色、有自主知识产权、长期驻足我省的高水平体育赛事。

（二十四）盘活体育资产。以开发和利用云南体育优势资源为基础，以社会化和产业化为方向，以重点项目为依托，加大改革创新力度，盘活各级各类国有体育资产，促进国有资产合理、有效使用和保值增值。推动有条件的体育经营性事业单位转制。整合资源，综合开发，创建和扶持体育产业龙头企业，提高运营能力，发挥综合效应和拉动作用，引领产业发展。

（二十五）加强体育经营活动的监管。健全落实相关法规，完善监督管理机制，促进体育市场规范发展。加快推行体育服务质量认证，实行体育职业技能培训、鉴定和职业资格管理，规范体育服务。

六、政策措施

（二十六）加强组织领导,形成发展合力。各级体育部门要积极争取政府的支持，认真履行体育公共服务职能，认真组织实施"十二五"体育发展规划，将规划确定的目标任务，列入年度工作计划，强化监督，推动工作落实。

（二十七）建立健全政策体系，提供政策支持。出台《云南省人民政府关于加快发展体育产业发展的实施意见》、《云南省人民政府关于贯彻落实〈全民健身条例〉的实施意见》、《云南省人民政府关于进一步加强运动员文化教育和运动员保障工作的指导意见的实施意见》及相关配套文件。出台《云南省体育局关于进一步加强全省竞技体育工作的实施意见》及配套文件，建立竞技体育大赛奖励、教练员聘任、运动队营养保障、建立复合型教练员工作团队、全运会目标责任制及加强业余训练等科学管理长效机制，完善政策保障体系。

（二十八）多元投入管理，夯实发展基础。发挥政府公共体育服务的主导作用，以公共体育设施的规划建设为基础，推进基本公共体育服务覆盖城乡。坚持投资主体多元化，运用市场机制，鼓励社会力量兴建体育设施，提供多样化、多层次的体育健身服务。

七、保障措施

（二十九）推进依法行政，实现职能转变。加强体育理论和体育发展战略研究，不断充实、丰富云南特色体育强省建设的内涵，探索建立与之相适应的体制机制。各级体育部门进一步转变职能，重点研究体育事业发展规划，制定体育行业政策，加强行业管理和服务；稳妥推进体育事业单位分类改革，提高公共体育服务能力；完善体育社团法人治理机制，充实体育社会团体业务职能，鼓励社会组织参与体育社会管理和服务，实现政事分开，政企分开，管办分离，公共体育服务提供主体和提供方式多元化，非基本公共体育服务市场化。加强体育法治建设，建立体育行政执法队伍，提高全省体育系统各层级、各方面的行政执法和监督水平；推进运动员退役和社会保障工作法制化。落实法制、阳光、责任、效能政府各项制度，加强体育系统自身建设；建立体育统计和评价考核体系，建设体育信息平台，推行电子政务，提高工作效能。

（三十）实施人才强体战略，提供人才保障。构建符合体育发展规律和云南省情的人才管理体制和运行机制，强化各项激励和约束机制，构建体育人才管理、服务和保障体系，优化体育人才成长环境。对接国家"双百精英教练计划"和"竞技体育后备人才培养工程"，以体育专业化复合型技术人才、体育公共管理人才、体育产业经济人才为重点，加快培养重点项目高水平骨干裁判员，实施体育人才培养专项计划，加大各类人才的选拔培养、交流引进，考核任用、激励保障力度。鼓励多方投入，开展各类体育教育培训，多渠道培养体育人才，全面提升全省体育人才队伍综合素质。

（三十一）推动职业教育，力争实质突破。依托云南体育职业教育集团，加强各成员单位的协调、配合，促进云南体育职业教育加快发展，建立适应云南发展的体育人力资源库，实现促进就业、服务经济社会发展，培养体育专业人才、提升体育全面可持续发展能力的独特作用。发挥云南体育运动职业技术学院体育职业培训基地、全省业余训练龙头、优秀运动员学历教育和教练员再培训平台的作用，完善办学条件，提高科研能力，建设实训基地，培养高级应用型人才和高水平竞技体育后备队伍，建成学科专业特色鲜明、结构合理的教学训练型体育高职学院。

（三十二）推动科学研究，强化科技支撑。加强体育科研机构建设，利用云南省体育科学学会的平台，充分整合和优化各类科技单位和人才资源，通过政策引导、资金投入、课题立项、研究合作等方式，推动体育科学研究的交流合作；动员大专院校、科研院所等各方科研力量，参与体育科技的研究和应用推广，提升我省体育科研能力和水平。发挥国家高原训练重点实验室和昆明高原训练科研检测工作站作用，开展高原训练系统研究，围绕世居高原运动员科学选材、运动训练科学监控、运动员体能康复等课题，开展科研攻关，促进训练、科研、医疗服务紧密结合，逐步建立运动训练科学监控系统、运动员体能恢复与营养补充系统、运动员心理训练与咨询服务系统、运动员伤病与医疗服务系统、运动竞赛科技服务系统、反兴奋剂系统、体育信息服务系统，为高原体育训练和高原健身服务提供科技支撑，打造中国高原体育训练科研权威机构。

（三十三）深化对外交流，扩大辐射影响。调查研究，总结经验，借鉴先进，细化措施，发挥区位优势，深化群众体育、竞技体育、体育产业、体育科技和体育文化各领域的对外开放和交流。加强与东南亚、南亚地区在体育赛事方面的合作，为桥头堡建设搭建体育平台。继续加强与香港、澳门特别行政区和台湾地区的体育交流与合作。支持各地结合实际，利用毗邻东南亚、南亚的区位优势，开展多层次、多形式的体育对外交流。

（三十四）掌握宣传主动权，树立良好形象。适应新形势下体育新闻宣传的规律和特点，以全民健身活动、大型体育赛事及体育法律法规宣传为重点，发挥体育记者协会作用，正确把握舆论导向，倡导体育精神，激发群众健身热情。改进宣传工作方法，充分利用信息化时代的各种新兴媒体，提高体育宣传工作水平，为云南体育事业发展创造良好的舆论氛围。

（三十五）加强对规划实施的监督和管理。各地区、各单位要认真制定实施各自的"十二五"发展规划和重点配套专项规划，健全规划实施的监管机制，采取切实有效措施，对规划实施情况进行监督，确保云南省体育事业发展"十二五"规划的顺利实施。

西藏自治区"十二五"体育事业发展规划

一、体育事业发展现状

"十一五"期间，我区体育工作坚持民族传统体育与现代体育相结合，坚持群众体育与竞技体育相结合，坚持体育事业和其他社会事业协调发展。以群众体育为基础，以优势竞技项目和登山运动为重点，以场馆建设为依托，以产业开发为突破，促进了各项体育事业的协调发展。

（一）群众体育

"十一五"目标：群众体育工作形成政府与社会共同兴办、充满活力的全民健身活动机制，与国民经济和社会事业相互协调发展。全面提高我区国民体质和健康水平，使经常参加体育活动的人口达到总人口的25%左右，国民体质测定达到合格标准以上的人数占总人口数的30%左右。

执行情况：群众体育工作基本形成政府与社会共同兴办的良好格局，全民健身活动机制得到进一步完善。建设全民健身"路径工程"417个，农民体育健身工程930个，"雪炭工程"、"民康工程"等其他各类健身工程35项。培训各级社会体育指导员1527人，举办全区各级各类群众性体育活动800余次，经常参加体育锻炼的体育人口达到全区总人口的25%。国民体质测定达到合格标准以上的人数占总人口数的35%，较"十一五"规划目标提高了5%。参加全国性群众体育比赛共获得35金27银32铜的成绩。

（二）竞技体育

"十一五"目标：竞技体育工作要以在全国等重大比赛中取得优异成绩为目标，办好业余体校，培养竞技体育人才，抓好青少年业余训练，努力提升我区竞技体育的实力和水平。争取我区运动员代表国家参加奥运会。2009年的全国第十一届运动会上力争取得奖牌、总分上超过第十届全国运动会。

执行情况：竞技体育工作始终坚持"三从一大"的训练方针，大胆管理，创新思路，积极探索适合我区竞技体育发展的优势项目。参加全国性比赛共获得16金22银34.5铜的成绩，6人成为国家一级运动员，43人次破全区最高运动记录；第十一届全国运动会，获得2.5枚铜牌，总分超过第十届全国运动会，46个代表团中榜列第33名；抓好体育运动技术学校、业余体校和青少年体育工作，向社会培养和输送各类体育人才1560余人。

（三）登山运动

"十一五"目标：以科学发展观为指导，坚持可持续发展原则，继续发挥我区山峰资源以及登山人才优势。坚持和完善登山政策法规，保持登山市场的健康、稳定、有序，推动登山业的规模化产业化发展。

执行情况：依托西藏山峰资源优势，积极开展山峰普查，开展大、中、小型相结合的登山运动。圆满完成了攀登世界14座海拔8000米以上高峰的探险任务，圆满完成了北京奥运会珠峰火炬传递演练和传递任务。成功举办了9届登山大会，培养82名国际登山服务、高山向导和高山协作人员，74人116人次成功登顶珠穆朗玛峰，协助200余名国内外登山爱好者完成了登山任务。保持登山市场的健康、稳定、有序、较好发展。

（四）体育产业

"十一五"目标：要突出西藏特点，着手研究制定体育产业发展规划和政策，完善体育产业管理措施。

执行情况：依托西藏特色资源，积极探索符合我区实际的体育产业发展路子，初步形成了产业化、规模化发展的格局。全区体育彩票销售5.3亿元；接待1000余支国内外登山团队；举办了2届拉萨至加德满都汽车集结赛，4届拉萨国际半程马拉松挑战赛，为开发西藏高原极限运动资源迈出了坚实的步伐。

（五）基础设施建设

"十一五"目标：多渠道、多元化地加强体育基础设施建设，力争建立自治区级中心体育设施，提高体育设施的使用效益。

执行情况：已建成投入使用的主要项目有西藏全民健身活动中心及篮球馆、羊八井高山训练基地、区体育工作大队综合训练馆和运动员公寓、芒康县体育馆、定日县综合健身馆等多处体育公共设施项目。即将上马或正在建设的项目有自治区游泳馆、拉萨、波密、当雄和昌都四个综合健身馆，自治区体育彩票管理中心办公楼，通过教育厅渠道争取的区体育运动技术学校职教楼项目正在建设中。"十一五"期间，我区体育设施项目总投入6951万元，其中自治区政府投入2067万元，国家体育总局投入3284万元，其他渠道争取资金550万元。

二、目前存在的主要问题

"十一五"期间，特殊优惠政策的缺失和重大项目的缺乏是我区体育事业发展存在的主要问题和困难所在。我区体育事业发展的步伐与我国由体育大国向体育强国迈进的步伐不一致，与西藏自治区经济社会跨越式发展的节奏不协调。具体表现为以下5个方面：

（一）群众体育。按"十一五"规划的资金未能及时到位，部分公共体育设施建设资金缺乏；地域辽阔和交通不便等因素制约了部分规划工作的实施。

（二）竞技体育。体育运动人才缺乏，高层次体育人才培养不够，总体水平与兄弟省、区、市的差距较大；训练、比赛经费不足；体育科研基本空白；现有竞技项目没有形成规模，运动员招录和安置渠道不畅。

（三）登山运动。登山资源整合力度不够。

（四）体育产业。体育产业起步较早，但缺乏相关专业高层次的管理人才和管理措施。

（五）基础设施建设。在"十五"和"十一五"期间，自治区把主要建设投资用于经济社会发展的基础设施建设和关注民生的教育和医疗卫生方面，自治区人民政府对体育领域投入只有一个半项目——自治区游泳馆和羊八井高山训练基地（该项目由自治区人民政府和国家体育总局共同投资），总投资额1500万元，不到自治区"十五"和"十一五"期间总投资的万分之一。体育事业是社会事业发展的重要领域，也是实现小康目标的重要组成部分。我国体育事业正在由体育大国向体育强国的道路上阔步迈进，我区的经济社会也走上了跨越式发展的轨道。为了我区体育事业与全国体育事业发展步调相协调，与我区的经济社会发展节奏相一致，我们迫切希望自治区人民政府能够在"十二五"期间加大对我区体育事业的投入力度。

三、"十二五"体育事业发展规划概述

（一）总体要求和思路

1. 总体要求：通过"十二五"时期打基础，彻底摆脱我区体育事业进入新时期以来发展缓慢，在自治区社会事业中逐渐趋于边缘化的被动局面，使我区体育事业与全国体育由体育大国向体育强国迈进的步调相一致，与西藏经济社会跨越式发展的节奏相协调。

2. 总体思路：认真贯彻落实中央第五次西藏工作座谈会精神，以科学发展观为指导，发展高原特色体育事业，进一步完善群众体育设施，积极开展全民健身活动，支持农牧民体育健身工程。依托优势，大力发展登山运动；关注民生，全面发展群众体育；因地制宜，择优发展竞技体育项目；强基固本，全力发展体育产业。

（二）发展目标

1. 登山运动。力保国内登山界领先实力，世界著名的历史地位，在山峰开发、人才培训、服务安全保障以及科学研究和管理体系建设方面取得重大突破。

2. 群众体育。加大群众健身场所建设的广度和深度，做到城市有体育综合健身功能区；城镇有综合性健身体育场和体育馆；农牧区有健身场地和健身器材；全面开展国民体质监测活动，大力培养全民健身指导员，让广大群众体质有较大增强，逐步引导广大人民群众走向科学文明的现代生活方式。

3. 竞技体育。健全完善我区竞技体育管理体系，选择射击射箭，摔跤柔道和个别球类项目，组成建制的集训队和完善的三级队伍建设体系，并争取内地体育强省市和国家相关项目中心的扶持，力争在"十二五"期间，我区有项目在全国运动会上夺取金、银、铜牌，有我区运动员代表国家参加世界大型比赛。

4. 体育产业。西藏特殊的地理环境自然条件给发展体育事业造成极大的困难，但又给我们发展体育产业带来无限的机会。登山探险、户外运动和挑战极限赛事等特殊产业发展前景广阔，民族传统体育表演有很大潜力可挖，体育彩票销售和体育设施经

营也将会持续发展。

（三）重点任务

1. 登山运动。力保国内登山界领先实力，世界著名的历史地位，在山峰开发、人才培训、服务安全保障以及科学研究和管理体系建设方面取得重大突破。

2. 群众体育。加大群众健身场所建设的力度，做到城市有综合体育健身功能区；城镇有综合性健身体育场和体育馆；农牧区有健身场地和健身器材。培训和审批各级社会体育指导员累计达到3000人，经常参加体育锻炼的体育人口达到全区总人口的27.5%，国民体质测定达到合格标准以上的人数占总人口数的40%左右，让广大群众体质有较大增强，逐步引导广大人民群众走向科学文明的现代生活方式。

3. 竞技体育。健全完善我区竞技体育管理体系，选择田径、射箭、摔跤、拳击、马术、足球项目，组成成建制的集训队和完善的三级队伍建设体系，并争取内地体育强省市和国家相关项目中心的扶持，力争在"十二五"期间，我区有项目在全国运动会上夺取金、银、铜牌，有西藏运动员代表国家参加世界级体育比赛。

4. 体育产业。发展登山探险、户外运动和挑战极限赛事，挖掘民族传统体育表演，持续发展体育彩票销售和体育设施经营。开发各地区1~2个特色体育产业，吸引更多的国内外登山、旅游、徒步、探险、极限运动爱好者来藏，带动其他相关产业的发展。

5. 重点项目建设。新建西藏自治区拉萨健身训练中心、新建登山体验健身训练馆；新建1500个农牧民健身场地。

（四）投资规模及来源

1. 投资规模：3亿元。

2. 投资来源：申请中央预算内投资。

四、预期效益

（一）竞技体育。将对发展西藏高原特色体育事业，实现西藏竞技体育特色优势项目的复兴，基础竞技项目的突破，挖掘和弘扬民族传统体育起到良好的推动作用。同时对我区3~5个项目在全国性运动会上具有争金夺银的实力，有西藏运动员代表国家参加世界大型比赛，一线运动员达到200名以上，教练员和高级教练员队伍达到30名，培养和输送各类体育人才达到800人以上，形成科学、健全的竞技运动培养体系提供保障，基本解决我区运动员区内培养渠道。

（二）群众体育。将对发展群众体育，方便群众健身活动，适应小康社会群众的健身需求，增加体育人口，使经常参加体育锻炼的人口数达到全区总人口数的30%左右，全区传统体育项目师资队伍达到1300人左右，体育社团发展到60个，全区学校体育场馆公众开放率达到30%，全区农牧民体育健身工程普及率达到35%，县一级基本配备路径健身器材，全区50%的社区有健身俱乐部，基本满足全区广大人民群众体育健身需求，推进全民健身计划的深入实施。

（三）登山运动。将对我区登山运动员提供良好的训练条件；为举办各类大、中、小型的登山活动提供良好的后勤保障；在山峰资源普查、开发，人才培训，安全服务保障以及科研方面提供保障，为接待国内外登山、旅游、探险、极限运动爱好者提供良好的环境和保障；对搜集、整理体育和登山文物，宣传西藏登山运动和登山文化，弘扬"体育精神"和"登山精神"提供一个良好的展示平台；为打造以登山活动为载体的体育文化，促进国内、国际间的交流与合作提供发展空间。

（四）体育产业。开展多种以体育活动为载体的体育文化活动，把体育产业经营成为西藏自治区的特色优势产业，所得效益将有力支持体育事业的发展。

通过"十二五"期间体育设施项目建设，将对维护社会稳定，提高人民群众身体健康，丰富人民群众业余生活起到积极的促进作用。实现西藏体育与我国由体育大国向体育强国迈进的步伐一致，与西藏自治区经济社会跨越式发展的节奏相协调，西藏体育事业各项指标达到同时期全面建设小康社会的总体目标要求，为实现我区体育事业"十二五"规划和2020年远景目标奠定坚实的基础。

五、主要措施

（一）建设一批体育场馆，一定程度上满足培养运动员、体育训练、比赛需求

在人口相对集中，资源相对丰富，基础条件相对扎实的拉萨市建设和完善用于竞技训练、群众健身和产业发展的西藏自治区拉萨训练健身中心、西藏自治区登山训练基地、羊八井高山户外运动基地等集中的体育运动功能区。

1. 西藏自治区拉萨训练健身中心

在拉萨市内的自治区体育馆、自治区体育工作大队用地和赛马场现有设施的基础上进行规划。该项目占地面积35万平方米，建筑面积6.55万平方米，项目总投资2.06亿元。规划分两个区：第一，竞技训练区。以竞技训练为主，全民健身为辅。主要布置在拉萨市娘热路西侧自治区体育馆、自治区体育工作大队用地上。主要项目为建设我区特色竞技项目训练使用的室内田径、重竞技体能训练馆、竞赛训练场、体育科研服务综合楼、运动员公寓及餐厅等建设项目。第二，民族传统体育和健身区。以民族传统体育训练、表演和全民健身为主，竞技训练为辅。主要布置在拉萨市北郊赛马场。主要项目为改造完善赛马场场地和周边配套设施；建设马术训练馆、民族传统体育训练场；体育产业与设施业务楼。

2. 西藏自治区登山训练基地

在拉萨市内娘热北路西测的自治区体育工作大队、登山学校用地现有设施的基础上进行规划。该项目总建筑面积0.6万平方米，项目总投资2400万元。主要项目为新建登山体验训练综合馆及附属设施，用于登山模拟训练、低氧模拟训练；搜集、整理体育和登山文物；开展以登山活动为载体的体育文化活动，宣传西藏登山运动和登山文化，弘扬"体育精神"和"登山精神"，进行爱国主义教育，促进经济社会的发展。

3. 西藏自治区羊八井高山户外运动基地

以现建设的羊八井高山训练基地为核心，规划建设我区高山户外运动、高山旅游探险和相关体育产业开发基地。项目建筑面积3000平方米，项目总投资1000万元。规划为：第一，完善羊八井高山训练基地的基础设施，在现有的办公楼和餐饮用房的

基础上,扩建增加多功能厅、教室和休闲娱乐场所,同时增建登山宿舍、停车场、仓库、攀冰馆。第二,修建从高山训练基地到嘎洛寺的道路(约 7 公里),把现有的沙石路面改建为等级公路,修建停车场。第三,修建从嘎洛寺到启孜峰前进营地的缆车索道。第四,在藏布曲河上开设漂流场所。第五,在启孜峰和唐拉昂曲峰等有条件的山峰开辟和修建高山滑雪场,主要用于登山大会和接待国内外的登山、旅游、极限运动爱好者。

(二)基层体育设施规划

按照国家有关规定规划、新建、改建、扩建相应的体育设施,加强我区乡镇和农牧区健身场地建设。在乡镇和农牧区建设用于丰富农牧民文化体育生活、增强农牧民体质的小型乡镇和农牧民健身场地。项目规划为全区 1500 个行政村修建乡镇和农牧民健身场地,项目总投资 6000 万元(每个行政村投资 4 万元)。

(三)做好"十一五"期间未完成建设项目的衔接工作

自治区游泳馆建设项目因资金缺口、建设方案调整、建设用地调整等问题使项目未能在"十一五"期间完成。原建设规模为 3600 平方米,自治区"十一五"规划计划投资 1050 万元,调整后建设资金不足部分申请当地政府解决,计划 2010 年开工建设,"十二五"期间完成。

(四)政策支持与保障

1. 加大体育事业投入力度。体育事业是社会公共事业的重要组成部分,把握"十二五"经济社会发展规划和中央第五次西藏工作座谈会的发展机遇,按照中央统一部署,结合西藏实际,加大对群众体育、竞技体育、登山运动、体育产业的投入力度,加大人才、科研、项目、资金的投入力度,确保我区体育事业跨越式发展。

2. 加强对体育规划用地保障的支持。西藏自治区体育事业"十二五"发展规划用地,竞技运动训练中心、传统民族体育训练中心、自治区登山训练基地建设用地,均在自治区体育局用地范围内修建。农民体育健身场地在各市、地、县、区人口相对集中,基础条件相对较好的地点进行建设。

(五)主要工作措施

1. 加强组织领导,建立专门的实施机构。成立在区体育局党组领导下的区体育局"十二五"规划实施领导小组以及规划实施办公室和规划监督办公室,两个办公室配备专职工作人员,在区体育局"十二五"规划实施领导小组的统一领导下开展相关工作。

2. 制定工作制度,明确工作责任。按照批准的"十二五"发展规划,参照相关法律法规,根据工作实际制定各项工作制度,明确工作职责,规范工作秩序。3、拟定实施计划,严格按程序办事。规划实施办公室成立后,按照批准的"十二五"规划制定总体实施计划和各项目实施计划,并严格按计划、按程序推进各项工作。规划监督办公室成立后,制定规划监督工作计划,并按计划对规划实施情况进行监督。

4. 严格过程管理,对规划实施实行全过程监督。严格对规划工程项目实施的事前、事中和事后的全过程管理,确保规划项目按计划顺利实施,同时对规划中的各项目实施全过程跟踪监督,力争把可能出现的问题消灭在萌芽状态。

陕西省体育事业"十二五"规划

"十二五"时期是我省全面建设小康社会和加快西部强省建设的关键时期,也是全国体育事业由体育大国向体育强国迈进的重要历史阶段。为努力构建绿色、现代、开放、和谐、奋进的新陕西,充分发挥体育在保障和改善民生方面的重要作用,动员和团结全省体育工作者,为实现建设西部体育强省新目标迈出坚实的步伐,根据省委、省政府和国家体育总局的总体部署,结合我省体育事业发展实际,制定本规划。

一、"十二五"期间我省体育事业发展面临的机遇和挑战

(一)"十一五"期间取得的主要成绩。在省委、省政府的正确领导和人民群众的大力支持下,"十一五"期间,全省体育工作者紧紧围绕"迎接和备战北京奥运会"这条主线,全力唱响"全民健身与奥运同行",不断加大群众健身场地设施建设力度,积极发展体育产业,圆满完成奥运火炬在陕传递工作,在北京奥运会上取得奥运参赛成绩的重大历史突破,省体育局荣获中共中央、国务院授予的"北京奥运会残奥会先进集体"称号,全省各项体育工作都取得了重要进展。体育场地设施不断增加,到"十一五"末,全省共建成农民体育健身工程4536个、城市社区全民健身器材配送工程718个、新建全民健身路径1000余条,各类全民健身活动站点达12000余个,在民政部门注册的省级以上体育社团达到33个,社会体育指导员总数达到17000人;推广国民体质检测活动,检测各类人群2万多人;在全省地方财政困难、公共体育设施落后的地区建成18个"雪炭工程"体育场馆,总建筑面积达45520平方米。"十一五"期间,我省运动员在参加国际、国内大赛中,共获得世界冠军35个,亚洲冠军34个,全国冠军93个。其中,在北京奥运会上夺得2枚奥运金牌和1枚武术比赛金牌,是我省运动员参加历届奥运会取得的最好成绩;在第十一届全国运动会上,我省体育代表团取得了9枚金牌、19.5枚奖牌、总分537分的好成绩,创全运会参赛历史最好成绩。体育产业迅速发展,体育服务业2007年实现增加值占当年全省GDP的0.46%,成为第三产业中的一支重要力量。全省体育彩票年销售额由2005年底的6.24亿元增长到2010年的13.34亿元,"十一五"期间累计销售51.76亿元,为国家积累体彩公益金15.78亿元。"十一五"期间,全省各级少儿体校在校生达9800人,其中省青少年体校在校生390多人,全省中等专业体校在校学生达到1327人,全省已有6所体校被命名为国家级高水平后备人才基地。体育法制工作取得了新的进步,《陕西省全民健身条例》等一系列体育法规颁布与实施为体育改革与发展提供了重要保障。

（二）"十二五"时期我省体育事业发展面临的主要矛盾和问题。"十二五"期间，广大人民群众日益增长的体育需求与现实体育资源供给相对不足的矛盾，仍将是体育事业发展中的主要矛盾。在群众体育方面，政府向人民群众提供体育公共服务的职能尚未充分发挥，全省的人均体育场地，人均体育消费和经常参加锻炼的人数均处在较低水平，面向大众的体育服务体系亟待完善。竞技体育方面，我省优势项目不足，项目总量偏小，布局不尽合理，尖子运动员、高水平教练员较少，整体发展水平和训练科技含量有待进一步提高，没有形成各项目的高精尖人才群和人才梯队。全省体育后备人才培养体系严重滑坡，原有各青少年业余训练层次衔接脱节，业余训练中"读训矛盾"仍然没有得到有效解决，青少年运动员文化课教育水平有待提高，体育后备人才多元化发展保障机制亟须建立。优秀运动员退役安置和伤残保障等长远性、根本性问题尚未得到系统、全面地解决。全省体育投入占GDP的比例很小，省、市、县场馆建设改造资金不足，各运动项目经费紧缺，投入与产出效益比不高。体育产业还处于发展初期，还面临着政策制度不完善、市场管理不规范、从业人员素质不高等诸多问题。体育教育、体育科技在体育工作的基础性作用还需进一步巩固，地区之间、城乡之间体育发展不平衡的问题仍然突出，体育管理体制和运行机制改革有待进一步深化。总之，体育对经济社会发展的整体推动作用、体育在改善人民生活质量、推进社会和谐进步中的独特功能和综合价值还没有充分发挥出来。"十二五"时期，全省体育事业改革与发展的任务重大而艰巨。

（三）"十二五"时期是推动我省体育事业全面发展的重要机遇期。当前，全省体育事业面临着前所未有的发展机遇：一是随着经济发展、社会进步和人民生活水平的不断提高，特别是北京奥运会的成功举办，各级党委政府和社会各界对体育事业的发展高度重视，人民群众体育热情得到极大激发，为我省体育事业发展提供了良好的外部环境。二是在新的历史条件下，省委省政府抓住国家推进新一轮西部大开发的历史机遇，实施关中—天水经济区开发规划，打造西咸一体国际化大都市，强力推进西部强省建设，为全面推进我省体育事业又好又快发展提供了强力的支撑。三是我国体育事业正处在由体育大国向体育强国迈进新的历史阶段，区域协调发展、各项体育工作全面推进的新形势，为我省体育事业转变发展方式、建设具有陕西特色的西部体育强省提供了良好契机。四是经过多年发展，我省已积累了较好体育工作基础，为今后全省体育事业乘势而上、加快发展提供了难得的机遇。

二、"十二五"期间体育事业发展的指导思想、主要目标和要求

（四）"十二五"期间我省体育事业发展的指导思想是：坚持以邓小平理论和"三个代表"重要思想为指导，全面贯彻落实科学发展观，围绕省委、省政府提出的"科学发展，富民强省"主题，以建设西部体育强省为奋斗目标，牢固树立"科学健身、大赛争光、产业兴利、体育惠民"的理念，紧扣加快转变体育发展方式这一主线，走群众体育做实做亮、竞技体育做优做精、体育场馆做齐做好、体育产业做大做强、体育文化做响做新的发展道路，着力破解城乡群众健身设施条件差、竞技体育综合实力

弱、体育产业整体规模小三大难题，健全省市县乡四级体育组织网络，实施五大体育惠民工程，推进六大体育场馆区建设改造，构建七大体育产业园区，培育十大竞技体育夺金点，充分发挥体彩公益金支撑作用，努力把陕西体育打造成民生工程的亮点、西部强省的标志、现代服务业新的增长点，为建设体育强国和西部强省做出重要贡献。

（五）"十二五"时期我省体育事业发展的主要目标是：贯彻落实《全民健身条例》，全面建成覆盖城乡、比较完善的全民健身服务体系，经常参加体育活动的人口比例、人均占有体育场地面积、社会体育指导员数量位居西部前列；在 2012 年第三十届奥运会和 2013 年第十二届全运会上取得优异成绩，竞技体育综合实力明显提高；以申办第十三届全运会为契机，推进全省体育场馆建设；以组建陕西体育产业集团为龙头，全面推动体育产业开发，扩大体彩发行，实现跨越式增长，使我省体育产业增加值占 GDP 比重明显提高，成为全省经济社会发展的新亮点。全省体育事业发展综合指数居于西部前列。

（六）"十二五"期间我省体育事业发展遵循的基本原则：

——坚持围绕中心、服务大局。自觉把陕西体育发展融入到建设西部强省和体育强国的伟大实践中，发挥其独特功能和综合价值。

——坚持以人为本，服务民生。以增强人民体质、提高全民身体素质和生活质量、促进人的全面发展为目标，实现体育惠民。

——坚持解放思想、改革创新。主动把握体育事业发展的新趋势和新规律，不断解放思想，创新发展理念、发展模式和工作方法，提高发展的质量和效益。

——坚持统筹兼顾、协调发展。围绕国家推进新一轮西部大开发、实施关中－天水经济区开发规划、打造西咸一体国际化大都市的发展战略，推动西安市率先发展，带动全省协调发展。

——坚持依法治体、科教兴体。认真贯彻依法治国基本方略，不断推动体育工作法制化。牢记科学技术是第一生产力，依靠科技进步促进体育事业发展。强化人才资源是第一资源的意识，充分发挥人才在体育事业发展中的关键作用。

——坚持举省一致、齐抓共管。充分发挥举省体制的优势，更好地凝聚发展目标、社会需求、大众意志和体育资源，调动各方面的积极性、主动性和创造性，促进陕西体育实现新的跨越。

三、全面建设覆盖城乡的全民健身服务体系

（七）"十二五"我省群众体育的发展目标是：全面建成比较完善的城乡体育设施和比较健全的基层体育组织网络，推出形式多样的科学健身指导手段，努力实现体育公共服务均等化，较好地满足人民群众日益增长的体育需求。群众的体育意识不断增强，科学健身的氛围更加浓厚，体育成为相当多民众自觉的、重要的生活方式。广大青少年受到良好的体育教育，体质普遍增强。群众体育的政府投入、组织化、科学化、社会化水平、经常参加体育活动的人口比例、人均占有体育场地面积、社会体育指导员数量等指标超过全国平均水平。

（八）完善省市县乡四级体育组织网络。进一步健全以政府体育部门为主导，以事业性体育机构为骨干，以社团性体育组织为助手，以群众性体育健身组织为基础的全民健身组织体系。调整和完善省级全民健身领导机构，促进市、县进行新一轮全民健身领导机构的调整，完善省市县乡四级全民健身组织网络。积极发展城乡基层体育组织，在加强县级体育行政部门建设的同时，强化县（区）体育总会、行业体育协会和人群体育协会建设。力争"十二五"期间，全省县级体育总会实现全覆盖，每县（区）新建2至3个基层体育社团，使全省乡镇、街办文体活动站全部实现挂牌，达到有牌子、有人员、有场地、有经费、有活动的"五有"目标，基本实现全省乡镇、街办体育工作规范化。

（九）加快实施"体育惠民五大工程"。继续实施"村级农民体育健身工程"，"十二五"期间，省上将拿出1.5亿元专项资金，实施5000个村级农民体育健身工程，力争到"十二五"末，覆盖全省三分之一行政村。继续实施"城市社区全民健身器材配送工程"，"十二五"期间，省上将拿出1亿元专项资金，为1250个社区配送健身器材，力争到"十二五"末覆盖全部社区。继续实施"乡镇农民体育健身工程"，"十二五"期间，省上将拿出1.75亿元专项资金，实施1150个乡镇农民体育健身工程，力争到"十二五"末，覆盖全省70%以上的乡镇。实施"县级公共体育设施建设工程"，"十二五"期间，省上将拿出5亿元专项资金用于扶持50个县级公共体育设施"四个一"工程建设（1个体育馆、1个综合楼、1个标准田径场、1块全民健身活动场地），到"十二五"末，全省县级公共体育设施建成率达70%以上。实施"全民健身示范区（带）建设工程"，"十二五"期间，省本级体彩公益金将拿出1亿元专项资金，大力扶持各市、县规划建设全民健身示范区（带）工程。结合渭河综合治理，规划建设好渭河两岸全民健身示范长廊。

（十）加强社会体育指导员队伍建设。各级体育行政部门应配备专门机构、人员和资金用于社会体育指导员队伍建设，建立省市县三级社会体育指导员协会，健全督察考核、表彰激励机制，完善社会体育指导员登记注册制度，规范社会体育指导员管理。力争到"十二五"末，全省公益类社会体育指导员队伍达到4万人以上，确保全省每千人拥有1名社会体育指导员；优化社会体育指导员等级分布结构，力争使国家级社会体育指导员达到400人以上；全省各市（区）和70%以上的县区都建有社会体育指导员协会。以此为基础，形成组织落实、结构合理、覆盖城乡、服务到位的全民健身志愿服务队伍，使之成为全民健身的宣传者、科学健身的指导者、群众活动的组织者、体育场地的维护者、健康生活方式的引领者。

（十一）完善国民体质监测制度。积极推行《普通人群体育锻炼标准》和《国民体质测定标准》，建立健全省、市、县（区）三级国民体质检测体系，加强县级国民体质检测站建设（配置4套国民体质检测器材），到"十二五"末，实现全省三级国民体质检测体系全覆盖。完善国民体质监测制度，制定国民体质检测年度工作计划，到"十二五"末，力争使各县（区）5%以上的群众接受检测。认真做好全国第四次国民体质测试在我省的实施工作。

（十二）广泛开展群众体育活动。积极营造崇尚体育健身的社会氛围，组织开展群众性体育活动和比赛。继续精心组织举办西安城墙国际马拉松、环中国自行车赛、安康汉江龙舟赛、太白登山节等"山、水、路、城"为标志的群众体育精品赛事。积极扶持发展非奥运项目和民族民间传统体育项目。以桥牌、台球、围棋、象棋、轮滑、汽车摩托车、健身秧歌、地掷球、健美操、攀岩等项目为重点，进一步明确"十二五"时期全省52个非奥运项目发展思路，力争在第五届全国体育大会上取得优异成绩。因势利导，适时举办全省体育大会和全省全民健身节。认真办好一年一度的"全民健身日"活动。重视青少年体育运动，蓬勃开展"阳光体育活动"，加强青少年体育俱乐部和青少年户外活动营地建设。积极配合有关部门，办好全省农民运动会、中学生运动会、大学生运动会、职工运动会、妇女运动会、老年人健身展示会、残疾人运动会等，促进各行业系统和各类人群体育活动的广泛开展。

四、大力提升竞技体育综合竞争实力

（十三）"十二五"我省竞技体育的发展目标是：继续在奥运会、全运会等重要国际国内赛事中取得优异成绩，金牌、奖牌和团体总分稳居西部前列；优化项目结构，扩大项目总量，积极培育新的金牌增长点；完善运动员文化教育和保障工作体系，推进市级体校和县级少儿体校均衡发展，形成门类比较均衡、具有较高水平的竞技体育后备人才群体，使我省竞技体育综合实力明显提高，可持续发展能力不断增强。

（十四）着力打造十大夺金点。从实际出发，瞄准各运动项目在全国以及国际的发展走向，科学布局我省重点突破项目，指导带动各市（区）竞技运动的发展。在现有15个大项、168个小项的基础上适当扩大省级优秀运动队总体规模，培育竞技体育十大夺金点。巩固发展射击、射箭、跳水、摔跤、体操、武术、赛艇等重点项目，强化田径、游泳等基础项目，努力提高跆拳道、柔道、举重、拳击、皮划艇、艺术体操等一般项目，在搞好足球、乒乓球和高尔夫球等新增项目的基础上，继续论证增设篮球、排球、网球、羽毛球、击剑、自行车等项目。围绕四项主要指标（全国前三、前八名运动员在队伍中所占比重，三线梯队建设结构比重，中青年教练员比重，高级教练员以上比重），建立并完善竞技体育项目建设与发展评价体系，探索建立新兴项目的孵化机制和长年不出效益项目的淘汰调整机制，对有发展潜力的项目增加布局，加大对球类集体项目的扶持力度。整合资源，以个别小项的重点突破带动项目整体发展，形成基础扎实、发展均衡、核心表现突出的竞技体育新局面。

（十五）加强优秀运动队建设。以运动员、教练员为本，为运动员专心训练、出好成绩创造条件，对重点运动员、教练员实行专项保障，从经费、科研、生活等方面给予政策倾斜，形成项目跟踪管理机制。完善省级优秀运动队管理体制，抓紧建立符合项目发展实际的训练、科研、医疗、教育一体化复合型管理体系。完善运动员选拔、教练员选聘（外籍教练员聘任）等一系列管理办法和制度。完善训练单位目标责任考核机制和运动成绩与收入分配挂钩的激励机制。完善竞技体育奖励政策，进一步提高奥运会、亚运会、全运会获奖运动员、教练员及相关人员的奖励标准，调动和激发各方面的积极性、主动性和创造性。积极探索新形势下运动员思想教育和管理的新模式，不断提高运动员整体素质。扩大运动队编制，到"十二五"末，省级优秀运动队的运动员要达到1000人以上，教练员达到200人以上。

（十六）加强运动员保障体系建设。通过体教结合、退役优秀运动员伤病防治、伤残保险、优秀运动员免试和单招考试上大学、职业技能培训、就业安置等有效途径，为运动员就学就业创造条件。完善退役优秀运动员就业安置政策，以单招的形式选拔招录一批退役优秀运动员到各级体育运动学校和中小学体育传统学校任教。提高退役优秀运动员自主择业经济补偿标准并建立动态补偿机制，保持基础安置费与当地社会平均工资同步增长。建立完善的运动员文化教育引导机制、提高运动员文化水平，增强就业能力。确保运动员完成九年制义务教育，积极开展包括普通教育和职业教育在内的高中阶段教育，稳步扩大高等教育，组织全省所有在训运动员都进入相应层次的学段进行文化课学习，切实推行优秀运动员奖学金、助学金、关怀基金和伤残保险制度，确保全部落实到位。到"十二五"末，确保我省所有优秀运动员完成基础教育，适龄优秀运动员接受高等教育率达到90%以上。

（十七）努力建设高水平的教练员队伍。坚持实行教练员公开招聘、竞争上岗制度，完善教练员任期目标责任制。改善教练员队伍结构，加强教练员特别是中青年教练员的继续教育和创新能力培养，不断提高教练员工作水平。探索推行主（总）教练业务管理负责制，强化教练员队伍业务管理，完善教练员梯队建设，重视加强体能、心理等不同专项类型教练员的培养，不断提升训练工作科技含量。到"十二五"末，全省教练员增加到1000人以上，力争国家级教练员达到10人以上，高级职称以上教练员达到110人以上，中青年教练员在队伍中所占比例保持在70%左右。进一步加强市县教练员队伍建设。各县（区）要按照本区域内九年义务教育在校生500比1的比例，配备业余训练教练员。省、市体育行政部门要建立基层教练员业务信息备案和管理制度，有计划地开展基层教练员业务培训和交流活动，完善基层教练员职称晋升和业务水平评定办法，优化基层教练员职称结构。每年市（县）教练员有20%以上参加省级培训，到"十二五"末，实现全部轮训。

（十八）坚持科学训练，深入研究运动训练规律和项目制胜规律。着眼项目特点，坚持严格训练、严格管理和"从难、从严、从实战出发、大运动量训练"的科学训练原则，加大科研先导力度，更新训练理念，创新训练方法和手段，狠抓训练细节，提高训练效益。进一步强化省体科所在提升全省体育科技综合实力方面的组织带动作用，增加对体育科研的投入，培养和引进高水平科研人员，建立柔性人才机制，重视发挥西安体院等高等院校和科研机构的作用，充分依靠科研提高运动成绩。"十二五"期间，新建1个省级体能训练中心、1个训练恢复中心和1个国家级运动创伤与康复重点实验室；在竞技体育和全民健身方面推出一批在国内有影响的科研成果和科研人才。探索建立科技攻关服务团队与运动队结合机制，到"十二五"末，力争科技攻关服务团队在重点项目、基础项目和集体项目上实现全覆盖。

（十九）采取切实有效措施，不断巩固和加强体育后备人才培养体系建设。各级体育和教育行政部门要建立运动员文化教育联席会议制度和督导制度，形成以体育行政部门为主，体育、教育行政部门各负其责的竞技体育后备人才培养教育管理体制和运行机制。重新筛选和布局省级体育传统项目学校、体育特色示范学校，积极探索"体教结合"新路子，完善普通中小学业余训练运动员分流就学保障政策，确保为业训中期分流的青少年运动员提供优质文化课教育资源。不断扩大业余训练参与群体基数，形成小学层面做大做广，初中层面做优做精，高中层面做专做强的人才梯队格局，"十二五"期间，全省业训规模保持在12000人以上。进一步细化全省体育后备人才建设工作评估政策，大力加强省级体育项目传统学校建设，省财政每年拿出800万元专项资金，扶持80所省级体育传统项目学校；体育后备人才专项资金增加到每年1000万元，用于支持市、县体校发展。力争到2015年，全省国家奥林匹克体育后备人才基地达到7所以上，努力创建10所以上国家级单项体育学校，巩固和完善现有45所省级体育后备人才基地。

（二十）充分发挥举省体制优势，继续完善各项竞赛制度。围绕竞技体育后备人才培养体系建设，认真办好第5届、第6届全省重点项目少儿运动会和省运会年度比赛，引导各市（区）调整项目布局，形成全省合力。提高竞赛组织管理水平，重视加强裁判员队伍建设，力争"十二五"期间，全省国家级裁判员达到250人以上，国际级裁判员达到20人以上，确保一级以上裁判员覆盖我省开展的所有体育项目。鼓励各市（区）建立完善符合青少年成材规律的分层次、分等级的青少年竞赛制度，积极推动业余训练各层级校际体育竞赛交流，以完善县（区）青少年运动会赛制为重点，进一步巩固以县（区）为基础的后备人才输送体系。"十二五"期间，县级以上举办每四年一届综合性运动会的覆盖率达100%。

（二十一）认真办好第十五届全省运动会。完善申办机制，实行全省运动会由各市区申办制度。调整和完善省运会竞赛办法，进一步增强全省竞技体育发展的整体合力。努力营造良好的竞赛环境，提高裁判员、教练员和运动员的职业道德水准。加大对虚假比赛、消极比赛、执裁不公、扰乱赛场秩序等违规违纪行为的处罚力度。坚持"严令禁止、严格检查、严肃处理"的方针，坚持经常性检查制度和竞赛赛中检查制度并重，认真做好反兴奋剂工作。

（二十二）全力以赴申办第十三届全国运动会。申办第十三届全国运动会，对于促进全省经济社会持续协调快速发展，积极推进《关中-天水经济区发展规划》实施，全面加快西咸一体化国际化大都市建设步伐，进一步推动我省西部强省建设，具有重大的现实意义和深远的历史意义。在省委、省政府领导下成立我省申办工作领导机构，加快制订并实施场馆建设与改造规划，着力提升我省竞技体育整体实力，积极借鉴先进省市申办全运会的成功经验，充分发挥申办全运会的带动效应。通过申办全运会这个平台，大力宣传改革开放30多年特别是西部大开发10余年来，我省经济、政治、文化和社会建设取得的重大成就，充分展示人文陕西、现代陕西、和谐陕西的秀美山川和三秦儿女奋发进取的精神风貌。

五、积极推动体育产业实现突破发展

（二十三）"十二五"我省体育产业的发展目标是：全面打造以体育竞赛表演、体育休闲健身、体育用品加工销售、体育技能培训等体育本体产业为重点，结构合理、效益良好、具有陕西特色的体育产业。组建体育产业集团，发挥其龙头带动作用。坚持市场推动，通过开放搞活，外引内联，强化与省内外大企业、大集团的合作，在推动体育本体产业发展的同时推动体育中介、体育传媒、体育会展、体育旅游等产业全面发展。完善体育产业发展规划，出台优惠政策，强化市场监管，不断优化体育产业发展环境。使体育产业增加值占GDP比重明显提高，成为拉动内需、促进就业、推动经济增长的新亮点。

（二十四）完善体育产业发展政策。完善税费优惠政策，在财政、金融、税收、价格和土地使用等方面，使体育企业享受省文化体制改革和产业发展有关政策以及西部大开发鼓励类产业企业的优惠政策。积极争取将体育产业纳入西部地区鼓励类产业目录，在投融资方面按照鼓励类循环经济产业给予安排和倾斜。设立体育产业发展专项资金，作为政府引导资金，采取贷款贴息、项目补贴、政府重点采购、后期赎买和后期奖励等方式，对符合政府重点支持方向的体育产品、服务、项目和企业给予扶持，培育具有影响力的体育品牌。制定并组织实施体育产业发展规划。力争"十二五"末，全省体育产业增加值占GDP比重和从业人数占全省就业人数比重双双达到1%。

（二十五）加强体育经营活动的监管。建立、健全相关法规，明确各类市场主体的权利义务，规范经营行为。对于高危险性体育项目的经营活动，依法确定准入条件、技术要求和服务规范。施行体育服务质量认证制度，切实推行各项体育类国家强制性标准。加快开展体育行业职业技能鉴定工作，在全省体育经营场所全面推行体育行业职业资质持证上岗制度，提高体育服务从业人员的服务意识和专业水平，力争"十二五"末全省职业类社会体育指导员达到5000人以上，确保覆盖全部高危险性运动项目。

（二十六）强化体育产业工作的指导与服务。加强体育产业管理机构和队伍建设，加大体育产业基础研究和应用研究力度，完善体育产业统计指标体系和统计制度，为社会投资提供咨询服务。

（二十七）发挥陕西体育产业集团的龙头作用。完善陕西体育产业集团发展规划，充分发挥其区域性专业化投融资和技术服务平台的优势，发挥好其在全省体育产业开发中的龙头带动作用。逐步将其建设成为体育经济项目融资、投资、建设和运营有机统一、有效运转、富有活力、管理规范的现代体育产业集团。力争到"十二五"末，陕西体育产业集团总资产达到40亿元，投资带动全省体育产业总产值达到160亿元。

（二十八）拓展产业发展领域，打造七大体育产业园区。支持各市（区）根据当地自然人文资源特色举办竞赛活动，鼓励企业依法举办商业性体育比赛，引进国际国内知名体育赛事，打造有影响、有特色的品牌赛事。充分发挥中介组织在赛事筹划推广、人才流动、组织保障等方面的作用，鼓励发展体育中介组织，大力开展技术指导、信息咨询、体育保险等中介服务。发展体育健身休闲市场，引导大众体育消费，开展城市社区体育服务，培育农村健身市场。着力打造七大体育产业园区，即泾渭体育用品制造园区、秦岭山地体育产业经济圈、长安新型体育产业园区、朱雀体育产业园区、高新丈八体育产业园区、杨凌水上体育旅游园区和蒲城航空体育产业园区，进而带动和促进全省体育产业做大做强。

（二十九）加快体彩事业发展。严格规范体育彩票市场，管好用好体育彩票公益金，确保体育彩票市场的安全和信誉。研究探索体育彩票市场的发展规律，健全发行销售机制，加强营销手段的推陈出新。按照"合理布局、加强乡镇、整合城区、强化专营、树立形象"的基本要求，提高销售网点的覆盖率。到"十二五"末，力争年销售量达到20亿元。

六、努力加强体育场馆的建设与管理

（三十）加快公共体育设施建设。"十二五"期间，各级人民政府应当按照国家和省规划的要求，将公共体育设施建设纳入城乡建设规划和土地利用总体规划。结合全省县域经济发展规划，完善公共服务功能配套，制定市县公共体育设施建设扶持优惠政策，基本建成覆盖城乡、功能完善的公共体育设施，力争到"十二五"末，全省人均体育场地面积达到1.5平方米以上。

（三十一）加快实施我省体育场馆"两建设"、"四改造"。以支撑西咸国际化大都市对体育场馆的功能需求为出发点，以具备承办国际国内大型体育赛事的能力为标准，以"两建设"、"四改造"为重点，逐步形成项目配套、功能齐全的关中体育场馆群。本着举省一致、统筹规划、省市共建、分工负责的原则，以西安为主，在沣渭新区规划建设新的奥林匹克体育中心，内设主体育场、主体育馆及游泳跳水馆，支持西安市在国际港务区建设国际网球中心；以省体育局为主，在长安区建设常宁生态体育训练基地，包括射击、射箭、马术、激流回旋、沙滩排球、足球、小轮车、场地自行车、省体校户外训练场地、运动员村等训练比赛场地及西安体院科研教学中心。对现有的省级四大体育园区进行重点项目改造：在省训练中心园区建设陕西省体育馆和内设新闻中心、接待中心及竞赛指挥中心的体育大厦；在省水上运动中心园区建设赛艇比赛副航道；在蒲城机场园区建设营区教学培训楼等训练设施和汽车、摩托车、自行车运动项目场地；在朱雀广场园区中轴线以北区域，建设球类比赛馆、全民健身大厦和多功能田径场地。

（三十二）加大公共体育场馆开放力度。各级政府所属公共场馆、各类学校所属大型体育设施都应选择合适的时段向公众开放。对免费或低成本用于群众健身的公共体育设施日常运行和维护给予经费补助，在用水、用电、用气、用热等方面按照居民生活标准执行。探索公共体育设施运营管理的新模式，鼓励社会力量参与体育场馆经营管理活动，逐步实现投资多元化、运营市场化、管理企业化，"十二五"期间公共体育场地向社会的开放率达80%以上。

七、不断促进体育文化健康发展

(三十三)打造充满活力、独具魅力的体育文化。高度重视陕西古代体育文化遗产、延安红色体育文化史料、当代特色体育文化的挖掘、整理、保护和利用,充分发挥体育在建设社会主义先进文化、构建社会主义核心价值体系中的独特功能和综合作用。加强体育国际国内文化交流,体育文化的影响力达到较高水平。做好陕西体育博物馆文物征集、展览陈列和宣教组织工作。做好《陕西省志·体育志》的续修编纂和《陕西体育年鉴》、《陕西体育文化丛书》的编辑出版工作。

(三十四)推进体育文化工程建设。大力弘扬以爱国主义为核心的中华体育精神,积极倡导团结、友爱、和平的奥林匹克精神,推动体育文化进校园、进机关、进企业、进社区、进农村,扩大体育文化的影响力。实施体育文化"八项工程",即"体育文史建设工程",完善陕西体育博物馆展线建设,加强陕西体育史志编修力量;"体育博览展会工程",不断扩大西部国际体育用品博览会的影响力;"体育社会科学建设工程",充分利用省内体育高等院校的社科研究力量,实施陕西省体育局体育哲学社会科学研究项目,着力推动我省体育理论建设与创新取得新进展;"体育文化旅游线路建设工程",借助省内河流山川等自然资源,逐步开发陕西体育文化旅游线路;"体育图书出版工程",做好《体育世界》杂志和体育系统相关内部刊物的编辑出版工作,更好地发挥体育图书积累与传播体育知识的作用;"陕西数字体育建设工程",重点建设优秀运动队、体育后备人才、训练管理、竞赛管理、体育场馆、全民健身等6个数据库,提高省体育局网络建设水平。"运动队文化园地工程",完善运动队生活园区内图书馆、局域网和文化沙龙建设,提升运动员业余文化生活水平;"社会体育指导员体育文化培训交流工程",加强对社会体育指导员的体育文化辅导,以协会为主体办好社会体育指导员体育文化交流刊物,通过社会体育指导员这支基层宣传队提升社会对体育文化的认知程度。

(三十五)强化体育科研、教育和宣传。制定陕西省体育科技教育五年发展规划,加强科技服务、科研攻关、反兴奋剂、运动员文化教育、教练员培训等五个体系建设。加强体育新闻宣传工作,把握正确导向,健全新闻报道和新闻发布机制,加大媒体服务和舆论引导力度,建立和完善大型赛事的媒体运行机制和媒体服务机制。

(三十六)加强体育法制建设。根据全省体育事业发展需要,制订地方体育立法计划,修订《陕西省全民健身条例》和《陕西省体育竞赛管理办法》,探索建立全省体育行政执法体系,完善执法队伍建设,加强对体育市场的监管。研究制定全省体育系统法制宣传教育第六个五年规划。

(三十七)支持西安体院发展。以建设体育教育、科研、训练三结合基地为目标,支持西安体院调整学科和专业结构,创建新兴学科专业,力争省部级重点学科建设取得新突破。控制办学规模,提高办学质量,形成一批具有世界一流水平的专家和学术带头人。密切西安体院与省运动队的联系,梳理优秀运动员"挂靠、输送、培养"分类管理路径,整合拳击、跆拳道、散打等项目训练资源,支持西安体院实施竞技夺标战略。积极支持西安体院完成老校区改造，全力推动新校区建设。支持西安体院实施争取博士授予权并升格为体育大学的发展规划。充分发挥西安体院体育运动专业优势和国家重点体育社会科学研究基地作用，服务西部体育强省建设。

八、为体育事业发展提供有力的组织人才保障

（三十八）加强对体育事业的组织领导。各级政府要高度重视本地区的体育事业发展，按照《体育法》和《全民健身条例》的要求，把体育事业经费、体育基本建设资金以及公共体育设施建设纳入本级国民经济和社会发展规划，确保体育事业各项投入与社会经济发展同步。要进一步完善支持体育事业发展的财政、金融、税收、土地、能源等方面的政策。要充分发挥各级工会、共青团、妇联、各行业和社会各界办体育的积极性，建立健全体育工作领导协调机制，统筹协调体育事业发展。

（三十九）加强党的建设。充分发挥基层党组织的政治优势、组织优势。大力营造和形成重视学习、崇尚学习、坚持学习的浓厚氛围，使全省体育工作者对党的理论创新成果的认识达到新高度，推动科学发展的能力有所增强，执政为民、胜任本职工作的能力有所提高。用3年左右时间集中开展建设学习型党组织活动，到2013年全省体育系统的党组织都达到学习型党组织的要求。各级党组织的思想建设、组织建设、作风建设、制度建设和反腐倡廉建设得到全面加强。

（四十）优化体育人才队伍结构。加强各级体育行政部门机关建设和体育队伍建设，完善体育人才管理体制与运行机制，全面提高体育人才队伍整体素质。到"十二五"末，基本改变我省体育人才总量不足、高水平教练员、运动员和管理人才缺乏的局面。全省体育人才资源总量力争在西部省区进入前三，达到3.5万人以上；重点扩大体育管理人才、体育专业技术人才、体育经营人才和优秀运动员队伍的规模，努力使这四支队伍的总体规模到"十二五"末达到万人以上。

（四十一）加强对规划实施的管理和监督。各级政府要采取切实有效的措施，健全规划实施的监管机制，对本行政区域内规划落实情况特别是重点工作、重点工程的落实情况要建立督促检查制度，奖优罚劣，激励先进，在全省体育系统形成纪律严明、执行力强的良好风气，保障和推进全省体育事业"十二五"规划的顺利实施。

甘肃省体育事业"十二五"规划

为统筹规划"十二五"期间全省体育事业改革与发展，更好地发挥体育工作在全面建设小康社会和构建社会主义和谐社会中的重要作用，根据省委、省政府和国家体育总局的总体部署以及"十二五"时期全省体育事业发展面临的新形势、新任务，特制定本规划。

第一章 发展现状与面临形势

（一）"十一五"期间，在省委、省政府的正确领导下，全省体育事业全面推进蓬勃发展。群众体育成绩突出，全省经常参加体育锻炼的人数达到688万人，占全省总人口的26.4%。全省学校实施《国家学生体质健康标准》的施标率、达标率分别达到85%和82%。竞技体育实力不断增强，在重大国际、国内比赛中共获得303个前三名，其中第一名129个。在第29届北京奥运会上，甘肃省有9名运动员参加奥运会5个大项7个小项比赛，取得银牌1枚，第六名1个，第八名1个；有3名运动员参加北京残奥会比赛，取得金牌2枚，实现了参赛残奥会新的突破。在第16届广州亚运会上，我省运动员获得6枚金牌、1枚银牌、1枚铜牌的好成绩，国家体育总局授予甘肃省体育局"第十六届亚运会贡献奖"。体育基础设施建设步伐加快。各级累计投入5.6亿元，新建体育场地5000多个。全面完成了千乡（镇）体育健身工程，超额完成了甘肃省丝绸之路体育健身长廊"四个一"场馆建设"十一五"目标任务。体育产业起步良好，到"十一五"末,全省体育及相关产业企业以及经济实体发展到3120家，从业人员达8100人。五年累计销售体育彩票28亿多元。体育法制建设取得了新的进步，人才队伍不断加强，体育科技、体育教育、体育宣传等项工作都有了长足发展。"十一五"时期体育事业的全面进步，为全省经济和社会发展做出了积极的贡献，为"十二五"时期体育事业的快速发展奠定了良好基础。

（二）"十一五"期间，甘肃体育事业虽然有长足发展，但与全国整体发展水平相比还有很大差距。经费投入不足、发展基础薄弱仍是制约全省体育事业发展的主要因素。群众日益增长的体育需求与社会所能提供体育资源的矛盾，仍将是体育发展过程的主要矛盾。人均占有体育场地、人均用于体育消费和经常参加体育锻炼的人数均处于全国较低水平。竞技体育优势项目不多，后备人才匮乏，整体实力与先进省份差距继续拉大。体育产业政策尚不完善，整体上仍处于起步阶段。体育改革相对滞后，体制机制不活，发展结构、发展模式还没有根本改变。体育政策和体育法制还需进一步加强。地区之间、城乡之间发展不平衡的问题较为突出。"十二五"期间必须认真分析、着力解决阻碍和制约我省体育事业发展的各种矛盾和问题。

（三）"十二五"期间，是全面建设小康社会的关键五年，全省体育事业将面临良好的发展环境和历史机遇。深入学习实践科学发展观，为统筹发展社会事业提供了良好的政策环境。各级党委、政府认真贯彻党的十六大、十七大精神，将提高全民族健康素质、形成比较完善的全民健身体系纳入全面建设小康社会重要目标之一，体育工作得到空前重视。北京奥运会的成功举办，体育的影响更加广泛，群众健身热情愈加高涨。建设体育强国目标的提出，体育工作的使命更加光荣，作用更加重要。随着西部大开发战略深入实施和《国务院办公厅关于进一步支持甘肃经济社会发展的若干意见》（国办发〔2010〕29号）全面落实，特别是省委区域发展战略有力推进，为加快我省体育事业发展提供了更为广阔的空间和强有力的政策保障。同时，全省经济实力不断壮大，为体育事业发展提供了坚实的基础。我们必须认清形势，坚定信心，进一步解放思想，转变观念，抢抓机遇，迎接挑战，加快甘肃体育事业发展步伐。

第二章 总体要求与战略重点

（四）指导思想。坚持以邓小平理论和"三个代表"重要思想为指导，深入贯彻落实科学发展观，按照省委"四抓三支撑"的总体要求和"中心带动、两翼齐飞、组团发展、整体推进"的区域发展战略布局，紧紧围绕提高全民族身体素质这一根本任务和建设体育强国这一宏伟目标，进一步解放思想，锐意进取，着力推进全民健身服务体系建设，切实加强体育后备人才培养，大力发展和壮大体育产业，加快体制机制创新。发挥优势，突出特点，努力探索西部欠发达地区体育科学发展的新路子，实现甘肃体育事业跨越式发展，为推进甘肃建设工业强省、文化大省和生态文明省战略做出贡献。

（五）战略重点。

——群众体育实施率先突破战略。贯彻《全民健身条例》和《全民健身计划》，构建较为完善的全民健身服务体系，提高全民健身意识，以突破性思维和突破性举措推进群众体育率先向西部群众体育强省目标迈进。

——竞技体育实施金牌带动战略。贯彻《奥运争光计划》，围绕"重点突破奥运金牌、全面提升全运金牌"的目标任务，全力抓好"金牌教练"、"金牌运动员"和尖子后备人才的培养，不断增强甘肃竞技体育整体实力，努力缩小与先进省份的差距。

——体育产业实施政策引动战略。进一步完善体育产业发展政策，优化体育产业发展环境，推动体育及相关产业全面协调发展，不断增强体育发展后劲。

——体育赛事及活动实施品牌引领战略。发挥甘肃文化和地域比较优势，着力打造独具我省特色的民族传统体育品牌赛事和活动，努力提高甘肃体育发展水平和对外影响力。

——整体发展实施人才强体战略。充分发挥人才在事业发展中基础性、核心性作用，全面加强体育人才队伍建设，构建覆盖全面、梯队衔接、核心作用明显的人才格局，不断提升我省体育人才竞争实力。

（六）指导原则。

——坚持体育为人民服务，为社会主义现代化服务的基本方向，自觉将体育工作融入全省经济社会发展大局，发挥体育服务的综合功能与作用，为全面建设小康社会、构建社会主义和谐社会做出积极贡献。

——坚持国家办与社会办相结合，强化政府在发展体育事业中的主导作用和公共服务职能，调动社会各行各业兴办体育的积极性，发挥市场在体育资源配置中的基础性作用，用创新的方式和机制构建体育发展的大格局。

——坚持统筹兼顾、协调发展，正确处理群众体育、竞技体育、体育产业之间的关系，正确处理突出重点与兼顾一般的关系，正确处理注重眼前和立足长远的关系。

——坚持改革创新，转变发展方式。转变思想观念，推进体育改革，加快体育发展方式由粗放型向集约型转变，管理方式由经验型向科学型转变，发展模式由传统型向创新型转变。

——坚持依法行政、依法治体，进一步加强体育法制建设，重视和发挥法律法规在调整体育社会关系、建立和维护体育发展秩序、处理体育发展的矛盾与纠纷过程中的主导作用，提高运用法律手段管理体育事务的能力和水平。

（七）发展目标。

到2015年，全省体育发展水平达到西部地区平均发展水平，为到2020年全省体育发展水平接近或达到全国平均发展水平的目标任务打好基础，缩小甘肃与全国发展差距。

——群众体育普及程度明显提高，经常参加体育锻炼的人数比例达到30%以上，《国民体质测定标准》合格标准人数比例达到85%以上。

——竞技体育整体实力明显增强，完成"1230"计划，即第12届全运会上夺得金牌3枚以上，力争实现奥运会金牌"零"的突破。

——体育产业初具规模，产业产值达到全省国民生产总值0.45%。体育彩票销售累计35亿元。

——体育基础场地设施进一步改善，全省各级各类体育场馆发展到26900个。其中体育系统体育场馆达到800个。

——体育改革不断深化，各项事业全面发展，努力形成各级政府和组织齐抓共管、各种社会力量共同兴办体育事业、充满活力、科学有效的管理体制和运行机制。

第三章 发展任务与重点项目

第一节 群众体育

（八）实施甘肃丝绸之路体育健身长廊提升工程。根据全省体育发展的新形势和群众体育健身的新需求，进一步提升"四个一"（"一市一馆"、"一县一中心"、"一乡一站"、"一村一场"）基础建设标准，市（州）、县（市、区）两级力争由纵向"四个一"向横向"四个一"发展（建立相互配套的四种以上体育场馆设施）。进一步整合资源，抓好品牌赛事创建，力争创建二至三个全国知名体育赛事品牌。进一步创新方式，扩大宣传，将丝路沿线各地自行举办的体育赛事相对集中起来，实行统一标识，统一包装，统一组织，形成连接甘肃丝绸之路体育健身长廊的纽带和宣传甘肃、服务社会的平台。进一步发挥我省文化和地域优势，把甘肃丝绸之路体育健身长廊建设成为特色鲜明、影响广泛、带动有力的群众体育精品项目。

（九）加快推进群众身边体育设施建设。认真落实全国《"十二五"基本公共体育服务设施规划》，研究制定我省《公共体育服务设施规划》，争取到"十二五"末，省、市（州）、县（市、区）、乡（镇）均建起全民健身活动中心或文体广场。各类公共体育场馆都要配套建设全民健身设施、配置全民健身器材。公园、绿地、广场等公共场所，普遍建有全民健身设施。全面实施省政府体育惠民工程，重点推进城市社区和农村乡镇体育设施建设。积极推进农民体育健身工程、全民健身路径工程、雪炭工程、民康工程，建立起覆盖全省、功能齐全的全民健身公共设施网络。统筹利用文化、教育、科技以及青少年、老年人活动室等基层公益事业设施。

（十）进一步完善群众体育组织网络，不断壮大社会体育指导员队伍。到2015年，省、市（州）、县（市、区）普遍建立体育社团组织，其中90%乡（镇）和60%的行政村成立农民体育协会，80%的城镇社区建立体育健身指导站，并配备专职或兼职工作人员。进一步扩大健身站（点）的覆盖面，全省各级晨、晚练站（点）发展到4000个。加快体育社会指导员队伍建设，加大对体育社会指导员培训经费的投入，建立省、市、县三级指导员培训基地。成立各级社会体育指导员协会，加强社会体育指导员六级组织网络建设。全省社会体育指导员累计达到30000人，其中一级社会体育指导员达到2000多人。普遍开展全民健身志愿服务活动，积极创建社会体育指导员活动品牌，营造良好的社会志愿服务风尚。积极开展国民体质监测工作，完善体质监督组织，定期公布国民体质状况，为不同人群提供科学健身服务。加强健身气功站点建设与管理，引导群众开展科学健身。

（十一）积极引导、组织群众开展丰富多彩的健身活动。以"全民健身日"为契机，扎实开展"全民健身在陇原"群众体育系列活动。继续抓好"五个百万人群"、"全民健身周"传统体育活动。积极倡导和推广公园体育、街道体育、广场体育、家庭体育、节假体育和趣味体育，推进群众体育大众化、生活化、长效化。加大经费投入和组织领导力度，重视和加强老年人、特殊人群体育工作。发挥各级工会和行业体育协会作用，大力开展职工体育活动。要在全省党政机关、企事业单位和学校恢复广播体操。组织参加第六届全国体育大会、第二届全国智运会、第八届全国农运会、第八届全国残运会、第七届特奥会，力争取得优异成绩。积极筹备承办2011年全国第二届红色运动会。协同有关单位组织举办好第八届全省民运会、第六届全省农运会、第八届全省残运会和第二十届职工运动会，带动全民健身活动向纵深发展。

（十二）切实加强青少年体育工作。认真落实国家体育总局《青少年体育"十二五"规划》、积极推进青少年体育活动促进计划。坚持青少年体育以学校为主，全面实施《国家学生体质健康标准》。广泛开展青少年体育活动，协助教育部门落实在校学生每天1小时体育健身活动。广泛开展"阳光体育运动"，推进校园足球活动，引导青少年积极参加体育锻炼，培养终身体育观念。重视和加强青少年体育场地设施改善，把青少年校外体育活动场地建设与全民健身工程、丝绸之路体育健身长廊"四个一"工程结合，积极推进学校体育场馆向社会开放，"十二五"末，全省30%的学校体育场馆实现向社会开放。逐步建立以国家级、省级体育后备人才基地、体育运动学校为骨干，以少年儿童体校、体育传统项目学校、青少年体育俱乐部、青少年校外体育活动中心、青少年户外体育活动营地和社会力量兴办的后备人才培养机构为基础，以体育教师、教练员、家长、社会体育指导员和体育志愿者为组织指导人员，以健身活动、竞赛交流、技能培训、健身咨询、体质监测等为主要服务的青少年体育公共服务体系和培养体系。省级体育传统项目学校数量保持100所以上，国家级青少年体育俱乐部发展到100个以上，探索创建"青少年校外体育活动中心"。实施竞技体育后备人才培养工程，积极推进体教结合，积极开展课余训练，完善青少年竞赛制度，逐步把体育传统校比赛纳入年度青少年体育竞赛计划，提高业余训练水平。加强体校学生运动员文化教育。协助组织好全省大学生运动会和中学生运动会。

（十三）兴办特色体育，推进民族体育保护工程。发挥甘肃文化资源丰富、地理地貌多样、民族风情独特的比较优势，积极开展登山攀岩、冰川探险、戈壁拉力、沙漠穿越、长城徒步、黄河漂流、草原赛马等特色体育活动。大力推广平凉崆峒武术、天水伏羲武术，精心打造具有全国影响力的武术比赛、武术节会。推进民族体育保护工程，积极挖掘、整理推广民间民俗体育，力争把大象拔河、东乡族拔棍、保安夺腰刀、回回十八时等独具甘肃特色的民族体育项目推向全国。积极开展高原民族体育，努力创建甘南赛马、临潭万人拔河等群众体育赛事品牌。充分利用敦煌世界文化品牌打造独具甘肃特色和全国较大影响的敦煌沙漠体育精品赛事。

第二节 竞技体育

（十四）认真贯彻《奥运争光计划》，坚持"发挥优势，强化重点；注重人才，加强科技；创新机制，科学发展"工作思路。以备战第12届全运会和30届伦敦奥运会为重点,着力解决制约我省竞技体育发展的突出困难和问题,全面增强竞争实力。努力实现"1230"目标任务,积极备战参加第7届全国城运会、第17届亚洲运动会、第2届亚青会和第2届青奥会等综合性运动会,力争取得优异成绩。

(十五)优化项目布局,推进训练机制改革。坚持走集约发展的精兵之路,重点抓好女子柔道、女子曲棍球、射击、女子举重等奥运突破项目;做大做强男、女中长跑、男子自由跤、铁人三项、山地自行车、古典跤、小轮车、柔道等全运突破项目。加强巩固基础项目,努力拓展潜优项目,稳步提升整体实力。深化运动队体制机制改革,探索项目中心和训练基地管理形式,提高管理和训练效益。积极探索市场经济体制下竞技体育发展的新路子,鼓励有条件的市、州和大专院校兴办高水平的运动队,整合社会资源,拓展发展渠道,形成举全省之力兴办竞技体育的工作格局。

(十六)实施"金牌教练工程",培养高水平教练队伍。加强对现任教练员的培训,采取在职进修、集中培训和跟随国家队陪教等多种形式,不断提高本省教练员知识层次和科学执教水平。加大高水平教练员引进力度,聘请和引进国内外高水平教练来我省执教。完善教练员选拔、任用机制,全面推行竞争上岗和聘任制,以利于更多优秀教练人才脱颖而出、施展才华。制定训练管理评估办法,对教练员训练、管理进行全程评估、考核与监督。完善奖励和风险抵押制度,坚持训练效益与个人收益挂钩。提高金牌教练的工资待遇,调动高水平教练员扎根甘肃奉献才智的积极性。加强教练员队伍后备力量建设,注重在有潜质的优秀运动员和做出突出成绩的基层教练员队伍中选拔、培养高水平教练员。

(十七)大力推进"竞技体育后备人才培养工程"。按照"省有重点、市有优势、县有特色、校有传统"的要求,构建全省业余训练新格局。重点建设和完善10所体育运动学校、5所重点业余体校、12个重点项目训练点和50所县级少儿学校,全省业余训练人数达到28000人以上。加强高水平后备人才基地建设,"十二五"末国家级基地达到6个,省级基地达到30个。建立业余训练评估检查和考核制度,对全省业余训练工作实行动态和规范化管理。发挥竞赛的杠杆作用,抓好传统校年度比赛和青少年参加国内国际重大比赛。大力推进体教结合。按照"资源共享、优势互补,责任共担、荣誉共沾"的指导思想,促进体育部门与教育部门的协作配合、资源整合,逐步建立起依托学校、社会参与、齐抓共管的业余训练和竞技体育人才培养的新机制。

(十八)切实加强科学训练和体育科研工作。实行"训、科、医"三位一体科学化管理体制,完善"科技队长"制度。发挥教练员、运动员科学训练的主体作用,积极引进先进的训练理念与技术,坚持"三从一大"(从难、从严、从实战出发,大运动量训练)训练原则,强化科学训练,严格科学管理,提高科学训练水平。把运动训练作为优先课题,组织科研人员面向训练一线,针对重点项目、重点运动员进行技术攻关与科技服务。不断改善省体科所设施条件,进一步加强国家亚高原训练研究室建设。着力培养和引进高水平体育科研人员,调动和发挥大院校科技资源力量,提升全省体育科技综合能力。

(十九)全面加强运动队建设。强化运动队思想政治工作,坚持不懈地开展以爱国主义为核心的中华体育精神教育和以艰苦奋斗为主要内容的甘肃精神教育，树立正确的人生观、价值观、荣誉观，反对极端个人主义、享乐主义、拜金主义和各种歪风邪气，坚持"严令禁止、严格检查、严肃处理"的原则，加大反兴奋剂工作力度。加强运动队道德作风建设，狠抓赛风赛纪教育，努力把优秀运动队建设成政治合格、作风顽强、技术过硬的优秀群体。加强运动员文化教育，认真贯彻落实国务院办公厅《关于进一步加强运动员文化教育和运动员保障工作的指导意见》精神，采取有力措施全面提高运动员的科学文化素质，促进运动员全面发展。完善运动员保障体系，切实落实运动员"四保一金"制度，维护运动员的切身利益和合法权益。重视和加强退役运动员再就业安置工作，进一步完善政策保障和职业转换社会扶持体系，形成进出口顺畅、科学规范、保障有力的退役运动员再就业长效机制。

（二十）积极筹备和办好全省第十三届运动会。以科学发展观为指导，创新办会理念。坚持服务大局，突出特色，为推动"兰白经济核心区"建设和全省经济社会发展搭建平台，做出贡献。坚持与全民健身活动同行，带动群众体育、竞技体育、体育事业和体育文化协调发展。加强省运会赛制改革，扩大社会参与面。完善项目设置，加大青少年项目金牌计分奖励力度，突出后备人才培养与选拔。加强赛风赛纪管理和青少年运动员资格审查工作，努力把本届省运会办成特色鲜明、成绩优异、和谐文明的体育盛会。

第三节　体育产业

（二十一）贯彻国务院办公厅《关于加快发展体育产业的指导意见》精神，制定甘肃省体育产业发展规划。努力构建与全省大众体育消费相适应，以"体"为主多业并举、多种所有制并存、各种经济成分竞相参与、共同兴体育产业的格局。"十二五"期间体育产业增加值占全省国民生产总值的比例每年以0.5%的速度增加。城镇居民人均体育消费占可支配收入的0.2%左右，努力把体育产业逐步培育成全省经济发展新的增长点。

（二十二）以全民健身服务业为主导，积极开发体育消费市场。大力推进全民健身计划，增加体育人口，扩大体育消费人群。放宽市场准入，改变政府部门对全民健身资源管得太多的局面。政府除必须提供的公共体育服务之外，逐步将更多的全民健身活动和全省性群众体育比赛采取社会招标、企业冠名和联合开发等形式推向社会、引向市场。加快推进体育协会实体化进程，完善体育产业政策，鼓励支持非公有经济参与兴办全民健身服务业。

（二十三）以创办精品赛事为重点，进一步活跃竞赛表演市场。加大精品赛事创办和市场运作力度，省上力争每年举办三次以上商业性比赛。有条件的市、州举办一次以上主要由市场主体进行包装和营销推广的国内外高水平体育赛事。年度传统赛事，也要逐步以资源参股的形式联合社会力量进行开发。省运会和市州举办的综合性运动会，要成立专门的产业开发机构，附带举行具有产业性质的各类会展和文化旅游活动。

积极开发体育赛会的无形资产，抓好赛事冠名、赞助、标志使用、特许经营以及赛事纪念品的创意、开发和营销工作。成立甘肃省体育经纪人联合会，发挥体育中介组织、策划机构开发竞赛表演市场的主体作用。

（二十四）以体育彩票销售为龙头，形成体育支柱产业。加大宣传树立体育彩票良好的公益形象。凡由体育部门支持建设的全民健身工程和青少年体育俱乐部，以及全省体育系统所属体育场馆都应免费为体育彩票提供一处面积不小于10平方米的宣传广告位。凡由体育部门举办的各类体育比赛和活动，没有商业冠名的，一律免费以"体育彩票杯"冠名，并制作、张贴体育彩票宣传标语及其他宣传品，在全社会营造人人关心、支持、参与体育彩票销售业的良好氛围。完善体育彩票销售管理和运行机制，建立覆盖全省、布局全理、管理有序的营销体系。十二五期间，体育彩票销售市场份额达到35%以上。

（二十五）以构建丝绸之路体育健身长廊为载体，加快发展体育旅游业。充分发挥体育旅游具有资本投资效率和动力效率比较高、边际消费倾向大、对外开放带动强的特点，把体育旅游作为前景性体育产业着力推进。坚持"依托资源、突出特色、发挥优势、品牌带动"的发展思路，精心打造一批突出甘肃特色的品牌旅游项目。总体规划是：依托甘肃丝绸之路体育健身长廊建设，构建一条体育旅游带；依托临洮体育训练基地建设、刘家峡水上训练基地建设，构建集体育训练、健身休闲娱乐、体育旅游观光为一体的两大体育产业基地；依托黄河百里风情线、天水耤河风情线、敦煌党河风情线城市体育景观建设，力争开发建设三个以上体育产业园区；依托全省全国大型赛事并努力发挥敦煌文化、黄河文化、长城文化资源优势，每年组织四次以上体育赛事观摩和体育健身旅游活动。依托百里黄河风情线，组织办好全国马拉松兰州站比赛。积极发展航空体育产业，成立甘肃体育航空通用公司，开发建设嘉峪关体育滑翔基地，办好嘉峪关航空体育节。加快体育旅游人才的培养和引进，加强体育旅游管理团队建设。

（二十六）以场馆建设和开放为基础，加强公共体育资源综合开发。全省体育系统体育场馆要率先深化管理体制和运行机制的改革，根据各自实际，全面实行目标责任制、承包责任制和股份制经营管理。有条件的地区积极尝试所有权与经营权分离，引进专业经营机构进行国有资产授权经营。全面引入竞争机制，增强内部活力与动力，降低运营成本，提高服务和运营水平。要坚持"以体为主、多业发展"路子，积极开展体育竞赛、健身健美、休闲娱乐、咨询培训本体产业以及文艺演出、商务会展等相关配套服务。制定体育系统体育场馆经营管理办法，明确任务指标，严格年度考核，加大利润积累比例。厂矿企业的体育场馆也要逐步转换机制，面向社会发展产业。各级各类学校体育场馆在保证教学和学生锻炼的同时，尝试进行有偿服务，逐步达到"以馆养馆"和自我发展的能力。

第四节 体育设施

（二十七）紧紧抓住西部大开发、国务院支持加快甘肃经济社会发展和加快藏区建设以及省委实施区域发展战略的历史机遇，以更高起点和更高的目标规划建设体育场地设施。到2015年，全省人均体育场地面积由2003年底的0.76平方米上升到1.3平方米以上，接近西部省（区）平均发展水平。

（二十八）加快省级体育场馆设施建设。抓紧临洮体育训练基地立项和经费筹措，力争2011年开工建设。进一步完善刘家峡水上基地建设，提升综合服务功能。抓紧兰州市七里河体育场及附属场馆扩建工程的规划和实施，力争"十二五"期间全面开工。加快推进省体工二大队全民健身综合馆二期工程标准游泳馆、乒乓球馆、网球馆和篮球馆的建设。

（二十九）加快市（州）、县（市、区）体育设施建设。全面提升"一市一馆"建设标准。即每一个市（州）建成一座可容纳3万人的体育场、一座拥有3000～6000人座位的体育馆、一个体育活动中心、一个文体广场或体育公园。每个县（市）建立体育活动综合中心，包括一座可容纳2000人的多功能体育馆、一个文化体育活动广场或一个体育公园。加强县级业余训练基础设施建设，每个县（区、市）建设一处专用于青少年体育活动和业余训练的馆（校）。坚持发挥优势，组团发展。结合省委加快推进平（凉）庆（阳）、酒（泉）嘉（峪关）、金（昌）、武（威）经济区、天水区域中心城市和"两州两市"扶贫攻坚区建设，把体育场馆设施纳入各经济区域基础设施建设的整体规划，力争建成优势互补、特色鲜明的区域体育基础设施群。

（三十）进一步抓好灾后体育设施重建工作。继续推进陇南、甘南8县（市）地震灾区体育场馆恢复重建工程。加快舟曲特大泥石流受灾区和陇南等地暴洪灾区体育设施重建步伐。坚持应急避险与群众健身相兼顾的原则，充分发挥体育设施在抗灾避险中的特殊作用。认真落实国家体育总局《关于支持藏区体育事业发展指导意见》，加快推进甘南、临夏州等少数民族地区体育设施建设。成立省体育场馆设施建设领导小组，协调推进全省体育基础设施建设。

第五节 人才队伍

（三十一）实施"人才强体"战略，加快推进"5335"高水平人才队伍培养计划。注重培养、引进和使用三个环节，着力培养高水平运动人才、高水平教练人才、高水平体育科研人才、高水平体育教育人才、高水平体育管理人才，"十二五"期间，五种高水平体育人才累计达到300人；积极推进社会体育指导员队伍、体育裁判员队伍、体育经营管理人才队伍建设，十二五期间，三支体育人才队伍每年分别达到5000名、500名和500名。实行项目管理，制定专项规划，强化推进措施，加快推进步伐。

（三十二）深化人才制度改革，创新人才工作机制。全面推行体育行政部门竞争上岗和事业单位全员聘用制度，形成干部能上能下、能进能出、有序竞争的人才管理机制。进一步完善人才评价、培养、选拔、任用机制，坚持正确的选人用人导向，形成人岗相适、用当其时、人尽其才、各类人才脱颖而出的良好局面。进一步完善人才激励保障机制，形成用事业凝聚人才、用实践造就人才、用机制激励人才、用政策留住人才、用制度管好人才的良好人才环境。

第六节 体育教育

（三十三）坚持教育优先发展战略，大力发展中等体育专业技术教育。积极探索新形势下体育中等专业技术教育的新路子，加强学科建设、课程建设，不断推进教学内容、课程体系和教学改革，努力创建特色专业和品牌专业，努力培养高水平体育后备人才和高水平社会复合型人才。加强"双资"体育师资队伍和学科带头人队伍建设，努力提高体育教育水平。加大经费投入，努力改善各级体校和重点业余体校设施条件。继续推行与大专院校联合办学，发挥大专院校资源优势，不断完善全省体育教育体系建设。加快推进甘肃省体育职业技术学院建设步伐，力争"十二五"初建成挂牌。

（三十四）大力发展职业教育。体育职业教育是提高体育职业技能、促进体育就业、推动体育科学发展的重要途径，必须摆在更加突出位置。体育职业教育要面向人人、面向社会，不断满足人民群众接受体育技能培训的需求，满足经济社会对高素质体育从业者和技能型人才的需要。加强甘肃省体育职工运动技术学校和甘肃省专业技术人员培训体育基地建设，重点抓好运动队文化教育和退役运动员再就业技能培训。加强社会体育指导员培训基地建设，拓展培训渠道，提高培训质量。加强干部职工继续教育，完善继续教育激励机制，努力构建终身学习教育体系。

第七节 体育法制

（三十五）加快体育立法。重点推进《甘肃省全民健身条例》和《甘肃省全民健身计划（2011—2015年）》的制定和出台，推进体育服务认证和体育行业特有职业国家职业资格证书制度，加强体育竞赛管理及赛风赛纪方面的法规制度建设，促进完善单项体育协会和体育市场经营管理等方面的规章制度建设。

（三十六）推进体育普法教育。把宣传、贯彻、落实《体育法》和相关体育法规制度，纳入全省体育系统"六五"普法教育内容。各级体育部门和单位普遍建立体育法制学习与培训制度，开展灵活多样、扎实有效的体育法制宣传教育活动，提高体育队伍的法律意识和法律素质。加强体育执法与检查监督，重点抓好《体育法》、《全民健身条例》的实施、体育场地设施管理、体育市场管理、反兴奋剂等重点领域执法检查。争取权力机关、司法机关、行政监察机关依法行使监督职能，重视和发挥人民群众和新闻舆论对体育法律法规实施的监督作用。

第四章 加强领导与政策保障

（三十七）切实加强对体育工作的领导。强化各级政府管理体育职能，将体育事业和全民健身工作纳入国民经济发展总体规划，列入精神文明建设重要内容和政府任期考核内容，列入本级财政预算和重大社会项目投资计划。各级体育主管部门要依法履行职责，加强本地区体育工作管理与指导。进一步健全和完善县级体育组织机构，体育与其他部门合并的要实行一个机构两块牌子办公，确保人员编制和经费投入。

（三十八）加大对体育工作投入和政策保障。各级财政要加大体育事业经费的投入，并随着国民经济的发展逐步增加。建立基层公共体育经费保障机制，扩大公共财政向基层覆盖力度。建立公共体育设施建设专项资金和体育后备人才培养与高水平体育人才培养引进专项基金，加大对体育重点工作的支持。认真贯彻国务院办公厅[2010]29 号文件精神和国家体育总局关于支持甘肃体育发展《工作方案》精神，加强政策研究，积极争取享受国家西部大开发、扶贫开发、专项基地建设、民族区域和循环经济示范区建设信贷、税收、投资等方面优惠政策，不断完善体育事业发展的政策保障体系。

（三十九）加强体育对外交流与体育宣传工作。利用重大国际比赛，增强与国际间和地区间体育合作与交流，学习、借鉴其他国家和地区发展体育经验，提升甘肃体育影响，扩大甘肃对外宣传。重视和加强体育宣传工作，为推进体育事业发展营造良好的舆论环境。

（四十）加强体育文化建设。深入挖掘体育的文化内涵，发挥体育在建设社会主义先进文化中的积极作用。大力倡导中华体育精神和奥林匹克精神，引导社会形成积极、健康、向上的时代风尚。大力开展体育文学艺术、体育图书发行、体育文史研究和丰富多彩的体育文化活动，不断满足人民群众的体育文化生活。切实加强思想政治建设，增强体育干部队伍的宗旨意识、大局意识、责任意识和服务意识，为体育事业发展提供有力思想政治保障和智力支持。

（四十一）本《规划》是省政府指导全省体育工作的专项规划。各级体育部门要依据本规划精神和当地经济社会发展规划的要求，抓好本部门体育事业发展"十二五"规划编制与上下工作任务的科学衔接。建立督促检查机制，制定阶段性及年度实施方案，细化目标任务，明确完成时限，加强评估考核，保障和促进甘肃省体育事业"十二五"规划顺利实施。

青海省体育事业"十二五"发展规划

"十一五"期间,我省体育部门认真贯彻落实《体育法》和《中共青海省委、青海省人民政府关于贯彻落实〈中共中央、国务院关于进一步加强和改进新时期体育工作的意见〉的通知》精神,把《体育法》、《全民健身计划纲要》和《奥运争光计划纲要》等法律法规的宣传教育纳入日常工作中,坚持体育为人民服务、为我省社会经济发展服务的宗旨,从我省实际出发,抓住发展机遇,紧紧围绕青海特色开展体育工作,体育事业取得了较快发展。

一、"十一五"期间体育事业发展状况

(一)三大国际体育品牌赛事提升青海知名度

"十一五"期间,我省成功举办了第五至第九届环青海湖国际公路自行车赛、三届世界杯攀岩分站赛和一届世界攀岩锦标赛、第二至第六届中国·青海国际抢渡黄河极限挑战赛。三大国际品牌赛事,超越了体育本身,一是通过赛事的有力拉动,将体育产业与旅游、文化相结合,初步形成了具有青海高原特色的体育产业品牌和体育、旅游产业市场;二是促进了群众体育、文化、经济贸易等活动的开展,增加了农牧民群众的收入。三是使比赛地区的基础设施条件得到了明显的改善。

(二)群众体育活动蓬勃开展

1. "十一五"期间,全省乡镇(办事处)、社区、辅导站三级体育管理工作网络机构初步形成,全省单项体育协会和体育俱乐部达 49 个。每年组织开展各类体育比赛 30 余项(次),有 4 万余人参加比赛。全省各地参加体育锻炼人数达 146 万,占全省总人口的 26%左右。

2. 2006 年成功举办了全省第十四届运动会暨全民体育大会参与人数达 7000 多人,是历届省运会的两倍。

3. "十一五"期间,我省争取国家体育总局项目 109 个,项目资金投入总数达 2.48 亿元,全省有 1100 个地区、单位直接受益。其中:总局投入 1.19 亿元,占总投资的 47.98%;本省自筹 1.04 亿元,占总投资的 41.94%;地方配套 0.25 亿元,占总投资的 10.08%。

4. 在全国举办的"全民健身与奥运同行,全国亿万老年人健步走向北京奥运会"活动中,我省有 2 个地区,13 个单位,15 名个人荣获先进单位和个人荣誉称号。在第七届全国健康老人评比中我省有 8 名老年人被评为全国健康老人。

5. 成功举办了两届全省残疾人运动会，参与人数达 2000 人。参赛项目由首届省运会的田径、举重 2 个发展到 12 个项目。参加全省性比赛的残疾人运动员累计超过 4000 多人次。

（三）竞技体育水平有所提高

"十一五"期间，我省运动员共获得国际比赛第一名 5 个、国内比赛第一名 54 个。在 2006 年环崇明岛国际公路自行车赛上，我省运动员马海军和队友组成的中国队获得大中华团体总成绩的冠军，马海军获个人总成绩亚军。2008 年，我省优秀运动员任龙云入选奥运会中国代表团，林云、苏伟入选奥运会中国代表团替补队员，成为我省继 1992 年李春秀、王红入选巴塞罗那奥运会后再次入选奥运会的运动员。在第十一届全运会上我省运动员获得第二名 1 个、第三名 2 个、第五至八名 8 个。总计 81 分，超过上届 11 分。青海代表团被评为体育道德风尚奖。在 2010 年广州亚运会上我省运动员黄娜获射击项目团体第三名。任龙云获得男子马拉松比赛个人第八名。

（四）"环青海湖民族体育圈"建设成效显著

"环青海湖民族体育圈"是国家体育总局建设的全国二十个全民健身著名景观之一。自从国家体育总局批准构建"环青海湖民族体育圈"以来，我省建设了以西宁东出口宁湖为起点，以多巴国家高原体育训练基地为中心、以尖扎黄河国家水上训练基地，格尔木玉珠峰登山基地为两翼的"环青海湖民族体育圈"。

1. 由国家发展改革委和青海省发展改革委投资 8872 万元建设的青海多巴国家高原训练基地的田径馆、射击馆、游泳馆、综合训练馆等 4 个体育场馆，于 2006 年全部建成并投入使用，极大地改善了基地高原训练的环境和条件。为备战北京奥运会和广州亚运会等重大赛事做出了积极贡献。

2. 经国家体育总局水上运动管理中心批准，在我省黄南州尖扎县境内的公伯峡水库建立了"青海尖扎中国皮划艇协会国家高原水上训练基地"，目前，基地已从单一的体育训练向训练、度假、旅游综合方向发展，形成了集住宿、餐饮、训练、度假等功能为一体的综合基地。

3. 由国家体育总局登山运动管理中心、青海省体育局和格尔木市人民政府联合开发、共同建设"中国青海玉珠峰国家登山训练基地"。该基地每年可供 1200 多人在玉珠峰南北坡开展登山活动，对促进我省登山旅游业的发展，培育户外运动市场有着重要的意义。

（五）体育彩票事业得到长足发展。

"十一五"期间，销售体育彩票 8.9076 亿元，比"十五"期间增加 7.55 亿元，筹集公益金 2.5 亿元，为国家纳税 1986 万元，提供社会就业岗位 1000 多个，发放佣金 6602 万元，为青海经济社会的发展做出了贡献。同时，经财政部、国家体育总局批准，中国体育彩票自 2009 年 3 月起在全国范围内发行以环青海湖国际公路自行车赛和大美青海为主题的系列即开型体育彩票，这是我国首套以单项品牌赛事和国家公益体育彩票有机结合的典范，是推介环湖赛、宣传青海、展示青海大美风光和人文风情的新平台，也是省政府为宣传青海、扩大青海影响力，推动环湖赛发展而采取的一项重要措施。

二、"十二五"时期体育事业发展的指导思想与基本原则

指导思想： 以科学发展观为统领，深入贯彻《中华人民共和国体育法》、《全民健身条例》，坚持以人为本，以满足全省人民群众日益增涨的体育需求为出发点，以增强全省人民体质、提高全民族身体素质和生活质量为目标，积极开创体育事业发展新局面，为我省经济和社会发展做出积极贡献。

基本原则： 按照省委提出的建设文明和谐新青海的目标要求，着力推进"四个发展"的总体工作思路，进一步完善全民健身体系，积极发展体育产业，着力提升竞技体育实力，从青海实际出发，探索有青海特色的体育跨越式发展的新路子，充分发挥青海独特的世界第三级地理优势，把体育事业放在青海经济和社会全面发展的大环境中去思考、去谋划、去定位，促进民族地区体育工作的创新发展。

三、"十二五"时期体育事业发展的目标与任务

（一）群众体育工作方面。

深入实施《全民健身条例》，从统筹城乡区域、不同人群的体育需求出发，抓好阵地建设、抓好体育队伍培养、抓好科学健身指导、抓好品牌活动开展，提高群众的体育意识，培养群众的健身习惯，营造浓厚的体育健身氛围，使全省经常参加体育锻炼人数不断增加，人民的体质不断增强。

1. 加强城乡基层社区体育设施建设。继续实施"农民健身工程"和"雪炭工程"；力争完成藏区各州县建设一个文化体育活动场馆；全省80%以上的州、市（地）、县（区）建有文化体育活动馆；70%以上的乡镇建有灯光篮球场；力争45%的行政村建有便捷、实用的体育健身设施；50%的街道、社区配备一套健身器材。

2. 建立健全基层体育组织。力争有70%的乡镇（街道办）健全组织、45%的行政村（社区）有专门管理人员。各州（地、市）、省直各单位，县（区），乡镇（街道办）、村（社区）每月有体育活动。

3. 以举办或承办国际、国内及全省性大型群体活动为龙头，带动基层不同年龄阶层、不同职业特点、不同民族特色、不同地域环境，开展业余、自愿、小型、多样且丰富多彩的体育健身活动。

4. 积极发展民族传统体育项目。加强宣传，研究制定"竞赛规则"。特别是要有效保护和发展诸如骑马点火枪等既具有观赏性、又能代表青海民族特色的项目。

5. 大力发展社会体育。积极发挥体育社会组织功能和作用，创新发展社会体育，大力拓展社会办体育的新渠道、新领域，努力形成政府指导、协会为主、社会个人共同参与的社会体育市场化发展的新格局。加强对基层体育的分类指导，促进老年体育、少儿体育、学校体育、企业体育、广场体育等社会体育的协调发展。

6. 力争"十二五"期间体育人口占全省总人口的30%。

（二）竞技体育方面。

深入实施《奥运争光计划纲要》，拓展竞技体育人才的培养途径，提高竞技体育综合实力。以高原优势项目为重点，力争竞技体育有新突破。

1. 加强优秀运动队训练工作，刻苦训练、科学训练，努力提高竞技体育水平。

2. 大力加强青少个业余训练工作，切实采取有效措施，调动基层体育部门和业余体校培养输送竞技体育人才的积极性，把培养后备人才的工作作为竞技体育的重点和基础抓紧抓好。

3. 以自行车、马拉松、射击等项目为重点，加大投入力度，不断完善青海"天佑德"洲际职业自行车队的管理和训练水平，促进我省自行车运动水平有新的发展和提高；

4. 建设基础扎实、技术过硬的青海足球队，力争在各类比赛中有上佳表现；加快在我省中小学建立青少年足球训练点，培养高原足球后备人才，努力实现我省足球运动的新突破。

（三）体育产业方面。

认真贯彻落实国务院办公厅《关于加快发展体育产业的指导意见》和青海省人民政府办公厅《关于促进青海体育产业发展的若干意见》。立足省情实际，充分发挥体育产业对体育事业的推动作用，努力实现体育产业的创新发展。

1. 扎实推进体育彩票事业的发展。不断扩大体育彩票销售网点，进一步完善体育彩票发行网络，提高体育彩票的销售量，为我省体育事业的协调发展提供强有力的物质保证。

2. 完善基地建设。继续完善多巴国家高原训练基地、尖扎国际水上训练基地、玉珠峰国家登山训练基地、金银滩青少年射击俱乐部、宁湖基地等体育产业链的建设，促进体育产业发展。

3. 盘活体育优势资源。树立经营理念，确定优势项目，进一步提高体育场馆的利用率。结合当地资源优势，大力开展投资少、见效快、深受群众欢迎的体育经营项目，在满足各族群众健身需求的同时，增强体育自我发展能力。

4. 做大做强体育旅游事业。充分利用青海独特的体育旅游资源，举办玉珠峰登山节、徒步穿越柴达木盆地、冬季穿越青海湖、全国热气球邀请赛等活动。

（四）继续办好"环青海湖国际公路自行车赛"、"国际黄河抢渡赛"和"攀岩赛"等国际体育品牌赛事。

更新思想观念，创新办赛思路，以市场经济的理念经营和培育赛事，充分发挥企业的积极性，提高赛事的市场化运作水平。

1. 增加"环湖赛"比赛路段。在现有线路基础上将赛段延伸到海西州等地；遵循"走出去"原则，力争将赛段延伸到甘肃、宁夏等周边省区。

2. 加大宣传力度，充分发挥各种媒体的作用，以赛事为平台，更加广泛地宣传大美青海。

3. 加大招商引资力度，力争政府投入每年递减。

4. 提高赛事举办地及沿途的接待服务能力和水平。

四、"十二五"时期体育事业发展的保障措施

（一）切实加强对体育工作的组织领导。

各级政府要把体育事业作为全面建设小康社会的必然要求和重要内容，纳入当地经济社会发展总体规划，统筹安排，协调发展。在组织管理、经费投入、设施建设和发展体育产业等方面切实给予保障和支持。要将体育工作纳入重要工作日程，对体育工作进行不定期的督促检查，研究制定有利于体育事业发展的政策、措施，帮助解决工作中存在的问题。体育主管部门要加强指导，统筹规划，推动各项工作的落实。各级政府有关部门要按照体育法律、法规的有关规定和体育事业发展的方针、政策，对体育工作给予以大力支持。工会、共青团、妇联、残联和行业体协等群众团体，要结合各自特点和优势，做好群众体育的组织、指导工作。宣传部门和各新闻单位要加大体育宣传力度，引导社会更加关注和支持体育事业。

（二）加大资金投入，加快体育设施建设，夯实体育事业发展基础。

各级政府要将体育事业费、基本建设资金列入本级财政预算和基本建设投资计划，并随着国民经济的发展逐步增加，确保体育事业费随着财政收入的增长而增长；体育基本建设资金的支出比例，要随着城乡建设规划的实施，结合体育设施建设与维护的实际需要依法确定。体育设施的建设以满足群众健身需求和保障训练、比赛条件为目标，努力加快建设步伐。所有学校都要建有能满足教学和学生锻炼需要的体育设施；农牧区、乡镇和街道办事处要建有室内外体育活动场所；新建居民区、经济开发区必须规划和建设相应的配套体育设施。要建立以财政拨款为主的社会多元投资体制，除体育公益部分和运动队建设资金外，要鼓励社会力量兴建体育设施，举办体育赛事，开展体育经营活动。

五、坚持"依法行政、依法治体"，推进体育法制建设

认真贯彻落实《体育法》，执行国家的各项法律法规。加强地方体育立法工作。深入开展普法教育，增强法制观念和依法办事的能力，提高体育工作者的法律素质。重视体育政策研究，坚持调查研究，从战略高度为领导决策服务。

宁夏回族自治区体育事业发展"十二五"规划

"十二五"时期是我区深入学习实践科学发展观、全面建设小康社会的关键五年，是深入推进沿黄城市带建设、促进宁夏经济社会跨越式发展的重要五年，也是实现宁夏体育事业又好又快发展的关键五年。在认真总结"十一五"期间宁夏体育发展成就、深入分析"十二五"发展前景的基础上，结合我区实际，制定本规划。

一、全区体育事业发展"十一五"规划执行情况

全民健身取得新成效。广大群众的体育意识和健身热情不断增强，全民健身体系建设进展顺利。"十一五"末，全区共建成全民健身路径681条，各类全民健身活动站点606个，在民政部门注册的县级以上体育社团94个，社会体育指导员总数3554人，全区经常参加体育锻炼的人数占总人口的30%。

竞技体育水平明显提高。"十一五"期间，我区重点优势项目稳步发展，科学训练水平明显提高。在北京奥运会上，宁夏在自行车、水球两个项目上有运动员代表国家参加比赛，打破了连续4届16年没有运动员参加奥运会的记录。在第十五届、十六届亚运会上，我区有运动员代表国家参加比赛并获得奖牌。在全国十一运会上，我区运动员以1金1银4铜的优异成绩，实现了全运会金牌22年"零的突破"。

体育产业取得长足进步。体育彩票累计销售15.46亿元，为国家积累体彩公益金4.88亿元，有力地支持了体育事业发展。体育场馆经营效益逐年增加，体育市场不断扩大。

体育基础设施建设成效显著。全区各级体育部门投入场地设施建设资金8.9亿元，新建场馆14个。在中西部地区率先实现村级体育场全覆盖。人均公共体育场地1.5平方米。市、县（区）体育场地设施进一步改善。

体育系统党的建设和精神文明建设取得新进展。体育人才队伍和体育法制建设进一步加强。体育科研教育稳步发展，体育宣传工作日益活跃。依法治体水平有了新提高，各类创新活动富有成效。2008年、2009年自治区体育局连续两年在政府效能考核中名列同组一等奖。

但总体而言，目前我区体育事业发展仍然面临诸多困难和问题：广大人民群众日益增长的体育需求与社会提供的体育资源不足的矛盾仍然突出；各级政府和体育部门

向广大群众提供的体育公共服务产品仍然缺乏,群众体育的基础性工作有待进一步加强;人均体育场地、人均体育消费和经常参加锻炼的人数还处在较低水平,全民健身体系建设尚需加强完善;竞技体育综合竞争实力与其它省区市相比还有较大差距;体育产业发展总体上还处于初级阶段;政策法规建设及产业统计体系还不完善;体育法治、体育人才、体育科研教育等方面还有待加强;体育管理体制和运行机制改革还有待进一步深化,等等。这些在体育事业发展与进步过程中所产生的矛盾和问题,对"十二五"期间我区体育事业的发展提出了新的更高的要求。

二、"十二五"期间我区体育事业发展面临的机遇

"十二五"是一个历史新进程的开始。这一时期,我国改革开放和现代化建设向纵深发展,以人为本科学发展深入人心,经济发展方式和政府职能转变加快,社会结构转型升级,社会公众利益调整和公共服务均等化备受关注。这一时期是宁夏体育实现加快崛起、跨越发展的转折期和战略机遇期,机遇与挑战并存,进取与责任同在。

建设体育强国的新目标。北京奥运会后,中国体育已经站上了一个新的历史起点,人民群众体育热情得到了极大激发。在北京奥运会、残奥会总结表彰大会上,胡锦涛总书记对体育工作进行了全面深刻的论述,明确提出要进一步推动我国由体育大国向体育强国迈进,指明了新时期中国体育的前进方向和发展目标。体育强国具有丰富的内涵、鲜明的时代特征,涉及到体育事业的方方面面。在我国从体育大国向体育强国迈进的过程中,群众体育、竞技体育、体育产业、体育文化、体育交往等都将得到全面发展与提高。

国家对体育事业的新认识。近两年来,国务院连续出台了一系列文件和法规制度,给体育工作注入了新动力。2009年1月7日,国务院决定每年8月8日为"全民健身日";同年7月,颁布实施了《彩票管理条例》,10月颁布施行《全民健身条例》;2010年3月,国务院办公厅转发了体育总局等部门《关于进一步加强运动员文化教育和运动员保障工作指导意见的通知》;同月,发布了《关于加快发展体育产业的指导意见》。国家层面出台第一部系统规范全民健身事业的行政法规和首次出台关于体育产业的政策性文件,对于体育的健康发展有着巨大的促进作用。

宁夏经济转型升级的新提升。体育是绿色产业、低碳产业、创意产业,具备经济、社会、文化功能,几乎涉及所有的第三产业。体育要抓住自治区党委、政府提出经济转型升级的契机,发展方式要从粗放型向集约型转变,从经验型向科学管理型转变,从非均衡逐步向均衡发展转变,使体育在转型升级中有作为,在发展崛起中提升地位。

体育消费快速增长的新阶段。随着人民生活品质和健康意识的不断提高,人们的消费需求从生存型向发展型转变,消费重心从吃、穿、住、行等基本物质需求转向文化、体育、娱乐等精神产品需求。同时,社会发展节奏加快,也使人们面临着更大的工作和生活压力。因此,关注体育、参与健身、享受体育发展成果已成为各级党委、政府的共识、广大群众的心愿。体育已成为文化生活的主要组成部分,成为娱乐消费的重要领域。"更快更高更强"的奥运格言和奋力拼搏、勇往直前的体育观念已深入

人心。因此，要顺应形势发展，丰富健身理念，大力发展体育运动，不断满足人民群众日益增长的体育需求，努力提高全民身体素质，让体育真正成为老百姓日常生活的一部分。

三、"十二五"体育事业发展的指导思想和主要目标

指导思想：坚持以邓小平理论和"三个代表"重要思想为指导，以科学发展观统领体育事业发展全局，深入贯彻《中共中央 国务院关于进一步加强和改进新时期体育工作的意见》和自治区党委、政府《关于进一步加强体育工作的意见》精神，以国家实施新一轮西部大开发和加快转变发展方式为契机，以满足广大人民群众日益增长的体育需求为出发点，以大力实施体育民生工程为载体，把提高人民身体素质作为根本任务，继续努力开创体育工作新局面，为构建和谐社会和全面建设小康社会做出应有贡献。

主要目标：

全民健身事业不断深入。深入贯彻落实《全民健身条例》，大力开展群众体育"三边工程"，进一步完善全民健身服务体系建设，不断满足人民群众日益增长的体育文化需求，使群众体育社会化、生活化、科学化，经常参加体育锻炼的人口占全区总人口的40%，广大群众的身体素质得到明显提高。

竞技体育实力明显增强。不断优化运动项目布局，提高运动训练管理科学化水平，增强竞技体育综合竞争力。力争在三十届伦敦奥运会和十七届亚运会上有我区运动员代表国家参加比赛并取得较好成绩；在全国十二运会上，我区自办项目奖牌和团体总分均超上届运动会。

体育产业实现新突破。全区从事体育经营活动的企业总数和从业人员显著增加，效益良好，基本建立体育产业统计体系与体育服务标准化管理体系，创建1~2个宁夏体育名牌企业和品牌经营活动，不断提高体育消费水平，促进全区体育市场繁荣发展。

体育科技水平和人才培养显著提升。体育科技人员总数和科研装备能力基本满足事业发展需要，体育科研和科技服务水平明显提高；全区各级体校注册在训学生达到2000人，布局4个自治区级竞技体育后备人才培训基地，创建1~2个国家级体育后备人才基地。

体育发展环境进一步优化。全区体育队伍素质明显提高，自治区级体育管理人员80%达到本科以上学历，市县80%达到大专以上学历。进一步加强体育系统党的建设和精神文明建设，不断深化体育改革，坚持依法行政，依法治体，加强体育宣传，进一步提高体育管理的科学化、法制化水平，努力实现体育事业全面、协调、可持续发展。

四、"十二五"期间我区体育事业发展的工作任务和具体措施

（一）群众体育

1. 大力推进城乡公共体育服务一体化建设。城市体育以社区为重点，健身路径覆盖80%的城市社区。完善社区体育活动功能，新建多功能社区健身中心10个，建立健身站点500个。农村体育以乡镇、行政村为重点，延伸行政村标准化农民健身工程全覆盖工程，建成100个乡镇灯光球场。逐步缩小城乡体育公共服务差距，有效提高广大农民的健康素质和生活质量，把宁夏建成全国农民健身工程示范区。

2. 全面抓好青少年体育活动。协调教育行政部门，加强对在校学生的体育健身指导，保证学生在校期间每天参加一小时体育活动。大力推进青少年足球进校园工作，积极组织学生开展体育夏（冬）令营等户外健身活动。定期组织学生进行体质健康检测，促进学生科学健身。到2015年，学校体育场馆对外开放达到学校总数的1/10（学校总数2609个，具备开放条件的313个，占12%）。全区各市、县（区）都建有青少年体育俱乐部，并有1~2项特色突出的体育项目，常年坚持开展活动。

3. 加强社会体育指导员工作。到2015年，培训社会体育指导员不低于5000人次，其中，获得一级称号的人数占20%以上，力争全区社会体育指导员超万人。加强社会体育指导员的组织管理，在五市成立社会体育指导员协会，开展社会体育指导员注册登记。进一步加大农村社会体育指导员的培养力度，继续做好大学生村官培训工作，实现50%以上的行政村拥有社会体育指导员。

4. 大力实施全民健身品牌工程，倾力打造群众体育特色品牌。抓好"8月8日全民健身日"、"百乡千村农民体育活动月"等品牌活动。广泛开展青少年、农民、职工、老年人、妇女和残疾人健身活动，不断创新活动组织形式，提高活动组织程度，扩大活动社会影响，加大健身活动的推广、展示和交流力度。

5. 出台《宁夏全民健身条例》，强化政府职能，使我区全民健身工作进一步走上法制化、规范化轨道，为促进全民健身运动开展、保证公民在全民健身运动中的合法权益提供法律保障。加强群众体育科普、法制宣传和普法工作，印发全民健身科普手册，不断提高公民体育科学素质和全民健身科学化水平。

6. 积极开展国民体质监测，为群众科学健身提供服务。加强对全区群众体育发展和人民群众健康状况的研究和监测，完善国民体质监测制度。到2015年，全区各市普遍建成设施完善的国民体质监测中心，60%的县区建立体质测试站，定期开展各类人群体质测试工作，做好全国第四次国民体质监测宁夏区工作。

（二）竞技体育

7. "十二五"期间，竞技体育要以全面提高我区竞技体育综合竞争力为目标，坚持金牌战略、人才强体战略和科技兴体战略，优化项目布局，切实把工作着力点放在优势项目和重点突破项目的发展上，努力培育新的金牌增长点，集中有限资源，提升竞技体育综合实力。

8. 全面提高运动员科学训练水平。坚持不断创新的精神，注重细节，强化管理，认真落实"两严方针"和"三从一大"科学训练原则，加强运动员的竞训管理，提高竞技运动水平。加强市、县（区）竞体工作，扩大生源渠道，努力在每个市、县（区）建立一县（区）一特色的体育训练项目或传统赛事。坚持以人为本，重视提高运动员文化水平和综合素质，切实保障运动员的合法权益，实施优秀运动员伤残保险和奖学金、助学金制度，鼓励、引导退役运动员通过市场自主择业。

9. 努力建设一支高水平的教练员队伍。坚持实行教练员公开招聘、竞争上岗，健全和完善任期目标责任制。改善教练员队伍结构，加强教练员特别是中青年教练员的继续教育和创新能力培养，不断提高教练员工作水平。加大引进高水平竞技人才力度，对高水平教练员实行年薪制。争取到2015年，全区优秀教练员40%以上达到全日制大学本科以上文化程度。

10. 进一步加大体育后备人才培养力度。坚持实行"效益投入、政策扶强"，加快建立和完善全区体育后备人才信息库，规范各类竞技人才选材标准。加强和改进青少年竞赛工作。健全和完善全区体育后备人才建设评估机制。规范和引导各级体育运动学校从规模型向质量效益型转变，提高科学选材和科学训练水平。创新发展模式，加大经费投入，完善管理体制，创建武术、摔跤、射击、田径、自行车等5个自治区级重点项目后备人才培训基地，努力争创1~2个"国家级高水平后备人才培养基地"。

11. 坚持体教结合，认真办好各种形式的少年儿童体育学校。规范少儿体校的教学、训练、管理，加大基层教练员培训力度，推行少儿体校教练员持证上岗制度。提高少儿体校的人才输送率。重视体育传统项目学校的发展质量。拓宽业余训练渠道，建立有偿训练制度。培育和发展体育培训市场，鼓励和支持社会投资，开展业余训练，实行有偿输送。

12. 做好2014年第十四届全区运动会的筹备和组织工作。适度扩大参赛规模，增加比赛内容，挖掘发展潜力，展现丰富内涵，搭建更为广阔的体育展示平台，使全运会逐步成为全区选拔和培养竞技体育人才的赛场，展示群众体育的舞台，发展体育产业的商机，弘扬体育文化的窗口。

13. 切实加强赛风赛纪和反兴奋剂工作。制定切实有效的防范措施，加强对赛风赛纪和反兴奋剂工作的宣传教育。努力提高各级管理人员、教练员及其他有关人员对赛风赛纪工作重要性的认识，确保我区在各类比赛中不发生赛风赛纪问题。坚持"严令禁止、严格检查、严肃处理"的反兴奋剂工作方针，坚持经常性检查制度和赛中检查制度并重，认真做好反兴奋剂工作。

（三）体育产业

14. 着力打造品牌赛事。立足体育竞赛体制的改革和运行机制的转换，积极引导和规范体育竞赛表演的经营活动，着力打造赛事品牌，发展赛事经济。出台《宁夏体育品牌赛事扶持暂行办法》，对重大品牌赛事、地方特色赛事进行扶持培育。按照"政府主导、企业参与、市场运作"的模式，积极举办一些具有名人效应、高规格、高水平的大型体育赛事。充分发挥体育赛事的溢出效应，努力开发利用与体育竞赛表演业相关的广告、印刷、租赁、住宿、餐饮、旅游以及体育经纪与代理等行业，使之更好地为体育服务。紧紧抓住中阿经贸论坛的有利契机，积极申办中阿体育运动会，通过一系列有影响力的国际体育赛事进一步增强我区和阿拉伯国家的友好交往。积极申办全国综合性运动会，为进一步促进全区体育事业发展和培育体育市场增添活力。

15. 积极发展体育健身服务业。坚持政府推动与市场运作相结合、培育市场与深度开发相结合、放开搞活与规范管理相结合的原则,努力构建覆盖广、社会化、多层次的体育健身服务体系。加大各类公共体育设施向社会开放的力度,充分发挥公共体育设施的功能,向群众提供更加丰富的体育公共服务产品,满足群众日益增长的体育需求。引导和鼓励社会各界投资健身服务业,逐步实现投资主体多元化、融资方式多渠道、经营模式多样化。积极开展体育服务认证,促进体育健身服务标准化、专业化。

16. 加大与旅游、文化等部门的合作,积极开发培育体育旅游业。发挥各市、县(区)的地理优势,建立与之相符的体育特色项目,积极培育体育与相关产业复合的运动休闲业。通过主办或承办大型体育赛事和活动,吸引外地游客来宁观赛旅游,同时组织本地游客去外地观赛旅游。成立运动休闲协会,引导群众崇尚休闲运动。大力开展体育休闲旅游业,着力打造具有宁夏特色的体育旅游品牌。积极开发生态项目,引进生态体育赛事。利用各地的自然资源,开发野战俱乐部、漂流河道、山地运动等生态项目,引进龙舟赛、漂流大赛和越野摩托车锦标赛、极限运动会等生态体育赛事,提高社会知名度。

17. 积极发展体育彩票业。积极探索新的体育彩票管理、销售模式,不断挖掘丰富体育彩票的体育文化内涵,创新体育彩票的宣传方式和方法,努力提升体育彩票的影响力和公益形象。建立健全各项规章制度,完善约束激励机制,进一步理顺体育彩票发行和管理体制,强化专管员队伍作用,提高销售队伍素质。在规范合理布点的基础上,继续适度增机扩点,消除城镇乡空白点,加强网点管理和建设,探索可持续发展路子。"十二五"期间,全区体育彩票销售总量达到16亿元以上。

18. 组建宁夏体育产业发展投融资有限责任公司。按照政府引导、社会参与、市场运作的原则,从事体育场馆设施建设、体育赛事活动运作、体育示范园区开发、优势体育产业项目发展和传统体育项目发掘的投融资事项;承担国有资产保值增值、体育事业发展资金筹措、贷款担保等责任;负责体育资源、资产、资本经营管理和市场化运作。

19. 组建"宁夏体育运动创伤专科医院"。加快医院建设步伐,扩大医院建设规模,力争把宁夏体育运动创伤专科医院建成集体育科研、运动创伤诊疗、体育康复、健身指导和体质检测为一体,面向优秀运动队和社会服务的新型体育卫生医疗机构。

(四)体育设施

20. 加快大型公共体育设施建设步伐。进一步完善规划,加大投入,建设"宁夏体育中心",包括建成贺兰山体育场、水上体育中心和宁夏体育公园,成为设施完善、服务精湛、最具活力的全民健身和体育产业园区。完成宁夏体育运动学校和宁夏运动训练管理中心的搬迁合并,筹建宁夏体育职业技术学院,成为我区最大的培育竞技体育优秀人才的运动训练基地。建成宁夏青少年体育中心(场、馆),吴忠市黄河体育会展中心等。

21. 加大城乡体育基础设施建设力度。落实国家关于公共体育设施用地定额指标的规定,力争"十二五"末超过三分之一的市、县(区)达到"四个一"工程标准(一个体育公园、一个体育场、一个体育馆、一个健身广场），人均占有体育场地的面积达到1.65平方米的目标。

22. 切实加强公共体育设施管理。把城乡公共体育设施向社会开放作为体育工作的重要任务，加强体育和教育部门的协作配合，加快学校体育设施向公众开发的步伐，缓解城乡居民体育健身设施不足的压力。严禁非法侵占、破坏公共体育设施。因特殊需要改变规划或占用公共体育设施的，应当严格按照法定程序，本着"先建后迁"的原则，完善补偿机制。

23. 积极探索体育场馆管理的新模式和新路子。本着"谁投资、谁所有、谁受益"的原则，积极鼓励社会各界投资兴办体育活动场所。全区各体育场馆在坚持公益性的前提下，推行企业化管理，改革人事分配制度，激发内在活力和动力，逐步从单一经营向多种经营转变，从粗放管理向集约管理转变，从服务营销向品牌营销转变。充分发挥宁夏体育场馆协会作用，推动体育场馆规范化管理，努力使体育场馆在发挥社会效益的同时，更好地创造经济效益，并解决部分社会人员的就业问题。

（五）体育科教

24. 深化体育科技、教育管理体制改革。体育科研工作要面向全民健身和竞技体育主战场，以提高群众健康水平和全运会竞技成绩突破为重点，有计划地开展科技攻关和科技服务。进一步发挥体育科技工作的先导和保障作用，有效解决竞技体育和群众体育发展中的重大问题，加速科技创新和科技成果转化，加强体育情报、信息的采集和分析，不断提高体育工作科技含量。

25. 建立以课题为中心的科研管理体制，密切体育科研与竞技训练的结合。继续推进"训、科、医"一体化科技服务体系，加强竞技体育科技服务目标管理和科学考评。深入研究运动员科学训练规律，以运动员科学选材、增强身体能力、关键技术细节、运动创伤防治、疲劳后恢复与营养手段研究为重点，为竞技体育做好科研服务工作。

26. 加强全民健身科技服务。组织体育科研人员，根据不同年龄、不同人群、不同项目的健身特点，有针对性地开展科学健身研究，编印全民健身科普读物，普及科学健身知识。完善国民体质监测制度和全民健身科技服务体系，增加对市、县（区）国民体质监测设备的投入，扩大市、县（区）监测服务站点，引导群众进行科学健身，提高全民健身的科学化水平。

27. 重视体育行业特有工种职业技能培训与鉴定工作。在全区范围内开展体育行业特有工种职业技能鉴定工作，在经营性体育健身场所推行体育职业技能鉴定国家职业标准。

（六）队伍建设

28. 按照建一流班子，带一流队伍，创一流业绩的目标要求加强体育系统队伍建设，使全区体育系统领导干部在西部大开发和创业创新中有新作为，广大运动员、教练员、裁判员和体育从业人员具有大局意识、创新意识、责任意识和奉献精神。

29. 深入实施"人才强体"战略，以素质提升、能力建设为核心，全方位、多层次地推进体育人才队伍建设。加大学习培训力度，建立学习型系统。每年选派一批教练员、运动员、体育管理、体育产业经营、体育法律、体育科技及其他方面的优秀人才到国家队、有关管理部门、高等院校或国外进行学习培训。加强中心组理论的学习，继续深入开展读书学习活动。进一步加强体育系统各级党组织建设，不断提高领导班子、基层党组织的执政能力和全系统党员干部素质。落实党风廉政建设责任制和惩治与预防腐败体系建设，切实加强体育队伍思想建设、作风建设，努力建设一支爱岗敬业、勤政廉政的体育干部队伍。

30. 进一步深化人事制度改革，建立有利于优秀人才脱颖而出的选人用人机制。调整、转变体育行政机关职能，实行政事分开、管办分离，理顺与直属事业单位的关系。推进机关与事业单位管理创新，理念创新。局属各单位要转变观念，培养市场化意识，开展以体为本多种经营，主动融入市场，努力开拓市场。深化收入分配制度改革，探索有利于调动事业单位人员积极性的体制机制和收入分配关系，打破"大锅饭"、平均主义局面。建立和完善现、退役运动员社会保障制度，积极开展退役运动员的职业转换培训。

31. 充分发挥市、县（区）体育部门、体育总会、各单项体育协会和社会力量的积极性，努力做到为体服务，不断壮大体育队伍力量。不断加强对县级体育工作的指导和扶持力度。市、县（区）在抓好城乡全民健身体系建设的同时，要积极推进县级业余体校、训练点的基础性工作。积极发挥基层各类单项体育协会、基层文化体育组织、全民健身活动站点、体育俱乐部等群众性体育组织的作用，鼓励其开展丰富多彩的体育活动。充分调动广大体育爱好者的优势和热情，促进体育事业全面协调可持续发展。

（七）体育宣传与法治建设

32. 坚持正确的舆论导向和贴近实际、贴近生活、贴近群众的原则，大力宣传《全民健身条例》，积极宣传"发展体育运动，增强人民体质"理念，营造全民健身和科学健身的浓厚氛围。深入挖掘体育的文化内涵，倡导体育精神，宣扬体育知识，充分发挥体育的综合作用，努力在全社会形成积极、健康、向上的精神面貌。结合实际开展灵活多样、扎实有效的宣传教育。

33. 积极开展体育对外交流。"走出去、请进来，"通过不同的形式积极开展体育的对外交流，积极学习、借鉴兄弟省区和国外先进经验；进一步拓宽体育交流的领域，扩大宁夏体育在全国乃至世界的知名度和影响力，为我区体育事业发展创造良好的外部环境。通过开展体育对外交流，实现体育搭台、经济唱戏的目的，为宁夏经济、社会事业全面发展做出积极贡献。

34. 加强体育法治建设，提高依法治体水平。认真做好《宁夏全民健身条例》、《宁夏实施〈中华人民共和国体育法〉办法》等地方性法规及规章的立法工作，初步形成地方性体育法规体系框架。加快建立权责明确、行为规范、监督有效、保障有力的体育行政执法体系。严格按照法定程序履行体育行政许可、行政审批、行政检查监督、行政处罚等各项职能，建立和完善体育行政复议、体育行政诉讼制度。认真开展执法监督检查。制定、实施体育系统法制宣传教育的第六个五年规划，开展灵活多样、扎实有效的法制培训和宣传教育活动，全面提高体育队伍的法律意识。

五、保障措施

（一）领导重视

市、县（区）政府要加强对体育工作的统筹协调功能。要进一步增强发展体育事业的责任感，把体育事业发展作为本地区文化建设的重要内容，享受与文化、教育、卫生事业发展相同的政策，切实把体育工作纳入政府工作报告，纳入国民经济和社会发展总体规划，把体育场地设施建设纳入城乡建设规划。加强体育行政管理、体育事业机构和队伍建设，强化体育行政管理职能，努力推进体育事业的繁荣和发展。

（二）加大投入

各级政府要充分发挥公共财政的主导作用，加大对公益性体育事业的扶持力度。体育事业经费、体育基本建设资金要列入各级财政预算和基本建设投资计划，并随着国民经济的发展逐步增加对体育事业的投入。对全民健身、业余训练和体育产业等的扶持实行财政专项补助。各级政府每年的体育财政投入按等同于教育经费的增长比例逐年增长。加强体育彩票公益金的监督管理，真实体现体育彩票"取之于民，用之于民"的宗旨，加大体育彩票公益金对体育事业的投入。

（三）狠抓落实

各级体育部门要健全机制，加强考核，促进落实，对规划落实情况特别是重点工作、重点工程的落实情况建立督促检查机制，奖优罚劣，激励先进，形成在全区体育系统狠抓落实的良好风气，保障和推进全区体育事业"十二五"规划的顺利实施。

新疆体育事业"十二五"发展规划

"十二五"时期是我国建设体育强国的重要阶段，也是我区体育事业实现科学发展、后发赶超的关键5年。为全面落实科学发展观，贯彻中央新疆工作座谈会议精神，全面贯彻落实党和国家的体育工作方针政策和各项措施，坚持增强各族群众的身体健康，提高生活质量和促进人的全面发展为目标，充分发挥体育在保障和改善民生方面的重要作用，促进全区体育事业全面协调可持续发展，根据国家体育总局、自治区党委、自治区人民政府的总体部署和"十二五"时期我区体育发展面临的新形势、新任务、新情况，制定本规划。

一、新疆体育事业发展的现状

（一）"十一五"时期体育事业成绩显著。"十一五"期间，在国家体育总局的大力支持下，在自治区党委、自治区人民政府的正确领导下，新疆体育坚持高起点、超常规、跨越式发展战略，坚持以群众体育为基础，以竞技体育为示范，以场馆建设为条件，以产业开发为保障，取得了突破性的成绩。群众体育工作蓬勃发展，"十一五"期间自治区认真实施《全民健身计划纲要》、《全民健身条例》，按照"年年有大赛，月月有赛事，周周有活动"的指导原则，积极倡导科学、文明的体育锻炼和生活方式，各类群众性体育活动水平不断提高，组织建设日趋完善，各级干部、群众的体育意识明显增强，经常参加体育锻炼人数已占全区人口的23.8%，体育已成为构建和谐新疆的重要内容。五年间，"环天山万里体育长廊工程"以集中布点、形成规模的方式进行实施，在全疆建成71个县级全民健身广场工程，318个乡镇体育活动中心工程和2818个行政村农牧民体育健身中心工程，占全疆行政村总数的32%。同时，借助国家"雪炭工程"资助，建成了11个县市的体育场馆，使各族群众的体育活动有了基本的场地保障。参赛全国"民运会"、"农运会"、"残疾人运动会"、"体育大会"取得了可喜的成绩，历届都有新突破，为新疆争得了荣誉。从训练、科研、思想教育和后勤保障等方面，强化竞技体育管理工作，认真贯彻实施《奥运争光计划纲要》，竞技体育综合实力和国际竞争力不断提高。在北京奥运会上取得了1枚银牌、2枚铜牌的优异成绩；在广州亚运会上取得了1枚金牌、1枚银牌、1枚铜牌的好成绩；在全国第十一届运动会上取得了3枚金牌、6枚银牌、9枚铜牌，获得了运动成绩和精神文明双丰收。体育产业迅猛发展，"十一五"期间通过举办一系列具有重要影响力的国内外体育赛事，极大地丰富了各族人民的体育文化生活，产生了很好的社会效益。体育彩票实现了从 2002 年销售 5000 万元到 2009 年年销售 11.14 亿元的快速增长，累计销售 44 亿元，筹集体育彩票公益金 14 亿元，上缴税款 1.1 亿元，为社会增加就业岗位 5000 多个，体育彩票公益金对我区体育事业的支撑作用越来越突出。体育基础设施建设步伐不断加快，先后在国家体育总局的扶持下完成了局本级三甬碑训练基地场馆建设和改造及体育运动学校和五个地州的"民康工程"建设，共计投资 4500 万元，极大的改善了我区体育基础设施落后局面。体育人才队伍建设的力度不断加大，体育科技、体育教育、体育法治、体育宣传、对外交流等事业取得了长足进步。体育事业的发展进步，对全区国民经济和社会发展做出了应有的贡献。

（二）"十一五"时期的主要经验

——确定了一个与时俱进的发展思路。自治区体育局紧紧抓住西部大开发的历史机遇，进一步解放思想，大胆改革，开拓创新，坚持走高起点、超常规、跨越式发展新疆体育事业的新路，为新疆经济发展、社会稳定和民族团结做出了贡献。

——选准了一个开拓创新的突破口。通过土地置换等市场运作方式，圆满完成了总投资近 10 亿元的新疆体育中心的建设。伴随着新疆体育中心的建成使用、三屯碑训练基地的大规模改造建设，以及覆盖全区的"环天山万里体育长廊"工程的建设实施，产生了巨大的辐射带动作用。

——实施了一个跨越式发展的规划。就是"13115"工程，即建设一个全民健身大景观——环天山万里体育长廊；建设新疆体育中心、三甬碑训练基地和新疆体育运动职业技术学院等三个体育训练基地；实现 2008 年北京奥运会夺取一枚奖牌和省级优秀运动队在训运动员人数达到 1000 名的两个"一"目标；形成体育竞赛、体育旅游、户外运动、体育会展、体育彩票等五大骨干产业。

——营造了一个团结和谐的工作思想环境。自治区体育局领导班子团结务实，谋全局、抓大事、开拓创新、实干、苦干，为全区体育事业发展提供了坚强的领导和带头作用。

（三）"十二五"时期体育事业发展的有利条件

——西部大开发战略的实施、中央新疆工作座谈会的召开和 2008 年北京奥运会的成功举办，为新疆体育事业发展提供了难得的历史机遇。

——新疆正处于经济社会快速发展、综合实力明显增强、各族群众得到实惠最多的时期，各族人民共同团结奋斗的物质基础、政治基础、思想基础、群众基础不断巩固，体育事业处在新的历史起点上。

——新疆丰富的旅游资源、人文资源与体育资源相结合，将成为宝贵的体育旅游资源；新疆的特殊地形地貌为发展全民健身运动提供了天然的运动场，是建立国家级训练基地的最佳选择；冬季漫长，冰雪资源丰富，是开展冬季运动项目的天然财富。

——新疆青少年体质好，可塑性大，为开展竞技体育提供了良好的素材，是国家及新疆发展竞技体育的重要人力资源。

同时，各种不利因素也十分明显。受经济发展的影响，体育事业的自我发展能力不强；体育对外开放程度较低；基层体育专业人员不足，"大文化，小体育"的现象比较严重；幅员辽阔、交通不便，训练、比赛成本高；运动员进出口渠道不畅；基层体育人才流失严重，业余训练难以为继；体育基础设施建设底子薄、欠帐多；气候寒冷，室外训练受限；运动员常见病发病较多。

二、"十二五"时期体育事业的指导思想、基本原则、总体目标、发展思路。

（四）"十二五"时期体育事业的指导思想是：以邓小平理论和"三个代表"重要思想为指导，深入贯彻落实科学发展观，以现代文化为引领，抢抓机遇，以"新疆效率"抓紧落实中央新疆工作座谈会精神和全国体育系统支援新疆体育工作座谈会精神。以建设体育强国为目标，以不断满足各族群众日益增长的体育需求为出发点和落脚点，以人为本，注重民生，坚持走符合新疆区情的体育发展道路。进一步加强体育基础设施建设，充分发挥体育在保障和改善民生方面的重要作用，不断提高体育公共服务水平，提高体育发展水平和可持续发展能力，为增进新疆各族人民健康、改善生活质量，推动新疆的跨越式发展和长治久安做出贡献。

（五）"十二五"时期体育事业的基本原则是：

——围绕中心，服务发展。坚持体育工作为自治区党委、自治区人民政府的中心工作服务，立足体育，奉献社会，促进体育与经济社会发展的密切结合，充分发挥体育在新疆经济建设、政治建设、社会建设、文化建设、生态文明建设以及对外交往中的综合功能和独特作用。把体育事业的发展融入新疆发展战略之中，促进人的全面发展，推动新疆的团结和谐，各项事业的科学跨越、后发赶超。

——以人为本，民生优先。要以科学发展观为统领，以增强人民体质、提高各族群众身体素质和生活品质、促进人的全面发展为目标，把体育政策、资金更多地向广大农牧区、边远地区倾斜，努力缩小体育发展的城乡差距和地区差距。把保障和改善民生放在首位，不断满足各族群众的体育需求，做到体育发展为人民，体育发展靠人民，体育发展成果由人民共享。

——科学规划，改革创新。在全面、科学的基础上，立足当前，着眼长远，保持特色，确保质量，结合各地实际和全国体育系统援疆计划，制定切实可行的发展规划。处理好继承和创新的关系，不断探索体育工作与市场经济相适应的特点规律，努力实现理论创新、科技创新、制度创新。进一步转变观念，创新发展模式，提高发展质量，加快体育发展由粗放型向集约型转变，体育管理由经验型向科学型转变。

——统筹兼顾，突出重点。坚持普及与提高相结合，实现群众体育、竞技体育和体育产业的协调发展。促进奥运项目与非奥运项目、夏季项目与冬季项目、新兴体育项目与民族传统体育项目的协调发展，不断满足各族群众多样化的体育需求。统筹协调落实全国体育系统经济援疆、人才援疆、体育教育和科技援疆等，将体育援疆的"输血"和"造血"、硬件建设和软件建设结合起来，有效提升我区体育事业自我发展的能力，形成协同推进的新局面。坚持科教兴体、人才强体，重视和发挥科技、教育、人才队伍在体育事业发展中的重要作用。坚持依法行政、依法治体，将体育工作纳入法制化轨道。

——提升文化，发挥功能。坚持以现代文化为引领，深入挖掘先进的体育文化内涵，夯实体育发展的社会基础和文化根基，提升体育的软实力。通过体育塑造积极、健康的社会价值观和大众人生观，充分发挥体育在建设社会主义先进文化中的作用和功能。让体育成为现代文化的传播者和创造者，成为时代精神的倡导者和先行者。

（六）"十二五"时期体育事业的总体目标是：根据国家体育总局和自治区"十二五"规划的总体部署、任务要求，进一步夯实新疆体育事业发展的基础，加快发展，深化改革，提升全区体育事业发展的水平和效益。以贯彻《全民健身条例》、实施《新疆维吾尔自治区全民健身计划》为契机，促进全区群众体育发展迈上新台阶。加快完善体育公共服务体系，提高体育公共服务水平，提高全区各族人民群众的身体素质，是经常参加体育锻炼的人数明显提升。全面提升我区竞技体育的总体水平和国际、国内竞争力，不断提高优势项目和潜优势项目的竞技水平，加强青少年后备人才培养，打造竞技体育新的增长极，争取在奥运会、全运会等国际国内大赛中取得更多的奖牌，国内排名进一步提升。充分发挥社会各界支持新疆体育、资助社会公益事业的积极性，积极探索体育竞赛、体育表演市场、特种体育旅游等项目发展的有效途径，坚持把自主品牌的大型赛事活动打造成享誉国内外的知名品牌，形成重大优势和影响，不断壮大我区体育产业的规模和整体实力。不断深化改革，完善运行机制，努力使体育科技、体育教育、体育法制、人才培养、行业作风、体育外事、体育宣传等工作迈上新台阶，不断提高我区体育管理的科学化、法制化水平。

（七）"十二五"时期体育事业的发展思路是：加快全民健身场地设施建设，促进全民健身活动开展。在国家体育总局支援建设工作的基础上，继续完善行政村农牧民体育健身工程、全民健身路径工程、乡镇农民体育健身工程等小型公共体育设施。提高新疆竞技体育发展水平，马术、拳击、射箭、射击、跆拳道、举重、摔跤、柔道、篮球、足球、田径及冬季运动项目水平要达到全国先进水平。加大对全区体育人才培养，通过请进来、送出去的培训方式，加强对各类体校教师、教练员、裁判员、体育管理人员、体育科研人员、医务人员、反兴奋剂人员、社会体育指导员等进行培训。同时，在人才的培养和交流上，建立与其它省体育局及国家体育总局系统的相互挂职锻炼机制。促进体育产业健康发展，依据新疆的资源优势，制定体育产业发展方向和重点项目布局，举办大型体育赛事、体育旅游博览会开发体育旅游，大力发展新疆体育彩票。主动协助国家体育总局和19个省市完成好体育对口援疆工作。

三、"十二五"时期体育事业发展重点

（八）"十二五"群众体育发展目标是：全面贯彻《全民健身条例》，强化体育公共服务职能，完善全民健身服务体系，切实保障各族群众参加体育活动的权利。城乡基层公共体育健身设施、体育健身组织、体育健身指导队伍等方面的数量和质量显著提高，作用得到进一步发挥，城乡居民经常参加体育锻炼人数明显增加。城乡、区域群众体育发展差距进一步缩小，充分发挥体育在增强人民体质、丰富人民精神文化生活、促进人的全面发展、促进社会团结和谐和文明进步方面的独特作用。

（九）完善全民健身服务体系建设。编制和实施《新疆维吾尔自治区全民健身实施计划》，将"三纳入"即全民健身事业纳入国民经济和社会发展规划、工作经费纳入各级政府财政预算、全民健身工作纳入各级政府工作报告覆盖各级政府，在资金、场地、机构、人员等方面为全民健身服务体系建设提供保障，建立覆盖城乡的群众体育服务体系。

（十）加强覆盖城乡的公共体育设施建设。以提高全民身体素质和生活质量为目标，加强公共体育设施建设，合理完善体育设施布局，优化公共体育设施建设投资，为各族群众提供基本体育公共产品和体育公共服务。落实全国《"十二五"基本公共服务设施建设规划》，构建地（州）、县（市）、街道（乡镇）、社区（行政村）四级公共体育健身场地设施网络，力争人均体育设施面积达到2平方米。

（十一）积极推进学校体育场馆的公众开放。积极吸取先进省区学校体育场馆向社会开放的成功经验，逐步建立相应的开放条件和标准、财政补助、保险、收费标准、安全管理规范、责任追究制度和机制，力争到2015年学校体育场地的开放率达到达到国家标准。

（十二）进一步完善全民健身组织网络建设。积极发展城乡基层体育组织，建立健全县级以上地区体育总会、行业体育协会、单项体育协会和人群体育协会等体育社团，形成遍布城乡、规范有序、富有活力的社会化全民健身组织网络，并积极开展全民健身活动。成立社会体育指导员协会，每年分批组织全疆地（州、市）基层社区、乡镇群众体育健身指导员的培训辅导，开展社会体育指导员下基层活动。积极实施"青少年体育活动促进计划"，加大对体育传统项目学校、青少年体育俱乐部、青少年体育活动户外营地等青少年体育组织建设。利用老年人体育协会、残疾人体育协会等体育组织，加强特殊人群体育活动开展的组织领导。发挥社区体育组织开展残疾人和下岗失业、城市农民工等社会弱势群体的体育健身活动，为他们提供优先、优惠服务。到2015年，单项体育协会数发展到50个，各级各类社会体育指导员达到5万人，国家级社会体育指导员超过1000人，经常参加体育锻炼的人口数达到全区总人口数的30%以上，建成20所青少年体育俱乐部和4个青少年户外体育活动营地。

（十三）广泛组织开展群众体育健身活动与竞赛。积极推行《普通人群体育锻炼标准》，营造崇尚体育健身的社会氛围，动员吸引城乡居民坚持参加体育健身活动。做好参赛全国民运会、全国体育大会等全国大型群众性体育赛事的组织工作，办好自治区体育大会和少数民族传统体育运动会等全民健身体育赛事。广泛开展"足球进校园"、"百万青少年上冰雪"活动，在经费、培训等方面给予支持。充分发挥各类机关、企事业单位和社会团体组织的作用，利用节假日、民族传统节日以及农闲季节，定期举办不同层次、不同类型的全民健身竞赛活动。

（十四）进一步促进少数民族传统体育活动的开展。重视做好少数民族传统体育项目的挖掘、整理和推广工作，构建少数民族传统体育发展工程，不断扩大少数民族传统体育文化的影响力，探索将现代体育管理模式引入少数民族传统体育，推动有新疆特色的体育项目走向全国。做好将优秀的民族民间传统体育项目纳入"非物质文化遗产"名录的工作。

（十五）"十二五"竞技体育发展的总体目标是：坚持"发挥优势、突出重点、立足全运、着眼奥运"的指导思想，继续实施全运、奥运战略，以备战为契机，结合我区的项目特点，从实际出发实施青少年足球普及工程、县级业余体校振兴工程等，大力保障和支持优势重点项目发展，力争在 2012 年伦敦奥运会、2013 年全国第十二届运动会上取得优异成绩，全面提升新疆竞技体育水平，为国家做贡献，为新疆争光彩。

（十六）做好国际国内大赛的备战和参赛工作。全面贯彻《2011-2020 年奥运争光计划》，加强对备战工作的组织领导，建立层次分明、职责清晰、任务明确、计划周密、措施完善、保障有力、奖惩严明、运转有效的组织管理体系和工作制度。保持拳击、马术、射箭、跆拳道、沙滩排球等优势项目的稳步发展，实现摔跤、篮球、足球、手球、射击、举重、田径等潜优势项目的重大突破，提升速滑、滑雪、自行车、柔道、武术、乒乓球、网球、橄榄球等一般项目的竞技水平，力争在 2012 年伦敦奥运会、2013 年第 12 届全运会上实现运动成绩和精神文明的双丰收。

（十七）完成好举办和参加其他重大赛事的任务。认真筹备、精心组织参加 2011 年第七届全国城运会、2012 年第十二届全国冬运会、2013 年第十二届全运会、2014 年第十三届自治区运动会等综合性运动会和全国各单项赛事。每年承办 1~2 次国内外体育大赛，发挥体育赛事的多元社会功能，丰富人民群众精神文化生活，促进新疆竞技体育运动的活力和队伍建设，促进社会发展。

（十八）加强教练员、裁判员队伍建设。建立和完善教练员选拔、任用、考核制度和竞争机制，加速提高教练员的科学文化素质和业务水平，力争到 2015 年重点项目的教练员完成两次岗位培训，本科学历达 90%以上，优秀运动队教练员人数达到 80~90 人。进一步加快裁判队伍建设，强化裁判员培训工作，严格等级裁判员审批制度，使等级裁判员逐年合理有序增加。

（十九）完善竞技体育后备人才培养。抓好优势项目和潜优势项目后备人才培养，按照"选好苗子、着眼未来、打好基础、积极提高"的要求，不断提高科学训练水平。"十二五"期间青少年俱乐部达到 100~120 所，有 8~10 所体育传统项目学校达到国家级标准，建立 2~4 个国家级奥林匹克后备人才培养基地。自治区优秀运动队在训（正式、集训、试训）人数达到 1000~1200 人，其中国际级运动健将年递增 2%、国家级运动健年递增 8%。

（二十）深化竞技体育的规律认识。进一步深化对竞技体育发展规律、重点项目的制胜规律、体育竞赛的备战参赛规律、运动队管理和训练规律的认识，结合国家体育总局和 19 省市体育局对口支援，依带训方式、促进运动员技术水平。结合现有的场馆，以及运动员、教练员、科医人员人才实际情况，整合资源，优化资源配置。以建立一线队伍所需求的后备人才体系和加强二、三线队伍建设为基础，以不断向一线队伍输送优秀的体育后备人才，确保一线人力资源的需求为目标。在突出优势项目的同时，兼顾潜优势项目和发展项目，确保一线的整体竞争实力。明确二线、三线队伍的长期培养方向和发展布局，积极探索后备人才培养的新思路，确保人才有序衔接，事业可持续发展。

（二十一）完善国民体质监测中心实验室建设。"十二五"期间建成"中心实验室"和"体能训练康复中心"，科研检测仪器的功能更加完善、配套，深度开发应用软件，大力提高科研人员的业务水平，为体育科研工作提供强有力的技术和智力支持。加强体育科研所科室建设，从现有三个科室增加到五个科室。

（二十二）加强运动员文化教育和运动员保障体系。贯彻落实《关于进一步加强运动员文化教育和运动员保障工作的指导意见》，将运动员文化教育纳入普通教育序列，拓展体育运动学校运动员培养输送渠道，继续落实和完善退役优秀运动员免试进入高等院校学习的各项政策，为运动员就学、就业创造条件，实施工伤保险和运动员奖学金、助学金等制度。加强运动员的劳动、医疗、就业等方面的权益保护。

（二十三）加强运动队道德作风建设，狠抓赛风赛纪和反兴奋剂工作。以运动员为主体，以国家利益为最高目标，以爱国主义为核心，对运动员进行励志教育。严格贯彻《反兴奋剂条例》，强化反兴奋剂工作职能。加大对弄虚作假、徇私舞弊、执裁不公、扰乱赛场等违规违纪行为的处罚力度，清除竞技体育行业中的"假、赌、黑"等不良现象。

（二十四）"十二五"时期体育产业发展的总体目标是：贯彻落实《关于加快发展体育产业的指导意见》，建立以体育服务业为重点，门类齐全、结构合理的体育产业体系和规范有序、繁荣发展的体育市场，引导体育健身娱乐业、体育培训业及滑冰、滑雪、足球、篮球等职业体育竞赛表演业健康发展；形成多种所有制并存，各种经济成分竞相参与、共同兴办体育产业的格局，使体育产业成为国民经济新的增长点；形成体育公共服务与市场服务相互结合、体育事业与体育产业协调发展的良好局面。

（二十五）努力打造国际品牌项目。发展新疆地域、资源优势的特色赛事，对沙漠徒步、环塔拉力赛、冬季运动项目、国际露营大会等项目，进行包装策划和推广宣传，打造国际品牌项目。组织专家协助扶持 1～2 条精品体育旅游线路，深度开发新疆体育旅游资源。

（二十六）多渠道促进体育产业发展。发展以体育器材、设施、服装用品的生产经营以及体育建筑服务业为主体的体育服务相关产业；挖掘以竞赛、表演、训练、健身娱乐、培训、咨询为主的体育自身的经济功能和价值；提升以体育彩票、体育广告、体育中介活动等为核心的补助体育事业发展的各类经营活动；举办体育展销会、体育旅游博览会和中亚地区体育商贸交易会。

（二十七）继续做好体育彩票发行销售工作。进一步完善体育彩票发行制度和市场管理制度，健全发行销售监督机制，使体育彩票销售持续健康稳步发展，力争"十二五"末年销售额达到 15 亿元以上，为新疆体育事业发展提供强有力的支持。

（二十八）加强体育法治建设。实施体育系统法治宣传教育第六个五年规划，完善体育法制建设，提高依法行政、依法治体的意识和能力。建立体育行政执法队伍，提高体育行政执法水平。

（二十九）加大科技兴体力度。以运动队训练时间需求为导向，以体育科研所为骨干，建立布局合理、配置优化、有效共享的体育科技管理体制和运行机制。进一步完善竞技体育训、科、医一体化的科技服务保障体系。

（三十）加强体育人才队伍培养。继续加强党政人才、全民健身和管理人才、竞技体育人才、体育经济人才、体育专业人才、体育外事人才等六支重点体育人才队伍建设。配合国家体育总局系统援疆干部的轮换和自治区体育系统干部到国家体育系统的挂职锻炼工作，以及国家体育总局"西部教练员支援计划"的顺利实施，每年选配中小学足球教师100人次参加国家体育总局组织的专项师资培训。在新疆竞技体校的基础上完成新疆体育运动职业技术学院的筹建。通过聘请专家讲学、学术交流等方式提高全疆体育科技水平。建立新疆体科所重点实验室，"十二五"期间完成3~5项区级科研项目，完成1~2项国家科研项目。以全疆教练员、管理人员、科研人员以及中小学体育老师为培训对象，每年通过"体育科技基层普及行动"的方式，聘请国内知名专家学者开展一期培训。

（三十一）加强对外交往和体育新闻宣传工作。利用地缘优势，全面加强与中亚地区在竞技体育、群众体育、体育产业等领域的全方位交流合作。进一步加强与新闻媒体的沟通和合作，为体育改革和发展营造良好的舆论氛围和社会环境。进一步完善自治区体育局网站建设，掌握体育宣传的主动权。

（三十二）继续强化体育场馆设施建设。十二五"期间每年完成13个国家体育总局"雪炭工程"援建项目，力争五年内全疆每个县市都有国家"雪炭工程"项目；完成对三屯碑训练基地整体改扩建配套工程；利用2~3年的时间建成天山大峡谷户外运动基地；完成剩余65个县全民健身活动中心的建设；稳步推进乡镇农民体育健身工程和行政村农牧民体育健身工程建设。

四、"十二五"时期体育事业发展保障措施

（三十三）群众体育工作措施。进一步强化政府对全民健身事业的社会管理和公共服务职能。县级以上政府严格落实国务院颁布的《全民健身条例》要求，在经费、机构和人员等方面加大对全民健身事业发展的支持。继续认真实施《全民健身条例》和《奥运争光计划》。以群众体育为基础，以竞技体育为重点，促进群众体育与竞技体育协调发展，以浓厚的全民健身氛围和优异的运动成绩努力实现体育强国的奋斗目标。积极贯彻中央新疆工作座谈会和国家体育总局对口支援新疆工作会议精神，加快建设县（市）、区、乡镇（街道）、行政村公共体育设施，积极推进体育设施向公众开放。继续实施"农牧民体育健身工程"和"雪炭工程""民康工程"建设，促进全民健身事业的均衡发展。完善全民健身管理体制，支持基层体育组织建设，加快全民健身组织体系建设，建立以政府为主导，以事业性体育机构为骨干，以社团性组织为助手，以群众性组织为基础的全民健身组织管理体系。加大对各级社会指导员的培训力度，完善考核、审批办法。加强管理，建立有效的管理体制和运行机制。

（三十四）竞技体育提升措施。调整运动项目布局，巩固和加强优势项目，进一

步整合资源,管理创新,提升竞争实力。积极拓展女子拳击项目、冰雪运动项目和足球运动项目,提高整体夺牌、夺分实力;对潜优势项目总结经验教训,创新训练模式、管理模式,尽早实现突破;大力推进一般项目的发展。完善反兴奋剂制度和反兴奋机构,力争科研仪器与设备的装备水平达到国家实验室水平,确保新疆体育科研在机能检测、药物分析和反兴奋剂方面上实现跨越式发展,努力争取在运动生物力学、营养学、心理学与运动训练学的基础理论和应用前沿有新成果。

（三十五）体育产业发展措施。大力发展新疆体育彩票发行销售工作。把体育彩票工作做为一把手工程来抓,认真落实《彩票管理条例》,严把体育彩票发行管理关,保证体育彩票运行各个环节的安全,进一步完善制度建设,加大对体育彩票宣传推广力度,提高服务质量,确保我区体育彩票的可持续发展。

（三十六）体育人才培养措施。建立健全体育人才培育、管理机制。继续深化改革,探索适合培养高水平运动员,便于教育、管理和出成绩、出人才的竞技体育发展新路。利用国家对口支援新疆的政策,通过举办培训班、到体育学院培训等方式,加强对新疆各级各类体校教师、教练员、裁判员、体育管理人员、体育科研人员、医务人员、社会体育指导员的培训。同时,轮换选派工作骨干到总局或其他省市挂职锻炼,以提高各级各类人员的综合素质和业务技能。

新疆生产建设兵团体育事业发展"十二五"规划

为了全面贯彻落实科学发展观，充分发挥体育在兵团保障改善民生、推动社会和谐进步方面的重要作用，丰富职工精神文化生活和推进兵团体育事业"十二五"期间又好又快发展，特制定本规划。

一、体育事业发展面临的机遇与挑战

（一）"十一五"时期体育事业发展的基本成就。五年来，在国家体育总局的大力支持下，在兵团党委的正确领导下，兵团体育战线深入贯彻科学发展观，充分发挥北京奥运会的巨大影响和带头作用，积极推进群众体育和竞技体育全面进步，广大职工群众体育意识得到较大提升，全面完成了"十一五"确定的体育事业发展的各项目标任务。

——群众体育成效显著。兵团在职工群众中大力唱响"全民健身与奥运同行"，实施"职工体育健身工程"，全民健身活动丰富多彩，科学化、组织化水平不断提高，社会体育指导员队伍得到壮大，每4人有一名社会体育指导员，职工体育活动站点得到扩大，广大群众的体育健身热情空前高涨，经常参加体育锻炼的人数显著增加，体育健身已成为广大职工群众生活的重要内容。青少年体育丰富多彩，阳光体育活动广泛开展。

——竞技体育稳步发展。以备战参加全国第十二届运动会、第九届全国民运会、第十一届全国中学生运动会和组织举办兵团青少年运动会为重点，全面加强竞技体育工作，整体实力不断提升，后备人才培养工作不断推进。五年来在全国性比赛中获得金牌7枚，银牌15枚，铜牌12枚，在自治区比赛中获得金牌63枚，铜牌90枚，铜牌66枚。

——体育基础设施建设加快发展。兵团建设职工体育健身工程425个，全民健身路径工程966个，团场体育场馆设施建设有了新推进。

（二）体育事业发展面临的主要矛盾和问题。广大职工群众日益增长的体育需求和兵团体育资源相对不足之间的矛盾，仍然是兵团体育事业发展中的主要矛盾。在群众体育领域，提供的公共体育服务不足，体育场地设施建设、组织体系建立、科学健身指导等诸多方面与广大职工群众的需求存在一定差距。在竞技体育领域缺乏优势项目，竞技体育后备人才培养质量需要提升，竞技体育的发展基础比较薄弱。体育发展的观念需要进一步转变，体育管理体制的改革有待深化，体育管理的科学化水平有待提高。师团之间体育发展不平衡的问题仍较突出。

（三）体育事业发展面临的新机遇。新时期，党和国家提出了推动我国从体育大国向体育强国迈进的奋斗目标，为我国体育事业的发展指明了前进的方向，也为兵团体育事业发展提供了强大动力。中央新疆工作座谈会从战略高度对实现新疆跨越式发展和长治久安做出全面部署，进一步明确兵团在新疆发展稳定中的战略地位和作用，指明了兵团城镇化、新型工业化和农业现代化的发展方向，出台了加大综合财力补助力度，加强基础设施建设，推进城镇化进程，重视社会事业发展，提高公共服务水平，更加关注民生，加强对口支援兵团等一系列重大政策，为兵团体育事业发展提供了前所未有的历史机遇和广阔发展空间。广大职工群众对体育的需求更加强烈，体育已经成为广大职工群众日常生活的重要组成部分。各级党政对体育的功能和作用的认识不断深化，体育事业发展所需的各种条件和环境进一步改善。兵团在履行屯垦戍边的历史使命中，体育必将发挥更加积极的重要作用。

二、体育事业发展的指导思想、总体目标和基本原则

（四）体育事业发展的指导思想。以邓小平理论和"三个代表"重要思想为指导，全面贯彻科学发展观，深入落实中央新疆工作座谈会精神，以满足人民群众不断增长的体育需求为宗旨，进一步发展全民健身事业，广泛开展全民健身运动，建立符合兵团实际、比较完整、覆盖师团公共体育服务体系，促进兵团体育事业全面协调可持续发展，为兵团全面建设小康社会和构建社会主义和谐社会做出积极贡献。

（五）体育事业发展的总体目标。体育发展的社会基础进一步夯实，公共体育服务水平进一步提高，体育基础设施建设取得明显进展，各族职工群众健身条件明显改善，兵团各级体育组织建设不断加强，职工群众体育意识进一步增强，体育活动广泛开展，竞技体育可持续能力增强，后备才人培养有所加强，进一步缩小与全国平均水平的差距，影响、制约兵团体育发展的突出问题和主要矛盾有所缓解，体育事业科学发展能力显著提高，为兵团体育实现跨越式发展奠定基础。

（六）"十二五"时期群众体育的发展目标是：全面贯彻落实《全民健身条例》，制定并施行《兵团全民健身实施计划》，以构建公共体育服务体系为核心，进一步扩大将体育事业经费"三纳入"的覆盖面，进一步强化兵团各级行政对全民健身事业的社会管理和公共服务职能，进一步完善具有兵团特色的全民健身服务体系，不断满足广大人民群众日益增长的体育健身需求。兵团各族职工群众的身体素质明显提高，体质健康状况达到全国中上水平，全民健身设施、全民健身组织、全民健身指导员队伍和志愿服务队伍等方面的数量与质量显著提高，职工群众体育协调发展，职工群众体育健身意识进一步增强。到2015年，经常参加体育锻炼的人数比例得到提高，《国民体质测定标准》合格标准的人数比例明显提高，在校学生普遍达到《国家学生体质健康标准》的基本要求。

（七）"十二五"时期竞技体育的发展目标是：从兵团实际出发，重点培养竞技体育后备人才，切实抓好青少年业余训练和兵团重点项目运动队的训练、参赛工作，

重点项目竞技水平有所提高,加强裁判员队伍建设;积极参加国家组织的赛事,不断提升兵团竞技体育的实力。

(八)体育事业发展的基本原则:

——坚持体育工作为兵团屯垦戍边事业服务。坚持促进体育与经济社会发展的紧密结合,充分发挥体育在促进兵团城镇化、新型工业化、农业现代化和社会建设中的综合功能作用,推动兵团体育事业实现跨越式发展。

——坚持以人为本、服务民生。要以科学发展观为统领,把增强职工群众体质、提高职工群众身体素质、促进人的全面发展作为出发点和落脚点,进一步满足职工群众不断增长的体育需求,做到体育发展成果由职工群众共享。

——坚持统筹兼顾、协调发展。促进群众体育与竞技体育协调发展,促进不同领域体育协调发展,全面推进体育事业科学发展。

——坚持解放思想、抢抓机遇。紧紧抓住新疆跨越式发展和长治久安战略目标任务的推进和体育援疆等一系列重大机遇和政策,拓展体育发展空间,抢抓发展机遇,在重大项目建设、强化公共体育服务等方面取得较大发展。

——坚持科教兴体、人才强体。牢固树立人才资源是第一资源,科学技术是第一生产力的观念,重视和发展科技、教育、人才在体育事业发展中的关键作用,提高体育人才队伍素质,发挥体育各类人才作用。

三、努力提高群众体育发展水平,为改善民生服务

(九)加强全民健身设施建设。加大对师(市)团场公共体育设施建设的投入力度。将全民健身设施建设纳入兵师团经济社会发展规划,在资金、用地等方面为全民健身设施建设提供保障。积极推进体育园林化、园林体育化工程,有条件的公园、绿地、广场、街区和小区花园等场所要建有全民健身设施,大力扩展群众健身活动场所,改善全民健身环境。积极推进新建居住区全民健身设施建设,团(场)要建有职工群众室内健身房、灯光球场、500平方米的户外健身路径。连队要建有一块标准篮球场、500平方米的户外健身路径,逐步形成师(市)、团(场)、社区(连队)公共体育健身设施网络,使公共体育场地设施网络基本覆盖团(场),功能完善。继续实施"雪炭工程"、"职工体育健身工程"、"全民健身路径工程"等。到2015年,力争新建20个小型"全民健身活动中心"(其中国家体育总局援疆资助10个),建设5~6个体育健身广场或体育公园。通过国家体育总局的指导和支持,建设"全民健身户外活动基地"3个,在80个团(场)社区新建全民健身路径工程。将公共体育场地设施的规划建设纳入到城镇规划建设中将,完善公共体育场地设施。

(十)进一步推动体育场馆向公众开放。探索多种形式的开放管理模式,不断完善和落实体育场馆向公众开放的政策,努力扩大体育场馆开放范围,盘活体育场馆资源。各类学校在课余时间和节假日要向学生开放体育设施,并在确保校园安全的前提下,积极创造条件向公众开放。对向公众开放体育设施的学校给予经费补贴。具备开放条件的公共体育场馆开放率要达到100%。

（十一）逐步完善全民健身组织网络。完善全民健身组织管理体系，形成以各级党政为主导、社团性体育组织为基础，以师（市）、团（场）、社区、连队健身活动站（点）、健身俱乐部为依托，以社会体育指导员为骨干，以职工群众健身为主题的覆盖面广、包容量大的全民健身组织网络。调动和发挥社会各方面的积极性，形成合力，开展全民健身活动。到2015年，使80%以上的团（场）、60%以上的连队建立体育组织，团（场）社区普遍建立体育健身站（点），80%的连队建立体育健身站（点）。通过国家体育总局的支持，力争创建国家级社区体育健身俱乐部2~3个。

（十二）广泛开展群众体育健身活动。积极营造崇尚体育健身的社会氛围，开展各类群众体育健身活动，把群众体育的规模化、组织化提升到一个新的高度，掀起群众体育健身活动的热潮。积极推行《普通人群体育锻炼标准》和《业余运动员技术等级标准》，动员吸引城乡居民坚持参加体育健身活动，采取多种办法广泛开展达标活动。组织参加全国和自治区各类群体赛事，力争取得好成绩。全力打造具有影响力、感召力、示范效应的"品牌活动"，办好职工体育运动会。机关、企事业单位、社会团体和各类全民健身组织，要利用"全民健身日"、农闲季节，定期举办不同层次、不同类型的全民健身体育竞赛活动。

（十三）实施"青少年体育活动促进计划"，初步建立青少年公共体育服务体系。加强青少年体育组织网络建设，初步建立符合兵团实际、较为完善、受益面广、服务均等，社会、学校、家庭相结合，以各级各类学校、体校、公共体育场地设施及社会各类性质场地设施为载体，以青少年校外体育活动中心、青少年体育俱乐部、体育传统项目学校、青少年户外体育营地和社会其他服务机构为组织形式，以体育教师、教练员、家长、社会体育指导员和体育志愿者为组织指导人员，以健身活动、竞赛交流、技能培训、健身咨询、体质监测等为主要服务的青少年公共体育服务体系。各级各类学校开展好"阳光体育"活动，增强青少年体质。到2015年，力争全兵团"青少年体育俱乐部"达20个（含国家体育总局援疆资助10个）、"国家级体育传统项目学校"2所、创建"青少年户外体育活动营地"6个（含国家体育总局援疆资助3个），通过国家体育总局的支持，建设46所校园足球学校并且进行合理布局。

（十四）组织开展好少数民族和老年人、残疾人等人群体育活动。大力支持少数民族体育事业发展，开展好适合少数民族的体育活动。充分发挥老年人体育协会的作用，逐步建立不同层次、类别的老年人体育协会、体育健身俱乐部、体育健身团队，办好老年体育健身大会。不断研发创新适合老年人身心特点的体育健身项目和方法，积极引导老年人参加体育活动。公共体育设施要对老年人提供便利和优惠，老年教育机构要开设老年人体育课程，老年人活动中心要设置适合老年人体育活动的设施，社区服务要兼顾老年人体育健身服务。关注残疾人等特殊人群体育健身，推广适合残疾人等特殊人群的体育健身项目、方法。

四、增强竞技体育实力，促进竞技体育发展

（十五）不断优化项目结构，促进竞技体育发展。从兵团实际出发，因地制宜，突出重点,采取措施重点扶持拳击、射击、射箭、跆拳道、柔道、篮球、乒乓球、滑冰等项目。抓好体育传统项目学校、业余体校、竞技体育运动学校、体育学院高水平运动项目的建设,将体育学院和竞技体育运动学校建设成各具特色的竞技人才训练基地。支持和鼓励各师发展符合自身条件和特点的运动项目。加大投入,优化布局,提高效益,形成特色,努力使兵团重点布局项目水平有一个较快的提升。

（十六）改革和完善运动竞赛体系。加强兵团青少年体育竞赛的管理,建立健全符合运动员成长规律和文化教育要求的体育竞赛制度。对运动会的赛制、设项等进行合理布局调整,广泛选拔发现各类后备人才。建立体育和教育部门体育竞赛协作机制。加大政策引导,调动社会力量办赛的积极性,扩大赛事数量。逐步建立具有兵团特色的、适应社会主义市场经济要求的竞赛管理体系。

（十七）积极推进体育与教育相结合,加强竞技体育后备人才队伍建设。建立"体育传统项目学校——业余体校——竞技体育运动学校——体育学院"的四级体育训练网络,加快石河子体育运动训练基地建设。师（市）要建立师级体育传统项目学校,兵团建设若干所兵团级重点体育传统项目学校。师市建立业余体校,力争达到少年儿童体育学校评定标准。努力探索多种形式的"体教结合",逐步建立起较为完备的青少年运动员文化教育体系。采取切实措施,保证优秀运动员能够接受、良好的义务教育和高中阶段教育。建立竞技体育后备人才培养工作的评估体系,由体育主管部门和教育主管部门联合对竞技体育后备人才培养工作进行年度检查、评估,使兵团体育后备人才培养工作步入良性循环轨道。

五、加强体育人才队伍建设

（十八）进一步加强体育人才队伍建设。提高体育科技人员的比例,加大复合型人才和竞技体育管理人才的培养力度。加强体育科研人才队伍建设,力争科技创新对兵团体育发展的贡献得到提高。建立健全良好的体育人才管理、服务和保障体系,为体育人才的成长创造良好的环境。建立起体育人才有效激励、严格监督、竞争择优、充满活力的用人机制。扩大与兄弟省（区）的合作与交流,引进高等院校优秀毕业生从事体育工作。全面实施体育人才的继续教育培训,逐步形成行政调控、行业指导、单位自主、个人参与的继续教育体系。每年有计划地选拔一些体育管理者、优秀体育教师、教练员、运动员到国内重点体育院校或相关院校进行高层次培训。建立重实绩、重贡献的表彰奖励机制,对为兵团赢得荣誉的运动员、教练员给予奖励,并在运动员求学和就业等方面给予优先安排。

（十九）加强社会体育指导员队伍建设,积极开展全民健身志愿服务。继续发展和壮大各级社会体育指导员队伍,积极推进《社会体育指导员技术等级制度》,使社会体育指导员队伍的专业化、科学化水平不断提高。加强社会体育指导员培训工作,到2015年,要在全兵团培养一支约4000名（每万人达20名以上社会体育指导员）具有一定组织能力和科学锻炼指导水平,面向社会、面向基层、面向群众的社会体育工作者骨干队伍。争取做到职工群众锻炼的活动点都有社会体育指导员开展工作。逐步做到经营性健身场所和指导高危项目的体育健身指导人员,持《社会体育指导员职业资格证书》上岗工作。广泛开展全民健身志愿服务活动,经常性地组织优秀运动员、教练员、体育教师、体育科研人员、体育院校学生深入基层开展全民健身志愿服务,逐步形成以社会体育指导员为主体、各类体育骨干参加的全民健身志愿服务队伍。

(二十)加强教练员、裁判员队伍建设。加强教练员队伍建设,不断提高业务能力。加大高水平教练员的培养,加强体育传统项目学校、业余体校、竞技体育运动学校的师资和教练员的专业培训。提高裁判员专业水平,深入进行思想教育和职业道德教育,全面提升裁判员的综合素质。到2015年,重点体育项目有1~2名具有国内较高水平的教练员,在三级训练网任教人员的高中级教练员比例有所提升,三级训练网的师资至少要接受一次专业培训。

六、加强对体育事业的组织领导

(二十一)强化各级行政对公共体育服务的职能。按照《体育法》和《全民健身条例》的要求,把体育事业经费、体育基本建设经费列入各级财政(务)预算,确保体育事业各项投入与经济社会发展同步。认真研究基本公共体育服务的内容和范围,明确各级体育行政部门的责任,扩大公共体育服务的覆盖面,提升公共体育服务质量,推进公共体育服务水平均衡化。进一步完善支持体育事业发展的各项政策措施。充分发挥各级工会、共青团、妇联、各行业和社会各界办体育的积极性,推动建立健全体育工作领导协调机制,统筹协调体育事业发展。加强与国家体育总局及对口支援省市的沟通协调,推动中央及有关省对兵团体育援助在政策、资金、人才、项目等方面的落实。

(二十二)加强和改进体育制度建设。体育行政部门切实转变职能,把工作重心转变到制定发展规划、加强宏观管理、完善规章制度、提供公共服务、维护行业秩序上来,加强促进公共体育服务、推动体育社会组织建设、体育行业作风建设等方面的制度建设,提高体育公共服务的管理能力。

(二十三)积极弘扬奥运精神。努力挖掘和发挥体育在建设社会主义先进文化、振奋民族精神、增强民族凝聚力、引领积极健康的社会价值观和人生价值观、建立科学文明的生活方式、提升生活质量过程中的作用。将兵团精神与奥运精神教育有机结合起来,引导职工群众进一步弘扬以爱国主义为核心,以无私奉献、开拓进取、顽强拼搏为主要表现的兵团精神,为推进兵团实现跨越式发展和长治久安提供不竭的精神动力。

(二十四)加大体育宣传力度。加大全民健身、《体育法》、《全民健身计划纲要》和《全民健身条例》以及国家重要法律、法规、政策、措施等方面的宣传力度,为推动兵团体育事业发展营造良好的舆论氛围和社会环境。加强对职工群众体育健身观念与知识的宣传,引导职工群众树立正确的健身理念,掌握科学的健身方法,形成良好的生活、卫生习惯。贯彻落实"健康第一"的思想,加强对中小学体育与健康知识的宣传教育及体育运动兴趣技能、习惯的培养,引导中小学生广泛参与阳光体育运动,促进健康成长。

青岛市体育事业发展"十二五"规划

"十二五"时期（2011—2015 年）是青岛市深入贯彻落实科学发展观、建设富强文明和谐现代化国际城市的重要时期，也是建设体育强市，推动体育强国、体育强省建设的关键时期。根据国家体育总局《全国体育事业发展"十二五"规划》、省委省政府《关于办好第十一届全国运动会，加快体育强省建设的决定》、省体育局《关于印发〈山东省加快建设体育强省的实施意见〉的通知》以及《青岛市国民经济和社会发展第十二个五年规划纲要》，结合青岛市体育实际，制定本规划。

一、"十一五"时期青岛市体育事业发展取得显著成就

"十一五"时期，我市体育工作在市委市政府的正确领导下，以邓小平理论、"三个代表"重要思想为指导，深入贯彻落实科学发展观，圆满完成北京奥运会帆船比赛（青岛）和十一运会青岛赛区赛事，全面贯彻实施《全民健身条例》，大力实施奥运争光计划，积极培育发展体育产业，突出建设体育场馆设施，体育事业实现了跨越式发展，迈上历史新水平，取得了显著成就。

群众体育蓬勃开展。全民健身计划顺利实施，群众体育深入发展，贯穿全年的全民健身万人健康跑、万人登山、万人健步行、万人横渡汇泉湾、沙滩体育健身节、社区健身节等"六大板块"活动，带动了市民的健身运动，丰富了市民的文体生活；每年组织开展大、中、小型全民健身活动 1000 余项次，直接参加活动的群众超过 400 多万人次，全市健身站点已达 3523 余个，体育人口从 40% 上升到 47%；全民健身体育组织三级网络逐步完善，社会体育指导员数量已达 13286 人；建立了国民体质监测工作三级网络；帆船和足球运动进校园活动深入开展，完成了"千帆竞发 2008"青少年帆船运动与奥运同行"双千计划"工程；我市被命名为全国"游泳之乡"。

竞技体育强势发展。大力实施奥运争光计划，竞技体育成绩显著，总体实力明显增强，向上级训练单位培养输送了大批高水平体育后备人才；张娟娟摘取了北京奥运会女子射箭金牌，实现了我市运动员参加奥运会金牌"零"的突破；在广州亚运会上，我市运动员获得金牌数、奖牌数和参赛人数的历史最好成绩；在第十一届全运会上，我市获得了 24.5 枚金牌，所获金牌、奖牌数分别占山东金牌、奖牌总数的 39% 和 39.2%，居全国 15 个副省级城市首位，取得了青岛竞技体育历史性突破；第二十二届省运会继续保持了山东的龙头地位；相继建立了一批国家和省级高水平训练基地；体育学校有了质的提升，体育优秀后备人才辈出。

体育产业扎实推进。初步形成了以体育健身休闲、竞赛表演、体育彩票、体育用品生产及销售为主体的产业结构，体育产业初具规模，产业链条逐渐完备。2008 年全

市体育及相关产业实现增加值 36.9 亿元，占地区生产总值的比重为 0.84%，高于全国平均水平 0.32 个百分点。体育健身休闲单位达到 1720 余个，有效满足了城乡居民健身强体的需要；体育彩票销售额位于山东省首位，2010 年销售额达到 9.2 亿元，取得了历史性突破；涌现出双星、英派斯等多家全国著名体育制造及销售企业。

体育设施明显改善。以奥帆赛和十一运会为契机，建设了奥帆中心、市体育中心（体育馆、游泳跳水馆、综合训练馆）、中国海洋大学体育馆、中国石油大学（青岛校区）体育馆、市体育学校室内田径馆等一批具有国内外先进水平的体育场馆；建设了青岛黄金海岸健身长廊、市北体育街、四方奥林匹克公园、李沧国家级青少年户外活动基地、市全民健身中心、市老年体育活动中心等一批全民健身精品工程；继续实施农民健身工程，完善城市社区"15 分钟健身圈"。

办赛能力显著增强。举全市之力，成功举办了奥帆赛、残奥帆赛，赢得了奥组委、残奥组委的高度赞誉；成功举办了第十一届全运会十三项赛事，承办了十一运会山东境内首项赛事和火炬传递首站活动，获得了最佳赛区称号；举办了沃尔沃、克利伯环球帆船赛青岛站比赛、世界跳水系列赛青岛站比赛、中国与阿根廷国家男篮国际挑战赛、2010 年世界柔道大奖赛中国站比赛、2010"市长杯"大连—青岛国际帆船拉力赛等国际帆船周系列活动。

体制法制不断加强，对外交流不断扩大。组建了体育产业处、帆船运动管理中心、竞赛管理中心；组建了体育市场管理执法队伍，完善了体育市场监管；成功举办了 2010 奥帆城市市长暨国际帆船运动高峰论坛，在体育法制、体育宣传和对外交流以及精神文明建设等方面都取得显著的成绩。

"十一五"时期，我市体育取得的成就是显著的，同时，领军尖子运动员不多，高级教练员缺乏，体育产业所占份额相对偏低，体育场馆设施不足，体育科研滞后等问题亟待解决。

二、"十二五"时期体育事业发展指导思想

以科学发展观为指导，全面贯彻建设体育强国战略部署和《山东省加快建设体育强省实施意见》，立足于满足广大人民群众日益增长的体育文化需求，精心谋划建设体育强市的工作措施和发展政策，坚持体育事业与经济社会协调发展，形成群众体育深入普及、竞技体育全面提升、体育产业兴旺发展、体育场所更加完善的新格局，为实现体育强市目标奠定基础。

三、"十二五"时期体育事业发展目标

"十二五"时期，我市体育事业发展的总目标：以科学发展观为统领，认真总结十一五时期我市体育事业发展经验，坚持以增强人民体质、提高全市人民身体素质和生活质量为目的，我市体育事业发展的主要指标和综合实力居全国同类城市前列，基本建成与现代化国际城市相适应的体育强市，努力实现我市体育事业新发展、新跨越。

具体目标：结合我市"环湾保护、拥湾发展"战略，深入开展全民健身运动，创

新发展竞技体育，加快发展体育产业，加强体育场馆和农村、社区体育设施建设，建设体育强市。

——扎实开展群众体育工作，提高城乡居民体育健身意识，完成城市社区8分钟健身圈建设，实现农村社区健身设施全覆盖，明显缩小城乡群众体育发展差距，满足群众健身需求，体育人口逐年增加。

——不断提高竞技体育发展水平，加强体育后备人才培养和文化教育，提升运动员综合素质，加大教练员培训和高级教练员的引进力度，加大区市体校投入，优化项目布局，竞赛成绩力争在奥运会、全运会上有新的突破。

——大力发展体育产业，加快制定我市体育产业扶持政策，逐步建立以体育服务业为重点，门类齐全、结构合理的体育产业体系和规范有序、繁荣发展的体育市场，体育产业从业人员占全市就业人数比例明显提高，体育产业增加值占全市生产总值中所占比重明显提高。

——加强市及区市多层次体育场馆设施建设，鼓励社会力量参与体育场馆建设，为举办大型体育赛事、运动队训练、全民健身提供场地保障。

——扩大国际国内体育赛事交流，建立以"帆船之都"为引领的国际国内大型体育赛事机制，办好克利伯环球帆船赛青岛站比赛，努力打造国际国内高端帆船赛事自主品牌；做好2011年苏迪曼杯世界羽毛球混合团体锦标赛等承办工作，提高我市知名度。

——深化体育管理体制改革，完善运动员保障体系，推动体育事业协调发展，全力促进体育法制、体育教育、体育科技、体育宣传和对外交流工作上新台阶。

四、"十二五"时期体育事业发展主要任务

（一）群众体育

全面贯彻《全民健身条例》，形成群众体育健身设施覆盖城乡、全民健身服务体系完善、健身活动普及程度居全国前列的新局面，推进群众体育事业全面发展。

1. 认真落实《全民健身条例》。将全民健身事业纳入本级国民经济和社会发展规划，所需经费列入本级财政预算，建设完善公共体育设施；各级体育部门依法会同相关部门组织实施全民健身计划，扎实推进全民健身体系建设；完善市国民体质监测中心，到2015年，全市国民体质检测站达20个，更好指导群众科学健身，每年检测数据合格样本量保持在4000份以上，并于次年3月1日向社会发布，为市民科学健身提供依据。

2. 广泛开展群众体育活动。

——根据青岛山、海、城特点，因势利导，打造以"运动青岛 健康城市"为主题的全民健身活动，全市每年组织大型全民健身活动200次以上，中小型全民健身活动1000次以上，直接参与健身活动的人数每年保持在400万人次以上；积极宣传倡导科学文明的体育健身方式，体育锻炼人数逐年增长、身体素质明显提高，到2015年，全市体育人口达到55%以上。

——着力打造"帆船之都"城市品牌,大力开展群众性帆船运动,继续做好"千帆竞发"帆船运动进校园和"欢迎来航海"全民帆船普及活动,到2015年,全市经常参加帆船运动人数达30万人左右,其中15~20%参训人员将达到青岛市帆船运动培训等级标准,帆船运动知识普及程度大幅度提高,帆船运动的体育社会组织网络更加完善。

3. 建立健全健身组织,建设完善健身设施。积极推动市、区市和街道(镇)三级全民健身组织建设,各级政府分管领导要担任全民健身领导小组领导工作,完善市、区市、街道(镇)、社区(行政村)四级体育公共基础设施网络建设;城区每年新增健身路径130处,每年为200个行政村(社区)投资建设体育健身设施,所有街道(镇)均配置一个小型全民健身中心(或一个户外体育健身广场);每年各区市建立8~10个全民健身辅导站点,健身辅导网络辐射到各个社区、村庄,到2015年,市级命名的体育健身辅导站和晨、晚练点数量达到4000个以上。

4. 加强体育社会组织的监管领导。促进体育社会组织规范化建设,实现体育行政管理与体育社会组织有效衔接和良性互动,开创政府与体育社会组织共同提供体育产品和服务的新路子,加大体育社会组织改革发展力度,充分发挥体育社会组织在推进体育科学发展、建设体育强市中的作用;设立体育社会组织发展基金。

5. 加强体育社会组织和队伍建设。健全和完善区市体育总会、各级体育协会,完善体育社会组织的工作评价和监督体系,加大政策扶持和业务指导力度,提高体育社会组织依法开展活动能力,积极推动各类体育俱乐部发展;健全社会体育指导员协会等社会组织,加强社会体育指导员队伍业务培训,使社会体育指导员的培训及管理工作走向制度化、规范化,建立一个国家一级、六个国家二级社会体育指导员培训基地,各区市建立相应的三级社会体育指导员培训基地,按区市人口比例数培训,每年培训不低于750人并建立管理档案,到2015年,全市各类各级社会体育指导员人数达到21000人,占总人口的万分之25以上。

6. 大力加强各层次健身活动。

——立足体育传统项目学校,大力加强青少年体育俱乐部建设,积极争创国家、省级青少年体育俱乐部;到2015年,全市市级以上体育传统学校达到150所,省级以上青少年体育俱乐部达到15所;保障帆船、足球、羽毛球进校园活动顺利实施,保证学生在校锻炼时间在1小时以上,同时,加强体育传统项目学校师资力量,提高学校体育教师队伍水平,争取五年内将全市体育教师轮训一遍。

——建立与老龄社会相适应的老年人体育工作体制和运行机制,基本建成老年人体育健身体系,加大对老年体育健身设施的投入,全市老年体育人口比例列全国前列,并做好各项实施措施,全市经常参加体育锻炼的老年人口达到65%,达到《国民体质健康标准》基本要求的老年人在70%以上,"健康老人"人数显著增加,全市老年人平均寿命明显增长,老年体育骨干队伍达到全市老年体育人口总数的2%以上,各区市至少创建一项老年人品牌健身队伍。

——加强与工会联系,推行工前(间)广播体操制度,鼓励厂矿企业建立体育俱乐部和业余体育队伍，在群众基础好的项目上率先推出职工联赛，并逐步推广；加强与残联联系，不断满足残疾人等不同人群的健身需求，残疾人参与健身活动的比例逐年提高。

7. 开展群众体育竞赛，打造全民健身平台。"十二五"时期，举办第三届青岛市体育大会、第二届青岛市智力运动会，组队参加全国体育大会、山东省全民运动会；提倡机关、学校、职工、老年人、残疾人等行业举办运动会；建立各类体育社会组织组队参赛机制，组队参加国际体育大会和智力运动会，努力争创优异成绩；加快非奥运项目的发展，促进非奥运项目的人才队伍建设，打造一批非奥运拳头项目，继续创建品牌赛事活动，每个体育社会组织都要创建各自传统品牌赛事活动。

（二）竞技体育

向省和国家培养输送更多的高水平体育后备人才，夯实我市具有世界水平的竞技体育人才基础，优化竞技体育项目布局，突出重点，合理配置资源，力争使优势项目保持优势，潜优势项目成为金牌新的增长点，打造一批全省乃至全国具有先进水平的体育强项，继续保持全国副省级城市前列及省内龙头地位，力争在奥运参赛项目上有所突破并取得佳绩；完善业余训练体系，提高训练水平，保持我市竞技体育可持续发展。

1. 优化项目布局，合理配置资源，完善业余训练体系。着眼于国家奥运争光战略，优化项目布局，结合省体育局对重点项目的调整布局，将田径、游泳、帆船帆板、皮划赛艇、羽毛球、乒乓球、足球、篮球等8个项目列为重点项目，射箭、柔道2个项目列为特色项目；到2015年，将10个重点和特色项目建成省级训练基地，其中，7个以上项目创建成国家级训练基地，建立起与国际接轨的竞技体育发展模式的基本框架，我市运动员力争在伦敦奥运会、十二届全运会、二十三届省运会取得好成绩。

具体目标是：在2011年第7届全国城市运动会上，金牌总数继续保持在前八名；在2012年伦敦奥运会上，力争在田径、游泳、射箭、帆船、举重、乒乓球等更多项目上有更多的运动员参赛，并创造优异成绩；在2013年第十二届全运会上，确保我市参赛人数、获得奖牌数量达到或超过山东代表团的25%，保持在全省各城市贡献率的龙头地位；在2014年第二十三届省运动会上，夺取金牌总数、奖牌总数第一；在2015年全国第八届城运会上，参赛成绩继续保持参赛城市前八名并有所提高。

2. 在训运动员规模扩大。到2015年，区市级在训运动员达到3000名，市级达到1500名，省队、八一队等达到400名，国家队力争达到100名。

3. 加强教练员队伍建设，努力打造一支复合型的教练员队伍。

——加强对现有教练员，特别是年轻教练员的培训工作。在2至3年内，定期安排专家来我市授课，对我市的全体教练员（含区市体校的优秀教练员）进行一次再教育。同时安排部分年轻优秀教练员到国内外知名体育院校进行中长期学习，以提高现有教练员的业务水平和执教能力。

——充分利用市政府关于社会事业单位引进高、精、尖人才政策，在2至3年内，在全国范围为10个重点和特色项目公开招聘1~2名专家型人才，做强各重点特色项目的教练队伍，带动这些项目高起点、高水平发展；招聘 20 名从事过专业训练，具有本科以上学历的年轻教练员，充实重点和特色项目教练员队伍。

——在 2 至 3 年内，为每个重点和特色项目聘请一名国家著名或国际知名专家，做为项目顾问，定期来我市培训教练员、运动员队伍，传授科学训练方法，指导项目发展。

4. 大力加强运动员文化教育和运动员保障工作。深入贯彻落实国家《关于进一步加强运动员文化教育和保障工作的指导意见》精神，积极探索、不断完善加强运动员文化教育和保障工作的有效途径和体制机制。将市、区市体校建设纳入教育发展规划，文化教育经费纳入同级财政预算，并加大经费投入，不断改善办学条件。建立运动员文化教育联席会议制度和督导制度，形成以体育行政部门为主，体育、教育行政部门各负其责的竞技体育后备人才管理体制和运行机制。制定体育特长生中考加分政策。将区市体校培养输送运动员成绩纳入目标绩效考核，建立完善奖惩激励机制。建立文化教师、教练员、领队就运动员文化学习情况定期分析、通报制度，将运动员文化学习成绩纳入领队、教练员和文化教师的绩效目标考核、表彰奖励、职称评审范围。进一步规范运动员津贴奖金和运动员参加重大比赛奖励政策，制定出台有关退役运动员实行发放退役费或自主择业经济补偿金政策。实施体教结合，继续与市属或驻青高校联合，选送优秀运动员到高校进修学习，有效解决运动员学历低、就学难的问题；加快推进运动员职业技能培训与鉴定工作。整合全市体育教育资源，面向运动员开展各类职业教育和技能培训，提高运动员适应社会的能力。

5. 创新训练机制，强化区市体校和传统体育项目学校建设。建立学校、区市、全市三级训练网络布局和运动会赛制，建立考评和奖励制度，拓宽业余训练渠道。市体育局、市教育局和区市教体局加强合作，形成区市有特色、学校有传统的布局；加大对体校发展和建设的投入，充实和加强基层教练员队伍，拓宽培养和输送体育后备人才渠道，使之成为全运会、城运会、省运会的骨干力量；每年从市体彩公益金中列支部分专项资金，对各级体校给予资金扶持；探索与高等院校合作的有效途径，积极争取驻青高校在运动员培养、科技攻关等方面的支持与合作，提高科学训练水平，解决运动员受高等教育难的瓶颈。

6. 不断完善和创新管理体制，突出管理职能。赋予各训练单位项目管理中心职能，建立有效的项目管理机制，强化针对性训练管理，加大人、财、物保障力度，实现与国家体育总局和省体育局项目管理体制接轨。在隶属关系不变的基础上，设置羽毛球、游泳跳水、田径、射箭击剑、重竞技、水上运动、乒乓球、篮球等运动管理中心。

7. 努力提高体育科研水平。以市体校为依托，成立青岛市体育科研中心，编配科研人员，利用市政府关于社会事业单位引进高、精、尖人才的政策，在 2 至 3 年内，在全国范围内招聘专家型人才，为科学选材、运动训练、创伤防治、运动营养、心理指导、运动监控等提供多维支撑；整合体育科研资源，建成具备科学健身指导、科学选才、竞技体育科技保障、训练创新技术的服务平台，开展科学训练规律研究，加大对体育科研成果应用方面的投入,不断提高科研开发和推广应用能力,加快推进"科训医管"一体化建设;利用高等院校师资力量,加快提高体育科研能力水平和体育科研成果的推广应用,为体育事业发展提供科技保障,力争取得一批省内外有影响的科研成果。

(三)体育产业

贯彻落实《国务院办公厅关于加快发展体育产业的指导意见》,逐步建立以健身休闲娱乐业、竞技表演业、体育彩票和体育用品业为支柱,体育培训、体育中介、体育无形资产为依托的发展格局,把体育产业做大做强,到 2015 年,使体育产业占我市 GDP 的比例有较大幅度增长,从业人数有显著增加,成为我市经济发展新的增长点。

1. 积极引导体育消费,培育体育服务市场。采用多种形式引导体育消费;降低市场准入门槛,积极引导民间资本进入体育服务市场;加快发展体育健身服务业;加强体育资源与文化、旅游等资源的有机结合,推进我市体育旅游业态的标准化创建工作,大力发展奥运旅游和海上健身业,逐步将游艇、帆船、帆板、游钓以及高尔夫、山地户外运动等发展为旅游资源。

2. 大力发展体育用品市场,培育体育中介组织。加强对体育用品制造业、批零业的政策扶持;实施品牌战略,扩大"英派斯"、"双星"等体育用品品牌的影响度;积极探索建设体育产业园;鼓励民间资本进入体育用品市场;适时举办青岛国际体育用品博览会。大力发展体育人才、技术、信息等体育产业要素市场,鼓励发展体育中介组织,建立体育中介服务机构和体育经纪人制度,发挥各类体育中介在体育赛事开发、体育市场拓展等方面的作用,带动相关的传媒、广告等行业发展。

3. 突出抓好场馆运营业和竞赛表演业。深化体育场馆管理体制改革,统筹谋划后奥运和全运会比赛场馆赛后利用及运营工作,抓好大型体育场馆的多功能配套建设,使其成为集训练、竞赛、休闲、培训为一体的体育文化中心。推进办赛体制改革,积极申办、承办高水平国际国内体育赛事,以创办自主品牌的高端国际帆船赛事和承办具有高知名度的国际帆船比赛为重点,建立和完善高端国际帆船赛事等各层次帆船赛事体系,大力引进和承办大型国际帆船赛事。

4. 大力发展体育彩票业。继续加强体育彩票销售网点建设,力争到 2015 年达到或超过 1600 个销售网点,使市场布局更加合理;深化管理体制改革,不断增强彩票发行销售工作的活力,体育彩票年度销售额保持较大幅度增长,2015 年度销售额力争突破 15 亿元。

5. 加强体育产业统筹规划,加强体育市场监管。按照国家《体育及相关产业分类》标准,每年对全市体育产业进行全面统计调查,加强我市体育产业统筹规划。认真落实《山东省体育市场管理条例》,加快体育执法队伍建设,加强体育市场的监管,加强高危险性体育项目的审批和监管工作。

6. 建立体育产业扶持政策。建立和完善投资主体多元化、投资渠道多样化的投融资机制,鼓励和支持金融机构建立适合体育经营企业特点的信用评级制度,深入研究制定符合体育产业特点的融资服务项目;加大财政对体育企业的扶持力度;扩大体企业直接融资渠道，积极引进风险投资机制，鼓励社会各方以多种方式投资体育产业。

（四）体育场馆设施建设

1. 大力加强体育场馆设施建设。围绕建设四级全民健身设施网络的目标，制定实施中长期和年度体育健身场地设施建设计划，鼓励社会力量参与投资建设；加快推进城市社区8分钟健身圈和农民健身工程建设；市级体育设施实施"六个一工程"（即一个体育中心、一个帆船运动中心、一个综合体育场、一个大型全民健身中心、一个老年人体育中心、一个体育公园）；区市体育设施应具备承办市级运动会和高水平单项赛事规模层次；城市街道配置一个以室内场地为主的小型全民健身活动中心；乡镇配置一个户外体育健身广场；社区配置一个建有室外健身设施的多功能健身点；行政村配置一个室外篮球场，两个室外（或室内）乒乓球台；新建居民小区建有至少一处健身路径；机关、企事业单位要有室内健身设施或室外活动场地；依靠社会力量兴建体育设施数量有较大增加。

2. 加强体育训练比赛设施建设。进一步完善市级训练比赛场馆设施，加快推进市体育中心二期工程，市体校二期工程项目，青岛足球训练中心等重点工程建设；规划建设高新区水上训练基地，市军事体育学校射击、自行车等项目的迁建工程，城阳篮球训练基地设施完善项目，市第二体育场升级改造项目，农村体育设施项目，马术训练基地项目，各区市全民健身中心建设项目，汇泉湾足球训练场地等项目。对区市竞技体校进行升级改造，确保区市体校建有标准塑胶跑道田径场、标准训练场（馆、房），进一步完善训练设施，改善训练条件；积极推进区市级场馆建设，有条件区市分别建成一处能承办市级综合性运动会、省以上单项高水平比赛的体育中心，为实现体育强市目标奠定坚实基础。

3. 完善帆船基础设施。加快规划崂山、黄岛、即墨、胶南等帆船码头建设，使我市帆船帆板训练基地由点变线，为打造"帆船之都"奠定基础；2012年，建设以奥帆中心为龙头的具有容纳数万条帆船（板）的基础设施；2013年，青岛海滨一线、各区市公益性帆船基础设施建设要基本完成。

4. 提高体育场馆设施利用率。根据《全民健身条例》要求，利用我市现有体育场馆设施，加大我市公共体育场地设施向社会开放力度；对承担训练、比赛任务的体育场馆，应合理安排开放时间，最大限度发挥体育场馆功能、提高利用率，使我市人均公共体育设施用地面积逐年提高。

五、保障措施

（一）加强体育系统党建和反腐倡廉工作。继续加强理想信念教育和思想政治工作，健全完善体育系统党的基层组织，推行在体育社团中建立党的基层组织的有效途径，努力实现党的基层组织全覆盖；以赛风赛纪和反兴奋剂工作为重点，加强体育行风建设；严格落实党风廉政建设责任制和责任追究制，强化监督制约机制，不断完善惩治和预防腐败体系；大力弘扬国际奥林匹克精神和中华体育精神，开展爱国主义、集体主义、社会主义教育，切实加强体育道德教育，树立良好的体育道德风尚，确保我市体育事业发展"十二五"规划各项任务顺利完成。

（二）加强体育法制和体育宣传工作。加强政策法规研究，完善体育政策法规，推进依法治体，强化对体育行政、体育场地、体育经营活动的执法和执法监督，依法对体育事业进行规范化管理，为我市体育事业发展提供法律保障；建立健全体育新闻发布机制，坚持正确的舆论导向，加强对社会舆论的引导和服务，努力为实现我市体育事业发展"十二五"规划目标营造良好的发展环境。

（三）加强体育人才队伍建设，完善工作体制和运行机制。

——大力实施"人才强体"战略，深化人事制度改革，完善体育人才培养、引进、考核评价体系，建立激励机制、监督机制、竞争择优、充满活力的用人机制。

——大力加强教练员、运动员、裁判员、社会体育指导员、科研医务人员、体育产业管理经营人员、竞技体育管理人员等人才队伍建设。

——充分利用青岛市引进高层次人才的优惠政策，加大紧缺项目和高层次教练员引进力度，加快推进跳水、帆板、短道速滑、羽毛球、短跑等项目高层次教练员的招聘引进工作，进一步改善和优化教练员队伍结构。

——切实加强运动员文化教育和运动员保障工作，完善运动员选拔、引进、培养办法，扩大运动员和体育后备人才队伍规模，加快培养和引进高尖运动员。

——高度重视裁判员队伍建设，培养、输送一批政治觉悟高、业务能力强、执裁水平高的裁判员，争取承担更多重大体育赛事执裁任务。

——加强体育系统管理人员队伍建设，重点培养一批熟悉竞赛组织、体育外事、体育管理的专门人才和复合型人才，培养一批熟悉体育产业和经营管理，具有较高决策水平、管理水平和创新能力的体育产业经营管理人才

——公开招聘引进高层次体育科研人才，带动我市体育科研能力的提升，为实现我市体育事业发展"十二五"规划目标提供人才支撑。

全市体育战线的广大干部群众要增强历史责任感和使命感，以实践科学发展观为指导，在市委市政府领导下，锐意进取，开拓创新，艰苦奋斗，为完成"十二五"体育事业发展规划各项任务，为国家体育事业作出更大的贡献。

第二卷 研究篇

"十二五"体育事业发展战略规划研究

北京体育大学　黄亚玲

前言

中共中央在《关于制定国民经济和社会发展第十二个五年规划的建议》中指出：经过五年努力奋斗，我国社会生产力快速发展，综合国力大幅提升，人民生活明显改善，国际地位和影响力显著提高，社会主义经济建设、政治建设、文化建设、社会建设以及生态文明建设和党的建设取得重大进展，谱写了中国特色社会主义事业新篇章。作为中国特色社会主义事业的重要组成部分，体育事业在"十一五"期间得到了前所未有的重视、发挥了积极深刻的作用、取得了举世瞩目的成就。

"十二五"时期是我国全面建设小康社会的关键时期，更是深化改革开放、加快经济发展方式转变的攻坚时期，这同时也向已取得了无数辉煌成就的中国体育提出了更高的发展要求。去年 10 月中国共产党第十七届中央委员会第五次全体会议通过的《中共中央关于制定国民经济和社会发展第十二个五年规划的建议》中指出，"大力开展全民健身运动，增强人民体质，提高竞技运动水平，振奋民族精神；加快社会事业体制改革。积极稳妥推进科技、教育、文化、卫生、体育等事业单位分类改革。培育扶持和依法管理社会组织，支持、引导其参与社会管理和服务。改革基本公共服务提供方式，引入竞争机制，扩大购买服务，实现提供主体和提供方式多元化。推进非基本公共服务市场化改革，增强多层次供给能力，满足群众多样化需求。"这是新时期党中央对我国体育事业未来五年发展作出的重要战略指示，亦是中国体育未来五年努力奋斗的方向。面临新时期的使命与挑战，每一个身处中国体育之中的人既感到了肩头上的压力，但同时又从历史新机遇中获得了无限的发展动力。为统筹规划"十二五"时期我国体育事业的发展，深化体育改革、推动体育强国建设、实现体育事业的跨越式发展以及更好地发挥体育在全面建设小康社会、深化改革开放中的独特作用，本研究旨在评述"十一五"期间中国体育事业发展战略的基础之上，结合新时期新形势下体育事业的新使命与新任务，对我国体育事业未来五年的发展战略做出基本的判断，以期为我国体育事业新时期的发展提供决策参考。

一、"十一五"期间中国体育事业发展战略实施评述

（一）"十一五"体育事业发展战略意义重大

"十一五"时期是我国全面建设小康社会的关键时期，是体育事业发展及办好北京奥运会的关键五年，对中国体育事业的发展具有承前启后的重要意义。"十一五"时期的体育工作，不仅要办好百年一遇的奥运会，取得竞技体育新突破、新跨越，也是促进群众体育发展、满足人民群众日益增长的体育文化需求的重要节点。

体育作为社会主义文化建设的重要组成部分，对于繁荣社会主义文化事业，促进经济社会发展有着重要的作用。党的十七大指出："文化越来越成为民族凝聚力和创造力的重要源泉、越来越成为综合国力竞争的重要因素，丰富精神文化生活越来越成为我国人民的热切愿望。要坚持社会主义先进文化前进方向，兴起社会主义文化建设新高潮，激发全民族文化创造活力，提高国家文化软实力，使人民基本文化权益得到更好保障，使社会文化生活更加丰富多彩，使人民精神风貌更加昂扬向上"。"十一五"体育事业发展战略实施过程中，体育领域深刻领会并贯彻了"十七大"报告对体育发展提出的要求，以办好北京奥运会，发展健康体育文化，提高全民族健康素质，形成比较完善的全面健身体系作为全面建设和谐社会的目标，已经取得了显著性的阶段成果。

（二）"十一五"期间体育事业发展战略成效明显

"十一五"期间，在《体育事业"十一五"规划》的战略指导下，中国体育事业取得了巨大成就。作为发展中国家，中国在国际体育事务中，受到世界的关注；群众体育蓬勃发展，竞技体育实现了历史性突破，体育产业稳步发展，其他各项体育工作也都取得了长足的进步，为国民经济和社会发展做出了应有的贡献，为"十二五"时期体育事业的发展开了好头，为我国体育的全面、协调、可持续发展奠定了坚实的基础，使我国体育事业站在新的更高的起点之上。

1. 群众体育事业蓬勃发展

实现了"基本建成有中国特色的全民健身体系"的目标。启动并实施了"农民体育健身工程"，国家投资 11.7 亿元，带动地方投入资金 40 多亿，建成农民体育健身工程 17 万个，提前一年超额完成了"十一五"规划建设 10 万个的任务。推进并完成了《全民健身计划纲要》第二期工程第二阶段工作，截至 2009 年，国家体育总局已建设雪炭工程 318 个、全民健身活动中心 157 个、全民健身路径 11337 条、全民健身户外活动基地 41 个、农民体育健身工程 177113 个等，共投入体育彩票公益金 26 亿多元。

群众体育组织化水平不断提高，各类群众体育组织基本覆盖了全国城乡，形成了从中央、省级、地市级、区县级、街道(乡镇)的层次结构。群众体育活动广泛开展，目前全国经常参加体育锻炼的人数达到 3.4 亿，占总人口的 28.2%。群众体育法制化水平提高。2009 年,《全民健身条例》正式颁布和 "全民健身日"的设立，标志着我国群众体育进入了一个新的发展阶段。

2. 竞技体育事业屡创佳绩

竞技体育总体水平和国际竞争力进一步提高，可持续发展力明显增强。北京奥运会、残奥会成功举办并实现了"有特色、高水平"的目标。北京奥运会上，中国代表团共获得51枚金牌、21枚银牌、28枚铜牌，金牌数高居首位，实现重大突破，体育竞赛、火炬传递、赛事组织、场馆运行、工程建设、后勤保障、媒体服务、对外交往等各项工作均得到世界的好评。2008年北京奥运会的成功举办，不仅极大地激发了全国人民的体育热情，增强了广大群众的健身意识，更使体育的社会价值和综合功能得到了广泛的认同和肯定；冬季项目实现"在原有基础上稳中有升"的目标，第21届温哥华冬奥会中国体育代表团以5金2银4铜的成绩名列金牌榜第七、奖牌榜第八，首次双榜进入前八名，实现了中国冬季运动的历史性重大突破；竞技体育管理体制和运行机制不断完善；运动员劳动保障、保险和退役安置制度进一步完善，2010年4月，体育总局、教育部、财政部、人力资源社会保障部联合颁发了《关于进一步加强运动员文化教育和运动员保障工作的指导意见》，在理顺运动员文化教育体制机制、解决运动员保障政策系统化问题以及突出运动员文化教育和保障的落实等方面实现了突破和创新；竞技体育后备人才基地建设和"体教结合"工作进一步加强；职业化改革取得较大进展，监管力度进一步加大。

3. 体育产业迅速发展

我国体育产业经过迅速发展已初具规模，并形成了以北京、上海、广州等大城市和沿海开放地区为中心的体育产业快速增长带。作为广受关注的几大朝阳产业之一，体育产业已成为我国国民经济新的增长点，为刺激消费、扩大内需、拉动经济发挥了重要和积极的作用。"十一五"期间，成功举办了第24、25届中国国际体育用品博览会。与国家旅游局共同举办了2009年中国体育旅游博览会。大力宣传贯彻国务院2009年出台的《彩票管理条例》，全年共发行体育彩票568亿元，同比上年增长112亿元，三年平均增长25.3%，圆满完成了《2007-2009年体育彩票三年纲要》的各项任务。2010年3月24日，国务院办公厅发布了《关于加快发展体育产业的指导意见》，进一步明确了体育产业在国民经济中的地位，解决了长期以来体育产业发展缺乏国家层面政策支持的问题，为我国体育产业发展提供了政策保障，标志着我国体育产业由各方面自行发展，向由国家主导、各部门和全社会共同推动发展的方向转变。

"十一五"期间，体育法制建设不断加强，群众体育、竞技体育、体育产业均出台了多项文件，为体育事业发展提供了有力的保障；体育人才队伍建设力度加大，体育科学研究与体育运动实践深入结合，训练、科研、医疗三位一体的科技服务体系得到加强，体育社会科学研究得到进一步重视；体育交流合作与体育新闻宣传、体育文化建设等多项工作在北京奥运会的推动下取得丰硕成果，为体育事业发展营造了良好的环境氛围。

（三）"十一五"期间体育事业发展存在不足

"十一五"期间，人民群众日益增长的体育需求与社会体育资源不足的矛盾，是中国体育发展过程中的主要矛盾。群众体育领域，需求与供给之间的矛盾即人们群众日益增长的旺盛的多样化的体育需求与薄弱的群众体育物质基础、紧缺的群众体育资源之间的矛盾,是我国群众体育事业的基本矛盾,群众体育资源不足、资源效益不高、管理体制和机制不适应、发展不均衡等问题仍然存在,公共场地严重欠缺、群众体育事业经费严重短缺是制约群众体育发展的瓶颈,政府向人民群众提供公共体育服务的职能尚未充分发挥,离公共服务均等化的目标差距相当大,构建面向大众的全民健身服务体系任务艰巨; 竞技体育方面,尽管北京奥运会取得51枚金牌,但中国竞技体育的综合竞争力与世界体育强国相比还有较大差距。运动项目和成绩结构还不均衡,田径、游泳等基础大项和群众喜爱、社会影响广泛的三大球以及冬季项目水平较低,特别是足球,人民群众十分不满意。以全运会为龙头的国内竞赛体系还需要进一步改革完善,训练和管理水平需要进一步提高。运动员文化教育、退役运动员就业安置和伤残保障等长远性、根本性问题尚未得到系统、全面的解决;体育产业总体上仍处于发展初期,缺乏系统、全面的体育产业政策,基本制度不健全、市场规模有待进一步扩大;体育文化建设急需进一步加强,体育在构建社会主义核心价值体系和社会主义和谐社会中的独特价值和作用还没有得到充分发挥;中国在国际体坛的话语权和影响力与体育大国的地位还不相称。在体育发展方式上,在市场经济条件下,中国体育发展过程中的利益关系更加复杂,各主体的地位有待进一步明确,关系有待进一步理顺。地区之间、城乡之间体育发展不平衡问题仍较突出。体育行业作风建设还有较大差距,特别是足球等领域问题相当严重。[1]

二、制定"十二五"期间中国体育事业发展战略的国内外环境

(一)中国的崛起与国际社会新秩序

"崛起"是近几年出现频率比较高的词汇。阎学通在《中国崛起及其战略》中分析认为:"崛起是指一个大国与其他大国的相对综合实力差距快速缩小或拉大,并对世界力量格局、国际秩序和国际行为准则产生重大影响的过程。这一过程的基本完成就是崛起的最终实现"[2]。崛起并非一国的问题,而是事关国际关系格局的问题。中国的崛起影响着国际关系格局的变化,已引起国际社会的广泛关注。近代以来,西班牙、荷兰、英国、法国、德国、日本、美国等国先后步入世界强国之列,尤其是美国的崛起,形成了"领导中心"的世界秩序。然而,"随着次贷危机引发的全球金融、经济危机的蔓延和深化,以美国为中心的世界秩序正在从其内部开始崩塌"[3]世界经济力量的重心开始转移,以中国为代表的经济力量正在上升,中国成为和平崛起的大国。新的世界秩序演进中,中国正逐步地、不失时机地扩大影响力和提升其国际地位。西方提出的"北京共识"也表明,东方文明和文化也受到关注,而中国所实施的国家治理模式逐步被国际社会所理解和接受。中国最终是否能在世界新秩序的形成过程中成为国际众望所归的影响力,将取决于中国能否得当处理国际事务以及保持国内的稳定和

---

1. 刘鹏.2010年全国体育局长会议上的讲话,2010.
2. 阎学通,孙学峰.中国崛起及其战略[M].北京:北京大学出版社,2005:2.
3. 陈伟恕.世界新秩序的曙光与阴霾.解放日报,2009-5-10

可持续发展。中国的崛起要求社会文化重要组成部分的体育,发挥其应有的"软实力"与"巧实力"作用,为中国在世界新秩序中扮演重要的角色保驾护航。

(二)求和平、谋发展、促合作已经成为不可阻挡的时代潮流

次贷危机致使美国霸权地位开始动摇,世界政治、经济走向多极化发展的道路。可以预测,未来发展中,世界多强力量重新排序。大国关系调整,国际政治的核心议程发生转变,对话、协调与合作成为主流。胡锦涛总书记提出"人类的发展进步,民族的繁荣富强,应该也只有通过和平发展道路才能实现。"[4]。当前,中国国际地位显著上升,在全球及地区事务中发挥建设性作用的战略空间进一步拓展。在全球金融危机背景下,中国与美国及其他发达国家之间的协调与合作,成为抵御金融风暴并引领世界经济回暖的关键,无论是G20峰会,还是联合国气候大会,中国都扮演着不可或缺的角色,发挥了不可替代的积极作用。

这一系列变化表明,世界发生大规模战争的可能性降低,国际和平的大趋势更加明朗。党的十七大报告指出"当今世界正处在大变革大调整之中,和平与发展仍然是时代主题。"、"国际力量对比朝着有利于维护世界和平方向发展,国际形势总体稳定。""十二五"期间,中国"既充分利用世界和平发展带来的机遇发展自己,又以自身的发展更好地维护世界和平、促进共同发展",[5]中国作为一个大国,推动建设"持久和平、共同繁荣的和谐世界"是一种责任,也是谋求自身发展的前提条件,只要中国的战略抉择得当,中国的战略机遇期会进一步延长。团结、友谊、和平始终是国际体育提出的发展目标,以奥林匹克运动为代表,国际体育在全世界唱响了"体育是不同文化相互了解、交流、融合的桥梁"。历史事实证明,国际体育需要一种文化氛围和精神境界,使人们可以比较容易地跨越国家、民族、语言、肤色、宗教信仰的差异,学会包容、欣赏和借鉴其它文化,进而促进文化的世界性交流与交融。不可否认,国际体育已经成为各国表达和平诉求的一个重要途径。中国作为一个大国充分利用这一舞台表达促进世界和平发展的愿望和行动,既是新时期的要求,也是中国体育的必然选择。

(三)国际经济正朝着公正、合理的方向发展

世界经济格局中,发展中国家在世界经济中地位提升将促使相关国际经济金融机构的改革,例如,国际货币体系的改革已经提上议程。20国集团在内的多种对话机制的形成,为全球经济金融事务提供了协商的国际舞台,有利于推动国际经济秩序朝着公正合理方向转变。

"十二五"时期,中国与美国经济合作的可能性远大于军事冲突的可能性,从而为中国经济的再腾飞创造一个相对有利的外部环境,"中国经济发展未来面临的机遇将大于挑战,在世界经济普遍不景气的大背景下,中国经济有望继续保持较快平稳健康的发展"。[6]因此,奉行互利共赢的开放战略,以自身的发展促进地区和世界的发展,

---

4. 施芝鸿.憧憬与奋斗:关于新中国的国家形象——学习毛泽东、邓小平、江泽民、胡锦涛同志有关新中国国家形象的重要论述.人民日报,2009-7-16.
5. 同4.
6. 高辉清,熊亦智,胡少维.世界金融危机及其对中国经济的影响.国际金融研究,2008(11).

扩大同各方利益的汇合点，在实现本国发展的同时兼顾各方，特别是发展中国家的利益，努力实现与世界各国共享发展机遇，共获发展成果，建立共同繁荣的和谐世界，既是中国经济发展的愿望，也是国际经济发展的新趋势。体育在经济社会中，不仅以其"公平竞争"的理念彰显和强化了竞争意识，而且也成为新兴的朝阳产业。

（四）全球文明冲突、文化融合并存的趋势

以亨廷顿为代表的政治学家提出了文明冲突的理论，该理论指出，未来世界的国际冲突的根源将主要是文化的而不是意识形态的和经济的，全球政治的主要冲突将在不同文明的国家和集团之间进行，文明的冲突将主宰全球政治，文明间的断裂带将成为未来的战线；文明冲突是未来世界和平的最大威胁；全球政治格局正在以文化和文明为界限重新形成，并呈现出多种复杂趋势；伊斯兰文明和儒家文明可能共同对西方文明进行威胁或提出挑战。

然而，另外一个值得注意的趋势是：全球化的现实发展及其所面临的困境召唤着世界文化的融合发展。当今世界交通通讯的快速发展，使世界联系成一个整体，不同文化形态的运动、发展与变化呈现出明显的关联性。任何个别群体（民族的、地域的或国家的）的文化活动都离不开所处历史时代文化的认同价值，并受时代文化价值力量的制约。其结果是，人类文化将在一个新层次上超越迄今为止所面临的分裂与冲突的格局，呼唤并建立一种人类文化普遍的价值观，把各种分散的、孤立的甚至冲突的文化价值力量整合为一种凝结着人类整体利益和整体价值理想的力量，从而使人类的文化活动成为一种自觉的人文精神关怀。

体育始终寻求在全球文化融合发展中的地位以及发挥的作用，中国体育文化源远流长，也是世界体育文化的重要组成部分，中国文化与世界文化的融合，为世界文化融入了不同的元素和彩色，当今体育文化的融合成为引领文化和谐发展的重要力量。尤其是中国体育文化蕴含的"和而不同"的哲学理念被誉为是实现人类不同文明和谐共存的良方。

（五）中国社会发展的新阶段

从国内看，工业化、信息化、城镇化、市场化、国际化深入发展，人均国民收入稳步增加，经济结构转型加快，市场需求潜力巨大，资金供给充裕，科技和教育整体水平提升，劳动力素质改善，基础设施日益完善，体制活力显著增强，政府宏观调控和应对复杂局面能力明显提高，社会保障体系逐步健全，社会大局保持稳定，我们完全有条件推动经济社会发展和综合国力再上新台阶。同时，必须清醒地看到，我国发展中不平衡、不协调、不可持续问题依然突出，主要是，经济增长的资源环境约束强化，投资和消费关系失衡，收入分配差距较大，科技创新能力不强，产业结构不合理，农业基础仍然薄弱，城乡区域发展不协调，就业总量压力和结构性矛盾并存，社会矛盾明显增多，制约科学发展的体制机制障碍依然较多[7]。

同样，中国社会发展的新阶段，给体育事业带来了新的发展机遇的同时，也给体

---

7. 中共中央关于制定国民经济和社会发展第十二个五年规划的建议,2010-10-18.

育发展提出了新的要求,使体育面临新的挑战。"十二五"期间,中国社会树立了新的发展目标:一是以增强经济发展的稳定性、协调性和可持续性为目标,推动需求结构、产业结构、城乡结构、区域结构的调整;二是以促进和谐社会建设为目标,把社会发展摆在现代化建设更加突出的位置,推进公共服务均等化,缩小收入差距,保障社会公平正义。三是建立健全保障科学发展、社会和谐的体制为目标,坚持市场化改革方向,消除不利于社会和谐稳定的体制机制障碍。四是以培育形成国际经济合作和竞争的新优势为目标,统筹国内国际两个大局,在更大范围、更广领域、更高层次上提高对外开放水平。体育作为社会的组成部分,其发展与中国社会追求的良性运行、协调发展的目标是相互联系和相互促进的。

"十二五"期间,体育既要谋求创新发展,还需要解决诸多问题,如:中国体育如何更好地融入世界体育发展的潮流中?如何既充分发挥政府组织的优势、又充分调动社会的力量?如何实现体育的协调和可持续发展?如何更好地发展职业体育?如何净化体育的环境?如何实现多元利益主体的体育诉求?面对日益发展和变化的中国社会,体育的体制、运行机制、政策法规还不能及时准确地做出反应和调整,实践中面临管理关系不顺、权利利益不清晰、法律定位模糊、责任难以界定等等问题。未来五年,体育事业实现新的发展,就必须理顺和解决这些问题,这是对体育领域不断深化体制改革提出的新要求。

三、中国体育事业"十二五"期间面临的形势

(一)中国经济社会发展面临的新挑战

社会的发展变化不断赋予体育新的功能和作用,无论是"美苏争霸时代"还是"多极化时代",体育与政治、经济、文化及社会发展之间始终有着千丝万缕的联系,体育服务于国家发展,为国家经济建设营造和谐的内外环境,始终是体育发展的方向和目标。虽然世界和平发展的方向明朗,但由于世界正在发生广泛而深刻的变化,中国也正经历史无前例的变革,各种安全危险仍然相互交织,使我国国家政治安全形势面临各种风险和挑战。国际霸权主义和强权政治的干预,意识形态领域的对抗,国际经济活动的政治化倾向以及文化冲突等国际危险,加之我国体制改革面临深层次矛盾和问题,价值观念多元化引发社会成员认同的危机,以及社会阶层分化与社会利益分化产生的社会冲突等国内的问题,这些内外因素时刻威胁着中国的安全与发展。因此,增强国家实力、控制与防范安全威胁是我国在一段时期内不容忽视的重大问题。体育是随着人类文化的进步而发展起来的一种特殊的、礼仪化的"战争","较之用毁灭性的、残忍的、愚蠢的和丧失人性的战争来解决国际争端或威望等问题,前者的代价便是微小的。人类未来的和平也许有赖于是否能够以一种历久不渝而且富有意义的方式组织国际体育运动"[8] 当然,国际体育不可能解决一切国际争端和问题,但国际体育能化解和缓解矛盾与冲突却是不争的事实。

---

8. 卢元镇.体育社会学.第2版,北京:高等教育出版社,2006:106.

解决我国面临的政治安全问题,还需要"在政治上创建一种既能保障社会持久安定,又能不断创新、充满活力、提高效能的新型社会治理结构。在策略上,则应加紧增强自身在经济、政治、军事、文化及社会组织力和国民素质等方面能够产生长期影响的战略威慑力量,致力于形成不战而屈人之兵的态势。"[9]而促进中国经济社会和谐发展,发挥体育培养强健的国民素质的作用,使之能"形成不战而屈人之兵"任重而道远。

(二)国家间文化软实力的激烈竞争

文化软实力的核心是思想、观念、原则等价值理念,它的载体是文化产品、文化交流、文化教育和信息传播媒介。文化软实力是一种"关系性"权力,一国在国际交往中因其所崇奉的思想、知识和价值得到普遍认同而获得了影响他国行为的能力。体现和维护本国国家利益的思想、观念和原则得到国际社会的普遍认同和广泛接受,可以影响他国在国际事务中的行为,减少自己的对外政策实施中遇到的抵制和阻力,从而有助于一国在国际交往中实现自己的战略目标,增进自己的国家利益。因此,文化软实力的强弱直接关系到一个国家的国际竞争力,关系到一个国家维护自身国家利益实现自己战略目标的能力,国际社会普遍重视提高本国的文化软实力。体育是国家文化软实力的重要组成部分,也是衡量一个国家文明程度的重要指标。

历史上,西方体育文化一直处于强势。在全球化的背景下,欧美体育仍然以强劲之势,占据文化优势,无论是体育价值观念,还是国际体育的组织体系、规则体系多被欧美所掌控。中国真正意义的崛起,在于中国有影响力的文化被普遍接受,其中传播最为广泛的体育文化的影响力不可或缺。北京奥运会的"中国模式",即政府为核心的组织模式,虽然得到世界各国的高度赞誉,但其无法成为不同制度国家的借鉴模式,中国在体育文化方面的影响还极其有限。梁漱溟先生曾预测"世界未来文化就是中国文化的复兴",中国体育文化博大精深,具有独特的形式和魅力,在提倡以人文本、关注人类健康的今天,它所具有文化价值不言而喻,但是传播什么、如何传播还需要不懈的探索和努力。

(三)体育发展面临新问题

举办北京奥运会后,中国体育进入了一个新的发展阶段。新阶段的体育发展面临诸多新问题。市场经济条件下体育发展过程中的利益关系更加复杂,面临着新的矛盾和尖锐的挑战。国际体育发展的新趋势新特点、国内体育发展的新问题新矛盾都给体育工作提出了新的命题、新的挑战,例如,在世界新旧格局转变中,如何发挥大国的影响力,并在全球范围做出表率至关重要;体育作为外交的手段,如何成为促进中国发挥大国国际影响力助推器;在新形势下,如何让体育显示出在建设和谐社会中的重要作用;在建设体育强国中,如何让建设体育强国的目标、任务、阶段及措施清晰化;如何实现竞技体育的协调和可持续发展;如何提高国民的体质和健康水平;如何把握体育深化改革的动力、目标和方向;如何实现基本公共体育服务的均等化等等问题。体育新问题在一定复杂的社会背景下产生,有些问题的形成并非一朝一夕,而对待这

---

9. 陈伟恕.世界新秩序的曙光与阴霾.解放日报,2009-5-10.

些新问题，既不能回避，也不能违背客观实际，应积极主动的应对，从理论研究与实践两个层面探索解决的方法和途径，着眼于中国体育发展的更高更长远目标。

四、"十二五"期间中国体育事业发展战略定位与战略选择

（一）"十二五"期间中国体育事业发展战略定位

在国际国内环境变化的大背景下，"十二五"期间我国体育事业发展，应有清晰而理智的战略定位，既不独善其身、韬光养晦，也不妄自尊大、扩张民族主义。立足于办人民满意的体育事业，在国际体育中争取话语权，积极承担相应的、适当的国际体育责任和义务，做到"强内促外、顺势而为、把握主动"。

（二）"十二五"期间中国体育事业发展战略选择

1. 善观世界之变、善用体育之力

体育善于承担国际义务，为国际社会的重大矛盾和冲突的处理做出贡献，不仅能提升中国的国际地位和声望，使国家获利，而且能有效地缓解我国政治安全面临的压力，可谓一举两得。北京奥运会是中国高举和平旗帜，积极为世界和平发展贡献力量的实践经典。中国笑对分歧、笑对偏见、笑对非难所表现出的恢弘气度，赢得国际社会的尊重。实践表明，在复杂多变的国际环境中，举办奥运会这样的世界盛会，不仅发挥了中国社会主义的优越性和中国人民团结一致所形成的巨大凝聚力，也显示了中国政府强大的动员力、号召力和集中力量办大事、办急事的优势。

中国举办奥运会，让更多国家认识了中国，"同一个世界，同一个梦想"的口号，充分表达了中国人民愿同世界各国人民一道，在奥林匹克精神感召下，相互了解、交流与合作，共同创造人类美好未来的愿望。体育未来的发展，主动利用对国际事务的贡献赢得世界的认同和赞誉，化解不同国家、民族之间的矛盾和冲突，促进文化交流，是体育应该发展的巧实力。

2. 创新体育发展方式、融入世界体育发展潮流

从举办奥运会的国家看，欧美发达国家举办奥运会，一是奠定了举办奥运会的社会基础，尤其群众体育的根基很深厚；二是传承西方体育文化形式。而非欧美国家举办奥运会的主要目的之一，是繁荣社会文化，并通过竞技体育的示范作用，推进本国群众体育的发展。日本、韩国均走了一条奥运会后迅速转向大力发展群众体育之路。各国体育的发展证明，社会越发达，体育元素越丰富，对人们生活的影响越大。体育作为国家政治文明的元素，涵养民众的平等意识和法制观念，促进民众形成爱国情怀和民族尊严；体育作为精神文明的元素，不断丰富着社会、家庭和个人的文化生活，有利于形成团结协作、诚信友爱的道德精神，塑造高尚的价值观和人生观；体育作为人全面发展的元素，培养体格强壮、充满活力、情感丰富，具有竞争意识和开阔视野的现代人。不仅如此，体育作为新兴产业，拉动需求、扩大消费，早已成为发达国家促进经济发展的重要方式。

全面认识新时期中国体育的社会价值和综合作用，是实现新时期中国体育新发展、新跨越的重要认识基础和战略定位的依据。中国竞技体育实行举国体制，获得优先发

展,符合一定历史时期的国情,客观上也起到了振奋民族精神、增强民族凝聚力,促进社会主义建设的积极作用。新的历史时期,体育发展与人全面发展的关系联系的更加紧密,发挥体育的作用建设和谐社会,关注民众的健康与体质、生活质量以及休闲娱乐成为体育发展的关键性问题。

创新体育发展方式,其根本就是从建设社会主义和谐社会的目标出发,从经济、政治、文化和社会发展的内在联系中认识体育,确立体育是社会生产力的构成形式,是社会文明程度的重要体现,是表达意识形态的重要阵地,是提升民众文化素质的课堂,是健康文明的生活方式。基于这样的认识,体育发展的着力点会更加准确。

3. 把握发展主动、顺奥运之势而上

"奥运会不仅给北京和中国留下了巨大遗产,也成为奥林匹克运动的一座历史丰碑"[10]。以此为契机,中国向世界展示了中华民族灿烂的文化,中国政府卓越的动员、号召与组织能力,以及中国人的良好的精神面貌和对美好生活的追求。

奥运会的成功举办,是中国改革开放取得巨大成就的集中展示,也是中国融入世界的一次重要实践活动。不仅如此,北京奥运会,让中国政府加深了对体育的认识,让全国人民深切的感受了体育的魅力,认识了体育与社会发展之间的关系,也对未来中国体育的发展提出了更高的要求和期望。北京奥运会之后的"十二五"期间,是中国体育发展的关键时期,奥运会为体育的发展奠定了前所未有的坚实基础:一是北京奥运会的筹办举办为体育的发展做了广泛的宣传,对体育在建设和谐社会中的地位和作用有了比以往更高的认识,使体育有了更好的发展环境;二是奥运会促进了体育设施的建设,不仅北京及协同举办奥运的城市投入了巨大的人财物力,使体育场馆设施的数量和面貌改观,而且"全民健身与奥运同行"也激发了地方建设大众体育场馆设施的积极性;三是北京奥运会促进了人们生活观念和行为的变化,体育正在成为人们生活的重要组成部分;四是北京奥运会竞技体育取得举世瞩目的成绩,极大的提高了中华民族的民族自信心和凝聚力。事实表明,北京奥运会的成功举办,为未来体育的发展提供了有利的环境,如何乘奥运辉煌之势而上,关键是把握体育为社会发展的贡献问题、深化体育的改革问题、关注体育民生问题,如果体育还墨守成规、一成不变,主动也会变为被动。因此,"十二五"期间,应该"抓住北京奥运会这一重大历史契机,促进中国体育事业的全面发展"[11],要继承和发扬筹备、备战、举办北京奥运会的经验和遗产,不断改革创新,提高中国体育的现代化水平,努力实现中国体育事业的新发展,新跨越。

五、"十二五"期间中国体育事业发展战略的指导思想与基本原则

(一)指导思想

以邓小平理论和"三个代表"思想为指导,以科学发展观为统领,抓住中国和平

---

10. 国际奥委会.北京2008年第29届奥林匹克运动会国际奥委会协调委员会最终报告.2010.
11. 刘鹏.以科学发展观为统领,努力推动我国由体育大国向体育强国迈进——在2009年全国体育局长工作会议上的讲话,2009-1-20.

崛起的战略机遇期,实现中国体育在国际社会中发挥重要作用的新定位、新角色,迈出建设体育强国的坚实步伐,实现体育事业的新发展、新突破。

(二)基本原则

1. 人本性原则

全心全意为人民服务是党的根本宗旨,党的一切奋斗和工作都是为了造福人民。以人为本就是要始终把实现好、维护好、发展好最广大人民的根本利益作为党和国家一切工作的出发点和落脚点,尊重人民主体地位,发挥人民首创精神,保障人民各项权益,走共同富裕道路,促进人的全面发展,做到发展为了人民、发展依靠人民、发展成果由人民共享。

以人为本的体育发展思想是从人学的视野对体育与人的关系进行审视,匡显体育与人的内在关系,发掘体育作为一种人的实践活动所具有的人学内涵。它以胡锦涛书记提出的"人的全面和谐发展"为核心,肯定人的自然本性的合理性——体育关注人的身体的权利;尊重人作为社会个体的主体性——体育追求人的全面现代化;注重人作为精神个体存在的价值追求——体育促进精神文明建设与人的文化转型[12]。总之,以人为本的体育发展思想关注人的身体的权利和生命的生成,并把实现人的全面现代化作为其终极目标,把体育真正转移到人的发展和对人的完整性建构上来。

体育事业发展贯彻以人为本的发展原则,就是认真探索新的历史条件下,体育在人民生活和社会生活中的新特点、新定位,根据社会环境新变化,着眼于人民群众对生活质量的新追求,为人民群众提供更多更好的体育公共服务,让更多的人享受社会进步和体育发展的成果。运用有效的途径培养群众的健身习惯,开展丰富多彩的体育活动,让更多的人投入全民健身运动,建立健康文明的生活方式。以人为本的原则就是要实现好、维护好、发展好广大人民的公平体育权利和利益,尊重人在体育中的主体地位,促进人的全面发展。

2. 阶段性原则

阶段是事物发展过程中根据一定的标准划分的段落。21世纪中国崛起成为一个大国,而大国崛起需要经济准备、政治准备与文化准备。体育发展必然与国家的总体战略相一致,在大国崛起的新历史阶段中,体育作为文化准备的重要组成部分,需要彰显文化感召力来提升国家战略影响力,以体育开放的形态涵养民族心态,以坚守体育文化传统增强民族认同,提高民族归属感和凝聚力,以体育的特有功能强健国民。

体育事业的发展需要循序渐进地进行,体育领域诸种问题矛盾需要逐步解决,青少年体质健康问题、足球领域内的腐败治理问题、运动员的文化素质教育等问题亟待在"十二五"期间得到重视和解决。然而,这些问题并非一朝一夕形成,涉及体育事业的方方面面,需要历经研究、规划、调整、修正,再研究、再规划、再调整、再修正,重复循环的阶段性过程。危机应对过程的长短,问题解决过程的快慢,同危机程度、资源条件、应对能力等要素密切相关。必须重视问题的阶段性,既做到不急功近利、又不置之不理,

---

12. 冯霞.人学视野中的人文体育观研究.华南师范大学博士学位论文.2005:98-100.

需要统筹规划、循序渐进，从而逐步实现体育事业发展战略的目标。

3. 均衡性原则

从历史发展和实践来看，转型国家或者后发展国家（区域）经济社会发展过程中，普遍存在地区差距不断扩大、产业结构趋同现象严重、社会分工不合理和社会群体之间缺乏有效合作等非均衡性的问题，在解决此类问题上，大多通过指定有所重点、有所区分的发展战略，采取不同的发展政策，来推动和协调各地区经济社会发展，调控不同行业的经济运行，实现经济社会的协调发展，促进资源的优化配置。

中国的体育发展，也曾长期呈现非均衡发展的状态。"中国体育非均衡发展战略是通过奥运战略、体育社会化、体育市场化三种方式确立的；中国体育发展的非均衡主要表现为区域体育发展不均衡、城乡体育发展不均衡、竞技体育与群众体育发展不平衡以及竞技体育内部发展不平衡"[13]。这种不均衡发展模式在一定时期、一定区域、一定行业内促进了资源的有效配置、促进了一部分地域、人群和行业先期发展起来，然而，由于"先发"带动"后发"的动力机制与监督机制不足，直接导致在体育公共服务领域存在总量严重不足、区域差异明显、城乡差异明显、阶层差异明显。造成这一现象主要原因是"政府用于体育公共服务领域的投入比重过低；基层财政体育公共服务供给能力严重不足；区域经济发展水平具有明显差距；投资方式单一；城乡二元体制的存在；单位体制依然有很大的影响，居民收入差距不断扩大"[14]。

未来，体育均衡发展是体育供给与需求达到平衡的一种状态，需要通过博弈达成，打破体育非均衡发展的根本是深化体育体制改革。北京奥运会，中国竞技体育的成就已载入史册。未来体育发展中，需要把握国际体育与国家体育、城市体育与农村体育、竞技体育与群众体育、竞技运动与民族传统体育的均衡发展，打破竞技体育唯一的发展方式。如何加快完善体育公共服务体系，提高体育公共服务水平，逐步实现体育基本公共服务均等化是均衡发展原则的第一要务。

六、"十二五"期间体育事业发展战略的总体目标与基本任务

（一）总体目标

深入贯彻落实科学发展观，继续解放思想、坚持改革开放，着力实现：提升中国综合国力上发挥体育的力量，参与国际体育事务上发出中国的声音，促进社会主义和谐社会建设上做出新的贡献，推动体育强国建设上迈出新的步伐，提高全民族体质和健康水平上创造新的成就，推动体育事业全面协调可持续发展上取得新的突破。

（二）基本任务

1. 努力在国际体育事务中发挥大国的主导作用

从发挥作用的角度看，中国作为世界上有重要影响的大国，对促进世界政治、经济、文化和社会发展方面负有重要的责任。毋庸置疑，体育在构建大国影响力的过程中不可或缺。改革开放以来，我国在国际竞技体育领域取得优异的成绩，竞技体育的

---

13. 金育强,黄玉珍,胡科.非均衡发展理论与中国体育非均衡发展实践.北京体育大学学报,2007(12).
14. 张利,田雨普.我国体育公共服务均等化现状及发展对策研究.西安体育学院学报,2010(2).

国际地位不断得到提高，受到全世界的广泛关注，中国有了举办各种国际大赛的机会，一些重要的国际组织中也有了中国人的身影。但是，体育的发展，一直以来"欧美中心"的状况客观存在，欧美国家因其体育发展的强势，也有了更多的话语权。虽然，体育文化的西学东渐对我国体育的发展产生了积极的影响，也促进了东西方文化的交流。但不可否认，西方文化移植对中华民族固有体育文化的结构和发展模式也产生了不利的影响。而且，早年在欧美体育文化体系中的落后，也造成中国人文化心理的失重以及情感的痛苦。今天，中国的崛起，给予中国体育主动发展的机会，也使体育文化"单一化"向"多元化"的发展有了可能性。中国大国的作用对体育多元化发展提供了客观的条件，中国参与国际体育的实践活动也锻炼了创造"多元化"发展格局的能力。"十二五"期间，塑造中国体育大国的新形象和新角色，是适应体育发展潮流，合乎中华民族心愿的基本任务。

2. 把握体育与社会协调发展的关系

不论是十三亿人的健康、还是从公民的体育权利，不论是提高国民体育素质的迫切性、还是休闲时代大众体育文明的养成，不论是纳税公民对于政府体育投入的分享、还是政府对国民提供的体育公共服务等问题，既是体育的问题，更是中国社会发展中需要正视的问题。体育与社会发展之间的关系越来越密切，体育作为社会行为、社会活动已经深深介入到人们的生活之中。可以说，中国社会的发展，使体育对于改善国民的健康观念、生活方式有了特别的意义。胡锦涛总书记指出：社会建设与人民幸福安康息息相关。必须在经济发展的基础上，更加注重社会建设，着力保障和改善民生，推进社会体制改革，扩大公共服务，完善社会管理，促进社会公平正义[15]。保障和改善民生，才能凝聚民心，加快和谐社会的建设。体育以民为本就是满足人民大众对体育的各种需求，让最广大的人民群众拥有参与体育的权利、享受参与体育的快乐、获得体育对生活质量和健康的良好影响。但是，随着中国社会改革的不断深入，社会的整体转型，导致了社会利益的分化，地区、阶层、个人之间的差别扩大，"利益"的博弈也日趋激烈，出现了"利益"多元化，社会结构的复杂化、社会价值观念的多元化、生活方式的多样化，而体育政府部门的功能分化滞后于社会多元化多样化的分化，造成体育的发展与社会的发展不相吻合。"十二五"期间，以民为本,以国民身心健康和体育文化需要为宗旨，以惠及社会每个公民的健康权和幸福感的体育发展，是体育事业发展的重要任务。

3. 改革创新体育发展方式

新中国 60 年的体育发展之路，积累了很多有益的经验，这是体育发展的宝贵财富。但历史发展表明，任何社会发展都不可能一成不变，中国社会的变迁，已经促使国家体制和运行机制不断的改革和变化，体育发展固守原有的辉成就，以不变对应社会的万变，其结果就是体育发展的空间变小、体育的功能减退、体育的社会地位降低以及体育发展的环境恶化，这是所有热爱体育事业的人都不愿意看到的。

---

15. 胡锦涛.高举中国特色社会主义伟大旗帜 为夺取全面建设小康社会新胜利而奋斗——在中国共产党第十七次全国代表大会上的报告.新华网,2007-10-15.

实现体育事业的新发展、新跨越，只有解放思想、更新观念才能实现。解放思想意味着要重新审视"金牌战略"的得与失，重新认识举国体制的利与弊。这些看似简单的问题，实则与体育的政绩、利益得失紧密联系。

党的十七大在总结改革开放的伟大历史进程中，将改革创新放到了至关重要的位置。十七大报告中指出："实践永无止境，创新永无止境"，并要求"坚持解放思想、实事求是、与时俱进，勇于变革、勇于创新，永不僵化、永不停滞，不为任何风险所惧，不被任何干扰所惑"[16]。北京奥运会后，胡锦涛总书记对中国体育事业发展提出了"要继续推进体育改革创新"的殷切期望，指出："体育事业发展活力在于改革创新。要适应社会主义市场经济不断发展的新形势，适应全面建设小康社会的新要求和各族人民过上更好生活的新期待，以改革创新精神不断创新体育发展体制，拓宽体育发展渠道，增强体育发展活力，夯实体育发展基础"[17]。改革创新是一个民族兴旺发达的不竭动力，发展体育事业同样如此，不破不立，不大破就不能大立，体育暴露出的问题充分说明体育改革创新迫在眉睫。

4. 统筹兼顾、着眼未来

统筹兼顾是中国社会主义建设实践中形成的重要历史经验，是处理各方面矛盾和问题必须坚持的重大战略方针，也是科学有效的工作方法。"十七大"报告中，把统筹兼顾作为科学发展观的根本方法，提出统筹中央和地方、个人和集体、局部和整体、当前和长远利益，统筹国内国际两个大局，形成了科学发展观的丰富内容。

"十二五"期间，中国体育事业的发展也必须坚持统筹兼顾办体育的方针。在体育事业发展的规模和速度上，从国情出发，保持与经济、社会的统筹与协调发展，尽其在我、尽力而为；在体育事业发展方向上，既抓竞技体育，也重视大众体育的发展，通过完善体育场馆设施，促进体育产业的发展，满足社会成员多元体育需要；在区域体育发展格局上，针对沿海与内地、经济发达与欠发达、城市与农村体育发展不平衡的客观现实，梯度推进区域体育的发展；抓住西部大开发的有利时机，积极扶持中西部地区和民族地区发展体育事业；在体育发展手段上，采用行政手段和市场机制统筹协调的方法，以调节体育资源的合理配置，运用集约化的体育资源增长方式，实现人尽其才、物尽其用、地尽其利，提高体育资源的效益与效率。

七、"十二五"期间体育事业发展战略的实施策略

（一）提升体育在国家战略中的地位

国家战略是指为了达成国家目标，特别是保证国家安全，平时和战时，综合发展并有效运用国家政治、军事、心理等方面力量的策略。中国一贯重视战略发展问题。今天，中国社会的发展从大局着眼，努力实现着和平崛起和中华民族伟大复兴的战略目标。在多极化的世界政治发展格局下，强权与反强权，称霸与反称霸的斗争更为激

---

16. 胡锦涛.高举中国特色社会主义伟大旗帜 为夺取全面建设小康社会新胜利而奋斗——在中国共产党第十七次全国代表大会上的报告,2007-10-15.
17. 胡锦涛.在北京奥运会、残奥会总结表彰大会上的讲话.新华网,2008-9-29.

烈，各政治集团的较量和争先将在包括体育在内的更广泛领域里展开。

在建设有中国特色的社会主义进程中，体育作为社会主义精神文明建设的重要内容之一，对国家战略的影响将更加积极。体育责无旁贷地遵从国家战略发展大局，把握时代跳动的脉搏，实现体育由金牌战略向文化战略的转变，以体育为国家发展的贡献，确立其在国家战略中的地位和影响力。从群众体育和学校体育本身的功能与价值而言，为人民提供更多更好的体育公共服务，让青少年接受更好的体育教育，让人民分享体育发展成果、享受体育带来的健康和快乐，形成健康文明的生活方式，这不但事关每个人的幸福生活，而且系足整个民族的兴衰存亡。金牌至上，锦标主义的思想曾经在竞技体育领域内盛嚣其上，也遭受了不同程度的批判，但不可否认的是，竞技体育的成就尤其是国际体育赛场的胜利可以起到增强民族凝聚力、提升国际影响力的作用。体育产业已经成为一个新的国民经济增长点，对于满足大众的精神文化生活需求、增进国民健康和提升国民生活质量具有不可替代的重要作用，体育产业在整个国民经济序列中同样具有国家战略的重要性。

（二）大力宣传体育在建设和谐社会中的作用

和谐社会的建设，离不开先进文化的引领作用。大力宣传体育在建设和谐社会中的作用，首先要做到不断阐发体育事业中蕴含的和谐精神与和谐理念。中国体育文化体现着人类对真、善、美的追求。中国体育文化的宗旨，是对于生命的关怀；仁者，生生之德，这是中国体育文化中人文精神的血脉。注重人与人之间的和谐，提倡人的自我修养，提倡自律、内省，注重人的自我和谐，有利于纠正一味追求成绩的"超人"情结。中国体育文化中包含独特的"生态伦理"，在处理人与自然关系上，提出"爱物"，"参赞化育"，为其可持续发展提供了一条"绿色之路"。中国体育文化的目标培养全面发展的人，进而建立由完美的人所组成的和谐社会。中国体育文化的和谐精神与理念，对构建和谐社会具有重要的现实意义。

和谐社会的建设，离不开弘扬中华体育精神在和谐社会建设中的作用。以"爱国主义、集体主义"、"团结拼搏、振兴中华"为核心的体育精神是激励全国人民建设社会主义和谐的精神力量；体育中体现的"团结、友谊、和平"、"更快、更高、更强"、"公平竞争"以及"平等参与"的理想和价值观念，充分反映了体育作为人类文化的积极性和先进性，并决定了体育在社会发展中的重要地位；体育是改善人口素质、提高劳动生产力的重要手段；体育具有促进人与社会交流、排解不良情绪的社会功能；体育是人们获得身心和谐发展最有效、最廉价、最具有乐趣的方法。体育所具有的其他社会文化活动不可比拟和可替代的作用，需要借助各种媒介和途径加以宣传，促进全社会对体育的重视，消除体育在建设和谐社会中的不利影响。

（三）分阶段实现体育基本公共服务均等化

基本公共服务均等化是指政府要为社会成员提供基本的、与经济社会发展水平相适应的、能够体现公平正义原则的大致均等的公共产品和服务，是人们生存和发展最基本的条件的均等。党的十六届六中全会，首次在中央文件中提出"完善公共财政制度，逐步实现基本公共服务均等化"，这意味着财政资金在区域、城乡间的使用将更注重使全国人民在教育、卫生、文化、就业再就业服务、社会保障、生态环境等公共服务上享受到均等的权利。党的十七届五中全会将"必须逐步完善符合国情、比较完整、覆盖城乡、可持续的基本公共服务体系,提高政府保障能力,推进基本公共服务均等化"作为"十二五"期间保障和改善民生的着力点。"十一五"期间,政府在体育基本公共服务领域投入巨大,也取得了丰硕的成果,然而离广大人民群众的基本服务需求仍有一定差距,整体呈现非均等化的特征,具体表现在"我国体育公共服务总量严重不足,区域差异明显、城乡差异明显、阶层差异明显等特征"[18]。"十二五"期间,能否下大力气逐步实现体育基本公共服务均等化,成为事关体育发挥保障和改善民生重要作用的关键,也事关体育事业发展战略的最终实现。

体育基本公共服务均等化主要包括:"居民享受均等的体育基本公共服务机会;居民享受均等的体育基本公共服务过程;社会在提供均等化体育基本公共服务的过程中,必须尊重每位公民的自由选择权"[19]。实现上述均等化的目标,必须采取针对性的策略。其一,必须匡正主体意识和责任,提高政府体育基本公共服务的供给能力。在推进体育基本公共服务均等化方面,各级体育行政部门充当着核心主体,承担着义不容辞的主要责任。其二,增强社会公众素质,提高它们享受体育基本公共服务的能力。必须努力追求全体社会成员具备大致相当的享受基本公共服务的能力,不断提高公众对体育基本公共服务的选择能力,不断提高群众尤其是困难群体体育基本公共服务的购买力。其三,要集中利用有限的体育基本公共服务资源,提高体育基本公共服务的质量。其四,建立科学的体育基本公共服务绩效评价体系,提高公众的满意度,扩大公众在公共体育服务问责制中的知情权、参与权和监督权。

(四)构建、完善青少年体育发展体系

增强青少年体质、促进青少年健康成长,是关系国家和民族未来的大事。党和政府也始终关注青少年体育发展、着眼于青少年体质健康状况的改善、致力于青少年体育服务体系的建立。2007年,中共中央国务院《关于加强青少年体育增强青少年体质的意见》正式印发,表明了党和国家对青少年体质健康的高度重视和关怀。2010年,国家体育总局青少年体育司正式成立,体现了党中央和国务院对我国青少年体育的高度重视。

通过加强青少年体育促进群众体育及全民健身的广泛开展和竞技体育的可持续发展,是实现体育强国目标的重要途径,也是新时期对青少年体育提出的新要求。"十二五"期间,青少年体育工作将继续成为体育事业发展战略中的重要内容。必须继续贯彻落实《中共中央国务院关于加强青少年体育增强青少年体质的意见》的精神,进一步推进《全民健身条例》在青少年群体贯彻落实,建立健全青少年体育的政策法规,逐步形成和完善青少年体育服务网络体系,积极构建多部门合作共同促进青少年体育的机制,积极推动全社会形成关心青少年体质健康、重视青少年体育工作的氛围,积极组织开展青少年体育活动,推进学校体育场馆向公众开放工作,不断增强青少年体

---

18. 张利,田雨普.我国体育公共服务均等化现状及发展对策研究,西安体育学院学报,2010(2).
19. 秦小平,等.实现我国体育基本公共服务均等化问题刍议.体育学刊,2009(8).

质健康，转变体育后备人才培养观念，形成政府重视、体教共管、各负其责的后备人才培养机制。

（五）大力发展体育产业、拓展体育空间

2010年，国务院办公厅印发了《关于加快发展体育产业的指导意见》，填补了这个领域的政策空白，标志着国家发展体育基本思路的进一步丰富。走进"十二五"，大力发展体育产业、增强体育产业竞争力、拓展体育发展新空间显然已经上升到体育发展战略的显著地位。

要大力发展体育产业，开拓重点领域新进展，首先必须进一步推动《指导意见》的贯彻落实，特别针对体育产业发展中的关键性问题进行研究，争取有所突破和创新，比如公共体育场馆的利用和运营问题，体育市场管理中的安全规范问题等。还要从适应市场经济发展要求和世界体育发展趋势，拓展运动项目发展方式的角度出发，引导和规范职业体育健康发展。加强政府依法监管、协会行业自律和俱乐部自主运作，逐步建立中国特色职业体育管理体制和运行机制。此外，还应加强体育标准化建设、体育统计制度和运行机制建设，推动体育统计信息化建设，加强体育统计归口管理工作，建立完善体育统计的长效机制，确保体育统计工作顺畅运行。同时，继续做好体育彩票发行管理等各项工作。

（六）不断推进体育文化软实力建设

2004年，美国哈佛大学教授约瑟夫·奈指出，文化软实力是指一个国家维护和实现国家利益的决策和行动能力，其力量源泉是基于该国在国际社会的文化认同感而产生的亲和力、吸引力、影响力。"体育文化与国家软实力的内在和外在关系表明，体育文化已经成为国家文化软实力的重要组成部分，衡量一国综合国力的重要标准"[20]。在建设体育强国的进程中，体育文化软实力的重要性同样毋容置疑。任海教授指出："由体育大国走向体育强国，有诸多指标。从国际视野来看，体育强国绝不仅限于竞技成绩，更重要的是国际上有多少体育文化影响力或竞争力"[21]。文化软实力的建设也是一个系统的工程，从国际、国内两个层面来看，需要采取如下举措。

1. 倡导和谐的文化战略思想，最大限度赢得国际认同。实现中国体育文化软实力提升的首要任务就是要加强国际社会对中国体育文化的国际认同。中国应牢固树立和谐的战略思想，转变唯金牌论的竞技体育战略，勇于承担一个负责大国的国际责任，为广大发展中国家的体育事业提供各种方式的支持与引导，要配合国家重大外事活动，开展多种形式的体育文化交流，传递友好信息，营造友好氛围。

2. 积极参与国际体育规则的制定，增强中国参与重大国际体育事务的话语权。体育强国最显著的标志，就是在国际体坛的事务中有巨大的影响力，甚至能左右事务的发展。中国必须进一步稳固国际赛场的成绩，积极承担具有国际影响力的赛事和活动，培养能够在国际奥委会等国际体育组织中具有话语权和影响力的人才。

3. 创新对外体育文化交流内容和形式，研究和把握国外受众的特点，遵循跨文化

---

20. 王志章.中美两国体育文化软实力分析.北京体育大学学报,2010(6).
21. 中国体育:体育强国的辨析与建设——中国科协新观点新学说学术沙龙观点摘编.体育文化导刊,2009(8).

交流的规律，提高中华体育文化的感染力和影响力。精心打造优秀体育文化品牌，丰富形式，提升内涵，让中华体育文化真正走入外国主流社会。要加强海外体育文化中心等阵地建设，推动中华体育文化传播的阵地化、常态化。

4. 增强中国体育文化自身的能力与实力。把国民体育的观念融入国民教育和精神文明建设全过程，着眼于满足人民群众日益增长的多方面、多层次、多样性的体育文化需求，着眼于提高全民的身体素质与健康状况，着眼于促进人的全面发展，努力提高国民的精神状态、意志品格和内在凝聚力，构筑坚实的文化根基。

（七）下大力气改革体育体制

改革创新事关体育事业发展的全局。体育改革的本质是利益的调整，而体育公共权力又是调整利益的强有力手段。体育的不断发展，社会对体育领域合理公正地使用公共权力提出更高的要求。体育领域长期以来政事不分、政社不分、政企不分、管办不分，以及对体育政府权力监督乏力已经造成了消极的社会影响。但是，体育体制的改革始终是牵一而动全身，涉及到体育权力和利益关系的重新分配，已有的几次改革，始终未触及真正的权力与利益，改革基本处于对原有体制、机制的小修小补。深化体育体制改革不仅需要对改革方向和目标的研判，还要把握好改革的重点与力度，进程稳妥、操作有序、适应中国社会发展的改革是体育事业发展的未来所在。

"十二五"体育事业改革与发展规划研究

华南师范大学 谭建湘等

体育事业是我国社会主义建设事业的重要组成部分,历经改革开放 30 年的发展,在党和政府的改革方针指导下,体育事业在开拓创新中谋发展,"十一五"期间实现了历史性的跨越式大发展,取得了举世瞩目的成就,对全国经济和社会发展产生了积极和巨大的推动作用,为新时期改革开放和社会主义建设事业做出了重大贡献。

"十二五"时期是国际政治经济形势和格局发生巨大变化的时期,是中国经济和社会发展的形势发生深刻变化、经济结构转型和发展方式转变的关键时期,是全面启动建设体育强国战略工程极为关键的五年。建设体育强国是新时期党和国家赋予体育事业的奋斗目标,又是我国体育事业发展的一项长期和艰巨的任务。构建与体育强国战略目标相适应的体育体制和运行机制是确保体育事业全面、协调和可持续发展的基本保障,也将是"十二五"期间体育改革的重大任务,体育事业进一步的改革既孕育着发展的重大机遇,也面临着严峻的挑战。

体育改革是体育事业深入发展的一场社会变革,作为体育事业进一步自我完善和发展的改革,没有现存的经验可循,必须积极探索,大胆试验,在实践中积累经验。随着体育事业的深化改革,必然会触及更加复杂的利益关系,面临更加艰巨的任务。"十二五"期间,体育改革在加快转变发展方式和进一步满足人民群众日益增长的多样化体育需求的过程中,既要积极推进加快步伐,又要扎实稳妥;既要坚定方向,又要有秩序有步骤地进行,区别体育事业发展中的不同情况,分清轻重缓急,把体育事业的各项改革不断引向深入。

一、"十一五"期间体育改革的回顾

"十一五"时期是我国全面建设小康社会进程中的关键五年,也是体育事业实现跨越式发展的关键五年。第 29 届奥林匹克运动会在北京举行,中国运动员获得了 51 枚金牌、21 枚银牌、28 枚铜牌,第一次名列奥运会金牌榜首。北京奥运会倡导的"绿色奥运、科技奥运、人文奥运"进一步丰富了当代奥林匹克的思想和文化内涵,推动了奥林匹克精神在全球的推广,也有力地推动了我国体育事业。正如胡锦涛总书记在北京奥运会、残奥会总结表彰大会上指出："体育是社会发展和人类文明进步的重要标志，是综合国力和社会文明程度的重要体现。成功举办了北京奥运会、残奥会，极大激发了亿万人民的体育热情，极大推动了我国体育事业的发展。"

"十一五"时期，党和政府更加重视全民健身和青少年体育工作，2007年中共中央、国务院下发了《中共中央国务院关于加强青少年体育增强青少年体质的意见》。为加强青少年体育工作，经国务院批准，国家体育总局正式组建了青少年体育司，各地方体育局进一步充实了青少年体育的职能管理部门。"十一五"期间，国家体育总局体育彩票公益金组织和各体育运动协会开展了全国亿万青少年阳光体育运动、全国亿万青少年体育健身展示大会配合教育部实施《国家学生体质健康标准》和"全国中小学生课外文体活动工程"。截至2009年国家体育总局配合地方体育行政部门已投入体育彩票公益金5.78亿元用于开展创建青少年体育俱乐部，全国创建总数达到3114个，为积极引导青少年参加体育健康活动创造了良好的组织条件。2009年国务院颁发了《全民健身条例》，推动群众体育工作获得突破性进展。确定了每年8月8日为全国性的"全民健身日"，加强和完善国家体育社会指导员、体育志愿者等群众体育的组织队伍建设，加快建立全民健身公共服务体系，加快学校体育场馆设施向公众开放，扎实推进全民健身工程。在全国组织了亿万妇女建设展示大会、老年人体育健身大会、全民健身万里行等大型群众体育活动。为促进非奥运项目和群众体育的加速发展，国家体育总局还对全国体育大会进行了改革，坚持"淡化金牌、淡化锦标"，突出"重在参与、重在交流、重在健身、重在快乐"，打破综合性运动会传统的评价模式，实现竞技性与群众性有机结合，走出了符合体育大会特点和规律的办赛新路。

针对我国竞技体育发展中的突出矛盾，在强化举国体制优势的同时，进一步转变观念，推动了举国体制在与国民经济和社会发展环境变化相适应的发展中不断调整和完善。"十一五"期间，在竞技体育经费投入、训练和竞赛体制、赛事运作模式等方面都发生了深刻的变化，初步形成了国家、社会和个人共同投资的格局，在运动项目发展和全运会等大型体育赛事中加大引入市场机制。为切实加强运动员文化教育和保障工作，国家体育总局与国务院有关部门密切合作，形成了《关于进一步加强运动员文化教育和运动员保障工作的指导意见》，已上报国务院批准。该《意见》将对维护运动员的长远利益和促进运动员全面发展，确保我国竞技体育的可持续发展产生重要的意义。针对职业足球中的腐败现象，"十一五"期间，积极整顿职业运动的环境，通过多部门协调合作，终于揭开了中国足坛多年存积的假球、黑哨、赌球等十分猖獗的违法黑幕，严惩了相关违反人员，捍卫了法律的尊严。国家体育总局以此为契机，加强了对职业足球联赛的监管力度。

"十一五"期间，体育产业开始走上规范发展的轨道，获得了历史性的突破。2007年全国体育产业工作会议确立了"依托场馆、紧扣本体、全面发展、服务社会"的体育产业发展方针。历经八年酝酿的《关于加快发展体育产业的指导意见》，终于由国务院办公厅于2010年发布。这是国家首次就体育产业工作出台的专门文件，从根本上解决了长期以来体育产业工作缺乏国家层面政策引导的问题。对实现我国体育产业全面协调和可持续发展将产生深远的影响。为规范全国体育产业统计工作，全面、客观地反映我国体育产业的发展状况，2008年国家统计局、国家体育总局正式发布了《体育及相关产业分类》，建立和完善了我国体育产业统计制度，实现了与国家统计制度的对接。为推动全国各地体育产业的发展，国家体育总局从2006年起，相继批准了深圳、成都温江、福建晋江、北京龙潭湖、浙江富阳和山东乐陵等六个国家体育产业基地，加快了地方体育产业的发展速度，扩大了地方体育产业的发展规模，促进了地方经济社会的发展。"十一五"期间，国家体育总局先后与有关部门合作，制定了16项体育服务国家标准和一批配套文件，进一步强化各级政府对体育市场的监管职能。

"十一五"期间，体育法制、体育科技、体育教育、体育宣传、反兴奋剂等领域以及地方体育行政管理体制和事业管理体制的改革也获得了相应长足的发展，为"十二五"规划建设打下了扎实的基础。

二、当前体育事业发展面临的机遇与挑战

（一）新时期体育对中国和平崛起担负的历史作用

近年来，随着我国综合国力的增强，在国际社会的影响力也日渐增大，尤其在国际金融危机发生后，中国发挥了独特的稳定作用，中国政府对国际新秩序提出了一系列合理务实的改革建议，在发达国家与新兴市场国家之间扮演了重要的协调角色，在国际金融体系改革、国际政治事务和国际关系中发挥了独特的建设性的作用，越来越受到国际社会的重视，对世界经济复苏发挥了至关重要的作用。在我国和平崛起战略和国际影响力日渐扩大的新形势下，体育发挥着不可替代的作用，加快传统体育制度的改革，实现有中国特色的体育制度创新，成为加快我国体育事业改革的迫切需要。中国体育事业应该逐步随着国家战略的调整，加快调整自身的发展战略，并加速进行相应的体制和运行机制的改革，使之符合和平崛起和实现跨越式发展的国家利益。

（二）国民经济结构调整和发展方式的变革对体育事业的影响

当前，我国处于全面建设小康社会和构建和谐社会的重要历史时期。但同时经济社会发展同人口、资源、环境压力之间矛盾逐渐突出，

经济结构调整和经济发展方式转变是我国当前和今后中长期内面临的重大战略任务。十七大报告指出，加快转变经济发展方式，推动产业优化升级，是关系国民经济全局紧迫而重大的战略任务。2009年底的中央经济工作会议提出，要更加注重提高经济增长质量和效益，更加注重推动经济发展方式转变和经济结构调整。温家宝总理在2010年全国"两会"结束后答记者问时明确指出："促进经济增长由主要依靠投资、出口拉动向依靠消费、投资、出口协调拉动转变"、"促进经济增长由主要依靠第二产业带动向依靠第一、第二、第三产业协同带动转变"、"促进经济增长由主要依靠增加物质消费向主要依靠科技进步、劳动者素质提高、管理创新转变"来实现。

体育消费的增长和体育市场的日趋成熟将成为促进体育事业和体育产业发展的重要推动力。近年来，随着城乡居民的消费结构的变化，民众的体育健身需求呈现逐年增加之势。体育消费需求向多样化、多层次发展。大众体育和体育产业在推动体

事业蓬勃发展的同时，也进一步凸现对社会经济发展的拉动效应。因此，体育事业要根据当前社会经济发展的需要，加快自身的改革步伐，推进竞技体育、群众体育和体育产业的协调和可持续发展，通过各级体育行政管理部门职能转变带动体育事业发展方式的变革，充分发挥体育的经济功能和对市场的调节作用，不断满足社会各阶层体育需求，使体育在国民经济和社会发展中发挥越来越重要的影响和作用。

（三）体育强国的发展目标要求构建与之相适应的体制和运行机制

"十二五"期间是我国全面启动体育强国建设的重要时期，建设体育强国是我国国民经济和社会整体发展重要组成部分，是充分发挥体育事业在社会主义建设事业中的独特功能和综合价值的时代要求，是实现体育事业全面、协调和可持续发展的内在需要。由于历史的原因，我国体育事业的整体发展水平还不能与国民经济和社会发展的需要相适应。在体育事业内部，竞技体育、大众体育和体育产业的发展存在着较大的发展不平衡，尤其是面向大众的体育公共服务发展滞后，形成了目前我国体育事业城乡之间、不同地区之间的巨大差距。目前我国体育事业的管理体制、内部结构、运行方式和资源配置还远远不能适应温家宝总理提出的"大力发展公共体育事业"的要求，而大力发展公共体育事业又是加快体育强国建设的重要保障。因此，面对大力发展公共体育事业和建设体育强国的时代要求，必须加快体育事业的全面改革步伐。

（四）完善公共服务体系对体育事业改革发展的迫切要求

改革开放以来，我国竞技体育发展迅速，成就斐然，但与此相反，我国国民体质，尤其是青少年体质的逐年下降，体育事业发展中的城乡差别、地区差别越来越大。探究其深层次的原因，主要是现行体育事业的管理体制和运行机制不能满足公共体育服务的要求，导致公共体育产品和服务的严重缺乏，社会的根本性体育需求得不到满足，这一重大矛盾反映出目前体育制度层面的最大的结构性失衡。

体育事业的发展必须兼顾社会公平正义。当前群众体育领域内最突出、最基本的矛盾就是供给和需求之间的矛盾，即人民群众日益增长的多样化的体育需求与相对薄弱的群众体育物质基础、短缺的群众体育资源之间的矛盾。以人为本是社会发展的永恒主题，公民的体育权利是"人权"的重要组成部分。小康社会群众物质生活更要富裕，闲暇时间增多，休闲观念提升，休闲需求也将呈现出多元化的特征。满足大众的体育需求是小康社会的必然要求。十七大报告明确提出了加快行政管理体制改革的要求，体育事业也必须尽快向服务型政府转化。在体育行政体制改革的背景下，政府对体育事业的管理方式，要从直接、微观管理向间接、宏观管理转变，理顺各级各类体育组织之间的关系，不断为社会提供更多的体育公共服务产品，满足社会各类不同人群的体育需求。

（五）文化事业和文化产业分类管理体制改革的成功经验

党的十七大明确提出，要积极发展公益性文化事业，大力发展文化产业，激发全民族文化创造力，更加自觉、更加主动地推动文化大发展大繁荣，提高国家文化软实力。"坚持把发展公益性文化事业作为保障人民基本文化权益的主要途径，加大投入力度，加强社区和乡村文化设施建设。大力发展文化产业，实施重大文化产业项目带动战略,加快文化产业基地和区域性特色文化产业群建设,培育文化产业骨干企业和战略投资者,繁荣文化市场,增强国际竞争力。"[1]作为实施文化体制改革的重大措施,文化部门确立了文化产业与文化事业的分类指导原则,在《国家"十一五"时期文化发展规划纲要》中提出了六项举措,拓宽公共文化服务领域,创新服务方式,提高服务质量。国务院常务会议讨论并通过《文化产业振兴规划》,标志着文化产业已经上升为国家的战略性产业。《规划》明确了文化产业振兴的指导思想与八大工作重点,强调坚持以结构调整为主线。经过多年的

改革探索,文化管理体制和运行机制不断健全,配套政策日益完善,推动了文化事业、带动了文化产业不断向前发展,文化建设呈现出积极健康、蓬勃兴旺的发展态势,2009年文化产业增加值实现两位数增幅,高于GDP增长速度,取得了良好的社会效应和经济效益。文化领域的改革为体育改革提供了良好的借鉴。文化产业与文化事业的分类规划与管理,转变政府职能,积极引入市场因素,实现经济效益与社会效益的统一,这些成果经值得体育改革借鉴。

三、"十一五"期间体育事业发展中的主要矛盾

针对"十二五"期间我国体育事业发展面临的诸多机遇和挑战,必须加快破解受制于体制羁绊的深层矛盾。"十二五"期间的体育改革,必须紧密围绕破解以下制约体育事业发展的重大瓶颈问题。

(一)大众体育供给和需求之间的突出矛盾。即人民群众日益增长的多样化的体育需求与相对薄弱的公共体育服务产品之间的矛盾。

相对于高水平竞技运动的辉煌,目前我国大众体育的发展相对滞后。随着中国经济社会快速发展,体育的社会矛盾日益凸显,社会公平问题提上议事日程。如何有效地协调社会各方面利益关系,化解体育发展失衡的矛盾,有力解决广大人民群众最关心、最直接、最现实的体育权利和利益问题,是体育推动和谐社会的建设走向深入的必由之路。在"后奥运"时代,体育事业发展面临东部和西部、沿海和内地、城市和乡村的发展不平衡等问题,需要在"十二五"时期从体育的发展理念、目标任务、发展方式、体系建立等方面进行体育制度层面的重大创新和深度改革,建立普惠大众的服务型政府管理模式,向社会提供更多的公共体育产品,着力于解决改革开放以来金牌不断增多和国民体质尤其是青少年体质持续下降的矛盾,调整大众日益增长的体育需求与公共体育服务严重不足的制度性失衡,在科学理论的指引下走向可持续发展的和谐之路。

(二)体育发展方式与社会发展环境和要求不相适应的矛盾

"十一五"时期,我国体育发展方式突出存在的主要矛盾与问题主要有以下几个方面:一是政府包办体育,一枝独秀。在运行方式上是行政集权,管办一体。二是政府垄断:一方面是体育的财力资源、人才资源和物质资源的垄断;另一方面是一定程度的行政垄断,主要表现在竞技体育,尤其是职业体育领域。三是政府对体育社团组

---

1. 中国共产党第十七次全国代表大会报告

织的直接领导,限制了体育民间力量的崛起,绝大部分的体育社团几乎都把握在政府行政部门手中,使其无法真正独立的发挥作用。当前体育体制的改革必须紧随整个社会政治、经济、文化等领域改革的社会大环境,紧随政府职能转变的改革趋势,打破体育系统内部长期形成的公共资源垄断和利益保护格局,建立促进体育事业发展方式转变的体制机制,使得目前中国体育发展中的问题通过进一步加快体制改革获得有效解决。

（三）体育事业内部结构存在不相适应的矛盾

当前我国体育事业内部存在的突出矛盾主要有以下几个方面,一是竞技体育和大众体育资源配置和投入比例严重失调的矛盾。竞技体育和大众体育的资源配置结构严重失调,导致体育公共服务供给严重不足。多年来,我国竞技体育和大众体育资源配置和投入比例严重失调的问题已为成社会的共识。这一问题近年来虽已引起重视,但采取的措施十分有限。二是国民体质尤其是青少年逐步体质下降。当前青少年体质不断下降的状况已经引起了党和国家的高度关注。2007年4月23日胡锦涛总书记主持召开中共中央政治局会议,研究加强青少年体育工作和网络文化建设工作。会议指出,当前和今后一个时期,加强青少年体育工作的总体要求是：认真落实健康第一的指导思想,建立健全学校体育工作的机制,充分保证学校体育课和学生体育活动,广泛开展群众性青少年体育活动和竞赛,加强体育卫生设施和师资队伍建设,全面完善学校、社区、家庭相结合的青少年体育工作网络,形成全社会珍视健康、重视体育的氛围,培养青少年良好的锻炼习惯和健康的生活方式,在广大青少年中形成热爱体育、崇尚运动、健康向上的良好风气。学校、社区、家长三方的共同努力才能形成对青少年体质健康的良性干预,从而不让青少年体质连年下降成为未来中华民族之痛。

（四）体育事业资源配置与市场经济发展要求不相适应的矛盾

市场经济对资源的要求是以市场为导向的资源配置。改革开放30年来,"中国已在整体上过渡到市场经济体系。但市场化导向的改革在很多重要领域并未完成。麻烦的是,不少集中在能源公用类自然垄断或科、教、文、卫等社会事业这些大众及政治敏感的领域"[1]。体育事业便属于其中之一,体育资源政府垄断的具体表现体育事业经费的垄断、运动员队伍的垄断与控制、大型体育公共场馆的垄断、大型体育赛事资源的垄断与控制、体育社团组织的垄断、体育人才培训的垄断。改革开放以来,"一些领域的市场化不足和另一些领域的过度市场化与畸形商业化,国有经济改革的不彻底和公产改革中的流失瓜分与巧取豪夺,同时困扰着中国经济和中国社会"[2]。为此在体育领域如何推行市场化改革,哪些可以市场化,哪些不能或不宜简单市场化,已绝不再是改革与保守之争,而是要综合考虑各方面利益的平衡和体育事业的平稳发展。

四、指导思想、改革原则与发展目标

（一）指导思想

---

2. 华生.主要矛盾已改变,调整改革思维迫在眉睫[N].南方周末,2010-3-4.

2008年9月29日在北京奥运会、残奥会总结表彰大会上，胡锦涛总书记对体育工作进行了全面深刻的论述，明确提出要进一步推动我国由体育大国向体育强国迈进，指明了新时期中国体育的前进方向和发展目标，是规划"十二五"时期我国体育事业改革发展的纲领性文件。胡总书记同时指出："要继续推进体育改革创新。体育事业发展活力在于改革创新。要适应社会主义市场经济不断发展的新形势，适应全面建设小康社会的新要求和各族人民过上更好生活的新期待，以改革创新精神不断创新体育发展体制，拓宽体育发展渠道，增强体育发展活力，夯实体育发展基础。要加强和改进对体育工作的领导，强化政府发展体育事业、提供基本体育公共服务的责任，更好地满足人民群众多方面体育需求。"

"十二五"期间，体育事业的改革指导思想是以邓小平理论和"三个代表"重要思想为指导，深入贯彻落实科学发展观，以人为本，协调发展，统筹兼顾，以改革促发展，加快体育事业的结构调整和发展方式的转变，加快推进体育公共服务体系的建立，有效满足社会不断增长的体育需求，实现体育改革的新突破。

转变体育的发展方式，说到底就是要加快体育体制改革的问题。目前体育体制中存在的封闭、垄断和粗放等问题，其根源在于政府职能转变滞后，造成体育事业发展的主体单一，体育事业的资源利用率不高。转变体育发展方式的改革一发而动全身，影响面广，涉及范围大，在体育事业体制改革中处于核心战略地位，是推动体育事业各项改革的引擎。

体育公共服务体系的建立是实现体育社会公平的重要内容和表现。体育公平的基本要求是保障公民依法享有参加体育活动的权利，重点是促进城乡体育的均衡发展和扶持困难群体，根本措施是合理配置体育资源，体育公平的主要责任在政府，全社会要共同促进体育公平，加快缩小不同体育群体之间的差距，逐步改变城乡和区域间体育发展不平衡的状况。在保持竞技体育水平稳定并有所提高的同时，优先发展大众体育，大力加强公共体育基础设施建设，健全国民体育权益保障体系和体育法规体系，形成惠及全民的公平体育。

（二）改革原则

1. 体育改革要坚持正确的方向。

围绕着建设体育强国这一战略目标，体育改革要坚持从我国的实际情况出发，坚持以科学发展观为指导，坚持党和政府发展体育事业的各项方针，既要遵循经济和社会发展的客观规律，又要遵循体育事业发展的特殊规划。坚持以满足人民群众日益增长的体育需求作为体育改革的基点和决策的依据，大力发展公共体育事业，不断扩大体育公共服务的范围和对象，最大限度地让人民群众享受到体育事业改革发展的成果。使体育改革获得社会的广泛理解和支持，才能确保体育改革的顺利进行。

2. 体育改革要注重改革措施的协调性。

在体育改革的决策和措施推进中，要兼顾和处理好局部利益和整体利益、眼前利益和长远利益，体育改革涉及到体育事业的各个主要领域，是体育事业的全面性改革，既包括观念层面又包括体制层面，体育改革覆盖到竞技体育、群众体育、体育产业，还涉及体育科技、体育教育、体育宣传、体育外事等领域,需要有一系列相应的体制改革和政策调整。尤其要统筹好竞技体育、群众体育和体育产业等重点领域协调发展,形成推进体育改革的整体合力,夯实体育改革的基础。

3. 体育改革要处理好与发展稳定的关系。

这不仅是顺利推进我国改革开放和社会主义建设事业的重要经验,也是确保改革开放 30 年来体育事业取得巨大成就的根本保证。改革是动力,发展是目的,稳定是前提。既要有突破性思维和突破性措施,必须把体育改革的力度、发展的速度和体育事业自身的承受程度统一起来,把加快体育改革的紧迫感同科学务实的推进措施结合起来,充分考虑涉及体育改革的有利条件和可能出现的困难,积极稳妥和深入地推进体育改革。

(三)改革目标

以体育强国建设为总目标,把握体育发展的规律和特征,进一步深化体育行政管理体制和事业分类管理体制的改革,加快推进体育事业组织体系的多元化,加快推进体育事业发展方式的集约化,加快推进体育事业公共服务均等化,加快推进体育事业资源配置的社会化,加快推进体育事业公共管理的法制化。大力发展公共体育服务,以满足人民群众日益增长的多样化体育需求,为全面建设体育强国打下牢固的基础。

五、"十二五"期间体育改革的基本任务

(一)以体育强国为发展目标,构建体育改革的理论体系,为加快推进体育制度创新提供思想武器

体育改革需要进一步解放思想,需要倡导观念和理论创新,需要积极探索与社会主义市场经济和民主法制社会发展相适应的体育制度与机制的理论。历经改革开放 30 年来,中国体育初步探索出一条符合国情的社会主义体育发展道路,但在发展中仍然存在诸多问题。

当前中国仍处在社会主义初期阶段,面临着全面建设小康社会的重任,因此,在这一时代背景下建设体育强国和大力发展公共体育事业仍然是一项十分艰巨和持久的任务,首先需要相适应的体育制度作保障。中国体育事业在新时期的发展首先面临着体育制度创新和改革的艰巨任务和新的挑战,而体育制度的创新和改革又需要拥有深入和求是的理论作基础。要重视体育强国理论体系的建设,要在探索体育强国基本内涵和基本特征基础上,明确建设体育强国对体育事业发展的体制、机制的新要求,把建设体育强国的各项任务、发展目标与加快体育改革的各项具体措施紧密地结合起来,从理论上提供推动体育事业全面、协调和可持续发展制度创新的依据,加快推进体育发展观念的转变,发展模式的创新,加快实现体育事业整体发展体制和机制的改革创新。

(二)以体育强国为发展任务,以政府职能转变带动体育事业发展方式的转变,进一步深化体育行政和事业管理体制的改革

"政府职能转变对社会管理体制改革的成效至关重要,提供社会公共服务是服务

型政府的基本职责。"[3] 政府职能是国家履行体育事业社会管理和建设体育强国的必然要求，也是实现体育社会公平、促进体育事业稳定和可持续发展的基本保障。为社会提供有效的体育公共服务是各级体育行政管理部门最基本的职能和建设体育强国最基本的任务。政府职能的转变是推动体育改革至关重要的任务，政府要围绕体育公共服务调节、体育市场监管和体育社会事务管理等基本职能，加大在公共体育设施建设、满足大众参与体育活动基本服务需求、强化公共体育服务政策和保障措施等领域的管理力度，防止政府在体育公共服务管理领域的失位、缺位和错位。目前我国体育管理体制仍然是过分依赖国家和过分依靠行政手段办体育的高度集中的体制，不能适应社会主义市场经济发展的社会环境和发展需求，也远不能满足大众日益增长的体育需求。要实现我国体育管理中政府职能满足大众日益增长的体育需求。要实现我国体育管理中政府职能和发展方式的转变，必须加快推进体育行政管理体制和事业管理体制的改革。中央和国家机关的体育行政管理体制改革不能局限于体育系统行政权力的内部分权和配置，要真正打破政府包办体育的格局，分类改革各级体育事业单位，切实推进政事分离，管办分离。要依靠政策法规向社会让权、还权，真正壮大社会体育组织，使其能承担必要的社会体育管理职能，逐步建立社会力量参与发展竞技体育、大众体育和体育产业的体制和机制，完善其参与体育公共服务的保障措施。针对当前国内部分地区正在进行的地方体育行政管理体制和事业管理体制的改革，既要鼓励其大胆创新突破，又要及时总结地方体育行政管理体制和事业运行体制的改革经验与问题，进一步完善相应的配套改革政策和措施，推动体育管理体制在不断创新中向前稳步发展。

转变体育事业的发展方式还要从根本上完善国家办与社会办相结合，以社会办为主的运行机制，释放体育事业的社会发展动力，积极推动基层和民间体育社团的发展，鼓励以社区为主的基层和民间体育社团的建立和发展，加强对民间体育社会的管理和指导，积极探索对各类体育社团组织的管理与指导。加强对体育中介服务机构和非政府组织的管理，积极培育体育中介服务机构、非盈利组织、志愿者团体和各类体育企业，发挥其在体育行政机构力所不能及的领域推动体育事业和体育产业发展的积极作用。

（三）以体育强国为发展契机，积极培育核心社会体育组织，加快体育社会组织的多元化和实体化建设步伐

建设体育强国是全社会公共承担的重要历史任务，需要全社会的共同参与和努力，尤其需要强有力的社会体育组织的参与。因此，要加快形成体育事业发展中社会组织的分类管理体制，进一步明确和合理划分不同社会体育组织在体育事务管理中的权力与义务，创造条件，改善环境，为社会体育组织的进入打开方便的渠道，留出足够的空间。"十二五"期间，必须加快中国奥委会和中华全国体育总会的自身组织实体化建设，奠定其在中国社会体育组织中的核心主导地位。在国家体育总局监督下和中国奥委会和中华全国体育总会的管理下，各全国性单项协会在法律许可的范围内自主制

---

3. 宋晓梧.中国社会体制改革 30 年回顾与展望.北京:人民出版社,2008.

定和组织实施发展规划，独立自主进行管理，逐步具有实质性的代表机制、自律机制、服务机制和协调机制，逐步形成实体化的社团组织体系。抓大放小，有计划、有步骤地推进全国性单项运动协会的自主化和实体化的试点改革，逐步理顺各国家体育总局各运动项目管理中心与全国性单项运动协会的法律关系，进一步改革和规范国家体育总局各运动项目管理中心的运作方式。

（四）以体育强国为发展要求，加快推进体育事业公共服务的均等化，坚持以人为本，以政策为导向，逐步实现体育公平

建设体育强国是惠及十几亿人口健康生活质量、与国民经济和社会发展密切联系的国家建设工程。体育改革的目标一是要广泛和有效地利用有限的体育资源，加快提高体育事业投入产出的效率。唯有提高效率，才能产生更多的体育物质和精神财富，夯实体育强国的坚实基础。二是要在效率提升的基础上更加注重体育的社会公平。建设体育强国的最基本的任务就是不断满足人民群众日益增长的体育需求，不断扩大享受现代体育生活的群体规模，让人们群众充分感受到体育改革和建设体育强国带来的实惠。因此，加快体育体制改革就是要通过制度创新实现发展效率和体育公平的统一，通过相应的政策调节追求发展效率和体育公平关系的协调。因此，要逐步实现基本公共体育服务均等化，中央和地方各级政府和体育行政管理部门必须根据不同地区和不同社会群体的需求，制定包括财政转移支付等在内的专项制度和政策，扩大体育公共财政的覆盖范围。明确中央和地方各级政府承担的体育公共服务的财政支出责任和管理权限，综合应用立法、拨款、规划、信息服务、政策指导和必要的行政措施。建立监督评价体系，确保各级政府的转移支付等专项资金用于扶持对象的基本公共服务，提高财政和专项扶持资金的使用效益，进一步建立健全体育公共服务的保障体系。

（五）以体育强国为发展平台，加快推进体育事业资源配置的社会化，促进体育发展资源共享机制的形成

受长期计划经济体制的影响，我国体育发展资源的条块分割的现象比较严重。不同部门和不同地区从自身的职责范围出发，对体育发展资源均实行比较封闭式的管理。出于部门利益和地方利益的考虑，体育发展资源的配置具有非常明显的部门和地方垄断的特征，体育系统与其他系统之间、不同地区之间缺乏必要的信息沟通和资源共享机制，形成资源缺乏和资源丰富足并存的配置格局，在体育整体资源不足的发展环境下，造成有限资源的浪费。这种共享机制的缺乏，必然带来体育发展资源的浪费和配置效率的低下。

加快建设体育强国，必须建立体育事业发展中资源共享的社会协同的体制机制。社会协同是有效整合和开发体育社会资源的基本途径，加强各级体育行政管理部门与政府其他部门、社会各类组织之间、中央和地方各级体育行政部门之间、地方各级体育行政管理部门之间的分工、协作和配合，可以有效地实现体育资源的流动和合理配置。因此，要从制度上打破体育系统与外部系统之间、体育系统内部之间的各种资源障碍，尤其是要破除长期形成的资源垄断壁垒，鼓励社会组织参与体育资源的开发，通过共享机制和市场方式有效地利用资源和积极地开发资源。

(六)以体育强国为发展导向,完善体育法制建设,加快推进体育事业公共管理的法制化

加快推进体育事业的法律保障体系,按照全面实施依法治国基本方略的要求,加快体育法制建设进程,形成比较完善的中国特色社会主义体育法律体系。根据经济社会发展和体育改革的需要,修订、完善《体育法》及相关配套法律法规,加强体育行政法规建设。各地根据当地实际,制定促进本地区体育发展的地方性法规和规章。全面推进依法行政和依法治体,各级政府要按照建设法治政府的要求,依法履行体育管理职责。探索建立体育行政执法体制和机制,及时查处违反体育法律法规、侵害法人体育权益等行为,完善体育信息公开制度,保障公众对体育的知情权、参与权和监督权。

建立独立的体育仲裁机构,完善多部门的监督机制。及时处理体育纠纷和争议,保证有关体育行为主体的合法权益和体育活动合法、有序地进行,保障公众对体育的知情权、参与权和监督权。建立独立的体育督导机构,独立行使督导职能。强化对政府落实体育法律法规和政策情况的督导检查,加强对青少年体育权益保障与实施的督导检查。建立督导检查结果公告制度和限期整改制度。

"十二五"群众体育发展规划研究

苏州大学 董新光

一、讨论"十二五"群众体育发展的基本前提

（一）"十二五"群众体育的特定性

"十二五"时期，是群众体育为完成党的十六大确定实现、党的十七大确保实现的、到 2020 年"明显提高全民族健康素质，形成比较完善的全民健身体系"的全面建设小康社会奋斗目标，打下具有决定意义基础的关键五年；是贯彻落实胡锦涛总书记 9.29 讲话精神，切实有效解决群众体育这一体育发展"最薄弱环节和最大短板"，在群众体育方面全面推进体育强国建设的开局性五年；是全面贯彻执行《全民健身条例》，依法推进群众体育发展，依法保障全体公民体育健身权益的开篇性五年；是按照国务院《全民健身计划（2011-2015 年）》部署，在新的基础上推进群众体育实现跨越式发展的五年；是贯彻十七届五中全会精神，深化体育——群众体育改革创新，推进体育——群众体育发展方式转变的攻坚克难的五年。总之，研究"十二五"时期群众体育发展，必须从这个特定性出发。

（二）研究"十二五"群众体育发展的根本指导

党的十七届五中全会通过的《中共中央关于制定国民经济和社会发展第十二个五年规划的建议》（以下简称《中共中央"十二五"规划建议》），也是指导研究"十二五"群众体育发展规划的纲领性文献，突出表现在：

1.《中共中央"十二五"规划建议》提出的"指导思想"：研究"十二五"群众体育发展的基本指导思想

《中共中央"十二五"规划建议》提出了"必须高举中国特色社会主义伟大旗帜，以邓小平理论和"三个代表"重要思想为指导，深入贯彻落实科学发展观，适应国内外形势新变化，顺应各族人民过上更好生活的新期待，以科学发展为主题，以加快转变经济发展方式为主线，深化改革开放，保障和改善民生，巩固和扩大应对国际金融危机冲击成果，促进经济长期平稳较快发展和社会和谐稳定，为全面建成小康社会打下具有决定意义的基础"。"坚持发展是硬道理的本质要求，就是坚持科学发展，更加注重以人为本，更加注重全面协调可持续，更加注重统筹兼顾，更加注重保障和改善民生，促进社会公平正义"的"制定'十二五'规划的指导思想"。

因此，研究"十二五"群众体育发展，同样应当坚持"以科学发展为主题"，更加注重体育、群众体育各项事业全面协调可持续发展，更加注重城乡之间、区域之间、不同人群之间群众体育统筹兼顾，更加注重作为基本民生之一的群众参加体育活动及其条件的保障和改善，更加注重促进全体公民参加体育活动权力的公平正义。同样应当坚持"以加快转变经济发展方式为主线"。加快转变经济发展方式是"推动科学发展的必由之路"，"是我国经济社会领域的一场深刻变革，必须贯穿经济社会发展全过程和各领域"。同样应当坚持"把保障和改善民生作为加快转变经济发展方式的根本出发点和落脚点。完善保障和改善民生的制度安排，……，推进基本公共服务均等化，……"。体育、群众体育作为社会领域的一部分，同样要把转变自身发展方式作为主线，贯穿于其"发展全过程和各领域"。同样要把保障和改善群众体育这个体育中的民生，作为加快转变自身发展方式的根本出发点和落脚点，坚定推进体育改革，不断完善保障和改善群众体育的制度安排，加快推进群众体育基本公共服务均等化，使改革成果在群众体育方面惠及全体人民。

2.《中共中央"十二五"规划建议》提出的"主要目标"：研究"十二五"群众体育发展把握的基本方向

《中共中央"十二五"规划建议》将"使我国转变经济发展方式取得实质性进展，人民物质文化生活明显改善，全面建成小康社会的基础更加牢固"；将"社会建设明显加强。覆盖城乡居民的基本公共服务体系逐步完善，……，全民族思想道德素质、科学文化素质和健康素质不断提高。……，人民权益得到切实保障"确定为"'十二五'的主要目标。研究"十二五"群众体育发展，同样要使转变体育、群众体育发展方式取得实质性进展；同样要使群众体育这个人民文化生活得到"明显改善"；同样要使作为全面建设小康社会奋斗目标的群众体育，"基础更加牢固"。同样要使群众体育这部分社会建设得到"明显加强"；群众体育的"覆盖城乡居民的基本公共服务体系逐步完善"；法定公众体育健身权益 "得到切实保障"； "全民族健康素质不断提高"。

3.《中共中央"十二五"规划建议》提出的重要任务：研究"十二五"群众体育发展把握的基本目标

《中共中央"十二五"规划建议》提出了"加强社会建设，建立健全基本公共服务体系"重要任务，提出了"着力保障和改善民生，必须逐步完善符合国情、比较完善、覆盖城乡、可持续的基本公共服务体系，提高政府保障能力，推进基本公共服务均等化"的重要任务。温家宝总理对基本公共服务体系特征作了说明："符合国情"，就是这个体系"要与我国经济发展水平相适应，与人民群众不断增长的需求相适应，搞好尽力而为与量力而行的关系"；"比较完整"，就是这个体系"应该包括涉及基本民生保障的各个主要领域"；"覆盖城乡"，就是这个体系"既覆盖城市居民，也覆盖农村居民，……，推进基本公共服务均等化"；"可持续"，"就是制度的设计与财力的保障，要形成一种常规的、长效的机制，政府提供基本公共服务的能力随着国力的提高而不断增强"。

研究"十二五"群众体育发展，同样要把群众体育作为保障和改善民生的重要内容，着力发展好；要把逐步完善群众体育基本公共服务体系，作为逐步完善基本公共服务体系的一部分，提高政府保障能力，着力建设好；要按照温家宝总理提出的要求，着力完善一个符合国情、比较完善、覆盖城乡、可持续的群众体育基本公共服务体系，推进群众体育基本公共服务均等化。同时，贯彻落实《中共中央"十二五"规划建议》相关精神，指导"十二五"群众体育发展研究。包括"要增加政府支出用于改善民生和社会事业比重，……，逐步完善基本公共服务体系"；"加强农村基础设施建设和公共服务"；"促进区域协调发展，逐步实现不同区域基本公共服务均等化"；"增加财政投入，……，把基本医疗卫生制度作为公共产品向全民提供"；"加强公共卫生服务体系建设，扩大国家基本公共卫生服务项目"；"以农村基层和中西部地区为重点，继续实施文化惠民工程，基本建成公共文化服务体系"；"加快基层文化队伍建设，扶持公益性文化事业"；"改革基本公共服务提供方式，……，实现提供主体和提供方式多样化。推进非基本公共服务市场化改革，……，满足群众多样化需求"等。

4.《中共中央"十二五"规划建议》提出的体育任务：研究"十二五"群众体育发展把握的基本指向

《中共中央"十二五"规划建议》对体育事业提出："大力开展全民健身活动，增强人民体质"。这实际是群众体育的任务，而未见竞技体育任务。可见群众体育在"十二五"中的重要地位。应当牢牢把握这一基本指向，研究设计"十二五"体育发展、群众体育发展政策措施，落实"大力开展全民健身活动，增强人民体质"。

（三）群众体育"十二五"发展的现实基础

1."十一五"群众体育的主要成绩："十二五"群众体育发展的良好基础

"十一五"群众体育事业取得的主要成绩，既奠定了"十二五"群众体育发展的良好基础，也为研究"十二五"群众体育发展提供了客观依据。

（1）服从服务于国家经济社会发展大局，全面完成中央关于群众体育的部署和要求。"十一五"期间，群众体育工作贯彻落实党的十六大确定实现、党的十七大确保实现的、到 2020 年"明显提高全民族健康素质，形成比较完善的全民健身体系"的全面建设小康社会奋斗目标，全民族身体素质进一步提高，全民健身体系基本建成；贯彻落实《国家国民经济和社会发展第十一个五年规划纲要》"加快城乡基层公共体育设施建设，广泛普及城乡全民健身活动，保护发展民族民间体育"要求，城乡基层公共体育设施建设取得显著成绩；贯彻落实中共中央国务院《关于推进社会主义新农村建设的若干意见》，大力推进农民体育健身工程建设，努力提高农村基层体育服务能力，共建设农民体育健身工程 20 万个，使三分之一的行政村有了公共体育设施；贯彻落实中央"办一届有特色、高水平的奥运会"要求，积极开展"全民健身与奥运同行"，为筹办北京奥运会营造浓郁人文环境和健身氛围，仅 2007、2008 两年，国家体育总局就推出大型群众体育活动 150 项；贯彻落实胡锦涛总书记提出的"坚持以增强人民体质、提高全民族身体素质和生活质量为目标，推动我国由体育大国向体育强国迈进"的发展目标，努力推进群众体育迈向体育强国。

（2）坚持发展体育运动，增强人民体质根本方针，人民体质与健康水平逐步提高。"十一五"是《全民健身计划纲要》"收官"的五年。群众体育工作完成了《纲要》确定到 2010 年的奋斗目标和各项任务，取得了显著成绩。全民健身活动更加普及，国民体质水平进一步提高。根据第三次全国群众体育现状调查课题组报告，2007年全国有3.4亿城乡居民参加过体育锻炼，经常参加体育锻炼的人的人数比例为28.2%，按照可比统计口径计算，2007年，全国经常参加体育锻炼的人数比例达到44.0%，比2001年提高了9个百分点。据第二次国民体质监测课题组报告，2005年，国民体质综合指数为100.75%，比2000年提高了0.75个百分点，国民体质总体水平比2000年有所提高。

（3）坚持群众体育为民、惠民基本宗旨，群众体育进一步繁荣发展。"十一五"期间，城乡基层公共体育健身设施显著增加。据群众体育司统计，全国共投入150多亿元，建设各类全民健身工程近50万个，人均体育场地面积增加0.2平方米。其中建设农民体育健身工程20万个、全民健身路径工程7万多条、"雪炭工程"262项、其他全民健身工程20多万个。群众体育健身组织网络逐步健全，社会体育指导员队伍不断壮大。各地建设一批社会体育俱乐部、单项体育健身俱乐部和人群体育健身俱乐部。到2010年末，城市社区有晨（晚）练体育健身点近30万个，有公益性社会体育指导员65万人，有职业性社会体育指导员3万多人。2010年成立了中国社会体育指导员协会。全民健身志愿者队伍得到了较快发展，包括刘翔、杨扬、罗雪娟、王义夫等一大批优秀运动员、教练员和体育科研人员热心体育的各界人士，成为了全民健身志愿者。群众体育活动更加普及。"全民健身"活动及"体育进社区"、"体育三下乡"活动推动了城乡体育健身活动普遍化、经常化和多样化，体育正在成为越来越多城乡居民的生活方式。据群众体育司不完全统计，2008、2009年"全民健身日"前后，全国共开展了数万次全民健身活动，直接参加活动者达数亿人次。群众体育大型赛事及其改革成绩显著。成功举办了第三、第四届全国体育大会、第六届全国农运会、第八届全国农运会、第七届全国残运会、第一届全国老年人运动会和第一、第二届全国智力运动会、全国山地运动会等大型群众体育赛事，带动了各地群众体育竞赛活动的开展。对第四届全国体育大会的竞赛方式和奖励办法进行了重大改革，取得了很好的社会效果，为大型群众体育赛事改革提供了宝贵经验。同时，圆满完成了第二次全国国民体质监测和第三次全国群众体育状况调查。

2. "十一五"群众体育的突出问题："十二五"群众体育发展的突破方向

"十一五"群众体育事业存在的突出问题，既为"十二五"群众体育发展取得突破提供了有的放矢的依据，也为研究"十二五"群众体育发展对策提供了客观基础。

2010年12月16日《人民日报》《更加注重改善民生——五论贯彻中央经济工作会议精神》中，将民生方面存在的问题概括为："长期以来，我国经济社会发展不均衡、民生事业历史欠账仍然很多，特别是与建设全面小康社会目标相比，与人民群众不断增长的需求相比，还有很大差距"。这个概括，完全符合群众体育实际情况。长期以来，群众体育作为一项民生事业，由于种种原因，"历史欠账仍然很多"，与"提高全民族健康素质、形成全民健身体系"全面建设小康社会奋斗目标相比，与人民群众不断增长的多样化体育健身需求相比、与在群众体育方面建设体育强国的要求相比，还有很大差距。正如国家体育总局局长刘鹏反复强调的，群众体育是体育发展、建设体育强国中的一个"最薄弱的环节"、"最大短板"。作为发展中国家，我国经常参加体育锻炼人数比例偏小,体育锻炼人群组织化、科学化程度偏低,群众体育健身科学素养相对落后;群众体育公共财政投入明显不足,群众体育健身基础设施严重短缺且质量较低;城乡之间、区域之间群众体育发展很不均衡,乡村和欠发达地区群众体育落后状况更为突出,距离城乡、区域基本体育公共服务均等化目标存在相当差距;群众体育管理体制和运行机制与群众体育科学发展的要求、与转变发展方式的要求,与改善民生为重点的社会建设的要求,还很不适应,政府、尤其基层政府体育主管部门群众体育公共服务能力薄弱,群众体育公共服务职能尚未充分有效发挥。研究群众体育"十二五"发展,应当从这个实际出发,着力筹划解决这些问题。

二、提高全民健康素质,构建全民健身体系:"十二五"群众体育发展的既定目标

（一）提高全民健康素质,构建全民健身体系:群众体育发展目标的既定性

目标是发展战略、发展规划的"核心要素",是决定发展对策、需要"放在首位"的东西。研究"十二五"群众体育发展,首先要搞清"十二五"群众体育发展的目标。

2002 年,党的十六大将"明显提高全民族健康素质,形成比较完善的全民健身体系",确定为到 2020 年全面建设小康社会奋斗目标。2007 年,党的十七大提出"全面建设小康社会是党和国家到 2020 年的奋斗目标","今后要继续努力奋斗,确保到 2020 年实现全面建成小康社会的奋斗目标"。这表明,"明显提高全民族健康素质,形成比较完善的全民健身体系"的全面建设小康社会奋斗目标,仍然是体育、群众体育今后要继续坚持、并且"确保实现"的奋斗目标。图 1。但是,当前体育界很少提及这个奋斗目标,提及的多是建设体育强国。

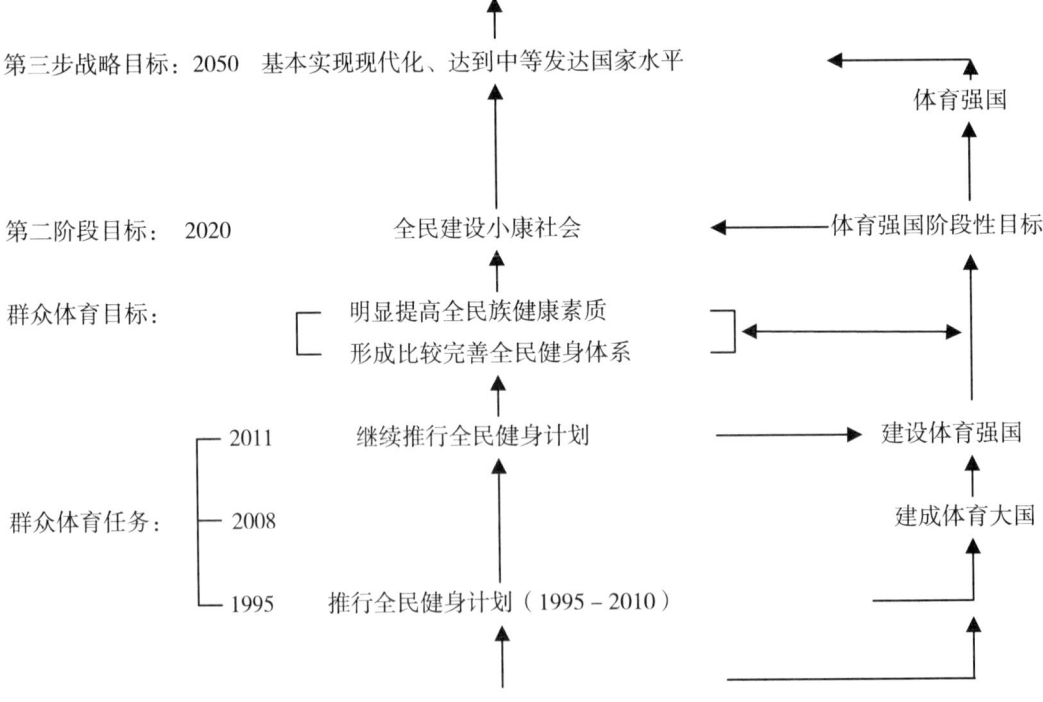

图 1 未来群众体育发展的目标指向

（二）群众体育实现全面建设小康社会目标的困难性

坚持"明显提高全民族健康素质，形成比较完善的全民健身体系"的既定目标，为实现这一既定目标"打下具有决定意义的基础"，是"十二五"群众体育发展的基本指向。那么，现实状况如何呢，这直接关系到"十二五"群众体育发展走向和安排。

1. 国民体质状况不尽如人意

改革开放 30 年，我国人民生活水平不断提高。以居民消费水平指数、按可比价格计算，2006 比 1978 年增长了 7.5 倍。竞技体育实力由 1984 年洛杉矶奥运会 32 块奖牌，到 2008 年北京奥运会 100 块，增长了 3 倍多。图 2。

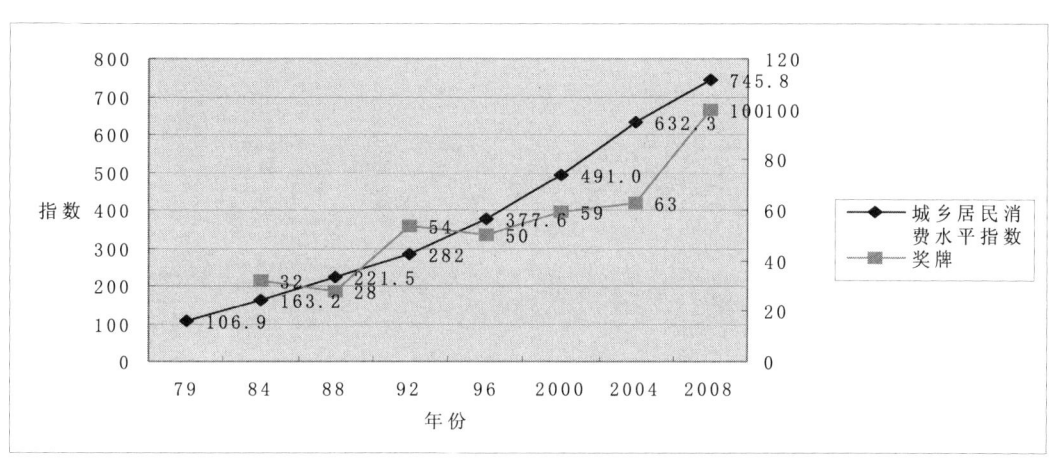

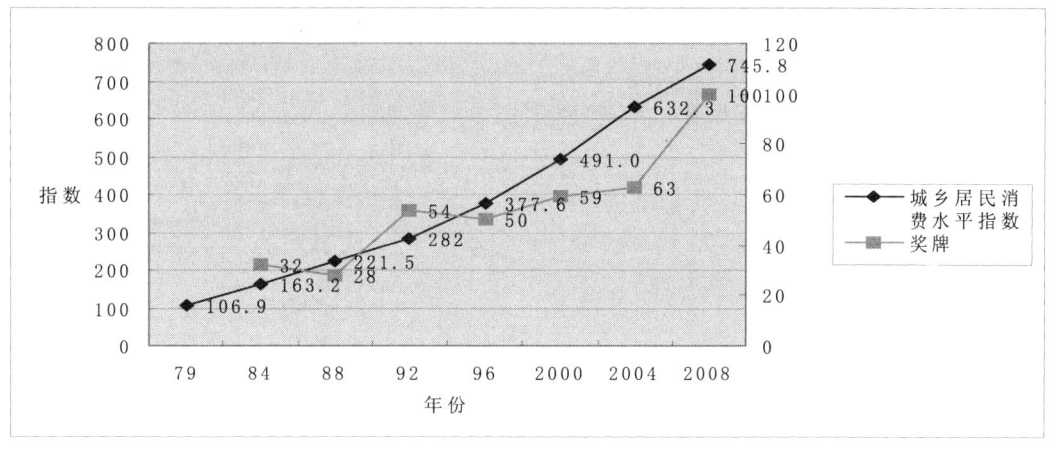

图 2 人民生活水平和竞技体育实力增长趋势

相对"明显提高全民族健康素质"目标，国民体质状况如何？新华社报道说，"中国在成为世界竞技体育强国的同时，种种数据和迹象表明，中国普通百姓的体质却每况愈下。" 这是否言过其实？首先，青少年体质确实"每况愈下"。2007 年，中央认定，我国青少年"耐力、力量、速度等体质指标持续下降"。教育部调研结果表明，

2005 年与 2000 年相比，学生形态水平和握力提高，而肺活量、速度、爆发力和耐力"全面下降"；力量耐力除小学男生外，"普遍下降"。其次，国民体质状况忧大于喜。据 2005 年第二次国民体质监测，国民体质总体水平比 2000 年略有提高，增幅仅为 0.75。但身体形态水平略有下降；身体机能水平大幅度下降，降幅高达 9.65，大大超过增幅。第三，乡村居民体质较差。20~69 岁乡村居民体质不合格率在 17.2%~21.4%，平均为 19.9%。不合格率相当于城镇居民的近 2 倍，不合格人数相当于城镇居民的 2.5 倍以上。第四，西部地区居民体质下降。2005 年，河北、安徽、河南、重庆、陕西、甘肃、宁夏、新疆、贵州、青海、西藏等 11 个省区市居民体质比 2000 年下降，这表明有占全国总人口 30.6% 的 3.86 亿居民体质在下降。除河北省、安徽、河南，其余均为西部地区。其中新疆、贵州、青海、西藏等省区下降幅度达 3~8.88%。

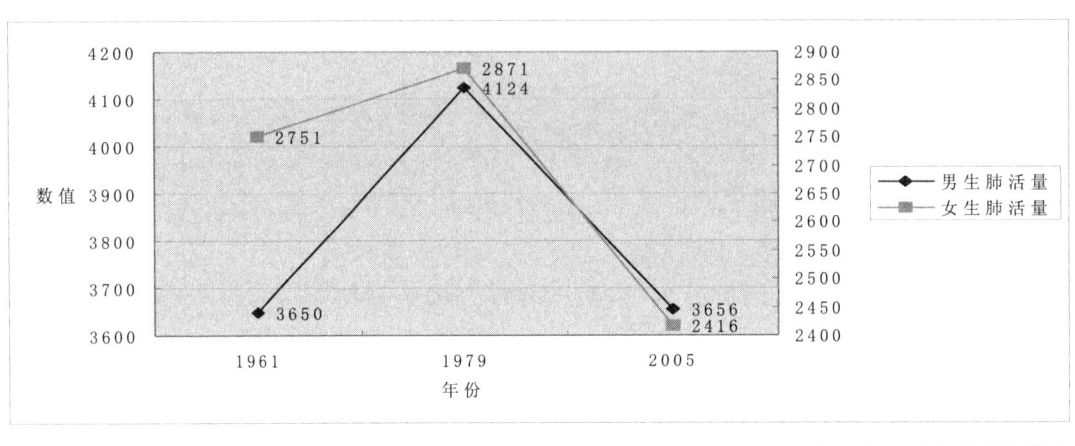

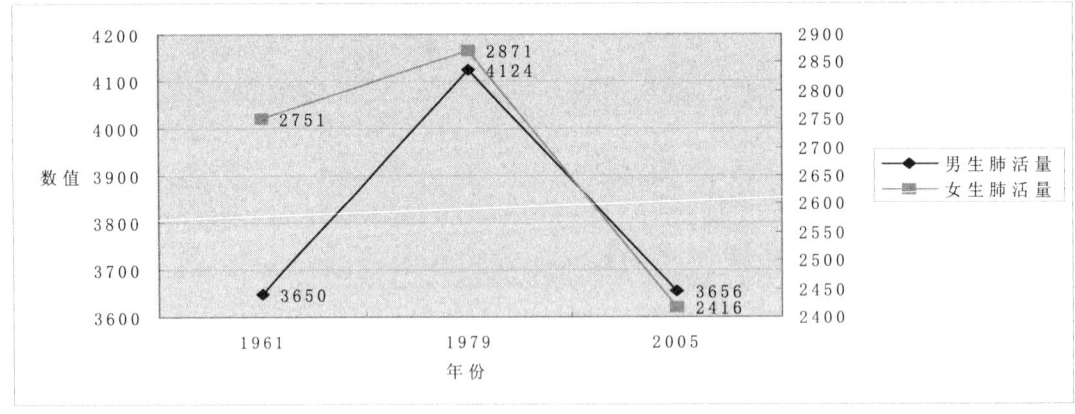

图 3　1961－2005 年青年肺活量变化趋势

以肺活量为例，2005 年，20~24 岁男女肺活量分别为 3656 毫升、2416 毫升，比 1979 年的 4124 毫升、2751 毫升分别下降 12.2% 和 16.5%。男子 2005 年与 1961 年 3650 毫升相当。女子 2005 年则大大低于 1961 年的 2871 毫升。（1961 和 1979 年为 18~25 岁）见图 3。而仰卧起坐，2005 年城镇 20~24 岁女子为 22.4 个，比 1979 年 26.2 个下降 14.5%。

2. 建设全民健身体系的"集体无意识"或"意识模糊"

相对"形成比较完善的全民健身体系"目标，各地全民健身体系建设情况如何？根据各地《体育事业'十一五'规划》中"十五"回顾、"十一五"目标任务内容判定，在 2002 年党的十六大确定构建全民健身体系作为全面建设小康社会奋斗目标 2 年之后；在国务院《纲要》确定到 2010 年基本建成全民健身体系的最后 5 年中；在国家体育总局 10 年中先后为实施《纲要》发布了两期实施工程和 4 个阶段实施计划背景下，仍然有 54.2%以上的省（区、市）体育部门没有对"十五"全民健身体系建设情况进行回顾。表1。

表 1　24 个省（区市）"十五"体育回顾中有关全民健身体系情况

类　别	省数	%	省　区　市　名　称
回顾中有此内容	8	33.3	河北、吉林、江苏、安徽、河南、云南、陕西、青海
回顾中无此内容	13	54.2	北京、天津、山西、黑龙江、江西、湖南、广东、广西、重庆、四川、甘肃、宁夏、新疆
无回顾部分	3	12.5	内蒙古、辽宁、贵州

有 50%左右省（区、市）在"十一五"规划中没有规划全民健身体系，或虽然提出建设全民健身体系，但建设内容不明确、思路不清晰。表2。

表 2　24 个省（区、市）"十一五"体育规划中有关全民健身体系情况

类　别	省数	%	省　区　市　名　称
规划有此内容并内容较明确	12	50.0	北京、天津、内蒙古、吉林、黑龙江、江苏、安徽、江西、河南、湖南、广东、陕西
规划有此内容但内容不明确	9	37.5	河北、山西、辽宁、广西、贵州、甘肃、青海、宁夏、新疆
规划无此内容	3	12.5	重庆、四川、云南

而基层全民健身体系建设更令人担忧。在公布《县体育"十一五"规划》的 16 个省市的 29 个县中，辽宁辽阳；福建连江；广东阳东、龙门；四川大英、苍溪等 6 个县有全民健身体系建设内容，占 20.7%。而江苏高淳；浙江三门、象山、洞头；福建惠安、将乐；安徽繁昌；江西九江、永新、广丰、武宁；山东邹平；湖南步城、沅陵、临澧、华容；湖北竹山；广西钟山；重庆大足；四川雷波；贵州天祝；云南江川；甘肃陇西有 23 个县没有全民健身体系建设内容，占 79.3%。人们的行为是受意识支配的。这种对建设全民健身体系的"集体无意识"或"意识模糊"，实在让人费解。可

以推断,这些地方的全民健身体系建设状况,不容乐观。

面对国民体质状况不尽如人意和建设全民健身体系的"集体无意识"或"意识模糊"的严峻状况,我们不得不提出一个问题,按照现在这种体育发展模式,我们能够如期实现的"明显提高全民族健康素质,形成比较完善的全民健身体系"的既定目标吗?我们是否应当转变体育既有发展方式,优先发展群众体育呢。

三、迈向体育强国,建设体育强国:"十二五"群众体育发展的既定目标

(一)群众体育迈向体育强国,建设体育强国发展目标的既定性

2008年9月,胡锦涛总书记提出了"以增强人民体质、提高全民族身体素质和生活质量为目标",迈向体育强国的奋斗目标。显然,"以增强人民体质、提高全民族身体素质和生活质量为目标",建设体育强国,主要在群众体育。因为只有群众体育才能实现人民体质增强、全民族身体素质提高和生活质量的提高。从这个意义上讲,迈向体育强国,主要方面是群众体育,主要依靠群众体育。

(二)群众体育迈向体育强国,建设体育强国本质特征的规定性

我们要在群众体育方面建设体育强国。那么,必须首先回答什么是体育强国,这直接关系到体育强国建设的目标构成和战略布局。体育强国,是使包括社会体育、学校体育、竞技体育、军队体育等各类体育;不同民族、不同阶层、不同地区、不同区域等全民体育,即整个国家的全部体育事业强盛发达起来。而不只是某些方面、某些地域、某些人群体育的"强"。体育强国根本在"强"。对于体育强国的本质属性或本质特征,理解如下。

1. "社会主义的"——"体育强国"的制度定位

我国要建设的体育强国,是社会主义体育强国,这是国家性质和国家根本制度决定的。《宪法》规定,我国是社会主义国家。国家根本制度是社会主义制度。因此,体育强国具有社会主义本质。邓小平反复强调,"社会主义的本质,是解放生产力,发展生产力,消灭剥削,消除两极分化,最终达到共同富裕";"一个公有制为主体,一个共同富裕,这是我们所必须坚持的社会主义根本原则"。"社会主义最大的优越性就是共同富裕,这是体现社会主义本质的一个东西"。可见,我们建设的体育强国,就是要在体育方面实现全体人民"共同富裕"、"人人共享"。而在体育方面能够体现全体人民"共同富裕"、"人人共享"这一社会主义本质的,主要在群众体育。从这个意义上讲,建设体育强国主要在群众体育方面。

2. "中国特色的"——"体育强国"的时代特征

我们所要建设的体育强国,是中国特色的体育强国。这是社会主义初级阶段国情所决定的。当代中国的最大国情,就是我国处在社会主义初级阶段。社会主义初级阶段是一个由不发达、不丰裕、不均衡、不均等向发达、丰裕、均衡、均等转化,从而基本实现现代化的阶段。受社会主义初级阶段国情的制约,当代中国体育也必然是由

不发达、不丰裕、不均衡、不均等转向发达、丰裕、均衡、均等，从而基本实现体育现代化的过程。显然，这种不发达、不丰裕、不均衡、不均等的体育特征，主要表现在群众体育。因而，在社会主义初级阶段国情下建设体育强国，主要在群众体育方面。主要任务是使群众体育从不发达转向发达，从不丰裕转向丰裕，从不均衡转向均衡，从不均等转向均等，从而基本实现群众体育现代化。

3. "达到中等发达国家水平的"——"体育强国"量的规定性

我们要建设的体育强国，究竟要达到怎样一个水平，是"名列世界前茅"，还是达到"中等发达国家水平"。基于前述共同富裕的社会主义本质，基于初级阶段群众体育不发达、不丰裕、不均衡、不均等的现实，我们建设的体育强国，总体上第一步只能"达到中等发达国家水平"。这不仅符合中央"三步走"战略构想，即到本世纪中叶新中国成立100周年，国家达到中等发达国家水平，基本实现现代化；而且符合我国与世界先进水平差距的实际。

4. "现代化的"——"体育强国"质的规定性

"达到中等发达国家水平，基本实现现代化"的目标规定性，决定了我们建设的体育强国必然是现代化体育强国。回答好什么是体育现代化，直接关系到建设怎样一个体育强国。

我们在此不讨论现代化、体育现代化等概念，而是以2005年中国现代化战略研究课题组和中国科学院中国现代化研究中心联合开展的"关于社会现代化研究"结果所表达的指向，来推断体育现代化应当是什么。该研究结果的指向是，从社会现代化的基本内涵看，社会现代化"作为18世纪工业革命以来社会领域发生的一种革命性社会变迁"，其基本内涵明显指向社会转型；民生的生活质量、生活方式和观念；国民的文化素质、健康素质；公平正义的社会福利、社会公平。从推进未来中国社会现代化的战略思路看，推进未来中国社会现代化战略思路是"以社会生活和社会结构现代化为重点，以生活质量现代化为重中之重，同时要大力促进社会转型和提高国民素质"。具体指向仍然是民生的全民生活质量、反贫困、卫生体系、公共卫生投入；是关系国民素质的义务教育、全民健康水平；是关系社会公平正义的社会福利、社会保障、社会公平、城乡平衡等。从社会生活监测指标看，反映社会现代化，除了社会转型，依然是生活质量、生活方式、社会福利、社会公平。从与体育性质相近的教育、卫生领域评价其现代化水平、发展程度的指标看，仍然是民众的生命长度与质量，教育卫生的普及与质量、公共服务的数量与质量。

社会现代化，就是社会生活、社会结构的转型；就是国民素质、人的全面发展和社会公平正义的进步；就是生活方式、生活质量的提高；就是民生保障的公平享有，并逐步达到世界先进水平的过程。推而论之，体育现代化作为社会现代化的一部分，社会现代化上述指向，也是体育现代化的本质指向。那就是在与国民素质、人的全面发展、社会公平正义；与民生、生活方式、生活质量相关联方面的体育的现代化。这个与之相关联的体育，主要是群众体育，因此，体育现代化主要是群众体育的现代化，主要是公民体育权利公平享有、公平保障的范围和质量不断改善和提高，民众体育生活方式、体育生活质量的不断改善和提高，并且逐步达到世界先进水平的过程。

（三）群众体育实现体育强国目标的艰巨性

相对于体育强国目标，我们与发达国家或者中等发达国家的差距究竟主要在群众体育，还是主要在竞技体育呢？搞清这个问题，关系到建设体育强国的战略重点选择。

1. 我国已经是竞技体育强国

虽然胡锦涛总书记9.29讲话提出了我国竞技体育在结构优化、内部各门类均衡发展和体育后备人才培养等方面还存在问题，还要不断增强我国竞技体育的综合实力和国际竞争力。但从1984年洛杉矶奥运会以来的近30年中，在连续7届奥运会，在有150个以上国家参加的世界竞技舞台上，我们始终处在前6名，近10年处在前3名。这充分证明我国竞技体育综合实力处于世界前列，已经成为竞技体育强国。这是包括国际奥委会主席罗格和越南国家主席阮明哲；包括很多发达国家的媒体，如美国CNN、英国广播公司、法新社和法国电视二台、意大利体育报和晚邮报、瑞典日报、新加坡联合早报等；也包括新印度时报、马来西亚星洲日报等新兴国家媒体都认定的。法国汉威士体育公司公布的世界体育强国排行榜，2006、2007、2008年中国排名分列世界第三、第二、第二。

为什么没有我国群众体育是世界强国的国际舆论呢？马来西亚星洲日报社论看得客观："体育强国有三项指标，即竞技体育、职业体育、大众体育，中国目前只停留在竞技体育的阶段"。中国群众体育远没有达到体育强国水平，这也是不争的事实。

2. 实现体育强国目标的差距主要在群众体育

1984年中央20号文件指出"目前我国体育事业发展规模和发展水平，同世界先进水平相比，还有很大差距"。可见，20多年前，无论竞技体育还是群众体育，都与世界先进水平存在很大差距。2002年中央8号文件指出"目前我国人均体育场地、人均体育消费和经常参加体育活动的人数与发达国家和较发达国家相比，仍处于较低水平，地区之间城乡之间体育发展程度差距较大；竞技体育优势项目不多，后备力量不足"。这表明，经过近20年发展，我国竞技体育虽然还存在"优势项目不多，后备力量不足"问题，但整体"同世界先进水平相比"，已经不存在"还有很大差距"问题，达到了世界先进水平。而群众体育却在"人均体育设施、人均体育消费和经常参加体育活动人数"、在"地区之间城乡之间"，与发达国家和较发达国家相比，"仍处在较低水平"，"仍然差距较大"。实际正是如此。以体育场地为例，我们与芬兰、日本、法国、瑞士、意大利等发达国家相比，1990年这些国家每10万人拥有体育场地212～457个，平均每个国家279.4个。而2003年我国每10万人只拥有42.3个，与这些国家 13 年前水平相差 5~10.8 倍，平均相差 6.6 倍。以有组织体育人口为例，1997 年这些国家在体育俱乐部参加体育活动人口占总人口比例为 7%~46%，平均为 29.7%。而 2007 年我国在健身会所参加体育活动的人口比例为 0.84%，我们与这些国家 10 年前水平相差 8.3~55 倍，平均相差 35.4 倍。就是与中等发达国家相比，1990 年，韩国每 10 万人拥有体育场地 100.6 个，是我国 2003 年水平的 2.4 倍。而有组织的体育人口，1997 年，捷克、斯洛伐克、西班牙、希腊、爱沙尼亚、土耳其、韩国等中等发达国家，在体育俱乐部从事健身活动的人口比例为 3%~22%。平均为 7.7%。我国 2007 年在健身会所从事体育活动的人口比例为 0.84%，其水平与中等发达国家 10 年前水平相差 3.6~26 倍，平均相差 9.2 倍。总之，建设体育强国，达到、接近发达国家或中等发达国家的水平，主要差距在群众体育。

面对社会主义体育强国"共同富裕"、"人人享有"本质和社会主义初级阶段群众体育不发达、不丰裕、不均衡、不均等的中国特色；面对我国已经成为了竞技体育强国，而与发达国家或中等发达国家的差距主要在群众体育的严峻现实，同样提出一个问题，按照现有体育发展模式，我们能够改变群众体育"最薄弱环节"和"最大短板"的被动局面，实现建成体育强国的奋斗目标吗？我们是否应当转变体育既有发展方式，优先发展群众体育呢。

四、强化政府群众体育公共服务职能，加快建设群众体育公共服务体系："十二五"群众体育发展的重中之重

（一）政府保障公民体育健身权利责任的法定性

《全民健身条例》，第一次明确规定了"公民有依法参加全民健身活动的权利"和"地方各级人民政府应当依法保障公民在全民健身活动中的合法权益"。公民的体育健身权利第一次成为受宪法保护的基本人权，政府保障公民体育健身权利第一次成为法定的政府职责。政府"保障公民在全民健身活动中的合法权益"，就是要保障每个公民都有平等参与体育健身活动的权利，即每个公民都有平等的参与体育健身活动的机会，都能平等的享有体育健身活动条件，都能平等的获得参加体育健身活动的保障。而要使公民体育健身权益得到公平的保障，无疑需要物质条件和精神条件。没有条件，保障公民体育健身权利就是一句空话。而《全民健身条例》规定政府为保障公民体育健身权利依法提供的各种条件，都是需要体育物质资源来实现的。没有体育物质资源，保障公民体育健身权利同样也是一句空话。"十二五"群众体育发展，必须在筹措群众体育公共资源，公平保障公民体育健身权利上取得新突破。

（二）政府提供体育公共服务，建设公共体育服务体系的群众体育指向

1. 政府提供体育公共服务：建设公共体育服务体系的群众体育指向

改善民生，加强公共服务，逐步健全基本公共服务体系，逐步实现基本公共服务均等化，促进社会公共正义，既是社会事业发展与改革的明确指向，也是体育事业发

展与改革的明确指向。2008年9月，胡锦涛总书记在9·29讲话中提出了"完善全民健身体系，为人民提供更多更好的体育公共服务"，明确了完善全民健身体系的基本任务是"为人民提供更多更好的体育公共服务"；提出了"强化政府发展体育事业、提供体育公共服务的责任"，明确了政府发展体育事业的主要责任是"提供体育公共服务"。2009年3月，国务院对国家体育总局职责做出规定。其调整的职责是"加强体育公共服务"；主要职责是："推进体育公共服务和体育体制改革"。2010年3月，《政府工作报告》提出："大力发展公共体育事业"。"发展公共体育事业"成为最高国家权力机关和最高国家行政机关确定的体育事业发展指向。尤其是2010年初温家宝总理撰文提出："以基层公共文化体育设施建设为重点，建设覆盖城乡的公共文化体育服务体系"。明确提出了"以基层公共体育设施建设为重点，建设覆盖城乡的公共体育服务体系"的发展指向。

公共事业理论认为，公共事业是"社会全体公众的事业，即关系社会全体公众基本生活质量和共同利益的特定的社会公共事务"。公共事业最本质特点是公共性。即受益对象是全体社会公众；服务内容涉及社会成员的共同需要；服务目标是实现公众的共同利益。公共事业主要是政府代表公众利益、以公共财政为支撑、以提供公共物品和公共服务来实现的。显然，和竞技体育相比，群众体育事业关系每一个国民身体健康和生活质量，更具有公共性，是最大的、最主要的公共体育事业。政府为提高每一个国民身体健康和生活质量的提供公共服务，是最大的、最主要的公共服务。因而，公共体育事业、体育公共服务的主体都是群众体育；公共体育服务体系的主体也是群众体育公共服务体系。这应当成为"十二五"体育事业、群众体育事业发展的基本指向。

2. 群众体育公共服务的缺失

既然群众体育更应该按照公共事业特点运行，更应当"以公共财政为支撑、以提供公共物品和公共服务来实现"。那么实际是否如此呢？刘鹏在2009年全国体育局长会议上指出，"各级财政对于群众体育投入过少"。日前，国家体育总局原局长伍绍祖讲到，"国家拨给体委的经费几乎全部被分配到竞技体育的各个项目上"。群众体育的公共服务存在什么问题？

我国至今没有体育公共财政供养的、为公众体育健身服务的群众体育专门体育技术人员以及群众体育事业单位。我们有的是训练竞赛单位，我们80%以上的国家公职人员在为40至50万人的一二三线运动员服务。作为政府提供体育公共物品及组织体育公共生产提供财力、保证满足社会公共需求的体育公共财政，按道理应当主要用于群众体育。但实际是绝大部分用于竞技体育。群众体育经费至今没有独立的体育财政支出项目，没有单独的体育事业经费，群众体育经费隐含在"其他事业费"之中。2004年调查结果表明，地方群众体育部门获得的本级财政经费只占财政拨款总额的4.9%。

公共体育设施的基本属性是"公共性"。即为社会公众体育活动服务。但到2001年末，体委系统公共体育设施只占体委系统全部体育设施的29.1%。即体委系统70%的体育场地是为训练竞赛服务的，而不是为社会公众体育活动服务。我国体育场地普查至今没有公共体育场地指标，至今没有公共体育场地底数。总之，按道理应当主要用于群众体育的公共体育资源，实际大部分或绝大部分用于了竞技体育。这种错位反映了什么呢。温家宝总理讲，"一个国家的财政史是惊心动魄的。如果你读它，会从中看到不仅是经济的发展，而且是社会结构和公平正义的程度"。我们从体育的财政史中读出了什么呢。

（三）全民健身公共体育服务体系的基本构架

此处的全民健身等同于群众体育，全民健身公共体育服务体系等同于群众体育公共体育服务体系，两者只是称谓不同。

1. 全民健身体系的基本构架

所谓全民健身体系就是一个能够不断满足全国人民体育健身需求，改善全社会体育健身环境条件，为提高全民族身体素质提供体育服务和体育保障的系统化的整体。全民健身体系的基本功能是全民健身体育服务功能和全民健身体育保障功能，这就决定了全民健身体系由全民健身服务体系和全民健身保障体系两个部分构成。

所谓全民健身服务体系就是一个为不断满足全国人民体育健身需求，改善全社会体育健身环境条件，提高全民族身体素质提供服务的系统化的整体，或者说，是全社会提供体育健身服务，使民众享有体育健身服务的那部分全民健身体系。全民健身体系的体育服务功能是全民健身体系的最根本、最直接的功能，是起着主导性的功能。他体现着全民健身体系的性质和方向，制约着全民健身体系的社会功能和社会效益。因而，全民健身服务体系就成为全民健身体系的主体部分。全民健身服务体系主要包括体育场地设施系统、体育活动指导系统、体育健身组织系统、体育消费市场系统和体育信息供给系统。而全民健身保障体系主要包括体育法制系统、体育资金系统、体育科技系统、体育管理系统、体育教育系统、体育宣传系统和体育评价系统。

全民健身服务体系包括全民健身公共体育服务体系和非公共体育服务体系两部分。全民健身体育保障体系同样包括全民健身公共体育保障体系和非公共体育保障体系两个部分。全民健身公共体育服务体系是直接为全体民众提供基本体育公共服务的，因此，全民健身公共体育服务体系是全民健身服务体系的主体部分，也是全民健身体系的主体部分。

2. 全民健身公共体育服务体系的基本构架

所谓全民健身公共体育服务体系就是一个能够覆盖城乡居民的，由政府和准公共服务部门为不断满足公民体育健身需求，保障全体公民体育健身权益，改善公共体育健身环境条件，提高全民族身体素质，而提供基本体育健身公共服务的系统化的整体。

或者说，是政府和准公共服务部门提供基本体育公共服务，使全体公民享有基本体育健身公共服务的那部分全民健身体系。全民健身公共体育服务体系是全民健身服务体系的主体组成部分。图4。

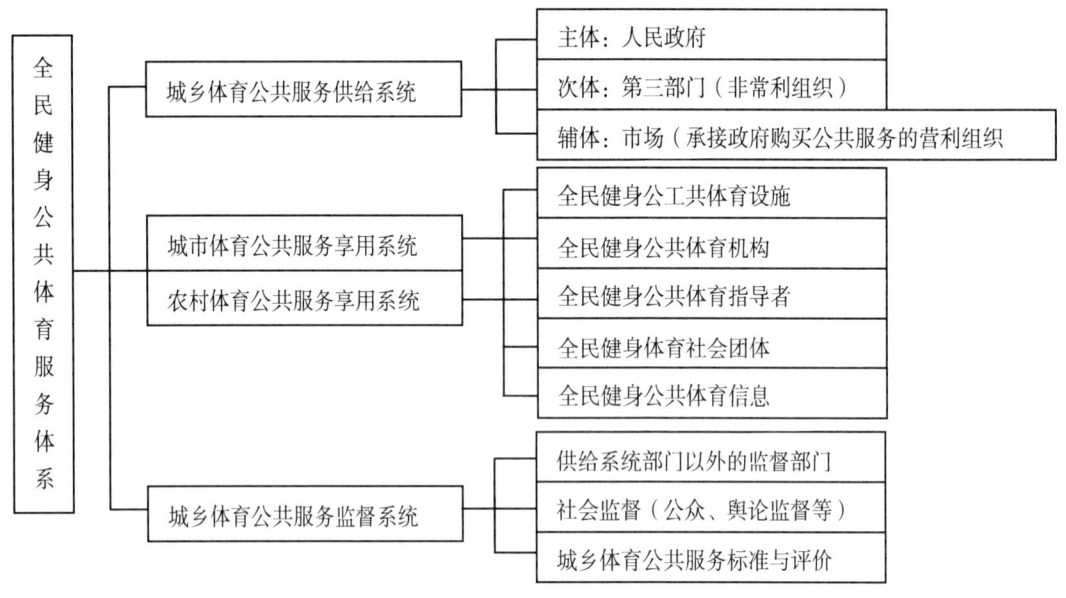

图4 全民健身公共服务体系的基本架构

全民健身公共体育服务体系包括覆盖城乡的公共体育服务供给系统、公共体育服务享用系统和公共体育服务监督系统等三个组成部分。鉴于我国城乡二元结构的现状，目前我国城乡还将有差别的构建各自的享用系统。但是要大力推进实现公共体育服务的城乡一体化进程，直至达到城乡居民公共体育服务均等化。无论是城市居民还是农村居民，都依法平等享用全民健身公共体育设施、公共体育机构、公共体育指导者、体育社会团体和公共体育信息等基本公共服务。而提供这些基本公共服务首要的、主体的是政府，其次是非营利组织——第三部门，弥补政府提供公共体育服务不足和提供准公共体育服务。市场作为辅助部门，承接政府购买公共体育服务责任。为了保障城乡居民依法享受基本体育公共服务，必须设立城乡基本公共体育服务监督系统。包括设定供给系统部门以外的监督部门、开展包括舆论、公民等的社会监督和制定城乡体育公共服务标准并开展评价。

建设覆盖城乡居民的全民健身公共体育服务体系，关键是公共体育资源供给问题。即我们能否供给满足全体公众基本体育需求所必须的体育公共服务人力、物力、财力。

3. 基层全民健身公共体育服务体系的基本构架

建设覆盖城乡居民的全民健身公共体育服务体系，重点在基层。对于公众享有的全民健身体育公共服务，主要是政府所提供的基本体育公共服务。它是通过政府在城乡基层建设覆盖城乡居民的公共体育服务体系来实现的。城乡基层公共体育服务体系是由包括居住社区级、乡级和县级的三级公共体育服务体系组成。作为政府提供基本体育公共服务的补充，社会还可以为某一群体的人提供准体育公共服务。对于不同类别的体育爱好者，他们可以享受不同类别的体育社会团体提供的体育服务。对于"单位人"，他们可以享受单位提供的体育服务。为了使城乡居民更多享有准体育公共服务，主要是建设县乡两级的体育社会团体服务体系和基层行业系统体育服务体系。基层全民健身公共体育服务体系的层级结构，图5。

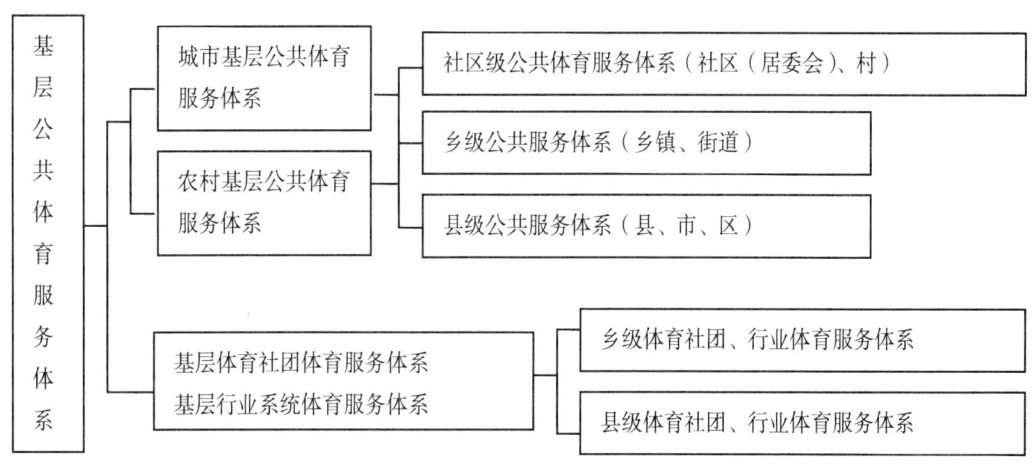

图5 基层全民健身公共体育服务体系的层级结构

五、着力推进社会体育指导员队伍科学建设，促进群众体育的普及化、组织化、科学化："十二五"群众体育发展的突破口

（一）社会体育指导员队伍的特殊重要性决定了队伍科学建设的必然性

1. 社会体育指导员队伍在群众体育事业发展中的不可替代性

《社会体育指导员技术等级制度》实施以来，我国已经有了一支65万名公益性社会体育指导员（以下简称社会体育指导员）的队伍。社会体育指导员既是科学健身活动的组织者和指导者，又是健康文明生活方式的宣传者和倡导者，在满足人民群众体育健身指导需求，指导广大人民群众体育健身活动，促进群众体育普及化、组织化、科学化等方面，发挥了巨大作用，为群众体育事业发展，乃至社会和谐与稳定做出了巨大贡献。没有数以十万计的活跃在城乡基层的社会体育指导员，就没有我国群众体育事业的今天。

社会体育指导员在群众体育事业发展中有着特殊地位。我国群众体育还没有像学校体育的体育教师、竞技体育的教练员那样的公共体育技术队伍。政府用于为公众提供体育健身公共技术服务的，只有社会体育指导员这样一个群体。社会体育指导员的不可或缺性，决定了社会体育指导员这种体育人才的基础性、关键性和不可替代性。社会体育指导员是发展群众体育事业不可或缺的体育人才，是第一人才资源，是政府为公众提供基本体育健身公共服务、保障公民体育健身权益的不可替代的依靠力量。

2. 社会体育指导员队伍在实现全面建设小康社会和建设体育强国目标中的不可替代性

社会体育指导员队伍作为唯一的、不可替代的群众体育技术人才资源，对于实现全面建设小康社会奋斗目标，在群众体育方面建设体育强国，同样具有不可替代性。首先，要实现"明显提高全民族健康素质，形成比较完善的全民健身体系"的全面建设小康社会奋斗目标，除去社会体育指导员，我们还有谁、还能依靠谁去普及体育活动，动员民众参与，进行科学指导？除去社会体育指导员，我们是不是还有一支队伍，可以作为"比较完善的全民健身体系"的一部分？其次，缩小与世界体育强国的主要差距，解决体育人口偏少、群众体育活动组织化、科学化水平偏低的问题，除去社会体育指导员，我们依靠谁去完成？我们可否说，一个体育强国，可以没有一支群众体育公共服务技术队伍？显然，在当前情况下，除了依靠社会体育指导员队伍，别无他人。

3. 社会体育指导员队伍的不适应性

公众旺盛的体育健身指导需求与体育健身指导公共服务供给严重不足的矛盾，主要是政府体育健身指导基本公共服务供给数量严重不足、质量缺乏保障。即政府用于提供体育健身指导基本公共服务的社会体育指导员队伍状况，还存在相当问题。《社会体育指导员技术等级制度》颁布实施 17 年来，我国社会体育指导员队伍的底数尚不清楚；队伍管理体制和运行机制尚不健全，队伍建设投入和保障机制有待建立；应当为社会体育指导员开展工作提供的基本服务还不到位；社会体育指导员的实际指导率还比较低，指导质量还未提上议事日程；社会体育指导员人才总量、人才结构、人才素质还不能满足民众的体育健身指导需求；基层社会体育指导员队伍组织建设严重滞后，队伍还存在着"散"、"软"的情况；社会体育指导员的培训体系、培训方式和培训质量等方面还有待提高和加强。此外，对社会体育指导员队伍建设认识不到位，重视不够，投入严重不足；社会体育指导员队伍城乡、区域分布不合理，发展不平衡等。这些问题严重制约着在群众体育方面实现全面建设小康社会和建设体育强国的奋斗目标。

4. 我国社会体育指导员事业进入了队伍建设——科学建设新阶段

从《体育法》规定"国家实施社会体育指导员指导等级制度"，到《全民健身条例》规定"国家加强社会体育指导人员队伍建设"，标志着我国社会体育指导员事业进入了"队伍建设"新阶段。这是一个历史性的进步。从一定意义上讲，实施社会体育指导员技术等级制度，更主要的是发展社会体育指导员，解决社会体育指导员从无到有的问题、数量的问题。而加强社会体育指导员队伍建设，则更主要的是着眼于队伍的整体发展、整体提高，解决社会体育指导员从有到强的问题、质量的问题。这一点，国务院在国家体育总局主要职责中明确："推动社会体育指导工作队伍建设"。建设社会体育指导员队伍第一次成为体育部门的法定任务和明确职责。我们要清醒地认识从数量发展到队伍建设的转变，"以科学发展为主题"，推动社会体育指导员队伍科学建设。

提出科学建设社会体育指导员队伍，就是要在这支队伍的管理和服务中更加注重以人为本；更加注重队伍的规模建设、组织建设、素质建设和文化建设等的全面协调；更加注重队伍建设中的管理与服务、规模与效用、数量与质量、政府与市场等方面的统筹兼顾；更加注重城乡、区域和不同人群等方面的队伍建设的统筹兼顾；更加注重对队伍可持续服务能力和社会体育指导员权益的保障和改善，充分发挥这支队伍在实现全面建设小康社会奋斗目标和建设体育强国中的作用。

（二）关于统筹社会体育指导员管理与服务，突出为社会体育指导员服务问题

1. 关于社会体育指导员管理与服务的关系

从政府角度讲，履行好"推动社会体育指导工作队伍建设"职责，就是做好这支队伍的社会管理和公共服务。管理和服务是一支队伍建设的两个方面，相辅相成，缺一不可。一支队伍没有管理，各自为战，就是一盘散沙。因此，加强管理，首先是将人员组织起来。然而，并不是组织起来队伍就有了战斗力。如果一支队伍素质能力低，又没有装备，没有后勤保障，即使组织起来，也难以形成有效持久的战斗力。没有好的服务，队伍也很难管理好，很难持久。人们是会"用脚投票"，选择应去之处。为一支队伍开展工作提供服务和保障，是队伍建设不可或缺的重要方面。推进社会体育指导员队伍科学建设，就是要处理好管理和服务的关系，统筹社会体育指导员管理和服务，强调管理和服务并举，相互促进。当前，要突出搞好为社会体育指导员开展工作所必须的服务和保障。

2. 突出做好为社会体育指导员的服务的必然性

第一，做好服务是更加注重以人为本所要求的。以人为本建设社会体育指导员队伍，这里"人"就是社会体育指导员，"本"就是社会体育指导员利益。为社会体育指导员做好服务，创造良好的工作环境和条件，不仅维护了社会体育指导员利益，保护了他们坚持为民服务的积极性、创造性，而且会带动更多人加入这支队伍，从而使更多民众接受更好的体育健身指导服务。第二，做好服务是政府公共服务职责所决定的。为公众提供体育健身指导基本公共服务是政府的公共服务职责。在政府手中没有履行这一职责的公职技术队伍时，社会体育指导员弥补了政府在这方面的缺失。不能因为社会体育指导员是"体制外"的人，不姓"公"，就可以免除为他们的服务，只

是一昧的使用。既然用他们去为公众服务，他们完成本应"体制内"承担的职责，那么，就应当像"体制内"的人一样，享有与承担这个责任相匹配的服务，这样才公平。因此，做好为社会体育指导员的服务和保障，维护好社会体育指导员应有权益，是政府应尽的责任，是社会体育指导员队伍建设的重要内容。第三，做好服务是社会体育指导员开展工作所需要的。社会体育指导员的工作是类似体育教师、教练员的工作。他们的劳动不仅具有体育专业知识技能含量，而且需要付出一定的体力、时间、装备成本。理应获得相应的工作条件和物质补偿。但是目前我们还没有制度确定所应提供的工作条件和物质补偿。提倡奉献是应当的。当我们有了一定物质基础，为了使社会体育指导员更好的为民服务，我们是否应该适时为社会体育指导员开展工作提供必要工作条件和物质补偿呢？第四，做好服务是公共财政理论所支持的。既然公共服务应当以公共财政为支撑，通过提供公共物品和公共服务来实现。那么，即使从政府购买公共服务——向社会体育指导员购买公共服务，也应该向社会体育指导员提供必要的工作条件和物质补偿。我们应当用为社会体育指导员的服务，换取、促进他们更多更好地为公众体育健身指导服务。

3. 形成可持续的社会体育指导员服务保障机制

温家宝总理在说明"基本公共服务体系"的可持续性时指出，"可持续，就是制度的设计和财力的保障，要形成一种常规的、长效的机制。政府提供基本公共服务的能力随着国力的提高而不断增强"。可见，影响可持续的关键要素是制度设计、财力保障，是常规的、长效的机制。为了保持社会体育指导员队伍为公众服务的可持续性，同样应当在制度设计、财力保障上，形成一种为社会体育指导员服务的常规的、长效的机制。应当贯彻《中共中央"十二五"规划建议》"改革基本公共服务提供方式，扩大购买服务"和《国家中长期人才发展规划纲要（2010-2020年）》（以下简称《人才规划纲要》）"加快人才发展体制机制改革和政策创新"的精神，加大投入，为一线社会体育指导员开展指导工作提供基本服务和保障。要在体育事业经费和体育彩票公益金中设立社会体育指导员专项经费，用于社会体育指导员培训、装备器材购置，服务补贴等项支出。要制定一线社会体育指导员装备器材名录、服务补贴办法、表彰奖励办法等。

（三）关于统筹社会体育指导员规模与效用，突出社会体育指导员效用发挥问题

1. 关于社会体育指导员规模与效用的关系

《人才规划纲要》提出了"服务发展，人才优先，以用为本，创新机制、高端引领、整体开发"的人才工作指导方针，和"服务发展"的"人才工作根本出发点和落脚点"、"充分发挥人才作用"的"人才工作根本任务"。社会体育指导员队伍科学建设，就是要坚持服务发展，以用为本的指导方针，把服务发展作为队伍科学建设的出发点和落脚点，把充分发挥社会体育指导员作用作为队伍建设的根本任务，处理好队伍

规模与效用之间的关系，当前，在不断扩大队伍规模基础上，突出抓好社会体育指导员队伍效用发挥，尤其抓好队伍组织建设，推动队伍效用充分发挥。

我国有数以亿计的城乡普通体育锻炼者，需要一大批公益性社会体育指导员。现有的社会体育指导员规模，远远不能满足民众对体育健身指导的需求。第三次全国体育现状调查结果表明，2007年接受过社会体育指导员指导的城乡居民只占4.8%，而没有接受过指导的占66.7%。因此，还要不断扩大社会体育指导员队伍规模。但是，规模与效用是一支队伍的两个方面。规模是标，效用是本。队伍存在的价值在效用。没有效用，队伍就失去了存在的必要。一支队伍规模大，效用不一定大，关键在于队伍中每一个个体的能量和队伍的组织化程度，即队伍中有多少真正干事的人和每个人真正干了多少事。只有真正干事的人越多，每个人又真正干了更多的事，队伍的效用才更大。否则，一支队伍人数再多，作用也不大。

2. 突出社会体育指导员组织化的必然性

根据第三次全国群众体育现状调查结果，2007年我国16岁以上经常参加体育锻炼的城乡居民（不包括在校生）中，有4.8%接受过社会体育指导员指导。按我国有65万名社会体育指导员计算，相当于一个社会体育指导员指导过6.5个16岁以上经常参加体育锻炼的人。这个指导率，相当于2007年优秀运动队一个教练员指导4.2个运动员的1.5倍，远远高于二线、三线队伍一个教练员指导14.7和22.2个运动员的水平。显然这个结果不正常。因为在实际中，一个社会体育指导员指导几个人的情况很少。这表明，社会体育指导员中相当多的人没有发挥作用，所以平均起来每个人指导的人数就很少。所以造成这种结果的原因，就是没有将这些人组织起来。即使是干的人，也是人自为战、各自为战。这种组织弱化造成的"散"、"软"状况，必然影响这支队伍的效用发挥。因此，在不断扩大队伍规模的同时，应当着力推进队伍的组织化、效用化建设。

2007年我国有66.7%，也就是三分之二人没有接受过指导，我国在健身会所锻炼的人只占全国总人口的0.84%（占锻炼人群的3.3%），与1997年中等发达国家和发达国家在体育俱乐部活动者的比例相比，相差几倍乃至几十倍。这表明，在建设体育强国，实现群众体育组织化、科学化方面达到中等发达国家、发达国家水平，必须推进社会体育指导员队伍组织化建设。只有先将数以十万计的社会体育指导员组织起来，才能通过他们将占大多数的自发自为体育健身者组织起来，才能提高体育健身者的组织化水平、科学化水平，加快体育强国建设步伐。我国作为发展中国家，舍此别无他法。

3. 通过队伍组织化实现效用化的重要性

1979年诺贝尔经济学获奖者赫伯特·西蒙讲过一句很深刻的话，"有效地开发社会资源，第一个条件是有效的组织结构"。组织化程度是反映社会进步程度的重要指标。高度组织化是现代社会的重要特征。队伍的组织化程度、人的素质和保障条件，是发挥队伍效用的三个基本要素。加强社会体育指导员管理，首先是将社会体育指导员组织起来。当前，解决社会体育指导员队伍"散"、"软"的关键，就是要大幅度提高这支队伍的组织化程度。只有把松散的人组织起来，才能去更好地发挥效用、才能去提高人的素质、才能为这些人提供保障条件。否则，人都不知在哪儿、不知道干什么，何谈其他。因此，应当坚持以用为本，规模与效用并重，通过组织建设促进效用发挥。国情决定了社会体育指导员队伍的组织化程度决定着体育健身者组织化程度。在群众体育方面建设体育强国，基本实现体育现代化，必须推进社会体育指导员队伍的组织化。

4. 以县级为重点，广泛建立基层地方的社会体育指导员组织体系

组织建设是社会体育指导员队伍建设的基础，是提高队伍组织化、规范化水平的关键环节，也是推动公众体育健身组织化、科学化的纽带和桥梁。在一个基层地方，面对成千上万的体育健身者，仅仅靠体育部门的几个干部，靠干部身边的几个社会体育指导员，显然是不够的。因此，广泛建设基层社会体育指导员组织就成为发展群众体育的当务之急。我们应当在区（县、市、旗）普遍建立社会体育指导员协会。实行各级社会体育指导员参加所在区（县、市、旗）社会体育指导员协会并在该协会登记注册制度。充分发挥社会体育指导员协会对社会体育指导员的日常管理、工作分派、权益维护、队伍建设等方面的作用。通过城乡基层社会体育指导员协会建设，推动体育健身指导者队伍组织化、规范化建设，促进社会体育指导员服务范围、服务效率和服务质量的提高，加快体育健身指导服务网络形成。

当前，社会体育指导员队伍组织建设的关键在体育部门。体育部门在社会体育指导员队伍组织化建设中起着主导作用。各级地方体育主管部门要积极支持建立区（县、市、旗）社会体育指导员协会，在办公场所，工作人员、工作经费等方面给予扶持，创造开展工作的基本条件；在组织构架、工作制度，指导员工作委派、长效化管理与服务等方面给予指导，帮助社会体育指导员协会解决制约协会建立、运转和开展工作的突出矛盾，使社会体育指导员协会真正成为有办公地点、有专门工作人员、有经费保障、常年坚持开展工作的实体化体育组织；真正成为社会体育指导员之家，成为社会体育指导员人尽其才，才尽其用的舞台，成为党和政府为民服务的助手和桥梁。同时，政府体育部门要设立专门机构或人员负责社会体育指导员队伍建设；设立用于社会体育指导员业务培训、服务器材装备、工作补贴和表彰奖励等的专项经费；大力发展从事体育健身技术技能指导的社会体育指导员，建立社会体育指导员档案，建立健全各级社会体育指导员培训体系。也应当支持、指导其他形式的社会体育指导员组织形式的建设，发挥他们指导民众体育健身的作用。

基层社会体育指导员组织的生命力、发展活力，来自于社会体育指导员自己，来

自于社会体育指导员自己组织自己、自己管理自己、自己服务自己。如果每一个社会体育指导员都能加入到一个社会体育指导员组织之中，如果每一个社会体育指导员组织都能够担负起社会体育指导员的日常管理服务、分派协调工作安排等相应的职责，那我们就一定会真正形成了一支强有力的队伍，就一定会发挥更大的效用。

（四）关于统筹社会体育指导员数量与质量，突出社会体育指导员素质能力提高问题

1. 社会体育指导员数量与质量的关系

社会体育指导员队伍建设的根本任务，就是为更多的人民群众提供更多更好的体育指导服务，使更多的人民群众不断提高身体素质与健康水平。相对于"服务发展、以用为本"的方针来讲，相对于提高民众身体素质与健康水平来讲，社会体育指导员数量只是一个前提条件，根本在于接受指导的人数多少和指导质量的好坏——被指导者体质与健康水平改善的大小，即社会体育指导员指导活动的结果。极而论之，即使有再多社会体育指导员，但都不干事，或者把事情都干砸了，那人再多有什么用呢。因此，社会体育指导员队伍建设不仅有数量建设，更应当突出质量建设、效用建设。我们应当转变单纯追求社会体育指导员数量的倾向，把更多的注意力集中在队伍的质量建设、效用建设上来，围绕队伍的质量、队伍的效用做文章，走"质量建队"之路。

2. 突出社会体育指导员素质能力提高的必然性

显然，实现"明显提高全民族健康素质"既定目标，改变国民体质状况令人堪忧的严峻现实，依靠体育部门几个群体干部、依靠群众自发体育锻炼不能解决。只有依靠社会体育指导员，依靠社会体育指导员科学指导，才能普遍的有效的提高民众科学锻炼水准和锻炼质量，实现国民体质明显提高。舍此别无他路。而要做到这一点，就需要大批合格的社会体育指导员——能进行、肯进行科学指导的人、具有相应素质和能力的人。

3. 社会体育指导员工作的特殊性决定了其素质能力提高的重要性

社会体育指导员的指导工作具有很强的特殊性。第一，工作性质是非本职的。他们并不归属于某个单位，因此工作是自由的、非组织状态的；第二，工作形态是独立的。多是人自为战，各自为战，一个人在一处、管一摊；第三，工作时间是业余的。因此出勤时间自由，时间早晚与多少自觉自为；第四，工作地点是不固定的。因此服务是游击式的，经常"打一枪换一个地方"；第五，工作要求是非约束性的。干什么、怎么干、干多少、干好坏自主自控；第六，工作是奉献性的，没有报酬没有补偿，完全凭"爱心"和"良知"。

这种特殊性，决定了一个社会体育指导员干与不干、干什么、怎么干，什么时候干、在哪里干、干多干少、干好干坏，不是靠某种组织去指派安排、去检查监督考核，而主要甚至完全靠本人自觉自主自为，靠某种精神支撑着去完成。在这种情况下，社

会体育指导员个人的综合素质、指导能力,就显得比什么都重要。因而,提高社会体育指导员个人综合素质和指导能力,就成为队伍建设的基础环节。而提高个人综合素质和指导能力,根本在培训、关键在培训。尤其是岗上培训、经常培训。

4. 通过岗上培训促进综合素质与指导能力提高的紧迫性

培训工作是提高社会体育指导员综合素质和指导能力的基本途径和发挥队伍服务效用的必由之路,是社会体育指导员队伍建设的基础性、常规性工作。要改变重审批前培训、轻上岗后培训、为培训而培训的倾向,将培训重心由岗前转向岗上、由为审批转向为指导、由一次性转向经常性。要树立培训也是管理,也是服务的理念,把培训作为队伍建设的重要抓手,通过培训促管理,促服务,凝聚队伍、检阅队伍、服务队伍。应当建立社会体育指导员培训的长效机制,制定不同等级的社会体育指导员的年度培训次数和标准,为每个社会体育指导员建立培训档案。应当建立社会体育指导员培训网络,重点建设好地、县两级社会体育指导员培训基地,下大力量提高二、三级社会体育指导员的培训质量。应当改变目前培训分级不分项、不分类的状况,通过培训使每个社会体育指导员各有所长,达到一专多能,成为某个方面、某个项目的行家里手,解决技术技能型的社会体育指导员严重短缺问题。

六、关于转变体育发展方式,优先发展群众体育的思考

对于《纲要》实施以来中国群众体育的发展问题,学界尤其是官方已多有回答。而对中国群众体育的改革,无论是官方还是学界则少有回答。即使有所回答,也是笼统的一带而过。似乎16年来中国群众体育没有进行什么改革,或者已有的改革也没有什么可总结的。究竟有没有改革,究竟改革特点是什么;究竟下一阶段改革选择怎样一个方向。我们从制度经济学的角度做一讨论。

(一)"体制外"社会力量的动员:群众体育制度构建的改革策略之一

1. 推进群众体育支持性制度体系构建的回顾

《纲要》实施以来,我国群众体育改革在支持性制度体系构建方面获得很大突破。第一,以《纲要》"在国务院领导下,由国家体委会同有关部门,各群众组织和社会团体共同推行,国家体委负责组织实施"为标志,形成新的群众体育领导组织制度;第二,以《纲要》由"国家体委会同有关部门、各群众组织和社会团体共同推行"为标志,形成新的群众体育社会动员制度;第三,以社会体育专业列入国家《普通高等学校专业目录》为标志,形成新的社会体育专业教育制度;第四,以颁布实施《国民体质测定标准》、开展国民体质监测为标志,形成新的国民体质管理制度;第五,以国家连续制定长中短期群众体育发展规划为标志,形成新的群众体育发展规划制度;第六,以命名表彰全国体育先进县和四年一届全国群众体育先进集体、先进个人为标志,形成比较完善的群众体育评价激励制度。第七,以全国群众体育调查、国民体质监测和全民健身专家咨询组织为标志,形成新的群众体育决策支持制度。

第八，不断推出新的群众体育规制性约束。所谓群众体育规制性约束是指党和国家领导机关决议和领导者讲话中提出的群众体育目标任务、方针政策等。（因篇幅所限，仅例举。）：第一、党的全国代表大会政治报告中关于群众体育的"约束"。如，2002年党的十六大将"明显提高全民族健康素质，形成比较完善的全民健身体系"，确定为党和国家到2010年全面建设小康社会的奋斗目标，这在党的历史上是第一次。第二、全国人民代表大会批准的国家国民经济和社会发展五年规划中关于群众体育的"约束"。如，1996年国家"九五"计划和2010年远景目标纲要提出："……，明显改善青少年身体素质。建立社会化的群众体育组织网络。建立并完善国民体质测定系统"。2006年国家"十一五"规划提出："发展体育事业和体育产业。加强城乡基层和各类学校体育设施建设。……，提高全民特别是青少年的身体素质。保护发展民族民间体育，深化体育改革"。第三、每年全国人民代表大会的国务院《政府工作报告》中关于群众体育的"约束"。如，1995年提出："体育工作要坚持群众体育和竞技体育协调发展的方针，把发展群众体育、推行全民健身计划、普遍增强人民体质作为重点"。2010年提出："大力发展公共体育事业"。第四、党和国家领导者重要讲话中关于群众体育的"约束"。如，1997年江泽民总书记提出："体育事业是群众的事业，广泛开展群众参与的体育活动，是我国体育工作的重点"。2008年胡锦涛总书记在9·29讲话中提出："坚持以增强人民体质、提高全民族身体素质和生活质量为目标，……，进一步推动我国由体育大国向体育强国的迈进"。提出："强化政府发展体育事业、提供基本体育公共服务的责任"，"完善全民健身体系，为人民提供更多更好的体育公共服务"。

2．"体制外"力量动员的社会化改革指向

16年前，关于"群众体育管理体制和运行机制"的状况，国务院在《纲要》中的结论是"正在探索之中"。上述8个方面制度建设的情况表明，经过16年的探索与实践，中国群众体育走出了"制度困境"，初步形成了包括领导组织、社会动员、专业教育、体质管理、发展规划、评价激励、决策支持和规制性约束在内的群众体育支持性制度体系的基本框架。但是，也应当看到，体质管理、发展规划、评价激励、决策支持等4项制度的建立，都是群众体育部门"内部"的事情，都不涉及体育体制内竞技体育等部门人财物力的动员和转移，或者说不涉及竞技体育等部门的利益。而规制性约束、领导组织、社会动员和专业教育等4项制度的建立，其涉及到的是党中央、全国人大、国务院；是有关部门、各群众组织和社会团体；是教育部门，这些都是在体育体制之外的，都是"社会的"。可见，在构建群众体育支持性制度体系的改革进程中，我们很少有对群众体育部门之外其他部门的改革，即从现有体育体制内竞技体育等方面，改革出、转移出必要的资源投向群众体育。体育改革、群众体育改革，始终是在群众体育部门内部、体育体制之外进行，始终没有触动竞技体育的利益。动员社会力量发展群众体育当然是必要的,但是,面对前述群众体育的严峻现实,难道体育"体制内"就不应、不能进行一些改革,为群众体育动员出一些资源吗。

(二)"体制外"体育资源的动员:群众体育制度构建的改革策略之二

1. 推进群众体育保障制度体系构建的回顾

《纲要》实施以来,我国群众体育改革在保障性制度体系构建方面,同样获得很大突破。第一,以《社会体育指导员技术等级制度》为标志,形成新的群众体育技术人才社会选拔制度。但应当看到,《等级制度》是从社会而不是现有公共体育人才制度,选拔为群众体育公共服务人才,更不是建立新的群众体育公共体育人才制度。社会体育指导员是"体制外"的"社会人"。群众体育还没有建立类似体育教师、教练员的"吃皇粮""公家人"的制度。第二,以体育彩票公益金用于群众体育部分为标志,形成新的群众体育资金社会筹集制度。但应当看到,当前体育部门群众体育经费大部分或者绝大部分来源于体育彩票公益金,很少一部分来自"财政一般预算"。群众体育事业是公共事业。公共事业主要应由公共财政发展。体育彩票公益金是"彩民的钱"、"社会的钱"、"体制外"的钱。《彩票管理条例》规定,彩票公益金"不用于平衡财政一般预算"。第三,以体育彩票公益金建设"全民健身工程"为标志,形成新的群众体育公共健身设施社会供给制度。但应当看到,这同样是依靠社会力量,花体育彩票公益金"彩民的钱","配建群众体育活动场地设施"。而本应主要用于公众建设体育健身设施的公共财政体育基建费,则绝大部分甚至全部用于建设大型训练、竞赛场馆。第四,以体育彩票公益金"雪炭工程"、"民康工程"为标志,形成新型群众体育援助制度。第五,以全民健身日(周)制度、群众体育全国性竞赛制度、业余运动员技术等级制度为标志,健全完善了群众体育活动制度。第六,以《体育法》"社会体育"专章和《全民健身条例》为标志,形成新的群众体育法律法规制度。

2. "体制外"体育资源吸纳的外源化改革指向

同样,经过16年的探索与实践,初步形成了群众体育的包括人才选拔、资金筹集、设施供给、援助救济、体育活动和法律法规在内的保障性制度体系的基本框架。但是,也应当看到,与群众体育支持性制度构建倾向一样,对群众体育推动作用大,涉及技术人才、资金筹集、设施供给和援助救济等人财物力资源筹集的4项制度,全部来自现有体育体制之外,来自"社会的"人、财、物力。即来自社会体育指导员这种"体制外"的非"公家人"、来自体育彩票公益金这种"体制外""彩民的钱"、来自体育彩票公益金建设的"全民健身工程"、来自教育系统学校体育设施和园林系统公园广场绿地。而没有从体育体制内竞技体育等方面,改革出、转移出必要的资源投向群众体育。体育改革、群众体育改革,始终没有触动竞技体育的"奶酪"。当然,动员社会资源是必要的。但是,面对前述群众体育的严峻现实,难道体育"体制内"就不应、不能进行一些改革,为群众体育动员出一些资源吗。

（三）转变体育发展方式，优先发展群众体育：下一步体育改革的展望

1. 深化体育改革：实现群众体育跨越式发展的必由之路

综上所述，我国已经初步形成了包括群众体育支持性制度体系和保障性制度体系的中国特色群众体育制度体系的基本框架，并且在他的推动下，使群众体育获得了快速发展。实践证明，16年来群众体育的发展，启动于深化体育改革、得益于深化体育改革；因源于制度创新、得益于制度创新。也许人们已经淡忘，推行全民健身计划本来就是深化体育改革的产物，构建全民健身体系本身就是体育改革目标。在1993年国家体委推出《关于深化体育改革的意见》中，"群众体育改革"的首要举措就是"推行全民健身计划"。将"推行全民健身计划"作为一项改革举措，以"推行全民健身计划"形式推进群众体育改革，加快群众体育发展，这本身就是一大制度创新。今天群众体育的发展，完全得益于这种改革创新。在国务院《纲要》中，"基本建成具有中国特色的全民健身体系"，是到2010年全民健身事业的改革目标(不是发展目标)。把建设全民健身体系确定为改革目标，通过深化改革推动全民健身体系建设，推动群众体育发展，同样是一项具有深刻意义的改革创新。他不仅为党的十六大将"形成比较完善的全民健身体系"确定为2020年全面建设小康社会奋斗目标奠定了基础，而且在新中国体育史上，第一次摆脱了"活动——体质"型群众体育发展模式，确立了"建设——系统建设"型群众体育发展新模式，具有里程碑式的意义。

面对群众体育实现全面建设小康社会和建设体育强国"双重奋斗目标"的艰巨任务，面对群众体育已经成为体育发展的"最薄弱环节和基础性短板"的严峻现实，深化体育改革，推进制度创新的基本指向是什么，那就是转变体育发展方式，优先发展群众体育。即将深化体育改革，推进制度创新的重心，由"体制外"转向"体制内"，由群众体育转向竞技体育。所以提出这种主张，一是从贯彻落实党的十七届五中全会精神大局讲，这是"坚持把保障和改善民生作为加快转变经济发展方式的根本出发点和落脚点"，以改善体育民生为导向，推进体育发展方式转变所要求的；这是"以科学发展为主题"，推进体育以人为本，体育科学发展所要求的；这是"加快发展各项社会事业，推进基本公共服务均等化"，加快公共体育事业发展，提供更多更好体育公共服务所要求的。二是从体育发展改革的现实讲，16年来，我们推进群众体育改革的主要形式是在政府主持下进行的制度选择、制度创新；这种改革，是在保持既有体育制度稳定、不与竞技体育制度冲突的前提下，以渐进方式，在群众体育之内、竞技体育之外，在"社会上"进行的。主要是通过建立社会性的"体外循环"形式，借助"外力"调整体育利益格局和体育资源供给，推动群众体育发展。这种社会化、外源性的体育改革，显然，还没有动员出体育体制内的、潜在的、发展群众体育的巨大能量。转向性的改革是一种必然的选择。

2. 科学发展观以人为本内涵的群众体育指向

100多年前，马克思恩格斯就提出，未来理想社会就是一个"以每个人的全面而自由的发展为基本原则的社会形式"。100多年后，法国哲学家佩鲁在受联合国教科文组织委托撰写的《新发展观》中提出，"发展的目标是为了发展一切人和人的全面发展"。二战后，人们对发展观的认识，从发展就是经济增长、发展是经济增长加社会进步，到发展是可持续发展，直至20世纪80年代的发展是以人为中心的综合发展，经历了一个由"以物为中心"向"以人为中心"转移，经历了一个"把人作为发展的手段"向"把人的全面发展放到核心位置"转移过程。科学发展观是发展体育事业的根本指南，其本质和核心是以人为本。发展体育事业必须坚持以人为本。那么，在体育事业中，究竟群众体育和竞技体育哪一个更体现以人为本内涵呢？我们以中共中央宣传部理论局组织编写的《科学发展观学习读本》中对以人文本内涵的解释为基准，作一比较。

《读本》提出，以人为本的人，"是指最广大人民群众。在当代中国，就是以工人、农民、知识分子等劳动者为主体，包括社会各阶层在内的最广大人民群众"。"坚持以人为本，就要坚持人民在建设中国特色社会主义事业中主体地位，坚持发展为了人民、发展依靠人民、发展成果由人民共享，不断实现好、维护好、发展好最广大人民的根本利益；就要正确反映和兼顾不同地区、不同部门、不同方面群众的利益，妥善协调各方面的利益关系；就要坚持在全国人民根本利益一致的基础上关心每一个人的利益要求，体现社会主义的人道主义和人文关怀，满足人们的发展愿望和多样性需求，尊重和保障人权；就要关注人的价值、权益和自由，关注人的生活质量、发展潜能和幸福指数，最终实现人的全面发展。"

相对于"以工人、农民、知识分子等劳动者为主体的最广大人民群众"的"人"，显然群众体育更关系到这个"人"；相对于"人民在建设中国特色社会主义事业中主体地位"，显然群众体育更凸现人民的"主体地位"；相对于"发展为了人民、发展成果由人民共享"、"反映和兼顾好不同地区、不同方面群众的利益"，显然共享的、反映的、兼顾的主要在群众体育；相对于"关心每一个人的利益要求和多样性需求"、"关注人的生活质量、发展潜能和幸福指数"，显然群众体育更关乎每一个人的体育利益要求和体育多样性需求，更关乎人的生活质量、发展潜能和幸福指数；相对于"实现人的全面发展"，更是群众体育关系紧密。可见，群众体育更体现以人为本内涵，更体现科学发展观的本质。我们应当从科学发展观以人为本内涵的群众体育指向中，思考转变现有体育发展模式、发展战略，实现体育科学发展问题。有什么样的发展观，就会有什么样的发展模式和发展战略。

3. 公共服务内涵的的群众体育指向

公共事业理论认为，公共相对于私人，是指公众的、共同的、公有公用的。公共服务相对于私人服务。公共服务是政府或者准公共部门为满足社会公共需要提供公共产品与服务活动的总称。温家宝总理讲：公共服务，就是提供公共产品和服务，包括加强城乡公共设施建设、发展社会就业、社会保障和教育、科技、文化、卫生、体育等公共事业，公布公共信息，为社会公众生活和参与社会、经济、政治、文化提供保障而创造条件，努力建设服务型政府。公共产品相对于私人产品。通俗讲，就是公众共同消费或享用的物品（包括服务），或者说，是以社会公共需求为前提的、公共性消费或享用的产品或服务。或者说，是满足社会公众共同需求的、具有一定非排他性和非竞争性的产品或服务。公共事业是指"社会公众的事业，即关系社会全体公众基本生活质量和公共利益的特定的社会公共事务"，是"社会全体公众所拥有的共同事业"。公共事业最本质的特征就是其公共性。这种公共性表现为：第一、公众性：公共事业的服务对象是全体社会公众。第二、公用性：公共事业的服务内容涉及全体社会成员的共同需要。第三、公益性：公共事业的服务目标是实现公众的共同利益。第四、非营利性：公共事业的产品和服务的生产和供给不以营利为目的，可收取与其成本不等的费用。社会公共事务的基本实现方式是公共服务，主要是政府代表公众利益，以公共财政为支撑，以提供公共物品和公共服务来实现的。

可见，从公共事业理论角度，群众体育是关系社会全体公众整体生活质量的社会公共事务，是社会全体公众的共同事业，即公共事业。和竞技体育相比，群众体育更具有公共性，更应该按照社会公共事务特点运行，更应当"政府或者准公共部门为满足社会公共需要"，"以公共财政为支撑、以提供公共物品和公共服务来实现"，即通过公共服务实现。这一点，既为当下改善民生，加强公共服务，逐步实现基本公共服务均等化，促进社会公共正义的社会事业改革指向所证明，也为前述近一两年国家对体育事业公共服务的制度安排所证明。

4. "体制内"改革的现实必要性

如前所述，16年来改革，群众体育所获得的人、财、物力资源，都来自"体制外"的"社会的力量"。没有从"体制内"——竞技体育中调动出人、财、物力，原有体育体制——竞技体育体制下人、财、物力格局没有变化。

（1）群众体育至今没有像公办教师、医生、护士那样的、"吃皇粮"的、为公众提供公共服务的专业体育技术人才，也没有群众体育的事业单位。表3、表4表明，现行体育体制中没有群众体育公共技术人才和事业单位。群众体育作为一种公益事业，应当有"吃皇粮"的、提供公共服务的专业技术人才，应当有像学校、医院那样的公益性事业单位。

表3　2007年体育系统从业人员类别及数量　　　　　　　　（个）

公务员	教练员	运动员	科研人员	医务人员	文化教师	管理人员	其他人员
18537	25039	24422	1128	1515	10022	37685	29581

表4　2007年体育系统单位类别及数量　　　　　　　　　　（个）

行政机关	优秀运动队	体育运动学校	业余体校	体育场馆	训练基地	其他事业单位	其他
3032	265	246	2075	666	50	699	18

（2）各级财政对于群众体育事业投入过少，体育公共财政经费绝大部分用于竞技体育。

表5表明，在现行体育体制中，没有群众体育公共财政经费指标，群众体育事业费包含在"其他事业费"中。表6表明，2004年地方体育局群体部门获得的本级财政经费只占财政拨款总额的4.9%。我们的群众体育工作经费主要靠体育彩票。据国家体育总局对31个省区市2002年群众体育工作经费调查结果，群体工作经费32901万元，其中彩票公益金占90.7%，而公共财政事业费仅占9.3%。彩票公益金相对于事业费的9.8倍。

表5　2007年体育事业经费构成类别及数量　　　　　　　（万元）

体育事业费					教育事业费	科学事业费	其他部门事业费
体育竞赛费	优秀运动队费	业余训练费	体育场馆补助费	其他事业费			
210229	401542	154257	350615	630589	185299	4881	16607

表6　2004年地方体育局群众体育部门获得本级财政经费情况　（万元）

类别	体育局本级省均财政拨款总数	其中群体部门省均获财政经费	群体部门经费占财政经费总额%
省级体育局	8847.9	66.8	0.8
地级体育局	3264.8	261.0	8.0
县级体育局	2855.4	398.9	14.0
合　计	14968.1	726.7	4.9

群众体育作为公共事业，应"以公共财政为支撑、以提供公共物品和公共服务来实现"。而现在是靠体育彩票公益金"彩民的钱"支撑群众体育发展和繁荣。如果《彩票管理条例》规定彩票公益金"不用于平衡财政一般预算"，那么，"国家拨给体委的经费几乎全部被分配到竞技体育的各个项目上"，（伍绍祖语）"各级财政对于群众体育事业投入过少"（刘鹏语）的公共财政分配格局，是否有必要改革呢。

（3）公共体育健身设施严重短缺。公共体育设施如义务教育之学校、公共卫生之医院。2011年1月25日，温家宝总理指出，"现在大型赛事多，体育场馆建了不少，但真正满足群众体育生活的场所却不够。这个问题要高度重视。"长期以来，我们用公共财政体育基本建设资金建设的公共体育设施，主要是用于比赛、训练的大型、超大型体育场馆。因此，基层公共体育健身设施严重匮乏。群众身边的公共体育健身设施主要用"彩民的钱"来建设。现在不少地级市、甚至县级市，都动辄几千万、几个亿，甚至十几个亿的资金，修建大型体育比赛场馆。作为群众身边公共体育健身设施的体育系统的非标准体育场地，其"场地面积"，只占体育系统全部体育场地"场地面积"的 3.5%，而标准体育场地占 96.5%。而代表群众身边室内公共体育健身设施水准的体育场地"建筑面积"，体育系统的非标准体育场地的"建筑面积"只占全部体育场地"建筑面积"的 1.4%。而标准体育场地"建筑面积"占 98.6%。而投资，同样是标准体育场地占 97.7%，非标准占 2.3%。就是将体育系统的标准体育场地全部计为公共体育设施，2003 年末，只有 14453 个，相当于当年全国平均 8.94 万人一个标准公共体育设施，就是再加上 4028 个非标准场地，也相当于 6.99 万人一个公共体育设施。如果我们再按照《公共文化体育设施条例》规定，将那些用于教学训练的不属于公共体育设施的体育场馆除去，情况将更加糟糕。表 7。

表7 2003年体育系统体育场地面积情况 （面积：万平方米）

	占地面积	%	建筑面积	%	场地面积	%	投资（亿）	%	场地总数（万人均数）
合计	17001.7	100	1781.1	100	10689.8	100	415.5	100	18481 个
人均（m²）	0.132	—	0.0138	—	0.083	—	—	—	8.9万：1

以体育法规定的《城市公共体育运动设施用地定额指标暂行规定》为标准，以第五次全国体育场地普查体育系统全部体育场地均作为公共体育设施，我们的公共体育设施用地面积，只拥有了规定下限的 32.4%，上限的 15.3%，与规定相差 67.6%~84.7%。见表 8。我们的公共体育设施数量，只拥有了规定下限的 27.4%，上限的 23.2%，与规定相差 72.6%~76.8%。表 9。

表8 2003年末全国城镇公共体育设施用地面积欠缺情况 （万平方米）

规定用地面积		2003年末实有用地面积	实有与规定相差		实有占规定	
下限	上限		下限	上限	下限%	上限%
52546.3	111036.5	17001.7	35544.6	94034.8	32.4	15.3

表9 2003年全国城镇公共设施数量欠缺情况 （个）

规定场地数量		实有全部场地数量		应有全部占规定		实有规定占规定	
下限	上限	共计	其中实有规定场地	下限%	上限%	下限%	上限%
52775	62278	18481	7843	27.4	23.2	14.9	12.6

尤其是农村公共体育场地更加稀缺。2003年末，我们只拥有了规定在县城、建制镇建设的小运动场和训练房数量的1%和16%。表10。

表10　2003年农村小城镇公共体育设施数量欠缺情况　（个）

规　定　数　量		实　有　数　量		实　有　占　规　定	
小运动场	训练房	小运动场	训练房	小运动场%	训练房%
20207	20570	209	3292	1.0	16.0

5. "十二五"转变体育发展方式，优先发展群众体育的制度选择：

"十二五"期间，群众体育面临着为到2020年实现全面建成小康社会奋斗目标打下决定意义基础和建设体育强国的双重挑战；面临着群众体育成为体育发展"最薄弱环节和基础性短板"的严峻现实。应对挑战、改变现实的道理仍然是：出路在深化体育改革，出路在推进制度创新。新制度经济学认为，在影响发展的众多因素中，制度发挥着主导作用，或者处于主导地位。"制度是发展由可能到现实的中介"。制度可以促进发展，也可能阻碍发展。当制度不适应发展需要的时候，制度的变革是不可避免的。并且认为，"社会制度建构的过程，实质是一种公共选择的过程"。对下一阶段的体育改革，我们究竟选择怎样一个方向呢。

关于下一阶段体育改革的方向，我们至少有两种选择。一种是继续坚持这种社会化、外源化的体育改革，以现有的群众体育发展模式推动群众体育发展。一种是把体育改革的侧重点放到转变体育发展方式，优先发展群众体育上面来，放到由"体制外"改革转向"体制内"改革上面来。就是在坚持16年来群众体育制度创新的成功经验、不断完善已经形成的群众体育制度体系的基础上，重点推进体育"体制内"为群众体育跨越式发展创造条件的改革，即推进群众体育公共服务所需要的"体制内"的人、财、物的改革，为群众体育从体育"体制内"调整动员出更多的人、财、物等公共体育资源。

我们能否改革现行体育人事制度，改变目前没有群众体育专门公共服务技术人员的状况，在保持现有社会体育指导员队伍建设的同时，将"体制外"的优秀社会体育指导者，像招收教练员、运动员一样，使他们转成为"吃皇粮的"的为公众进行体育健身公共服务的专门技术人才。或者将一批"吃皇粮的"竞技体育技术人才，转成专门为群众体育公共服务的体育技术人才。

我们能否改革现行体育事业单位制度，改变目前没有群众体育专门事业单位的状况，在巩固提高现有体育健身站点——这种中国式体育俱乐部的基础上，像建设业余体校、训练基地、体育场馆等事业单位一样，建设一批专门性群众体育事业单位；或者将一批现有为竞技体育服务的体育事业单位转成为群众体育服务的体育事业单位。

我们能否改革现行体育财政制度，改变目前体育财政经费绝大多数用于竞技体育，群众体育财政经费在财政拨款中比例过低的状况，在保持体育彩票公益金对全民健身投入的基础上，不用体育彩票公益金作为一般财政预算平衡的手段，大幅度提高群众体育事业经费在全部体育事业经费中的比例，并且群众体育事业经费增长幅度不低于政府体育事业经费增长幅度，甚至政府体育事业经费新增部分全部用于群众体育。

我们能否改革现行体育财政制度，改变目前现行体育财政体系当中没有群众体育专门预算科目，没有群众体育收支决算的状况，将群众体育事业经费单独列为财政预算一级科目，设立群众体育专门财政预算和专门收支决算制度；专门设立公共体育健身场所器材购置、公益社会体育指导员、公办学校体育设施开放、公益性群众体育事业单位和重大群众体育活动等群众体育经费预算科目。

我们能否改革现行公共财政体育基建资金制度，改变目前公共财政体育基建资金基本用于训练竞赛场馆设施建设的状况，在保持体育彩票公益金建设群众身边的体育健身设施资金投入的同时，将公共体育设施基建资金主要用于城乡基层体育健身公共设施建设。

我们能否改革现行体育统计制度，改变现行体育统计制度中以竞技体育统计内容为主、群众体育统计内容过少、过粗、不系统状况，将群众体育事业状况列为统计体系一级指标，全面丰富群众体育统计内容。

我们是否应当抓紧研究制定国家与地方公民享有的基本公共体育服务内容和标准等制度；抓紧研究制定国家与地方公共群众体育服务体系的内容构成、建设保障以及建成评价等制度，确保公共群众体育服务体系建设落到实处。抓紧研究确定体育主管部门发展公共体育事业的责任范围和具体内容，推动群众体育公共服务进程。

总之，我们认为，体育以科学发展为主题，以转变发展方式为主线，把体育作为改善民生的重要组成部分，加快推进体育基本公共服务均等化，根本在于我们能否成功建设覆盖城乡居民的全民健身公共体育服务体系。而能否成功建设覆盖城乡居民的全民健身公共体育服务体系，关键是公共体育资源供给问题。即能否供给满足全体公众基本体育需求所需要的体育公共服务人力、物力、财力。而在现有国情条件下，关键在于我们能否从现有体育"体制内"为建设覆盖城乡居民的全民健身公共体育服务体系调整、动员出必要的人力、物力、财力资源，而要做到这一点，出路在于我们能否为此推进体育深化改革，推进体育制度创新，并且是触及原有体育体制、体育格局，根本是触及原有竞技体育体制、竞技体育格局的改革和创新。那将面临着一轮新的制度选择和新的制度安排，那将真正是"一场革命"。

结语：温家宝总理最近撰文指出，"当前公共产品供给不足，公共服务的资源配置不合理、不公平，与社会事业发展滞后有关，也与社会事业领域改革滞后有关"。"社会事业的公益性一旦受到损害，人民群众的基本需求和权益就得不到保障，社会就会失去起码的公平和正义"。"要进一步转变政府职能，加强公共服务职能，加快健全覆盖全民的基本公共服务体系，推进基本公共服务均等化。在社会事业特别是涉及基本民生的方面，……，都要建立健全保障人民基本需求的制度。这是政府义不容辞的责任"。

"十二五"竞技体育发展规划研究

武汉体育学院 高雪峰等

一、前言

竞技体育发展水平是一个国家综合国力和社会文明程度的重要体现,是反映社会发展和科技进步的一个重要窗口,竞技体育对丰富社会文化生活,弘扬集体主义、爱国主义精神,增强国家和民族的向心力和凝聚力,促进国际交往等,都发挥着重要作用。2008年我国成功举办了第29届夏季奥运会,这是现代奥林匹克运动会第一次在占有世界人口1/5的中国举行,具有重大意义和深远影响。

北京奥运会后,中国体育事业的发展进入了一个新阶段、新征程。胡锦涛同志在北京奥运会、残奥会总结表彰大会上发表重要讲话,提出了要进一步推动我国由体育大国向体育强国迈进的奋斗目标,为新时期体育事业的发展指明了方向,也为竞技体育事业发展提出了更高的要求。同时,面对世界竞技体育日益激烈的竞争,我国社会和经济体制改革对竞技体育发展提出的更高要求,以及竞技体育自身改革的艰巨任务,须对今后5年(2011-2015年)我国竞技体育的发展目标、任务、指导思想、发展重点和战略措施进行科学规划、统一部署和宏观调控,以保证我国竞技体育健康、快速和持续发展。课题组的研究,也将紧扣国家社会经济的发展,结合建设体育强国的时代背景和时代要求,重点围绕未来五年中国竞技体育的管理体制、运行机制、项目布局、人才培养、保障体系、职业化道路等一系列问题开展研究,以期为实施体育强国战略提供必要的理论基础和决策依据。

二、"十一五"期间竞技体育事业发展回顾

体育是一种世界语言,改革开放以来,随着中国经济、政治、社会、文化的全面发展,在我国硬实力得到进一步提升的前提下,需要体育扩大国际间的交流,需要通过在重大国际比赛中全力展示中国的实力和风采,为中国和平崛起代言,为构建和谐世界服务。竞技体育是体育事业的重要组成部分,具有很强的国际可比性,我国奥运会的成功申办和2008年北京奥运会的圆满完成,标志我国竞技体育已全面登上世界体育舞台的高峰,成功地展示了不断发展、和平崛起中国的新形象。"十一五"期间,我国竞技体育按照既定目标,续写了奥运辉煌,实现了竞技体育全面、协调、可持续的发展,主要表现在以下两个方面:

一是圆满完成竞技体育"十一五"规划中提出的奥运争光任务。在第 29 届北京奥运会，中国体育代表团参加了全部 28 个大项、38 个分项、262 个小项的比赛，共获得 51 枚金牌、21 枚银牌、28 枚铜牌，奖牌总数 100 枚，创 4 项世界纪录。位列奥运会金牌榜第一、奖牌榜第二，向党和人民交上一份满意的答卷，创造了中国竞技体育新的辉煌。在第 20 届意大利都灵冬奥会，中国体育代表团取得了 2 枚金牌、4 枚银牌、5 枚铜牌的好成绩，实现了中国雪上项目运动成绩的历史性突破。在第 21 届加拿大温哥华冬奥会，中国派出的体育代表团，在参赛人数和参赛项目上均创历史之最，并最终获得 5 枚金牌、2 枚银牌、4 枚铜牌的历史最好成绩，实现了中国花滑界金牌"零"的突破，女子速滑队历史性的包揽了全部 4 块金牌，其中在女子 500 米项目上，创造了中国选手在这一项目实现"三连冠"的辉煌；短道速滑女子 3000 米接力比赛勇夺冠军，获得了中国代表团在冬奥会上的第一枚集体项目金牌。在第 15 届多哈亚运会，中国共获 165 枚金牌、88 枚银牌和 63 枚铜牌，金牌和奖牌数均超过上届亚运会，第 7 次蝉联金牌榜第一。同时，成功举办了全国第 6 届城市运动会和第 11 届全国运动会等国内综合性赛事，在提高我国运动技术水平，调动和配置国内体育资源，选拔和培养后备人才、锻炼队伍，提高各地和社会发展竞技体育的积极性等方面发挥了重要作用。

二是竞技体育体制改革与制度创新取得重要进展。"十一五"期间，我国以举办北京奥运会为契机，进一步深化竞技体育体制、运行机制改革与制度创新，创建了较完备的国际大赛备战与参赛组织体系，极大提高了我国体育代表团参赛组织执行力和参赛效益；以全运会为龙头的竞赛体制改革取得了一定成效；科教兴体和人才强体战略的巨大推动作用日益显现，运动训练科学化水平进一步提高，较为完善的科学训练监控服务体系正逐步建立，竞技体育后备人才基地建设和体教结合工作得到加强；竞技体育与群众体育协调发展战略得到进一步加强，竞赛活动丰富多彩，职业化改革取得进展，高水平的体育竞赛活动为体育产业发展注入了活力，带动了全民健身运动的发展，提高了全民的身体素质，丰富了人民群众文化生活等。

我国竞技体育在取得辉煌成绩的同时，也伴生出了许多问题，面临着一些深层次矛盾与困难：竞技体育举国体制虽然在指导思想、运行机制、管理路径等方面均进行了改革或改良，力求适应社会主义市场经济体制和当前我国体育事业发展的要求，但依然带有政府主体化、管理行政化、权力集中化、经费渠道单一化等方面的较强痕迹，使得竞技体育现行管理体制与竞技体育发展实践存在一定的不适应；在项目结构上，雅典、北京奥运会中国军团的夺金项目并未有质的改变，仍集中在有限的优势项目上，基础项目及球类项目与美国、俄罗斯等体育强国仍有较大的差距，竞技体育核心竞争力和整体影响力有待提高；竞技体育训练体制的"金字塔"比例失调，竞技运动效益较低和运动员成材率较低，竞技体育人才培养体制和培养模式仍不完备，后备人才培养滞后，纵、横向人才的互动交流不够，各级人才输出率偏低，二、三线队员较为缺乏，且项目间后备力量储存差异性较大；长期以来我国竞技体育后备人才培养中的学习与训练之间的矛盾一直没有得到很好地解决，后备人才文化科学知识明显欠缺，从事专业面窄，发展空间有限；现行的运动员社会保障体系还存在着社会关注不够、保障范围不广、退役运动员就业困难；竞技体育中赛纪赛风气需要进一步得到净化，极个别项目的"假、赌、黑"的现象仍然存在；代表竞技体育的最高水平的职业体育仍处在较低水平等等，这些问题都严重束缚和影响我国竞技体育的全面、协调、健康发展。这些问题和困难，既是当前我国竞技体育发展过程中的薄弱环节，也是建设体育强国进程中需要特别加强和不断完善的重要着力点和关键点。上述改革发展中出现的问题和困难，只能通过进一步改革和发展竞技体育事业才能得以解决，进而实现在新的历史条件下我国竞技体育发展的新突破、新跨越。

三、未来五年我国竞技体育事业发展的机遇与挑战

任何战略规划都是基于特定的时代背景而作出的契合时代要求的系统谋划。竞技体育事业的"十二五"规划在未来五年面临怎样的时代背景、机遇与挑战，是我们要首先思考的问题。

（一）60年辉煌体育成就，为中国竞技体育事业发展提供了坚实基础和宝贵经验

新中国成立60年来，在党和国家的高度重视下，伴随着社会主义建设和改革开放的伟大进程，中国体育勇于实践，大胆改革创新，从极度落后发展成为举世瞩目的体育大国，体育事业各方面取得了辉煌的成就。竞技体育综合实力和国际竞争力不断提高，逐步形成了以奥运会为最高层次的竞技体育发展战略和中国特色的竞技体育举国体制。几代中国运动员在国际赛场上顽强拼搏、为国争光，在北京奥运会上更是取得了金牌榜第一的辉煌成绩。中国已经成为国际体育舞台上一支具有强大竞争力的重要力量。中国竞技体育事业依靠六十年发展的坚实基础和宝贵经验，已经踏上了建设体育强国的新的奋斗历程。

（二）全面建设小康社会和构建社会主义和谐社会的两大历史任务，赋予了中国竞技体育事业发展新的时代要求

当前，我国正处在全面建设惠及13亿人口的、更高水平的小康社会的关键期，这是一个工业化、信息化、城镇化、市场化、国际化交织并进，经济建设、政治建设、文化建设、社会建设以及生态文明建设全面推进的关键时期。我国各行各业都在为全面建设小康社会和构建社会主义和谐社会做出各自的贡献。在现代社会中，体育已经成为社会发展和文明进步的重要标志，尤其是竞技体育是一个国家综合国力和竞争力的重要表现。这就对未来继续深化对竞技体育的社会价值与综合功能的认识，继续提高竞技体育工作服务中心、服务大局的认识提出了新的要求，同时，将按照全面建设小康社会和构建社会主义和谐社会的要求，着力解决我国竞技体育发展过程中的突出矛盾，进一步夯实竞技体育的基础，不断提高竞技体育的综合实力。

（三）未来五年我国社会经济发展仍将保持快速增长，为竞技体育事业提供强大助力

未来5~15年，我国经济增长将继续保持7%以上的年均增长速度。我们既有巨大的市场需求利好发展空间，又有比较充分的发展要素供给条件。在全面建设小康社

会的进程中，经济增长方式将由粗放式向集约式进一步转变的趋势不可逆转，城市化进程进一步加快，人民生活水平的不断提高，对竞技体育产品的要求更加丰富多彩，也使竞技体育产业的市场需求更加活跃；竞技体育已经成为了拓宽社会和个人投资的一个重要渠道，必将促进投资需求和消费需求的迅速扩大。这些都将对未来竞技体育发展提供了坚实的物质基础和良好的社会环境。

（四）全面实施体育强国战略将为竞技体育事业发展提供难得的历史机遇

建设体育强国是我国整体强国战略的重要组成部分，是胡锦涛总书记代表党中央、国务院站在实现中华民族伟大复兴的战略高度做出的战略部署，这也为在竞技体育领域率先实现竞技体育强国提供了难得的历史发展机遇。首先，以奥运会为代表的竞技体育具有很强的国际可比性，是体育强国的鲜明指标和表现特征之一。在规划未来五年甚至更长一个历史阶段中，我们要继续在奥运会等重要国际赛事中取得优异运动成绩、为国争光，在影响大的基础大项和集体球类项目上下功夫。其次，进一步拓展和夯实竞技体育的项目基础和可持续发展的人才梯队建设，形成运动员文化教育和保障工作的完备体系。第三，在一些竞技体育项目上逐步探索形成中国特色的职业体育发展模式并与国际接轨，不断提高我国举办国际一流竞技体育赛事的组织能力和水平，实现我国竞技体育总体水平和国际竞争力处于世界前列的目标。

（五）国际体坛的多极化竞争格局已经形成，中国竞技体育事业面临严峻挑战

从国际体坛看，随着全球化和信息化的不断加速，当前世界主要体育发达国家之间围绕包括大众体育、竞技体育、体育产业在内的综合实力的竞争愈演愈烈，体育作为国家展示其综合实力的平台被越来越多的国家所应用，国际体坛由欧美独霸向多极化竞争的格局已经形成。在多极化竞争的格局下，尤其是在北京后奥运时期，人民群众渴望国家竞技体育在重大国际比赛中取得优异成绩的要求越来越强烈，中国竞技体育事业如何满足人民群众对竞技体育发展的要求，是"激流勇退"还是"激流勇进"，已经成为今后一段时间竞技体育事业必须面对并解决的突出问题。同时我们应清醒地看到，当前控制世界体坛的主导力量仍然是欧美国家，随着我国由体育大国向体育强国推进，我们将进入与他们展开全方位、立体化竞争的新时期，开放的要求将更高、改革的任务将更重、发展的难度将更大。

四、竞技体育发展现状

（一）世界竞技体育发展态势

1. 世界多极化竞争格局日益突出

进入 21 世纪，世界竞技体育的发展速度达到新的高度，世界竞技体育竞争日益激烈，多极化竞争格局日益凸现。

世界竞技体育的多极化发展首先体现在国际赛场上参赛队伍的增多。从第 23 届至 29 届奥运会，参赛国家和地区由 140 个上升到 205 个，增加了 65 个（图 1）；获得金牌的国家和地区由 25 个上升到 57 个（第 28 届），增加了 32 个；获得奖牌的国家和地区由 37 个上升到 87 个，增加了 40 个（图 2）。另外，近五届冬奥会（第 17 届～

第21届)参赛国和地区也由67个上升至91个,增加了24个;获得金牌的国家和地区由14个上升到19个,增加了5个;获奖牌的国家和地区由22个上升到26个,增加了4个。国际赛事参赛国家和地区的迅速增加,必然带来世界竞技体育竞争的加大和竞争各级多级化的发展。

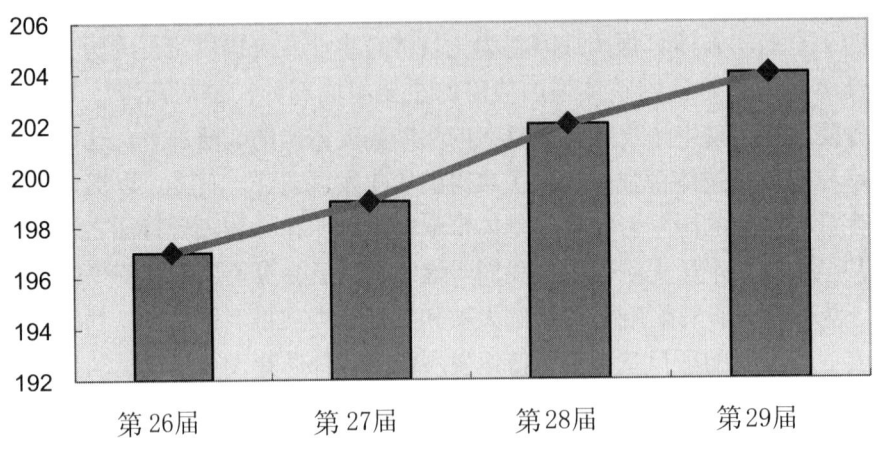

图1 第26~第29届奥运会参赛国家变化情况

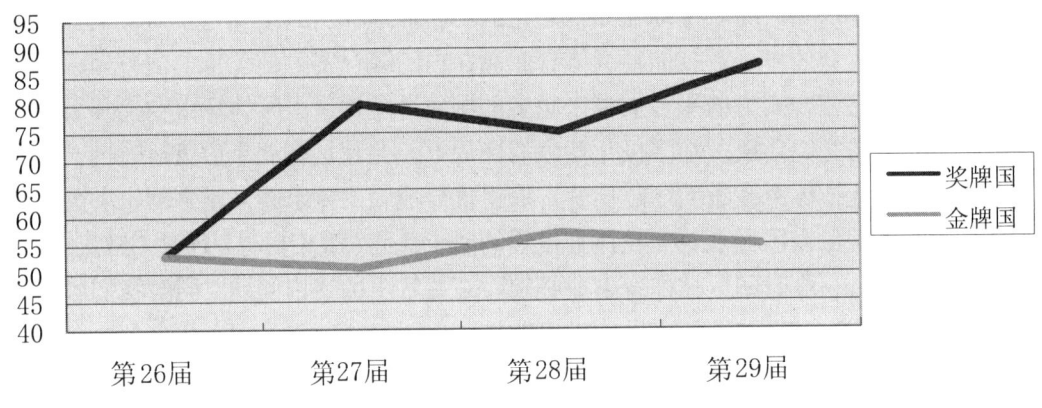

图2 第26~第29届奥运会获金牌及奖牌国家变化情况

世界竞技体育多极化趋势还表现在世界各国越来越重视自身优势项目的打造和发展。集中力量发展优势项目,以优势项目为攻坚实现竞技体育的突破已经成为许多国家竞技体育发展的策略。在优势项目分布上,许多国家是非常明显的,如:美国的田径、游泳、篮球、女子足球、排球、体操、网球等;中国的体操、跳水、举重、乒乓球、羽毛球、射击、女子柔道等;俄罗斯的田径、艺术体操、花样游泳、拳击、网球、射击、体操、游泳等(后两项近年有所下滑);澳大利亚的游泳、自行车;德国的田径(以田赛为主)、马术、皮划艇、赛艇、曲棍球等;法国的击剑、帆船帆板等;日本的体操、柔道、花样游泳等等。世界各国竞技优势堡垒的加固和增多,必然造成世界竞技体育多极化趋势的进一步加大。

2. 职业体育得到快速发展

职业体育是当代全球体育中最活跃的部分，职业化发展是世界竞技体育未来发展的必然趋势，欧、美等一些竞技体育强国，甚至许多竞技体育欠发达的国家，都走上了职业化发展道路。职业化发展对体育和社会的作用是巨大的：首先，职业体育是一个国家竞技体育发展的核心竞争力所在，职业化发展不仅促进了项目竞争力度，推动了项目水平的提高，而且能够丰富竞技体育人才培养模式，从而给竞技体育发展提供强劲动力。其次，职业化发展加速了竞技体育社会化进程，它在不断增加竞技体育服务产品的有效供给、以满足消费者多样化和多层次需求的同时，也最大限度地开发和利用了有限的体育资源，扩大了竞技体育的规模和社会影响。更为重要的是，职业体育是体育产业的重要组成部分，它的发展对于充分发挥当代体育的经济功能和市场价值，促进体育产业的快速发展，为社会创造可观的经济效益和社会财富，均有着十分重要的意义。目前，全世界开展职业体育的国家约占总数的 1/3。最具代表性的是欧洲五大足球职业联赛和美国的四大职业联赛(篮球、橄榄球、棒球、冰球)，它们充分利用商业手段，提高了竞技水平，创造了巨大的财富。从篮球、足球这两大职业化水平最高的项目来看，两大运动项目职业化竞争日趋全球化一体化和全球经济化，强国之间的差距越来越小，高水平的国家越来越多。可以预见，世界竞技体育职业化发展浪潮将会继续迅速向前发展。

3. 现代科技含量不断加大，成为运动成绩增长的重要因素

世界各国越来越重视科技对竞技体育发展的重要作用，竞技体育的方方面面均能看到高科技的身影，训练检测、运动恢复、营养补充、伤病治疗、体育器材、设备服装、场馆设施等都已离不开科技的支持。从世界范围来看，体育科技朝着集约化和更加开放的方向发展，加强多学科综合性研究已成趋势。竞技体育作为复杂的人体科学研究对象，需要多学科、多层次的综合研究，需要自然科学与社会科学结合的综合研究，需要生理、生化等微观层次的研究与有机体运动能力间的结合研究等。它对科研方法、组织管理和思维方式等方面都提出了更高的研究要求。另外，建立更加开放的体育科研体系，并不断拓展新的科研领域，多方位提高训练水平和人体运动能力，包括提高力量的方法与手段，促进恢复疲劳，以及营养、新器材、新设备、新方法等。

（二）我国竞技体育发展态势

1. 确立"体育强国"的长远发展目标

2008 年北京奥运会的成功举办，以及中国成功登上奥运金牌榜首位，使我国竞技体育达到了一个新的高峰。这也是新中国成立 60 年、改革开放 30 年以来，我国体育从"东亚病夫"到强健体魄、振兴中华的历史性转变，从闭关锁国到逐步开放、全面融入世界体坛的历史性转变，从体育基础极其薄弱、运动水平十分落后到发展成就辉煌卓著、国际影响不断增强的历史性转变的最好见证。与此同时，胡锦涛同志在北京奥运会残奥会总结表彰大会上不失时机地提出了"推动我国由体育大国向体育强国迈进"的时代要求，这是对我国体育事业发展做出的重要指示，为我国体育事业的未来

发展确定了宏伟目标与总体要求，也为我国竞技体育的发展指明了新的前进方向。竞技体育"十二五"发展工作必须以"体育强国"建设为中心，为建设体育强国、进而为中华民族的伟大复兴和强国战略做出贡献。

2. 举国体制取得丰硕成果

举国体制是我国发展竞技体育的一条成功经验，也是社会主义初级阶段的中国参与国际体育竞争的必然选择和十分重要的战略举措。在新中国成立后的 60 余年时间里，特别是改革开放 30 年来，我国竞技体育在日趋激烈的国际竞争中，取得了中国历史上前所未有的发展和进步，结出了累累硕果，令世人瞩目，广大人民群众满意，党中央、国务院给予了充分肯定和高度赞扬。2000 年悉尼奥运会的历史性突破，2004 年雅典奥运会以金牌总数第二名的优异运动成绩傲视群雄，已经成为中国和平崛起的重要象征。2008 年北京奥运会以金牌总数第一名的成绩再一次向世界证明了，中国竞技体育已经成为无可争议的世界竞技体育强国。这一成绩的取得来源于我国竞技体育举国体制。举国体制是保持我国竞技优势，促进竞技体育健康长远发展的重要保证，未来发展必须坚持和完善举国体制。

3. 项目布局取得一定进步

虽然目前我国竞技体育的项目布局仍然存在不足，但和以往相比，项目布局取得一定的进步。首先，从国际大赛来看，我国竞技体育的优势项目（大项）数量相对较多，体操、跳水、举重、乒乓球、羽毛球、射击、女子柔道等都是我国的传统优势项目，08 年奥运会蹦床项目又包揽男、女单项金牌，体现出强大的优势。而美国的优势项目主要集中于田径、游泳、集体球类项目，俄罗斯的优势项目主要集中于田径、摔跤、花样游泳、艺术体操等。其次，我国的潜优势项目群也在逐渐加大，游泳、拳击、射箭、摔跤、跆拳道、击剑等项目的部分单项，也都在国家大赛中有较好的表现。另外，田径短跨和耐力项目，水上的赛艇、皮划艇、帆船，以及花样游泳、艺术体操、网球等项目成绩也都在逐渐进步。这些成绩的进步都为我国项目布局的全面性和均衡性发展提供了帮助。

另外，在冬季奥运项目上，虽然整体实力与发达国际差距仍然较大，但在女子短道速滑、双人花样滑冰、女子自由式滑雪空中技巧、女子冰壶、女子冰球等项目上均取得了较大的突破。也体现了竞技体育项目整体布局上的一定进步。

4. 运动员的保障体系进一步健全

运动员的社会保障工作，历来受到党和国家的高度重视。多年以来，在党和国家关心和领导下，在有关部委的支持配合下，运动员的社会保障工作取得了很大成果，有力地促进了中国竞技体育水平的迅速提升和体育事业的持续发展。近些年来围绕着服从和服务于竞技体育事业的发展这一目标，国家坚持从伤残抚恤、医疗照顾、文化教育、退役安置、收入分配、福利待遇等方面不断推进运动员保障工作，目前已经形成了包括社会保险、运动伤病治疗、文化教育、就业指导、聘用管理、收入分配等方面的一整套优秀运动员保障体系。"十一五"期间国家体育总局还印发了《关于体育事业岗位设置管理的指导意见》，这是运动员岗位作为体育事业单位独立的岗位类别，首次被列入国家职业管理体系中,将运动员岗位与事业单位专业技术岗位、管理岗位、工勤技能岗位并列管理。

经过不懈的努力,关于运动员的社会保险、岗位管理、聘用办法、退役安置、职业转换以及试训运动员的保障等内容,国家已经初步完成了制度设计及制度建设等基础工作,并且在各行业、各地方多层次、全方位展开。运动员保障体系的不断健全和完善,对于激发运动员刻苦训练、奋力拼搏,不断提高运动成绩起到了积极的推动作用,保证了体育事业的健康快速发展,维护了社会的稳定与和谐。

5. 科学化训练水平进一步提高

运动训练是竞技体育工作的重心,其训练水平的高低直接决定着竞技体育发展的速度与水平。因此,我国竞技体育发展工作一直重视运动训练科学化水平的提升。而运动训练却又是一项复杂的系统工程,在这一过程中,科学训练与科学管理占据着极为重要的地位。在长期的训练实践过程中,我们已经总结了一整套独具中国特色、行之有效的科学训练与科学管理的路子,如项目专家会诊制度;专业科研人员长期跟队及科研团队制度;优秀运动队的陪练制度等等,除此之外,运动队的训练高度重视研究项目的制胜规律,重视运动员的机能检测,重视运动负荷的控制,运动训练学、生理生化学、生物力学、心理学、控制学等科学知识指导运动训练,提高教练员、管理者的科学水平,提升运动员的科学知识,并建立运动队的科技服务团队,保障运动队成绩的提高。

(三)我国竞技体育现存主要问题

"十一五"期间,我国竞技体育虽然取得了巨大成就,但仍然存在着许多问题和不足,一些存在已久的问题尚未完全解决,要实现建设体育强国的伟大目标,我们必须正确的看待自身的不足,迎接未来的挑战。

1. 竞技体育发展不平衡性问题依然严重

我国竞技体育的发展存在诸多的不平衡性,如:经济发达地区(特别是"京津唐"、"长江三角洲"、"珠江三角洲"三大经济带)竞技体育发展较好,经济落后地区发展较慢;夏季奥运项目发展较快,受到的重视和关注程度相对较高,冬季奥运项目发展较慢,受关注程度较低;奥运会项目发展相对较好,非奥运项目发展较差;优势项目竞技水平稳固提高,基础性项目成绩变化不大(如田径、游泳等);非大众化、社会关注度低的项目竞技水平较高(如体操、跳水、举重),大众化、社会关注度较高的项目竞技水平较低(如篮球、足球);市场化较高的项目成绩较低,市场化低的项目成绩较高;国家队的发展较为完善和稳固,后备队伍、青少年队伍的发展问题较多等等。

绝对的均衡性发展是不存在的,适当的差距有利于形成竞争,但如果差距不加以控制甚至继续扩大,则不利于我国竞技体育的长远发展,也与"体育强国"目标极不相符。竞技体育未来的发展要从整体利益出发,在兼顾全面的基础上,突出重点,逐渐减小竞技体育自身内部发展的不平衡性。

2. 竞技体育管理体制和运行机制需加大改革力度

竞技体育体制的改革一直是我国体育改革的重点,举国体制是我国竞技体育管理的主要模式，它是计划经济体制下的对竞技体育的一种制度设计和管理方式，虽然在一定时期内促进了竞技体育的迅猛发展，但它的过度高度集中、单一行政化主体、竞技体育多元化功能难以实现等已不适应现代社会的发展，深层次矛盾不断凸现和加剧。在举国体制下，政府行使几乎全部管理职权，造成资金投入渠道单一，而且条块分割严重阻碍人才流动，特别是受"政绩"战略思想的影响，各省市之间形成实质性的"割据"现象，且愈演愈烈，阻碍了人才交流和流通。其次，由于竞技运动成绩具有明显的政治效应，各级体育部门不得不狠抓竞技体育，抓金牌。因而，虽然提出了要"一手抓竞技，一手抓群体"，但实际上竞技体育与群众体育难以协调发展。最后，竞技体育虽然在商业化发展道路上做出了一定的改进，但市场化发展力度仍然不够，许多工作也没有适应市场化发展的要求，仍存在许多弊病甚至是不合理现象等。

"十一五"期间，我国针对上述种种问题对竞技体育管理体制和运行机制进行了多方面的改革与调整，但从总体上看，现行竞技体育管理体制与运行机制与我国整个经济社会转型的要求仍有较大距离，还需加大改革力度，探索一个北京奥运会后的适合中国国情的竞技体育发展模式和改革路径，以适应我国社会经济的快速发展。

3. 竞技优势主体与美、俄"错位"明显，暴露高端薄弱环节

从整体实力来讲，美国和俄罗斯在今后较长一段时期内仍将是中国竞技体育比赛的主要对手。虽然我国在第29届奥运会成功登顶（金牌数），但在优势项目发展上表现出与美、俄的明显"错位"现象。中、美、俄三国的竞技优势各有侧重：中国主要集中于体操、跳水、举重、乒乓球、羽毛球、射击、女子柔道、蹦床8大项；美国主要集中在田径、游泳和集体性球类项目（特别是三大球），俄罗斯主要集中在田径、摔跤和表演性较强的花样游泳和艺术体操（表1）。目前在美、俄的优势项目上，我国虽然能取得某些单项的奖牌或金牌，但尚不能与美、俄的强大优势相抗衡。因此可以说，我国优势项目与美、俄形成较明显的"错位"发展特征。

表1 北京奥运会中、美、俄三国优势项目金牌分布

项目	中国	美国	俄罗斯
游泳		12	
篮球		2	
沙排		2	
田径		7	6
摔跤			6
花样游泳			2
艺术体操			2
体操	9		
跳水	7		
举重	8		
乒乓球	4		
羽毛球	3		
射击	5		
柔道（女子）	3		
蹦床	2		

注：优势项目指能取得3个单项金牌或能包揽此项目金牌的项目

导致这种"错位"优势发展的原因，既与我国优势项目历史发展因素相关（如乒乓球、射击等），又与我国运动员竞技能力和群种特征相关（如羽毛球、乒乓球、体操等），还与一些项目被我国"抢夺"了优势有关（如俄罗斯的体操等），当然，也与暂时避开美、俄优势发展的战略思路相关。目前，"错位"发展战略已经取得了很大的成功，帮助中国成功登顶奥运第一，但要成为"体育强国"并寻求长远进步，我们不能一直走"错位"发展的道路，必须在巩固自身优势的同时，向美、俄优势提出挑战，特别是提升社会关注度高的田径、游泳等基础性项目及社会影响力大的球类项目的实力，实现全面突破。

4. 竞技项目结构不合理因素依然严重

（1）奖牌"倒三角式"的非衡结构

从近几届奥运会成绩看，我国整体实力虽然得到全面提升，但在奖牌的结构上却出现了一定的不均衡性，主要表现为我国奥运金牌数明显大于银牌及铜牌数的"倒三角式"非衡结构现象。从表2可以明显看出，第27届、28届奥运会我国奖牌"倒三角式"结构非常明显；第29届奥运会，虽然铜牌数超过银牌数，但仍然与金牌数有很大差距；并且，近三届奥运会我国所取得的222枚奖牌中，金牌总数则占奖牌总数的一半（111枚），而银牌与铜牌只分别占四分之一左右。这些均说明我国奖牌"倒三角式"非衡结构比较明显。这种结构一方面虽然反映出我国顶尖实力项目的夺金成功率较高，但另一方面却隐射出银牌与铜牌项目对金牌的支撑与补给不足的弊端。这种结构下，冲金项目一旦发挥失常，就极可能面临金牌数量无法保证的局面。北京奥运会我国虽然拿到51枚金牌，但我们应该清醒的看到，在目前这种奖牌"倒三角式"非衡结构下，我国的奖牌结构带有一定的不稳定性，如果不继续增加银牌与铜牌数量与实力，下届奥运会金牌数量就很难保证。

表2 第27～第29届奥运会我国奖牌数统计

	27届	28届	29届
金	28	32	51
银	16	17	21
铜	15	14	28

（2）优势项目金牌空间接近饱和，急待开发新型夺金区域

从奥运会比赛来看，目前我国的多项优势项目的夺金空间已接近饱和：乒乓球和蹦床项目包揽了两个项目的共6枚金牌，夺金率达到100%，乒乓球的奖牌获得率甚至也达到66.7%（四个单项共获8枚奖牌）；跳水项目也拿到了全部8枚金牌中的7枚，仅剩1个单项未获金牌，夺金率高达0.88；羽毛球也仅剩2枚金牌没有拿到；体操和举重分别拿到了9枚和8枚金牌，夺金率也都超过一半（图3），虽然两个项目均还

有7个项目的金牌发展空间，但在目前世界各竞技强国激烈竞争的格局下，要想再有突破，已经非常困难。多数优势项目在剩余夺金空间上的几近饱和，给我国该项目未来奥运成绩的提高带来很大的难度；并且在当今竞争极其激烈的形势下，能否保持住我国现有优势项目的现有金牌阵地，都成为未知数。

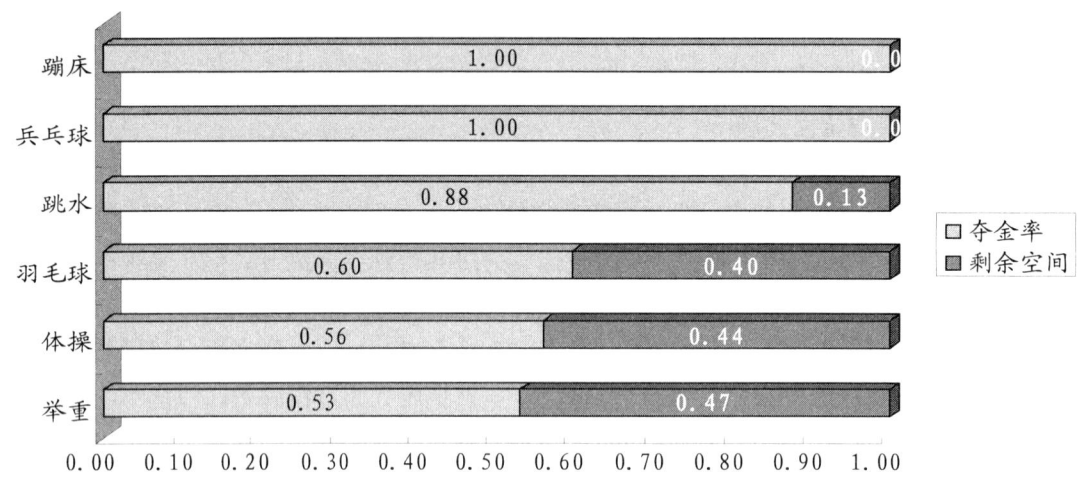

图3　我国奥运优势项目夺金空间对比

（3）集体性项目成绩进步不大，与我国社会大众的期望值有一定差距

集体性项目主要指"三大球"：足球、篮球、排球。这三个项目由于社会的普及度较高，因此在世界各国受到社会关注度较高，我国社会大众更是对其具有很高的期望值。但是近些年来我国此三个项目的发展都存在比较严重的问题，女子排球虽然在上世纪创造了五连冠的辉煌，但近期成绩明显下滑；篮球和足球的国际大赛成绩一直不高，并且长期以来与我国社会大众的期望值有一定差距。如何快速提高集体项目成绩是困扰我国竞技体育发展的一大难题。

（4）基础"金牌大户项目"成效仍然不高

田径、游泳、水上项目（赛艇、皮划艇、帆船）、摔跤和自行车等五大（类）项目可以说是奥运会比赛的"金牌大户项目"，其奥运金牌数超过奥运金牌总数的一半，因此便成为许多国家竞技体育发展的重要目标。然而，多年来"重金项目"一直是我国竞技体育的"软肋"，在国际竞争中长期处于极其不利的局面。"十一五"工作期间，我国针对田径、游泳及水上项目的长期落后局面，专门制定了"119工程"计划，以加大这些项目的投入和提高，经过几年的发展，我国在此三类项目取得了一定的突破，但与世界强国相比，成效仍然不大。

北京奥运会我国在"金牌大户项目"虽然有一些突破，但整体实力仍然薄弱，仅获5金6银4铜。反观美、俄两国，都在这些"重金项目"建立有自己的重点优势，甚至英、德、澳等奥运三强之外的国家，也都在"重金项目"上成绩显赫：美国的田径与游泳项目，俄罗斯的田径与摔跤项目，英国的水上与自行车项目，德国的水上项目上，澳大利亚的游泳与水上项目等都取得了较多数量的金牌或奖牌（表3）。与其相比，我国的差距非常明显。

表3　第29届奥运会竞技强国"重金项目"奖牌成绩

项目 （奥运设项）	中国 金-银-铜	美国 金-银-铜	俄罗斯 金-银-铜	英国 金-银-铜	德国 金-银-铜	澳大利亚 金-银-铜
田径（47）	0-0-2	★7-9-7	★6-5-7	1-2-1	0-0-1	1-2-1
游泳（34）	1-3-2	★12-9-10	1-1-2	2-2-2	2-0-1	★6-6-8
水上（41）	3-1-1	2-2-1	1-1-1	★7-4-4	★3-3-5	★5-3-3
摔跤（18）	1-2-0	1-0-2	★6-3-2	0-0-0	0-1-0	0-0-0
自行车（18）	0-0-1	1-1-3	0-0-2	★8-4-2	1-1-1	0-1-0
合计（158）	5-6-4	23-21-23	14-11-16	19-11-12	6-5-8	13-11-15
总奖牌	51-21-28	36-38-36	23-21-28	19-13-15	16-10-15	14-15-17

注：1."水上"指赛艇、皮划艇和帆船项目；
　　2."★"为金牌达到5枚或奖牌达到10枚。

5. 竞技体育人才培养后备不足、结构失衡、模式相对落后

竞技体育的可持续发展需要大量优秀的体育人才，因此后备人才的培养越来越显示出其重要性。虽然竞技体育取得了辉煌的成绩，但我国竞技体育人才培养，特别是后备人才的培养仍然存在着较多的问题：

首先，后备人才减少，并缺乏流动性。我国竞技体育后备人才培养体制建成于计划经济时代，省、市、区、县层层建有体校，大量竞技体育后备人才分布于祖国各地，随着国家的经济转型，很多业余体校由于办学质量不高、经费不足、招生渠道不畅等原因，无法生存而自行解体，在校人数大为减少。并且人才选择和培养过程中的互动交流性不够，包括横向系统(学校系统、专业系统和产业系统)内部和纵向系统(初、中、高级训练层次)之间，以及纵、横系统（项目之间、地区之间）间均缺少互动性和交流性。这些人才培养过程中出现的障碍，必然使后备人才在数量和质量上都受到影响。

其次，后备人才结构不合理，缺乏整体规划性。目前我国竞技体育的一线、三线运动员相对较少，而二线运动员则相对较多，一、二、三线运动员的配置失衡；优势项目人才相对较多，而非优势项目的人才明显较少等等，导致我国后备人才结构失衡。人才培养系统缺乏整体规划性则主要表现在运动项目重复布局和人才梯队建设不健全两个方面。运动项目重复布局必然造成大量的资金浪费；人才梯队建设不完善，极易造成人才的断档，必须加以重视。

再次，后备人才培养模式落后，与市场机制脱钩。竞技体育后备人才的培养还没

有完全走出计划经济时代的模式，绝大部分的竞技体育后备人才培养工作由国家负担。供求机制、价格机制、竞争机制、调控机制难于适应市场经济发展的需要；社会力量对人才培养投入的力度不大；经费来源及高质量的竞技体育后备人才生源有限，无法和高水平专业运动队竞争抗衡。要真正打破独家办体育的模式，必须建立和市场经济相吻合的竞技体育后备人才培养模式和运行机制。

6. 竞技体育职业化改革进程相对滞后

我国竞技体育职业化的探索尽管只有十余年的历史，但是其在提升竞技体育成绩、提高人才素质、扩大竞技体育影响力、推动竞技体育社会化等方面发挥了巨大的作用。目前我国的足球、篮球、排球、乒乓球、网球、羽毛球、武术等项目都先后开展了职业联赛，走上了职业化发展模式道路。但是我国竞技体育的职业化改革中仍然存在诸多矛盾。首先，职业化管理模式不够完善。我国当前的职业体育管理组织具有较强的行政色彩，实行高度集中的政府管理体制，决策权主要集中于体育总局和各项目管理中心，这必然和各单项协会、俱乐部的自主决策发生矛盾；其次，体育职业化法制建设滞后。目前我国职业体育俱乐部的法制建设远远落后于发展的要求，规范化程度低，行政管理制度不健全，俱乐部外部经营不规范，经营模式不合理，联赛产权不清等等。再者，俱乐部缺乏规范，造成不公平竞争现象严重。另外，一些职业比赛的水平较低、观众人数不多，影响职业俱乐部的经济发展等等。我国竞技体育职业化改革任重而道远。

7. 竞技运动员保障体系需进一步完善

通过多年的努力，我国竞技运动员的保障体系已经取得了巨大的进步，但由于许多原因，导致我国目前运动员的保障工作仍然面临着许多问题。总体来讲我国目前的运动员保障体系可以归纳为三大途径：行政保障、社会统筹保障和商业保障，行政保障主要体现在对运动员的退役就业安置和工资福利的发放；社会统筹保障主要体现在为运动员办理养老、医疗、失业等各种保险；商业保障主要体现在为运动员购买各种伤、残保险等。但这三个系统中起主导作用的仍然是行政保障，其它两种保障还有待进一步提高成效。此外，在运动员层次上来看，国家队、高水平运动员的保障工作相对较好，而基础运动队、运动员的保障工作相对较低。并且，我国运动员数量基数较大，因此造成运动员的待遇、福利、就业安置、保险金额等受限。再者我国运动员的保险意识相对淡薄，保险行业也欠发达，这也是我国运动员保障体系发展工作中面临的突出问题。

五、竞技体育未来五年的发展目标和任务

（一）指导思想

以科学发展观为统领，坚持和完善奥运战略和举国体制，以在奥运会等重大比赛中取得优异成绩、为国争光为中心，强化备战与参赛工作，全面提升我国竞技体育综合实力和竞技水平；

以建设体育强国为目标，进一步解放思想，开拓创新，不断深化竞技体育管理体制和运行机制的改革，以推进竞技体育社会化、职业化改革进程为方向，探索北京奥运会后我国竞技体育发展模式和改革路径；

以统筹兼顾，突出重点为主线，调整战略发展思路，大力发展和重点建设社会影响面大、群众喜爱程度高的运动项目，优化运动项目结构，全面规划、科学布局，合理配置资源，实现竞技体育的均衡发展；

以可持续发展为指导，坚持制度创新、体制创新、机制创新，探索竞技体育后备人才选材与培养的新模式，拓宽和提升"体教结合"的渠道和层次，加强竞技体育人才梯队建设和后备人才培养；

坚持依法治体，加强竞技体育法制建设，积极贯彻"科教兴体"方针，重视发挥体育科技的先导性和基础性作用。

（二）主要发展目标

1. 总体目标：夏季项目保持亚洲领先和奥运会上金牌数排名前列地位，冬季项目稳中有升，基础大项和集体球类项目有所突破。科学发展，合理布局、优化结构、提高效益，初步形成与世界竞技体育发展趋势相一致，适应我国社会经济体制改革发展需要，符合竞技体育发展规律的管理体制与运行机制，努力打造以优势项目、基础大项和集体球类项目为核心的竞技体育新格局，推进竞技体育全面发展，为建设体育强国打下坚实基础。

2. 运动成绩目标：2012年夏季奥运会努力保持金牌数和奖牌数排名前列地位，巩固和扩大优势项目。22~26个大项160个左右小项具有进入前8名的实力，14~16个大项100个左右小项具有争夺奖牌的实力。

2014年冬季奥运会在保持上届水平的基础上，奋勇争先，赛出水平。优势项目多做工作保持成绩，其他项目赛出风格，更好宣传中国经济社会发展所带来的中国冬季体育事业的发展。

亚运会上继续保持亚洲领先地位；其他国际综合性运动会和单项比赛努力创造优异成绩。

（三）主要任务

1. 推进竞技体育体制改革

进一步转变政府职能，充分调动社会的积极性，拓宽多元投资渠道，建立公共服务型的竞技体育行政管理体制，促进竞技体育社会化程度不断提高，逐步形成国家办与社会办相结合的多元化竞技体育管理体系；积极探索具有中国特色的竞技体育职业化道路，不断优化职业体育发展环境，初步形成政府主导与统筹、职业体育实体自治与自律、产权清晰、运转高效的职业化体育体制和运行机制。

认真总结"十一五"期间各项综合性和全国单项运动会的经验教训，不断深化竞赛体制改革，对全运会、城运会、冬运会以及全国单项运动会等国内大型赛事，在竞赛制度、项目结构、招标形式、参赛资格、计分办法等方面进行科学调整与布局，充分发挥运动竞赛推动普及、发展竞赛产业和丰富文化娱乐括动等多元功能与作用，建立起与社会主义市场经济发展相适应的，符台现代运动竞赛发展规律的国家办与社会办相结合，重点突出、结构合理、层次明晰的有利于实施奥运战略的运动竞赛体制和良性循环的运行机制。

2. 重大国际比赛取得优异成绩

2012年伦敦夏季奥运会，力争实现奖牌总数新的突破，基础大项和集体球类项目获奖数有明显增加，继续保持传统项目的优势地位，体操、跳水、举重、乒乓球、羽毛球、射击、女子柔道、蹦床等项目争取金牌榜首，射箭、击剑、沙滩排球、网球、蹦床、摔跤、跆拳道等潜优势项目创造新的夺金点，田径、游泳、水上项目等基础大项增强整体实力，力争有所突破，篮、足、排等集体球类项目争取获得奖牌或进入前六名，特别是女子排球、女子篮球、女子足球要重铸辉煌。

2014年索契冬季奥运会，进一步加强后备力量的运动选材和科技攻关，着力增加运动装备的科技含量，在速度滑冰、花样滑冰、短道速滑等项目上继续保持夺金优势，在越野滑雪、高山滑雪和速滑长距离等相对落后项目上力争奖牌，实现金牌榜和奖牌数有所突破，取得运动成绩和精神文明双丰收。

在区域性运动会和世界锦标赛上，保持和巩固大部分项目的亚洲榜首地位，并在体操、跳水、举重、乒乓球、羽毛球等大项上保持夺金的绝对优势。

3. 成功举办各类国际国内大赛

认真筹备、精心组织2011年第七届城运会、2012年第十二届冬运会、2013年第十二届全国运会、2013年第六届东亚运动会等综合性运动会及全国各单项运动会，继承和发扬我国举办2008年北京奥运会的成功经验，凸显人文运动会、科技运动会、绿色运动会办赛理念，加强大型体育场馆建设的后续使用和管理，尽量整合效能，做到社会效益与经济效益相统一，不断提高全运会、城运会、全国体育大会等大型国内赛会的组织和竞赛水平，充分发挥运动竞赛推动普及、发展竞赛产业和丰富文化娱乐活动等多元功能与作用。

积极申办各类各级国际品牌赛事，使之成为推动我国竞技体育发展的内在力量。

4. 加强竞技体育人才队伍建设

树立竞技体育后备人才培养的大人才观，学习和借鉴体育发达国家的后备人才培养模式的成功经验，选择适合中国国情竞技体育后备人才模式，创新体制和机制，加强宏观调控，建立和完善与社会主义市场经济体制相适应的竞技体育后备人才培养体制和运行机制。

加强国家队建设，改革国家队队员的选拔、教练员选聘、外籍教练员聘任机制，完善国家队管理体制；结合实行队委会领导下的分工负责制，探索和推进复合型国家队教练团队建设，充分发挥管理人员、教练、医务人员等方面的积极性和创造性。

5. 突出重点，优化结构，合理配置资源

力争使优势项目保持优势，潜优势项目成为金牌新的增长点，挖掘弱优势项目，集体球类项目有良好表现，基础项目和落后项目要有新突破。重点对优势项目、潜优势项目、119项目和集体球类项目在政策、科技、人才、经费、场地、器材、信息、宣传和思想政治工作等方面给予充分保障。传统优势项目继续巩固，并努力推动乒乓球、羽毛球等项目的职业化和国际化的发展，促进体操、射击等项目的娱乐性、亲民性和群众参与性；重点发展和突破具有广泛群众基础和社会影响力的体育项目，尤其是足篮排球等集体球类项目。

六、对策与建议

（一）立足于建设体育强国奋斗目标，坚持和完善举国体制，积极推进奥运战略

1. 以建设体育强国为奋斗目标。建设体育强国是改革开放以来，党的几代领导集体一直关注的重大体育发展战略。早在1984年，以邓小平为核心的第二代领导集体在《中共中央关于进一步发展体育运动的通知》中就提出，"中央相信，体育战线全体同志和全党、全国各族人民共同努力下，中华民族一定能跻身世界体育强国之林"。2008年9月，以胡锦涛为核心的第四代领导集体，基于新的时代背景，站在引领中华民族实现伟大复兴的战略全局，再一次明确提出"推动我国由体育大国向体育强国迈进"奋斗目标，为中国体育实现新时期跨越式发展指明了方向，也为中国竞技体育指明了方向。以奥运会为代表的竞技体育具有很强的国际可比性，更是体育强国的鲜明指标和表现特征之一。"十二五"期间，我国竞技体育的发展必须立足于建设体育强国的奋斗目标，继续保持我国竞技体育的特色和优势，坚持和依靠更加完善的竞技体育举国体制，以国家利益为核心，集中有限资源，统筹各方力量，努力完成在世界大赛上的夺牌任务，同时，也要积极稳妥地推进竞技体育的职业化、社会化以及运作模式的多元化。

2. 坚持和完善举国体制。竞技体育举国体制是我国在社会主义初级阶段基本国情条件下，国家集中有限的人力、物力和财力，最大限度地调动各方面的积极性，有效配置竞技体育资源，上下形成合力，努力提升我国竞技体育水平和国际竞争综合实力，为了在以奥运会为最高层次的国际竞技体育大赛上取得优异运动成绩，在发展竞技体育过程中采取和形成的一种发展模式和制度体系，也是发展竞技体育的一种指导思想。我国竞技体育的举国体制是几代体育工作者在半个世纪的体育实践过程中不断探索、逐步形成的，是在社会主义初级阶段的历史条件下，竞技体育的发展目标、发展战略与我国国情相适应的产物。实践证明，举国体制是符合中国基本国情、具有鲜明中国特色的竞技体育发展模式，是实施我国奥运战略的坚强保证，是改革开放30年来我国竞技体育得以快速发展、取得辉煌成就的制胜法宝。"十二五"期间，我国竞技体育面临着2012年伦敦奥运会、2014年索契冬奥会等重大国际赛事夺取优异成绩的艰巨任务，必须充分发挥举国体制的独特优势，强化举国体制的凝聚力、动员力和协调力，在重大国际赛事中展示我国竞技体育的综合实力和竞技水平。同时，也须正视举国体制所存在的不足与弊端，注重发挥各级地方政府和各界社会力量办高水平竞技体育的积极性，创新训练体制和后备人才培养模式，进一步整合和优化竞技体育资源，提高举国体制运行效率，大力推进在运行机制和技术层面上的持续创新，走出一条与我国社会经济发展相适应的集约型发展道路，形成政府引领主导、社会力量广泛参与的竞技体育发展新格局。

3. 全面贯彻新一轮奥运争光计划。奥运战略是对我国竞技体育发展战略的高度概括和集中体现，是有所为、有所不为的战略方针在我国竞技体育发展中的具体落实，是我国体育事业发展总体战略的重要组成部分。自上个世纪 80 年代以来，奥运战略的提出与实施，明确规定了我国竞技体育的发展方向，保障了我国举国体制优势的发挥，加快了运动成绩增长方式的转变，促进了我国竞技体育水平的快速提高，全面提升了我国竞技体育总体实力，为我国竞技体育可持续发展注入了新的活力。"十二五"期间，正值我国实施第三轮"奥运争光计划纲要"的开元之局，应在新《纲要》的规定与指导下，贯彻以奥运会为最高层次的总体战略目标，通过政策导向作用，引导全国树立大局观念，理顺奥运战略、全运战略和全省战略三者之间的关系，突显奥运会的核心地位，进一步拓展和夯实竞技体育的项目基础和人才基础，保持优势项目、强化潜优势项目、重点发展以田径和旅游为代表的基础大项和以篮足排球为代表的集体球类项目，实现新阶段竞技体育的高效、快速、健康发展，使我国竞技体育总体水平和国际竞争力处于世界前列，推动我国由体育大国向体育强国转变。

（二）继承与发扬北京奥运会备战参赛工作成功经验，全面做好奥运会备战工作

1. 启动和部署备战新一轮奥运周期的各项工作。针对备战 2012 年伦敦奥运会和 2014 年索契冬季奥运会的参赛高起点和严峻形势，认真总结 2008 年北京奥运会备战、参战经验，继续实施奥运会备战领导小组与奥运备战办公室的备战体制与运行机制，建立与各省、区、市，解放军，各项目中心、国家体育总局有关司局常态化的沟通协调机制，成立各项目奥运会备战领导小组，研究制定新一轮奥运周期备战工作规划，提出新周期备战工作的指导思想、战略目标和战略措施，建立层次分明、职责清晰、任务明确、计划周密、措施完善、保障有力、奖惩严明、运转高效的奥运备战组织管理体系和工作制度，确保奥运会备战工作的有序进行。

2. 建立并进一步完善科学高效的参赛指挥体系。大量实践证明，科学的参赛指挥工作是我国体育代表团在历届奥运会中取得优异成绩的重要因素。参赛新周期奥运会，应在总结以往参加奥运会、尤其是北京奥运会指挥大兵团作战经验的基础上，制定并完善参赛体育代表团工作制度，建立集体领导、职责清晰、快捷高效的参赛指挥体系；按照集中统一部署、分兵把口、分层指挥、协调配合的原则，精心部署参赛项目的方方面面，充分调动和发挥各项目国家队队委会的积极性和主观能动性，及时进行现场指挥和决策，在充分尊重总教练和主教练意见的前提下实现集体智慧的最大化。

3. 充分发挥竞技体育举国体制的独特优势，调动地方参与奥运会的积极性。研究制定和继续实施在国家队组建、运动员选拔、运动人才的培养和交流、运动员保障、奥运会奖励等方面的系列具体政策，充分调动全国体育系统共同做好备战奥运会工作积极性，积极承担国家队集训任务、承办奥运选拔赛事，合办有关奥运项目国家队等，配合国家队做好科研、后勤、思想教育等各项工作，真正形成团结协作、争做贡献、为国争光、人人有责的协同作战机制和氛围。

（三）深化竞技体育体制和运行机制改革，以社会化、职业化为方向，促进竞技体育持续、快速、健康发展

我国竞技体育取得的令世人瞩目的成绩，得益于我国体育事业始终坚持以改革促发展的正确指导思想。通过大力推进体制改革、坚定不移走竞技体育社会化道路、积极探索竞技体育职业化发展，从而不断完善竞技体育管理体制和运行机制。

1. 加快竞技体育社会化进程。随着社会主义市场经济体制的逐步建立与完善，竞技体育体制与运行机制依存的内外制度环境和社会价值观发生了深刻变化，原有计划经济体制条件下的利益一元化制度基础不复存在，表现出利益主体多元化的显著特征，因此，竞技体育向着社会化的方向发展成为我国竞技体育发展的必然选择。"十二五"期间，应进一步转变政府职能，将政府在体育管理中的职能定位于政策制定、法规建设、提供基本的财政支持和加强体育场馆等公益性设施建设上，而将其他诸多具体体育事务交由各社会体育实体去完成，建立起精干高效、运转协调、调控有力的"小政府、大体育"的行政管理组织体系，逐步建立公共服务型的竞技体育行政管理体制。同时，借助社会力量办体育，充分调动社会的积极性，拓宽多元投资渠道，改变了国家或省市政府一家投资的状况，广泛吸纳社会资源为竞技体育发展提供支持，促进竞技体育社会化程度不断提高，逐步形成国家办与社会办相结合的多元化竞技体育投入体系，解决我国长期培养人才渠道单一、训练体制一包到底的弊端，最终实现原来主要靠国家办体育的单一形式向多渠道、多层面、社会广泛参与的多元形式的转变。

2. 积极探索并大力发展职业体育。在竞技体育领域，职业体育往往代表着该项目的最高水平，是当代全球体育中最活跃的部分，也是一国体育发展核心竞争力之所在。改革开放30年以来，我国在以奥运会为代表的全球业余体育竞争中取得了举世瞩目的成绩，但是在全球职业体育的竞争中，我们还刚起步，还没有什么竞争力，我们要全面建设体育强国，从现在开始就必须切实把思想认识统一到职业体育是新时期体育大国向体育强国迈进战略的重要支撑点，是竞技体育结构调整的重要内容，是新一轮世界主要体育强国全球化竞争的战略要地。"十二五"期间，应进一步深化改革、扩大开放，不断消除制约我国职业体育发展的体制和机制障碍，优化我国职业体育发展环境，培育具有品牌优势的职业体育赛事、职业体育联盟、职业体育俱乐部，重视竞技体育职业化、商业化的品牌运营模式，加快竞技体育服务产品开发和有效供给，打造优秀运动员品牌、优秀运动团队品牌、优秀体育赛事品牌和优秀体育传媒品牌。集体项目重点发展足球、篮球、排球等职业联赛，个人项目重点发展武术、网球、高尔夫球、乒乓球、羽毛球、拳击等职业联赛；培育和造就一批具有世界影响的体育明星和体育品牌赛事。走一条在发动机制上强调政府主导，政府统筹，要推进方式上强调循序渐进、以点带面，在动力保障上强调深化改革、扩大开放，在依托上强调与城市发展相融合的适合我国国情的、产权清晰、运转高效的职业化体育振兴之路。

（四）以全运会赛制改革为突破口，充分发挥竞赛的政策杠杆作用

1. 立足全局，不断深化全运会赛制改革。在众多的竞技运动竞赛中，全运会的设立及其独特而巨大的作用，占据着十分突出和重要的战略地位。全运会不仅是推动我国竞技体育发展的重要环节，也是实施奥运争光计划的有力杠杆，对于推动我国竞

技体育的发展和运动水平的提高具有不可替代的作用，并在促进群众体育和体育科学技术发展、加速城市现代化建设等方面，都做出了贡献。更为重要的是，通过全运会，极大地调动和发挥了地方的积极性和创造性，推动了举办地城市建设的跨越式发展，改善了城市的环境，提高了市民的文明水平，对于塑造城市形象、打造城市品牌均起着积极的推动作用。"十二五"期间，应在坚持"结构合理、设项科学、保证重点、统筹兼顾"原则的基础上，立足于建设体育强国这一目标，针对以往全运会上出现的问题和存在的隐患，对全运会的赛制、设项等采取有保、有压、有扩的结构与布局调整，进一步明确参赛条件、交流与计分方法等，完善政策，堵塞漏洞，将赛风赛纪、反兴奋剂工作制度与机制常态化、制度化，真正发挥全运会在推进赛制改革、促进竞技体育发展、推动全民健身运动等方面的"龙头"示范与引领作用。

2. 统筹兼顾，精心组织城运会、冬运会等国内大型赛事，充分发挥运动竞赛推动普及、发展竞赛产业和丰富文化娱乐括动等多元功能与作用。一是要以运动竞赛为杠杆推动奥运战略和全民健身战略协谓发展。在我国，确保竞技体育和群众体育的协调发展是实现未来我国体育事业可持续发展的基本要求，因此，举办运动竞赛必须要有利于奥运战略和全民健身战略的协调发展，在比赛的设项上顺应国际发展潮流，增加竞技性高、观赏性强的运动项目，适当增加群众基础好的表演项目；在比赛的组织上丰富群众参与的形式，调动观众的积极性。二是大力培育和发展竞赛市场，建立适应竞赛市场要求的组织体系。无论综合性竞赛还是全国单项竞赛都面临着培育和发展竞赛市场的任务，只有面向市场，依托社会，运动竞赛才会拥有无限的生机，才会在市场经济条件下具备持续发展的能力。因此，根据整个社会对竞赛总量的需求来确定竞赛的数量，通过提高竞赛水平来推动竞赛市场的开发，充分利用市场规律来促使竞赛形式的多样化和资金来源的社会化，大力培育能够自主经营、自负盈亏、自我约束和自我发展的竞赛承办实体，形成竞赛的竞办格局。三是要在继续完善竞赛的项目设置、计分办法、参加办法基础上，改革竞赛招标制度，依托社会，公开招标。即一方面培育和扶持一批热衷于运动竞赛的中介机构，由中介机构来包装竞赛，连接社会参与招标的层面，另一方面制定相应的招标法律规范，明确利益分配原则，建立公平竞争机制。同时，改变单一的招标形式，采取拍卖竞标，报刊广告招标，委托招标，会议招标等形式，加大市场化运作的力度，广开竞赛资金渠道，最终建立起与社会主义市场经济发展相适应的，符台现代运动竞赛发展规律的国家办与社会办相结合，重点突出、结构合理、层次明晰的有利于实施奥运战略的运动竞赛体制和良性循环的运行机制。

（五）统筹兼顾、突出重点、优化结构，实现竞技体育的均衡发展

1. 继续实施"119项目工程"，加大对群众喜爱、观赏性强集体球类项目的政策支持力度。08奥运会虽然我们成功登顶，获得金牌第一，但主要靠发挥与美、俄的项目的"错位"优势来实现的，而社会关注度高的田径、游泳等基础性"金牌大户项目"及群众基础好、社会影响力大的集体球类项目的实力却仍然很薄弱，这与我们泱泱大国身份极不符合，也与我们建设体育强国的目标相悖。因此，我们必须下定决心，力

求在上述薄弱环节实现全面突破。首先，要抓好田径、游泳等基础项目的建设，组织专门的攻关小组，对田径、游泳和水上项目等竞技体育基础大项进行专门的研究，从中选准突口，抓住某些有基础或适应我国人类学特征的小项或项群进行突破以点带面，推动整体发展。其次，对群众喜爱、观赏性强的篮、足、排等集体球类项目进行合理调整，以女足、女排、女篮、女曲、女垒、女手等"六朵金花"为集体球类项目的重点突破口，加大力度，力争在 2012 年奥运会上取得金牌或进入前三名；男子项目则在保持亚洲领先地位的前提下在 2012 年奥运会上力争进入前六名。对基础项目和集体球类项目要在政策、科技、人才、经费、场地、器材、信息、宣传和思想政治工作等方面给予充分保障，并鼓励和指导各地方根据自身条件和特点，有选择性地重点发展适合的基础运动项目，优化布局，提高效益，形成地方优势和地方特色。

2. 采取多种措施，实现我国竞技体育的均衡发展。我国竞技体育的发展存在着诸多不平衡现象，如：经济发达地区竞技体育发展和经济落后地区发展不平衡，夏季奥运项目发展和冬季奥运项目发展不平衡，奥运会项目发展和非奥运项目发展不平衡，优势项目发展和基础性项目发展不平衡，非大众化、社会关注度低的项目发展和大众化、社会关注度较高的项目发展不平衡等。要改变上述不平衡现状、实现竞技体育的均衡发展，就必须运用系统的思想，采用系统分析的方法，多种措施相结合，使竞技体育系统效益最大化。其中包括建立和完善竞技体育的综合评价和奖励机制，围绕"奥运战略"，用政策手段调整区域间竞技体育发展格局，使大城市、东部发达地区和中、西部及少数民族地区在管理、科研、保障、人才、区位等方面的特色和优势有机结合，提高竞技体育资源配置的整体效益，促进全国竞技体育的协调发展；重视对竞技体育发达地区的辐射效应和带动效应的挖掘，加大对竞技体育不发达地区的支持力度，有效地控制地域发展差距，以求共同快速发展。

3. 重视冬季奥运项目和非奥项目的发展。建设竞技体育强国离不开冬奥会。纵观世界体育强国，无不是冬奥会夏奥会"双料"巨人。我们应从战略上重视冬季项目，精心谋划、增加投入，提高效益。通过政策导向，引导北方省市将其主要精力用于冬季项目，协调国内有限的冬季体育资源，集中优势力量发展冬季项目，实现冬季项目新的突破。

非奥运项目是我国竞技体育事业的重要组成部分，全国正式开展的体育运动项目中，非奥运项目约占五分之三。改革开放以来，我国的非奥运项目发展迅速，运动技术水平不断提高，极大地丰富了人民群众的业余文化生活，取得了引人注目的良好社会效益和经济效益。但由于种种原因，我国非奥运项目与奥运项目在基础建设、队伍建设等方面存在很大差距，由于奥运项目有着很强的社会吸引力和市场潜力，我们必须重视非奥运项目的发展，进一步加大非奥运项目体制改革力度，努力推进非奥运项目协会实体化和职业化发展，积极促进武术等非奥运项目中传统民族项目走向世界。

（六）加强竞技体育人才梯队建设和后备人才培养，确保我国竞技体育可持续发展

1. 注重体制创新和机制创新，建立与社会主义市场经济体制相适应的后备人才培养体系。竞技体育后备人才是高水平竞技体育发展的根基和源头，是"一条龙"训练

体制的起点,业余训练更是我国竞技体育发展的基础之所在,随着社会主义市场经济的发展,我国业余训练也发生很大变化,一方面,业余训练出现严重的萎缩和滑坡,另一方面,社会上又出现大量的多种形式的足球、篮球、网球、乒乓球、羽毛球、游泳、武术等单项体育学校和俱乐部。面对新情况,新问题,必须解放思想,转变观念,因势利导,进行业余训练体制与运行机制的改革与创新,探索和创建新形势下我国业余运动训练的新模式、新机制,同时增加对业余训练的投入,加速业余训练的基础建设,建立单项人才培养基地,形成合理的项目布局,为高水平后备人才培养创造条件。在竞技体育人才梯队建设方面,应严格遵循项目训练规律和青少年成长规律,抓好各项目各年龄段的后备人才培养,重点加强优势、潜优势和基础大项以及集体球类项目后备人才培养,制定后备人才培养方案,选好苗子、打好基础、科学规划,对奥运项目后备人才进行重点培养、重点布局,做好与奥运周期人才年龄与水平相衔接的二、三线队伍的培养,研究制定有利于促进和保障后备人才的政策,并严格执行;通过调整全运会规程,更好地发挥全运会的杠杆作用,以加速体育后备人才的培养。

2. 进一步拓宽和提升"体教结合"的渠道和层次。"体教结合"是我国教育、体育、经济的国情决定的,是适应新形势、新发展对高素质体育人才需求的必由之路,我们要牢固树立大人才观,按照"德、智、体"全面发展的要求,加强对竞技体育后备人才的教育和培养,尤其要注重文化素质、思想道德素质的提高,教他们"学会做人"、"学会学习",把他们培养成社会有用有合格人才。在改革路径上,应不断拓宽和提升"体教结合"的渠道和层次,加强与教育部门的协调与配合,建立文化教育联席会议制度和督导制度,相互支持,资源共享,优势互补,全面提升竞技体育人才素质;落实九年制义务教育,少年体校、体校附小、体校附中纳入普教序列,体校高中(中专)由体育部门负责训练,教育部门统一管理文化教育。同时,加强中小学校后备人才基地、高等院校优秀运动队和训练基地的建设,形成多渠道、多形式的后备人才培养体制,确保竞技体育可持续发展。

3. 继续推行"体育后备人才培养工程"。围绕奥运周期,根据"巩固初级、稳定中级、强化高级"的原则,有计划、有步骤地建设一批国家高水平体育后备人才基地,并加强地方后备人才基地建设,在对全国各级各类体育运动学校进行认定和评估的基础上,进一步促进后备人才基地软硬件基础建设,增加基地设施投入,完善基础条件,提高管理水平。

(七)加强国家队建设,创新国家队管理体制与机制

1. 充分调动两个积极性,建立多层次、多渠道、多形式国家队建设体系。国家队是我国竞技体育发展的"龙头",是实现奥运战略目标、勇攀世界竞技体育高峰的攻坚力量,代表着我国竞技体育的最高水平,加强国家队的建设是实现奥运战略目标并使其得以发挥最终效益的关键一环。建设国家队,必须充分发挥国家层面及地方层面两个积极性,尤其是调动地方体育系统向国家输送高水平运动员、承担国家队集训任务、合办有关奥运项目国家队的积极性,改革国家队由国家统包统管的单轨制为地方积极承担国家队集训任务、国家和地方合办国家队的多轨制,形成全国范围内横向与

纵向相结合的多层次、多渠道、多形式国家队建设体制；同时，进一步理顺国家与地方的利益关系，使之在为国家多作贡献、享受荣誉的同时在经济上得到回报，提高国家队建设的后劲与活力。

2. 与时俱进，改革国家队管理体制。改革开放以来，我国各项目国家队管理体制经历了强调领队政治领导作用的领队负责制、突出主教练业务上全面指挥权的主（总）教练负责制，以及重视充分发挥集体的智慧与作用、调动方方面面积极性的队委会领导下的分工负责制。而今，现代竞技体育的竞争仅仅依靠有限的知识和单一的手段已不能达到高峰。因此，构建一种既有管理专家和专业领军人物结合的管理班子，又有科技人才和医学专业人才参与的复合型国家队管理团队，既是适应当今竞技体育技术、管理更为复杂的需要，也是我国竞技体育整体水平不断提高的必由之路。通过打造复合型国家队训练管理团队，使中心管理者、主（总）教练、领队、科研人员和医生组成一个知识更为系统，各方形成合力的"国家最高水平"练体系，以更有效地提高训练科学化水平和国家队科学管理水平。

（八）坚持依法治体、科教兴体

1. 坚持依法治体，加强竞技体育法规建设。首先，要进一步调整和明确竞技体育社会团体的职权定位，在积极推进运动项目协会制的改革进程中，对各类全国性竞技体育社团依法进行独立法人实体化改造和建设，对体育行政部门、运动项目管理中心、单项体育协会等组织形式与职能进行合理定位；依法理顺和调整好各基层竞技体育组织间、及其与体育行政部门之间的关系，切实维护国家、投资方、经营者、运动员、教练员和裁判员的合法权益。其次，加强对体育竞赛活动中各种违纪、腐败现象和不正之风的整治，加大对竞技体育中运动员身份和资格的"异化现象"、兴奋剂问题的"泛化现象"、裁判员的"黑色现象"，以及体育竞赛中弄虚作假、徇私舞弊、执裁不公、扰乱赛场秩序等违规违纪行为的法律制裁力度，不断完善育竞赛公平竞争规则和规程，建立健全体育赛事的仲裁制度和赛风赛纪的监督、检查、认定和处置机制。第三，依据《反对在体育运动中使用兴奋剂国际公约》制定我国反兴奋剂法律框架，打击蔑视体育道德和社会价值并危及运动员健康的行为，认真贯彻落实《反兴奋剂条例》精神，加强反奋剂宣传和教育，抓好"教育、自律、制度、监督、惩处"五个环节工作，加强反兴奋剂的国际合作，建立反兴奋剂责任体系，注重对运动员、教练员、裁判员队伍的思想政治工作和职业道德教育，打击竞技体育的职业化、商业化进程中的"黑色行为"，不断提高反兴奋剂工作水平。

2. 积极贯彻"科教兴体"方针，不断提高运动训练科学化水平。竞技体育要腾飞离不开科学技术，我们要面向国内建立开放型体育科技体系，认真抓好知识创新和文战术创新，把其作为新周期科技备战的核心溶入训练实践中；进一步提高对体育科研的重视和投入，加强对科研工作的组织管理，强化科学选材、科学育才、科学监测、科学计划、科学定位、科学营养、科学恢复、科学管理、科学总结、信息化、人性化的科学训练体系；重视发挥体育科技的先导性和基础性作用，加强对备战北京奥运会，实施北京奥运会争光计划和系列"铸金工程"等的实证研究和经验总结，努力将科研成果转化为训练生产力,将新的科研成果、技术和新的器材应用于竞技体育实践,提高竞技体育的科技含量,提升竞技体育核心竞争力。

(九)保障运动员合法权益,进一步完善运动员社会保障体系

优秀运动员是实现国家奥运战略目标,在第一线奋力拼搏的生力军。党和国家历来十分重视和关心优秀运动员的工作、学习和生活情况。贺龙同志曾经讲过:"对于运动员,我们要负责一辈子"。围绕着服从和服务于竞技体育事业的发展,我们要坚持从伤残抚恤、医疗保险、文化教育、退役安置、收入分配、福利待遇等方面不断推进运动员保障工作,逐步建成和完善包括社会保险、运动伤病治疗、文化教育、就业指导、聘用管理、收入分配等方面的一整套优秀运动员保障体系;加强体育赛事风险预警、防范与监控,完善竞技体育劳动保障和保险制度,建立运动伤残制度和运动医疗保险制度;完善退役运动员的安置,健立健全优秀运动员退役后的社会保障制度,同时,坚持走"竞教结合"、"竞训结合"的培养之路,使运动员能掌握一定的科学知识和技能,退役后也能有一技之长,为运动员退役安置减轻负担。积极研究和完成运动员的社会保险、岗位管理、聘用办法、退役安置、职业转换以及试训运动员保障等方面的制度设计及制度建设等基础工作,初步建立起与我国社会主义市场经济和竞技体育发展相适应,与国家社会保障制度相衔接,国家、社会、行业、地方和个人共同承担、分级分类的多层面、全方位的运动员保障体系。

(十)以爱国主义为核心,弘扬中华体育精神

在我国竞技体育发展历程中,加强对运动员以爱国主义为核心的思想政治工作一直发挥着非常特殊且极为重要的作用。"十二五"期间,发展竞技体育必须始终坚持以思想政治工作为先导,注重思想政治工作理论研究,坚持以先进的理论指导思想政治工作,认真研究新形势下运动队思想政治工作的新特点和新方法,以先进的思想政治理论教育、鼓舞运动员,把提高运动技术水平与培养有理想、有道德、有文化、有纪律的人才相结合,使优秀运动队成为思想坚定、技术过硬的优秀群体,最大限度地调动运动员的积极性和创造性,勇攀竞技体育的高峰。

中华体育精神是具有强大的凝聚力和向心力,是推动和激励运动员为国争光、勇攀运动高峰的精神力量和巨大动力。通过对运动员进行中华体育精神教育,以达到增强运动员民族自尊心和自豪感,继承和发扬民族优良传统,激发其振兴中华,为国争光的爱国热情,正确认识自己对祖国的责任,促使运动员以出色运动成绩不断推进祖国竞技体育事业的发展。

参考文献

1. 杨树安.世界竞技体育发展的五大趋势[J].体育文化导刊,2003(5):3-5.
2. 黄文敏,张扬文.从北京奥运会奖牌榜剖析世界体坛竞争格局[J].体育学刊,2008,15(12):73-75.
3. 江明非.论竞技体育职业化的利与弊[J].武汉科技学院学报,2002,15(4):13-15.

4. 松家萍.浅析竞技体育职业化的发展与代价[J].2004，26(5):19-21.

5. 胡锦涛.在北京奥运会、残奥会总结表彰大会上的讲话[M].北京:人民出版社,2008.

6. 李荣芝,唐文兵.2008 年奥运会后我国竞技体育管理体制改革趋势研究[J].成都体育学院学报, 2006,33(6):7-10.

7. 裴立新,刘新光.我国竞技体育备战 2008 年奥运会项目结构调整与布局研究[J].2006，23(1):22-25.

8. 国家体育总局.改革开放 30 年的中国体育[M].北京:人民体育出版社,2008.

9. 曹彧.中国特色运动员保障体系初步形成[N].中国体育报，2007-10-19.

10. 黄超群,等.竞技体育体制的改革与发展[J].体育世界，2007(11):89-90.

11. 张玉超.第 29 届奥运会中、美、俄奖牌分布特点及其启示[J].体育学刊,2009,6(2):81-84.

12. 沈莉琼.从北京奥运奖牌看中国竞技体育发展[J].体育科技文献通报，2009,17(8):44-45.

13. 国家体育总局.竞技体育"十一五"规划[R].2006.8.

14. 张磊.对我国竞技体育后备人才培养的探析[J].吉林体育学院学报，2007,23(6):16-17.

15. 张凤珍.我国竞技体育后备人才培养体制的现状分析及对策[J].体育与科学,2008,29(2):69-71.

16. 钟秉枢,于立贤,等.我国竞技体育职业化若干问题的研究[J].北京体育大学学报，2002，25(2):145-147.

17. 于立贤,钟秉枢.我国竞技体育职业化研究综述[J].中国体育科技，2000，36(10):8-11.

18. 朱红军.论我国运动员保障体系的重构[J].南京体育学院学报，2005，19(5):40-42.

"十二五"青少年体育发展规划研究

广州体育学院 裴立新等

前言

发展是指人随年龄（时间）递增而发生的个体的身心变化与成长（[日]筑波大学教育学研究会：《现代教育学基础》，上海教育出版社，2003）。青少年时期是发展智力、形成品德和培养身体素质和各种能力、技能的关键期，保护青少年发展的权利意义重大。因为"广大青少年身心健康、体魄强健、意志坚强、充满活力，是一个民族旺盛生命力的体现，是社会文明进步的标志，是国家综合实力的重要方面。"（《中共中央国务院关于加强青少年体育增强青少年体质的意见》）。联合国《儿童权利公约》专门确认了18岁以下青少年的发展权，即18岁以下青少年享有充分发展全部体能和智能的权利，它是青少年的身体和心理在社会化过程中得以健康发展的一项基本权利。我国《宪法》、《体育法》、《全民健身条例》等法律法规亦对保障青少年体育权益做出了明确规定。

我国拥有世界上最大的青少年群体，全国人口中，6~18岁在学人口有2.16亿人（数据来源：《2009年全国教育事业发展统计公报》教育部）。党和政府历来重视青少年的体质健康工作。新中国成立伊始，毛泽东同志就提出了"健康第一"的思想，并作为我国教育的重要指导方针确定下来。邓小平同志、江泽民同志也十分关心青少年的健康成长，对青少年体育工作有过很多重要指示。党的十六大以来，以胡锦涛同志为总书记的党中央把青少年体质健康摆在了更加突出的位置。党的十六大第一次明确地把提高全民族的思想道德素质、科学文化素质和健康素质作为全面建设小康社会的重要指标之一，而提高全民族健康素质，学校是基础，青少年是关键。

体育是增强青少年健康素质最积极、最有效的方式，是促进青少年全面发展的基础。体育锻炼不仅能增强青少年体质，亦能培养青少年勇敢顽强的性格、超越自我的品质、迎接挑战的意志、承担风险的能力，学会竞争与合作，理解成功与失败。毛泽东同志在青年时期就提出，"体育之效，至于强筋骨，因而增知识，因而调感情，因而强意志。""进一步加强青少年体育、增强青少年体质，对于全面落实科学发展观，深入贯彻党的教育方针，大力推进素质教育，培养中国特色社会主义事业的合格建设者和接班人，具有重要意义"（《中共中央国务院关于加强青少年体育增强青少年体质的意见》）。

一、主要概念

（一）青少年：青少年是人生的重要阶段，一般认为，从生理、心智的发展角度上讲，处于儿童时期之后，成人之前，这段期间的人多为学生，是一个身心处于变化需要给予高度关注的群体。对青少年的年龄段各有不同的划分标准。人口学以人在青春期生理发育的正态曲线分布为基础，把 15~25 岁确定为青年。法学是以完全承担法律所规定的权利和义务为标准，把 18 岁作为划分成年人和未成年人的界限。超过 18 周岁的犯罪人即不属于青少年犯罪的范畴。《中华人民共和国未成年人保护法》所称的未成年人也是限定于未满 18 周岁。中国共产主义青年团团章中规定，"年龄在 14 周岁以上，28 周岁以下的中国青年"可以申请加入共青团；团员年满 28 周岁，如果没有担任团内职务，应该办理离团手续。国际奥委会规定的青少年奥运会参赛选手的年龄为 14~18 岁。社会学界从社会化角度看青少年，在年龄范围上有很大的伸缩性，甚至把 35、40 岁以内的人都归为青年人。而我国发展心理学界一般把青少年期界定为 11、12 岁至 17、18 岁这一发展阶段，相当于中学教育阶段。其中 11、12 岁至 14、15 岁这一阶段称为少年期，又称青春期；14、15 岁至 17、18 岁称为青年初期（林崇德，1995、2002）。而西方大多数发展心理学家对青少年期的界定更为宽泛一些，认为青少年期是指从青春发育期开始直至完成大学学业这一发展阶段，即 11、12 岁至 21、21 岁。

从上述关于青少年的年龄段的各项界定中，11 岁是下限，28 岁是上限。那么，根据青少年身心发展的年龄特点以及我国学校关于各学段的年龄规定，再结合我国现行各运动项目竞赛对于青少年年龄规定的惯例，可以认为青少年体育主要人群，其年龄分布应在 11~12 岁至 21~22 岁，即义务教育阶段至大学本科阶段，重点是义务教育阶段，此阶段为青少年身心发展的关键时期，广泛开展青少年体育，对于普遍增强体质具有十分重要的意义。从国际青少年体育发展实践来看，各国对青少年体育的政策和规范大多延伸到 5~7 岁年龄阶段，同时对不同的年龄阶段有明确的内容和要求。鉴于我国青少年体育工作的实际情况，尤其是业余训练统筹规范管理的实际需要，可以认为我国青少年体育的针对人群，或者说青少年体育工作的服务对象，其年龄分布应该延伸至 5 岁阶段，需要探及学前教育领域。

（二）青少年体育：即为保障青少年体育权益，实现普遍增强青少年体质健康水平，培养全面发展的合格的社会主义建设者和接班人的社会公益目的，由国家倡导和支持，体育、教育部门、学校等机构组织及社会力量举办，家庭、社会广泛参与，通过科学、系统的学习、传授体育基础知识、基本技术，发展运动潜力，掌握运动技能，培养意志品质和体育兴趣，养成终身体育习惯，促进身心全面发展的一种教育活动。相对成人体育活动而言，青少年体育活动需要在专业人员的指导下，以丰富多样的内容和形式满足这一处于成长阶段人群的身心需要，促进其身体、心理和社会适应能力和谐发展。青少年体育活动有组织的运动知识传授和技能学习以学校为主要场所，但在时间的分配上和形式的丰富多彩方面，校外的社会和家庭也发挥着不可替代的重要作用。

（三）青少年业余训练：国家倡导和支持，社会有条件的单位或组织举办，旨在广大青少年中普及体育运动知识，传授运动技能，培养终生体育锻炼习惯，发现有运动潜质和特长的青少年，按照项目的运动规律，通过科学、系统的训练，全面发展体能和心理素质，提高运动技术水平和比赛能力，为社会培养体育骨干，为国家竞技体育事业培养优秀后备人才的一种教育过程。联合国教科文组织《体育运动国际宪章》指出："竞技运动虽然具有可供观赏的特点，但也必须按照奥林匹克理想，始终以服务于教育性体育运动为目的。竞技运动是教育性体育运动的最高体现。"可见业余训练亦是一种青少年教育过程，这种教育过程更多的旨在强调青少年的全面发展。业余训练是保障我国竞技体育事业可持续发展的重要基础。以义务教育阶段的青少年为主要对象。我国在多年业余训练成功经验基础上提出了"选好苗子、着眼未来、打好基础、系统训练、积极提高"的原则。

二、青少年体育现状调查

全面了解我国青少年体育发展状况，对于科学规划"十二五"时期青少年体育事业发展具有重要意义。2010年4至6月，国家体育总局青少年体育司和教育部体卫司联合对全国部分省市青少年体育现状进行了调查研究。调研工作分二个阶段进行，第一阶段重点对湖北、四川、江苏等10省进行了实地调研，第二阶段在陕西、湖南、云南、河南等四省分片召开了31个省区体育、教育行政部门负责人及职能部门参加的研讨会，调研工作取得了预期成果。本研究依据调研成果并结合其他相关资料，对青少年体育现状进行系统分析，旨在总结经验，查找不足，为科学谋划未来发展提供理论和事实依据。

（一）青少年体育政策法规日趋完善

政策是国家机关和政党在特定时期为实现或服务于一定的社会政治、经济、文化目标所采取的政治行为或规定的行为准则，它是一系列谋略、法令、措施、办法、方法、条例等的总称。它是针对现实中出现的问题，为着解决问题而制定的。法律是由立法机关制定，国家政权保证执行的行为准则。我国的法律形式包括宪法、法律、行政法规、地方性法规和行政规章等。

一是为维护青少年健康发展权益，以未成年人和学生为主体，我国已建立起了较为完善的青少年法律体系。《宪法》第四十六条规定：国家培养青年、少年、儿童在品德、智力、体质等方面全面发展。在《宪法》基本原则下，与青少年身体发展密切相关的权利受到等一系列法律法规的保护。以青少年发展为主线，我国已形成了包括《体育法》《教育法》、《学校体育工作条例》、《学校卫生工作条例》、《全民健身条例》、《学生人身伤害事故处理办法》等为主体的法律体系。上述法律体系以及我国签署加入的《联合国儿童权利公约》，还有各省、市、自治区制定的大量地方性法规、规章，共同组成了我国青少年发展权益保护的法律体系，为保护青少年权益提供了较充分法律依据和法律保护网，增强青少年体质成为一项受法律保护的发展权。

二是"十一五"期间国家全面实施了依法治国基本方略，随着《中共中央国务院关于加强青少年体育增强青少年体质的意见》下发，国家和地方相关部门为贯彻落实7号文件相继出台各类规章办法100多个，对于完善青少年体育政策法规体系和建立青少年体育的长效化机制产生了积极作用。如《江苏省学生体质健康促进条例》是建国以来我国第一部由省一级人大审议通过的有关青少年体育的地方性法规。该《条例》以地方立法形式确定了促进本省学生体质健康工作的原则和政策，明确了加强体育锻炼、注重卫生营养、减轻过重课业负担等增强学生体质的具体措施，同时还规定了各级政府及其相关部门、学校、家庭、社区、媒体以及有关社会团体和企业应当依法履行的职责和义务。该《条例》明确规定政府和教育行政部门不得向学校下达升学指标，不得以升学率或者考试成绩为标准对学校进行排名，使减轻学生课业负担从一般的政策要求转变为统一的法律规定。明确规定了体育课应由专职体育教师授课，学生健康体检费用来源等等。为了促进学校体育场馆向社会公众开放，宁夏回族自治区体育局、教育厅印发了《宁夏学校体育场馆向公众开放试点工作方案》；北京市为了加强对场地开放工作的监管和评估制定实施了《北京市学校体育设施向社会开放工作评估办法》、《北京市学校体育设施向社会开放工作评估标准》等文件。

（二）青少年体育活动日益活跃

体育是发展青少年个性与社会性、增进健康、培养积极的生活方式以及促进道德发展的重要途径，是提高生命质量及终身教育的推动力量和重要组成部分。普遍增强青少年体质是通过广泛开展青少年体育活动的途径实现的。调查显示，近年来，我国青少年体育活动正在朝着更加广泛、深入、长效的方向发展。呈现出如下特点：

一是制度化的公益性青少年体育活动组织机制已经形成。青少年体育是社会公益事业。政府支持举办的大型公益性体育活动对于促进青少年体育，宣传和引导更多社会力量组织开展青少年体育活动具有重要作用。随着中央7号文件下发，2007年国家启动了"全国亿万青少年学生阳光体育运动"，这是新时期加强青少年体育、增强青少年体质的一项重要战略举措，其目的就是要通过阳光体育的抓手作用，促进各级各类学校形成浓郁的校园体育锻炼氛围和全员参与的群众性体育锻炼风气，吸引广大青少年学生走向操场、走进大自然、走到阳光下，积极主动参与体育锻炼，培养体育锻炼的兴趣和习惯，有效提高学生体质健康水平。活动开展四年成效十分显著，"我运动、我健康、我快乐"的阳光体育理念深入人心，一系列大型活动包括"全国亿万青少年学生阳光体育运动"、"全国亿万青少年体育健身展示大会暨全国青少年户外夏令营活动"、"全国青少年冰雪运动冬令营"等大型活动已形成定期举办机制。

二是青少年体育活动举办主体更加多元，组织形式愈加多样，内容日益丰富多彩。青少年体质现状引起全社会关注，增强青少年体质健康已形成广泛共识，更多的社会力量以各种形式参与青少年体育发展。调查显示，政府依然是公益性青少年体育活动的举办主体，但近年来，企业、社会单位、组织及个人赞助或举办青少年体育活动呈较大增幅；各地在开展"阳光体育运动"的过程中，创造了许多新的形式和内容，形成了鲜明的地方及学校体育特色。各级各类学校认真落实"每天一小时体育锻炼"，调查结果表明，目前中小学每天落实一小时锻炼的总体情况较好，76%的被调查体育教师认为本校落实每天锻炼一小时的效果较好，91.7%的被调查学生每天（除体育课外）平均锻炼时间在 30 分钟至 1 小时以上。许多地方把少年儿童体育活动与少先队员争当"四好少年"活动紧密结合，积极开展"晨练"、"大课间活动"等集体体育活动、推进体育类"雏鹰争章"，引导青少年开展经常性的体育锻炼。在大中学校，大力实施"大中学生素质拓展计划"，组织课外体育锻炼，开展广播操、球类等多种竞赛活动。

三是引导、支持青少年参加体育活动的社会氛围正在形成。调查显示，目前社会公共体育场馆普遍向青少年免费或低收费开放，一些城市街道社区为青少年提供活动场所和组织活动，成人对青少年参与体育活动的观念正在发生变化，长期以来受传统的"重文轻武"和当代应试教育的影响青少年参与体育活动在许多家长看来是不务正业或耽误学习而加以限制，如今这种认识尽管仍然较为普遍，但亦在悄然发生着变化，相当数量的家长开始重视孩子参加体育活动，鼓励、支持并付费送青少年到俱乐部或培训机构学习掌握一、二项运动技能。

四是青少年体育竞赛活动日益活跃。竞赛是体育的本质属性之一和重要的实现形式。通过组织竞赛吸引更多青少年关注体育，激发兴趣、爱好，并积极参与体育活动是普及体育和培养终生体育习惯的重要手段方式。调查结果显示，近年来，各地在组织开展多种形式的青少年体育竞赛活动方面做大量富有成效的工作，通过竞赛活动极大地丰富了校园文化。接受调查的 98.9%的中小学每年都能举办校内的综合性运动会和各种形式的单项体育竞赛活动，竞赛项目从奥运会项目到民间传统项目丰富多彩，满足了不同运动兴趣的青少年的需求，吸引更多学生参与锻炼。同时，政府及相关部门亦积极倡导和支持开展青少年体育竞赛活动，如四川省体育、教育部门建立青少年竞赛协商机制并形成制度，统一竞赛办法、时间和奖励，共同组织青少年竞赛。北京市按照市委提出的"要积极组织和探索发展各有特色的综合或专项学生体育竞赛"的要求,体育、教育协同配合广泛组织开展青少年体育竞赛活动，每年组织 60 多个规模大、系列的全市性大中小学生体育比赛活动，仅阳光体育运动比赛就超过上万场。各地在组织青少年体育竞赛过程中亦重视打造青少年体育竞赛品牌，不断扩大青少年体育竞赛的社会影响。如北京市三对三半场篮球赛，从班级赛开始到市级总决赛，全市大中小学生近 20 万人参加了比赛。

（三）青少年体育组织规模进一步扩大

倡导和资助创建公益性青少年体育组织是政府推进青少年公共体育服务均等化的一项具体举措。"十一五"期间，青少年体育组织建设快速发展，呈现出在政府倡导、支持，各部门认真落实，全社会积极响应和参与的良好局面。具体体现在如下方面：

一是青少年体育组织规模持续、快速增长。截至 2010 年，全国由政府倡导和资助创建的公益性青少年体育组织数量（包括综合性具有体育功能的机构）达到 2.4 万余个，包括：青少年体育俱乐部 5166 个（国家资助 3429 个，地方资助 1737 个），青少年户外体育活动营地 95 个（国家资助 59 个，地方资助 36 个），各级传统体育项目学校 15477 所；教育部资助的"青少年校外活动中心"2000 多个；共青团所属的"青少年活动阵地"1000 多个。这些组织每年组织数亿人次的青少年参加公益性体育活动。通过广泛开展体育活动，极大地丰富青少年业余文化生活，取得了良好的效益，受到社会普遍赞扬。调查结果显示：在有青少年体育俱乐部地方的 84.4% 被调查青少年对青少年体育俱乐部的作用给予了积极评价，有 49.7% 青少年每周参加 2~3 次青少年体育俱乐部的活动。再如体育传统项目学校积极探索新的历史条件下，适应社会发展，有利于普遍增强青少年体质，有利于后备人才培养的办学模式，呈现良好发展态势，调查表明，截至 2010 年，我国各级体育传统校在训青少年约为 71~78 万人。与此同时，各级各类学校亦重视和加强内部学生体育社团建设，支持青年自组织开展体育活动。调查表明，有 30% 中小学生参加课外体育兴趣小组活动，每周参加 2~3 次体育兴趣小组活动的学生约占 75%；74.2% 学生对体育兴趣小组开展的活动给予"很喜欢"评价。

二是积极探索创新青少年体育组织形式。目前由政府资助创建的公益性青少年体育组织形式呈多样化发展。包括国家体育总局倡导和资助的有青少年体育俱乐部、青少年户外体育活动营地和体育传统项目学校等，教育部倡导和资助的"青少年校外活动中心"，共青团倡导和支持创建的"青少宫"，妇联倡导和支持创建的"妇女儿童活动中心"这些公益性青少年组织都赋予了体育功能并有相应的组织机构、人员和场地设施。各地也积极创建青少年体育组织，如福建省根据构建青少年公共体育服务体系需要，大手笔投入公益性青少年体育组织建设，计划从 2010 年起投入 3.3 亿元，在全省 87 个区、县、市各建立一个青少年校外体育活动中心，每个中心占地 6 亩，建设乒乓球、羽毛球、篮球场、五人足球场、健身器材等。与此同时，拨款 2 亿多元，在全省 875 个街道、乡镇各建立一个校外青少年体育活动场，每个场所 2 亩地，以一片灯光篮球场及周边小型健身器材为主。

三是探索构建学校、社区、家庭青少年体育网络取得进展。中央 7 号文件提出了构建学校、社区、家庭青少年体育网络，各地积极探索，取得了有价值的经验。如武汉市青山区文体局根据学生放学后因缺乏管理而导致不少青少年或去网吧或自由游荡的现象，学校、社区、家庭统一认识，协同行动，由街道办提供场所，在社区广场上设置体育器材，办起了"四点半"学校。聘请社区志愿人员辅导学生文化课学习，指导学生开展体育活动，社区为每个学生建立了成长手册，记录其在"四点半"学校参加体育活动及文化学习的表现，由街道管理人员签字，定期向学生家长及所在学校反馈，学校将在评优和评奖时给予参考，家长也可及时了解孩子放学后的活动情况。这项工作得到了武汉市青山区区委区政府高度重视，连续五年列入区政府十件实事，并由政府和体育彩票公益金共同出资，每年资助 20 万元建设经费。目前武汉市青山区已建成62个学校、社区、家庭相结合的"四点半"学校，并以每年建成10个的速度发展，"十二五"期间实现社区青少年体育活动阵地建设的全覆盖。武汉市青山区青少年体育活动阵地建设，为我国学校、社区、家庭共同构建青少年体育网络提供了十分有价值的经验。

（四）活动场地逐步改善，学校体育场馆向公众开放稳步推进

体育场馆设施是开展青少年体育活动必需的物质条件，是整合和利用体育组织和人员资源的重要平台。良好的完备的体育场地设施对于组织开展青少年体育活动具有十分重要的作用。过去五年，青少年体育活动场地设施变化主要体现在：

一是青少年体育场地设施条件继续改善。"十一五"期间我国经济社会持续发展为青少年体育创造了良好的条件，五年来，国家和地方加大了公共体育设施及学校体育场馆建设的投入，利用财政、体育彩票资金在社区、农村完善全民健身场地设施，学校体育场地设施现状整体有所改善，体育器材设施逐渐完备，经过努力到"十一五"末期，青少年体育活动场地设施条件整体有所改善。

二是学校体育场馆向公众开放稳步推进。我国体育运动场(馆)数量已过百万，其中学校体育场地设施占全国总量的67%以上，接近70万个。长期的封闭使得利用效率不高，为加快学校体育场地向社会公众开放，2006年，国家体育总局和教育部联合开展"全国学校体育场馆向社会开放试点区"工作，经过3年多摸索、推进，学校场馆向社会开放工作方面取得了一定成效，截止到2010年，向社会公众开放体育场馆的学校数量已达到28426所，覆盖全国27个省、市、自治区，占全国学校总数的6%左右，占全国具备开放条件的74013所学校的三分之一。调研结果表明，开放学校数量的地区性差异较大，上海、四川、北京、海南、广东等省市开放比例较高，分别达到78.6%、57.7%、42.5%、33.0%、27.8%，高于全国平均水平，西部一些省区的开放率在0.1%左右。开放场馆多数为田径场、足球场、篮球场、室外羽毛球场、乒乓球场、联合器械场地等，部分学校有偿开放了体育馆、羽毛球馆、乒乓球房、网球场和游泳馆等。大部分学校开放的时间主要集中在双休日、寒暑假、节假日及每天的早晚时段，其中以双休日、寒暑假为最多，部分学校做到每天开放。参与健身的人群中，以学生为主，其次是社区中老年人和中青年人群。在开放学校锻炼的人数也各不相同，一般为几十人或上百人。学校体育场馆向公众开放经费主要来自国家体育总局资助，大部分地方政府相关投入很少，对个别省区的调查结果显示，学校体育场馆开放经费呈逐年递减趋势。个别地区如湖北省武汉市其将开放经费列入政府财政预算，保证了经费投入。

（五）竞技体育后备人才培养成效显著，业余训练工作取得新进展

培养高水平的竞技体育后备人才是我国青少年体育工作的主要职责之一。业余训练是高素质体育人才培养的主要实现形式和途径，培养全面发展的优秀体育人才是国家赋予业余训练的主要任务，其包含着：既为国家竞技体育事业发展和实施"奥运争光计划"培养优秀竞技体育后备人才；又为群众体育事业发展和实施"全民健身计划"

培养大量体育骨干，以提供人才资源支持。"十一五"期间的主要发展体现在如下方面：

一是为国家输送了大量优秀竞技体育后备人才，为我国竞技体育实现跨越式发展做出了积极贡献。五年来各级各类体校平均每年向优秀运动队输送近4000人，占新增人数92%左右，2008年北京奥运会中国代表团获100枚奖牌和2010年温哥华冬奥会中国代表团获11枚奖牌的运动员全部来自各级体校。

二是为社会培养了大量体育骨干，为全民健身提供了人力资源支持。五年来各级各类体校每年向高等院校输送3000~5000名体育特长生，为社会培养近万名中等体育专业人才和4万余名体育骨干，成为全民健身活动的宣传员、指导者和组织者；

三是业余训练总体规模保持平稳发展。近年来，由于县级基层机构合并和业余训练自身在发展中遇到问题的影响，业余训练总体规模有所下降，但通过改善办学条件、加强体教结合、开展国家高水平后备人才创建等措施的实施，下降趋势有所减缓。截至2010年7月，全国共有各级各类体校2370所，其中，体育运动学校、竞技体育学校201所，在校运动班学生有8.2万余人，教练员5770人；少年儿童体校、单项运动学校、体育中学2169所，教练员18788人，在训学生28万余人。

四是国家高水平体育后备人才基地建设工作取得良好成效。为进一步加强竞技体育后备人才培养工作，从2002年开始，国家体育总局开展国家高水平体育后备人才基地的认定命名工作，北京奥运会周期认定国家高水平体育后备人才基地313个。高水平后备人才基地的建设，激励和调动了地方抓后备人才培养工作的积极性，良好的示范和带动作用促进了各级体校的规范化、标准化建设，保证了竞技体育人才梯队在年龄和水平上的衔接，形成了各项目的人才群和人才链，进一步促进了训练质量和水平的提高。

五是后备人才培养工作的规范化管理进一步加强。近年来，国家体育总局把制度化建设作为加强业余训练工作的一项重要举措，根据工作需要及发展方式的变化，加大了管理规章的修订和制定工作，修订下发了《体育运动学校办学规定》、《少年儿童体育学校管理办法》，研制了《少年儿童运动员选材标准》。体育总局下发了田径等9个奥运项目教学训练大纲、教法指导书、技术录像带；建立了《全国业余训练科学论文评选和论文报告会制度》；《全国业余竞赛计划和多项竞赛制度》；《中等体育运动学校合格和办学水平标准》、《国家级重点中等体育专业学校评定标准和办法》、《高水平体育后备人才基地评估标准和办法》、《国家高水平体育后备人才基地认定办法》、26个奥运项目教学训练大纲等。使业余体育训练后备人才培养工作沿着规范化、科学化方向健康发展。六是进一步完善运动员、教练员注册制度，规范注册管理工作。为规范和加强青少年体育竞赛管理，保证比赛的公正性和杜绝参赛运动员年龄作弊现象，过去五年，国家及各省市都加大了青少年运动员、教练员注册管理，实行青少年运动员注册制度，对运动员年龄进行登记审核。

（六）多元化的竞技体育后备人才培养格局正在形成

社会力量投资体育人才培养，使体育人才培养走向社会化，将是我国体育事业转型的趋势，逐步成为加快体育职业化改革，实现体育社会化的有效方式。

竞技体育后备人才培养途径多元化，有利于扩大规模，动员和利用社会更多资源为国家培养高水平竞技体育。调查结果表明，近五年来，我国社会力量兴办青少年体育人才培训机构呈快速发展之势，具体体现在：一是传统的体校集中培训模式已被打破，更加适应社会发展，不仅进一步完善了现有的一、二、三集中少年儿童体校业余体校模式；而且涌现了如体育试点学校模式、体育俱乐部模式、体育训练中心模式、布训练点模式和与学校联办模式等。二是多渠道：有体育部门办的，有教育部门办的（橄榄球：中国农业大学等；跳水：清华大学）；有体育与教育联合办的（射击：清华大学）；有行业办的（篮球、足球、乒乓球俱乐部等）；有社会个人办的（武术学校、跆拳道、田径部分项目：中长跑等），截止2010年社会力量兴办的体育类学校和俱乐部共计690所；职业俱乐部出资创办的项目学校，这类学校或培训机构主要是由职业化程度较高的运动项目如篮球、乒乓球、网球、足球等举办，如鲁能足球学校，南通乒乓球学校等。然而，调查结果显示：我国现行的运动员管理体制以及竞赛体制对社会力量兴办青少年体育培训机构有较大的局限性，一方面，奥运项目对于社会力量培养的人才在运动员注册、交流、参赛等方面有较大限制，为此，影响了社会力量办学积极性，相关领域的社会力量介入很少；另一方面，非奥项目、民族传统项目和职业化程度较高的项目限制社会力量进入政策较少，如武术这样的民族传统项目，由于限制较少，所以社会兴办的积极性很高。社会力量投资竞技体育取得的成功展示出另一种竞技体育人才培养体制的类型，即社会化的竞技体育培养模式。这种社会化培养模式既有家庭投资模式，即由家庭出资负责运动员的参赛、训练、生活以及文化学习等；也有社会力量办学模式，即各种民办单项体校、武校等，调动了社会力量积极投资竞技体育人才培养。

（七）青少年体育骨干队伍建设进一步加强

建设专业化、高素质的青少年体育骨干队伍，对于促进青少年体育事业发展具有十分重要的意义。近年来，国家及地方加大了青少年体育骨干队伍建设力度，并在如下方面取得进展：一是有计划、有组织、有经费的组织开展青少年体育骨干人员培训工作，分类制定了青少年体育俱乐部、青少年体育营地、体育传统项目学校及各级各类体校教练员、管理人员、科研人员培训计划，投入专项经费保证计划实施；二是建设高水平培训师资队伍，建立了培训专家讲师库，聘请国内外高水平专家、学者进行授课；三是建立了长效化培训机制。从2006年至今，国家组织8期地方组织近20期青少年体育俱乐部管理人员培训班，累计参加培训2000多人，业余训练在全国23个省（区、市）举办了27次包括体校校长培训班、地市级管理干部培训班、体能培训班、女子运动员训练培训班、耐力项目培训班、高级教练员培训班、中级及以下教练员培训班等不同形式、不同内容的培训班，累计培训5000余人次。与此同时，还采取请进来、走出去的培训形式，组织了全国竞技体育后备人才训练管理专项赴法国研修班，学习国外先进训练管理。通过举办多种形式、内容的培训班，青少年体育从业人员素质有了较大提高，为青少年体育发展提供的人力资源支持。

（八）探索建立适合青少年特点的运动竞赛制度取得进展

竞赛是推动青少年业余训练工作的重要杠杆，它既可以调动青少年参与锻炼的积极性，又可以发现和培养人才，提高青少年竞技运动水平。青少年运动员有着学生与运动员的双重身份，如何文化课学习与比赛兼顾，处理好二者的关系是业余训练工作多年来探索解决的一个问题。这一问题的解决需要坚持以人为本的科学发展观，需要正确处理当前利益与长远利益，需要体育、教育部门的协同配合，经过多年努力，建立适合青少年特点的运动竞赛制度方面取得了一定进展。调查显示，目前已有7个省市的体育、教育部门（上海、浙江、安徽、福建、广东、重庆、四川）联合制定青少年年度运动竞赛计划，统筹青少年体育比赛，为合理解决学训矛盾积累了一些可借鉴的经验。然而，完善青少年竞赛制度还需要加大工作力度，特别是应当加强体育与教育部门的协作，从目前情况来看还有24个省市体育部门和教育部门各自制定竞赛计划。31个省市中有6个省市（山西、内蒙、黑龙江、上海、山东、贵州）在运动员等级评定中不认可教育部门主办的比赛，亟待探索建立合理调整行业和部门利益的办法和机制，将其有机的统一到国家利益上来，从体制机制上解决体育与教育部门在竞赛组织上存在的各自为阵、各行其是的问题。

三、存在问题

过去五年，青少年体育事业蓬勃发展，各方面工作取得了长足进步，积累了丰富经验。然而，必须清醒的认识看到，一方面"十二五"时期是我国社会转型、改革攻坚、实现科学发展的关键时期，面对全社会对青少年体质健康问题的关注度、敏感度、期望值的空前提高，青少年体育工作的外部环境日益复杂，增强青少年体质的任务繁重艰巨，既面临新的机遇也面临新的挑战；另一方面，科学的教育观、健康观和生活方式还没有在全社会确立，与人民生活水平的提高和全面建设小康社会的要求还不相适应，由于片面追求升学率的影响，社会和学校存在重智育、轻体育的倾向，学生课业负担过重，休息和锻炼时间严重不足，青少年体育的法规、制度、措施得不到很好落实，青少年体育工作及学生体质健康方面仍然存在一些突出问题。

（一）应试教育仍然是影响发展的主要因素

全社会对素质教育重要性的认识还有待提高，实施素质教育任重道远。调查发现，应试教育带来的沉重课业和心理负担，挤占了本应属于青少年游戏和玩耍的时间，很多家长对子女健康的关心远远比不上对学习成绩的关心。中国青少年研究中心的一项调查结果显示：半数以上的少年儿童学习时间、睡眠时间均不符合国家规定的标准，学习时间过长，学业负担过重。少年儿童的闲暇时间过少，能够从事自己喜欢的活动的时间还非常有限。青少年体质状况不容乐观。2006年教育部发布的全国学生体质健康调研结果显示，学生耐力、力量、速度等部分体能指标持续下降，城市超重和肥胖青少年的比例明显增加，部分农村地区青少年存在营养不良问题，提高青少年的健康素质已成为当前刻不容缓的紧迫任务。然而，调查中发现：

一是不少地方教育评价机制仍以升学率作为主要指标，学校体育工作、学生体质健康等未纳入教育评价的指标体系。"健康第一"的指导思想还没有落到实处，"重智轻体"倾向和社会、家庭、学校片面追求升学率的现象仍很严重，一些地方还有加剧的趋势。由于片面追求升学率，学校体育成为学校教育中最为薄弱的环节。1小时活动时间很难保证。学校体育工作因认识水平低而处在可有可无的被边缘化状态，一项对8省（市、区）8000余所学校的调查显示，76%的学校没有按照要求开足开齐体育课，平均比规定课时少1~2节/周；每天一小时体育锻炼时间不能保证，其中有37%的学校没有组织学生开展课外体育活动。小学和高三阶段尤为明显。调研发现，有的小学和初中每周只上2节体育课，有的高中到高三就基本没有体育课。小学和初中体育课开课率不足与体育教师缺编有一定关系，而高三开课率不足则主要受高考影响。

二是体育师资城乡之间及结构性缺编现象较严重，待遇普遍较低。学校专职体育教师严重不足、兼职体育教师素质不高。专职体育教师配备率平均只有38.82%左右，农村小学中约有80%的学校聘用兼职体育教师上体育课。调研发现，尽管一些学校教师编制已满或超编，但体育教师却不够，这种结构性缺编现象较为普遍，据初步估计，目前中小学体育教师的缺编比例约为30%。与其他文化课教师相比，体育教师的待遇较低。主要体现在两个方面：一是同工不同酬，如有的学校规定，体育课1学时等于1学时，而语文、数学等课程1学时等于1.5学时等；二是体育教师的周教学工作量普遍在18学时以上，如果加上课余训练和课外体育活动指导等工作，体育教师的工作负担普遍较重，但一些学校体育教师指导课外体育活动等工作不计算工作量，尤其是义务教育阶段教师实行绩效工资后，这一现象更加突出，严重挫伤了体育教师工作的积极性。这一问题急需从国家政策层面统筹解决。

三是开展"阳光体育运动"存在着地域性差异。不同的省市、不同地区开展"阳光体育运动"的态度、规模和效果存在较大差异。部分地区无法落实每天锻炼一小时。尽管中央7号文件强调要落实学生每天锻炼一小时，但受多种因素的影响，部分地区仍无法落实。这种现象在经济条件较差的地区有一定普遍性。

（二）青少年体育政策法规实施工作有待加强

政策法规是行政管理的主要手段。促进青少年体育法制建设进程，努力提高青少年体育法制化、规范化水平，形成比较完善的青少年体育政策法规体系，对于促进青少年体育工作具有重要意义。调查结果显示：一是一些地方对青少年体育相关政策法规的贯彻落实重视程度不够和执行不到位。如中央7号文件下发已三年多了，然而迄今为止相当数量地方的政府和主管部门还未就贯彻落实制定实施办法或方案，存在执行不力的情况；二是专门针对青少年体育的相关法规建设较为缺失。随着青少年体育工作领域和范围的不断拓展，现有的青少年体育政策法规有的已不适应发展需要，青少年活动工作遇到的一些具体问题缺乏法律规范和制度支持。中央7号文件和《全民健身条例》执行效果有待进一步评估；三是地方青少年体育管理机构有待健全，有必要明确体育和教育部门的法定职责，依法履行青少年体育职责。青少年体育相关单位和组织机构尚未建立起较为完善的符合法律规定的相关章程和制度，依法履行青少年体育活动组织和管理职责；四是依法保障青少年体育权益还任重道远。调查发现，当前青少年体育的权益还未能得到有效保障，侵占场地、限制参加活动、不开放活动场所、挪用专项经费等侵害青少年权益的行为、现象和问题还较为普遍；五是尚未建立执法监督的问责机制，强化青少年体育绩效评估检查和相关法律法规政策执行督导检查。

（三）体育场地设施不足和开放难的矛盾并存

良好的体育场地设施是发展青少年体育的重要基础条件。调研发现，目前场地设施不足和利用率不高的矛盾并存。一方面，社区和学校体育设施条件仍然不足。中国青少年研究中心与共青团中央权益部联合开展的"当代中国青年与社区建设"调查发现，社区完全能满足青少年体育活动需要的仅占8.3%，已有场地设施也更多考虑成年人需要，较少考虑青少年实际情况。相当数量学校体育场地和设施难以满足学校体育课和体育活动需要。2008年全国教育事业发展统计公报显示，小学体育运动场（馆）面积达标校数的比例为55.88%、体育器械配备达标校数的比例为50.61%；普通初中体育运动场（馆）面积达标校数的比例为69.30%、体育器械配备达标校数的比例为66.90%；普通高中体育运动场（馆）面积达标校数的比例为78.92%，体育器材配备达标校数的比例为78.90%。

另一方面，现有体育场地开放率和利用率较低，一些地方仍然存在侵占破坏体育场地现象。对前二批开放试点学校的调查表明，开放工作取得了一定成效，但整体开放率仍然不高，有的学校虽然打开了校门，开放了体育场地设施，但态度不积极；有的学校领导则担心开放后出现伤亡事故，学校面临无限责任的巨大风险；有的担心学校场地器材设施损耗太大，影响教学秩序等等，而这些都与政策保障不够，投入不足有很大关系。此外，2010年连续几起在学校发生的学生伤亡恶性事件，客观上增加了学校体育场馆向社会公众开放公众的难度，导致大部分已经开放学校，在各种压力下关闭了开放大门。

（四）青少年体育组织较为薄弱

国内外研究证实，群体性的体育活动较之个体性的体育活动，更有利于保持体育活动的持续和发挥体育的教育、教化功能，我国青少年体育活动的组织化水平仍然很低，与发达国家有相当差距，具体表现在：

一是现有数量远不能满足需求。我国6~18岁的在学青少年有2.16亿人，义务教育阶段学校有33.65万所，仅以青少年体育俱乐部为例，截止2010年底，10年间共创建青少年体育俱乐部3429个，平均98所学校拥有1个，因布局不限于学校，所以实际数字低于统计数字，每35个青少年中仅有1人有机会参加俱乐部组织的活动，与实现广覆盖、普遍受益的公共体育服务均等化有很大差距。与此同时，我国学校内部的自治性青少年体育社团或体育兴趣小组的数量很少，绝大部分青少年学生没有参与体育社团或体育兴趣小组的经历。体育社团在校园体育文化建设的重要地位远未得到认可。

二是由于缺乏体育专门组织机构和单位的整合利用,现有场地、专业人员资源发挥作用不够。现阶段,我国学校体育场地设施接近70万个,体育师资及教练员队伍建设亦取得了较大进展,与之相比,公益性青少年体育组织建设相当薄弱,在整合场地和人力资源方面的作用还十分有限,以青少年体育俱乐部为例,目前青少年体育俱乐部在学校的普及率仅为0.01%,数量极为有限,由于缺乏组织平台的有效整合,场地和师资资源利用率相对较低。

三是公益性青少年体育组织服务定位有待进一步明确。调查发现,目前一些体育传统项目学校只重视提高而忽略普及,还有相当数量的体育传统项目学校受应试教育影响,不重视传承普及本校传统特色体育项目而失去了名命的意义。青少年体育俱乐部作为公益性体育组织的核心功能是通过广泛组织开展体育活动、技能培训、比赛交流、冬夏令营等途径实现的。调查发现,部分学校把俱乐部等同于学校代表队,加入俱乐部设置条件门槛,限制人数,侧重抓提高;部分体校类俱乐部认识存在误区,功能定位就是发现、培养、输送后备人才,把体校日常训练等同于俱乐部工作,以输送后备人才为评价和奖励标准,反映出对公益性青少年体育组织定位存在认识差异。

(五)实行青少年体质监测制度尚须做出努力

《体育法》明确规定:学校应当建立学生体格健康检查制度。国家为贯彻落实"健康第一"的指导思想制定实施了《国家学生体育锻炼标准》。调查显示:相当数量的学校虽然每年都由卫生部门进行一次常规性的学生体格检测,但存在以下问题;一是普遍未建立评价机制。一些地方相关部门未按规定定期对实施《标准》情况进行监督检查和绩效评估,亦未把实施《标准》作为评价学校体育工作的重要依据之一;二是一些学校对实施《标准》的重视程度不够,尚未建立起完善、规范的《标准》测试、统计和报送制度,有的查检马虎应付,有的不能按规定组织学生进行体质健康测试并认真执行报送制度,甚至存在着测试数据不实和造假现象;三是检测项目不全,测试工作量大,组织难度大,测试仪器和报送数据的设备及软件昂贵,且较容易损坏,相当数量学校难以承受,测试标准复杂,不少体育教师和校长呼吁恢复原来推行的简单有效的《国家体育锻炼标准》;四是尚未建立起中小学生体育成绩评价体系,缺乏体测报告,不重视学生健康的建档立案工作,学校和家长对学生体质状况了解不够,亦难以对历年体质健康进行对比性监测;五是测试结果未能发挥指导学生锻炼的作用。本应发挥指导青少年树立科学运动的观和制定运动处方依据的体质测试结果最终被束之高阁。

(六)业余训练可持续发展能力有待增强

以人为本科学发展观的确立,对业余训练工作提出了新的更高要求,而处在变革时期的业余训练并未及时适应这一变化,多年积累的文化教育问题未能得到有效解决,在社会选择更趋多元化和就业市场化的背景下其原有的升学、就业优势和吸引力已大大降低,自身发展受到较大冲击,发展动力不足,随之产生的招生难、升学难、就业难极大地制约了业余训练可持续发展，导致规模萎缩，影响了竞技体育后备人才的培养和输送。统计结果显示：我国各级各类体校尤其是少儿业余体校数量持续减少，从1990年的3687所减少到2010年的2112所，减少了46.75%，呈持续萎缩趋势。从部分项目来看，从上世纪九十年代后期开始各级各类体校运动项目的在训人数呈持续萎缩，其中，田径项目1999年到2008年十年间在训人数减少近50%，少年儿童体校在训人数近20年持续萎缩50%左右。足球项目萎缩更为严重。速度滑冰项目体育运动学校在训人数仅有348人，少年儿童体校在训人数只有1700多人。各级各类体校运动员人数萎缩已直接影响到我国竞技体育后备人才队伍的建设。造成上述矛盾的主要原因：

一是办学高度封闭，文化教育自成体系。目前大多数体校都是封闭办学，文化教育自成体系未纳入教育序列，既得不到国家有关义务教育的政策扶持和经费保障，师资配备、教材编写、教学质量管理等亦游离于教育系统之外。二是办学定位与社会需求有较大差距。现阶段体校培养目标单一，办学水平考核以人才输送和运动竞赛成绩为主，文化教育尚未成为考核的硬指标，导致普遍不重视文化课教育，造成学生文化水平普遍较低，既难以考上大学，又难以找到理想工作，在升学和就业竞争中处于不利地位。出路难严重影响了体校办学的社会声誉，造成许多有运动天赋的青少年不愿意报考体校，从而进一步加剧了体校规模萎缩和质量下降。三是不能科学、合理地处理学训关系。目前以耗时间论训练水平仍较为普遍，训练时间过长，学生疲劳恢复期长，学习精力难以集中；现行的青少年竞赛制度在比赛时间的安排上，较少考虑文化学习，直接导致与文化课在时间上存在冲突，影响文化学习；四是县级机构合并一定程度弱化了业余训练。目前全国2000多个县区77.9%的体育部门与其他部门合并，由于长期以来县级体育行政部门主管青少年业余训练，合并弱化其对业余训练工作产生了一定的影响。

（七）训练水平有待提高

高水平的业余训练是培养优秀后备人才的重要保证。科学化是实现高水平的重要保证，其内涵更多的体现了指导思想、教练员综合素质、方法手段以及资源的合理配置、利用及系统的综合集成和高效率运行。调查结果显示，近年来，我国业余训练科学化水平有了一定程度提高，然而与建设体育强国的要求还存在较大距离，一些制约提高业余训练水平的因素仍然未消除，具体表现在如下方面：

一是青少年训练指导思想未能很好的贯彻执行，利益驱动下的"拔苗助长"现象普遍存在。业余训练实践总结出的"选好苗子，打好基础，着眼未来，系统训练，积极提高"的指导思想并未得到很好的贯彻。一些省市的业余训练目标直接定位在省（市）运会，教练员和管理人员的一切都是以"省运会"成绩为轴心而运转，为国家培养和输送高水平竞技体育后备人才的任务成了"省运战略"的副产品，系统的训练被过多干扰，更多采取"拔苗助长"的训练方法，相当数量的青少年运动员因过多参加低水平竞赛而错过了基础训练的敏感期，能力发展空间非常有限，严重影响竞技能力的全面发展。

二是教练员选材科学化的意识亟待增强。科学选材是高水平竞技体育后备人才培养的一项重要的基础工作。一项对我国 600 多名教练员的相关调查结果显示：大多数被调查的教练员倾向于经验选材。一方面反映了教练员对科学选材重要性的认识不够，另一方面，目前还缺乏科学的初级运动员选材标准，由于缺乏标准，教练员选材更多还是依靠经验，导致初级选材成功率低，淘汰率高。

三是尚未建立起科学、规范的资质标准和准入制度。目前为止，我国还没有建立起制度化、标准化的教练员从业管理体系，缺乏资质标准和准入规范。调查显示：教练员队伍年龄、学历、知识结构和整体水平亟待提高，相当部分教练员是运动员退役后，未经过高等教育或专业培训直接进入教练队伍，学历普遍较低、理论水平不高、综合执教能力弱，难以胜任科学化训练的基本要求。如有关体能训练的设计与组织实施工作，许多基层教练员连最基本的生理生化指标都不理解，根本无法理解体能训练监控的方法。对青少年训练规律的认识不足，简单采用成人化训练方法，"拔苗助长"而导致运动员能力发展结构遭到破坏，从而失去成为高水平运动员的机会。

四是教练员队伍整体执教水平有待提高。我国教练员制度基本沿袭传统的"师傅带徒弟"模式，执教主要依靠经验。调查结果显示，教练员队伍职称、学历普遍偏低，高级职称教练仅占 14%，本科以上学历不足 40%，相当一批教练员是运动员退役后直接走上教练员岗位，个人技术水平高，理论水平低，综合执教能力弱，而近年来虽有一批从体育院校充实到教练员队伍的高学历人才，但专业素养不够，缺乏体育技能，实践能力较弱。为此，加强培训，改善教练员综合素质已成为提高业余训练水平刻不容缓的任务。

五是青少年训练大纲有待完善。近年来，我国对 24 个奥运项目的青少年训练大纲进行了修订，为基础训练提供科学指导。但是，在训练实践中，逐渐显现了现有大纲不能完全适应训练需要。一方面，大纲存在项目间不平衡问题，部分项目训练大纲编制过于笼统，科学性不强，针对性不够；另一方面，部分大纲编制确定的训练检测指标水平过高，更多使用的是优秀运动员高水平运动员能力指标的简单变更，与业余训练实践结合的不够紧密，直接导致了训练大纲的应用性不强。目前，在青少年训练工作中，对于科学指导的强烈需求与现有训练大纲的不切实际形成了鲜明的对比，成为影响训练质量的重要因素之一。

六是教练员培训工作的系统性不够。系统的专业化培训是提高教练员水平的重要途径之一。然而，现阶段教练员培训工作还有待加强，建立制度化、常态化的培训机制还有许多工作要做，培训内容与青少年训练的实际需求结合不紧密，还需要进一步提升对于青少年运动员训练规律的认识，改变简单的经验式教学，加大科技手段的运用，提高科学化水平，进一步优化与青少年运动员能力发展特点相适宜的训练内容、方法和手段体系，全面提高训练质量。因此需要制定结合基层业训教练员实践需求的培训体系，根据各个专项特点和青少年生长发育特点，举办各级各类教练员培训班，设定有针对性的培训内容，切实提高教练员执教水平。经费不足，教练员培训机会少，专业能力和业务水平不高，成为影响业余训练水平提高的重要因素之一。

（八）青少年竞赛制度还有待完善

竞赛是检验训练成效的重要手段，是提高青少年运动竞技能力和发现、培养优秀后备人才的主要途径。科学、合理的竞赛制度对于训练水平的提高具有十分重要的促进作用。青少年运动员作为特殊群体，其竞赛制度必须符合其接受文化教育的规律、生长发育的规律及科学成才的规律。然而，目前我国青少年竞赛制度还不能很好地适应青少年后备人才的培养，存在着比赛方式成人化、资格上弄虚作假、比赛次数少、时间安排不合理等问题。具体表现在如下方面：

一是青少年竞赛管理规范化有待加强。青少年体育竞赛管理规范化不够，竞赛收费混乱，缺乏统一的竞赛管理办法和年度赛程安排，办赛部门根据自己的需要确定竞赛日程，不考虑青少年运动员文化教育的日程安排。青少年竞赛涉及体育、教育两个部门，为此，建立体、教协商机制，依据青少年发展规律，联合制定竞赛办法，统一赛制，对于加强青少年体育竞赛规范管理具有重要意义。调查显示，目前 31 个省市自治区只有 6 个省的青少年年度竞赛计划是体育、教育联合制定，大多数省区教育、体育青少年竞赛自成体系，各不相干，分而治之。这一违背青少年成长规律的赛制产生了诸多弊端，如不能协调好学习与比赛的关系，由于各类比赛名目繁多，主体混乱，而青少年参赛时间有限，两种赛制存在时间冲突；再如青少年竞赛安排无序，竞赛与训练的关系不能有效协调，加剧了训练、竞赛、文化学习之间的矛盾，难以保证青少年运动员系统训练和学习。此外，由于目前还没有全国性质的注册系统，而各省的注册系统互不连通，很大程度上还不能很好地实现对青少年运动员的有序管理，在一定程度上也使得对于青少年运动员无序流动的管理无力。

二是竞赛组织形式不符合青少年运动员成才规律，参赛机会少。建立符合青少年运动员成长发育、文化教育和训练规律的赛制对于培养全面发展的优秀竞技体育后备人才具有非常重要的意义。为此，必须避免简单应用成人比赛的方式组织青少年比赛。然而，调查发现，一方面，目前的青少年赛制，更多的项目在简单地使用成人的比赛方式组织业余训练层级的比赛，缺乏对于青少年业余训练特定项目、特定年龄阶段的、专门化的比赛方法的研究与设计，包括具体的竞赛办法、组织流程、奖励办法等，都不能起到科学引导青少年运动员业余训练的作用，无法与训练形成有机的互动，从而也就不能为运动员竞技能力的全面发展服务；另一方面，由于对青少年竞赛工作重视程度不够，对青少年赛制缺乏研究，比赛制度办法设计不合理，与文化课学习安排的协调不佳，青少年运动员能够参加竞赛的时间非常有限，在一定程度上就会形成竞赛与训练矛盾、竞赛与文化学习矛盾的问题。再加上部分地区面临的参赛经费短缺问题，使得区县级体校运动员参加比赛的机会普遍较少，不能与训练形成有机的互动，从而在一定程度上影响青少年运动员的能力发展。

三是青少年运动员弄虚作假现象仍未得到有效遏制。目前尚未建立全国性的青少年运动员注册系统，各省的注册系统互不连通，造成业训层面青少年运动员流动出现一些不良现象。一方面，教练员急功近利，忽略系统训练，"拔苗助长"造成成人化训练，影响青少年运动员全面发展；另一方面，少数教练员投机取巧，不把精力放在培养运动员的训练工作上，而是挖空心思去买运动员，导致训练水平严重下降。近年来，各省加大了对弄虚作假问题的查处力度，但仍未能彻底杜绝类似问题出现。如以2010年广东、江苏、山东等省举办省运会期间查出并取消资格的运动员人数每省都有几千人，即便这样的力度，仍难以避免弄虚作假现象的出现，表明对青少年业余训练和竞赛的目的缺乏正确的认识，同时，亦反映出管理工作存在的问题。

（九）业余训练经费投入不足

近年来，业余训练投入虽逐年增加，但增幅有限，因投入不足办学条件普遍较差，尤其是区县级业余训练基础条件十分简陋，大部分省市的体育运动学校办学经费严重不足，教练和文化课教师工资待遇低，工作缺乏积极性，这种情况对我国竞技体育的可持续发展十分不利，具体表现在如下方面：

一是办学经费严重不足。各级各类体育运动学校特别是县区业余体校办学条件普遍较差，校舍破旧，大多数区县业余体校没有图书阅览室、多媒体教室等，住宿条件差，有的已是危房，训练条件简陋、场地设施陈旧、有的甚至是上世纪七八十年代的，有的区域县业余体校自身没有训练场地、器材，常年租用场地器材。一方面，由于未纳入普通教育序列而得不到财政的教育专项资金支持，另一方面体育部门对文化教育方面的投入又十分有限，长期得不到更新，导致公办体育运动学校的办学条件明显落后于普通中小学甚至同类中等专业技术学校。许多地方财政对公办体育运动学校经费标准偏低，增幅普遍低于地方国民收入增速和物价涨幅，且按标准实际到位率低，相当一部分体校除了省级体育行政部门下拨的训练经费维持现状外，没有任何经费来源，日常教学、训练和竞赛难以保证，教练员、运动员待遇得不到保障。经费严重不足已制约业余训练发展的主要因素之一。而挪用、挤占业训布局经费，更加重了经费缺乏。师资和教学设备等软硬件方面明显落后。地方财政对业余训练资金投入和经费保障方面缺乏政策办法，调研发现，青少年训练经费短缺的现象普遍存在。2006年我国业余训练年/人均经费约2800元，而同期教育经费,高等教育年/人均经费15000元，高中教育年/人均经费3800元。业余训练阶段的学生身兼学习与训练双重任务，膳食营养要求高，训练比赛开支大，理论上比普通学生的花费要高得多，但是国家对一个运动员的投入仅相当于一个高中生的3/4，还达不到一个大学生的1/5。在体育经费和教育经费的年增长率基本同在10%的水平的情况下，对于业余训练的经费投入与对于教育的投入差别日益增大。以教育系统人均教育经费为参照标准，我国业余训练人均经费投入严重不足。

二是基础设施建设投入不足。场馆设施陈旧和经费不足的问题，致使各类体校的办学条件千差万别。很多体校训练场馆设施陈旧，与当地教育系统普通学校的基本建设形成鲜明的差距，一些学校甚至连基本的训练条件都得不到保证，尤其是经济欠发达地区和老少边穷地区的设施建设问题更加突出。

三是竞赛经费投入不足。调研发现，各级体育部门对青少年竞赛的重视程度不够，青少年竞赛经费标准低、投入少，青少年比赛市场开发价值小，各级运动项目管理中心用于青少年比赛的经费很少，资金来源渠道十分有限，由于办赛经费严重不足，导致青少年竞赛普遍存在收费现象，对本来经费已十分拮据的业余训练增加了困难，致使组队参赛特别是西部地区难度加大。一些队伍受经费限制，只能压缩规模，精简队员，最后不得不兼项参赛，甚至教练组人员都需要压缩。经费制约还使有的参赛条件非常艰苦，交通、住宿、伙食都难以保障运动队的正常需求。往往为了节省路费，使很多精力消耗在旅途中，最终影响比赛成绩的发挥。

三、"十二五"青少年体育发展基本思路和战略重点

（一）发展机遇与挑战

今后五年，青少年体育工作发展面临新的机遇与挑战。我国现代化建设已进入重要的战略机遇期。2008年奥运会取得的辉煌成绩为体育赢得了良好的发展环境。科学发展观赋予社会发展新的定位，建设全面小康社会，迈向体育强国，更加需要人力资源支撑，更加需要推进青少年体育事业加快发展、科学发展。面对全社会对青少年体质健康问题的关注度、敏感度、期望值的空前提高，面对全面提升竞技体育综合竞争力的发展任务，青少年体育的基础性战略地位更加突出，增强青少年体质和加强后备人才培养的任务繁重艰巨。实现普遍增强青少年体质，青少年体育城乡、区域之间的协调发展，推进青少年体育均等化，是落实科学发展观，建设全面小康社会的必然要求。建设体育强国，走可持续发展道路，实现后备人才培养模式转变，对培养适应社会需求的人才，提出了更高的要求。社会主义市场经济体制进一步完善，对青少年体育的改革与发展产生深刻影响。随着市场经济体制的完善和政府职能的转变，青少年体育管理及运行方式将发生一系列深刻变化，实现制度创新、体制创新成为青少年体育发展的重要保障。面对新形势和新挑战，青少年体育要实现新发展，必须保持清醒认识，做好克服困难的准备，努力做到思路上与时俱进，工作上持之以恒，措施上扎实有效，必须坚持改革创新，发掘新动力、确定新战略、创设新机制、实现新突破。

在我国从体育大国向体育强国迈进的新的历史时期，体育后备人才培养工作具有更加重要的基础性作用。青少年业训工作需要紧扣时代发展的命脉，切实转变发展思路，大力强化"以人为本，全面发展"的现代人才观，着力优化"集约型、开放性、多元化、可持续发展"的培养模式，稳步推进高、中、初三级一体化的业训体系建设，稳定规模，提高质量，深化政策支持，加大经费投入，加强文化教育，坚持科技强训，进一步提高业余训练和竞赛的科学化水平，培养出更多更好的体育后备人才。

（二）基本思路

"十二五"期间青少年体育事业改革与发展的基本思路是围绕素质教育和建设体育强国战略的实施，落实"二个文件"，即全面推动《全民健身条例》的贯彻落实，深入贯彻落实中共中央国务院《关于加强青少年体育增强青少年体质的意见》文件精神，明确发展任务，即以广泛开展青少年体育活动和加强后备人才培养为发展的主要任务，建立"二个体系"即初步建立起社会、学校、家庭相结合的青少年公共体育服务体系和建立符合体育人才成长规律的后备人才培养体系为重要支撑。把坚持统筹和协调发展作为基本的工作原则，以科学发展观统领青少年体育工作全局，统筹青少年

体育发展的规模、结构、质量、效益，促进城乡之间、区域之间以及青少年体育各项工作的协调发展。统筹解决青少年公共体育服务均等化问题，促进协调发展，为广大青少年提供平等参与体育活动的机会；统筹协调体育与教育与社会各方的关系，建立较为完善的以体育行政部门为主，体育、教育行政部门各负其责的后备人才管理体制和运行机制；统筹解决青少年体育事业发展与人才不足的矛盾，着力构建与青少年体育发展相协调、素质优良、专业化程度高的青少年体育骨干队伍。主动顺应新形势，积极开拓新优势，深化改革创新，加大发展投入，突破发展瓶颈，突出内涵发展，注重公平均衡，追求青少年体育发展的高水平，后备人才培养的高质量，为全面推进素质教育和建设体育强国做出贡献。

（三）战略重点

青少年的健康是关系国家和民族未来的大事，青少年体育是全民健身的基础和重点，是竞技体育可持续发展的重要支撑和人才保证，广大青少年受到良好的体育教育，体质普遍增强是建设体育强国的重要内涵。为此，应当从战略高度认识加强青少年体育工作的重要性，切实把青少年体育置于体育事业发展的战略地位，把普遍增强体质作为青少年体育工作的根本目标任务，深刻认识增强体质和全面发展的内涵，尊重教育、体育规律和青少年身心发展规律，把增强体质，促进全面发展切实贯彻到工作当中。

把广泛开展青少年体育活动和加强后备人才培养作为战略重点，广泛开展青少年体育活动，建立长效化活动机制，动员全社会的力量组织开展丰富多彩的青少年体育活动。积极探索和建立市场经济条件下的后备人才培养机制，综合利用经济、政策、行政等手段统筹后备人才培养工作，创新体教结合的实现形式，建立制度化的体教协商机制，为文化教育和训练竞赛的相互促进、协调发展提供制度保障。构建资源共享、责任共担、义务共尽、成果共享的体教结合机制。把实施"青少年体育活动促进计划"和"竞技体育后备人才培养工程"作为工作抓手和载体，实现青少年体育发展关键点和难点的有效突破。针对活动不足、后备人才培养基础薄弱、场地开放不够、组织规模不大等问题，组织实施包括国家高水平后备人才基地、青少年体育俱乐部、体育传统项目学校、学校体育场馆开放等重点项目工程，坚持以重点带动，实现青少年体育发展关键点和难点的有效突破。

把深化体制机制改革创新，增强青少年体育发展的生机与活力作为改革重点。通过改革着力解决开展青少年体育活动与资源相对短缺的矛盾，竞技体育发展对后备人才需要与培养能力不足的矛盾，增强青少年体育发展活力与体制机制约束的矛盾，为青少年体育持续健康发展提供强大动力。进一步明确各级体育行政部门对青少年体育的管理和服务职责，完善在政府领导下，分级管理、地方为主、部门统筹、社会参与的青少年体育管理体制，增强各级体育行政部门统筹青少年体育发展的能力。加强青少年体育规划工作，建立规划的动态调整和实施监测机制。完善科学、民主和依法决策机制，加大决策环节的制度化建设，规范行政行为，优化管理方式，提高管理水平和服务质量。建立管、办分离的运作机制。转变职能，加快推进由办向管转变，由直接管理向善于应用综合手段管理转变，切实做好统筹规划、政策引导、监督管理和提供服务的职责。加快后备人才培养、体教结合、学校场地开放、组织建设等重要领域和关键环节改革步伐。改革评价标准和制度，加强法制建设，转变职能和管理方式。开展系统内部管、办分离改革试点工作，应更多地运用政策指导、条件标准、资助奖励、信息服务、检查评估和必要的行政措施等手段引导和支持社会力量参与青少年体育发展，建立体育行政部门与运动项目管理中心联席会议制度和工作协商机制，加强工作协调与配合，支持各级运动项目中心成立青少年工作机构，增强统筹和承办能力，最大限度动员和利用各级运动项目管理中心专业技术和场地设施优势广泛组织开展青少年体育活动，为青少年业余训练提供技术指导、咨询和技能培训，组织青少年体育竞赛，组织青少年体育冬夏令营活动等。

四、对策措施

（一）建立健全青少年体育发展政策法规

一是探讨青少年体育立法的可行性。中央 7 号文件实施期限五年，实现长效治理可借鉴一些体育发达国家针对青少年的专门体育法规，评估青少年体育立法的可行性和必要性；二是探讨制定《国家青少年体能干预标准》可行性，针对《国家学生体质健康标准》实施存在的问题，有必要制定实施《国家青少年体能干预标准》，突出我国青少年几项主要体能指标差的特点，促进学生有针对性地进行身体素质锻炼，定期进行测试，将其作为一项强制性国家标准在全国大中小学推行；三是探讨出台《校园体育安全条例》的可行性。调查发现，安全已经成为制约青少年体育发展的主要因素。由于缺乏校园体育运动安全的管理条例，处理问题无据可依。建议在国家层面制定《校园体育运动安全条例》，对事故预防、事故责任认定、事故处理办法以及相应的赔偿机制等进行科学、明确的规定；四是健全完善部门规章办法。各职能部门制定各种行之有效的规章制度。如青少年体育俱乐部章程、管理条例和评估制度，学校体育场馆开放的管理细则，体育传统项目学校管理办法和评估细则等。五是建立和完善监督机制，确保青少年体育工作各项政策措施落到实处。把政策重点放在完善保证监督机制上，采取坚决有力的措施来保证青少年体育工作的位置。建立和完善青少年体育绩效评估制度，青少年体育工作进行全方位、动态的评价；出台体育系统贯彻落实中央 7 号文件的指导性意见。各级体育部门要切实把青少年作为实施全民健身计划的重点人群，把中央 7 号文件的精神和要求落在实处。

（二）保障青少年体育事业经费投入

一是加大对青少年体育的投入力度。青少年体育是公益事业，保障投入是青少年体育事业的物质基础，是公共财政的职能。健全以政府投入为主、多渠道筹集青少年体育经费的投入保障机制，保障经费的稳定来源和增长，增加青少年体育投入。把青少年体育工作专项经费纳入年度经费预算内予以保障，确保法律法规规定的场地设施建设、组织建设、活动资助、人员培训、奖励优惠措施和经常性工作等经费的投入，并且做到随着体育经费的增长同步增长；二是推进投入体制改革，进一步提高青少年体育投入效益，优化投资结构，完善和规范以政府投入为主，多渠道筹措经费的投入体制。健全监管机制，提高资金使用效益。完善相关政策，调动和引导社会力量资助青少年体育事业，扩大社会资源进入途径，多渠道增加青少年体育事业投入。增列体育彩票收益用于学校、社区校内外体育活动设施建设项目；三是设立专项资金，增加重点领域和重点工作的投入。完善体育传统项目学校、青少年体育俱乐部、国家高水平后备人才基地和青少年体育活动营地资助和奖励机制，实施"全国亿万学生阳光体育运动"器材支持项目，帮助中西部农村学校配备体育活动器材。健全国家资助政策体系。建立综合性、大型青少年体育活动国家资助制度。

（三）着力建设高素质青少年体育骨干队伍

"十二五"时期把建设一支高水平骨干队伍作为促进青少年体育发展的重点工作，建立青少年体育从业人员培训与准入制度，严格资格认证工作，建立业务培训档案，把培训、考核与使用结合起来，加强培训工作系统化、科学化、制度化，完善培训体系和培训内容；各级体育行政部门把人员的业务培训作为纳入年度工作计划，成立培训工作领导小组，筹措培训资金，统筹培训工作，制定中长期培训计划、培训办法及考核标准，建立国家和省二级培训制度，建立定期或不定期培训机制，采用分级分层培训办法，国家体育总局负责组织全国性培训，省级体育行政部门负责组织区域培训。鼓励和支持有条件的体育院校创办青少年体育各类从业人员培训基地，结合各级各类培训工作，重点建设3~5个青少年体育人才培养培训基地，建立高水平培训师资队伍。继续组织开展体育传统项目学校教师培训工作，提高传统校体育教师的业务能力和科学训练、选材水平，开展针对性的培训，切实提高学校业训水平；加强青少年体育志愿者队伍建设。

（四）进一步完善业余训练体制机制

按照建设体育强国的战略布置，牢固确立质量促发展的观念，正确处理规模与结构、质量与效益的关系，坚持文化教育与训练工作并举，确立全面发展的人才培养目标，通过加大投入、强化管理、深化改革三项基本举措，完善业余训练工作体制机制与竞技体育后备人才培养体系。一是健全训练质量监控体系和评估制度；推动科研平台建设，采取有力措施促进科、训结合，加强训练竞赛科学监管与评价，提高训练科学化水平，重视训练工作质量评估，完善评估标准，发挥评估的导向作用，达到"以评促建、以评促管，评建结合、重在建设"的目的；二是组织修订《青少年训练大纲》，使之成为我国教练员从事青少年训练的科学指南。完善和编写各类人员培训大纲及教材，争取"十二五"期间形成层次鲜明、内容完整、形式多样的教练员培训体系；三是建立训练奖励制度，开展规范化、制度化的"训练名师"和"训练成果"等奖励工作，鼓励教练员积极投入训练工作，形成重视人才培养质量的良好氛围；四是建立全国青少年业余训练运动员注册体系，制定注册管理办法，加强对于基础层级运动员的身份管理，力求杜绝青少年竞赛中的身份及年龄等弄虚作假问题，结合各个项目的发展实际，全面收集我国青少年运动员的发展信息，把握全国各个项目、各个区域青少年运动员的整体状况；有序调控青少年运动员的有序流动。

（五）积极探索体教结合的多种实现形式，加强运动员文化教育

积极探索新的历史条件下体教结合的多种实现形式，建立长态化的由相关部门组成的教体协商机制，研究解决"体教结合"工作中出现的问题，制定有关政策和实施办法，更好地发挥宏观指导和组织协调作用。构建长效化的资源共享、责任共担、义务共尽、成果共享的体教优质资源整合机制，引导和支持县、区公办体育运动学校和普通中小学开展多种形式的合作，继续开展"市队校办、项目进校"等工作，积极开展体育特色学校（班）创建工作，通过优质教育、体育资源的紧密结合，提升后备人才培养的整体质量。建立体育、教育联合办竞赛的制度机制。青少年运动员文化教育是夯实竞技体育基础，改革和完善举国体制、促进体育事业科学发展的重要举措，把运动员文化教育纳入到体育事业发展的大局中通盘考虑。认真贯彻执行国务院转发体育总局等四部委《关于进一步加强运动员文化教育和运动员保障工作的指导意见》，重视和做好后备人才培养阶段的文化教育工作。依据《教育法》加强义务教育阶段的青少年运动员文化教育工作，保证达到国家规定的基本质量要求；加强公办体育运动学校建设，地方各级政府应将其纳入当地教育发展规划，将文化教育经费纳入同级财政预算，加大投入，改善办学条件；推进公办体育运动学校青少年运动员文化课教材编写工作。建立体育、教育行政部门组成的青少年运动员文化教育联席会议制度和督导制度，形成以体育行政部门为主，体育、教育行政部门各负其责的后备人才管理体制和运行机制。

（六）支持社会力量参与青少年体育发展

社会力量参与青少年体育发展是增强青少年体育发展活力的重要动力。鼓励、支持社会力量以多种形式参与青少年体育发展，完善社会力量出资兴办青少年体育机构的政策办法，制定准入标准和条件资质，加强工作指导、服务和监管，规范行为，提高质量效益；建立多元化后备人才培养机制，进一步拓宽后备人才培养、输送渠道；建立资助和服务购买制度，健全公共财政对社会力量兴办青少年体育培训机构的扶持政策，特别是对非营利性民办各类体育运动学校要给予大力支持，有计划的支持一批民办体育运动学校办出水平和特色，成为后备人才培养的有力补充。改革公办体育运动学校办学模式，建立开放式办学模式。支持有条件的普通中小学承办业余训练，体校教练员进入学校从事课余训练，在中小学推行俱乐部制，扩大选材范围，广开培养路子，鼓励、支持体育传统项目学校办课余训练；降低高校办高水平运动队的门槛，给予招生政策上的倾斜，对大学生运动员实行奖学金制度，实行弹性学制；建立市场化的后备人才交流机制，提高后备人才资源配置效率。打破区域封锁，探索市场化后备人才培养路子，逐步形成市场化后备人才交流制度，消除选材区域限制，加强省际协作，鼓励区域合作、优势互补，共同培养竞技体育后备人才，实现资源共享和优势互补，共享成果。

（七）改善各级各类公办体育运动学校办学条件，提高办学水平

加强各级各类公办体育运动学校基础建设，依法合理配置公共教育资源，全面改善办学条件特别是县（区）域业余体校的办学条件，增强办学能力，提高办学水平。

修订《体育运动学校管理办法》、《业余体校管理办法》，规范各级各类体育运动学校办学标准，严格校舍、场馆设施、教师和教练员编制、图书馆、教学设备、科研条件等标准要求，促进体育运动学校标准化建设，开展各级各类体育运动学校标准化检查评估工作。建立健全体育运动学校投入保障机制，实现各级各类体校文化教育纳入普通教育序列由地方财政，按同类学校标准配建，保障办学经费的稳定来源和增长，根据国家办学条件和教育教学基本需要，制定并逐步提高各级各类体育运动学校生均经费基本标准和生均财政拨款基本标准，并确保经费到位率。各级体育部门应重视业余训练与竞赛经费的投入，改善训练条件，增加器材设备投入，利用彩票公益金加大场馆设施建设力度，在全民健身工程等专项建设布局中给予重点考虑。

（八）提高青少年体育科学化水平

树立科技强体意识，促进青少年体育科学化，逐步提高青少年体育事业发展中的科技含量。以服务于青少年科学健身和促进业余训练科学化并重的思路，整合科技资源，配置仪器设备、人员，实施《国家学生体质健康标准》，开展体质监测与测试工作，编制体质监测报告，开发健身方法，提高健身科学化水平。定期举办青少年体育科研人员培训班，把科研投入、科研仪器设备及使用情况纳入公办体育运动学校及高水平后备人才基地评估指标体系，加强科学选材工作，制定各类项目各级青少年运动员的选材标准，根据选材标准，大力加强科学选材工作，定期进行检测、机能评定、心理测试等工作，建立后备人才信息库，长期跟踪，逐级输送。严格按照青少年儿童体育教学训练大纲的要求，认真抓好选材、育苗、启蒙和基础训练工作，根据各项目的规律和特点，对适龄的优秀体育后备人才进行系统培养、科学训练。建立青少年运动员训练档案制度，定期进行身体形态、素质，运动成绩测试，跟踪分析，为科学训练提供依据。强化各级各类公办体育运动学校和教练员训练科学化意识，不断提高科研能力和水平。推进科学技术与全面实施素质教育相结合，与推进训练改革相结合，与改进训练方法相结合，以高水平的科研活动和研究成果提高教练员队伍素质，提升训练质量。促进科研成果更好地服务青少年体育训练实践。

（九）加强职业教育，完善单招政策，拓宽培养输送和就业渠道

加强公办体育运动学校职业教育工作，积极发展高等体育职业技术教育，建立人员分流及多元培养机制，采取多种方式，为公办体育运动学校在校生和未升学毕业生开展职业转岗和职业培训工作；完善支持职业教育发展政策办法，将职业教育和职业培训内容纳入体育运动学校运动员文化教育必修课程；坚持以服务为宗旨、以就业为导向、以能力为本位的职业教育指导思想，面向市场、社会，根据市场需求确定培养目标、人才规格、专业及课程设置、教学内容等；加强宣传、提高职业教育的吸引力；加大对体育职业教育的投入，改善职业教育办学条件；注重学生实际操作能力的教学和训练，培养更多的应用型、技能型人才；加强"双师型"教师队伍和实训基地建设，提升体育职业教育基础能力；鼓励社会单位接收体育运动学校学生实习实训和教师实践，建立体育职业技能鉴定机构，扩大高等体育职业技术教育毕业生在取得学历证书的同时取得职业资格证书的比例；加强对高等院校单招工作的指导，加强与教育部门

在单招工作中的合作,共同协商、调整和完善高等院校单独招收体育特长生的政策办法,适度放宽体育优秀人才进入高校学习的标准条件,增加名额,扩大规模,鼓励和支持公办体育运动学校毕业生参加单招考试,组织复习,提供指导。

(十)加强体育后备人才培养基地建设

稳步推进国家高水平后备人才基地创建工作。完善《国家高水平后备人才基地认定办法》,建立严格的准入标准、遴选办法、管理和绩效评估制度,确保后备人才培养基地建设的高水平、高质量定位;建立能上能下的遴选机制,以重大赛事贡献率为绩效评估依据,开展新一轮国家高水平后备人才基地创建工作;建立稳定的资助保障机制,设立国家和省二级高水平后备人才基地专项资金,有计划的开展资助创建工作;建立激励机制,制定奖励政策办法,发挥国家高水平后备人才培养基地龙头和示范作用,推进各级各类体育运动学校建设工作,争创后备人才培养新优势。

深化传统体育项目学校创建工作。有效整合体育、教育优质资源,进一步加强以固本强基为核心任务的国家、省二级体育传统项目学校创建工作。完善《体育传统项目学校管理办法》,加强监管,巩固成果,在教育部门的支持下,继续深化创建工作。国家级体育项目传统学校按高水平、示范型定位,实行坚持质量优先,择优命名和资助的原则,保持适度发展规模;省级体育传统项目学校按较高水平、普及型定位,实行质量和数量并重,达标命名和资助的原则,扩大规模和覆盖面,到"十二五"末期,省级体育传统项目学校增幅明显;按照后备人才成长规律,确立突出重点、合理布局、优化结构的发展战略,以九年义务教育学校为布局重点,调整和适度扩大学前教育、完全高中及大学阶段的布局结构及数量规模,使体育传统项目学校覆盖青少年教育的各个阶段。建立以特色和效益为核心的准入标准体系和绩效评估制度,使创建工作更加规范和高效,在培养输送优秀体育后备人才和培养体育骨干中发挥重要作用。

"十二五"体育产业规划研究

上海体育学院 张 林等

一、前言

国务院办公厅在《关于加快发展体育产业的指导意见》中指出:"加快发展体育产业,对拓展体育发展空间,丰富群众体育生活,培养体育人才,提高全民族身体素质、生活质量和竞技体育水平,促进我国由体育大国向体育强国的转变,促进经济社会协调发展,具有重要意义。"为抓住全面建设小康社会的伟大实践和建设体育强国的重大机遇,统筹"十二五"我国体育产业改革与发展的各项工作,创造性地发挥体育产业在促进经济发展、社会和谐、文化繁荣等方面的独特作用,提升我国体育产业的国际竞争力,亟需制定"十二五"体育产业发展规划。本研究以文献资料、调查访谈为主要研究方法,对我国体育产业发展的现状、面临的机遇和挑战、发展的目标和任务及发展的政策措施等方面进行深入的探讨,以期对我国体育产业在"十二五"时期的发展规划提出政策性建议。

二、"十一五"时期体育产业发展状况

近年来国际经济形势动荡起伏,从"十一五"初期的连续高增长,到2007、2008年的次贷危机,再到2009年的区域回暖,可以说是一个高增长、急刹车、缓复苏的过程。反观我国的经济形势,到2007年我国经济增长连续5年超过10%,即使是全球次贷危机全面爆发的2008年经济增长也超过了9%,据世界银行最新预测,我国2009年经济增长将达到8.4%,GDP增长速度已超过日本,成为世界第二大经济体,可以说我国的经济发展是一个持续的快速发展过程。具体到体育产业方面,随着2008年北京奥运会、2009年山东全运会的成功举办,体育产业发展速度得到了进一步提高,规模不断扩大,领域不断拓展,体育产业在体育事业和国民经济发展中体现出越来越重要的作用。2008年全国体育产业从业人员达到317万人,实现增加值1555亿元,较2007年增长16%,明显快于国内生产总值的增长速度。体育市场体系逐步完善,产业结构进一步优化,体育市场主体日趋成熟,呈现投资主体多元化的发展趋势。体育产业政策取得重大突破,《国务院办公厅关于加快发展体育产业的指导意见》的出台标志着体育产业由各方面自行发展,向由国家主导、各部门和全社会联合推动的发展方式转变。部分省市通过设立体育产业发展引导资金,效推动了地方体育产业的发

展。体育产业统计等基础性工作取得重大进展,完成了第一次全国体育及相关产业专项调查,摸清了体育产业基本情况。体育旅游博览会不断创办,以展会为平台,进一步带动了体育与旅游业的融合发展。国家体育产业基地陆续建设,以产业基地为抓手,调动了地方积极性,拓展了体育产业发展的空间,深圳、成都温江、福建晋江、北京龙潭湖、浙江富阳和山东乐陵等国家体育产业基地先后建立,体育产业对地方社会经济发展、产业结构调整的作用日益显现。以北京奥运会为代表的重大体育赛事极大地带动了文化、娱乐、旅游、建筑、通信等相关行业的发展,充分体现了体育产业的辐射效应。以高危险性体育项目为重点的体育市场监管体系初步建立,保证了体育市场的规范发展。

（一）体育产业发展总体状况

1. 体育产业总体规模

2006年全国体育及相关产业从业人员256.30万人,实现增加值982.89亿元,占当年GDP的0.46%;2007年全国体育及相关产业从业人员283.74万人,实现增加值1265.23亿元,占当年GDP的0.49%,按可比价比2006年增长22.83%;2008年全国体育及相关产业从业人员为317.09万人,实现增加值1554.97亿元,占当年GDP的0.52%,按可比价比2007年增长16.05%（表1）。

表1 2006－2008年全国体育及相关产业主要指标结果一览表

类 别	2006年		2007年		2008年	
	增加值（亿元）	从业人员（万人）	增加值（亿元）	从业人员（万人）	增加值（亿元）	从业人员（万人）
总 计	982.89	256.30	1265.23	283.74	1554.97	317.09
体育组织管理活动	74.80	18.71	89.36	18.98	117.56	20.87
体育场馆管理活动	18.24	2.58	23.04	2.41	30	2.62
体育健身休闲活动	46.98	11.78	58.79	13.32	74.49	15.03
体育中介活动	2.02	0.87	3.00	0.96	4.46	1.35
体育培训活动	4.64	1.91	7.91	2.21	13.48	3.56
体育彩票	21.47	11.11	29.63	13.37	35.27	17.64
体育用品、服装鞋帽制造	705.12	195.44	898.10	214.00	1088.31	234.13
体育用品、服装鞋帽销售	76.45	11.13	110.77	15.20	141.79	18.54
体育场馆建筑	33.17	2.77	44.63	3.29	49.61	3.35

2. 体育产业结构状况

产业结构是由于社会分工的发展和产业部门的出现,人们用于研究产业变化而创立的经济范畴。合理的产业结构可以促进经济的发展,产业结构的调整和优化是各个国家经济发展的重要任务,单体产业的产业结构是否合理也是该产业发展的必要条件。随着体育产业发展规模的不断扩大和体育产业研究的不断深入,体育产业结构越来越受重视。根据我国目前具有统计学意义的体育产业分类,可以把体育产业分为体育服务业、体育用品业(体育用品、鞋、帽的生产和销售)和体育建筑业。国际通常使用的体育产业包含体育用品业和体育服务业,体育用品业是体育产业的重要构成部分,体育服务业是体育产业的主导部分和核心部分。体育建筑业是基于我国体育产业统计的实践需求而分类出的体育产业类别,对体育产业的统计和估算具有重要意义。

由表2可以看出,2006年全国体育及相关产业各领域增加值的构成为:体育用品、服装鞋帽制造占6.33%,体育用品、服装鞋帽销售占72.85%,体育组织管理活动占7.73%,体育健身休闲活动占4.85%,体育场馆建筑占3.43%,体育彩票占3.22%,体育场馆管理活动占1.88%,体育培训活动占0.50%,体育中介活动占0.21%;2007年全国体育及相关产业各领域增加值的构成为:体育用品、服装鞋帽制造占70.98%,体育用品、服装鞋帽销售占8.82%,体育组织管理活动占7.06%,体育健身休闲活动占4.65%,体育场馆建筑占3.53%,体育彩票占2.34%,体育场馆管理活动占1.82%,体育培训活动占0.63%,体育中介活动占0.24%。2008年全国体育及相关产业各领域增加值的构成为:体育用品、服装鞋帽制造占69.99%,体育用品、服装鞋帽销售占9.12%,体育组织管理活动占7.56%,体育健身休闲活动占4.79%,体育场馆建筑占3.19%,体育彩票占2.27%,体育场馆管理活动占1.93%,体育培训活动占0.87%,体育中介活动占0.29%;通过2006年、2007年和2008年比较可以看出(表2):三年内我国体育产业结构比例在发生一定的变化,体育用品制造业比例逐年减小,体育培训业呈逐年增长的趋势,体育场馆管理比例也呈缓慢增长的趋势。由此可以看出,我国体育产业结构正向合理化方向转变。

表2 2006－2008年体育产业结构一览表

类　　别	2006年		2007年		2008年	
	增加值（亿元）	增加值构成	增加值（亿元）	增加值构成	增加值（亿元）	增价值构成
总　　计	982.89	100%	1265.23	100%	1554.97	100%
体育服务业	168.15	17.11%	211.73	16.73%	275.26	17.70%
体育组织管理活动	74.8	7.61%	89.36	7.06%	117.56	7.56%
体育场馆管理活动	18.24	1.86%	23.04	1.82%	30	1.93%
体育健身休闲活动	46.98	4.78%	58.79	4.65%	74.49	4.79%

体育中介活动	2.02	0.21%	3	0.24%	4.46	0.29%
体育培训活动	4.64	0.47%	7.91	0.63%	13.48	0.87%
体育彩票	21.47	2.18%	29.63	2.43%	35.27	2.27%
体育用品业	781.57	79.52%	1008.87	79.74%	1230.1	79.11%
体育用品、服装鞋帽制造	705.12	71.74%	898.1	70.98%	1088.31	69.99%
体育用品、服装鞋帽销售	76.45	7.78%	110.77	8.82%	141.79	9.12%
体育建筑业	33.37	3.40%	44.63	3.53%	49.61	3.19%
体育场馆建筑	33.17	3.37%	44.63	3.53%	49.61	3.19%

3. 体育产业增长速度

如表3所示：从整个体育产业的增长速度看，2008年体育产业的增速要略慢于2007年，这与全球经济危机具有一定的关系。通过比较可以看出，体育彩票、体育用品的制造、体育用品的销售和体育建筑业增长速度下降明显。其中体育用品的销售业增长速度下降最快，从37.46%下降到18.63%；其次是体育彩票，从34.38%下降到16.59%；而体育建筑业不但没有增长，反而呈下降趋势，这可能与奥运会刚刚结束，体育场馆建设已基本完成的状况有关。但是随着全球经济危机不断缓解以及中国产业结构和体育产业结构的不断优化，我国体育产业的增长速度将逐渐回升。

表3　2006－2008年体育产业增加值一览表

类　别	2006年	2007年		2008年	
	增加值（亿元）	增加值（亿元）	增长速度	增加值（亿元）	增长速度
总　计	982.89	1265.23	22.83%	1554.97	16.05%
体育组织管理活动	74.8	89.36	16.32%	117.56	28.85%
体育场馆管理活动	18.24	23.04	22.99%	30	27.53%
体育健身休闲活动	46.98	58.79	21.85%	74.49	24.10%
体育中介活动	2.02	3	44.61%	4.46	45.61%
体育培训活动	4.64	7.91	71.16%	13.48	69.57%
体育彩票	21.47	29.63	34.38%	35.27	16.59%
体育用品、服装鞋帽制造	705.12	898.1	20.96%	1088.31	13.04%
体育用品、服装鞋帽销售	76.45	110.77	37.46%	141.79	18.63%
体育场馆建筑	33.17	44.63	6.81%	49.61	-0.66%

4. 体育产业吸纳就业人员状况

从业人员是指在一个行业或单位中工作并取得劳动报酬的全部人员。增加就业是各级政府宏观经济调控的四大基本目标之一。对体育及相关产业从业人员数的核算可以反映出体育及相关产业在一定时期内对劳动力资源的实际利用程度和对就业的贡献率。体育产业对国家产业结构的调整作用，不仅仅体现在产值上，还体现在吸纳就业人口上。体育产业对就业人口的吸纳，不仅可以调整产业结构，还能缓解社会就业紧张趋势。从表4可以看出，2006年我国体育产业吸纳就业人口256.3万人，2007年增加到283.74万人，2008年增加到317.09万人，在一定程度上缓解了我国就业紧张的局面。

表4 2007/2008体育产业就业人口一览表

类别	2006年 从业人员（万人）	2007年 从业人员（万人）	2007年 增加人数（万人）	2008年 从业人员（万人）	2008年 增加人数（万人）
总计	256.3	283.74	27.44	317.09	33.35
体育组织管理活动	18.71	18.98	0.27	20.87	1.89
体育场馆管理活动	2.58	2.41	-0.17	2.62	0.21
体育健身休闲活动	11.78	13.32	1.54	15.03	1.71
体育中介活动	0.87	0.96	0.09	1.35	0.39
体育培训活动	1.91	2.21	0.3	3.56	1.35
体育彩票	11.11	13.37	2.26	17.64	4.27
体育用品、服装鞋帽制造	195.44	214	18.56	234.13	20.13
体育用品、服装鞋帽销售	11.13	15.2	4.07	18.54	3.34
体育场馆建筑	2.77	3.29	0.52	3.35	0.06

5. 体育产业劳动生产率

所谓体育产业的劳动生产率是指每一个体育产业从业人员所创造的增加值大小。从表5中2008年的数据看，体育建筑业的劳动生产率最高，为14.81万元/人；其次是体育场馆管理活动，为11.45万元/人；再次是体育用品、服装鞋帽销售，为7.65万元/人。由表5可以看出，从2006到2008年，我国体育产业的劳动生产率逐年增加，由2006年的3.83万元/人，增加到2008年的4.90万元/人。其中劳动就业率增长最明显的是体育场馆管理活动，从2006年的7.07万元/人增加到2008年的11.45万元/人；其次是体育建筑业，从2006年的11.97万元/人增加到2008年的14.81万元/人。

表5 体育产业劳动生产率一览表

类　别	2006年生产率万元/人	2007年生产率万元/人	2008年生产率万元/人
总　计	3.83	4.46	4.90
体育服务业	3.58	4.13	4.51
体育组织管理活动	4.00	4.71	5.63
体育场馆管理活动	7.07	9.56	11.45
体育健身休闲活动	3.99	4.41	4.96
体育中介活动	2.32	3.13	3.30
体育培训活动	2.43	3.58	3.79
体育彩票	1.93	2.22	2.00
体育用品业（总）	3.78	4.40	4.87
体育用品、服装鞋帽制造	3.61	4.20	4.65
体育用品、服装鞋帽销售	6.87	7.29	7.65
体育建筑业（总）	11.97	13.57	14.81
体育场馆建筑	11.97	13.57	14.81

（二）分领域发展状况

1. 体育健身休闲业

随着各地国民经济的快速发展、居民收入的不断增加和消费观念的逐步转变，人们的体育消费意识不断提高，健身消费群体日益壮大。体育健身休闲已融入人们的日常生活,并呈现出由经济发达地区向欠发达地区辐射,由城市向乡镇延伸的全面发展态势。

从规模上看，各地体育健身休闲业的发展已初具规模。根据专项调查数据显示，2006年全国体育健身休闲活动从业人员11.78万人，实现增加值46.98亿元；2007年体育健身休闲活动从业人员13.32万人,实现增加值58.79亿元,比上年增长22.81%。以湖北省武汉市洪山体育中心为例，该中心目前日平均参加群众性体育活动人数已达到3000余人次，全年累计100多万人次，年收入近1000万元。

从内容上看，各地体育健身休闲项目日益发展壮大。游泳、足球、篮球、羽毛球、乒乓球健身传统项目普及程度逐年提高；武术、龙舟、舞龙、舞狮等丰富多彩的民族传统体育项目也正在成为休闲市场的重要内容；击剑、马术、高尔夫、滑雪、冰上运动、水上运动和汽车运动等高端时尚项目快速发展；热气球、滑翔伞、攀岩、漂流、沙漠穿越、野外生存等极限项目逐步兴起。

从层级上看，满足不同档次消费的健身休闲项目层级消费市场逐步建立。社区、商业中心的中小型健身休闲场所日益普及；中体倍力、青鸟、浩沙等一些全国连锁式的健身场所已经初步形成品牌效益；以城市体育设施为中心的专业健身休闲场所日渐成熟；依托投资企业的大型专业会所方兴未艾。

从结构上看，社会投资体育健身休闲业的积极性增强，初步形成了多元化的投资格局。目前，由社会投资兴办的健身休闲场所已经成为健身休闲业发展的主要力量，和公共体育设施互为补充。美格菲健身俱乐部等国外知名健身企业也开始逐步进入中国市场。

2. 体育竞赛表演业

随着我国竞技运动水平和社会体育欣赏水平的不断提高，体育竞赛表演市场的社会经济效益逐步显现，各地各界对申请举办体育竞赛的热情也逐渐高涨，特别是对承办高水平国际运动赛事更是趋之若鹜。经过各个赛事组织者的不懈努力，我国赛事运作的商业化程度普遍提升，体育竞赛表演市场已经逐步进入以赛养赛的良性循环轨道。总体而言，当前我国体育竞赛表演业呈现出以下几个主要特征：

一是办赛水平不断提高，国际影响力逐步增强。北京奥运会等一系列国际体育综合性赛事的成功举办，向世界人民展示了我国的综合实力和办赛水平，国际体育组织纷纷看好中国这片市场，给我国竞赛表演也带来了前所未有的发展机遇，也给我国竞赛表演市场注入了新的生机与活力。亚运会、世锦赛等一批传统的综合性运动赛事再次落户我国，青奥会等新兴体育赛事也希望通过在中国举办扩大其影响；以中国网球公开赛、F1大奖赛等为代表的大型国际单项体育赛事的吸引力、影响力迅速提升；意大利超级杯足球赛等一大批商业赛事更是接踵而至。

二是精品赛事不断涌现，品牌效应逐步形成。中国网球公开赛、上海ATP1000大师赛、F1大奖赛、世界斯诺克锦标赛等国际顶级的商业性赛事纷纷进入中国；北京、厦门、上海等国际马拉松赛，青海环青海湖国际公路自行车赛等已发展成为亚洲乃至全球的顶级赛事，在国际国内都引起了强烈的反响。全运会作为我国最大的综合性体育赛事，一直为全国人民瞩目，刚刚结束的第十一届全运会，其办赛的精彩程度和社会影响力，受到了社会各界的一致好评，也得到国际奥委会的高度评价。经过历届全运会主办方的不懈努力，全运会已经成为中国最大的体育赛事品牌，发挥着越来越为显著的社会经济效益。篮球、排球、乒乓球等职业联赛规模和影响不断扩大，经济效益和社会效益不断提高，品牌效益日渐显现，已经成为我国竞赛表演市场的主角。小规模、经常性、特色鲜明的赛事不断增多，如河南的世界传统武术大会、宁夏的国际摩托车旅游节、青海的抢渡黄河极限挑战赛、湖北的长江三峡国际龙舟拉力赛等，都成为了当地的品牌事件。

三是组织模式不断丰富，社会化、市场化程度逐步提高。上海ATP1000大师赛、F1大奖赛等一大批商业性赛事的组织运作模式已基本与国际接轨，政府逐渐从微观领域退出，体育赛事社会参与和市场化运作的成份越来越大，如篮球的NBA中国赛、足球的意大利超级杯等都是由体育中介公司运作的纯商业性比赛,上海 ATP1000 大师赛、F1 大奖赛和国际田径黄金大奖赛都是由体育部门以外的其他企业和集团举办。此外,在江苏举办的斯坦克维奇洲际篮球冠军杯赛,创造了一个完全依靠票房,成功运作世界重大国际比赛的体育竞赛营销案例。

3. 体育中介服务业

随着体育市场的逐步完善,体育中介服务也开始成为我国体育产业的一个重要领域,目前一个以服务体育主体市场、专营机构与兼营机构并存的体育中介业在我国初步形成,并成为体育市场中一个重要的经济组织形态。近几年,国内不断涌现出广州鸿天体育经纪有限公司、北京众辉国际体育管理公司、北京高德体育经纪公司、上海久事国际赛事管理有限公司等一大批体育中介服务业的中坚力量;国外一批实力较强的体育经纪公司,如美国国际管理集团、瑞士盈方、英国八方环球等,一致看好中国的体育市场,并纷纷进驻中国。

据全国体育及相关产业专项调查显示:2006 年全国体育中介活动从业人员 0.87 万人,实现增加值 2.02 亿元;2007 年体育中介活动从业人员 0.96 万人,实现增加值 3.00 亿元,比上年增长 41.85%。此外,据不完全统计,截至 2008 年,在各地工商部门注册成立的体育中介公司已超过 600 家,其中北京市注册并开展业务活动的体育中介公司就有 160 多家,上海市有 100 多家,广东有 80 多家,浙江省有 30 多家,全国体育经纪人总数超过 7000 人。体育中介服务业在体育产业发展中日益显示出重要的市场功能,对培育与规范体育市场,提高体育产业的运营水平发挥了重要作用。

4. 体育培训业

各类以体育技能培训为主的培训学校和培训班如雨后春笋般蓬勃兴起,体育培训市场初步形成。2006 年全国体育培训活动从业人员 1.91 万人,实现增加值 4.64 亿元;2007 年体育培训活动从业人员 2.21 万人,实现增加值 7.91 亿元,比上年增长 55.54%。例如,温州体育中心每年暑假前来参加培训的青少年就达 6000 多人。各地专业化程度较高、以培养高水平运动人才为主要方向的足校、武校等规模、培训质量和办校效益逐步提高,例如,2008 年河南省武术培训的学员规模就达 6 万人,收入超过 13 亿元。各类社区、街道和普通学校开展的普及体育技能、满足群众健身的培训越来越受欢迎。体育培训业的兴起,既有效发挥了体育的经济功能,又进一步减轻了体育部门培养各类体育人才的压力,对扩大体育人口,引导体育消费,推动整个体育产业的发展,发挥着越来越重要的作用。

5. 体育用品业

体育用品业作为体育产业中比重最大、开放度与竞争度最高、增长最快的领域,已经逐步进入稳定增长的成熟期。2006 年全国体育用品、服装、鞋帽制造的从业人员 195.44 万人,实现增加值 705.12 亿元;2007 年从业人员为 214 万人,实现增加值 898.10 亿元,比上年增长 22.59%。2008 年的国际金融危机,使得我国的体育用品制造业也受到了一定的冲击,尤其是面临国际需求的萎缩和一些发达国家对我国体育用品实施的所谓反倾销措施,不少出口型企业在生存发展上遇到了一些困难。但随着国家系列的经济措施的出台,调整结构、拉动内需,国内市场的有效增长,使得体育用品制造业逆势而上,2009年整体上取得了可喜的业绩。目前,我国已成为世界最大的体育用品制造基地,仅福建省就拥有体育用品制造企业4000多家,年产值达300亿元。

值得可喜的是,经过席卷全球的金融危机的洗礼,我国体育用品制造企业已经开始由过去的注重产品经营向品牌经营转变。红双喜乒乓球系列产品已经成为世界名牌,占据了国际比赛用球的80%。泰山体育产业集团继成为2004年雅典奥运会体育器材供应企业之后,又有六大门类200多种器材一次性进入2008北京奥运会,占奥运会体育器材总量的43%。李宁公司与NBA和ATP进行深入合作,努力开拓国际市场,打造国际品牌,并先后成为瑞典和西班牙奥委会的官方合作伙伴。安踏立足本土市场、积极打造民族品牌,通过与中国奥委会的合作,进一步提升了其在中国市场的占有率。361°成为亚运会、大运会合作伙伴、特步成为全运会赞助商。李宁、安踏、匹克等用品企业的成功上市,标志着我国以用品业为代表的资本市场化取得新突破,体育用品企业开始进入新的发展阶段。

除了体育用品制造业之外,国内的体育用品销售业也取得了长足的发展。2006年全国体育用品、服装、鞋帽销售从业人员24.83万人,实现增加值73.88亿元;2007年体育用品、服装、鞋帽销售从业人员32.57万人,实现增加值111.64亿元,增长幅度达到了43.23%。可以预见的是,随着全民体育热潮的推进,我国的体育用品销售业将会迎来更好的发展。

6. 体育彩票业

"十一五"期间体育彩票业快速发展,全国彩票战线牢固树立"安全第一"的思想,积极发扬讲团结、求发展的精神,几年来,体育彩票发行规模不断扩大,品种结构不断优化,技术体系建设迈上新台阶,专业化的销售渠道逐步建立,品牌形象建设初见成效,队伍数量和人员素质有了较大提升,各级体彩中心的管理和服务水平也有所提高。2009年全国体育彩票销量首破500亿元大关,全年销售568亿元,比2008年增长了112亿元,筹集体彩公益金165亿元,创造了发行以来的最高水平。体育彩票公益金在实施奥运争光计划和全民健身计划、支持社会公益事业等方面发挥着越来越重要的作用。此外,体育彩票业在促进地方经济发展、拉动就业方面也产生了积极影响。2006年全国体育彩票从业人员11.11万人,实现总产出31.40亿元,创造增加值21.47亿元;2007年体育彩票活动从业人员13.37万人,实现总产出41.48亿元,较2006年增长29.64%,创造增加值29.63亿元,较2006年增长35.43%。

7. 体育场馆建筑业

体育场馆作为体育教育、竞技运动、身体锻炼和体育娱乐等活动之用的建筑,是国家发展体育事业的重要物质基础,也是发展竞技体育、群众体育、推进体育产业发展、加快精神文明建设的重要物质条件。近年来,随着我国体育事业的不断发展,体育场馆建筑的步伐不断加快。2006年全国体育场馆建筑从业人员2.77万人,实现增加值33.17亿元;2007年体育场馆建筑从业人员3.29万人,实现增加值44.63亿元,比上年增长26.10%。

2008年奥运会北京共建比赛场馆31个,训练场馆45个,国家会议中心等相关设施5个。在场馆建设投融资方面,广泛采用BOT模式和PPP模式。奥运场馆的建设还坚决贯彻绿色奥运理念,广泛采用节能、环保等新技术、新工艺,在很多方面达到了国际领先水平。受北京奥运会的影响,2006年北京体育场馆建筑活动从业人员0.79万人,实现增加值9.29亿元;2007年体育场馆建筑活动从业人员0.98万人,比上年增长24.53%;实现增加值13.24亿元,比上年增长42.44%。

各省市从发展社会经济和推进体育事业的角度,也逐渐加大体育场馆建设的力度,并摸索出很多场馆建设的好思路。江苏第十届全运会体育场馆的总体规划和体育强省的建设相结合,把体育场馆的功能、规模和长远规划相协调,用经营城市的理念来规划、建设体育场馆,拓展了城市发展空间,并注重体育场馆与自然、生态环境以及旅游资源的综合开发利用。在场馆建设投融资方面,吸引民间资本参与十运会场馆建设,尝试投资主体多元化。十运会马术赛场建设总投资2亿多元,民营企业南京红龙集团参股,占40%股份;激流回旋比赛场地,与中山陵园管理局合作建设,政府投资1500万元,中山陵园管理局投资600万元,赛后在保证运动队日常训练的同时,面向社会开放经营。上海市将体育场馆的建设、改造、扩建与运营通盘考虑、规划,实现场馆功能与实际运营的结合。安徽省就体育场馆的规划、建设出台了奖励补助办法,从体育彩票公益金中拿出10%用于场馆的奖励和补助。福建9个设区市都在抓紧建设或规划大型体育中心,初步形成了"海峡体育走廊"。

8. 体育旅游业

随着我国经济的持续发展和人们消费水平的提高,人们的体育健身休闲需求日益增长,而体育旅游作为一种新兴的健身休闲方式,正在受到越来越多人的喜爱。体育旅游作为一个极富生命力的旅游门类同样也引起了旅游部门的高度重视,《国务院关于加快发展旅游业的意见》中就提出,要大力推进旅游与体育融合发展,以体育赛事为平台,培育新的旅游消费热点;《国务院关于推进海南旅游岛建设发展的若干意见》中也提出,支持海南举办国际大帆船拉力赛、国际公路自行车赛、高尔夫球职业巡回赛等体育赛事,推进海南体育旅游业发展;青海计划结合赛事发展生态旅游、健康旅游、文化旅游、体育旅游、观光旅游等特色旅游项目,探索"环湖赛"与旅游业的更紧密结合,促进青海经济社会的全面发展。经过4年联合办展,国家旅游局已经开始与体育总局进入实质性合作阶段,2009年体育旅游博览会上,国家旅游局与体育总局共同召开体育旅游发展高峰论坛,并向全社会发出加快体育旅游业发展的倡议。

各地风格迥异的体育场馆和运动休闲设施已成为城市标志性建筑和特色旅游景点。如"鸟巢"和"水立方",奥运会后经营开发总体情况好于预期。特别是"水立方",最大设计接待量为1.5万人次/天,但夏季实际接待量已经超过2万人次/天。据北京假日办对北京市黄金周旅游情况统计,奥运中心区参观人数超过故宫、长城,成为国内来京游客的首选目的地。

各种国际知名体育赛事和地方民族特色的赛会纷纷在我国许多城市和地区举行,体育旅游项目不断丰富,吸引了大批国内外游客前往观摩。中西部地区的体育旅游工作取得了很好的效果，如黄山国际山地自行车节、贵州白云国际风筝旅游节、河北崇礼国际滑雪节、海南环岛自行车帆船赛、内蒙古中蒙国际马术节等。

9. 体育会展业

中国国际体育用品博览会已发展成为亚洲最大、世界排名第三的体育用品博览会，极具品牌价值；中国国际体育设施建设与场馆运营博览会也逐步壮大，日渐成熟；体育旅游博览会经过几年的实践也逐步摸索出一些做大做强的思路，发展前景令人期待。至此，全国层面已逐步形成以器材装备、设施设备、休闲服务为主要内容的三大展会，三个展会相辅相成、资源互补，形成三足鼎立的会展体系。与此同时，部分项目中心、协会以及部分地方也举办了相关领域的展会，国外一些著名体育展览机构也积极策划在我国举办展会，对我国体育展览市场前景非常看好。

综上所述，目前，我们已经初步建成与大众消费水平相适应，以体育服务业为重点，多业并举、门类齐全、结构合理、规范发展的体育产业体系，形成多种所有制并存、全社会共同参与、共同兴办的格局。体育产业增加值在 GDP 中所占的比重明显提高，城镇居民人均体育消费显著增加，充分发挥了体育产业在拉动消费、优化产业结构、扩大就业中的作用，体育产业已成为国民经济新的增长点。基本实现"十一五"规划发展目标。

（三）体育产业工作情况

1. 体育产业政策研制工作取得突破

"十一五"期间，总局加强了体育产业政策研究工作，先后开展了体育产业"十二五"规划、体育产业统计、全运会市场开发、体育事业与体育产业关系、体育风险管理、体育产业基地管理、体育服务管理制度等方面的研究工作。我们企盼已久，并一直为之努力的"国务院关于加快发展体育产业的指导意见"也已经顺利通过，这标志着体育产业政策研究工作取得了历史性突破、上了一个新的台阶。

各地在研究制定和争取有关体育产业政策方面也取得了一定的成果。青海省出台了"关于促进青海体育产业发展的若干意见"；湖北省公布了《省政府关于加快体育产业发展的若干意见》的征求意见稿，拟对政府和社会各界举办的公益性体育事业给予税收优惠，鼓励社会投资开展体育健身休闲项目的经营活动。对政府鼓励的体育赛事经纪、体育健身等企业，自工商注册登记之日起，免征三年企业所得税；对符合条件的公益性体育组织的收入，免征所得税；公益性体育场馆开展体育健身服务取得的收入，营业税先征后返；公益性体育组织自用的房产、土地，免征房产税、城镇土地使用税。

2. 体育产业统计工作取得阶段性进展

为规范全国体育产业统计工作，建立我国体育产业统计制度，全面、客观地反映我国体育产业发展的状况，总局联合国家统计局，于 2006 年 6 月启动了体育及相关产业统计研究工作，提出了体育产业统计分类、体育产业统计指标体系和体育产业统计实施方案，并在此基础上于 2008 年 9 月起开展了体育产业专项调查工作，相关成果将作为一个专题在此次会议公布。这次调查是新中国成立以来第一次全国范围内的体育及相关产业专项调查工作，也是国际上第一次由政府部门组织实施的，涉及面如此之广的体育产业统计调查。此次调查共有16个省（市）参加，通过调查我们全面、准确地把握了 2006、2007 年全国体育及相关产业的发展态势。目前，我们正在与国家统计局普查中心合作，在 2006、2007 年数据基础上，利用第二次全国经济普查数据测算 2008 年全国体育及相关产业的数值。

本次体育产业统计工作实现了两大突破：第一，它框定了体育及相关产业的外延和内涵，制定了统一的统计方案，形成了一套可以获取连续数据，较为科学、完整的体育产业统计体系；第二，它实现了与国家统计制度的对接，在产业分类上与国民经济行业分类保持一致，在数据获取途径上充分利用国家统计局的现有数据。本次体育产业统计工作对推动我国体育产业发展具有里程碑式的意义。

在全国统计的统计方案指导下，未参加调查的省（市）也纷纷主动加入体育产业统计工作中，目前河北省的体育产业统计工作即将结束，湖南、青岛等地也即将启动。

3. 体育市场监管工作进一步加强

"十一五"期间，总局对体育市场监管的方法和手段上进行了改革和创新。一方面，加强体育服务标准的制修订，建立体育服务认证制度和监管制度。国家体育总局联合国家标准委出台了 26 项体育服务标准；颁布了《体育服务认证管理办法》；还会同国家安监局和国家认监委拟定了《体育服务安全监督管理办法》和《体育场地场所检查办法》；另一方面，国家体育总局转变体育市场监管工作思路，开始由行政监督转向依托专业技术机构进行监管，由对一般质量管理向重点针对安全质量管理转变，这种转变既是体育部门落实国务院关于安全生产工作一系列指示精神的具体体现，也是体育部门努力实现政府职能转变的具体行动。

2008 年以来，体育总局和安监总局成立联合督查组，在要求各省市自查的基础上，对全国体育市场监管工作进行监督检查，目前已经完成了两个阶段的体育经营场所安全生产督查工作，对北京等五省市滑雪场所和天津等十省市游泳场所进行了监督抽查。通过督查专项行动，各地体育经营场所安全生产隐患排查治理工作已经取得了阶段性成效，总体形势较好。目前，第三阶段的督查工作已经展开，相关工作正在积极推进。通过实践，初步形成了一套行政督查、专业技术检查、法律法规和标准"三结合"的体育经营场所安全监管体系，体育市场监管工作取得了较大的突破。

2009 年 8 月颁布的《全民健身条例》有力地推动了体育市场安全监管工作的进一步深化和完善，为体育市场的安全监管工作提供了长期的、坚实的制度保障，也为体育经营场所安全生产督查工作提供了根本的制度保障。最近，总局还成立了高危项目监管工作领导小组，当前主要启动了起草相关的管理办法、确定首批高危险性体育项目目录、制修订相关标准和检查方法、加强检验技术队伍的建设等一系列工作。

4. 体育产业基地建设稳步推进

为鼓励各地区根据当地经济、社会发展情况和自然、人文环境等特点，发挥聚集效应和规模效应，带动体育产业的发展，总局决定加强体育产业基地的建设工作。2006 年 4 月，总局批准深圳建设首个国家体育产业基地，随后，又先后批准成都温江、福建晋江、北京龙潭湖和浙江富阳四个地方建设国家体育产业基地。国家体育产业基地的建设体现了政府对体育产业的鼓励和引导，能够吸引优势企业、优势项目和资金、人才等市场资源向体育产业基地聚集，同时也促进了地方经济社会的全面发展。

5. 体育彩票工作迈上新台阶

"十一五"期间，在全国的共同努力下，总局体育彩票管理中心历时5个月，系统地开展了体育彩票战略运营管理研究，进一步统一了思想，加深了对彩票市场规律和市场需求的认识与理解，确立了体育彩票发展的新目标，规划了实现目标的基本步骤，最终形成了《2007-2009年体育彩票发展实施纲要》。《纲要》是体育彩票在发展重要战略机遇期的基础性纲领文件，明确提出体育彩票在2007-2009年分三步走，努力实现高效率安全运行和创新式健康发展。《纲要》实施以来，体育彩票一年一个台阶，从2007年销售385亿元，到2008年的456亿元，再到2009年，目前销量已经突破568亿元，可以说是年年有大进步，年年有大发展。

2009年7月1日，《彩票管理条例》正式施行，结束了彩票工作长期无法可依的局面，明确了体育彩票的法律地位，明确了各级体育行政部门、体育彩票发行机构和销售机构的法律地位和各自职责，明确了体育彩票发行和销售管理中的法律程序和管理机制，为体育彩票依法发展奠定了坚实的基础，它是体育彩票发展史上具有里程碑意义的大事。总局会同有关部门，不仅完成了《彩票管理条例》的起草工作，而且全面开展了对《条例》学习、宣传和贯彻落实工作，起草了《彩票管理条例实施细则》等配套制度，从开奖监督、玩法管理等重要环节入手，进一步加强规范管理，保障体育彩票发行量大幅提升，进一步发挥了体育彩票作为体育事业"生命线"的作用。

6. 体育场馆管理和运营水平不断提高

为充分发挥行业协会作用，积极配合业务主管部门做好体育场馆工作，在总局的推动下，中国体育场馆协会于2006年10月进行了换届改组。协会改组后，在组织建设、业务准备等方面开展了大量的工作。与此同时，各地在体育场馆的管理和运营方面也进行了积极的探索，各地大胆探索，积极实践，运营模式日益多元化。如南京奥体中心是企业化运营，归口国资部门管理；苏州体育中心是事业单位企业化管理；南京龙江体育馆是自收自支事业单位；宁波市游泳健身中心通过公开招标，委托美国西格集团进行专业化管理，实现了所有权与经营权的分离。从经营方向上看，体育场馆的业务内容日益多样化，形成了一定的产业链。体育场馆的运营效益也有所提高。南京奥体中心2006年创收2000多万元，2007年形势好于2006年；江苏省五台山体育中心年收入5561万元，实现利润852万元；杭州游泳健身中心年收入超过1200万元。

7. 组织机构建设和人才培养工作进一步加强

近年来，各地在体育产业组织机构的建设方面有所加强，进一步明确了体育产业的归口管理部门。一些地方利用事业编制弥补行政力量的不足，成立了体育产业管理中心。在有关协会组织建设方面，广东、山西、辽宁等省市先后成立了体育产业协会，上海、安徽、河南、江苏等十几个省区市成立了体育场馆协会，浙江、宁夏、吉林、重庆等省市成立了体育经纪人协会。在有关大型体育企业培育方面，上海市成立了上海体育产业发展有限公司；湖南省组建了湖南省湘体产业发展有限责任公司，并在体坛周报基础上筹划报业集团。

在人才培养方面，各级体育行政部门开展了不同内容、不同层次的体育产业管理人员培训，如总局 2006 年开展了本级体育产业管理人员培训班，2009 年开展了全国体育产业高级研修班；江苏省连续几年举办了多次体育产业管理干部的培训班，四川、浙江、苏州等省市也开展了类似的培训。

8. 体育无形资产开发有新进展

近年来，总局在体育组织、体育赛事等无形资产的开发方面取得了一定的进展。中国奥委会、全运会、全民健身及各项目中心的市场开发工作都有所突破。在北京奥运周期中，按照 2008 年奥运会联合市场开发协议要求，中国奥委会积极配合北京奥组委做好有关市场开发工作，切实维护赞助商相关权益。同时，注重中国奥委会市场开发工作的连续性，加强了品牌建设、资源整合等基础工作，开展了开发工作机制研究、新商用标志的评选发布、综合性运动会中国体育代表团市场开发工作等工作，也取得不错的效果。目前，2009—2012 年新周期的市场开发进展顺利，合同金额相当可观。在全运会市场开发方面，总局进一步明确了完善全运会市场开发的基本思路，建立了全运会市场开发的管理体系，成立了全运会市场开发工作领导小组，并扎实做好全运会的品牌建设工作。具体有装备中心承担有关研究工作，相继出台了多个规范化文件，包括《承办协议》、《工作规范》、《工作指南》等，还进行了全运会核心标志的评审工作。江苏省第十届全运会、山东省第十一届全运会的市场开发工作在运作模式、开发收入、权益保障等方面都取得了新的突破。全民健身市场开发方面，总局与中国银行签订了战略合作协议，在群体司、宣传司及报业总社的大力倡导下，市场开发工作积极推进，也取得了一定的效果。各项目中心市场开发方面，总局逐步完善了对各中心市场工作的监管制度建设。研究制定有关规范性文件，与财审中心等共同建立完整的监管体系，确保市场开发工作在合同、物资、资金等各方面合理、公开、透明。

各省区市无形资产开发工作也稳步推进。如广东省在广州亚运会赞助计划尚未结束的情况下，赞助总金额已远超历届，仅广州汽车集团的单个赞助合同金额就已超过多哈亚运会的赞助收入。江苏、重庆等省市先后建立了体育产业资源信息平台，动态发布体育产业资源信息资源，加强了与企业和社会的沟通，推进体育资源整合，为整合体育资源探索了新的途径。

三、体育产业的区域发展比较

根据国家发展改革委员会对我国东、中、西部的划分，我国可分为东、中、西部三个部分。东部是指最早实行沿海开放政策并且经济发展水平较高的省市，包括 11 个省级行政区，分别是北京、天津、河北、辽宁、上海、江苏、浙江、福建、山东、广东、海南；中部是指经济次发达地区，包括 8 个省级行政区，分别是黑龙江、吉林、山西、安徽、江西、河南、湖北、湖南；西部则是指经济欠发达的西部地区，包括 12 个省级行政区，分别是四川、重庆、贵州、云南、西藏、陕西、甘肃、青海、宁夏、新疆、广西、内蒙古。"十一五"期间体育产业专项调查涉及全国 16 个省（市），其中东部省（市）包括北京、江苏、浙江、广东、福建、上海，中部省（市）包括黑龙江、山西、安徽、河南、湖北，西部省（市）包括重庆、四川、甘肃、云南、青海。由于部分地区数据不全，因此，选择了东、中、西部共 13 个省（市）的有效数据，分析我国区域体育产业发展状况。

（一）各区域体育产业增加值比较

由表 6 可以看出，2006 年我国东、中、西部地区各省市平均每省增加值为 144.13 亿元、9.42 亿元、4.50 亿元；区域间比例为 32∶2∶1。2007 年东、中、西部省平均增加值为：186.49 亿元、13.02 亿元、6.37 亿元，比 2006 年均有较大幅度增长。2007 年东、中、西部区域间比例约为 29∶2∶1，由此可以看出中、西部地区与东部地区之间的差距在缩小。与 2006 年相比，2007 年东、中、西部地区增长速度分别为 29.39%、38.27%、41.56%；可以看出西部地区增长速度最快，其次是中部地区，增长最慢的是东部地区。另一方面也可以看出，中、西部地区发展基础薄弱的事实。

表6　东、中、西部体育产业省平均增加值产值一览表

	2006 年 （单位：亿元/省、市）	2007 年 （单位：亿元/省、市）	增长速度%
东部地区（平均）	144.13	186.49	29.39
福建	184.29	253.28	37.44
江苏	146.81	197.04	34.22
浙江	88.16	109.08	23.73
广东	157.27	186.57	18.63
中部地区（平均）	9.42	13.02	38.27
河南	7.46	9.78	31.14
湖北	14.84	20.77	39.97
山西	7.54	10.45	38.53
黑龙江	6.37	11.13	74.58
安徽	10.87	12.98	19.36
西部地区（平均）	4.50	6.37	41.56
重庆	2.37	4.97	109.52
四川	7.11	10.06	41.43
云南	7.62	9.26	21.4
青海	0.88	1.18	34.29

由于地方资源优势的存在，若干欠发达地区服务类体育产业发展取得了可喜的成

绩，如冰雪活动广泛开展的黑龙江、武术风行的河南，体育彩票和体育旅游还较为可观的青海省，体育服务业的比重都比较大（表7），黑龙江和河南体育服务业的增加值分别为5.47亿元、5.13亿元，都超过了体育用品业4.19亿元和4.10亿元的增加值。青海的体育服务业增加值为0.51亿元，接近体育用品业的产值。由表7也可以看出江苏和福建的体育产业增加值主要为体育用品业，体育服务业成分很小。河南、青海和黑龙江虽然体育用品业和体育服务业的增加值都不高，但是体育用品业和体育服务业的差距不大。由此可以看出我国体育产业在不同区域发展存在的差异，也反映了不同区域体育产业发展的特点。

表7 2007年若干地区体育用品、体育服务业增加值一览表

（单位：亿）

	江苏	福建	河南	青海	黑龙江
体育用品业	182.34	245.27	4.19	0.55	4.10
体育服务业	14.20	6.21	5.47	0.51	5.13

（二）各区域体育从业人员比较

图1显示了我国东、中、西部若干省市体育产业就业人口状况，东部地区体育产业就业人口明显高于中部和西部地区。通过2006和2007两年的就业人口比较可以看出，除重庆、云南和青海没有统计结果外，只有山西体育产业就业人口下降，其他省份就业人口均有所增加，增加最明显的是广东省，从2006年的565299人增加到2007年的644417人，中部地区就业人口增加明显的是湖北省，从2006年的53502人增加到2007年的71761人。

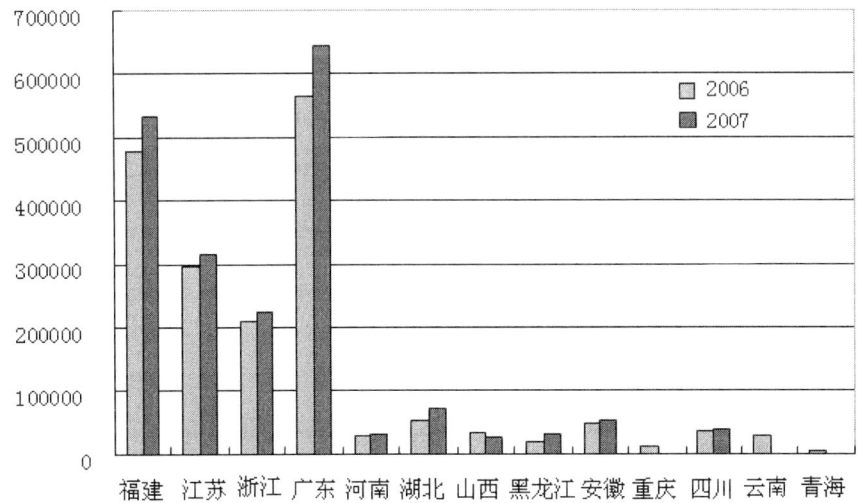

图1 东、中、西部若干省市体育产业就业人口

(三)各区域体育产业劳动生产率比较

由表8可以看出,东部劳动生产率较高,2006年江苏的劳动生产率最高,为4.97万元/人;中部和西部劳动生产率较低,2006年青海劳动生产率最低,为1.67万元/人。但是东、中、西部之间的差距并不太大,2006年黑龙江省体育产业劳动生产率为3.41万元/人,高于广东2.78万元/人的劳动生产率。从2007年数据来看,东、中、西部体育产业劳动生产率均有不同程度的提高。东部江苏省仍然是劳动生产率最高,为6.24万元/人(当年价格);而在中部地区,山西省是劳动生产率最高的省,为4.22万元/人。

表8 各区域体育产业劳动生产率比较

	2006年			2007年		
	增加值 万元	就业人口 人	生产率 万元/人	增加值 万元	就业人口 人	生产率 万元/人
福 建	1842886.1	477638	3.86	2532797	532033	4.76
江 苏	1468059.5	295162	4.97	1970424	315572	6.24
浙 江	881604.9	208976	4.22	1090828	225594	4.84
广 东	1572674.6	565299	2.78	1865687	644417	2.90
河 南	74565.8	28243	2.64	97788.7	30861	3.17
湖 北	148380.73	53502	2.77	207684	71761	2.89
山 西	75425.36	33311	2.26	104487	24745	4.22
黑龙江	63740.65	18689	3.41	111278	29803	3.73
安 徽	108707.83	48002	2.26	129754	52187	2.49
重 庆	23702.98	11572	2.05	49662.5	——	——
四 川	71146.11	36682	1.94	100618	39645	2.54
云 南	76240.96	27564	2.77	92556.6	——	——
青 海	8782.63	5260	1.67	11794.2	——	——

四、国内外体育产业发展比较

我国体育产业是在改革开放以后,随着国家经济体制的不断改革而发展起来的。我国体育产业更好更快的发展,不仅要吸取我国以往体育产业发展过程中的经验和教训,还应该借鉴国外体育产业发展的成功经验,发现我国与国外体育产业发展的差距,在现有体育产业发展水平上利用目前各种有利发展条件,力求缩小与国外发达国家之间的差距。

（一）与美国比较

在美国，体育很早就被赋予了商业功能，大约有100多年的历史，已经形成了完善的体育产业管理体制与运行机制，完善的市场经济制度也为体育产业的发展提供了良好的社会环境和经济环境；美国竞技体育职业化和商业化程度高，在很大程度上刺激了体育产业的发展。美国的体育产业结构一般划分为职业体育、健身娱乐体育、体育用品等，也有专家将之分为大众健身娱乐业（约32%）、体育用品生产业（约30%）和体育观赏业（约25%），可以看出美国以体育服务业为主。上个世界80年代美国体育产值就达到了全国GDP的1%，上个世界90年代中期达到了2%。美国人均GDP（2007年：46280美元）水平高，体育消费能力强，体育消费意识高，具有良好的体育消费意识。美国体育产业被称作"永远的朝阳产业"，美国有方便舒适、遍地皆是的体育健身场所，适合各类人群参与，风头强劲的职业体育、长盛不衰的休闲体育产业、包罗万象的体育用品等都是美国体育产业的重要组成部分。

中国体育的商业化运作只有20多年的历史，而中国目前的管理体制和运行机制还不尽科学，政府在体育产业中的角色依然不够明朗，体育产业相关法规不够完善，还没有形成良好的体育产业经营环境。中国的职业体育联赛制度还不成熟，中国竞技体育依然没有摆脱金牌至上的观念，竞技体育的经济价值没有充分体现和发挥。我国体育产业由体育服务业（17.70%）、体育用品业（79.11%）和体育建筑业（3.19%）构成（2008年），体育用品业比例高，体育服务业比例低。在2007年体育产业的GDP贡献率只有0.49%。中国的人均GDP水平与美国相比还有很大差距，2007年人均GDP只有2520美元，体育消费能力远远低于美国。中国的体育产业尽管发展迅速，但是由于受先天不足、后天不良各种条件的制约，体育产业的总体发展水平远远低于美国的发展水平。但是中国地域辽阔，地区间经济、文化、体育等发展存在很大区别，少数发达城市如北京、上海、广东等不少城市的体育产业发展水平已经越来越接近美国。

（二）与英国比较

英国19世纪末20世纪初，体育俱乐部就开始了股份制形式，足球是俱乐部走向商业化和产业化最早，最具有典型性的形式。足球首先确定了以追求利润为目的，利润的大小和股份持有数量相关，足球的商业化趋势推动了板球、高尔夫等体育项目的商业化。20世纪末，以足球为龙头的英国体育产业已经形成了良好的产业化机制，不仅是职业体育，各种健身休闲形式的体育活动非常流行，带动了体育健身休闲的快速发展。英国体育产业主要分为体育用品业和体育服务业两大类，2008年英国体育产业结构为体育用品业（20.5%）和体育服务业（61.5%），体育用品业包括体育服装鞋帽（20.5%）、体育装备(7.6%)、体育出版物(2.7%)、体育船只(7.7%)；体育服务业包括体育参与(9.1%)、体育博彩(14.3%)、体育观赏（3.7%）、体育传媒(12.7%)、体育旅游(8.9%)、健康与休闲(10.2%)、其他体育产业(2.5%)。英国基本保持了用品业和服务业两大类的分类方法，与我国体育产业分类比较相近，但是英国分类更细致，并根据该国的体育事业特点进行了分类，对该国的体育产业统计具有重要作用。

中国的体育产业起始于20世纪末，比英国晚了约100年，也是以足球的职业化开始的，但是到目前为止，足球的商业化运作仍然有很多不规范之处，而以足球带动的篮球职业市场状况发展良好，其他如排球、乒乓球等项目的职业化运作都不尽理想。由于经济发展水平、消费习惯的差别，我国休闲体育与英国还有很大差距。

（三）与日本比较

日本的体育产业分类比较细致，对相关专业工作人员的要求也比较专业和细致，日本体育产业分为运动用具制造业、体育用品零售业、运动、健康教室、健身俱乐部、体育设施、体育馆、高尔夫球场、高尔夫球练习场、迷你高尔夫球场、保龄球馆、网球场、体育用品租借业、赛马、赛车场。2004 年的统计资料表明，以上 13 个产业的从业人数达 45.87 万人，占日本从业人口总数的 0.8%。日本体育产业人才的培养有很强的针对性，而且与社会体育指导员制度紧密结合，人才的使用非常充分，对我国体育产业人才的培养具有一定参考价值。日本从事高尔夫球场的从业人数最多，如果加上练习场就业人数，从业人数占 40% 以上。其次，体育用品零售业、体育运动、健身俱乐部的从业人数比较多，从总体上看，体育服务业从业人员远高于体育用品业。

虽然我国目前体育产业分类方式与日本有一些差别，但是基本日本大部分体育产业类型，2007 年我国总体就业人口 283.74 万人，约占总体就业人口的 1%，但是我国体育产业的就业人员的职业分类不如日本细致，职业水平也低于日本。

（四）与澳大利亚比较

澳大利亚海岸线长，相关的休闲体育开展非常广泛，政府非常重视休闲体育的开展，分别从资金、政策上给予多方面的支持。澳大利亚受英国的影响，具有崇尚体育的传统，体育参与意识强，体育参与程度很高，总体参与率高达 82.8%。澳大利亚学校体育的开展和安全保障体系完善，在一定程度上刺激了体育消费的提高和体育产业产值的增长。澳大利亚政府重视体育资源的整合和有效利用，将体育资源与媒体资源、旅游资源等充分融合，实现了较好的经济效益和社会效益。在体育旅游方面，政府成立专门组织，主要推动各个部门在推动开发和经营体育旅游的合作，使各个部门都能在体育旅游开发中获得较好的经济效益。

与澳大利亚相比，我国体育产业发展政策上的支持比较弱，体育产业资源的整合效果不明显。我国整体体育参与程度远远低于澳大利亚的参与程度，对体育产业的拉动力比澳大利亚小的多。

五、体育产业发展存在的问题

尽管我国体育产业增长速度较快，朝着日趋合理的结构趋势发展，但是与国外发达国家相比，依然存在着不少问题，如体育产业结构问题、体制问题、消费问题等。有些问题是长期遗留的问题，虽然采取了很多措施但是有很多地方实施效果不明显；有些问题则是随着体育产业的不断发展出现的新问题。

（一）总体规模不大

尽管我国体育产业取得了一定规模，但是与旅游产业、文化产业等其他产业规模有很大差距，对 GDP 的贡献率很小，只有 0.52%（2008 年）；与许多国外发达国家的体育产业发展规模差距很大；城镇居民体育消费水平偏低，农村居民很少进行体育消费。如果从体育产业的人均 GDP 计算的话，尽管目前我国体育产业增长速度较快，但是 2008 年增长速度低于 2007 年。有些体育产业类别呈下降趋势，如 2008 年体育彩票增加值低于 2007 年体育产业增加值。

（二）产业结构发展不协调

目前我国体育服务业整体质量不高，市场价值偏低的现象普遍存在。2008 年体育服务业增加产值比 2007 年略微提高，但是所占比列也只有 17.70%，与发达国家相比具有相当大的差距，美国体育服务业总产值在体育产业中占 60% 以上。我国体育产业结构依然以体育用品业为主，2007 年比例高达 79.11%，其中体育用品制造业占 70.98%，体育用品销售业的比例很小，只有 8.13%，印证了我国体育用品业以加工和出口为主，品牌价值不高的事实。在体育用品业中，2008 年体育用品业和体育用品制造业的比例下降均低于 1%。

（三）地区发展不平衡

地区间体育产业发展的适度不平衡状态在某种意义上利于体育产业的发展。但是我国地区间体育产业发展存在一些差距太大的现象。由图 4 可以看出，一些欠发达地区的体育产业增加值连体育产业发达地区的千分之一都不到。虽然这种现象已经受到各方关注，并采取了一定的政策和措施进行了引导。但是目前效果还不明显，需要进一步采取各种手段缩小地区间发展的差距。

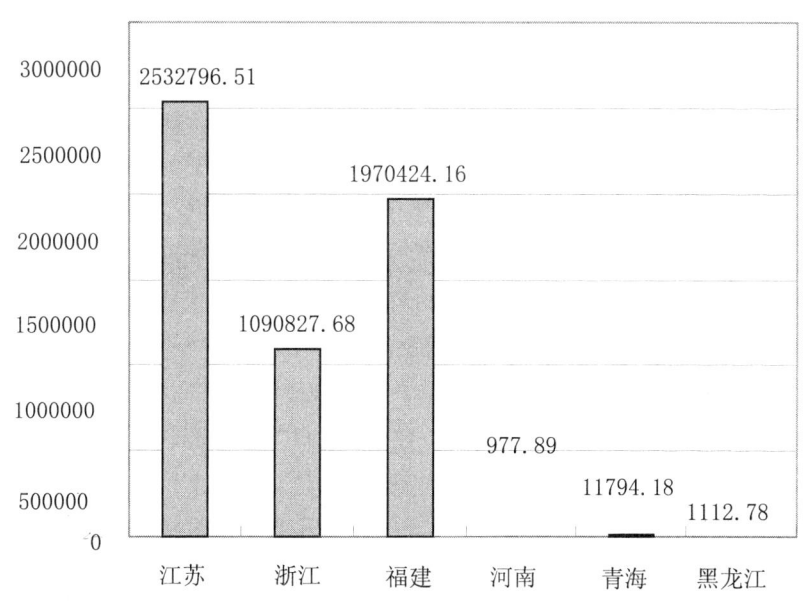

图 2　2007 年若干省市体育产业增加值（单位：万元）

六、"十二五"时期体育产业发展面临的机遇与挑战

（一）"十二五"时期体育产业发展面临的机遇

"十二五"时期是全面建设小康社会、加快建设和谐中国、健康中国的关键时期，也是中国体育全面推进体育强国建设的重要阶段。体育产业是我国体育强国建设的重要组成部分。"十二五"时期我国体育产业将面临的前所未有的发展机遇。

1. 经济的快速增长为体育产业的发展提供较坚实的经济基础

我国体育产业处于经济体制改革的大环境中，随着经济体制改革的不断深入，我国经济的持续增长和人们收入水平的不断提高，为体育产业的发展和体育市场的繁荣提供坚实有利的物质条件。2009年中国人均GDP是3711美元，全球人均收入排96位。这表明我国经济已开始步入一个新的增长阶段。20世纪西方发达国家经济发展的历程表明，人均GDP从800美元跃升到3000美元将是一个国家国民经济获得快速增长的时期，这一时期也是居民消费更新换代、休闲娱乐需求快速增长的时期。目前我国经济虽整体上正处于成熟阶段，虽未进入高额消费阶段，但在沿海地区及大中城市等经济发达地区中已经形成了数量可观的高额消费群体，已经形成了相当规模的体育消费市场。同时，我国体育产业也处于持续快速发展的阶段。在未来10年，中国经济将在整体上由成熟阶段向高额消费阶段转变，这为体育产业的迅速发展提供了充分的市场需求和千载难逢的历史发展机遇。

2. 产业结构的优化调整为体育产业的发展提供了动力支持

近年来我国产业结构逐步优化升级，2009年第一、二产业增加值占经济总量的比重持续下降，第三产业由41.8%上升到42.6%。产业结构有了明显的增长和改善。但这一水平远远低于欧美等发达国家。政府将进一步强化经济发展中的宏观调控，努力消除经济运行中的不稳定因素，积极推进产业结构升级。如今我国发展第三产业的政策导向使得第三产业在经济中的比重不断提高，为体育产业的发展提供多方面保障。为我国体育产业的发展提供了千载难逢的发展机遇。这主要体现在三个方面：首先，我国产业结构调整会使更多的社会投资注入体育产业，同时，第三产业中的传媒业、服务业等与体育产业密切相关的产业也在快速发展，为体育产业的发展提供良好的环境。其次，我国体育产业将可能得到国家产业政策的扶持，包括投资融资、税收减免、用工用地的优惠政策等。这就使得体育产业中投资回报率高于社会投资的平均利润率，这增强体育产业对社会资金的吸引力，使各种资本向体育产业流动的良好态势。再次，我国产业结构调整会给体育产业带来更多高素质的经营管理人才。在工业化时代高素质的经营管理人才主要集中在制造业，而到了后工业化时代高素质的经营管理人才将会出现由制造业向服务业转移的趋势。

3. 城市化进程的加快为体育产业发展提供足够的推力与助力

据国家统计局2008年统计，我国城市数量已达655个，城市化水平已达45.68%，达到20世纪90年代的世界平均水平。体育本质上是城市文化。国外大众体育发展经验表明，城市化水平达到45%~50%时，国民的体育参与需求和体育消费都将得到快速

提高。城市人口增加,城市化进程的加快可以促使城市基础设施的改善和城市功能的完善,将带动体育场馆设施的发展,促进社区体育和群众性体育组织等体育服务业的发展。据国家信息中心的统计,中国城市人口体育边际消费倾向是 1.5,即城市人口收入每增加 1%,它的体育消费就增加 1.5%,居民体育消费快于收入的增长。因此,我国城市化进程将不断加快,城市人口的增加在启动体育消费、拓展体育市场方面有十分重要的作用。

4. 社会需求和消费结构升级为体育产业发展提供广阔的发展空间

"十二五"时期中国社会已进入全面建设小康社会时期。据统计 2009 年中国居民可支配收入为 17175 元,城乡居民恩格尔系数将分别为 37%和 43%。随着中国经济的强劲增长,居民收入水平的持续增加,社会消费结构将发生重大变化,人们对物质消费品需求的增势将减缓,而对健康和娱乐等与生活质量直接相关的服务消费品的需求将迅速上升。随着我国全民健身计划和社会保障制度改革的进一步实施,及政府鼓励及扶持余暇产业及闲暇消费各项政策的陆续出台,人们更加自觉积极地投身于对健康和娱乐等生活消费,体育日渐成为现代人生活方式的一个重要组成部分,极大地增加了社会对体育产业消费项目的市场需求。居民消费结构的改变和体育消费的增加,将进一步繁荣体育市场的发展,扩大体育产业的发展规模。

5. 现代信息技术的发展为体育产业创造了广阔的发展空间

现代信息技术正在以前所未有的速度影响人类社会的各个方面。信息技术的不断发展和知识经济的到来为体育产业的发展注入了新的生机,奠定了坚实的基础和保障。信息技术有助于了解和掌握体育消费者的需求和欲望,加速体育运动产品的创新。通讯卫星转播技术可以不受时空限制,及时的转播在世界各地举办的大型体育赛事,满足了人们对体育运动比赛观赏的需要。依托于宽带技术的数字化技术、互联网技术等新媒体技术的融合,为体育电子商务及各类体育组织营销产品提供了广阔的营销平台,极大地拓展了体育产业发展的空间,改变了传统体育产业运作的传统模式,加速了体育产业国际化的运作模式。总之,信息技术与体育产业的融合,极大地拓展了体育产业的发展空间,加快了体育在全球的影响。

6. 体育产业政策的出台为体育产业发展提供了政策支持

我国体育产业的发展离不开政策的支持和保护。为加快我国服务业的发展,《国务院关于加快发展服务业的若干意见》和《国务院办公厅关于加快发展服务业若干政策措施的实施意见》相继颁布,并明确指出要在融资及财税政策等多方面给予支持。为鼓励各类服务业的发展,2010 年继文化产业振兴规划出台后,国务院办公厅进一步颁发《关于加快发展体育产业的指导意见》。根据意见,政府将从多方面帮助体育产业拓展融资渠道,目的是使得 2020 年我国体育产业具备相当规模。这是国家首次从国家层面上出台支持产业发展的政策性规划。服务业政策及体育产业政策的相继出台表明我国体育事业到体育产业之间的观念转变已经成熟。这将加速中国体育产业的发展,为我国体育产业提供更多的资金及社会支持。

(二)"十二五"时期体育产业发展面临的挑战

机遇与挑战并存,尽管我国"十二五"时期体育产业的发展面临大好的发展机遇,但在国内外也存在相当大的困难与挑战。

1. 经济全球化使体育产业面临前所未有的挑战

随着我国全球经济的融入及WTO的过渡期的结束,我国体育产业在内的服务业将全面向国际社会开放,境外资本纷纷携带巨额资本、丰富的商业运作经验抢滩中国体育市场,我国还很稚嫩的体育产业将面临国际竞争的严峻挑战。尽管改革开放以来,我国体育产业的发展已取得了巨大的成就,并逐步发展成为国民经济的新的经济增长点,但我国体育产业起步较晚,市场化程度低,在资金、技术、人才和管理等方面还不具备全面参与国际竞争的实力。不具备和体育产业发达国家竞争的实力。在全球经济一体化浪潮下,我国体育产业将进行新一轮的市场整合。国内巨大的商机将吸引国际资本大量涌入中国市场,国内较为薄弱的体育服务业以及生产科技含量相对不高的体育用品业等无疑遭受前所未有的考验。

2. 体育市场运营环境不理想

体育产业的发展,需要有政府的扶持。由于制度滞后导致的管理体制混乱致使我国体育行政机构与体育社会团体在职能上没有分开,管理体制还没有完全理顺,多头管理和无人管理并存,致使行业指导和管理薄弱,部门垄断,行业垄断等现象严重。体育行政部门尚未建立符合市场经济要求和体育产业发展规律的行业管理体制,市场调控手段缺乏,尚未达到科学运用经济、法律和行政的手段调控市场,引导体育企业的生产经营活动。在市场经营活动中,缺乏高素质的和体育经纪人及企业家,缺少体育营销人才和体育产品研发人才,严重影响了体育经营企业的市场竞争力。尚未建立起高效的行业督察、预警、评价、统计、考试体系和行业发展、投资、经营的系统,从而影响了其他行业甚至国际资本流入该产业,体育产业的投资渠道单一,融资渠道较为狭窄,阻碍体育产业的发展。同时我国体育产业的法制建设落后,各类体育无形资产的所有权的立法保护工作尚未建立,公平的体育市场竞争规则不完善。

3. 体育及相关产业之间的沟通整合能力不强

目前我国体育产业的发展主要集中于体育用品制造业、体育健身娱乐等少数与体育密切相关的行业。体育产业内涵丰富,外延范围广阔。近年来随着我国群众消费水平的提高,奥运会的成功举办,带动了我国体育产业及相关的文化、旅游及保险等产业的发展,但目前我国体育产业沟通平台建设滞后,行业协会和中介组织数量较少且地位较低,没能发挥体育产业在相关产业发展中的"带头"作用。产业融合背景下,我国体育组织管理部门如何转变意识,加快行业改革,促进体育产业及相关产业市场之间的相互整合,借机壮大我国体育产业的发展,是目前面临的非常现实的问题。

七、"十二五"体育产业发展的指导思想与基本原则

(一) 指导思想

以邓小平理论和"三个代表"重要思想为指导,全面贯彻落实科学发展观和构建社会主义和谐社会的重大战略部署,坚持体育事业与体育产业协调发展,将发展体育

产业作为建设体育强国的重要途径和内容，紧紧围绕《国务院办公厅关于加快发展体育产业的指导意见》确定的各项目标和任务，深化改革，开拓创新，不断满足人民群众日益增长的多元化、多层次的体育需求，为加快经济发展方式的转变、促进经济社会的全面协调可持续发展作出贡献。

（二）基本原则

1. 以科学发展观为统领，坚持以人为本

在党的十七大报告中，胡锦涛同志指出科学发展观的第一要义是发展，核心是以人为本，基本要求是全面协调可持续，根本方法是统筹兼顾。由此可以看出，要深入贯彻落实体育产业科学发展观，核心是要坚持以人为本。目前我国群众对体育文化的需求不断增加，大力发展体育产业的首要目的就是努力满足广大人民群众日益增长的多元化、多层次的体育需求，促进人的全面发展。

2. 坚持深化改革，开拓创新

体育行政部门尚未建立符合市场经济要求和体育产业发展规律的行业管理体制；市场调控手段缺乏，尚未达到科学运用经济、法律和行政的手段调控市场，引导体育企业生产经营活动，严重影响了体育经营企业的市场竞争力。要进一步深化我国的体育体制改革，转变政府职能政企分开，加快建立适应社会主义市场经济体制体育产业健康发展的体制，开拓和创新体育产业发展模式，保证体育产业的可持续发展。

3. 尊重市场规律，运用市场调控手段

计划经济下的传统观念和运行机制，已经开始阻碍体育的进一步发展，显示出很大的滞后性。体育市场经济就可以进行人力、财力和物力资源的合理配置，充分发挥体育的多元功能和整体效应，更好地遵循市场经济的价值规律、供求规律和竞争规律，从而全面提高体育工作的效益和效率。因此，要充分尊重和发挥市场机制，优化社会资源配置结构和配置效率，各级政府应在税收和信贷政策等方面给予大力扶持，采取多种体制和机制，鼓励社会投资、个人投资和境外投资，发展体育产业，充分保护和调动社会办体育、个人办体育的积极性和创造性。

4. 坚持依法管理

随着我国体育市场化、产业化改革进程的加快，我国体育市场中的法制缺陷问题逐步暴露。体育产业的法制化、规范化建设，有利于体育市场朝着健康有序的方向发展。应加强体育产业化的法治建设，建立健全各项法规制度，明确管理权限划分，完善执法程序，提高体育市场管理的法律化、规范化程度，进一步规范体育市场秩序，切实维护消费者和经营者的合法权益，确保体育产业稳步和健康发展。

5. 突出体育产业的国际化视野

体育产业日趋呈现出国际化发展趋势，各国纷纷将本国的体育产业推向国际市场，以获取更大的经济利益。随着我国全球经济的融入及WTO的过渡期的结束，包括我国体育产业在内的服务业将全面向国际市场开放，这是我国体育产业应对国际化的挑战，也是实现我国体育产业国际化的机遇。因此，我们要抓住有利时机，走出国门，面向世界，与国际体育产业接轨，实现体育产业国际化，积极吸纳发达国家体育产业发展的经验，打造体育用品世界名牌，不断提高我国体育产业的国际竞争力和影响力。

6. 坚持体育事业与体育产业协调发展

在我国体育市场化、产业化进程中，体育事业与体育产业相辅相成、优势互补。体育事业能提高全民的健康素质、增强国家和民族的向心力和凝聚力，体育产业需要体育事业的培养和导向。体育产业可以满足人们对体育消费的需要，获得巨大的经济效益。坚持体育事业与体育产业协调发展，正确处理经济发达与欠发达地区、汉族与少数民族地区、城市与农村以及不同阶层的利益关系，不断提高体育产品的服务质量和档次，满足人们丰富多彩的体育需要，繁荣体育市场，做到经济效益与社会效益统一。在满足社会化效益要求的同时把产业做大做强，进而促进社会效益的扩大。

八、"十二五"时期体育产业的发展目标及主要任务

通过上述对我国"十一五"期间体育产业发展的状况、存在的问题、面临的机遇和挑战的分析，我们已经全面、客观地掌握了当前我国体育产业的基本情况，我们的基本判断为："十二五"时期将是我国体育产业夯实基础的阶段，同时也是我国体育产业快速成长的阶段。据此，结合以上指导思想和基本原则，充分吸收《国务院办公厅关于加快发展体育产业的指导意见》的精神，制定了"十二五"期间我国体育产业的发展目标，主要任务和措施。

（一）发展目标

"十二五"期间，我国体育产业发展目标是：建立与我国经济社会发展水平相适应的、具有中国特色的体育产业体系；不断完善多种所有制并存，各种经济成份竞相参与、共同兴办体育产业的格局；优化体育产业结构，提高体育服务业的比重，增强我国体育产业的整体实力；创建一批充满活力的体育产业基地，培育一批有竞争力的体育骨干企业，打造一批有中国特色和国际影响力的体育产品品牌；体育产业创造的增加值以平均每年15%以上的速度增长，到"十二五"末期，体育产业增加值超过4000亿，占国内生产总值的比重超过0.7%，从业人员超过400万，使体育产业成为国民经济的重要增长点。

（二）主要任务

1. 促进体育产业各门类的统筹发展

以体育健身休闲业、体育竞赛表演业为先导，带动体育用品业、体育中介业等业态的联动发展，加大扶持力度，完善产业政策体系，实现可持续发展。广泛开展群众喜闻乐见的体育健身休闲项目，积极稳妥开展新兴的户外运动等项目，加强对民族民间传统体育项目的市场开发；引导体育竞赛表演业健康有序发展，积极引进国际知名的体育赛事，努力打造有影响、有特色的赛事品牌；做大做强体育用品业，制定与完善国家标准和行业标准，进一步提升我国在世界体育用品业中的地位；鼓励发展体育中介业，大力开展体育技术、信息咨询、体育保险等中介服务。

2. 优化体育产业结构

适应城市化和居民消费结构升级的新形势，重点发展体育服务业，大力培育体育

市场主体。鼓励和引导非公有制经济发展体育产业，积极扶持中小体育企业发展，充分发挥其在自主创业、吸纳就业等方面的优势。进一步优化产业结构，提升技术结构，改善组织结构，促进体育产业良性发展。

3. 增加体育产品供给，扩大体育消费

积极培育健全体育消费市场，不断增强体育消费产品的供给能力，以优质的服务促进体育消费。促进农村体育消费与城镇体育消费、传统体育消费与现代体育消费的协调发展。合理引导高收入群体的体育消费行为，积极扩大中低收入群体的体育消费需求。

4. 加快区域体育产业协调发展

坚持重大产业项目带动战略，因地制宜，结合国家区域发展规划，加快特色体育产业的培育和发展。积极推动以环渤海、长三角、珠三角为代表的沿海发达地区将体育产业培育成为地区支柱性产业；大力扶持中西部地区围绕新兴城市圈、经济区、产业带建设，充分利用这些地区江河湖海、山地、沙漠、草原、冰雪等独特的自然资源优势，与体育项目相结合，突出特色、延伸链条、打造品牌，促进资源优势向产业优势、品牌优势转变，形成东、中、西部体育产业良性互动发展格局。

5. 推动体育产业基地建设

合理规划体育产业基地的建设布局，协调不同类型、不同区域、不同领域的产业基地发展，建立20个综合类体育产业基地、30个特色类体育产业基地、50个体育产业示范基地，使产业基地能够依据各自的资源禀赋，进行合理的定位，以此全面带动体育产业的可持续发展。鼓励各地做好各级各类体育产业基地的创建工作。

6. 推动体育产业与相关产业的互动发展

发挥体育产业的综合效应和拉动作用，以体育旅游、体育会展为重点，推动体育产业与相关产业的复合经营，促进体育旅游、体育会展、体育出版、体育传媒、体育创意等相关业态的发展。充分利用体育运动休闲项目、体育赛事活动、大型体育场馆等体育资源，大力发展体育旅游业，创建一批体育旅游示范区，鼓励各地建设体育旅游精品项目。统筹发展体育会展业，将中国国际体育用品博览会、中国体育旅游博览会办成精品展会，鼓励不同项目、不同地区创办特色类体育会展。

7. 培育骨干体育企业

在体育产业各个门类中着力培育一批骨干企业，增强我国体育产业的整体实力和国际竞争力。坚持政府引导、市场运作、科学规划、合理布局，在重点体育产业中选择一批成长性好、竞争力强的体育企业或企业集团，加大政策扶持力度，推动跨地区、跨行业联合或重组，尽快壮大企业规模，提高集约化经营水平，促进体育领域资源整合和结构调整。鼓励和引导有条件的体育企业面向资本市场融资，培育一批体育领域战略投资者，进一步做大做强。

8. 推动对外体育服务贸易

以体育劳务、赛事组织、场馆建设、信息咨询、技术培训等为重点，积极开拓海外市场，提升我国体育服务业在国际上的竞争力。加强体育行政部门与项目协会、体育企业对外服务贸易的沟通及协作，积极搭建对外体育服务贸易平台，鼓励各类运动项目、特别是我国的优势项目和民族特色项目走出去，积极参与国际竞争。培育和形成一批实力雄厚、专业性强的体育服务贸易企业，树立我国体育服务贸易品牌。

9. 做好体育产业基础工作

进一步完善体育产业统计工作机制和体育产业信息发布制度，建立体育产业统计长效机制。创建和完善体育产业信息、投融资及体育产权交易等服务平台。加强体育产业理论和实践研究，实施体育产业智库工程，设立 10 个国家体育产业研究基地。积极推进体育产业法律法规和政策的研制。

10. 继续做好体育彩票工作，努力实现体育彩票的跨越式发展

进一步完善体育彩票发行制度和市场管理制度，健全发行销售监督机制，确保体育彩票市场的安全和信誉。进一步加强体育彩票各项基础建设，丰富各类具有体育特色的游戏玩法和彩票品种，提高管理、服务和营销水平，稳步扩大市场。

九、"十二五"时期体育产业发展的主要措施

（一）进一步转变政府职能，加快培育体育市场主体

积极推动体育行政部门从"办体育"向"管体育"转变，强化政策调节、市场监管、公共服务和社会管理等行政职能。创新机制，培育市场主体，按照国家总体部署，推动国有经营性体育事业单位改制，完善法人治理结构，建立产权清晰、权责明确、政企分开、管理科学的现代企业制度。积极探索建立以企业为主体的重大体育赛事和体育活动的市场化运作机制，按照管办分离的原则，积极调动社会力量参与市场化运作。鼓励各地建立健全体育产业行业协会，加强行业自律。

（二）加快体育市场法制化、规范化建设

建立、健全相关法规，完善监督管理机制，建立体育市场监管队伍，明确管理职能，维护市场秩序，促进体育市场规范发展。加强体育经营活动的安全监管，按照国家和行业标准实施监督检查及产品质量检测，确保设施设备、服务条件、管理制度符合要求，确保消费者人身安全。按照高危险性体育项目经营活动的行政许可制度，依法确定严格、规范、公开、透明的准入和开放条件、技术要求和服务规程，加强技术指导和安全保护。加快制定各类体育标准，建立体育标准体系。推行体育服务质量认证制度，建立和完善体育服务规范，提高体育服务水平。开展体育行业特有职业技能鉴定工作，提高体育服务从业人员的服务意识和专业水平。

（三）加大体育产业投融资支持力度

拓宽体育产业发展资金来源渠道。加大财政对体育产业的支持力度，通过设立体育产业发展引导资金或争取其他专项资金，采用贷款贴息、项目补贴、后期赎买和后期奖励等方式，对符合政府重点支持方向的体育产品、项目和企业给予扶持。鼓励民营资本和外商资本投资体育产业，支持有条件的体育企业进入资本市场筹措发展资金。鼓励金融机构适应体育产业发展需要，开发新产品，开拓新业务。积极探索创建体育产业发展基金和体育企业融资担保体系。

（四）落实相关税费优惠政策

对符合条件的体育类非营利组织在水、电、气、热等能源费用方面实行优惠政策，并可按税法有关规定，对其会费收入、捐赠收入、政府补助收入予以税收减免。体育赞助企业发生的符合条件的广告费支出，可以按照税法规定扣除。自然人、法人或其他组织向公益性体育组织捐赠财产，依照有关规定，在年度应纳税所得额中扣除。鼓励社会力量捐资设立体育类基金会，鼓励境内外组织与个人向基金会提供捐赠和资助，对公益性体育组织的捐赠收入，免征企业所得税。

（五）创新体育场馆运营机制

面向社会、服务群众，合理规划和布局体育场馆设施，加强建设和管理，提高设施综合利用率和运营能力。坚持因地制宜，讲求实效的原则，在规划建设阶段要考虑综合利用、多功能使用的要求，为场馆的日后运营、维护和管理创造条件。通过建立体育场馆商业圈，延伸产业链，实现产业互补，增强持续发展能力。积极完善政策，健全机制，探索运营管理的新模式，推进所有权和经营权分离，扶持体育场馆运营专业机构，提高体育场馆经营管理水平。多渠道投资兴建体育设施，加强中小型体育场馆和体育服务设施建设，满足群众体育消费需求。继续探索体育场馆冠名等无形资产开发形式，拓展场馆收入来源。进一步健全体育场馆协会组织建设。

（六）支持和规范职业体育发展

按照职业体育发展和运行的客观规律，积极探索社会主义市场经济条件下职业体育的发展方式，从中国的国情和项目特点出发，借鉴国外发展经验，加强项目协会和职业俱乐部的基础建设和规范建设，严格职业体育俱乐部的准入标准，健全职业体育赛事，促进职业体育规范健康发展。初步形成政府依法监管、协会管办分离、俱乐部自主运作的中国特色职业体育管理体制和运行机制。

（七）加快实施品牌战略

大力支持体育企业创建自主品牌，有计划、有重点地实施品牌战略。引导体育用品生产企业增加科技投入，加大自主研发和科技成果转化，开发科技含量高、拥有自主知识产权的产品，打造体育用品世界品牌。鼓励体育服务企业生产企业合作，实现服务品牌带动产品品牌推广、产品品牌带动服务品牌提升的良性互动。鼓励知名体育健身企业做大做强，形成具有核心竞争力的体育健身品牌。积极推进体育赛事营销和管理的创新，大力培育具有中国特色的体育赛事品牌。

（八）加强体育无形资产开发和保护

加强对体育组织、体育赛事和活动的名称、标志、版权等无形资产的开发，依法保护知识产权。完善中国奥委会、中华全国体育总会、全国性单项体育协会等体育社团的市场开发模式，理顺和明确各相关主体在市场开发活动中的权利义务。强化知识产权对体育产业发展的导向作用，提升知识产权创造、运用、保护和管理水平，积极探索体育无形资产交易方式。

（九）抓好体育产业人才培养工作

在全国范围内实施体育产业人才"千人计划"，重点培养管理、经营、中介、科研等高层次体育产业人才。鼓励多方投入，开展各类体育产业培训，多渠道培养复合型体育产业人才。鼓励有条件的高等院校，开展体育产业人才的培养、培训工作，为体育产业可持续发展提供人才和智力储备。加强现有体育产业从业人员的岗位职业培训，建立体育产业专业人员资质认证制度，提高体育产业从业人员素质。加强体育产业人才培养的国际交流与合作。

（十）加强对发展体育产业工作的指导

努力推动各地将体育产业纳入区域经济社会发展规划，建立多部门合作的体育产业发展协调机制。出台《国家体育产业基地管理办法》，明确体育产业基地的创建标准、认定条件和程序，加强对产业基地的扶持、管理和考核。各级体育部门要坚持体育事业与体育产业协调发展的原则，切实加强体育产业管理队伍建设，准确把握工作重点，明确职责分工，做好各项政策措施的贯彻落实。提高服务水平，动员和引导社会的广泛参与，营造良好的政策环境、法制环境和社会氛围，加快体育产业发展步伐。

"十二五"体育法制建设规划研究

天津体育学院 于善旭

一、前言

随着我国社会主义现代化建设事业的不断推进,法制建设在经济社会发展、改革开放以及体育事业发展中的地位作用日益凸显。"十一五"期间,我国的法制建设又展现出新的发展态势,迈出新的步伐。2007年,党的十七大报告再次将民主法治、公平正义作为落实科学发展观、构建社会主义和谐社会总体要求的重要方面,将更好保障人民权益、依法治国基本方略深入落实、全社会法制观念进一步增强、法治政府建设取得新成效等,作为实现全面建设小康社会奋斗目标新要求的重要内容。2008年,国务院新闻办公室发布了《中国的法治建设》白皮书,指出依法治国,建设社会主义法治国家,是一场由中国共产党领导的、13亿中国人民共同参与的、史无前例的伟大社会实践,对我国建设社会主义法治国家的历史进程和取得的各方面成就进行了全面的总结阐述。2009年,国务院新闻办公室发布了《国家人权行动计划(2009-2010年)》,进一步表明我国政府坚定不移地促进中国人权事业全面发展的明确态度和坚定立场。

在此期间,我国体育法制建设也取得了长足的进步。特别是围绕着筹备和举办北京奥运会,法治奥运的理念和实践对我国体育法制建设形成了有力的推动,体育法制也在为北京奥运保驾护航中促进了自身的发展。

当下,"十一五"即将结束,作为全面建设小康社会的关键时期和深化改革开放、加快转变经济发展方式的攻坚时期的"十二五"很快就要到来。党的十七届五中全会通过了《中共中央关于制定国民经济和社会发展第十二个五年规划的建议》,对未来五年我国经济社会发展的奋斗方向和工作任务进行了总体部署,其中将"社会主义民主法制更加健全,人民权益得到切实保障"继续作为今后五年经济社会发展主要目标的重要内容,深刻表明了我国的法制建设在"十二五"期间仍然具有十分重要的地位。

同样,"十二五"中的体育事业发展,仍然需要体育法制建设的进一步加强。在新的历史发展阶段,我国的体育法制在整个体育事业的发展中应该进行怎样的把握,体育法制建设如何在自身的完善与发展中发挥出对体育改革发展的保障和促进作用,这是思考和规划"十二五"体育事业发展时必然面对的一个重要问题。

作为我国体育事业"十二五"规划整个研究的一个组成部分,《体育法制建设"十二五"规划》的研究,要在全面概括总结我国"十一五"体育法制建设情况的基础上,认真分析我国体育工作进入"十二五"全面启动体育强国建设这一新使命新阶段对体育法制建设所带来的各种任务和挑战,根据所能见到的国家经济社会发展和体育事业发展的有关部署,对我国体育法制建设在下一个五年的发展目标、建设思路、重点任务和主要措施等进行了全面系统的深入研究,并力图坚持科学、客观、严谨的学术态度。在国家体育总局政策法规司的领导下和该司法规处的直接指导帮助下,经过课题组的反复研讨和在一定范围征求意见的基础上,形成了我国《体育法制建设"十二五"规划》的建议文本和本研究报告。

二、《体育法制建设"十二五"规划》的主要思路和特点

在对我国体育法制建设"十二五"规划的研究中,力图遵循战略和规划研究的一般规律,努力探寻和贴近体育法制建设的客观实际和发展需要,形成以下一些方面的基本思路和主要特点:

(一)体现体育法制建设承前启后的延续性

《体育法制建设"十二五"规划》与《体育法制建设"十一五"规划》作为时间和内容紧密相连的两个规划,必须形成前后的连贯和呼应。一方面,要对体育法制建设"十一五"规划的完成情况进行全面与恰当的总结,另一方面,要在"十一五"规划的基础上继续向前发展。

因此,《体育法制建设"十二五"规划》与《体育法制建设"十一五"规划》必须具有共同的规划基本要素,包括历史状况、存在问题、面临形势、发展目标、主要任务、工作措施等,而且要涵盖体育法制工作的整体内容,包括体育立法、体育执法与法的实施、体育法制宣传、体育法学研究、体育法制领导、体育法制工作保障等。否则,不能成其为体育法制建设规划。

(二)体现适应体育强国建设需要的前瞻性

2008年9月29日,胡锦涛总书记代表党中央国务院提出了北京奥运后新的历史阶段我国体育的发展目标和任务,要求我国从体育大国向体育强国迈进。这在全国体育界引起了强烈的反响,成为体育发展最为关注的主题。经过一段时期的学习领会和工作准备,作为五年规划的完整时期,"十二五"是我国全面启动体育强国建设的重要时期。

因此,《体育法制建设"十二五"规划》就要在整个内容的各个方面,从目的到需求到发展目标,从工作指导原则到体育法制建设的任务和措施,都要紧紧抓住"十二五"时期要全面启动体育强国建设这一根本性标志性的工作任务和发展特征。

(三)体现引领体育法制发展理念的思想性

发展规划是一种战略性的工作指导文件,必须具有高度的宏观视野和先进的思想理念。制定体育法制建设规划,必须从"十二五"所处的时代与发展背景出发,根据国家经济社会文化发展和民主法治建设的整体要求,站在我国体育事业和体育法制建设发展的大局上,以科学发展观为指导,具有引领体育法制发展理念的思想性。

为了提高加强体育法制建设的科学理性和认识层次,将坚持社会主义法治理念与

体育法制实际相结合，在《体育法制建设"十二五"规划》较过去增加了加强体育法制建设指导原则的内容，提出要坚持转变体育发展方式，切实推进依法治体；保障公民体育权利，促进体育改革发展；坚持国家法制统一，突出体育发展特色；统筹协调各种资源，全面加强体育法制这四个指导原则。

（四）体现贯彻国家依法行政部署的适时性

党和国家对发展体育事业的高度重视与关怀，各级人民政府及其体育行政部门为主导力量对体育工作的领导和推进，是我国体育事业发展的重要保障。而在当前全面贯彻依法治国方略的背景下，依法加强对体育工作的行政管理，必须置于建设法治政府和依法行政的轨道之中，全面贯彻 2009 年国务院先后召开的依法行政工作会议和发布的《关于加强法治政府建设的意见》的有关精神。

考虑到"十二五"期间正值对以上会议和文件精神的贯彻，结合体育法制建设的实际，对依法行政在《体育法制建设"十二五"规划》中予以较多的突出和全面的体现。不但在社会与法治需求、体育法制建设目标方面均有涉及，而且在任务措施的多个方面，直接对体育法制中的依法行政问题提出了一系列要求。

（五）体现突出体育领域特殊需求的行业性

加强体育法制建设，既要适应服从国家法制建设的总体部署，又要充分考虑体育事业的发展要求。制定《体育法制建设"十二五"规划》，应在涵盖国家法制建设一般规律和内容的同时，充分体现出体育领域和体育事业发展的特殊行业需要。

为此，在规划中，一方面明确提出"坚持国家法制统一，突出体育发展特色"，是体育法制建设重要的指导原则；另一方面，在各项任务措施都要对体育特色有所体现的基础上，专列了完成《中华人民共和国体育法》的修订、促进体育行业组织内部的规范治理、扩大体育法律服务和纠纷救济渠道这三部分体育特殊性非常鲜明的内容。

（六）体现区别于"十一五"规划结构的变化性

法制建设具有基本的内容和要素，连续承担从"十一五"到"十二五"体育法制建设规划，容易形成一定的思维定势。故在规划的制定中，力图根据新的发展需要，除了规划内容必然与前有所不同外，还努力在规划的形式结构上进行了较多的调整变化。

先后两个体育法制建设规划虽都是三个部分组成，但标题名称和涵盖内容都有着一定的变化："十二五"第一部分将"十一五"的"基本状况和面临的形势"，调整为"发展的基础与需求"；"十一五"分设发展目标和主要任务为第二部分、工作措施为第三部分，"十二五"则在目标后增加指导原则作为第二部分，将主要任务和措施概括为第三部分综合阐述。

三、"十二五"体育法制建设发展基本状况的概述

（一）"十二五"体育法制建设的主要进展和成就

1. 体育法制建设在与北京奥运同行中加快推进

"十一五"期间，北京奥运会的筹备举办和北京奥运会后其宝贵经验的总结弘扬，

有力地推动了我国体育的现代化和国际化发展，也大大加快了全球法治化背景下我国体育法制建设的进程。法治奥运的运行模式和"人文奥运，法治同行"的主题宣传，不但为北京奥运会保驾护航发挥了重要的作用，而且促进了体育法治化理念与实践的日益深化，体育法制建设在与北京奥运会的互动发展中积极向前推进。

为适应北京奥运的法制需求，北京市政府于2006年初成立了奥运立法协调组，进一步加强北京奥运会相关立法工作。2007年7月，北京市人大常委会通过了《关于为顺利筹备和成功举办奥运会进一步加强法治环境建设的决议》。北京市先后三次大规模地征求奥运立法需求，筛选确定奥运立法需求事项，加强立法调研和起草，至2008年5月，已制定与奥运密切关联的地方性法规和规章18项。北京奥运会圆满结束之际，国际奥委会法律部主任霍华德·斯图尔普致函北京市人大常委会："国际奥委会对你们包括通过必要的立法措施等所作的贡献表示由衷感谢。"2009年初，北京市人大常委会召开座谈会专题总结了奥运立法，认为北京奥运立法是首都民主政治一次重要的法律实践，留下了一笔宝贵的制度财富。承担对北京奥运立法评估任务的中国政法大学课题组，对奥运立法的实施效果予以了充分的肯定和高度的评价。

为筹备举办好北京奥运会，国家层面的有关立法也继续加强。为了便于外国记者在中国境内依法采访报道，更好地宣传奥运会和传播奥林匹克精神，国务院于2006年11月颁布了《北京奥运会及其筹备期间外国记者在华采访规定》，较过去放宽了对外国记者采访的某些严格限制，实现了奥运会惯例的接轨，反映出中国新闻管理制度的历史性进步。2008年10月17日，在该规定废止的当天，国务院新颁布的《外国常驻新闻机构和外国记者采访条例》开始实施。新条例本着改革、开放、进步的精神制定，将前一规定的主要原则和精神以长效法规固定下来，进一步体现了北京奥运对我国新闻立法的推动成效。我国一些承担奥运会工作的省市也纷纷进行了一些相关的奥运立法。

北京奥运会为保证其依法举办和规范管理，不但开创了我国大型综合性文化体育活动组织机构专门成立法律事务部门的先河，而且在筹备举办的整个过程中严格进行法律运作，形成良好的法治奥运内外环境。2006年以来，北京奥组委继续加强奥运事务的法律协调，开展奥运法律宣传与服务，参与和协助各种奥运立法与执法，进一步强化各种合同的规范和管理，与纳入奥运产品特许计划的数以百计的生产企业和数以万计的销售企业换签了正式合作协议，对所订立的各种合同进行全面的清查，对数千件合同档案登记造册，不断完善以合同监管为重点的法律风险防范机制。

我国为北京奥运会提供了全方位的法治保障，开展了颇具声势的各种奥运法治宣传和法律知识普及活动，在以奥林匹克标志保护为重点的奥运相关执法中采取了各种积极有效地执法措施，还在奥运会期间在北京奥运村设立了以"奥运"冠名的涉外民事法庭。北京奥运会召开前夕，最高人民法院领导会见了国际体育仲裁院北京奥运会特别仲裁机构主席一行，对北京奥运会期间开展的体育仲裁工作表示支持。最高人民法院还就北京奥运会体育仲裁的有关问题向六个承办奥运会的省市高级法院发出通知，要求各地法院对体育仲裁予以尊重和支持。

举办北京奥运会的工作，得到了法律实务界的热情关注和大力支持。除了金杜等律师事务所被北京奥组委聘为法律顾问机构外，北京和青岛、天津、沈阳等奥运会协办城市的一些律师机构，也纷纷加盟到各地的奥运法律服务行列，许多律师以各种方式积极投入。2006年，北京市律师协会成立了奥运立法律师工作组，并开始分期招募律师为奥运会提供志愿服务。2008年3月，由25名骨干律师组成的北京奥运律师法律服务小组成立，标志着律师服务奥运工作进入了全面推进和全力冲刺的新阶段。2008年5月，北京市律师协会为国际体育仲裁院征集和选拔了16位律师组成志愿律师团，在北京奥运会期间为国际体育仲裁委员会特别仲裁机构提供法律帮助。

这些为北京奥运所开展的积极有效的法制工作，为北京奥运会的圆满成功做出了重要的贡献，并且创造和积累了举办大型国际体育赛事的法制经验，形成了对我国体育法制建设的有力推动和深远影响。

2. 体育立法在多个方面取得新的进展

我国的体育立法在"十一五"期间又迈出了新的步伐，各个层面和各种内容的体育立法都取得了重要的进展。除了2006年国务院颁布的《北京奥运会及其筹备期间外国记者在华采访规定》，以及2009年1月7日国务院批准每年8月8日设定为"全民健身日"以外，在国家立法方面，先后有7部体育行政法规或法规性文件颁布施行。2007年5月6日，国务院办公厅下发了《关于进一步加强残疾人体育工作的意见》。这是我国政府首次专门针对残疾人体育工作出台的法规性文件，为更加广泛地开展残疾人体育和举办好2007年上海世界特奥会和2008年北京残奥会提供了重要的法律支持。2007年5月7日，针对广大青少年体育和健康存在的严重问题，中共中央国务院下发了《关于加强青少年体育增强青少年体质的意见》，通过高规格的法规性文件对进一步重视和开展青少年体育提出了一系列要求。2009年3月4日，国务院办公厅印发了《国家体育总局主要职责内设机构和人员编制规定》，对国家体育总局在加强公共服务、发展全民健身、加强青少年体育等职责调整方面提出了新的要求，并相应确定了其主要职责和工作机构。2009年5月4日，国务院第554号令发布了《彩票管理条例》，从行政法规的层面进一步规范了包括体育彩票在内的彩票管理和彩票市场的发展，对于保护彩票参与者的合法权益、促进体育等社会公益事业的发展具有十分重要的意义。在多年来全民健身事业蓬勃发展的推动下，为了促进全民健身活动的开展，维护公民在全民健身活动中的合法权益，提高公民身体素质，2009年8月30日，国务院第560号令发布了《全民健身条例》，从2009年10月1日起施行。该条例作为首次对全民健身工作进行系统规范和保障的行政法规，对于国家更好地提供公共体育服务，建立和完善全民健身服务体系，加强全民健身的法制建设，实现全民健身健康有序的科学发展，提供了坚实的法律保障。2010年3月24日，国务院办公厅发布了《关于加快发展体育产业的指导意见》，对规范和推动我国体育产业的健康发展产生着深远的影响。2010年3月30日，国务院办公厅又转发了国家体育总局、教育部、财政部、人力资源社会保障部制定的《关于进一步加强运动员文化教育和运动员保障工作的指导意见》，提出了保障运动员权益以及促进体育事业与运动员持续发展的一系列重要举措。此外，国务院在 2010 年立法计划中，已将修订《中华人民共和国体育法》和制定《职业体育管理条例》列入到需抓紧研究、待条件成熟时提出的立法项目。

"十一五"期间，国家体育总局单独或与有关部门联合制定或修订的部门规章和规范性文件共 46 件。其中，包括综合类的《国家体育总局工作规则》等 4 部；群众体育类的《关于实施农民体育健身工程的意见》《健身气功管理办法》《关于实施〈国家学生体质健康标准〉的通知》《全国体育大会申办办法（试行）》《关于进一步加强职工体育工作的意见》等 12 部；竞技体育类的《体育运动项目立项管理办法》《运动员技术等级管理办法》等 7 部；体育经济类的《关于对国家队运动员商业活动试行合同管理的通知》《体育及相关产业分类（试行）》《体育统计工作管理办法》等 6 部；劳动人事类的《关于进一步加强运动员社会保障工作的通知》《关于开展体育行业职业技能鉴定工作的意见》《关于体育事业单位岗位设置管理的指导意见》《运动员聘用暂行办法》等 8 部；体育科技、教育类的《关于进一步推动体育职业教育改革与发展的意见》《国家体育总局体育社会科学研究项目管理办法》等 5 部；还有体育外事、审计类 2 部，其他类 2 部。国家体育总局修改《体育法》的工作已经启动，配合国务院法制办《反兴奋剂条例》立法后评估的工作也在着手，体育仲裁及其他一些立法研究在逐渐深入。同时，教育部、国家工商行政管理总局等有关部委还分别制定发布了《关于印发中小学体育工作督导评估指标体系（试行）的通知》《亚洲运动会标志保护办法》等部门体育规章或规范性文件。

各地的体育立法也有新的发展。据不完全统计，"十一五"期间，有立法权的省、自治区、直辖市以及较大的市制定的地方性体育法规、规章和规范性文件达近百件相继出台。在这些地方体育立法中，最多的是各地为贯彻落实《中共中央国务院关于加强青少年体育增强青少年体质的意见》制定的规范性文件，其他较为集中的是一些省市制定的全民健身条例，以及有关体育竞赛管理、体育设施的管理和开放、运动员培养聘用和安置保障、体育市场管理等方面的立法。

此外，《反对在体育运动中使用兴奋剂国际公约》于 2005 年 10 月由联合国教科文组织第 33 届会议通过后，国家体育总局积极协助外交部办理有关手续，经温家宝总理批准，我国于 2006 年 10 月 9 日正式加入公约。国家体育总局还先后于 2006 年、2007 年和 2010 年分别进行了体育规章和规范性文件的清理工作，发布了法规清理决定，并结集出版了两册新的体育法规汇编。

3. 体育领域的依法治理迈入新的阶段

随着依法治体的逐步深入和法治奥运的积极推动，体育法律法规的实施工作在"十一五"期间得到进一步加强，并呈现出多个法规实施和行政执法主题的相继形成和全面展开，重点体现为以下一些方面：

体育行政执法工作在逐步规范、不断加强。国家体育总局在 2005 年贯彻《全面推进依法行政实施纲要》和进行体育行政审批制度改革的基础上，进一步对体育行政执法进行全面规范，积极推进体育部门依法行政。2006 年 7 月，国家体育总局为贯彻

《国务院办公厅关于推行行政执法责任制的若干意见》，通过认真梳理，发布了《关于公布行政执法项目和执法依据的公告》，对行政许可等7个类别的35个行政执法项目和执法依据向社会公布。2009年，国家体育总局又根据国务院的部署，完成了对体育行政许可事项的调整。随着《行政许可法》的制定与实施，各级体育行政部门积极做好行政审批制度改革工作，认真推行行政执法责任制，依法界定了体育行政部门的执法职责。很多地方体育部门制定了行政执法要求、行政复议程序、过错责任追究等规定，一些省市已建立起比较规范系统的体育执法制度。"十一五"期间，国家体育总局配合全国人大教科文卫委员会对《体育法》贯彻落实情况进行了执法检查和调研，各省、自治区、直辖市体育行政部门也通过与当地人大、政府的联合执法调研和检查，加强有关体育工作的执法检查监督，有效地推动了体育事业的发展。

为解决青少年体质和青少年体育方面存在的严重问题，国家体育总局、教育部、团中央等部门密切配合，各地党委、政府和有关部门积极行动，在贯彻落实《中共中央国务院关于加强青少年体育增强青少年体质的意见》中采取了一系列工作措施，在全国广泛地开展了学校阳光体育运动，并形成了较大的活动和宣传声势。很多地方和学校进一步建立健全了各种学生体育活动工作制度，一些地方开展了学校体育工作的督促检查和评比奖励，有些省市建立和开展了学校体育的专项督导，使"十一五"期间的青少年体育工作较过去有了较大的起色和发展。

保护奥林匹克知识产权、打击奥林匹克标志侵权，是"十一五"期间加强奥运相关执法最为突出的内容。国家有关部门在加强对备案奥林匹克标志使用许可规范审批的同时，不断加大对有关违法侵犯行为的查处和打击力度。2007年迎接奥运会倒计时一周年之际，北京市举行了"保护奥林匹克知识产权，拒绝侵权产品倡议"活动，城管部门对查获的40000余件侵权产品予以销毁。2007年7月，国家工商总局印发了《保护奥林匹克标志专有权行动方案》，在全国开展专项保护行动。2008年，全国工商行政管理机关查处违法使用奥林匹克标志和侵犯奥林匹克标志专有权案件7549件，案值5143万元，罚款3703万元；全国海关扣留侵犯奥林匹克专有权货物和物品约45万件，案值约383万元；全国公安机关开展打击涉奥假冒盗版犯罪活动，及时破获了北京、浙江、黑龙江等一批制售假冒案件；文化部也查处了有关假借奥组委名义的非法演出活动。通过各级政府和社会各界的共同努力，我国没有发生大规模的奥林匹克侵权现象，奥运知识产权的保护意识深入人心，有力支持了北京奥运会的成功举办，受到国际奥委会的好评。

在依法整顿赛风赛纪，特别是在加强反兴奋剂执法方面，认真落实《反兴奋剂条例》，在"十一五"期间又取得了新的成效。2006年，中国加入《反兴奋剂国际公约》，成为亚洲第一个签署国，积极履行反兴奋剂事务的政府职责。2007年，国务院先后批准成立了中国反兴奋剂中心和11个部委组成的体育运动中兴奋剂问题综合治理协调小组，2008年又成立了兴奋剂违法生产经营专项治理工作组，使国家层面的综合治理协调机制日臻完善。2007年，国家体育总局与卫生部、国家食品药品监督管理局、海关总署、教育部、商务部、国务院法制办等部门，在全国范围内联合开展了《反兴奋剂条例》的执法检查,推动反兴奋剂工作的深入发展。为了加强备战奥运会的反兴奋剂工作,国家体育总局与所属各运动项目中心、各省区市等相关单位签订了《反兴奋剂工作责任书》,各单位和下属体育局及相关单位层层签订责任书,与运动员签订承诺书,全面落实反兴奋剂责任制。同时,进一步加大兴奋剂的检查力度,至2007年的年检查量达10238例,而阳性率不到0.2%,大大低于国际平均水平。2010年,国家反兴奋剂中心与亚组委签署了亚运会兴奋剂检查和检测合作合同,亚运会检查数量超过1500例,创赛会历史新高。

  2009年8月,国务院颁布了《全民健身条例》。国家体育总局立即联合其他19个部委联合下发了《关于贯彻落实〈全民健身条例〉的通知》,其中对开展落实《条例》的指导督促和执法检查提出了要求。2009年12月,国家体育总局下发了《关于贯彻落实〈全民健身条例〉推动各级政府依法履行职责的通知》,对推动各级政府依法履行发展全民健身事业的责任、切实落实《条例》的相关规定等做出了部署。2010年6-7月,国家体育总局下发通知要求报送《全民健身条例》贯彻落实情况的报告,同时,国家体育总局领导与国务院法制办、国家发改委、教育部、财政部、住房和城乡建设部有关部门的领导一起,在陕西、河北、湖北、江苏分四个片区,对全国贯彻落实《全民健身条例》的情况进行了执法检查和调研。国家体育总局还配合全国政协教科文卫委员会赴四川和黑龙江对《全民健身条例》落实情况进行了调研。

  打击足坛违法犯罪活动取得了突破性的进展。2006年4月,公安部、国家体育总局联合下发的《关于严厉打击足球赌博活动的通知》,在全国组织开展整治足球赌博活动的专项工作,其后又成立了"打击足球赌博活动领导小组",加强对足球打赌工作的组织领导。2009年以来,随着对足球赌博案件调查的逐步深入,多年困扰足球领域反腐败工作推进的各种问题浮出水面。公安与司法部门介入惩治足坛赌球与操纵比赛等违法犯罪和腐败行为,有关涉案人员被依法逮捕,打击非法操纵比赛和赌球等违法犯罪行动取得实质性的突破。国家体育总局支持与配合公安部门的惩治行动,及时调整了足球运动管理中心领导班子,加强对足球从业人员的管理,并与公安部、民政部、司法部、中国人民银行、国家税务总局、国家工商行政管理局等组成全国足球联赛赛风赛纪综合治理协调领导小组,加强对足球联赛的综合治理和监管。同时,以此在体育系统加强反腐倡廉的警示教育,制定和实施有关的制度措施,不断加大整顿赛风赛纪与行业不正之风的工作力度。

  此外,国家体育总局和各地体育部门在各级政府的领导支持和相关部门的配合下,还在建设与开放体育场地、加强各类体育市场的监管、保障和维护运动员权益等方面,开展了大量落实相关法规、加强执法督促和协调落实的工作。

  4. 体育法制宣传教育进一步扩大影响

  "十一五"期间,体育系统的普法宣传教育活动进一步地向前推进,取得了较好的工作效果。2006年,国家体育总局下发了《关于在体育系统开展法制宣传教育的第五个五年规划》,召开了全国体育系统普法依法治理工作会议,有计划地实施各项法制宣传教育活动。各地方体育部门、各有关单位不断创新普法工作的内容和方式,采取利用每年全国普法宣传日、大型体育活动等时机,开展形式多样的体育普法宣传活动,提高体育部门领导干部和公务员的学法效果和执法能力,结合各项体育工作进行依法治体的生动教育,针对运动员、教练员、体育管理人员等不同人群举办形式多样的法制讲座、培训,营造了良好的体育法治氛围,促进广大体育工作者和全社会体育法律意识的不断提高。2010年9月,国家体育总局对河北省和江苏省体育部门开展"五五"普法工作的情况进行了抽查。11月,全国体育政策法规规划会议对体育系统"五五"普法先进个人和单位进行了表彰,各级体育部门的"五五"普法检查验收工作也正在进行之中。

伴随着北京奥运会的举办,法治奥运的宣传成为"十一五"期间非常有影响力的重要普法教育活动。在过去工作的基础上,2006年,北京市下发了《北京奥运法制宣传计划》,2007年初又提出了进一步做好奥运主题法制宣传活动的明确要求。在迎接北京奥运会倒计时一周年之际,奥运法治宣传也进入新的高潮,中宣部等部门发出《关于加强奥运法制宣传的通知》,在全国开展了为期一年以"人文奥运,法治同行"为主题的"奥运法制宣传万里行"活动。同时,国家体育总局与司法部、国务院新闻办、北京奥组委、全国普法办联合开展了为期一个月的"百家网站奥运相关法律法规知识竞赛"活动,超过150万人次参与了此次竞赛,有效地扩大了奥运法制的宣传效果。

结合体育法规的颁布实施,是广泛开展体育法制宣传的重要时机。在2007年《中共中央国务院关于加强青少年体育增强青少年体质的意见》颁发前后,有关关心青少年儿童身心健康和深入开展学校体育阳光体育运动的宣传教育活动,通过有关组织和媒体形式形成了一定的氛围和影响。2009年《全民健身条例》颁布实施以来,围绕着学习贯彻实施《全民健身条例》,形成了较大的宣传热潮。国家体育总局先后召开了各种座谈会和举办全国性的《全民健身条例》培训活动,各地体育部门和部分行业体协也普遍开展了《全民健身条例》的学习宣讲活动,有关媒体也就此进行了大量的宣传报道,国家体育总局还组织编写出版了《全民健身条例释义》等教材供学习宣传使用,同时结合"全民健身日"的广泛宣传和通过开展各种健身活动积极扩大影响,对《全民健身条例》的实施和推动全民健身事业的发展发挥了积极的作用。

5. 体育法学术研究取得可喜的进展

随着我国体育事业和体育产业的进一步发展,体育领域的法律问题引发越来越多学者的理性思考,体育法学正在成为广受重视的一个研究领域。特别是中国法学会体育法学研究会自2005年成立以来,对我国体育法学研究起到了重要的组织和推动作用,体育法学研究活动的举办机制逐步完善,使"十一五"期间的体育法学研究呈现出繁荣发展的态势。中国法学会体育法学研究会举办的年会活动连年举行,并与韩国、日本体育法学会联合成立了亚洲体育法学会每年组织研讨活动,其中在2007年和2008年由我国承办两届。同时,中国法学会体育法学研究会还与有关院校联合举办或者一些院校单独举办了一些全国性或国际性体育法学研究会议。天津体育学院、中国政法大学、西安体育学院、山东大学、武汉大学、北京大学、沈阳体育学院、北京体育大学等先后组织或承办了有关的体育法学研讨会议,围绕着中华人民共和国体育法的修改、北京奥运会的法律问题、建立体育仲裁制度、全民健身条例的研制、迈向体育强国的法治建设、竞技冲突的刑事解决等专题，进行了广泛深入的学术交流。我国部分学者还多次出国参加国际体育法协会、亚洲体育法学会等举办的国际体育法学研讨活动。2009和2010年，中德两国政府部门分别在轮流举行了体育法研讨会。在2010年7月召开的中国法学会第二届外事工作会议上，体育法学研究会由于对外法学交流所取得的成绩而受到表彰。2010年8月，中国法学会体育法学研究会举行换届大会，对发展成就做了总结并提出进一步发展的任务，表彰了一批优秀研究成果和研究机构，选举产生了新一届学会工作机构。

"十一五"期间，我国的体育法学研究成果有了较快速度的增长。五年来，我国出版的体育法学方面的专著、译著、教材以及论文集近40部，其中包括一些重要课题研究成果和博士研究论文成果，远多于之前体育法学研究出版成果的总和。体育法学方面的选题先后有10多项在国家社会科学基金项目和软科学项目中立项，国家体育总局体育社会科学的立项中，有近60项是有关体育法学方面的研究内容。五年来，各种学术期刊发表的涉及体育法学方面的论文已经达到1000余篇，也超过了过去发表论文的总和。在有关电子期刊收录的硕博士论文中，2006年至今完成的有关体育法学方面的论文已有70余篇。这些研究成果不仅数量迅速增加，而且研究内容的范围日益广泛，研究质量和水平逐步提高，在一些方面的专题研究已经比较深入。有些研究成果紧密结合我国体育发展和法制建设的实际需要，通过向实践转化在促进有关工作决策和制度建设方面发挥了很好地作用。有些研究成果还获得了有关的科研奖励。近年来，体育界与法律法学界在体育法学研究方面的合作更加紧密，许多法学法律工作者关注和投入体育法学研究，一些法学刊物设立体育法专栏或发表体育法论文，法学专业研究生撰写体育法选题论文的也越来越多。

五年来，体育法学的研究机构也有较快的发展。山东、辽宁、北京的地方法学会成立了体育法学研究会，北京市律师协会成立了体育与娱乐法研究会，在过去天津体育学院、中国政法大学、中南财经政法大学等建立体育法学研究机构的基础上，近年来先后有山东大学、西安体育学院、北京大学、沈阳体育学院、湘潭大学、上海政法学院、复旦大学等成立了体育法研究机构，有10多个高校在有关的硕博士专业中设立了体育法学研究方向，武汉大学法学院专门设立了博士研究生学位点，为体育法学研究和人才培养做出了积极的贡献。

（二）目前体育法制建设存在的突出问题和制约因素

我们还应当清醒地看到，尽管我国体育法制建设已经取得了很大的成就和进展，但与国家法治的发展进程相比，与体育改革发展和建设体育强国的需求相比，体育法治相对滞后的局面还没有彻底改变，还存在一些不容忽视的问题，不能有效满足体育工作实践的要求，有待进一步解决和完善。主要表现在：

1. 体育法制工作地位还不能适应依法治体的需要

改革开放以来，我国不断加强政治建设的重大进展之一，是确立了依法治国的基本治国方略，将建设社会主义法治国家作为我国社会主义现代化发展的重要目标。依法治体,是在体育领域贯彻落实依法治国方略的具体体现,是维护国家社会主义法制统一、实现体育现代化发展的必然要求。我国的体育法制建设在伴随国家法治进程不断加强的发展中,虽然取得了很大的成就和进步,但在整个体育系统中,法制工作的实际地位还不够高。一方面,体育领域是一个专业性、技术性特点非常突出的行业,而且有着一些国际通行规则形成较强的系统封闭性,使得很多行业性的内部习惯发挥着较大的作用,而对社会与时代通行的法治规则和环境容易忽视、产生脱离;另一方面,体育具有显著的竞赛与活动性特征,特别是一定时期形成了以活动和竞赛成绩衡量体育成就的情况下,以办体育为主的工作内容自然不像实施体育社会管理那样对法治有着内在的需求,传统的体育发展模式缺乏法治的动力和压力,致使法制建设很容易在日常体育工作中不能获得应有的发展地位。

特别是我国国情决定了我国的现代化发展包括法制现代化的进程,走的是政府推进型道路,各级政府及其部门在法制建设中起着主导性的作用。因此,各级体育行政部门对体育法治的态度和作为,直接决定着体育法制建设的成效。目前我国体育法治发展中存在的各种问题,正是我国体育行政部门和管理人员长期形成的工作习惯和法制管理素质的必然反映。一些体育行政部门特别是领导干部常年埋头于事务操办之中,缺乏依法行政的意识和能力,在体育法制建设中投入精力和资源有限,对法制工作不能积极主动作为,在许多体育事务中不严格依法办事的问题还比较突出。如公共体育产品在很多方面供给不足甚至缺位,公共体育设施的历史性欠账,基层社会体育组织力量的普遍匮乏,学校体育的严重滑坡等,很多地方和单位的体育法制工作往往无能为力。

2. 一些重点和配套体育立法的任务仍很繁重

我国的体育立法虽然已经有了较好的基础,初步形成了包括覆盖各方面体育工作内容和各种法律形式构成了体育法规体系,特别是有关体育行政法规和地方性体育法规和规章的制定速度有了很大的提升。但是,体育法规在总体数量上还是比较少的,特别是在国家体育总局制定部门体育规章这一层次上,体育立法进展缓慢,缺项和空白仍大量存在。目前,国家体育总局单独或联合制定的部门规章和规范性文件只有150多部,远不能适应现实体育改革发展的需要。自国家体育总局1998年组建以来,以令发布的部门规章只有11部,与相邻领域教育部、卫生部、文化部等发布部门规章的数十部形成了很大的反差。

从体育法规的内容和形式来看,一些重点和配套体育立法的任务非常繁重。比如,目前还有一些是上世纪八十年代初期制定的体育法规,如《仲裁委员会条例》等,从名称上就已很有修改的必要了,《学校体育工作条例》中还有粮食定量的规定,也早该调整了。还有像《国家体育锻炼标准施行办法》等法规,实际上已名存实亡。又如,《中华人民共和国体育法》中有关体育仲裁的条款,一直没有通过下位立法加以落实,致使我国在体育纠纷处理和救济方面存在着很大的缺陷。《全民健身条例》已从2009年10月1日开始生效,但其中具有刚性效力的危险性体育项目经营许可的规定,因配套法规迟迟没有出台而无法运行,其他有关的配套性规章也很不及时,直接制约着这一重要体育行政法规的有效实施。还如，体育产业、职业体育在我国已经有了很大的发展，但可直接适用的相关体育法规却寥寥无几。这些，都迫切急需体育立法的进一步加强。

3. 体育行政执法的体系和机制尚没有建立起来

严格进行体育执法是实施体育法律法规、实现依法治体的必然要求，它既是适应法治化市场经济的需要，又以此来保障公民的体育权利，推动体育事业持续、稳定、健康地发展。依法行政要求执法主体的权力及其范围以及整个程序方式都必须"职权法定"，但体育行政执法因先天的社会管理职能薄弱，使得直接的执法项目和法律法规依据较少，体育行政执法在一些地方往往成为可有可无的摆设，在各地的行政执法体系中无法形成不能缺少的当然构成。目前国家体育总局和一些省市体育部门虽为体育行政执法确立了一些必要的依据，特别是针对实施体育行政许可发布了一些相关的通知和公告，有些体育部门也建立了一些执法制度，然而很多体育部门缺少基本的工作力量和保障条件，更何谈执法机构和队伍，再加上体育部门的行政执法理念、意识、氛围和能力的欠缺，体育行政部门的执法能力普遍薄弱，全国体育行政执法的体系和机制还远没有全面建立起来。

在实际工作中存在的大量体育行政管理事务，体育部门往往不是从行政执法角度加以实施，许多体育违法现象不能得到有效的执法惩处。比如当前矛盾非常突出的公共体育场地设施被侵占破坏严重和城市建设不能依法规划建设体育场地设施的问题，很多体育执法都非常软弱，束手无策。对一些单位不能依法开展全民健身活动，特别是学校不能依法落实体育工作职责等问题，体育行政执法也往往难以作为。这些体育行政执法的薄弱现象，直接影响和弱化了体育法治的权威。

4. 体育行业的内部管理仍存在不够规范的现象

深化体育管理体制的改革，全面加强依法治体，必须积极培育和大力拓展体育法治的社会基础力量，根据体育社会团体等行业组织在体育管理和发展中的特殊地位，切实发挥体育行业组织管理在体育法治中的延伸作用。然而，虽经过多年的改革发展，但体育社团实体化改革的相对滞后，体育社团为支撑形式的行业内部管理仍然存在着许多不够规范的现象。我国体育社团的建立和运行本身就存在着严重的官民二重性，致使一些体育社团仍然因袭和习惯于行政化的管理，许多体育协会的组织结构很不健全，缺乏行业组织自身的民主程序和自治规范，无法形成协会成员的利益代表和意志表达，有一些体育协会的运行管理和规则体系尚没有很好地体现现代法治要求和与国家法制对接。同时，体育行政部门面对大量体育社团的业务管理任务而力不从心甚至管理缺位，无论是对其的规则制定还是运行过程的依法监督都很薄弱。据介绍，一些体育社团在接受民政部门的合法性审查时，也往往会暴露出一些自身存在的缺陷与问题。在体育管理和法治实践中，时常出现的一些体育联赛和协会管理纠纷，很多都与体育行业内部存在的管理规范欠缺相关，这也从反面说明了扭转这种局面而强化体育社团民主化法治化建设发展的重要性和紧迫性。

5. 有效解决体育纠纷的法律渠道还不够通畅

随着市场经济和体育事业的发展，各种体育利益矛盾必然越来越多地增多和显现，对大力维护体育公平公正秩序、有效矫正和惩治体育违法行为、切实救济体育权利的社会诉求不断突出，如何解决好各种体育纠纷日益成为体育发展和体育法治建设中颇受关注的一个重要问题。而在传统体育体制的影响下，行政解决仍然成为体育界普遍惯常的思维和实践方式，多元化体育纠纷解决的法律渠道不够通畅。在一些体育单项协会对内部纠纷处理在规则和程序等方面，仍然保留了许多行政化色彩而缺乏其民主性与合法性，无法做到程序正当和对协会成员权利的有效维护。而体育领域较高的自治特点，使得对体育纠纷的诉讼运用和司法介入非常少见，一些体育权利纠纷不能正常地运用司法方式加以解决，甚至有些体育维权面对法院的不予受理而没有任何解决出路。而《中华人民共和国体育法》早已规定体育部门也进行过积极探索的体育仲裁迟迟没有付诸实践，在全球范围和许多国家被证明是切实可行的这种民间化和中立性的体育纠纷解决方式，在我国却如此难产，并致使体育纠纷解决长期成为困扰体育领域管理和法制建设发展的一个突出矛盾。

6. 体育法制的舆论环境氛围需进一步优化

我国体育法治建设的进一步发展，不但要加强其制度载体和实践环节，也要用先进的法治文化引领体育法治实践的发展，塑造体育队伍的法治精神和法治素质，培育和传播现代体育法治文化。虽然在国家的整个普法宣传教育体系和过程中，体育系统也进行了有关的组织实施，特别是结合北京奥运会等体育实践，体育部门进行了一些针对性的法制宣传，产生了积极的作用和影响。但是，也不能不看到，一些基层的体育部门很少进行体育法制宣传，有些体育法制宣传教育也存在形式重于内容的现象，我国体育队伍的整体法律素养还不够高，特别是许多体育管理干部的法治意识还很单薄，体育行政执法的理念和能力十分欠缺。在体育系统，至今还有一些人不了解体育法的存在，运动员队伍时常出现一些引起社会关注的违法违纪现象。而体育法的社会宣传和影响力度则更需要进一步扩大。为此，要积极进行体育法制宣传教育方式的改进和完善。

同时，体育法学有分量的研究成果还不够多，简单重复性的研究选题和成果占有一定比例，体育法学术交流研讨的范围还不够广泛和经常，较为稳定的体育法学研究骨干队伍还比较小，体育法学在体育专业教育中的地位还没有确立，体育法学专业教育比较落后。体育法学与体育实际工作的交流互动也还不够普遍，需要进一步加强体育法学的学科建设，提升体育法学研究的发展水平。

四、关于"十二五"体育法制建设背景和需求的分析

（一）进行背景和需求分析的必要性与基本视角

制定"十二五"体育法制建设规划，不但要立足于"十一五"体育法制建设规划落实和实际建设的情况，要在现有的基础上继续前行，而且必须进行全面而充分的前瞻性的思考，由于社会事物的普遍联系性，既包括着自身系统各方面、各要素的密切联系，也包括其各种相邻的外部联系，特别对它具有决定作用的更大系统，对其构成

制约和影响的外部环境、背景和各方面的客观需求。因而，制定"十二五"体育法制发展规划，必须在这全面而充分的前瞻性思考中，对决定和制约我国体育法制建设未来发展的外部环境、背景和各方面的客观需求进行必要的总体性分析。

在制约和决定体育法制建设未来发展的诸多因素中，除了更深层和更广泛的背景与需求外，较直接相关的，一是国家整个法治建设的目标任务和发展趋向，二是体育事业本身的发展方向以及现实与未来发展需求。根据对当前社会与体育所面临的形势任务和机遇挑战的分析判断，我们从加强社会建设和人权发展、加强法治政府建设、建设体育强国、发展体育事业和体育产业等四个方面，对制定"十二五"体育法制建设规划需要考虑的主要背景和需求进行分析和概括。

（二）"十二五"体育法制建设背景和需求的主要表现

1. 加强社会建设和人权事业使公民体育权利诉求更加突显

《中共中央关于制定国民经济和社会发展第十二个五年规划的建议》中明确指出："十二五"时期是全面建设小康社会的关键时期，将社会建设明显加强作为"十二五"经济社会发展的重要目标。党和国家全面统筹经济建设、政治建设、文化建设与社会建设的发展，积极推进小康社会与和谐社会的建设，其根本目的，是为了更好地实现以人为本、保障和改善民生，顺应各族人民过上更好生活新期待，使人民物质文化生活明显改善。全面建设小康社会和构建社会主义和谐社会，对提高全民的健康素质和完善全民健身体系提出了更高要求。经济和社会越发展，物质与精神生活水平越高，整个社会和广大人民群众的文化体育需求就越大。提高包括身体素质、健康素质在内的人的全面素质，提高人们的生活和生命质量，追求身心发展的和谐以及人们体育需求与社会资源和供给的和谐，成为全民建设小康社会与和谐社会的重要内涵，是体育工作的重要责任。

随着小康社会与和谐社会发展，我国法治建设不断加强，人权事业地位逐步提升。在"国家尊重和保障人权"载入宪法、党的十七大强调"依法保证全体社会成员平等参与、平等发展的权利"的基础上，2009年国务院又颁布《国家人权行动计划》，更加系统化和有计划地推进我国的人权事业发展。"十二五"期间加强社会建设，必然包括着社会主义民主法制更加健全，社会管理制度更趋完善，人民权益得到切实保障的内在要求，人权事业发展必将取得新的成效。

因此，全面加强社会建设和促进人权事业发展的新形势，为增强人民体质、提高生活质量提供了更加充分的社会条件，将进一步提升广大公民的体育文化需求和体育权利诉求。这些对保障体育权益的现实和未来需求，必然对加强体育法制建设、加强维护和保障公民体育权利实现的体育人权法治的发展，形成了更高的社会和法治期待，既对体育法治建设提出了更高的需求，又为体育法治建设提供了新的动力，搭建了新的平台。作为我国社会主义法治重要组成部分的体育法治，一定要以实现人的全面发展为目标，以广大群众的根本体育权益为出发点，坚持权利本位的法治取向，认真履行国家发展体育事业的法定职责，不断创造条件并依靠法治保障来满足广大群众的体育需求和权利诉求，维护公民平等参与体育和享受体育的权利。

2. 推进法治政府建设对体育管理依法行政提出了新的要求

加强社会主义法治建设，实施依法治国方略，必须坚持依法行政，建设法治政府。2004年国务院颁布实施《全面推进依法行政实施纲要》以来，法治政府的建设不断推进，依法行政取得明显成效。2010年8月以来，国务院相继召开全国依法行政工作会议和作出《关于加强法治政府建设的意见》，明确指出：贯彻依法治国基本方略，推进依法行政，建设法治政府，是我们党治国理政从理念到方式的革命性变化，具有划时代的重要意义。同时，提出了加强法治政府建设的总体要求，要认真落实依法治国基本方略，进一步加大《纲要》实施力度，以建设法治政府为奋斗目标，以事关依法行政全局的体制机制创新为突破口，以增强领导干部依法行政的意识和能力、提高制度建设质量、规范行政权力运行、保证法律法规严格执行为着力点，全面推进依法行政，不断提高政府公信力和执行力，为保障经济又好又快发展和社会和谐稳定发挥更大的作用。

我国将继续在政府推进下深化体育改革和实现体育现代化发展，必须服从建设法治政府和依法行政的改革要求。这必然对转变传统的体育行政管理方式形成了严峻的挑战，要求不断改进并积极增大国家推进体育法治的积极作为，发挥政府在体育法治建设中的主导作用，按照建设服务型政府和法治政府的要求，强化并履行各级政府及其体育部门对体育法治产品供给和其他公共产品法治保障的服务职能，加快体育行政管理由办向管的转变，切实提高体育行政机关工作人员依法行政的意识和能力，不断将各级体育部门行使的政府体育管理职能，切实纳入依法行政的法治轨道。

3. 建设体育强国需要不断提升体育法制的内涵和保障

随着北京奥运取得的圆满与辉煌，我国体育发展也跨入承前启后的新阶段。胡锦涛总书记在北京奥运会残奥会总结表彰大会的讲话中，明确发出进一步推动我国由体育大国向体育强国迈进的号召，由此我国体育进入建设体育强国的新的发展阶段。"十二五"时期，正是全面启动体育强国建设的第一个规划阶段，这一阶段的体育改革发展，必然地将建设体育强国确定为贯穿整个时期和各项工作的核心目标和工作主线。

体育强国虽然要有能够定量化的评价体系，但它首先是一个与过去的、现在的我国体育发展进行定性比较的相对概念。在这一视角上，建设体育强国，就是要全面增强我国体育的综合实力、发展水平和社会影响力，使之达到和实现体育现代化的更高水平。这是中国政府和广大民众在世界现代化的激烈竞争中，为实现中华民族伟大复兴的整体强国战略的重要构成，是中国现代化发展必然的历史追求。

人类社会总是在制度的不断优化中向前发展，我国自改革开放以来不断推进向现代化发展的社会转型，必然呈现为体制改革与制度变迁的持续过程。在越来越规范化文明化的现代制度安排中，制度的核心是法治，制度建设的重点是法治建设。我国在不断推进现代法治的制度构建中，明确提出依法治国、建设社会主义法治国家的基本方略并将其纳入全面建设小康社会和社会主义现代化的目标和任务，要求从各个层次、各个领域扩大公民有序参与，最广泛地动员和组织人民依法管理国家事务和社会事务、管理经济和文化事业，实现国家各项工作的法治化，并由此决定了体育改革和现代化发展中体育法制建设的必然加强。

因此，进行体育现代化建设，建设体育强国，必然对深化体育体制、机制和模式的改革与创新，进一步实现体育治理模式的法治化发展提出了更高的要求，需要在现代体育制度建设方面得以进一步加强，全面地提升我国体育法治建设的水平。一方面，体育法制建设是体育强国建设内容中不可缺少的重要内容和基本构成，是体育强国建设的应有之义，而且从一个侧面代表和反映了体育强国建设的发展状态，建设体育强国必须提升和深化作为基本内涵的体育法治的水平；另一方面，体育法制建设作为国家意志力和强制力的体现，又是推进体育强国建设所必须设立的重要保障。因此，法治既作为内在的制度模式又作为外在的制度保障，必然在体育强国建设中日益鲜明地凸显其重要地位。

4. 发展公共体育事业和体育产业要求体育法制建设相适应

体育是经济社会发展和现代生活方式的重要内容，是公民提高自身素质、满足多元化发展需求的重要手段。在新的历史阶段全面推进我国体育的现代化发展和体育强国的建设，既要从体育的基本事业属性出发，又要为体育注入产业的活力，运用多元化的调整和激励手段，实现体育事业和体育产业的协调发展，并根据各自的发展规律，都对加强法治建设和保障提出了内在的需求。

体育作为国家发展的以增进体质健康和满足人们身心文化发展需求为根本目的的社会事业，其大量产品表现为公共服务的性质。社会越发达，社会文明发展程度越高，政府向广大民众提供的体育公共产品就越广泛、越丰富。在胡锦涛总书记在2008年北京奥运会、残奥会总结表彰大会上提出要为人民提供更多更好的体育公共服务的基础上，2010年3月，温家宝总理在《政府工作报告》中再次明确，要大力发展公共体育事业，与党和国家重视社会发展和保障维护民生的加强公共服务执政理念形成了紧密呼应。为社会公众提供公共体育服务，是现代政府的存在依据和法定职能。而法治则是政府管理的基础和方式，公共服务型政府必须建立在法治基础之上。在政府履行提供全民健身公共服务职能的过程中，既需要在满足公众体育需求中依法保障公民的体育健身权利，又需要运用法治手段规范地调整各种体育关系与平衡利益矛盾，还需要将政府权力纳入法治框架进行限制约束以防止其背离公共利益。所以，在新的历史阶段越是更多地提供发展公共体育服务，就越需要体育法制建设的紧密联动。

大力发展体育产业，是我国改革开放以来适应社会主义市场经济改革的必然产物，也是在建设体育强国中和"十二五"期间要着力加强的体育工作内容。在多年来体育产业发展主要依靠体育部门自身规范和推动的基础上，2010年3月，国务院办公厅下发了《关于加快发展体育产业的指导意见》。它作为首次在国家层面出台的专门指导体育产业发展的法规性文件，标志着我国体育产业发展进入一个新的阶段。而"十二五"的时间节点恰与其形成紧密地连接，意味着新的五年规划时期必然成为落实国家这一体育产业指导意见的重要时期，也同时表明"十二五"时期的体育产业发展，开始进入有明确法规规范和保障的新的阶段。市场经济就是也必然是法治经济，体育产业的发展同样必然地要求依靠法治促进和保障其规范有序地发展，要求在充分利用市场机制和资源的同时加强法律的调控与规制。因此，在"十二五"期间，无论是发展体育公共事业，还是发展体育产业，都要求扭转体育法制建设的滞后状态，都迫切需要建立与之相适应的良好的体育法制工作局面。

五、关于"十二五"体育法制建设发展目标的定位

（一）确立"十二五"体育法制建设目标的主要依据

发展规划的奋斗目标，是制定者对未来发展目的和预设结果的主观设定。但这绝不是一种凭空想象，而是要建立在一定理论和实践的基础之上，要有充分的政策和事实依据。我们研究确定"十二五"体育法制建设目标，主要考虑这样三方面的依据：

1. 党和国家关于未来经济社会的发展判断和规划思路

体育事业是我国社会主义现代化建设事业和全面建设小康社会与和谐社会的重要组成部分，制定体育事业发展规划包括体育法制建设规划，必须按照党和国家关于在当今国际大背景下我国经济社会和民主法治发展形势与走向的基本判断，依据党和国家制定发布的各种重要政策文件和工作部署。《中共中央关于制定国民经济和社会发展第十二个五年规划的建议》是国家制定"十二五"规划的宏观指导纲领，也当然是制定"十二五"体育发展规划和体育法制建设规划的最为重要的指导性依据。同时，近年来特别是 2010 年以来党和国家有关法治建设的部署，如国务院召开的依法行政工作会议精神和作出的《关于加强法治政府建设的意见》等，直接决定和指导着体育法制的发展方向。

2. 党和国家对未来体育发展的总体部署和基本要求

体育法制建设又是我国发展体育事业和开展体育工作的重要内容，必须根据国家的总体规划，服从和服务于体育改革与发展的大局。北京奥运会圆满结束后，党中央国务院召开的总结表彰大会，胡锦涛总书记发表的重要讲话，是对北京奥运会后新的历史阶段我国体育发展方向的总体部署，是今后相当长一个历史时期体育工作的指导纲领，对北京奥运会第一个五年发展规划具有更加适时的指导意义。同时，国家体育总局作为国务院的体育工作职能机构，根据党和国家的各种体育工作要求，对体育事业改革发展做出了各种专门部署，如每年进行全面体育工作总结部署的全国体育局长会议等的精神和要求，今年主要就是 2010 年全国体育局长会议的精神和要求，自然是制定"十二五"体育事业发展规划和体育法制建设规划必须依从的重要依据。

3. 法制建设和体育工作的发展规律与实际

作为体育法制建设规划，还必须立足于我国体育法制建设的现实基础，而且既要遵从法制建设的基本要求和一般规律，又要根据体育工作发展的专门要求和特殊规律。在"十二五"体育法制建设规划的目标设定中，既要在整个内容表述的结构中，有着体育和法制工作的各种要素和基本环节；又要在发展程度与建设水平上，体现出我国体育法制建设发展所必须而且可能达到的目标。

（二）"十二五"体育法制建设目标的基本构成

1. 明确体育法制建设与国家和体育发展的宏观适应

坚定不移地贯彻实施依法治国的基本方略，是国家法治建设的总体要求，也"十二五"期间体育法制建设必须服从的根本方向，而且要在现有体育法制建设的基础上，更加全面地推进这一方略的贯彻落实，故在对"十二五"体育法制建设的目标设计中，首先明确要"全面推进依法治国基本方略的贯彻实施"。同时，根据党和国家对我国体育在新的历史时期迈向体育强国的总的发展目标要求，以及"十二五"是第一个开始体育强国建设的五年规划时期，而且要将这一目标任务与体育法制建设，即依法治体紧密地连接起来，故在"十二五"体育法制建设的目标研究中，同时明确了"紧密适应启动体育强国建设新阶段对依法治体的现实需要"的表述内容。

2. 确定体育法制建设的总体发展要求和发展结果

在处理好体育法制建设与国家和体育发展外部关系的基础上，要进一步对体育法制建设本身的总体发展进行设定。在研究中，拟在体育法制建设具体内容目标的前后，分别从两方面提出体育法制建设的总体性规定。一是考虑体育改革的重要任务是实现体育发展方式的根本转变，在体育法制建设方面就是要实现转轨，由人治向法治转变，将体育发展纳入法治轨道，拟在目前已经逐步将体育工作纳入法治轨道且取得一定的实践效果的基础上，在总体上进行"更加全面地将体育工作纳入法治轨道"的发展阐述；二是考虑将体育法制建设进一步发展体现于对体育发展促进作用的发挥和体育法制局面的建设形成之中，既要推动又要保障，而且按照党中央当前对包括体育在内的文化建设所明确提出的"文化事业和文化产业加快发展"以及"实现经济社会又好又快发展"的有关要求，在发展结果方面提出"进一步形成推动和保障公共体育事业与体育产业又好又快发展的体育法治局面"的总体目标要求。

3. 全面而适宜地提出体育法制建设的工作目标体系

根据法制建设和体育法制建设的内在规律和工作结构，既要在目标中较为全面地涉及法制工作的各方面内容和基本工作环节，又要根据"十二五"体育法制建设的现实状况和发展需要，有针对性地提出与"十二五"时期的特定需要相适宜的建设目标内容，特别是在建设的程度与水平方面，在语言的表述方式上要有体现区别的个性。按照这样的研究思路，在"十二五"体育法制建设的工作目标体系中，分别从这几个方面加以表述：一是在立法方面，将已经列入国务院立法计划的修改《中华人民共和国体育法》的任务列为重点，进一步强调提高立法和制度建设质量，并根据体育法制相对滞后于国家进程的情况，在国家法律体系已经形成之后，提出在"十二五"要建成中国特色法规体系的目标要求；二是根据国家当前转变发展方式和强化法治政府建设的要求，在体育法规的实施和执法方面，提出体育管理模式改革、提高依法行政能力、建立体育执法体系和机制方面的目标；三是根据体育发展实际和突出解决体育法制工作急需问题的需要，对体育社会组织的规范管理、体育纠纷解决途径的完善、体育法律素养和法治氛围的提高等三个方面，进行了必要的规定。

（三）"十二五"体育法制建设规划对目标的内容设定

通过以上研究，我们提出在"十二五"体育法制建设规划中对目标的阐述内容是："到 2015 年我国体育法制建设的发展目标是：全面推进依法治国基本方略的贯彻实施,紧密适应启动体育强国建设新阶段对依法治体的现实需要,建成以修订完成的《中华人民共和国体育法》为核心、内容与形式和谐配套的中国特色体育法规体系,逐步提高体育立法和制度建设的质量,积极推进体育发展方式和管理模式的改革创新,体育行政部门依法行政的能力和水平显著提高,体育执法与检查监督的体系和机制基本建立,体育社会组织的运行管理更加规范有序,多元化维护体育权益和解决体育纠纷的法律途径日益完善,体育工作者的法律素养和全社会的体育法治氛围普遍提升,进一步形成推动和保障公共体育事业与体育产业又好又快发展的体育法治局面。"

六、关于"十二五"体育法制建设指导原则的阐述

(一)对"十二五"体育法制建设指导原则的选择

为实现"十二五"体育法制建设的发展目标,还要从宏观层面上确立符合体育法制发展规律和需求的指导原则。指导原则对于体育法制建设规划而言,是对整个规划最基本出发点和着眼点的高度概括,是对整个规划理念和思路的集中代表,是贯穿于整个规划内容之中且对各方面规划内容具有指导意义的基本精神,是统领整个规划从设计到制定到实施全部过程的思想指针。选择和确定体育法制建设的指导原则,既要有深刻丰富的思想性和宏观性,又要有与时俱进鲜明的适时性和引导性,而且还要有符合体育法制建设需要的现实指导意义。要根据加强体育法制建设各种外在的决定、影响和制约的各种形势、环境和政策因素,列举当前与体育法制建设发展紧密相关的各种需求和要求,从中挑选出与体育法制建设最为贴近和最有代表性与指导性的要求进行概括。

为此,我们在研究中,从四个层面提出了"十二五"体育法制建设的指导原则:一是从对待体育法制建设的态度和摆位的高度,确立体育法制建设在体育发展中的重要地位,提出了"转变体育发展方式,切实推进依法治体"的指导原则;二是从加强体育法制建设的重心和目的功效的角度,强化现代法治以人为本的人权理念,提出了"保障公民体育权利,促进体育改革发展"的指导原则;三是将体育法制建设置于国家法制建设之中,从把握好体育法制建设与国家法制建设之间既统一又特殊的关系角度,提出了"坚持国家法制统一,突出体育发展特色"的指导原则;四是从体育法制建设工作方式的角度,突出发展机制和工作局面的多元性与系统性,提出了"统筹协调各种资源,全面加强体育法制"的指导原则。

(二)"十二五"体育法制建设的各指导原则的涵义

1. 转变体育发展方式,切实推进依法治体

党的十七大在我国即将迎来改革开放三十周年之际,对改革开放的伟大历史进程进行了全面的总结,深刻指出了改革开放的重大意义,进一步对科学发展观进行了全面阐述,明确提出了要创新发展理念、转变发展方式。《中共中央关于制定国民经济和社会发展第十二个五年规划的建议》则在制定"十二五"规划的指导思想中,突出阐述了以科学发展为主题和以加快转变经济发展方式为主线的问题,强调以加快转变经济发展方式为主线,是推动科学发展的必由之路,是我国经济社会领域的一场深刻

变革，必须贯穿经济社会发展全过程和各领域，在发展中促转变、在转变中谋发展。所以，"十二五"时期的体育发展，必须继续从改革创新中寻求前进的动力，转变在计划经济条件和传统体育体制下形成的体育发展方式，特别是要将政府对体育的管理方式，从过去更多地侧重于抓竞技、大量直接办体育、抓活动、搞赛事，向切实履行社会管理职能，为社会和民众提供公共体育服务，发挥宏观调控职能，优化市场和社会资源配置的方向转变。

转变体育发展方式，实现体育发展模式的变革，改革体育管理体制和机制，其中必然包括着由人治向法治发展方式和发展模式的变革，进行体育发展的法律化和制度化变革。我国经过长期的改革开放实践探索，确立了依法治国，建设社会主义法治国家的基本方略，并将其全面贯彻落实在各个领域和各项工作之中。法治建设作为现代制度创新的核心和重点，必然在深化体育管理体制改革、转变体育发展方式中居于重要的地位，在今后体育强国和体育现代化的建设中将越来越突显其重要的作用。加强体育法制建设，既是转变体育发展方式的客观要求，也是贯彻依法治国方略的重要体现，是我国改革开放不断深化、建设体育强国新的历史阶段要始终坚持的重要方向和内容。因此，在"十二五"期间发展我国的体育事业，开展好各项体育工作，各级体育部门和各种体育管理组织，广大体育工作者特别是体育管理者，必须努力提高加强体育法制的自觉性和主动性，认真贯彻依法治国方略，提高体育法治在体育改革发展中的地位和作用，不断增添随着体育改革和发展方式转变中的法制动力，营造良好的体育法治环境，切实推进体育法治化的发展进程。

2. 保障公民体育权利，促进体育改革发展

现代法治的基本内容和价值取向就是保护公民权利，为此要限制国家权力并使国家权力更好地服务和保护于公民权利。实现充分的人权是人类长期追求的理想，也是中国人民和中国政府长期为之奋斗的目标。我国将依法维护人权、保障公民权利作为社会主义法治建设的根本任务。随着我国经济社会文化和体育的发展以及人权保障范围的逐渐拓展，体育权利已经成为公民权利的重要内容。2009年国务院颁布实施的《全民健身条例》，不但将保护广大民众体育健身的基本权利所涉及的各方面内容通过立法加以全面确立，而且第一次以明确的法律语言对保护体育健身权利进行了清晰的宣示，为公民体育权利保障的法治建设，带来十分深远的理论和实践影响。同时，国家的多个人权白皮书和人权行动计划文件，都列举了许多不同社会群体体育权利的实现状况，作为我国人权保护的重要内容。

在我国进一步推进小康社会与和谐社会和体育强国的建设中，包括着促进人的全面发展、提高公民的身体素质和生活质量、不断满足人民群众日益增长的体育文化需要的目标和任务。与之相适应的体育法制建设，必须将确认、维护、实现和保障公民的体育权利作为根本宗旨，努力构建公民依法平等享有体育权利的法治秩序。同时，公民体育权利的保护和实现，必须以体育事业的发展和体育发展条件的不断改善为前提，离开了体育事业的发展，就没有保护公民体育权利的基础。所以，体育法制建设要落实和促进于体育的改革发展，为公民获得体育权益所需要的体育发展成果和条件

提供有力的支撑，推进体育事业在现代法治轨道上规范运行，为体育改革发展不断优化环境氛围和制度保障，实现体育发展和法制建设的良性互动。因此，"十二五"体育法制建设，必须将保障公民体育权利，促进体育改革发展作为重要的指导原则。

3. 坚持国家法制统一，突出体育发展特色

社会主义法制统一是我国宪法确定的一项重要原则，它既要求国家制定和实施统一的宪法和法律，并保证其在全国和各个领域得到统一的遵守和执行。体育法制建设是根据体育领域的法制需要和解决体育领域的法律问题而进行的法制建设，但它首先是我国社会主义法制建设的重要组成部分，与国家的法制建设进程息息相关，要获得来自国家法制建设的支持和保障，并为国家法制局面的形成不断增添富有特色的发展成果。在"十二五"我国社会主义法制建设的进一步加强和完善中，体育法制建设仍要坚持国家社会主义法制的统一，更加紧密地服从建设法治国家的目标和加强法制建设的部署，纳入国家法制建设的总体格局和一体化发展轨道，统领体育法制的发展方向，努力改变体育法制建设的滞后现象，加快和跟上国家法制建设的步伐。

同时，体育法制毕竟要充分地体现和服务于体育领域的法制需求，为体育的改革发展服务。而且，体育作为高度国际一体化的特殊领域，各种国际的通行规则和惯例，也体现在法制建设方面会存在和形成一定的发展特色。在坚持国家法制统一的前提下，体育法制建设一定要立足于自身的发展基础和根据体育领域的实际情况以及国际体育法治趋势，特别是要针对"十二五"开始全面启动体育强国建设和进一步推动体育改革发展的特殊需要，逐步提高体育领域依法执政、依法治体的发展状态和工作水平，有效解决全民健身、竞技体育和体育产业发展中的各种实际问题，在国家法制发展的大局中形成体育法制建设的发展特色，逐步建立具有中国特色的体育法规和制度体系，为我国社会主义民主法治局面的建立和完善不断增添富有体育特色的发展成果。

4. 统筹协调各种资源，全面加强体育法制

按照《中共中央关于制定国民经济和社会发展第十二个五年规划的建议》有关深入贯彻落实科学发展观、坚持科学发展的指导思想，在"十二五"时期加强体育法制建设，还要充分体现坚持全面协调可持续发展和统筹兼顾的发展思路与建设方法。体育法制建设是一个动态开放的系统工程。体育事业和体育法制发展的水平越高，越需要综合利用各种法制条件、统筹协调各种法制资源，越需要在体育法制建设中增强其全面性和系统性。

为此，在"十二五"期间的体育法制建设中，进一步统筹协调各种法治资源，全面系统地整体加强体育法制，通过这样一些主要方面加以体现和实现：第一，既要把握和落实国家法制建设的总体部署，服从社会主义法制建设的发展进程，又要具有体育发展的全球视野，积极融入世界体育法制的发展潮流，加强国际体育法制的合作与交流；第二，既要发挥各级体育行政部门的主体作用，提高体育行政部门依法行政、依法治体的作为和能力，又要积极将体育法制建设纳入各级党委、人大、政府的统一领导，与法制职能工作部门协助配合，并且要争取各种社会力量对体育法制建设的支持和投入；第三，既要在体育立法、执法、监督以及法制机构与队伍、法制宣传与研

究等各环节上，整体加强体育法制建设，又要在全民健身、竞技体育、体育产业等各体育领域和各方面体育工作中，全面推进体育法制建设的发展；第四，既要有全国体育法制的统一部署和整体推进，又要充分调动、发挥各个地方和各级政府及其体育与相关部门加强体育法制建设的积极性和能动性，形成体育法制建设上下联动合力发展的局面；第五，既要有体育系统自身提高认识，付诸实践，加强体育法制建设的积极作为，又要做好与教育、科技、文化、卫生以及其他相关领域在体育法制建设方面的协同发展，促进各有关部门在加强体育法制建设中的沟通配合，开展有关的联合立法和联合执法；第六，既要在国家和政府的各个法制工作主体职能中努力发挥和实现体育法制建设的职能，又要完善体育部门和体育社团内部的建章立制和规范管理，实现体育法制工作的延伸和补充。只有以上各方面工作力量与法治资源的有机配置并形成全面协调的发展系统，才能在未来体育法制建设中不断提升其建设的整体水平。

七、关于"十二五"体育法制建设主要任务和措施的探讨

根据当前党和国家的有关文件精神和工作部署，为落实和实现前面所提出的"十二五"体育法制建设目标，按照国务院政府法治工作的有关重点，结合体育法制建设的工作内容和发展需要，本研究从加强领导、体育立法、执法实施、内部规范、法律服务、宣传研究六个主要方面，对"十二五"体育法制建设的主要任务和措施一并提出。下面分别对这六个方面的内容进行概括和探讨：

（一）提高体育行政部门特别是领导干部依法行政的意识和能力

1. 增强体育行政部门特别是领导干部依法行政的自觉性

温家宝总理在依法行政工作会议上明确指出："依法行政是现代政治文明的重要标志"，"贯彻依法治国基本方略，推进依法行政，建设法治政府，是我们党治国理政从理念到方式的革命性变化，是我国政治体制改革迈出的重要一步，具有划时代的重要意义。"《国务院关于加强法治政府建设的意见》特别强调，解决当前法治建设中存在的突出问题，"要求进一步深化改革，加强制度建设，强化对行政权力运行的监督和制约，推进依法行政，建设法治政府"，要求各级行政机关及其领导干部一定要"切实增强建设法治政府的使命感、紧迫感和责任感"，明确当前加强法治政府建设，要"以事关依法行政全局的体制机制创新为突破口，以增强领导干部依法行政的意识和能力、提高制度建设质量、规范行政权力运行、保证法律法规严格执行为着力点，全面推进依法行政，不断提高政府公信力和执行力"。

在各级人民政府的主导和推动下，我国体育法制建设已经奠定了初步的基础，正在形成体育现代化、法治化的发展道路。"十二五"时期进一步加强体育法制建设，要继续发挥各级政府及其体育行政部门在体育法制建设中的能动作用，认真贯彻2010年全国依法行政工作会议和《国务院关于加强法治政府建设的意见》的精神，强化依法执政、从严治政，依法履行体育管理职责，更为有效地规范和制约体育行政行为，防止行政权力的垄断与滥用，将体育行政行为限定在规范有序的法制轨道和制度框架之中。各级体育行政部门特别是领导干部要切实树立社会主义法治理念，强化依法治

体、依法行政的意识，增强依法执政、从严治政的自觉性。各级体育行政部门要建立由主要负责人牵头的依法行政领导协调机制，统一领导本部门推进依法行政工作，强化行政首长作为推进依法行政第一责任人的责任，发挥法制工作机构在推进依法行政方面的组织协调和督促指导作用。要深入贯彻《全面推进依法行政实施纲要》的规定，按照合法行政、合理行政、程序正当、高效便民、诚实守信、权责统一的要求，进一步建立健全体育行政部门有关行政决策、行政立法、行政执法、行政监督、政务公开、行政考评和行政救济等方面的制度体系，进一步规范各种体育行政行为，不断提高体育行政部门特别是领导干部运用法律手段解决体育实际问题的能力，有效实现政府在体育工作中的执政效果。

2. 完善重大体育事项的科学民主依法决策机制

决策是行政行为的起点。为了坚持和推进科学民主决策，温家宝总理特别强调了要从依法决策、健全决策程序、强化决策责任等三个方面入手。根据体育领域一些行政决策行为规范性、科学性和民主性方面存在的突出问题，"十二五"期间，要将加强体育行政管理中的依法决策作为一个重点内容，科学界定各级政府体育行政部门的行政决策权力，认真调整和规范各级政府体育行政部门的体育决策行为，不断完善科学民主依法决策的机制。

要完善决策规则和决策程序，开展重大体育决策前的调查研究，深入分析体育决策的相关影响和利弊得失，广泛听取和充分吸收各方面意见，把公众参与、专家论证、风险评估、合法性审查和集体讨论决定作为重大决策的必经程序，完善重大体育决策听证制度，扩大听证范围，规范听证程序。根据《政府信息公开条例》的规定，除依法应当保密的外，应对体育决策的事项、依据和结果予以公开。重大体育决策事项应当在会前交由法制工作机构进行合法性审查，并必须经班子会议集体讨论决定。各级体育行政部门要完善行政决策风险评估机制，重大体育决策事项，都要进行合法性、合理性、可行性和可控性评估，建立完善部门论证、专家咨询、公众参与、专业机构测评相结合的风险评估工作机制，通过舆情跟踪、抽样调查、重点走访、会商分析等方式，对决策可能引发的各种风险进行科学预测、综合研判，确定风险等级并制定相应的化解处置预案。还要加强重大体育决策跟踪反馈和责任追究，做出体育决策的体育行政部门要跟踪决策的实施情况，通过多种途径了解利益相关方和社会公众对体育决策实施的意见和建议，全面评估体育决策的执行效果，并根据评估结果决定是否对体育决策予以调整或者停止执行。对违反决策规定、出现重大决策失误、造成重大损失的，要严格追究有关责任。

3. 重视体育行政机关依法行政意识和能力的培养

从事体育行政管理工作人员的法律意识和法制工作能力，直接决定着体育行政管理的质量和效果。体育行政机关工作人员特别是各级体育部门的领导干部，要带头学法、尊法、守法、用法，牢固树立以依法治国、执法为民、公平正义、服务大局、党的领导为基本内容的社会主义法治理念，自觉养成依法办事的习惯，切实提高运用法治思维和法律手段解决经济社会发展中突出矛盾和问题的能力。

各级体育行政部门要建立法律知识学习培训长效机制，建立依法行政知识学习培训制度，落实领导干部定期和专题的法律学习，并要根据国家规定，认真实施领导干部任职前的依法行政情况考察制度和公务员录用的法律知识测试制度。在体育行政机关人员中要广泛开展依法行政知识培训，组织体育行政执法人员进行专业法律知识和执法业务轮训，落实考核考察措施，特别要加强体育执法人员新法实施的专题培训和考试，将培训情况、学习成绩作为对干部考核的内容和任职晋升的重要依据，全面增强体育行政机关人员依法行政的法治素养。

（二）推进和完善体育立法及其制度建设

1. 完成《中华人民共和国体育法》的修订工作

1995年颁布实施的《中华人民共和国体育法》，在十多年的体育改革发展和体育法制实践中发挥了重要的作用。但是，随着形势的变化和事业的发展，《体育法》不能很好适应需要的问题也日渐突出，修订《体育法》已作为立法调研的二档项目列入2010年国务院立法计划。因此，修改《体育法》是关系体育法制建设的全局性工作，应成为"十二五"期间我国体育立法的重中之重。

国家体育总局作为初始立法调研起草的承担单位，要组织好有关专家和工作力量，认真总结《体育法》的实施成效、工作经验和存在问题，着力解决当前《体育法》不相适应的突出矛盾，对未来体育事业和体育法治发展趋势进行超前思维和前瞻性把握，形成《体育法》修改中有关凸现公民体育权利保护、整合与均衡各方面体育利益关系、适应体育强国建设和体育改革发展新需要的立法思路，确定进一步提升《体育法》技术质量、加大实施和适用力度的法律修订方式。要积极组织开展相关的各种社会调查、理论探讨和立法论证，抓紧开展《体育法》修订草案的起草研制工作，在全国范围广泛征求社会各界意见。同时，要主动配合并得到国务院、全国人大常委会有关工作机构的指导，依照法定程序和工作安排按时提交送审草案，争取早日列入国务院一档立法计划和全国人大常委会的立法工作安排，力争在"十二五"前二至三年内，完成《体育法》的修订和重新颁布实施。并且，要紧接着做好新《体育法》颁布实施的宣传和贯彻实施的推动工作，以此为契机形成对体育法制建设新的全面推动。

2. 进一步改进体育立法工作，抓紧急需和配套体育法规、规章与规范性文件的出台

体育立法是整个体育法制建设的基础工作，加强体育立法是体育行政管理部门的重要职责。特别是针对我国体育法规整体数量不足、一些体育领域仍然缺乏法律规范的问题，体育立法工作在"十二五"期间要有进一步的改观。要进一步强化国家体育总局各职能司局和各省级体育行政部门的主动立法意识，加强与相关法制工作机构的联系和配合，认真地做好各层次体育立法的规划和计划安排。

在立法内容方面，一方面，要进一步抓紧做好现行体育法律和行政法规配套立法工作。《中华人民共和国体育法》是体育基本法，所确立的各项法律制度需要有相应的低层次更为具体化的配套立法来保证实施。而《体育法》实施十五年以来，还仍然有很多方面的配套立法没有完全跟上。同时，近年来国务院先后颁布的《彩票管理条

例》、《全民健身条例》、《关于加快发展体育产业的指导意见》、《关于进一步加强运动员文化教育和运动员保障工作指导意见》等，也需要尽快制定出台相关的部门规章和规范性文件来予以实施。比如，《全民健身条例》中有关"国家推动基层文化体育组织建设"、"对在发展全民健身事业中做出突出贡献的组织和个人，按照国家有关规定给予表彰、奖励"、"基层文化体育组织、居民委员会和村民委员会应当组织居民开展全民健身活动，协助政府做好相关工作"、"鼓励全民健身活动站点、体育俱乐部等群众性体育组织开展全民健身活动"、"由体育主管部门分配使用的彩票公益金，应当根据国家有关规定用于全民健身事业"、"县级人民政府对向公众开放体育设施的学校给予支持，为向公众开放体育设施的学校办理有关责任保险"、"国家加强社会体育指导人员队伍建设"、"国务院体育主管部门应当会同有关部门制定、调整高危险性体育项目目录，经国务院批准后予以公布"等许多规定，都需要通过完善配套立法来加以实施，包括对部分现行体育法规政策按照《条例》进行相应的调整和修改。

另一方面，要根据当前体育改革发展急需解决的重点问题，加快研究和抓紧制定有关的体育法规。其中，在促进职业体育发展、推动体育社会组织建设与改革、规制各类体育市场行为、完善体育标准化发展、加大体育赛风赛纪治理、规范体育人身伤害的处理与救济、建立多元化体育纠纷解决机制等方面，在与上位法进行配套立法的同时，应是积极推进有关体育行政法规、规章和规范性文件研制的重点范围。比如，体育赛风赛纪的治理已经成为全社会更加关注和有关部分都在参与的一项重要工作，有必要不能仅限于体育部门内部而是更高层次或者联合进行相应立法；在体育利益矛盾日趋激化和各种纠纷不断涌现的情况下，体育纠纷解决特别是体育仲裁问题始终是一个热门的话题，制定《体育仲裁条例》的问题希望在"十二五"能够得到解决。通过这些立法，努力争取在"十二五"末完成体育法规体系的整体建设任务。

3．继续做好现行体育法规、规章和规范性文件的清理和修改

根据体育改革发展的需要和目前体育立法的状况，要继续做好现行体育法规、规章和规范性文件的清理和修改工作，及时废止和公告已经不适应发展的过时文件。按照国务院的要求，国家体育总局和省级、较大市体育行政部门均需建立规章和规范性文件定期清理制度，对规章一般每隔5年、规范性文件一般每隔2年要进行一次清理，而且清理结果要向社会公布。

"十二五"期间，要将已经实施多年、与现实情况有较多不适应的《学校体育工作条例》、《国家体育锻炼标准施行办法》等行政法规以及有关体育部分规章的修改工作提上日程，增强这些体育行政法规的实施效力，促进体育立法与时俱进地发展。

4．健全和完善体育法规、规章和规范性文件的制定与管理程序

按照国务院的规定，要进一步规范对体育法规、规章和规范性文件的管理，国家体育总局和省级、较大市体育行政部门要建立体育立法项目公开征集和评估论证机制，做好体育法规、规章和规范性文件的起草、通过媒体向社会公开征求意见和立法解释等工作，加强体育立法的监督。各级体育行政部门制定涉及公民、法人和其他组织权利义务的规范性文件，要广泛听取意见、经法制机构进行合法性审查和会议集体讨论，

否则不得发布施行。应当公布但没有公布的规范性文件，不得作为行政管理的依据。县级以上体育行政部门制定的规范性文件，要逐步实行统一登记、统一编号、统一发布，逐步建立规范性文件的有效期制度。还要严格执行国家法规规章备案和有关规范性文件备案的有关规定，做好体育部门规章和规范性文件的备案审查工作，公布备案审查结果，加强备案工作信息化建设。

（三）提高体育行政执法能力，保证严格、公正执法

1. 建立和完善各级体育行政部门的行政执法制度

在我国整个体育系统的行政执法体系尚未完全建立起来的情况下，"十二五"期间加强依法行政工作的首要任务是要尽快地将各级体育行政部门的行政执法制度规范而系统地建立起来，诸如行政执法主体资格确认制度、行政执法人员培训和资格管理制度、行政执法调查取证和案件审批制度、行政执法文书档案管理制度、行政执法案卷评查制度、行政执法重大案件备案审查制度、行政机关收费及罚没财物收缴管理制度、行政执法考核评议制度、行政执法举报和投诉制度、行政执法监督制度、行政执法错案追究制度、行政赔偿和补偿制度等。要通过各种制度规定，明确体育行政执法的范围和事项，规范体育行政执法的主体、权限、程序和责任，依法实施体育行政许可、体育行政处罚和其他各种行政执法行为。

要认真贯彻国务院《关于加强法治政府建设的意见》的要求，严格规范体育行政执法行为，强化程序意识，加强程序制度建设，细化执法流程，明确执法环节和步骤，保障程序公正。各级体育行政部门要建立行政裁量权基准制度，科学合理细化、量化体育行政裁量权，完善体育执法的适用规则，严格规范体育行政裁量权的行使，避免执法的随意性。要健全体育行政执法调查规则，规范取证活动，确保公正、规范、文明执法。根据国家下移行政执法重心的要求，根据目前基层政权体育行政力量薄弱的状况，如何推进市、县体育行政执法机构和机制的建设是当务之急。

2. 加强体育行政执法队伍及其执法能力的建设

积极争取相关政策支持，逐步建立县级以上地方体育行政执法队伍。要实行体育行政执法人员持证上岗和资格管理制度，狠抓体育行政执法纪律和职业道德教育，全面提高体育行政执法人员素质。要加强拟从事体育行政执法工作人员的培训，统一组织专门考试，取得行政执法证件。建立体育行政执法人员档案，对体育行政执法人员的执法证件实行动态管理。还要充分利用信息化手段开展体育行政执法的评议考核，其结果要作为体育行政执法人员奖励惩处、晋职晋级的重要依据。

3. 组织开展体育法律法规和规章实施的监督检查

法律的生命在于实施。要通过积极开展各种体育法律法规和规章的实施监督检查，进一步扭转在体育领域存在的有法不依、执法不严、违法不纠的现象，提高体育法律法规和规章的实施效果。这应是体育行政部门一项经常性的法制工作内容。各级体育行政部门要从实际出发，每年都安排一定数量和范围的体育执法情况检查和调研。同时，体育行政部门要联系和争取人大、政府等多方面法制工作力量，共同开展体育法律法规实施的专项检查，加大对体育法律法规实施的监督检查力度，提高体育法律法

规和规章的实施效果。在"十二五"期间,国家体育总局应当作出安排,各地体育行政部门要针对本地区实际,继续对《全民健身条例》、《公共文化体育设施条例》、《反兴奋剂条例》、《彩票管理条例》以及加强青少年儿童体育工作意见、加强体育产业工作意见、加强运动员保障工作意见等的贯彻落实,开展有关的监督检查工作。各地体育行政部门要推动和联合有关部门,对本地有关地方性法规和规章的实施情况,做好相应的监督检查。

4. 推进体育行政执法责任制,强化依法履职的积极作为

县级以上体育行政部门要进一步建立健全体育行政执法责任制,加强对本级所属部门和下一级体育行政执法情况的监督检查,对行政执法人员的体育执法情况进行评议考核,强化依法履行体育行政职责的积极作为。对应当履行法定职责却消极不作为、不履行或不正确履行法定职责或放弃、推诿法定职责的,要实施执法责任追究。还要加强保障和支持审计、监察等部门依法独立行使专门监督权,及时纠正违法或者不当的体育行政行为。

当前,国家特别强调在行政机关中严格实行行政问责制,要求严格执行行政监察法、公务员法、行政机关公务员处分条例和关于实行党政领导干部问责的暂行规定,坚持有错必纠、有责必问。对因有令不行、有禁不止、行政不作为、失职渎职、违法行政等行为,导致一个地区、一个部门发生重大责任事故、事件或者严重违法行政案件的,要依法依纪严肃追究有关领导直至行政首长的责任,督促和约束行政机关及其工作人员严格依法行使权力、履行职责。因此,在体育行政执法中,也应当严格实行行政问责制。对一个地区、一个单位的全民健身工作开展非常不力,或者体育场地设施遭受破坏而不采取有力措施,或者开展一些高危险性体育项目经营活动造成重大人身事故等,应当通过必要的行政问责来加以纠正和消除不良影响。

(四)促进体育行业组织内部的规范治理

1. 强化对体育行业组织的依法治理和审查监管

各级体育总会、各类单项体育协会和行业体育协会等体育社会团体以及其他体育民间组织,是开展体育行业工作的重要社会资源和组织力量。改革开放以来,我国的扩大体育社会团体的建设和发挥其在体育发展中的作用方面,已经取得了一定的成就,探索了一定的经验。而当前制约体育社会化进一步发展的一个重要方面也纠结在体育社团的实体化改革不够和作用发挥不足上。因此,"十二五"期间我国的体育发展,应当在深化体育体制改革、实行管办分离和政企政事政社分开方面向前有进一步的迈进,其重要的体现就是要推进体育社团的实体化进程,确立各种体育社会团体的独立法人地位,切实发挥体育行业组织在体育发展中的特殊作用。

在不断推进的体育社团管理改革中,体育行政部门需要在组织机构的形式上要分清"官民"的属性界限,将应当和能够由社会完成的任务交还于社会,逐步壮大体育行业组织的机构和能力,但同时也更加需要强化作为行政权力对社会行业组织的指导监管职能。按照《社会团体登记管理条例》的一般规定和对体育社会团体管理的专门规范,体育行政部门负有对体育社会团体的业务主管职责。体育行政部门的主管职责,

不仅是是否同意建立该组织，而且要对其组织的章程规则和运行情况进行审查监督，指导和支持其开展自治自律管理，为体育社团等行业组织依法开展活动提供服务，维护和保障这些组织的合法权益。体育行政部门与他们的关系不能只是简单的行政命令和指挥关系，要通过行政契约、行政指导等方式，建立新型的管理与合作关系，指导和支持他们在法治的轨道上健康发展。针对我国一些体育社团等行业组织内部规范不足的问题，建议国家体育总局在"十二五"研究制定出一些体育行业组织章程和组织规则的统一范本，指导和促进体育行业组织的规范化发展。

2. 完善体育行业组织的规章制度和管理程序

由于长期以来我国的体育社团等行业组织多以行政方式运转，很多组织还缺少必要的系统健全的规章制度，而且有些组织的规章制度和管理程序也不能很好地符合和适应现代民主和民间组织的基本原则。因此，要进一步发挥体育行业组织的积极作用，就必须在加强其内部建设方面下一定的力量。要按照现代民主法治的精神和原则，实施对体育行业组织内部管理的干预和改造，依法构建各类体育行业协会的组织架构、规章制度和管理秩序，明晰内部的财产关系和产权制度，维护平等自主的组织成员间的权利义务关系。特别是要全面完善各种民主选举和民主决策程序和权力制衡机制，确立应有的会员制并保证会员的法律地位，建立内部纠纷解决和权利救济的机制，切实将体育行业组织的运行建立在具有可靠合法性依据的基础之上，维护其正常秩序与合法权益，保障和激励体育行业组织在法治的平台上获得更大的发展，从而较好地实现一部分体育工作和发展的社会自我服务与管理。

（五）扩大体育法律服务和纠纷救济途径

1. 发挥各类法律服务组织的体育法律服务作用

随着国家和社会的法制化发展，体育管理工作和体育活动交往中的各种法律事务日益增多，对专业化体育法律服务的需求也在不断增加。目前，各种大型体育赛事和活动都要设立相应的法律服务机构，一些全国性的体育行业协会纷纷建立内设的法律工作机构或聘请专门的法律顾问。特别是北京奥运会举办过程中良好的法律运作和法律服务模式，不但对各种大型体育赛事活动提供了有力的借鉴，而且对国内开展其他大型活动也创造了许多新鲜经验。所以，在体育法制日益加强和体育活动、体育工作中法律事务的不断增加中，满足和提供有效的法律服务是"十二五"期间体育法制工作应予以考虑的一项重要内容。

鉴于法律服务事务的专业性，要满足体育领域对法律服务的需要，就要积极引入各种社会力量，开辟多样化的体育法律服务途径，来为处理体育事务提供多种形式的法律帮助、咨询、代理、请托、援助、救济等法律服务活动。同时，要加强体育行政部门、体育社会团体与法律服务机构的联系合作，支持和利用社会各类法律服务机构开展面向体育工作实际的体育法律指导与服务业务。而且，借鉴欧美国家的体育法律服务经验，要积极探索建立以从事体育业务为主的专门化法律服务机构，包括逐步建设一支以体育法律事务为主的律师队伍。总之，要多元化地发挥各类法律服务组织在体育法律服务中的作用，努力争取和不断扩大体育法律服务的社会资源。

2. 建立多元化的体育纠纷处理和权利救济服务体系

社会转轨和市场经济条件下的体育改革发展，必然置身于和呈现出各种各样的利益纠纷和矛盾。尽管目前我国体育中仍然保持着强大的行政控制能力，使一些体育管理过程的纠纷矛盾较少外显，但是，各种体育利益搏弈和矛盾争议的频出确是不争的事实。特别是经常出现一些利益诉求不能获得正常的伸张渠道，利益诉求表达机制不健全不通畅的问题在影响着中国体育的民主化法制化建设程度以及体育权利依法获得保护的水平。

为此，"十二五"期间，需要针对如上的体育实际需要，进一步建立多元化的纠纷解决和权利救济渠道，发挥各种处理方式的积极作用和互补功能。一是要健全国家体育总局各运动项目管理中心、全国性单项体育协会的内部纠纷处理机构和制度措施，充分发挥体育组织内部的自治作用；二是要完善各级体育行政部门的体育行政复议工作规范，为解决通过行政方式处理的体育纠纷提供公平的救济方法；三是要进一步扩大司法机关对惩治体育违法和腐败行为的积极介入，拓展诉讼解决体育纠纷的方式和司法维权的手段；四是要从我国现有实际出发，继续研究和试点推行体育仲裁，结合修改《体育法》，尽快建立起切实可行且有我国特色的体育仲裁制度。

（六）深入体育法制宣传教育和理论研究

1. 继续开展体育系统普法宣传教育活动

扩大体育法制的宣传，首先要在全国体育系统的组织队伍体系中抓好普法教育工作。根据国家的法制宣传教育规划，继续做好制定和实施全国与地方体育系统法制宣传教育的第六个五年规划的工作，将有关体育法律法规作为体育系统普法的重要内容。当前，要普遍加强对《全民健身条例》的学习宣传和内容解读，并结合不同的体育工作，分别加大对体育产业指导意见、加强青少年体育工作意见、反兴奋剂条例的宣传教育。各类体育部门和单位要普遍建立体育法律法规的学习与培训制度，编制适应体育系统特点和实际需要的法制宣传教育教材。要根据体育队伍的特点，开展灵活多样、扎实有效的社会主义法治理念和体育法制宣传教育活动，提高体育队伍的法律意识和法律素质。特别是要将体育管理干部和运动员群体作为重点人群，有针对性地采取一些加强体育法制宣传教育的工作举措。同时，体育院校要充分利用优良的文化教育氛围，在体育专业学生中加强体育法的教育教学和宣传工作。

2. 加强对体育法制的媒体宣传和信息传播

加强体育法制建设，必须重视体育法治文化和社会氛围的建设，形成体育法制的整体局面。为此，必须加大体育法制的社会宣传力度。在过去不断加大的体育法制社会宣传中，特别是在法治与奥运同行的大型社会宣传中，为普及体育法律知识、扩大体育法制影响起到了重要作用。"十二五"期间的体育法制社会宣传要有进一步的发展，要更加广泛地利用各种新闻媒体、出版物、大型体育活动与竞赛等，特别是要高度重视网络等新媒体的作用，通过媒体宣传传播体育法律知识，宣传体育法制建设形势，尤其要做好体育新法规、体育法制工作先进经验、典型体育案例等方面的宣传报道。

3. 组织和鼓励开展体育法学的研究与交流

"十一五"是我国体育法学取得迅速发展的一个历史阶段,研究组织形式和研究成果与氛围都有了质的飞跃。在此基础上,"十二五"期间的体育法学研究要有进一步的发展。一方面,要进一步提高对体育法学研究的重视和宣传,特别是要强调各级体育行政部门和体育管理人员都要高度重视法制理论的学习和研究,进而提高体育法制建设工作的实际地位,促进工作的理性发展。另一方面,要积极繁荣体育法学研究活动,在继续充分发挥中国法学会体育法学研究会主导作用的基础上,还要在体育科学学会体育社会科学分会、中国体育发展战略研究会等学术团体的活动内容中,扩大体育法学的研究范围,提高体育法学的学术声音。要继续加强体育法学研究的组织机构建设,提倡在有条件的地方建立体育法学术团体、在高等院校建立体育法学研究机构,重视发挥国家体育总局体育社会科学研究基地对开展体育法学研究中的积极作用,创建更多的体育法学研究组织形式。要继续扩大体育法学的研究队伍,鼓励和支持体育和法律院校、体育工作者、法律法学工作者以及其他有关单位,广泛开展各种学术研讨与交流活动,并要进一步巩固和凝聚体育法学研究队伍的基本群体。要继续加大体育法学的国内外交流,不断提高研究质量和水平,组织对重大体育法制问题的科研协同攻关,重视体育法学理论研究成果向体育法制决策和实践的转化,进一步扩大体育法学的社会作用和学术影响。

"十二五"体育人才队伍建设规划研究

北京体育大学　任 海等

一、研究对象及范围的界定

本研究以"十二五"时期我国体育人才队伍建设为研究对象。

（一）体育人才

人才是指"具有一定的专业知识或专门技能，进行创造性劳动并对社会做出贡献的人，是人力资源中能力和素质较高的劳动者"[1]。在人类社会发展进程中，人才是社会文明进步、人民富裕幸福、国家繁荣昌盛的重要推动力量，人才强国战略已成为我国经济社会发展的一项基本战略。体育人才是我国体育事业发展的坚实基础，体育人才队伍建设是我国体育强国建设的重要环节，是推动我国体育事业持续、协调、可持续发展的重要保障。

综合前人的研究成果，当前对于体育人才的定义主要集中在广义和狭义两个层面。广义体育人才的概念强调体育人才对于体育事业的参与性，认为只要是体育事业的参与者即为体育人才，如"体育人才是围绕体育主要任务、具体实施体育主要工作的人员"[2]；"体育人才即围绕体育主要任务、具体实施体育主要工作、推动体育(包括体育事业和体育产业)向前发展的、具备一定的体育专门知识或体育专门技能，又具备了其他相关知识和能力的人"[3]等。而狭义体育人才的概念则更多地强调体育人才的知能、创造性等能力，认为能力和技能是体育人才的首要衡量标准，如"体育人才是具有一定体育学识水平或技能，能在体育领域中做出创造性贡献的人"[4]；"体育人才是指具有一定的体育学识水平或体育技术技能，并在体育实践活动中已经或可能做出贡献的人，它不仅指竞技运动场上高水平的运动员和体育科技领域的专家学者，还包括从事体育事业的各方面的工作人员"[5]；"体育人才是具有一定体育学识水平或技能，并能以其创造性劳动，为体育事业建设做出较大贡献的人。"[6]综合考虑上述定义，本研究将体育人才界定为"具有一定的知识或技能，为我国体育事业发展提供服务，发挥管理、促进和示范带动作用的体育工作者。"

---

1. 《国家中长期人才发展规划纲要（2010-2020年）》.
2. 龙天启.体育哲学基础[M].北京:北京体育学院出版社,1989.
3. 赵道静,陈小满.我国体育人才需求预测及发展战略研究[J].武汉体育学院学报,2006,40(12):31-35.
4. 唐炎,朱维娜.体育人才学[M].重庆:西南师范大学出版社,2006.
5. 曲天敏.体育管理学[M].桂林:广西师范大学出版社,2005.
6. 国家体育总局政策法规司.中国体育:迈向十一五[M].北京:人民体育出版社,2007.

国体育系统人数众多、结构复杂，领域跨度较大，是一个复杂的巨系统。体育系统的这一特性决定了体育人才队伍构成的复杂性。按照人力资源理论和体育实践工作的需要，对体育人才队伍进行划分，有的放矢地制定各类体育人才队伍发展建设规划是深化体育人才认识，加快体育人才培养，调整体育人才结构布局，最大限度发挥体育人才效能的重要途径。

根据不同需要和要求，依据不同的原则与标准，我们可将体育人才划分为不同类型与队伍。如根据人才在体育组织提供体育产品过程中所起的作用，可将我国体育人才队伍划分为：体育管理人才、体育专业技术人员、教练员、运动员、体育裁判员、社会体育指导员、体育企业人员、体育工勤人员八种[7]；而按照工作性质的不同，可将体育人才划分为：体育技能型人才、教育型人才、管理型人才、科技型人才、复合型人才五种[8]；按活动特点可将体育人才划分为：理论型人才、实践型人才和综合型人才三种[9]；而按照人才的能级标准，则可将体育人才划分为：高级体育人才、中级体育人才和初级体育人才三种[10]。

由于本研究主要在宏观层面对中国体育人才队伍建设与发展进行诊断并提出对策，需要有较强的操作性，因此，对中国体育人才队伍的划分选取运作层面的划分标准，即以人才的职业性质（工作领域）为主线，结合人才的岗（职）位特点进行分类。这种分类方法能够较为清晰地反映出当前我国体育工作中体育人才的布局与结构，便于进行专门的体育人才统计，有利于制定针对性较强的体育人才政策，有助于实施宏观层面体育人才资源的开发与管理。

依照上述分类标准，可对我国体育人才队伍作进一步划分。目前，我国体育系统主要包含三个子系统：社会体育系统、竞技体育系统和体育产业系统。因此，以体育人才的工作领域为标准，大体可将体育人才分为三大类：社会体育人才、竞技体育人才和体育经济人才。同时，从体育人才岗（职）位特征来看，当前我国体育系统中的人才共有四类身份：党政管理人员、专业技术人员、工勤人员和运动员，分属以下职业范围内：党政管理干部、事业单位工作干部、企业经营管理人员、运动员、教练员、裁判员、体育教师等。综合考虑以上两条线索，本研究将当前我国体育人才队伍划分为六大类，即体育党政管理人才队伍、社会体育人才队伍、竞技体育人才队伍、体育经济人才队伍、体育专业技术人才队伍和其他体育人才队伍（表1）。

---

7. 徐霞,高雪峰,林晓华.湖北省体育人才资源现状的调查研究[J].武汉体育学院学报,2005,39(6):1-6.
8. 曲天敏.体育管理学[M].桂林:广西师范大学出版社,2005.
9. 曲天敏.体育管理学[M].桂林:广西师范大学出版社,2005.
10. 曲天敏.体育管理学[M].桂林:广西师范大学出版社,2005.

表 1　我国体育人才队伍构成表

		主要工作领域与岗位		所属单位/部门
体育人才队伍	党政管理人才	统筹管理	公务员	国家体育总局、省市体育局等
			事业单位干部	国家体育总局项目管理中心、省市体育局项目管理中心、体育科研院所等
	社会体育人才	全民健身（社会体育指导员、社体社团负责人等）		社会体育组织、城市社区、农村、企业、事业单位等
	竞技体育人才	运动训练与比赛（运动员、教练员、裁判员、科研人员等）		各级专业队、业余体校、青少年体育俱乐部等
	体育经济人才	体育经营管理（体育健身市场、体育竞赛和体育表演市场、体育用品业等领域的人才）		总局系统管理的体育企业、社会管理的体育企业
	体育专业技术人才	体育教育、科研和文化		体育院校、科研所及文化事业单位
	其他体育人才	体育外事、体育传媒、体育法律		体育媒体机构等

（二）体育人才队伍建设及其目标

体育人才队伍建设是一项综合性的系统工程，涉及体育人才队伍的结构、分布、机制、管理和效果评定等诸多方面。

我国体育人才队伍建设的目标是建立一支规模宏大、结构合理、分布均衡、运作有效、管理科学、素质优良的体育人才队伍。

规模宏大：体育人才数量能够满足13亿人口大国的体育需求。

结构合理：体育人才的宏观结构（体育大系统内党政干部以及竞技体育、社会体育和体育产业子系统之间人才的构成）、中观结构（体育宏观管理系统及竞技体育、社会体育和体育产业各子系统内部的人才构成）和微观结构（工作单位或功能单位中的人才构成）较为合理，体育人才队伍门类齐全、高端人才充分发挥引领作用，各级个人人才的年龄职级等梯次分明。

分布均衡：不同地区、不同层次、不同专业领域间体育人才的分布状态相对均衡。

运作有效：体育人才队伍建设过程中行政手段与市场机制互为补充，形成政府与社会互动，共同促进各类体育人才成长发展的良性运作机制。

管理科学：体育人才的选用、培养、激励、监督等环节合理。

素质优良：体育人才质量较高，有明确的评估标准与目标。

（三）我国体育发展特点对体育人才队伍建设的影响

体育人才队伍建设与我国体育发展特点之间无疑有着密切的关系。我国体育的下列特点，在不同维度对体育人才队伍建设发挥着影响作用，它们是制定体育人才队伍建设规划时需特别考虑的因素。

1. 社会对体育事业关注度高,道德期望值大

体育具有强烈的人文精神,有广泛的社会关注度,对社会有强烈的道德示范效应,从而对体育人才的思想意识和道德品质要有较高的职业要求。

2. 体育事业领域广阔,跨度巨大

体育是全体社会成员参与的事业,具有鲜明的跨行业、跨部门性质,工作任务多样,要求体育人才有较强的大局观、合作意识和协调能力等综合素质。

3. 体育人才队伍专业性较强

体育事业是一个统一的整体,其宏观管理、竞技体育、社会体育和体育产业等子系统又有其独特的专业性,相互依托,相互制约,形成一个体育生态环境。这对体育人才,特别是管理人才的专业知识和专业能力的"博"与"专"提出了更高的要求。

4. 国外可供借鉴的经验较少

在目前世界上体育发达的国家中,非政府的社会组织在体育中发挥着重要作用。由于体育社团在我国尚处于待发展状态,我国体育管理体制为政府主导型,政府在资源占有和资源配置中居于绝对优势,因而也承担了其他国家政府所没有的责任和义务。这使得中国体育人才建设具有鲜明的中国特色。更为重要的是,我国处于社会转型期,体育改革正在不断深化,这使得我国体育人才队伍建设还具有以人才建设促改革,促发展的历史使命。这是世界上其他国家所罕见的。

5. 体育人才队伍建设难度较大

由于上述原因,我国体育人才建设面临许多体育领域特有的挑战及我国社会环境特有的问题,在人才的选用、培养、激励、监督等方面都有诸多需要解决的难题,这就要求我们以体为主,以我为主,创新思维,而不能简单地搬用其他行业和其他国家的经验。

二、"十一五"时期我国体育人才队伍建设的成就与问题

"十一五"期间,我国体育事业以北京奥运会为契机,紧紧围绕国家经济建设这一中心,服务于国家发展的大局,改革创新、奋发进取,实现了我国体育事业的跨越式发展。围绕北京奥运会的筹办和举办,我国竞技体育成绩辉煌,社会体育在"全民健身与奥运同行"中得到发展,体育产业领域不断开拓创新。而针对本时期社会体育需求的变化及筹办北京奥运会对体育人才的巨大、特殊要求,我国体育系统采取了一系列有效措施与对策,大力加强了体育人才队伍建设,在人力资源上为"十一五"时期体育的大发展和北京奥运会的成功举办提供了坚实的人力基础,为完成"十一五"规划的目标,提供了有力的人才保证和智力支持。在取得成绩的同时,我们也看到,面对新形势和新任务,"十一五"时期我国体育人才队伍建设工作中还存在着诸多不适应的方面,存在着许多不合理的现象。

具体来说,我国体育人才队伍建设在"十一五"期间的成绩与问题表现在以下方面。

(一)体育人才队伍规模发展有序,但尚不能充分满足体育发展的需要

"十一五"期间,伴随着中国社会及体育事业的急速发展,特别是以筹办北京奥

运会为契机，我国体育人才队伍规模不断壮大。截至 2008 年，我国体育系统从业人员共计 150575 人，而"十五"时期最后一年的 2005 年，我国体育系统从业人员总数为 141849 人，三年间，我国体育人才队伍人数增长了 6.15%[11]。

我国体育人才资源总体虽然已具备一定数量和规模，在体育人才队伍规模总量增长的同时，在许多领域，包括一些关键性领域、群众关注度很高的领域，体育人才匮乏的现象依然十分严重。一些重点人才资源，包括竞技管理人才、体育产业人才、科研人才、高水平教练员、优秀运动员、社会体育指导员等人才在数量上均无法满足体育事业健康快速发展的需求。此外，体育人才队伍在一定程度上存在结构比例失调的问题，非竞技人才与竞技运动人才比值过大；各类人才队伍结构不尽合理；在专业分布上，经济、法律等体育事业发展急需人才匮乏，从而使我国体育人才队伍呈现出人才总量短缺与结构性短缺并存的特点。

（二）体育人才的结构进一步优化，但结构性缺陷依然存在

1. 体育人才宏观结构状况

竞技体育人才队伍发展较快，社会体育和体育产业人才相对滞后。围绕北京奥运会参赛、办赛、场馆建设三条线，我国竞技体育人才资源开发的力度前所未有之大，除继续加强运动员、教练员队伍建设外，还大规模提拔配备了办赛所需的管理干部和其他各类人才，为北京奥运会的成功提供坚强的人才支撑。据统计，至 2008 年奥运会开幕，国家体育总局系统共选派 513 名干部到组委会各部门工作，以北京奥运会办赛为契机，培养和积蓄了一大批熟悉国际体育事务、掌握体育赛事运作规律的高水平体育竞赛管理人才。

与快速发展的竞技体育人才队伍相比，社会体育和体育产业人才队伍建设相对滞后。以社会人才队伍为例，据 2007 年全国体育现状调查数据显示，全国范围内，在参加体育锻炼的人群中，仅有 33.3% 的人接受过体育锻炼方面的指导，其中，接受过社会体育指导员指导的人数百分比仅为 4.8%[12]。社会体育人才和体育产业人才发展的相对滞后，已经成为阻碍我国全民健身事业和体育产业发展的重要因素。

2. 体育子系统人才结构状况

竞技体育领域：奥运项目、优势项目的人才建设发展较快，而非奥运项目和弱势项目的人才不足。从体育人才发展过程看，我国优势项目体育人才在较多资源和政策的扶持下，成绩突出，导致其获得更多的支持。而非优势项目的体育人才，由于起点低，在短期内难以看到成果，因此，获得的投入和支持也相对不足。而投入和支持不足，又限制了这些项目体育人才发展的空间，造成我国竞技体育人才队伍培养的恶性循环。

社会体育领域：随着社区体育的兴起，我国从事社会体育的各级人才数量增长迅速，但是层级结构不尽合理。据国家社会体育指导员数据库统计，截止 2010 年 11 月，在国家社会体育指导员数据库中登记注册的社会体育指导员共计 347114 人，其中，国

---

11. 数据来源：中华人民共和国国家统计局.中国统计年鉴 2005,2009.
12. 数据来源：《第三次全国群众体育现状调查报告(2007)》.国家体育总局.人民体育出版社.

家级指导员 2117 人，一级指导员 14675 人，二级指导员 76112 人，三级指导员 254209 人。数据表明，我国中高级社会体育指导员数量比重较小，社会体育指导员的业务素质有待进一步提高。除社会体育指导员队伍外，我国社会体育人才队伍还存在着有能力主持民间体育社团的负责人严重不足，精通武术、健身气功等传统体育的名家日益缺失等诸多问题。

体育产业领域：改革开放以来，特别是 90 年代初以后，体育产业在我国发展的势头迅猛，正在迅速形成一支专业队伍。但由于体育产业是我国体育的一个新兴领域，无论在体育健身市场、体育竞赛和体育表演市场，还是体育用品业等领域，基本处于人才匮乏的状态。

3. 单位微观层次人才结构状况

我国体育事业已建立起了一个从结构到功能都比较完整的体系，其细胞就是在不同领域和层次上发挥作用的工作单位。微观单位层次上的人才结构是整个体育系统的人才结构的基础。整体而言，用人单位各类人才的配置，如专业与非专业、不同层级、不同年龄的结构在不断优化。但是也要看到，由于事业单位改革滞后，人员结构不合理，人浮于事等现象仍然较普遍存在。

4. 体育人才的层级结构状况

体育人才队伍是由初级、中级和高级不同层次的人才组成的。其中高层次体育人才在人才队伍中具有重要的引领作用。我国体育各领域已经涌现出一批高、精、尖人才。但与我国体育人才规模相比，整体上依然匮乏。表现为各领域的领军人物严重不足，复合型体育人才短缺，尚未形成一个稳定且数量充足的拔尖人才群，体育人才队伍的梯队尚未形成。有的领域人才流失严重。从目前体育管理人才队伍和专业技术人才队伍现状来看，能将体育经济、体育市场开发、体育公关、体育组织策划和较高外语水平等素质与能力集于一身的高层次复合型人才十分缺乏，举办国际型大赛所需的具有出色业务能力、综合素质和知识结构的赛事组织人员、管理人员、外事人员、谈判专家、市场开发人员等人才资源缺口明显。竞技体育人才队伍中缺乏高、精、尖竞技人才，没有形成一个稳定的数量充足的拔尖人才群体，人才梯队的建设有待完善；高水平体育科研、体育产业、法律专业人才严重不足，没有形成卓有成效的科研人才链；体育经济系列人才素质明显欠缺；法律专业人才均趋于空白。这同现代社会的知识化、市场化、法制化的发展方向存在差距。

（三）体育人才流动日趋活跃，但分布仍不均衡

在国家和省市层次，体育人才分布相对均衡，在县以下的基层，体育人才相对紧缺；贯彻西部大开发政策以来，在对口支援、干部挂职交流等措施的积极促进下，西部等欠发达地区体育人才匮乏的状况有所缓解，但差距尚待进一步缩小。

体育人才资源的地域分布结构失衡。同一项目或类别的人才在不同地区间出现明显的不平衡现象，同时，中西部地区人才积压闲置与人才短缺的"二元性"矛盾突出，即一方面由于体制环境和运作机制的梗阻，及国家整个人才资源配置制度的影响，导致单位冗员充斥，而过剩的人才资源又难以通过市场来进行调节，造成人才资源沉淀，

形成配置性闲置；另一方面优秀训练管理人才、教练员人才、科研人才以及高级复合型人才匮乏，形成整体性的相对剩余与结构性短缺的矛盾，在竞技体育人才、体育管理人才、专业技术人才和体育产业人才等方面，中西部地区人才质量与沿海发达省份存在较大差距，其竞技实力及体育事业发展水平与发达地区的差距越来越大，长此以往，将会严重制约和影响我国体育事业总体发展目标的实现。

（四）体育人才建设体制和机制改革已经启动，但体制性障碍依然难以突破

随着我国社会向市场机制的转型，由政府作为单一主体投入体育人才建设的格局开始向社会多元主体投入的格局转变，人才建设科学化、民主化、制度化的进步明显，但是由于旧有体制和机制等方面的束缚，发展的阻力重重，进展缓慢，市场在配置人才资源的基础性作用发挥不够。

（五）体育人才管理模式有新发展，但尚处于试探阶段

"十一五"期间，我国在体育人才管理的各环节，如选用、培养、激励、监督等方面推出了一系列措施，并取得一定的效果。如根据"民主、公开、竞争、择优"的原则深化干部人事制度改革，提高了人才选用的公信度；考核制度改革有新举措，突出实绩考核、提高民主质量、加大考核结果，使人才管理的这个"指挥棒"，发挥了导向、激励和约束作用；干部教育培训成规模、有特色、见成效；通过筹备和参加北京奥运会，培养锻炼了一批高层次体育管理人才；全面推行了事业单位人员聘用制度，建立了应聘人员考试考核管理系统，规范了人员聘用手续，加强聘用合同管理；完善事业单位中层干部选拔聘任和管理机制等。

但也存在下述问题：有的岗位，如运动项目管理中心集行政、企业、社会团体角色于一身，其岗位职责的确定、工作效绩的考核、监管存在诸多模糊性；一些领域人才的道德教育不力，监督不到位，出现个别运动项目的假、赌、黑以及学术的造假现象；分配制度改革步伐还不够快，激励作用不够；全能政府的观念和"官本位"意识仍然严重等。

（六）运动员、教练员等竞技体育人才保障机制的进展与不足

运动员职业具有健康、教育和就业等方面特殊的职业风险，保障工作极为重要。"十一五"期间我国在运动员的保障方面主要取得以下成绩：初步形成了涉及运动员工资福利、人员管理、伤残抚恤、医疗照顾、文化教育、退役安置等为主要内容的政策体系，明确了运动员身份；运动员收入分配制度初步明晰；运动员社会保险内容开始规范；运动员职业转换过渡制度得到确立等。

存在的问题主要是：运动员保障与社会保障政策不配套、保障资金筹集渠道单一、范围有限；运动员退役安置仍面临巨大压力，有的地区竞技体育人才退役安置工作尚处于起步和探索阶段；二线、三线等后备人才队伍的保障体系薄弱；集训队员的保障问题尚未解决；运动员个人缺乏自我保障意识和保障能力；运动员无形资产的保护和利用缺乏规范。

教练员的职业保障长期以来得到应有的重视。优秀教练员是竞技体育发展的核心要素。目前，我国不少项目，包括社会关注程度很高项目的教练员岗位后继乏人。教

练员有其职业的特殊性，然而长期以来，我国教练员的待遇主要与大赛成绩挂钩，其保障体系同一般职业，未体现出其职业的特殊性，以至一些教练员对退休后的健康、医疗、生活保障等有后顾之忧，影响到他们才能的发挥，并造成教练员人才的流失。建立教练员职业的有效保障机制，已是我国竞技体育人才建设中亟待解决一个问题。

三、"十二五"期间体育人才队伍建设面临的形势与任务

（一）党和政府关于人才队伍建设的新思想

2010年4月，中共中央和国务院印发了《2010-2020年国家中长期人才发展规划纲要》，明确指出，必须高举中国特色社会主义伟大旗帜，以邓小平理论和"三个代表"重要思想为指导，深入贯彻落实科学发展观，尊重劳动、尊重知识、尊重人才、尊重创造，更好实施人才强国战略，坚持党管人才原则，遵循社会主义市场经济规律和人才成长规律，加快人才发展体制机制和政策创新，扩大对外开放，开发利用国内国际两种人才资源，以高层次人才、高技能人才为重点统筹推进各类人才队伍建设，为实现全面建设小康社会奋斗目标提供坚强人才保证和广泛智力支持。该纲要提出我国人才发展的指导方针是：服务发展、人才优先、以用为本、创新机制、高端引领、整体开发。

党中央和国务院针对人才建设提出了新思想新理念，是"十二五"期间我国体育人才队伍建设规划的理论依据。

（二）建设体育强国的新使命

北京奥运会后，中央提出由体育大国向体育强国转化的历史任务。建设体育强国对我国事业的发展提出新要求，表现在：

就社会体育而言，需要确定新的历史条件下体育在人民生活和社会生活中的新特点、新定位，根据社会环境新变化，着眼于人民群众对生活质量的新追求，为人民群众提供更多更好的体育公共服务，让更多的人享受社会进步和体育发展的成果。2009年国家出台了《全民健身条例》，标志着我国社会体育的发展进入了一个新的发展阶段。

就竞技体育而言，要对竞技体育发展的目标、方向、布局、策略进行必要的调整和完善，不断挖掘潜力，优化结构，提高效益，推动竞技体育内部各门类均衡发展，增强中国体育的综合实力和国际竞争力。2010年3月国务院办公厅转发了国家体育总局、教育部、财政部、人力资源和社会保障部共同出台的《关于进一步加强运动员文化教育和运动员保障工作的指导意见》，表明竞技体育人才培养必须解决深层次的矛盾，才能进一步发展。

就体育产业而言，需要实现体育事业与体育产业协调发展，以增强体育发展的后劲与活力；2010年03月国办下发《关于加快发展体育产业的指导意见》，标志着我国体育产业进入全面发展期。

就体育体制机制而言，需要树立科学发展理念，锐意改革创新，建立体育事业全面协调可持续发展的体制机制。

"体育强国"的新目标,要有坚强的组织保证和充沛的人才储备。"体育强国"必须首先是体育人才强国。这对体育人才队伍建设提出了更高、更为全面的要求,各类体育人才建设要加速跟进。向"体育强国"的目标奋进,是"十二五"期间我国体育人才队伍建设规划的实践依据。

（三）"十二五"时期我国体育人才队伍的需求分析

根据我国经济、社会发展的趋势以及体育发展的需要,"十二五"时期我国体育人才队伍的需求变化将集中表现在三大方面,即我国所需体育人才的专业门类将不断扩大,体育人才的服务领域将突破传统体育范畴;各类体育人才资源需求量将不断增长,同时,这种增长不仅仅表现在数量上,更突出的表现在人才质量的提升上;未来社会发展对体育人才素质、层次的要求将不断提高,培养高层次、复合型体育人才将始终处于体育人才资源开发工作中的第一位。

1. 体育人才的专业门类将不断扩大

作为崛起中的大国,当前中国社会对人才的需求呈现出多领域、多层次、多样化的特点。与之相对应,伴随着社会体育需求的复杂化、多层次化,未来阶段,我国体育人才的专业门类也将表现出多样性、多层次性特征。

"十二五"时期,我国体育事业有诸多机遇:在当今世界,全球化、国际化成为不可逆转潮流的背景下,我国体育事业将更加迅速、全面地与国际体育接轨,加速体育现代化的进程;我国社会经济、政治、文化的发展,又促使我国社会体育需求不断变化发展,这将推动我国体育事业规模不断扩大;在运行层面,我国体育发展的既有模式将遇到一定的挑战。在此条件下,未来我国体育人才的服务领域将突破既有的范围,体育人才的专业类别将持续变化并不断扩大,出现具有"体育知识劳动人才群"和新的专业门类。如:随着我国国民经济的高速发展,人民生活水平的提高,富裕起来的人们已不再满足于走亲访友、读书看报的闲暇生活方式,而是更多地走向户外,积极投身于户外体育活动和文化娱乐活动,争取更高质量的生活和健康的体魄,户外运动指导员、休闲体育经营者、体育旅游等专门人才需求会相应增长;人类社会步入信息时代,体育信息将作为重要的体育资源,在体育事业发展中的作用日趋重要,体育信息资源的创新、搜集、管理、传播等工作,都需要大量的体育媒体从业人员来完成。人才资源作为第一资源的重要性愈加突出。我国体育事业发展进程的快慢在很大程度上取决于体育人才资源的开发和使用。当今国际社会的竞争,从根本上说是人才的竞争。体育事业的发展只有凝聚各方面的人才,特别是高素质的人才,才能促进我国体育事业的可持续发展。而要做到这一点,就要突破传统的人事管理模式,培养和造就新型的人力资源管理人才。

除上述新型体育人才外,体育经纪人、体育保健康复、体育心理咨询、体育保险、体育翻译、体育广告人等,也将随着我国社会和体育事业的现代化进程凸显其独特的功能,而出现更多的需求。

2. 各类体育人才队伍需求分析

（1）体育党政管理人才队伍需求分析

从战略规划上看，我国体育管理体制改革将继续深化，管理机制将进一步加强创新和完善。遵循市场经济规律，宏观调控，依法管理，是体制改革的趋势。管理体制改革，会对体育党政管理人才提出两方面的要求，一是改革本身需要具有一定水平、素质和能力的管理人才来推进；而另一方面，体制改革会对专业型管理人才资源的要求更高。懂体育、具有较高素质、较强能力且具有较高学历和管理技能的管理专业人才会有较大需求。在"十二五"期间，随着我国全民健身体系的进一步健全，基层体育组织的进一步完善，全民健身活动广泛开展，与之相配套的组织人才、管理人才等需求会有大幅度的增加。而且其需求不仅表现为数量的大幅增长，而且要求人才层次与各项素质有明显提高。

着眼于未来我国体育事业可持续发展的需要，把培养和造就高层次人才作为建设体育管理人才队伍的重点，重点培养具有较高政治理论水平、较强宏观管理和科学决策能力、驾驭全局和战略思维能力，有较高综合素质和工作水平、较宽国际视野，能把握体育工作规律的高层次党政管理人才无疑是未来我国体育党政人才队伍建设的重中之重。必须坚持以高层次党政管理人才为重点，持续加强党政领导干部队伍建设。抓好领导班子后备人才和优秀中青年后备人才的培养，形成结构合理、素质优良的后备人才体系；加大领导干部交流轮岗力度；加快优秀年轻后备人才的培养，领导岗位干部队伍年龄结构继续保持年轻化趋势。

（2）社会体育人才队伍需求分析

随着我国人民可支配收入不断增加，体育生活化的步伐会进一步加快，体育健身、休闲及娱乐业将有较大的发展空间。《全民健身计划（2011-2015年）(公开征求意见稿)》明确提出，到2015年，我国社会体育的总体目标是：城乡居民体育健身意识进一步增强，参加体育锻炼人数显著增加，身体素质明显提高，体育健身设施更加完善，形成覆盖城乡的全民健身服务体系。并进一步提出，到2015年，"全民健身组织网络更加健全。形成遍布城乡、规范有序、富有活力的社会化全民健身组织网络。县（区）普遍建有体育总会、行业体育协会、单项运动协会和人群体育协会等体育社团，社区体育俱乐部、青少年体育俱乐部有较大发展。80%以上的城市街道、60%以上的农村乡镇建有体育组织。城市社区普遍建有体育健身站（点），50%的农村社区建有体育健身站（点）"。"社会体育指导队伍进一步发展。获得社会体育指导员技术等级证书的人数达到100万以上，获得社会体育指导员国家职业资格证书的人数达到10万以上。社会体育指导员素质和技能有较大提高。全民健身志愿服务活动普遍开展，形成组织落实、结构合理、覆盖城乡、服务到位的全民健身志愿服务队伍。""全民健身服务业发展壮大。形成规范有序的体育健身休闲市场，城乡居民体育健身消费水平明显提高，体育健身服务从业人员较大增加，培育和形成一批实力雄厚、技术力量强的体育健身服务企业和品牌。"

为适应新时期社会体育发展的新需求，需进一步完善社会体育指导员技术等级制度，吸引、组织从事社会体育指导人员加入社会体育指导员队伍。建立健全社会体育指导员组织体系，充分发挥社会体育指导员协会的作用，做好社会体育指导员培训和各项管理服务工作,为社会体育指导员开展工作提供便利和支持。积极发展职业社会体育指导员,完善社会体育指导员职业标准,严格开展职业技能培训和职业技能鉴定工作,逐步做到营利性体育健身场所和指导高危项目的体育健身指导人员,持社会体育指导员职业资格证书上岗工作。建立全民健身志愿服务工作体系,健全注册管理和培训制度,普及志愿服务相关知识,提高全民健身志愿服务队伍的专业化水平和服务质量,形成全民健身志愿服务长效化机制。加强对体育志愿者组织的指导、管理,建立完善体育志愿者激励机制。加快体育健身休闲专业人才培养。

(3)竞技体育人才队伍需求

竞技人才主要包括教练员、运动员、裁判员、管理人员、科研人员、医务人员、教学人员、后勤服务人员、外事工作人员、经营人员、中介人员等等,其中,教练员和运动员则构成了竞技体育人力资源的核心子系统。为了便于分析和节省篇幅,将上述两类人员(教练员和运动员)在此一并分析。

①体育教练员人才需求分析

我国体育发展的趋势和竞技体育特点,将使一线运动队的总教练或主教练承担更多、更人性化的管理职责,对教练员人才综合素质的要求,包括管理能力、学历水平、知识结构等会有较大的提高。教练员资源的需求在数量上将保持稳步增加,而在高水平教练员方面则增长明显,对教练员的知识与能力水平有更高的要求,以适应运动训练科学化的需要。根据我国竞技体育实际情况,优势项目教练员队伍将与体育事业的发展保持同步增长,潜优势项目教练员队伍将稳步发展,社会影响大、群众喜爱的热点项目教练员、尤其是业余运动队伍的教练员数量会有较大增长。

②优秀运动员人才需求分析

优秀运动员人才对于我国竞技体育的发展至关重要,未来对高水平竞技运动员的人才资源的需求具体可归纳为两方面:其一,无论着眼于社会要求,还是运动员自身发展,均需对运动员的学历层次和文化素养提出更高要求,竞技运动水平突出,同时拥有较高学历的优秀运动员人才将是满足我国"十二五"竞技体育发展目标所需要的竞技运动人才主体;其二,优秀运动员队伍规模扩大并非是数量上的快速增长,其发展须与我国竞技体育发展规划相一致。根据国家体育总局《关于进一步加强体育人才工作的意见》有关精神,我国体育系统将以培养1000名高水平的优秀运动员人才为重点,形成后备梯队合理、满足竞赛训练竞赛需要的优秀运动员人才群体。也有专家指出,2008年北京奥运会后,我国竞技体育的总体发展速度将趋缓,社会对竞技体育的热情和关注程度会下降,从而转向旨在自身健康的社会体育。但是这种倾向并不意味着我国优秀运动员队伍的萎缩,而只会促进运动员质量的提高。

综合看来,下一阶段在竞技体育人才培养上,需围绕进一步增强我国竞技体育的综合实力和国际竞争力这一核心主题,利用政策杠杆,完善竞技体育后备人才和高水平运动员、教练员、竞赛管理组织人员、裁判员、等各类竞技体育人才的选拔、培养、使用、激励和保障制度,充分发挥运动员、教练员、管理人员、科研人员、医务人员等人才群体的积极性和创造性。培养职业体育管理人才和职业体育经纪人,规范职业体育管理和行为,促进职业体育健康发展。不断提高竞技体育人才队伍的文化素质和职业道德素质,全面提升竞技体育人才队伍的综合素质和业务能力。

(4)体育经济人才需求分析

依据《国务院办公厅关于加快发展体育产业的指导意见》,到2020年,将培育一批具有国际竞争力的体育骨干企业和企业集团,形成一批有中国特色和国际影响力的体育产品品牌;建立以体育服务业为重点、门类齐全、结构合理的体育产业体系和规范有序、繁荣发展的体育市场;形成多种所有制并存,各种经济成分竞相参与、共同兴办体育产业的格局;形成与国际接轨、管理规范、充满生机活力的体育社会组织体系;居民人均体育消费显著增加,体育服务贸易较快发展,体育产业从业人数占全社会就业人数比例明显提高,体育产业增加值在国内生产总值中所占比重明显提高;形成体育公共服务与市场服务相互结合、体育事业与体育产业协调发展的良好局面。在此背景下,未来相当长的一个阶段内,我国体育产业可能步入快速发展的阶段,体育市场出现较大的需求,体育营销、评估等体育经济人才空缺数额巨大。因此,加速培养懂经济、能管理、善经营的复合型体育经济人才,是我国体育产业发展中需要解决的头等大事。应以培养和造就高层次体育产业管理人才为重点,打造一支熟悉体育体育产业工作规律,具备市场运作和经营开发能力,基本满足体育产业发展需要的优秀体育产业管理和体育市场经营人才队伍。着眼于体育产业各门类的发展需求和提高总体经营管理水平,培养各类专业人才。

(5)体育专业技术人才队伍需求分析

体育专业技术人才是推动我国体育事业发展的关键因素。科技兴体、提高科技人才对体育事业发展的贡献率是我国体育实现可持续发展的必由之路。然而,当前我国体育专业技术人才的断层问题还没有得到根本解决,有些学科专业人才非常缺乏,近年来有相当一部分高级专家退休,一些学科专业中人才外流现象突出,一流体育科技人才严重匮乏,体育科技队伍科技文化素质普遍不高。针对此种需求状况,应大力加强体育科技人才培养,有计划地组织中青年学术带头人研修、考察,主持、承担高水平研究项目,为优秀中青年科技人才脱颖而出营造良好环境。重点培养20位左右具有国际影响的科技带头人,形成一支结构合理、高效精干的体育科技队伍。充分发挥体育科技专家的作用,对体育科技中的重大问题进行咨询指导。逐步改善科研工作条件,提高体育科技人员待遇。加强体育科技工作者的思想道德教育和科研道德制度建设,弘扬科学精神,坚持实事求是,克服浮躁心理,反对急功近利,端正学风,勤奋治学,强化服务意识和团队精神。以提高专业水平和创新能力为核心,以高层次人才和紧缺人才为重点,打造一支适应群众体育、竞技体育、体育产业及其他各项体育事业科学发展的事业心强、治学严谨、具有良好职业道德和较高业务能力的各学科和领域的优秀体育专业技术人才队伍。

(6)其他类别体育人才需求分析

随着我国体育全面与国际接轨,我国体育组织与世界各国的交流越来越多,与国际体育组织的合作也越来越频繁。作为世界竞技体育大国,拥有一支素质高、外事能力强的国际体育组织人才队伍，不仅是充分发挥我国在各类国际体育组织中作用的需要，也直接关系到维护和提高我国在世界体坛的权益与地位。然而，目前我国在一些有影响的国际体育组织中担任主要职务的还较少，截至 2007 年底，我国共有 262 人在国际奥委会、亚奥理事会等各级国际体育组织中担任 397 个不同职务，在国际体育组织中发挥着积极作用。从我国在国际体育组织中任职人员的总量看，在洲际级别、单项体育组织和分会中任职人员的比例较大。担任秘书长以上国家组织领导职务的 216 人次，占国际组织任职数的 54.4%。在 35 个列入奥运会项目的国际单项体育组织中，我国有 68 人在 24 个单项体育组织中担任 84 个职务，其中 18 人担任执委或理事等重要职务。因此，培养和造就熟悉体育外事业务、外语水平高、具有较强外事组织协调和沟通能力，能满足体育外事需要的优秀的体育外事、公关人才将是未来我国需要重点培养的体育核心人才之一。

四、"十二五"期间我国体育人才队伍建设的对策与措施

根据建设体育强国目标提出和中国体育实践的新发展，依照中央关于人才建设的指导方针，对于"十二五"期间我国体育人才队伍建设，现提出以下对策与措施。

（一）指导思想

以马列主义、毛泽东思想、邓小平理论和"三个代表"重要思想为指导，深入贯彻落实科学发展观，坚持以人才资源能力建设为主题，以调整和优化人才结构为主线，以建设党政人才、专业技术人才、体育产业经营管理人才为重点，以改革创新为动力，不断强化观念创新、政策创新和机制创新，逐步加快人才国际化进程，尽快建立与社会主义市场经济相适应、符合国际惯例的人才管理体制和机制，努力建设一支规模宏大、结构合理、分布均衡、管理有效、素质优良的体育人才队伍，为建设体育强国提供坚强的人才保证和智力支撑。

（二）对策与措施

我国正处在改革发展的关键阶段，需要深入落实科学发展观，进一步深化人事制度改革，提高人才选拔任用培养工作的科学化、规范化水平，消除制约体育事业发展的体制性、机制性障碍，积极创新，探讨在社会主义市场经济条件下中国体育人才队伍建设的规律与特点。具体对策和措施如下：

1. 统筹协调，推进各类体育人才队伍建设

加大体育重点领域急需紧缺专门人才的培养力度点，优化体育人才队伍的整体布局，改善体育人才的能级结构，加强体育人才的梯队建设，统筹推进各类体育人才队伍建设。

（1）党政管理人才队伍

加强党政管理人才队伍建设。坚持党管干部原则，坚持德才兼备、以德为先的干部标准，努力把党政人选选准用好。进一步加强党政管理人才队伍的思想建设和作风建设，加强教育培训、交流轮岗和实践锻炼，不断提高党政管理人才队伍的素质和能力。

加强领导干部和公务员队伍建设。深入推进干部人事制度改革，坚持公开、平等、竞争、择优的干部工作方针，建立科学的干部选拔任用工作机制，逐步扩大干部选拔任用信息公开的内容和范围，不断提高干部工作透明度，严格干部标准和任职条件。选好配强党政正职领导干部，优化领导班子年龄结构，形成老中青梯次配备，改善领导班子的知识、专业和工作经历结构。加大领导干部交流轮岗力度，推动公务员到基层挂职锻炼工作，丰富干部工作经历，提高干部能力素质，每年干部流动率不少于5%~10%。注重从基层选拔领导干部，合理配备女干部、少数民族干部和党外干部。

加强后备干部队伍建设。进一步完善后备干部选拔与培养制度，形成广纳群贤、优秀后备人才脱颖而出的选拔机制；强化后备干部选拔工作中的民主机制；采取轮岗、交流任职、挂职锻炼等方式提高后备干部的实际工作能力；形成严格要求、导向鲜明、管理规范、监督有效，保证后备干部健康成长的管理机制；形成好中选优、人尽其才、广大干部群众满意的使用机制，及时将各方面比较成熟的后备干部选拔到领导岗位上。

（2）社会体育人才队伍

加强社会体育人才培养工作。建立学历教育、专业培训和知识普及相结合的社会体育人才培养体系，大力推进体育行业国家职业资格证书制度，制定社会体育人才培训质量评估指标体系。

加快制定社会体育工作岗位开发设置政策措施。加强社会体育人才职业化管理。加强社会体育竞赛管理人才和裁判员人才队伍建设。重视残疾人体育人才培养。建立健全社会体育人才评价制度。

加强公益性社会体育指导员队伍建设。设立专项经费，设置专门机构或专人负责公益性社会体育指导员队伍建设，依托高水平大学和其他培训机构，加强对公益性社会体育指导员的培训，建立健全社会体育指导员考核体系，完善公益性社会体育指导员激励机制。

引导体育志愿者队伍健康稳定发展。积极鼓励社会体育活动中的志愿者行为，尝试建立体育志愿者队伍联动机制，试点实行体育志愿者注册管理制度，加强对体育志愿者的业务培训和工作指导，不断完善体育志愿者激励机制。

加大高技能社会体育人才培养，建立健全高技能社会体育人才培训体系，加快培养职业社会体育指导员、体育场地工、救生员等高技能社会体育人才。

（3）竞技体育人才队伍

进一步夯实传统优势项目人才队伍的基础，积极发展基础性大项和社会影响巨大的运动项目的人才队伍，兼顾非奥运项目和弱势项目竞技体育人才建设。

以培养高水平优秀运动员为重点，完善体育后备人才培养体系，形成梯次合理的运动员队伍。建立国家教练员学院，进一步开展各级教练员队伍的培养工作，以高层次、复合型教练员培养为重点，加大优秀中青年教练员培养力度，培养一批领军人物，造就一支掌握现代竞技运动训练规律、具有较高执教水平的教练员队伍。加大对基层各级各类体育教练员培训工作，为科学选材、基础训练打下良好基础。

以培养和造就高层次体育竞赛组织管理和裁判人才为重点，加快竞赛组织专业人才和裁判员人才队伍建设。针对举办大型赛事的需要，总结北京奥运会竞赛组织工作的成功经验，打造一支具有国际水平的竞赛组织专业人才队伍，培养一支思想道德好、业务水平高、人员相对稳定的高水平裁判员队伍。

创新高水平运动队组织结构体系，推进国家队复合团队建设。大力推行以国家队运动员为核心，由教练员、陪练运动员、科研医务人员、运动队管理人员和其他人员为辅助团队的高效创新的复合型团队，发挥体育人才的系统效应，为运动员提高竞技成绩提供组织保障。

（4）体育经济人才队伍

大力开展教育培训工作，丰富专题培训、高级研修、高峰论坛、体育产业经营管理相关高层次学历教育等培养培训方式。鼓励体育行业企业引进高级职业经理人。实行体育经纪人职业资格认证制度，培养高素质体育经纪人队伍。

以培养和造就高层次体育经营管理人才为重点，打造一支熟悉体育市场开发和体育产业经营规律，具备市场运作能力，基本满足体育产业开发需要的体育产业管理和体育市场组织经营管理人才队伍。

加大对体育经济理论人才的培养力度，鼓励高校、研究机构及体育产业运营机构的专业人员针对市场经济条件下我国体育面临的基本经济问题，结合实际进行深入研究。通过理论与实践相结合，提高体育经济理论人才的理论素养与实践能力。

（5）体育专业技术人才队伍

进一步扩大体育专业技术人才队伍规模，提高体育专业技术人才创新能力。构建分层分类的体育专业技术人才继续教育体系，注重体育专业技术人才知识的更新，突出培养造就创新型复合型高水平体育专业技术人才。

创新体育专业技术人才培养模式，建立学校教育和实践锻炼相结合、国内培养和国际交流合作相衔接的开放式培养体系。发挥各类社会组织培养体育专业技术人才的作用，依托重大科研攻关、重大课题研究、重大赛事备战的组织与实施，发现、吸引、凝聚和培养优秀人才。

加强领军人才、核心人才的培养和创新团队建设。以高层次体育专业技术人才为重点，继续发挥高层次专家的引领和示范作用；面向未来，选拔并培养中青年学术骨干。适当引进科学训练、弱势项目等领域急需或紧缺人才。研究人才引进和智力引进的措施与方法，妥善处理人才培养和引进的关系，形成二者的良性互动。

（6）其他体育人才队伍

以高层次体育外事人才为重点，培养一批熟悉体育外事业务、具有较强体育外事工作能力，能满足体育外事需要的优秀体育外事人才；加大国际体育组织后备人才培养；大力加强体育宣传出版、财务、审计等各类体育专业技术人才队伍建设，优化结构，促进体育人才队伍全面、协调、可持续发展。

2. 体育人才工作体制机制创新

（1）完善体育人才工作管理体制

完善党管人才的领导体制。完善各级党委（党组）统一领导、组织人事部门牵头抓总的职能，强化各职能部门人才工作职责，充分调动全社会力量广泛参与，形成体育人才工作整体合力。发挥各级党委（党组）领导核心作用，切实履行好管宏观、管政策、管协调、管服务的职责，用事业凝聚人才、用实践造就人才、用机制激励人才、用法制保障人才，提高党管人才工作水平。

改进体育人才管理方式。按照政府行政管理体制改革的总体部署，完善体育人才管理运行机制。规范行政行为，推动体育人才管理部门进一步简政放权，减少和规范体育人才评价、流动等环节中的行政审批和收费事项。分类推进事业单位人事制度改革，克服体育人才管理中存在的行政化、"官本位"倾向。

（2）创新和完善体育人才工作机制

①完善体育人才培养开发机制

坚持以国家和社会的体育需求为导向，以提高思想道德素质和创新能力为核心，完善体育人才培养和开发体系，注重在实践中发现、培养、造就体育人才，构建人人能够成才、人人得到发展的体育人才培养开发机制。

完善以政治理论、政策法规、体育业务知识、技能训练为主的体育系统教育培训内容框架。以干部进修班、中央党校和各干部学院选调干部培训为主进行政治理论、政策法规培训；开发体能训练、康复治疗、体育科研、体育项目管理、运动队管理、赛事管理、场馆管理、产业管理等体育业务知识专题培训项目。

根据不同类别体育人才的特点和工作需要，制定体育人才教育培训指导大纲，使教育培训工作有章可循；发展网络教育，围绕当代科学技术的发展和体育行业的需要，对专业技术人员和各类管理人员实施以"新理论、新技术、新方法、新技能、新信息、新知识"为主要内容的教育培训，提高创新意识和创新能力。

整合教育、体育资源，多渠道、全方位促进体育人才发展。继续加强以总局人力资源开发中心和干部培训中心为龙头的人才培养基地建设；充分发挥总局教练员学院的作用，按照分级分类的原则，为基层培训更多的教练员，引领全国范围内的教练员分级培训工作。充分发挥各级学校和体育训练基地的作用，设置适合各地特点和实际的培训项目基地，有效吸引社会力量和资金对体育人才培养的投入，着力建设和扩大有利于各类体育人才培养的渠道和平台

②完善体育人才评价发现机制

建立科学的体育人才评价体系。建立以群众公认、注重实绩为重点的党政人才评价体系，以运动成绩和体育道德为核心的竞技体育人才评价体系，以群众满意度为重点的社会体育人才评价体系，以社会和业内认可为标准的专业技术人才评价体系。鼓励和引导各类体育人才面向体育实践，为体育事业一线服务，为全面建设小康社会、提高全民族健康素质服务。

合理设置专业技术岗位，明确岗位职责、任职条件和聘任期限，竞争上岗，择优聘用。逐步实现专业技术职务的聘任和岗位聘用的统一。以岗位职责和聘用合同为依据，建立适合不同专业技术工作特点和岗位特点的考核指标体系。

③创新体育人才选拔任用机制

改革各类体育人才选拔使用方式,科学合理使用人才,促进人岗相适、用当其时、人尽其才,形成有利于各类体育人才脱颖而出、充分施展才能的选人用人机制。

完善党政领导干部公开选拔、竞争上岗制度,探索公推公选等竞争性选拔干部方式。规范干部选拔任用提名制度。坚持和完善党政领导干部职务任期制。进一步完善党政人才选拔中的民主推荐、民主测评、民主评议制度。

健全事业单位领导人员委任、聘任、选任等任用方式。全面推行事业单位公开招聘、竞聘上岗和合同管理制度。

④优化体育人才流动配置机制

逐步建立和完善体育人才市场体系,发挥市场机制在人才资源配置中的基础性作用,健全体育人才市场管理制度。深入开展人才调研,掌握体育人才结构的动态变化,提高体育人才市场的宏观调控水平。规范体育人才交流办法,促进人才的合理、有序流动。推行和逐步健全人事代理制度,发挥体育人才中介机构在体育人才交流中的作用。

加强地区间体育人才的合理流动。制定鼓励人才赴欠发达地区工作的政策,加大对西藏、新疆等地区的人才支援,加大西部和欠发达地区体育人才资源开发,鼓励东部发达地区与西部和欠发达地区体育人才的交流,以促进体育人才的区域分布的均衡。

加强基层体育人才队伍建设。围绕建设社会主义新农村的历史任务,以社会体育人才为重点,制定鼓励各类体育人才赴基层工作的政策,保障基层社会体育工作的顺利开展。

⑤创新体育人才激励保障机制

深化收入分配制度改革,探索有利于调动体育人才积极性、创造性的收入分配体系。引导事业单位收入分配向重点岗位和关键岗位倾斜,并给予相应政策支持。加大宏观调控力度,加强对事业单位收入分配秩序有关政策执行情况的监督检查。进一步完善以业绩为导向的奖励制度体系,制定各类体育人才表彰奖励办法,改革和完善以奥运会为最高层次的各类比赛奖励政策和措施,奖励对体育事业做出突出贡献的优秀人才。鼓励各级体育行政部门设立优秀人才专项奖励经费,探索建立优秀拔尖人才津贴制度,指导科研、教学单位积极开展面向高水平专家的服务保障工作,将人才激励工作落在实处。

进一步贯彻落实《关于进一步加强运动员文化教育和运动员保障工作的指导意见》;引导各地完善并落实各项激励和保障政策,切实维护运动员切身利益;构建和完善运动员职业转换社会扶持体系、职业辅导体系,帮助运动员顺利实现职业转换。

3. 实施"体育人才专项计划"

紧紧抓住优秀社会体育指导人才、精英体育教练员人才、领军体育产业经营管理人才、中青年体育专业技术人才、党政后备干部等重点体育人才群体,在明确这些重点人才群体培养目标的基础上,加大对他们的重点培养、使用和激励保障力度,实施一系列重大体育人才培养项目,细化培养和服务、保障措施,以重点扶持、高端引领带动体育人才队伍的整体开发，不断开创体育人才工作新局面。

（1）优秀社会体育指导员培养计划

深入贯彻落实《全民健身条例》，大力发展公共体育事业，通过建立并完善社会体育指导员培训、激励、保障机制，进一步扩大社会体育指导员规模、提高素质和技能、提升服务意识，为全民健身事业提供强有力的组织和队伍保障，努力加强社会体育指导员骨干队伍建设，发挥引领、带动作用，积极为社会体育指导员开展体育健身指导服务创造条件，促进全民健身志愿服务活动普遍开展，更好地满足广大人民群众日益增长的体育健身需求。

（2）精英教练"双百"培养计划

围绕更好的实施奥运争光战略，面向全国体育系统，在各类体校和各级优秀运动队分别选拔100名优秀体育教练员纳入精英教练"双百"培养计划加以重点培养。通过不断探索和完善进一步加强教练员队伍建设的措施和办法，提高高水平教练的执教水平和综合素质，培养高质量的体育教练员人才。

（3）体育产业经营管理人才能力提升计划

着眼于提高我国体育产业发展水平，培养一批具有世界眼光、战略思维、创新精神和经营管理能力的体育产业经营管理人才。通过举办战略研修、研讨交流等活动，加强对产业经营管理人员的培养。组织战略规划、资本运作、企业经营管理、人力资源管理、财务管理、法律等专业专题培训项目，不断提升体育产业经营管理人才的整体素质。与高校联合挑选一批体育产业相关学位、学历的后备人才进行重点培养，跟踪管理。

（4）党政领导班子后备干部素质提升计划

加大党政领导班子后备干部培养力度。坚持优先选调后备干部参加各类政治理论、党性锻炼为主题的培训班，重点培养其政治素质和科学发展能力。采取轮岗、交流任职、挂职锻炼等方式提高后备干部的实际工作能力、领导能力和执政能力。

（5）中青年体育专业技术人才培养计划

到2015年，按照严入口、小规模、重特色、高水平的原则，立足体育总局系统，遴选60名左右45岁以下、在本学科领域有一定成就、有发展潜力的中青年专业技术骨干，实施中青年体育专业技术人才培养计划。对进入培养计划的人员，开展经费扶持、重点培训、岗位锻炼、重大课题研究等扶持，并实行动态管理。

五、组织实施

（一）加强组织领导，明确职责分工

国家体育总局成立体育人才工作协调小组，加强体育人才工作组织领导和沟通协调。重点抓好全局性问题调研、综合性政策论证、跨部门工作统筹，加强总局与各省（自治区、直辖市）、各省（自治区、直辖市）之间的沟通交流，加强对各级体育人事干部培训，积极有效传达落实党和国家人事工作的新政策与新理念，营造开展体育人才工作的良好社会环境，及时研究解决体育人才工作中的问题。

注重体育人才工作队伍自身建设，加强教育培训力度，不断提高体育人才工作队伍的政治素质和业务水平。

（二）确保经费投入，提供资金保障

继续加大对人才工作的投入，建立政府部门、用人单位、个人和社会多元化投入机制。鼓励各级体育行政部门争取财政部门支持，设立人才培养专项经费。鼓励社会力量积极参与体育人才的培养工作。坚持使用和管理好"优秀体育人才培养"、"体育干部教育培训"、"运动员保障"专项经费，为开展各项体育人才工作提供必要的资金保障。

（三）加强基础建设，开展理论研究

推进全国体育人才工作信息化建设，建立健全全国体育人才信息网络和数据库，及时掌握体育人才的数量、质量、分布、结构及使用情况，为制定体育人才规划、政策法规及科学决策提供数据支撑。

开展体育人才课题研究，对"人才强体"的支持指标体系、政策体系开展前瞻性研究，积极研究社会主义市场经济条件下我国体育人才发展的内在规律，探索新时期体育人才队伍建设的路径和政策设计，为构建适应体育强国建设目标的人才队伍提供理论依据。利用好各种研究成果，加强推广，促进体育人才工作的科学开展。

"十二五"体育对外交往规划研究

国家体育总局体育科学研究所 祝 莉

前言

体育对外交往是我国外交工作的组成部分，也是体育工作的重要内容。新中国成立以来，在党和国家的高度重视和全国人民的大力支持下，在毛泽东、邓小平、江泽民、胡锦涛等几代党和国家领导人的身体力行和亲切关怀下，我国体育外交从打开门户向世界，到五湖四海皆朋友，充分发挥体育独特的优势，密切配合国家总体外交和对外战略的实施，以树立国家良好形象、展示我国社会主义现代化建设和体育事业的伟大成就为宗旨，服务国家外交大局服务体育中心工作为根本，为国家外交和体育事业发展营造良好的国际环境和创造有利的外部条件，取得了辉煌的成就。

"十一五"期间，举世瞩目的 2008 北京奥运会给体育对外交往提供了空前绝后的舞台：100 多个国家和地区的政要相聚北京，同台观看开幕式；204 个国家和地区的 1 万多名运动员参加比赛；全球 45 亿观众通过电视屏幕，共同感受"同一个世界、同一个梦想"的快乐。作为东西方文化的最集中的一次对话和交汇，北京奥运会大大加深了中国人民和世界人民的心灵沟通，增进了相互了解与友谊，使我国与世界的融合达到前所未有的水平，作为发展中国家共同的荣耀，北京奥运会大大夯实了与广大发展中国家的团结合作的基石，在向世界集中展示了灿烂悠久的中华文明和改革开放 30 年的巨大成就中，进一步树立了文明、民主、进步、开放的形象，我国的国际地位和影响力得到了显著的提高。体育对外交往紧紧抓住这一历史机遇，通过各种方式，全方位、多渠道、宽领域地拓展了国际体育交流、合作与参与的领域和空间，形成了体育对外交往思想观念、机制体制、政策举措上的创新成果，谱写了体育对外交往的新篇章，开创了体育对外交往工作新局面。体育对外交往在北京奥运会的成功实践，在 2010 年广州亚运会得到了发扬光大。广州亚运会上，中国体育代表团以昂扬的精神风貌、优异的运动成绩再一次向世界展示了中国体育的活力和实力，向祖国人民交出了继 2008 北京奥运会和 2010 温哥华冬奥会后又一次满意的答卷，续写了中国体育对外交往新的华章。

当前，世界多极化、经济全球化深入发展，各种政治力量纵横捭阖，围绕国际秩序、综合国力、地缘政治、国际市场、科学技术等的全方位竞争更趋激烈，世界范围内各种思想文化交流交融交锋更加频繁。中国通过在有效抵御国际金融危机，应对气候变化等全球性问题上发挥了重要作用，在全面深化与世界各国的友好合作，促进以和平方式解决国际争端和地区热点问题，推动国际秩序向着更加公正合理的方向发展彰显了大国负责任的国际形象，赢得了世界各国的尊重和拥戴。在世界经济发展方式发生新的重大变革，国际经济体系进入改革和构建重要时期，建立更加公正合理的国际秩序的呼声更加强烈，国际力量对比格局出现新的此消彼长，发展中国家整体实力继续上升，国际关系在新一轮调整互动期，围绕全球性问题的国际合作不断深化的当今时代，我国始终不渝地走和平发展道路，始终不渝地奉行互利共赢的开放战略，始终不渝地推动建设持久和平、共同繁荣的和谐世界，更好地统筹国内国际两个大局，用开放包容的精神大力推进全方位外交，业已成为维护世界和平、促进共同发展的重要力量。在奥运外交辉煌犹存，体育持续升温的形势下，体育作为外交的重要途径和有效形式，必将在更大范围、更广领域、更高层次上紧密围绕国家外交战略和建设体育强国的目标，全方位、多渠道、宽领域展开。

"十二五"时期是我国全面建设小康社会的关键时期，是深化改革开放、加快转变经济发展方式的攻坚时期，也是建设体育强国，推进体育事业实现新发展、新跨越的重要阶段。总结"十一五"体育对外交往发展的成就和经验，抓住和用好重要战略机遇期，科学规划"十二五"体育对外交往的发展蓝图，把建设体育强国的长远目标和"十二五"时期体育对外交往的阶段性任务有机结合，对于体育事业全面、可持续发展和推动建设体育强国进程有着重要和深远意义。本研究在总结"十一五"期间我国体育外交事业发展的成就、经验和问题的基础上，紧密围绕建设体育强国的目标，对"十二五"期间我国体育外交事业发展的指导思想、目标、任务和政策保障进行规划，以期成为"十二五"期间我国体育对外交往工作战略性、科学性、指导性、可操作性的参考和借鉴。

一、"十一五"时期我国体育对外交往的现状

"十一五"期间，我国体育对外交往工作蓬勃发展，规模不断扩大，领域不断拓展，呈现出良好的发展态势，体育对外交往在国家总体外交工作中的独特作用得到了充分发挥，在促进体育事业发展过程中的作用和地位也越来越突出。

（一）"十一五"时期体育对外交往的主要成绩

1. 成功申办和承办办国际综合性运动会和体育赛事

承办重大国际体育赛事是体育事业发展、满足人民对体育日益增长的需求，扩大与大国的国际地位相适应影响力的需要，也是促进体育对外交往的有效途径。"十一五"期间，我国以承办重大国际体育赛事为开展体育对外交往的重点，申办、举办各类国际体育比赛达970多起，举办和承办了北京第二十九届奥运会和奥运会科学大会，广州第十六届亚运会和亚运会科学大会，香港第五届东亚运动会、北京第一届世界武搏会等十余项大型国际综合赛事；举办和承办了中国网球公开赛、上海网球大师杯、F1上海站比赛、女足世界杯、第六届远东及南太平洋残疾人运动会、第四十三世界乒乓球锦标赛、第三届冬季亚运会、第十六届亚运会、第六届东亚运动会、第六届亚洲

冬季运动会等综合性国际体育赛事。我国严格按照国际惯例对赛事进行运营，特别加强了在赛事的服务保障工作，赛事的运行管理、服务保障的高水平、高水准得到了国际体育社会的高度评价，特别是举世瞩目的第二十九届北京奥运会和奥科会、第十六届广州亚运会和亚科会的圆满成功举办，把承办奥运会和亚运会的水平提高到无以伦比的巅峰，为我国与世界各国开展包括体育对外交往在内的全方位的交流与合作搭建了宽阔的平台。与此同时，我国还不失时机的获得了海阳 2012 年亚洲沙滩运动会、天津 2013 年东亚运动会、南京 2014 年第二届青奥会等国际综合性运动会的举办权，为"十二五"期间开展体育对外交往工作奠定了良好的基础。

2. 参加大型国际体育赛事成绩优异

参加大型国际体育赛事是国与国之间相互学习，提高运动技术水平，展示体育和国家综合实力的重要途径，也是开展体育对外交往的主要渠道。"十一五"期间，中国体育代表团参加了北京第二十九届奥运会、都灵第二十届冬奥会、多哈第十五届亚运会、长春第六届亚冬会、澳门第二届亚洲室内运动会、巴厘岛第一届亚洲沙滩运动会、新加坡第一届亚洲青年运动会、曼谷第一届亚洲武道运动会、越南第三届亚洲室内运动会、广州第十六届亚运会等大型国际体育赛事。在北京第届二十九奥运会上，中国代表团以 51 枚金牌、21 枚银牌、28 枚铜牌，创 4 项世界纪录的优异成绩，位居金牌榜首；在第二十届都灵冬奥会上，中国代表团取得了 2 枚金牌、4 枚银牌、5 枚铜牌的好成绩；在二十一届加拿大温哥华冬奥会上，中国代表团以 5 金 2 银 4 铜，两次破世界记录，四次破奥运记录实现了我国冬季运动竞技水平的历史性突破；在第 15 届多哈亚运会上，中国代表团以 165 枚金牌、88 枚银牌和 63 枚铜牌第 7 次蝉联金牌榜第一；第十六届广州亚运会上，中国代表团以 199 枚金牌、119 枚银牌和 98 枚铜牌。我国在其他国际综合性运动会和单项比赛中也取得了优异的成绩，实现了提高中国竞技体育的水平，学习世界其他国家体育发展的先进经验，加深中华民族与世界人民之间的友谊，展示中国人民的精神风貌和优越的社会制度的根本价值，为中国体育对外交往的新局面。

3. 开展双边体育交流与合作成就喜人

开展双边体育交流与合作是体育对外交往的重点工作。"十一五"期间，我国紧紧抓住举办北京奥运会的契机，进一步加大了体育对外交流与合作的力度。我国与亚洲所有国家和地区特别是周边国家保持和开展着较为密切的体育交往，与国际综合性和单项体育组织的友好合作关系不断向纵深发展；抓住承办第二十九届奥运会科学大会，第十六届亚运会科学大会的契机与体育科技学术组织广泛建立了密切联系。目前，我国已与 130 多个国家建立了双边体育交流与合作关系，与近 100 个国家的政府体育机构或奥委会签署了双边体育合作协议或合作备忘录，与 50 多个国家的大学和科研院所建立了双边体育交流与合作关系，形成了与世界各国全面进行体育竞赛、教育、科技交流与合作的良好局面。

4. 进入国际体育组织任职步伐加快

进入国际体育组织任职是开展体育对外交往和维护我国在国际体坛上的合法权

益的关键。"十一五"期间，我国高度重视与国际体育组织的交往，加快了国际体育组织的步伐，利用举办或参加综合性国际体育赛事和重大国际体育文化交流的时机，密切加强与国际综合性体育组织的友好合作关系，参与国际体育组织有关职务的竞选，特别是一些重要岗位的竞选。"十一五"期间，我国在国际体育组织任职的 341 人次的基础上新增加了 62 人次，任职的层次有了较大提高：于再清副局长当选为国际奥委会副主席、亚奥理事会副主席、东亚运动会联合会副主席；胡家燕副局长当选为国际龙狮运动联合会主席；冯建中副局长当选为亚太群体协会主席；常建平同志当选为国际拳联副主席、马文广同志当选为国际举重联合会副主席、秘书长等。我国在国际体育组织，特别是在综合性及奥运项目组织中任职的人数继 2001 年后仍大致呈增长趋势，截至 2010 年，在 52 个国际体育组织中，担任主席职务的有 18 人、副主席 29 人、执委员 19 人、理事 13 人、秘书长 7 人、副秘书长 1 人、荣誉和名誉委员 5 人；（见附表1）在亚洲体育组织中，担任主席的有 41 人，副主席 45 人，执委 5 人、理事 13 人、秘书长 8 人、总干事 1 人、荣誉和名誉委员 1 人。（见附表2）目前在 28 个奥运项目中，已有一半以上的国际单项体育联合会中有中国人担任执委以上职务，在国际奥委会及其项目委员会、运动员委员会、群体委员会、国际关系委员会、医务委员会、法律委员会、妇女与体育委员会以及亚洲、远东、泛太平洋等体育组织中，都有中国人担任重要职务，卓有成效地发挥了"大使"作用，显示了我国强大的综合国力和积极参与国际事务的能力，提升了我国在国际体育领域的地位，对维护我国的合法权益发挥了十分重要的作用。

5. 对外体育文化交流不断升温

体育是文化的重要组成部分，体育文化是文化在体育领域的表现形态。在对外文化交流方面，体育的作用日益突出。"十一五"期间，体育对外交往配合国家外交大局，充分发挥了体育文化的独特作用，国家体育总局作为中国政府的代表，参与了与法国、意大利、俄罗斯、韩国、日本、东盟等国家和地区共同举办的文化年、国家年、友好合作年活动，配合上海合作组织参与了中俄人文合作委员会体育分委会、中国意大利委员会、中英关系协调小组工作，参与了国际太平洋体育论坛、中国—西班牙论坛、中阿（拉伯）合作论坛体育文化交流，加入了由教育部牵头的"中美人文交流高层磋商机制"的体育交流项目，使体育文化交流作为文化交流的重要内容，在各国的文化交流中发挥出积极的作用。值得一提的是，在温家宝总理、习近平副主席、刘延东国务委员同志出席俄罗斯汉语年、中意青年文化交流的开、闭幕式上，北京体育大学艺术团进行了体育舞蹈、健美操、武术等表演，这些体育艺术表演作为体育文化交流活动的内容，在参与国家领导人的高度重视和人民的热烈欢迎中产生了较大影响，成为我国对外文化交流的亮点，为推动对外文化交流做出了积极的努力。通过体育文化交流，加强了中外文化的融合，丰富了体育对外交往的内容，拓展了体育对外交往的渠道。

6. 港澳台地区体育交流成效明显

积极稳妥的开展体育交流是与港澳台地区进行体育交流的基本思路。"十一五"

期间，体育对外交往认真贯彻中央对台工作方针和总体部署，抓住两岸关系和平发展和举办北京奥运会、广州亚运会、全运会、城运会和全国体育大会等大型体育赛事机遇，大力开展丰富多彩的两岸体育交流活动。积极举办两岸体育交流座谈会，开展两岸奥委会间、单项协会间和基层组织间形式多样、内容丰富的交流合作，通过邀请港澳体育界人士参加和观摩港澳组团前来观摩访问，组织奥运会金牌运动员赴港澳访问和表演，篮球明星姚明、大陆体操、滑冰和武术队赴台表演交流，派出武术、田径、体操等 20 多个项目教练员、教授赴台执教和讲学、接待并安排台湾举重、乒乓球、射击等运动队来大陆训练，对台武术等项目教练员进行业务培训，邀请台湾体育界人士考察我奥运比赛场馆和训练设施，介绍北京奥运的筹备情况，安排台湾运动员在大陆进行奥运会赛前训练， 邀请台湾青少年参加以奥运会为主题的夏令营、举办首届"海峡杯"帆船赛和厦金海峡横渡，请台湾同胞参加 2008 年奥运会志愿者工作等活动达 50 多次，提升了两岸体育交流的规模、层次和质量，巩固了两岸奥委会沟通协商机制，增进了两岸同胞情谊，促进了两岸交流的纵深发展，呈现了层次日益提高，内容日益丰富，领域日益拓宽的交流格局，两岸间体育大交流大合作局面已初步形成。

认真贯彻"一国两制"、"港人治港"、"澳人治澳"和高度自治方针，依据《基本法》，努力发挥内地体育优势，以支持澳门举办 2005 年东亚运动会和 2007 年亚洲室内运动会、香港举办 2008 年北京奥运会马术比赛和 2009 年东亚运动会以及庆祝港澳回归十周年活动为重点，全面开展了内地与香港、澳门间的体育交流与合作，特别是通过组织北京奥运会金牌运动员访问港澳、邀请港澳参加和观摩全国运动会、全国城市运动会、全国体育大会，派出体育专业技术人员为澳门市民进行体质监测工作、与澳门体育局联合开展体育科研课题的研究等活动，增进了港澳体育界与对内地体育的沟通了解，体育交流与合作呈现出良好的局面，同时也激发了港澳同胞的国家认同感和向心力，为促进港澳体育运动的发展和保持港澳社会的长期繁荣稳定做出了积极努力。

7. 体育对外援助影响日益扩大

体育对外援助是体育对外交往工作的重要内容。体育对外援助工作在体育总局系统主要是通过向国外派送教练员、运动创伤医疗人员、体育技术人员以及等来开展。十一五期间，我国向阿尔及利亚、阿曼、埃及、澳门、巴基斯坦、博茨瓦纳、俄罗斯、厄瓜多尔、菲律宾、哥伦比亚、圭亚那、韩国、加纳、卡塔尔、科威特、库克群岛、老挝、罗马尼亚、马达加斯加、马来西亚、毛里求斯、孟加拉、缅甸、墨西哥、南非、萨摩亚、沙特阿拉伯、苏丹、泰国、瓦努阿图、委内瑞拉、牙买加、也门、伊朗、以色列、印度等 36 个国家及地区派遣了射击、射箭、击剑、帆船、举重、摔跤、柔道、拳击、跆拳道、田径、游泳、花样游泳、体操、艺术体操、蹦床、曲棍球、篮球、排球、乒乓球、羽毛球、网球、武术、气功、体育舞蹈、团体操等 23 个项目的教练及射箭项目经理、体育医生、游泳救生督导员及翻译等体育技术人员，或以援助的形式接待其运动队来华训练达 252 人次，向 36 个发展中国家提供了体育器材援助。我国援外教练与我国驻外使馆积极配合，向受援国传授高水平的体育理论与技术，带领受援国运动队在国际及地区比赛中取得优异成绩，有力地提高了受援助国特别是第三世界国家的体育竞技水平，推动了国际体育的共同繁荣和发展，受到受援国和国际体育界的广泛好评。通过向受援助国传授体育技术也与当地人民在增进友谊，宣传新中国的建设成就和对外政策，取得了良好的成效。特别是援外教练工作还在遏制台湾所谓外交战略发挥了独特的作用，成为通过体育开展外交工作的典范，为推进祖国和平统一大业发挥了重要作用

8. 体育外交工作管理水平不断提高

体育对外交往管理工作是开展体育对外交往活动体制机制保障的实施过程。"十一五"期间，体育外交部门积极贯彻，认真落实中央外事工作会议精神，高度重视和不断加强外事管理工作，根据国家体育总局《关于新形势下进一步加强和改进体育外事工作的意见》。体育外事部门，制定了《国家体育总局在华举办国际体育会议的管理办法》、《关于进一步加强国家体育总局系统出国（境）考察调研、访问交流类活动审批管理工作的通知》、《关于进一步加强跨地区跨部门因公出国（境）团管理工作的通知》、《因公出国人员护照收缴管理办法》和《关于严格按照外事管理规定和工作程序办理出访手续的通知》等一系列重要外事管理办法，进一步完善和健全了体育外事规章制度，规范了体育外事管理工作程序，为体育外事工作健康顺利进行提供了制度保证。

（二）"十一五"时期我国体育对外交往的基本经验

"十一五"期间，我国体育对外交往在服从、服务于国家外交工作大局和体育中心工作，为国家和体育事业的发展营造良好的国际环境和有利的外部条件中，特别是在2008北京奥运会的促进下，体育外交工作上了一个新的台阶，也积累了宝贵的经验。

1. 重视发挥体育独特的优势，着力服务国家外交大局

体育对外交往工作是以体育为依托，服务于我国总体外交和体育事业所开展的体育对外交流与合作。"十一五"期间，按照"为国家总体外交服务，为体育事业发展服务"的宗旨，体育对外交往积极配合国家"坚持开放合作，寻求互利共赢"的外交政策，充分发挥了体育独特优势，通过举办和参与国际重大赛事，开展体育文化交流，搭建我国与世界各国交往的桥梁，特别是利用北京奥运会为我国与世界的全面合作和交融、提供了前所未有的平台，向世界集中展示了灿烂悠久的中华文明和改革开放30年的巨大成就，进一步树立了我国文明、民主、进步、开放的形象，改善和巩固了我国与其他国家的战略合作伙伴关系，着力服务了国家外交大局，为增强我国在政治上的影响力、经济上的竞争力、形象上的亲和力、道义上的感召力发挥独特作用，特别是配合国家对港澳台地区开展的工作发挥了重要作用，做出了重要贡献。正如外交部长杨洁篪所说："我们在北京奥运会收获的最重要的一枚金牌，就是在赢得世界人民的理解、信任和友谊方面取得新的突破，使我国在政治上的影响力、经济上的竞争力、形象上的亲和力、道义上的感召力得到了进一步的增强"。

2. 积极抓住北京奥运会的机遇，全力拓展与国际体育组织的友好合作关系

2008年北京奥运会为体育对外交往提供了前所未有的平台。"十一五"期间，体育对外交往充分利用筹备和举办2008年奥运会、2010年广州亚运会等难得的历史机遇，以科学发展观为统领，转变观念，积极进取，努力开展了同国际奥委会、亚奥理

事会、国际和亚洲单项体育联合会等国际体育组织的友好交往,广泛接触国际体育组织和各国、各地区体育领导人,我国与 36 个国际体育组织进行了交往,加深了与国际体育组织的了解、促进了相互合作,进一步加强了我国非政府体育组织与其他国家体育组织的友好往来。随着我国进入国际组织人数的不断增多,我国参与国际体育事务的管理能力不断提高,国际体育领域中的话语权不断扩大,国际体育领域中的地位不断提升,维护和争取了我国在国际体育领域中的利益,为体育事业的发展营造了良好的国际环境和有利的外部条件。

3. 坚持统筹国内国际两个大局,科学谋划和发展体育对外交流与合作

统筹国内国际两个大局是开展体育对外交往工作中始终坚持的一个重要基本原则。"十一五"期间,体育对外交往工作努力在国内国际形势的相互联系中把握方向,在国内国际条件的相互转化、国内国际资源的优势互补中创造发展条件,把握工作的主动性。在国际事务中,积极开展了以学习赶超为特点的与欧美体育发达国家的体育交流与合作,以共同提高为特点的与亚洲及周边国家的体育交流与合作,以友情支持为特点的与非洲及发展中国家的体育交流与合作。通过体育竞赛、体育出访、体育对外援助、体育教育、体育科技、体育文化交流等有选择地重点发展与具有国际影响的田径、篮球、足球、游泳等组织,我国优势项目乒乓球、羽毛球等组织国际单项体育组织的友好往来,保持和发挥了我国在国际体育组织中的影响力,稳固和提升了我国在国际体坛的地位,为体育事业的快速发展营造了良好的国际环境。在国内工作中,认真做好国际体育活动的申办、举办工作,积极引进有影响力的世界新兴体育运动项目,以推广民族民间传统项目为切入点,大力弘扬中华文化,加速中西方文化的交融,全力拓宽体育对外交往的途径,有力促进了我国体育事业全面、协调、可持续发展。

4. 依靠制度和机制创新,努力提高体育对外交往的管理水平

依靠制度和机制创新,努力提高体育对外交往的管理水平是推动我国体育对外交往不断健康发展的保障和基础。"十一五"期间,体育外事部门加强了对体育对外交往工作规律以及一些带有政策性、全局性问题的研究,预见性和前瞻性不断增强,解决新问题、化解新矛盾的思路和方法不断创新,从思想观念、体制机制、政策保障都取得了一系列的新成果。特别是经过北京奥运会的历练,体育外事工作的主动意识和创新意识不断得以强化,工作的主动意识和服务意识不断得以强化,一些行之有效的管理措施逐步制度化、长效化,体育对外交往的管理水平得到了很大提高,有力地促进了体育对外交往的发展。

(三)"十一五"时期我国体育对外交往存在的问题

"十一五"时期我国体育对外交往工作取得了显著的成绩,获得了一些基本经验,但也存在着一些问题,主要表现在以下几个方面:

1. 体育外事相关体制机制有待进一步完善

随着运动项目国际化的深度和广度不断加深加大,体育外事工作的制度化、规范化和科学化管理水平亟待加强。"十一五"期间,作为承接体育对外交往重任的总局各直属单位的外事部门,在机构改革中不少被精简或撤消,总局系统 43 个直属单位

中，只有8个单位设有外事机构，其余35个单位中，有专人负责外事工作的也是身兼数职，有的甚至没有专人负责，有任务临时找人。机构不健全，工作机制不完善，人少事多，使体育外事部门疲于应付日常工作，对一些前瞻性、战略性工作无法深入研究，成为制约我体育对外交往科学发展的一个突出问题。

2. 体育对外交往人才队伍建设有待进一步加强

随着体育事业和对外交流工作的全面纵深发展，体育对外交往队伍素质的要求日益紧迫。"十一五"期间，我从事体育对外交往的工作人员及相关工作人员，在政策把握、交际能力、外语、体育业务水平与体育对外交往事业蓬勃发展的需要还有一定的差距，在开展国际体育事务中难以发挥应有的作用，一定程度上制约了我国体育对外交往工作的更好开展。

3. 在国际体育组织任职人员的层次和年龄结构有待进一步调整

"十一五"期间，我国在国际体育组织中任职人数虽有增加，但在国际组织中发挥核心作用的人有限，这与我体育大国的地位以及应在国际体育事务中发挥的作用不相适应。特别是我国在任人员中不少人行将退居二线，在国际体育组织任职人员青黄不接的现象已出现，这在一定程度上会削弱我国体育大国的影响力。

4. 体育对外交往所发挥的多重效应有待进一步提高

充分利用国际体育赛事及活动加大、加宽、加深我国国际影响、展示良好的国家形象是体育在开展体育对外交流与合作的出发点和落脚点。一些单位在主动配合和服务国家总体外交方面的意识不强，不重视或不善于利用参加或举办国际体育活动的机会做相关调研和友好工作，仅满足于完成友好访问、参赛、参会任务，体育对外交往的多重效应没有得到充分体现。

二、"十二五"期间体育对外交往规划内容

（一）"十二五"期间体育对外交往工作所面临的形势

未来五年是国际格局大发展、大调整、大变革的重要时期。紧紧把握和平、发展、合作的时代主题，抓住和用好重要战略机遇期，坚持外交为国家发展服务的主线，坚定地维护国家主权、安全、发展利益，继续推进大国关系，构筑总体稳定、相对均衡、合作共赢的大国关系框架，不断深化周边睦邻友好，巩固和平稳定、共同发展的有利周边环境，进一步加强与发展中国家的传统友谊，夯实其在我国外交全局中的基础地位，积极参与多边合作，在国际体系改革中发挥重要建设性作用是我国对外交往的战略定位。"十二五"时期，是我国推进全面建设小康社会的关键时期，也是深化改革，加快经济发展方式转变的攻坚时期。我国坚持以科学发展为主题、以加快转变经济发展方式为主线，把经济结构战略性调整作为加快转变经济发展方式的主攻方向，科技进步和创新作为加快转变经济发展方式的重要支撑，保障和改善民生作为加快转变经济发展方式的根本出发点和落脚点，建设资源节约型、环境友好型社会作为加快转变经济发展方式的重要着力点，改革开放作为加快转变经济发展方式的强大动力，促进经济建设、政治建设、文化建设、社会建设以及生态文明建设协调发展、共同进步。

这一时期也是推动体育强国建设的关键时期。按照国家体育总局以科学发展为主题,以满足人民群众不断增长的体育需求为宗旨,以建立完善面向大众的公共体育服务体系为主线,以建设体育强国为目标,以改革创新为基本动力的工作定位,体育事业要实现新发展、新跨越:群众体育领域要建立覆盖城乡且比较完善的公共体育服务体系;竞技体育领域要在奥运会等重大国际比赛中继续保持较高水准,同时项目发展要均衡并具有可持续性;体育产业领域要以体育的服务业为重点,带动其他体育产业的发展,在国民经济所占的比重有较大幅度的提高;体育文化领域要提高独具魅力的中华传统体育文化的影响力,在世界文化中发挥更大的作用;体育科技、教育要提高科技创新和培养高素质人才水平,加强体育事业发展的支撑力,体育对外交往要让中国体育在国际体育领域具有更大的影响力。新时期,新形势赋予了体育对外交往新的使命和任务,在以提高竞技运动水平、增强国际话语权、扩大国际影响力等要素为核心的日趋激烈的国际体育竞争与合作中,我国对外体育交往工作要紧紧抓住国内外形势发展带来的机遇和挑战,围绕建设体育强国的目标,开拓新思路,采取新措施,拿出新办法,努力开创体育对外交往工作的新局面。

　　(二)"十二五"期间体育对外交往工作的特点

　　体育对外交往具有国际性与地域性、政策性与灵活性、长期性与复杂性的特征。体育对外交往的国际性体现在交往对象的广泛性和普通性方面,地域性体现在交往对象的针对性与重点性方面;政策性与灵活性体现在体育对外交往和处理国际体育事务中,既要坚持政策的原则性,又要注意策略的灵活性,在重大的原则问题上不轻易退让,又不能影响友谊;体育对外交往的长期性体现在政策的连续性,稳定性,持久性,复杂性体现在工作中面临纷繁错综的关系和问题。"十二五"期间体育对外交往工作将会呈现出以下特点:

　　——国际政治化、经济区域化和集团化的趋势在体育领域反应明显,体育对外交往服务国家总体外交大局和体育中心工作,争取有利的国际环境的独特功能和优势,显著增强与提高,体育对外交往在国家外交战略中的作用和地位更加凸显;

　　——我国与综合性国际体育组织、国际体育单项组织的联系和交流更加频繁,与区域性体育组织的关系将更为密切;体育对外交往的国际性和区域性继续增强,与各大洲和各地区的体育交流与合作力度不断加大, 更加重视与亚非拉发展中国家的体育交流与合作。体育对外交往工作格局将有新拓展、新充实、新完善,呈现出全方位、多渠道、宽领域的局面,体育对外交往对体育事业的服务与保障作用更加突出;

　　——体育对外交流合作呈明显的上升趋势,与国际体育活动的结合将更加紧密,更为多样化,民间体育对外交流日益增多,呈"常态化"发展,原则性与灵活性将成为体育对外交往外交政策调控的重点。在体育对外交往中,更加注重体育外交政策的原则性和灵活性,在国际体育事务中化挑战为机遇;

　　——体育对外交往的广泛性和针对性更加有机结合,更加注重针对不同的国家、地区采取不同的体育交往方略,处理复杂体育对外交往关系的准备与应对办法更加务实有效,体育对外交往的成效更加显著,体育对外交往发展的新模式、新路径在不断探索中建立和形成。

（三）"十二五"期间体育对外交往工作的指导思想

坚持以邓小平理论和"三个代表"重要思想为指导，以科学发展观为统领，服务国家外交事业为根本，紧紧围绕建设体育强国这一奋斗目标，统筹国内国际两个大局，全方位、广泛开展体育对外交往工作，努力为我国体育事业的发展营造良好国际环境和外部条件，为我国体育事业全面、协调、可持续发展和推动建设和谐世界做出贡献。

（四）"十二五"期间体育对外交往工作的目标

充分利用体育对外交往的独特功能和优势，努力发挥体育对外交往在国家外交事务中的作用，紧密围绕体育中心工作，统筹国际国内两个大局，大力开展多边和双边体育对外交往活动，进一步丰富体育对外交往的内容，拓宽体育对外交往的范围，拓展体育对外交往的渠道，增强体育对外交往的深度、广度和效力，形成全方位、立体式、多元化的体育对外交往格局，努力为我国体育事业的发展创造良好的国际环境、外部条件和提供服务与保障，为推动体育强国建设做贡献。

（五）"十二五"期间体育对外交往工作的主要任务

1. 为国家总体外交服务

充分发挥体育对外交往的特殊作用，更加主动将体育对外交往工作融入到国家外交大局中去，不断提升和彰显体育对外交往在我国外交事务中的地位和作用。坚持"一个中国"原则，坚决维护国家主权、安全和发展利益，积极配合我国统筹国内、国际两个大局，扎实推进经济外交，大力开展安全外交，积极开展公共、人文外交的工作定位，积极参与我国政府与有关国家和地区共同举办的相关交流与合作，更好地为国家总体外交服务。

2. 大力开展体育对外交流与合作

进一步巩固和发展我国与各国家（地区）之间的友好关系，大力开展体育对外交流与合作。进一步丰富体育对外交往的内容，拓宽体育对外交往的范围，扩大体育对外交往的渠道，增强体育对外交往的深度、广度和效力，形成全方位、立体式、多元化的体育对外交往新格局，为建设体育强国创造良好的国际环境和提供服务与保障

3. 进一步加强与国际体育组织的友好合作

继续加强与国际奥委会、亚奥理事会、东亚运动会联合会等国际综合性体育组织以及其他国际单项体育组织的友好合作关系，加固已建立的国际体育组织的关系，加强新建立的国际体育组织的联系，加大未建立的国际体育组织的沟通，争取我国更多的体育专业人才进入国际体育组织高层任职和参与国际体育事务，在国际体育组织中发挥核心作用，增加我在国际体育组织中的话语权，增强我在国际体育事务中的影响力和决策力，维护我国发展利益，逐步形成我国在国际体育事务中的主导力量。

4. 积极争取更多有影响的国际体育活动在华举行

充分发挥北京奥运效应，协调做好国际体育活动的申办工作，争取更多的国际体育赛事和国际体育活动在我国举行，提高我国的竞技体育水平，扩大举办城市的影响；及时介绍和传递国际体育竞赛的新规则、新动向，为我国运动员参与国际竞争，取得

优异成绩，创造更多的机会和更有利的条件；积极引进有影响的世界新兴体育运动项目，大力推进我国民族传统体育项目走向世界，为东西方体育文化交融搭建新平台。

5. 继续做好国际综合性运动会的筹备及参赛工作

积极开拓思路，进一步增强责任意识和服务意识，努力提升管理水平和提高工作成效，做好 2011 年第七届亚冬会，2012 年第三十届奥运会、第一届冬季青奥会、2013 年亚青会、亚洲室内及武道运动会、2014 年第二十二届冬奥会、第十七届亚运会等国际综合性运动会重大体育比赛的参与和筹办工作，为参赛代表团做好外事服务和提供保障，为我国代表团取得优异成绩创造条件；继续加强与海阳 2012 年第三届亚沙会、天津 2013 年第六届东亚运动会、南京 2014 年第二届青奥筹备工作的指导和协助，为成功举办运动会做出积极贡献。

6. 进一步扩大重点国家和地区体育援助的领域

在做好重点国家和地区的体育援助工作的基础上，进一步扩大援助的领域，将援助工作从传统的竞技体育向社会体育、体育管理、体育教育、体育科技等领域延伸，增强我国与受援国家和地区的友好关系，促进受援国特别是第三世界国家体育事业的发展。继续与欧美体育强国建立信息沟通机制，保持对国际体育事务中的热点问题的敏感度，积极为体育交流创造条件和机会，为建设体育强国营造有利的外部环境。

7. 全面加强港澳台的体育交流与合作

根据《基本法》的有关规定和中央对台工作总体部署，全面加强与港澳台地区在竞技体育、群众体育、体育产业、体育教育、体育科研等领域的全方位交流与合作。通过邀请港澳台代表参加和观摩第十二届全国运动会和科学大会、第七届全国城市运动会和科学大会、第五届全国体育大会和科学大会等全国综合性运动会，支持港澳申请和举办有关国际综合性体育赛事、举办两岸三地体育科学报告会和联合进行课题研究、召开两岸体育交流座谈会、两岸体育组织的对口交流、体育明星表演等交流活动，增进港澳台同胞对祖国的认同感，促进港澳台地区体育事业发展。

8. 切实加强体育对外交往人才队伍建设

科学制定和实施体育对外交往人才培养计划，不断探索体育对外交往人才成长的机制和培养途径，以增加体育对外交往人才的储备，提升体育对外交往人才的整体素质为目标，进一步拓宽体育对外交往人才的培养渠道，加大体育外事人才队伍的培养力度，整合和利用国内外教育资源，选拔、培养和造就优秀的体育对外交往人才；继续抓好国家体育系统外事干部业务培训工作，针对不同级别、不同层次体育外事人员的工作需求，进行分批分级的体育外交知识、技能培训，有计划地安排国际体育组织后备人才参加国际体育组织活动、进入国际体育组织，造就一支政治素质好、外语水平高、业务能力强、熟悉国际体育事务的体育外交人才队伍，为体育对外交往的健康、持续发展提供人才保障。

9. 充分发挥我国非政府体育组织的重要作用

进一步拓宽体育对外交流合作的形式和渠道，逐步推进民间的国际体育社团的发展，形成布局愈趋合理、功能不断增强、素质不断提高的非政府体育组织体系，完善非政府体育组织之间、非政府体育组织与政府之间的沟通和交流机制,发挥我国非政府体育组织的重要作用,增强我国非政府体育组织与其他国家体育组织的友好往来,推进民间跨国体育社团的交流与合作,形成布局合理、功能健全、作用明显的非政府体育组织体系,增进国际体育界的理解和信任。加强与其他国家体育组织的联系,通过非政府体育组织的对外交往活动,建立与其他国家体育组织的友好互信关系,以此加深人与人之间、民众与民众之间、民族与民族之间的和友好情谊,增进国家与国家之间的关系。

10. 加强中国奥委会与国际奥委会及其他国家奥委会的合作

进一步建立和完善中国奥委会的管理体制与运营机制,有效地发挥中国奥委会的作用,加强中国奥委会与国际奥委会及其他国家奥委会的交流与合作,增进中国奥委会与各国和地区奥委会之间的友谊。努力提高中国奥委会积极参与国际事务的能力,提升中国奥委会在国际体育组织中的地位,进一步扩大中国奥委会的影响力;协助国际奥委会做好相关工作,有效利用国际奥委会的基金与项目,促进我国体育事业发展和体育对外交往工作的开展。

(六)"十二五"期间体育对外交往工作的政策保障

1. 进一步健全和完善体育对外交往工作的体制机制

进一步发挥体育外事部门的统筹协调作用,按照统一领导、归口管理、分级负责、协调配合方针,对体育对外交往工作进行宏观指导、统筹协调和归口管理,保证体育外事工作的统一性、严肃性。坚持精干、统一、高效的原则,本着基本稳定、优化结构、适当充实、提高效率的精神,进一步建立和完善高效低耗、凝聚合力、反应迅速、运转顺畅的机制,形成体育对外交往外交人员的选拔和任用机制来充实和扩大体育外交的队伍,建立体育外交人员的培训和学习制度来提高体育外交队伍的素质,形成内外协调的机制来推动体育对外交往工作。进一步加强单位和部门横向联系与合作,整合外事资源,搭建好体育对外交往平台,逐步形成做好体育对外交往工作的整体合力,实现体育对外交往资源的优化配置。进一步完善体育外事部门的机构设置,在国家体育总局系统内凡设有国际体育组织秘书处的单位、地方上凡拟举办综合性运动会的省市体育局,专门设置体育外事部门,做好与其他国家体育机构和官方组织的交往工作,更好的配合国家一系列重大外交活动,为在更大范围内参与国际体育合作和竞争提供制度保障,为体育对外交往事业的可持续发展注入新的活力。

2. 进一步加强体育对外交往工作的法规建设

以法规为基准,进一步健全和完善体育对外交往的法规制度,提高外事管理的科学化、规范化、专业化水平,形成依靠制度管理外事的工作机制,保障体育对外交往工作的健康发展。高度保持外事工作的敏感性,根据国家对外政策的发展变化和有关规定要求,及时制定相关措施,确保党中央对外方针政策和外交部相关规定在体育对外交往中得到认真贯彻落实健全和完善体育对外交往的法规制度,使体育外事工作进一步规范化、制度化和专业化,形成依靠制度管理外事的工作机制,确保对外体育交往健康有序地开展。

3. 进一步提高体育外事服务水平

进一步树立体育外事服务意识，增强服务观念，提高服务质量和水平。以服务促协调，以服务促管理，更好地寓指导、协调于服务中。在严格执行外事的规章制度的同时，对现行的外事审批程序、环节进行认真梳理，在政策允许的范围内，简化工作程序，提高工作效率，为体育对外交往提供更便捷、高效的服务。

4. 建立健全体育对外援助管理制度

配合国家外交工作，加强与驻外使馆的交流与合作，顺应各国体育领域对外交流的愿望，加大体育对外援助的力度。根据受援助国家的体育援助需求，做好实地考察工作，配合相关部门做好体育对外援助计划的制定工作，有计划、有步骤地对友好国家提供体育援助，尤其是需要重点关注和多做工作的国家和地区，把竞技体育水平相对较低的亚非拉国家体育援助工作做到实处。建立健全体育对外援助管理制度，科学管理对援外教练员的工作、学习和生活，建立援外教练员工作激励机制，奖励和表彰先进教练员，并在有关工作业绩中体现；对援助器材的使用进行跟踪，是使授援国对援助器材的使用科学、合理和到位。

5. 进一步开展体育对外交往工作的科学研究

高度重视体育对外交往的科学研究。体育外事部门要根据体育对外交往工作的目标和任务，把握体育对外交往工作的特点和规律，科学制定体育对外交往工作的发展规划，建立体育对外交往信息网络系统，为体育对外交往信息的收集、储备、提供交换搭建平台，努力实现体育对外交往工作信息传递的快捷化、实时化；汇集一批具有国际视野的专家学者站在国际体育对外交往前沿，对体育对外交往理论与实践进行深入研究，形成一批具有国际水平和实践意义的体育外交研究成果，指导体育对外交往工作；积极开展专家学者对体育对外交往工作建言献策，提出前瞻性针对性和时效性的建议，为体育对外交往科学决策提供和高水平的咨询服务，引领、推动、保障体育对外交往的向着科学化、信息化、规范化和专业化发展。

6. 加大体育外交后备人才的培养力度

进一步规范我国在国际体育组织任职人员、后备人才的培养与管理、任职人选推荐工作程序，切实加强体育外交人才的培养力度，全面提高体育外交人才的的素质，有目的地安排后备人才到业务部门关键岗位以及综合部门工作，培养组织管理和综合协调能力。有计划地选派国际体育组织后备人才到国际奥委会、国际单项体育组织中进行实习和中、长期工作，加大实践培养和锻炼力度。发挥国际体育组织任职人员传帮带的作用，有目的地选择后备人才随其参加相关的国际体育组织活动，为今后工作打下坚实基础；做好体育外交人才的储备工作，增加体育外交人才的储备数量，运用多种渠道与方法培养体育外交人才，整合体育院校、外国语类院校、外交类院校等相关资源，共同培养优秀的体育外交人才，以满足体育对外交往、对外援助的人才需求；充分考虑体育外交人才的年龄、学科背景等因素，在现有人才的基础上，继续加强对综合素质较好的退役优秀运动员和教练员，从事业务工作及体育外事工作的优秀年轻干部，热心从事体育事业，并在国内体育社团中担任一定职务、具有一定影响的社会知名人士的培训，以促进体育外交人才队伍的梯队建设。

附表 1

我国在国际体育组织中任职名单（2005－2010 年）

序号	姓名	性别	国际体育组织名称	职务	任职时间	工作单位及职称职务
1	于再清	男	国际奥委会	副主席	2008	国家体育总局副局长
2	何振梁	男	国际奥委会	名誉委员	2010	原国家体委副主任
3	何振梁	男	国际奥委会文化与奥林匹克教育委员会	名誉委员	2010	原国家体委副主任
4	李艳翎	男	国际体操联合会技巧技术委员会	第二副主席	2008	湖南师范大学体育学院院长
5	王宏	男	国际体操联合会健美操技术委员会	第二副主席	2008	北京体育大学教师 国家健美操队主教练
6	黄力平	男	国际体操联合会男子体操技术委员会	第一副主席	2008	佛山李宁体操学校总教练
7	高健	男	国际体操联合会执委会	执委	2008	原体操中心主任
8	马文广	男	国际举重联合会	秘书长	2009	举摔柔中心主任
9	徐寅生	男	国际乒乓球联合会	终身名誉主席	2010	原国家体育总局副局长
10	魏纪中	男	国际排球联合会	主席	2008.8	中体产业股份有限公司特别顾问
11	于再清	男	国际武术联合会	主席	2007	国家体育总局副局长
12	王筱麟	男	国际武术联合会	秘书长	2007	原武术中心主任
13	康戈武	男	国际武术联合会传统委员会	副主任	2007	武术中心科研部发展部研究员
14	王玉龙	男	国际武术联合会技术委员会	主任	2007	武术中心副主任
15	罗卫民	男	国际武术联合会市场开发委员会	副主任	2007	武术中心研究发展部主任
16	杜利军	男	国际武术联合会医务委员会	主任	2007.11	反兴奋剂中心主任、研究员
17	张玉萍	女	国际武术联合会秘书处	主任	2007	武术中心外事部主任
18	曾芳	女	国际武术联合会秘书处	副主任	2007	武术中心外事部副主任
19	楼大鹏	男	国际田径基金会	理事		原国家体委专员
20	罗超毅	男	国际田径协会联合会	理事	2007.8	体操中心主任
21	李欣	男	国际铁人三项联盟	执委	2008	交流中心党委书记、副译审
22	李玲蔚	女	世界羽毛球联合会	理事	2009	乒羽中心副主任
23	李锋	男	国际射击联合会	执委	2006	射运中心副主任
24	张秋平	男	国际游泳联合会	执委	2009	游泳中心副主任
25	周继红	女	国际游泳联合会跳水技术委员会	副主席	2009	游泳中心副主任
26	王清	男	国际运动生物力学学会（ISBS）	执委	2009	科研所副所长
27	蒋志学	男	联合国教科文组织反兴奋剂国际公约缔约国大会主席团	副主席	2009	科教司司长
28	江秀云	女	国际垒球联合会	副主席	2009	手曲棒垒球中心副主任
29	张发强	男	国际龙狮运动联合会	荣誉主席	2006.12	原国家体育总局副局长

序号	姓名	性别	国际体育组织名称	职务	任职时间	工作单位及职称职务
30	胡家燕	女	国际龙狮运动联合会	主任	2006.12	原国家体育总局副局长、党组副书记、纪检组组长
31	胡建国	男	国际龙狮运动联合会	秘书长	2007.6	社体中心主任
32	余汉桥	男	国际龙狮运动联合会技术委员会	主任	2008	社体中心业务二部主任
33	吕韶钧	男	国际龙狮运动联合会技术委员会	副主任	2008	北京体育大学武术学院民族民间体育教研室主任、教授
34	段全伟	男	国际龙狮运动联合会器材委员会	副主任	2008	北京体育大学武术学院民族民间体育教研室主任、副教授
35	钦怿	女	国际龙狮运动联合会宣传与推广委员会	副主任	2007	社体中心业务老企部助理翻译
36	胡建国	男	国际龙舟联合会	秘书长	2007.9	社体中心主任
37	张发强	男	国际龙舟联合会	荣誉主席	2009	原国家体育总局副局长
38	晓敏	女	国际龙舟联合会	主席	2009	国家体育总局局长助理
39	徐菊生	男	国际龙舟联合会文化遗产委员会	主任	2007	武汉体育学院竞技体育学院副院长
40	郭敏	男	国际轮滑联合会	副主席中央委员	2006	原群体司司长
41	李致新	男	国际攀登联合会	执委	2009	登山中心主任、党委副书记
42	万和平	男	国际汽车联合会世界运动理事会	理事	2009	汽摩中心副主任
43	常建平	男	国际拳击联合会	副主席	2007.1	拳跆中心主任
44	岳岩	男	国际拳击联合会积分排名委员会	主席	2009.1	拳跆中心处级
45	张斌	男	国际现代五项联盟	执委	2009	自剑中心自行车部主任
46	褚波	男	大满贯国际象棋协会	副主席	2009	棋牌中心党委书记
47	宋兆年	男	国际柔道联合会	执委	2007	举摔柔中心原党委书记
48	李有林	男	国际软式网球联合会	副主席	2008	网球中心副主任
49	王光和	男	国际软式网球联合会	理事	2008	网球中心科研部主任
50	崔志强	男	国际十瓶保龄球联合会	副主席	2009	小球中心副主任
51	周进强	男	国际摔跤联合会	执委	2008	举摔柔中心副主任
52	王立伟	男	国际藤球协会	副主席	2008	小球中心副主任
53	何慧娴	女	国际体育记者协会	名誉委员	2005.5	原国家体育总局局长助理兼宣传司司长
54	张海峰	男	国际体育记者协会	执委	2009.5	宣传司长
55	蒋志学	男	国际体育科技与教育理事会	执委	2009	科教司长
56	孙大光	男	国际体育史学会	理事	2009	体育文化发展中心主任
57	赵黎	男	国际体育信息联合会	副主席	2005.5	信息中心主任、工程师
58	马铁	男	国际体育信息联合会	执委	2005.5	华奥星空董事长、研究员
59	李桂华	女	国际体育信息联合会	执委	2005.5	信息中心信息研究部部长、研究员
60	孙晋芳	女	国际网球联合会奥林匹克委员会	当然委员	2009	网球中心主任
61	王汝南	男	国际围棋联盟	副主席	2008	原棋牌中心主任
62	叶江川	男	国际象棋联合会中国独立区	秘书长	2006	棋牌中心国际象棋部主任

序号	姓名	性别	国际体育组织名称	职务	任职时间	工作单位及职称职务
63	褚波	男	国际象棋联合会中国独立区	主席	2009	棋牌中心党委书记
64	公冶民	男	国际信鸽联盟	执委	2007.1	社体中心副主任
65	冯建中	男	国际群体协会	副主席	2009	国家体育总局副局长
66	李全海	男	国际帆船联合会	理事	2009	水上中心副主任
67	冯建中	男	国际风筝联合会	主席	2008.4	国家体育总局副局长
68	胡建国	男	国际风筝联合会	副主席	2008.4	社体中心主任
69	公冶民	男	国际风筝联合会	副主席兼秘书长	2008.4	社体中心副主任
70	苏洁	男	国际风筝联合会	副秘书长	2008.4	社体中心业务三部主任
71	李正梅	女	国际航空联合会	副主席	2009	航管中心主任
72	王伟	男	国际击剑联合会	副主席	2009	自剑中心副主任
73	肖天	男	国际击剑联合会	终身荣誉会员		总局副局长
74	晓敏	女	国际毽球联合会	主席	2005.12	国家体育总局局长助理
75	魏勇	男	国际毽球联合会	秘书长	2009	社体中心业务五部副主任
76	段世杰	男	世界反兴奋剂机构	理事	2009.1	国家体育总局副局长
77	褚波	男	世界国际象棋联合会	执委	2009	棋牌中心党委书记
78	陈祖德	男	世界华人围棋联合会	副会长	2008	原棋牌中心主任
79	王谊	男	世界华人围棋联合会	理事	2008	棋牌中心外事部主任
80	武力	女	世界华人围棋联合会	理事	2008	棋牌中心网络部主任
81	华以刚	男	世界华人围棋联合会	理事	2008	棋牌中心副主任
82	王旭辉	男	世界空手道联盟	执委	2009	拳跆中心空手道部部长
83	公冶民	男	世界门球联盟	理事	2008	社体中心副主任
84	陈泽兰	女	世界桥牌联合会	执委	2010	棋牌中心副主任
85	刘思明	男	世界双人围棋协会	理事	2009	棋牌中心主任
86	赵磊	男	世界跆拳道联合会	执委	2009	跆拳中心副主任
87	赵磊	男	世界跆拳道联合会裁判委员会	副主席	2009	拳跆中心副主任
88	刘军	男	世界体育用品联合会	执委	2007	装备中心副主任
89	刘思明	男	世界象棋联合会	第一副主席	2007	棋牌中心主任
90	刘晓放	女	世界象棋联合会	秘书长	2007	棋牌中心象棋部主任
91	赵国荣	男	世界象棋联合会推广委员会	主任	2005	黑龙江棋院院长
92	单霞丽	女	世界象棋联合会资格审查委员会	主任	2009	上海棋院院长

附表 2

我国在亚洲体育组织中任职名单（2005－2010 年）

序号	姓名	性别	国际体育组织名称	职务	任职时间	工作单位及职称职务
1	张吉龙	男	亚奥理事会	执委	2009	交流中心主任
2	魏纪中	男	亚奥理事会	终身名誉副主席	2009	中体产业股份有限公司特别顾问
3	张吉龙	男	亚奥理事会体育委员会	主席	2009	交流中心主任
4	祝嘉铭	男	亚洲排球联合会教练委员会	主席	2005	原上海体育局副主任
5	辛群英	男	亚洲皮划艇联合会	副主席	2009	水上中心副主任
6	李富荣	男	亚洲乒乓球联盟	终身名誉主席	2009	原国家体育总局副局长
7	蔡振华	男	亚洲乒乓球联盟	主席	2009	国家体育总局副局长
8	柳屹	女	亚洲乒乓球联盟	理事	2009	乒羽中心外事部部长
9	柳屹	女	亚洲乒乓球联盟新闻委员会	主席	2009	乒羽中心外事部部长
10	柳屹	女	亚洲乒乓球联盟秘书处	主任	2005	乒羽中心外事部部长
11	徐岚	女	亚洲篮球联合会	中央局委员	2006	篮球中心综合部主任
12	信兰成	男	亚洲篮球联合会	主席执委	2006	篮球中心主任
13	王大卫	男	亚洲老将田径联合会	副主席	2006	田径中心副主任
14	张吉龙	男	亚洲足球联合会财务和市场开发委员会	主席	2007	交流中心主任
15	张吉龙	男	亚洲足球联合会亚洲杯组委会	主席	2005.7	交流中心主任
16	冯树勇	男	亚洲田径教练员协会	主席	2007	田径中心副主任
17	杜兆才	男	亚洲田径联合会	副主席	2009	田径中心主任
18	李文耀	男	亚洲田径联合会	荣誉副主席		原办公厅主任
19	杜兆才	男	亚洲田径联合会竞走委员会	主席	2009	田径中心主任
20	孙大光	男	东北亚体育史学会	副主席	2009	体育文化发展中心主任
21	王军	女	东北亚体育史学会	理事	2009	文化发展中心宣教部主任、研究馆员
22	朱国平	男	东北亚体育史学会	理事	2009	体育文化发展中心副主任
23	孟伟	男	东亚手球联合会	副主席	2006	手曲棒垒球中心副主任
24	彭宁	男	东亚手球联合会	常务理事	2006	手曲棒垒球中心手球部主任
25	宋鲁增	男	东亚运动会联合会	中国理事	2006	外联司司长
26	左志勇	男	东亚运动会联合会	中国理事	2006	外联司副司长
27	于再清	男	东亚运动会联合会	副主席	2008	国家体育总局副局长
28	李东岩	男	亚太地区冰壶联合会	副主席	2008	冬运中心冰球部副处长
29	冯建中	男	亚太群体协会	主席	2008	国家体育总局副局长
30	李荣荣	女	亚太跳伞联合会	副主席	2005	航管中心干部

序号	姓名	性别	国际体育组织名称	职务	任职时间	工作单位及职称职务
31	张小宁	男	亚太业余高尔夫联合会	理事	2009	小球中心主任
32	罗超毅	男	亚体联	副主席		
33	申伟	女	亚洲棒球联合会	副主席	2009.12	手曲棒垒球中心棒球部主任
34	田原	男	亚洲棒球联合会法律委员会	主任	2009.12	手曲棒垒球中心棒球部
35	崔志强	男	亚洲保龄球协会	副主席	2008	小球中心副主任
36	颜金安	男	亚洲登山协会联合会	副主席	2009	登山中心副主任
37	李全海	男	亚洲帆船联合会	主席	2009	水上中心副主任
38	姚新培	男	亚洲帆船委员会	秘书长	2009	水上中心运动一部主任
39	李锋	男	亚洲飞碟射击联合会	副主席	2006	射运中心副主任
40	孙盛伟	男	亚洲飞碟射击联合会	执委	2006	射运中心国家飞碟队总教练 国家级教练
41	肖天	男	亚洲滑冰联盟	副主席	2008	国家体育总局副局长
42	兰立	男	亚洲滑冰联盟短道技术委员会	主席	2008	冬运中心副主任
43	任洪国	男	亚洲滑冰联盟花样滑冰技术委员会	副主席	2008	冬运中心副主任
44	肖华	女	亚洲滑冰联盟速滑技术委员会	副主席	2008	冬运中心速滑部处长
45	王揖涛	男	亚洲滑雪联合会	副主席	2008	冬运中心党委书记
46	潘为民	男	亚洲滑雪联合会	理事	2008	冬运中心滑雪二部副处长
47	蔡家东	男	亚洲击剑联合会	副主席	2009	竞体司司长
48	王伟	男	亚洲击剑联合会技术委员会	主席	2009	自剑中心副主任
49	魏星	男	亚洲极限运动协会	副主席	2006	水上中心运动四部长
50	林洁	女	亚洲健美健身联合会	副主席	2007	社体中心副主任
51	李致新	男	亚洲竞技攀登委员会	主席	2008	登山中心主任、党委副书记
52	马文广	男	亚洲举重联合会	第一副主席	2007	举摔柔中心主任
53	王艳	女	亚洲举重联合会	副秘书长	2007	举摔柔中心举重部副部长
54	王旭辉	男	亚洲空手道联盟	副主席	2009	拳跆中心空手道部部长
55	江秀云	女	亚洲垒球联合会	副主席	2007	手曲棒垒球中心副主任
56	何慧娴	女	亚洲垒球联合会	执委	2007	原国家体育总局局长助理 兼宣传司司长
57	齐燕	女	亚洲垒球联合会	常务理事	2007	手曲棒垒球中心垒球部副主任
58	彭宁	男	亚洲垒球联合会	常务理事	2007	手曲棒垒球中心手球部主任
59	余汉桥	男	亚洲龙狮运动联合会	执委	2007	社体中心业务二部主任
60	余汉桥	男	亚洲龙狮运动联合会技术委员会	主任	2007	社体中心业务二部主任
61	钦怿	女	亚洲龙狮运动联合会协调委员会	主任	2007	社体中心业务老企部助理翻译
62	张发强	男	亚洲龙舟联合会	名誉主席	2006	原国家体育总局副局长

序号	姓名	性别	国际体育组织名称	职务	任职时间	工作单位及职称职务
63	晓敏	女	亚洲龙舟联合会	主席	2006	国家体育总局局长助理
64	胡建国	男	亚洲龙舟联合会	秘书长 司库	2008	社体中心主任
65	余汉桥	男	亚洲龙舟联合会	总干事	2010	社体中心业务二部主任
66	郭敏	男	亚洲轮滑联合会	主席 中央委员	2006	原群体司司长
67	林洁	女	亚洲轮滑联合会	秘书长 中央委员	2006	社体中心副主任
68	蔡家东	男	亚洲马术联合会	副主席	2007	竞体司司长
69	常伟	男	亚洲马术联合会 发展与计划委员会	主席	2009	自剑中心马术部副主任
70	成庆	男	亚洲马术联合会三项赛委员会	主席	2009	自剑中心马术部主任
71	公冶民	男	亚洲门球联盟	理事	2009	社体中心副主任
72	古桥	男	亚洲门球联盟	理事	2009	社体中心业务五部主任
73	石天曙	男	亚洲摩托车联合会	主席	2006	原汽摩中心主任
74	郦春韦	男	亚洲摩托车联合会	秘书长	2006	汽摩中心汽车一部副主任
75	龚红果	女	亚洲摩托车联合会 技巧委员会	主席	2009	汽摩中心摩托运动部副主任
76	杜兆才	男	亚洲曲棍球联合会	副主席 委员	2007	田径中心主任
77	常建平	男	亚洲拳击联合会	主席	2008.2	拳跆中心主任
78	岳岩	男	亚洲拳击联合会 竞赛委员会	主席	2009.1	拳跆中心处级
79	熊凤山	男	亚洲柔道联合会东亚区	副主席	2007	举摔柔中心柔道部部长
80	李有林	男	亚洲软式网球联合会	副主席	2008	网球中心副主任
81	王光和	男	亚洲软式网球联合会	理事	2008	网球中心科研部主任
82	韦迪	男	亚洲赛艇联合会	主席	2007	足球中心主任
83	孟淑霞	女	亚洲赛艇联合会	秘书长	2007	水上中心译审
84	陈春新	男	亚洲赛艇联合会 竞赛委员会	主席	2007	水上中心运动二部副部长
85	李锋	男	亚洲射击联合会	秘书长	2008	射运中心副主任
86	孟伟	男	亚洲手球联合会	副主席	2009	手曲棒垒球中心副主任
87	张小宁	男	亚洲台球联合会	副主席	2009	小球中心主任
88	赵磊	男	亚洲跆拳道联合会	副主席	2008	拳跆中心副主任
89	王立伟	男	亚洲藤球协会	副主席	2008	小球中心副主任
90	刘兴	男	亚洲体操联合会 蹦床技术委员会	主席	2006	沈阳体育学院院长助理

序号	姓名	性别	国际体育组织名称	职务	任职时间	工作单位及职称职务
91	缪中一	男	亚洲体操联合会男子体操技术委员会	主席	2006.8	
92	张海峰	男	亚洲体育记者联盟	副主席	2006.11	宣传司司长
93	王宣庆	男	亚洲铁人三项联合会	执委	2007	自剑中心党委书记、副主任
94	秦建秋	男	亚洲铁人三项联合会审计委员会	主席	2007	自剑中心铁人三项部
95	孙晋芳	女	亚洲网球联合会	副主席	2009	网球中心主任
96	于再清	男	亚洲武术联合会	主席	2006	国家体育总局副局长
97	王筱麟	男	亚洲武术联合会	副主席	2006	原武术中心主任、党委副书记
98	王玉龙	男	亚洲武术联合会	副秘书长	2006	武术中心副主任
99	陈国荣	男	亚洲武术联合会技术委员会	主任	2006	武术中心副主任
100	蔡家东	男	亚洲现代五项和冬季两项联盟	副主席	2009	竞体司司长
101	张斌	男	亚洲现代五项和冬季两项联盟	副秘书长	2009	自剑中心自行车部主任
102	单霞丽	女	亚洲象棋联合会推广委员会	主任	2008	上海棋院院长
103	李桦	男	亚洲游泳联合会	副主席	2009	游泳中心主任
104	张秋平	男	亚洲游泳联合会	秘书长	2009	游泳中心副主任
105	俞丽	女	亚洲游泳联合会花样游泳技术委员会	副主席	2009	游泳中心水球花游部部长
106	李向东	男	亚洲游泳联合会水球技术委员会	秘书长	2009	游泳中心国家跳水队领队
107	李大正	男	亚洲游泳联合会跳水技术委员会	主席	2009	总局备战办副主任
108	刘凤岩	男	亚洲羽毛球联合会	副主席	2007	乒羽中心主任
109	李永波	男	亚洲羽毛球联合会规则委员会	主席	2007	乒羽中心副主任
110	李国平	男	亚洲运动医学联合会	副主席	2005	运医所所长、研究员
111	蔡家东	男	亚洲自行车联合会	副主席	2009	竞体司司长
112	崔志强	男	远东保龄球理事会	副主席	2006	小球中心副主任
113	黄玉斌	男	泛太平洋体操联盟	副主席	2008.3	体操中心副主任 国家体操队总教练
114	陈泽兰	女	太亚桥牌联合会	第一副主席	2007	棋牌中心副主任

"十二五"体育科技规划研究

上海体育学院　章建成等

一、前言

近年来,特别是我国成功举办 2008 年北京奥运会以来,现代体育的发展和科学技术的进步,极大地促进了体育科技的发展。同时,体育科技的迅猛发展对体育也产生了前所未有的影响。科学技术已成为对体育发展水平具有决定作用的重要因素。体育科技发展战略是指我国在未来整个体育的发展过程中,依靠科学技术不断促进体育发展的战略。因此,客观地、全面地、实事求是地回顾"十一五"以来我国体育科技和反兴奋剂工作的发展,对制定我国"十二五"体育科技和反兴奋剂工作的发展战略具有重要的历史意义和现实意义。

二、研究内容

本研究将从我国体育科工作取得的成就、存在的问题、资源状况和改革趋势等四个方面进行研究,并在此基础上提出相应的发展对策。

三、研究方法

(一)文献资料法

本研究充分利用各类期刊数据库资源,包括中外文体育期刊数据库、中国期刊网、维普科技期刊、万方数字化期刊等,以"科学技术"、"科技攻关"、"科技服务"、"科技先导"、"科技现状"、"成果转化"、"科技健身"、"兴奋剂"等关键词,检索到与本研究直接相关的研究 192 篇。同时,参阅了我国《中国科学技术政策指南》、《体育科技工作汇编》、《备战 2008 年奥运会重点研究领域和重点课题》、《奥运争光科技行动计划》、《全民健身计划纲要》、《2001-2010 年体育改革与发展纲要》、《中共中央、国务院关于进一步加强和改进新时期体育工作的意见》、《2008年奥运争光行动计划》、《第 28 届奥运会经验总结汇编》及全国体育科技工作会议等大量的相关文件和报告材料,这些基本素材为本研究提供了扎实的基础性材料,为保证研究的顺利进行起到了保障。

(二)面访调查法

2010 月 3 月～6 月,研究随机选取了上海市、北京市、江苏省、浙江省、湖北省、辽宁省,以从事体育科学研究的研究人员、体育教师等(主要包括体育系统、教育系统)为主要面访调查对象,以座谈会的形式围绕我国体育科技发展问题展开讨论。座谈会的地点分别设在上海的同济大学、北京的中国公安大学、江苏的南京体育学院、浙江的浙江大学、湖北的武汉体育学院、辽宁的沈阳体育学院，参加座谈会的人员近70人。

（三）专家访谈法

以参加体育事业"十二五"规划编制工作的来自全国的体育专家为主要访谈对象，在北京、广州、上海地举行的体育事业"十二五"规划编制工作会议上，针对体育科技规划的编制问题广泛地听取专家的意见，为本研究的圆满完成获取了宝贵的第一手资料。

四、结果与分析

（一）影响我国体育科技事业发展的瓶颈

我国体育科技事业是伴随着体育事业的发展而不断成长壮大起来的。建国以来，体育科技事业经历了由小到大、由弱到强、由不被重视到获得普遍承认的过程，在体育事业发展过程中发挥了重要的作用，为我国体育运动员取得优异成绩做出了不可磨灭的贡献。但是，实事求是地讲，我国体育科技实力还比较薄弱，尚不足以肩负起科技兴体的重任。我们面临的一个突出问题，就是需要认真解决体育事业发展的强烈需求与体育科技实力不足的矛盾。这方面存在的主要问题有：

1. 缺乏明确目标与长远规划

长期以来，我们对体育科技事业的发展既缺乏明确目标与长期规划，又缺乏具有连续性的切实有力的措施，在总体上存在着急功近利和短期行为的倾向。加强科学技术基础、增强科技实力，不是一朝一夕之功，必须具有长远的战略眼光，从科技队伍、基础设施、科研条件以及扶持政策等方面有计划、有目的地加强建设，经过若干年奋斗，才有可能从根本上改变目前的落后状况。

2. 科技力量布局分散，"小而全"、低水平重复现象严重

目前我国体育科研机构数量不少，但大都规模偏小，形不成规模效益。大部分省级、省级以下体育科研机构的科研人员人数很少，缺乏创新能力和条件，其研究工作大都是在重复若干年前的做法，普遍存在着"课题小型化、研究分散、单科独进"的现象，这是很大的浪费。如何把全国体育科研机构和科技人员包括外部行业的力量有机组合起来，发挥集约化的整体效应，是摆在体育行政管理部门面前的一项紧迫课题。

3. 投入不足与效益不高并存

受国家经济状况的制约，我国体育科技经费的投入远不能满足发展的需要，与世界体育强国相比有很大差距。据了解，1993年德国科隆体育科研所从联邦政府获得的科研经费为1257万马克，合人民币7200万元；韩国体育科学研究院1994年获得的经费折合人民币4057万元。备战2000年第27届奥运会，国家体育总局在科技方面的投入为1200万，但真正用于课题研究的仅300多万，其中，国家体育总局体育科研所共承担了19项课题，总经费100多万，平均每个课题5万元左右。1991-2000年间国家科技经费投入逐年递增，平均增长率为15.37%，与此同时体育科技经费投入并未

呈现同步增长，其中有 3 个年份出现负增长；在 1999 年和 2000 年，体育科技经费投入才有较大幅度增长，但是整个 10 年期间的平均增长率仍比国家科技经费投入平均增长率低 1.13%。即使是北京奥运会之后的 2009 年，全国开展科技攻关与科技服务方面的课题立项仅 98 项，所投入的经费也仅仅是 1106.6 万元。可见，这方面投入、产出的效益问题也需要认真总结。

表1　1992～2004 年四届奥运会科技攻关与服务统计

时间地点	科技攻关与服务情况	我国奥运会金牌数排名
1992 年巴塞罗那	科研攻关组：109 个 重点科研攻关和科技服务：29 个运动项目 科技人员：600 多人次	16 枚第四名
1996 年亚特兰大	科研攻关课题 56 个 重点科研攻关和科技服务：几乎是参加的所有项目 科研单位：21 个，参加人员达 400 多人 参与科研攻关和科技服务单位：54 个	16 枚第四名
2000 年悉尼	科研攻关与科技服务组：57 个 经费：1200 万元 课题：93 人次：890	28 枚第三名
2004 年雅典	经费：4800 万元 课题：147 人次：1500	32 枚第二名

资料来源：根据国家体育总局科教司对历届科技攻关与服务的总结报告整理而成

4. 重大应用基础研究严重滞后

体育科学包含基础研究、应用研究和开发研究三个部分。目前体育科研主要集中在应用研究和科技服务上，基础研究十分薄弱，有些重大问题的创新性研究基本没有开展起来，这是造成科技实力不足的重要原因。基础研究是新技术发展的先导。基础研究的周期较长，其成果大多属于潜在生产力，难以立竿见影，因此往往容易被忽略。但基础研究一旦取得突破，就可能导致重大的技术变革。例如，运动与新陈代谢、酶、内分泌、电解质等内外环境变化规律，"红白肌纤维"学说，"超量恢复"等理论的发现和突破，都有力地推动了运动技术水平的提高。当前，计算机技术、基因技术、材料技术在体育运动领域的研究开发，都是急需开展的重大课题。而我们受认识、人才、经费和设备方面的局限，研发的力度不足，必须引起足够的重视。

5. 一流体育科技人才严重匮乏，体育队伍科技文化素质普遍不高

要想在体育应用基础研究上取得突破性进展，必须拥有足够的"大师"级的科技人才和一流学科骨干。目前，我们这样的人才严重不足，一些运动员、教练员的科学文化素质较低，这是影响体育科技工作效果的一个重要因素。

（二）"十二五"期间我国体育科技事业发展的主要措施

1. 进一步完善竞技体育研究领域中的科技支撑技术

（1）加强奥运科技支撑与保障体系建设

体育的科技工作应该是服务性质的，突出的应该是研究成果的应用，是对运动实践中所出现的问题进行及时的解决而服务的，而不能仅仅停留在某一方面研究的"攻关"上。目前，一部分体育科技工作者对训练、比赛的规律和状态认识不清，对技术和比赛战术不懂，对运动员赛前状态了解不够深入。为提高运动训练科学化水平所进行的科技攻关与科技服务尚不能完全满足运动训练实践的需要。在不断提高运动训练科学化水平进程中所需要的原始创新和应用创新研究工作，与竞技体育的发展和要求仍有差距。

体育科学研究包含基础研究、应用研究和开发研究三个部分。目前体育科研主要集中在应用研究和科技服务上，基础研究十分薄弱，有些重大问题的创新性研究基本没有开展起来，这是造成科技实力不足的重要原因。基础研究是新技术发展的先导。基础研究的周期较长，其成果大多属于潜在生产力，难以立竿见影，因此往往容易被忽略。但基础研究一旦取得突破，就将导致重大的技术变革。为此，必须引起我们的足够重视。

对训练和恢复的长期系统监控，基本掌握了在训每个重点运动员的个人特点，对重点运动员建立了运动负荷的适应情况、恢复情况、疲劳程度的评价标准和体系。

通过比赛的系统监控，力求掌握每个重点运动员比赛强度、不同层次比赛的心理特点及其有效方法。为以后的训练训练强度提供了参照。

在保证科学和健康饮食的前提下，根据不同时期训练计划和运动员出现的情况，制定并采取了一些切实可行的营养和恢复手段。

运用科学的手段对国家队全体运动员身体健康情况和损伤情况进行了详细调查和分析；将中国古代的、民族传统的针灸、推拿、理疗等手段对运动员进行治疗。

很多运动中心都研制出了适合本专项特点的运动练习器械。

通过各种以解决一线运动队困惑的科研课题的完成，使教练员们更加深刻的认识了本专项的运动特点，为在今后的训练当中更科学化打下了良好的基础。

所有的运动队都实现了对运动员在训练过程中的生理生化指标的监测；实现了对运动员的机能评定。并对运动员的训练指标、机能监测、医务监督等方面以及国内外信息资料建立了数据库，为长期跟踪研究及全面评价训练的实效性和合理性提供了依据。

大多数运动队在比赛数据处理方面都有一套比较完备的系统，基本能够做到对比赛数据进行适时的分析、整理和评价。

通过这些支撑与保障体系的加强，各中心将基本实现对本项目的本质特征的正确认识，创新了训练的指导思想，重新设计了竞赛体系，使训练方法结构化、内容有序化，建立了程序化参赛模式，形成了科学合理的训练理念，进一步创新了训练理论，形成了训练、竞赛等方面系统高效的操作系统。

（2）完善国家队医疗服务保障体系

体育医疗服务系统分为顾客、企业、供应商等二个层次。中国目前的状况是供应商中的医务人员多划入医院，体育科研人员则划入体科所。如果这个医院是体育部门管辖的体育医院,几乎可以说是受体科所管辖。严格意义上,他们都是运动队内相关部门与人员,拿的是同一个老板的薪水,都是吃皇粮。理论上,他们之间的合作与协调应有较佳的效率,缺点是如果人员齐全,则组织机构庞大,可能有闲置与不经济的发生。当资源充裕时,不易显现问题,当财政紧缩,无法维持大量人员时,体育医疗服务系统也就崩溃。

即使是国家体育总局现在十分"推崇"的"总局体育医院"的模式,其实也仅仅是组建一个新的工作平台,由它在总体上承担国家队的医疗服务和保障工作。虽然许多项目国家队的队医不是由体育医院直接派出的,但医院里集中了一定的专家,配备了比较好的设备,也赋予了一定的管理职能,可以为各个项目国家队、为各个训练基地提供技术支持、技术服务、技术指导和技术监督,可以通过伤情报告、会诊巡诊、药品采购、队医培训和资格认定等办法来开展工作。这也仅仅是在原有组织管理机制的基础上,作为服务体系的一种实现方式。但其最终的结果仍然是解决不了本质上的问题。

对此,北京体育大学的李豪杰提出了与国际运动医疗服务体系相接轨的"体育医疗服务系统",在彻底颠覆现有组织、管理体制的同时,也转变了现有的内容体系和技术体系。(图1)

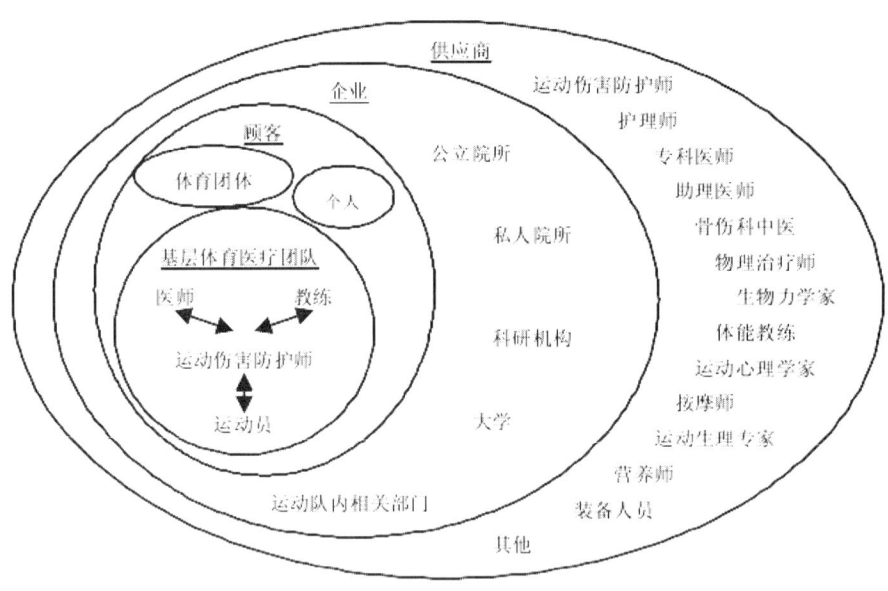

图1 中国体育医疗服务系统价值网

体育医疗服务的顾客包括法人与自然人,自然人主要是指一般的运动参与者,也就是个人,这些运动参与者可理解为群众体育的主要成员。法人则为体育团体,主要是运动俱乐部与各种运动队,可理解为竞技体育的主要成员。体育医疗价值网中的成员不同工、不同酬,之间的利益分配以市场的供需来调节。参与竞技体育与群众体育的顾客们都可视其经济能力与需要,购买所需的体育医疗服务。如价值网强调由企业或事业单位整合服务,一般顾客多向医院或诊所购买医疗服务,但运动队的需求特殊,所以会设置透过基层运动医疗团队来整合资源,以最小代价,获取最适宜的医疗服务。

对于运动队而言,平时只须负担维持日常医疗保健服务的运动伤害防护师与队医的费用。如果需要协助疲劳恢复的工作过重,亦可增加按摩师。如果队医的费用过高,则可仅聘运动伤害防护师。特别要强调此处所称的队医仅称在运动队服务,具有医师资格者。顾客、企业与供应商之间可以是临时组合成的工作团队,但是彼此之间因为不熟悉,可能会影响合作的效率。因此应建立较紧密的伙伴关系,透过签订合作协定,在平日即相互交流,互通信息。

就"业务外包"来看,外包可以有效降低企业营运的成本,但普遍认为涉及核心能力的部分不外包。运动队日常的医疗保健涉及运动队的核心能力,例如运动员的伤病应该被保密,但是外包可能增加泄密的风险。其次,如果基层体育医疗团队亦为外包,这时运动队也就无人对医疗有所了解,无法降低信息不对称所造成的误判,轻则在医疗费用上任医疗机构或人员宰割,严重则是受到不当的医疗,危害运动员与运动队的权益。所以我们在运动队中设置以运动伤害防护师为中心的基层运动医疗团队处理日常的体育医疗问题,也就是运动伤害防护过程模式中,未受伤害时的循环,并可处理临时出现的伤病意外,以及离开医院后的物理治疗、体能调整。

除了消除对外部的信息不对称,运动伤害防护师也担负沟通基层运动医疗团队内的相关人员。由于队医主要接受的是医学训练,对于体育领域的知识相对不够深入,教练则恰恰相反。由于运动伤害防护师在两个领域虽不是最了解的,但足以应付两方面的要求,也可以以双方能理解的术语来降低沟通障碍。此外也能将运动员的需要,反馈给教练与队医,将队医与教练的决策传达给运动员或对运动员施行。因此在顾客层,也就是基层体育医疗团队的设置上我们采取以运动伤害防护师为中心,联系队医、教练、运动员的方式。

(3)加强伤病预防治疗与康复关键技术

体能这一名词在竞技体育中广为提及,但国内外就体能的概念和定义的描述纷繁多样,始终未统一。简而言之,体能是运动员机体的运动能力,是运动员竞技能力的基础,体能训练与技术训练、战术训练、心理训练一同构成一个完整的训练系统,它是运动训练中一个不可缺少的重要组成部分。

体能可分为一般体能和专项体能两大类,而体能教练所进行的体能训练中大多数是以一般体能为主。它可以促进专项体能水平、提高防伤能力和提升恢复能力。对于处于亚健康状态或状态不佳的运动员来说,如何尽快地康复或恢复运动员的机能状态和健康水平,则是广大教练员和运动员最关心的问题。由于纯粹的医疗康复到专项训练之间尚有一段距离。仅靠体能训练又往往不能解决康复问题,这种需求引发出一个由多学科和专业共同关注的康复和体能训练的有机结合——康复性体能训练。

(4)康复性体能训练理念

康复性体能训练在竞技体育中是一个较新的理念。一般情况下,运动员都可被认为是处于一种亚健康状态。其原因是长期的运动训练所引起的机体对专项运动的适应性的变化。例如,游泳运动员长期划水而造成肩关节前后部肌肉力量和张力不平衡,从而造成关节不稳或与关节位置偏离，进而使关节变得容易受伤或使原有的损伤加重，而由此引发的运动技术变形更加重本身的劳损。此外，伤痛又造成肌肉不能正常发力而导致肌力变弱，造成运动员的体能下降，并由此进入一个体能下降、伤痛加重的恶性循环。虽然消极的休息可以暂时解除伤痛。但绝大多数运动员需要边练边治疗以保持其自身的运动机能水平。另外，单纯采用医疗手段治疗伤痛部位而不去解决肩关节前后部肌肉力量和张力不平衡的问题，并不能最终排除伤病.运动员可能会因伤病的反复而影响正常训练。

为了提高运动员的健康和运动水平状态，康复性体能训练结合了康复医疗和体能训练的理念和方法让运动员向最佳状态过渡。根据运动员所处在的状态水平，不同的专业人员给运动员提供服务，在国外运动队中参与康复性体能训练的人员主要包括医生(Doctor-Dr.),康复师(Physical Therapist － PT),运动训练员(Athletic Trainer-ATC),体能教练(Conditioning Coach － CSCS)和专项教练(Coach)。医生为运动员做诊断和处方治疗;康复师则为其康复恢复其功能;运动训练员在队里协助康复，并提供实施防伤防病的措施;而体能教练则帮助运动员提高一般体能素质，以便让专项教练整合各项素质，调配出适用于专项运动的最佳素质组合和体能。使运动员尽可能掌握合理的运动技术。由此可见，康复性体能训练包含有康复和体能训练两大部分，其主要参与的专业人员有康复师、运动训练员和体能教练。康复性体能训练是帮助运动员恢复健康、治疗伤病、防止伤病复发、提升体能以适应专项训练的需要，促使处于亚健康状态或非最佳状态的运动员逐渐往好的方向发展。从图2可见，运动员健康和运动水平状态与各参与康复体能训练的专业人士的相互关系。

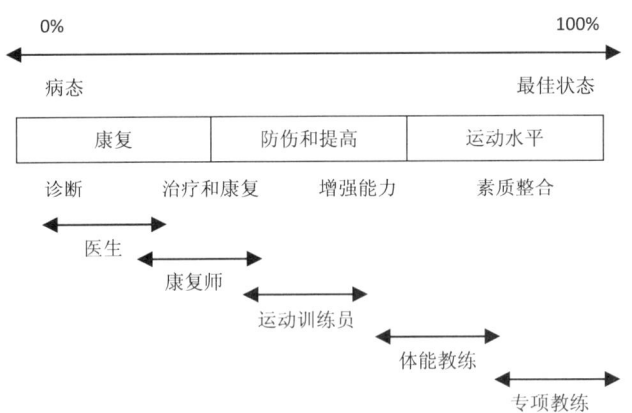

图 2　各方面人员之间的相互关系

资料来源：陈方灿.康复性体能训练的理念和方法.

2. 加强大众健身重点领域和关键技术的研究

近年来，随着社会文明的进步和体育科学的发展，在体育界众多有识之士数十年的研究、倡导和顽强奋战下，我国体育理论领域里"竞技体育,运动即体育"的传统惯性思维终于有了历史性的更新，"体育的本质即身体教育、即健身"业已成为界内广大同道的共识；具有划时代意义的"全民健身计划"得以实施。这标志着我国体育健身事业开始真正步入"以人为本"的科学发展时代。

然而，多年来以竞技运动代替体育健身的传统思维模式，包括自 1995 年国家制定并提出《全民健身计划纲要》至今，所有涉及到"全民健身"、"健身方法"等关键词的"科研论文"或"科研项目"，近 98%的内容均是以"竞技运动"的基础理论为支撑来探讨和论述的。致使"老年健身的运动处方"、"大（中、小）学生体育锻炼的运动处方"等等在各类学术期刊上大行其道。有点基本常识的人都会明白："处方"或"运动处方"必须根据不同的个体、不同的需求，进行针对性极强的个性化设计，决不能"一概而论"的"制定"出来。这样的导向不仅导致了我国体育健身理论建设的荒芜，同时也将人们的健身活动引入了理念上的"误区"。致使我们在实施"全民健身计划"的具体操作中，痛切地感到理论的困惑与贫乏，无法为实践提供有力的支持和指导。时代呼唤着真正体育健身理论的诞生。

建设体育健身科学理论体系，首当其要的工作是奠定它的科学基础。为此，体育工作者中的一些有识之士从健身练习手段、强度、负荷及健身方法几个层面，打破了以竞技运动为基础进行的所谓"运动处方"的研究限制，转而以与之高度关联的人体科学为基础，全面、系统、科学地进行初步探讨。

（1）加强全民健身科研成果转化与应用研究

《全民健身计划纲要》实施 15 年来，有关体质方面研究的科研数量的趋势在不断增长的。特别是随着科技的发展和人们对健康的重视程度的增加，人们越来越重视体质状况的改善和身心健康的提升。但现行最好的"全民健身研究成果"也仅限于"运动处方"的开出，以及普适性的加"钙"、加"碘"、补"奶"、补"豆浆"等。有关国民体质状况改善的科技支撑、全面统一的目标与管理系统极其匮乏。我们不否认体质研究的内容以 3 大生理指标的研究为主，但随着实践和研究发展，心理、社会适应能力等指标应尽快增加进来，从而形成对国民体质状况全方位的评估。

我国现行的国民体质评价和健康评价主要采取的步骤如下：

监测方法

根据国家体育总局监测工作的要求和省、自治区、直辖市(以下简称"省市")的自报，最后确定部分省市为监测年人体质监测省市的抽样，每个承担监测任务的省市随后成立省市级成年人体质监测中心，负责本省市的成年人体质监测工作。

监测对象

各抽样省市按照国家体育总局的统一要求确定监测对象的年龄分组、性别分组和职业分组：一般分为①从事农业生产的体力劳动者；②从事工业生产的体力劳动者；③从事商业和服务业的体力劳动者；④科教人员；⑤政府机关公务员和企事业单位的行政管理人员。然后按照国家的要求和各省市的比例确定抽样人数。

监测指标

监测指标根据任务要求一般分询问指标和检测指标两类。询问指标有：①每周是否参加 3 次以上体育锻炼；②参加体育锻炼的主要目的；③参加体育锻炼的主要形式；

④参加体育锻炼的主要场所；⑤体育消费；⑥影响体育锻炼的因素。检测指标有：①身高；②体重；③肺活量；④台阶试验；⑤坐位体前屈；⑥握力；⑦纵跳(甲组)；⑧10m×4往返跑（甲组）；⑨俯卧撑（甲组男）、仰卧起坐（甲组女）；⑩闭眼单脚站立（乙组）；反应时（乙组）。然后分别确定甲、乙组指标项数。

其他事项

各承担监测任务的省市在规定的时间内按监测方案要求，统一使用通过全国监测仪器器材鉴定委员会审定通过的器材，组织对监测点的样本进行了检测。数据经过严格的检查验收并汇总。

结果评价

将所有的测试指标和问卷调查出来的询问指标进行分析，并与以往的数据进行对比分析、与亚洲邻国进行对比分析。在此基础上得出相应的结论。但这也是我们国家进行体质、健康监测近15年没有改变的一个方式。

随着《全民健身计划纲要》的不断推进，各省市也自身进行相关的国民体质监测，并逐步发展成很多值得借鉴和推广的经验。特别是四川省国民体质监测中心经过不断的探索，研发出了"HELMAS体能测试系统"。用这套系统进行运动能力与身体活动水平的测试。该系统精密度高，操作简便，适合进行全民健身运动普及化科学测试与评价。通过受试者的心肺功能、肌力、柔韧度、耐力、爆发力、灵敏度等六大类指标测试，揭示受试者的运动能力和身体活动水平。评价结果采用流行的百分评价，让受试者一目了然的了解自身体质在同年龄人群中的位置和水平，同时还可以为每一位受试者开具出科学性、针对性的运动处方。

HELMAS体能测试是国民体质研究相关内容的整合与拓展。与群体性的体质评价相比，测量结果的科学性、个性化解读和针对性干预方案设计是其最大的特点。

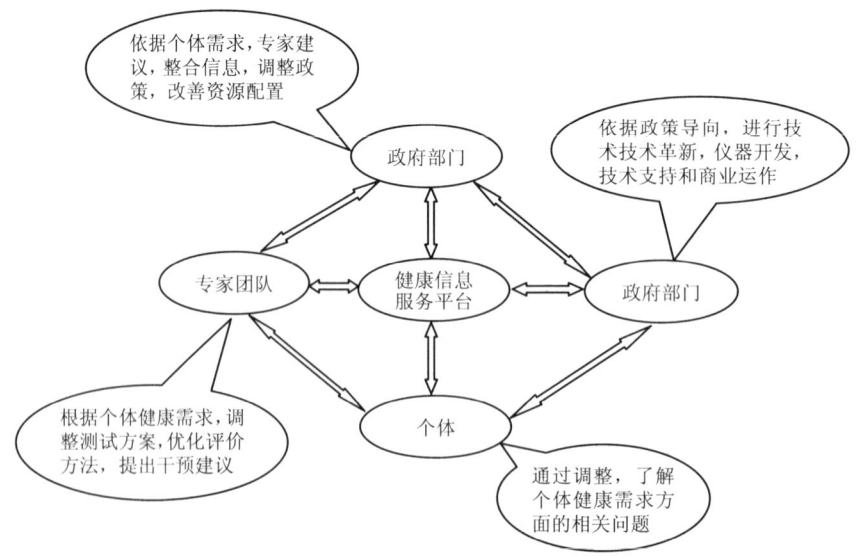

图3 健康信息服务平台开发技术路线

资料来源：王茹.构建基于体质评定的健康评价体系和信息服务平台.北京体育大

学学报，2008（9）.

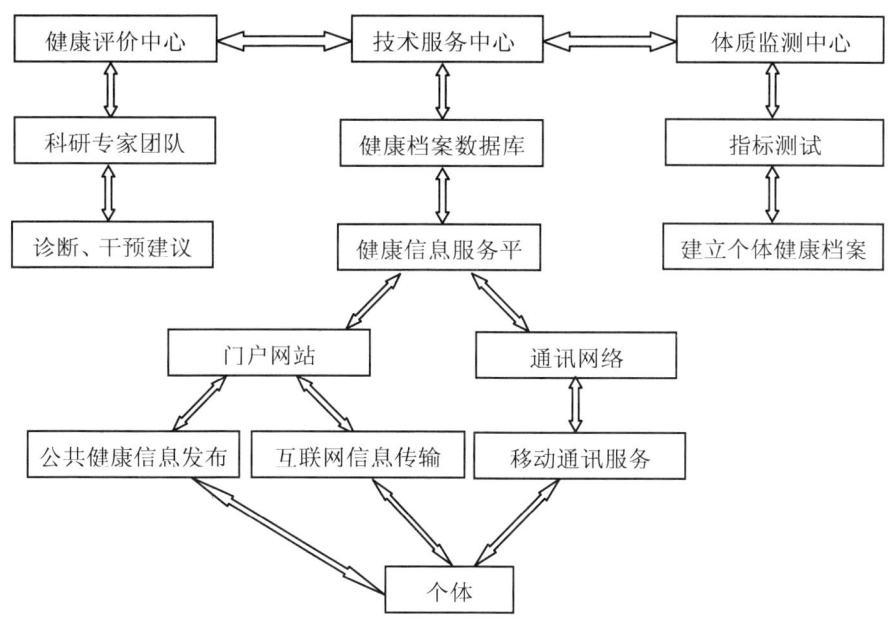

图 4 健康管理信息服务平台运行流程示意图

资料来源：王茹.构建基于体质评定的健康评价体系和信息服务平台.北京体育大学学报,2008(9).

它最大的特点是：将体质测定的健康评价体系和信息服务平台融为一体，并通过健康关联指标评价和个性化健康干预，解决了健康评价体系的核心问题。此外，地方政府行为的外部性机制保证了健康信息服务平台稳定、有序的运行。它的运行技术支持来源于市场需要，在兼顾健康信息服务的公益性同时，服务平台的商业价值也得到了最大的发挥。

但是，无论是国家的统一监测，还是地方监测中心的服务，都是普适性的，在缺少相关的全民健身科研成果转化与应用研究的激励机制的同时，也缺少对特殊人群健康评价指标的选择、评价方案和健康干预。这也是在"十二五规划"中，应予以重视的一个重要问题。

（2）增强青少年体质的关键技术研究

《全民健身计划纲要》实施 15 年来，各级政府教育部门均采用根据教育部、国家体育总局颁发的《国家学生体质健康标准》中各阶段的《国家学生体质健康标准》评价指标与分值，运用体质健康检测系统，对选取的各阶段学生进行体质测试。对比结果与《国家学生体质健康标准》评分表，将测试结果进行数据汇总。进而就"科学、客观"地得出了"反映了我国青少年体质状况"的结论，从而也就完成了"我国青少年体质监测工作"。即使最基本的"运动处方"，几乎都没有开出，应付检查的办法仅仅限于以及普适性的加"钙"、加"碘"、补"奶"、补"豆浆"等。有关增强青少年体质状况改善的关键技术研究、全面统一的目标与管理系统更是无从谈起。随着国民体质状况实践和研究的发展，青少年体质改善关键技术的研究，如解剖、生理、生化、心理及社会适应能力等方面的研究亟待加强，从而形成对青少年体质增强进行全方位的提升。

人体解剖学——健身练习手段的科学基础

人体解剖学属于形态学范畴，是研究正常人体形态结构的科学。它从宏观上为我们提供了正常人体器官、系统的形态结构和规格，是设计和选择健身练习手段的主要科学基础。以人体解剖学的视角来检视我们以往习惯认识上的身体练习手段，就会发现：有许多身体训练手段是不能简单地移植到健身练习手段中的。其原因是这些训练手段的结构与功效是紧紧地围绕着提高运动成绩这个竞技运动宗旨设计的。它用于运动训练不失为卓有成效，但用于体育健身却对人体健康时常有着明显的损害或潜在的负面效应。如日本学者武藤芒照的研究得出：兔跳练习会导致排骨疲劳性骨折，呼吁日本体育界禁止使用这种练习。另有文献报道：较长时间的耐力练习会使 16 岁以下的少年心肌纤维增粗，心壁增厚、SV 增加，表现出同年龄段心脏功能的显著提高，但可能影响未来心腔容积的发展。因此日本限定:不满 20 岁者，不得参加马拉松跑的比赛。再如，人体解剖学的研究表明：半月板是嵌于膝关节股骨内外踝和胫骨平台之间的纤维软骨组织，具有吻合关节及缓冲功能。屈膝状态下大、小腿扭转超出生理范围时会导致半月板边缘撕裂。另有文献报道：足球运动员膝关节损伤中，运球突破下底传中时因支撑腿膝关节扭转致使半月板损伤的发生率为 68％。这提示我们：运球突破下底传中的技术动作，虽然在竞技比赛中具有很高的价值，但如果作为健身练习手段使用，则很容易造成膝关节正常结构的损坏。

因此，健身练习手段的设计与选择必须符合人体形态结构的客观实际，严格遵循人体运动的规律。

人体生物化学——健身练习强度的科学基础

人体生物化学是研究正常人体在生命活动过程中，机体内部化学物质变化原理及规律的科学。它从微观上为我们提供的生命活动原理和人体内部世界物质存在与运动形式的客观反映，是在健身运动中，调控练习强度，检验实践效果的主要科学基础。

人体生物化学对不同强度运动条件下自由基（Free Radical）变化的研究表明：大强度运动时耗氧量的极度增加，氧代谢的结果必然产生氧自由基，进而引起不饱和脂肪酸产生脂质过氧化。同时，清除氧自由基的酶及非酶类物质逐渐消耗，导致细胞结构和功能的广泛性损害。这种损害可以发生在体内任何组织器官中。有文献报道：70％ VO_2max 强度的运动使人体内血浆的 MDA 产生非常显著性增高，而 SOD 活性显著下降。用 ESR 技术研究也发现：大强度运动时自由基信号显著增强。这些实验结果提示我们：健身练习中只有采用短时间中、低强度的练习，才能引起体内发生良好的生化反应，进而达到增强体质，促进健康，延缓衰老的目的。同时也为通过大强度训练培养出来的青少年运动员，"早期出现同龄段超常运动成绩，而成年后却停滞不前"这一运动训练中长期难解的谜团，提供了科学的注脚。

人体生理学——健身练习负荷的科学基础

人体生理学是研究人体生命活动基本原理和规律的科学。它所揭示的人体生命活动的原理和规律，是不以人的意志为转移的客观存在，是一切健身活动都必须严格遵循的原则，亦是制定与调整健身练习负荷的主要科学基础。

"超量负荷可以引起运动后机体内部能量物质的超量恢复，从而使机体产生适应性反应，提高运动能力，""在一定范围内，肌肉活动量越大，消耗过程越剧烈，超量恢复就越明显"。运动生理学这一经典的"超量恢复理论"，多年来不仅独霸着"生命在于运动"、"运动可提高体能之生理机制"的解释权，而且被广泛地套用在几乎所有与身体练习有关的领域。大运动量训练一直被认为是增强体质，提高人体机能水平的法宝。国内学者黄利长通过研究发现：长时间超负荷运动，机体代谢率加快，血液中儿茶酚水平升高，氧气和能源物质的大量消耗，导致心肌缺血。国外文献报道：心肌缺血可累及心脏的舒张功能，表现为心室充盈阻力增加，舒张末期室内压增高，等容舒张期延长，甚至出现心力衰竭。"运动性心肌梗塞的早期因心肌缺血导致死亡率可达50%以上。"由此可见，在竞技运动训练中，依靠长时间超负荷的大运动量训练，所获得的某一时期机体单项运动能力及运动成绩的提高，是以牺牲健康及至生命为代价的。但倘若将其用于体育健身，超负荷练习的结果不仅无法达到增强体质的目的，反而会破坏人体固有的相对稳定的机体功能与健康，进而危及生命。所以，在体育健身练习中，应将负荷量严格控制在中、小负荷水平上。

人体卫生学——健身方法的科学基础

人体卫生学是研究人体生长发育和机体与内外环境之关系，以及如何改善、利用内外环境维护身心健康，增强体质的科学。它为我们提供了人体生长发育、成熟、衰老过程中各个时期的身心特征和机体内外环境对身心健康影响的基本规律。是构筑体育健身方法的主要科学基础。

人体卫生学的研究认为:人体发展是有阶段性和程序性的连续过程，各个阶段间存在着明显的"质变界点"，它把人体发展过程分成了婴幼期、儿少期、青年期、中壮年期和老年期，而各个时期身体内部发展的速度又具有不等衡的特点。这提示我们：建设身体的任务是终身的，且不同时期的任务也不尽相同。而完成不同任务则需要使用不同内容和性质的方法。终身体育也决非是学会某一运动技术，而后便一用终身。儿少期——骨骼、肌肉富有弹性，心脏功能发育不全，神经兴奋与抑制过程不均衡。兴奋过程占优势，有意注意持续时间较短。健身的主要任务是：促进骨骼、肌肉和心肺功能的生长发育，改善神经系统活动过程，促进兴奋与抑制过程的均衡发展。完成这一任务的体育方法应是将健身练习要素组合成游戏类的项目，采用"间歇锻炼、循环锻炼"的方法进行定量的练习。而老年期——骨骼、肌肉弹性差，心肺工能下降，神经系统活动抑制过程占优势，有意注意时间持久，健身的主要任务是维护机体正常机能，改善神经系统活动的均衡性，延缓机体衰老。完成这一任务的体育方法则应该是选择太极拳、气功等传统体育的项目，采用"连续锻炼、重复锻炼"的方法进行练习。可见，人体不同发展时期生命活动的基本特征决定了健身方法也必须适时变更。无视这一基本原理，滥用方法，其结果必定是事倍功半。

人体卫生学研究证明：影响人体发展的主要因素是遗传（种族、家庭遗传）和环境（营养、锻炼、疾病、生活环境与习惯等）。这一研究成果把人类认识健身方法的视野扩展到自然科学和社会科学更为广阔的空间。它使我们认识到：健身方法的逻辑起点应从优生优育开始，并在终身建设身体的过程中把健身锻炼与营养卫生，生活卫生，疾病预防，劳动卫生，心理卫生和环境保护等方面有地结合起来，形成系统工程。这样才能以"生物—心理—社会"各因子的整体效能作用于人体发展的全过程，完成建设人类体质的任务。

竞技体育与全民健身这种巨大的反差，错误的诱使许多人把寻求体育健身科学基础的目光不由自主地投向运动解剖学、运动生理学、运动生物化学、运动医学等直接服务于竞技运动的基础学科上。尽管竞技运动与体育健身在基础科学研究的某些方而具有异曲同工之处，但毕竟两者的操作对象、操作目的的内在规定性不同，其宗旨也是背道而驰的。体育健身如果不从基础理论上跳出竞技运动的圈子，不仅不可能对人体的健康产生正确的促进作用，最终将损害参与活动者的身心健康。因此，学习和借鉴国内外与人体科学相关的理论和研究成果，以人体解剖学、人体生理学、人体生物化学、人体卫生学、预防医学、优生学、环境保护学、心理学、社会学学科群为生长点，尽快建设我国体育健身科学的理论体系，是体育界当前乃至今后相当长的历史时期内的迫切任务。

（3）加强环境对健身效果影响的信息获取技术的研究

健身环境是影响居民健身活动的各因素的总和，它从体育方面反映出社会、经济、文化、生态环境的和谐程度，对于健身体育可持续发展产生重要影响，良好的环境是健身体育健康持续发展的保证。通过系统的、科学的组织管理体系对健身活动内、外系统情况的总体把握，将会使我们更进一步认清健身活动本质特征。从而对构建体育健身活动方法的理论体系、评价体系和指导体系具有重要的现实意义。

健身环境包含的因素较多，有"硬环境（物质环境）"和"软环境（精神环境）"两个层次。涉及多项内容，因而对影响因素的评价指标的设计、评价标准的制定、评价方法的采用等要遵循多元化原则，力求定性与定量相结合、自我评价和专家评价相结合。另外，由于社区健身环境的非客观因素的存在，难以具体量化，决定了对其影响因素的评价还应采用模糊综合值判断进行处理。对人文环境因素尤其是健身氛围因素的评价，要重视"生成性"价值的判定，同时对已形成一定体育文化特色的社区作具体考虑，发挥实效价值。为此，宋杰等学者们通过调研，总结出了社区体育健身环境的科学构成：

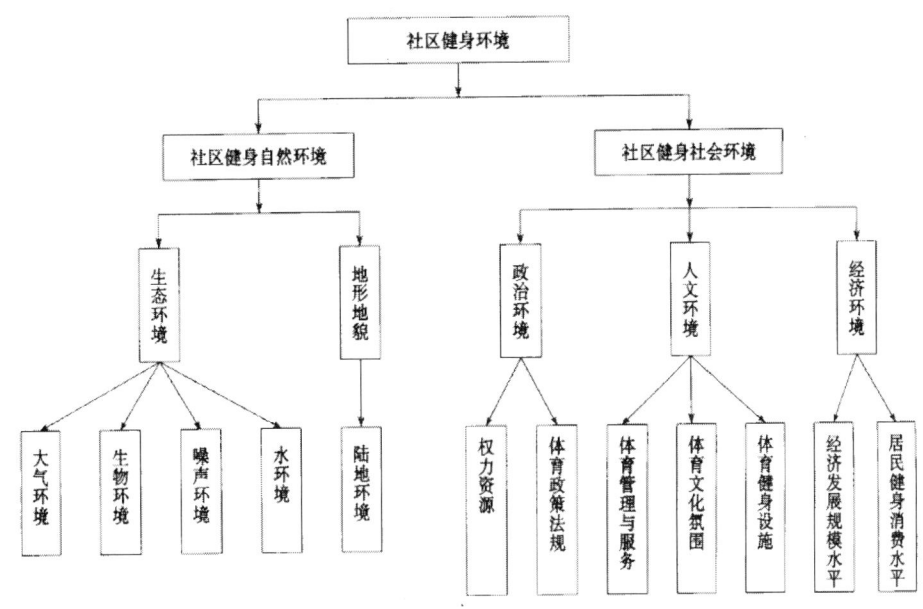

图 5 城市社区健身环境构成

资料来源：宋杰.社区健身环境评价的若干理论问题探讨.上海体育学院学报,2006(7).

以生态学、环境学、城市环境生态学、社会体育学等学科理论为依据，以系统论为指导，将社区体育健身环境作为一个复杂的系统，并在此基础上将其划分为相互联系又相互独立的不同子系统。从而"确定组织结构，建立规章制度，组织健身活动，监控实践效果"。通过以下四个指标体系进行监控：

场（馆）设施指标体系：用于测量社区体育基础设施建设状况，以表明社区内健身场、室、馆、设备、器械的规模、结构等满足居民健身需求的程度。

生态环境指标体系：用于测量社区健身区的空间生态水平，以表明居民健身环境生态的优劣。

综合管理指标体系：用于测量社区体育健身环境的管理与服务状况，以反映对健身环境的投入、重视程度与管理水平。

体育文化氛围指标体系：用于测量社区体育文化活动开展状况，以表明社区体育健身氛围能否有利于促进居民参与健身、促进健康（个体身心健康、健康生活方式和社会健康发展）。

通过这样的评价、监控，结合相关体育、医疗、社区保健等单位的联合参与，真正做到全面准确的把握健身活动的第一手资料。改变以往研究形成的"以相关院校为主体、以不同的目的为出发点、以部分健身锻炼者为研究对象、以问卷调查为主要方法"的杂乱零散、漫无目的研究模式，真正的能够全面、系统、科学、准确地得到健身环境对健身效果影响的信息获取技术和健身活动中能量代谢与能量消耗的获取技术的实现。

表2 城市社区体育健身环境指标体系一览表

一级指标	二级指标	三级指标
B1 场(馆)设施	C11 场(馆)	D111 场(馆)的区位
		D112 场(馆)的数量
		D113 场(馆)的占地面积
		D114 场(馆)的质量
		D121 数量和种类
		D122 设置位置
B2 生态环境	C12 设备、器械	D123 质量
		D124 感官
	C21 空气质量	D211 大气SO2平均值
		D212 大气TSP平均值
	C22 环境噪音	D221 噪声平均等效声级
	C23 环境绿化	D231 健身区绿化覆盖率
B3 综合管理	C31 规章制度	D311 激励制度
		D312 保障制度
		D313 援助制度
		D321 监管部门
	C32 组织机构	D322 体质监测部门
		D323 培训部门
		D331 环境卫生服务
		D332 网络信息服务
	C33 服务质量	D333 体育指导服务
		D334 场(馆)器械维护服务
B4 体育文化氛围	C41 健身健康宣传	D411 场(馆)内外健身宣传画刊
		D412 发放健身小册子等
	C42 组织健身活动	D421 开展健身讲座
		D422 组织社区健身表演、比赛等
	C43 开展健身咨询与运动处方活动	D431 健身咨询
		D432 健身运动处方
	C44 社区间健身交流与合作	D441 社区间健身交流
		D442 社区间健身合作

资料来源：宋杰,等.城市社区体育健身环境评价体系的构建,中国体育科技,2005,41(4).

3. 进一步推进体育产业研究领域中的科技转化

"科学技术是第一生产力"。科技发展的水平在一定程度上制约着各种社会活动的发展进程，体育领域也不例外。现代科学技术已经渗透到竞技体育的各个方面，科学技术的发展使体育运动场地、器材、装备得到极大的改进，从而促进了运动员的运动成绩的提高。一些新型体育器材装备的研制和改进，如撑竿材料的改变，"鲨鱼皮"泳衣的出现等，为运动员取得优异成绩提供了可能；利用相关学科的研究成果，研制出一些专项测试与分析系统，更加科学地监控整个运动训练的全过程，使得训练变得不再盲目；利用计算机和信息技术使得技能类项目的教练不再单凭肉眼感觉来分析运动员技术上存在的问题，而是通过三维立体图像进行现场解析，以便问题及时、有效地得到解决。这些充分说明科技的发展对运动技术水平提高的积极影响。

继续贯彻"发展体育事业必须依靠科学技术，体育科技工作必须面向体育运动实践"的基本方针，完善体育科技工作的组织方式和运行机制是当前工作的基本任务。但是我们也应该清醒的看到，当前我国存在体育产业研究领域科技成果转化率低，研究机构缺乏精细分工，科研经费不足，科研人员结构不合理，缺乏多学科合作的意识和机制，自主研发力度不够，产品的研发、制造及应用脱节，产品结构单一、针对性不强，低水平重复现象严重，行业及产品标准过低，品牌意识较薄弱等现实问题。

我国竞技体育的发展带动了体育产业的欣欣向荣，体育运动装备也如雨后春笋般涌现出来。但与国外知名品牌相比，我国的体育装备业还存在如下问题：

（1）大而不强

我国虽然是世界体育用品生产大国，但还远称不上是品牌强国。调查显示，我国目前有6000多家运动鞋生产厂商，占全球65%以上的体育用品生产份额。我国的运动鞋生产已经达到世界年产量的80%，国内企业占据本土市场的八成以上，但其主品牌在国内市场的占有率却不足三成。国产品牌与国外知名品牌的差距关键体现在产品的技术上。我国许多运动鞋品牌在创业之初，都是外国知名品牌的委托加工企业。在发展过程中习惯于模仿国外产品，不重视自主研发创新产品，因此造成中国鞋业产品科技附加值普遍不高。目前，随着世界经济由劳动密集型向技术密集型转型，我国必须走科技创新引领体育装备发展的战略，才能成为真正的强国，才能真正变"中国制造"为"中国创造"。

（2）产品结构不合理

我国体育装备产品主要以健身、休闲、娱乐类体育用品的生产为主，专业体育装备的产品相对较少。福建省是我国运动鞋生产厂家的集中地，其90%的内销厂家极力争做运动休闲鞋。CNNIC（中国互联网络信息中心）统计报告显示，截至2000年7月1日，我国在互联网上设立网站或网页的359家（包括港、澳地区）体育用品企业中，生产运动休闲类用品的有177家，占50%，而生产一般运动服装的有41家，仅占11.42%。

（3）产品及行业标准低

我国体育器材的产品标准设置过低，不利于体育装备的研发。与体育用品产业相关产品的国家标准只有17个，占应用范围的比例很小。且多数标准是在20年前制定的，而国外3~5年就将标准修订一次，因此这些标准已经不能对产品研制生产起到指导作用。以运动鞋为例，我国运动鞋的国家抗弯标准是4万次，而国际标准已达10多万次。

因此，为了进一步推动我国体育产业研究领域的科技转化率，我们建议：

（1）组建多学科的科研团队

目前，国家体育总局及各省市体育科研所是我国体育产业领域研究的主力军，且有些省份的科研所基本不涉及专项训练器械、体育装备方面的研究。"隔行如隔山"，仅体育领域的科研人员已无法很好地当今体育产业领域相关研究的任务，如专项训练器械研发过程中涉及到材料学和工程学等多学科的专业知识，单一结构的科研队伍在研发过程中具有很大的局限性；再如专项测试与分析系统的研制过程中，需要计算机设备及现代通讯技术的专家参与其中。因此，对于特定的研究项目，如何合理地组建科研团队，是项目获得成果的关键。可以建立体育部门与高校联合的科研模式，以体育科研所为研究基地，将训练器材或体育装备的制造车间作为实验基地，让高校特别是综合性大学相关学科的科研力量集中起来，由厂商资助部分经费，享受研究成果。另外，可以考虑在具备条件的院校开设相关专业的硕士点，并设置相关的实验室，着力培养后备人才，逐步优化科研队伍。

（2）自主创新，实施品牌战略

改变以往的"跟随"战略，发挥后发优势，开发自主知识产权，提高企业的核心竞争力，打造国内、国际自主品牌，为我国的体育产业打下坚实的基础。例如鸿星尔克基于对体育市场和消费需求的调查研究，率先明确了"专业的体育运动装备供应商"的市场定位，并提出了"科技领跑"的战略，以科技打造企业核心竞争力，以专业化发展塑造品牌形象。结合我国消费者的实际情况，以跑鞋和网球鞋作为先导，带动其它相关产品发展的策略选择。该品牌在"2004年网球风云榜"——最受欢迎的网球鞋的评选中，进入前三名，仅次于Nike、Adidas。战略确立后，还得苦练内功，打好基础。在与国际知名品牌交流与合作的基础上，研发具有特色的产品，满足消费者的需求。

（3）提高体育产业领域科技产品的多元化和实用性

面对我国体育产业科技产品结构不合理的现状，相关机构应在对体育各领域市场进行调查的基础上，根据社会需求设计今后一个时期我国体育产业科技工作的重点内容，列出产品的研发目录，避免单纯的小而全和低水平重复建设，真正做到"有所为，有所不为"，以期与我国体育事业的总体发展相辅相成、相得益彰。例如针对我国群众体育事业的发展情况和切实需要，设立社区体育器械、体质测试与评价系统等科研项目，经过专家论证，立项研发。以多样化的产品适应不同需求的群体的需要，降低研发成本，提高产品的实用性和应用价值。在做好竞技体育科技工作的同时，大力推进全民健身的科技进步，积极引进、吸收、借鉴竞技体育方面的研究成果，为全民健身工作服务，实现群众体育与竞技体育的协调发展和相互促进。以提高国民体质和全民族健康水平为根本任务，以社会化为方向，面向社会，依托社会，服务社会，深入开展提高国民体质和全民健身科学化水平的研究与服务，全面推进全民健身的科技进步。

（4）改革管理体制，加强制度和法制建设

随着全国体育体制、科技体制和政府机构改革的不断深入，体育科技管理改革应该有所突破，体育科技法制建设应得到加强，以改变以往体制不顺、机制不活，理论与实践结合不紧，竞技体育与群众体育联系不密的状态。加强体育产业科技工作的计划性，提高重大课题的管理水平，重点提升科技成果的转化率和对体育事业的贡献率，确保完成的质量。在制度和法制建设方面，出台有关科技工作的文件、法规和制度，科技管理工作依法行政的水平逐步提高；逐步完善体育科技奖惩制度,改变以往存在的不规范的奖励制度,在客观评价的基础上进行奖励,提高重大科研成果的奖励额度,对于无价值的成果可以考虑适度惩罚,确保体育产业领域科技创新朝着高效、健康的方向发展。

(5) 提高体育科技成果转化率

体育运动的主体、体育科技和体育管理的三者各自的利益驱动,是促进体育科技成果向竞技体育运动实践转化的主要动力,这些转化主体的客观需要是其利益之所在。当转化主体意识到这种需要时,便会反映为以实现这种需要为目的的愿望和要求,进而付诸行动,推动着转化主体积极促进体育科技成果转化的一系列活动。体育管理部门的推动力、高校科研机构和科研所的科技创新驱动力、体育运动的主体的需求引力和体育事业发展规律、体育科学技术发展规律构成了体育科技成果转化的模式。要真正完成体育科技成果转化,并取得良好的效果,应协调三个动力之间的关系,使之更有效地在遵循竞技体育发展规律和体育科学技术发展规律的条件下,促进体育科技成果转化。

①加大对大众健身器材的研发力度

专项测试与分析系统开发和应用,使得监控运动训练和国民大众的体质健康变得更加方便、准确和科学,针对测试结果进行分析和评价,制定出适合运动员和锻炼者的训练计划和运动处方,指导其运动实践。此类成果颇丰,但也存在一些问题:

对于竞技体育领域的系统研制较多,群众体育领域的成果较少。包括大、中、小等学生体质测试在内的器械,仅仅占体育器械研发项目的10%左右。

实用性较差,测试结果的评价及反馈不够及时,实施系统研究滞后。

因此,我们应该在重视竞技体育专项练习器械的同时,应该加大专门用于全民健身的各类器材,扩大现有的"全民健身路径"单一模式,丰富全民健身器械的种类,进一步吸引广大人民群众积极投身于全民健身活动中来。

②专业训练装备和器材的研发力度

"工欲善其事,必先利其器"。专项训练器的研发对于运动员运动成绩的提高起着莫大的作用。体操保护带的出现,帮助运动员在单杠等器械上完成高难度动作成为"家常便饭";踏板的改良,使运动员完成更高难度的跳马动作成为现实。随着科技的进步,发达国家早就将目光投向训练器械的开发与应用,用来提高运动成绩和促进民众的身体健康。但我国专项训练器械的研制及应用与发达国家相比还处于比较落后的探索发展阶段,主要存在以下问题:

产品类型较为单一。以竞技体育领域专项训练器械的研发为主,很少涉及大众体育及全民健身领域。竞技体育专项训练器械的研究与开发主要集中于身体素质特别是力量素质。涉及到的项目主要有游泳、投掷、射击、冰上运动、艺术体操等。

自主研发的力度不够。由于我国体育器械行业的基础比较薄弱,应当承认我国自主知识产权总体水平不高,国产化程度较低,更不要说"体育健身设施、健身器材、专业训练装备的产业化"了。大量的器材仍需从国外进口,这不仅提高了购买训练器械的成本,而且不利于我国体育产业的可持续发展。

预期应用价值不高。我国训练器械科研人员结构不合理,主要以体育领域科研力量为主，与其他相关学科人员合作不够，造成产品具有科技含量的核心技术极少，研发成本较高；研发、制造与应用脱节，不注重收集使用者的反馈意见，因而后续研究和产品改良跟不上。由此造成产品使用周期短、淘汰率高、应用价值较低等问题。

4. 加强体育基础条件建设

体育科技经费投入受国家经济状况的制约，科技投入不足是我国科研机构普遍存在的一个大问题。但体育科技只有转化成生产力，才能体现真正价值，发挥推动经济发展的作用。发达国家体育科技转化为生产力的比例一般为60%~70%，有的甚至达到80%，而我国平均只有30%左右。

在现有国情条件下，科技力量分散是制约我国体育科技事业发展的主要原因之一，当前要考虑适度集约的问题。因此，在"举国体制"统领下，沿着过去形成的建立体育科学研究院的思路，研究现有科技资源的整合问题：以京内的三个直属科研所为核心，组建松散的或紧密的科研实体，形成体育科研的集团优势，与其他行业的科技力量及省、市体育科研所形成结构合理、层次分明、分工明确、联合协作的科技网络体系，共同承担重大体育科技项目的攻关研究。

（1）兴建国际一流的科学训练中心

目前我国存在的科研与训练脱节的状况不仅表现在体制、分工和观念上，也反映在结构上。训练基地缺乏科研设施设备，科研机构没有训练条件，对运动员搞一次测试要搬动许多仪器设备，有些大型、贵重的仪器在训练现场使用十分不便，不利于科研训练的结合。应当下决心筹建类似美国科罗拉多斯普林斯训练中心、澳大利亚堪培拉运动技术学院、日本体育科研中心式的科研训练中心等重点实验室和国家队科学训练信息化平台建设以及"科、训、医、教"四位一体训练基地和体育科技成果转化与产业化综合服务平台建设。实现体育科技与体育活动各子系统的紧密结合。进一步加强场馆、仪器、设备一体化管理体制建设，从根本上解决科技与训练脱节的问题。

（2）加大体育科学普及工作力度

加强体育科学普及工作，提高体育队伍的科学文化素质，是一项长期的、重要的基础性工作。要采取多种形式举办各种类型的科普讲座、培训班，鼓励在职学习，提高运动员、教练员和管理人员的科学文化水平及接受新知识、新技术的能力。这是适应形势发展的需要，也是加强体育队伍长远建设的需要。

5. 加强体育科技人才培养

为完成2012年伦敦奥运会的艰巨任务，面对我国体育科技的薄弱状况，必须逐步增加对体育科技的投入，尽快改变体育科技建设的落后状况。投入的重点，一是引进高层次人才和急需学科的骨干，充实体育科研人员队伍；二是改善科研的设备和条件，尽快填补体育科研的空白。这是迅速增强我国体育科技实力的关键问题，应该下决心予以解决。

（1）合理规划体育科技重点研究领域，重点实施重大科研项目

发展我国体育科技事业，实现2012年伦敦奥运会保持竞技体育强国的艰巨任务，应该借鉴我国组织实施"863"计划的成功经验。面对我国体育科技的现状和2012年

伦敦奥运会的任务，我们必须集中现有人力、物力、财，解决当前竞技体育的关键环节和问题，以求取得突破。在国家加大奥运科技攻关经费投入的有利条件下，有必要将奥运科研攻关与科技服务工作重新规划，确定目标、明确重点、集中投入。第一，要加强体能类运动项目的科研攻关。田径、游泳、水上运动项目共有119块奥运金牌，这仍是我国2012年伦敦奥运金牌的生长点。在具体做法上，可集中组织全国最好的物科学、基因工程、医学、力学、测量学、运动训练学等专家，从技术创新角度进行协作攻关，解决体能项目成绩提高的关键环节，做到三个集中，即集中力量、集中管理、集中投入，以求取得突破性进展。这是集中力量办大事的社会主义制度优越性在体育科技领域内的具体体现，在西方国家是不可想象的。第二，有必要将奥运科研攻关和科技服务任务重新定位、合理分割，确定不同的重点，分别立项，分别投入，统一管理，改变目前只注重服务、忽略攻关的现状。一方面要进一步规范科技服务工作的要求和标准，提高服务质量；另一方面要鼓励基础攻关项目的立项，对可能从根本上解决关键问题，其意义具有普遍性、长远性的重大项目加大投入。只有这样，才能扭转当前体育科技滞后的局面。

（2）打造相关科学研究领域领军人物，培养一批学科带头人及学术梯队人才

为完成2012年伦敦奥运会的艰巨任务，面对我国体育科技的薄弱状况，必须逐步增加对体育科技的投入，尽快改变体育科技建设的落后状况。投入的重点，一是引进高层次人才和急需学科的骨干，充实体育科研人员队伍；二是改善科研的设备和条件，尽快填补体育科研的空白。这是迅速增强我国体育科技实力的关键问题，应该下决心予以解决。

体育科技人员是一个国家研究开发和技术创新活动的直接承担者，是推动体育科技发展和技术创新的主导力量。1985年，我国共有28所体育科研所，科研人员共计729人。至2000年，我国体育科研人员增至1700人（包括5个国家体育总局直属科研所、31个省市体科所，不包括相当多的地市级科研所），蕴含着巨大的科技创新潜力。虽然体育科研人员队伍逐渐壮大，科研工作的质量与水平不断提高，但由于缺乏区域性、全国性的信息网络，在每年取得近千项重大科技成果中，只有20%左右的成果转化，其中形成产业规模的大约只有5%左右，其余大都与研发人员一同滞留于实验室中，2/3以上的成果转化是自行联系洽谈，技术中介机构尚未真正成为知识创新与技术传播的桥梁。

高平等科研人员的研究结果显示：从总体上看：我国的基础研究与开发研究成果的应用率还比较低，尤其是开发研究成果直接对提高运动成绩产生实际效果方面。因此，进一步加强体育科研与运动训练的融合度的实用性，加大体育科研成果和科技资源共享，全面提升体育科技成果向运动训练实际过程的转化率，是我国体育科研亟待解决的重要问题之一（表3）。

表3 各层面对体育科技成果转化认同度的调查结果

内容	N	Min	Max	x̄	S
教练员对体育科技成果向运动训练转化的认同调查	402	6	30	10.24	4.32
教练员在运动训练过程中运用科技成果能力的调查	402	7	31	16.18	4.67
教练员运用体育科技成果应具备的知识结构调查	402	5	20	10.26	2.73
教练员对各体育科技成果获取渠道的调查	402	6	29	17.81	4.53
上级管理部门参与运动训练有关科技成果转化调查	402	5	25	17.94	4.97
教练员对科技人员为运动训练提供科技服务调查	402	6	30	21.72	4.86

资料来源：高平等.体育科技成果在竞技体育中运用的现状和发展趋势.体育科研，2005，26(6):33-36.

（3）加强技术创新，增强体育科技的持续创新能力

现代体育已不仅是展示各国民族地区形象，表现运动员力与美的竞争，也是世界最新体育科技的竞技场。奥运会上的各项纪录，不仅仅是人类突破生理极限的体现，也是高科技在体育中的集中展现。从运动员的比赛服装、运动器材到训练方法，无一不包含着日新月异的高科技成分。据报道，德国莱比锡应用训练科学研究所在悉尼奥运会开幕前，将诸如前世界冠军拉斯·单德尔、世界纪录保持者尤根·舒尔特在掷铁饼时身体转动的姿态、步伐和投掷的角度拍摄下来，然后在实验室进行分析，并借助其多年用电脑积累的数据，来确定掷铁饼处于最佳状态时人的力量是如何完全集中到一个方向的，以及一个优秀运动员在铁饼出乎时的最佳角度。科研人员自称像熟悉指纹一样了解每一个运动员，只需瞅一眼电脑屏幕上的铁饼飞行轨迹的数据，就知道是哪一个运动员掷出的铁饼。

又如，以往最高明的摄影师所能捕捉到的游泳镜头也只是水面上的动作，而本届奥运会组委会早在几年前就设计出了世界最先进的水下摄影系统。这种俗称"鱼眼睛"的特殊镜头，使人的视力从水上延伸到了水下。通过陆上遥控，它能在水下捕捉到运动员的任何细小动作，对纠正他们的动作误差起很好的辅助作用。

德国埃森奥运训练基地在训练赛艇运动员时使用了电脑。以往在训练中，如船桨入水角度稍偏、运动员身体重心稍低时，即使很有经验的教练也难以发现，而高技术辅助手段就可帮助人们发现它。录像、桨上的传感器、船底部的速度表以及记录运动员心脏负担的微型心电图仪，可以毫无遗漏地以图解方式提供必要的数据，帮助教练员从中发现技术或身体状态的任何缺陷。

可以这么说，未来奥运赛场的竞争，除超强度的刻苦训练之外，也是国家与国家体育科学技术的凝聚与综合创新的竞争。主要体现因素有高科技手段对体育的介入程度，科技与训练的结合方式，教练员的科技意识和科学训练水平，训练基地等的科技保障条件，先进器材设备的研制开发能力，多学科、多手段的综合科技支持力度和规模等。

21世纪是高科技和不断创新的新世纪。要使中国的竞技体育在国际体坛真正具有综合优势，迫切需要体育高技术的突破和应用。中国体育科技应当适应世界体育高技术发展日新月异的新形势，积极跟踪世界体育强国的科技先进水平，缩小与他们的差距，适当集中力量，在有限的高技术领域部署工作，应当研究提出在我国体育行业内建立中国体育科技创新计划，这对实现中国体育科技创新可持续发展具有重要意义。

为此，张忠秋等一大批体育科研工作者早在 2002 年就在《对我国体育科技创新发展现状与发展对策的研究》中提出了："建立和实施中国体育科技'863 计划'"：在决策指挥系统、协调管理系统、评估监督系统和信息交流服务系统等四大系统的支撑下，实现①在传统优势项目上，继续挖掘潜力，不断科技创新，力争巩固和扩大原有的优势。②在"119"项目上，跟踪国际先进科技手段和方法，缩小同国外的差距，力争在某些小项上有所突破，增强中国竞技体育的综合优势。③培养新一代高水平的体育科技人才。④为实现中国体育可持续发展战略奠定比较先进的技术基础，并为体育高科技本身的发展创造良好的条件。⑤把阶段性研究成果同体育实践密切衔接，迅速地转化为具有经济效益的体育产业。

可见，积极调整体育科技发展的相关政策，培养和造就优秀体育科技人才，调动广大科技人才创新创业积极性作为体育科技管理工作者的基本目标，积极营造有利于人才成长的科技创新环境，积极引导科技人员和相关人员加强技术创新，增强体育科技的持续创新能力，是提高我国体育科技工作水平的一项非常重要的工作。

五、结论

（一）进一步完善竞技体育研究领域中的科技支撑技术：重点加强奥运科技支撑与保障体系，伤病预防治疗与康复关键技术，兴奋剂检测新技术的研究。

（二）加强大众健身重点领域和关键技术的研究，重点在全民健身科研成果转化与应用研究，增强青少年体质的关键技术研究。

（三）进一步推进体育产业研究领域中的科技转化：重点是加大对大众健身、专业训练装备和器材的研发力度，开发具有科技含量的核心技术，加速体育健身设施、健身器材、专业训练装备的国产化和产业化。

（四）加强体育基础条件建设：重点实验室建设，国家队科学训练信息化平台建设，"科、训、医、教"四位一体训练基地建设，体育科技成果转化与产业化综合服务平台建设。

（五）加强体育科技人才培养：合理规划体育科技重点研究领域，通过重大科研项目的实施，打造相关科学研究领域领军人物，培养一批学科带头人及学术梯队人才。

"十二五"体育教育规划研究

上海体育学院 章建成等

一、前言

我国体育教育事业的发展,主要指教练员的继续教育和运动员的文化教育,前者直接关系到竞技体育水平的提高,后者更是关乎人的全面发展,关乎体育事业的持续发展,关乎社会对竞技体育的认同和支持,因此,制定体育事业发展的"十二五"规划,应该立足于体育事业的长远发展,从国家和社会发展的全局需要来确定体育教育事业的目标。

教练员是发展竞技体育的关键人才,完成2012年奥运会任务,更需要一大批高水平教练员。在教练员培训走向规范化、制度化、社会化、国际化的背景下,提高培训质量,建立教练员终身教育体系成为了当前教练员教育面临的紧迫任务。

专业运动员文化教育的问题,是中国乃至世界范围内竞技体育发展中的一个常见而又十分棘手的问题。它既涉及到对竞技体育性质"本原"的认识,关乎竞技体育可否持续发展的大事,也与专业运动员能否全面发展、形成全社会对竞技体育强力支持的良性循环有着直接的关系。现行的专业运动员文化教育体制已显露出许多与社会发展不相适应的问题,目前正在面临着巨大的冲击和挑战。重新审视我国现阶段竞技体育后备人才的培养模式,发现问题,落实措施,尽快改革,就显得愈发重要。

二、研究内容

本研究主要涉及教练员的继续教育、运动员文化教育、高等体育教育、加强教学、训练、科研三结合基地建设与培育,培养特色的体育学科和竞技体育人才等内容。

三、研究方法

(一)文献查阅

本研究充分利用各类期刊数据库资源,包括中外文体育期刊数据库、中国期刊网、维普科技期刊、万方数字化期刊等,以教练员岗位培训、运动员教育、运动员文化素质、运动员就业等关键词,检索到与本研究直接相关的文献103篇。

(二)专家访谈

2010月3月至4月,研究人员分别对上海、浙江和湖北进行了调查访问,面访了三地分管教练员岗位培训的副局长、体育学院分管院长、体育运动技术学院院长，竞技体育处、训练处、科教处处长和岗位培训的工作人员，与各级教练员约80余人进行了座谈。

2010年5月，研究人员分别对上海、北京等地进行了调查访谈，就竞技体育运动员培养问题面访了两地体育局主管青少年运动员训练的有关领导、工作人员，两地部分区县体育局分管少体校、体校的领导，部分体育传统项目学校和试办二、三线运动队中学、小学的领导。

（三）问卷调查

本研究主要就教练员岗位培训等相关问题进行了问卷调查，共发放问卷108分，回收108分，回收率100%。

四、结果与分析

（一）教练员继续教育现状及改进措施

教练员教育培训的目标是提高培训质量，使培训工作向规范化、制度化、社会化、国际化方向发展，建立教练员终身教育体系。

1. 教练员教育现状

"十一五"期间，中国体育事业取得了全面发展和长足进步。北京奥运会的成功举办和《全民健身条例》等一系列措施的颁布为我国体育事业发展提供了难得的发展机遇，群众体育蓬勃开展，竞技体育实力不断增强，体育产业发展势头迅猛，其他各项体育工作也都取得了长足的发展，为国民经济和社会发展做出了积极的贡献，同时也为"十二五"时期体育事业的发展奠定了良好的基础。在国家教育方针的正确指导之下，我国教练员培训工作取得了巨大进步和成绩。培养和造就了一大批有强烈事业心、思想作风过硬、业务精通的教练员队伍，为我国体育教育事业的可持续发展提供了能量。

虽然近几年来教练员岗位培训工作已在几十个项目和全国各省市开展，大大提高了教练员的素质，但是教练员的岗位培训仍存在着一些不足。首先表现在不同地区以及不同项目人才培训的不平衡。在西部和经济、文化、体育不发达地区的人才培训相对较少；其次是没有建立系统的教练员知识培训管理制度，教练员培训讲师制度尚未建立，各级培训管理体系尚不完善；再次在培训教材、培训手段、培训方式等方面都有待进一步提高。

2. 教练员教育制约因素

（1）对教练员教育的意义认识不足

个别省、市体育主管领导只重视对教练员的使用，只抓眼前的训练与比赛，缺乏长远的战略眼光。所以他们不能把教练员岗位培训真正作为日常工作来抓，也不采取具体措施。职能部门认识也不太明确，甚至有些将岗位培训与以前的一般短训班混同一起。还有的认为教练员的职称晋升权限在各省、市，只要训练出成绩，岗位培训的有关制度没有什么意义和约束力。有些运动队的领导从当前的训练、比赛任务出发,怕一线运动队的教练员参加培训学习会影响训练，拿不到金牌，所以不愿放人去学习。有些则是派不担任主要训练的或将要退下来的教练去应付。一些教练员因签有奖牌合同，怕完不成任务受罚，也不愿放下训练去学习。还有人满足现状，认为自己晋升无望也就不愿去学习。

（2）经费投入不足

通过调查,发现各地均反映经费不足,制约了教练员岗位培训的发展。在基层更为严重。如县一级，有些体委已被合并或撤销，经费无来源，有些贫困地区更为困难。我们认为政府投入应逐渐增大,但只靠国家拨款这一个渠道肯定是不行的,要争取更多方面的投入才能保证教练员岗位培训任务的完成。

（3）教材体系尚待完善

由于岗位培训不同于学历教育的模式，要求教材的针对性、实用性高，并要不断增添新的内容。而目前可供参考的资料不多，使担任岗位培训教学工作的教师感到困难。担任教学任务的教师基本都是兼职的，都有自己的本职工作任务，专门编写岗位培训教材从时间上也很难保证。现用的部分岗位培训教材已日显陈旧，无法满足教学需要。

（4）培训管理的制度化和体系化程度不够

以我国的优势项目体操教练员岗位培训为例,体操教练员岗位培训工作始于1989年，但直到2002年才编写了较为系统的高、中、初三个级别的培训教学大纲，又经试行和修改，2004年才基本确定下来，至今尚未编写完整的岗位培训教材，个别省份的基层和业余体操教练员甚至一年都得不到一次培训。

目前多数教练员岗位培训（特别是短训）的专项理论及技术实践课教学突出了针对性，但系统性普遍较差，很多内容多以专题的形式传授给教练员，有的甚至是零散的经验交流。这不仅给各个级别的培训带来衔接上的困难，同时也会影响教练员对整个训练过程的系统认识；由于训练任务繁重，教练员集中起来接受面授的时间一般较短，基础理论课的课时就更加有限，加之教练员原有基础理论不深、授课教师水平良莠不齐等因素的制约，基础理论课的讲授困难重重，效果不佳。

（5）部分教练员的培训动机与认识存在偏差

我国的教练员岗位培训与职称评定相挂钩，这在制度上保证了每个教练员都要接受相应的岗位培训。但目前我国教练员培训大多是国家花钱培训，仍然是"要我学"而不是"我要学"，所以,动力机制并未解决好。这就导致一部分教练员只注重参与、注重"证书"，而轻视能力的真正提高。观念出现偏差、认识不到位，严重影响了培训的效果。

（6）地域间的不平衡性

中国是一个地域辽阔、民族众多的国家。因地理环境、不同民族遗传素质的差异以及经济发展水平和开放意识的不同，造成了中国竞技体育人才在不同地区分布的不平衡，这种分布不平衡一方面是由于中国竞技体育早期发展的战略所造成的。当时主要是突出优势项目，而非优势或非奥运项目人才开发就相对忽视了，长此以往就出现了人才开发中的不平衡。另一方面由于地理位置不同，所具有的人力资源和自然资源优势决定了不同地区重视不同项目人才的开发，这种自发随机行为也造成人才开发中的不平衡。

由于以上原因，导致了现今中国教练员人才在全国范围分布的不平衡，致使部分优秀教练员人才在同一地区堆积，造成了人才的浪费。如一些地方的优秀教练员由于编制限制，无事可干，但又苦于人才管理体制方面的条件限制，而不能尽快得到流动，致使自己的才能得不到很好的发挥，有的甚至被迫转行；相反另外的省市却苦于聘不到优秀的教练员。如此的不平衡对中国教练员人才的开发利用是十分不利的。

3. 国外教练员培训现状

（1）加拿大教练员培训工作的特点

第一，组织健全。加拿大教练员培训工作是以加拿大教练员协会为核心,各单项协会、各省地方政府紧密配合的培训体系。加拿大教练员协会在政府支持下全面主持本国教练员培训工作，负责制定全国教练员培训工作的基本原则和标准，并在此基础上对全国各国家级运动项目协会的教练员培训工作进行业务指导。

第二，制度完善。加拿大教练员协会于1974年制定和实施了加拿大国家教练员资格证书制度，该证书制度将教练员的级别不分项目，统一分成5级。教练员需在规定的时间内学完不同级别规定的所有课程，通过考试获得相应级别的资格证书。

其一，目前加拿大教练员资格证书制度所规定的课程有必修课和选修课。必修课包括实习教练员学院提供训练条件，指导教练通过学员的工作手册观察和评估学员的训练指导情况、运动生理学、身体训练、运动营养、运动恢复、运动员心理准备、训练大纲设计、运动员的长期培养、领导能力与道德规范。以及教练员能力培养、训练哲学和新技术等。选修课包括环境因素与运动能力、高级技术的运动生物力学分析、教练经营、加拿大体育系统等。

其二，加大教练员协会为加强培训的针对性，加大能力培养的力度，将教练员资格分成3个系列进行培训和教育,3个系列包括社区体育系列、竞技体育系列和体育指导系列。在3个系列的基础上又分成不同层次。

其三，国家队教练员任职条件严格。要成为加拿大国家队教练员，首先，教练员必须获得3级国家教练员资格证书。其次，在国家级教练员学院培训合格并获得学院相应的学历证书。最后，经教练员能力评估体系评估合格并获得国家级单项协会认可的4级国家教练员资格证书。

其四，创新的教练员能力评估体系。这些能力通常包括评估能力、沟通能力、解决问题能力、严谨思考能力和管理能力5个方面。教练员在接受评估时，应从以下8个方面的指导效果中体现出上述能力做出合乎道德的决定、正确指导运动员训练、制定一个完整的体育训练计划、管理一个体育训练计划、提高竞技能力的方法、分析运动能力、与运动员父母的沟通以及具体运动项目能力由该项目协会确定等。为确保评估体系得到正确实施,评估人员基本由各单项协会派遣。

第三，经费保障。加拿大政府每年依据加拿大教练员协会的实际需要，为其安排有专项资金。以2005年为例,当年加大教练员协会约有经费500多万加元,其中75%来自本国政府,25%来自市场开发。

(2)美国教练员培训工作的特点

第一,高度重视奥运会教练员培训工作。尽管美国教练员培训管理体制较为分散,但美国奥委会非常重视奥运会教练员的培训工作。该部门在教练员培训方面主要负责开展以下工作召开高水平教练员峰会通过年度教练表彰制度,表彰和奖励奥运会和泛美运动会竞赛项目的国家级和地方最佳教练员建立全国奥林匹克教练员协会,开展相关活动。包括出版奥林匹克教练员杂志、提供训练评估服务、举办教练员培训者研讨班、举办备战奥运峰会等制定规范教练员行为的规章制度协助美国各单项协会制定各运动项目的教练标准和证书课程大纲。

第二,积极构建统一的教练员培训体制

其一,建立全国教练员教育联盟,以求和各国家级运动项目协会合作解决美国教练员培训工作中面临的一些共同问题,并提高教练员的专业化水平。

其二,通过全国教练员教育联盟,统一研制教练员课程标准。对各国家级运动项目协会的培训改造在课程内容及传授方法方面进行协调和沟通。

其三,推动各国家级运动项目协会在教练员培训工作中运用现代信息技术。

其四,推动成立全国教练员协会。

4."十二五"期间教练员教育的主要措施

(1)完善教练员培训管理制度

各有关部门及各级领导要高度重视教练员岗位培训工作,把教练员岗位培训提上议事日程,与体育教育各项工作统筹安排,把教练员岗位培训作为体育教育的重要组成部分,在人、财、物和政策等方面到位,保证培训的组织与实施。在制度上确保教练员岗位培训工作顺利完成。

在保证质量的前提下,采取灵活多样的培训形式,扩大岗位培训规模,使更多的教练员接受培训教育。创建适应市场经济运行机制的教练员培训制度,使各运动项目教练员培训制度走向国际化。各运动项目管理中心也要求教练员结合本项目的运动特点,带着问题去学习,真正把培训工作看作是继续教育的机会,切实提高个人的认识和训练水平。

教练员培训工作必须以行政推动为主,逐步过渡到以市场牵动为主的轨道。既要加强政府统筹管理,又要注意不断适应市场经济的规律,加强教练员培训运行机制的创新。

(2)完善教练员培训管理体系

形成由国家体育总局统筹进行宏观管理,以各运动项目管理中心(或单项运动协会)为龙头,各省(区、市)体育局为基础,以有关体育院校(或基地)为依托的教练员培训管理体系,能够有效地调动各方面的积极性,为持续发展教练员岗位培训工作提供坚实的组织保障。

加强国家体育总局和各运动项目管理中心及各省市岗位培训主管部门的沟通,发挥体育院校的优势，拓宽培训渠道。加强基层及业余教练员岗位培训的制度建设，平衡各个层次教练员的培训需求，确保全体教练员的业务能力和执教水平共同得到提升。

（3）加大教练员培训教材建设

积极组织力量,制定和完善各项目、各级别的培训教材和培训教学大纲,体现出专业性、实用性和时代感。同时各级岗位培训教材的编写与选取应体现由浅入深、循序渐进的原则，体现出各级培训内容的连续性与渐进性。各个运动项目需要编写专门的培训教材，贯彻"能力本位"教学模式，提高培训质量。

（4）建立高水平的教练员培训师资队伍

要从教练员、体育院校教师、科研人员和体育管理人员中挑选优秀人才，建立一支既有丰富运动训练和竞赛实践经验,又有深厚理论基础和学术造诣，能将理论与实践密切结合起来的"四结合"型培训师资队伍。在教法上必须符合以能力培养为主的目标。要求承担教练员岗位培训教学任务的教师积极学习有关知识，下到运动队去实际调查、边研究、边实践、边改进，需要找到一套行之有效的教学方法。

教练员岗位培训的师资队伍要保持相对稳定，依据体育职业教育的特点，各运动项目教练员的岗位培训，都应重点加强教练员型师资队伍的培养。要采取切实有效的措施，不断提高教练员型师资队伍的理论水平和培训教学能力。

同时要加强体育院校教师,特别是基础理论课教师对专项运动规律和发展趋势的深入了解，努力克服培训教师队伍理论与实践脱节的问题。

积极地建立教练员岗位培训优秀师资人才信息库,力争在全国范围内实现各运动项目之间教练员培训优秀师资人才资源的共享。

（5）建立教练员培训基地

良好和稳定的培训基地是开展培训工作必备的物质基础条件。培训基地的建设要与高等体育院校的发展协调配合，充分利用高等体育院校教学环境与条件的优势，有选择地建立各运动项目教练员的培训基地。要发挥那些条件优越且适宜开展培训工作的运动训练基地的作用，在充分利用这些基地专项运动训练优势的同时，加大对其教学设施、教学器材等的投入，开展教练员培训工作。要逐步建立教练员岗位培训基地的评定标准与管理办法，逐步加大对培训基地的投入，形成以体育院校和运动训练基地为主线，各省区市体育行政部门不同层次的培训基地相互结合，覆盖全国的体育教练员培训基地的网络。培训基地要加大对现代教育信息技术设备的投入力度，建立全国教练员岗位培训现代远程教育网络，加强与世界的沟通渠道，加强培训信息的交流。

（6）加大对西部地区教练员培训工作支持力度

西部地区体育部门领导，要进一步增强大力发展教练员培训工作的责任感和使命感，加大工作力度。通过培训充分发掘本地区教练员潜能，提高本地区教练员素质。提高西部地区教练员参加培训班人数的比例；为西部地区提供师资培训条件；帮助少数民族较多地区开展培训教学工作；支持东部与西部进行教练员培训工作交流与合作；对西部地区减免培训费用及为西部地区发展教练员培训工作提供政策保障等。各省（区、市）体委（体育局），尤其是东部和中部地区也要充分发挥优势，积极主动帮助西部地区培训教练员人才，特别要大力帮助对口支援地区开展教练员培训工作；扩大与西部地区教练员培训工作合作交流范围、形式、渠道，帮助西部地区培训高水平教练员。

（二）运动员文化教育现状及改进措施

运动员文化教育的任务在于完善现有的专业运动员学习体系，依托学校教育，保证运动员接受全面的系统的规范的文化知识教育。运动员文化教育的近期目标是为专业运动员建立文化学习信息平台，制定灵活的学习计划，建立职业技能培训制度。长期目标是与学校教育相结合，贯彻国家教育方针，利用学校的教育资源优势，逐步走向竞技体育后备人才培养的学校化、社会化。

1. 运动员教育现状分析

在十一五期间，在国家教育方针指导下，进一步加强了对运动员文化教育的体系改革和宏观指导，体育事业取得了较快的发展。在运动员文化教育方面，通过远程网络教育、增加运动员文化教育经费、改善教学措施、提高运动学校教师待遇、与本地优质中小学联合办学、发展运动员职业教育等方式，各级体育部门积极促进运动员文化教育工作，形成了多层次、多形式、多规格的运动员文化教育体系。通过这些政策的保障与制度的实施，在运动员文化教育方面取得了一定的成果。

但是，随着我国经济的快速发展和社会改革的不断深化，我国体育教育事业在取得不断进步的同时，一些深层次的矛盾尚未得到根本解决，并越来越明显地体现出来。在运动员文化教育方面，运动员在教学和训练之间的矛盾依然没有完全解决，以运动员人生和事业发展为目标的文化教育体制尚未形成，体育运动学校教学保障条件和措施依然薄弱，运动员文凭与水平不相符的现象尚未解决，运动员文化教育水平依然是影响运动员运动技术水平继续提高和未来人生事业发展的主要因素。因此，我国运动员文化教育，是无法回避、必须解决的体育科学发展的重大瓶颈。

2. 运动员文化教育制约因素

运动员的文化教育主要有体制方面的，还有管理方面的。究其渊源还是在于学训矛盾的特殊性和运动队教学薄弱的共性所致。一、上至体育各局的一把手，中至各运动管理中心，下至基层教练员，文化课教师，金牌唯上。并没有真正像重视训练一样来抓文化课教育，大多也只是停留于口头上，文件中。二、没有切实从优秀运动员的成长发展考虑。只看到他们身上目前可挖的训练名次，一俊遮百丑。三、多数教练本身文化程度就偏低，有许多所谓高学历的，大多没有真正进过大学门，在读或函授也只是走了过场。四、对优秀运动员的评价体系不够全面，不够客观。

3. "十二五"期间运动员文化教育的主要措施

（1）积极开展运动员文化教育试点工作

在条件较好的部分省市和国家队，按照指导意见的要求，积极开展试点建设工作，内容可包括以下方面：一是业余训练阶段青少年运动员文化教育工作的管理体制、工作模式、运行机制和评估体系试点；二是国家队运动员素质教育工作试点；三是完善运动员保障体系试点。将积累的经验推广到其它地区和国家队，从而对运动员文化教育工作有积极的推动作用。

（2）积极做好运动员九年义务教育保障工作

义务教育是我国义务教育法规定的由政府负责教育费用，学生必须完成规定上学年限的教育。九年义务教育是运动员文化教育的基础，我国教育法规定了公民必须接受九年制义务教育的权利和义务，运动员也不能例外。欧洲各主要国家的学校都有法定教育规划，且所有的青少年都必须遵守。初等教育的学校教学通常是强制性的，即使那些很有运动天赋的学生也要按照法律的要求，接受国家课程所要求的教育。我国的九年义务教育的法规性决定了运动员的文化教育必须坚持经常化和制度化，各训练单位不能以任何借口忽视这项工作。在保障运动员九年义务教育工作中应积极地开展运动员九年义务教育与本地区优质教育资源的结合工作，以保证运动员文化教育的教学实践和教学质量；在素质教育的前提下，编写适合运动员的教材，鼓励探索新的教学方法。处于九年义务教育阶段的运动员，接受九年义务教育是他们的义务，同时参加训练与比赛，因此他们肩负着训练竞赛和文化学习的双重任务。任务的双重性和时间的有限性是运动员文化教育的规律，这就决定了在教学内容方面不可能与普通学校相提并论，不能用普通学校全部教学科目及教学质量标准要求运动员。而必须从运动员所从事的训练竞赛实际出发，从文化学习时间的局限性出发，科学合理地选定教学科目并精选教学内容，保障教学质量并探索适于运动员的教学方法。

（3）加强制度建设

在对运动员的文化教育工作上，制度方面保障运动员文化教育各项制度和措施的落实，避免形式化和表面化；通过制度建设激励各相关单位和部门积极探索有效的运动员文化教育途径。可利用教育督导制度，规范并完善运动员文化教育工作中的制度建设。教育督导是对教育工作实施行政执法监督的一项制度，它的基本任务是对教育法律法规和方针政策的贯彻落实情况进行监督、检查、评估、指导。因此，一切督导活动必须坚持以教育法律、法规、方针政策为依据，督导过程就是检查、评估、指导并推动教育法律法规和方针政策贯彻落实的过程。教育督导就是行使教育监督和评估职责的教育行为。从某种意义上说，教育督导制度是教育现代化的重要标志，没有教育督导就不成其为完整的、现代意义上的教育制度。

美国在对高水平运动员的文化教育方面有着先进的经验，运动员严格的管理制度确保竞技体育与文化教育的完美结合。为保证学生运动员完成学业，美国大学体育联合会制定了严格的运动员管理制度，并通过限制参赛资格来杜绝教练员和运动员重训轻学的思想，通过制定专门的管理法则和实施细则，对运动员进行资格认证和注册登记，运动员同其他学生一样，并无特权，以保证运动员的文化教育质量。美国对运动员的文化教育，加强制度建设与管理的经验值得我们借鉴。

（4）积极开展运动员文化教育的职业化和社会化

运动员文化教育要结合社会的需求和自身优势，充分发挥社会各类教育机构的优势，探索多渠道、多层次的职业教育方式，使运动员的文化教育与社会需求紧密结合。积极发展高等体育职业技术教育，开展运动员职业转岗和职业培训工作。鼓励运动员学习中等职业技术教育课程，将职业教育和职业培训内容纳入体育运动学校运动员文化教育必修课程；结合体育行业职业技能鉴定工作，培养具有一定体育职业技能、适应社会需求的人才。引进专业化、社会化的职业指导、职业介绍等服务项目。

（5）建立运动员文化教育指导和咨询机构

通过机构的建立，对运动员文化教育进行指导和咨询，针对运动员的训练规律，以及文化知识结构，通过文化教育指导和咨询机构对其进行文化教育，全面提升运动员的知识结构，使运动员得到全面发展，同时，监督各地运动员文化教育开展。

（三）高等体育教育现状及其改进措施

1. 高等体育教育现状

我国的高等体育教育经过不懈的努力发展，无论在规模、结构和质量上都有了较大的进步，初步形成了从专科到博士，从基础学科到应用学科、新兴学科，层次多样，形式多样,布局逐步趋于合理的高等教育体系,培养了大批高级体育专门人才,为我国的体育事业的发展做出了巨大贡献。

然而在看到我国体育取得巨大成就的同时，也必须清醒地认识到，我国高等体育在总体上还比较落后，还存在许多问题，如部分教材更新落后、学科建设不明显；专业设置不合理，培养规格单一等，所有这些都影响了人才培养的质量。高等体育教育作为培养学校体育师资、高水平教练员、体育科研人才和社会体育工作者的摇篮，其人才的培养直接影响着我国体育事业的发展。在高等教育大众化的今天，高等体育教育在人才培养过程中出现了一些问题，为适应我国体育事业发展的需要，有必要对高等体育院系在体育人才培养过程中存在的问题进行探索，以期培养的人才能够满足社会发展的需要，更好的为社会服务。

2. 高等体育教育制约因素

（1）陈旧的竞技运动文化观制约了高等体育教育的发展空间

多年来，我们的体育教育思想、教学内容、教学模式、教学方法等代代相传。长期以来，将以提高竞技运动能力、水平、成绩、观赏价值和比赛胜负为目的的竞技运动文化，替代或等同于以培养师资为目标的体育教育；把传授和学习竞技知识、提高竞技水平作为教和学的唯一或主要目标，而排斥或不重视其他知识的学习；体育专业课程体系、课程教学目标、教材建设、教学内容及方法、教学要求等等基本上没有进行大的改革。忽视了体育专业学生合理知识体系的构建。

（2）定位不准确，办学无特色，难以适应社会发展的需求

近三十年来,我国的体育院校和体育专业，无论处于都市省城还是处于偏远城市都没有一个明确的定位，定位不明确就没有明确的办学指导思想，不可能有相应的课程作为支撑。为了适应国家经济体制变革和社会的进步，体育院系虽然也进行了一系列的课程改革，教育部对各级高校也进行了专业合格评估，为了评估达标和获得优秀，各体育院系集中自己的文才，拟定各自的办学理念，总结办学特色。但是在操作层面却很少根据各自的办学理念和学生实际来进行课程设置，而是照抄照搬其他体育院系课程体系，造成课程设置雷同，最终结果是尽管是毕业于不同学校，学生却"千人一

面"。

（3）高等体育教学目标的异化

教学目标分为学校层与课堂教学两个层次。学校的教学目标是社会目标，是与国家和社会在一定时期内对高等体育教育的要求相联系的，这个教学目标也即教育目标。课堂教学目标是教师根据专业素质要求所设定的教学目标，主要是教学内容和教学深度的把握，也即教师对引导学生所需要传授的知识。

从高等体育教学（教育）目标看，学校教学目标本应根据国家和社会对人才的需求，依据自身办学条件和力量，培养适合社会需求的具有自身特色的体育专业素质人才。但是，今日高等体育教育的这种教学目标已经不再具有其特定的内涵，不再具有引领办学方向的指导作用，不再具有反映学校使命的实质内容，而仅仅是适应市场发展需要的空洞口号，仅仅是凸显自身"价值"的漂亮光环，仅仅是"落实"上级精神的习惯用语，甚至仅仅是为了吸引生源的权宜手段。

（4）教师主导作用的丧失

在体育专业知识领域，教师本应成为教学中的主导。由于学科自身的特点以及教师对教学目的的把握，会有意识地引导学生去掌握所应该掌握的基本概念和技术动作。然而学生对这些最基础的知识与技术动作却不屑一顾，甚至认为这样的知识很枯燥。教师为了"适应"学生的要求，只好把讲授科学原理转化为讲故事、做游戏。然而，任何一个内行的教师或专家都知道，概念是不可能用故事的方法去定义的，必须是严谨的、准确的文字表达。而恰恰这些文字表达是最枯燥、最抽象的。由于学生不愿以严谨的态度去对待这些基本知识，导致大部分学生头脑里空乏无物。

（5）高校体育教育长期以来一直未处理好学习与训练、竞赛之间的矛盾

应该说，高水平的运动训练规律是不可违背的，如果在训练体制、竞赛体制、人才选拔体制，以及经费、场地、教练员和训练时间等都不能得到一定保证的话，是根本不可能培养出高水平运动员的。

（6）高等体育教育教材建设相对滞后

由于实际立项组织工作与原计划有差距，有些教材建设项目因立项时间偏晚，使得编写计划后延，影响计划的完成。有部分项目属于填补空白的教材，编写资料短缺，编写难度较大，由此影响了编写进度。部分教材仍然存在着社会化、特色化程度不高问题。一些教材仅按照本校课程设置和教学大纲进行编写，过于专业化、本土化，不适合外校同专业课程使用和社会推广，有的教材又缺乏自身的特色，从而降低了教材的社会实用价值。

（7）高等体育教育学科建设针对性不强

基础科学学科建设的相对滞后，制约着体育院校学科建设整体水平的提高，从体育院校体育科学学科建设的现状来看，这些基础科学的发展还没有完全渗透进来，一些相关的交叉学科，如体育社会学、体育法学、体育伦理学、体育心理学、体育美学、运动生理学、运动医学、运动生物力学、运动生物化学，虽然已经确立了各自的研究领域和发展方向，可无论从其对各基础学科新成果的吸收、应用，还是自身发展建设

的深度、广度和理论创新以及对基础学科所产生的影响上，都还存在着非常大的差距。

但在对社会体育和竞技体育的介入方面，高等体育教育应用学科的建设，至今也没有全方位地打开局面，一些新的学科专业，还没能形成自己的特色，还不能适应体育社会实践活动新的发展形势的需要，缺乏力度，处于一种弱势状态。

（8）高等体育教育教学效果评价机制没有发挥应有作用

评价指标不够全面和科学，评价指标不够全面和科学是影响思想政治理论课教学效果评价的重要因素。最突出的问题是评价指标的性不强，可信度有待提高。各高校都有自己的教学效果评价表，一经采用就多年不变，很少进行更新、补充或者完善，无法做到与时俱进。

教师在评价中的主体地位没有充分体现从现有的评价主体来看，学生这一评价主体居于主要地位，其对教学效果的评价起着决定性作用。而学生受自身知识水平和身心成熟度的影响，其对教育教学的评价水平尚有待商榷。教师要求参与制订评价指标的愿望经常被忽视，教师对教学评估的参与度非常低，致使其在评价中的主体地位得不到体现。

评价内容有失偏颇，就目前的情况看，不少高校对教学效果的评价仅局限于对教师课堂教学的评价。我们不否认课堂教学在教育中的重要地位和作用，但也绝不能把课堂教学作为影响教学效果的唯一因素。因为学校的教学管理、教学设施，乃至校风、学风等，都会直接影响教学效果。如果教学效果评价偏重于教学的某一方面，就容易以偏概全，使评价结果不准确，从而不利于发现影响教学效果的深层次因素。

3. 美国高等体育教育现状

（1）美国高等体育教育专业设置框架

美国高等体育教育是从体育教育专业发展起来的，早期的美国高等体育院校也是以培养学校体育教师为主要目标。20世纪70年代，美国科技、经济飞速发展，劳动生产率大大提高，人们的生活水平也迅速提高，随之而来的是肥胖、高血压、心、脑血管疾病患病率的大幅提高，"文明病"成了美国人健康的最大杀手。美国政府号召人们在业余时间多参加体育运动，为此，美国的体育院校也相继开设了体育健康类的专业，旨在为社会培养运动健身指导方面的专门人才，这包括高层次的运动健康研究人才、体育健康教育人才和俱乐部健身教练等。

美国体育健康娱乐产业的兴起与发展促进了高等体育教育向多元化方向的发展。首先是竞技体育的发展，运动竞技的商业化运作为美国的相关企业带来了丰厚的利润，也使得众多的高校开设了竞技体育相关专业(如 Sports and Human Performance, Kinematics, Sports training)，同时各院校也加强了竞技体育研究。以竞技体育为中心的研究机构也一时间遍布美国各州。众所周知，美国是世界竞技体育强国，其竞技运动成绩的领先离不开其领先的科技水平和竞技体育的商业化运作。与中国不同，美国没有国家投资兴建的竞技运动训练中心，也没有国家队。每次重大的国际比赛（如奥运会、世界锦标赛）前，由国家组织成立临时国家队，从各运动俱乐部和高校选调队员。美国培养高水平运动员的机构是职业或业余运动俱乐部和各大学。美国的运动竞赛主要有俱乐部联赛和大学生比赛，这两种比赛的商业运作都非常成功，大大促进了美国体育产业的发展和竞技运动水平的提高。

高水平竞技体育的商业化运作需要大量体育经营管理的专门人才,因此,体育管理类专业成了美国高等体育院校不可或缺的一部分。体育管理类的专业又可细分为体育运动本体产业管理（如运动俱乐部管理,运动队管理,运动健身会所管理等）和体育相关产业管理（如运动器材开发生产管理,运动服装生产、营销,运动旅游项目管理等）。

与竞技体育同时发展的是美国的休闲娱乐体育。在美国生活过的人都能感受得到,运动是美国人生活方式中的重要组成部分,美国人闲暇时间较多,而运动是他们渡过闲暇时间的主要方式之一。美国政府和民间资本都热衷于开办运动休闲场所和机构,以适应人们对运动休闲、娱乐活动的需求。因此,美国的运动休闲娱乐业也就大量的需要此类专业的专门人才。运动与休闲、娱乐相关专业在美国的高等体育院校中非常普及，其具体培养目标涉及休闲运动与公园管理；运动休闲、娱乐的项目指导；运动旅游；运动休闲研究（属于体育社会学范畴）。美国是将休闲运动与旅游巧妙结合并进行商业化运作的典范。世界最著名的迪斯尼和水世界公园，而这两大娱乐场所都不乏运动活动项目，在这里,游人决不仅仅是参观、游览，而是要亲身参与很多活动，其运动量要大于美国运动医学会（ACSM）所倡导的每天从事中等强度的运动1小时。

至此，我们也可以总结出美国体育高等教育的几大板块：体育教育；竞技运动；体育健康教育；运动休闲、娱乐；体育经营管理：运动学（kinematics，相当于我国的运动人体科学专业）。

（2）美国高等体育教育课程开展情况

美国的高等体育院系对体育的研究和相关课程的设立是基于医学、生物学理论以体育运动为研究对象所积累的知识基础。因此，最早的美国高等体育教育以运动生理学、运动医学等自然科学为主要课程。随着专业设置的多样化，以社会对体育专业人才的需要为出发点的社会科学学科也被大量引入美国的高等体育院系，如管理类的课程,教育类的课程，社会学相关课程等等。美国高等体育院系普遍重视理论课程的教学，在大部分的院校，理论课占总课程比的70％。而且从学生的录取来看，大部分的院校对学生的运动成绩没有特别的要求，学生只要是在高中阶段有参加运动队或运动竞赛的经历，本人爱好体育运动即可。

（3）美国高等体育院系师资队伍建设

美国的用人机制则更具科学性和可操作性。首先,高校教师之间的人才流动非常频繁，针对教师职称，高校只设岗位，设定标准，面向全球招聘。在教师受聘期间，根据其教学、科研工作业绩决定其下一聘期的职位（position）与待遇。教师是否能带研究生，能带博士生还是硕士生，完全根据他所在的学校的级别和他申请到的课题的水平而定，与他的职称没有关系。课题结束,则其带研究生的资格也就随之结束。我们经常可以看到，美国高校中，一个助教（assistant professor，相当于我国的讲师）可以带硕士研究生，一个副教授（associate professor）可以带博士研究生，而一个教授可能什么研究生也没有。在美国，博士生导师是一种工作和任务描述，他并不代表一种头衔，或是一种终身的待遇。

美国高等体育院系教师的学位普遍较高,硕士学位似乎是一个基本的学位要求,博士学位比较普遍,大部分教师拥有博士学位。这与美国较高的教育水平是分不开的,同时,这也是美国高校的功能定位所决定的。美国的高等院校(当然也包括体育院校)致力于"生产"两种产品,一是课程(programs),用来"出售"给学生;二是科研成果,用来出售给政府或企业。因此,高学位教师是高校科研的需要。

4. "十二五"期间高等体育教育的主要措施

(1) 积极开展高等体育院校重点学科建设

注重重点学科并加大自然科学课程内容的比例,兼顾边缘学科。构建理论与技术相结合的课程结构,实现课程体系优化,不断形成与体育相关的新的专业和与之相适应的课程。比如英国在大学体育专业中还开设极具战略眼光举措的人类资源管理课,同时在3年的学习中,要求学生每年必须选修其它系的两门课题。不是以单一学科来看待体育,而是从社会文化、政治、经济等的发展角度综合看待体育教育。

学科建设应坚持与学校实际相结合,与社会发展相匹配,与市场经济相对接,加强应用,注重基础,发展新兴、边缘学科,促进交叉,改老扶新的原则,调整结构,合理布局,转换机制,重点倾斜,集中力量,强化投入,提高层次,形成自己的特色。

重点学科建设是一个靠多部门协同作战才能搞好的一项系统工程,需要建立起强有力的协调管理体制。如果管理部门各自为政,相互掣肘,就难以形成合力,办事效率低下。只靠学科专业自发成长,就很难形成具有较强竞争能力和较高学术水平自我发展的良性循环。学校对重点学科建设进行总体规划,统筹安排,分级负责,齐抓共管。在重点学科的管理中建立校、院(所)、学科组三级管理,明确各级的管理职能,各有重点。

学科建设是科研的基础和推动力,科研是学科建设的前提和拉动力。以科研养学科,以学科促科研。建设一批省级重点学科和重点研究基地,并通过科学研究开拓新的研究领域,凝炼新的学科增长点,发挥重点学科的示范、辐射和带动作用,加大对有优势、有特色、有前景的学科的扶持力度,集中高校体育教育优秀人才和科研力量,形成学科群体。

(2) 积极开展教材更新工作

尽快建立和完善体育课程教材体系是体育课程建设改革的重要环节。注重以学生为本,以培养专业兴趣、提高实践能力和掌握最新知识为出发点,以又好又快,求精求特为原则,努力打造特色化、精品化和立体化教材体系,使教材不仅成为教师教学的工具,以满足教学需要,而且能够成为学生自主学习和终身学习的有力支柱,促进教材建设科学发展。

要进一步完善教材建设的相关规章制度,强化教材建设管理,严格执行出版教材的相关要求。坚持定期开展和参加各级各类的教学成果(教材)的评优工作,积极推介、选用优秀国家、市级精品教材。

运用市场运作方式,建立和完善激励机制,编写教材核算工作量,计入教师工作量之中，获奖教材计入科研考核积分，以充分调动和发挥教师编写教材的积极性。积极组织申报市级精品教材、国家级规划教材建设立项，做好立项项目的监管与督查，保证按期完成。

（3）建立教学效果评价机制

明确教学效果评价的目的，教师教学效果评价的根本目的是提高教师的教学质量，满足高等教育培养优秀人才的需要。具体来说，一是提高教师管理的效率，提高学校的教学质量。二是帮助教师改进工作，谋求发展。三是为日常人力资源管理工作提供依据。

确定教学效果评价的主体，教学效果评价的主体应包括五个方面：第一，主管领导进行考核。第二，综合评估小组评价。学校的综合考核小组由人事处、党委办、教师处、科研处、学生处的负责人、院领导和教师代表组成。第三，由同事来进行评价。由于同事之间长期接触，彼此之间比较了解。第四，自我评价。第五，学生评价。教师直接服务于学生，学生对教师的职业道德、学识水平等有一个清楚的认识。

完善教学效果评价指标评价，主要从教学态度、教学方法、教学内容、教学能力和教学效果五个方面进行评价，构成一级指标。增加相应的能力评价指标，加强对教师教学实践能力、创新能力等的考评。此外，还应该考虑教师的个性特征，增加一些个性化的指标，如人格魅力、授课风格等。

改进教学效果评价方法，评价形式和评价时间具有灵活性。在教学效果评价的形式和时间选择上，在方式的选择上，除了传统的纸质问卷，我们既可以借助现代信息技术建立评教系统，实现教学效果评价的信息化；也可以采用访谈法，对学生和教师本人进行访谈，以了解更多的有关教学方面的信息。在时间的选择上，评价活动应该向前和向后延伸。向前延伸至期中，向后延伸至该课程结束后的半年内。

（4）加强运动训练和民族传统体育专业建设

高等体育教育中运动训练专业培养目标重新定位进一步发掘教育体系的功能，理顺各层次竞技体育训练体制与教育部门的衔接结构，最大限度地延长学生的训练年限和提高接受教育水平与档次，培养出更多的高水平竞技人才和适合社会需求与发展的知识型专业人才。例如：美国NCAA的运动员已经注册为正式的全日制学生，他们至少达到不少于12学期的课程学习，学生运动员均不能少于每周8h的课程学习。学生运动员可以享受全额奖学金，同时还可免除学费和住宿费等。

在运动队文化教育过程中，既要遵循训练规律，又要遵循文化教育规律，努力探索新的教育方法，改革课程体系设置。高等体育教育培养对象是向自身极限挑战的运动员学生，既有一般高校共性的"育人"任务，还有特殊性的"创佳绩"任务，既要培养能够在世界赛场上争金夺银的运动员学生，也要培养最终对社会有用的人，这是办学的独特意义。

争取各部门的支持，建立完善的高等教育与运动训练结合体系，积极争取教育部门的支持，要向体育局争取经费，也要向教育部门争取经费，同时依靠专业化，社会化增强自我造血功能。改革重点是要打破条块分割，自成体系，封闭发展重复建设的管理方式，实现条块有机结合，优化教育资源配置，建立起一个布局合理适应社会主义市场经济体制和现代建设需要的高等体育教育和运动训练结合体系。

进一步增强驾驭全面工作的组织领导能力，提高运行效率，要加强各级领导班子建设，要专门成立机构，形成一个智囊班子和一个决策班子，提高运行效率。对高等体育教育的可持续发展和人才培养要一盘棋考虑，在改革中按照"合心"、"合力"、"合拍"要求，通过理思路，顺关系，建制度，强管理，抓重点，攻难点来实现。

在民族传统体育专业建设时，应当采取一种多文化的知识观，促进那些来自不同民族、民俗文化背景的体育活动方式的提高。民族传统体育专业，必须以高等教育改革为契机，以社会需求为导向，以素质教育为主线，明确民族传统体育专业教育目标，优化专业知识结构，拓宽专业内涵，活化专业方向，建立传统特色，加快学科建设，增强人才培养的适应性。

民族传统体育专业建设，以健身为主线，竞技为辅助，完善民族传统体育专业建设发展体系。一方面，对一些已符合现代体育原理的项目，加以科学整理提炼，使之繁荣世界竞技体坛。另一方面，在全面分析的基础上优选一批有价值的民族传统体育项目，不断改良，逐步推广，为全民健身服务。未来社会的民族传统体育将更加生活化、普及化、科学化、社会化，通过富有特色的、丰富多彩的传统体育的练习，达到强身健体、健康快乐的目的。

（5）建立教学、训练、科研相结合的人才培养基地

高校是实施高等体育教育的主要机构，其中心任务是培养体育人才，无论什么层面的学校都应将教学作为培养人才的主要途径。因此，要紧密地结合高等体育教育的实际，突出学科建设的重要地位，发挥学科建设在专业建设、课程建设和运动项目建设的中介作用，加快学科建设与发展，体现出以学科建设为龙头，进行实质性的"三结合"。

高等体育教育应体现其的特点，充分发挥师资、环境、科研的优势，为培养高水平的竞技体育人才作贡献，走出一条以运动项目为基础，富有特色的"三结合"道路。

加强高水平运动项目的科学研究，提炼实践中带有规律性的知识，形成独立的科学理论体系，再用以指导教学、训练的实践。制定"鼓励教师给训练基地同学开展小型讨论班"、"聘请国内外著名教练员为基地班作专题讲座、主持研讨活动"、"支持基地班学生参加高水平的学术活动"、"鼓励、支持优秀运动员参暑假学校学习"等。

建设一支高水平高素质的师资队伍是人才培养基地建设的重要任务，教学与科研相结合是建立并稳定高水平师资队伍最有效的方法和途径。训练基地在建设过程中，逐步调整教学、训练、科学研究之间的关系，走培养与引进相结合的模式。

（6）提高成人继续教育质量

确立我国成人高等体育教育发展的基本框架，建立新的成人高等体育教育体制，实现学校之间的重组和资源共享。改变传统的教育模式，实现由传统的封闭型教育模式向现代开放的教育模式转变。提倡鼓励多渠道投资办学，建立充满活力的内部激励机制，形成多样化的办学模式，灵活采用全日制、业余、函授、自学考试、网络教育等多种

多样的形式。

整合、优化成人高等教育资源，采用合作办学、资源共享的形式，来合理配置教育资源,提高教育资源的利用率。根据社会和市场的需求，灵活设置专业，不断调整优化课程体系，不断更新教育培训的内容和形式，完善教学计划与内容，各学校认真组织力量修订教学计划，在课程设计上要体现以人为本和适应现代社会发展需要及与时俱进的思想，不失时机地补充应用性、时代感比较强的课程。鼓励教师在教材委员会的监督下自编教材，并在教学过程中用好教材，甚至做到超越教材，使教学内容现代化。

建立有效的教学管理系统，通过教学管理系统的不断完善，建立一个高效合理的教学运行机制，使教学管理工作规范化、制度化、科学化。建立由督导员、巡视员和信息员组成的教学质量监督系统。对教学过程实施有效的监督，不断地端正教风和学风，出现问题及时解决。把函授教学纳入到教师的评聘之中，对不合格的教师，取消其函授教学资格。把形成良好的学风、教风、校风放在首位，要逐步形成自己的特色和优势，逐步办成成人高等体育教育的名牌学校、名牌培训机构。

五、结论

（一）以调动教练员参加培训的积极主动性为目标，完善教练员培训管理制度，加强教练员培训教材和师资队伍建设。

1. 完善教练员培训管理制度。制度建设以教练员积极主动参加培训为目标，改变岗位培训证书终身有效制度，使各级教练员定期参加培训和业务交流；成立教练员培训工作指导机构，指导教练员培训工作的开展。

2. 完善教练员培训管理体系。明确各级教练员培训管理部门的职责和任务，鼓励教练员学院、运动项目协会、地方各级体育管理部门和各培训机构开展教练员培训工作的积极性，鼓励教练员培训工作与市场机制相结合，鼓励社会培训机构参与教练员培训工作。

3. 加大教练员培训教材建设力度。成立教练员培训教材编写机构，使教材建设与运动训练实践相互促进；结合不同层次教练员工作需要，编写教练员通用知识和专项技术培训大纲和教材，建立教练员岗位培训知识体系；以培训效果为核心，鼓励教材建设和教学教法的多样化。

4. 建立高水平的教练员培训师资队伍。将教练员培训师资队伍建设与岗位培训相结合，鼓励高水平的教练员参与教练员培训授课工作；建立竞争和考核机制，鼓励各领域专家参与教练员培训授课工作，逐步建立一支高水平的教练员培训师资队伍。

5. 建立教练员培训基地。通过竞争和考核的方式，以高等体育院校为主，建立各级教练员培训基地，加强基地建设管理，充分运用基地设施和现代化手段，建立多样化的教练员交流平台，使基地在教练员培训管理工作中发挥重要作用。

6. 加大对西部地区教练员培训工作支持力度。通过增加教练员培训名额，在新疆和西藏等西部地区设立教练员培训班并选派专家授课等形式，加强对西部地区省市教练员培训工作的指导和支持。

（二）以九年义务教育为重点，以制度建设为保障，贯彻落实《关于进一步加强运动员文化教育和运动员保障工作的指导意见》。

1. 积极开展运动员文化教育试点工作。在条件较好的部分省市和国家队，按照指导意见的要求，积极开展试点建设工作，并将积累的经验推广到其它地区和国家队。

2. 积极做好运动员九年义务教育保障工作。九年义务教育是运动员文化教育的基础，积极开展运动员九年义务教育与本地区优质教育资源的结合工作，保证运动员文化教育的教学时间和教学质量；在素质教育的前提下，编写适合运动员的教材，鼓励探索新的教学方法。

3. 加强制度建设。要从制度方面保障运动员文化教育各项制度和措施的落实，避免形式化和表面化；通过制度建设激励各相关单位和部门积极探索有效的运动员文化教育途径。

4. 积极开展运动员文化教育的职业化和社会化。运动员文化教育要结合社会需求和自身优势，充分发挥社会各类教育机构的优势，探索多样化、多渠道、多层次的职业教育方式，使运动员的文化教育与社会需求紧密结合。

5. 建立运动员文化教育指导和咨询机构。通过机构的建立，对运动员文化教育进行指导和咨询，并监督各地运动员文化教育开展情况。

（三）以人才培养为核心，加强高等体育院校特色建设，促进高等体育教育理论和实践的交互发展。

1. 积极开展高等体育院校重点学科建设。通过开展重点学科建设，对高等体育院校资源进行优化和调整，促进高等体育院校与运动项目训练实践的紧密结合；成立高等体育院校重点学科建设指导委员会，指导高等体育院校重点学科建设与发展，建设各具特色的高等体育院校，在不同领域培养出具有特色的体育专门人才。

2. 积极开展教材更新工作。成立教材编写委员会，定期开展教材编写研讨工作，鼓励教材教学方法的创新，开展优秀教材评比和推广活动，将教材建设与教学对象相适应相结合，积极引进国内外优秀教材。

3. 建立教学效果评价机制。建立教材、教学方法、教学效果相联系的教学评价机制，积极鼓励教师开展教学创新活动，鼓励院校加大教学在教师评价中的作用。

4. 加强运动训练和民族传统体育专业建设。加强运动训练和民族传统体育专业招生管理，规范高等体育院校招生管理工作；建立运动训练和民族传统体育专业建设指导委员会，加强对运动训练和民族传统体育专业学生文化教育的指导工作；逐步建立严格的学分制毕业管理制度，使学生毕业时能够达到相应的教育水平，并具有运动技术优势。

5. 建立教学、训练、科研相结合的人才培养基地。结合高等体育院校所具有的运动项目优势，发挥高等体育院校所具有的人才、设备等方面的优势，建立教学、训练、科研相结合的包括竞技体育、科学研究、运动训练等体育专门人才培养基地，促进教学、训练、科研的相互发展；进一步加大对竞技体校的支持力度，使竞技体校成为竞技体育人才培养的楷模。

6. 提高成人继续教育质量。结合教练员、教师等体育工作者实际需求，努力提高成人教育教学质量，积极开展多种形式的成人继续教育，使成人继续教育与业务培训相结合，吸引更多的体育工作者到高等体育院校参加继续教育。

（四）以教学、训练、科研三结合基地建设为目标，使北京体育大学在学科建设和竞技体育人才培养等方面继续发挥带头作用。

1. 继续加强教学、训练、科研三结合基地建设。利用北京体育大学国家高等教育"211 工程"建设机遇，以及在地域、人才、设备、国家队基地建设等优势，继续促进北京体育大学教学、训练、科研三结合基地建设工作。

2. 加强学科建设。继续加强北京体育大学的学科建设，加强教学改革研究，引导全国高等体育院校的发展，将北京体育大学建设成为国际知名专业体育院校，为我国培养各领域体育专业人才。

3. 积极开展竞技体育人才培养模式研究。充分利用北京体育大学各种优势资源，加强资源规划和布局，加大对竞技体校的支持力度，积极探索竞技体育人才培养渠道，在全国高等体育院校竞技体育人才培养中发挥模范作用。

"十二五"反兴奋剂规划研究

上海体育学院　章建成等

一、前言

体育运动中的兴奋剂问题由来已久，它不仅是盛名、厚利、重奖刺激带来的负效应，也是体育与政治和体育与经济相结合的异化物。药物的滥用，不但从伦理道德上违反了体育运动的公平竞争原则，损害了运动员的身体健康，同时更严重地影响了人类竞技体育运动的文明进程。国际各体育组织和世界各国普遍加强了反兴奋剂的法制建设，也非常重视对使用兴奋剂的依法治理。

我国自上世纪七、八十年代开始，在体育事业取得巨大成功的同时也非常重视反兴奋剂斗争的开展，并显示出了很大的决心：从1985年开始，我国陆续出台了30多个具有法律、法规性质的反兴奋剂文件；此外，各单项协会也制定了有关规定，不少省市还根据本地区的具体情况出台了一些反兴奋剂文件和规定。长期以来，在反对使用兴奋剂的问题上，中国政府和体育界一直秉持"严令禁止、严格检查、严肃处理"的立场，坚持赛内和赛外检查同步进行。但由于兴奋剂存在的多种因素的作用，人类在历经几十年不懈努力，兴奋剂的蔓延还是没有得到有效控制。特别是随着人类对生理、药理等方面研究的不断深入以及在药物合成方面的新进展，使用兴奋剂的种类亦不断有所变化，并衍生出"高科技化"的趋势。对此，国际体育组织和世界各国对兴奋剂危害性的认识也更加深刻，对反兴奋剂工作更加重视，反兴奋剂斗争的手段更加科学、规范。认识、把握目前国际反兴奋剂建设的趋势，分析对比我国反兴奋剂工作的现状，对于促进和加强我国反兴奋剂工作具有重要意义。

二、研究内容

本研究将从我国体育事业反兴奋剂工作存在的主要问题进行研究，并在此基础上提出相应的发展对策。

三、研究方法

（一）文献资料法

本研究充分利用各类期刊数据库资源，包括中外文体育期刊数据库、中国期刊网、维普科技期刊、万方数字化期刊等，以"兴奋剂"、"违禁药物"、"反兴奋剂"等关键词，检索到与本研究直接相关的研究451篇。同时,参阅了我国《中国奥委会兴奋剂控制规则(征求意见稿)》、《反兴奋剂工作汇编》、《中国奥委会兴奋剂控制规则》、《世界反兴奋剂条例》、《国际反兴奋剂公约(草案)》、《反兴奋剂条例》、《2001-2010年体育改革与发展纲要》、《关于禁止在体育运动中使用兴奋剂行为的规定》、《兴奋剂检查国际标准》、《中国奥委会兴奋剂控制规则》、《兴奋剂检查工作人员管理暂行办法》及全国体育反兴奋剂工作会议等大量的相关文件和报告材料,这些基本素材为本研究提供了扎实的基础性材料,为保证研究的顺利进行起到了保障。

(二)面访调查法

2010月3月至6月,研究随机选取了上海市、北京市、江苏省、浙江省、湖北省、辽宁省,以从事体育工作的国家公务员、科学研究人员、教练员和运动员为主要面访调查对象,以座谈会的形式围绕我国体育科技发展问题展开讨论。座谈会的地点分别设在上海的同济大学、北京的中国公安大学、江苏的南京体育学院、浙江的浙江大学、湖北的武汉体育学院、辽宁的沈阳体育学院,参加座谈会的人员近70人。

(三)专家访谈法

以参加体育事业"十二五"规划编制工作的来自全国的体育专家为主要访谈对象,在北京、广州、上海等地举行的体育事业"十二五"规划编制工作会议上,针对体育科技规划的编制问题广泛地听取专家的意见,为本研究的圆满完成获取了宝贵的第一手资料。

四、结果与分析

(一)我国体育事业反兴奋剂工作的现状

上世纪80年代末以来,中国政府始终本着维护奥林匹克运动健康发展、保护体育运动参加者身心健康的宗旨,高度重视反兴奋剂工作。自1985年至今,中国政府先后制订了40多个规范性文件,这些文件内容对兴奋剂的处罚给予了较为详尽的规定,为反兴奋剂在立法层面上提供了一定的法律保障,规制使用兴奋剂取得了显著的成效。

我国反兴奋剂斗争的法制建设虽然取得了长足的进步,然而与国际反兴奋剂组织对各国法制建设的要求以及发达国家反兴奋剂立法实践仍存在较大差距。国际奥委会主席罗格认为:每个国家和各个运动项目对同一性质的兴奋剂事件有各自的处罚尺度,这是很不公平的。他提出"要建立统一的处罚标准","对各国的反兴奋剂机构要进行国际化标准管理。"

我们认为:国际反兴奋剂法律法规一体化的发展趋势主要内容应体现在五个方面:(1)同一国家内各层次反兴奋剂的法律法规、专门性法律法规与相关的法律法规,应协调一致,相互支持,形成体系;(2)在同一国家内,反兴奋剂的法律法规、政府的政策和法规性文件、体育管理部门、体育组织的规章不得相互矛盾冲突;(3)一国的反兴奋剂法律、法规、政策,体育部门、体育组织的规定、章程、纪律应与国际体育组织的规定、国际体育法规相接轨;(4)参与国际体育组织签订国际反兴奋剂条约的成员国之间的法律、法规、政策、规定等应成为一体;(5)国际体育组织与世界各国的反兴奋剂立法在对兴奋剂及其方法种类的确认、对使用兴奋剂及其方法性质的认定、对使用和参与使用者的处罚力度等方面的标准应当趋于一致。

用这5个方面的要求分析我国已有的反兴奋剂立法，我们可以看到，目前在我国尚未形成完整的反兴奋剂法律体系，缺少高层次的反兴奋剂专门性立法。这种状况与国际反兴奋剂斗争的形势发展是极不适应的，也不能满足我国体育改革实践中进行的反兴奋剂斗争的。

此外，我国目前虽有一部经国务院颁布的专门的反兴奋剂立法，但《体育法》中规定的反兴奋剂条款只是原则立法而已。而已有的30项法规都是由政府体育主管部门制定的暂行的部门规章或是法规性文件。由原国家体委和现国家体育总局制定颁布的，较为规范的规章不足1/3（表1）。

表1 我国体育行政部门制定的部分反兴奋剂规章举例

规章名称	颁布时间	制定机构
全国性体育竞赛检查禁用业务的暂行规定	1998	原国家体委
严禁举重运动员使用禁用药物的规定	1990	同上
运动员使用运动营养补品管理暂行办法	1993	同上
严禁在体育运动中使用兴奋剂的暂行规定	1995	同上
对使用兴奋剂运动员的教练员处罚暂行办法	1995	同上
关于严禁在体育运动中使用兴奋剂的规定（暂行）	1998	体育总局
兴奋剂检查工作人员管理暂行办法	1998	同上
反兴奋剂条例	2004	国务院
中国奥委会兴奋剂控制规则（征求意见稿）	2005	体育总局
中国奥委会兴奋剂控制规则	2006	体育总局

提高反兴奋剂立法层次，是国外调整反兴奋剂政策，加强其法制建设的发展趋势之一。据对世界上有反兴奋剂立法的国家统计，多数国家立法的效力等级层次都较高，一般都是由议会或参议院通过（表2）。

表2 世界部分国家反兴奋剂立法状况

国家	法律名称	制定时间	通过机构
法国	保护运动员健康与反兴奋剂斗争法	1990	总统签发
澳大利亚	反兴奋剂总署法令	1990	国家议会
意大利	反兴奋剂法	2000	国家参议院
英国	滥用非法药物法令	1971	英国内政部
瑞典	禁止使用某些兴奋剂法令	1992	瑞典议会
挪威	民法162B	1992	挪威议会

资料来源：阎旭峰,等.国际反兴奋剂立法发展趋势与我国反兴奋剂立法.北京体育大学学报,2004(2).

我们认为,导致使用兴奋剂的因素固然是复杂多样的,但我国缺乏必要的高层次、高效力法律法规,国家司法机关在开展反兴奋剂斗争中有法难依,难以发挥有效作用,处罚不力,不能不成为重要的原因之一加以思考。

同时我们也应看到,我国反兴奋剂主要以行政手段为主,相对行政权力的严厉处罚来说缺乏程序性规定的研究,例如兴奋剂处罚中的程序公正、处罚原则、运动员的权利救济等问题我们都未能真正合理的解决。我国反兴奋剂斗争常常是"重实体、轻程序","重处罚、轻救济"。此外,我国的反兴奋剂的立法也不能很好的与国际反兴奋剂立法模式接轨,导致了在国际体育组织共同治理时不能协调一致。反兴奋剂的管理体系欠清晰;兴奋剂检测水平虽然达到了国际一流水平,但针对实际情况的"检出率"却较低;高素质、专业化的反兴奋剂人才队伍建设相对不足;反兴奋剂的宣传教育工作根本没有做到常态化;对外交流和合作活动也明显不足。这些都说明我国反兴奋剂还存在着诸多不足之处。因此,面对现阶段存在的诸多问题,我们迫切需要从理论加以探讨,为反兴奋剂治理提供法理依据。

(二)"十二五"期间我国反兴奋剂工作发展的主要措施

1. 进一步健全我国反兴奋剂的法律体系

首先,国家立法机关应加快反兴奋剂专门立法的步伐。同时国家各级体育行政部门也应进一步制定、修改、补充反兴奋剂方面配套法规、规章、制度,逐步建立和完善我国反兴奋剂的法规体系。

其次,加紧研究和建立具有中国特色的《反兴奋剂法》,进一步完善我国的反兴奋剂法律体系。除了建立专门的《反兴奋剂法》,还应研究修改《中华人民共和国药品管理法》、《中华人民共和国海关法》、《中华人民共和国执业医师法》、《中华人民共和国未成年人保护法》、《中华人民共和国刑法》等相关法律中的有关条款,增加新的反兴奋剂的相关内容。使更多的相关法律能够为反兴奋剂工作提供更直接、有效的法律支持,使我国的反兴奋剂工作真正做到有法可依,依法治理。坚决贯彻执行反兴奋剂的有关政策和法规,严厉制裁,决不姑息,凡涉及违禁药物使用的人员均应受到相应的处罚。加强海关的稽查力度,协助堵死从国外走私、进口、携带违禁药物入境的外来途径。国内医药卫生部门也应严格管理、监控医院和药品生产销售部门违禁药物的使用、出售和非法流通,卡死国内的禁药来源。对非法生产、进口、出口、销售、交易、走私、贩运兴奋剂的人,对通过各种方式协助运动员获取和使用违禁药品的人,特别是对那些教唆、提供、指使、劝诱、蒙骗运动员或未成年人使用兴奋剂的人员,应作为我国反兴奋剂立法打击的主要对象,调查取证时应有司法介入,要通过立法加大处罚力度,依法严惩,除判处罚金外还应追究刑事责任,一旦违禁就不得再从事相关的职业、社会活动和公职服务。考虑到国际惯例和我国目前的实际情况及申办奥运会的需求,建议政府大幅度增加反兴奋剂科研经费。建议在时机成熟时,在条件允许的情况下,由国家投资,成立专门的国家反兴奋剂机构,并配备足够的专职工作人员。该机构应具有政策研究与发布、制定全国反兴奋剂计划、组织实施兴奋剂检查、领导反兴奋剂研究、负责进行国际交流等全面的管理职能。该机构应同现有的兴奋剂检测中心分开,兴奋剂检测中心成为独立的国家兴奋剂检测分析实验室,以便与国际接轨。

形成以《中华人民共和国体育法》反兴奋剂专章为法源,国务院《反兴奋剂条例》为核心,国家体育总局《反兴奋剂办法》为主干的,各类反兴奋剂技术规则配套的多部门、多层次的有中国特色的反兴奋剂法律体系,保障我国体育事业的健康稳定和可持续发展;并设立中国奥委会反兴奋剂处罚委员会和中国奥委会反兴奋剂仲裁委员会,进一步加大对兴奋剂使用的处罚和打击力度。

2. 进一步完善反兴奋剂管理体系建设

我国《体育法》第三条规定,国务院体育行政部门主管全国体育工作。国家体育总局是国务院组成部门,负责开展全国性体育运动,由它负责制定全国反兴奋剂工作的重大方针、政策和措施;审批全国反兴奋剂工作的长期规划和年度计划并为此提供必要经费;领导、协调、监督各省、自治区、直辖市、解放军和全国性体育组织的反兴奋剂工作。而国家奥林匹克事务则由中国奥委会这一社会团体来进行主管。1992年7月中国奥委会成立了反兴奋剂委员会,下设办公室和检查处。受国家体育总局委托,中国奥委会反兴奋剂委员会负责全国反兴奋剂的各项业务工作。为有利于谐调政府各部门反兴奋剂治理的共同开展、提高反兴奋剂工作的专业化水平以及加强反兴奋剂工作的国际交流与合作,在国务院的批准下于2007年11月成立了政府职能部门的国家级反兴奋剂中心,中心下设兴奋剂检查、教育信息等六个部门负责开展工作。各单项协会的反兴奋剂管理工作由全国性单项体育组织负责具体实施。

(1) 美、澳等国成立反兴奋剂机构概况

在国际体坛反兴奋剂领域,最早建立国家级独立反兴奋剂机构的是澳大利亚。1989年,由澳政府成立了澳大利亚反兴奋剂总署(Australian Sports Drug Agency——直译澳大利亚运动药物局),即ASDA。由于ASDA有国家的立法支持和政府划拨的专门经费,其反兴奋剂管理工作成效显著、独具特色,多年来在国际体坛声誉卓著,已成为国际奥委会(IOC)和世界反兴奋剂机构(WADA)的主要合作伙伴。

自20世纪90年代中期以来,国际反兴奋剂斗争形势异常严峻,国际体坛运动员服用违禁药物成风,奥运会等世界重大赛中不断爆出兴奋剂丑闻。面对日益严重的滥用药物现象,世界各国在总结经验教训的过程中,发现以前由双重或多重管理部门(如政府机构或部门、国家奥委会、体育联合会、体育总会、各项目体育协会等)协同管理或交叉管理反兴奋剂事务存在诸多弊病和问题,例如:机构重叠、权力分散、计划难统、经费无保证、专职人员不足、不利于开展国际交流等。于是,一些政府非常重视反兴奋剂工作的国家开始对本国的反兴奋剂组织机构进行调整和重组。尤其是在世纪之交成立独立反兴奋剂机构的浪潮中,加拿大、美国、德国、日本、芬兰、荷兰、法国等国行动迅速,纷纷建立或已筹备建立国家级反兴奋剂机构。

(2) 成立独立机构已成为国际发展趋势

通过研究分析近年来国际反兴奋剂斗争的发展潮流和趋势,不难发现,"独立"和"统一"已成为国际反兴奋剂管理的改革主旋律。

首先,WADA的建立,本身就体现了"一个独立的管理全球反兴奋剂事务的机构"

的构想。实践证明,这一理念得到了各国政府以及各种国际体育组织的认同。上述美、澳等国独立反兴奋剂机构的建立,也延续了这一反兴奋剂管理的改革思路和模式;其次,WADA在哥本哈根世界反兴奋剂大会上推出了《世界反兴奋剂条例》,实现了对所有国家和所有运动项目执行统一的反兴奋剂规则;以后又陆续制定了《兴奋剂检查国际标准》等一系列统一的国际反兴奋剂管理标准。可见,统一管理发展趋势之一。

(3)完善各单位反兴奋剂的职能

在当前国际反兴奋剂斗争的大形势下,一些体育发达国家均不惜巨资加强反兴奋剂工作,纷纷成立专门的反兴奋剂机构。作为21世纪新崛起的体育强国和备战2012年伦敦奥运会,建议我国政府和体育管理部门亦可考虑大幅度增加反兴奋剂专项拨款,由国家投资,成立一个按照国际惯例组建的、配备足够专职工作人员的独立反兴奋剂机构,或称"反兴奋剂中心",统一领导和规划我国的反兴奋剂工作。

考虑到我国国情,国家反兴奋剂机构成立后的主要工作任务应包括:

负责研究和制定反兴奋剂政策。

协助中国奥委会制定"十二五"的兴奋剂检查计划,提供技术支持和专家咨询服务。协助中国奥委会兴奋剂检查部,协同招聘雇员,组织实施奥运会兴奋剂检查工作人员的业务培训及考核。

负责制定并实施有连续性的统一反兴奋剂规划。

负责制订我国的反兴奋剂科研规划,领导并组织兴奋剂检测方面的高新技术与方法研究,以及社会学、伦理学和心理学等社会科学方面的反兴奋剂研究。

组织开展各种形式的反兴奋剂信息传播和宣传教育活动。

负责监督全国各单项体育协会、社会体育团体、运动员和运动员辅助人员的管理单位反兴奋剂政策和相关处罚措施的适宜性和可用性,保证对兴奋剂违规人员按规定实施应有的惩罚。协调建立体育仲裁机构,负责安排听证会,并协同裁决有关兴奋剂违规的裁定和上诉。

负责同国际奥委会(IOC)、世界反兴奋剂机构(WADA)、国际单项体育联合会(IFS)、国家反兴奋剂组织协会(ANADO)以及各国反兴奋剂机构的工作联系与沟通,组织进行国际反兴奋剂合作与交流。

3. 加强反兴奋剂宣传教育工作

反兴奋剂工作是一项系统工程,应取得全社会的理解和支持,进行综合治理。应尽快建立中国奥委会反兴奋剂委员会官方网站。充分利用"第四媒体",对外大力宣传我国政府和体育主管部门的反兴奋剂立场、方针和政策,及时在网上公布我国每年完成的兴奋剂检查统计数字和对药检阳性案例的处罚结果,以及一些重要的反兴奋剂法规和文件,做到"政务公开",增加我国反兴奋剂工作的透明度,以便加强国际沟通,使国外所有想了解我国反兴奋剂工作状况的人能直接从网上获得所需信息,从而获得国际社会的理解和信任。对内则重点宣传我国的反兴奋剂政策和法规,及时公布最新禁药名单、各个国际单项体育联合会的禁药规定、药物检查程序、兴奋剂的危害性、运动药物常识和国外反兴奋剂动态等,供国人上网浏览、查询,起到宣传教育和普及反兴奋剂知识的作用。配合中国反兴奋剂网站的建设，还应继续办好《反兴奋剂动态》(月刊)，尽快建立反兴奋剂信息数据库，做到"刊、库、网结合"，更好地为我国反兴奋剂宣传、教育和研究提供信息服务。建立"运动药物信息热线"，开展运动药物知识咨询服务，也是一种十分有效的保护运动员健康和宣传反兴奋剂知识的信息服务方式。由于这种服务手段已在许多国家接受了实践检验，效果非常好，建议我国立即开展此项工作。

此外，加大教育宣传力度，加强对运动员的思想道德教育，认清使用兴奋剂的危害，解决兴奋剂使用者的思想根源问题是反兴奋剂工作的关键。在体育专业教育和教练员岗位培训中进行反兴奋剂教育，增大社会舆论压力，运用宣传和新闻媒介加强对运动员、教练员的教育和监督，将教育和惩处相结合，从根本上杜绝兴奋剂的使用。在加强反兴奋剂宣传教育和信息传播的同时，应认识到"兴奋剂是现代社会毒品问题的一部分"，确立"反兴奋剂需要全社会共同参与"的指导思想，并力争求得共识。建议我国体育界积极研究、制定计划，同新闻界、教育界和出版界等其它行业、部门联合行动，充分利用报刊、广播、影视、广告、教材、展会等各种媒介全面出击反兴奋剂。要大造声势，扩大影响，跟上国际潮流，开展一些富有针对性的"主题教育"活动，例如建立"全国反兴奋剂日"、举办大规模的反兴奋剂展览，以及在中小学思想品德教材、卫生常识读本和学生纪律手册中增添有关反兴奋剂内容等。以反兴奋剂参赛资格准入制度为重点，推进反兴奋剂宣传教育工作的常态化，是符合我国国情的反兴奋剂必由之路。

4. 加强反兴奋剂的科研工作

在兴奋剂检测投入一定的情况下，如何改进检测方法和技术，降低检测成本便成为这项工作的关键。紧紧围绕高校等科研机构，加强反兴奋剂检测科研工作的开展，自主研发检测设备、方法和系统，是做好反兴奋剂工作的有力保障。加强兴奋剂检测技术和方法的研发；加强使用兴奋剂给身心两方面造成的危害的研究；结合反兴奋剂工作的新趋势，利用生物技术等，防范和检测"转基因运动员"的出现。另外，重视和加强反兴奋剂及其相关科学的研究，积极开展社会学、心理学和伦理学等方面的研究，从各个角度深挖使用兴奋剂这种行为的根源。

从禁用药物的变化可以看出，"兴奋剂"的内涵变得越来越丰富，这必然对兴奋剂检测提出更高的要求，也大大地刺激了兴奋剂检测的发展。

第一，传统的兴奋剂分析方法有了重大的改进。尽管众多的禁用药物各自具有不同的生理、药理作用，但从人体自身能否分泌的角度可以简单地将其区分为"外源性"和"内源性"两大类。少数运动员为了逃避兴奋剂检查，采用越来越高明的用药手段，例如赛前停药、多种药物小剂量混合使用等，使得比赛时尿样中的禁用药物浓度很低，用传统的台式质谱仪难于检测到，而 GC-HRMS 和 GC-MS-MSS 因能减小生物背景的干扰而具有很高的灵敏度，可以检出尿样中 $1\sim2\ \mu g/L$ 水平的某些禁用类固醇药物，成为对付低浓度尿样的有力武器。

第二，同位素比质谱在内源性甾体类固醇激素检测中得到了的应用。同位素比质谱法已经成功地应用于确证内源性类固醇激素睾酮、双氢睾酮、脱氢表雄酮等制剂的使用上。如我国某著名乒乓球运动员，曾因脑垂体腺体瘤导致尿样中表睾酮异常增高而被怀疑使用了兴奋剂，后来正是依靠同位素比质谱的分析结果，为其洗去了冤屈。

第三，肽类激素的检测水平大幅度提高。相对传统小分子禁用药物的检测来说，肽类激素的检测刚刚起步。除 hCG 外，其他几种激素的检测目前都还有一定的困难。由于肽类激素，尤其是生长激素（GH）和促红细胞生成素（EPO）的滥用情况严重，促使国际奥委会和各国反兴奋剂机构下决心投入大量的人力物力，研究 rhGH 和 rhEPO 的检测方法，目前已取得可喜进展。

第四，检测基质多样化。目前，除了 EPO 初筛检测采用血样外，尿样仍是唯一允许的兴奋剂检测样品。尿样容易获得，而且大多数药物在尿样中的浓度大于它们在其他生物基质中的浓度，因而很适合作为兴奋剂检测的对象。现有检测刺激剂、麻醉剂、蛋白同化制剂、利尿剂、掩蔽剂和β阻断剂的常规方法都是建立在尿样分析的基础上。但是，近年来也兴起了以其他生物基质（如毛发、唾液、汗液等）为兴奋剂检测对象的研究，应引起我们国家相关监测机构的重视和引进。

兴奋剂检测的发展任重而道远。随着分子生物学技术的发展，新的禁用药物不断产生。例如，现在有些运动员使用一种叫赫姆皮尔(HEMOPURE)的新一代兴奋剂。赫姆皮尔是一种 2001 年初在美国生产的新型兴奋剂，它能增强血中氧化物的运输，而不增加红血球数量，因而不能被实验室查出。另外，有些运动员可能已经开始使用基因兴奋剂。这一切都向兴奋剂检测提出了极大的挑战。但是，兴奋剂检测技术也在不断前进，据英国《新科学家》周刊报道，兰多克斯研究公司研制出了一种以抗体检测技术为基础的生物芯片，一次可以检测多达 25 种药物。这样到了 2012 年奥运会，我们也许就有能力对所有运动员进行药检，而不是仅仅挑选若干人随机检查。进入 21 世纪的奥林匹克运动尚无法摆脱兴奋剂问题的困扰，世界范围内使用与禁用兴奋剂的斗争还将长期进行下去。

因此，政府体育行政部门应设立专门课题，加强对反兴奋剂法制建设的科学研究。应进一步关注和研究国际社会反兴奋剂斗争策略的调整动向，世界各国反兴奋剂法制建设的发展趋势；须深入研究中国社会使用兴奋剂的特征、蔓延、发展的规律以及与外国存在的国情差异；要研究如何有效预防、教育和综合治理使用兴奋剂的法制体系、道德教育体系；应研究我国反兴奋剂立法的宗旨、基本原则、适用效力范围、内容的完整性和科学性等。通过科学研究为加强我国反兴奋剂方法、技术和理论水平的提升，提供强有力的支持。

5. 加强反兴奋剂工作专业化的人才队伍建设

进一步加强反兴奋剂工作人才队伍的建设，安排合适的人选作为专职工作人员，其中应包括司法和审判人员，药理学、毒理学和运动医学专家，以及体育界资深专家等。培养高素质、专业化、多学科、全方位、复合型人才组成的反兴奋剂工作队伍。使反兴奋剂的人才队伍从政策的制定与发布，到兴奋剂检查的计划、组织与实施，再到反兴奋剂研究及国际交流等一系列严格的程序中，都由专业人才进行执法，配合以公安机关及社会监督，由国家体育总局与各省市体育局，体育部门与教育、卫生、药品监督等部门紧密联合；通过法律、行政、教育、经济、技术等多种手段进行综合治理；重点抓好"教育、自律、制度、监督、惩处"五个工作环节，建立健全长效的防治体系，才能从根本上解决兴奋剂问题。相关检测部门一定要科学、合理、公正，要严格按照兴奋剂检测的程序办事，做好备战国际综合性运动会反兴奋剂工作。

6. 加强反兴奋剂工作的交流和合作

加强药物检测技术与方法的研究可提高我国的药物检测水平，有利于扩大我国在国际反兴奋剂领域的发言权，也有利于提高药检威慑性，严厉查处违禁者。加强对兴奋剂使用副作用的研究，组织科研人员对兴奋剂造成的身体危害和心理危害进行深入系统地研究，使运动员和教练员真正认识到使用兴奋剂对身心健康的危害。加强人体基因技术的研究，加强国际间基因技术的交流和合作，防范和检测"转基因运动员"的出现。积极开展社会学、伦理学和心理学方面的反兴奋剂研究，有助于了解和认识使用违禁药物者的决策动机、价值取向和环境影响等因素，有利于我国反兴奋剂管理部门决定采取哪些有针对性的手段和措施、考虑怎样在运动员群体和青少年中培养体育道德，进行反兴奋剂预防教育和加强管理工作。反兴奋剂工作应坚持以教育和预防为主的方针，严厉查处只是惩戒手段，通过教育达到预防目的才是根本，因此，全方位地开展反兴奋剂社会科学研究就显得更为重要。

加强国际间反兴奋剂的合作。在相互信任的基础上，进行自我监督和相互监督，对反兴奋剂信息、技术、教育、经验等进行广泛协作，建立国际反兴奋剂绿色通道。通过对WADA（世界反兴奋剂机构）网站世界各国反兴奋剂组织机构名单的统计，除美国、澳大利亚、德国、日本、加拿大、芬兰、荷兰等国外，挪威、印度尼西亚、新西兰、苏丹、苏里南、土耳其、乌兹别克斯坦、乌干达等国也都相继建立了本国的反兴奋剂机构。这样，越来越多的国家拥有独立的专门管理反兴奋剂事务的实体机构，非常有利于建立对话平台和沟通渠道，开展国际交流，而进行国际交流与合作已成为当今国际反兴奋剂斗争的重要手段和组成部分。

五、结论

（一）进一步健全我国反兴奋剂法律体系：形成以《中华人民共和国体育法》反兴奋剂专章为法源，国务院《反兴奋剂条例》为核心，国家体育总局《反兴奋剂办法》为主干的，各类反兴奋剂技术规则配套的多部门、多层次的有中国特色的反兴奋剂法律体系，保障我国体育事业的健康稳定和可持续发展；并设立中国奥委会反兴奋剂处罚委员会和中国奥委会反兴奋剂仲裁委员会。

（二）进一步完善反兴奋剂管理体系建设，强化各单位反兴奋剂工作职能。

（三）以反兴奋剂参赛资格准入制度为重点，继续加强反兴奋剂宣传教育工作。

（四）加强反兴奋剂科研工作，提高反兴奋剂方法、技术和理论水平，提升兴奋剂检查的科学性、有效性。

（五）加强反兴奋剂工作队伍建设，培养高素质、专业化的反兴奋剂人才队伍，做好备战国际综合性运动会反兴奋剂工作。

（六）加强反兴奋剂对外交流和合作。

"十二五"体育宣传规划研究

成都体育学院　郝　勤

前言：《体育宣传"十二五"规划》课题完成情况说明

一、课题研究过程与基本情况

《体育宣传"十二五"规划研究》是 2010 年国家体育总局下达的课题。课题由成都体育学院承担。课题组具体负责人为成都体育学院郝勤教授。课题组主要成员有成都体育学院郭晴副教授、周雪蕾副教授、魏伟博士以及国家体育总局宣传司徐靖处长等。成都体育学院新闻系部分研究生也参加了课题的一些工作。

该课题在完成过程中，得到了国家体育总局宣传司的直接指导和大力支持。张海峰司长、温文副司长及其他领导同志均多次对课题提出了具体指导意见，并进行了终稿审定。

2009 年 12 月 24 日，国家体育总局政法司在北京召开了《国家体育事业"十二五"规划》课题启动会。会上确定《体育宣传"十二五"规划课研究》课题由成都体育学院承担。具体负责人为成都体育学院郝勤教授。会后郝勤教授即造访了国家体育总局宣传司，分别向张海峰司长和温文副司长汇报了会议情况。两位领导分别作了重要指示，并表示对课题全力支持。总局宣传司领导对课题的重视与支持成为该课题顺利进行的重要保障。

2010 年初，课题正式下达以后，经成都体育学院陈伟院长批准，成立了《"十二五"体育宣传研究》课题组。根据总局有关安排与指示，课题组就课题研究的基本原则、指导思想、研究对象、研究路径、研究方法等进行了深入讨论，初步确定了研究内容和研究成果形式。之后，课题组制定了撰写方案，进一步明确了研究内容、成员分工协作和研究进度。

课题启动后，按照分工和进度安排，课题组成员先后利用档案查阅、报刊资料查阅、访谈、座谈会、调研会等手段和形式进行资料收集，其中，在国家体育总局宣传司领导的亲自安排下，课题组成员分别参加了总局在成都、西宁、北京等地举办的体育宣传工作会议，并在会议其间对有关领导、部分省市自治区体育局宣传部门负责人进行了调研和访谈，取得了可贵的第一手资料和数据，从而为课题的完成奠定了坚实的基础，也使课题组成员深受其益。

在此基础上，根据计划和时间进度安排，课题组成员按各自分工完成了研究报告。郝勤教授在此基础上撰写出了《体育宣传十二五规划》第一稿。2010年9月，第一稿提交总局宣传司后，司领导对该稿提出了具体的修改意见和指示。在此基础上，课题组五易其稿，至2010年底，最终完成了《"十二五"体育宣传规划》草案及其相关研究课题。

二、课题研究方法

本课题严格按照科研课题进行设计和研究，在方法上主要采用了文献资料法、访谈法、问卷调查等，并利用调研、座谈会等手段收集资料。

（一）档案查阅。为深入了解我国体育宣传的现状、成绩和存在的问题，课题组先后三次组织成员调阅了十一五期间宣传司存档的所在在档资料，还收集、整理了能获取的历年全国体育宣传工作会议资料（包括领导讲话、宣传司工作总结和各省市自治区体育宣传工作总结等）、北京奥运会申办、筹办和举办期间与体育宣传工作有关的其他资料等，为课题研究打下了坚实基础。

（二）调查法。课题组于2010年5月13日至5月20日对全国31个省市自治区体育局负责宣传工作的人员发放了调查问卷，并对部分省市自治区的体育宣传人员进行了访谈。调查和访谈内容主要涉及：各省市自治区体育局宣传机构的基本情况、各省(市、自治区)体育局对体育宣传的重视情况、大型体育赛事的宣传与推广情况以及各省市自治区的体育专业媒体情况。本次调查共回收问卷26份（北京、云南、江西、新疆、广西未返回调查表）

（三）访谈法。2010年3月-5月，课题组集中对体育宣传干部、媒体人士及相关专家和学者进行了深入访谈，获得了宝贵的一手资料。访谈对象包括：总局宣传司司长张海峰，副司长温文、邵世伟，总局宣传司原副司长、北京市体委宣传处原处长刘文雄，宣传司原巡视员闫平泉，新华社体育部主任高殿民，天津市体育局政策法规处处长孟宪东，上海市体育局办公室主任刘琦等。除了这种面对面的深度访谈外，课题组成员还利用各种机会采访、询问体育界、新闻界和学术界相关人士。此外，课题组成员还先后走访了北京市体育局、上海市体育局、天津市体育局、四川省体育局、青岛市体育局宣传部门，收集了大量第一手体育宣传的的档案和资料。

（四）调研会、座谈会。2010年5月的"体育宣传十二五规划课题论证会"在北京举行，国家体育总局宣传司领导、地方体育局宣传干部代表和媒体代表参加了此次座谈会，就十一五期间体育宣传的情况进行了总结和分析，并对十二五期间体育宣传工作提出了宝贵的建议。课题组除了内部召开的若干次讨论会外，利用与体育宣传工作有关的各种会议和其他机会进行调研。如2009年、2010年、2011年的全国体育宣传工作会议，为研究提供了丰富的素材。

三、课题成果形式

本课题最终结果由以下四部分组成：

（一）"十二五"体育宣传规划研究报告。该报告反映了课题组在对"十一五"宣传发展情况调研基础上，对"十二五"时期我国体育宣传工作的分析与建议。

（二）目前我国体育宣传工作的现状调查与分析：该成果反映了课题组对当前我国体育宣传工作进行的全国性调查走访结果及其研究分析。是"十二五"体育宣传规划研究报告的基础性研究。

（三）从体育宣传到体育公关——论当代体育传播的重大变化：该成果反映了课题组在新的历史要求和新传媒背景下，对中国体育宣传工作所发生的深刻变化的思考与认识，是课题组对"十二五"时期中国体育宣传工作战略性转型的理论描述与建议。

（四）在十二五规划启动阶段，总局宣传司领导一再强调要研究体育文化的问题。课题组遵照这一指示，对目前我国的体育文化工作进行了思考与研究，提出了加强体育文化建设的建议。

研究成果一：体育宣传"十二五"规划研究报告

一、"十一五"时期我国体育宣传工作取得的主要成就

（一）圆满完成了北京奥运会中国体育代表团备战和参赛的新闻宣传和舆论引导工作

北京奥运会的成功举办将体育在我国的影响和氛围推向了高峰，体育宣传工作也达到了前所未有的水平。"十一五"期间，体育宣传系统和各有关部门精诚合作，全力以赴，善于引导，应对有方，圆满完成了各项任务，为中国体育代表团备战和参赛营造了良好的舆论氛围，为中国体育代表团取得好成绩起到了保驾护航的作用。

（二）"全民健身与奥运同行"宣传活动取得显著成效

"十一五"期间，全国体育宣传系统以北京奥运会为契机，积极组织开展了"全民健身与奥运同行"系列活动宣传，唱响"全民健身与奥运同行"，掀起了全民健身的新高潮。在全国体育宣传系统和新闻单位的共同努力下，营造了良好的全民健身氛围，推动了全民健身运动的开展。

（三）利用奥运契机，体育对外宣传取得新进展

"十一五"期间，围绕2008年北京奥运会的举办，在国务院颁布的《北京奥运会及其筹备期间外国记者在华采访规定》的指导下，中国体育以更加开放的姿态面对境外媒体的采访需求。有关体育部门和中国体育代表团为境外媒体的采访提供了便捷的服务，同时采取突出重点、区别对待的原则，对于重点境外媒体的采访需求给予满

足。中国体育记协和北京奥组委还于 2008 年 5 月在京共同承办了第 71 届国际体育记协（AIPS）代表大会。通过组织一系列的对外宣传活动，增强了中国的国际影响力，对外树立了中国体育的正面形象。

（四）积极宣传奥林匹克精神，体育文化建设迈上新台阶

"十一五"期间，2008 年北京奥运会的筹办和举办成为向全国人民传播奥林匹克精神、推动体育文化建设、弘扬中华体育精神的广阔舞台。

（五）结合改革开放 30 周年和新中国成立 60 周年，积极宣传体育事业大发展

体育宣传系统抓住改革开放 30 周年和新中国成立 60 周年这两个重要契机，积极宣传体育事业取得的巨大成就，极大地鼓舞了体育界的士气，为我国体育事业的进一步发展奠定了良好的基础。

（六）全国各地体育宣传工作逐渐走向规范化和制度化

在北京奥运会的推动下，全国各地体育宣传工作都取得了显著进展，促进了体育事业的发展。随着媒体和网络对体育发展的影响越来越大，很多地方的体育部门越来越重视体育宣传工作，加强了体育宣传队伍建设。从全国范围看，各省市自治区宣传工作有近一半是由专职人员承担；从学历上看，有近 50% 的人拥有大学学历；年龄结构也较为合理，中青年占了全国体育宣传人员的 65%。

"十一五"期间，体育宣传逐渐走向规范化和制度化，全国各省市自治区基本都设立了自己的官方网站，建立了新闻发言人制度和危机处理预案；各地体育宣传工作经费投入大幅增加，体育宣传经费一年最多的超过了 500 万；伴随着众多大型国际和国内赛事的举办，各省市自治区体育部门的宣传手段和方式越来越多元化，除了传统的媒体报道以外，还通过组织各种群体活动、文化活动、宣传片、媒介广告等方式进行体育赛事的推广和宣传；此外，各地体育部门利用媒体和应对媒体的能力也逐渐提高。"十一五"期间，各级体育部门主动加强与媒体的沟通与协调，通过中国体育新闻工作者协会和各地体育新闻工作者协会等平台促进双方的联系，达到共赢，并积累了很好的经验，为体育事业的发展营造了良好的舆论环境。

二、"十二五"时期我国体育宣传工作面临的形势与挑战

北京奥运会后，党中央提出了由体育大国向体育强国迈进的新目标。我国体育事业也由"十一五"时期以北京奥运会为契机推动体育事业全面发展转向在建设体育强国总体目标下，推动全民健身、竞技体育、体育产业和体育文化全面发展的新的目标与任务。这为"十二五"时期的体育宣传工作指明了方向，也提出了新要求。

（一）"十二五"时期建设体育强国目标对体育宣传工作提出新要求

全民健身运动是全民参与的为社会主义现代化目标配套的系统工程，是动员和组织国民积极投入各种形式的体育锻炼，增强体质，提高国民素质的跨世纪的群众体育发展战略规划。全民健身运动的继续推广和普及需要体育宣传的保驾护航。

"十二五"时期，我国竞技体育将面临伦敦奥运会等一系列重大国际国内赛事，体育宣传部门要在认真总结北京奥运会的优秀遗产与宝贵经验的基础上，发挥我国体

育宣传工作独特的优势与作用，积极做好舆论引导工作，帮助全国人民进一步建立正确的奥运观和体育观念，妥善应对和处理体育运动中各类突发事件所引起的舆论压力。

体育产业的发展成为我国从体育大国向体育强国迈进中的重要任务。在体育国际化、产业化、职业化的背景下，体育组织的形象塑造、体育品牌的推广需要专业的宣传策划和媒介关系运作，这要求体育宣传部门重新思考体育宣传在体育产业发展中的地位和作用，探索体育宣传为体育产业提供支撑的新途径，为我国体育产业的发挥积极的作用。

（二）大众传媒尤其是网络、手机等新媒介的迅速发展为体育宣传带来新手段，也带来新的问题和挑战

随着新闻媒体和网络、手机等新媒体的迅猛发展，体育宣传对体育运动发展的作用越来越明显，地位越来越重要。在建设体育强国过程中，大众传媒特别是网络媒体是影响和推动中国体育健康快速发展的重要引擎与动力。一方面，体育的发展高度依赖大众传媒在宣传、传播及电视转播权营销、商业赞助等方面无可替代的参与和支撑作用；另一方面，随着体育的社会化、产业化、市场化和职业化发展，传媒在舆论引导和舆论监督方面的作用越来越重要，媒介和舆论环境已经成为体育健康发展的重要生态环境保障。这些都对未来的体育宣传工作提出了新的要求和严峻的挑战。

（三）我国体育宣传工作的现状与"十二五"期间体育事业发展的要求存在一定差距

虽然在"十一五"期间，全国的体育宣传工作得到了长足发展，但还存在以下问题：

1. 体育宣传在体育事业发展中的地位和作用没有得到足够的重视。各地体育部门领导，包括许多主要领导对进入信息时代、传媒时代和网络时代体育宣传工作的地位、作用、内涵的变化和规律普遍认识不足，没有认识到新形势下的体育宣传工作已经发生了巨大变化，体育宣传已经不是简单的内宣外宣，而是包括国家和地区形象、国家及地区体育形象、体育事业可持续发展、体育文化建设、科学健身知识普及、体育产业、赛事推广与营销、媒体服务、新闻发言人、舆情监控、危机公关、官网建设与维护等在内的复杂系统。体育宣传工作已经是事关国家和地区体育健康可持续发展的重要组成部分。

2. 各地体育宣传工作缺乏专门机构，人员严重不足。有关调查显示，目前全国各省市自治区体育局绝大多数未设独立的宣传部门和机构，专职体育宣传人员严重不足。据不完全统计，目前全国各省市自治区仅有专职体育宣传人员43名，兼职41名。这一状况与当前开展体育宣传工作的任务要求相差甚远。

3. 体育宣传经费投入不足。有关调查显示，国内各地体育宣传经费一般主要由两部分构成，一是日常体育宣传的经费，二是大型赛事的宣传费用。从调查结果看，除了上海、浙江、天津等少数省市体育宣传经费较为充足以外，全国有近50%的省市自治区体育局的上述两项宣传经费加起来在20万以下，有部分省市日常宣传费用为零。这使得这些地区的体育宣传工作开展举步为艰。

4. 体育宣传人员专业培训不足。体育宣传工作专业性强，要求高，任务重，但国内各地体育部门现有体育宣传人员学历和知识训练背景严重不足，具有新闻、管理和中文学历背景的不到一半，且普遍缺乏对新形势下体育宣传工作特点、规律的深入认识，亟待新闻发言人、官网建设与维护、媒体报道、媒体公关、赛事推广、媒体应对、媒体服务、舆情监控、危机公关等方面的专业学习与培训。

5. 新闻发言人制度建设有待加强。虽然目前各地体育局大多建立了新闻发言人制度，指定了新闻发言人，但新闻发言人制度大多未能落实，不能按时举行新闻发布会，定期主动向媒体和社会公布信息。另外，各地体育部门的新闻发言人基本上是由体育局负责人担任，缺少必要的专业培训和媒体应对训练，导致新闻发言人制度难以达到预期效果。

6. 举办大型赛事的媒介运行和媒介服务上缺乏规范和指导。北京奥运会后，国内各地举办国际或国内大型体育赛事的积极性很高，而很多国际体育组织也乐于在中国举办大型体育赛事。但是，目前国内大多数地区和城市举办大型国际体育赛事的经验不足，对国际通行的媒介运行和媒介服务规范和标准缺乏了解，国内也没有统一的标准和规范，导致各地在举办大型国内外赛事时媒介运行和服务水平不一，缺乏指导，运作不规范。

7. 官网建设亟待加强。目前，网络已经成为影响力最大的媒介之一。利用官网及时准确地发布信息，已经成为国际体育组织通行的做法。但是，目前国内各地体育部门虽然大多建有官网，但其运行和维护水平普遍不高，主要表现在信息发布与更新不及时，网页设计水平较低，经费投入不足，缺乏专职人员管理、官网人员未经过专门的新闻采写编辑训练等等。这些都导致各地体育部门的官网无法发挥作用，及时提供向媒体和公众提供信息，难以起到引导社会舆论的重要功能与作用。

8. 体育部门与媒体的沟通协调能力有待加强。现代体育的发展需要体育界与媒体建立良好的协调与合作关系。但目前国内一些体育部门对媒体合作的认识还有误区，简单地将媒体视为防范对象，有意对媒体封锁消息甚至粗暴地对待记者的采访和批评性报道。这些都导致体育界与媒体的关系紧张甚至对立，不利于体育的发展。

上述问题都不同程度地影响和制约了体育宣传工作的开展，也对我国体育事业的发展产生了不利影响。需要在"十二五"时期予以重点改善与加强。

三、"十二五"时期我国体育宣传工作的主要任务

"十二五"时期我国体育宣传工作的基本思路是：以科学发展观为统领，围绕构建和谐社会和建设体育强国的目标任务，努力建立全民健身宣传工作的长效机制；为中国代表团参加伦敦奥运会等国内外大赛营造良好的国内舆论氛围；为体育产业发展做好各项宣传工作；积极推动体育文化建设；加强与新闻媒体的合作；探索新形势下体育宣传的规律与办法；搞好体育宣传队伍建设；完善体育宣传机制；提高体育宣传水平，为我国"十二五"期间体育事业的健康发展做出应有的贡献。

（一）继承和发扬奥运宣传遗产，使体育宣传成为建设体育强国的强大动力与保障

"十二五"时期是建设中国特色体育强国的关键性起步阶段。体育宣传工作是建设体育强国的重要内容。体育宣传应为建设体育强国提供强有力的舆论保障。体育宣传工作要认真总结和发扬北京奥运会、残奥会成功举办过程中的宝贵经验，提高对体育宣传工作的认识，强化体育宣传意识，进一步挖掘和继承北京奥运会留下的巨大精神财富，放大体育的综合功能，发挥体育在构建社会主义核心价值体系中的作用。

（二）紧密围绕国家体育事业发展的宏观目标和中心工作，加强重要法规、政策和条例的宣传

《全民健身条例》、《关于加强青少年体育增强青少年体质的意见》、《关于加快发展体育产业的指导意见》、《关于进一步加强运动员社会保障工作的通知》等政策是关系我国体育事业未来发展的重要指导性文件，涉及到竞技体育、群众体育和学校体育等各方面工作，需要各级体育宣传部门积极传播和正确引导。

（三）配合建设体育强国的中心任务，建立全民健身宣传的长效机制

"十二五"时期我国体育宣传的中心任务之一，就是要围绕建设体育强国目标，建立全民健身宣传的长效机制，使体育宣传工作为全民健身服务。各地体育部门要高度重视"全民健身日"的宣传工作，围绕国家体育总局"全民健身日"系列活动的整体规划，发动社会各界和新闻媒体，运用多种形式与手段，大力宣传设立"全民健身日"的重要意义，普及科学健身知识，激励群众广泛参与，使全民健身的理念更加深入人心，为"全民健身日"活动的开展营造良好的舆论氛围。

（四）做好"十二五"时期国内外重大赛事的舆论引导与宣传工作

"十二五"时期，中国体育代表团将参加2012年伦敦奥运会及其他重大国际赛事。中国代表团的表现将引起全国人民及国外舆论的高度关注，体育宣传、媒体应对及危机公关能力面临新的问题与考验。另外，在"十二五"时期，南京要承办青年奥运会、辽宁要举办"十二运"，中国足球也要面临下一届世界杯足球赛预选赛等。体育宣传部门及国内媒体应对"十二五"时期这些赛事宣传任务有充分的估计与认识，认真总结和发扬北京奥运会宣传工作的成功经验，提前做好宣传预案与各项准备，认真做好各项工作，为中国代表团参加伦敦奥运会营造良好的舆论环境与氛围，使其成为北京奥运会后中国体育又一个胜利里程碑。

（五）进一步加强对教练员、运动员及体育工作者的爱国主义和职业道德的宣传和教育

"十二五"时期，随着我国经济建设的不断发展，对外开放不断扩大，社会主义市场经济的深入发展，我国社会经济成分、组织形式、就业方式、利益关系和分配方式日益多样化，人们思想活动的独立性、选择性、多变性和差异性日益增强。这既有利于运动员树立自强意识、创新意识、成才意识、创业意识，同时也带来一些不容忽视的负面影响。体育宣传教育工作要研究新形势下出现的新问题，服从国家体育事业发展需要，坚持以邓小平理论、三个代表和科学发展观为指导来教育体育干部、运动员、教练员和裁判员；大力弘扬"为国争光、无私奉献、科学求实、遵纪守法、团结协作、顽强拼搏"的中华体育精神；大力宣传奥林匹克精神，加强体育队伍的法制教育和

职业道德教育，努力搞好赛风赛纪建设，坚决反对使用兴奋剂，自觉抵制假球、黑哨、赌球等不正之风；加强反腐倡廉宣传，加强体育队伍的自身建设，尤其要教育广大体育干部、教练员、裁判员吸取中国足协部分干部、裁判、俱乐部领导堕落腐败的教训，加强自律；要大力研究新形势下和网络环境下新的宣传和教育方式。

（六）进一步加强体育对外宣传工作，提升体育国际传播力

要积极探索与研究在新的形势下体育外宣工作的特点，转变管理模式、工作机制以及工作方式。要寓管理于服务之中，进一步增强善待媒体的意识，把为媒体提供热情周到的服务落实到每一个工作细节之中。要打好对外宣传工作的主动仗。要利用在国内举行的重大国际赛事和国际会议开展对外宣传工作，积极对待西方主要媒体的来华申请，主动引导境外媒体采访体育工作的亮点和各地的特色。要提供多语种的宣传品、宣传片等，提高信息服务质量，高标准做好媒体接待工作。

（七）积极开展体育文化建设与宣传活动

积极开展体育文化建设与体育文化活动，宣传奥林匹克精神与中华传统体育精神，是体育宣传工作的重要窗口与工作。"十二五"时期，要加大体育文化建设力度，将积极开展体育文化活动作为重要工作来抓。要进一步研究、总结和补充新的历史条件和社会形势下中华体育精神的内涵，大力传播和宏扬奥林匹克精神。各地体育宣传部门要围绕建设体育强国的各项中心工作，通过举办各类体育展览活动、体育作品评奖活动、体育艺术创作活动、奥林匹克演讲活动、出版体育画册图书、制作播出体育音像产品、传唱优秀体育歌曲、建立体育文化网站等方式，大力传播健康积极的体育文化，使体育文化活动成为实现小康社会的中国人民的健康积极的生活内容。

（八）重视和加强体育宣传队伍建设，进一步完善体育宣传工作机制，加大对各省市自治区体育宣传工作的指导

要高度重视体育宣传队伍建设，建立一支创新能力强、勇担重任、能应付复杂舆论环境、善于与媒体打交道、能够从容应对各种突发性事件的体育宣传队伍。总局宣传司应加强对地方体育宣传工作的管理和指导，并制定体育宣传工作管理系列规范，明确体育宣传部门的工作职责和任务。

（九）加大对中国体育媒体的指导力度

根据中央文化体制改革的精神，指导中国体育报业总社做好转制工作。稳妥推进报刊结构调整和机构优化重组工作。加大对中国体育报业总社的扶持力度。发挥中国体育报业总社转制后的综合实力，扩大中国体育报的市场覆盖率，使之成为具有较强影响力和竞争力的优势媒体，打造中国体育报道的"排头兵"。充分发挥其体育宣传舆论主阵地、主力军的作用。

建立体育媒体和体育新闻工作者培训制度，定期或不定期地对体育媒体管理者和记者编辑进行培训。

（十）进一步推动官网建设，掌握体育宣传主动权

各级体育宣传部门要高度重视网络媒体的舆论引导作用，将体育管理部门的官方网站建设作为一项重要工作任务来抓，以掌握舆论的主动权与话语权。各级各地体育

宣传工作都要高度重视网上的舆论引导，充分发挥政府网站和官方网站在信息发布、舆论引导上的权威性、主动性和快捷性，提高网站的点击率，扩大网站的社会影响力。

（十一）继续发挥中国体育新闻工作者协会的作用，摸索维系媒体关系的新途径

中国体育新闻工作者协会是联结体育与媒体的重要桥梁。在过去三十年中，中国体育新闻工作者协会在体育新闻事业的业务研究、队伍建设、活动开展、对外交流等方面开展了大量卓有成效的工作。"十二五"时期，除了利用中国记协继续搞好每两年一次的好新闻评选活动以外，还应进一步转变观念，与媒介形成良性互动，摸索维系媒体关系的新途径。

（十二）加强体育宣传与体育传播研究，积极探讨和研究新形势下体育宣传的规律与特点

在新闻传媒尤其是网络媒体高度发展的背景和建设体育强国的过程中，各级体育宣传部门应该主动加强与学术界、理论界的合作，加强体育宣传和体育新闻传播的理论研究，探讨和把握新形势下体育宣传工作的规律与特点，提高体育宣传策划、推广、创意、形象包装等方面的水平，研究如何加强与媒体的合作与应对机制与办法，掌握媒体宣传、媒体服务、媒体应对、危机公关、舆情监控、信息反馈等规律与方法，探讨体育媒介市场的营销规律，研究体育宣传实践中亟待解决的各种理论与应用问题。

四、保障措施

为了顺利完成"十二五"时期体育宣传任务，必须采取切实可行的措施，保障上述任务有效实施和落实。

（一）加强领导，确保"十二五"体育宣传规划的贯彻落实

为了实施完成"十二五"时期体育宣传工作的各项任务，各级体育部门的主要领导应该充分认识体育宣传工作在建设体育强国过程中的重要作用，高度重视体育宣传工作，主要领导要亲自抓体育宣传工作，注重舆论监控和反馈，与媒体建立良好关系，保障舆论渠道畅通；将新闻发言人制度、官网建设等工作作为日常重要工作来落实，注重危机预警与危机公关工作。要加强领导，科学部署，建立和完善与体育宣传相关的各项政策，把规划的各项任务贯穿于实际工作之中。"十二五"时期，国家体育总局将有计划地举办各地体育部门领导参加的体育宣传工作培训班，进行新闻发言人、官网建设、媒体服务、危机应等方面的培训，切实提高各级体育部门领导人的体育宣传意识与能力。

（二）创新机制，为体育宣传工作的开展提供组织和制度保障

为了实施"十二五"时期体育宣传工作的各项任务，各地各级体育部门要建立工作目标责任制，从组织和制度上为体育宣传工作的开展提供保障，并重点做好以下工作：

1. 在"十二五"期间，各省级体育部门应设立专门的体育宣传部门和机构，配备具有相应学历、高素质的专职体育宣传干部和工作人员1~2名；

2. 进一步健全新闻发言人制度，加大对新闻发言人的培训力度，提高新闻发言人

的业务水平；

3. 办好用好官网。各地体育部门要高度重视官网建设，要有专人负责官网的维护和更新，确保官方权威信息及时上传和更新，同时重视官网管理人员和网评员的培训工作；

4. 重视体育宣传和媒体服务的规范化建设和管理，制定大型赛事的媒体运行标准与服务操作指南、建立突发事件和危机处理预案等规章制度，为体育宣传提供标准化依据；

5. 建立体育宣传干部的评优制度，建立体育宣传干部和工作人员的培训制度，定期或不定期地对体育宣传干部和工作人员进行轮训和培训。

（三）增加投入，在财力、物力上保障规划的顺利完成

为了落实和实施"十二五"时期体育宣传工作各项任务和指标，各地各级体育部门要加大对体育宣传人力、物力和财力的投入，在经费上对体育宣传工作予以保障，综合运用经济、行政等手段，将"十二五"规划落实到各地政府和体育管理部门的年度计划和财政预算中，确保规划目标实现，以保障体育宣传工作的有效开展。同时，应有专项资金用于官网建设和维护、赛事宣传和媒体服务。

主要参考文献：

1. 张清.申奥纪实:亲历中国重返奥运和两次申奥[M].北京:中国社会科学出版社，2008.5.

2. 戴元光.现代宣传学概论[M].兰州:兰州大学出版社,1992.

3. 曹福田.宣传学集论[M].成都:成都出版社,1994.

4. 周振林.实用宣传学[M].哈尔滨:黑龙江人民出版社,1988.

5. 中国奥委会官方网站.

6. 孟建.国家形象建构与中国政府新闻发布制度[J].国际新闻界,2008(11).

7. 颜梅,李玉洁.论北京奥运会新闻报道的突破与创新[J].国际新闻界，2008(11).

8. 王国庆.加强地方政府街闻发布制度的建设,政府新闻发言人十五讲[M].北京:清华大学出版社,2006.

9. 新华社总编室.勇夺北京奥运会新闻报道的完胜[J].中国记者,2008(9).

10. 庹继光.北京奥运会报道中的媒介融合[J].中国编辑,2008(5).

11. 陈国强,等.上海大型体育赛事媒介服务研究[J].上海体育学院学报.2009(2).

12. 国际奥委会编.国际奥林匹克委员会一百年[M].梁丽娟,等,译.北京:奥林匹克出版社,1998:345.

13. 胡钰.大众传播效果——问题与对策[M].北京:新华出版社,2000.

14. 郭庆光.传播学教程[M].北京:中国人民大学出版社,2005.

15. 叶皓.政府在突发事件处置中的舆论引导[J].现代传播,2007(4).

16. 孙维佳,等.奥运媒体概览[M].北京:中国传媒大学出版社,2008

17. 蒋效愚.用十七大精神指导奥运新闻宣传工作[J].新闻与写作,2008(1).

18. 岑传理.央视独大的背后[J].中国广播电视学刊,2008(9).

19. 中央电视台办公室.中央电视台圆满完成中央电视台转播报道[J].电视研究,2008(9).
20. 赵云书.北京奥运会互联网传播研究[J].体育文化导刊,2009(2).
21. 彭兰.中国网络媒体的第一个十年[M].北京:清华大学出版社,2005.

研究成果二：目前我国体育宣传工作的现状调查与分析

为了解全国各省市自治区体育宣传工作的基本情况，受国家体育总局宣传司委托，成都体育学院"十二五规划"课题组于2010年5月13日至5月20日对全国31个省市自治区体育局负责宣传工作的人员发放了调查问卷，并对部分省市自治区的体育宣传人员进行了访谈。调查和访谈内容主要涉及：各省市自治区体育局宣传机构的基本情况、各省（市、自治区）体育局对体育宣传的重视情况、大型体育赛事的宣传与推广情况以及各省市自治区的体育专业媒体情况。本次调查共回收问卷26份（北京、云南、江西、新疆、广西未返回调查表）结合访谈结果，全国体育宣传工作基本情况如下：

一、全国各省、市、自治区体育宣传部门概况

（一）全国各省市自治区体育局没有独立的宣传部门

全国各省、市、自治区体育局负责宣传的部门有科技宣传教育处、体育局信息中心、政策法规与宣传处、党委机关办公室（表1），全国各省市自治区体育局没有独立的宣传部门。

表1 全国各省、市、自治区体育局宣传部门名称

部门	科技宣传教育处	2
	体育局信息中心	1
	政策法规办、宣传处	12
	党委机关办公室	11
总 数		26

（二）宣传部门构成情况

1. 各省市自治区体育局负责宣传的部门领导大多数为专职

从回收的问卷看，各省市自治区体育局负责宣传的部门领导专职者20人，兼职者6人。

2. 宣传人员的配备各省差距很大

26个省市自治区共有体育宣传人员84人，其中专职43人，兼职41人，但各省差距很大，有的省份的专职人员达到5名，有的却没有专职人员。广州、天津、宁夏等省市自治区体育宣传人员接近退休年龄，但后继无人。

3. 体育宣传人员年龄结构合理

26 个省（市、自治区）体育宣传人员中，年龄在 20~29 岁的有 10 人；年龄在 30~39 岁的有 18 人；年龄在 40~49 岁的有 19 人，年龄在 50~60 岁的有 9 人，年龄结构合理。

表 2　体育宣传人员年龄构成

年龄	20~29 岁	10
	30~39 岁	18
	40~49 岁	19
	50~60 岁	9
总　　数		56（部分兼职人员没有计算在内）

4. 全国体育宣传人员基本接受过高等教育

包括部分兼职人员，全国 26 个省（市、自治区）体育宣传人员均接受过高等教育，具体情况见表 3。

表 3　体育宣传人员的学历结构

学历	硕士	5
	本科	29
	大专	5
总　　数		39（包括部分兼职人员）

5. 全国体育宣传人员的专业背景多元，但中文、新闻、管理专业背景人员不到总数的一半。

26 个省（市、自治区）中体育宣传人员所学的专业分别为统计、中文、新闻、管理、体育、网络、体育管理、法律、军队转业干部、法学、历史、经济、文秘、教育、古文献研究、图书馆学、机电工程管理等个 17 个专业，虽然具有中文、新闻、管理学专业背景的人员略高于其他专业，但不到总数的一半。

6. 全国体育宣传人员虽然有 70% 接受过专业培训情况，但培训效果不尽如人意

全国 26 个省（市、自治区）体育宣传人员中接受过新闻或宣传专业培训的有 19 人，占总体的 70%，但从访谈结果看，被调查者表示培训时间较短、不系统，效果不尽如人意。

三、目前体育宣传工作的主要内容

（一）宣传工作的重点以各地体育局的中心工作为主

全国各省（市、自治区）中的宣传部门日常宣传工作主要围绕各地体育局的中心工作展开，包括竞技体育、群众体育、体育文化、体育产业、对外交流、学校体育、政策法规、党建工作等，其中以竞技体育和群众体育为主（表 4）。

表4 宣传部门工作重点

宣传重点	竞技体育	24
	群众体育	24
	体育文化	15
	体育产业	6
	对外交流	1
	学校体育	2
	政策法规	1
	党建工作	1

（二）宣传方式

26个省(市、自治区)中的体育宣传部门所采用的宣传方式以媒体报道为主，也采用了组织文化活动、群众体育活动、电视广告、报纸广告、宣传片、户外广告、网站宣传等方式（表5）。

表5 宣传方式

宣传方式	媒体报道	22
	文化活动	8
	群众体育活动	18
	电视广告	6
	报纸广告	4
	宣传片	13
	户外广告	5

（三）体育局与媒体关系维系方式

在日常的体育宣传工作中，宣传部门多采用邀请报道和记协活动来维系与媒体关系（表6）。从访谈结果发现在媒介环境较好的省市，体育局与媒介之间的关系较好，而且与媒介关系维护的问题是大多数体育宣传部门最头疼的问题。

表6 体育局与媒体关系的维系方式

媒体关系	记者协会	21
	邀请报道	23
	媒体策划	12
	个人关系	12
	宣传部协调	8
	其他	5

三、各省（市、自治区）体育局对体育宣传的重视情况

（一）宣传工作制度较为完善

26个省（市、自治区）的体育局中有16家有成文的体育宣传工作制度，占总体的60%，有24家建立了突发事件或危机处理方案，占总体的93%。

（二）各省市自治区对体育宣传投入的经费差距很大

26个省（市、自治区）的体育局一年里分别投入到体育宣传工作里的经费是百万元以上的1家；20万~50万的9家；10万~20万的4家；9万以下的6家，无专项经费有2家；未填的有6家（表7）。

表7 各省市自治区对体育宣传投入的经费情况

经费	无专项经费	2
	9万以下	6
	10万~20万	4
	20万~50万	9
	百万以上	1
	未填	4

（三）各省市自治区基本建立了自己官方网站

全国26个省（市、自治区）的体育局，有24家建立了自己的官方网站的，但经费投入和更新频率差异很大，虽然基本都有专门人员负责，但大多数网站的更新频率较低。

（四）新闻发言人情况

1. 各省（市、自治区）体育局基本全部都建立了新闻发言人制度、明确了新闻发言人

从全国范围看，26个省（市、自治区）的体育局有24个省市自治区体育局建立了新闻发言人制度、确立了新闻发言人，且新闻发言人主要由各局的局领导担任。

2. 新闻发言人培训情况

26个省（市、自治区）的体育局其中有新闻发言人，其中接受过专业培训的有20个，未接受过专业培训的有6个。培训部门分别为各地党校和省（市、自治区）党委宣传部。

（3）新闻发布会

全国26个省（市、自治区）的体育局中有20家会举办新闻发布会，另外6家不会举办，举办频率差异很大，大型赛事越多，新闻发布会越多。此外，部门省市以媒体通气会替代新闻发布会。

四、大型赛事宣传情况

在"十一五"期间，26个省（市、自治区）的体育局，其中承担过大型国际赛事

或全国性赛事在 10 次以上的有 2 家，6~10 次的有 6 家，1~5 次的有 18 家。

表 8 "十一五"期间省（市、自治区）举办的大型赛事

大型赛事	1~5 次	17
	6~10 次	5
	10 次以上	2

（一）大型赛事宣传方案、媒介服务工作以及文化宣传活动

在大型赛事举办期间，有 22 家体育局制定了成文的宣传方案，有 24 家成立了专门的机构从事媒介服务工作，在大型赛事期间，有一半的体育局协同其他部门组织了相关的展览、绘画比赛、书法比赛等文化活动。

（二）大型赛事的宣传工作主要由各省市自治区体育局的宣传部门负责

从全国范围看，大型赛事的宣传和推广工作主要由各省市自治区体育局的宣传部门负责，只有 1~2 家会请媒体或专业的策划公司介入。

（三）从本次调查情况看，目前各省市到县一级体育局主办或承办的大型赛事活动和体育活动频繁，体育宣传部门和机构程度不同地承担这些赛事活动的宣传、公关、形象包装、官网、新闻发布会、广告、媒体运行与服务、仪式活动主持等工作。这些工作与传统的宣传工作内容有很大区别，工作范围和性质均发生了很大转变，对体育宣传部门和体育宣传工作者提出了全新的工作要求和业务能力要求。各地体育宣传部门普遍反映现在工作压力大，头绪多、很多工作涉及完全陌生的工作领域和知识技能领域，很多年纪大一点的同志表示无法胜任新的工作要求。

五、各省市自治区体育专业媒体情况

（一）有 70% 的省市自治区有专业电视体育频道

26 个省（市、自治区）有电视体育频道的 16 个，分别在上海、天津、湖北、重庆、河北、浙江、黑龙江、山东、广东、安徽、辽宁、陕西、江苏、吉林、福建和内蒙古。

表 9 省市自治区电视体育频道情况

省电视体育频道	是	16
	否	10

（二）有 40% 的省会城市有电视体育频道

26 个省（市、自治区）的省会城市有电视体育频道的有 7 个，分别是上海五星频道、重庆体育频道、南京体育频道、武汉体育频道、合肥文体频道、广州竞赛频道、银川文体频道、沈阳电视台体育频道。

表 10 省会城市电视体育频道情况

省会城市电视体育频道	是	8
	否	18

（三）有 45%的省份有专业体育报纸

26 个省(市、自治区)中有专业体育报纸的省份有 8 家，分别在上海、河北、湖南、湖北、江苏、广州、山东和贵州，其中江苏有 2 家。

表 11 省市自治区体育报纸情况

报纸	是	8
	否	18

（四）大多数省份没有专业体育广播频率

26 个省（市、自治区）中有专业体育广播的有 6 个，没有专业体育广播的有 20 个。

表 12 省市自治区体育广播频率情况

广播	是	6
	否	20

（五）各省市自治区基本都有体育专业网站

把各省市自治区体育局的官方网站计算在内，各省市自治区基本都有体育专业网站，但体育商业网站很少。

（六）不到一半的省份有体育专业杂志

26 个省（市、自治区）中有专业体育杂志的有 12 个，也主要集中在经济发达地区。

表 13 省市自治区体育专业杂志情况

杂志	是	12
	否	14

（七）全国大多数省份建立了体育记者协会

26 个省（市、自治区）中有体育记者协会的有 23 个，占总体的 90%，体育记者协会有团体会员也有个人会员，最多的个人会员在江苏，有 900 余名会员，其次是广州和河北，有 300 余名。

六、各省市自治区宣传工作存在的问题

（一）本次调查各地体育宣传部门普遍反映领导对体育宣传重视不够，对体育公关工作如赛事宣传、媒体运行、官网等要求高，但缺乏实际的支持和技术支撑，体育宣传与公关经费不足、人员不足情况严重。很多体育宣传部门的人员均存在超负荷工作状态。

（二）本次调查过程中，被调查对象普遍反映目前体育宣传要求高、时效性强、技术含量大、体育宣传工作者要从事大量不同性质的工作，如活动宣传策划、媒体勾

通与服务、新闻发布会、官网建设与维护、危机公关、甚至还要参与大型赛事与活动的媒体营销和广告等活动，因而普遍感觉需要加强业务培训与进修。

（三）本次调查过程中，一些体育宣传人员反映大型赛事宣传和媒介服务缺乏标准，在实践过程中较为盲目，与国际惯例无法接轨，因而建议国家有关部门根据北京奥运会及其他大型国际赛事经验，制定和下达有关大型国际赛事的媒体运行和服务标准。

七、建议

（一）通过本次对国内体育宣传工作情况的调查分析，我们认为，与传统的体育宣传工作相比，目前各地方体育宣传部门的工作在宣传内容、范围、手段、方法等各方面已经发生了显著变化。这一变化的主要的特征是由传统的宣传内容和方式向新型的体育公共关系转变。体育宣传部门的职能除了传统的宣传工作以外，还包括了宣传策划、大型赛事包装、媒体运行与服务、官网建设与维护、新闻发布会与发言人、危机处理与公关、对外宣传与交流等多种重要公关职能。因此，我们建议总局有关领导对这一变化予以高度重视并加以研究，在有关政策上予以支持。

（二）建议总局采取有效措施，加强指导，敦促各地体育部门领导转变观念，重视体育宣传与公关工作，重视改善媒体关系和提高应对媒体，尤其是网络新媒体的能力；重视官网建设与完善新闻发言人制度；重视和加强危机预防、预警、应对和公关能力；同时完善体育宣传和公关机构建设，落实体育宣传和公关人员编制，配置专业的体育宣传与公关人员，在预算中专列或增加宣传与公关经费。

（三）建议总局和各地方体育部门采取有效措施，建立经常性的培训制度，加强对体育宣传人员的定期培训，有效提高体育宣传和公关人员的政治素质和业务素质。

（四）建议采取有效措施，加强与业界、学界的互动，下达和增加有关科研课题立项，开展对现代媒体尤其是新媒体背景下体育宣传与公关的规律与运行机制的研究。

附：

全国各省市体育宣传系统基本情况调查表

各省市体育局宣传部门：

为了做好《体育宣传"十二五"规划》，根据5·7会议精神，需了解您所在部门有关体育宣传的一些具体情况，请您配合。

国家体育总局宣传司

1. 请根据您所在部门的情况填写下表。

（1）你所在的省、市、自治区体育局体育宣传工作由哪个部门负责？	（部门名称）
（2）部门负责人是专职还是兼职？	A 专职　　　　　　　　　B 兼职
（1）有几个人专职负责体育宣传工作	
（2）有几人兼职负责体育宣传工作？	
（3）他们的年龄分别是	
（4）他们的学历分别是	
（5）他们的专业背景是	
（6）是否接受过新闻或宣传的专业培训？	A 是　　　　　　　　　　B 否
（7）在日常的宣传中，您所在部门的宣传工作主要围绕哪方面展开？	A 竞技体育　　B 群众体育　　C 学校体育　C 具体赛事　　D 其他
（8）在日常的体育宣传工作中，您所在的部门主要采用哪种方式与媒体保持关系？	A 记者协会　　B 邀请报道　　C 请媒体策划 C 个人关系　D 其他

2. 请根据您所在的体育局的情况填写下表。

（1）您所在的体育局是否有新闻发言人？	A 是　　　　　　　　　　B 否 如有，是　　　　　　（职务）
（2）该位新闻发言人是否接受过专门培训	A 是　　　　　　　　　　B 否 如是，培训单位是
（3）您所在的体育局是否定期举行新闻发布会？	A 是　　　　　　　　　　B 否 如是，是定期还是不定期？
（4）您所在的体育局是否有成文的体育宣传工作条例？	A 是　　　　　　　　　　B 否
（5）您所在的体育局是否有无突发事件或危机处理方案？	A 是　　　　　　　　　　B 否
（6）您所在的体育局对体育的宣传是否纳入了所在城市的形象建设中？	A 是　　　　　　　　　　B 否

（7）您所在的体育局投入到体育宣传工作一年的经费是多少？	
（8）您所在的体育局是否有官方网站？	A 是　　　　　　　　　　B 否 如有，是什么时候建立的？ 　　　是否有专人负责？ 　　　平均一周更新量为几篇？ 　　　每年投入多少经费？
（9）近两年您所在的体育局承担过哪些大型国际或全国性赛事？	A 是　　　　　　　　　　B 否
（10）在这些大型赛事举办期间是否有成文的宣传方案？	A 是　　　　　　　　　　B 否
（11）在这些大型赛事举办期间是否有专门的机构或人员从事媒介服务工作	A 是　　　　　　　　　　B 否
（12）在这些大型赛事举办期间是否开展了相关的展览、绘画比赛、书法比赛等文化活动？	A 是　　　　　　　　　　B 否
（13）这些大型赛事的宣传和推广是哪个部门担任的？	

3. 请根据您所在省市的情况填写下表：

（1）您所在省、市、自治区有无电视体育频道	有　　　　　　　　　　没有 如有，名称是
（2）您所在省会城市有无电视体育频道？	有　　　　　　　　　　没有 如有，名称是
（3）所在省、市、自治区有无专业体育报纸？	有　　　　　　　　　　没有 如有，名称是
（4）所在省、市、自治区有无专业体育广播频率？	有　　　　　　　　　　没有 如有，名称是
（5）所在省、市、自治区有无专业体育网站？	有　　　　　　　　　　没有 如有，名称是
（6）所在省、市、自治区有无专业体育杂志？	有　　　　　　　　　　没有 如有，名称是
（6）你所在的城市有无体育记者协会？	有　　　　　　　　　　没有 如有，有多少成员？

4. 在您的工作中，您遇到的最大困惑是什么？在工作中您认为最需要得到哪些方面的支持和帮助？应设置哪些保障措施和机制？

研究成果三：从体育宣传到体育公关
——论当代体育传播的重大变化

体育宣传与体育公关是中国体育事业的重要组成部分之一。建国 60 余年来，中国体育取得了举世公认的巨大成就，其中体育宣传起到了特殊的重要作用。但自改革开放以来，随着中国体育的发展变革，尤其是当代传媒和网络的迅猛发展，传统的体育宣传体制与手段已经无法适应新的形势与要求。传统的体育宣传体制与手段向体育公共关系转变与拓展已经成为中国体育发展的必然。中国体育在从体育大国向体育强国迈进的进程中，必须高度重视体育宣传与公关工作。

一、传统体育宣传的功能与局限性

宣传在英语中的对应词是 propaganda 与 publicity。前者主要做含义是政治宣传，后者多用于告示、广告等。

关于宣传的定义，在国内外有不同的看法。以下是西方一些影响较大的宣传定义：

美国著名传播学者拉斯韦尔在其名著《世界大战中的宣传技巧》中认为："它仅仅指通过重要的符号，或者更具体但不那么准确地说，就是通过故事、谣言、报道、图片以及社会传播的其它形式来控制意见"。（1926）"宣传，从最广泛的含义来说，就是以操纵表述来影响人们行动的技巧。"拉斯韦尔的这一定义在传播学领域产生了深远影响。（1934）[1] 美国《新国际韦氏词典》中对 Propaganda 的定义是"为帮助或损害某种制度、事业或个人而传播各种思想、消息或谣言"。《韦氏大学词典》："为了帮助或损害某个机构、事业或个人而散布观念、信息或谣言的行动，或者为此目的散布的观念、事实或说法。"《朗文词典》对宣传的解释是"由某个方面，特别是政府，就某件事采取的散布真实或不真实的信仰、观念、新闻等以影响舆论的行动。"《柯林斯词典》的说法是："由某个组织发表或散播以影响人们的信息，而且往往是夸大或不实消息。"

总的来说，在当代西方语境中，propaganda 一词多含贬义。这是因为，从第一、二次世界大战中，参战双方都利用各类大众传媒作为不择手段来打击对手，鼓动士气，影响公众，控制舆论，实现其政治军事目的的工具，因而在战后"宣传"被普遍认为是"不诚实，操纵性和洗脑子的"的[2]。在现今的西方人观念中，宣传常常与党派私利、偏见、控制、操纵等相联系。因此，Propaganda 一词基本被弃用，而取代之以 publicity。这一词汇的意思为公开、宣扬、招引公众注意等。与 Propaganda 相比，publicity 虽然在汉语中也可译为宣传，但在西方语境中没有贬义，故被广泛使用。

在中国的汉语词汇中，"宣传"一词较为中性。《中国大百科全书》的解释是："宣传是运用各种符号传播一定的观念以影响人们的思想和行为。"《现代汉语词典》将其定义为："对群众说明讲解，使群众相信并跟着行动。"《中国新闻实用大辞典》的说

---

1. [美]沃纳·J·赛弗林,等.传播学的起源、研究和应用.厦门:福建人民出版社,1985:103.
2. [美]E·M·罗杰斯.传播学史：一种传记史的方法,殷晓蓉,译.北京:传媒大学出版社,2005:219.

法是："个人或团体借助各种媒介有目的地传播某种事理以影响他人意识和行为的社会活动。它是一种信息传播行为，产生于社会发展的客观需要。在阶级社会中，它通常是一定阶级、政党和团体进行政治思想斗争的重要手段。"

归纳起来，在中国的现代语境中，宣传大致有以下主要含意：

第一，宣传是一种意图改变别人态度、观点和行为倾向的工作。

第二，宣传是一种面向广大人群的工作，含有一种昭示于众的含义。

第三，在现代社会，宣传需要借助传播媒介来实施。

第四，宣传是一项服务性的或者非主体性的工作。

第五，宣传不是蓄意制造或传播谣言。

第六，宣传是一个需要控制的传播系统工程，按照传播者的意旨来运行。

第七，归纳以上六点，可以得出结论：宣传是传播者为了实现某种目的，通过传播媒介公开地传播信息符号对广大人群进行态度影响和意见控制过程。

总的来说，在当代中国的语境中，宣传被认为是一项通过各种手段与方法对公众的说服和影响的组织传播活动。"宣传"一词不仅是中国共产党和各级政府的一项十分重要的工作，而且也被应用于其它活动中，如商业宣传、产品宣传、科普宣传、卫生宣传、体育宣传等。

根据以上宣传的定义，结合体育的特点，我们可以大致对体育宣传下个定义：体育宣传就是以体育运动为内容的有组织的传播活动。具体而言，体育宣传是政府或体育组织等为了动员引导公众参加体育活动、告知有关体育的方针政策及重要决定、教育公众尤其是体育参与者和从业者的体育精神与体育道德、普及科学锻炼知识、扩大体育组织、运动项目、比赛及活动的影响等而进行的组织传播活动。

体育为什么需要宣传？这是因为，体育是人类文明和社会发展的重要成果和标志，是现代社会最重要的经济社会现象，也是现代人类重要的生活方式、教育手段以及社会文化形态和产业形态。体育在促进人的身体、精神和意志全面发展、提高人的健康水平和生活质量、推动经济社会发展，增进人们之间的交流与友谊，促进社会和谐与世界和平等方面起着重要作用。但是，作为一种社会文化形态，无论是体育的意识、观念、思想、理论还是体育的手段、方法、活动、规则、技术、战术等都不是哪个人天生就拥有的，而是社会组织传播和习得的结果。一方面，体育需要通过社会、政府、学校、体育组织等通过各种宣传手段与方法来传播和培养公众的体育意识、观念和科学合理的体育方法；另一方面，现代体育已经发展成为一种影响广泛的经济社会现象，政府、体育组织、赛事、活动都必须通过宣传来扩大影响，吸引公众关注与参与，需要运用各种宣传手段来发布信息、推广赛事、开展活动、争取赞助等。

体育宣传是现代体育最重要的组成部分之一。今天，从国际奥委会到各单项国际体育组织，从各国的政府体育管理部门到国内的各种体育组织，从各国的职业赛事联盟到职业俱乐部，不管名称是什么，都设有专门处理宣传和公共关系事务的机构和组织，负责开展有关宣传事务和公关工作。如国际奥委会从20世纪70年代就设立了专门的新闻委员会，专门处理有关宣传与媒介关系事务。

从 20 世纪 50 年代中国特色体育体制形成时期开始，从国家体育部门到各省级、市县级体育部门均设置有宣传部门或机构和专职宣传人员。其特点是：各级体育宣传部门与机构的主要职能是配合政治形势需要与上级领导工作，主要工作内容是对内思想政治宣传工作和少量对外的体育宣传工作。其方法与手段主要是印发文件、编发简报、组织会议、设置宣传橱窗或宣传栏、悬挂标语口号等。总的来说，传统体育宣传工作性质单一，政治色彩浓厚、方法手段相对简单。

具体而言，中国体育宣传的主要任务是：配合国家体育事业的中心任务，宣传党和国家的体育方针和政策，弘扬奥林匹克精神和中华传统体育精神，宣传优秀体育人物的榜样和事迹，普及科学健身知识和方法；发布有关体育事务、赛事与活动的信息；与媒体建立良性合作关系；积极引导社会舆论；营造有利于体育事业健康发展的良好舆论环境；对体育从业人员，尤其是青少年运动员进行思想教育和体育精神、体育道德教育。

在中国，体育宣传是政府体育部门的一项职能工作。国家体育总局宣传司的职能是：拟定体育宣传方针规划和政策法规；指导体育宣传工作；建立体育宣传工作制度，负责体育宣传舆论引导和重大体育新闻发布工作；指导协调重大体育活动的新闻宣传工作；负责国国内新闻媒体对国内外重大体育活动采访报道的协调服务工作；负责办理境外记者来华采访体育活动的相关事宜；推动体育文化建设；负责体育对外宣传工作；承办总局交办的其他事项。

中国的体育宣传是党和政府宣传工作的组成部分，同时也是各类各级体育组织的重要工作职能之一。从这个意义上说，中国的体育宣传工作的性质既包括了一般意义上的政治宣传，也包括了包括体育思想、精神、理论、组织、项目、赛事、活动、方法、手段、明星等在内的行业宣传，另外在职业体育、赛事推广、体育商务等中，还包括了商业宣传。但无论是哪种性质的宣传工作，中国的体育宣传都是在党的领导下，根据有关法律与政策方针、围绕一定时期的体育中心工作和任务开展有组织的宣传工作。

在传统的体育宣传工作中，按宣传的对象来分，体育宣传一般分为对内宣传（内宣）和对外宣传（外宣）两大部分。但不同层次的体育宣传部门，其"内宣"和"外宣"有不同的性质。就国家体育部门的宣传机构而言，"内宣"是针对国内和体育组织内部的宣传活动；"外宣"是针对境外国家和地区以及国际体育组织的宣传活动。而就地方体育部门而言，"内宣"一般指本部门本单位的宣传活动；"外宣"一般指面对社会的体育宣传活动。

但是，传统的体育宣传在今天新的形势与任务下表现出很大的局限性。首先，传统的宣传工作的性质与内容主要是政治宣传，无法覆盖现代体育面对社会、公众、媒体、企业复杂多样的公关任务与要求；其次，传统体育宣传的任务是完成上级指令，而不能胜任现代体育所要面对的社会与市场复杂多变的要求；其三，传统体育宣传对象相对单纯，主要是运动员、教练员、组织内部职工及社会体育爱好者，而无法应对今天复杂的媒体关系和网络媒体时代的公众舆论；其四，传统体育宣传手段方法简单，无法完成现代体育公关的目标与任务。

二、体育宣传向体育公共关系的转变

"公共关系"（Public Relations，PR）简称是公关。公共关系一般系指一个组织运用有效的传播手段，使自身适应公众的需求，并使公众也适应组织发展需要的一种思想、策略和管理职能。公共关系既包括了组织所处的社会关系和社会舆论的状态；也包括了组织为创造良好社会环境、争取公众舆论支持而采取的政策、行动和活动，即以创造良好的公共关系状态为目的的一种信息沟通活动；同时还包括人们在公共关系实践中形成的影响人们思想和行为倾向的深层的思想意识，即公共关系观念。

国内外有关公共关系的定义较多。下面是一些经典的提法。

美国《韦伯斯特20世纪新辞典》：共公共关系是"通过宣传与一般公众建立的关系；是公司组织或军事机构向公众报告它的活动、政策等情况，企图建立有利的公众舆论的职能"。[3]

美国学者艾吉《大众传播学导论》："公共关系是一个公司或者机构为与它的各类公众建立有利于双方关系而采取的有计划、有组织的行为。"

《大英百科全书》："公共关系是旨在传递关于个人、公司、政府机构或者其他组织的信息，以改善公众对他们的态度的一种政策与活动。公共关系部或公共关系公司的主要任务是发布新闻，安排记者招待会、回答公众的投诉、规划对社区活动的参与、准备电影、宣传资料、雇员刊物、给股东的报告以及标准信件、规划广告项目、筹划展览会和参观访问，调查公共舆论。"

著名美国公共关系研究学者哈洛博士的定义在国际上拥有广泛影响："公共关系是一种独特的管理职能，它帮助一个组织和它的公众之间建立交流、理解、认可和合作关系；它参与各种问题和事件的处理；它帮助管理部门了解公众舆论，并对之做出瓜；它明确并强调管理部门为公众利益服务的责任；它帮助管理部门掌握情况的变化，并监视这些变化，预测变化的趋势，以使组织与社会变化同步发展；它以良好的符合职业道德的传播技术和方法作为基本的工具。"

中国公共关系研究学者居延安在上述国外定义基础上认为："公共关系是一个社会组织或公众人物，在一定职业伦理规范的指引下，为谋取有关公众的理解和合作而从事的一种交流、勾通、劝说活动。"

根据以上定义，第一，公共关系指的是一个组织与其公众之间的关系，这种关系是一个组织在与公众的相互作用和相互影响中形成的；其次，公共关系又是一种特殊的思想和活动。作为一种思想，它渗透在一个组织的全部活动之中；作为一种活动，它又具有区别于组织的其他活动的特殊性和特殊要求；第三，公共关系还是现代组织管理的独立职能。公共关系的主要任务就是，协调组织与公众的相互关系，使组织适应于公众的要求，使公众有利于组织的成长与发展。第四，信息沟通与传播是公共关

---

3. 居延安.公共关系学.第4版.上海：复旦大学出版社，2010:4-6

系的特殊手段。公共关系用以协调组织与公众的主要手段，就是信息沟通与传播。

根据以上公共关系的定义，什么是体育公共关系呢？

美国学者斯托尔特等认为："体育公共关系是一种以沟通为基础的管理功能，其目标在于认定一个体育组织的关键公众，评估体育组织及其与公众的关系，鼓励体育组织建立与这些公众的良好关系。"[4]斯托尔特等就此定义还指出，第一，体育公共关系是一种管理功能，第二，体育公共关系是一种以沟通为基础的实践。第三，体育公共关系必然是一种促使组织效力最大化的系统的实践。

公共关系的概念与操作引入体育，是20世纪末以来世界体育商业化和产业化变革的需要与产物。在业余体育时代，体育主要以非营利的大众健身娱乐活动形式存在。从20世纪70年代起，由于电视等大众传媒的推动，原来规模较小的职业体育获得了迅速发展。尤其是1984年洛杉矶奥运会引入商业运营模式的成功，促使世界体育迅速发展成为规模巨大的新兴产业。体育的这种变化导致其性质发生重要变化，成为一种与商业利益和公众利益密切相关的公共产品。一方面，为了进行商业推广与营销，体育组织与个人必须与媒体组织、广告公司、企业紧密合作，从事体育组织、赛事、活动以及运动明星个人的商业包装与营销；另方面，作为一类公共产品，体育组织必须通过各类公关手段与社会建立良性互动与关系；通过有效的体制、机制和各种手段方法与社会舆论勾通，及时处理各类突发性情况，进行危机公关。

改革开放以来，中国体育也发生了巨大的变化。一方面，中国体育已经不再是仅仅是国家管办合一的"事业"。体育产业已经在中国勃然兴起，逐渐成为中国社会主义市场经济新的增长点；另方面，在传媒尤其是网络传媒高速发展背景下，中国体育作为一种在公众中有巨大影响的公共产品，必然要面对新的舆论环境和传媒环境，必须要与社会与公众建立良好的勾通与互动关系。而这些，都是原有的和传统的体育宣传工作所难以胜任的。

显而易见，当代中国体育的变革与体育产业的兴起，要求体育组织象企业一样，必须打造良好的社会形象、商业形象和品牌形象，建立有效的公众舆论环境与勾通机制，与媒体和广告商建立良好的合作关系，制定品牌和产品营销战略，并及时处理各种突发性公众事件。这都促使公共关系被引入体育领域，促使中国的体育宣传的定义发生重要改变，体育宣传工作在原有基础上向更为广泛的体育公关转变，体育宣传部门与机构的职能由原有较为单一的宣传向更为复杂而广泛的公关延展。

与此同时，现代体育公关与原有的体育宣传手段与方法也发生了很大变化，由原有简单的标语、口号、会议、简报、宣传栏等转变为体育赛事与活动宣传策划；体育组织形象推广包装；新闻发言人与新闻发布会；官网建设与维护；赛事包装与推广；舆情监察；媒体关系调控与服务；危机应对与公关；联谊会、宣传手册、影视制作与播出等等。

改革开放以来，尤其是20世纪90年代以来，国内体育宣传部门的机构设置虽然

---

4. [美]斯托尔特,等.体育公共关系:组织与传播管理.易剑东,等,译,大连:辽宁科学技术出版社,2008.

没有什么变化，但工作职能、性质、对象、范围、方法、手段等都发生了重大变化。根据有关调查，当代体育宣传工作至少包括以下内容：

1. 充当新闻发言人及组织召开新闻发布会；
2. 建立和维护官网；
3. 媒体勾通、应对与服务；
4. 重要赛事活动的商业包装与宣传；
5. 参与电视转播权营销与商业赞助活动；
6. 重大活动的宣传事务，如标语、口号、广告、宣传册、简报、宣传栏、简报、会场布置等；
7. 危机应对与公关；
8. 撰写宣传稿、摄影、摄像等；有的还要办内部报刊；
9. 有关宣传计划方案的策划与制定；向上级提供宣传和公关方面的建议与方案；并对下级单位的宣传事务进行把关和指导；
10. 针对体育部门、机构和体育组织内部进行思想教育与引导工作；
11. 对外宣传并参与外宾接待；

上述工作职能中，有些属于传统的宣传工作，如内宣（对内的政治思想宣传和体育宣传）和外宣（针对境外的体育宣传），有些属于当代的体育公共关系范畴。而有些工作，则兼任了记者、网络编辑人员、摄影人员等工作。

三、建立新型体育宣传公关体制与运行机制的建议

综上所述，建设体育强国的一项重要而迫切的任务，就是建立健全新型的体育宣传公关体制与运行机制。其主要应从以下方面首手：

第一，改变传统的体育宣传观念，建立新型体育宣传与公关理念。从我们的调查情况来看，当前最令人担忧的情况是，很多体育部门和体育组织领导对体育宣传工作的认识尚停留在传统宣传层面，一方面在观念上认为宣传不过是发发材料、写写简报、挂挂标语之类的事，在编制、人员、经费、培训等方面都重视和支持力度不足；但另一方面，在实际工作中，却又给宣传部门和人员下达各种各样复杂的任务，如赛事包装、官网维护、媒体勾通等，使体育宣传部门和人员难以承受与应付。因此，各地体育宣传工作人员普遍反映，当前最重要的是事情是改变领导的观念与认识，使其认识到宣传与公共关系在现代体育发展中的重要意义与作用。建议国家体育总局有关部门通过讲座、会议、培训等有效手段，对各地体育部门领导进行有关现代宣传与公关知识的培训。

第二，建立有效的体育宣传与公关体制。现代体育宣传与公关是一个复杂的管理系统，涉及一系列政策的出台与管理体制的建立。目前国内各地体育部门的体育宣传公关体制相当混乱，有的把宣传公关工作分割在好几个部门或机构；有的将宣传下属在党办、局办、法规处等；有的干脆取消或没有体育宣传与公关机构。建议有关部门对此进行研究，探索既适应当今世界体育发展态势和中国社会主义市场经济发展要求；

又符合中国体育发展规律和国情的体育宣传与公关管理体制。

第三，建立运用有效的体育宣传运行机制与手段方法。目前欧美国家，尤其是美国等体育发达国家的体育宣传与公关手段已经相当成熟。如国际奥委会、美国 NBA 职业赛事等已经创造了非常成功的宣传推广范例，其推广宣传手段已经达到无孔不入，无所不及的地步。反观我国在体育的宣传、推广、包装等方面尚有很大距离。建议有关部门组织有关专家学者，与业界一起对此进行研究，共同探讨中国体育宣传公关的运行机制与手段方法。

第四，当前国内体育宣传与公关最迫切的问题之一，是相关专业人员的馈乏，现有宣传人员的专业素质和能力不足。当代体育宣传与公关是一类高度专业化的工作，在现有编制紧张的情况下，要求一位宣传人员具备多种技能，担任多种不同性质的工作，如新闻发言人、官网维护、新闻通稿写作、摄影摄像、宣传策划、媒体勾通与服务、宣传推广策划文案等。这些都是高度专业化的工作，需要专门的学习与培训。建议有关部门与高校合作，对现有体育宣传人员分批分项进行培训。

结语：体育宣传是中国体育事业发展的重要组成部分，在中国体育发展史上起到了无可替代的巨大作用。但在体育走向高度社会化、产业化和传媒化时代，体育宣传向功能更为强大的体育公关转型是必由之路。中国要实现建设体育强国目标必须高度重视体育宣传与公关。而这有赖于体育部门和体育组织的领导人转变观念，高度重视和认识宣传与公关在现代体育发展过程中不可替代的重要作用；有赖于体育部门、体育组织、体育社团建立社会责任意识，重视公众舆论、注重社会勾通和品牌塑造；有赖于建立有效的体育宣传与公关体制和运行机制；有赖于体育宣传与公关手段方法的创新；有赖于建设一支专业的体育宣传和公关队伍。

研究成果四：体育文化建设的重要意义与举措研究

体育文化是中国实现建设体育强国目标不可缺少的组成部分。中国体育只有金牌和健身是不够的，还必须发展自己丰富多彩的体育文化，以满足人民对的精神和文化需要。2008年北京奥运会中国在竞技体育战线上取得前所未有的辉煌成就后，中国体育进入了竞技体育、全民健身、体育产业和体育文化全面协调发展的新时期。其中，体育文化是我国社会主义先进文化的重要组成部分，是建设体育强国不可缺少的组成部分和重要支撑。发展体育文化是历史的必然、群众的需要、时代的要求。

一、加强体育文化建设的必要性与重要意义

（一）体育文化是人类文明的精华，是中国当代社会主义精神文明与文化建设的重要组成部分。

体育文化有广义和狭义之分。广义的体育文化是指与经济、政治等相对应的大文化概念下的一种以体育运动为表现形式的文化形态。狭义的体育文化是与竞技体育、群众体育和体育产业相对应的概念，也就是我们通常所说的体育文化建设工作，是指反映并作用于体育运动的思想观念与围绕体育运动而产生的艺术、文学、建筑、影视、新闻、网媒、广告、出版、演艺、会展、服饰、标识、口号、各种物质或非物质文化遗产、社交活动、庆典活动、文化产品、媒介产品等。

体育作为现代文明的标志和重要的文化形态及教育手段，对于提高全民族身体素质、促进人的全面发展、铸造从个人到民族整体的意志、精神、品格和体魄、提高国家和民族的认同感和凝聚力方面具有不可替代的重要作用。在历史发展过程中，体育逐渐从较为单纯的健身和竞技发展为内涵丰富、形式多样的文化系统。如古奥运会期间，古希腊人除了比赛之外，要举行隆重的祭祀和圣火仪式，还在赛场外举行各种各样的诗歌、文学、戏剧、雕塑、音乐、舞蹈等活动。现代《奥林匹克宪章》更是将奥林匹克原则与思想、奥运会开闭幕式、圣火传递与点燃仪式、奥林匹克科学大会、奥林匹克节等与比赛并列为现代奥林匹克运动不可分割的组成内容。

文化是人类社会发展的根本动力和指引未来的灯塔，是一个国家和民族的魂和根。体育是社会发展和人类文明进步的重要标志。体育文化是人类文化的重要组成部分和精华，在现代文明和文化发展中发挥着重要作用与影响。在现代文明尤其是信息技术高速发展的背景下，体育已经发展成为以大众健身和竞技体育为核心，集政治、外交、教育、文化、产业为一体的影响广泛的综合性社会经济文化形态。体育不仅能为当代人类提供健康的身体和健壮的体魄，还能为人类社会提供丰姿多彩的文化生活和文化产品，满足当代人类社会日益丰富的情感需要和社会需求。

（二）体育文化建设是中国体育事业的重要组成部分

体育文化是当代中国文化建设和发展的重要组成部分，是促进精神文明建设，繁荣发展先进文化的重要内容与手段。在实现中华民族伟大复兴的历史进程中，体育文化不仅是提高全民族身体素质，促进人的全面发展的有效手段与途径，而且为经济社会全面协调发展提供强大的精神动力，同时还是促进社会经济发展的重要产业门类。繁荣发展体育文化，是中国现代文化建设的需要，是中国走向现代文明大国的需要，也是大力发展社会主义文化产业的需要。

中华体育文化源远流长。在历史长河中，中华体育文化涵养形成了行健不息的精神、康乐长寿的追求，丰富多彩的形式以及注重礼仪、谦恭礼让、培养品德等都是中华民族优秀传统文化的精华。改革开放以来，随着中国体育事业的发展，中华传统体育文化与奥林匹克精神为代表的现代体育文化高度结合，成为当代中国先进文化的重要精神内容。进入21世纪以来，随着信息技术的发展和经济全球化进程，围绕体育运动发展起来的各类物质性和非物质性文化日益丰富，并逐渐形成了新兴的体育文化产业。在中国，体育文化与竞技体育、全民健身、体育产业等共同构成了当代体育的全新体系。

（三）促进体育文化建设是建设体育强国的必然要求

在成功举办2008年北京奥运会后，党中央提出了建设体育强国的伟大目标和任务。

在新的历史时期中，中国体育要坚持以增强人民体质、提高全民族身体素质和生活质量为目标，高度重视并充分发挥体育在促进人的全面发展、促进经济社会发展中的重要作用，实现竞技体育和群众体育协调发展，进一步推动我国由体育大国向体育强国迈进。

在建设体育强国的过程中，体育文化建设被赋予了新的重要意义和地位。人民群众对体育的需求不仅越来越高，而且也越来越丰富和多元化。人民群众不仅需要体育提供健身手段与服务，不仅需要国际赛场上的优异成绩和观赏到各种高水平赛事，而且还希望享受到各种高质量的体育文化产品和服务。因此，我们不仅要在竞技体育领域取得新的成就，进一步大力开展群众体育和全民健身活动，推动体育产业的发展，而且还要大力促进和发展丰富多彩的体育文化，满足实现小康社会的中国人民日益增长的体育文化需求。

目前，与世界体育发达国家相比，我国的体育文化建设相对于竞技体育、群众体育和体育产业发展相对滞后，体育文化市场尚处于探索和起步阶段，无法满足人民群众对体育文化日益增加的需求。一些地区和体育部门对发展体育文化的认识和重视程度不到位，其思维尚停留在"抓体育就是抓金牌"的误区中。这些都不利于我国体育文化事业和体育文化产业的建设与发展。我们必须清醒地认识到，在建设体育强国的过程中，我们不仅要继续抓好全民健身、竞技体育和体育产业等中心工作，还要全方位推进和加强体育文化建设，使体育成为中国当代先进文化建设的有机组成部分。

二、促进体育文化建设的指导思想、基本原则和目标任务

（四）指导思想：坚持以邓小平理论和"三个代表"重要思想为指导，全面贯彻落实科学发展观，围绕建设体育强国的总体目标，解放思想，实事求是，与时俱进，牢牢把握先进文化的前进方向，遵循社会主义体育事业和精神文明建设和特点和规律，坚持以增强人民体质、提高全民族身体素质和生活质量为目标，高度重视并充分发挥体育在促进人的全面发展、促进经济社会发展中的重要作用，适应社会主义市场经济发展的要求，全面推进体制机制创新，调动广大体育文化工作者的积极性和创造性，推动和促进有中国特色的体育文化大发展，以满足人民群众不断增长的体育文化需求，在提高全民族精神文明素质与体育文化素质的同时，推动体育文化产业成为国民经济建设新的增长点。

（五）基本原则：坚持科学体育发展观和"以人为本"的思想；坚持体育为人民服务和先进文化的前进方向；坚持弘扬奥林匹克精神与中华传统体育精神；坚持把社会效益放在首位，努力实现社会效益和经济效益的统一；坚持体育文化事业和体育文化产业协调发展；坚持中央与地方、政府与民办相结合；勇于探索、勇于实践、大胆创新，稳妥前进。

（六）目标任务：明确目标，理清思路，创新体制，完善机制，找准路径，狠抓落实；大力发展具有民族、民间、民俗特色的体育文化，打造具有特色的中国体育文化体系；以体育部门牵头，文化、新闻、出版、文物、影视、网络等部门配合，力争

在五到十年间，逐步形成政府推动，民间为主，市场导向，全民受惠、蓬勃有序的体育文化市场体系；加强对外体育文化交流，以各种形式宣传中国体育的形象与发展成就。

三、促进体育文化建设的途径与措施

（七）大力开展各种民族、民间、民俗性体育文化活动，开展体育文化节活动。体育文化的核心是群众性体育活动。全国各地政府要主动开展、举办、支持、鼓励本地区的各种民族、民间和民俗性体育活动，尤其是那些在本地区有悠久历史传统的和群众喜闻乐见的体育活动。要与本地区的节令活动、传统庆典相结合。要大力发展具有本民族和本地特色的体育文化活动。

（八）充分利用各类大型运动会和赛事，打造有特色的体育文化样式。竞技体育与体育赛事是体育文化的重要载体。要充分重视和利用在我国举办的各类大型国际赛事和各种国内赛事，打造思想性强、艺术水平高、特色鲜明的开闭幕式、体育表演、团体操表演、体育标识、宣传口号、广告等。

（九）重视和利用新闻媒体和各类传播手段宣传体育通过各种形式与手段大力宣传普及奥林匹克精神与中华传统体育精神。体育精神包含的顽强拼搏、公平竞争、服从规则、团队合作、尊重对手等是近现代人类文明的普遍价值。奥林匹克精神所崇尚的公平竞争和团结友谊是现代人类社会的基本准则。中华传统体育精神更是中国传统文化思想的精华。要重视和宣传优秀榜样的价值，宣传我国优秀运动员为国拼搏的爱国主义精神和高尚的道德精神。

（十）繁荣发展体育新闻、体育出版和体育类影视文艺作品。高度重视和认识新闻媒体在体育宣传、体育传播、舆论引导、舆论监督方面的意义、作用和影响。体育新闻和宣传要始终把坚持正确舆论导向放在首位，巩固和发展积极健康向上的主流舆论，提高引导社会舆论的能力。加强各类体育新闻媒体的建设，注重体育记者素质的培养，增强体育新闻宣传的吸引力和感染力；体育界要建立主动与新闻媒体合作的意识，重视新闻发布会和新闻发言人的作用，努力搞好媒体服务；办好《中国体育报》、《新体育》等各类专业体育报纸和杂志；加强与中央电视台体育频道和各地方电视体育频道的合作，为人民群众提供高品质体育电视节目和赛事转播节目。

（十一）利用各种艺术形式来表现和宣传体育精神和体育之美。在中外史上，体育与艺术关系密切，雕塑、音乐、绘画、摄影、邮票、文学作品等都是表现和展示体育精神和体育之美的理想载体与形式。要利用体育比赛、城市雕塑、体育艺术节、各类会展等平台来鼓励体育艺术创新，展示体育艺术创作，以此来美化环境、陶冶情操和教育青少年。

（十二）重视并利用新媒体在体育宣传与体育文化传播中的作用与影响。充分认识官网的影响与作用，搞好体育官网的建设与维护；加强《华奥星空》等体育网媒的建设；重视各大门户网站体育新闻和体育传播的影响和舆论引导作用；鼓励支持办好各类体育博客、微博、手机媒体和体育动漫。

（十三）高度重视体育博物馆建设和体育陈列展览。加快国家体育博物馆的建设。鼓励、支持地方、高校和民办体育博物馆建设。提倡和支持利用体育赛事和体育节活动举办多种题材的体育陈列与展览。

（十四）高度重视体育文化遗产的挖掘、保护和研究工作。加强体育物质文化遗产和非物质文化遗产的挖掘保护工作。有条件的地方和项目要推动申遗工作。高度重视并切实开展体育文物、档案、文献、资料的收集、整理、管理、收藏和研究工作；重视各地民族、民俗和民间体育文化的挖掘、保护与开发工作；重视和开展少数民族体育文化的挖掘、整理、保护与开发工作。重视对武术、气功等民族体育文化的挖掘、整理、保护和研究工作。

（十五）积极推动体育文化产业发展。依据《中共中央国务院关于深化文化体制改革的若干意见》的精神，积极培育和发展体育文化市场，要加强体育文化产品和要素市场的建设。重点培育体育赛事、体育活动、体育报纸、体育杂志、体育书籍、体育电视、体育类电子音像制品、体育演出娱乐、体育会展、体育影视产品、体育动漫、体育广告、体育邮票、体育服饰等体育文化产品市场。

（十六）拓展体育对外交流与传播渠道，大力促进中外体育文化交流，积极推动中华体育文化走向世界。积极利用各类新闻、网络等各种媒体对外宣传和展示中华传统体育文化与中国当代体育发展的巨大发展成就；利用各类国际国内赛事、体育活动组织举办高水平体育文化交流活动；重视体育文化领域的多层次互访，加强国内外友好城市间的体育文化交流；在国外举办多种形式的中国体育展览、体育艺术展、体育文物展等；发挥我驻外机构宣传推介中国优秀体育文化产品的重要作用；发挥多元载体的文化传播作用，借助各种文化展示平台，积极推介中国武术、气功、龙舟、舞龙、舞狮等传统体育项目以及各种少数民族体育文化；组织代表国家形象与水平的优秀体育文化代表团参加各类展出和演出；

（十七）开展和加强体育文化与体育哲学社会科学研究。发挥高校尤其是重点体育院校和科研单位的优势，积极推进学术观点创新、学科体系创新和科研方法创新，鼓励体育哲学社会科学在开展基本理论研究的同时，注重与中国体育发展的实践相结合；加强体育文化、体育史、体育哲学、奥林匹克运动、体育新闻传播、体育法学、体育社会学、体育经济与管理等学科建设；加强体育发展战略以及关系到中国体育发展重大理论课题的研究；针对国家和地方体育发展的实际问题开展相关应用性对策性研究；加强对传承民族体育文化有重大作用的研究项目；加强对运动员和青少年体育精神和体育道德教育，大力倡导爱国主义、顽强拼搏、公平竞争、服从规则、团队精神、尊重对手、和平友谊、明礼诚信、团结友善、敬业奉献的体育基本道德规范。

四、保障措施

（十八）加强领导，制定并落实有关发展体育文化有关政策与措施。各地体育部门要充分认识发展体育文化对于建设体育强国的重要性和必要性，高度重视和加强体育文化建设工作。各级体育部门领导班子要有专人负责体育文化建设工作，设立专门的体育文化工作机构,制定符合本地区体育发展特点与条件的体育文化建设政策与发展规划。各级体育部门要对体育文化建设工作纳入财政预算,在经费上予以支持和保障。

(十九)设立体育文化建设专项资金。中央财政设立体育文化建设专项资金主要用于:体育文化发展战略的研究与制定;体育物质与非物质文化重要遗产的保护与研究;民族传统体育重大项目的研究与开发;珍贵体育史料、资料与实物的征集和收购;体育博物馆的建设、文物收集与专业人员培养;民族体育文化传承人的培养和资助;少数民族体育文化的研究保护工作等。各地也应设立相应的专项资金,同时积极吸纳社会资金。专项资金的使用要参照中央财政项目管理的有关规定,制定具体的《中国体育文化建设专项资金管理办法》,专款专用,加强管理,严格费用核算,提高使用效益。建立事前审核、事中监督和事后考核的管理制度。

(二十)建立体育文化研究基地。依据中央财政扶持,充分利用各方资源的原则,在条件具备的高校、地方体育科研单位、民办体育博物馆和研究机构等建立若干国家级体育文化重点研究基地。这些基地可包括传统中国传统体育文化研究基地、中国武术文化研究基地、少数民族体育研究基地、中国养生健身气功研究基地等。原则上某一类国家级体育文化研究基地只建立一个,需经过自愿申请、专家委员会评估投票等程序建立。主管部门组织专家委员会定期检查评估,决定是否继续授权建立和资助。

(二十一)加强体育文化专门人才的培养。为了适应我国体育文化建设工作的需要,各级体育部门要重视体育文化建设专门人才的培养。可与有关高校合作,培养培训体育新闻宣传、文物与博物馆、会展、演艺、电子音像产品设计制作、艺术创意、广告创意、大型团体操、对外文化交流及体育哲学社会科学等方面专门人才的培养与培训。

"十二五"我国职业体育改革与发展的思路与建议

国家体育总局体育科学研究所　鲍明晓

《国务院办公厅关于加快发展体育产业的指导意见》（国办发〔2010〕22号）明确指出，"职业体育是体育发展的重要组织形式之一。积极探索中国特色职业体育发展道路，对于拓宽体育发展渠道，扩大体育社会参与、发展大众体育具有积极意义。要从国情和项目特点出发，借鉴国际经验，鼓励引导、规范发展足球等职业体育赛事。完善职业体育的政策、制度和管理体系，严格职业体育俱乐部准入和运行监管，扶持职业体育俱乐部建设，健全职业联赛赛制，促进规范健康发展，不断提高职业体育水平。"本研究主要围绕当前我国职业体育发展内外部环境、我国职业体育发展的基本历程、"十二五"期间我国职业体育改革与发展的原则、思路、目标、重点、路径以及加快"十二五"期间我国职业体育改革与发展的举措等方面展开，以期为总局制定"十二五"时期职业体育改革与发展的方略提供基础资料和决策参考。

一、关于职业体育的几个基本理论问题

职业体育（Professional sports）是相对于非职业体育，即业余体育而言的一种体育形态。《现代汉语词典》对职业一词的解释是："职业是个人在社会中所从事的作为主要生活来源的工作"。1999年出版的《中华人民共和国职业分类大典》将职业定义为："从业人员为获取主要生活来源所从事的社会工作类别。"据此，我们可以认为，所谓职业体育无非就是一定社会中的一群人以体育为业并以此获得主要生活来源的工作类别。从历史沿革看，职业体育是19世纪末、20世纪初在欧美兴起的、区别于传统业余体育的新型体育存在方式。它以企业法人为组织形式，以市场需求为导向，以生产和经营大众竞技娱乐产品为内容，以追求利润最大化为目的；它把体育从个人层面的兴趣、爱好、娱乐、游戏转变为组织化、专业化、赢利化的生产经营活动；它凸显了现代体育的经济价值，是竞技文化与市场经济互动、互利的必然结果。

职业运动员，是指专门从事运动训练、竞赛和表演并从中获取工作薪酬，同时独立拥有自身人力资本所有权的劳动者。职业运动员是职业体育存在的先决条件，没有职业运动员就没有职业体育，因为他们是职业体育存在和运营的核心要素。一般来说，

职业运动员的身份属性必须同时具备三个必要条件：1，必须是专业从事运动训练、竞赛和表演活动的劳动者；2，必须能从其从业的活动中获取稳定的、相对较高的工作薪酬，且薪酬是由雇主（市场）提供，而不是由财政（政府）提供；3，必须拥有自身人力资本完整的所有权。但凡同时满足这三个条件的运动员我们就可称之为职业运动员。但是，值得一提的是，在当下处于转型期的中国，我国还存在着一类介于职业运动员和业余运动员之间的所谓专业运动员，表面上看，他们似乎同时具备职业运动员的三个条件，但仔细比较，二者还有质的不同，最的不同在于，他们尽管也是专门从事运动训练、竞赛和表演，也能获得稳定和不菲的薪酬，但他们的薪酬只是部分来源于市场，相当一部分依然来源于政府的财政拨款。同时，他们一般也不完全拥有自身人力资本绝对的排他权。虽然，我国进行职业体育改革以来，男子足球和篮球中的部分运动员已经实现了由专业运动员向真正意义上职业运动员的转变，但对中国绝大部分运动项目的运动员来说，他们仍然是专业运动员，而不是职业运动员。

职业俱乐部，一般是指专门从事运动训练、竞赛和表演活动的具有独立法人资格的实体。在国外，除少部分国家，职业体育俱乐部一般都是经营性经济实体，西班牙《体育法》把职业体育俱乐部界定为"体育股份公司"。德国把职业体育俱乐部定义为"商业性的体育企业"。美国的职业体育俱乐部也均为营利性的企业法人。以美国拳击俱乐部为例，该国的拳击运动基本上是依靠专项拳击俱乐部，而这类俱乐部均为个人投资兴办，没有政府行为。俱乐部不仅开展职业选手、业余选手和男女青少年爱好者的培训、训练和竞赛，而且经营各种游戏和拳击器材，实际上是一个从事多种经营的企业法人。在我国，职业体育俱乐部实际上有两种形式：其一是在各级工商管理部门注册的企业法人，如足球"中超"和篮球CBA俱乐部等。其二是在各级民政部门注册的社团法人，如排球、乒乓球、羽毛球等后起联赛中的俱乐部。应该说，后一类俱乐部是极具我国转型期特征的职业体育俱乐部，如何改革和完善这一类俱乐部，关系到我国整个后奥运时期体育改革与发展。

职业体育联盟，是指在职业体育高度发达的欧美出现的一种职业体育组织构架。它是职业联赛各俱乐部业主为化解俱乐部之间的利益冲突，实现联赛利益最大化而采取的一种委托经营管理模式。目前国际上运作比较成功的职业体育联盟有美国的国家橄榄球联盟（NFL）、国家篮球联盟（NBA）、职业棒球大联盟（MBL）和国家冰球联盟（NHL）以及英国的英超有限公司。特别要指出的是职业联盟和职业联赛是两个截然不同的概念，职业联盟是一个职业联赛的商业运营实体，而职业联赛是一种赛制。当下的中国，有职业联赛，但没有职业联盟。

二、世界职业体育发展的基本历程

人类历史上出现的各种社会现象和活动，都有一个产生和发展的过程。职业体育作为一项产业活动是随着近代工业化和城市化进程不断加速而萌芽和演进的。18世纪60年代，产业革命首先从英国开始，至19世纪30年代末基本完成。以棉纺织机和蒸汽机广泛运用于生产为标志，工业革命极大地促进了资本主义社会生产力的飞速发展，同时，伴随着工业化进程的不断加速，城市化进程也不断跟进，一批工业化重镇在欧美诞生，产业工人队伍不断扩大，工商阶层在社会结构中的比重迅速扩大，一些市井生活的大众娱乐项目开始出现，而职业体育作为一项产业活动也是在这一时期开始萌芽的。

18世纪中叶，作为现代体育发祥地的英国开始出现了运动俱乐部这一组织形态，1750年在英国的纽玛克特（Newmarket）一批贵族资助成立了著名的"赛马俱乐部"（The Jockey Club）。该俱乐部是一个普通的赛马俱乐部，它之所以有名，是因为该俱乐部开创了现代体育俱乐部的社团法人结构和与之相配套的规章制度和运行机制，并且"赛马俱乐部"的模式很快就被英国的板球、拳击等其他运动项目仿效，并进一步在欧美的许多国家流行。1957年，英国建立世界上第一个登山俱乐部——伦敦"登山俱乐部"，1861年，英国又出现第一个曲棍球业余俱乐部。在随后的半个世纪中，以自愿结社方式成立的运动俱乐部，先后在美国、意大利、德国、澳大利亚、加拿大、瑞士等国出现。但直到19世纪上半叶，这些运动俱乐部还只是在欧美上流社会中流行的、非职业化的运动俱乐部。

美国是现代职业体育的发祥地。19世纪初叶英国的"赛马俱乐部"模式开始在美国流行，许多年轻人纷纷按照英国人的传统建立体育俱乐部，但是，他们很快就发现英国的俱乐部体制在美国很难获得成功，因为美国社会缺乏贵族传统，俱乐部难以找到贵族们慷慨的赞助而得以维持。于是，美国人开始探索营利型俱乐部的运作方式。1828年美国纽约的一个赛马俱乐部的会员考德沃德·科尔顿（Caldwalder Colden），为解决俱乐部资金困难向俱乐部提出两条建议：一是在俱乐部内部出售10000美元的股份；二是向观众出售门票。尽管俱乐部经过讨论否决了他的第一条建议，但是同意他在1829年的赛季按商业方式运作俱乐部的整个赛事，由此，开创了体育商业化的先河。美国内战以后，棒球超过板球成为当时美国最流行的运动。1869年美国出现了第一个职业运动队——辛辛那提红长袜队。该队那时已经开始在美国小城镇做巡回表演，并为此付给每名运动员930美元，而1869年美国工人的平均工资是170美元，职业运动员工资是普通工人的5.5倍。1871年部分职业棒球队联合成立了全美棒球协会，凡是给尖子运动员支付薪金的棒球俱乐部都可以加入该协会。1876年有"棒球沙皇"之誉的威兼·赫尔伯特（William Hulbert）接管了全美棒球协会。他认为只要像商业那样来经营棒球，棒球完全可以营利，并在上任不久就将全美棒球协会改名为全美棒球联盟。随后又立即着手制订联盟的各项规则，并有计划、有步骤地开发棒球的联赛市场，进行联盟的垄断经营。棒球职业联盟的成功运作，使得这种体制很快在篮球、美式橄榄球和冰球等项目中得到了推广。

欧洲职业体育的出现则晚于美国。1871年当美国已经诞生了世界上第一职业体育联盟时，英国还在坚持业余体育原则。1882年英国足球俱乐部比赛规则仍然规定："禁止从俱乐部获得工资收入的球员参加比赛、联盟赛和比赛"；任何雇佣球员的俱乐部都将被逐出联盟。直到1885年7月，英国足球协会才以压倒多数通过决议，使职业球队合法化。莱文森和克瑞斯坦塞（D.Llevison & K.Christenser）在《世界体育百科全书：从古代到现代》一书中，对世界部分国家足球职业化进程时间表做了梳理。从中我们看到，英格兰、苏格兰的足球在十九世纪未启动了职业化；西班牙、巴西、巴拉圭、瑞士、法国、意大利、葡萄牙等的足球国在 20 世纪 30 年代开始职业化；土耳其、荷兰、比利时等国的足球，直到 20 世纪 50 年代才开始了职业化。由此可见，职业体育在欧美是伴随近现代人类社会工业化、城市化进程而逐步培育和发展的，它的历史最长也不过 200 多年。

实际上，职业体育在全球的全面振兴，始于 20 世纪 80 年代。在这之前，尽管美国和部分欧洲的发达国家职业体育已走上正轨，但全球其他地区和国家的职业体育则还处正萌芽和孕育的状态。而制约发展的一个重要原因，就是当时以国际奥委会为代表的部分国际组织仍秉持业余主义至上的原则，对以市场为主体的职业体育采取隔离、阻断、歧视、排斥的政策。但是，到 20 世纪的 80 年代，由于国际奥委会自身遇到了严重的财政危机，奥运会沦落到无国愿意主动承办的窘境，于是"穷则变"的亘古法则在 IOC 身上也开始发生作用，1980 年国际奥委会从章程中删除了业余规定，开始对部分职业运动员敞开奥运会的大门。同时，一些国际组织也效仿 IOC，开始对职业体育组织和职业运动员开禁。1986 年–1989 年，足球、马术、田径、冰球、网球、篮球等国际组织先后允许职业运动员参加奥运会。当职业运动员与业余运动员同在奥运会的舞台上角逐时，后者在实力上的明显差距，又迫使许多国家重新思考职业体育在本国体育运动发展中的地位和作用，从而推动了职业体育在全球的开展。

20 世纪 90 年代全球职业体育形成了一波新的发展高潮。这一方面表现为亚洲职业体育的崛起，譬如 1993 年日本 J 联赛（日本职业足球联赛）开赛，1996 年新加坡职业足球联赛（S-League，又称新联赛）成立，1997 年韩国职业篮球联赛（KBL）开赛，同期，中国的足球、篮球、排球、乒乓球、围棋等项目也开始组建自己的职业联赛。另一方面，欧美的职业体育在这一时期又有了新发展。例如，1992 年英格兰足球超级联赛成立，正式取代原来的英格兰足球甲级联赛。而这次改组英超联赛在财政上与英格兰"足总"实现了彻底的分离，英超从此有了独立的联赛商务开发权，包括赞助和联赛电视版权的谈判和签约权。改组后新成立的英超联赛有限公司将头 5 个赛季的电视转播权卖给了英国天空电视台，获得了 1.9 亿英镑的转播权收入，之后又将新世纪头 3 个赛季的电视转播权以 11 亿英镑的价格卖给了电视台，从而使英超迅速成为全球最具商业影响力的职业联赛。目前，英超的每一轮比赛都能吸引全球 150 多个国家或地区的观众，全球以直播或其它方式观看比赛的总人数高达 4.5 亿人。世界网坛的"四大满贯"赛事（温网、法网、澳网、美网）在这时期，无论是赛事的影响力还是赛事的商业价值都有了快速的飙升。同样，美国的四大职业体育联盟，也是在这一时期达到发展顶峰，步入了全球扩张的新阶段。此外，这一时期女子职业体育也在发达国家崛起，如美国女子职业篮球联盟（WNBA）、女子足球职业联盟、女子职业拳击比赛，以及欧洲各国的女子职业足球联赛的成立和运营等。

总之，职业体育经过过去 200 多年的发展，呈现一个前慢后快逐步加速的发展态势。目前，职业体育作为竞技体育的高级形态、群众体育的助推引擎、体育产业的重要内容已经被越来越多的国家所重视，加快发展本国的职业体育也已经成为绝大部分国家的共同选择。同时，职业体育的先发国家也纷纷推进本国优势职业体育项目的国际化，譬如美国的职业棒球、职业篮球、职业橄榄球、职业冰球、职业拳击等，英国的职业足球（"英超"）、职业板球和职业台球，法国的"环法"自行车赛和巴黎至达喀尔汽车拉力赛，德国的"德甲"，西班牙的"西甲"等，职业体育正在步入一个全球化竞争的新时代。从一定意义讲，今后决定一个国家体育的全球竞争力可能不再是该国在奥运会、大运会、洲际运动会的实力表现，而是该国整体的职业体育发展水平以及它们在全球体育市场上所占的份额。职业体育正在成为全球体育竞争的战略高地。

三、改革开放以来我国职业体育的形成与发展

职业体育在我国的兴起，有其客观实在的外部环境和内在条件。从外部环境看，1978年改变当代中国命运的党的十一届三中全会在北京召开，全会提出以经济建设为中心和进行经济体制改革后，中国社会拉开了以市场为取向的、涉及社会生活各个层面的经济体制改革的序幕。尽管这一时期还存在"计划为主，市场为辅"以及"计划与市场双重覆盖"等一系列的提法和争议，但是把商品和市场排斥在社会主义之外的传统观念，已经被彻底突破，各行各业都在自己的领域重新审视商品和市场在本部门、本领域应发挥怎样的作用。而中国的职业体育也正是在这种社会背景下，在对计划经济体制下体育事业发展模式的弊端作深刻反思的情况下，悄然开始自身的实践。

从内部环境看，20世纪70年代末和80年代初，随着我国社会经济条件的变化和体育事业自身的不断发展，计划经济体制下体育事业发展模式的一些缺陷和弊端也开始显现。主要表现为：一是国家统得过多、管得过死，一切体育事务都由政府的体育行政部门来操办和控制。这种做法，一方面造成了政府体育行政机构政事不分、管办不分，致使体育事业很大程度上成了体委系统内的事业；另一方面也造成了社会体育组织职能虚化，社会各方面兴办体育的积极性、创造性无法发挥。二是排斥商品化经营和市场机制。在认识上把体育视为纯公益性事业，在实践上把体育机构统统作为事业型单位来对待，排斥公有制以外的体育企事业单位的生存和适度发展，这就忽视了社会主义初级阶段体育事业的所有制结构，应当同较低的、多层次的社会生产力发展水平相适应的基本关系，从而在一定程度上制约了体育事业的发展。三是国家财政不堪重负。由于传统体育体制排斥体育职业化、产业化和市场化，体育事业单位不能搞经营创收，不能通过有偿服务来补偿消耗，更不能按市场需求和社会需要主动扩大体育服务，发展体育产业，致使政府财政拨款成为体育事业经费的唯一来源。而随着体育事业规模的不断扩大，尤其是现代体育日益呈现资金密集的特点，体育经费需求与国家财政供给能力之间的矛盾也越来越突出。四是分配中的平均主义和用人制度的"铁饭碗"，使得体育事业单位缺乏应有的活力和动力，人、财、物浪费严重，工作效率和效益不高，经费不足的矛盾更加突出，事业发展的后劲明显不足。

除了上述宏观层面内外环境的驱使之外，触发我国职业体育形成与发展的一个直接原因还在于20世纪80年代我国重返奥林匹克大家庭，以及随后确立的以缩短战线、

突出重点为主要内容的奥运发展战略。

1979年10月25日是，国际奥委会执委会在日本名古屋举行会议，通过了恢复中国在国际奥委会合法席位的决议。确认了代表全中国奥林匹克运动的是中华人民共和国。1984年我国派出了353人代表团第一次全面正式参加了第23届洛杉矶奥运会，并取得了15枚金牌、8枚银牌、9枚铜牌，金牌总数列第4位的优异成绩。但是，到了1988年汉城奥运会上，由于上届未参赛的苏联和东欧等体育强国参赛，中国体育代表团在这届奥运会上仅获得了5枚金牌、11枚银牌和12枚铜牌。在这之后，国家体委为提高我国在奥运会上的参赛成绩，推出了奥运战略。这一战略的核心是缩短战线、捏紧拳头，有所为、有所不为，将有限的人力、财力和财力投入到奖牌多的个人项目，特别是我国有传统优势的项目。以三大球为代表的集体球类项目，一方面由于基础差，项目竞技水平与先进国家有很大的差距，另一方面也由于这类项目场地设施条件要求高、人员编制所占比例大，致使当时在国家和省市竞技体育投入中，花在集体球类项目上的要占总投入一半以上。于是，一些经济欠发达地区的省市体委纷纷在竞技体育项目布局中砍掉集体球类项目。这一时期我国集体球类项目，特别是三大球项目整体萎缩的现象十分明显。正是在这样的背景下，以足球为代表的集体球类项目开始陆续走向社会、走向市场。应该说，这样的做法和选择，既是实施奥运战略的需要，也是为三大球等集体项目找出路的需要。

1992年邓小平南巡讲话发表和党的十四大胜利召开，建立社会主义市场经济体制的改革目标得以确立，体育事业生存的社会经济环境发生了巨大变化。体育部门为建立与社会主义市场经济体制相适应的，符合现代体育运动发展规律的，国家调控，依托社会，充满生机与活力的体育体制和运行机制，加大了改革的力度。1992年国家体委召开了"中山会议"，把体育产业问题作为深化体育改革的一项重要内容列入议事日程；1993年国家体委制定并下发了《关于深化体育体制改革的意见》和五个配套文件，文件明确提出体育改革的总目标即改革现有的体育体制和运行机制，逐步实现由计划经济体制下的体育体制向社会主义市场体制下的体育体制转变。同年，全国体委主任会议上发布了《关于培育体育市场，加快体育产业化进程的意见》，提出了体育事业要"面向市场，走向市场，以产业化为方向"的基本思路。随后，国家体委就推进单项运动协会实体化改革议题提出了更为具体的意见，对实体化协会的基本任务和职责、协会内部管理机制以及协会与体委机关之间的关系都作了明确的规定，并结合贯彻落实国务院机构改革的意见，成立了14个运动项目管理中心，先后将41全国单项运动协会，56个项目转入实体化管理，开始从体制上推动在运动项目管理层面上的管办分离。

在这样的历史背景和历史潮流的驱动下，1992年6月，全国足球工作会议在北京红山口召开，足球率先步入了以"体育改革与机制转换为核心，以协会实体化、俱乐部制和产业开发为重点"的历史阶段，并成为整个体育改革的"突破口"。1993年，上海、大连、广州等11个足球试点城市以体委与企业联办的形式建立了职业足球俱乐部。1994年"万宝路全国足球甲级联赛"揭幕，甲A和甲B共有24家俱乐部参加，标志着中国职业足球联赛正式开始运作。足球运动项目管理体制的改革也带动篮球、排球、乒乓球等运动项目的职业化改革，它们分别于1995年、1996年和1998年开始主客场制的俱乐部联赛。随后，围棋、国际象棋、中国象棋、网球、台球、高尔夫球、拳击、羽毛球也陆续组织了本项目的俱乐部联赛。

应该说，过去十多年我国职业体育的改革与探索，顺应了我国经济社会发展的大趋势，是中国社会转型、经济转轨在体育领域的必然反映。虽然足球项目的职业化改革，由于体制改革不到位、制度建设不到位、管理者和从业者的素质不到位，一句话，没有真正按照职业体育发展的内在规律来改制和运行，致使竞技水平不升反降，被媒体和球迷普遍诟病之外，其他项目的职业化改革整体平稳、在扩大项目的社会基础、市场基础以及出人才、上水平、增效益等方面都取得明显进展。即使是对足球职业化改革成败得失的评价，也应一分为二，既要看到存在问题的严重性、复杂性，也要看到足球作为改革先行者必然要付出更大的试错成本、以及在得不到体制内资源支持的情况下，艰难维持项目生存的基本事实。因此，过去十几年我国职业化改革中存在的问题是发展中的问题、存在的矛盾是前进中的矛盾，而发展中的问题只有通过继续发展来解决，前进中的矛盾也只有通过继续前进来跨越。体育职业化改革的基本成就不应否定，市场化的改革方向必须坚持。

四、当前我国职业体育改革与发展面临的内外环境分析

从当代体育发展的外部环境看，当前我国正处在全面建设惠及13亿人口的、更高水平的小康社会的关键期，这是一个工业化、信息化、城镇化、市场化、国际化交织并进，经济建设、政治建设、文化建设、社会建设以及生态文明建设全面推进的关键时期。改革的任务更加艰巨、开放的要求更加全面、发展和稳定的难度不断加大。同时，从外部环境看，当今世界也正处在大发展、大变革、大调整的时期。世界多极化、经济全球化深入发展，科技进步日新月异，国际金融危机影响深远，世界经济格局发生新变化，国际力量对比出现新态势，全球思想文化交流交融交锋呈现新特点，综合国力竞争和各种力量较量更趋激烈。这样的环境，使得在新的历史起点上向前迈进的中国社会，正面临着前所未有的考验。而处在这样一个大发展、大变革时代的中国社会必然会对体育发展提出一系列新的时代要求。

从体育自身看，随着全球化和信息化的不断加速，当前世界主要体育发达国家之间围绕包括大众体育、竞技体育、体育产业在内的综合实力的竞争愈演愈烈，国家推行全民健身计划，保障公民体育权益的责任不断强化，重视竞技体育，追求在重大国际比赛中的优异成绩成为普遍要求，体育作为国家营销、城市营销的媒介和平台被越来越多的国家所应用，以奥运会、足球世界杯为代表的优质赛事资源受到前所未有的追捧和"轰抢"，体育职业化、商业化、市场化步伐不断加快，具有品牌优势的职业体育联盟、职业体育俱乐部纷纷走出国门，全力开拓国际市场。一名话，当代体育在发达国家已经成长为集政治影响力、经济生产力、文化传播力和社会亲和力于一体的综合的社会价值实现平台，体育开始全方位地融入国家的经济建设、政治建设、社会建

设、文化建设和人的全面发展。改革开放以来，特别是进入新世纪以来，我国体育的基础实力快速增强，核心表现不断彰显，在国际体坛的影响力日益提升。但同时我们也应清醒地看到，当前控制世界体坛的主导力量仍然是欧美国家，随着我国由体育大国向体育强国推进，我们将进入与他们展开全方位、立体化竞争的新时期，开放的要求将更高、改革的任务将更重、发展的难度将更大。

因此，当代中国体育所处的内外部环境都要求我们不失时机地加快职业体育的改革与发展，这不仅是中国崛起的时代要求，更是建设体育强国的必然选择。因为职业体育是竞技体育的高级形态、是群众体育的助推引擎、是体育产业的重要内容，它代表着一国体育的核心竞争力，是新一轮体育全球化的战略高地。加快"十二五"期间我国职业体育的改革与发展，对于拓展体育事业发展空间，进一步消除制约体育发展的体制和机制障碍，突破基础大项和集体球类项目的成绩"瓶颈"，促进群众体育和体育产业的快速发展，都有着十分重要的杠杆作用。为此，我们必须把职业体育放在新一轮中国体育改革与发展的大战略、大格局中，采取坚决而有效的办法推动其科学发展、规范发展，惟有如此，中国体育才能真正走上由体育大国向体育强国迈进的全面振兴之路。

五、我国职业体育发展的优劣势分析

思考中国特色职业体育发展道路和制定我国职业体育发展战略的过程，实际上是一个趋利避害、扬优抑劣的过程，而要做到这一点，就必须在全球化的视野下，准确定位中国职业体育生存与发展的优势与劣势，这是逻辑的起点。从国际比较的角度看，当前我国职业体育发展的优势主要表现在：

第一，十分有利的宏观经济环境

体育产业的发展与一国的宏观经济环境有直接的关系。当一个国家的宏观经济处在持续、稳定、快速的发展阶段，该国的职业体育的发展就会获得强有力的支撑。改革开放30年来，我国经济增长保持了年均增长9%以上，是全球经济发展速度最快的国家，并且这种势头还要可能得到持续。应该说，中国经济持续、快速、稳定的发展为我国职业体育的快速发展奠定了良好的物质技术基础，创造了支持职业体育发展的新的、更大规模的投资和消费需求。因此，十分有利的宏观经济环境可以看作是我国职业体育发展的最大优势。

第二，丰富的体育资源

职业体育的发展某种程度上讲就是开发和利用体育资源满足消费者多样化、多层次需求的过程。尽管目前我国不是体育产业大国，但却是体育资源大国，中国体育事业发展规模、结构、质量和效益总体上已达到中等发达国家水平，其中竞技体育的发展水平已达到世界先进水平。相对丰富的体育资源意味着我国职业体育发展有广阔的空间，当前体育资源的丰富的优势没有表现为职业体育的发达，主要原因是现行的体育体制和运行机制不适应社会主义市场经济体制的要求，体育资源的绝大部分都用于为国家生产金牌，而不是用于开发各类体育物质产品和服务产品。但是，随着体育社会化和产业化进程的不断推进，丰富的体育资源将更多用于满足人民群众多样化的体育消费需求，体育资源丰富的优势将逐步在职业体育发展中得到体现。应该说，作为发展中国家却拥有发达国家的体育资源，无疑是我国具有的独特优势，如何利用好这一优势将成为今后我国职业体育发展的重点。

第三，迅速增长的体育需求

改革开放30年，随着我国经济的高速增长和人民生活水平的不断提高，人民群众对体育需求也开始发生质和量两个方面的变化。从参与性需求方面看，过去对体育被动的、单一化的需求已被主动的、多元化的需求所替代，人们不再满足广播操、工间操这样简单的体育供给，转而追求符合自身条件和消费水平的健身、娱乐、休闲、探险类的体育需求，各类新型运动休闲娱乐项目不断涌现，假日体育、旅游体育、家庭体育方兴未艾。从观赏性需求看，过去人们对体育的观赏性需求主要是在电视上收看四年一届的奥运会和亚运会，观赏的对象也主要是本国优秀运动员在大赛中的表现，现在人们不仅观看奥运会、亚运会以及各单项的世界锦标赛，而且观看NBA、F1、欧洲五大联赛、"大师杯"网球赛、世界拳王争霸赛以及国内的足球、篮球、排球、乒乓球、羽毛球、围棋和象棋的俱乐部联赛、武术散打擂台赛等。应该说，改革开放的30年也是我国居民体育需求快速增长的30年，并且在未来全面建设小康社会新的发展同期里，这种势头还会继续保持。放眼全球，中国无疑是当今乃至今后相对长的一段时间内，体育需求增长最快的国家，而持续、快速增长的体育需求恰恰是职业体育发展最主要的推动力。

第四，国外职业体育组织看好中国市场

进入新世纪以来，以美国四大职业体育联盟（NBA、NHL、MBL和NFL）和欧洲五大职业足球联赛（英超、法甲、意甲、西甲和德甲）为代表的国外职业体育组织纷纷加大进军中国市场的力度。美国职业棒球大联盟（MBL）和美式橄榄球联盟加大在中国设立办事处或与国内相关机构合作，加大项目市场的推广力度，NBA不仅把季前赛搬到北京、上海、广州和澳门，将篮球"大篷车"开进中国最具消费潜力的大中城市，而且还在你的国土上公开搞"篮球无疆界"活动，为它进军中国市场张目。更厉害的是，NBA在过去的几年的时间迅速在中国签下了包括青岛啤酒、海尔、蒙牛在内的近20家战略合作伙伴，平均每年从中国市场赚取6500多万美元。2009年NBA进一步加大进军中国市场力度，成立NBA中国。该公司由NBA全球+五家战略投资者共同组建。战略投资者包括美国迪士尼旗下体育频道ESPN、中国的中国银行、联想控股、李嘉诚基金会、中国招商银行，5家向NBA中国投资2.53亿美元，以换取11%的股权。具体持股比例是：NBA全球89%，4家中国公司6%，ESPN5%，根据上述投资额及持股比例，NBA中国的估值为23亿美元。欧洲五大职业足球联赛中的豪门，近年来也纷纷造访中国，在中国举行各种商业比赛以及在中国设立专卖店，开拓中国市场。除此之外，国际汽车运动联合会将F1引入中国，国际职业网球体育组织（ATP和WTA）将"大师杯"等一系列职业网球赛事引入中国，以及国际高尔夫球联合会（WGC）将一系列高等级赛事引入中国，如"汇丰高尔夫球赛车赛"等,无一不表明越来越多的国际职业体育组织看好中国的职业体育竞赛和表演市场。这也从一个侧面,生动而有说服力的反映了中国职业体育大有可为,前景光明。

当然,作为体育产业后发国家,我国职业体育发展也必然会存在一些与发展中国家身份相适应的劣势,归纳起来,主要有以下几个方面:

其一,存在观念障碍。

受计划经济体制的影响,我国体育事业长期被单纯地视为纯公益事业,从业者尤其是管理者缺乏经营体育的理念。改革开放以来,随着体育社会化和产业化改革方向的确立,尽管经营体育的观念有所萌发,但是与大力培育和发展体育产业的要求相比,观念滞后的问题依然十分突出。具体表现在三个方面:一是体育经济工作者仍没有从单位创收的思维方式和行为方式中摆脱出来。经营开发不计成本、不讲效率、不守信用的现象普遍存在,小富即安,不思进取的思想仍很盛行。二是认为体育产业化只是极少部分运动项目的事,绝大部分运动项目不能也不应该产业化、市场化。事实上,在市场经济条件,没有不可以产业化、市场化的运动项目,只有不适合消费者需要的运动项目。体育产业化不是让消费者来自然购买运动项目所提供的服务,而是运动项目自身要创造客户价值,要根据潜在消费者的需要策划、包装、营销运动项目,以满足目标市场上的消费者商品化需求的过程。一句话,不是消费者要适应运动项目,而是运动项目要适应消费者。三是金牌与市场对立论,即要金牌就没有市场,有市场就没有金牌。在成熟的市场经济环境中,高水平是运动项目市场化的前提,高水平意味着运动项目品牌形象的树立,而在消费者主权时代,没有品牌形象的运动项目提供的服务,将很难得到消费者青睐。近年来中国职业足球出现的危机以及球市的普遍下滑,很大程度上是因为这个项目竞技运动运动水平太低。拿不到好成绩,就难以树立运动项目的品牌形象,而没有良好的品牌形象,仅凭单纯的新闻炒作,是不可能维持足球市场的持续繁荣。

其二,现行体育管理体制与运行机制的不适应。

当代世界各国体育运动发展的普遍趋势是把体育作为一项产业,发展体育运动就是增加体育物质产品和服务产品的有效供给,满足国内居民多样化、多层次的体育需求。而我国现行的体育管理体制和运行机制,主要还是围绕竞技体育、拿更多的金牌来设置机构、配置资源、制定制度和规则,而对人民群众日益增长的体育消费需求关照不够,这就造成发展体育事业与发展体育产业相割裂,体育事业的发展与繁荣不能表现为体育产业的发展与体育市场的繁荣。这种割裂体育事业与体育产业的天然联系的体制和制度安排,既不符合当今全球体育运动的发展趋势,也不利用体育事业的可持续发展,更是阻碍了体育产业和体育市场的培育与发展。应该说,从发展职业体育的角度看,我国现行的体育管理体制和运行机制存在制度性障碍。

其三,体育商务人才匮乏。

我国是计划经济向社会主义市场经济转型国家,在转轨期,各类商务人才匮乏是普遍存在的现象。但是在体育产业领域,体育商务人才匮乏更加突出。中国体育在计划经济体制下运行多年,依靠财政拨款,运用行政手段管办体育是事业运行的基本特点,体育与经济的关系只是单向的供养关系,而没有表现出体育对经济回馈作用。由于既没有经营体育的观念,也没有经营体育的实践,我国的体育人才主要是各类运动技术类人才,如运动员、教练员、裁判员等。改革开放以来,特别是我国明确提出大力体育产业以来,体育商务人才开始出现,但是,到目前为止,体育商务人才无论是数量还是质量都难以满足培育和发展体育产业的需要,尤其是熟悉国际体育商务规则的高级体育商务人才奇缺。就职业体育而言,我们既缺乏联赛层面的中高级商业运营人才,也缺乏俱乐部层面的经营开发人才,同时还缺乏与职业体育商业运营相关的体育经纪人、体育媒介、体育广告、体育品牌运营等方面的人才。客观地说,体育商务人才匮乏是我国职业体育发展中的明显劣势,它已经成为制约我国职业体育改革与发展的瓶颈之一。

其四,职业体育俱乐部发育不成熟。

职业俱乐部是职业体育最重要的市场主体,从当前我国已经开展职业联赛的运动项目看,俱乐部发育不成熟是当前制约我国职业体育规范、有序发展的一个重要原因。各类体育俱乐部企业素质低下,具体表现在三个方面:一是现有的体育俱乐部企业公司化率低,很多所谓的"职业体育俱乐部"实际上并没有按照《公司法》在工商管理部门注册,获得企业法人资格,而是在民政部门注册,是社团法人。即使是在工商注册的那部分俱乐部,大多也是沿袭原有运动队管理的事业运行模式,能够按照现代企业制度规范组建和运营的真正意义上的职业体育俱乐部凤毛麟角。二是经营方式落后、经营内容单一,营销意识、品牌意识薄弱。现有各项目的俱乐部主要是为球队参加联赛服务的一个机构,能够有效开展俱乐部经营(俱乐部赞助商征集、主场门票和广告销售、球员转会交易、俱乐部标志产业开发和青少年培训等)的为数不多,而能够对俱乐部进行品牌管理的几乎没有。三是缺乏高素质的职业经理人和专业化的营销、推广、公关、法务方面的技术人才。当前我国职业体育俱乐部的总经理大多是有着运动背景的从原来的体育行政部门中分流出来的体育官员,尽管他们对项目的训练和竞赛较为熟悉,但对如何经营和运转一个职业体育俱乐部却知之甚少。同时,由于俱乐部大多只有不到十人的编制,俱乐部的组织机构不健全和缺乏专业人才的现象也十分普遍。因此,我国现有的职业体育俱乐部发育不成熟也是制约职业体育进一步发展的因素之一。

六、"十二五"时期我国职业体育改革与发展的思路、原则、目标与重点

(一)总体思路

职业体育是人类文化艺术中的一个独特门类,它在本质上与音乐、绘画、戏剧、影视、杂技等艺术门类一样,是向社会提供能够满足消费者审美和观赏性需求的艺术生产经营门类。职业体育的生产与发展,既是一国体育运动规模、结构、质量、效益不断提高、不断发展的产物,也是一国社会分工不断细化、产业结构不断完善、文化软实力不断提高的产物。加快我国职业体育的改革与发展,对于推动后奥运时期我国

竞技体育结构性调整、对于拓展体育事业发展空间、对于加快体育产业发展、对于促进体育大国向体育强国迈进，以至于对于进一步提升中国软实力，实现中华民族的伟大复兴都有十分显著的实际作用。一句话，对于当下的中国来说，加快职业体育的改革与发展有百利而无一害，现有问题不是要不要发展的问题，而是如何推进改革，加快发展的问题。当前，中国体育界在对职业体育的价值认知上能否尽快达成共识，将决定未来我国职业体育改革与发展走向。

基于这样的认识，课题组认为，"十二五"时期我国职业体育改革与发展的总体思路应该是：以后奥运时期我国竞技体育结构性调整为契机，以引导和激励大众观赏性体育消费为出发点，以提高职业体育俱乐部整体质量和效益、推进联赛品牌化运作、建立规范有序的职业体育监管体系为中心，将职业体育发展的内在规律与中国国情、体情相结合，依靠深化体育体制改革和实施体育商务人才培养战略，有重点，分阶段地推进职业体育的改革与发展，走一条国际视野、本土洞察、中国实践的改革创新之路。

（二）基本原则

职业体育改革与发展关乎后奥运时期中国体育发展模式的转型，是一项涉及多方利益关系调整的系统工程，为确保改革取得实际的成效，推动改革沿着积极、健康、有序的方向稳步前进，新一轮的中国职业体育改革与发展必须基于并遵循以下基本原则：

1. 坚持政府领导，维护项目协会权威。

职业体育是我国体育事业和体育产业的重要组成部分，是发展和繁荣社会主义新文化的重要内容。改革和发展职业体育必须按照党和政府培育和发展文化体育产业的大政方针，依照法律法规有序启动，稳步推进。同时，运动项目协会是法定的主管全国该项运动事务的专业机构，是推进项目职业化改革与发展的行业主管部门。参与职业化改革的各方（俱乐部投资人、赞助商、媒体、中介机构、球迷等）只有善意地开展建设性的批评与监督，并自觉维护项目协会的权威，改革才能在有领导、有规则、有监督的条件下顺利推进，各方的权益才能得到公平、公正的对待，改革的收益才可能实现最大化。足球职业化改革不成功，一个重要原因就是国家体育总局作为政府主管体育的职能部门在一定程度放弃对职业足球的监管职能，以及改革参与各方将足协视为一个"公共痰盂"，无视足协的行业主管职能，以至足协应该有的权威也失去了合法性，这样一个教训，是今后我国继续推进运动项目职业化改革必须要汲取的。

2. 讲"三个文明"，算"三个效益"。

改革和发展职业体育是探索社会主义市场经济条件下充分发挥现代体育的多元价值，推动体育运动走与经济社会协调发展的创新之路的伟大实践。对这样一项改革，参与改革的各方都必须站在讲物质文明、精神文明和政治文明的高度，审视和参与改革。对各项改革举措的设计和执行都要算经济效益、社会效益和体育效益三笔帐，而不能只算一个效益而被忽视其他效益。只有参与改革的各方都能自觉地讲"三个文明"，"算三个效益"，改革才能达成必要的共识，参与职业体育改革各方的根本利益和长远利益才能到有效的维护与发展。

3. 坚持从中国实际出发与学习、借鉴国外经验的有机结合。

改革和发展职业体育必须以开放的心态，大胆学习和借鉴一切国外成熟的、有益的经验和做法，充分利用和发挥好后发优势。但同时也要反对脱离中国实际的照搬照抄。篮球职业化改革可以学习NBA，但绝不能机械地"克隆"NBA，足球的职业化改革可以学习欧洲的"五大联赛"，但也不能奉行简单的"拿来主义"。而实际的、正确的做法是将职业体育发展的内在规律与中国的国情、体情相结合，走一条基于国际职业体育发展的成功经验基础之上的中国实践、中国创造的发展道路。

4. 坚持出人才、出成绩、出效益的有机统一。

职业体育既是竞技体育的组成部分，也是体育产业的重要内容，具有事业和产业的双重属性。因此改革和发展职业体育必须既遵循体育规律又遵循产业规律。遵循产业规律要求推进职业化改革的运动项目要充分挖掘项目资源，引导项目消费，开拓项目市场，创造显著的经济效益；遵循体育规律要求推进职业化的运动项目要处理好项目的普及与提高的关系、联赛与国家队建设的关系、培养和造就后备人才与培育和打造明星运动员的关系，把出人才、出成绩、出效益有机地统一起来。从国际职业体育发展的成功经验看，能否真正做到出人才、出成绩、出效益三者之间的有机统一，是检验职业体育改革成败和发展成效的最基本也是最重要的指标。

5. 坚持科学决策、民主决策，充分调动各方面的积极性。

改革和发展职业体育的关键点是整合各方力量，建立激励与约束并存的利益共同体。而要建立和维护利益共同体，就必须切实推进改革决策的科学化和民主化进程，构建改革各方能够平等参与的交流平台，建立和完善制度化的情感沟通和利益表达机制。惟有这样，改革的环境才能优化，改革的进程才会顺畅，各方的积极性才能充分调动。

6. 坚持改革力度与各方承受力的辩证统一。

改革和发展职业体育是一项系统工程，涉及面广、利益关系复杂。推进这项改革必须把改革目标的坚定性与操作执行的求实性有机结合，既有坚定不移地推进改革，又要精心设计，分步实施，稳健操作，力求改革力度与各方承受力的辩证统一。只有这样，才能分阶段突破体制障碍，最终达成改革目标。

（三）发展目标

根据职业体育发展的内在规律和我国基本国情、体情，着眼于全面推进体育强国发展战略，课题组认为，"十二五"时期我国职业体育改革与发展应争取达成以下目标：

第一，初步建立具有中国特色的职业体育管理体制。即政府监管、单项运动协会主导、各参与主体（职业俱乐部、体育表演团体、赛事推广和运作机构等）自主自律的管理体制。政府有关职能部门（发改委、体育局、工商、税务、海关、公安等）要从对职业体育监管职能的"缺位"状态转向"归位"状态，切实履行对职业体育的规划、政策协调和信息指导的监管职能，并通过制定和完善职业体育专项政策，引导和支持职业体育发展。推进单项运动协会实体化改革，使之成为自主决策、自主管理、自我约束、自我发展的行业管理者，强化它在推进本项目职业化改革与发展中的主导地位。各参与主体按照现代企业制度和社团法人制度规范组建和运营，完善规范发展的自律机制。

第二，初步形成比较健全的职业体育市场体系。重点发展体育竞赛和体育表演市场，配套发展体育人才市场（球员交易）、体育中介（赛事推广和运营）市场、体育媒介市场、体育广告市场、体育保险市场、体育博彩市场（竞猜型项目体育彩票）和专业体育用品市场，形成以体育竞赛表演市场为主体，各类专业配套市场为支撑的职业体育市场体系。

第三，基本形成多种所有制共同发展职业体育的格局。在政事分开、政企分开的原则下，鼓励和引导各省市运动队与国有大中型企业，在产权明晰的基础上，合资组建投资职业体育俱乐部，同时，进一步引导非国有资本投资职业体育，允许国外职业体育机构参股职业联赛、参股职业体育俱乐部，引导和鼓励民营资本投资职业体育，形成多种所有制共同发展职业体育的格局。

第四，初步形成职业体育与城市发展相互促进、协同发展的格局。职业体育是经营城市竞技娱乐文化的产业，它的发展与城市化进程有着直接的关联。当前我国正处在城市化加速发展时期，从国际经验看，职业体育既是城市建设的重要内容也是城市营销的重要载体，发展职业体育不仅对于打造城市品牌、塑造城市个性、提升城市的国际影响力有直接作用，而且对于优化城市产业结构、促进城市发展转型、提升城市生活品质、优化城市投资环境和吸引人才也有显著作用。推动新时期我国职业体育的发展，要科学统筹职业体育与城市的协同发展，促进二者的有机融合，引导各类城市根据自身的实际情况和发展阶段，引进和培育适合城市发展定位和目标的职业体育，走职业体育依托城市、服务城市，城市发展带动和促进职业体育发展的新路子。

第五，显著提高我国职业体育的国际竞争力。利用我国优势项目的国际影响力，加大政府扶持力度，重点打造乒乓球、羽毛球、篮球、围棋四大职业联赛，支持它们开拓亚洲市场和全球华人市场，变优势项目的成绩优势为产业优势、市场优势，探索国际化营销之路。同时，借鉴国外先进的项目推广经验和做法，大力开发武术、散手、传统养身功和民族民间体育项目，成立专业化的表演团体，实施走出去战略，积极开拓国际体育表演市场，搞活体育服务贸易。

（四）发展重点

我国属于职业体育的后发国家，体育整体的社会化和产业化水平较低，人均国民收入水平及大众体育消费水平，特别是观赏性体育消费水平都还处在较低水平，这些客观因素都决定了现阶段我国职业体育发展必须坚持梯度发展战略。梯度发展战略就是根据发展的客观基础，区别不同情况，有所选择、有所侧重、以点带面，有序发展。而选择的标准，一是要看项目自身是否具备推进职业化的客观条件，二是要看项目在全球职业体育市场中是否具有比较优势。由于职业体育由联赛市场和表演市场两部分组成，下面就这两部分中的发展重点分别作出分析。

职业联赛市场是一国职业体育的主体部分，当今世界职业体育发达的国家一般都有一个具有广泛国际影响力的职业联赛市场。但有趣的是，即使是这类国家，职业联赛市场中真正活跃和有持续竞争力的项目一般也不超过4个，譬如，美国尽管有多个项目开展职业联赛，但真正有竞争力也就NFL、MBL、NBA和NHL为代表的四大职业体育联盟，英国主要是职业足球、英式橄榄球和板球，加拿大是冰球和篮球，澳大利亚则是澳式橄榄球和板球。尽管这些国家职业联赛市场中形成的亮点和强点是多年的市场选择的自然结果，但其中也隐含着一些带有规律性的成功要素，总结起来，大体有三个方面：一是项目有着浓厚的历史文化底蕴，是本国国民普遍喜爱的运动，项目的普及度和参与度都较高；二是项目始终保持着很高的运动竞技水平，并且在不同的时代都有产出代表哪个时代的一批明星；三是项目对商家和媒介有广泛和持续的吸引力。进一步概括就是"六有"，即有传统、有人缘、有明星、有成绩、有关注、有市场。参照这些标准，课题组认为今后一个时期我国应将乒乓球、羽毛球和篮球三个项目作为职业联赛市场的发展重点。

将上述三个项目的职业联赛作为发展重点，不仅因为它们在一般意义上具备"六有"的特征，而且它们还各具特色。乒乓球是我国的"国球"，是中国体育的标杆，也是产生明星最多、并能始终代表和引领世界乒乓球运动发展水平的项目。羽毛球不仅与乒乓球一样是我国不多的能够始终保持长盛不衰的运动项目，而且它还是我国国民参与度最高的运动项目。最近的一些体育锻炼和体育消费调查都表明，在我国居民经常参与的体育锻炼项目中，羽毛球排在第一位，它老少皆宜、男女都爱。篮球则是我国青少年最喜爱的运动项目，同时，在我国已经开展职业化的运动项目中，CBA职业联赛是形象最好、人气最旺、成长性和成熟度最好的联赛，并且姚明、易建联成为为国际明星以及NBA觊觎中国市场，不断加大进军中国市场的力度，也代表这个项目的联赛具有持续做强的动能和潜力。

体育表演市场也是职业体育不可或缺的组成部分。在欧美职业体育大市场中，专业的体育竞技表演团体也是丰富市场供给、满足大众多样化、多层次的观赏性体育消费的重要力量。它以专业化的表演团体为组织形式，以定期或不定期商业巡演、展演为经营内容，向消费者提供高质量的竞技审美产品。国外开展体育表演的运动项目主要是艺术表现类和惊险刺激类的项目，如冰舞、体育舞蹈、摔跤、极限运动、特技驾驶（摩托车、摩托艇、汽车、飞机等）、跳伞、马术等。我们熟知的体育表演团体有美国的哈林篮球队，它的正式名称是"无与伦比的阿贝·塞波斯汀哈林环球旅行家篮球队"，该队成立于1926年，创始人为阿贝·塞波斯汀。哈林篮球队成立初期主要在国内进行比赛和表演，1945年后该队真正开始了环球旅行家生活，迄今为止，据不完全统计，他们已访问过115个国家和地区，观众已超过一亿多人。他们将出神入化的球技、幽默滑稽的表演融为一体；将激烈的篮球对抗化为艺术与体育的有机结合，从而吸引了世界各地无数不同肤色的观众，被誉为"世界上最受欢迎的篮球队"。今天的哈林篮球队已发展成为一个拥有多支球队的体育组织，总部设在其发源地芝加哥。

我国目前专业的体育表演团体还几乎没有，一些运动队也只是在正规的训练和比赛之余应邀参加一些商业性的节庆表演，如球类运动项目参加一些表演赛，艺术体操、武术、跳伞、摩托艇、极限运动参加一些地方或企业举办的节庆活动等。应该说，我国是一个竞技体育大国，有着丰富的竞技体育表演资源，同时，我国退役运动员安置、运动员再就业的矛盾也十分突出，大力发展专业体育表演团体，不仅是培育和搞活体育表演市场的需要，也是市场化解决退役运动员安置难的一个有效途径。在这个领域确立发展重点，笔者认为，主要是选好启动项目，建议将以中国武术为代表的民族传统体育项目作为体育表演市场的发展重点。这个项目不仅在国内有广泛的群众基础，市场运作空间大，而且在国外也有广泛的影响力，有利于进一步拓展国际市场。要认真总结借鉴少林寺武僧团的商业化、国际化的运作经验，引导和鼓励各类社会资本组建专业武术表演团体，精编精演，不断创新表演内容和表演形式，积极开拓国外体育表演市场。同时，还可以与国家提高文化软实力的战略相结合，以中国政府在国外建设的"孔子学院"为依托，开展定期的国际巡回演出，提升中国民族民间体育项目在全球体育表演市场中的份额和影响力。

七、"十二五"我国职业体育改革发展的路径分析

有效有序地推进我国职业体育的改革与发展，有两个必须把握好的关键点：一是要形成正确的理论，即要对什么是职业体育、为什么要发展职业体育以及改革和发展职业体育的基本思路、原则、目标、重点作出理论回答。理论带有根本性，理论错了，路线、方针、政策一切皆错。二是要开辟正确的道路，即在明确改革与发展目标的前提下，找到实现目标的路径。道路带有关键性，正如毛泽东指出的："我们不仅要提出任务，而且要解决完成任务的方法问题。我们的任务是过河，但是没有桥或船就不能过，不解决桥或船的问题，过河就是一句空话。"[1] 理论和道路，相辅相成、相互促进，统一于推动职业体育改革与发展的创新实践。

路径选择本质上是一个寻找有效推进我国职业体育改革与发展的方法问题。由于推进当下我国职业体育改革与发展的基础、条件、环境都是现实的、特定的，因此，从理论上讲，没有一种道路、模式和方法可供我们照搬照抄，中国的职业体育改革与发展只能靠自己，走自己的路。根据当前我国经济社会发展所能提供的支撑条件，体育事业发展的阶段特征，立足于利用和充分发挥后发优势，课题组认为，"十二五"时期，我国职业体育改革与发展的路径选择可概括为：在发动机制上强调政府主导、政府统筹，在推进方式上强调循序渐进、以点带面，在动力保障上强调深化改革、扩大开放，在依托基点上强调与城市发展相融合。

（一）在发动机制上强调政府主导、政府统筹

我国著名社会学家李强认为，"中国社会的一个重要特征是政府主导型社会，即政权机构在政治、经济、思想、文化等各个领域重大事务的管理和决策上，起着最主要的作用。因此，在中国就出现了这样一种非常特殊的局面，政策对于全社会的影响十分巨大。"[2] 改革开放 30 年我国经济社会发展之所以能取得令世界瞩目的巨大的成就，

---
1. 毛泽东选集.第 1 卷,北京:人民出版社 1991:139.
2. 李强.改革开放 30 年来中国社会分层结构的变迁,北京社会科学,2008(5).

一个重要原因就是中国政府主导改革，引领开放。职业体育作为后奥运时期我国体育事业改革的重要领域、体育产业发展的主体内容和文化娱乐业新的业态，在当前和今后一个时期我国体育事业发展和文化体育产业发展中处在一个十分重要的战略地位。同时，放在全球背景下，我国新生的职业体育又是一个幼稚产业、后发产业。因此，对于这样一个具有战略意义的新兴产业，各级政府加强对它的引导、支持和监管，是做大做强我国职业体育产业的根本性保证。这既是现阶段我国政府主导型社会特征所决定的，也是职业体育特殊的战略地位所决定的。

充分发挥政府在推动职业体育改革与发展中的主导和统筹作用，主要应做好四个方面的工作。一是要将发展职业体育作为各级体育行政部门的职能予以明确，同时相应地调整机构设置。国家体育总局应成立职业体育司（如新设机构有困难至少也应在现有的竞技体育司中设职业体育处），负责制定全国职业体育发展的规划，拟订职业体育发展的专项政策，加强对开展职业化的单项运动协会的监管等。二是发改委、商务部、文化部、工商总局、税务总局、广电总局、海关总署、公安部、最高人民法院等相关职能部门，也应在本部门职能范围内，支持职业体育发展，强化对职业体育市场的监管职能。三是国资委要支持体育事业单位转制，同时鼓励和引导大中型国有企业根据企业发展战略，特别是品牌化、国际化运作的需要独资或合资组建职业体育俱乐部或开展商业赛事运作。四是已经开展和希望发展职业体育的城市政府要在财政、税收、用地等方面给予职业体育组织一定的优惠扶持政策，特别是在场馆建设、场馆租赁、场馆建设用地以及场馆用水用电等给予优惠，支持落户城市的职业体育组织做大做强。特别要指出的是，职业球队或俱乐部所在城市动用公共财政支持本地职业体育组织发展，即使是在欧美发达国家也是一个十分普遍的做法。英国学者克里斯·格拉顿在《城市中的体育》一书中记载，"在美国，各个城市为吸引和留住职业球队，纷纷在场馆建设和场馆租赁方面给予球队财政补贴，20世纪90年代初这一数字是每年5亿美元，进入21世纪后这一数字又翻了一倍，达到每年10亿美元。"[1]再一个有说服力的例子是，2005年我随中国篮球协会代表团访问美国NBA联盟，在休斯顿火箭队访问时，该队总经理告诉我们，火箭队的主场丰田中心是由休斯顿政府出资2.8亿美元建造的，建成后市政府与火箭队签了一个为期30年的租赁合同，火箭队每年只要向政府支付850万美元的地租赁费即可。而休斯顿政府动用公共财政帮助职业队建体育馆，其目的就是要留住休斯顿火箭队，发展该市的职业体育产业，推动休斯顿这座城市由航天化工城向休闲娱乐城的转型。

美国是一个典型的市场经济国家，美国也是全球职业体育产业最发达的国家，即使是这样一个国家，各级地方政府每年还动用大量的公共财政支持职业体育发展。我国是一个发展中国家，具有政府主导型社会的典型特征，充分发挥政府在推动经济、社会和文化发展中的主导作用是被改革开放30年成功实践所证明的一条有益经验，同时我国也是职业体育产业的后发国家，职业体育整体上尚处在起步发展阶段，因此，

---

1. Chris Gratton and Ian P. Henry, *Soprt in City*, Taylor & Francis Group, 2001, P.15-16

无论是基于中国国情还是职业体育发展的阶段特征，我们都更有必要确立政府在推动职业体育发展中的主导和统筹作用。过去十多年，我国在职业体育发展中走了一些弯路，现在看来，一个重要原因就是政府对职业体育的行业特性和战略地位缺乏正确认识，错误地将职业体育看成是一个纯粹的竞争性行业，以害怕"越位"为由拒绝介入、拒绝监管，结果造成了事实上的缺位和不到位。北京奥运会结束之后，我国职业体育改革与发展进入了一个新的时期，而这个新最主要的就应体现在政府职能变"缺位"为"到位"，变"错位"为"正位"，充分发挥政府在推动职业体育改革与发展中主导和统筹作用，并使之成为中国特色职业体育发展道路的鲜明特征。

（二）推进方式上强调循序渐进、以点带面

任何社会制度的改革都是上层建筑不断适应经济基础、生产关系不断适应生产力发展要求的历史过程。离开生产力的发展谈生产关系的适应性，与离开一定的经济基础谈上层建筑的先进性一样，都是空中楼阁。没有所谓超越生产力发展的先进制度，制度可以解放生产力而不是替代生产力的发展。制度的发展速度、改革的快慢是由生产力决定的，并服务于生产力发展的要求。这就是十一届三中全会以来，我国采取"摸着石头过河"的渐进式改革的根本原因。当下我国职业体育改革与发展是中国特色社会主义道路伟大实践的有机组成部分，它在推进方式上继承和沿用中国社会整体的改革办法既是客观的也是必然的。

首先，采取循序渐进、以点带面的推进方式是由职业体育生产力发展的渐进性所决定的。职业体育是社会经济不断发展、社会分工不断细化的产物，也是体育运动不断普及化、生活化、消费化的产物。当前我国仍处在社会主义初级阶段，社会经济发展水平给予职业体育的支撑力还处在形成和夯实阶段，同时我国体育运动整体的普及化、生活化，尤其是消费化和产业化程度还较低，这样的客观现实决定了当前我国职业体育的生产力发展水平还处在一个较低的发展阶段。在这样一个阶段推进职业体育改革与发展不可能一上来就全面铺开，而只能采取与现阶段职业体育生产力发展水平相适应的体制、机制和办法来推进改革与发展。因为，没有所谓超越生产力发展的先进制度。其次，职业体育改革与发展是一项涉及面广、触及利益层次较深的改革事项，它不仅涉及体育发展模式的转型和体育管理体制的改革，而且还涉及城市发展、体育服务贸易以及与相关文化娱乐产业的协同与整合。因此，可行的办法就是先选择一些具有代表性的项目、联赛、俱乐部和城市进行相关改革试验，抓住一些关键环节进行重点突破，取得经验后再逐步推开，循序渐进，由点到面，有重点、分阶段地推进整体改革。只有这样，我们才有可能真正找到一条震动小、成本低、成效大的改革之路。

（三）在动力保障上强调深化改革、扩大开放

改革是一切社会制度进步的基本方法，是人类历史进步的必由之路。要发展就必须有改革，发展与改革相生相伴、相依相存，发展没有止境，改革也没有止境。我国与西方国家在发展职业体育上的最大不同点在于，西方国家是一个纯粹的发展问题，即如何引导消费、扩大市场、提高竞争力的问题，而我国则首先是一个改革问题，其次才是一个发展问题，即发展依托改革，改革促进发展的过程。多年以来，我国体育

事业一直被看作是一个纯粹的社会公益事业，发展体育的目的主要是增强人民体质和多拿金牌，为国争光，体育事业封闭在体育系统内运行，与社会相脱节，与经济相隔离。这样的体育发展模式和运行方式，就使得现代体育的多元功能和经济价值无法发挥，依托社会、面向市场的职业体育就难以获得必要的生存空间。因此，在当下的中国要发展职业体育，就必须坚持体育社会化和体育产业化的改革方向，不断深化体育管理体制体制，特别是运动项目管理体制的改革，加快推进单项运动协会实体化改革进程，逐步建立以运动项目协会为网络骨架的、覆盖全社会的新型体育组织体系，为职业体育的发展创造生成的空间。同时，职业体育还是一个高度国际化的产业，是新一轮世界主要体育大国全球化竞争的战略要地。在这样的历史条件下发展职业体育，还必须始终不渝地坚持对外开放，要认真研究和吸取其他国家发展职业正反两方面的经验，充分利用国际国内两个市场、两种资源，在互利共赢的基础上同世界体育组织，尤其是与欧美职业体育组织开展全方位的合作，在竞争中学习、在合作中共赢。当然，一切开放都是以我为主，要依据自身的客观需要和实际承受力，既坚定开放，又有序推进。中国职业体育的发展离不开世界，职业体育职业的发展也离不开中国。对中国这样一个职业体育后发国家来说，对外开放将是推动我们跟上时代潮流、不断改革的重要动力。所以，在我国职业体育发展路径的设计上必须把深化改革、扩大开放放在一个重要位置，作为支撑发展的动力保障。

（四）在依托基点上强调与城市发展相融合

改革开放以来，我国城市发展步入了快车道。城市基础设施建设明显加强，城市规模不断扩大，城市人口持续增加，城市化水平快速提高，城市经济建设的快速发展对整个国民经济发挥了极其重要的作用。据国家统计局网站报道，2007年末我国的城市数量达655个，比1978年增加462个。2007年我国城市市辖区人口（不包括市辖县）200万以上城市个数达36个，比1978年增加26个；100万至200万人口城市达83个，比1978年增加64个。同时，我国城市化水平在进入21世纪后也呈现快速提升的趋势。据国务院发展研究中心产业经济研究部的统计和测算，2000年，中国城市化水平为36%，2007年是45%，2030年中国的城市化水平可能会达到65%，2050年将达到75%。从西方国家职业体育发展的历史进程看，职业体育与城市化有着高度的关联，当今在全球职业体育市场中具有竞争力的职业体育赛事、职业体育联盟、职业体育俱乐部，大多具有百年历史。而一百多年前也正是欧美城市化高速发展时期。这当然不是历史机缘的巧合，而是城市化带来的人口集聚、消费和市场集聚、产业结构调整、城市结构和功能的完善以及城市生活方式的形成等多方面的积极变化促成了职业体育的生成与发展。当代中国正处在城市化高速发展时期，而这个时期对职业体育发展来说就是一个绝不能错失的黄金机遇期。在这样一个难得的历史机遇期推动我国职业体育的发展，就必须制定符合时代发展特征的推进战略，而这个战略的基本点就是要把职业体育的发展融入城市发展之中，充分发挥职业体育在提升城市形象、营销城市品牌、活化城市功能、提高城市生活品质、提升市民凝聚力和自豪感等方面的独特作用，切实把发展职业体育发展的依托基点置于城市，变体育行政部门一家推动为城市政府与体育行政部门联合推动，走一条依托城市发展来带动职业体育发展的新路。

八、加快"十二五"我国职业体育改革与发展的对策建议

基于上述对我国职业体育发展的优势与劣势、发展目标、重点和路径的分析，建议尽快制定和完善相关政策，做好以下几个方面的工作：

对策一：解放思想、更新观念、统一认识

今日中国正处于大变革、大发展的时代，既是重要战略机遇期，也是新矛盾、新问题的凸显期。面对这种情况，只有不断解放思想，才能形成新思路，拿出新办法，解决新问题。改革开放 30 年的成功实践证明，解放思想是发展中国特色社会主义的一大法宝。各项事业要在改革上迈开步子，发展上取得成效，就必须冲破与完成现实任务不相符合的传统观念和传统理论的框框。新中国成立以来，中国体育界对职业体育的认识大致经历两个不同的阶段，一是新中国成立至十一届三中全会，这一时期职业体育被普遍认为是资本主义商业体育、金钱体育的典型代表，是资本主义体育腐败、堕落的集中体现，也是当代体育在资本主义社会发生异化的有力证明。因此，这一时期我们对职业体育采取的拒斥和批判的态度。二是 1978 年至今，也就是改革开放的 30 年，这一时期我们解放思想、实事求是，跳出了职业体育"姓资"还是"姓社"的思想樊篱，并在 20 世纪 90 年代中期推出体育职业化的改革试点，但是，由于作为改革突破口的足球职业化改革整体上的不成功，特别是中国足球的竞技水平不升反降，以及"假球""黑哨""睹球"频出，负面新闻不断，使得体育界对职业体育在当代中国存在的价值产生了怀疑，甚至有人认为，"职业体育搞坏、搞糟了，职业体育是中国体育的毒药，是产生腐败的温床，主张将职业足球回收到举国体制中。"因此，当下我们对职业体育的态度更多的表现为迷惘、怀疑、回避和惧怕。应该说，第一阶段我们把职业体育看"歪"了，第二阶段我们又把职业体育看"黑"了。历史经验告诉我们，人类社会的任何重大变化、重大发展都伴随着理论的重大发展和思想的重大解放。中国职业体育的改革与发展，将始终伴随着思想解放运动，前途就在于坚持解放思想、实事求是。这要求我们一切从实际出发，既要反对"东教条"，又要反对"西教条"；既要遵循职业体育发展的基本规律，又要把握社会主义初级阶段的基本国情和体育发展的阶段特征。当前，对于职业体育的改革与发展而言，我们必须把进一步解放思想、更新观念作为先导，切实把思想认为统一到职业体育是新时期体育大国向体育强国迈进战略的重要支撑点、是竞技体育结构调整的重要内容，是群众体育助推的重要引擎、是体育产业发展的重点领域，一句话，是新一轮世界主要体育大国全球化竞争的战略要地。不在这一高度上解放思想、统一认识，我们就不可能在职业体育改革与发展的探索中走出一条国际视野、本土洞察、中国实践的创新之路。

对策二：坚定不移地以社会化和产业化为方向，改革体育管理体制和运行机制

当前我国体育事业仍然呈现的是以政府办为主的格局。这样的格局不打破，体育的社会化和产业化的程度就不会太高，而社会化和产业化水平低，推动职业体育发展的投资和消费需求水平就必然会在低位徘徊。也就是说，当前推动职业体育发展的主

要动力——投资和消费需求的释放还存在体制性障碍。这种障碍主要表现在两个方面：一是体育行政部门改革滞后。体育行政部门作为各级政府主管体育事务的职能部门，其主要职能是管理全社会的体育事务，而不是代替社会组织和市场组织来直接办体育。由于体育行政部门自管自办、管办不分，这就必须造成，一方面，管理者实质性缺位。因为管办合一，管理者与被管理者身份同一，自己对自己的"管理"那不叫管理，而是自律，即使硬把自己叫成管理者，其在逻辑和合法性上也都无法成立。这也正是这么多年体育行政部门在政府所有职能部门中是出台部门规章最少的机构的根本原因。另一方面，挤压社会和市场办体育的空间。由于政府体育行政部门自己办体育，而且是用公共财政的钱来办，这就必须会对社会资本、民间资本投资办体育产生"挤出"效应。对应职业体育的改革与发展，就相应地产生了政府对职业体育监管缺位和社会组织、企业组织进入职业体育存在壁垒和障碍这两个弊端。二是单项运动协会实体化改革迟迟无法推进。实际上，早在1993年5月，国家体委就出台《国家体委关于深化体育改革的意见》，提出了"加快单项运动协会实体化改革步伐，建立具有中国特色的协会制"，要求"进一步扩大事业性协会实体的试点，特别是选择一定数量的奥运会重点项目进行试点，以便全面地总结经验"，并对实施协会制的必要性、原则、方法和步骤，以及内部管理机制和体育行政部门对协会的管理等都提出比较具体的意见，要求到20世纪末争取各运动项目基本实施协会制。但遗憾的是，在随后的几年中，作为协会制改革的过渡性体制安排——运动项目管理中心（具有行政职能的事业单位），却固化了，协会制并没有迈出实质性步伐，尤其是进入新世纪后，由于中国体育要全力备战北京奥运会，所有的体制改革都被搁置。运动协会实体化改革迟迟没有展开，对职业体育改革与发展带来的影响是，一方面，运动项目管理中心职能错位，它既是职业联赛的所有者、运营者，又是职业联赛的管理者，当行使项目管理权时，它是国家体育总局授权的具有行政职能的事业单位，当参与联赛经营和收益分配时，它又是在民政部注册的社团法人，用什么身份，举什么牌子，完全是按需所取、依利而定。这就必然造成运动项目管理中心在管理职业联赛上的合法性危机，从而出现有权无威、公信力殆尽的窘境。另一方面，协会实体化改革不到位，开展职业化的运动项目，就缺乏覆盖全社会的组织网络。因为协会制的实质是会员制，没有实体化的协会，作为团体会员的地方协会网络就难以建成，而覆盖全社会的、广泛的个人会员体系就更加难以形成，由此，项目开展职业化所依托的社会基础和市场基础也就十分孱弱。

破除制约职业体育发展的体制性障碍，最根本的就是推动体育行政部门的机构改革和职能转换。改革的路径就是按照"大部委制"的改革思路，推行小政府、大社会，将国家体育总局的职能切实转变到真正行使管理全社会体育事务上来。同时，配套推进中华全国体育总会、中国奥林匹克委员会和各单项运动协会的实体化改革，解决政府管理与行业自律管理错位和紊乱的问题，形成政府支持协会、协会依托社会和市场、社会和市场自主办体育的新型体育社会化和产业化的发展格局和运行机制。改革是历史进步的基本道路，要解决当前制约我国职业体育发展的诸多深层次矛盾和问题，根本的出路就在于要始终着眼于发展的实际需要不断地推进改革。中国职业体育发展不仅需要改革来破题，更需要通过持续不断的改革来蓄能和驱动。

对策三：创建具有中国特色的职业体育管理体制

根据职业体育发展的基本规律和今日中国之国情、体情，特别是职业体育发展的阶段特征，即整体上尚处于起步阶段和具有明显后发特征等，创建有利于推动职业体育改革与发展的管理体制，是探索具有中国特色职业体育发展道路的重要内容。笔者认为，这个有待建立的新体制是一个包括三个层级、既相互独立又相互衔接的管控体系。第一个层级是监管层，它又包括政府监管和社会监管两个部分。政府监管建议成立由国家体育总局、中宣部、发展与改革委员会、公安部、国家工商总局、海关部署等相关部委联合组建的职业体育监管委员会，委员会的常设机构设在国家体育总局，同时，国家体育总局配套进行机构改革，成立职业体育司或在竞技体育司设职业体育处，作为委员会的常设办公机构，负责制定全国职业体育发展规划和专项法规，提供职业体育政策法规解读和公共信息服务，协调政府部门间和上下层级间的监管政策，切实履行对职业化运动项目协会、职业体育联盟、职业体育俱乐部的政府监管职能。社会监管主要由媒体、相关社会组织和球迷作为监管主体，充分发挥他们在舆论监督和谏言献策方面的独特作用。第二个层级是行业管理层，它由实体化的各运动项目协会为管理主体，按照协会章程对参与本项目职业化运营的各类主体（联盟、俱乐部、球迷组织以及参与联赛运营的中介组织等）进行规范的行业管理。这个层级是整个职业体育管理体制的核心部分，而发挥这个层级的核心管理职能的关键，是深化运动项目协会实体化改革，切实把单项运动协会转变为自我生存、自我约束、自主运营、自主发展的社团法人。同时，引导和鼓励协会加强组织建设，建立覆盖全社会的协会组织网络，扩大项目的社会基础和市场基础。第三个层级是职业体育各参与主体的自律性管理。即职业联盟、职业体育俱乐部、参与联赛的各类中介机构以及球迷组织，按照本组织缔建的章程，依法运作，自觉接受政府监管和单项运动协会的行业管理，同时切实加强内部管理，不断提高组织的生存能力和运营效率。总体上讲，这是一个政府依法监管、协会有效管理、各参与主体自律运作的系统制度设计。这个制度既确保了政府在推动职业发展上引导、助推和监管作用，又确保了运动项目协会根据项目自身的发展规律自主进行行业管理的核心地位，同时也将各参与主体的自律管理纳入整个管理体系，并置于基础性地位。下决心构建这样的一个管理体系，对于发挥后发优势，促进我国职业体育健康有序发展，都具有重要支持和保障作用。

对策四：实施品牌化发展战略，提高我国职业体育国际竞争力。

职业体育是一个最能体现"注意力经济"特征的高端文化娱乐产业，也是一个国际化竞争较为激烈的行业。这样的行业特征决定了我们要发展职业体育就必须坚定不移地实施品牌化发展战略。早在 20 多年前，美国著名的营销理论专家莱利·莱特就曾说过："未来的营销是品牌的战争。商界与投资者将认清品牌才是公司最宝贵的资产，拥有市场比拥有工厂重要的多，而拥有市场的唯一途径就是拥有具有市场优势的品牌。"近年来，越来越多的行业和企业开始自觉实施品牌化发展战略，说到底是因为他们要打造行业和企业的核心竞争力和核心专长，确保行业和企业的长远发展。因为，在科技高度发达、信息快速传播的今天，产品、技术及管理诀窍等容易被对手模仿，难以成为核心专长，而品牌一旦树立，则不但有价值并且不可模仿，因为品牌是一种消费者认知，是一种心理感觉，这种认知和感觉不能被轻易模仿。因此，作为职业体育产业的后发国家，我们一开始就应该有意识地树立品牌化运营的观念，把不断提升我国职业体育的国际竞争力放在一个重要的位置。

当前在我国职业体育发展中推进品牌化发展战略重点要做好三个方面的工作：一是各级政府可设立一定数量的支持体育产业发展的财政引导资金，支持有前途、有实力的职业体育俱乐部、体育中介机构、专业体育表演团体和体育赛事集团，帮助它们实施品牌化运营战略，培育和打造具有国际影响力的品牌赛事和明星职业体育俱乐部。北京市委、市政府为巩固奥运成果，加快首都体育产业的发展，从 2007 年开始，市财政每年设立 5 亿元的体育产业引导性资金，重点支持重大赛事和重要职业体育俱乐部的举办和运行。截止目前，中国网球公开赛组委会、北京国安足球俱乐部、北京首钢篮球俱乐部已连续两年获得了该项资金的资助，所获资金分别是 4000 万、3000 万、2000 万。相信经过 3 至 5 年的培育，北京市的职业体育赛事和职业体育俱乐部的品牌影响力都会明显的提升。二是通过扩大开放和引入专业机构，引导我国各运动项目协会在联赛和俱乐部层面推进品牌化运营战略。允许国外职业体育组织和机构在不控股的前提下参股中国的职业联赛和职业俱乐部的经营与管理，通过合资、合作，引入赛事和俱乐部品牌化运营的技术和经验。同时，鼓励各运动项目协会聘请专业化的品牌运营公司，帮助协会开展品牌化运营。在这一方面，中国篮球协会的作法可资借鉴。2003 年篮球运动项目管理中心，在推进 CBA 联赛职业化改革中，从一开始就确立了"大开放、大目标、大整合、大协作"的改革方针，先后聘请了前锐体育咨询公司、实力媒体、一动公司和关键之道体育品牌管理公司，作为 CBA 联赛的公关和品牌运营的代理机构，全面负责 CBA 联赛的品牌规划和运营工作。5 年过去了，新生的 CBA 职业联赛不仅推出了联赛新标识（篮球面孔）、至尊鼎、冠军钻戒、提出了"我的球队、我的 CBA"的品牌主张，而且还与中国青少年基金会合作推出了"CBA 与我共成长"、"CBA 进校园"以及在西部贫困地区援建 CBA 希望小学等一系列公益活动。应该说，正是在代理公司的专业化运作下，CBA 的品牌形象和品牌价值才有了显著的提升。三是要制定特殊政策，扶持我国的优势运动项目积极开拓国际市场。武术、自由搏击、中国象棋要加速推进国际化进程，乒乓球、羽毛球、跳水、体操等优势项目要学习和借鉴 NBA 的国际化运作经验，通过海外选秀吸引国外优秀运动员参加中国联赛，通过在境外举办季前赛、明星赛、分站赛等多种形式，扩大和提高我国优势项目在国际体坛的影响力，积极开拓海外竞赛表演市场。

对策五：促进各具特色的区域职业体育协调发展

我国是一个幅员辽阔、民族众多的发展中大国，各地区的发展阶段和体育资源禀赋不同，培育和发展职业体育的基础和条件客观上存在较大的差异，因此，不可能形成统一的职业体育发展模式。各级政府的体育行政部门要根据本地区体育资源的条件和特点，制定恰当的区域体育经济政策，以本区域内的首位市场为中心，以点带面、分层推进，形成各具特色的区域职业体育协调发展格局。北京、上海、广州三个首位型城市，要紧扣国际化城市的发展目标，选择国际化的运动项目发展职业体育，培育和打造精品赛事，建设国际化体育赛事中心城市，充分发挥职业体育在提升城市国际影响力上的独特作用。天津、重庆、沈阳、西安、杭州、宁波、南京、深圳、大连等大型城市，要根据城市发展目标、本市的体育资源和体育传统，有选择地培育和发展与城市形象、城市风格相吻合的职业运动项目和赛事，建设国家级体育赛事中心城市。其他中小城市，要根据自身的城市类型，因地制宜，扬长避短，发展特色职业体育，如资源枯竭型城市要把职业体育发展与城市再生结合起来，老工业城市要把职业体育的发展与城市转型结合起来，旅游型城市要把职业体育发展与打造新的运动休闲旅游目的地结合起来。同时，中小城市在发展职业体育时，还要特别注意根据自然环境来选择发展项目，如高纬度城市重点发展冰雪运动，滨海城市重点发展沙滩和水上运动，山地城市重点发展登山和攀岩运动等。最终通过不同区域、不同发展模式间的协作和互补，推动我国区域职业体育的协调发展。

对策六：建立支持职业体育发展的投融资政策

投融资政策是推动职业体育健康、快速发展的重要政策手段，建立和健全促进职业体育发展的投融资政策，对做大做强我国职业体育有着特别重要的意义。首先，各级政府要把发展职业体育作为推进体育大国向体育强国迈进的战略内容，作为驱动城市发展的重要手段，加大财政支持的力度。各级政府可设立体育产业发展专项资金，采取贷款贴息、项目补贴、政府重点采购、后期赎买和后期奖励等方式，对符合政府重点支持方向的职业体育组织、职业体育赛事和相关体育服务给予扶持，培育具有影响力的职业体育品牌，充分发挥财政资金的杠杆作用，引导和吸引社会资金投资职业体育。其次，要拓宽职业体育的投融资渠道。放宽市场准入政策，鼓励民营资本和外资以独资、合资、合作、联营、参股、特许经营等方式投资职业体育。鼓励和支持有条件的体育企业，特别是大型体育赛事集团和职业体育俱乐部进入资本市场融资。非国有经济投资的职业体育项目和建设的体育场馆，在市场准入、土地使用、信贷、上市融资等方面享有与国有经济投资同等的待遇。同时，加强对各类体育基金会的资金筹集和管理，积极拓宽基金来源，强化基金使用监管。

对策七：加强体育无形资产的开发和保护。

体育无形资产是职业体育最主要的资产，也是各类职业体育组织经营与开发的主要内容。发达国家的经验表明，要发展本国的职业体育就必须制定较为完善的体育无形资产保护法规，并依法保护职业体育组织无形资产的专有权。我国在体育无形资产法律保护方面的法规还不完善，尽管为了顺利举办2008年北京奥运会，我国政府应国际奥委会的要求制定并颁布了《奥林匹克知识产权保护条例》，但该《条例》主要是保护国际奥委会及其大家庭专有无形资产的权益，并不是针对我国体育产业，特别是职业体育发展的实际需要而制定的。因此，当前确有必要根据我国体育产业发展的实际情况，制定体育无形资产保护的专项法规及相关政策措施，鼓励和支持运动项目协会、体育赛事组织、职业体育俱乐部以及明星运动员、教练员依法开发其专有名称、标识、肖像等无形资产。同时，鉴于我国职业体育的改革与发展是处在一个由事业向产业转型的特殊时期，体育组织和个人开发无形资产，涉及多方投资主体的，要在兼顾国家、集体和个人利益的基础上，建立责、权、利清晰的产权结构和合理的利益分享机制。依法保护体育无形资产所有者的合法权益，体育赛事主办者依法享有体育赛事各类媒介的转播权以及相关的衍生权利，应本着公平、公正、竞争的原则，实行体育赛事电视转播权、网络转播权以及其他新媒体开发权的有偿转让，并依法打击非持权组织和机构的隐性营销行为，维护和保障职业体育组织的合法权益。

对策八：加强职业体育经营管理人才的培养，造就一支职业经理人队伍

职业体育是一个具有创意产业特征的行业，也是一个人才和技术密集的行业。当前我国职业体育的发展是在国际、国内两个市场上，以数字化、网络化为技术手段，与拥有品牌优势和推广渠道优势的国外职业体育联盟和俱乐部展开的生存竞争，竞争的胜负很大程度上取决于中高级体育经营管理人才的数量和质量。各级政府的体育行政部门要制定体育经营管理人才培养战略，鼓励和引导体育院校与财经类大学合作，增设相关专业或专业方向，开设体育 MBA 系列课程，为运动项目协会和职业体育俱乐部培养职业经理人。加强对现有职业体育从业人员的岗位职业培训，建立职业体育专业人员资质认证制度，提高职业体育从业人员素质。采取"请进来"和"走出去"相结合的办法，加强职业体育经管人才培养的国际交流与合作。鼓励国内各联赛组织和俱乐部从发达国家的联赛和俱乐部选聘职业经理人和专业技术人才，同时，有目的地选派一批有前途的中青年骨干到国外职业体育联盟和俱乐部实习和见习，力争在较短的时间内突破制约我国职业体育改革与发展的人才瓶颈。

"十二五"体育社会科学发展规划研究

南京师范大学 田雨普

一、前言

(一)发展背景概述

"十二五"时期,是实现全面建设小康社会奋斗目标承上启下的重要战略机遇期,是深入贯彻落实科学发展观、构建社会主义和谐社会的重要时期,也是深化体育领域改革和发展的攻坚时期。"十二五"时期,将是我国妥善应对国内外发展环境重大变化的五年规划,是深入实践科学发展观、全面落实十七大提出的新的发展要求的五年规划,也是承诺实现联合国千年发展目标的五年规划。站在新的历史起点上,体育社会科学要以科学发展观为指导,在观念、制度和策略上与时俱进,进一步推动体育社会科学事业的繁荣和发展,发挥体育科学的第一生产力作用,为促进体育改革与发展服务,为增强人民体质服务,为实施科教兴体战略和建设体育强国服务,为建设社会主义和谐社会服务。

在我国成功主办北京奥运会、巩固和发展现有水平难度加大、国际体育竞争更为激烈的国际背景下,在经济发展环境错综复杂、不确定不稳定因素增多、群众体育发展面临严峻挑战的背景下,科学编制和实施好体育社会科学的"十二五"规划,对于积极适应体育发展形势的新变化,妥善应对体育发展的新挑战,全面落实建设小康社会的新要求,顺利推进体育强国的建设,具有重大意义。

体育社会科学研究,必须贯彻"以人为本"和"全面、协调、可持续发展"高度统一的科学发展观,以"统筹城乡发展、统筹区域发展、统筹经济社会发展、统筹人与自然和谐发展、统筹国内发展和对外开放"的"五个统筹"原则为指导,在充分体现科学发展、和谐发展的战略思想,反映全面建设小康社会人民群众新要求的基础上,深化对一些全局性、战略性的重大问题研究,从解决体育发展的突出矛盾和问题入手,明确发展的思路,提出研究的重点,制定相应的措施。

《中共中央关于进一步繁荣发展哲学社会科学的意见》和《国家体育总局关于进一步繁荣发展体育社会科学的意见》,是新世纪做好体育社会科学研究的指导方针,"十二五"期间,我们要承上启下,进一步贯彻落实文件提出的基本发展方针、原则和重要战略部署,将体育社会科学研究进一步适应不断变化的新形势,进一步适应体育改革和发展的需求。

（二）规划制定依据

依据《国民经济和社会发展第十二个五年规划纲要》和《全国体育事业发展第十二个五年规划》以及《2000-2010年中国体育发展纲要》的要求，参照《国家哲学社会科学研究"十二五"规划》，继承发展，改革创新，制定《体育科学研究"十二五"规划纲要》。

二、"十一五"期间体育社会科学研究的回顾

（一）"十一五"期间体育社会科学研究的成就

"十一五"期间，我国体育哲学社会科学研究坚持了"解放思想，实事求是，与时俱进，开拓创新"的思想路线，贯彻"百花齐放，百家争鸣"和"理论联系实际"等方针，体育社会科学体制巩固发展、科研队伍日益壮大、科研质量明显提升和科研成果收效明显。

1. 涌现了一大批理论与实践相结合的体育社会科学研究成果

（1）课题研究

承担国家和省部级等课题研究，是体育社会科学工作者直接为国家提供科技咨询和服务的最重要的研究形式。"十一五"期间，申报课题研究的积极性很高，据统计，仅2008年，体育学申报省部级以上社科课题的总数就超过2000项，较高层次的科研项目立项数量也越来越多，2006-2009年国家社会科学基金项目体育学立项课题共202项，年平均50.5项，比"十五"期间年均课题数量（32项）提高55%（表1）。体育学省部级课题年平均立项200项左右，连同国家社科等项目，"十一五"期间，体育学共完成省部级以上立项课题约1200项以上，其中出现了一大批优秀研究成果，极大地促进了体育学研究及体育实践的深入开展。

表1 2006-2009年国家社会基金项目体育学立项课题数量及类型一览表（项）

年份	立项数量	课题类型（项/%）			
		重点	一般	青年	自筹
2006年	42	7（2.4）	31（73.8）	10（23.8）	0
2007年	46	3（6.5）	30（65.2）	13（28.3）	0
2008年	55		41（74.5）	14（25.5）	0
2009年	59	2（3.4）	39（66.1）	18（30.5）	0
合计	202	12（5.9）	141（69.8）	55（27.2）	0

"十一五"期间，国家体育总局社会科学研究课题，密切联系体育改革与发展的实际，发挥了为体育实践服务的作用。2006年至2009年间，国家体育总局体育社会科学研究项目共立项576项，其中重点课题49项，一般课题449项，青年课题80项（表2）。

表2 2006－2009年国家体育总局社科项目立项数量及类型统计一览表

立项总数	立项类型（项/%）			
	重点	委托	一般	青年
174	13（17.6）		139（79.9）	22（12.6）
139	7（5.0）		111（79.9）	21（15.1）
128	19（14.8）	15（11.7）	87（68.0）	22（17.2）
135	10（7.4）	3（2.2）	110（81.5）	15（11.1）
576	49（8.5）	18（3.1）	449（78.0）	80（13.9）

表3 2006－2009年国家体育总局社科项目立项课题分布情况统计一览表

	体育局		高校		其他
	国家体育总局	地方体育局	体育院校	其他高校	
2006年	20	4	56	91	4
2007年	14	6	45	72	2
2008年	7	4	47	69	1
2009年	15	5	44	70	1
合计	56	19	192	302	8
（%）	（9.7%）	（3.3%）	（33.3%）	（52.4%）	（1.4%）

整体而言，立项数量和类型基本稳定，重点、青年和一般的比例大致为1:2:9，体现了课题分布的均衡性和合理性。从主持单位人员构成看，除了高等院校仍然是研究的主力军外，国家体育总局和省市体育局的领导干部研究热情也明显提高（表3），反映出研究结构的改善趋势。

随着体育哲学社会科学研究领域的扩大和研究质量的不断提高，一些省、区、市社科规划管理部门对体育哲学社会科学研究也给予了重视和相应投入，一些省、自治区和市的社科基金规划和教育规划项目中陆续增设立了体育社科研究立项，甚至人大、政协也立项进行专门的体育研究，一些社会团体和企业也主动出资赞助或资助一些体育社会科学研究项目。课题申报者的学科领域也越来越宽，许多体育系统外的专家、学者也申报体育社科研究课题，研究主题扩展到体育与政治、体育与经济、体育与社会、体育与文化的各个方面。体育哲学社会科学研究开始出现多元化、立体化的发展趋势。

（2）发表论文

"十一五"期间，体育期刊发表的体育社科学学术论文有较大幅度增长，2006年发表体育类学术论文约14400篇，2008年发表论文多达21072篇，是近十年来发表论文增长最快的时期。但是，"控制数量，提高质量"成为这一时期体育核心期刊发文的主旋律。据统计，2006-2009年期间，16种体育类核心期刊发表的论文数量由2005年的4500多篇，适度调控，至2008年保持在4272篇，与此同时，反映论文质量的重要指标之一的论文的"被引用次数"却明显上升，由 2005 年的 43000 多次上升为 2008 年的 80169 次。

表4 2008-2009年《体育科学》杂志载文分类统计

类别	数量	百分数
体育自然科学类	238	30.5%
体育社会科学类	443	55.3%
其他	99	14.2%

作为体育学术的权威期刊《体育科学》杂志，2006 年至 2009 年总共发表学术论文 681 篇，其中体育人文社会科学类的论文共计 443，占总数的 55.3%。（表4）论文质量也达到了较高的水平，国家和省部级以上的课题成果刊载多达 262 项（次），其中，国家级课题成果刊载171频次，占64.5%，省部级课题成果刊载91频次，占 34.4%。

（3）出版著作

"十一五"期间，体育社会科学的学术著作出版量明显增加。其中，系统总结历史经验，形成文献经典的特色十分突出。2006 年国家体育总局政法司出版了《中国体育法制十年》；北京奥运会前夕，及时出版了《2008 年北京奥运会的理论与实践》专辑，出版了《"十一五"时期中国体育的发展与改革》一书，出版了包括（群众体育卷）、（竞技体育卷）和（产业卷）在内的 3 部《2001-2006 年国家体育总局软科学研究成果汇编》，系统总结了"十一五"期间体育哲学社会科学和体育发展战略研究的成果。并出版了《改革开放 30 年的中国体育》、《拼搏历程　辉煌成就——新中国体育 60 年》历史性研究文献。

2006-2009 年，人民体育出版社共出版社科科类书籍56 部，比"十一五"期间增加 15%以上。其中体育理论、体育经济和体育教育方面的图书增长较快。据 2007 年和 2008 年统计，国家体育总局体育社会科学的 25 个重点研究基地就出版专著 100 部以上，从一个侧面反映出体育社会科学研究的繁荣与发展。

2. 形成了围绕国家与体育改革发展进行科技服务的研究机制

表5 国家体育总局社会科学研究立项内容所属领域一览表

	体育与经济社会发展	体育发展战略	法制建设与体育改革	群众体育	竞技体育	体育产业	其他
2006 年	8	7	9	31	52	28	39
2007 年	13	3	9	37	31	21	20
2008 年	16	8	24	36	24	18	2
2009 年	10	11	13	37	40	18	6
合计	47	29	55	141	147	85	67

体育哲学社会科学研究成果为体育决策服务，为体育实践服务，是体育哲学社会科学研究效益的体现。"十一五"期间，许多社科研究的观点和对策，密切联系体育

改革与发展的实际，为制定体育改革和体育事业发展的方针、政策和措施提供了依据，对体育事业的发展产生了积极的影响（表5）。

"十一五"期间，体育社会科学研究改变以自选课题、分散研究的主的研究格局，初步形成了围绕国家经济社会和体育发展的中心，根据体育改革发展的需要，进行科学研究的机制。建立了重点方向攻关、重点课题招标、委托重点研究等指导性、集团性的研究方式，集中了优势研究力量，组织工程式的研究模式，大大提高了体育社会科学研究的实效性。

国家体育总局社科研究项目，每年课题指南也鲜明地体现了为体育改革与发展中心服务的导向性。2006年至2009年4年间，国家体育总局每年课题指南中都有出现（累计出现次数达4次）的选题方向共有11项，包括体现开放性，注意国外经验的"体育社会科学优秀成果编译研究"、体现引导加强基础研究的"具有原创性的体育社会科学理论专著"、体现民族体育文化保护与传承的"民族传统体育研究"、体现注重体育文化、体育精神产品的"体育无形资产的开发与保护研究"、体现体育发展中重大实践问题的"我国职业体育发展研究"、"兴奋剂问题研究"、"学校体育场馆设施对外开放"和"体育彩票研究"等等。为体育改革与发展服务，为解决重大问题和薄弱环节进行研究的指向非常明确。

"十一五"期间，围绕体育发展的重大理论和实践问题，均采取设置重点研究项目、集中相关方向的研究专家、总局相关部门提供必要协助、并给予政策引导和条件支持等措施，保证了研究质量，为体育改革与发展的重要方针政策的出台提供了必要的科研支持。2008年委托课题集中在改革开放30年的中国体育，共15项；2009年的委托课题集中在体育强国建设，共3项；2010年委托课题集中在体育发展的"十二五"规划研制上，实现了体育战略研究为体育改革与发展工作服务的宗旨。

"十一五"期间，体育哲学社会科学在以下体育改革与发展的重大理论问题上，取得了明显的研究成果。

（1）落实科学发展观，构建和谐体育研究

落实科学发展观，构建和谐体育研究，是"十一五"期间，体育学研究的重点。2006-2009的4年间，国家社科基金共设立10个相关项目进行专题研究，总局社科研究项目设立12项，其中，重点项目《体育在构建和谐社会中的作用研究》和《和谐社会与我国国民健康满意度调查》，对进一步发挥体育在构建和谐社会中的作用提出了很好的对策建议。在体育系统，科学发展、系统发展，构建体育与经济社会文化发展相协调、各类体育发展相协调的观点，深入人心。在落实群众体育、竞技体育和青少年体育协调发展，奥运金牌数量与质量协调发展，夏季项目与冬季项目协调发展、东部、城市体育与西部、农村体育协调发展等方面，认识进一步提高，行动更加自觉。

（2）成功举办北京奥运会研究

4年中，国家社科基金项目共设立18项与奥运会相关的项目进行攻关研究，其中重点项目1项，题目是，北京奥运会社会、经济、文化、教育价值的综合研究与开发。国家体育总局社科项目也将北京奥运会列为研究重点，4年中，共设立35项奥运相关课题，其中重点项目 1 项，题目是《国家运动队备战 2008 年奥运会思想政治工作研究》，如此密集的研究，为北京奥运会、残奥会在体育竞赛、火炬传递、开闭幕式、赛事组织、场馆运行、安全保卫、新闻宣传、媒体服务、外事活动、城市运行、环境改善、群众参与和志愿服务等方面，发挥了科技咨询和科技服务作用。国家体育总局组织的"2008 年北京奥运会"学术研讨会上，更多的论文发表，一些研究成果得到组委会的采纳，从而为北京奥运会、残奥会成功举办做出了突出贡献。

（3）建设体育强国研究

2008 年，在北京奥运会、残奥会总结表彰大会上，胡锦涛主席发出了："努力实现由体育大国向体育强国的迈进"的伟大号召。建设体育强国建设体育强国，在竞技体育的总体实力和主要项目上达到国际一流水平，在国民体育参与比例和体质健康状况进入国际世界先进行列，是一项艰巨的社会文化工程。因此，要实事求是地研究和制定发展战略，并稳步加以实施。体育社科研究围绕深刻理解建设体育强国的重大意义，体育强国的内涵、体育强国的评价体系、体育强国的建设进程等重要理论和实践问题进行研究。国家社科基金项目立项给予了重点支持，先后增列了 5 个相关课题的项目，国家体育总局设立 1 项重点项目和 8 项一般项目进行集中研究，使体育强国建设中重大理论问题得到明辨，认识更为清晰和集中，从而促进了建设进程的加快。

（4）全民健身研究

"北京奥运与全民健身同行"是体育社会科学理论工作者提出的口号，并为奥运会组委会采用。在"十一五"期间，特别是北京奥运会期间，群众体育研究也同时得以加强。2006-2009 年，国家体育总局共设立与全民健身相关的课题 141 项，此外，还设立了 8 项重点课题。集中力量，重点研究，有力地推动了群众体育的发展。2009 年，《全民健身条例》的颁布和"全民健身日"的设立，标志着我国群众体育进入了一个新的发展阶段。在总结实施"全民健身计划纲要"十多年经验的基础上，专家们为《全民健身条例》的先期研究做了大量工作，为国家立法和政府颁布实施法规提供了有力的咨询。

（5）农民体育研究

农民体育是我国群众体育的薄弱环节，也是全民健身计划实施的关键环节。十一五期间，农村体育研究明显加强。据统计，这一期间，与农民体育相关的国家社科基金课题总共列入 11 项。这期间完成的国家社科基金重点项目《全面建设小康社会农民体育发展战略研究》等课题，为贯彻落实中央关于加快社会主义新农村建设，实行农民体育健身工程，发挥了重要的咨询作用。国家体育总局社科项目也有 22 个课题得到立项。2006 年和 2007 年，增设了《社会主义新农村全民健身体系理论与实践研究》和《县域体育发展战略研究》二个重点项目。其立项比例是前所未有的，大大促进了农村体育的发展。

（6）西部地区体育研究

西部项目，也是国家社科基金积极扶持的重点之一，体育学科，每年都列入立项倾斜的重点，给予支持。据统计，2006-2009 年，国家社科基金项目体育学共在西部地区设立22项。其中，仅2008年就设立8项。

（7）体育产业研究

体育产业，是改革开放以来，体育学研究的持续热点之一。国家社科基金每年在指南和立项中都给予一定的支持。值得注意的是，"十一五"期间，体育产业研究吸收了一大批经济学界的知名专家参与研究。2007年，在北京大学举办的中国体育产业高层论坛暨中国体育发展战略研讨会上，著名经济学专家厉以宁、刘伟，法专家朱苏力，国情研究专家沈明明等纷纷就我国体育产业的发展提出建议，开拓了体育产业的研究视野。

"十一五"期间，国务院办公厅《关于加快发展体育产业的指导意见》的出台和第一次全国体育及相关产业专项调查工作的顺利完成，是体育产业工作取得的阶段性重大成果，标志着我国体育产业已经跃上一个全新的发展阶段。国家对体育产业的发展更为重视。2010年全国体育产业工作会议，由国家发改委、财政部、体育总局等8个有关部委职能部门领导参加，全国各地体育产业工作者和企业代表及体育系统有关管理部门和各直属单位负责人参加这次大会，共商体育产业促进社会经济发展大计。

众多的体育哲学社会科学研究成果转化为政策、法规、规划和决策，促进了体育事业的发展，体现了体育哲学社会科学研究的价值。同时，也促进了自身的发展和繁荣。

3. 确立了以体育战略研究为基础的有组织、有计划的决策研究体制

自1985年成立的中国体育发展战略研究会，在不同历史时期为我国体育的宏观决策提供了一系列重要的咨询服务。"十一五"期间，中国体育发展战略研究会着眼于中国体育事业的全局和长远发展，着眼于中国体育事业发展的实际，积极开展体育战略研究，为我国体育事业发展提出了很多重要的理论观点和战略思想，为国家制定体育发展的目标、任务、方针、政策和措施，提供了有力的智力支持和科学依据，对我国体育事业发展起到了重要的推动作用，丰富了当代中国体育的思想宝库。

"十一五"期间，国家体育总局进一步明确了其职能定位，作为研究我国体育发展战略、为体育决策服务的全国性学术团体和咨询机构，从重点研究的主题、组织结构的完善，到管理体制的建设，运行机制的调整，已日渐成熟，步入体系化和制度化发展阶段。每年一度的全国体育发展战略研讨会，成为每年体育改革与发展的思想准备会和策略谋划会（表6）。如，2006年的主题是"'十一五'时期中国体育的发展与改革"，2007年的主题是"中国体育产业的现状与未来"，2008年的主题是"以科学发展观为统领，研讨中国体育改革发展的全局性问题"，2009年的主题是"总结新中国成立60年的经验，探讨如何实现由体育大国向体育强国的迈进"。

表6 2006－2009年全国体育发展战略研究会研究主题

届次	年份	地点	会议主题及主要内容
八	2006	广州东莞	"十一五"时期中国体育的改革与发展
九	2007	北京大学	体育产业的现状和未来
十	2008	福建晋江	以科学发展观为统领,研讨中国体育改革发展的全局性问题
十一	2009	浙江绍兴	总结新中国成立60年的经验,探讨体育强国的建设问题

"十一五"期间,体育发展战略研究会提供研究报告者中,领导干部结合工作实际参加研究的明显增长,改善了研究者主要以高校教师为绝大多数的格局。2006至2008年为例,国家和省市体育局系统的领导干部发表论文的比例,约占总数的51.8%。成为体育发展战略研究中,与大专院校并驾齐驱的重要方面军,其中,总局和直属单位发表的论文占总数的31.6%,充分显示出总局领导干部对发展战略研究的重视(表7)。

表7 2006－2008年全国体育发展战略研讨会作者单位频数分布表

序号	单位	2006年	2007年	2008年	合计	比例
1	国家体育总局机关直属单位	5	4	34	53	31.6%
2	地方体育部门	5	5	24	34	20.2%
3	大专院校	14	17	46	77	45.8%
4	科研院所	1	0	2	3	1.8%
5	企业及其他	1	5	5	11	6.6%

4. 总结了改革开放30年和新中国成立60周年体育工作的历史经验

为了系统总结改革开放30年我国体育发展的经验,1998年,在中共中央宣传部的统一安排下,国家体育总局组织了《改革开放30年的中国体育》的撰写工作。作为"十一五"期间重要的研究课题,成立了12个课题组,分别对中国特色的体育事业发展道路、群众体育、竞技体育、体育产业、体育法制、体育人才、体育科技与教育、体育宣传、体育社会科学、北京奥运会、国际体育交往和面向未来等方面进行研究。国家体育总局相关各部门还专派干部给予支持和指导,使之顺利完成任务,使之成为全面系统总结体育发展历史的精典之作。

在新中国成立60周年之际,2009年,国家体育总局及各项目管理中心、各省市体育局,全面开展了总结经验活动。在此基础上召开了不同层次、不同规模的理论研讨会,出版了由《工作卷》、《项目卷》和《地方卷》组成的《拼搏历程 辉煌成就——新中国体育60年》的系列文集。形成了新中国成立以来,体育工作最为系统、最为全面的历史总结,为体育工作的未来发展提供了宝贵的经验。与此同时,国家体育总局、中国体育科学学会还组织了专题研讨会,对一些重大历史问题进行了研讨,取得了具有共识,为未来的发展奠定了思想基础。

5. 形成了较为全面和相对均衡的体育社会科学研究发展格局

"十一五"期间,致力于构建和谐体育,努力实现各类体育的全面、协调和可持续发展的方针,特别强调体育文化、体育科教的发展,强调增强体育软实力,在这样大背景下,作为体育发展的基础,体育社会科学也出现了百舸争流、竞相齐发的局面,初步形成了均衡和谐的发展格局。国家体育总局分批建设的 25 个体育社会科学重点研究基地,布局全面,结构合理,反映出研究布局的规划特征(表8)。

表8 国家体育总局社科研究基地地域与学校类别分布情况表

社科基地的地域分布		社科基地所属学校性质分布	
地域	数量	学校类型	数量
华东	7	综合性高校	8
华中	4	师范类高校	6
华南	2	体育专业院校	11
华北	5		
西南	1		
西北	2		
东北	4		

"十一五"期间,参加体育社会科学研究的成员中,体育和高等院校"一统天下"的局面明显改观,来自管理机关和基层的作者比例有了较大的提高,研究成员结构有了明显的改善。

表9 2006－2009 年国家社会科学基金项目体育学研究内容情况统计(项)

	2006	2007	2008	2009	合计(%)
体育哲学	1				1(0.5)
体育理论	2		3	2	7(3.5)
体育管理学	2		2	1	5(2.5)
体育社会学	3	9	6	3	21(10.4)
体育经济学	4	5	5	3	17(8.4)
体育法学	2			1	3(1.5)
学校体育学	4	3	5	11	23(11.4)
社会体育学	8	8	13	13	42(20.8)
竞技体育学	6	10	10	12	38(18.8)
体育史学			1		1(0.5)
体育美学					0
奥林匹克学	3	6	1	5	15(7.4)
体育传播学	2				2(1.0)
民族传统体育	5	5	10	7	27(13.4)
其他学科				1	1
合计	42	46	55	59	202

"十一五"期间,由于加强了体育社会科学的规划和领导,加强了对各学科均衡化发展的指导和扶持,伴随体育实践的丰富多彩,体育社会科学的各个学科也取得了进步与发展。一些老学科不断得以改造和提高,不少新学科继续得以巩固与发展。体育哲学、体育概论、体育史、社会体育学、学校体育学、运动竞赛学、体育管理学、体育经济学、体育社会学、体育法学、体育伦理学、体育美学、比较体育学、奥林匹克运动、体育心理学、体育信息学、体育人才学、体育新闻传播学、体育人类学、民族体育学、体育文化学等理论体系已经形成或者基本形成,其理论和方法在研究中已被大量运用。我国体育社会科学体系日臻全面,不少学科日臻成熟,较为全面和相对均衡的体育科学的发展体系已初步形成。这种发展态势,从国家社科基金项目体育学立项的研究类别统计就可充分反映(表9)。

6. 壮大了以研究基地为主力军的体育哲学社会科学的研究队伍

"十一五"期间,在筹备与举办北京奥运会的推动下,体育社会科学研究在全国许多高等院校、体育科研机构都形成了热潮。不仅体育专业人员热衷,而且一些研究政治、经济、法律和许多其它社会学科的知名专家教授也纷纷介入。国家体育总局因势利导,在巩固已有研究基地的基础上,进一步加强了社会科学研究队伍的建设,实行点面结合,逐步建设了以高等体育院校为主体,力求各有研究重点,各具研究特色的25个重点研究基地,其中综合性的高校有8所占32%,师范类高校有6所占24%,专业性的体育院校有11所占44%。三类高校的比例适当优势互补,构成了学科布局全面、区域分布均衡的全国体育社会科学研究网络体系。使全国体育社会科学研究在引导管理、组织协调、分工合作的基础上,构成了坚实的基础和有机的网络。

统计表明,25个国家体育总局体育社会科学研究基地是承担国家社科基金项目和国家体育总局社科研究项目的主力军(表10)。

表10 2006-2009年研究基地承担国家社科基金体育学立项情况统计表

课题立项	体育学立项总数	社科基地立项数	基地立项占总数的%
2009年国家社科基金项目	59	24	40.68
2008年国家社科基金项目	55	25	45.45
2007年国家社科基金项目	46	30	65.22
2006年国家社科基金项目	42	23	54.76
合计	202	102	50.50

分析可知,2006-2009年国家社科基金体育学科的立项数量在逐年增加,2009年的立项数量比2006年增加了40.48%。25个体育社科基地的立项数量则相对稳定,4年的立项数量多达329项,占总立项数的57.10%。研究基地的研究水平有所提高,4年中体育学科共立项重点课题6项,而社科基地就占了其中的3项,另有2项重点课题被国家体育总局申请立项,这充分肯定了体育社科基地的科研能力。

国家体育总局的立项情况也呈同样趋势。体育社科基地每年的立项数量都在73项以上,4年来,总共立项329项,占立项总数的57.1%(表11)。承担重点项目,是研究实力的重要体现，4年来体育社科基地重点项目立项达到了46项，占重点项目总数的63%。一些重要的年份，某地的主力军作用表现更为明显，如，2008年重点课题立项达到了16项之多，占当年重点项目的84.21%。充分表明了这些体育社科基地的总体科研实力，以及在体育社会研究中所起的砥柱中坚作用（表12）。

表11　2006－2009年国家体育总局社会科学研究课题立项中基地所占比重统计

国家体育总局课题立项	总立项数	社科基地立项数
2009年	135	75（55.56%）
2008年	128	73（57.03%）
2007年	139	77（55.40%）
2006年	174	104（59.43%）
总计	576	329（57.1%）

表12　2006－2009年国家体育总局社科学课题中基地立项比重分类统计

国家体育总局课题立项	重点项目	社科基地重点项目	青年项目	社科基地青年项目
2009年	7	3	15	11
2008年	19	16	22	9
2007年	7	3	21	12
2006年	13	7	22	15
总计	46	29（63%）	80	47（58.8%）

为巩固和提高研究基地的发展质量，"十一五"期间，国家体育总局先后制定下发了《关于加强体育社会科学重点研究基地管理的通知》，明确了基地建设的工作方针、基地的工作任务等，对基地建设的制度、人员、交流、经费、设备，以及动态管理和定期评估等方面做出了规定。下发了《国家体育总局体育社会科学研究项目管理办法》、《国家体育总局关于社会科学结项的通知》等文件，进一步强调和明确了总局社科项目规划和管理工作的职责，对项目申请和立项、项目中期管理、项目经费与使用管理、成果宣传与奖励，其中特别对项目的结项做出了明确而严格的要求，使项目的规划和管理提升到一个新水平。

研究基地网络的建立，奠定了国家体育社会科学发展的研究基础，搭建了体育社会科学发展稳定的研究平台，改善了体育社会科学研究的学术地位和条件，吸引了多学科研究人员的广泛参与，丰富和扩大了体育社会科学研究的领域，极大地促进了研究水平的提高。

除此之外，在全国近40个省级以上的体育科研机构中，不少设有体育理论研究室。一些省、区、市体育局在政策研究部门还设置了专职政策和理论研究人员。中国体育科学学会下设体育社会科学、体育管理、体育产业、体育新闻传播、体育史、学校体育等分会。此外，在全国相关学术研究团体中，也相继成立了体育学科的分会，如中国体育哲学发展研究会、中国教育学会体育研究会、中国社会学会体育社会学专业委员会等等。各系统、各专业体育社会科学的研究机构和社团的成立，团结了大批体育和相关学科的研究人才，有力地促进了体育社会科学研究水平的提高。

7. 拓宽了体育社会科学研究成果的交流和推广应用平台

为及时交流研究成果，扩大体育社会科学研究的应用效益，自1995年开始编撰《体育社会科学研究成果汇编》，在"十一五"期间，不仅研究质量提高，课题数量增加，而且出版周期稳定，形成了规律化出版制度。"十一五"期间，每年出版1册，每册文字量多达30余万字。其影响逐步扩大，并逐步成为体育领导干部和高校师生重要的参考文献。与此同时，还分类总结，陆续出版《群众体育研究成果汇编》、《竞技体育研究成果汇编》、《体育产业研究成果汇编》，为不同工作和研究方向的读者，提供了专业性、学术性很强的成果文献。网络平台的交流，同样受到高度重视。在国家体育总局官方网站上设立的体育社会科学研究网页，构建了一个科学、高效的网络平台，促进了全国体育哲学社会科学研究交流协作网络的形成与完善。

有些对和解决重大体育问题具有咨询价值的成果受到党和国家领导人的重视，一些优秀成果还在全国哲学社会科学规划办公室的《成果要报》和《成果选编》中得以推广介绍，同时，有的研究成果还被《新华文摘》等权威期刊摘转。

一大批优秀成果被评为原国家体委和国家体育总局体育哲学社会科学优秀成果奖。2006年评出一等奖12项，二等奖33项和三等奖45项，较2001年的评选项目增长55%左右。

（二）"十一五"期间体育社会科学研究存在的不足

与体育的改革与发展需求相比，与国际体育社会科学研究先进水平相比，我国现时期体育研究体制、运行机制、队伍建设、成果推广等方面还存在不小的差距。

1. 研究水平，特别是解决重大体育实践问题的能力有待加强

体育社会科学的生命力在于解决体育的社会问题，在于体育发展中的重大理论和实践问题。"十一五"期间，体育社会科学研究成果数量不少，其中也不乏出现一些有价值的学术成果，但是，从总体上说，解决体育发展重大实践问题的成果还比较少。如，城乡全民健身服务体系的构建与提高，全运会的改革与发展，足球等项目管理体制的改革，田径等基础项目的快速发展等等。"十一五"期间，体育社会科学研究成果，引起党和国家领导人重视，并获批示很少。

国家社会科学基金项目中的重大招标项目，是国家对涉及国家改革与发展的重大研究课题的资助项目，"十一五"期间体育学仅获得1项国家社科基金社的重大招标项目，尽管实现了体育学"零"的突破，但是，数量毕竟过少，研究才刚刚开始。后期资助项目，是国家社科基金为了"鼓励广大社科研究者潜心治学，扶持原创性或开拓性，达到本学科领域先进水平的基础研究的优秀成果"而设立的，此类项目，体育

学至今一直是空白。这在一定程度上反映出体育领域研究水平不高,特别是基础研究"后劲"的不足。

体育社会科学研究项目中,还存在着质量参差不齐的现象。以 2008 年为例,当年全国社科规划办共验收了体育学 39 项成果,其中,有 24 项成果基本达到预期研究目标,予以结项;15 项成果因存在一些问题和不足而未予结项。结项率为 61.54%,低于其它各学科 64.78%的平均水平。在 22 个学科中结项率位列第 15,其中,不仅良好率低于各学科 75.57%的平均水平,仅为 70.83%,并且,达到"优秀"等级的课题成果数为零(表 13),成果质量令人担忧。

表 13 2008 年国家社科基金体育学与其他学科总体结项情况比较

	申请结项数	结项数	未结项数	结项率	优秀数	优秀率
体育学	39	24	15	61.54%	0	0
总体	1289	853	454	64.78%	167	19.6%

社会科学研究的创新能力不强,精品成果少,主要体现在低水平研究、重复研究情况依然较为严重。热点研究固然必要,但"跟风式"、"附应性"的研究过多,也是一个问题。2007 年北京奥运会前,与奥运会相关的研究蜂涌而至,与其相关的研究课题立项 1180 个。2009 年,新中国 60 年体育的相关研究大量涌现,资料堆积,分析表浅、内容重复的文章比比皆是。此外,社科研究中,对解决体育实践中出现的新问题研究还不够,研究解决"顽疾"的能力还比较弱。如足球运动的改革与发展研究,预防与抵制赛场腐败研究,有效增强青少年体质研究等等;研究中原创性不强,有创新价值的理论成果甚微;研究成果产生重大影响和效益的少,对经济和社会发展中重大问题研究的力度还不够,对体育决策和实践的影响力还有待加强,体育改革发展的决策对体育社会科学的依赖程度还有限。一些社会科学研究的价值观念还不够端正,还存在为晋升职称、为完成科研任务而研究的现象,体育社会科学研究与体育运动实践结合不紧的问题还没有从根本上得到解决。

研究者,绝大多数为高校体育理论工作者和体育官员,两者中又以前者居多,出于工作性质的需要,前者对学科建设、对一些理论问题关注本无可厚非,但是由于两者在信息沟通渠道上够畅通,在结合性研究中不够紧密,因而,研究中往往出现学者与官员各说各话,理论与实践脱节,或纸上谈兵,或就事论事,研究成果的价值大打折扣。

2. 基础理论研究,特别是原创性研究有待加强

基础理论研究薄弱是体育社会科学界多年形成的问题。有人对 2003-2008 年国家体育总局立项课题进行分析,发现 2819 项立项课题中,应用研究的课题占 83.03%,偏向学术研究的课题仅占 12.33%。

作为体育学权威期刊的《体育科学》杂志,2006-2009 年载文中,属于理论研究的比例不足 1/3,深入认真分析发现,属于体育社会科学基础理论研究的论文仅占总

数的 5.8% 左右。也从一个侧面反映出具有较高水平的体育基础理论研究成果廖廖无几（表 14）。

表 14　2006—2009 年《体育科学》杂志体育社会科学论文分类统计

类别	刊载论文数量	占体育社会科学类论文的百分数	占全部论文的百分数
理论研究	138	31.1%	19.5%
（基础理论研究）	26	18.8%	5.8%
应用研究	305	78.9%	39.1%

对一些基础理论问题缺乏稳定持续的深入研究，对于一些基本理论问题缺乏深入的理论研究，如"体育发展战略学"，"体育人文社会学"，"体育学原理"等体育社会科学的基本理论专著，至今还没有突破，还没有一部相对权威和经典的著作。对于"体育文化"，"体育休闲"，"体育大国"，"体育强国"，"体育产业"、"体育市场"等基本概念、基本理论也缺乏明确清晰的界定。体育学博士、硕士研究生理论学习的参考书目十分贫乏。研究的内容比重不平衡。以全民健身和奥运争光策略为例，关于两者之间关系的讨论数目众多，而就单个领域而言，奥运争光策略研究的数量远远多于全民健身策略的研究。北京奥运会筹办前后，奥运会研究成果猛增，2009 年《全民健身条例》颁布，纪念活动，包括学术会议增多，同年，关于群众体育和全民健身的论文发表数量，是 2008 年的 1.2 倍。中央关于新农村建设的决定颁布以后，农村体育，特别是农民体育研究发展迅速，形成浪潮。体育产业的相关研究成为热点。

3. 研究队伍，特别是高水平科研队伍相对老化

体育社会科学研究队伍中的骨干力量，大多是改革开放初期成长起来的学者，许多学科的知名学者平均年龄达到 55 岁以上，人才队伍相对老化，年龄结构不尽合理。科研骨干中青年人才成长缓慢。研究领域间、学科建设间，研究的发展不够均衡；2006-2009 年《体育科学》杂志，发表论文的作者中，50 岁以上的有 148 人次，占发表论文作者总数的 35.0%，30 岁以下 28 人次，仅占作者总数的 6.6%。

《改革开放 30 年的中国体育》系 2008 年国家体育总局重点项目，其撰稿人均系我国体育理论界的著名专家学者，其平均年龄达到 55.4 岁。从中可以看出明显反映出我国高水平体育科技人才队伍老化的现象。其中，60 岁以上的有 3 人，50 岁以上的 7 人；50 岁以下的只有 1 人。体育社会科学高水平研究队伍老化的现状可见一斑。

4. 研究方法，特别是研究的技术手段更新不快

体育社会科学的研究主要使用传统的文献研究法，归纳演绎法和问卷调查法，部分研究采用了访谈法和初级数理统计法，实地调查研究，特别是长期深入实际、进行较大面积和深入调研的数量很少。多数研究是现象和问题研究，采用相对间接、陈旧的研究方法，使得研究结果往往停留在现象上、表层上，而发现深层问题，提出实际解决问题的规律性研究的较少。

5. 研究经费，特别是体育社科项目经费资助水平较低

尽管体育社会科学的经费投入有一定的增长，但总体而言，"十一五"期间国家主管部门对体育社科研究，规划研究立项的数量有限，研究项目的经费支持额度过少，加之许多承担单位经费配套政策未能落实，因而，客观上制约了研究的有效开展和质量的提高。

国家体育总局社科项目，作为省部级课题，层次较高，但经费资助较少，且增长缓慢。一般项目资助研究经费仅 0.8 万元左右，青年项目仅 0.5 万元左右，即便是重点项目也不过 2 万元左右。与国家社科基金投入增长率相比，差距过于悬殊（表 15、表 16）。

表 15　2006—2009 年国家社科基金项目年总投入经费增长状况表

	2006 年	2007 年	2008 年	2009 年
当年投入	2.21 亿	2.50 亿	3.06 亿	3.90 亿
年增长率		13.1%	22.4%	27.5%
年均增长率				21%

张国祚.关于国家社科基金项目规划与管理的几个问题，宁波大学学报，2009（4）：84.

表 16　2005—2009 年国家社科基金一般项目资助强度增长情况表

	2005 年	2006 年	2007 年	2008 年	2009 年
项均资助额	6.90 万	8.02 万	9.02 万	9.40 万	10.50 万
增长率		16.2%	12.5%	4.2%	12.2%
年均增长率					11.28%

与许多省市社科基金规划项目的资助经费相比，国家体育总局社科项目资助经费，也明显偏低。

6. 国际交流，特别是国际学术话语权比较有限

与我国体育，特别是竞技体育在国际体坛大放异彩相比，"十一五"期间，尽管我国体育社会科学有了较大的发展，但是，研究成果的推广和应用，还多半局限在体育系统内部，局限在国内的循环。体育社会科学研究和交流还比较缺乏国际视野，在国际上没有形成一定的影响力和应有的国际学术地位。例如，代表国际体育科研最高水平的奥林匹克体育科学大会，作为成果水平认定重要标志之一的大会学术报告，我国一直没有获得过在全体会议的大会上进行学术报告的机会。2008 年，在北京奥运会体育科学大会上，尽管借东道主之宜，有 2 人得到在大会报告的礼遇，但是，在大会做主题报告的 12 人中，美国有 3 人。澳大利亚、挪威和香港均有 2 人入选，日本 1 人。与 2000 多篇、占总量 80% 的申报比例相比，我国的体育学术论文的总体质量实在不

高。

此外，在国际体育社会科学的各级各类学术组织中，我国也很少有席位，很少决策权和话语权。

三、"十二五"体育社会科学发展面临的机遇与挑战

（一）"十二五"体育社会科学发展面临的机遇

1. "十一五"的快速发展为进一步繁荣体育社会科学奠定了良好的基础

"十一五"期间，我国体育社会科学体制巩固发展、科研队伍日益壮大、科研质量明显提升和科研成果收效明显提高，从而为"十二五"发展奠定了良好的基础。经过改革开放30年和新中国成立60周年的洗礼，体育社会科学的发展已经站在一定新的历史起点上。在党的进一步繁荣和发展社会科学的方针指引下，在科研、教育和体育重视和加强体育社会科学的政策激励下，体育社会科学工作者热情高涨，干劲十足，体育社会科学发展势头强劲。

2. 建设体育强国的奋斗目标，为体育社会科学研究增添了新的动力

胡锦涛同志在北京奥运会残奥会总结表彰大会上的讲话全面阐述了新时期体育发展的战略部署，明确提出了"努力实现由体育大国向体育强国迈进"的号召。提出了新时期"建设体育强国"的奋斗目标。这既为体育哲学社会科学研究工作提出了新的要求，也对体育社会科学哲学社会科学研究工作提供了难得的发展机遇。

在我国和平崛起、繁荣富强的社会主义建设中，体育领域率先进军世界强国行列，具有鼓舞斗志、振奋精神的动员性和示范性，在国家发展中具有相当重要的战略意义。国家的建设需要体育的进步与强大，民族的康强也需要体育的振兴与发展。建设体育强国，价值超出体育的自身。意义重大，任务光荣。既承载着党和政府的重托、各族人民的厚望，也是时代赋予我们这一代体育工作者光荣而艰巨的历史使命。

体育大国向体育强国迈进，是党中央根据当前我国的发展阶段和基本国情对新时期体育事业发展提出的新目标、新定位。由大到强是到本世纪中叶我国基本实现现代化的历史进程中各项事业共同面对的时代主题。作为具有振奋民族精神和增强人民体质双重作用的体育工作也不例外。因此，深刻理解和准确把握总书记提出的由体育大国向体育强国迈进的战略目标，是今后一个期内，摆在全国体育工作者面前的一项重要的任务，就是要进一步深刻理解和准确把握总书记"9·29"讲话的战略意义，明确体育大国向体育强国迈进的时代要求、工作基础、奋斗目标和推进策略，这对于进一步统一思想、激发斗志、真抓实干，以更加饱满的热情，开创不愧于这个伟大时代的新业绩，具有重要的推动作用。

3. 党和政府的高度重视，为体育社会科学的进一步发展提供了坚强保证

作为全面建设小康社会的总体目标之一，提高全民族的健康素质，构建全民健身体系已经纳入国家的发展规划。由党的代表大会提出，将体育的目标列入国家总体发展目标，列入社会发展的整体目标，从而明确了体育工作的地位和作用。在北京奥运会残奥会总结大会上，胡锦涛主席代表党中央对后北京奥运时期我国体育工作做出了

明确指示，进一步明确了未来体育工作的方向和任务。他指出："体育是社会发展和人类文明进步的重要标志，是综合国力和社会文明程度的重要体现。成功举办北京奥运会、残奥会，极大激发了亿万人民的体育热情，极大推动了我国体育事业发展。我们要坚持以增强人民体质、提高全民族身体素质和生活质量为目标，高度重视并充分发挥体育在促进人的全面发展、促进经济社会发展中的重要作用，实现竞技体育和群众体育协调发展，进一步推动我国由体育大国向体育强国迈进。"

"科技兴体"，在建设体育强国的伟大历史进程中，体育社会科学与自然科学，如"车之两轮，鸟之双翼"，推动着体育事业的发展与腾飞。《中共中央关于进一步繁荣发展哲学社会科学的意见》和《国家体育总局关于进一步繁荣发展哲学体育社会科学的意见》的实施，为体育哲学社会科学研究工作的进一步发展提供了坚强的政策支撑。

4. 深化体育改革，为体育社会科学的创新研究提供了广阔的研究平台

随着体育体制和运动机制的深化改革，相应的结构调整，体育各项改革的加快，在竞技体育结构调整和优化中、在尽快扭转青少年体质下滑的工作中、在满足群众日益增长的健身需求中，必将遇到许多新课题，从而也为我们社科研究工作提供了更为广阔的研究领域。

在构建和谐社会进程中，体育的功能地位价值和作用进一步突显，国家、各行各业和人民群众更加关注、关心和支参与体育的改革发展，从而为体育社会科学的研究提供了更为广阔的研究平台。我国进入全面小康社会，旅游休闲度假养生产业市场空间日益拓展，将成为我国经济发展的重要支柱产业。要规划发展育（运动项目、设施、设备、维修等）社区服务及其产业群，使之适应科学发展的需求。

我国体育发展的模式虽有改革，但还没有发生根本的转变。体育管理体制与社会主义市场经济体制发展的诸多不相适应之处，在深化改革中进一步凸显。处于深化改革阶段的我国体育管理体制，发展中的多种利益关系更加复杂，各相关主体的地位有待于进一步明确，关系有待于进一步理顺，边界有待进一步明确。在进一步与国际接轨和适应社会主义市场经济要求之下，在继续坚持和完善举国体制的传统优势，巩固与发展中国特色的竞技体育管理体系的同时，顺应竞技体育主体多元化、利益多元化的趋势，进行多层次和全方位的体制改革与创新，是关系到我国竞技体育能否持续稳定发展的一个重大课题。建立国家办与社会办相结合，政府调控和市场调节相结合的管理体制，实现统筹兼顾、协调发展和以法治体，科教兴体的运行机制，任务相当艰巨。

5. 应对国际金融危机，体育产业发展将会面临许多前所未有的研究课题

国际金融危机发生以来，中央和地方政府以投资拉动经济增长的政策取向是必要的，但只是暂时的应急之策。切实转变经济发展方式，由扩大投资增量向优化资产存量方面转型，由粗放型经济增长方式向集约型经济增长方式转型是必然趋势之一。推进由出口导向型向内需为主型特别是居民消费为主转型，建立扩大以居民消费为主需求的长效机制，以保持经济长期平稳较快发展。

在这种背景下，体育产业在引导消费、扩大内需、增加社会就业、优化产业结构、

拉动经济增长方面将产生更加积极的影响。因此，认真筹划，完善政策，寻求机遇，谋求发展的任务更重，体育产业和体育市场方面的研究将有更加广阔的空间。

体育产业要取得进一步的发展，还必须在理论和实践方面有更加深入的突破。从上文的相关论述中不难看出，研究者已经认识到了理论研究，尤其是战略理论研究工作对于正在发展、亟待完善的中国体育产业的重要性，因此从多角度、多视角进行了研究，具体内容包括我国体育产业的现状及发展战略、具体省市的体育产业发展战略与策略选择、体育用品行业的发展对策、体育旅游产业的、高校体育产业发展的战略以及体育产业投资的研究等。

（二）"十二五"期间体育社会科学发展面临的挑战

1. 科学筹划和顺利实施建设体育强国重大发展战略任务，为体育社会科学的创新研究提出了新的要求

胡锦涛总书记提出了促进中国从体育大国向体育强国迈进的奋斗目标，这一目标是不断推进中国社会的现代化进程、实现中华民族伟大复兴的历史任务对体育工作的要求，是对我国体育事业贯彻落实科学发展观、面向未来发展目标的科学定位，如何科学谋划和顺利实现这一伟大战略任务，是"十二五"期间体育社会科学研究的中心工作任务。围绕胡锦涛总书记的重要讲话，进行建设体育强国的理论研究、发展战略研究，改进发展方式，提高发展质量，增强发展后劲研究等一系列课题，是摆在体育社会科学工作者面前的重大研究课题。

2. 伴随非均衡化的发展格局和全民健身的新需求，建设惠及全民的服务体系，体育社会科学面临的任务相当繁重

落实"十二五"期间国家所提出的"民富国强"目标，从体制机制上保障人民能更多的分享到改革发展的成果。不断满足人民群众对"全民健身"所提出更新、更高的要求，体育社会社会科学为增强人民体质服务的任务更加艰巨。

以人为本，为增强人民群众体质服务，是体育工作的根本任务。"十二五"期间，我们要认真研究新的历史条件下体育在人民生活和社会生活中的新特点、新定位，根据社会环境新变化，着眼于让更多的人享受社会进步和体育发展的成果。要不断提高广大人民群众特别是青少年的体育健身意识，培养群众的健身习惯，开展丰富多彩的体育活动，让更多的人投入全民健身运动，建立健康文明的生活方式。我们要因地制宜、因人制宜、因需制宜、因时制宜，不断创新服务模式，丰富服务内容，提高服务质量，加强全民健身体系的建设，切实提高全民健身的科学化、法制化、生活化水平。

在人民群众不断增长的体育需求与有限的社会体育资源不足之间的矛盾还很突出的现实状况下。如何改善体育公共报务的水平，怎样对传统的群众体育组织管理模式进行创新，怎样使全民健身的科学指导得以加强，这些都是需要认识加以研究的。

3. 后北京奥运会周期，进一步提高我国竞技体育的整体实力和国际竞争力任务相当艰巨

在多极化和平发展的国际背景下，重大体育比赛成绩的民族功利性作用更加突出。各国更加重视竞技体育，国际竞争加剧，围绕提高成绩而进行的科技之争、人才之争

更加激烈。在承办北京奥运会，我国在主场取得空前优异成绩，成为体育强国竞争超越的目标之后，进一步巩固和提高我国竞技体育水平，特别在一些影响大、基础性项目上有所突破难度更大。

我国北京奥运会我国金牌总数位居第一固然可喜，但是基础和主要竞技项目水平不高的矛盾日显突出。田径、游泳项目和被称为"三大球"的篮球、足球和排球，成绩也不理想，因此，在金牌数量保持较高水平的同时，优化发展结构，尽快提高基础项目水平，提高金牌的质量的战略研究任务艰巨。

冬季奥运会，作为体育强国的另一主要标志，我国的成绩不够理想，实现体育强国较高水平、较全面和较均衡的竞技体育发展目标，还需要做出极大的努力。

北京奥运会后，调整竞技体育的战略结构、明确未来发展的主攻方向，实施有步骤的攻关计划，已成为决定性因素之一。如何进一步实施体制和机制的改革创新，如何尽快提高基础和集体运动项目的水平，促进我国竞技体育整体实力的提高，是体育社会科学研究所面临的新挑战。

4. 国际金融危机的背景下，研究和制定体育产业和体育市场发展的应对策略任务相当艰巨

认真研究体育产业应对国际金融危机的措施，认真研究当前经济形势下体育产业发展的特点和机遇，引导群众的体育消费，为扩大内需作出贡献。随着体育产业由粗放型经济增长方式向集约型经济增长方式的转型，改造提升优势产业，培育新型战略型产业，优化整体经济结构任务艰巨。进一步繁荣体育市场，进一步提高体育经营管理的科学化水平，不断满足人民群众日益增长的体育新需求、新变化，促进体育产业的发展，还需要体育社会科学研究做出更大努力。我国的体育产业虽然起步较晚，起点较低，但是由于得益于中国改革开放条件下经济社会的大发展、大变革，得益于中国体育的突飞猛进，其崛起势头令人眼亮，发展空间令人期待。

美国体育产业年增加值已达 2200 亿美元，占其 GDP 的 2.43%，而我国体育产业年增加值仅 590 亿人民币，占 GDP 的 0.5%，"中国的体育产业具有极大的发展潜力"。

5. 社会转型期职业体育竞赛中，构筑抵御金钱交易等腐败丑陋现象的防线问题相当复杂

在体育市场发育不健全，体育法制建设不完善的背景下，过度商业化的影响加剧，假球黑哨、金钱交易等腐败丑恶现象时有发生，兴奋剂屡禁不止、赛场暴力以及体育组织之间的矛盾有所抬头，加之，体育比赛结果的随机性、赛场的黑幕的隐蔽性，国内外体育睹博的复杂性，使得竞技体育的公平公正性面临着比过去复杂得多的新情况、新问题，也为体育领域的反腐倡廉教育和建立与完善相关法规法制研究，提出了紧迫的任务和新的挑战。

四、"十二五"期间体育社会科学发展的指导思想与总体目标

（一）"十二五"体育社会科学研究发展的指导思想

体育社会科学研究"十二五"规划的指导思想是：坚持以马列主义、毛泽东思想、

邓小平理论和"三个代表"重要思想为指导，全面落实科学发展观，促进科教兴体战略和建设体育强国战略的实施；坚持解放思想，实事求是，与时俱进；坚持"百花齐放、百家争鸣"的方针，坚持以我国体育改革与发展的重大理论和现实问题为主攻方向，重视基础研究，推动理论创新，加强应用研究；增强体育社会科学研究为体育改革与发展服务的实效性，促进开发研究，加强研究成果的转化；坚持理论联系实际，引领体育社会科学发展方向，团结广大体育社会科学工作者，进一步繁荣和发展体育社会科学事业，为体育改革与发展和建设体育强国服务。

（二）"十二五"期间体育社会科学发展的总体目标

胡锦涛总书记提出了促进中国从体育大国向体育强国迈进的奋斗目标，这一目标是不断推进中国社会的现代化进程、实现中华民族伟大复兴的历史任务对体育工作的要求，是对我国体育事业贯彻落实科学发展观、面向未来发展目标的科学定位，也是"十二五"期间体育社会科学研究的中心工作任务。我们要以胡锦涛总书记的重要讲话为指导、为纲领，在新的更高的起点上进一步树立发展信心，拓宽发展思路，改进发展方式，提高发展质量，增强发展后劲，努力加快体育强国的建设步伐。

"十一五"期间，我国体育社会科学发展的总体发展目标是：以科学发展观导向，以基地和队伍建设为基础，通过"十一五"期间的努力，使我体育社会科学研究总体水平与"十五"相比，有明显的提高。应用理论研究和战略对策性研究得到大力加强，使为国家体育决策和为实践服务的成果的应用转化率有明显上升；基础理论研究得到加强，学科前沿课题，特别是创新性研究和精品性成果增多；学科结构与体育改革与发展的需求相适应，布局更加合理；推出一批具有较高学术水准和应用价值的研究成果，培养一些具有国际交流能力、某一方向引领能力的中青年学科带头人；进一步发挥体育社会科学在认识体育发展规律、传承体育文明、创新科学理论、咨政服务育人的重要作用，把体育社会科学的发展推向一个新阶段。

"十二五"期间，我国体育社会科学发展的总体发展目标是：提高体育社会科学研究水平。体育社会科学研究力争实现研究成果在总量上有所增加，重视基础理论，推动理论创新，促进开发研究，尤其是基础理论研究的精品成果、创新性成果在数量上得以增加。在成果质量上，成果应用性得以增强，成果纳入国家体育总局和相关部门决策的比例有较大的提高，更多的成果在全国取得较大的影响。加快更新研究的技术手段，建设高水平、年轻化的科研队伍，加大科研经费投入，增进国际交往，提高国际学术话语权。基本建立中国特色的体育社会科学的研究体系和较为完善的体育社会科学成果推广应用体系，提高体育社会科学研究成果转化和推广水平。深化体育社会科学管理体制和运作机制改革，严格学术规范，抵制学术腐败，加强体育社科队伍的学风建设。

国家体育总局课题立项数量拟为600项左右，重点课题立项应当保持在60项左右，各年度课题平均立项数量约为120项左右，重点课题12项左右。立项总量中，在保持各类研究的均衡发展的前提下，努力提高立项课题的应用价值和学术价值。应用性、对策性研究课题数量不低于70%，基础研究和开发研究各占15%左右。

五、"十二五"期间体育社会科学研究的发展趋势和研究重点

（一）基本趋势

体育社会科学已经形成基础研究、应用研究和开发研究三大领域，已经划化为学科体系和工作体系，形成为体育决策、体育实践服务和学科建设的体育社会科学研究体系，成为体育改革与发展中不可或缺的组成部分之一。

1. 基础研究的发展趋势

体育社会科学是哲学社会科学的重要组成部分之一。基础研究是体育社会科学的支撑，它以体育理论创新为使命，以探求体育发展规律为目的。没有理论为基础、为指导的研究是盲目或肤浅的研究，不重视理论研究的体育社会科学不会有旺盛的生命力。

提高理论创新能力是繁荣和发展体育哲学社会科学的核心，要以科学发展观作为指导体育社会科学发展的世界观和方法论，深刻认识现时期体育的本质特征、社会价值和综合功能。认真总结和梳理体育科学理论的重要问题，瞄准学术前沿，追求长远价值，积极创新，推动战略思想、科学体系、学术观点和研究方法的创新发展，深化体育发展的历史和国内外的比较研究，增强理论的阐发力和前瞻性，为建设有中国特色的体育社会科学理论体系作贡献。

努力推动体育理论创新、科技创新和制度创新，加快体育发展由粗放型向集约型转变，体育管理由经验型向科学型转变；要加强中国特色体育发展规律、中国体育现代化、建设体育强国的理论研究；加强"举国体制"的改革、发展与完善研究；加强全民健身的科学理论体系研究，建设与更新体育哲学、社会科学的基本理论体系研究。

2. 应用研究的发展趋势

为体育的改革与发展服务是体育社会科学研究的基本任务之一。作为体育社会科学的重要领域，应用研究旨在依据理论解决实际问题。为此要加强体育决策咨询研究、群众体育研究、竞技体育研究、体育产业研究和青少年体育研究。

此外，还要体育社会科学研究要关注构建社会主义和谐社会对体育提出的新需求，关注体育改革发展中全局性、战略性问题，关注体育资源供给与人民群众健身的需求问题，关注区域间、城乡间体育资源的合理均衡配置问题；要以全面贯彻落实《全民健身条例》为重大契机，以改革为动力，促进群众体育工作迈上新台阶；一步夯实竞技体育的发展基础，促进竞技体育全面协调可持续发展；关注优势竞技项目、潜优势项目与落后项目的协调发展问题；关注当代学生身心发展的特点和规律，特别是增强体质的问题；关注整顿赛风赛纪、治理假球黑哨和惩治体育腐败问题；关注职业竞技体育为人民群众提供高质量的精神产品问题；关注体育产业的健康发展与提高社会经济效益问题等等。

3. 开发研究的发展趋势

体育社会科学应当讲求经世致用，努力形成为直接的体育发展的生产力。要加强旨在直接转化体育科学和理论知识为新模式、新标准、新方案、新设计、新软件、新

教材等开发研究，使其在体育具体的实践中具有可行性、可操作性和效益性，进一步扩大体育社会科学研究的影响力，在体育科技进步中发挥出更加明显的作用。

要有针对性地深入开展全民健身理论、手段与方法的开发研究，开展不同人群健身运动处方的研究、各种健身运动方案的研制及推广研究，积极引进、吸收、借鉴国内外研究成果为全民健身服务。积极开展运动员心理测试体育信息服务等领域的开发研究与建设。

要鼓励跨学科专业的合作，引导研究机构、高等院校与体育产业部门、体育实践部门合作，以促进体育社会科学知识的产品化、技术化和实体化，并逐步成为体育产业的一个重要分支。

（二）研究重点

我国经济社会的不断发展和改革开放事业的不断推进，给体育工作带来了新机遇，也给传统的体育发展和管理模式提出了新挑战。比如社会结构的变化、流动人口的增加和身份关系的变化、老龄化社会的来临等都给群众体育的组织开展带来重要影响；劳动就业制度的变化、社会价值观的多元化、利益主体的多元化对如何完善举国体制，加强新形势下的体育人才培养、运动队管理提出了新课题；职业体育的发展使我国体育项目发展和管理工作面临新情况、新矛盾，如何既充分发挥举国体制优势、又充分发挥市场机制的积极作用，急需研究探索和应对；既要强化政府的体育公共服务职能、又要发挥市场配置体育资源的作用，还有若干问题未破解；如何进一步推动体育产业的发展进步，既为扩大内需刺激消费发挥作用、又拓宽向人民群众提供体育资源的渠道，还有很多理论和实际问题需要解决。总之，面对迅速发展和不断变革的社会，我们的管理理念、体制机制、政策法规还不能及时准确地做出反应和调整，实践中面临管理关系不顺、权利利益不清、法律定位模糊、责任难以界定等问题，对我们不断深化改革提出了新的要求。

1. 体育基本理论和体育史的创新研究

马列主义、毛泽东思想、邓小平理论、"三个代表"重要思想和科学发展观在体育发展中的指导地位和统领作用的研究，中国特色体育发展道路理论研究；体育基础理论以及体育理论建设与创新的研究；深化体育发展战略的理论体系研究；原创性的体育社会科学理论著作研究；新时期体育的发展地位与综合功能研究；加强体育队伍思想教育研究；东西方体育理论流派和前沿课题研究，国外体育社会科学优秀研究成果编译与研究；西方体育和休闲娱乐活动在中国的引进、应用和创新；发达国家体育史、地方体育史和运动项目发展史经及全运会等大型赛事发展史研究；中外体育史的比较研究；中外体育体制、发展战略、政策法规的比较研究。

2. 体育管理体制与运行机制的改革创新研究

处于深化改革阶段的我国体育管理体制，发展中的多种利益关系更加复杂，各相关主体的地位有待于进一步明确，关系有待于进一步理顺，边界有待进一步明确。在进一步与国际接轨和适应社会主义市场经济要求之下，在继续坚持和完善举国体制的传统优势，巩固与发展中国特色的竞技体育管理体系的同时，顺应竞技体育主体多元化、利益多元化的趋势，进行多层次和全方位的体制改革与创新，是关系到我国竞技体育能否持续稳定发展的一个重大课题。建立国家办与社会办相结合，政府调控和市场调节相结合的管理体制，实现统筹兼顾、协调发展和以法治体，科教兴体的运行机制，任务相当艰巨。

强化政府的体育公共服务职能与发挥市场配置体育资源作用的研究；拓宽为人民群众提供体育资源的渠道，为扩大内需刺激消费发挥体育作用的研究；群众体育组织管理应对社会经济结构与人口结构的流动变化的研究；劳动就业制度的变化、社会价值观和经济利益主体的多元化对体育人才培养、运动队管理影响对策研究；新形势下既充分发挥举国体制优势、又充分发挥市场机制的积极作用，坚持与完善举国体制的对策研究；提高职业体育的社会经济效益，繁荣职业体育市场的研究。

3. 体育法制与发展战略研究

体育改革与发展的制度创新和法规建设研究；体育事业分析评价指标体系研究；城乡之间、区域间体育协调发展研究；体育基本法律制度的建设研究；体育法律、法规体系研究；职业体育俱部管理体制和运动体制研究，职业体育赛事相关法规研究；国际体育法律研究。

中国特色体育发展战略研究；和谐体育构建中，群众体育、竞技体育、体育产业和学校体育的关系研究；全面落实小康社会发展目标中的体育发展研究，提高中国体育国际竞争力研究，提高中国体育社会科学在世界体育科技领域话语权研究。

深化体育改革的方向与实施路径；体育大国与体育强国理论研究；体育强国建设中，完善发展战略，理清发展思路，明确发展路径，创新发展机制，改进发展措施的综合研究；体育事业发展与科学发展观；政府的体育公共服务职能研究；体育事业与体育产业、群众体育与竞技体育以及体育发展中其它重要关系的研究。

在构建社会主义和谐社会和全面建设小康社会中体育的社会价值和综合作用研究；体育与社会主义核心价值体系建设；中国共产党成立90周年与体育事业的发展；"红色体育"的发展道路与基本经验研究；体育与经济、政治、文化等各领域的互动关系研究；大型赛事对地方经济社会发展综合效应的研究；北京奥运会遗产研究；在新的国际形势下体育的政治、外交功能研究；体育对外交往研究；体育礼仪文化研究。

4. 以科学发展观为指导，构建和谐体育研究

要认真处理好体育发展的内外部关系，做到体育与经济社会协调发展，促进城市与农村以及不同区域之间体育的协调发展，后北京奥运时期，在未来我国政治、经济、社会、文化的发展格局中体育的价值、功能与定位问题；体育与文化、教育、卫生、保健等行业的和谐发展研究；要促进体育内部各项工作、不同项目的协调发展；体育诸方面的和谐发展研究，群众体育与竞技体育、青少年体育的和谐发展，城市体育与农村体育的和谐发展，民族传统项目与现代流行项目的和谐，竞技体育的基础运动项目、集体运动项目与一般运动项目、个人运动项目的和谐发展，夏季运动项目与冬季运动项目的协调发展等。

5. 加快发展群众体育、满足城乡人民群众健身需求的研究

依据人民群众对生活质量的新追求，为人民群众提供更多更好的体育公共服务研究；各级政府财政增加投入，以适应人民群众不断增长的体育需求与有限的社会体育资源不足之间的矛盾问题；适应市场经济的发展，创新传统的群众体育组织管理体制和运行模式问题；体育与相关部门加强对全民健身的科学指导问题。

体育公益性与全民健身长效化与机制化研究；群众体育场地、设施建设中的问题与改进措施研究；"农民体育健身工程"实施的阶段性总结与评估；群众体育发展模式的创新研究；群众体育组织研究；城镇社区和农村体育发展机制研究；"全民健身日"活动的形式、规范和预期效益研究；青少年体育研究；社会转型和人口老龄化等对群众体育的影响研究；国民体质测定与监测工作管理系统的研究；学校体育场馆设施对社会开放的相关研究；健身气功对外宣传与推广模式研究；民族传统体育研究。进一步面向公众，推进全社会体育资源综合利用的研究，关于建立与完善城市社区体质监测服务体系的研究，关于不同区域不同层次农村农民的体育需求与保障问题，新农村建设中体育的发展地位、目标与任务措施研究等。

解决体育场地设施不足与现有体育场地利用率不高的现象并存问题；解决全国体育场地设施总体数量不足，布局不合理，城乡发展不平衡问题问题。

6. 增强青少年体质健康和加强后备运动人才的研究

应当开展《青少年强身健身工程》研究；增强我国体育教育健身实效性的研究；学校体育确立强身目标必要性的研究；独生子女的身心专门教育措施的研究；加强学校体育立法保障的研究，以及建立青少年体育俱乐部网络研究等，以促进青少年体质的明显改善。

狠抓田径、游泳、足球、篮球等项目青少年后备人才培养，不断开拓和夯实重要基础体育运动项目的社会基础。

7. 促进竞技体育可持续发展、增强综合实力和国际竞争力研究

国际竞技体育发展的新动向、新特点、新规律研究；我国竞技体育发展经验的推广应用研究；我国竞技体育成绩、结构、效率问题研究；坚持和完善举国体制，不断培育我国竞技体育新的金牌增长点研究；我国竞技体育基础项目、集体球类项目突破研究；竞技体育发展的目标、方向、布局、策略调整和完善研究；推动竞技体育内部各门类均衡发展，增强中国体育的综合实力和国际竞争力研究。

我国竞技体育发展模式的改革与创新研究；新时期"奥运争光计划"研究；我国竞技体育优势项目可持续发展研究；我国竞技体育基础大项发展研究；我国竞技体育集体球类项目发展研究；我国职业体育发展研究；冬季项目发展研究；非奥项目发展研究；北京奥运会备战参赛工作的经验研究；运动队思想政治工作研究；重大赛事中各种不端行为的预防及对策研究；兴奋剂问题研究；竞技体育后备人才培养的研究；运动员文化教育模式的创新研究；运动员退役安置和激励、保障机制的研究；竞技体育人才管理制度研究；全运会、城运会、全国体育大会等综合性赛事以及单项体育赛事的运作机制、作用和效益研究。

运动项目发展结构调整和布局研究；优势项目带动潜优势项目发展研究；加快发

展田径、游泳等基础大项，缩小与世界先进水平差距研究；集体球类项目，特别是足球，改革与发展对策研究；迅速提高冬季项目运动整体水平研究；广泛提高职业联赛社会影响力和市场效应的研究等。

关于具有中国特色的训练理念、训练特点和训练规律研究；世界先进的训练理论、训练模式的引进与应用研究；进一步开发竞技体育资源，加强后备人才的培养教育研究；运动员文化教育、职业技能培养、退役运动员就业安置和伤残保障研究等等。

8. 进一步发展体育产业和开发体育市场研究

经济全球化条件下中国体育产业面临的机遇与挑战；发展体育产业中的政府职能；体育产业与文化产业的比较研究；体育产业政策研究；体育场地、设施、用品和服务的标准化、规范化研究；体育市场的服务、监督、管理体系；体育场地设施的规划、建设、经营管理问题研究；体育无形资产的开发与保护研究；体育彩票理论与实践研究；体育保险研究与市场经济体制发展相适应的体育产业政策体系研究；发展体育产业和繁荣体育市场的基本制度研究；体育产业与体育市场的统计体系研究；体育场地、设施、用品和服务的标准化研究；体育市场的服务、监督和管理体系研究等等。

9. 预防与惩治腐败，加强体育道德作风培养与行业作风建设研究

加强各级运动队伍建设，提高思想政治工作、严格管理、严格训练研究；运动员政治思想和道德品质培养教育研究；体育比赛赛场、赛风、赛纪的整治研究；建立完善的社会主义市场经济条件下管理职业体育的政策和措施研究；惩治腐败、依法打击利用非法手段操纵比赛和赌球违法行为的研究；整顿足坛等弄虚作假、裁判执裁不公、徇私舞弊的法规研究；反兴奋剂工作应对新挑战研究等。

六、体育社会科学"十二五"规划的保障举措

（一）进一步加强对体育社会科学工作的领导和组织协调

要高度重视体育哲学社会科学工作，进一步加强国家体育总局对全国社科研究工作的领导和组织协调作用。建立全国体育社会科学规划领导小组，并建立必要的常设办事机构。全面贯彻有关方针政策，努力把握体育哲学社会科学发展规律，改进组织管理方式、提高领导协调水平，为繁荣发展我国体育哲学社会科学创造良好的环境。

坚持社科研究正确的政治方向和主攻方向，加强与各研究机构与部门的协调，合理配置研究资源，克服低水平重复研究的资源浪费现象，促进体育实践部门与研究机构、研究机构与高校、高校与高校之间的广泛合作，充分发展体育社科资源的整体优势，积极组织跨学科、跨地区的联合攻关，开展体育改革与发展重大理论与实践问题的研究。充分发挥哲学社会科学社团、学会的桥梁纽带作用，积极组织开展学术研究和交流、咨询服务，组织、协调哲学社会科学知识的普及工作。

要研究革新体育社会科学研究方法，按照科学主义和人文主义相融合的要求，倡导定性和定量相结合的复合性研究方法，努力掌握现代研究技术和科研方法。要结合体育社会科学的研究特点，努力引进和推广先进的科研方法和研究分析手段，以进一步增强研究的科学性、应用性和效益性。

（二）深化体育社会科学管理体制改革

"十二五"期间，要进一步完善国家体育总局与科研院所、高校的科研管理部门连为一体的科研管理体系，努力健全科研管理工作的规章制度，深化体育社会科学规划立项体制、研究管理体制、成果转化体制和评价激励机制4项改革，使体育社会科学研究的管理工作更加系统化、规范化。同时，随着现代科技的发展和新的科学研究方法的广泛应用，要实现对社科项目的现代化、网络化管理，充分利用计算机网络技术，推进数字化建设，进一步改进项目管理工作，使体育社会科学项目的管理更加科学化。

根据体育社会科学研究的性质和特点，体育社会科学研究的的组织形式既要尊重个人的独立思考和理论思维，又要提倡和鼓励形成学术团队，采取联合攻关的方式解决重大理论和实践课题。鼓励跨学科、跨部门、跨地区、跨国别的合作研究，促进资源整合和知识共享。要积极鼓励体育理论工作者依据实际需求，与领导干部、实践工作者进行对话、交流与合作，形成协作性的"研究共同体"，以提高研究的针对性、应用性的实效性，促进理论与实践的共同发展。鼓励科研院所—体育实践部门—行政管理部门之间开展合作研究，支持在先进理论指导下开展扎实有效的体育改革的实验研究。

（三）进一步提高体育社会科学研究基地的建设质量

充分借助和发挥教育部在我省建立的人文社会科学重点研究基地在重大理论研究中的骨干作用。在完善和加强"十五"期间已确立的10个省哲学社会科学重点研究基地的基础上，进一步加强省哲学社会科学重点研究基地建设，要继续加强国家体育总局体育社会科学研究基地的组织建设，对现有研究基地进行考察评估，采取优胜劣汰的方式，进行组织建设和发展。"十二五"期间，再建立10个省哲学社会科学重点研究基地，以确保精品生产的落实。鼓励高校设立社会科学研究机构，本着"学校培育、教育厅催化"的方针，通过高校自身加强哲学社会科学研究机构建设，合理配置课题研究人员等多种途径，促进教学科研部门同实际工作部门、专职研究人员同兼职研究人员之间的广泛结合，努力构建优势互补、协作攻关的高校哲学社会科学研究机制，省教育厅再通过催化，使之上升为省级哲学社会科学重点研究基地。并切实加强对省重点研究基地的管理，促使其充分发挥基地的作用，整合全省高校研究力量，积极开展前沿课题、重大课题研究，多出成果，多出影响较大的精品成果。

（四）实施体育社会科学研究队伍建设的"青蓝工程"

加强社科队伍建设，培养学科接班人。一是要高度重视体育社会科学人才的培养和使用。要研究制定体育社会科学研究队伍建设的"承启工程"，在"十二五"期间，重点培养20~30名40岁以下的体育社会科学拔尖人才，通过集中培训、专题研讨、课题研究、新老合作等方式，努力培养和造就一批中青年学科带头人和理论骨干。要完善体育社会科学人才选拔和管理机制。要取多种形式，形成公平竞争、择优选拔、优胜劣汰的动态人才选拔机制。同时，要加强体育社会科学队伍的思想道德和学风建设。引导哲学社会科学工作者树立正确的世界观、人生观、价值观，树立追求真理、献身科学、服务社会的精神,坚持严谨治学、实事求是、民主求实的学风。

(五)加强体育社会科学研究成果转化和推广工作

研究成果的多样化和多种形式的应用转化是现代教育科学的重要特点。要使应用性研究产生更强的实践效果,必须更加关注成果的鉴定、宣传与推广,形成和完善多元化的科研成果评价体系,进行多形式的宣传推广,构筑成果转化的宽阔平台,对教育科研成果进行深度加工,扩大成果的运用,使各类研究基地各有所长,各类研究人才各得其所,各类研究成果各尽其用。

为进一步推动哲学社会科学优秀研究成果的转化应用,更好地发挥社会科学界在决策中的思想库作用,"十二五"期间,编辑出版国家体育总局社会科学研究《成果要报》。主要围绕体育发展与改革中的重大问题,重点反映那些对决策有重要参考价值、对实践有重要指导意义的理论研究成果,努力成为体育社科界为国家体育事业发展建言献策、贡献才智的重要平台。

图书在版编目（CIP）数据

体育事业"十二五"规划文件资料汇编/国家体育总局政策法规司编. –北京：人民体育出版社，2011
ISBN 978-7-5009-4147-3

Ⅰ.①体… Ⅱ.①国… Ⅲ.①体育事业-五年计划-中国-2011~2015 Ⅳ.①G812

中国版本图书馆 CIP 数据核字（2011）第 212558 号

*

人民体育出版社出版发行
北京中科印刷有限公司印刷
新 华 书 店 经 销

*

787×1092　16 开本　45.5 印张　1000 千字
2011 年 12 月第 1 版　2011 年 12 月第 1 次印刷
印数：1—3,000 册

*

ISBN 978-7-5009-4174-3
定价：100.00 元

社址：北京市东城区体育馆路 8 号（天坛公园东门）
电话：67151482（发行部）　　邮编：100061
传真：67151483　　　　　　　邮购：67118491
网址：www.sportspublish.com

（购买本社图书，如遇有缺损页可与发行部联系）